江西省交通基本情况图

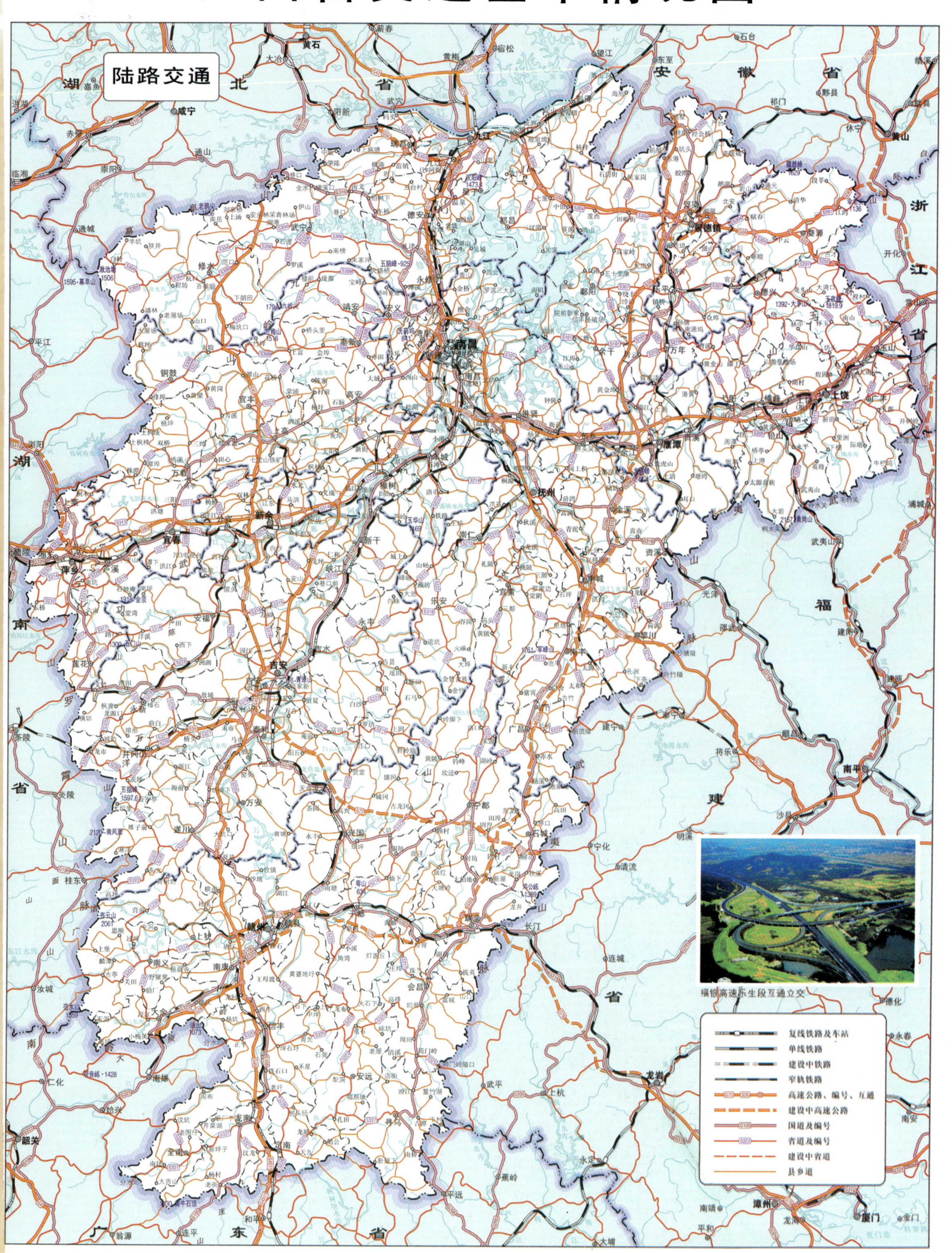

福银高速东生段互通立交

JIANGXIJIAOTONGNIANJIAN

江西交通年鉴

2012

江西省交通运输厅交通史志编审委员会

方志出版社

图书在版编目(CIP)数据

江西交通年鉴.2012/江西省交通运输厅交通史志编审委员会编.—北京:方志出版社,2012.12

ISBN 978-7-5144-0761-7

Ⅰ.①江… Ⅱ.①江… Ⅲ.①交通运输业-江西省-2012-年鉴 Ⅳ.①F512.756-54

中国版本图书馆CIP数据核字(2012)第308309号

江西交通年鉴(2012)

编　　者:江西省交通运输厅交通史志编审委员会
责任编辑:刘方圆
封面设计:江西政通文化传播有限公司

出 版 者:方 志 出 版 社
(地址:北京市东城区夕照街14号院富瑞苑公寓6层)
邮编 100061
网　　址:http://www.fzph.rog
发　　行:方志出版社发行部
(010)67120966-6008
经　　销:新华书店总店北京发行所
法律顾问:北京市大禹律师事务所
印　　刷:江西龙莹印务有限公司

开　　本:889×1194　1/16
印　　张:39.125
字　　数:1036千
版　　次:2012年12月第1版　2012年12月第1次印刷
印　　数:0001~1200册

ISBN 978-7-5144-0761-7/F·84　定价:200.00元

省委书记苏荣（中）察看南昌新港建设规划

时任交通运输部部长李盛霖（中）、省长鹿心社（左二）参观江西水运事业展览

时任省长吴新雄（中）到江西长运检查春运工作

交通运输部副部长翁孟勇（中）到江西检查春运工作

交通运输部副部长冯正霖（中）看望慰问一线公路养护职工

交通运输部副部长高宏峰（前排右二）考察江西高速公路建设

省委常委、省委副书记尚勇（中）慰问德昌高速公路建设者

省委常委、常务副省长凌成兴（中）察看永武高速公路建设情况

副省长洪礼和（中）到南昌徐坊客运站检查春运工作

时任厅党委书记程受锭（中）察看昌铜高速公路建设情况

厅长马志武（中）察看瑞寻高速公路建设情况

副厅长万明（中）调研高速公路路政队伍建设

副厅长孙茂刚（右三）检查指导德昌高速公路建设

副厅长许润龙（右四）检查指导九江新长江大桥项目建设

副厅长邓经国（中）到抚州市检查改渡建桥工作

时任厅党委委员、省公路局党委书记曹先扬（右三）督导检查改渡建桥工作

厅纪委书记成松（左二）考察调研高速公路建设管理和纪检监察工作

厅总工程师胡钊芳督查高速公路专项治理工作

交通建设与发展

全省交通运输工作会议在南昌召开

2011年，全省交通运输系统以科学发展观为统领，奋力攻坚，破解难题，交通运输工作为全省经济社会发展作出了积极贡献，实现了"十二五"时期交通跨越发展的良好开局。

全年交通基础设施完成投资345.9亿元，同比增长12.7%，高于全国平均水平5.6个百分点。其中，公路建设完成342亿元，同比增长13.6%；高速公路投资占省重点工程投资比重达21%，对全省全社会固定资产投资超万亿元产生了巨大的拉动作用。

全省高速公路通车里程突破3600千米。高速公路密度由2010年的1.85千米/百平方千米上升到2.18千米/百平方千米，直通高速公路的县（市、区）达到89个。

全年交通建设新增项目融资约204亿元，且60%为省外融资。争取到中央补助资金100.95亿元，是2010年的近2倍，高速公路车辆通行费收入同比增长10.3%。

泛珠三角区域综合交通运输一体化对接磋商会在南昌召开

华东六省一市省际交通协作第六次会议在井冈山市召开

2011年，江西省建成德兴至南昌高速公路等6个项目554千米，高速公路建成里程占全国新增里程的5.1%，全省高速公路通车里程达到3642千米，实现了鄱阳湖生态经济区城市群高速公路网络化，直通高速公路的县（市、区）达到89个。续建赣州至崇义高速公路等7个项目481千米，开工建设井冈山厦坪至睦村、抚州至吉安高速公路2个项目223千米。

德兴至南昌高速公路

德兴至南昌高速公路是江西省高速公路网的重要组成部分，也是国家高速公路杭州至瑞丽和上海至昆明高速公路之间的横向地方加密高速公路，于2011年9月16日建成通车。该项目起点位于上饶德兴市新岗山镇，连接正在运营中的德（兴）至婺（源）高速公路，往东与浙江省境内的杭（州）千（岛湖）景（德镇）高速公路相连。路线自东向西经过上饶、景德镇、南昌3个设区市的8个县（市、区），总长204.596千米，项目总投资约为98.88亿元。

永修至武宁高速公路

永修至武宁高速公路是江西省高速公路网的重要组成部分，是国家高速公路福州至银川与大庆至广州高速公路之间的横向地方加密线，也是直通庐山西海旅游名胜区的风景观光线。于2011年9月16日建成通车，全长104.5千米，项目总投资约41.85亿元。

交通风采
JIAOTONG FENGCAI

瑞金至寻乌高速公路

瑞金至寻乌高速公路于2011年12月28日建成通车，项目全长123.96千米，总投资约60亿元。该项目路线起于瑞金市武阳乡，接济广高速鹰潭至瑞金段终点，经瑞金、会昌、寻乌至赣粤界，直通广东省的梅州市以及汕头、汕尾两个港口城市。瑞寻高速公路是江西“三纵四横”高速公路主骨架第一纵在江西境内的最后一段，与鹰瑞高速公路一起形成江西东部又一条南北大通道。

南昌至奉新高速公路

南昌至奉新高速公路是南昌至铜鼓高速公路的一段，全长39.05千米，于2011年12月28日建成通车。

南昌至铜鼓高速公路是江西省高速公路网18条地方加密高速公路之一，西接湖南省浏阳（湘赣界）至花垣（湘渝界）高速公路，东接德兴至南昌高速公路，与德兴至南昌高速公路的组合形成了横贯江西的又一条便捷的快速通道。它的建成对于降低沪昆高速公路的运输压力、促进沿海经济发达地区和中部地区的经济联络交流起到十分重要的作用。

水路运输

2011年，江西省水路运输完成货运量7447万吨、货物周转量203.3亿吨千米，同比分别增长14.34%、11.43%；年港口货物吞吐量完成2.36亿吨，同比增长11.8%；集装箱吞吐量九江港完成14万标箱，同比增长18%，南昌港完成6万标箱，连续三年突破年设计吞吐量。全省船舶运力实现两位数增长，平均吨位增加到676载重吨，同比增长18.3%。

长江水运发展协调领导小组第三次会议

石虎塘左岸泄水闸首次下闸

石虎塘航电枢纽工程船闸通航成功

江西省载重量
最大的内河船舶

打击“三无”船舶
专项整治行动 维护正常
的航运秩序

南昌港集装箱码头

道路运输

2011年，江西省道路运输完成客运量7.25亿人次、旅客周转量341.1亿人千米、货运量9.84亿吨，货物周转量2066.8亿吨千米，同比分别增长2.69%、3.21%、11.21%、11.71%。

2011年全省统筹农村路、站、运建设协调发展，建成农村客运站122个，农村客运候车亭2000个，乡镇客车通达率达100%，行政村通车率达90.4%。积极推进城乡客运一体化试点工作，南昌市至安义县、鹰潭市至辖区3县、丰城市至辖区32个乡镇实现了城乡客运一体化。

江西省道路运输行业安全行车优秀从业驾驶员表彰大会

江西省举办首届十大“双优”汽车维修企业评选活动

江西省试点城乡客运一体化工作

全省"节能节电、全民行动"驾驶体验暨万名驾驶员节能竞赛活动启动

"宇通杯"节能竞赛活动掀起江西交通运输行业安全节能驾驶新高潮

喜迎"七城会" ——南昌出租车优质文明服务

全省"节能节电、全民行动"驾驶体验活动

路政管理

省公路路政管理总队违反廉洁自律规定四个问题专项治理电视电话动员会

2011年，全省公路路政管理部门认真做好迎国检工作，通过加强内业整改和外业整治，实现了管理规范化、制度化、标准化，受到交通运输部检查组的充分肯定。

全省路政部门全面实行网上路政许可行政审批和电子监察，规范审批工作，提高工作效能；认真做好《公路安全保护条例》宣贯工作；加强路权管理，开展了国省干线公路路域环境综合整治工作；提高应急处置能力，切实加强清障施救管理；加强路政巡查和治超执法，公路违法行为得到及时有效处置，提升了路政执法能力和服务水平。

路政人员竭诚为车主用户服务

创建全国交通秩序示范公路活动启动仪式

路政部门按照新标准配置了执法车辆

高速公路应急排障

路政治超检查员正在进行车辆治超检测

路政人员上路清障

高速公路抗冰保通

仔细核查涉路设施数据信息

迎国检

2011年，江西公路管理和养护水平实现历史性突破。全省公路管理部门全力以赴抓路况养护、全力以赴抓规范管理、全力以赴抓路域环境整治、全力以赴抓“畅安舒美”，取得了全国省、自治区公路养护管理排名第14、高速公路排名第6的好成绩，被评为“‘十一五’时期全国干线公路养护管理工作进步单位”。

全省抓养护迎国检、农村改渡建桥、高速公路服务区综合整治三项工作总结表彰大会

全省干线公路养护管理迎国检工作再动员再部署电视电话会议

全国干线公路养护管理检查工作汇报会

全省普通干线公路迎国检再部署再督促会议

交通运输部检查组在宜春市检查指导

交通运输部检查组检查公路治超工作

交通运输部检查组检查公路养护道班

改渡建桥

改渡建桥调度会

2011 年，江西省全力做好改渡建桥扫尾工作。除洪灾受损工程和技术复杂的特大桥以外，“十一五”时期渡改桥建设目标任务全面完成。全省新建成桥梁 621 座，撤销农村渡口 800 个，惠及 90 个县（市、区）、383 个乡（镇）、616 个村，直接受益群众达 1000 多万人。

抚州市南城县下白水大桥，跨盱江，可撤销下白水、田螺石 2 个渡口，桥长 638 米

鹰潭余江县潢溪大桥，横跨信江，可撤消潢溪渡口，桥长 394.58 米

赣州开发区新世纪大桥，跨章江，可撤销武陵渡口，桥长 1193 米

宜春市袁州区杨坞大桥，横跨袁河，可撤销杨坞渡口，桥长 217 米

服务区建设

2008年以来，江西省按照保洁、保通、保绿、保亮、保安、保形象的"六保"要求，着力完善服务区功能设施，改善服务区环境形象，提升服务区服务水平，高速公路服务区软硬件设施达到全国领先水平，展示了江西良好的对外形象。至2011年，全省共投入资金5亿多元，新建、改扩建、改造服务区20多个，打造了峡江、庐山、三清山、丰城等一批功能齐全、设施先进、环境优美、全国一流的园林景观式服务区。

江西高速爱心服务站建设

高速公路服务区爱心服务活动

庐山服务区

峡江服务区

樟树服务区

黎川服务区

服务区商店

服务区书报店

服务区餐厅

精神文明建设

庆祝建党 90 周年，表彰优秀共产党员

2011 年，江西省交通运输系统大力开展行业核心价值体系建设，开展窗口和公共服务行业文明创建主题实践活动，开展庆祝建党 90 周年、创先争优、发展提升年等活动。省厅代表队荣获全省机关纪念建党 90 周年文艺调演一等奖。交通代表团在省第十三届运动会中取得了金牌总数、奖牌总数、团体总分 3 项第一的优异成绩。

省交通运输厅召开纪念中国共产党成立 90 周年暨创先争优活动表彰大会

庆祝建党 90 周年合唱比赛

召开创先争优活动推进会

召开发展提升年活动动员会

召开党风廉政建设推进会

召开机关党建和文化建设推进会

召开省党代会精神专题报告会

江西省交通运输厅交通史志编审委员会

《江西交通年鉴》编辑部

《江西交通年鉴(2012)》编辑分工

特　　载	邓振胜
专　　记	何战鏖
便　　览	邓振胜　何战鏖
大 事 记	邓振胜
交通基础设施建设	胡建国
运输生产	邓振胜
科技教育卫生	彭益民
交通管理	黄自强
党群工作	何战鏖
市、县交通	邓振胜　黄自强
交通统计资料	何战鏖
人物、先进集体	彭益民
文献文件	彭益民
附　　录	何战鏖
彩色图片	杨　文
索　　引	巢强花(女)
发　　行	巢强花(女)　王小旭

《江西交通年鉴(2012)》提供资料单位主审名单

（以姓氏笔画为序）

万杰兵	王江军	王爱民	王继东	户才淦
刘晓兰	邝宏柱	冯义卿	朱隆亮	吴伟明
吴步高	李　奇	李　坪	李建红	李星勇
陈　克	邹竹民	张建明	肖伦发	余力克
易宗发	张　洪	赵建歧	钟彦祯	钟家毅
贺一军	胡建强	夏太胜	栾建平	钱志民
谢元银	谢赣健	聂复生	黄维象	黄福初
秦小辉	彭　瑜（女）	彭家珉	曾云谋	董学煌
简少华	蔡建新	熊华武	熊昌军	糜向荣

《江西交通年鉴(2012)》提供资料单位主笔

（以姓氏笔画为序）

万海飙	王　硕（女）	云　丽（女）	龙少华	刘　婷（女）
刘　晔	刘　勤	叶　勇	朱　革（女）	朱　熹（女）
朱　晗	朱国英	李青峰	陈　明	陈　菁（女）
陈孝法	陈均培	陈根玲	吴　欣（女）	吴泽水
余明华	杨河良	杨淑芬（女）	周国祥	罗新民
赵国成	倪文权	张兆平	张曙光	荣　耀
胡晓文	饶品涵	饶梅香（女）	徐　珍（女）	徐才金
陶光辉	涂　强	游国侯	龚仁平	龚莉萍（女）
崔建林	秦炜婷（女）	鲁德彪	虞德军	谭俊青
鲍丽娜（女）	廖晓锋	蔡晓萍（女）	颜卫民	

编 辑 说 明

一、《江西交通年鉴(2012)》是江西省交通运输厅交通史志编审委员会主持编修的第16部省级交通年鉴。载录江西交通2011年1月1日至12月31日的资料。出版年鉴的目的是资治当今,垂范后世,为江西交通建设服务,为社会了解江西交通提供信息。

二、本年鉴以马列主义、毛泽东思想、邓小平理论和"三个代表"重要思想为指导,坚持科学发展观,坚持实事求是的思想路线。在充分反映成绩、经验的同时,对工作中的困难、问题和缺点也作了如实记述;同时注意时代特征、地方特色、行业特点;力求全面准确地展示交通系统广大干部职工在物质文明、精神文明、政治文明和生态文明建设中的成果和风貌;充分发挥信息密集、多功能的作用,满足多方面、多层次读者的需要。

三、本年鉴的体例采用分类编辑法,以交通专业分工立目,内容由特载、专记、便览、大事记、交通基础设施建设、运输生产、科技教育卫生、交通管理、党群工作、市县交通、交通统计资料、人物及先进集体、文献文件、附录和索引构成,并附彩页。

四、本年鉴文稿由省交通运输厅机关各处室、厅直属各单位、各设区市及县交通局提供,并经领导审核。条目文后括号内的人名或单位名为撰稿者。

五、本年鉴选录的统计资料,主要依据江西省交通运输厅规划处编印的《2011年江西省交通统计年鉴》,部分由交通运输厅直属单位和设区市交通局提供,统计口径不一的以厅规划处统计数字为准。

六、本年鉴对获省、部级以上奖励的先进个人设简介;对厅级以上的先进集体、先进个人列表记述。

七、本年鉴的计量单位、数字用法、语言文字等均依照国家现行有关规定执行。

目　　录

特　　载

专　　记

便　　览

大事记

交通基础设施建设

公路建设

城市道路

县乡公路

公路桥梁建设

公路养护

养护工程

公路绿化

灾害防治

港航建设

规划与勘察设计

站场(厂)房屋建设

运输生产

道路运输

运输企业

运输线路

运输站点

运输工具

道路运价

道路旅客运输

水路运输线路

港口码头

水路运输船舶

水路旅客运输

水路货物运输

节能减排

交通附属工业

道路运输附属工业

水路附属工业

公路附属工业

科技　教育　卫生

科　技

信息工程

教 育

交通院校

培训与继续教育

卫　生

学术团体

交通管理

行政管理

发展提升年活动

政务管理

公路交通管理

冶理车辆超限超载

道路运输管理

路政管理

交通安全管理与应急处置

水路交通管理

水路运输管理

港口管理

规费征收

船舶检验

渡运管理

党群工作

党建工作

纪检监察工作

精神文明

工会工作

共青团工作

老龄工作

扶贫救灾工作

文史工作

市、县交通运输

交通统计资料

人物 先进集体

人物简介

2011年度全省交通运输系统先进个人

2011年度全省交通运输系统先进集体

2011 年度省交通运输厅厅直单位取得高级专业技术职务任职资格人员

文件　文献

附　　录

铁　路

民用航空

索　　引

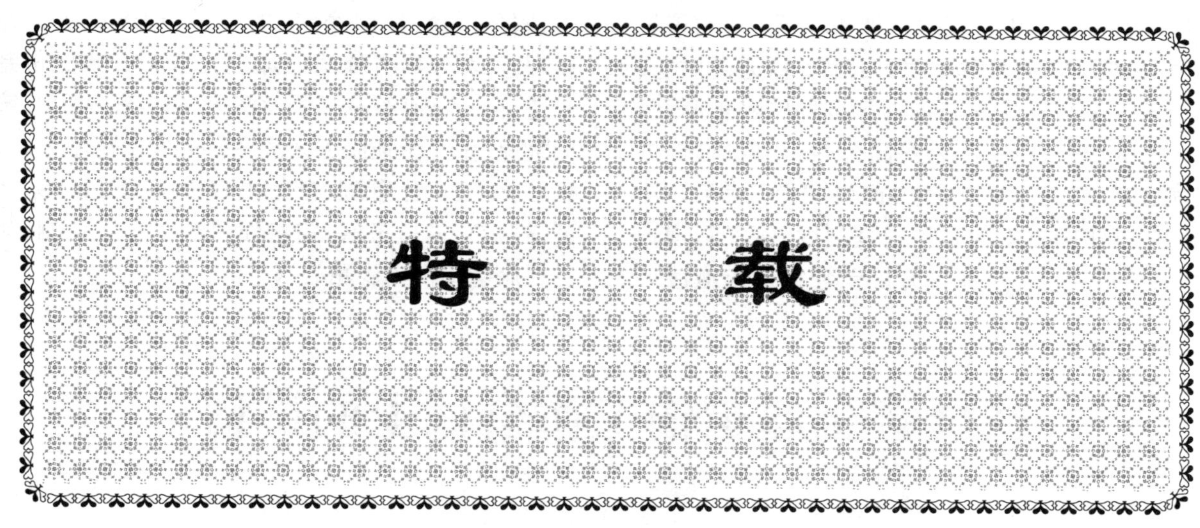

在全省交通运输三项工作总结表彰大会上的讲话*

鹿心社

（2012 年 2 月 13 日）

“十一五”以来，交通运输实现新的发展，全省“抓养护、迎国检”、农村“改渡建桥”和高速公路服务区综合整治三项工作取得显著成绩。“抓养护、迎国检”圆满实现“确保进步奖、力争前十五”的预期目标，5 年一次的全国该项工作大检查，江西省排名由第 28 位大幅跃升至第 14 位，其中高速公路养护在全国排名第 6 位。全省农村“改渡建桥”新建成桥梁 621 座，撤销农村渡口 800 个，惠及 90 个县（市、区）、383 个乡镇、616 个村，直接受益群众达 1000 多万人，全面完成了省委、省政府提出的“除大江、大河、大湖外的农村改渡建桥”任务。按照保洁、保通、保绿、保亮、保安、保形象的“六保”要求，着力完善服务区功能设施，改善服务区环境形象，提升服务区服务水平，高速公路服务区软硬件设施达到全国领先水平，展示了江西良好的对外形象。

* ：江西省委副书记、省长鹿心社在全省“抓养护、迎国检”，农村“改渡建桥”和高速公路服务区综合整治三项工作总结表彰大会上的讲话（摘录）。

要倍加珍惜取得的成绩,努力把以上三项工作提高到一个新的水平,为建设富裕和谐秀美江西作出新的更大贡献。要建立完善长效养护机制。地方政府要认真履行国省干线公路养护的主体职责,努力为公路养护提供必要的经费保障,及时协调解决工作中遇到的困难和问题。注重依靠科技,提高养护质量和水平。按照“畅通高效、安全绿色”的原则,建立完善科学合理的养护制度,强化日常养护管理,不断提高公路安全畅通能力和优良路率。要巩固深化“改渡建桥”成果。建立健全已建成桥梁的养护管理制度,落实管理责任,确保正常运行。抓紧开展已建桥但未撤渡口清查工作,尚未撤渡的要尽快依法依规撤销,确保人民群众出行安全。对位于大江、大河、大湖等暂不具备改渡建桥条件的400个渡口,要切实加强渡口安全管理,严密防范安全事故发生。要不断提升服务区的服务能力和水平。按照“以人为本、服务群众、发展经济”的要求,创新服务区建设理念,增强服务能力。加快完成服务区股份制改造,努力做到统一品牌、统一经营、统一管理、统一资源,做大做强服务区产业。大力实施精细化、标准化、数字化管理,推行ISO 9001质量体系认证,打造智慧服务区,完善便民利民服务机制,为过往旅客提供周到贴心服务。

在全省交通运输工作会议上的讲话*

凌成兴

(2012年2月13日)

一、关于2011年全省交通运输工作的总体评价

2011年,在党中央、国务院的坚强领导下,面对极为复杂的国内外发展环境,省委、省政府团结带领全省人民坚定信心,顽强拼搏,完成了“三个突破、八个提高”目标任务,实现了“十二五”的良好开局。交通运输部门紧紧围绕省委、省政府重大决策部署,紧紧围绕“打造高速公路时代”规划目标,紧紧围绕“提升六个水平”的年度任务,攻坚克难,开拓创新,不辱使命,勇挑重担,实现了“三个精彩开局、三个显著提升”。

“三个精彩开局”:

一是高速公路建设实现精彩开局,通车总里程超过3600千米。省交通运输厅着力破解资金筹措难题、用地指标难题、征地拆迁难题,全省高速公路建设保持强劲势头,建成德昌、永武、隘瑞、上武、瑞寻、昌奉6条高速公路,新增里程554千米,使全省高速通车总里程达到3603千米,在全国排名第10位。新增3条出省大通道,有89个县(市、区)通高速公路,实现了鄱阳湖生态经济区城市群高速公路网络化。加快推进九江长江公路大桥、龙杨、赣崇、奉铜、吉莲、德上、浮梁至桃墅岭高速公路等7个续建项目,新开工建设井睦、抚吉高速,寻全高速进入征地拆迁阶段,宜春至万载高速公路基本完成前期工作。

二是交通建设筹融资实现精彩开局,年度完成投资总量超过340亿元。全年完成投资345.9亿元,增长12.7%,高于全国平均水平5.6个百分点,高速公路投资占省重点工程投资比重达21%,对全省全社会固定资产投资超万亿元产生了巨大的拉动作用。面对融资艰难的严峻形势,省交通运输厅不叫困难、不等政策、不减任务,迎难而上,主动作为,争得了三笔巨额资金:第一笔,充分发挥省高速公路投资集团和省港航建设投资公司的平台作用,通过总部直接融资、获得进出口贷款、发行定向融资工具、信托、短期融资券、委托贷款等,争得项目融资204亿元,且60%为省外融资。第二笔,准确把握中央宏观调控方向,超前

* 江西省省委常委、常务副省长凌成兴在全省交通运输工作会议上的讲话(摘录)。

深化项目前期工作，争得中央补助资金100.95亿元，是2010年的近2倍。第三笔，依法依规管好高速公路，收取车辆通行费86.53亿元，增长10.3%。

三是公路养护管理实现精彩开局，“十一五”干线公路全国检查评比超过预定目标。以迎接全国干线公路养护管理大检查为契机，全省各地按照省政府的部署要求，在省交通运输厅具体组织下，创新建管养并举机制，强化规划引领、强化行业管理、强化资金落实，“十一五”全省共投入养护资金142.73亿元，比“十五”翻一番，其中：仅迎国检就投入养护资金29.3亿元。在2011年的全国干线公路养护管理大检查中，江西排名由2005年的第28名跃升到全国省区第14名，特别是高速公路养护管理排名第6，省交通运输厅被评为“十一五全国干线公路养护管理工作进步单位”，出色完成了省委、省政府提出的“打好抓养护、迎国检的硬仗，确保进步奖、力争前十五”的目标任务。

同时，江西高速公路服务区综合整治成效卓著，服务区的风格、面貌、管理和效益发生了深刻变化，彻底扭转了“三个反差太大”的落后局面，成为展示江西形象、展销江西特产的重要窗口。

“三个显著提升”：

一是水运建设发展水平显著提升。牢牢抓住长江水运发展协调领导小组第三次会议在江西省召开的机遇，积极争取国家部委对江西水运建设的重视支持，破解三大难题、构建六大体系，加快推进水运建设发展。赣江石虎塘航电枢纽完成投资14.9亿元．船闸开始运行，1号机组将于汛前投产发电。赣江南昌至湖口二级航道整治工程和码头建设顺利推进，永泰航电枢纽、南昌龙头岗危化品货运码头、南昌港国际集装箱码头扩能工程前期工作有序展开。九江港集装箱吞吐量完成14万标箱，增长18%；南昌港集装箱吞吐量完成6万标箱，已连续三年超过设计能力。

二是交通运输服务民生水平显著提升。农村“改渡建桥”三年新建桥梁621座，可撤消渡口800个，惠及全省11个设区市、90个县（市、区）、383个乡镇、616个行政村，受益群众达1000多万人，完成了省委、省政府提出的“全省除大江、大河、大湖、水库外的农村渡口改渡建桥”目标任务。在2010年全省行政村全部建成水泥路的基础上，扩大了农村公路建设补助范围，重点推进农村客运网络化所需的县乡公路改造和连通工程建设，启动了国有农林场公路建设，“有村必有路、有路必有车、有车必有站（亭）”的愿望基本实现并不断延伸。开展收费公路专项清理，向社会公布全省收费公路基本情况，规范收费行为，降低物流成本，接受社会监督，提高服务水平。

三是交通安全应急监管水平显著提升。深入开展安全生产年、安全生产隐患排查整治、道路客运隐患整治、打击非法违法生产经营建设行为等专项活动，水上交通、重点工程建设、道路客运安全生产各项指标均控制在省安委会下达的考核指标以内，尤其是水上交通事故持续下降。交通安全应急处置能力明显增强。特别是昌金高速芦溪段“9·2”地质灾害发生后，省交通运输厅会同萍乡宜春市县政府、地质勘探、公安交警，迅速制订分流方案、迅速查明灾害成因、迅速开展工程抢修，没有发生人员伤亡，没有发生次生灾害，没有发生交通事故，出色完成修复通车任务。

同时，交通运输系统还扎实推进了国企改革、运输发展、科技创新、行业管理、政风行风建设，赢得了省领导的充分肯定，赢得了国家部委的高度赞扬，赢得了社会各界的广泛好评。借此机会，洪副省长和我再次向全省交通运输战线的职工表示衷心的感谢！

二、关于2012年全省交通运输工作的总体要求

（一）认真学习贯彻中央经济工作会议的总体要求。

要认真学习领会胡锦涛总书记、温家宝总理在中央经济工作会议上的重要讲话精神，着力贯彻落实“一个总基调、四个牢牢把握”。“一个总基调”：即稳中求进的工作总基调。稳，就是保持宏观经济政策的基本稳定，保持经济平稳较快发展，保持物价水平基本稳定，保持社会大局稳定；进，就是要继续抓住和用好我国发展的重要战略机遇期，在转变经济发展方式上取得新进展，在深化改革开放上取得新突破，在改善民生上取得新成效。“四个牢牢把握”：即牢牢把握扩大内需这一战略基点，牢牢把握发展实体经济这一坚实基础，牢牢把握加快改革创新这一强大动力，牢牢把握保障和改善民生这一根本目的。

（二）认真学习贯彻全国交通运输工作会议

的总体要求。

中共中央政治局委员、国务院副总理张德江在交通运输部调研座谈会上指出,要围绕建设安全畅通便捷绿色交通运输体系总目标,更加重视交通运输安全,更加重视交通运输改革创新,更加重视区域、城乡交通运输协调发展,更加重视综合运输体系建设,更加重视提高服务能力和水平,着力促进交通运输的安全发展、稳定发展、协调发展、高效发展、创新发展、开放发展,更好地满足经济社会发展和人民群众日益增长的交通运输需求。李盛霖部长对2012年全国交通运输工作进行了全面部署,提出了"五个坚持",一是坚持稳中求进,继续推进交通运输基础设施建设;二是坚持"三个转变",着力提高交通运输管理水平;三是坚持注重公平,有序推进交通运输基本公共服务均等化;四是坚持民生为先,努力解决人民群众关注的突出问题;五是坚持安全第一,不断提升交通运输安全发展水平。

(三)认真学习贯彻全省经济工作会议和省"两会"的总体要求。

总体要求:全面贯彻党的十七大和十七届三中、四中、五中、六中全会和省第十三次党代会精神,以邓小平理论和"三个代表"重要思想为指导,深入贯彻落实科学发展观,紧紧围绕建设富裕和谐秀美江西的奋斗目标,以鄱阳湖生态经济区建设为龙头,坚持把稳增长、调结构、抓改革、优生态、惠民生、促和谐更好结合起来,增强发展动力,调整经济结构,深化改革开放,优化生态环境,保障改善民生,保持经济平稳较快发展和社会和谐稳定,以优异成绩迎接党的十八大胜利召开。

主要目标:生产总值增长10%以上,财政总收入增长16%以上,全社会固定资产投资增长20%以上,社会消费品零售总额增长16%,实际利用外商直接投资增长10%,外贸出口力争增长5%以上,城镇化率提高1.7个百分点,城镇居民人均可支配收入和农民人均纯收入增长12%,居民消费价格指数控制在4%左右,人口自然增长率控制在8‰以内,单位生产总值能耗下降3%,二氧化硫排放量下降1.2%,化学需氧量、氨氮排放量下降1%,氮氧化物排放量实现零增长。

重点工作:一要大力推进鄱阳湖生态经济区建设,加快转变发展方式。二要大力推进新型工业化,加快产业转型升级。三要大力推进农业农村现代化和城镇化,统筹城乡协调发展。四要大力推进服务业发展,进一步优化经济结构。五要大力推进重大基础设施建设,为经济社会发展提供有力支撑。六要大力推进改革开放,增强发展的动力和活力。七要大力推进民生工程,为人民群众多办实事好事。八要大力推进社会事业发展,促进社会和谐稳定。

我们要吃透上级精神,联系交通实际,开创新的局面。

三、关于2012年全省交通运输工作的主要任务

对于2012年的交通运输工作,希望全省交通运输系统牢牢把握稳中求进的工作总基调,围绕"龙头昂起、两翼齐飞、苏区振兴、绿色崛起"的区域发展格局,抓项目、抓投资、抓配套、抓管理,确保全省交通年度投资超过350亿元。重点是咬住"一个目标",推进"五项工作"。

咬住"一个目标",就是打造高速公路时代的宏伟目标,具体抓好三件大事:

一是抓好2012年高速公路通车总里程突破4000千米的大事。2012年要确保建成奉铜高速134千米、龙杨高速61千米、祁浮高速16千米、吉莲高速106千米、赣崇高速88千米、德上高速61千米,新增高速里程466千米,力争建成抚吉高速赣江大桥以东150千米,确保全省高速公路通车总里程突破4000千米。

二是抓好县县通高速两个收官项目的大事。到2012年年底,将有98个县通高速公路,县县通高速的目标指日可待。2012年雨季过后,寻乌至全南、宜春至万载两个县县通高速的收官项目务必全面开工,请沿线市县配合项目法人抓好征地拆迁、优化施工环境、确保两年建成。

同时,开工建设昌樟高速扩建、昌九高速通远试验段改造、九江绕城、资溪至金溪等项目,加快建设九江新长江公路大桥、井睦高速等续建项目。省交通运输厅要与省发改委、萍乡市、景德镇市政府一道,抓紧依法解决萍乡至洪口界、景德镇南环"招商项目"的遗留问题,尽早复工。继续强化项目前期工作,加快推进金溪至抚州、兴国至赣县、都昌至星子、广昌至船顶隘、吉安绕城、萍乡至莲花和湖北武穴至瑞昌(码头)等高速项目的前期工作,为2015年全省建成5000千米高速公路做好项目储备。要坚持一个项目一个项目抓、一个环节一个环节抓、一个难点一个难点抓，不断强化质量工作、安全工作、环保工作、廉政工作、群众工作、协调工作，努力提升高速公路建设水平。

三是抓好高速公路县城连接线改造扩建的大事。打造高速公路县城连接线，是发挥高速优势、拓展城市布局、提升城市水平、振兴县域经济的重大举措。有不少县（市、区）善于抢抓机遇、注重大门建设，已经把县城连接线建成一级公路甚至超一级公路。请省交通运输厅因势利导、大力支持，按一级公路升级改造规定，积极申报交通运输部的项目补助；有关市县政府要主动搞好规划设计、积极筹措配套资金、精心组织项目建设，力争用三年左右时间完成任务。

同时，要把国省干线公路升级改造与高速公路县城连接线的改造扩建有机结合起来，重点改造升级105国道、320国道。完成国省道升级改造500千米、路面改造等大中修工程1500千米。加快鄱阳湖生态经济区干线公路网建设，加快“十纵十横”干线网断头路建设；加快普通国省道升级改造工程，使319国道二级公路比重达到100%，206国道、316国道二级公路比重达到95%以上，支持超过10万人口县城省道绕城升级项目建设。

推进“五项工作”：

一要推进交通筹融资工作。省交通运输厅要继续发挥省高速公路投资集团公司、省港航建设投资公司的平台作用，加强银企合作，完善银团贷款，用好融资工具。要继续争取中央部委特别是国家发改委、交通运输部的支持，力争获得更多资金补助。要继续搞好合作投资、合作建设、合作运营项目建设，同省投资集团、上饶市、赣州市、抚州市、九江市政府同舟共济，千方百计保障赣崇、德上、寻全、龙杨、资溪至金溪、九江新长江公路大桥等合作项目建设资金。

同时，要在确保安全质量的前提下，对新建高速公路下决心优化设计、降低造价，控制成本、提高效益，深山重丘地区的项目造价一般不超过7000万元，平原丘陵地区的项目造价一般不超过5000万元。要积极推进“公路两个体系”建设（以普通公路为主的非收费公路体系，以高速公路为主的收费公路体系），按照中央六部委的统一部署，规范收费公路管理和运营，从2012年3月1日开始，实施收费公路专项清理整改工作方案。努力保持全省高速公路收费还贷、滚动发展的良性循环态势。

二要推进水运建设发展。要抓住鄱阳湖生态经济区和长江黄金水道开发建设的战略机遇，省市联动推进沿江开放开发。要按照省政府现场办公会议要求，搞好九江港总体规划编修工作，搞好沿江综合交通运输体系规划编修工作。做好物流规划与城区、园区、港区、口岸规划的衔接，支持九江港率先步入亿吨大港。科学开发利用好九江沿江岸线资源，管严管好沿江岸线。抓紧制定全省港口岸线规划，注重产业集聚，发展现代物流。加快水运建设，推进赣江南昌至湖口二级航道整治工程、赣江石虎塘航电枢纽建设步伐，开工建设南昌龙头岗综合码头一期工程、南昌港国际集装箱码头扩能工程、永泰航电枢纽等项目。

三要推进农村公路建设。要按照“巩固成果、扩大成绩”的要求，扎实推进农村公路发展，继续以建设农村客运网络化体系为重点，加快农村客运网络连通工程建设，提升县乡道公路等级。组织实施好国有农林场公路硬化、少数民族乡自然村公路建设和峡江水利枢纽工程移民安置点公路建设。主动做好中央苏区振兴规划中交通运输项目的编制工作，积极争取国家对中央苏区和罗霄山特困片区交通建设的政策支持。

四要推进公路管理养护。要巩固和扩大迎国检成果．强化国省道、农村公路管理与养护工作，按照省政府《加强“十二五”期间普通国省干线公路建设与养护管理意见》，落实各方责任，加快升级改造、加快路网成型、加快提高国省干线优良路率，确保全年全省用于养护维修、路面改造的资金不少于10亿元，这要作为一个硬任务每年核查一遍、三年考评一次。抓好普通国省干线公路50个“三位一体”综合养护中心建设、抓好乡镇农村公路100个“六位一体”综合服务站试点工作。加强公路路政管理，加大治超工作力度，在取消收费公路及桥梁较多路段加强治超检查，有效遏制55吨以上货车上路过桥，全力保障群众安全便捷出行。

五要推进交通队伍建设。交通运输系统要认真按照省委、省政府《关于加强干部作风建设进一步优化发展环境若干问题的决定》精神，着力解决工作作风上的庸、懒、散问题，着力解决领导作风上的假、浮、蛮问题，着力解决为政不廉上的私、奢、贪问题,抓好干部作风突出问题整治工作。要以高速公路建设管理标准化、创建“平安工地”、“十二公开”等活动为抓手,全面抓好交通基础设施项目的质量、安全和廉政管理,进一步提升高速公路服务区管理水平、进一步提升高速公路通道绿化水平、进一步提升交通运输安全发展水平。强化廉政风险防控,深化纠风治乱工作,严肃查处违纪违法行为,做到自警、自省、自重、自律,清清白白做人、兢兢业业工作、干干净净做事,塑造交通干部队伍的良好形象。

攻坚克难,奋力推进交通运输平稳较快发展*

程受锭

(2012 年 2 月 13 日)

这次会议对 2012 年交通运输发展任务进行了全面部署,明确了指导思想、目标任务和具体措施。应该说大盘已定,关键在于如何抓好落实。

第一,继续推进交通基础设施建设

全省经济工作会议强调,投资和项目是基础、是未来,扩大固定资产投资是经济增长的最主要、最有效推动力。这就要求交通运输部门,要继续把推进交通基础设施建设放在重要位置,为保持经济社会平稳较快发展提供坚强支撑和保障。

一要保证工程建设进度。根据安排,2012 年全省交通基础设施建设任务是:公路方面,高速公路开工建设昌九高速改扩建、寻乌至全南等 6 个项目,建成赣州至崇义、吉安至莲花等 6 条高速公路,通车里程突破 4000 千米;国省道完成改造升级 500 千米、路面改造等大中修 1500 千米;农村公路实施 5000 千米县乡升级、农村客运网络化连通工程,以及国有农、林场通水泥路等建设。水运方面,开工建设赣江永泰航电枢纽、南昌龙头岗综合码头一期工程、南昌集装箱码头扩能等项目,加快石虎塘航电枢纽、赣江南昌至湖口二级航道整治工程建设步伐。场站枢纽方面,建设 100 个农村公路综合服务站、500 个农村候车亭。力争开工建设南昌新港交通物流园区、南昌综合客运枢纽站。建设目标任务已经明确,各单位各部门要对照目标任务,科学安排、精心组织,确保目标任务全面实现。

二要保证工程建设资金。完成建设任务,资金是关键。建设资金一旦不到位,既对工程进度造成直接影响,又可能诱发质量安全隐患,也容易形成新的劳务人员工资拖欠,影响社会稳定和政府、交通运输形象。保证建设资金,要重点把握好“八个字”。一是争取,就是要进一步深化部省共建,以国高网等政府性投资项目、普通公路等公益性项目为平台,尽最大努力争取交通运输部投资补助资金。二是盘活,就是要进一步盘活现有的存量资产,把现有资产和未来可预期获得资产,作为资本进行运作,筹集建设资金。三是创新,就是要进一步创新投融资体制,完善投融资政策。跳出交通运输系统内现有资金范围,积极开展资本运作,采取金融衍生工具等多种方式引入社会资本。四是管理,就是要进一步加强资金管理,既降低成本、提高效率,又确保资金运行规范安全。

三要保证工程建设质量。目前,交通基础设施建设投入大,在建及开工项目多,建设规模大,工程建设集中,确保工程质量面临挑战。“百年大计,质量第一”。在交通大建设时期,必须妥善处理发展速度和保证工程质量的关系,决不能一味追求速度放松质量。各项目设计、施工、监理单位要各司其职,各负其责,坚持进度服从质量,抓好标准化、精细化管理,将全面质量管理意识渗透到工程建设全过程。各级交通质量监督部门要加强监督检查,强化工序质量管理与控制,突出对重

* 江西省交通运输厅党委书记程受锭在全省交通运输工作会议上的讲话(摘录)。

点工程、重点部位、重要工序的监督检查,以点带面,着力解决质量管理中的薄弱环节,确保工程建设质量经得起历史检验。

第二,大力提升交通运输管理水平

在加快交通建设的同时,加强行业管理,做到“两手抓、两手硬”,齐头并进、协调发展,这是交通运输科学发展应有之义。加强行业管理是个长期、系统工程,就目前而言,有三项紧迫工作需要尤为关注。

一是要关注国省干线和农村公路养护管理。经过“迎国检”、国省干线公路面貌有较大改善,通行能力有较大提升。但养护管理体制不顺、运行机制落后、资金投入不足、机械设备陈旧等问题,并未得到根本解决。特别是在取消政府还贷二级公路收费后,高速公路通行的重载车辆分流到普通公路有不断增长趋势,普通公路的承载能力、养护工作面临严峻考验。提高普通公路技术标准,预防普通公路早期病害发生,加强普通公路大中修和小修保养,加大普通公路治超力度,已成为公路行业的紧迫任务。农村公路养护方面,江西省农村公路里程已达 13.13 万千米,早期修建的通村公路已进入大中修期。但管养机构不健全、机制不配套、地方资金不落实等问题比较突出,导致养护人员不足,养护投入和标准不到位,养护工艺粗放、设备简陋、技术水平较低等,不利于农村公路持续健康发展。如何解决养护资金与公路建设发展不相适应问题?如何解决行业主体职能与公路发展不相适应问题?如何解决养护工作与公路发展不相适应问题?是摆在各级交通运输部门面前亟待破解的课题。

二是要关注高速公路运营管理。江西省高速公路已建成 3603 千米,从运营主体看,既有政府还贷型,又有收费经营型。收费经营型中,既有国有控股、国有独资,又有省内合作和招商引资。从管理模式看,既有由地方政府管理的公司,又有由交通主管部门管理的公司或企业。这种多元化的管理主体和运营主体形势下,如何把高速公路运营管理好,需要认真研究。随着高速公路逐步成网以及运营时间的推移,一些新情况新问题逐步突显出来。如随着施工成本和人工成本不断提高,如何控制养护成本?《收费公路管理条例》出台后,如何合理确定政府收回收费公路的补偿标准以及改扩建后如何确定合理的收费年限?针对社会大众出行要求提高,如何深化服务内容,提供优质服务?二级路取消收费后,对高速公路的分流影响,值得认真思考。

三是要关注交通服务能力提升。交通运输既是管理部门,又是服务部门。为社会大众服务是交通运输行业的重要属性。当前人民群众出行的要求越来越高,已经由“走得了”向“走得好”升级,更安全、更舒适、更便捷、更经济,越来越成为人民群众对交通运输的新需求;同时,人民群众出行需求日益多样化,公共需求持续增长,也对交通运输部门的服务保障能力提出了更高要求。交通运输部门要坚持以人为本,把不断满足人民群众日益多样化的运输需求作为出发点和立足点。实施安全发展战略,加大投入,着力改善和提高运输软硬件水平;规范运输管理,提高服务标准,提升服务品质;鼓励“窗口”单位规范服务行为,改进服务手段,创新服务方式,打造服务品牌;改革服务评估方式,完善服务评价体系内容和结构,构建社会化评价体系。努力提供畅通、安全、舒适的出行环境,让群众真正理解交通、满意交通、支持交通。

第三,加快转变交通运输发展方式

坚持在发展中转变、在转变中发展的思路,做到加快发展坚定不移、转变发展方式坚定不移,真正把发展建立在优化结构、增进效益、节约能源和保护环境的基础上,努力提升交通运输发展质量。

一要坚持规划优先,推进协调发展。重点加强三个建设:一是加强综合运输网络建设。优化运输线路的空间布局,加强区域间运输通道及干线建设,保障区域间运输畅通。加快与周边地区的省际运输通道建设,促进省际经济合作与发展。加强综合运输枢纽建设,促进各种运输方式有效衔接,提高服务水平。二是加强交通综合运输体系建设。优化运输结构,提高运输效率,旅客运输和货物运输均应从综合运输角度出发,建成完善体系。满足不同运输群体对不同运输工具及服务的差异性需求。三是加强运输企业建设。引导运输企业通过整合兼并、重组等方式,建立满足不同行业、不同层次需求、大中小相结合、专业化匹配、地区分布合理、服务质量良好、能够满足需求的运输企业群体。

二要坚持科技优先,推进创新发展。科技支撑发展、引领未来。目前,江西省交通科技的总体实力不够强,对交通运输发展的支撑能力有限。要深入实施科技创新“六个一”工程,推动交通运输发展进入创新驱动的轨道。加快建立以企业为主体、以市场为导向、产学研紧密结合的科技创新体系。加强科技创新平台建设,有效整合科技资源,创建一批与全省交通运输发展紧密结合、高水平的行业重点实验室和工程技术研究中心。完善落实鼓励创新创造的政策和机制,加速科技成果转化和推广应用。加大人才强交战略实施力度。既要重视引进人才,更要大力培养使用本系统人才,既要为各类人才提供干事创业平台,又要切实解决他们的后顾之忧,对一些高端、特殊人才要有特殊政策措施,努力形成人才辈出、人尽其才、才尽其用的生动局面,为交通运输发展提供强大智力支撑。

三要坚持环保优先,推进绿色发展。省委省政府一贯强调,良好的生态环境,是江西最宝贵的财富、最大优势、最大品牌,也是江西科学发展、进位赶超、绿色崛起的核心竞争力;再三重申“既要金山银山,又要绿水青山”。交通运输部门要坚决贯彻省委省政府的决策部署,围绕建设资源节约型、环境友好型社会,积极发展绿色、环保、低碳交通运输体系。在交通基础设施规划、设计、建设等各个环节,做到最大限度地节约资源,最小限度地影响环境,实现交通建设与自然生态的和谐统一;在运输环节,进一步调整运力结构,优化运输组织方式,鼓励使用技术先进、经济安全、环保节能的运输装备,加快淘汰高污染、高燃耗、高排放、低效能的运输装备;在行业管理环节,加强节能减排监管的基础工作,积极推广应用交通运输节能新技术、新设备、新产品、新工艺,倡导公众选择节能环保的生产、生活方式和消费模式。

第四,全力维护行业和谐稳定

维护交通运输行业和谐稳定,既是一项长期的战略任务,又是一项经常性的工作。这里,着重就突出行业特点,创新维稳方法,提高维稳工作的整体效果和水平强调几点。主要做到“三个结合、三个注重”。

“三个结合”:一是与行业特点相结合。如果离开本单位的具体工作,不结合本单位的工作特点,来搞维稳工作,效果一定不会很好。必须结合行业和单位的特点和实际,在不断提高人员、质量、安全等各项工作管理水平的基础上,强化防范措施和手段,提高预防能力和水平。二是与思想政治工作相结合。随着交通运输改革的不断深入,难免会产生或激化一些矛盾和纠纷。化解这些矛盾和纠纷,要充分发挥思想政治工作的良好传统和优势,通过深入细致的思想政治工作把有关问题、有关政策、有关情况给职工群众讲清楚、说明白。在出台一些政策措施时,要通过深入细致的思想政治工作统一思想,提高认识,争取在和谐的氛围中推进各项工作。三是与地方综治办的有力指导相结合。做好维稳工作,要坚持“谁主管、谁负责”的原则,也要坚持“属地管理”的原则。有些矛盾问题牵扯很多方面,协调处理也涉及到很多地方部门。各级交通运输部门要加强与地方综治部门的联系,及时沟通协调努力争取他们的支持指导,共同推进维稳工作。

“三个注重”:一要注重针对性。在做好全面维稳工作的基础上,特别要对工程建设征地拆迁、工程劳务人员工资支付、出租车行业管理、客运班线等一些重点部门、重要环节和重点部位实行重点监控、高度防范,严防出现重大问题。二要注重预见性。钉对一些重要时期、敏感问题、重大活动,要高度重视社会管理创新和行业安全稳定工作,涉及重大决策、重要决策等事项,要认真落实社会安全风险评估机制,确保事业平稳健康高效发展。对一些不稳定因素要高度关注,完善矛盾纠纷隐患排查措施,及早实施处置。对突发事件,各级干部职工要积极应对,及时启动应急预案,实施科学高效处置,防止事态扩大、减少各种损失,妥善处理善后,维护大局稳定。三要注重长期性。维护稳定工作是一项长期的任务。要坚持不懈、持之以恒,始终做到以人为本,真正把职工和人民群众的利益放在心上,深入分析和排除引发矛盾冲突的制约因素,努力解决突出问题。经过长期不懈的努力,交通运输部门一定能够在一个较长的时期内,为交通运输发展创造一个安定团结、和谐有序的发展环境。

把握总基调　实现新跨越 为建设富裕和谐秀美江西提供坚实交通运输保障*

马志武

（2012 年 2 月 13 日）

一、2011 年交通运输工作简要回顾

2011 年是"十二五"规划的起始之年。在省委、省政府和交通运输部的领导下，全省交通运输系统以科学发展观为统领，紧紧围绕江西省"三个突破、八个提高"的总体要求，紧盯全省交通运输"开好局、起好步"的年度工作任务，强化调度，狠抓落实，在困境中奋力攻坚，在发展中破解难题，交通运输工作为全省经济社会发展作出了应有贡献，实现了"十二五"良好开局。

（一）保持进位赶超态势，实现了交通运输跨越发展的良好开局。

一是全年交通基础设施投资总量突破 340 亿元。完成投资 345.9 亿元，同比增长 12.7%，高于全国平均水平 5.6 个百分点。其中公路建设完成 342 亿元，同比增长 13.6%。高速公路完成投资占全省重点工程投资比重达 21%。

二是全省高速公路通车里程突破 3600 千米。建成德兴至南昌、永修至武宁、隘岭至瑞金、上饶至武夷山、瑞金至寻乌、南昌至奉新（靖安）等 6 个项目 554 千米，建成里程占全国新增里程的 5.1%，全省高速公路通车里程达到 3603 千米。新增 3 个出省大通道，济广高速江西境内全线贯通，实现了鄱阳湖生态经济区城市群高速公路网络化，直通高速公路的县（市、区）达到 89 个。全省高速公路密度由 2010 年的 1.85 千米/百平方千米上升到 2.18 千米/百平方千米。续建并加快建设九江长江公路大桥、龙南里仁至杨村、赣州至崇义、奉新至铜鼓、浮梁至桃墅岭、吉安至莲花、德兴至上饶等 7 个项目 481 千米，阶段目标任务全面完成。开工建设井冈山厦坪至睦村、抚州至吉安高速公路共 2 个项目 223 千米。同时，稳步推进昌樟高速扩建工程、昌九高速扩建工程通远段、宜春至万载、寻乌至全南、九江绕城等高速公路项目前期工作。

三是全年交通建设筹融资突破历史。在宏观经济政策收紧、银行信贷规模紧缩、厅融资平台纳入政府融资平台监管、融资极度困难的形势下，千方百计保证交通建设项目的刚性资金需求。成立了厅融资工作协调小组，通过总部直接融资、获得进出口贷款、发行定向工具、信托、短期融资券、委托贷款等，新增项目融资约 204 亿元，且 60% 为省外融资。同时，做足做细项目前期工作，按照中央的指导方向和要求抓好落实，全年共争取中央补助资金 100.95 亿元，是 2010 年的近 2 倍，超过"十一五"五年争取中央补助总和的一半。高速公路车辆通行费收入同比增长 10.3%。以上三方面都实现了历史新高。

（二）加快发展方式转变，实现了交通运输转型发展的良好开局。

一是全省公路管理和养护水平实现历史性突破。报请省政府出台了《加强"十二五"期间普通国省干线公路建设与养护管理意见》，大幅增加了省级补助国省干线公路标准，全面落实省地责任。加强制度建设和管理规范化建设，制定《江西省普通国省干线公路建设管理办法》、《江西省普通国省干线公路养护大中修管理办法》等一批规章制度，实现了对路网结构改造工程、公路建设养护工程的项目库管理和实施过程规范化管理，以及对基层养护道班、路政执法单位的规范化、标准化建设。提高公路养护科学决策水平，通过扎

* 江西省交通运输厅厅长马志武在全省交通运输工作会议上的讲话（摘录）。

实有力的措施,全力以赴抓路况养护、全力以赴抓规范管理、全力以赴抓路域环境整治、全力以赴抓“畅安舒美”、取得了全国省、自治区公路养护管理排名第14、高速公路排名第6的好成绩,江西被评为“十一五全国干线公路养护管理工作进步单位”,较圆满地完成了省委、省政府提出的“确保进步奖、力争前十五”的目标任务。

为力争“十二五”期末全省普通国省干线公路面貌取得显著变化,2011年省厅已与九江、景德镇、鹰潭、上饶4个设区市政府签订了《落实省政府“十二五”期间普通干线公路建设、养护管理目标任务框架协议》,2012年上半年将完成与其他7个设区市框架协议的签订工作。

二是科学规划引领转型。立足江西省情,把握交通运输发展的阶段性特征,以鄱阳湖生态经济区建设为龙头,抓住重要战略机遇期,按照“适度超前、做大总量、调整结构、创新发展、全面提升”的思路,集全系统智慧,编制完成了《江西省“十二五”公路水路交通运输发展规划纲要》和相关专项规划。出台了农村综合服务站试点意见,完成了6个国家公路运输枢纽总体规划编制和部省联合评审,帮助南昌市完成了南昌新港规划,编制了县城绕城公路规划、农村客运网络规划等,更加注重公路水路交通网络的衔接,更加注重建设、养护、管理、运输服务的协调,更加注重交通发展与服务保障系统的统筹,为切实转变交通运输发展方式奠定了基础。

三是稳步推进交通运输企事业改革。各地涉改交通运输企业113户、厅属涉改企业9户,已基本完成改革任务,国有企业改革总体平稳。在改革过程中,严格执行省委、省政府相关文件精神,严格清产核资、财务审计、资产评估,尊重职工意见,善待职工、化解矛盾。稳步推进事业单位改革,完成了事业单位机构实名制管理和清理规范,事业单位岗位设置工作有34个单位通过审核、岗位聘任工作有20个单位已经完成。完成省水上搜救中心与省港航管理局合署办公、交通工程质量监督站变更为全额拨款事业单位、交通职业技术学院升格副厅级、交通干部学校更名等工作;组建了省公路管理局信息数据中心。

(三)提升基本公共服务水平,实现了交通运输惠民发展的良好开局。

坚持把改善民生作为交通运输工作的出发点和落脚点。一是大力推进农村公路网建设。重点推进以满足农村客运网络化建设所需的县乡公路改造及连通工程建设、少数民族地区通村组公路建设和国有农林场公路建设,全年建成农村公路8647千米,加强农村公路安保工程、危桥改造、水毁恢复重建。统筹农村路、站、运建设协调发展。建成农村客运站122个,农村客运候车亭2000个。

二是打造交通运输服务新亮点。在全省开展集农村客运、货运、运政、路政、公路建设与养护为一体,并具有健全的综合管理服务功能的乡镇农村公路综合服务站建设,确定了50个省级试点,已经开工5个。全力做好改渡建桥扫尾工作。除洪灾受损工程和技术复杂的特大桥以外,“十一五”渡改桥建设目标任务全面完成。启动了农村渡口标准化建设。继续做好高速公路绿化、服务区整治。投入近1.1亿完成了高速公路“一大四小”第三阶段绿化改造任务。完成了吉安、黎川、婺源、上饶服务区和武吉高速公路沿线服务区改造工程,继续落实“六保”责任,推行平价消费。经过近几年坚持不懈的努力,江西省高速公路绿化和服务区软硬件水平已达全国领先水平,成为展示江西形象的靓丽风景。

三是积极推进城乡客运一体化试点工作。南昌市至安义县、鹰潭市至辖区3县、丰城市至辖区32个乡镇实现了城乡客运一体化,票价下降幅度大多超过50%。南昌、赣州、九江等3个设区市设置了6条共26千米公交专用道。启动了对设区市落实城市公交优先发展的考核工作,完成了11个设区市城市公交满意度调查测评。及时发放2010年度农村客运、城市公交、出租汽车燃油补贴8.5亿元。

四是认真做好收费公路专项清理工作。向社会公布全省收费公路基本情况,大幅度降低了机场高速公路收费标准,提前撤销了105国道峡江收费站。收费站清理方案已经制定并上报,将按照开展收费公路专项清理工作的要求继续推进。

(四)构建综合运输体系,实现了交通运输协调发展的良好开局。

一是推进公路水路建设协调发展。在加快高速公路建设的同时,完成国省道投资52.3亿元,国省干线公路升级改造593千米,路面改造等大中修1744千米,超额完成了年度目标任务。加快港航建设步伐，水运基础设施建设创历史新高。赣江石虎塘航电枢纽累计完成投资14.9亿元，二期围堰提前截流，船闸开始运行，第一台机组将于汛前发电。全长175千米的赣江南昌至湖口二级航道整治工程开工。永泰航电枢纽、南昌港樵舍货运码头、南昌港国际集装箱码头扩能工程前期工作倒排节点，有序推进。

二是精心谋划和实施枢纽建设。大力推进集综合运输方式一体的南昌新港前期工作，南昌龙头岗综合码头一期工程即将开工建设。初步确定在南昌、赣州、宜春、吉安、九江、鹰潭6个枢纽城市建设28个客运枢纽、33个货运枢纽项目，已开工建设客运枢纽1个。

三是优化公路水路运输结构。全省道路运输完成客运量7.25亿人次、旅客周转量340.90亿人千米、货运量9.84亿吨，货物周转量2066.83亿吨千米，同比增长2.69%、3.21%、11.21%、11.71%；水路运输完成货运量7447万吨、货物周转量203.3亿吨千米，同比增长14.34%、11.43%；年港口货物吞吐量完成2.36亿吨，同比增长11.8%。集装箱吞吐量九江港突破14万标箱，同比增长18%，南昌港突破6万标箱，连续三年突破年设计吞吐量。加快船舶更新改造，新建江海直达运输船舶，全省船舶运力实现两位数增长，平均吨位增加到676载重吨，增长18.3%。全省营运客车更新加快，车型结构不断优化，运输装备明显改善。

（五）增强安全应急能力，实现了交通运输安全发展的良好开局。一是安全生产形势“一降三平稳”。水上交通、重点工程建设、道路客运安全生产各项指标均控制在省安委会下达的考核指标以内，特别是水上交通事故持续下降，保持了个位数。“春运”、“两会”、法定节假日、大运会、泛珠大会、七城会等重要时段保持安全平稳的良好态势。二是安全监管全面加强。落实“一岗双责”，深入开展安全生产年、安全生产隐患排查整治、道路客运隐患整治、打击非法违法生产经营建设行为等专项活动，印发《江西省交通运输安全生产事故隐患排查治理暂行制度》等7项制度。对390辆凌晨2点至5点运行的卧铺客车进行排查整治，其中调整发班时间车辆47辆，落实停车休息方案车辆319辆，其他运行线路达不到停车休息条件的，采取了落实驾驶员休息制度，普通公路日运行里程超过400千米、高速公路直达里程超过600千米的，客运车辆都要配备2名驾驶员。在所有卧铺客车加装了视频监控装置。三是应急体系建设逐步完善。建立高速公路四级应急响应机制，完善与交警、路政、排障救援、气象、医疗、地方政府等的联勤联动机制。联合气象等有关部门启动了江西省高速公路气象自动监测预警工程项目。规划在普通国省干线公路建设50个集养护、应急和服务“三位一体”的综合养护中心，并先行建成了上高综合养护中心、宜春市赣西公路应急抢险中心、萍乡市公路应急抢险中心、南昌市麦园应急抢险中心。规划在高速公路建设10个具有全天候应急处置能力、装备齐全的应急储备综合基地。加强了应急物资储备。四是优质高效完成昌金高速萍乡芦溪段“9.2”地质灾害抢修。迅速应对地质灾害，科学勘察设计、封闭受灾路段、协助分流车辆，连续作战，共出动400余人、设备220多台（套），提前10天完成省政府提出的路面修复任务。

（六）强化支持保障系统，实现了交通运输行业发展和自身建设的良好开局。

依法行政、公路水路建设市场和运输市场监管取得新成效。进一步完善交通运输法规体系建设，完成《江西省道路运输条例释义》并出版发行，《江西省航道管理条例》已被纳入省政府立法调研项目，《行政强制法》出台后，对7部法规规章及厅规范性文件进行了清理。案卷评查工作有新进步。加大了《公路安全保护条例》等法制宣传；严格规范行政执法行为，强化了治超工作措施，在取消收费公路及桥梁较多路段增设吉安八都、上饶新岗山、宜春丰城3个治超检查站和若干固定检测点等方式，进一步加强监管，遏制55吨以上货车上路过桥。加强路政管理，大力整治机场路、昌樟高速（南昌段）违法户外广告，拆除非法户外广告133块，维护了路产路权，展示了良好的交通形象。全面推广高速公路建设管理标准化活动，建设项目外观形象、内在质量水平普遍提升。加强了市场监管，着力推进从业单位诚信体系评价，通过诚信奖惩引导从业单位自我约束，实现了部省公路信用平台对接，建立了水运企业信用平台。运输市场监管出台了《江西省道路旅客运输班线经营权招标投标暂行办法》、省地方标准《汽车客运站服务规范》等26件规范性文件，加强运输企业、从业人员的服务质量信誉考核,形成了规范运输市场秩序的基础性、长效性制度体系。初步建立了公路运输市场退出机制。

科技教育、节能减排和信息化建设取得新成效。科技创新能力持续增强,交通科研院试验检测基地基本建成;6 个科研项目列入部、省年度科技计划,7 项科技成果获省科学技术进步奖或中国公路学会科技进步奖,11 项技术获得国家发明专利或国家实用新型专利授权证书。永武项目成为全国"十二五"第一条科技示范路。节能减排扎实推进,以节能减排示范项目、"车、船、路、港"单位低碳交通运输专项行动、船型标准化、车辆燃料消耗量限值准入和推广节能与新能源车辆等为抓手,实现年综合节能 20.76 万吨标准煤。推荐南昌市成功纳入全国首批十家低碳交通运输体系城市试点。省公路交通资源整合与服务工程顺利通过部竣工验收。智能交通加速推进,完成 15 条 2256 千米高速公路智能交通系统建设。新增 ETC 车道 60 条,累计达 163 条。开通了厅应急指挥中心微博。利用短信、公众出行服务网、新浪微博向公众共发布实时路况 11600 余条,96122 服务热线共受理各类话务 43 万多个。交通监控指挥中心项目建设顺利推进。交通教育取得新进展。交通干部学院新校区建成。

区域合作、效能提升、廉政建设和行业文明取得新成效。加强了区域合作和交流,成功举办了多项会议,促进了七省二市长江水运发展合作、华东六省一市交通运输协作、泛珠 9 + 2 交通合作、低碳与生态经济智能交通体系建设交流和全国交通运输行业公路养护、道路运输、财务、融资、安全生产、科技、规划、办公系统等多方面交流。加大重大决策部署落实力度,强化了对重要会议落实情况的督查。撤销了已经建成通车并完成竣工验收的高速公路项目管理机构 14 个、普通国省干线公路建设项目管理机构 7 个。深入开展发展提升年活动,厅机关被评为全省发展提升年活动先进单位。获得全国交通运输行业人才资源统计调查工作先进集体。初步完成了网上审批和电子监察系统建设。召开了全省高速公路建设项目"十二公开"推进会,继续开展了工程建设领域突出问题专项治理和"小金库"治理工作。惩防体系"八大子体系"、三十项机制建设成效明显,加大办案力度,全系统接受群众举报 324 件次,立案 12 件,处分违纪人员 16 人。大力开展行业核心价值体系建设,开展窗口和公共服务行业主题实践活动,开展庆祝建党 90 周年、创先争优等活动,省厅代表队荣获全省机关纪念建党 90 周年文艺调演一等奖。交通代表团在省第十三届运动会中取得了金牌总数、奖牌总数、团体总分三项第一的优异成绩。省高速投资集团公司获得省职工职业道德建设十佳单位和省五一劳动奖状,峡江服务区获得全省"加强职业道德、提升服务效能"主题实践活动先进单位,鹰西站获得省直机关窗口服务最高奖项优秀团队奖,宜春三阳道班、全南陈君华道班、梨温公司交通设施维修队等获得"全国模范道班",魏翔朝、陈水发、江新国被评为全国模范养路工。南昌大众交通有限公司出租汽车司机谢胜全获得全国见义勇为先进个人和省五一劳动奖章、江西大众交通公司文飞获得省职业道德建设十佳个人。综治、信访、保密、交通战备、离退休干部及机关后勤工作也都得到了加强。

名词解释

△"龙头昂起,两翼齐飞"。这是 2012 年 2 月 1 日代省长鹿心社在江西省第十一届人民代表大会第五次会议上所作的政府工作报告中提出的着力构筑"龙头昂起、两翼齐飞、苏区振兴、绿色崛起"的区域发展格局。"龙头"指鄱阳湖生态经济区产业经济发展,"两翼"指沿沪昆线展开。

△"一大四小"工程:这是江西省造林绿化的工程。"一大"指抓好宜林荒山造林,确保 2010 年全省森林覆盖率达到 63%,"四小"即,抓好县城和政府所在地的绿化;抓好乡镇政府所在地的绿化;抓好农村自然村的绿化;抓好基础设施、工业园区和矿山裸露地绿化。具体到交通部门,"一大"指全省绿化目标;"四小"指道路两边绿化;服务区绿化;办公地点绿化;管理站所绿化。

△三个突破、八个提高:2011 年江西省政府工作报告提出的工作目标。"三个突破"即生产总值突破 1 万亿元,全社会固定资产投资突破 1 万亿元,财政总收入突破 1500 亿元,其中地方财政收入力争突破 1000 亿元。"八个提高"即提高财政收入占 GDP 的比重,提高税收占财政收入的比重,提高工业增加值占 GDP 的比重,提高产业项目投资占固定资产投资的比重,提高高新技术产业增加值占 GDP 的比重,提高主要农产品深加

工比重，提高城镇化率，提高节能减排水平。

△科技创新"六个一"工程：主攻10个优势高新技术产业，培育100个创新型企业，实施100项重大高新技术成果产业化项目，建设10个国家级研发平台，打造10个国家级高新技术产业特色基地，组建100个优势科技创新团队。

国省干线公路50个"三位一体"综合养护中心建设

"三位一体"即将公路养护中心建成"养护、应急、服务"三位一体的养护中心。根据省交通运输厅安排"十二五"期间全省建成50个综合养护中心。2012年5月已开工建设20个综合养护中心，至年底将全部完成。试点工作已在上高建设完成，名称定为：上高公路综合养护中心。

乡镇农村公路100个"六位一体"综合服务试点工作

"六位一体"即将农村公路服务站建成"农村客运、农村物流、路政、运政、农村公路建设、养护"六位一体的惠民工程，根据省交通运输厅计划安排，自2011年起，每年建设50个农村公路综合服务站，2年共建设100个农村公路服务站。

总之，农村公路建设的发展，是集建、管、养、运一体化方向发展。

（胡建国）

在《江西省志·交通运输志(1991～2010)》布置会上，副厅长万　明(中)出席并讲话。

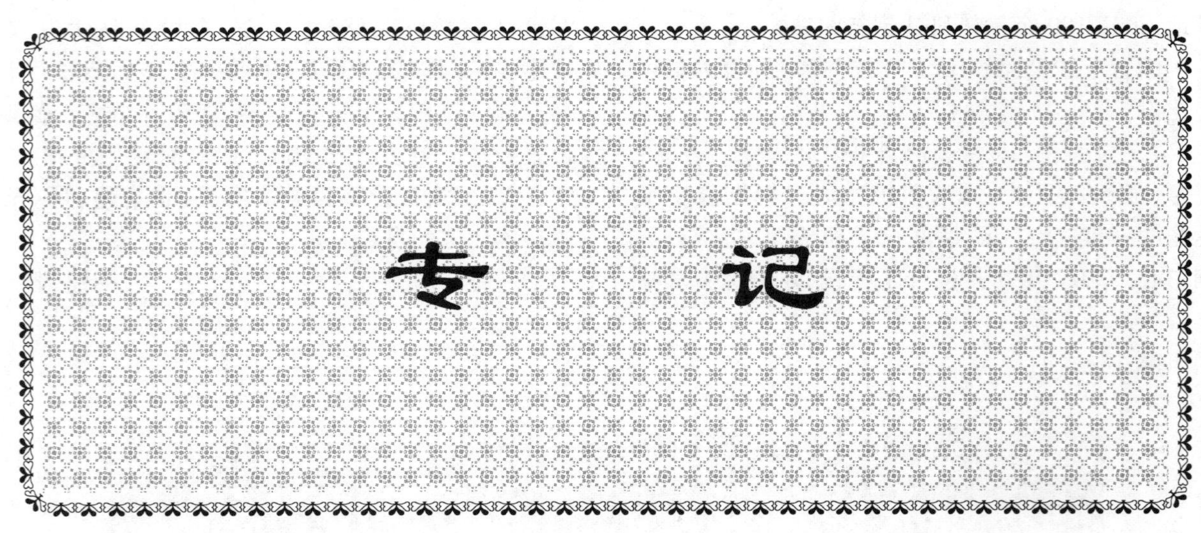

突出交通运输特色　全面落实各项任务 深入推进党风廉政建设和反腐败工作*

成　松

（2012 年 2 月 14 日）

2011 年，在省纪委和厅党委的正确领导下，全省交通运输系统各级纪检监察部门坚持以科学发展观为指导，认真贯彻落实上级关于反腐倡廉建设各项要求，坚持标本兼治、综合治理、惩防并举、注重预防的方针，坚持以人为本、执政为民的理念，坚持突出交通运输特色，着力加强以完善惩治和预防腐败体系为重点的反腐倡廉建设，党风廉政建设和反腐败工作取得了新的成效，为推进全省交通运输科学发展提供了有力的政治保障。

（一）紧紧围绕责任落实抓党风廉政建设责任制，反腐倡廉建设进一步推进

始终坚持以党风廉政建设责任制为抓手，推进工作落到实处。认真搞好工作筹划，召开了全省交通运输系统廉政工作会议，对 2011 年度党风廉政建设工作进行安排部署。分解任务明确分工，制定下发了《关于落实 2011 年党风廉政建设

* 江西省交通运输厅纪委书记成松在全省交通运输系统廉政工作会议上的讲话（摘录）。

和反腐败工作任务分工的通知》，将任务分解为8大类47项，明确了责任领导、牵头部门和负责单位。分步推进狠抓落实，推进党风廉政建设责任制落实工作。召开厅直属单位纪委书记座谈会，了解工作落实情况，研究解决重难点问题；跟踪了解党风廉政建设责任制工作完成情况，进一步推进工作任务的全面贯彻落实；探索改进交通重点工程建设项目办政治监察工作，修改完善项目办政监工作规范，以适应工程建设发展的需要。注重考核督查工作，先后对43个单位落实党风廉政建设责任制工作情况进行了督查考核。省公路局、省港航局、省运管局、省高速集团和省公路路政管理总队等单位结合单位实际，组织了本系统党风廉政建设责任制落实情况的检查考核，较好的促进了党风廉政建设和反腐败工作的深入开展。

（二）紧紧围绕建成基本框架抓惩防体系建设，从源头上防治腐败工作力度进一步加大

根据省纪委提出的率先建成惩防体系基本框架，重点建成“八大子体系”和30项机制的要求，结合全省交通运输系统改革发展的实际，立足源头治腐，加大了制度建设力度。对惩防体系建设工作专题部署，明确任务，要求相关部门对惩防体系建设的有关制度进行全面梳理，认真做好查遗补缺。全年厅本级按照中央《工作规划》和省委《实施办法》要求，梳理纳入或新制定规章制度204项，并编印成《江西省交通运输厅惩防体系、机制构建手册》，初步建成交通运输系统惩防体系基本框架，为进一步从源头上防治腐败打下了坚实的基础。继续推进廉政风险防控机制建设，结合工作实践，完善了《江西省交通运输厅部门、岗位风险防控手册（试行）》和《交通运输基础设施重点工程建设项目廉政风险防控手册（试行）》。部门、岗位风险防控突出了厅领导班子、机关处室领导、关键岗位和重点人员岗位工作流程、风险特征的分析排查，制定了227条防控措施，形成了部门、岗位廉政风险防控体系。基础设施重点工程建设项目风险防控，注重规范工程项目建设工作流程，完善权力运行监管措施，建立了岗位为点、程序为线、制度为面的廉能管理机制。厅直属各单位按照省厅的统一安排，共梳理纳入或新制定规章制度600余项，分别形成惩防体系建设情况表和制度汇编，惩防体系建设进一步深入具体。省高速集团围绕加强惩防体系建设，以课题研究的方法，分8个专题从理论指导和实践运用两个层面进行了广泛深入的探讨，在惩防体系与工作实际结合上创造了较好的经验。省公路局在宜春市召开全省公路系统惩防体系基本框架构建暨廉政文化建设工作现场会，以强化廉政文化建设，丰富惩防体系内涵，取得较好成效。

（三）紧紧围绕群众关切深化专项治理，群众反映强烈的突出问题得到进一步解决

坚持以人为本、执政为民的工作理念，紧紧围绕人民群众反映强烈和影响行业发展的突出问题，集中整治，分类解决，成效突出。工程建设专项治理得到深化。根据前两年工程建设领域突出问题专项治理工作进展情况，厅领导小组把巩固深化专项治理活动成果、建立长效机制和问题整改作为治理活动主要任务。全年梳理2002年以来有关工程建设的法规、制度57项，清理已过时的33项，新增24项，并汇编成册印发了《江西省交通运输厅“十二公开”制度汇编》。在系统总结专项治理成果的基础上，推广高速公路建设项目“十二公开”经验做法，在永武项目办召开了“十二公开”现场会。省委常委、省纪委书记尚勇和省委常委、常务副省长凌成兴出席会议，对省厅这一做法给予充分肯定。强力推进工程建设信息化管理和公共资源网上交易系统建设工作，制定了《江西省交通运输厅工程建设领域项目信息公开和诚信体系建设工作实施方案》，在网上建立了“工程建设领域项目信息和信用信息公开共享专栏”，修改完善了公共资源交易交通运输行业模块建设方案，对交通运输行业招投标工作制度、工作流程和工作方法进行梳理，增强了公共资源网上交易的可操作性。为确保治理活动取得实效，省厅分两个组对各重点工程建设项目办问题整改落实情况和项目建设关键环节及重点领域治理情况进行了检查。2011年，共检查厅属重点工程建设项目12个，行业系统所属项目19个，厅属重点项目检查率达到100%，行业系统项目检查率达到32%。自查或上级抽查发现问题203个，已整改到位171个，整改到位率达85%。2011年，省厅先后在交通运输部和全省工程建设专项治理经验交流会上作了典型发言。

“阳光反腐年”活动成效明显。省厅紧密结合交通运输系统实际，整合反腐倡廉工作各项任

务,以创新的思路提出了开展“阳光反腐年”活动。“阳光反腐年”活动以维护“公平、公开、公正”为核心,进一步规范集体领导、民主决策和政务公开。认真执行“三重一大”集体决策制度,各单位一把手严格落实不直接管钱、管人、管基建的规定,将行政审批、选人用人、资金使用、公路执法、工程建设、物资采购等事项,遵循“三重一大”事项集体决策的要求,由领导班子集体研究决定,防止个人说了算和暗箱操作等现象发生。深入推进基层单位事务公开,研究制定了《江西省交通运输厅基层单位党风廉政建设工作规范和评价机制》,全面推广省高速集团有效做法,在赣粤公司昌樟管理处召开规范全厅基层单位党风廉政建设工作现场会,基层单位按照统一要求建立了事务公开台账,明确了公开主体、公开内容、公开时限、公开方式、责任部门和监督单位,基本保证了公开内容及时、准确、真实。加强对事务公开工作的监管,使阳光反腐制度化、经常化。省公路路政管理总队结合单位实际,以现场会的形式推行了路政政务管理“六公开”,进一步细化了基层管理的办法措施。截至年底,全厅分5个组对所属基层单位党风廉政建设工作落实情况进行统一检查,发现并整改基层单位党风廉政建设存在问题27个,基层单位党风廉政建设工作得到有效落实。

“小金库”专项治理成果进一步巩固。为贯彻落实省“小金库”治理工作部署,进一步做好全年“小金库”治理各项工作,省厅召开了“小金库”治理工作推进会,传达上级精神,安排部署工作。为做好专项治理工作,防止“小金库”问题反弹,厅制定了《“小金库”专项治理重点检查工作实施方案》,派出7个检查组对所属7个单位进行了重点检查,到目前为止,发现的“小金库”已全部停止运作,并纳入了单位法定账簿管理或按照国家有关规定处理。

公务用车专项治理继续推进。认真落实中共中央办公厅、国务院印发的《党政机关公务用车配备使用管理办法》,省厅在以往清查清理的基础上,继续推进公务用车专项治理。上年先后两次召开领导小组会议,研究治理公务用车有关情况,重点纠正超编制超标准配备公务用车和违规换车、借车、摊派款购车、豪华装饰及公车私用等问题。对厅属各单位公务用车进行了全面检查,并进一步核定了编制配备,对违规车辆按规定提出了处理意见。

此外,还按照省委省政府统一部署,开展了治理庆典、研讨会、论坛过多过滥的问题。2011年取消庆典、研讨会、论坛活动11个,保留研讨会活动1个,节约资金200余万元。

(四)紧紧围绕严厉惩治腐败狠抓案件查处,惩戒和治本功能进一步发挥

坚持任何时候任何情况下都毫不放松狠抓查办案件工作,始终保持查办案件的强劲势头,重点查处了违反财经纪律私设“小金库”案件、领导干部和执法人员以权谋私收受贿赂案件,以及交通工程建设中违规违纪的案件等。2011年,全系统纪检监察机关接受群众来信来访电话举报324件(次),其中检控类65件(次),受理初核线索15件,立案12件,共处分违纪人员16人,其中,县处级干部4人,科级干部3人,一般干部5人,其他人员4人。在查办案件过程中,注重发挥查办案件在源头治理腐败方面的重要作用,为加快发展现代交通运输业提供了坚强纪律保证。

(五)紧紧围绕以人为本执政为民开展纠风工作,政风行风建设进一步加强

各级交通运输部门把维护群众利益作为纠风工作的出发点和落脚点,坚持标本兼治、纠建并举,进一步加强政风行风建设。加强执法监督检查,2011年省厅共组织交通执法暗访5次,港航系统共组织水上执法检查26次,水上运输全年实现零投诉,执法行为逐步规范。省公路路政管理总队坚持从严执纪,对承揽泊水湖治超卸货转运的“亚一公司”违规乱收费、新余路政支队执法人员在执法过程中违规违纪、景德镇路政支队执法人员值勤不履行职责等行为进行了严肃查处,执法风气明显好转。省运管局加大了运政执法督查指导力度,南昌、九江、上饶、新余等设区市运管处(局),重拳打击非法营运车辆,客运市场秩序进一步规范。落实惠民政策,撤销二级公路还贷收费站1个;降低南昌昌北机场高速公路收费标准,年减少收费金额1300万余元;将全省公路开辟为鲜活农产品运输绿色通道,全省减免鲜活农产品运输绿色通道车辆通行费金额约7.1亿元;解决工程建设领域拖欠农民工工资问题114个,涉及金额9858万余元。加大查办损害群众利益的案件力度,2011年办理省纠风办转办的投诉14件,受理省效能办督办函26件,均认真作了核实调

查,对经核实存在的问题及时进行了整改,对相关责任人作出了严肃处理。广泛开展"发展提升年"活动,进一步提升机关办事效能和服务水平。针对2011年省直机关工委"万名群众评机关"反馈的意见、建议,加大了整改力度。改变高速公路部分服务区餐饮"质次价高"状况,放弃过去"一包了之"的外包经营模式,把服务区当做商场来经营,引进竞争机制,向社会招商,推行"卖场经营",提高了服务质量;进一步提高公众出行服务能力,实现了"江西省公众出行网"正式上线,在新浪网开设官方微博"赣交通厅应急指挥中心",提供24小时全天候覆盖的全省高速公路实时路况服务,为方便公众出行提供优质服务。省厅"发展提升年"活动被评为全省先进单位。省运管局采取领导包片、机关督查、暗访推进、定期分析等措施,深入开展发展提升年活动,行业形象明显改观。

(六)紧紧围绕提高政治素质和业务能力加强自身建设,纪检监察干部履职能力进一步增强

为努力建设学习型纪检监察机关,省厅组织广大纪检监察干部深入学习政治理论和纪检监察业务,着力提高服务、保障和促进交通运输发展的能力,提高做好群众工作和维护社会和谐稳定的能力,提高有效防治腐败的能力。落实主要领导上廉政党课制度,举办领导干部加强党性修养专题辅导,厅党委主要领导亲自授课。省公路局、省港航局、省运管局、省高速集团和省交通干部学院按照省厅要求,由主要领导给单位干部职工讲授廉政党课,提高了授课质量和教育效果。针对交通运输行业工程建设监管任务重、业务要求高的特点,2011年还专门组织了100余名纪检监察干部和工程建设管理干部,参加招标采购操作实务与监督管理及风险防范培训班,从提高专业水平上增强工程建设廉政监管能力。举办全系统工程建设廉政监管业务培训班,130余名纪检监察干部参加培训。省高速集团每季度召开一次纪检监察工作例会分析形势、研究工作,狠抓落实,提高了工作的针对性和有效性;省公路路政管理总队针对新配纪检监察干部多的实际,举办全省高速路政系统纪检监察业务培训;交通职业技术学院定期举办廉政党课报告会。全系统纪检监察干部学业务、强素质的氛围逐步浓厚。

同志们,在总结工作成绩的同时,我们也要清醒地看到,当前,全国正处在体制转轨和改革开放不断深入时期,各方面政策法规、制度机制还不完善,滋生腐败的土壤仍然存在,交通运输事业正处于大建设、大发展的重要战略机遇期,资金投入大,建设任务重,反腐败斗争形势依然严峻、任务依然艰巨。交通基础设施建设领域仍然是容易发生腐败问题的重点领域,少数领导干部违纪违法问题依然严重,2011年全厅先后8名党员干部因违规违纪被检察机关查处;一些执法单位工作人员办事不公、与民争利,群众反映比较强烈;个别领导干部作风和廉洁从政方面仍然存在不少问题,违反《廉政准则》的行为时有发生;有的单位在落实党风廉政建设责任制、坚持"一岗双责"方面还存在要求不严、监管不力的现象;对新形势下交通运输特色反腐倡廉建设规律的研究把握还不够深入,采取的对策措施还不够有力等等。这就要求我们要充分认识反腐倡廉建设的长期性、复杂性和艰巨性,既看到问题,增强忧患意识,又看到成绩,坚定信心决心,始终坚持以昂扬的精神风貌和强烈的改革创新意识,推动交通运输党风廉政建设和反腐败工作不断开创新的局面。

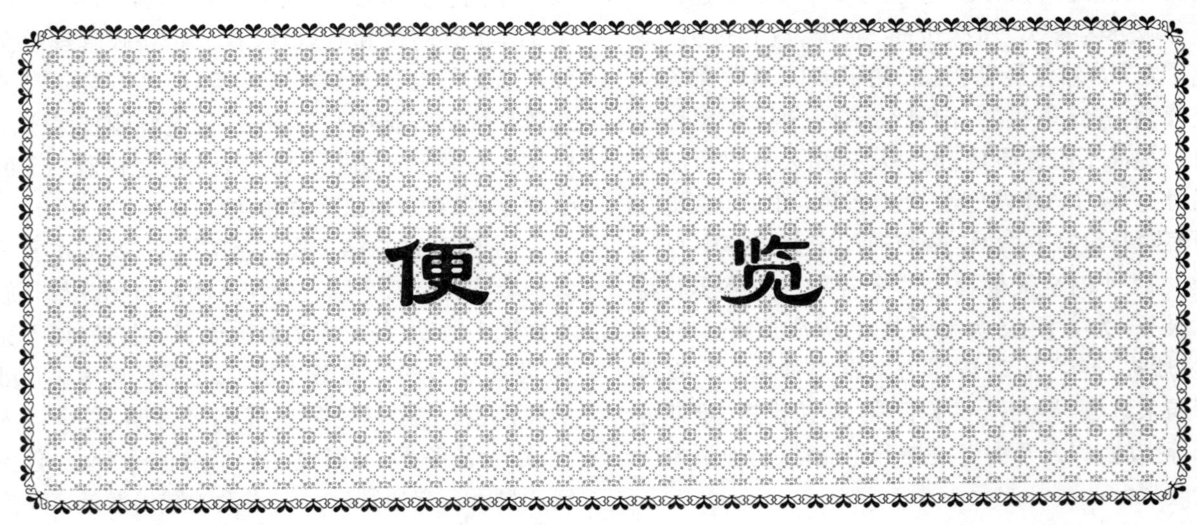

历史(江西古道)

江西自古以来是中原连接东南沿海的交通走廊,战略位置重要。秦征百越、汉讨东闽,就在江西境内开辟了攀五岭、跨武夷的省际通道。隋唐之际,古运河开凿,大庾岭路重修,南北交往进一步密切,江西的虔、吉、洪、江个4州成了南下北上的交通枢纽。宋代,“江西路,环数千里”,“控引荆湖,襟带吴越”,“去淮南、京西道里不远”,“至光、蔡、汴都,最为便捷”(宋代李纲《乞差军马扎子》)。元代,江西境内有站赤154处,其中马站85处、水站69处。驿传之快速达到了“朝令夕至、声闻可达”的程度。明清以降,以南昌为中心的主要驿道有8条,州县之间的主要辅路有35条,共计大路6696千米、小路6438千米(光绪《江西通志》卷九十二)。路网广被城乡,道路交通趋于畅达完善。

京广古道

秦始皇二十六年(前221),秦征百越,辟通南越道,汉改称“五岭新道”,后通称京广古道。其在江西省境一段“自赣江谷地上溯南野(今南康),越横浦关(小梅关),然后沿浈水下番禺”。经行路线总的方向历代相沿,但区间路段随着京师的变迁而相应有所调整。

唐时,自长安到广州,从长安东南行经商、邓、襄、随、安、鄂、蕲等州,由蕲州的黄梅县渡长江行125千米到江州(今九江),再沿鄱阳湖和赣江经蒲塘驿(今德安县)、建昌县的城子驿、丰安驿、南昌县的石头驿(今新建县境内)、南浦驿、泰和县的白下驿和庾岭驿等,翻过大庾岭而去广州。这条路自北而南纵贯江西,沿途经过江西的江、洪、吉、虔4个州,是抚、饶、信3个州赴京师必经之路。除此以外,从广州至扬州的商旅亦循此途(在江州换船)。唐天宝八年(749)高僧鉴真第五次东渡日本中途折回,就是走这条路线从广州回扬州的。宋元以后,此道改由南康(星子),经建昌(今永修县)、瑞州(今高安县)、临江、新淦、吉水、万安、赣州而过大庾岭到达广东。

京广古道上,位于赣粤之交的梅岭路久享盛名。此路“凿而开之者,为唐丞相张九龄。砌而砥之者,为明太守张弼。”梅岭路代有修葺,畅通无阳。清道光十八年(1838),林则徐奉命赴粤查禁鸦片曾走这条路线。这条路线又称使节路。清乾隆五十八年(1793)安哈斯德爵士、清嘉庆二十一年(1816)马加脱纳勋爵,经此往来于北京、广州之间。各国其他使节来华也多经此路。

袁州大路

袁州大路位于赣西,连接赣湘两省。唐宋以来,是南昌通潭州之驿道。唐天宝六年(747),罗希奭自青州赴岭南曾走此路。清代,乃为江西通往湖南、贵州、四川之孔道。其沿途走向为:自南昌南浦驿、丰城县剑江驿、清江县肖滩驿,再往新喻驿,再往分宜县驿,再往宜春县驿,再往萍乡县驿,再往插岭关(即旧老关),接湖南省长沙府醴陵驿路,全长 352 千米。各驿除丰城县剑江驿设递夫 32 人外,其余各驿均置递夫 12 人、驿马 4 匹。

赣浙大道

赣浙大道位于赣东北,号称"八省闽、蜀、赣、荆湖、两广、云南和八番(贵州)通衢"。汉以前,该道从南昌经余干、黄金埠、贵溪、弋阳,向东再经上饶至广丰的管村进入浙江,通往温州。《淮南子·人间训》载:秦始皇二十六年(前 221),秦进军岭南,发卒 50 万,为 5 军,其中之一军驻在余干之水。余干水即今信江,通鄱阳湖、长江。溯信江东行至今上饶市、广丰县,转陆路至广丰县的管村,过浙江省江山县的仙霞岭,东下瓯江即可往浙江省温州市,南入闽江则可往福建省福州市。汉武帝元鼎六年(前 111)秋,东越王余善反,汉军分 4 路伐余善。其中,横海将军韩说出句章,浮海由东往闽;下濑将军出若邪、白沙、绕道浙江而入福建。

唐代,此路是洪州(南昌)通往扬州的陆路要道,走向略有改变。从洪州经余干、贵溪、弋阳、信州(今上饶市)、玉山,出藻坪镇(今太平桥),往浙江衢州,全线约 700 千米。经过的驿有余干县的龙津驿、余江县的紫云驿等。唐代散文家、贞元进士李翱《来南录》载,他从元和四年(809)正月乙未起,水陆兼程,沿途经汴(河南开封市),宋(河南商丘县南)、宿(安徽宿县北)、泗(江苏洪泽湖东南,盱眙对岸)、楚(江苏淮安)、扬(江苏扬州市)、润(江苏镇江)、常(江苏常州)、苏(江苏苏州)、杭(浙江杭州市)、睦(浙江淳安西南)、衢(浙江衢州)诸州,四月戊子由常山(浙江常山县)上岭至玉山,庚寅至信州(上饶市),己亥直渡担石湖(今南昌东部青岚湖),辛丑至洪州,五月壬子至吉州,壬戌至虔州(今赣州市),辛未上大庾岭,次日至真昌(今广东南雄),乙亥朔至韶州,癸卯至广州。此道在唐代已是中原沟通沿海的一条主要大道。

此道玉山至常山段,原为便道,宽不满 5 尺(约 1.65 米),盘山绕岭,涧水冲噬,坎坷泥泞,车辙如沟。明嘉靖二十三年(1544),武林道人净云、明晓结草庵于玉常两县中途的"白云湾"、"曹家会",施茶化缘,将所得充作修路费用,修葺十余年,始成坦途。清乾隆二十九年(1764),路基坍坏,玉山县民符达及吴钦隆捐款重修,路面拓宽至 3 米,石板铺垫,沿途建石亭供商旅憩息,共耗银 2.1 万两。其后,路基复坏。清道光十三年(1833),玉、常两县同时禁行车马。各修其半,裁弯取直,降坡求平,拓宽路面,厚筑基石,翌年竣工,耗资 2.8 万多缗(1 缗为 1000 文)。另置田产 6.67 公顷,作为岁修费用。清代,沿途各驿均设递夫 28 人、驿马 4 匹(玉山县驿 6 匹)。

信州至分水关大道

此路自信州(今上饶市)起,经铅山县石溪至铅山县城(永平镇),又南行经紫溪、车盘、乌石至分水关,接福建崇安往福州,是赣闽间一条重要通道。该路辟自汉代。明代李鸿《封禁考略》载:"信(上饶)。古荒服,所谓吴头楚尾是也。秦为不垦之土,汉武帝征闽越,由分水关入,道路始通。"南宋淳熙七年(1180)诗人陆游曾从提举福建常平茶盐公事任所(福建建瓯)回临安,即循此路,在过铅山紫溪驿时写下《紫溪驿》一诗:"云外丹青万仞梯,木阴合处子规啼。嘉陵栈道吾能说,略似黄亭到紫溪。"此路从铅山经玉山,又与常山→玉山→上饶→贵溪→南昌官马大路相接,为赣闽浙三省通途。

洪州至杉关大道

自南昌南浦驿起,出进贤门东南行至进贤县驿,再从进贤县驿东南行至临川县驿,又东南至南城县驿,东过太平桥至新城县驿(黎川),东至杉关,接福建邵武府光泽县驿路,全长 273 千米。清代,洪州至杉关大路沿途各驿均置有递夫 20 ~ 32 人,驿马均为 4 匹。

赣皖大道

此道从南昌经余干、浮梁至安徽、南京,唐代已经形成,宋、元、明、清各代走向屡有变更。但均为驿道。宋代,此路自南昌经余干、饶州(鄱阳)、浮梁、过境到安徽往歙州。元代,此路自余干州分路,经古埠站、乐平州、饶州路的鄱江驿,北出石门街,至安徽建德县(东至县)。明代,此路从福建光泽县过杉关。入江西,至新城(黎川),经建昌府(南城)、抚州、南昌府、饶州府出石门,再经安徽往南京。清代,此路自进贤县起,东过润溪铺至余干县城。再东过古楼铺(余干县古埠乡)至万年县城,北经万乐亭至乐平县,西经山塘铺(乐平辖地)、姚公渡至鄱阳县驿,又北至浮梁县驿。出浮梁县城东门再经三笑亭、大桥头、如意亭、铁锁桥,曹村岗、港西、藏湾、一心亭与祁门县境交界。从三笑亭至藏湾多为青石路面。其余是泥土路面。途中的曹村岗,岗长20千米,海拔350米,全用青石板砌成梯级路段,林荫夹道,古木参天。岗上有二里亭、四里亭、六里亭直至十二里亭等8个石砌凉亭。此地既是驿传枢要,又是军事要隘。唐僖宗乾符五年至广明元年(878~880),黄巢率农民起义军3次经过此路,曾在高岭黄梅寨、走马山、双井台扎寨屯兵。

赣皖大道自乐平州(乐平县)分路,经德兴县银峰驿(香屯乡境),东出白沙关(宋置,元末废)往浙江开化,南经建节驿(万村乡境)至信州路通浙江。

离浮梁县10千米的景德镇,是中国四大名镇之一,素有"瓷都"之称。所产瓷器畅销全国,远及国外。宋景德年间,这里的瓷器得到朝廷的赏识,专门派有官员监督制造御用瓷,由赣皖古道解运京师。

彭泽大路

此路在唐代是由宣州(安徽宣城)经江州通往京师的要路。清代,由德化县东行30千米至湖口县驿。又东至彭泽县驿,又东北至响水矶(安徽省东流县界),全长91千米,是九江往来南京的大路。所经湖口、彭泽两县驿,均置有递夫38人、驿马4匹。

九江至鄂州路

此路自九江起,过龙开河经洗心桥至瑞昌县,西过黄甲桥至界首(湖北省兴国州,即今阳新县界),接鄂州至阳新道路,全长50千米。

宁都大路

此路自建昌府南城县驿起,南行至南丰县驿,又南至广昌县驿,西南至宁都州驿,东南至石城县,又东至站头隘,接福建省汀州宁化县界,全长312千米,此路是赣闽之间往来大道,沿途所经的南丰、广昌、宁都等驿,清时均置递夫12人,无驿马。唐中和五年(885)王绪从寿州经江西攻取汀州,曾经行此路,宋代此路已是驿道。广昌县白水之上有银溪古桥一座,宋、元、明时,屡圮屡建。

赣县至汀州驿道

此路由赣县向东至于都县,再由于都县经万田、九堡至瑞金县,又东经仰山排至大隘岭,出江西省至福建长汀,与广州至长汀线相接。此路多为卵石结构的石阶路,宽1米左右。陡坡砌有阶梯。

信州至浦城驿道

此路从信州(上饶市)始,南过钟灵桥(今上饶市信江步行桥址),经上饶县铺山底抵永丰县(今广丰)菱塘铺至广丰县城。又东南过塘墀渡。经大石、桐坂、五都至二渡关进入福建浦城。此路又可经小坝头、三都、杉溪、浙湖头、七都、王家坞、十一都、十都、六石坑,通过浙江省江山县二十八都进入福建省浦城县。

古代,广丰县乡民去福建谋生,多经此路出入。宋绍兴元年(1131),名将韩世忠讨苗傅入闽,就是从浙江江山入广丰县县境,经将军岭、吴村,宿西岩寺,往杉溪、十都,由浦城进福建。将军岭由此而得名,旧立庙,遗址尚存。其妻梁红玉随征,曾驻五都夫人山(今称扶摇山),后人曾在山上立夫人庙,以示纪念。

宋淳熙七年(1180)十一月间,陆游从提举江南路常平茶盐公事任所回山阴(浙江绍兴),即从抚州经弋阳,达乾封驿(广丰县城),经江山,到衢州。明代李鸿《封禁考略》称:"宋平江南,分为江东路,又于永丰(今广丰)拓阳关置驿,由浦城入闽。"

地　理

【庐山金轮峰的路径】 在星子县境内庐山南麓,有一座海拔约850米的山峰,名曰金轮峰。该峰的登顶路线是庐山唯一一条被列入全国驴行攻略路线。因登顶只有徒步攀岩,且路径很多、很艰难、错综复杂，所以，具有一定的挑战性和吸引力。不识路径，在山中转来转去，还会回到原地，因迷路而困于山中；认识路径登顶亦不容易，需要有坚忍不拔的意志，壮实强健的体魄，胆大谨慎的态度。只有那些登顶决心大、不畏艰险、体魄健壮的人们，披荆斩刺，在悬崖绝壁中科学攀岩，不断向上，有可能胜利到达顶峰。

金轮峰外形有如春笋，远远望去似是一座直插苍穹的石柱，三面绝壁如削，极为险峻，峰顶宽约有6米多，平平坦坦，布满山茅野草，浓云薄雾在周围飘荡。山峰向下四面长着松树、杂木，乔灌错杂，郁郁葱葱，山谷塞满了浮云，让人有飘飘欲仙之感。山峦被遮蔽，雾漫疑山沉。山下地形封闭，川渊湖海，水天一色，云蒸霞蔚，时而感觉虚无飘妙，时而又觉得有些压抑。

山中有一寺，名曰归宗寺。据说寺旁有一洞穴，深不见底。洞旁建有塔。三国时孙权命人在此建木塔，后改石头砌建，明代万历年间寺僧果清、修慈2人捐募巨金，购铁数万斤，请来工匠将石塔改为铁塔，平面六角七级，高13层，约18米，由数木块铁板拼镶而成。因塔内地宫藏有“舍利升许，五色宝光，炫耀人目，”故取名为“舍利铁塔”。此塔与东林寺西林铜塔并称“庐山双美”。只可惜，在抗日战争期间此塔毁于侵华日军之手。

抗日战争期间，1938年5月，在万家岭战役中，中国守军29军79师（师长陈安宝）和160师，与日军101师团在此处进行了一场拼死激战，战斗异常惨烈。据《荻岛静夫日记》“日军的一个大队利用第三大队占领金轮峰右翼山腰的形势，在黎明的时候发起总攻……整个早晨，本部附近都遭到弹雨和野炮的轰炸，令人害怕……”当时，中国军队有效阻击了日军的疯狂进攻，但可惜金轮铁塔亦在炮击中遭受摧毁。

据说，清末改良派康有为曾三次游庐山，其中，第二次在归宗寺寻圣目睹金轮峰，挥毫写下《金轮铁塔寺》：“千年铁塔抗金轮，云气光明护北城。风雷万劫不动转，烟霄百丈矗飞惊。”

金轮峰登顶道路崎岖，当年的山路被茅草山石所覆盖，登山石梯也早不见踪影，但从几行石刻中依稀可见古人似曾踩踏过的旧径。

（凌景坡）

【吴城望湖亭：鄱阳湖上的航标】 望湖亭坐落在吴城镇东北角，处于丁家山岛岛尖。江西五大水系之二的赣江和修河两水交汇入鄱阳湖，交汇口正对着望湖亭，登亭可以看到，其左边是水质清澈的修河，右边是气势蓬勃的赣江。

望湖亭始建于晋太康元年（公元280年），千百年来，望湖亭屡遭破坏，抗日战争时期已经被毁坏得所剩无几。为保护文物，吴城镇政府于1980年在原址上按照原来的风格重新修建瞭望湖亭。其原为正方形庑殿式建筑，分为4层，回廊曲栏，四达轩敞，亭高数丈，诡丽雄伟。现为钢筋水泥结构，每层都竖立若干根钢筋柱子，柱子隔层减少，顶铺琉璃瓦，飞檐四角，高27米，共4层，面积达百余平方米。另外，亭内侧设有登亭的木制楼梯。

望湖亭外面有护栏，用护栏围成庭院式结构，庭院的面积有500余平方米，庭院大门构造按照望湖亭的样式和风格建成，门前是两头神态一样的石狮，两旁是四季常青的柏树和常青树。因望湖亭处在土丘最高处，所以在庭院前还修建了长约20米、宽约6米的水泥阶梯。

从古至今，望湖亭都是吴城镇的标志，也是南来北往船舶的航标。

吴城镇曾是一个战略位置十分重要的地方，赣江主航道穿境而过，修河、饶河分别在镇东侧和吉山西北与赣江交汇融入鄱阳湖，是江西重要的水上交通枢纽。这里曾经居吴头楚尾，扼江西水路之咽喉，自古就有“洪都门户”之称，历来为兵家必争之地。历朝历代都在此驻兵或设置“关卡”，派千总、把总或参将驻守。周瑜、曾国藩曾在此操练水师，朱元璋、陈友谅曾经“大战鄱阳湖十八年”，这些都说明了吴城镇是兵防重地。

吴城镇特殊的地理位置同时也引来商贾云集，这里曾经也是江右商帮的重要聚居地。望湖亭在历史上起着导航、观望的作用，给来往的商贾和兵家带来了很多便利。

（柯凌云）

【赣闽粤驿道交会点：寻乌周田】 周田是江西省首批历史文化名村之一，坐落在澄江镇东6千米处，因村所在四周为高山，中间是低平的田地而得名。

地处三省交界地带的周田村500年来一直是赣粤闽三省的通衢。经过周田的古驿道路线有寻乌澄江至平远下坝、会昌筠门岭至平远下坝的赣粤线,也是最为繁忙的一条路线。此外还有寻乌澄江至福建武平县民主乡的赣闽线以及寻乌澄江至罗塘的县内路线。

新中国成立前,赣南产的大米、大豆、茶油等经此运往粤、闽,而来自广东的海盐、海产品和闽西出产的香茹、木耳等山货则经此销往江西,因此,当地客家人将这些驿道称之为"盐米之路"。周田商人得以发家,很大程度上得益于周田村得天独厚的地理位置与交通。

古驿道的痕迹在历史洪流的冲刷下已慢慢远离当地居民的生活,只留下一些影踪难辨的遗迹。据史料记载,路宽一般为一二米,平地多为泥路,上下坡铺设石阶,过河多是木桥,石拱桥只占少数。上百里的古驿道要翻越崇山峻岭、溪流沟壑,特别是赣粤交界处常有土匪出没。

天然的地理位置和便捷的驿道交通,造福一批商贾,也成就了周田村的兴起和繁华。相传清末村中有酒坊20余家,豆腐坊30余家,每天要宰杀两三头猪,可见当时货运的繁忙。

发达的货运使周田村日益昌盛,兴建了不少客家围屋。毛泽东在《寻乌调查》中引用寻乌客家俗语道:"项山的糯,三标的货,周田的屋,长畲的谷。"周田28座大屋中,有15座至今仍保存完整。其中"松树下"围屋被称作周田围屋的榜首之作。

"松树下"围屋建于清朝嘉庆元年(公元1796年),占地约0.27公顷,3进大厅,四列厢房,二列舍屋,依山傍水,坐东朝西,门楼朝北。200多年过去了,屋内的红条石、大方砖坚固如初。

"松树下"围屋的建造者王周崧,生于雍正乙巳年(公元1725年),是周田村历史上最大的富商,生意往来遍及江西、广东、福建三省,在广东下坝、新铺,寻乌澄江、罗塘,会昌筠门岭都有店铺。王周崧共建造了松山排、下社母、松树下3座客家围屋,其子又修建了5座,可见家境殷实。

有驿道就有客栈。据《寻乌县志》载,旧时货物运输大部分是人肩挑,少数是马驮。驿道在周田汇集,货物自村庄过往,每天几百担的大米、豆子、茶油经周田南运往广东平远下坝,又有几百担的海盐、海味从广东下坝经周田北运入赣南,自然就有许多商人、挑夫在周田的客栈吃饭留宿。

周田古客栈中历史最长、规模最大、位置最好的,当属"新壁背"客栈。

"新壁背"位于村南面周田河与岌下河汇流处,也是四条古驿道的交叉点。东至寻乌罗塘水运码头,南至广东平远下坝码头,西北至澄江码头,北至会昌筠门岭码头。

该客栈始建年代约在清朝康熙年间(公元1662~1722年),坐北朝南,东面、北面是"东山下"围屋的舍屋,西临周田河,南面是通往广东平远下坝水运码头的古驿道。

客栈占地面积300平方米,为砖石土木结构,二层盖瓦坡屋顶,木楼板。"新壁背"的显著建筑特点是:南面檐廊宽2.5米,每隔3米有立柱支撑檐口瓦梁,这是为了方便旅客在檐廊下休息、避雨。

建国前从周田过往的人很多,"新壁背"客栈生意很好。当时客栈一楼是店铺,提供菜酒茶,楼上是客房。客栈旁还有一列舍屋,是为旅客关骡马的"马厩"。

中华人民共和国成立后,"新壁背"客栈曾用作仓库,后来开有商店和理发店。虽然古驿道不再繁忙,客栈清冷,村里的老人还是喜欢到这里闲聊长坐。新壁背"客栈在历史上曾经多次重修,最近一次重修是在20世纪80年代后期。

(向祎华)

【宜春鼓楼:世界现存最早地方授时天文台】 袁州谯楼即现宜春鼓楼,位于江西省宜春市鼓楼路步行街天文广场,2006年被列为全国重点文物保护单位。谯楼创建于南宋嘉定年间,经过南京紫金山天文台、北京天文馆专家考证为我国现存最早的地方授时天文台,集测时、守时、报时、授时功能为一体。

袁州古谯楼不仅是一座用于敲鼓鸣钟报时的普通城楼,而且是世界现存最早的地方授时天文台。它比现存的铁木尔帝国天文台(现乌兹别克斯坦境内)要早两个世纪,比建于公元1276年的中国河南登封观象台早50多年。

袁州谯楼楼台占地面积约780平方米,台高5.5米,台南的南北侧向东方各延伸出一平台,均长19米,宽7.4米,突出主台9米。台上为抬梁式木构架建筑,重檐歇山顶。楼宽23.3米,长11.8米,高12.8米。整体建筑坐西朝东。东面洞卷拱上阴刻"鼓楼"二字,西刻"余晖",台南北两端有19.5×7.6米的观天台,楼上设有夜天池、日天池、平壶、万水壶、水海影表、定南针、更筹漏箭、铁板鼓角，还设有阴阳生，轮值候筹打更报时。

2003 年按原貌进行了修复的同时还复原制作了浑仪、圭表、四级铜壶滴漏、天体仪、日晷、铜壶、鼓角等 15 项室内古代天文仪器和占地 30 亩的天文广场。天文广场东南西北四个方向按西汉时期定位设置，在地面上铺设有青龙、白虎、朱雀、玄武图案，以及与天文有关的天干地支、二十八宿星和八卦符号，四周还设置了 10 个日晷，既有测时功能，又有观赏价值。

鼓楼里一套价值不菲的铜壶滴漏设备安静地放置在角落，这里记录着古人测时所用方法。

在一个呈梯形的柜子上、依上而下摆放着夜天池、日天池、平壶、万分壶四个水箱和水海。据介绍，铜壶滴漏的原理，是一个壶底或靠近底部凿小孔的盛水工具，水从小孔逐渐滴漏下去，用以计时。

我国的铜壶滴漏一般用四只铜壶，由上而下互相叠置，上面三只壶底都有小孔，最上一只铜壶装满水后，水即逐渐流入以下各壶，最下面的一只壶内装一直立浮标，上刻时辰，水逐步升高，浮标也随之上升，这样就可以知道时辰，然后将这个时辰，报给各鼓楼和镗楼的打更手，于是他们就可以定时报时，白天敲鼓击钟，晚上用梆子打更，百姓便可知道时辰。

鼓楼上有一口撞钟与一面鼓，据说当年敲钟的响声十里八村的人们都可以听到。实际上，南宋嘉定十二年，知州滕强恕在袁州天文台上，设置了当时许多先进的天文设备，当时中国的天文科技水平在世界上也处于遥遥领先的地位。这不仅得益于天文理论家，而且也得力于一批天文计时仪器制造家。

北宋进士、天文学家、中国赤道式日晷（晷漏）最早设计者曾南仲在实践中发现了时间差的问题，并采用了多方位的测时仪器同时测时，互为矫正；丰城籍的天文学家和天文仪器制造家曾民瞻所制天文仪器，在文献中都有详细记载；包括史上比较有名的赣西天文学家，还有丰城的孙羲都是南宋人，这对当时繁荣赣西的测时天文事业起到了积极的延续和发展作用。

（刘　霞　向祎华）

人　口

2011 年，全省居住人口 4488.44 万人，其中男性 2313.37 万人，女性 2175.06 万人，农业人口 3479.93 万人，非农业人口 1272.63 万人，城镇人口 2051.22 万人，乡村人口 2437.22 万人。社会就业人数合计 2536.6 万人，其中第一产业 870.5 万人，第二产业 763.3 万人，第三产业 898.8 万人。按经济类型分：城镇就业 845.69 万人，其中国有企业 200.45 万人，集体企业 18.75 万人，联营企业 2.98 万人，股份合作 0.26 万人。城镇失业人数 24.64 万人，失业率 3.2%。各类学校（全日制）在校学生数：研究生 23824 人，普通高等教育 828599 人，成人高等教育 14641 人，中等职业学校 587317 人，普通中学 2792600 人，普通小学 4340480 人，幼儿园 1455048 人。

（凌景坡）

经　济

根据省统计局提供数字，2011 年，江西全年生产总值 11583.80 亿元，其中第一产业 1391.10 亿元，第二产业 6592.21 亿元，第三产业 3600.49 亿元。全省固定资产投资 8756 亿元。全省财政收入 1645.00 亿元，其中地方财政收入 1053.40 亿元，财政支出 2529.54 亿元。主要产品产量：农业，粮食 2052.79 万吨，棉花 14.29 万吨，油料 113.59 万吨，烟叶 4.45 万吨；工业，化学纤维 31.47 万吨，布匹 80754 万米，日用瓷 296558 万件，卷烟 584.00 万箱，发电量 688.25 亿千瓦时，钢产量 2247.36 万吨，水泥 6782.24 万吨，汽车 34.35 万辆。职工平均工资 34055 元，其中，城镇居民人均可支配收入 17495 元。

（凌景坡）

数字交通

△2011年,全省高速公路通车里程3603千米,比上年增加546.4千米。

△2011年,全省公路总里程146632千米,其中,高速公路3603千米,一级公路1428千米,二级公路9464千米,三级公路6867千米,四级公路93100千米,等外公路32169千米。有铺装路面里程98466千米,其中,沥青混凝土路面8965千米,水路混凝土路面89501千米,铺装路面占总里程比重为67.15%。公路晴雨通车139536千米,公路绿化里程82348千米。

△2011年,全省公路桥梁24324座1124883米。其中,特大桥42座80173米,大桥2174座495257米。全省永久性桥梁22311座1081980米,半永久性桥梁1796座37695米,临时性桥梁217座5207米。

△2011年,全省营运汽车拥有量达到289550辆,同比增长14.04%,其中客车18604辆,同比增长5%货车270946辆,同比增长15%。

△2011年,全省公路运输完成客运量72527万人,同比增长2.69%,旅客周转量340.90亿人千米,同比增长3.15%,货运量98358万吨,同比增长11.21%,货物周转量2066.83亿吨千米,同比增长11.71%。客运平均运距47千米,货运平均运距210千米,日均运送旅客198.7万人,货物269.5万吨。

△2011年,全省道路客运班线6845条,平均日发客班次52109个,其中高速公路客运班线498条,平均日发班次1839个。其中,跨省线路1183条,平均日发班次1468个,跨地(市)线路1303条,平均日发班次4053个,跨县线路846条,平均日发班次9435个,县内线路3513条,平均日发班次37155个。

△2011年,全省拥有客运站867个,其中一级站17个,二级站92个,三级站61个,四级站118个,五级站581个,简易站及招呼站12000个。

△2011年,全省城市公共汽车运营车数9144辆,同比增长14.1%,10009标台,同比增长16.40%,城市出租车15369辆,同比增长4.97%,城市公共交通客运量203082万人次,同比增长5.05%。

△2011年,全省水路运输经营户294户,同比增加17户,其中,企业155户,同比增加17户,个体(联)户139户,与2010年持平。

△内河港口吞吐量:货物吞吐量23556.5万吨,同比增长11.48%,旅客吞吐量475.7万人,同比增长6.47%。

△2011年,全省内河拥有各类运输船舶4164艘,比2010年减少1.35%,船舶净载重量2099879吨位,比2010年增长6.04%,船舶主机功率725059千瓦,比2010年增长11.53%。

△2011年,全省完成全社会水路货物运输量7447万吨,同比增长14.34%,货物周转量203.27亿吨千米,同比增长11.44%;旅客运输量251万人,同比增长8.66%,旅客周转量0.30亿人千米,比2010年减少6.25%。

交通运输机构及领导人员名录

【2011年江西省交通运输厅党组织领导成员】

中共江西省交通运输厅委员会

党 委 书 记:程受锭

党委副书记:朱　希(2011.9.18任)

委　　　员:程受锭

万　明(2011.8.11任)

孙茂刚　许润龙　邓经国

曹先扬　成　松

党委办公室主任:严　允(2011.2.21免)
熊华武(2011.2.21任)

中共江西省交通运输厅直属机关委员会(第三届)

书　　记:孙茂刚(2011.10.31免)
万　明(2011.10.3任)

专职副书记:严　允(2011.4.19免)
熊华武(2011.4.19任)

副 书 记:贺一军(2011.10.31免)
秦炜婷(女,2011.10.31任)

委　　员:孙茂刚　严　允　王江军
李素华(女)　谢元银
汪明彦(2011.8.16退休)
蔡建新　黄生平

中共江西省交通运输厅纪律检查委员会
(省监察厅驻交通运输厅监察室)

纪委书记:成　松

副 书 记:汪明彦(2011.8.16退休)

副 书 记:李建红(2011.12.31任)

监察室主任:李建红

副 主 任:李　旷(正处级纪检员、监察员)

委　　员:蔡建新
陈玉书(2011.12.31任)
秦炜婷(女,2011.12.31任)
宋志群(2011.12.31免)
娄鸿雁　魏炳彦　李建华
肖伦发(2011.2.31任)
李建红

中共江西省交通运输厅直属机关纪律检查委员会(第三届)

纪委书记:贺一军

委　　员:姜健政　陈庆强　王剑社
李建红

【2011年江西省交通运输厅行政领导】

一、厅级领导

厅　　长:马志武

副 厅 长:万　明(2011.9.7任)　孙茂刚
许润龙　邓经国

总工程师:胡钊芳

省纪律检查委员会驻省交通运输厅纪检组副厅级纪检员:汪明彦(2011.8.16免)

副巡视员:梁雅端(2011.9.7免)　王凯林
龙华明

二、处室领导

办公室主任:谢元银

副主任:梁　波

政策法规处处长:张建明

副处长:鲍丽娜(女)

规划处处长:梁必康(2011.2.21免)
王继东(2011.2.21任)

副处长:刘维文(2011.11.14免)

基本建设监管处处长:王继东(2011.2.21免)
钱志民(2011.4.22任)

副处长:朱　晗

财务审计处处长:钟彦祯

副处长:陈玉书(2011.10.18免)

运输处处长:秦小辉

副处长:龚爱军　唐小兵

安全监督处处长:熊华武(2011.2.21免)
彭　瑜(2011.4.22任)

副处长:谈　勇

组织人事处处长:蔡建新

副处长:雷　毅

科技教育处处长:易宗发

副处长:邹爱华

路航管养处处长:糜向荣

副处长:蔡小秋

省交通战备办公室副主任(正处):
肖宪炳(2011.2.18退)
贺一军(2011.4.22任)

离退休干部管理处处长:胡建强

(王　硕)

表1 **2011年江西省交通运输厅直属机构及党政领导班子成员**

单位类别	单位名称	单位级别	党组织名称	党组织领导成员	行政领导成员
直属单位	省公路管理局	副厅	中共江西省公路管理局委员会	党委书记 曹先扬 党委副书记 任东红(2011.2.28任,女) 娄鸿雁 委员 曹先扬 任东红(女) 邹竹民 刘凌 刘理(2011.9.6免) 娄鸿雁 冯义卿(2011.11.14任) 王圣义 黄伟钢 纪委书记 娄鸿雁	局长 任东红(女) 副局长 邹竹民 刘凌 刘理(2011.9.6免) 冯义卿(2011.11.14任) 王圣义 黄伟钢 总工程师 凌宏亿
直属单位	省港航管理局(省船舶检验局、省地方海事局)	副厅	中共江西省港航管理局委员会	党委书记 严允(2011.1.20任) 党委副书记 于钦民 熊海清 委员 于钦民 熊海清 胡敬党 曾云谋 杨礼生 李建华 刘水生 徐良 刘贤明 熊慎文 乔文典(2011.6.15任) 纪委书记 李建华	局长 于钦民 副局长 胡敬党 曾云谋 杨礼生 乔文典(2011.6.15任)
直属单位	省公路运输管理局	副厅	中共江西省公路运输管理局委员会	党委书记 王江军 局长 梁必康(2011.2.17任) 党委副书记 梁必康(2011.2.28任) 党委委员 宋志群 刘伯康 王赣军 肖伦发(2011.1.12任) 唐晓鸣 纪委书记 王赣军(2011.1.12免) 肖伦发(2011.1.12任)	局长 梁必康(2011.2.17任) 副局长 宋志群 刘伯康 唐晓鸣 王赣军(2011.1.12任)
直属单位	省高速公路投资集团有限责任公司(省高等级公路管理局)	副厅	中共江西省高速公路投资集团有限责任公司委员会	党委书记 李素华(女) 党委副书记 谢来发 魏炳彦 委员 李素华(女) 谢来发 丁向东(2011.2.18退) 魏炳彦 姚光南 彭发根(2011.6.24退) 颜杏生 刘理(2011.9.6任) 吴克海 邝宏柱 周振华 王昭春 傅春华(2011.2.28任) 周院芳(2011.2.28任) 黄铮(2011.2.28任) 纪委书记 魏炳彦	董事长 马志武 总经理 谢来发 副总经理 丁向东(2011.2.18退) 姚光南 彭发根(2011.6.24退) 颜杏生 刘理(2011.9.6任) 吴克海 王昭春 总工程师 邝宏柱

单位类别	单位名称	单位级别	党组织名称	党组织领导成员	行政领导成员
直属单位	省公路路政管理总队	正处	中共江西省公路路政管理总队委员会	党委书记　黄生平 党委副书记　黄国标 邓江雁(女) 委　员　黄生平　黄国标 郭本星　李　烨 万杰兵 邓江雁(女) 黄　炬(2011.3.7任) 纪委书记　邓江雁(女)	总队长　黄国标 副队长　郭本星　李　烨 万杰兵 黄　炬(2011.3.7任)
直属单位	省交通工程质量监督站	正处	中共江西省交通工程质量监督站支部委员会	党支部书记　项　军 委　员　项　军 袁和平(2011.2.18退) 栾建平　刘学斌 彭东领	站　长　栾建平 副站长　刘学斌　彭东领
直属单位	省交通工程咨询监理中心	正处	中共江西省交通工程咨询监理中心委员会	党委书记　黄以鸿(2011.2.18退) 党委副书记　刘云川 委　员　黄以鸿(2011.2.18退) 王昭春　刘云川 徐世田　徐义标 俞文生　樊文胜 纪委书记　刘云川	主　任　王昭春 副主任　徐世田　徐义标 俞文生　樊文胜
直属单位	九江长江大桥(公路桥)管理局	正处	中共九江长江大桥公路桥管理局委员会	党委书记　户才淦 党委副书记　陈　峻 委　员　户才淦　陈　峻 盛继国 张曙光(2011.3.25任) 裴庆红(2011.3.25任) 纪委书记　陈　峻	局　长　户才淦 副局长　盛继国 张曙光(2011.3.25任) 裴庆红(2011.3.25任)
直属单位	省交通科学研究院	正处	中共江西省交通科学研究院总支部委员会	党总支书记　丁　青(女) 党总支副书记　高东升 委　员　丁　青(女) 雷茂锦　肖武光 吴伟明　江祥林 高东升	院　长　雷茂锦 副院长　肖武光　吴伟明 江祥林
直属单位	江西交通职业技术学院(2011.12.13升格为副厅)	副厅	中共江西交通职业技术学院委员会	党委书记　高锡祥 党委副书记　张海平 委　员　高锡祥　朱隆亮 黄晓敏　舒小平 江志强　刘　勇 张海平 纪委书记　张海平	院　长　朱隆亮 副院长　黄晓敏　舒小平 江志强　刘　勇
直属单位	江西省交通干部学院(由江西省交通干部学校 2010.12.30更名)	正处	中共江西省交通干部学院委员会(3.8)	党委书记　李国峰(2011.4.12任) 党委委员　袁瑞春(2011.4.12任) 刘晓兰(女,2011.4.12任) 吴克绍(2011.4.12任)	院　长　吴克绍(2011.4.12任) 副院长　袁瑞春(2011.4.12任) 刘晓兰(2011.4.12任,女)

单位类别	单位名称	单位级别	党组织名称	党组织领导成员	行政领导成员
直属单位	规划办公室(省交通工程造价管理站)	正处	中共江西省交通运输厅规划办公室支部委员会	党支部书记 廖贵星 委　　员 廖贵星 冯义卿(2011.11.14免) 刘维文(2011.11.14任) 潘志辉(2011.10.28死亡) 徐华兴(2011.10.8任) 陈　强(2011.10.18任)	主　任(站长) 冯义卿(2011.11.14免) 刘维文(2011.11.14任) 副主任(副站长) 潘志辉(2011.10.28死亡) 徐华兴(2011.10.8任) 陈　强(2011.10.18任)
直属单位	对外经济联络办公室	正处	中共江西省交通运输厅对外经济联系办公室支	党支部书记 傅晓驷(2011.3.7任) 委　　员 王垒嘉 肖国华	主　任 副主任 王垒嘉
直属单位	江西省高速公路联网管理中心	正处	中共江西省高速公路联网管理中心委员会	党委书记 魏和利 委　　员 魏和利 夏太胜 郭　昌 刘红生(2011.3.7任) 纪委书记 郭　昌	主　任 夏太胜 副主任 刘红生(2011.3.7任)
直属单位	省交通工会	正处	中共江西省交通工会支部委员会	党支部书记 刘盖群 委　　员 刘盖群 李　坪	主　席 刘盖群 副主席 李　坪
直管单位	厅信息中心(省交通运输厅应急指挥中心 2010.9.10组建)	正处	中共江西省交通运输厅信息中心支部委员会	党支部书记 熊昌军(2011.4.22免) 委　　员 熊昌军(2011.4.22免) 余力克 颜庆华	主　任 余力克 副主任 颜庆华 莫宇蓉
直属企业	省交通设计院(江西省交通设计研究院有限责任公司)(2011.7.28挂牌)	正处	中共江西省交通设计院委员会(中共江西省交通设计研究院有限责任公司委员会)	党委书记 王金根 委　　员 王金根 聂复生 吴相金 赵卫楚 陈秋华(女) 张小明 邵立范(女) 纪委书记 邵立范(女)	院　长 聂复生(至2011.8.9止) 董事长、总经理 聂复生(2011.8.9任) 副院长 吴相金(2011.8.9止) 赵卫楚(2011.8.9止) 张小明(2011.8.9止) 总工程师 张小明(兼,至2011.8.9止) 副总经理 吴相金(2011.8.9任) 赵卫楚(2011.8.9任) 陈秋华(女,2011.8.9任) 张小明(2011.8.9任) 总工程师 张小明(2011.8.9兼)

单位类别	单位名称	单位级别	党组织名称	党组织领导成员	行政领导成员
直属企业	江西远洋运输公司	正处	中共江西远洋运输公司委员会	党委副书记　方汉芳(女) 委　　员　赵建歧 方汉芳(女) 周平科 徐业荣(2011.10.24退) 彭　韬　夏友南 姜志德 纪委书记　方汉芳(女)	总经理　赵建歧 副总经理　余　峥　周平科 彭　韬　夏友南 姜志德
直属企业	江西公路开发总公司	正处	中共江西公路开发总公司委员会	党委书记　傅春华 党委副书记　刘楚有 委　　员　周院芳　傅春华 陈书全　邝启祥 黎　明　叶香春 万保安 纪委书记　刘楚有	总经理　周院芳 副总经理　陈书全　邝启祥 黎　明 总工程师　万保安 总会计师　叶香春 总经济师　钟家毅
直属企业	江西交通工程监理公司(与省交通工程咨询监理中心合署)	正处		党委书记　刘云川(2011.10.18任) 黄以鸿(2011.2.18退) 党委副书记　刘云川(2011.10.18免) 黄绿光(2011.10.18任) 党委委员　黄以鸿(2011.2.18退) 王昭春(2011.10.18免) 徐重财(2011.10.18任) 俞文生(2011.10.18免) 徐义标　樊文胜 纪委书记　刘云川(2011.10.18免) 黄绿光(10.18任)	总经理　王昭椿(2011.10.18免) 徐重财(2011.10.18任) 副总经理　徐世田　徐义标 俞文生(2011.10.18免) 樊文胜
直管单位	厅机关后勤服务中心	正处	中共江西省交通运输厅机关后勤服务中心总支	党总支书记　杜一峰 委　　员　杜一峰　徐振邦 熊华山　刘玉珠 王亲勇	主　任　杜一峰 副主任　熊华山　刘玉珠
直属单位	交通医院	副处	中共江西省交通医院支部委员会	党支部书记　杜一峰(正处级)	院　长　王亲勇 副院长　李延诚
直营单位	江西省交通运输工程档案馆	副处			副馆长　张正辉(2011.1.25任)
	江西省港航建设投资有限公司(2009.12.10组建)				董事长兼总经理　赵建歧 董　事　杨礼生　徐良　彭　韬

(王　硕)

【市级交通机构】 全省11个设区市设交通运输局、公路管理局,归所在市人民政府领导,业务上受省交通运输厅指导。(其中赣州、上饶归交通局管理)

表2 **2011年各设区市交通运输局机构与党政领导成员**

单 位	党组织名称	党组织领导成员	行政领导成员
南昌市交通运输局	中共南昌市交通运输局委员会	书 记 黄维象(2011.10月任) 陈国凤(女,2011.10月免) 委 员 黄维象(2011.10月任) 陈国凤(女,2011.10月免) 戢才金 吴久铭 彭孝福 闵小平 黄振珠 车小琴(女,2011.5月任) 纪委书记 闵小平	局 长 黄维象(2011.10月任) 陈国凤(2011.10月免) 副局长 吴久铭 彭孝福 车小琴(女,2011.5月任) 总工程师 张 伟 调研员 戢才金 张大军 吴毛俚(2011.12月免) 副调研员 严晓群 王 健(2011.5月任)
景德镇市交通运输局	中共景德镇市交通运输局委员会	书 记 龙 骏 副书记 周光镇 委 员 龙 骏 周光镇 黄福初 陈和平 叶宜民 黄兴好 陈景明 张金水 陈树生(2011.11月25日任) 纪委书记 周光镇	局 长 龙 骏 副局长 陈和平 叶宜民 陈景明(2011.10月18日任) 张金水
萍乡市交通运输局	中共萍乡市交通运输局委员会	书 记 张 洪 委 员 张 洪 贺志勇 李小勇 朱小东 毛惠明 巴颜林 纪委书记 朱小东	局 长 张 洪 副局长 贺志勇 李小勇 毛惠明 巴颜林 调研员 巫裕云(4月退休) 焦凤俊 吴耀华 江祖球 吴 菊 副调研员 廖晓明(2011.5月退休) 翟文新
九江市交通运输局	中共九江市交通运输局委员会	书 记 黄 强 副书记 董学煌 委 员 黄 强 董学煌 曹 辉(2011.12月免) 吴照新 喻小明 胡梅记 刘赛喜 朱汉练(2011.12月任) 丁芳华 黄玉桃(2011.12月任) 纪委书记 胡梅记	局 长 董学煌 副局长 吴照新 喻小明 刘赛喜 朱汉练(2011.12月任)
新余市交通运输局	中共新余市交通运输局委员会	书 记 张向东 副书记 简少华 杜元生 委 员 张向东 简少华 杜元生 罗志东 欧光宏 蔡晓颖 陈 卓 樊国华 陈仕斌 纪委书记 蔡晓颖	局 长 简少华 副局长 张向东 罗志东 欧光宏 陈 卓 调研员 越助民(2011.3月退休) 副调研员 陈仕斌 邓茂勇
鹰潭市交通运输局	中共鹰潭市交通运输局委员会	书 记 齐群策 委 员 齐群策 李星勇 詹志平 阮亦彬 邱雪成 廖乡兴 张爱民 纪委书记 李星勇	局 长 齐群策 副局长 徐文艺 詹志平 阮亦彬 调研员 宋立忠 副调研员 廖乡兴 张爱民

单　　位	党组织名称	党组织领导成员	行政领导成员
赣州市交通运输局	中共赣州市交通运输局委员会	书　　记　严家春 副 书 记　谢赣健 委　　员　严家春　谢赣健 尹善奎　吴慧让 朱洪波　陈爱东 陈建生　宋冬如 彭炎明　周小勇 郭远昌　欧阳光标 纪委书记　宋冬如	局　　长　谢赣健(2011.9月兼任赣市人大副主任) 副 局 长　吴慧让　陈爱东 陈建生　彭炎明 总工程师　钟成林(2011.11月任调研员) 调 研 员　唐茂西(2011.11月退休) 刘昌民 副调研员　傅广仁　胡瑞林 章广鳞　李干荣
吉安市交通运输局	中共吉安市交通运输局党委	书　　记　彭家珉(2011.11.14免) 鲍建军(2011.11.14任) 副 书 记　张泽思(2011.11.14免) 邹记根(2011.11.14任) 委　　员　彭家珉(2011.11.14免) 鲍建军(2011.11.14任) 张泽思(2011.11.14免) 邹记根(2011.11.14任) 龙林华　王跃平 刘冬根 廖抗美(2011.4.13免) 赵夫发 纪委书记　王跃平	局　长　彭家珉(2011.12.2免) 邹记根(2011.12.2任) 副局长　龙林华　刘冬根 廖抗美(2011.5.11免)
宜春市交通运输局	中共宜春市交通运输局党组	书　　记　李　奇 副 书 记　朱宜民 党组成员　李　奇　朱宜民 曹幸军　梁　彦 陈宜林　王赣闽 冷新龙(2011.8.11免) 曾义城 刘毅明(2011.11.10任) 纪检组长　王赣闽	局　　长　朱宜民 副 局 长　曹幸军　梁　彦 陈宜林 总工程师　曾义城 副调研员　王玉洁　彭智勇
抚州市交通运输局	中共抚州市交通运输局委员会	书　　记　谢克侵 副 书 记　陈　克(2011.11免) 徐华德(2011.11任) 何华辉 委　　员　谢克侵 徐华德(2011.11任) 李勃绪　陈佐光 王爱民　徐天祥 何华辉　罗　维 陈　峰(2011.2任) 纪委书记　徐天祥	局　长　陈　克(2011.11免) 徐华德(2011.11任) 副局长　陈佐光　王爱民 罗　维 陈　峰(2011.2任)
上饶市交通运输局	中共上饶市交通运输局党组	书　　记　吴铭汉 副 书 记　张晓峰 委　　员　吴铭汉　张晓峰 姚佳水　刘　建 徐华兴　赖　勇 周全行　彭良善 刘秀明　彭芳德 王少波　苏卫东 方　扬 纪检组长　姚佳水 市纪委驻纪检组副县级 纪检员监察员　王淑琴(2011.11.14任)	局　　长　吴铭汉 副 局 长　刘　建　徐华兴 赖　勇　周全行 总工程师　方　扬 调 研 员　刘秀明 副调研员　周建英(2011.11.25任) 常建新(2011.11.25任)

（何战鏖）

大事记

2011 年

1 月

2 日 18 时 40 分左右至 19 时许,杭(州)瑞(丽)高速公路浮梁县境内段先后发生 3 起交通事故,共造成 7 人死亡、多人重伤。当日 18 时 44 分,一辆车牌号为浙 DF3891 的大型客车在下雪导致路面湿滑的情况下未减速行驶,车辆左倾碰撞隔离栏后失控侧翻于 337KM + 60 米处,造成车上 3 名中乘客当场死亡、1 人重伤、十余人受轻伤。6 分钟后,一辆车牌为赣 G04280 的大型客车同样因为车速过快,导致车辆失控侧翻于同一路段,造成车上 2 名乘客当场死亡、1 人在送医院抢救无效后死亡、十余人不同程度受伤。当日 19 时许,一辆车牌号为浙 AN126 的商务车因车速过快打滑调头,于 346KM + 270 米处与另一辆重型货车发生刮碰后,被一辆车速过快无法及时刹车的大型车撞上,造成商务车上 1 名乘客经送医院抢救无效后死亡、1 人重伤。

10 日 省交通运输厅召开综治工作领导小组会议,认真学习贯彻全省政法工作会议精神,总结 2010 年综治工作,研究部署 2011 年工作任务。

12 日 省交通运输厅、省公路运输管理局、省公安厅交警总队、省安监局、省春运办在南昌联合召开 2011 年春节道路运输工作会议,围绕“和谐有序、安全为先、科学组织、优质便捷”的总体原则,确保广大旅客“平平安安返乡、欢欢乐乐过年、顺顺利利返程”,做好春节运输工作。

13 日 省交通运输厅召开春运记者见面会,向中央驻赣及省内各大新闻媒体,介绍江西交通运输部门春运组织准备情况。

18～19 日 省交通运输厅党委书记程受锭到宜春、萍乡督导春节交通运输安全生产工作。

19 日 春运首日，副省长洪礼和到江西长运、南昌长途汽车总站和南昌公交青山南路调度中心等地，了解春运各项工作部署情况，并慰问坚守岗位的交通运输部门一线职工。

同日 省委常委、省委秘书长、省直机关工委第一书记赵智勇看望慰问交通运输厅退休党务干部邹积贵并送上慰问金和新春祝福。

19～20 日 昌九、昌樟、彭湖、九景、景婺黄（常）、南昌东外环等高速公路出现道路积雪和桥梁结冰现象，严重威胁到过往车辆行驶安全，省高速集团组织 2300 多名职工，出动设备 300 余台，经过 20 多小时的轮番作业，确保了全省高速公路不封路。

20 日 省交通运输厅领导在昌九高速公路现场指挥抗冰保通工作，并召开现场协调会，进一步部署冰雪天气交通保障工作。厅长马志武、副厅长邓经国、省高速集团总经理谢来发出席会议。

21 日 井冈山厦坪至睦村高速公路项目开工建设。开工建设动员大会在井冈山召开。省委常委、常务副省长凌成兴出席大会并宣布项目开工。省政府副秘书长朱希主持会议，省交通运输厅党委书记程受锭到会并讲话。

22 日 全省交通运输工作会议在南昌市召开。会议的主要任务是：认真贯彻落实中共十七大、十七届五中全会和中央经济工作会议精神，按照省委十二届十四次全会和全国交通运输工作会议的要求，总结 2010 年和“十一五”期间交通运输工作，明确“十二五”期间全省交通运输发展指导思想和总体任务，部署 2011 年工作，进一步统一思想，乘胜奋进，在新的起点上实现“十二五”期间全省交通运输进位赶超、科学发展。省委常委、常务副省长凌成兴出席会议并讲话，副省长洪礼和主持会议。省交通运输厅党委书记程受锭宣读表彰 2010 年度全省交通运输系统目标管理先进单位的决定并讲话，厅长马志武作工作报告。

23 日 全省交通运输系统安全生产工作会议在南昌召开。厅党委书记程受锭出席会议，厅长马志武讲话，副厅长孙茂刚主持会议。

25 日 萍乡、于都、南城、广昌、宁都东、泰和东、银湾桥和宜丰等 8 对高速公路服务区正式投入运营。

26 日 省交通运输厅厅长马志武在高速集团总经理谢来发陪同下先后察看昌樟管理处昌西南所、南昌港国际集装箱码头和南昌保税物流中心等春运安全生产工作。

同日 省高速公路投资集团有限责任公司吉安至莲花高速公路项目办公室正式成立。

27 日 宜春市明月大道项目开工典礼在袁州区举行。明月大道起于宜春市袁州区明月南路与环城南路交叉点，途经梅花、袁梅、仙巩等地，直达温汤集镇，全长 14.12 千米，路面宽 42 米，双向 8 车道，建设工期 18 个月，总投资 6.7 亿元。

28 日 省交通运输厅副厅长孙茂刚到昌九高速公路、九江长江大桥，指导拥堵车辆疏导和下一步应急保障工作。

同日 省交通运输厅直属机关党委汪明彦等 3 名委员前往省公路管理局、省港航管理局、省高速集团的基层单位慰问部分困难党员，向他们带去省直工委、厅党委和厅直机关党委的关怀和祝福。

是月 （南）昌奉（新）高速公路连接线控制工程——天工大桥开工建设。该桥全长 397.16 米，宽 35 米，总投资 4000 余万元。

是月 新干县新石线灾后重建桃溪至石口段大中修工程完工。该路段全长 16.64 千米，路面宽 7 米，工程总投资约 1100 万元。

是月 遂川县新江至五斗江公路全线竣工通车。该工程按三级公路标准施工，全线长 27.2 千米，路基宽 7.5 米，水泥路面宽 6.5 米，总投资 1752 万元。

是月 渡改桥工程遂川县于田镇中洲桥主体工程竣工。该桥全长 125.04 米，宽 7 米，跨径 6 米×20 米，为预应力空心板桥，工程总造价 222.57 万元。

是月 由上高公路分局承建的上高境内上吉线养护大中修工程顺利竣工。该工程全长 27.506 千米，路基宽 12 米，路面宽 9 米，建设标准为二级公路，总投资 4056 万元。

2 月

10 日 鹰潭市人民政府副市长杨晓群到鹰潭市交通运输局调研。

12 日 省直工委副巡视员刘大胜、调研室副主任熊亮华到省交通运输厅,对厅直属机关党委创先争优活动工作情况进行点评。

14 日 吉安市副市长李庐琦到井冈山路桥集团公司指导工作。

15 日 全省交通运输系统工程建设领域突出问题专题治理工作会议在南昌召开。

同日 全省交通运输系统廉政工作会议在南昌召开。省交通运输厅党委书记程受锭、省纪委常委、监察厅副厅长刘卫平出席会议并讲话。副厅长孙茂刚主持会议、厅纪委书记成松作廉政工作报告。

同日 全省"两会"召开期间,省政协副主席陈清华率民革界的人大代表、政协委员到省港航局视察指导工作,召开水运发展专题调研座谈会。

16 日 省交通运输厅召开全省农村公路工作电视电话会议。厅党委书记程受锭主持会议,厅长马志武、省发改委副主任陈一星出席会议并讲话。

18 日 省交通运输厅与省广播电影电视局签订共建"江西交通广播直播室"合作协议。

21 日 省交通运输厅党委书记程受锭、厅长马志武、副厅长许润龙、总工程师胡钊芳到梨温高速鹰潭西收费站,察看该公司基层所站规范化建设。

同日 省交通运输厅纪委在高速集团公司召开直属单位纪委书记座谈会。

23 日 全省公路工作会议在南昌召开,省委常委、常务副省长凌成兴、副省长洪礼和出席会议,省交通运输厅党委书记程受锭、厅长马志武出席会议并为先进单位和先进个人颁奖,省公路局局长任东红作工作报告。

同日 省高速集团工作会议暨一届二次职工代表大会在南昌召开。省委常委、常务副省长凌成兴、副省长洪礼和,省交通运输厅党委书记程受锭、厅长马志武出席会议。省高速集团总经理谢来发做行政工作报告。

24 日 全省港航工作会议在南昌召开,省委常委、常务副省长凌成兴出席会议。省交通运输厅厅长马志武出席会议并为先进单位和先进个人颁奖,省港航局局长于钦民作工作报告。

3 月

1 日 省交通运输厅召开资金安全管理工作会议,贯彻落实江西省纪委、省监察厅、省财政厅、中国人民银行南昌中心支行、江西银监局等 5 部门 2 月 22 日发出《关于严格资金管理防范资金风险有关问题的紧急通知》指示精神,部署资金安全管理工作。副厅长孙茂刚出席会议并讲话。

1~4 日 省交通运输厅党委书记程受锭、副厅长许润龙在赣州市市长助理李坊荣陪同下实地察看赣崇、瑞寻、隘瑞等高速公路项目施工进程情况,并于 2 日在上犹县为赣崇高速项目办揭牌。

8~10 日 省交通运输厅党委书记程受锭、副厅长许润龙在高速集团党委书记李素华、集团总经理谢来发陪同下,实地察看昌铜、德昌、祁浮高速公路项目建设情况。

11 日 省交通运输厅召开发展提升年活动动员会,落实全省创业服务年活动总结表彰暨发展提升年活动动员电视电话会会议精神,动员部署发展提升年活动。

14~15 日 省交通运输厅纪委书记成松在驻厅监察室负责人陪同下,到宜春市交通运输部门调研指导工作。

16 日 省交通运输厅进行机关部分处室领导干部竞争性选拔面试。副厅长孙茂刚担任主考官主持面试。

17 日 全省高速公路路政工作会在南昌召开。

18 日 省交通运输厅召开厅直单位组织人事工作会议,副厅长孙茂刚出席会议。

同日 全省道路运输工作会议在南昌召开,副省长洪礼和、省交通厅党委书记程受锭出席会议。局长梁必康作工作报告。

20 日 省政府在南昌召开抚州至吉安高速公路项目征地拆迁动员大会。省委常委、常务副省长凌成兴出席会议并讲话。

22 日 全省干线公路养护管理迎"国检"工作再动员再部署电视电话会议在南昌召开。

28 日 德昌高速公路项目第三阶段施工任务完成,转入第四阶段施工。

29 日 九江新长江公路大桥项目第一阶段

施工任务完成，转入第二阶段施工。

同日 省交通工会召开二届十四次委员（扩大）会议，省交通运输厅副厅长孙茂刚出席会议并讲话。

同日 省交通运输厅召开全省公路养护工程专项检查工作部署会，副厅长邓经国出席会议并讲话。

同日 省交通运输厅厅长马志武到交通职业技术学院调研交通工程档案馆筹备有关工作。

31日 省交通运输厅副厅长孙茂刚、许润龙，纪委书记成松，总工程师胡钊芳，省高速集团总经理谢来发到昌奉高速公路项目建设一线，察看项目建设情况，并部署下一步施工任务。

同日 省交通厅党委书记程受锭在副厅长孙茂刚、许润龙，纪委书记成松，总工程师胡钊芳，省高速集团党委书记李素华、总经理谢来发陪同下，现场调解昌奉高速公路征地拆迁难题。

是月 贵溪市危桥重建项目冷水大桥开工建设。新桥先取原址下游约1千米处重建，设计更加坚固耐用，可抵御50年一遇洪水，主桥梁长125.09米，引道长1035.92米，为公路二级桥梁，计划15个月工期。

是月 泰和县石山大桥建成通车。该大桥全长277.2米，跨径30米，投入资金500多万元。

4月

1日 永武高速公路项目现场观摩会暨管理标准化推进会在永修县召开。

8日 交通运输部在赣召开“十二五”时期公路养护管理工作座谈会，副部长冯正霖出席会议并强调，创新理念，规范管理，更好地为公众出行服务。江西省政府副省长洪礼和致辞。在赣期间，冯正霖还到九江新长江公路大桥施工现场、景婺黄高速公路、304省道（婺桃线）辛田道斑、赣粤高速公路峡江服务区、昌泰高速公路养护中心、泰井高速公路等地考察交通运输工作。

15日 省交通运输厅党委书记程受锭在省高速集团总经理谢来发陪同下，察看了庐山、石钟山、鄱阳服务区，并召开座谈会，指导服务区经营情况管理，督察迎国检准备工作。

16日 省交通运输厅厅长马志武到梨温高速公路，察看收费站站容站貌和三清山服务区运行管理情况。鹰潭副市长杨晓群陪同。

18日 省政府机关事务管理局副局长杨建民率省节能考核评比组到省交通运输厅，检查指导“十一五”时期公共机构节能工作。

19日 省交通运输厅纪委书记成松在厅监察室负责人陪同下，察看吉莲高速公路项目建设施工情况。

21日 吉安至莲花县高速公路开始施工。施工动员大会在吉安召开，省交通运输厅和吉安市政府出席会议。

同日 省交通运输厅党委书记程受锭在厅纪委书记成松、高速集团党委书记李素华陪同下，到昌泰高速公路一线考察调研。

22日 井冈山至睦村高速公路项目办揭牌仪式在井冈山举行。

同日 省交通运输厅厅长马志武在赣州市副市长刘琮的陪同下，察看了在建的隘瑞高速公路，看望慰问项目建设人员。

22~25日 交通运输部科技司司长贺建华率领该司全体党员到江西开展“学基层、学业务”联学活动，并与江西交通运输厅相关部门进行座谈。

22~26日 省交通运输厅副厅长许润龙先后察看了井冈山隧道施工现场和德昌高速公路项目。

23日 省交通运输厅厅长马志武到樟吉高速公路吉安服务区察看指导的扩建工程。

24日 省交通运输厅副厅长邓经国到路政三清山培训中心察看，了解该中心的功能和布局。

27日 省交通运输厅总工程师胡钊芳在项目办负责人陪同下，到九江新长江公路大桥南、北主塔施工再场检查指导工程建设。

28日 德昌高速公路金溪湖特大桥贯通。该桥全长9178.5米，采用连续T梁+连续箱梁的结构形式，主桥最大跨经70米。

29日 井睦高速公路井冈山特长隧道专家论证会在井冈山召开。会议邀请国内知名专家8人，从安全、环保、进度、费用等方面对井冈山隧道的设计方案进行论证。省交通运输厅副厅长许润龙、总工程师胡钊芳出席会议。

是月 交通运输部组织专家在九江市主持召开江西庐山西海高速公路安全绿色交通科技示范

工程实施方案评审会。交通运输部科技司副司长张延华、罗强,省交通运输厅副厅长孙茂刚、许润龙、总工程师胡钊芳出席会议。

是月 分宜公路分局上吉线(安福至高岚段)路面大中修工程开工建设。该工程全长11.737千米,按二级公路路面技术标准施工,路面宽9米,路基宽12米,总投资1400余万元,2011年4月已完成基层4千米,沥青路面2.5千米。

是月 乐安县县城—龙潭、四清—汤山、万崇—丰林等6条县乡村水泥路相继破土动工。该路总里程22千米,共投资510万元,全部按四级公路标准设计施工。

是月 永丰县八江乡彭家至庙前公路全线竣工通车。该工程按四级公路标准施工,全线长10.21千米,路基宽6米,水泥路面宽4.5米,总投资270万元。

是月 S214丰德线南城县龙湖至蛟山段公路改建工程竣工通车。该公路全长12.57千米,按省道三级公路标准建设,路面为水泥混凝土路面,宽6.5米,投资金额约1100万元。

是月 位于鄱阳湖水上搜救分中心水域的星子水位监测塔竣工。该塔于2010年11月中旬开工建设,2011年4月竣工并经省港航管理局验收合格。由于该塔所在水域水面宽阔、风浪大、水位变幅高达17米且地基为淤泥,为保障其安全可靠及正常发挥功能,该塔采用全现浇钢筋混凝土结构。待水位监测设备安装完成后,该塔将实现无人值守、全天候监测和实时传递水位信息,为航行船舶和职能部门提供信息。

5月

5日 省交通运输厅副厅长孙茂刚到德昌高速公路检查指导机电工程施工。

9日 省交通运输厅召开2011年"小金库"治理工作推进会,副厅长孙茂刚出席会议并讲话。

10日 昌泰公司举行全国"巾帼文明岗"授牌暨创建"巾帼文明岗"一条路启动仪式。

11日 国家发改委基础产业司司长黄民一行就江西省"十一五"时期水运发展情况及"十二五"规划到赣进行实地调研。

11~14日 中国交通报社社长周世旺、副总编兼通联发行部主任靳杨等一行5人到江西走访调研。

12日 全国交通运输财务工作会议,在南昌召开。交通运输部副部长高宏峰作工作报告,江西省委常委、常务副省长凌成兴出席会议并讲话。在赣期间,高宏峰还到永武高速项目、昌九高速公路及庐山服务区考察交通运输工作。

同日 江西省总工会副主席吴海平一行,在景德镇管理中心负责人陪同下,对该中心的"职工书屋"建设情况进行调研。

同日 漕源大桥合龙,这标志着漕源大桥的主体工程已全面完工。漕源大桥是渡改桥项目,大桥全长265米,净宽7米,设双侧人行道,项目总投资454万元。

17日 省交通运输厅与江西联通举行战略合作协议签字仪式,签订了《江西省交通运输厅与中国联合网络通信有限公司江西分公司战略合作协议》。省交通运输厅副厅长孙茂刚和江西联通总经理王竑弢分别致辞。

同日 省委宣传部、省直机关工委、省文化厅、省广电局主办的全省机关纪念中国共产党成立90周年文艺调研活动拉开帷幕。省高速集团组队代表省交通运输厅参加合唱类项目比赛,获得第三名。

18日 江西交通工程集团有限公司揭牌成立。该公司是由省政府设立的国有独资有限责任公司,主要从事公路工程建设的总承包,勘测设计、施工、监理,公路养护、机械设备租赁以及科研开发等业务。

26日 副省长洪礼和在省政府副秘书长胡世忠及省直有关部门陪同下到省港航局考察指导工作。

26日 全省高速公路建设项目"十二公开(规划计划、指标、设计、征地拆迁、参建单位管理、变更、货量监督、安全生产监督,竣(交)工验收、资金使用、奖罚结果、投诉受理)"现场会在永武高速公路召开。省委常委、省纪委书记尚勇、省委常委、常务副省长凌成兴出席会议并讲话。

29日 交通运输部办公厅主任杨咏率部办公厅工作人员60余人,到江西考察。

31日 江西省交通运输系统2011年社会治安综合治理工作会议在南昌召开。省交通运输厅党委书记程受锭出席会议并讲话，副厅长孙茂刚主持会议。副厅长邓经国作工作报告。

是月 南昌市进贤县架桥镇抚河土坊大桥合龙，该桥标志着南昌市改渡建桥项目全面进入收官阶段。

6 月

3 日 江西省高速公路路政基层党建工作现场会在赣州召开。省交通运输厅党委书记程受锭出席并讲话，副厅长孙茂刚、邓经国参加会议。

13 日 长江水运发展协调领导小组第三次会议在江西南昌召开。省委书记苏荣会见了交通运输部部长李盛霖一行及有关省市负责人，代表省委、省政府对会议召开表示热烈祝贺。省委常委、常务副省长凌成兴，省委常委、省委秘书长赵智勇，交通运输部副部长徐祖远等参加会见。

17 日 全省“节能节电、全民行动”驾驶体验暨万名驾驶员节能竞赛活动流动仪式在南昌隆重开幕。省交通运输厅总工程师胡钊芳讲话并宣布活动启动，省运管局局长梁必康出席活动并讲话。

20 日 省交通运输厅厅长马志武到高速集团主持召开现场办公会，协调解决高速公路工作中的有关问题。

27 日 省委常委、常务副省长凌成兴到九江新长江公路大桥建设项目察看施工进展情况。

28 日 省交通运输厅召开纪念中国共产党成立 90 周年暨创先争优活动表彰大会，回顾党的光辉历程，缅怀党的丰功伟绩，表彰在创先争优活动中，涌现出的先进基层党组织，优秀共产党员，优秀党务工作者。

同日 副省长洪礼和，省政府副秘书长胡世忠，在省交通运输厅厅长马志武陪同下考察梨温高速公路鹰西收费站。

同日 省交通监控中心项目开工建设。该中心建成后将提高江西省高速公路、国有干线公路及水路运输运行检测和应急处置能力，保障重要交通运输通道及节点的稳定运行，推动江西重要交通监控系统向区域化、网络化以及交通信息服务等方向发展。

30 日 省交通运输厅召开 2011 年第二次安全生产工作例会。

是月 江西省“十二五”公路水路交通运输发展规划通过审议。

是月 会昌县庄埠锡坑口大桥建成通车。锡坑口大桥位于庄埠乡锡坑口河段，连接黄会线、323 国道，一桥连二岛、天堑变通途，是一座通往于都县铁山垅镇的主要公路大桥，大桥全长 153.28 米，宽 7.5 米，该工程自 2009 年动工，工程总投资 261 万元。

7 月

1 日 《公路安全保护条例》自即日起正式实施。

2 日 长沙理工大学与江西省交通干部学院合作举办的在职工程硕士学习班开学。省交通运输厅纪委书记成松出席开学典礼并动员讲话。

7 日 省港航局南昌分局举行分局财审科省直“巾帼文明岗”授牌仪式。省交通运输厅副厅长孙茂刚为南昌分局财审科“巾帼文明岗”授牌，省港航局党委书记严允出席授牌仪式。

同日 省交通运输厅召开 2011 年职称评审工作会议。

8 日 319 国道永新小沙至茅坪公路改建工程全面开工。该改建工程全长约 17 千米（桩号为 K712 + 860 – K728 + 937），工程含 4 处路段的改线。该线路原有路基宽 12 米，路面宽增加到 10.5 米，沥青混凝土路面。工程总投资 3328 万元。

月初 赣县湖江桃花岛、夏浒刘姓和延龙阁三个旅游码头主体工程提前竣工。

12 日 省交通运输厅厅长马志武在厅机关有关处室、高速集团、交通质监站负责人陪同下，察看建设中的德昌高速公路。

13 ~ 28 日 江西省公路学会相继召开 2011 年科学技术奖评审会。评出 2011 年度科学技术奖特等奖 1 项、一等奖 2 项，二等奖 9 项，三等奖 9 项。

15 日 宜春市委书记谢亦森在市政府副巡视员胡芬兰、沿线各地方党政主要领导、昌铜项目有关领导陪同下，到奉铜高速公路建设工地察看工程建设情况。

20 ~ 21 日 江西省工程咨询中心在南昌市

主持召开《江西省永泰航电枢纽工程预可行性研究报告》评估会。

21日　吉莲项目办在A5标的主梁场、A6标的高桥(一)隧道、A7标的背台回填与路基土石方等施工现场连续召开现场观摩会,在全线推广标准化管理。

同日　由湖南省省长助理袁建尧率领湖南省政府考察团一行到江西考察水运工作。江西省副省长洪礼和、省交通运输厅厅长马志武、省政府副秘书长胡世忠、省交通运输厅总工程师胡钊芳及省港航局负责人会见考察团。

21～22日　交通运输部西培讲师团"交通行政执法能力建设"江西培训班在南昌举行。这是江西省享受交通运输部支持西部地区干部培训政策以来首次举办的培训班。交通运输部管理干部学院副院长黄克清、省交通运输厅总工程师胡钊芳出席开班仪式并讲话。

22日　由江西远洋集装箱运输公司投资的150TEU内河标准化集装箱船在湖南益阳开工建设。该船总长86.7米,最大吃水3.7米,设计航速21千米/小时。

24～27日　全国交通运输安全生产紧急电视电话会议召开后,省公路局、省港航局、省高速集迅速落实精神,积极开展检查,采取有力措施,确保安全生产。

27日　省交通运输厅副厅长邓经国到德昌高速项目办察看德昌高速公路,并就全省高速公路项目建设综治维稳定工作进行调研。

28日　江西省交通设计研究院有限责任公司揭牌成立。

同日　省路政总队在抚州召开全省高速路政部门政务管理"六公开"现场会。厅纪委书记成松出席会议并讲话。

同日　九江新长江公路大桥项目"1761t双壁整体式钢吊箱设计与施工关键技术研究"课题,被评为"2011年度江西省公路学会科技特等奖。"

29日　省港航局组织干部职工义和献血。经过现场体检,共有76名符合条件的干部职工无偿献血18600毫升。

是月　厅直属12家公共机构2010年度的节能考核验收工作结束。结果显示:与2005年相比,2010年全厅直属公共机构燃油、水、电等能源资源消耗的总用量、人均能耗和单位建筑面积能耗均下降20%以上,超额完成了"十一五"时期节能目标任务;与2009年相比,2010年全厅直属公共机构燃油、水、电等能源、资源消耗的总用量、人均用量都超额完成了省政府下达的5%节能目标。

8月

3日　由安徽省交通运输厅党组成员、驻厅纪检组长闫如政率领的纪检监察调研组一行考察江西省交通运输系统风险岗位廉能管理工作。副厅长孙茂刚主持会议,副厅级纪检员汪明彦参加会议并讲话。

7日　瑞寻高速公路羊子岩湖水大桥顺利架通。该桥是瑞寻高速公路桥梁最长、桥墩最高、单桥造价最高的桥梁。桥梁总长769米,宽26米,先简支后连续的预应力混凝土T梁桥,桥高60.12米。

8日　省交通运输厅召开安全生产调度会。省交通运输厅、省公路局、省港航局、省运管局、省高速集团、省交通质监站和省路政总队领导,以及厅机关负责人参加会议。

12日　隘瑞高速公路南枢纽至终点段建成通车。

16日　省交通运输厅总工程师胡钊芳在厅机关有关处室、省交通干部学院负责人陪同下,察看即将建成的交通干部学院新校区。

23日　省委常委、常务副省长凌成兴察看即将通车的永修至武宁高速公路。

23～24日　省交通运输厅纪委书记成松先后到梨温高速和德上高速就项目建设、管理和纪检监察工作进行考察调研。

25日　省总工会举行全省工会帮扶工作会议暨2011年金秋助学资金发放仪式,纪念送温暖活动20周年和帮扶中心建设10周年,自1997年开展助学活动以来,江西各级工会组织募集3.3亿余元助学资金,资助了23万多名困难职工子女上学。2010年,全省交通运输系统筹集送温暖资金152万元,走访慰问困难职工2200余户,2011年,又筹集送温暖资金162万元,走访慰问困难职工2300余户。

26日　交通运输部召开全国交通运输信息

化工作会议。

同日 省交通运输厅举办领导干部加强党性修养专题辅导，厅党委书记程受锭讲授“领导干部如何做人做事做官”的党课。

31 日 省交通运输厅召开援疆干部座谈会，厅党委书记程受锭、副厅长孙茂刚、总工程师胡钊芳出席会议。

是月 赣江石虎塘航电枢纽工程反季节围堰截流成功。该围堰分上下两围堰，上围堰宽 308 米，下游 330 米。

是月 319 国道永新小沙至茅坪公路改建工程全面开工。该改建工程全长约 17 千米（桩号为 K712 + 860 ~ K728 + 937），工程含 4 处路段的改线。该线路原有路基宽 12 米，路面宽 9 米，改建后路基宽仍为 12 米，路面宽增加到 10.5 米，沥青混凝土路面。工程计划总投资 3328 万元，预计 2012 年 9 月底完工。

是月 由吉安市公安局泰和分局组织施工的 319 国道螺溪至澧田公路改建改工程 B 标段（K680 + 754 - K695 + 500）沥青路面开始摊铺。该线路总长 49.765 千米。路基宽 12 米，采用双层铺筑；路面宽 10.5 米，采用沥青混凝土铺筑。工程计划总投资 9741 万元。

是月 广丰新东线东阳段（排山至管村段）路面重建工程开工。该重建里程 20 千米，为沥青混凝土路面，路面宽 9 米。

是月 丰城境内丰德线 12 千米大中修工程正式开工。该工程全长 12 千米，路基宽 12 米，采用双基标准（18 厘米 + 18 厘米），路面宽 9 米，采用沥青混凝土路面，工程总投资 1700 万元。

是月 省道武宁红修线 44.657 千米养护大中修重建油路工程开工建设。该工程将建成结构 22 厘米水稳、5 厘米沥青混凝土油路，总投资 3800 多万元。

是月 南丰至军峰山旅游公路建成通车。该项目全长 14 千米，路基宽 9 米，路面宽 7 米，属钢筋混凝土路面，总投资 2000 万元，起于南丰县三溪乡池峰村，终于军峰山山脚下，是南丰通往军峰山风景旅游区的重要通道。

9 月

1 日 省委常委、常务副省长凌成兴，在省政府副秘书长朱希、省交通运输厅厅长马志武陪同下，察看昌铜高速公路施工建设情况。

2 日 省交通运输厅部署对高速公路、机场路非法广告牌整治工作。

同日 萍乡市芦溪县银河镇紫溪村突发地质灾害，导致沪昆高速公路 K940 + 200M 处路面大面积沉陷，整幅下沉长度约 100 米，最大沉陷量约 60 厘米，下沉面积约 1300 平方米，次日凌晨 K940 + 752M 的边坡再次出现深 8 余米，面积 8 余平方米的大坑，阻断交通，省交通运输厅、省高速集团、宜春管理中心及时赶赴现场抢修。

同日，省委书记苏荣，省委副书记、代省长鹿心社及时对应急处置和受灾群众转移置工作作出批示和指示。

6 日 省委常委、常务副省长凌成兴，省政府副秘书长朱希，省交通运输厅党委书记程受锭、总工程师胡钊芳以及沿线政府、相关省直部门负责人陪同沿沪昆高速 K940 + 200M 至 K940 + 750M 一线，察看路受损情况，并向公路修复一线交通职工表示慰问。

6 ~ 7 日 省交通运输厅副厅长邓经国带领督查组到抚州市督导检查改渡建桥工作。

7 ~ 16 日 浙江省交通运输厅副厅长郑黎明率检查组代表交通运输部对江西省交通运输系统安全隐患排查工作进行检查。

16 日 德兴至南昌、永修至武宁（庐山西海）高速路竣工通车仪式在德昌高速公路军山湖服务区举行。省委书记、省人大常委会主任苏荣宣布通车，省委副书记、代省长鹿心社讲话。德昌高速公路起自南昌，途经南昌县、乐平、余干、万年至德兴县止，全长 204.6 千米，投资约 98.88 亿元，内含金溪湖特大桥桥长 9178.5 米。永武高速公路途经永修县、武宁县、庐山西海风景区，3 个县区 13 个乡镇，全长 104.5 千米，投资 41.85 亿元。

20 日 南昌保税物流中心举办一周年庆典，截至当日该中心已实现园区作业进出总额 1 亿美元。

21 ~ 23 日 受国家发改委委托，中国国防工程咨询工司在南昌主持召开《江西省永泰航电枢纽工程项目建设书》评估会。

22 日 省运管局召开全省 2011 年“十一”黄金周道路运输工作视频会议,认真贯彻落实交通运输部关于做好 2011 年“十一”黄金周道路运输工作的要求,部署江西省“十一”黄金周道路运输工作。

同日 省交通运输厅副厅长许润龙察看井睦高速公路建设并召开项目建设协调会。

27～28 日 省交通运输厅副厅长许润龙到隘瑞、瑞寻高速公路施工一线,察看工程建设情况。

27～29 日 《江西交通年鉴(2011)》审稿会在南昌召开,副厅长万明,省地方志办公室副主任吴小瑜出席会议并讲话。

28 日 省直机关工委副书记童水仙带领省直机关文化建设调研组一行到省交通运输厅调研交通文化建设情况。副厅长万明出席会议并汇报江西交通运输行业文化建设工作情况。

29 日 省交通运输厅副厅长孙茂刚察看交通干部学院新校区建设。

同日 省交通运输厅纪委书记成松到省高速集团抚州管理中心调研指导。

同日 省交通运输厅副厅长邓经国到宜春检查指导道路运输工作。

30 日 省交通运输厅召开专题会议,传达落实中央与江西省加强和创新社会管理工作电视电话会议精神,部署近期社会管理工作,厅党委书记程受锭出席会议并讲话。副厅长万明传达相关会议精神,副厅长邓经国主持会议。

同日 《高速公路绿色通道货物检测系统(GCGPS)研发与应用》项目在南昌召开专家鉴定会,省交通运输厅副厅长孙茂刚出席会议。

是月 赣县小坪至小坌公路、韩坊至信丰公路升级改造项目工程可行性研究报告批复立项。小坪至小坌公路长 18.6 千米,韩坊至信丰公路长 6.3 千米,都拟按三级公路标准建设,路基宽 7.5 米,路面宽 6.5 米,两条路总投资约 3000 万元。

是月 宜春公路直属分局杨福线养护大中修工程开工建设。杨福线(分宜杨桥—萍乡福田),为省道二级公路,途径芦村、三阳、洪塘、辽市、天台、水江。该工程长 12.462 千米,路面类型为 4.018 千米的水泥混凝土路面和 8.444 千米的沥青混凝土路面。

是月 樟树市第一条旅游公路——道教名山阁皂山旅游公路樟芦线改造工程,除京九铁路立交桥等特殊路段外已完成 15.2 千米沥青路面通车,该线拓宽改造工程全长 22.992 千米,总投资约 1.1 亿元。

是月 319 国道赣江泰和大桥整修工程全面完工。该桥全长 828 米、宽 12 米,总投资达 700 余万元。

10 月

10～12 日 省交通运输厅副厅长邓经国到赣州、吉安公路改造项目及公路大中修工程现场调研。

12 日 由省人大财经委主任委员黄素英率领的调研组一行专题调研高速公路建设,并在上饶召开高速公路专题调研座谈会。

同日 省交通运输厅党委书记程受锭察看昌铜高速公路建设情况。

14 日 省交通运输厅在南昌召开江西省重点公路、水运工程项目安全生产工作会议。

20 日 隘岭至瑞金高速公路建成通车,该线全长 31.117 千米。

同日 经过江西交通部门昼夜抢修,受地质灾害影响的沪昆高速公路宜春西村至萍乡芦溪段全面修复通车。

同日 公路行业企业发展环境和政策需求座谈会在南昌召开。

21 日 省政协党组副书记、副主席朱张才率领省政协常委、委员一行,实地察看已建成的德昌高速公路建设情况。

同日 在全国公路养护管理工作会上,省交通运输厅荣获“十一五全国干线公路养护管理工作进步单位”称号。

21～22 日 省交通运输厅在南昌主持召开《南昌港樵舍货运码头工程可行性报告》和《南昌港国际集装箱码头扩能工程可行性研究报告》审查会。

同日 省交通运输厅副厅长万明分别检查庐山、樟树、宜春等服务区。

24～27 日 以交通运输部工程质量监督局

局长李彦武为组长的部公路工程质量安全综合督查组到江西，先后对九江新长江公路大桥、彭泽县黄花至乐观公路、吉安至莲花高速公路建设项目进行督查。

25 日 省路政总队在井冈山召开全省高速公路路域环境综合治理会议。

27 日 省交通运输厅副厅长邓经国调研峡江水利枢纽移民安置点公路建设进展情况。

27～28 日 省交通运输厅在交通干部学院举办学习贯彻《中国共产党和国家机关基层组织工作条例》专题培训班，副厅长万明出席并作动员讲话。

31 日 省公路局召开普通干线公路建设与养护工程推进会。

是月 省道丰德线（丰城淘沙段）大中修工程竣工通车。该工程全长 12 千米，路基宽 12 米，采用双基层标准建设（118 厘米 +18 厘米），路面宽 9 米，采用沥青混凝土路面，工程总投资 1700 万元。

11 月

1 日 上饶市市委副书记、市长潘东军到上饶至武夷山高速公路铅山段施工现场，实地考察工程进展情况。

3 日 省交通运输厅厅长马志武到井睦、德上高速公路建设现场，察看建设情况。

3 日 浙江省交通运输厅副厅长李良福带领高速公路服务区考察团到江西省考察交流。

4 日 鹰潭市政府副市长李力到鹰潭市交通运输局调研工作。

5～8 日 交通运输部行政执法评议考核督导检查第十二督导组组长蒋世欣一行 4 人，到江西检查督导交通运输行政执法工作，并在九江市召开江西交通运输行政执法评议考核工作汇报会。

6 日 江西省副省长洪礼和察看梨温公司“一种三养”情况。

7 日 省交通运输厅分别与鹰潭、上饶市举行落实省政府“十二五”期间普通国省干线公路建设、养护管理目标任务框架协议签字仪式。省交通运输厅厅长马志武先后与鹰潭市市长钟志生，上饶市市长潘东军签署协议书。省交通运输厅总工程师胡钊芳出席在鹰潭市的签字仪式。

7 日 景鹰公司浮梁管理处赣皖收费站获得全国“青年文明号”。

11 日 “第二届世界低碳与生态经济大会暨技术博览会”之“智能交通体系建设推进会”在南昌召开。交通运输部科技司副司长洪晓风、省交通运输厅副厅长孙茂刚出席会议并致辞，交通运输部公路科学研究院总工程师王笑京及清华大学博士生导师、教授史其信作专题演讲。

15 日 省人大常委会组织部分常委会组成人员和省人大代表对全省高速公路建设情况集中视察。

15 日 上饶至武夷山高速公路和余干县“两路一桥”建成通车。上饶至武夷山高速公路是宁德至上饶高速江西境内路段，全长 52.97 千米，总投资 30.4 亿元。余干县“两路一桥”是指德昌高速余干互通连接线工程（长 11.5 千米，投资 2.8 亿元）、余黄一级公路改造工程（全长 23.2 千米，总投资 2.66 亿元）、中洲大桥工程（主桥长 332 米，总投资 1900 万元）。

16 日 宜春市政府副巡视员胡芳兰到丰城公路分局调研。

17～18 日 省交通运输厅在省高速集团赣粤公司一楼举办江西交通运输行业文化建设成果展。文化展主要包括：核心价值提升文化，典型培育引领文化，宣传品牌弘扬文化，群众创建活跃文化，窗口服务展示文化，服务社会传播文化 6 个部分。

22 日 省交通运输厅召开全省高速公路服务区经营管理工作座谈会。

24 日 全省高速公路第二次联网工作例会在新余召开。

25 日 省交通监控指挥中心主体工程施工协议签字仪式在省建集团公司举行。

是月 由黎川、临川、广昌 3 家公路分局承建的黎川境内 S893 黎岩线公路水毁修复工程项目正式开工建设。该工程为抚州市 2011 年公路水毁大中修工程项目，起始于黎川县黎岩线的宏源处，止于黎川县樟溪乡进口处，全长 17.33 千米，工程总造价为 1400 万元。

是月 明月大道顺利实现砂石路通车。明月大道全长 14.12 千米，按城市道路Ⅱ级标准设计，设计行车速度 60 千米/小时，路面宽 42 米。

是月　105国道(环庐山段)路面主体工程全线完工。该工程主线长26.7千米,挂线2.1千米(赛沙线1.3千米、双黄线0.8千米),项目总里程28.8千米,总投资2.7亿元。路面结构为水泥混凝土路面,设计行车速度60千米小时。

是月　信池线油山至池江段公路大修工程路面主体工程全部完工,该工程路线总长12.1千米,工程总造价1103.69万元。

是月　宜丰县潭山至院前公路竣工通车。该路全长12千米,是通往官山省级自然保护区的旅游公路。改造后的潭山至院前公路为三级沥青路面,路基宽7.5米,路面宽6.5米,总投资约1500万元。

是月　江西宜春杨福线K9.744~K22.206(芦村段)路面基层顺利竣工。杨福线(分宜杨桥—萍乡福田)为省道二级公路,途径芦村、三阳、洪塘、辽市、天台、水江,由于重型车辆众多,路面出现网裂、下沉等现象,破损严重。此次改造的路段为K9.744~K22.206(芦村段),共计12.462千米(含1.2千米的水泥混凝土路面和11.262千米的沥青混凝土路面)。

12月

8~9日　省交通运输厅召开全省交通运输行业信息化管理干部培训班暨工作座谈会,副厅长孙茂刚出席开班仪式并讲话。

9日　由省纪委党风廉政室主任杨远林率队的省纪委检查组到交通运输厅,检查考察廉政准则贯彻执行等工作开展情况。

9~10日　2012年全国道路春运暨城乡道路客运燃油消耗统计工作座谈会在江西南昌召开。

13~14日　省委常委、常务副省长凌成兴到吉莲、井睦高速公路项目察看建设情况。

16日　省交通运输厅工程建设专项治理暨政监工作座谈会在九江召开,驻厅纪检组组长、厅纪委书记成松出席会议并讲话。

17日　省交通运输厅副厅长万明到宜春港航分局调研指导工作。

19日　省效能办检查组在组长古应飞带领下,一行7人,到省交通运输厅检查指导发展提升年工作。

同日　江西省城市公共交通协会一届二次会员大会在南昌召开,省交通运输厅副厅长邓经国出席。

21日　省交通运输厅井冈山干部培训基地改扩建工程开工。

21~23日　省交通运输厅组织人事干部培训班在交通干部学院举办。

25~27日　省交通运输厅先后与景德镇市、九江市政府签订“十二五”期间普通国省干线公路建设、养护管理目标任务框架协议书。省交通运输厅厅长马志武、景德镇市市长刘昌林、九江市市长殷美根出席签字仪式并在协议书上签字。

28日　省委常委、常务副省长凌成兴到抚州至吉安高速公路项目察看工程进展情况。

同日　瑞金至寻乌、南昌至奉新两条高速公路建成通车。瑞金至寻乌高速全长123.9千米,南昌至奉新高速公路36.4千米。

31日　抚州市政府副市长韦萍就市城区大公路(文昌桥至学府路段)路面及下水道改造工程项目进行现场调研,并部署下一阶段工作。

是月　宜丰至芳溪二级公路重建工程竣工通车。该重建路段长10.991千米,二级公路,路基宽12米,路面宽9米,总投资约1800万元。

是月　奉新县黄沙港二桥竣工通车。该桥长104米,宽14米,四墩五孔,为城市桥梁,距省道宋水线的黄沙港大桥约300米。

交通基础设施建设

公路建设

【概况】 2011 年，江西保持进位赶超态势，实现了交通运输跨越发展的良好开局。全年交通基础设施投资总量突破 340 亿元。完成投资 345.9 亿元，同比增长 12.7%。其中公路建设完成 342 亿元，同比增长 13.6%。高速公路完成投资占全省重点工程投资比重达 21%。1. 高速公路建设快速推进。全省高速公路通车里程突破 3600 千米。建成德兴至南昌、永修至武宁、隘岭至瑞金、上饶至武夷山、瑞金至寻乌、南昌至奉新（靖安）等 6 个项目 554 千米，建成里程占全国新增里程的 5.1%，全省高速公路通车里程达到 3603 千米。新增 3 个出省大通道，济广高速江西境内全线贯通，实现了鄱阳湖生态经济区城市群高速公路网络化，直通高速公路的县（市、区）达到 89 个。全省高速公路密度由 2010 年的 1.85 千米/百平方千米，上升到 2.18 千米/百平方千米。续建并加快建设九江长江公路大桥、龙南里仁至杨村、赣州至崇义、奉新至铜鼓、浮梁至桃墅岭、吉安至莲花、德兴至上饶等 7 个项目 481 千米，阶段目标任务全面完成。开工建设井冈山厦坪至睦村、抚州至吉安高速公路共 2 个项目 223 千米。同时，稳步推进昌樟高速扩建工程、昌九高速扩建工程通远段、宜春至万载、寻乌至全南、九江绕城等高速公路项目前期工作。2. 继续加强农村公路网建设。

坚持把改善民生作为交通运输工作出发点和落脚点。大力推进以满足农村客运网络化建设所需的县乡公路改造及连通工程建设、少数民族地区通村组公路建设和国有农林场公路建设,2011 年建成农村公路 8647 千米,加强村公路安保工程、危桥改造、水毁恢复重建。统筹农村路、站、运建设协调发展。建成村客运站 122 个,农村客运候车亭 2000 个。3. 加强国省道升级改造。国省道仍然是全省公路的重要组成部分,是全省公路网的骨干构架,面对全省公路运输车辆载重吨位日益加大,运输车辆日益增多,国省道已不堪重负,路况日益下降,加强国省道升级改造,已迫在眉睫。2011 年,省厅加大国省道升级改造投资,全年已完成投资 52.3 亿元,升级改造里程达 593 千米。

(李　宗)

高速公路建设

【井冈山厦坪至睦村高速公路项目开工】 1 月 21 日,井冈山厦坪至睦村(井睦)高速公路项目建设动员大会在井冈山市召开。省委常委、常务副省长凌成兴出席大会并宣布项目开工。省政府副秘书长朱希主持会议,省交通运输厅党委书记程受锭到会并讲话,副厅长许润龙以及省政府、省交通运输厅、沿线地方政府有关负责人参加大会。

凌成兴指出,“十二五”时期,全省将加快新一轮基础设施建设。重点完善综合交通运输体系,大力实施高速公路建设工程,努力实现“十二五”期末全省高速公路通车里程突破 5000 千米。井冈山厦坪至睦村高速公路项目,是江西省“十二五”规划的第一个高速公路项目,是一条全线穿过红色革命根据地的高速公路。它的开工建设,对于改善革命老区交通状况,带动红色旅游资源开发利用,促进区域经济又好又快发展,都具有十分重要的意义。

凌成兴要求,沿线各级政府要顾全大局、大力协同,在征地拆迁、地方协调、治安管理、政策优惠等方面加大支持力度,做到组织到位、机构到位、服务到位;省直有关部门要主动跟进、密切配合。加强土地、水保、环保等各项审批服务;省交通运输厅、省高速集团要加强指挥调度,优化施工组织,创新管理模式,强化资金监管,提升建设水平;广大建设、设计、施工、监理单位要继续发扬“特别能干事创业、特别能开拓创新、特别能拼搏奉献”的优良作风,努力实现“工程质量更优、外观形象更美、生态环境更佳、依法管理更严、安全廉洁更好、建设工期更紧”的总体要求。

程受锭表示,“十一五”规划以来,在省委、省政府的正确领导下,在地方各级党委、政府的大力支持下,全省交通运输系统抢抓机遇,顽强拼搏,全省高速公路通车里程连续突破 2000 千米和 3000 千米大关,圆满完成了“十一五”规划确定的建设任务。接下来,全省交通运输系统将按照省委、省政府“三个突破、八个提高”的目标,继续坚定目标不动摇,鼓足干劲不松懈,确保 2011 年建成德昌、永武、昌奉、上武、瑞寻、隘瑞等 6 条 551 千米高速公路,确保全省高速公路通车里程超过 3600 千米,不断提升交通运输服务全省经济社会发展的能力和水平。

井冈山厦坪至睦村高速公路起于泰和至井冈山高速公路 K60 + 300 桩号附近,终点为井冈山市与湖南省炎陵县赣湘两省交界处的睦村乡,与湖南省炎陵至睦村高速公路对接,是江西省至湖南的 6 条高速公路出省通道之一,全长 43.318 千米。

(张永康)

【赣韶高速公路通车】 赣韶高速公路于 1 月 1 日正式通车,赣州韶关两地车程由过去的 4 小时缩至 2 小时,成为江西至广东的快速通道。该路全程 220 千米,其中,省内 56.7 千米,是继赣粤高速公路后,江西与广东相连的第二条高速公路。公路按全封闭、全立交标准建设,设计速度为每小时 100 千米,双向六车道。公路起于韶关市曲江区马坝镇欧山,接京珠高速公路,途经始兴、南雄等地,止于南雄市红梅村,与已通车的赣大高速公路对接后,与赣粤高速公路相连,是京珠高速和赣粤高速的连接线。该公路穿越山区,路面条件很好,从赣州出发,4 小时即可到达广州,比过去缩短 3 小时车程。该公路 是东部地区车辆进入粤北和珠江三角洲的快捷干线,将有效舒缓赣粤高速公路和京珠高速公路的车流压力,有利于推动“泛珠三角”和“长三角”区域的合作。

(赣州市交通运输局)

【抚州至吉安高速公路征地拆迁工作启动】 3月20日，省政府在南昌召开抚州至吉安高速公路项目征地拆迁动员大会。省委常委、常务副省长凌成兴出席会议并讲话，省政府副秘书长朱希宣读《抚吉高速公路工程建设征地拆迁补偿及规费缴交标准》，省交通运输厅党委书记程受锭、副厅长许润龙、纪委书记成松、总工程师胡钊芳出席会议，省交通运输厅厅长马志武讲话，抚州市政府副市长李吉、吉安市政府副市长李庐琦代表沿线地方政府发言，省高速集团总经理谢来发介绍抚吉高速项目基本情况，省发改委党组成员、省重点办主任王前虎主持会议。

凌成兴要求，要认真落实征地拆迁的各项政策。一是严格落实补偿政策。要按照省政府规定的标准和有关要求认真办理，严格落实，确保各项补偿及时足额兑现。二是严格规范用地报批。三是严格监管补偿资金。对征地拆迁补偿资金，必须严明财经纪律、必须张榜公布补偿标准和账务账目，专款专用，不准挪用侵占补偿资金。

凌成兴强调，沿线各级政府和有关部门要充分认识建设抚吉高速公路的重大意义，自觉把思想和行动统一到省委、省政府的决策部署上来，进一步明确职责，做到“四个落实、四个到位”。一是落实机构，领导到位。二是落实职责，责任到位。各级征地拆迁办公室的职责是具体负责实施辖区内的征地拆迁工作、移民安置工作和施工时间的组织协调工作。三是落实任务，工作到位。征地拆迁工作，县级政府包工作、包经费、包解决协调涉及地方有关问题。四是落实宣传，服务到位。广泛宣传工程建设的重要意义，让广大群众了解政策，理解、配合、支持征地拆迁工作。

马志武指出。抚吉高速公路要把握一个总体时间，确保2011年3月底前做好准备工作，4月初开展土地丈量、拆迁数量调查并签订征地拆迁协议书，6月中旬基本完成征地拆迁任务，6月底完成土地报批工作。做到严格执法，依法办事，统一协调，保障群众合法利益。

（练崇田　黄　金）

【省厅召开全省高速公路建设管理标准化经验交流会】 7月22日，省交通运输厅在德昌高速召开高速公路建设管理标准化经验交流会，总结推广德昌高速路面标准化施工、吉莲高速路基标准化施工的工作成效，共同学习交流各项目办管理标准化好的经验、做法。副厅长许润龙出席会议并讲话，省高速集团、省公路开发公司以及厅机关有关处室、各项目办负责人参加会议。

7月22日上午，与会人员现场观摩了德昌高速金溪湖特大桥主跨、CP2路面附属工程标准化施工及AP2路面上面层SMA施工，现场听取了德昌项目推动管理标准化的工作亮点和措施，以及在施工管理、施工工艺、质量控制等过程中实现管理标准化的成果介绍。德昌高速项目启动以来，项目办按照”强势业主、强势推动”的工作思路，始终把标准化、精细化施工作为项目管理的中心工作来抓，实现了项目建设均衡、有序、平稳发展。吉莲高速在开展管理标准化活动过程中，将“标准成为习惯、习惯符合标准、结果达到标准”的理念贯穿于路基施工的始终，为全省高速公路路基、桥涵标准化施工提供了有益的技术参考依据和管理经验。

许润龙对全省高速公路建设管理标准化活动所取得的成效给予了充分肯定，他指出，自全省高速公路管理标准化活动全面铺开以来，各项目办思想认识有了明显提高，克服了畏难情绪，能自觉按照要求，推行高速公路项目建设管理标准化。许润龙强调，推行高速公路建设管理标准化是提升江西高速公路形象的需要，是打造“工程优质，干部优秀”的要求。他还指出，管理标准化本身没有固定模式，关键是思路、关键在创新、关键抓落实。

自2010年9月江西开展高速公路建设管理标准化活动以来，省厅先后在九江长江公路大桥、德昌、九瑞、彭湖、永武、鹰瑞等项目指导培育了混凝土集中拌和、临时设施建设、碎石材料水洗、大梁预制及安装、浅碟形边沟和专用凿毛工具凿毛、湿接缝施工、小型构件预制、梁体预制止浆工艺等10多个典型示范工地，组织召开全省高速公路建设现场观摩会11次。

（张永康　聂头龙）

【省委领导考察德昌高速公路建设项目】 9月5日，省委常委、省纪委书记尚勇到德昌高速公路建设项目，先后察看了德昌高速公路主线南昌东收费站、金溪湖特大桥、军山湖服务区等现场施工情况。省交通运输厅党委书记程受锭，厅长马志武，副厅长万明、许润龙,纪委书记成松,省高速集团总经理谢来发等陪同。

在金溪湖特大桥,尚勇认真听取了施工进展和施工工艺等情况汇报。当了解到桥上安装了风光互补照明系统工程后,尚勇十分满意,他指出,金溪湖特大桥采用风光互补照明系统,通过风力和太阳能发电,既能满足行车照明和安全需要,又能极大地节约能源,体出了节能、低碳、环保的理念。

在座谈中,尚勇指出,经过广大参建者的不懈努力,德昌高速公路即将建成通车,实现了"工程质量更优、外观形象更美、生态环境更佳、依法管理更严、安全廉洁更好"的建设目标,施工组织有序,调度科学,为高速公路建设创造了先进经验。德昌高速公路建成通车后,将极大地促进鄱阳湖生态经济区的发展,意义特别重大。尚勇强调,在推进高速公路项目建设中,要把工程建设与廉政建设结合起来,深入推进工程建设领域突出问题专项治理工作,深入推进高速公路项目建设"十二公开"工作,以积极防范为核心、以强化管理为手段,增强预防腐败的成效,创优质工程、精品工程、一流工程、廉洁工程。要围绕开展发展提升年活动,加强效能建设,转变工作作风,提高高速公路运营服务质量,着力打造安全、快捷、文明、优美高速公路行车环境,树立交通基层服务窗口良好形象,进一步优化全省发展环境,为全省经济社会发展作出新的贡献。

(练崇田　朱俊铭)

【德昌、永武高速公路竣工通车】 9月16日,德兴至南昌、永修至武宁(庐山西海)高速公路竣工通车仪式在德昌高速军山湖服务区隆重举行。

省委书记、省人大常委会主任苏荣宣布德昌、永武高速公路竣工通车,省委副书记、代省长鹿心社讲话。省委副书记张裔炯,省委常委、省人大常委会副主任陈达恒,省委常委、省委秘书长赵智勇,省委常委、省军区政委陶正明,省人大常委会副主任朱秉发,省政府副省长孙刚、谢茹、朱虹、姚木根,省政协副主席朱张才,武警江西总队政委唐晓,省政府秘书长谭晓林,省政府副秘书长蔡晓明、朱希等出席仪式。省委常委、常务副省长凌成兴主持仪式,副省长洪礼和宣读省政府对两个项目的嘉奖令。

省交通运输厅党委书记程受锭宣读项目建设表彰决定,厅长马志武讲话,副厅长许润龙介绍两个项目建设情况,在家厅领导万明、孙茂刚、曹先扬、成松及省政府有关部门、省直有关单位及沿线市、县党政负责人出席仪式,南昌市、九江市市长代表沿线市县政府讲话。

鹿心社在讲话中表示,德兴至南昌、永修至武宁(庐山西海)高速公路正式竣工通车,是"十二五"时期全省高速公路建设的开篇之作,也是江西实施重大项目带动战略的又一丰硕成果。

鹿心社指出,以提高路网密度、提升线路等级为重点,加快构建安全畅通、便捷高效的交通运输体系,是省委、省政府根据江西发展需要作出的重大决策部署。"十一五"时期,全省高速公路发展迅速,通车里程突破3000千米,成为江西发展的一道亮丽风景线。进入"十二五"时期,全省高速公路建设继续加快推进,德昌、永武高速公路竣工通车,对构建鄱阳湖生态经济区高速公路圈和全省"三纵四横"高速公路网,具有十分重要的意义。这两条路的竣工通车,凝聚着广大建设者特别是交通战线职工们的辛勤劳动和汗水,面对"施工战线长、桥涵比例高、建设工期紧、生态要求严"等困难,江西交通人发扬特别能吃苦、特别能攻坚、特别能奉献的精神,仅用两年时间就完成了工程建设,而且充分体现了"外观形象美、内在质量优、科技含量高、生态效益好"的要求。

鹿心社强调,"十二五"时期,是全省高速公路通车里程突破5000千米的关键时期,全省要基本实现县县通高速,形成省会到设区市4小时、到周边省会城市6至8小时的快速通道,任务艰巨,使命光荣。各地、各有关部门要以德昌、永武高速公路竣工通车为新的起点,精心做好规划设计、征地拆迁、施工协调、服务保障等各项工作,为高速公路建设创造良好条件。交通运输系统的干部职工和广大建设者要继续发扬吃苦耐劳精神,进一步鼓足干劲,严把质量关,注重环保,安全施工,为实现全省"十二五"时期高速公路发展目标,保障和支撑江西经济社会更好更快发展,作出新的更大贡献!

马志武在讲话中指出,建成的德昌、永武2个项目共309千米,总投资140亿元,涉及全省4个设区市、11个县市区,是全省广大交通建设者紧紧围绕鄱阳湖生态经济区建设,积极贯彻落实省委、省政府决策和部署的高速公路重点项目。两个项目,全面推行了工程管理标准化、全面推行了交通工程科技创新。两个项目的建成,实出了鄱阳湖生态经济区城市群高速公路网络化,宣告全省高速公路通车里程超过了3400千米,为“十二五”时期江西交通基础设施建设起好步、开好局打下了良好基础。

马志武表示,省交通运输厅将按照省委、省政府的决策部署,贯彻落实科学发展观,全力推进全省公路水路基础设施成网化、交通运输管理服务信息化,努力开创发展水平更高的新局面,以2011年年末高速公路总里程突破3600千米的实际行动,实现“十二五”规划开好局、起好步的目标。

德昌、永武两条高速公路建设总里程309千米,工程总投资140.73亿元。其中,德兴至南昌高速公路全长204.6千米,投资98.88亿元,途经上饶、景德镇、南昌3个设区市的德兴、万年、鄱阳、余干、乐平、进贤、南昌县、高新开发区共8个县(市、区)31个乡镇(场)。永修至武宁高速公路全长104.5千米,投资41.85亿元,途经九江市的永修县、武宁县、庐山西海风景区3个县区13个乡镇(场)。

仪式上,苏荣、鹿心社等领导接见了德昌、永武项目先进单位和先进个人代表并合影留念,主席台前排就座的领导为先进单位和先进个人颁奖。

(焦　宣　练崇田　张永康)

【吉莲高速公路建设稳步推进】 吉莲高速公路自3月开始实质性施工后,全体参建员工通过开展标准化管理、“大干150天”劳动竞赛等活动,奋力拼搏,工程进展总体顺利。截至12月12日,路基土石方已完成85%,并开始交验路基,桥梁桩基已完成95%,墩台已完成75%,隧道洞身开挖及初支已完成70%,二衬已完成49%。工程质量、安全生产总体受控。

吉莲项目全线地质条件复杂,岩溶发育,山多,水多,桥隧比高,给施工带来很大困难。该项目办按照标准化管理、精细化施工的要求,抓住有利条件,抢路床,确保梁场路基等工程交验;攻基层,确保底基层和下基层施工在2012年雨季前全部完成;抓备料,特别是面层备料,确保满足路面施工进度需要。该工程在完成前一阶段目标任务前提下,为如期实现总体建设目标奠定了坚实的基础。在7月22日省交通运输厅召开的全省高速公路建设管理标准化经验交流会上,对吉莲项目办开展管理标准化活动,给予了充分肯定:“吉莲高速在开展管理标准化活动过程中,将‘标准成为习惯、习惯符合标准、结果达到标准’的理念贯穿于路基施工的始终,为全省高速公路路基、桥涵标准化施工提供了有益的可供参考和借鉴经验。”

(张永康　陈玉龙)

【省人大财经委领导调研高速公路建设】 10月12日,由省人大财经委主任委员黄素英率领的调研组一行专题调研高速公路建设,实地察看了已建成通车的德昌高速公路和在建的上武高速公路后,在上饶召开高速公路专题调研座谈会。省交通运输厅副厅长许润龙及上饶市人大常委会、省高速集团、厅有关处室负责人陪同调研。

黄素英一行先后察看了德昌高速公路金溪湖特大桥风光互补发电、军山湖服务区。座谈会上,黄素英用“三点感受”对近年来高速公路的发展给予了高度评价。她指出,高速公路建设速度之快,成效之好令人赞叹。一是体现在“五快”,即高速公路建设资金投入增长快、规划设施推进快、科技成果应用快、规范管理到位快、支撑效应带动快。全省高速公路通车里程全国排第九位,促进了全省经济社会的发展。二是体现在“五高”,即整体规划起点高,科学设计品味高,质量优先标准高,从严管理水平高,群众致富满意度高。三是“五好”,即高起点的路网规划符合实际好;高标准的生态保护优化环境好;高水平的效能管理奉献精神好;高质量的路政建设促进发展好;高品位的示范工程树立形象好。高速公路的建设为全省经济社会的发展当好了开路先锋,树立了赶超发展的表率。

许润龙在讲话中首先感谢省人大长期以来,对交通运输工作的理解、支持和帮助。他强调,江西高速公路建设通过多年的实践,探索了新模式、总结新经验、打开了新思路,取得了一些成绩。尤其是与地方合作融资建设高速公路的成效越来越好。主要体现在,一是建设环境好、征地拆迁干扰少、效率高,更加和谐;二是项目组织管理精干,成效明显。这主要得益于地方政府的大力支持、地方领导的高度关注、各级政府的高度重视。他表示,今后将继续研究探索高速公路建设的新思路、新模式,更好更快地促进地方经济社会的发展。

(聂头龙)

【井睦高速公路建设工程取得阶段成果】 井冈山厦坪至睦村高速公路起于泰和至井冈山高速公路K60+300桩号附近,终点为井冈山市与湖南省炎陵县赣湘两省交界处的睦村乡,与湖南省炎陵至睦村高速公路对接,是江西省至湖南的6条高速公路出省通道之一,全长43.318千米。

井睦高速项目是全国首次采用项目管理和工程监理合并管理(监管一体化)模式建设的项目,也是在江西省首次采用设计施工总承包模式建设的高速公路项目,是全省高速公路项目建设管理的一次创新尝试。该项目均在井冈山境内,地理位置特殊,施工难度大、环境保护要求高。特别是在进入秋季后,该工地雨水多、入冬早、冻融期长,使困难进一步加大。该项目办在工程建设管理中,以标准化为原则,以数字化为手段,努力做到精细化管理,有效地推动了项目建设进程,截至12月1日,该工程路基土石方完成667万立方米,占总量的62.6%;桥梁桩基完成81%,桥梁墩台累计完成38%;涵洞通道累计折算完成占总量的87.5%;隧道主洞开挖完成1765米,占总量的12.9%。

(张永康 陈玉龙 吴燕华)

【省政协领导调研高速公路建设】 10月21日,省政协党组副书记、副主席朱张才率领省政协常委、委员一行,实地察看已建成通车的德昌高速公路建设情况,听取全省高速公路建设情况汇报。省交通运输厅党委书记程受锭、副厅长许润龙、厅总工程师胡钊芳和厅机关有关处室、省高速集团、德昌项目办负责人陪同。

朱张才一行先后察看了昌东收费站、金溪湖特大桥、余干收费站和军山湖服务区。座谈会上,在听取高速公路建设情况汇报后,朱张才表示,“十一五”规划以来,在省委、省政府的坚强领导下,全省交通运输系统以科学发展观为统领,以鄱阳湖生态经济区建设为龙头,牢牢把握交通基础设施建设的政策机遇,交通运输事业得到了飞跃发展,取得了巨大成就,为江西科学发展、进位赶超、绿色崛起作出了很大的贡献。特别是全省高速公路建设大规模强力推进。五年来,全省高速公路通车里程连续突破2000千米、3000千米,位列全国第9位,中部第3位。创造了高速公路建设的“江西速度”,成为江西进位赶超的突出亮点。

朱张才强调,“十二五”时期,江西交通运输系统要按照省委、省政府的要求,坚定打好高速公路建设攻坚战,合理利用高科技、新工艺。要把工程建设与廉政建设结合起来,抓好质量监管,切实提高工程质量。抓好队伍廉政建设监管,确保工程优质、干部优秀,努力打造江西“高速公路时代”。

程受锭在讲话中对省政协长期以来给予交通运输工作的关心和支持表示感谢。他指出,“十一五”时期,江西交通运输发展呈加速的态势,以高速公路通车里程突破3000千米为标志,交通运输发展全面推进,全省干线公路网通畅能力提升,实现村村通水泥路,农村渡改桥主体工程总体完成,航道港口建设速度加快,公路、水路运输能力不断增强,综合交通运输体系不断完善。同时通过抓教育、抓制度,廉政监督、“十二公开”阳光操作取得实效,干部队伍建设不断加强,体制机制不断创新完善。在今后的工作中,省交通运输厅将继续加强党风廉政建设和反腐败工作。一是加强组织建设,提高监督力度。二是加强廉政教育,提升干部品位。三是建立全方位的监督制度,形成“用制度管人,用制度管事”的机制。四是发现苗头,决不手软,加大对案件查办的支持力度,努力实现工程优质、干部优秀的目标。

会上,许润龙汇报了“十一五”时期全省高速公路建设的主要成效,推进全省高速公路建设事业又好又快发展的基本做法及“十二五”高速公路建设规划和2011年执行情况。

(雷声猛)

【祁门至浮梁高速公路省内段工程进展顺利】 祁门至浮梁高速公路良禾口(赣皖界)至桃墅店段,路线起点位于赣皖两省交界的良禾口,与安徽境内的黄山至祁门高速公路相连,终点在浮梁县西湖乡的桃墅店与景鹰高速公路相交,路线总长15.655千米,项目投资概算6.32亿元,项目于2010年8月9日开工建设。至12月末,祁浮项目工程进展顺利，路基工程即将结束，路面工程正全面展开。

自工程开工以来，祁浮项目办迅速转变管理理念，大力促进管理标准化活动的深入开展，并随着工程施工的进展，不断总结、不断升华。一是以点带面，迅速启动管理标准化活动。为较快贯彻省厅关于开展高速公路建设管理标准化活动精神，结合祁浮高速公路项目的特点，分别就驻地建设、路基、桥梁桩基、预制场、拌和站等9方面在各合同段设置了27个示范作业点，以点带面，突出亮点，较快地启动了管理标准化活动。二是精心编制实施细则，为管理标准化活动制定行动纲领。三是层层动员，现场观摩解读，将管理标准化活动的核心理念贯彻落实。为将"标准成为习惯、习惯符合标准、结果达到标准"的标准化活动核心理念贯彻到工程实际当中，全线动员会覆盖到了施工队队长一级，项目经理部动员覆盖到了每个施工技术工人。同时，借用现场观摩的形式，分别对路基、涵洞、桥梁等施工管理标准化进行现场解读。通过多次的讲解，不断使标准化理念在各个施工队伍得到落实。

（省公路开发总公司）

【省委书记苏荣看望慰问抚吉高速公路一线建设者】 12月29日上午，省委书记、省人大常委会主任苏荣，在省委常委、省委秘书长赵智勇，吉安市委书记王萍、市长胡世忠，省交通运输厅副厅长许润龙等陪同下，视察正在建设的抚吉高速公路，看望慰问一线施工人员。

苏荣到抚吉高速B6标施工现场，仔细查看工程建设情况，并与施工人员亲切握手，向他们致以新年问候。在听取抚吉高速建设情况汇报后，苏荣对项目建设情况表示肯定。

苏荣指出，抚吉高速公路是省重点工程，意义重大。它横穿江西省腹部地区，连接抚州和吉安两个设区市，是全省联系海西经济区的一条横向大通道，对改善区域交通条件，加强区域间互动合作，促进沿线地区资源开发、经济社会协调发展，加强江西省与福建省的联络等方面具有十分重要的意义。苏荣强调，要通力合作，齐心协力推进项目建设；要关心民工生活，维护他们的合法权益，为他们提供良好的工作环境；要抓好工程质量，保持工程进度，努力实现2012年全省高速公路通车里程突破4000千米的目标。

抚州至吉安高速公路项目（简称"抚吉高速公路项目"）是江西省18条加密高速公路之一，远期规划为连接海峡西岸经济区的大通道，它连接江西省中部地区两个重要的地级市抚州市和吉安市，东连福州至银川国家高速公路，西接樟树至吉安地方加密高速公路，途经抚州市临川区、金巢开发区、崇仁县、宜黄县、乐安县、吉安市永丰县、吉水县、吉州区两市八县（区），路线全长179.188千米。

（抚吉项目办）

【瑞寻、昌奉高速公路竣工通车】 12月28日，江西省政府在瑞寻高速公路省界主线收费广场举行瑞金至寻乌、南昌至奉新（靖安）高速公路竣工通车仪式。省委副书记、代省长鹿心社下达通车令；省委常委、常务副省长凌成兴讲话；省委常委、赣州市委书记史文清，省人大常委会副主任朱秉发，省政协副主席汤建人等出席仪式；省政府党组成员、秘书长谭晓林主持仪式；省政府副秘书长朱希宣读省政府对两个项目的嘉奖令；省交通运输厅党委书记程受锭宣读瑞寻、昌奉高速公路项目建设表彰决定，厅长马志武讲话，副厅长许润龙介绍两个项目建设情况，厅党委委员、省公路局党委书记曹先扬及省政府有关部门、省直有关单位和沿线市、县党政负责人出席仪式；赣州市市长冷新生代表沿线政府讲话，省投资集团公司总经理姚迪明发言。

受省委书记苏荣、代省长鹿心社的委托，凌成兴在讲话中代表省委、省政府对两条高速公路竣工通车表示热烈祝贺。他指出，"十一五"期间，全省建成了11条高速公路，创造了引人注目的"江西速度"。进入"十二五"时期，全省高速公路建设继续加快推进。瑞寻、昌奉高速公路竣工通车，是交通部门、省投资集团、地方多元投资主体共同建设高速公路的典范，对于江西省"对接长珠闽、联结港澳台"，建设鄱阳湖生态经济区意义重大。

凌成兴指出，全省高速公路通车总里程到2012年将跨越4000千米新台阶，到2015年将跨越5000千米新台阶，实现县县通高速的宏伟目标。高速公路建设目标明确、任务艰巨、责任重大，全省交通运输系统广大干部职工要继续保持旺盛斗志,继续争创全国一流,坚持优质、环保、安全、廉洁的总体要求,把每一条高速公路建设好、管理好、运营好;项目所在地各级党委政府要加大征地拆迁、施工协调、社会管理等支持力度,做到组织到位、政策到位、服务到位、保障到位,努力营造和谐征迁、富民安置的良好氛围;省直有关部门要提高谋划项目、推进项目、服务项目的工作水平,在规划、用地、环评、核准、融资等方面全力支持、主动作为。要以打造全省高速公路时代的卓著成绩,为建设富裕和谐秀美江西作出新的贡献。

马志武指出,瑞寻、昌奉两个项自开工建设以来,认真贯彻省委、省政府决策部署,全面推广建设管理标准化和项目建设“十二公开”,全力破解征地拆迁、资金筹措等难题,科学统筹质量监控、安全监管、生态环保、科技创新。两个项目的建成,标志着 2011 年全省高速公路通车里程超过 3600 千米目标的圆满完成,实现了“十二五”规划交通建设的精彩开局。

马志武表示,省交通运输厅将按照省第十三次党代会部署,以鄱阳湖生态经济区建设为龙头,坚定“打造江西高速公路时代”的目标任务不动摇,为建设富裕和谐秀美江西作出新的更大贡献。

瑞寻高速公路全长 123.96 千米,途经赣州市的瑞金、会昌、寻乌,直接沟通广东省的梅州市及汕头、汕尾两个港口城市,是江西又一个重要的入粤通道。昌奉高速全长 39.05 千米,是南昌至铜鼓高速公路的重要一段。

仪式上,鹿心社等领导亲切接见瑞寻、昌奉项目先进单位和先进个人代表并合影留念,主席台前排就座的领导为先进单位和先进个人颁奖。

(焦　宣　练崇田　张永康
罗时善　彭　磊)

【省领导察看高速公路项目建设情况】 12 月 13～14 日,省委常委、常务副省长凌成兴到吉莲、井睦高速项目察看建设情况。省政府副秘书长朱希、省交通运输厅副厅长许润龙、省重点办主任王前虎、省财政厅副厅长王斌,省交通运输厅有关处室、沿线地方政府和项目办负责人等陪同。

凌成兴一行由东往西全程察看了吉莲项目 A3 标禾水河大桥、B5 标钟家山隧道等重点控制性工程,以及 A5 标标准化制梁场、AP2 标下基层摊铺、B6 标界化陇终点处等施工现场。凌成兴强调,要继续按照标准化管理、精细化施工的要求,抓住有利条件,抢路床,确保梁场所占路基等工程交验;攻基层,确保底基层和下基层施工在明年雨季前全部完成;抓备料,特别是面层备料,确保满足路面施工进度需要。全面完成第一阶段目标任务,为如期实现总体建设目标奠定坚实的基础。

井冈山特长隧道是井睦项目重点控制性工程。凌成兴深入隧道内,察看了开挖贯通情况。他指出,井冈山特长隧道地质情况复杂,要从隧道设计、施工组织、质量安全保障措施、工艺流程等方面入手,确保工程质量,确保施工安全;要贯彻环保理念,爱护沿线优美风景,保护当地环境。

凌成兴强调,下一步,各参建单位要继续加强项目监管力度,不断探索和完善项目监管机制,以新的模式创造出新的经验、新的形象、新的标杆;要不折不扣地推动标准化深入实施,认真学习先进经验,全面推动标准化管理工作;要发扬井冈山精神,坚定阶段任务目标不动摇,针对关键工程、主要环节,加强管理,加强协调,为实现“形象上台阶、管理出经验、质量上水平”建设目标而努力。

(张永康　陈玉龙　吴燕华)

【上(饶)武(夷山)高速公路建成通车】 11 月 15 日,上(饶)武(夷山)高速公路通车仪式在铅山服务区举行。省委常委、常务副省长凌成兴出席仪式并宣布上武高速公路正式竣工通车,副省长洪礼和宣读省政府对上武高速公路建设项目的嘉奖令,上饶市委书记董仚生出席并讲话,市委副书记、市长潘东军主持仪式。

上武高速公路是江西省重点基础设施项目,是贯彻落实胡锦涛总书记视察江西时提出的“保增长、保民生、保稳定、弘扬井冈山精神”总体要求的实际行动。上武高速公路的建设为打通“长三角”、“珠三角”和“闽东南三角区”的快速通道,对打造现代交通枢纽城市,提升上饶的区位优势和战略地缘优势,奠定基础;对促进上饶市经济发展,加快融入海西经济区建设步伐,构建黄山—婺源—三清山—武夷山黄金旅游格局,并进一步完善江西交通运输网络结构具有重要作用。

上武高速公路全长 52.966 千米,项目概算总投资 30.4064 亿元。该线起于赣闽省界分水关,终于上饶经济开发区的董团乡,与沪昆高速公路相连接。全线桥梁29座,6387.43延米;隧道5座,6575延米;桥隧总长占全线总里程的25%。沿线经过铅山县武夷山镇、紫溪镇、石塘镇、永平镇、稼轩乡、鹅湖镇及上饶经济开发区的董团乡,共2个县区7个乡镇。该工程于2009年7月2日开工建设。 (陈均培)

【省厅领导察看昌铜项目建设情况】 10月12日,省交通运输厅党委书记程受锭察看昌铜高速公路项目建设情况,并在昌铜项目办听取了项目建设情况汇报。省高速集团党委书记李素华、厅机关有关处室、省高速集团、赣粤公司及沿线县委、县政府负责人陪同。

程受锭沿昌铜高速公路昌奉段起点开始,一路察看了奉铜段B1至B4标辖区内的项目工程建设情况。在与地方政府有关领导的交谈中,程受锭对沿线各级政府对昌铜高速公路项目建设的支持表示感谢,并希望地方政府进一步加大对项目建设的支持力度,共同营造一个良好的施工环境,确保项目顺利推进。

汇报会上,在听取项目工程建设工作情况的汇报后,程受锭提出四点要求。一是要始终如一把工程质量放在首位。坚持进度服从质量,要科学组织,层层把关,全面开展标准化管理,切实提高工程质量。二是要重视安全生产。要强化安全生产管理网络建设,建立安全生产应急制度,加强安全队伍建设,健全安全生产监管体系,强化安全生产的现场管理。做到勤检查、严要求,杜绝责任事故的发生。三是要始终如一抓好廉政建设。要进一步完善、落实廉政制度,扎扎实实开展好工程建设领域突出问题专项治理工作,严格遵守江西省交通系统廉政建设"八条禁令",严格执行"廉政合同",全面推行"十二公开",着力打造"阳光工程",确保工程优质、干部优秀。四是要始终如一注重社会管理。要坚持以人为本,充分尊重和保护群众的合法利益和合理诉求,主动协调地方关系,严格执行征迁补偿标准,减少对群众生产生活的影响,促进社会和谐,保持社会稳定。

(练崇田 陈 峰)

【赣崇高速掀起施工高潮】 赣崇高速全长88.13千米,桥梁隧道密度大,是目前江西省施工难度最大的一个项目。为了迅速掀起施工高潮,赣崇高速项目办在全线开展以"大干四十天,力争完成路基土石方30%目标任务"为主题的活动。全线18家土建施工单位从全国各地调集大量筑路机械、施工人员云集赣崇高速,开足马力、快速推进。元旦假期,全线上下仍然坚持一线施工,捷报频传:A6标尖峰岭隧道在全线率先入洞施工、B5标率先完成路基试验段施工。在加快赣崇高速建设进度的同时,赣崇项目办严把质量、安全关,确保工程建设优质、高效、又好又快。

(赣州市交通运输局)

【省厅领导察看瑞寻、隘瑞高速公路】 10月29日,省交通运输厅厅长马志武、副厅长许润龙一行察看了刚刚通车运营的隘瑞高速公路和正在建设的瑞寻高速公路,赣州市人大常委会副主任兼赣州市交通运输局长谢赣健及厅机关有关处室、厅直属有关单位负责人陪同。

隘瑞高速公路赣闽省界收费站是江西省的东大门,自10月20日隘瑞高速通车运营以来,已呈现出一派繁忙景象,日均车流量已由开通时的1200余辆上升到现在3000余辆,收费额翻了一番。在听取工作汇报后,马志武对隘瑞高速开通运营期间所做的工作表示充分肯定,他说,隘瑞高速省界收费站意义重大,认真做好迎接中华苏维埃共和国成立80周年工作是当前的一项重要任务。要以人为本,增强服务意识,创新服务方式,提高服务质量。在瑞寻项目,马志武一行从起点出发一直到BP3标段,现场实地察看了工程建设情况。马志武强调,要按照"调结构、控规模、保重点、促稳定"的思路,创新投融资渠道,借鉴成功经验,为推进工程建设健康发展提供资金保障,要坚持以人为本,按时足额发放农民工工资,维护农民工合法权益,保持社会和谐稳定;要加快推进服务区、收费站等房建工程施工进度,及时跟进水、电、油等配套服务功能,使之符合高速公路后期运营管理的需要。

许润龙要求,全体建设者要进一步坚定信心,知难而进,精心部署,顽强拼搏,按照总体工期目标,争分夺秒、均衡施工、全面推进工程建设。

(谢江东 邓毅军 余 强)

【永武高速公路武宁连接线建设工程启动】 8月,永武高速公路武宁连接线项目启动。永武高速公路武宁连接线起点为永武高速公路宋溪互通,终点为窑墩大桥,全长6千米,全线按城市快速主干道一级公路标准建设,设计路幅宽24米,行车速度60千米/小时。其中桥梁2座,分别为:跨庐山西海大桥(武宁二桥)1座,建设长度960米;跨宋溪库湾中桥1座,建设长度76米。工程概算建安费1.6亿元,其中:道路部分7千万元,桥梁部分9千万元。该工程计划工期12个月。

(省公路局史志办)

【瑞寻高速公路寻乌连接线工程开工】 8月31日,瑞寻高速公路寻乌连接线工程开工。寻乌连接线是瑞寻高速公路项目的一个组成部分,是连接瑞寻高速公路与寻乌县境的重要枢纽,项目起点为瑞寻高速公路寻乌东互通A匝道,途经吉潭、文峰两乡(镇),终点在文峰乡大路村,全长6.4千米,路基宽24.5米,水泥混凝土路面,总投资1.3亿元。寻乌县地处赣南东南角,具有丰富的矿产资源和农副产品,钨矿、稀土矿储量全国有名,寻乌蜜橘和赣南脐橙远近闻名。为了促进当地县域经济发展,在省、市及交通部门的支持下,该项目由原设计标准为二级公路变更为一级公路设计标准。

(省公路局史志办)

【宜黄召开抚吉高速公路(宜黄段)征地拆迁动员大会】 4月25日,宜黄县相关部门召开抚吉高速公路(宜黄段)征地拆迁动员大会,就征地拆迁进行详细的部署。抚吉高速公路(宜黄段)在宜黄县境内,主线长10.55千米,挂线长8.9千米,途经凤冈、桃陂2个乡镇、1个林场,8个行政村,概算投资7亿元。项目按双向四车道高速公路标准设计,设计车速为100千米/小时。抚吉高速公路的建设,将结束崇仁、宜黄、乐安、永丰四县无高速公路的历史。抚吉高速公路(宜黄段)需征用土地140公顷,拆迁建筑物面积3000平方米,迁移坟墓300座、电线杆近100根、光缆3620米。

(省公路局史志办)

【抚吉高速建设工程加快推进】 抚吉高速公路自6月路基工程开工以来,项目建设快速推进。截至12月15日,该项目路基土石方填方完成1200万立方米,占总量的74%;挖方完成1178万立方米,占总量的73%;小构完成278道,占总量的64%;桥梁桩基完成1534根,占总量的86%;墩柱完成373根,占总量的29%;隧道洞身掘进完成1510米,占总量的39%;路面底基层备料完成36万立方米,占总量的49%。

抚吉高速公路是江西省18条地方加密高速公路的重要组成部分,全长179千米,概算总投资90亿元,抚州市境内长98千米,投资55亿元。该路途经金巢经济开发区、临川区、崇仁县、宜黄县、乐安县。项目实施以来,抚州市沿线各级政府迅速行动,依法依规、积极稳妥推进征地拆迁工作,共征用土地656公顷,拆迁各类建筑物2万余平方米,确保抚吉高速如期开工建设。为切实提升施工质量,项目施工与监理单位制定严格的监理制度,科学施工,确保工程建设顺利进行。

(陈兆龙 饶彪飞)

【万载县至宜春高速公路建设工程立项】 万载县是革命老区,是全省不通高速的县,交通状况相对滞后。早在2009年,县委、县政府提出修建宜万铜高速公路的设想,使其与宜春沪昆高速和南(昌)长(沙)加密高速南北相通。这一设想得到宜春市委、市政府的大力支持,经多次向上请示、报告,至2011年年初,项目计划终于得到江西省政府的认可,列入《江西省高速公路网规划》。6月末,在宜春市举行宜万铜高速公路建设项目签约仪式,该项目开始启动。经省交通运输厅规划,项目拟分两期实施。第一期工程起于宜春(温汤),终于万上公路线上四里亭,全长34.4千米,其中万载境内长8.4千米。

(辛鹏远)

一般公路建设

国道

【江西省加大国、省道干线升级改造力度】 4月,省政府下发了《加强"十二五"期间普通国省干线公路建设与养护管理意见》,该意见指出,"十二五"期间,江西以普通国省干线公路建设为重点,进一步加快公路升级改造,提升路网通行能力与服务水平。要求到"十二五"期末,实现全省普通国省干线公路成网，其中二级及以上公路里程比重力争达到90%，公路优良路率达到85%。为此，省政府出台了一系列政策措施支持普通国省干线升级改造和实施大中修工程。

主要任务：一是加快升级改造。对经济发达、城镇密集、人口集中的国道实施二级改一级的升级改造工程，改造里程520千米，国省干线公路改造升二级公路里程1878千米。二是加快路网成型。新建省道245千米，消除干线公路网中的断头路，全面形成“十纵十横”国省干线公路网。三是加快提高国省干线优良路率。普通国省干线公路每年实施大中修工程里程1500千米，五年实施7500千米，实现路网通行能力和服务水平明显提高，各设区市辖区内普通国省干线公路优良率达到85%。“意见”指出，普通国道改造升一级公路的，补助300万元/千米；普通国道改造升二级公路的，补助200万元/千米；普通省道改造升二级以降公路的，补助150万元/千米。省交通运输厅对普通国道改造升一级公路的，按平均300万元/千米贴息三年，普通国道改造升二级公路的，按平均100万元/千米贴息三年，普通省道改造升二级以降公路的，按平均150万元/千米贴息三年，贷款本金由地方承担。省道断头路新建路段（除特大桥）按建安费全额补助，征地拆迁由地方政府负责完成。“意见”指出，由省交通运输厅统筹养护工程资金，集中用于普通国省干线公路养护大中修工程。普通国省道养护大中修工程原则上按平均75万元/千米下达年度计划，路面改建工程超过75万元/千米标准补助的部分，省交通运输厅按平均40万元/千米贴息三年。

转移支付地方分成资金中国省道小修养护经费、日常养护经费、养护事业费和养护其他费以2009年支出为基数，“十二五”期间增加6%下拨给各设区市。设区市分成资金中剩余部分留20%给地方，用于偿还贷款本息，专款专用。其余部分资金专项用于养护工程大中修，统一纳入普通国省干线公路养护大中修工程年度计划，省公路管理局按年度计划下拨大中修专项资金。

（省公路局史志办）

【南昌市公路局加大国道干线升级改造力度】 2011年，南昌市公路局加大国道干线升级改造，3月~4月，共投入3412.5011万元，对G320国道K810+9~K827路况较差的13.188千米路段实施沥青罩面；投入2197.6676万元，对G105国道K1680+605~K1757+33路况较差的22.283千米路段及G316国道K644+449~K650+213段5.764千米实施沥青罩面，进一步提升了所辖地区路况水平。

（省公路局史志办）

【105国道（环庐山段）路面主体工程全线完工】 11月29日，105国道（环庐山段）路面主体工程全线完工。105国道是北京至珠海的交通大动脉，在九江市境内长115千米，是昌九工业走廊的主通道，其中，环庐山段是九江市2011年的城建重点项目之一，该路段竣工，便与环庐山南路形成完整的环庐山旅游公路。项目起点为九园路口，终点为星子县隘口镇，主线长26.7千米，挂线2.1千米（赛沙线1.3千米、双黄线0.8千米），项目总里程28.8千米，总投资2.7亿元。路面结构为水泥混凝土路面，设计行车速度60千米/小时；工程于2011年1月1日开工。

（省公路局史志办）

【105国道吉安中心城区改道建设项目开工】 12月25日，105国道吉安中心城区改道建设项目开工。该项目是省重点项目，起点为105国道K1926+207处，终于105国道K1951+340处，路线全长24.8千米，总投资9.36亿元，建设工期两年。按一级集散公路标准设计建设，设计时速60千米/小时，路基宽24.5米、双向四车道，沥青混凝土路面。

（省公路局史志办）

【319国道瑞金市城区黄柏段改建工程竣工】 12月，319国道瑞金市城区黄柏段改建工程竣工。该工程改造总里程8.98千米，总投资3.26亿元，行车道全部采用沥青路面，双向6车道，加两边人行道，共计宽50米。该路段是瑞金市城北的主要通道，也是城区连接济广高速公路出口处。

（省公路局史志办）

【319国道永新小沙至茅坪公路改建工程全面开工】 8月8日，319国道永新小沙至茅坪公路改建工程开工。该改建工程全长17千米（桩号

K712 +860—K728 +937),工程含4处路段的改线。该线路原有路基宽12米,路面宽9米,改建后路基宽仍为12米,路面宽增加到10.5米,沥青混凝土路面。工程投资3328万元,计划工期12个月。

(省公路局史志办)

【319国道螺溪至澧田公路改造工程竣工】 12月末,319国道螺溪至澧田公路改建工程竣工。该线路是2010年规划中的江西省干线公路灾后重建项目,也是国道主干线途经井冈山的红色旅游公路。由于近年来319国道永阳至澧田路段交通流量不断增大,大吨位车辆不断增多,致使该线路多处出现沉陷和网裂,破损较为严重,亟须改造。该工程竣工,较好地解决了行车难问题。工程总长49.76千米,路基宽12米,路面宽10.5米,总投资9741万元。

(省公路局史志办)

【319国道上栗至东峰界段实现双向通车】 8月31日,319国道上栗至东峰界段水泥混凝土路面铺设工作全部完成,实现混凝土路面的双向通车。至此,萍乡市境内的319国道全部完成路面维修,大大提高了公路通行能力和服务水平。319国道是全省“十纵十横”干线公路网的重要组成部分,是江西省重要的出省通道,同时也是萍乡市南北向的交通大动脉。上栗至东峰界全长6.7千米,水泥混凝土路面,宽14米,投资2000万元。

(宋庆辉)

【320国道鹰潭师范至龙虎山大道口拓宽改造工程完工】 12月,320国道鹰潭师范至龙虎山大道口拓宽改造工程完工,并开放交通,完成投资8500万元。该路段全长3千米,按一级公路标准建设,宽32米,双向六车道,中央6米绿化带。

(省公路局史志办)

省道

【省公路管理局召开全省国省道工程改造项目生产调度会】 5月30日,省公路管理局召开全省国省道公路工程改造项目生产调度会。会议听取各设区市公路局关于2011年度国省道公路工程改造项目建设的情况汇报,通报2011年交通运输部车购税安排升级改造及路面重建项目情况,安排调度2011年国省道公路工程改造工作。省交通运输厅党委委员、省公路局党委书记曹先扬,省公路局局长任东红出席会议并讲话,副局长刘凌主持会议,副局长刘理出席并讲话,局党委副书记、纪委书记娄鸿雁出席。各设区市公路局局长、分管副局长,工程、计划科长以及机关有关处室负责人参加会议。

(省公路局史志办)

【省道丰德线南城县龙湖至蛟山段公路改建工程竣工】 5月,省道S214丰德线南城县龙湖至蛟山段公路改建工程竣工。该公路全长12.57千米,按省道三级公路标准建设,路面为水泥混凝土路面,宽6.5米,总投资1100万元。

(省公路局史志办)

【省道里崇线南城至宜黄抚州市境内公路改建工程交工验收】 6月27日,省道里崇线南城至宜黄改建工程交工验收。该改建工程起于南城里塔与昌厦路交汇处,途经里塔、港背、圳口、棠阴镇、终于宜黄城解放大桥,全长53.2千米,设计标准为二级,行车时速40千米/小时,总投资金额为5985.5万元。工程设计单位为抚州赣东公路设计院,监理单位为抚州博信公路工程监理有限公司,质量监督单位为抚州市交通工程质量监督站,施工单位为江西赣东路桥建设集团有限公司,检测单位为抚州公路质量检测中心。

(省公路局史志办)

【省道资洵线资溪境内公路改建工程开工】 7月20日,省道资洵线资溪境内公路改建工程开工。计划期5个月。资洵线是连接资溪和黎川县的一条省级公路,原为三级公路沙石路面。2005年,该线前20千米曾改建成三级混凝土路面。现工程全长15.7千米,全部改建成混凝土路面,改建后路面等级仍为三级。投资3000万元,分3个标段,采取半封闭施工方式。

(省公路局史志办)

【省道全吊线三期公路改建工程开工建设】 7月13日,全南县境内省道全吊线三期汶坑—吊兰寨公路改建工程开工建设。该工程全长8.574千米，按照国家二级公路标准建设，设计路基宽度8.5米，路面宽度7米，预算总投资1173.55万元。

（省公路局史志办）

【省道樟排线张家山至临江段大中修动工】 8月15日，由樟树公路分局施工的省道樟排线张家山至临江（11K+300~19K+100）段大中修工程开工，全长7.8千米，总投资1150万元，设计标准为二级水泥路，路面宽12米。樟排线是樟树市通往新余、宜春的一条重要干线，也是河西20多万民众出行的主要道路。该路于1998年改造为二级公路，已大大超出设计使用年限。张家山至临江方向左幅已开始动工。樟权公路分局一线施工人员正加紧施工，分局路政执法大队协助疏导交通，维持秩序，保证施工期间过往车辆顺利通行。

（省公路局史志办）

【省道婺桃线武宁段养护大中修工程开工建设】 9月，省道婺桃线武宁段27千米养护大中修工程开工建设。省道婺桃线武宁段共75.386千米，是连接316国道，通往修水、湖南的重要公路，沿线途经7个乡镇，是武宁县境内最长的一条干线公路。该线20世纪八九十年代建成油路，路况质量较差。目前开工建设的27千米与316国道连接，翻越梅颜、南皋两座大出，是武宁北片7个乡镇通往县城唯一的重要通道。为了改善该段路况质量，省公路管理局决定进行大中修，投资2700万元，将目前的沥青路面改建成水泥路面。工程项目分3个标段进行施工，工期8个月。

（省公路局史志办）

【省道宋水线乐安山砀至丰城蕉坑乐安境内路面改建工程竣工】 10月28日，省道宋水线乐安山砀至丰城蕉坑乐安境内路面改建工程竣工。路面原系沥青路面，1998年旧路改造后，经过多年行车，路面已超龄使用，破损严重，影响道路行车安全。改建工程于6月7日开工，全长13.7千米，按二级公路标准改建水泥混凝土路面，路基宽10米，路面宽8.5米，总投资1760万元。

（省公路局史志办）

【省道德三线油路大中修工程竣工】 11月12日，景德镇所辖乐平市境内省道德（兴）三（庙前）线油路大中修工程施工。该工程施工里程3千米，施工桩号为（K18+400~K19+500、K22+000~K23+900）按二级公路标准，路面宽8.5米，重建沥青路面，采用20厘米水泥稳定碎石基层+4厘米沥青混凝土+3厘米细粒式沥青混凝土的结构，由乐平公路分局组织施工，于8月20日开工，总投资364.88万元。

（省公路局史志办）

【省道萍龙线萍乡至麻山段大中修工程竣工】 10月25日，历时两个月的萍龙线萍乡至麻山段大中修工程竣工通车。该工程全长8.7千米，总投资1000万元，路基宽12米，路面宽9米，沥青混凝土路面，为标准二级公路。

（省公路局史志办）

【省道S203新东线（横街—临湖）、省道S202新仙线一期（玉虹桥—六都）段公路改造工程竣工】 12月22日，省道S203新东线（横街—临湖）、省道S202新仙线一期（玉虹桥—六都）段公路改造工程竣工通车。省道新东线、新仙线是玉山连接上饶、广丰和浙江江山的主通道，与G320国道、S201省道连接贯通。9月1日工程正式开工，共计投入资金3835万元，改造线路全长23.9千米，改造后的公路为12米宽的水泥混凝土路面。

（省公路局史志办）

【省道丰德线（丰城淘沙段）竣工】 10月23日，由丰城公路分局施工的省道丰德线（丰城淘沙至德兴段）大中修工程竣工通车，比预期提前一个月。该工程全长12千米，路基宽12米，采用双基层标准建设（18厘米+18厘米），路面宽9米，采用沥青混凝土路面，工程总投资1700万元，8月16日开工。

（省公路局史志办）

【省道宋水线高安段大中修工程竣工】 11月1日，省道宋水线（高安境内）大中修工程如期保质地完成施工任务，并顺利竣工通车。该工程于9月1日正式开工建设，总投资1000万元，总里程为8千米，路基宽12米，路面宽9米。

（省公路局史志办）

【省道杨福线养护大中修工程竣工】 11月30日,省道杨福线养护大中修工程竣工。杨福线(分宜杨桥—萍乡福田)为省道二级公路,途经芦村、三阳、洪塘、辽市、天台、水江。近年来道路车流量剧增,车辆超限超载现象严重,直接影响行车质量和安全。为了改善通行条件,新余市公路局安排大中修计划路段为K9+744~K22+206(芦村段),计12.462千米,路面类型为1.526千米的水泥混凝土路面和10.936千米的沥青路面,投资1579.5万元,该工程于9月13日开工。

(省公路局史志办)

【省道石镇线奉新上富段路面大中修工程竣工】 12月4日,省道石(境)镇(岗)线上富至苦竹坳(宜丰县交界处)段9.022千米大中修工程竣工。石镇线原沥青路面修筑于2003年7至9月,迄今已有8年历史。由于受超限超载车辆的影响,公路路面坑槽遍布,不利于公路安全通行。经上级公路主管部门批准,该路段列入路面大中修计划,合同工期3个月。工程技术标准为公路等级二级,设计时速80千米,路基宽12米,路面宽9米,基层厚为38厘米,沥青面层5厘米。总投资1218万元,于9月7日开工。

(省公路局史志办)

【省道修万线二级公路大中修改善工程竣工】 1月27日,省道修万线(九江市修水县至宜春市万载县)万载县境内路段(K144+062~K176+632)大中修改善工程全面竣工。大中修改善工程全长32.57千米,自2010年10月28日起开始施工,工程总投资6100万元。经过万载正大公路桥梁工程有限公司、宜春市通达工程公司工程技术人员3个月的努力拼搏,该工程终于在春节前夕顺利竣工,较好地改善了修万公路的路况,为广大人民群众安全便捷出行提供了良好的道路交通条件。

(省公路局史志办)

【S231省道上栗段改造项目完成前期工作】 S231省道上栗段改造项目全长33.6千米,按二级公路标准建设,路基宽12米,路面宽9米,项目预计于2012年末改造完工。该项目改造资金来源为"三改二"项目补助资金5040万元和战备公路改造项目补助资金1680万元。从3月起,至12月上栗县已成立建设领导小组并多次召开协调会,已完成外业测量、施工图设计、征地拆迁及工程招投标等前期工作。

(上栗县交通运输局)

【玉山县境内2条省道大中修工程竣工】 12月31日,玉山县境内S202省道新仙线与S203省道新东线部分路段大中修工程竣工。S202省道新仙线玉虹桥至吕家源全长10.0千米、S203省道新东线横街至苏村全长13.3千米。工程项目投资3000万元。2项工程将全面改善玉山县城通往周边六都、仙岩、横街、必姆、临湖5个乡镇公路路况,进一步提升公路服务出行能力。该2项工程于9月1日开工。

(省公路局史志办)

【省道S208石宁线公路灾后重建工程全面动工】 9月3日,鄱阳公路分局石宁线公路灾后重建工程全面动工。该工程是交通部国、省干线公路重建项目。石宁线是上世纪90年代建设的老油路,由于超龄服役和交通量日趋增多,加之2010年受百年不遇的洪涝灾害侵袭,导致部分路段通行困难。为了改善路况,提高通行能力,该局对境内石宁线(S208)石门街至碧山段公路进行重建,重建工程里程全长31.227千米,路面宽9米,路面结构为水泥混凝土面层。总投资4800万元,计划工期5个月。

(省公路局史志办)

城市道路

【南昌市洗药湖至幸福水库旅游公路改建工程竣工】 9月,南昌市湾里区旅游公路——幸洗线(洗药湖至幸福水库)旅游公路路面改建工程竣工。洗药湖至幸福水库旅游公路路面改建工程(K13+000~K31+069)起点位于洗药湖度假山庄,终点位于幸福水库景区,路线全长18.069千米,沿线经马口、红星、南岭等乡村。旅游公路参照三级公路标准,行车速度30千米/小时。整个工程投资2489.3万元。

(省公路局史志办)

【南昌市湾里太平至洗药湖旅游公路竣工】 8月,南昌湾里太平至洗药湖旅游公路改建工程竣工。湾里太平至洗药湖旅游公路起点位于南昌市湾里区太平镇，终点位于梅岭景区洗药湖，路线全长12.617千米。途经神龙潭、洗药湖、中日友谊林等景点。南昌市公路局将原宽4.5米的水泥混凝土路面拓宽至7米的改性沥青混凝土路面，总投资4390万元。

（省公路局史志办）

【南昌市龙安大道一期工程启动】 8月，南昌市龙安大道一期工程启动。该项目北起安义潦河大桥南端，南接昌铜高速安义互通口，是一条一级公路兼顾城市道路，含机动车道、非机动车道、人行道、绿化带等。道路全长8.975千米，一期建设项目按城市道路技术标准建设，设计时速60千米/小时，分为双向六车道和双向四车道路段，并建设绿化景观带。项目总投资2.08亿元。

（省公路局史志办）

【新余市渝水区霞江大道、世纪路、创新路建设完工】 2011年，渝水区3个公路重点项目全面完成建设任务，并竣工通车。其中霞江大道全长4.2千米，路面宽36米，双向四车道，项目概算总投资1亿元，工程于2008年11月开工，2009年列入新余市重点调度项目，2011年12月建设完工。世纪路全长2.45千米，其中0.83千米路面宽14米，1.62千米路面宽20米，项目概算总投资2400万元。工程于2008年12月开工，2011年6月竣工。创新路全长1.077千米，路面宽20米，项目概算总投资1200万元。工程于2009年10月开工，2011年12月竣工。随着霞江大道、世纪路、创新路的建设完工，渝水区下村工业基地道路主骨架已基本形成，为发展地方经济提供了良好的交通运输条件。

（王志勇）

【赣州章江新区两条城市主干道顺利通车】 8月31日，赣州市章江新区两条城市主干道完工通车，分别是新赣州大道（新世纪大桥至赣州监狱段）和东江源大道（兴国路至新赣州大道段）。这标志着城市中央公园周边的主干道已连通，形成了“成环成网”的格局，进一步完善了章江新区的路网建设。这两段道路都于2010年10月开工，均为双向6车道，两侧还有辅道。新赣州大道宽60米，长1.5千米。东江源大道宽50米，长1千米。路灯、标牌、绿化等配套设施也已完成。

（赣州市交通运输局）

【鹰潭市信江新区路网二期工程开工建设】 6月27日，由鹰潭市公路管理局负责组织实施的鹰潭信江新区路网二期工程开工建设。该工程按城市Ⅱ级次干道设计，沥青混凝土路面。工程包括经五路、纬三路、纬五路3条道路，经五路北起纬二路，南至纬五路，全长1.6千米，按城市Ⅱ级次干道设计，道路红线宽度26米，沥青混凝土路面，投资概算2557万元；纬三路西起纬三路与龙虎山路交叉口，东至纬三路与滨江路交叉口，全长2.446千米，道路红线宽度26米，投资概算4428万元；纬五路西起茅源村，东至前旺村，全长1.739千米，按城市Ⅱ级次干道设计，道路红线宽26米，投资概算3887万元。工程计划工期12个月。

（省公路局史志办）

【鹰潭市信江新区路网三期工程开工】 12月30日，由鹰潭市公路管理局负责组织实施的鹰潭信江新区路网三期工程开工建设。该工程全长4.6千米，总投资1.2亿元，按城市Ⅱ级次干道设计，道路宽55米，沥青混凝土路面。工程包括余信贵快速路和信江路两条道路，余信贵快速路位于鹰潭市信江新区，为鹰潭信江新区“两横三纵一环”干线主干道路网中的重要组织部分，起点为经一路路口，终点为鹰东路路口，道路全长3.3千米。信江路全长1.3千米，起点为纬二路路口，终点为余信贵快速路路口。该道路工程的开工建设，将与信江大桥和龙虎山大桥和正在建设的信江一、二期路网工程形成大循环，构成信江新区大骨架，进一步提升和“延伸”城市空间。

（省公路局史志办）

【樟树市樟芦线改造工程竣工】 10月，樟树市第一条旅游公路—道教名山阁皂山旅游公路樟芦线改造工程竣工。该线拓宽改造工程全长22.992千米，总投资1.1亿元。樟芦线是通往国家级森林公园——道教名山阁皂山的重要旅游公路和经济干线。阁皂山，宋时与南京茅山、江西龙虎山齐名，元代匡庐、阁皂、玉笥并称为江南三大名山。朱熹、文天祥、颜真卿、解缙等文人墨客留下诸多题咏,使得阁皂山更以“道灵、药灵、山水空灵”而声名远播。

该工程起点在樟芦公路 K0 + 000,与 105 国道 K1805 + 450 相重合,途经江西盐矿、岗背、台埠、阁山镇,最终到达山门,终点桩号为 K22 + 992,全长 22.992 千米,其中樟树至樟树东站段长 13.079 千米,按超二级公路技术标准进行改造,设计行车速度 80 千米/小时,路基宽 18 米,路面宽 15 米;樟树市东站至阁皂山段长 9.913 千米,按二级公路技术标准建设,设计行车速度 80 千米/小时,路基宽 12 米,路面宽 10.5 米;路基之外两边各 15 米设置绿化带。

(省公路局史志办)

【樟树市共和东路延伸工程竣工】 10 月 18 日,由樟树公路分局负责施工的共和东路延伸段工程竣工。该工程属于老路改建工程,全长 2.218 千米,路面主车道 16 米,路基宽 32 米,起于樟观线场站铁路道口,终于今阳钢艺厂。设计时速 40 千米/小时,为一级城市主干道,总投资额为 2049 万元,工程于 2010 年 10 月 25 日开工。

该路段是樟树城区通往樟树化工城和观上镇的主干道,改造竣工对樟树化工城和观上镇的经济发展起到积极作用。

(省公路局史志办)

【宜春市明月大道项目开工】 1 月 27 日,宜春市明月大道项目开工。该路起于宜春市袁州区明月南路与环城南路交叉点,途经梅花、袁梅、仙巩等地,直达温汤集镇,全长 14.12 千米。项目按城市道路Ⅱ级标准设计,路面宽 42 米,双向 8 车道,建设工期 18 个月,总投资 6.7 亿元。项目建成后将大大改善中心城区的交通环境,促进中心城区与明月山旅游景区的互通,对做旺做优明月山旅游事业,提升宜春品牌形象,产生重大影响。

(省公路局史志办)

【资溪县生态旅游道路新建工程开工】 10 月 26 日,资溪县生态旅游道路新建工程开工。工程起点为资溪县城西大道山斜一桥,并与城西大道至九龙湖大道相交,终点为 316 国道与大觉山旅游公路相接处。路线全长 4.19 千米,建设内容包括中桥 1 座,大桥 1 座,涵洞 10 道,隧道 2 道。该工程技术等级为Ⅲ级城市主干路,设计速度为每小时 30 千米,一般路段路基宽度为 12 米,横断面布置为 2×1.5 米(人行道)+2×4.5 米(行车道)。桥梁路段与一般路段横断面布置相同;隧道路段路基宽度为 11 米,横断面布置为 2×1 米(人行道)+2×4.5 米(行车道)。工程总投资 8500 万元,预计工期 500 天。该项目的建成,将拉大资溪县城区框架,带动大觉山、方家山、九龙湖旅游业,还将形成县城“二环”公路圈,从而分流人流、车流,减轻中心城区的压力。

(省公路局史志办)

【樟树市葛玄一级公路建成通车】 10 月 11 日,市葛玄一级公路举行通车典礼。宜春市委常委、樟树市委书记黄玉剑等市四套班子领导出席通车典礼并剪彩。葛玄一级公路起点为 105 国道,途经洋湖镇、江西盐矿、工业园、店下镇,终点为阁皂山风景区,连接赣粤高速公路、赣港航道、沪昆和京九铁路,全长 11 千米,工程总造价 1.08 亿元。工程于 2010 年 9 月 29 正式动工,2011 年 10 月 11 日竣工通车。葛玄一级公路建成通车,改写该市农村无一级公路历史,进一步提升交通运输条件,为实现综合交通,改善招商引资环境,加快工业崛起,促进经济旅游业发展发挥重要作用。

(杨 波)

县乡公路

【“十二五”时期全省农村公路工作的指导思想和发展目标】 “十二五”时期全省农村公路工作的指导思想是:以科学发展观为统领,以鄱阳湖生态经济区建设为龙头,以提高广大农村群众幸福指数为落脚点,围绕全面建设小康社会宏伟目标,全面落实贯彻中央和省委、省政府对农村公路工作的总体要求,按照交通运输部提出的“扩大成果、完善设施、提升能力、统筹城乡”16 字方针,坚持建、管、养、运并重,在增加农村公路总量的同时,进一步改善农村交通条件,提高农村公路安全便捷水平,加快推进农村客运网络建设,为全省农村现代化提供坚实的交通运输服务和保障。

发展目标是:加快推进农村公路建设,“十二五”时期全省农村公路网络化水平得到明显提高,安全便捷出行条件得到明显改善;科学建立农村公路建设管理养护机制,全省农村公路基本实现“有路必养”的目标;农村公路安全保障措施进一步加强;农村客运网络基本形成,所有乡镇和92%的建制村通班车;农村交通物流站点显著增加。

（雷声猛）

【省厅组织收看全国农村公路工作电视电话会议】 2月10日,交通运输部召开全国农村公路工作电视电话会议。部长李盛霖出席会议并讲话,副部长翁孟勇主持会议,副部长冯正霖作工作报告。中央农村工作领导小组办公室和国家发改委、财政部、农业部有关负责人应邀出席会议。陕西、湖北、浙江三省交通运输厅和贵州省铜仁地区交通运输局作了经验交流。

江西省交通运输厅党委书记程受锭、厅长马志武、副厅长邓经国在江西分会场收看会议,厅机关有关处室、厅直属有关单位负责人一同收看会议。各设区市公路局设立收视分会场。

会议提出,“十二五”时期农村公路发展目标是:继续加快推进农村公路建设,农村公路网络化水平得到明显提高,通行条件得到明显改善,安全保障措施得到明显加强。到2015年,农村公路总里程达到390万千米:农村公路管理养护体制改革落实到位,基本实现“有路必养”。完成县、乡道中桥以上危桥改造。进一步改善农村公路安全技术状况。大力发展农村客货运输,实现所有乡镇和90%的建制村通班车,支持发展农村配送物流。

会议强调,2011年是“十二五”规划的开局之年,做好2011年的农村公路工作具有特殊重要的意义。一要增强机遇意识,推进农村公路建设稳步发展。二要增强责任意识,推进农村公路管理养护正常化、规范化。三要增强质量意识,推进农村公路工程质量水平再上台阶。四要增强安全意识,推进农村公路安全水平有效提升。五要增强服务意识,推进城乡客运一体化加快形成。

2011年中央车购税安排农村公路建设投资将超过300亿元。西部地区优先安排剩余通乡沥青(水泥)路,重点保证通村沥青(水泥)路建设;东中部地区重点安排剩余建制村通沥青(水泥)路、县乡道改造等工程。投资将进一步向西部地区、“少边穷”地区倾斜,西部地区农村公路建设投资比重将占全国2/3以上,同时交通运输部将积极争取更多的中央预算内资金用于农村公路建设。

（涂序东）

【省厅召开全省农村公路工作电视电话会议】 2月16日,省交通运输厅召开2011年全省农村公路工作电视电话会议。厅党委书记程受锭主持会议,厅长马志武、省发改委副主任陈一星出席会议并讲话,副厅长邓经国传达全国农村公路工作电视电话会议精神,厅党委委员、省公路局党委书记曹先场及厅机关有关处室、厅直属有关单位负责人出席会议。

程受锭在主持会议时要求迅速学习传达好会议精神,努力做好当前和今后一个时期全省农村公路工作,做到早谋划、早部署、早行动,明确措施,攻坚克难,锐意进取,真正把这一“功在当代、利在千秋”的工作抓好抓实抓出成效。

马志武首先回顾了“十一五”期间全省农村公路发展历程。他指出,“十一五”时期全省行政村全部建成水泥路和基本完成改渡建桥任务,是农村公路建、管、养、运各方面发展突飞猛进的五年,农村公路建设投资大幅增长,农村公路建设、农村渡口改渡建桥建设、农村客运均取得突出成绩。

马志武强调,“十二五”时期农村公路工作重点要做好五个方面的工作,一是初步形成以县道为骨干、乡村公路为基础的农村公路网;二是深化农村公路管理养护体制改革;三是加大危桥改造和安保工程建设力度;四是继续做好农村渡口安全监管工作;五是开展农垦区、林区、农业产业区等道路建设。同时,要抓好五项保障措施,一是坚持政府主导、部门协同、社会各界广泛参与,共同推进农村公路建设;二是坚持“量力而行、尽力而为”的农村公路发展原则;三是坚持建管养并重,提高公路使用效益;四是坚持多措并举,建立稳定的农村公路资金投入渠道;五是坚持严格监督、严格管理,确保工程质量。

对于2011年全省农村公路重点工作,马志武要求,一是确保完成“十一五”时期农村公路扫尾工作,包括改渡建桥、新增通乡油路工程、国家农村公路改造工程、农村公路水毁灾后重建工作等;二是全面启动农村公路网化工程;三是进一步推进农村客货运发展,增加农村公路整体服务功能;

四是切实加强农村公路养护管理;五是不断提升农村公路建设水平、加强农村公路质量管理、资金监管,强化施工安全,确保农村公路建设的顺利实施。

陈一星对全省“十一五”期间农村公路建设成绩给予了充分肯定。他表示,全省农村公路快速、健康发展,为促进全省农村经济和社会发展、推进社会主义新农村建设起到了积极作用。同时,“十一五”时期农村公路建设也给全省积累了宝贵经验,一是政府高位推动,强化组织领导;二是及时出台相关政策,促进农村公路健康发展;三是科学规划,规范农村公路建设;四是广大农村干部和农民朋友对农村公路建设投入了巨大的热情和干劲,为项目工程顺利实施提供了良好的环境保障和配合支持。关于做好“十二五”时期农村公路工作,陈一星强调,一是要结合新时期发展的新要求,做好“十二五”时期农村公路工作,实现发展理念的变化、发展阶段的变化、发展任务的变化、发展内涵的变化。二是进一步落实责任。做到认识到位、责任到位、资金到位,推动农村公路管理养护常态化、规范化。三是要进一步规范农村公路建设资金管理,严格实行专款专用,确保资金安全有效使用。

各设区市交通运输局、运管处、公路所、农村公路建设领导小组、各县(市、区)交通运输局等相关负责人在各地分会场参加会议。

(雷声猛)

【南昌市继续加强交通基础设施建设】 2011年,南昌市各级交通运输部门落实全省交通工作会议精神以及南昌市委、市政府的决策部署,围绕“十二五”交通运输发展规划和年度重点工作,脚踏实地,继续加强交通基础设施建设,取得好成绩。全年新修、新建农村公路建设项目1020个共1644千米;公路危桥改造项目完工16座,正在施工9座;改渡建桥完工通车23座,基本完工5座;新建农村客运站12个,竣工验收7个,完工待验2个,正在施工3个;农村候车亭建成投入使用128个,正在施工261个。安义县境内昌铜高速路段、进贤县境内沪昆高速李渡互通立交、杭长高铁客运站扩建,以及新建县境内龙头岗综合码头(一期)、樵舍货运码头等项目进展顺利。

(南昌市交通运输局)

【进贤县交通基础设施建设取得显著成绩】 2011年,进贤县交通运输局围绕“发展现代交通,奉献一流服务”奋斗目标,紧扣科学发展主题,交通基础设施建设取得显著成绩。全年完成交通固定资产投资3.75亿元,其中进里公路拓宽改造工程,全长60千米,投资1.07亿元,按二级公路标准改造,至年末已竣工通车。三长线路面重建工程、昌进一级二期工程(温家圳—高坊岭,全长36千米)、福银高速李渡开口互通工程、320国道县城段改线工程(长18.5千米)完成立项。改渡建桥完成1.46亿元,12座桥任务已完成10座,2座桥正在抓紧扫尾。农村公路建设完成国改项目105.6千米,总投资0.7亿元;完成大中修项目6个,危桥改造启动8座。建设农村客运候车亭90个,农村客运站和交通综合服务站建设进展有序。进贤县交通运输局获得德昌高速公路建设先进单位,获得县委、县政府授予“综合目标考核”先进单位。

(南昌市交通运输局史志办)

【南昌市湾里区公路重点工程有序推进】 2011年,湾里区交通运输局优化投资环境,加快交通基础设施建设,公路工程建设有序推进。一是8月31日完成梅岭旅游环山公路拓宽改造工程,比原计划提前1个月竣工通车。二是11月30日完成太珂公路团山至牛岭段拓宽改造工程,比原计划提前一个月竣工通车。三是扎实推进湾里“一小”至团山旅游公路改建工程。四是启动农村公路其他连通工程建设。2011年省交通运输厅批复该区农村公路连通工程建设项目20个,总里程19.7千米,总投资492.5万元。已完成项目建设6个,里程6.6千米,投资165万元。

(南昌市交通运输局史志办)

【新建县农村公路建设工作上新台阶】 新建县交通运输局认真贯彻落实全省交通工作会议精神,把农村公路建设列为“民生工程”、“民心工程”的重要内容,加强领导,精心组织,增加投入,2011年全县农村公路建设上新台阶:一是投资1000多万元对石岗至“抗援”全长10千米县道进行公路升级改造,主体工程已完工。二是组织实施流湖温泉城1.84千米县道迁改,总投资1000万元。三是投资700万元对市管道路坎樵公路

(全长8.5千米)进行改造。四是抢修义渡至厚田光伏发电厂简易公路,投资100万元。五是投资168万元改造危桥——流湖巷口一桥,主体工程已经完工,进入桥面安装。六是全年兴建33个候车亭,完成溪霞、梦山五级客运站建设,西山客运站也正在顺利推进。该县荣获全省"十一五"时期农村公路和渡改桥建设先进单位。

(南昌市交通运输局史志办)

【景德镇市开始进行县道升级改造】 "十二五"时期,景德镇市农村公路建设将重点进行县道升级、危桥改造、安保工程,以全面提升农村公路畅通能力。从2011年启动建设,第一批列入升级项目的6条县道,即:乐平市篁(坞)众(埠)线28.2千米、官(庄)湾(头)线27.8千米、众(埠)礼(林)线17.0千米、江(村)塔(前)线的塔前至科山段16.8千米;昌江区联(村)仓(下)线的丽阳村至新206国道段3.2千米,建(溪)大(阪上)线戴村段4.5千米,改造里程共97.5千米,总投资近1亿元,其中中央投资3900万元,地方自筹5900万元。6个项目均按三级公路标准实施,水泥路面宽度6.5米~7米。县道升级改造按照"四个确保",即确保施工安全、确保工程质量、确保工程进度、确保不增加群众负担的要求实施。

(徐小明)

【乐平市3条农村公路改造升级项目完工】 5月16日,乐平市3条农村公路升级改造项目通车:县道X110线吴家至古田公路上的甘村至高畈段,改造路线长21.64千米;县道X115线西门至渡头公路上的塔山至蔡家村段,改造路线长6.999千米;乡道Y508线松树岭至文山公路上的黎桥至文山段,改造路线长11.34千米,可打通至万年县。改造总里程39.979千米,总投资3615万元,路面均按照三级公路标准建设,设计速度30千米/小时,路基宽度7.5米~8.5米,路面宽度6.5米~7米。

(徐小明)

【萍乡市交通基础设施建设和公路管养取得新成就】 2011年,萍乡市克服资金困难全力加快交通基础设施建设完成了319国道上栗至东峰界段6.7千米路面改造,完成农村公路连通工程330.9千米路面改造和3座危桥改建(开发区和雁桥、芦溪县宣风桥、上栗县姚家江桥)。完成了5个乡镇客运站和120个农村客运候车亭建设任务。启动新建扩建长运城北汽车站、异地搬迁公交城西站场等项目的前期工作,开建旅游集散中心汽车站。同时完成湘东、上栗、芦溪、莲花等4个县区农村综合服务站的立项、报批等前期工作。认真落实《萍乡市农村公路养护管理指导意见》,确保各县区、乡镇的养护配套资金全部到位,实现农村公路有路必养的目标。2011年全市5500多千米农村公路基本实现有人管养,并兑现日常养护经费。其中,上栗县东源乡新益村、福田镇明山村采用村老年协会承包养护村道的经验被中央主流媒体报道,芦溪县实行县道集中管养取得较好效果。

(陈孝法)

【萍乡市湘东区抢抓机遇加快农村公路建设步伐】 2011年,萍乡市湘东区农村公路连通工程设计里程57.4千米,实际完成98.2千米,完成投资2454万元;水毁公路计划为大江边至麻山3.4千米,排上至美田桥3.6千米,下埠至排上横塘段路面600平方米,下埠至二里路面5000平方米,实际完成路面修复5800平方米,完成投资96万元;完成乡道升级改造8.1千米(浏市至救塘公路5.1千米,江山至龙泉公路3千米),完成投资680万元。

(湘东区交通运输局)

【上栗县农村公路建设取得新成绩】 2011年,上栗县争取到县乡道升级改造建设项目6.5千米(鸡冠山乡3.3千米,金山镇3.2千米),并已做好前期准备工作;完成通新农村建设点公路项目92个共计53.9千米;完成通自然村农村公路建设项目107.2千米(实际计划29.2千米)。

(上栗县交通运输局)

【莲花县强力推进农村公路建设】 莲花县交通运输局运用国家扶持政策,坚持"四个优先"(即:群众积极性高、自筹资金足额到位的优先安排;征地拆迁到位、修好了路基的优先安排;符合技术标准、前期工作完成好的优先安排;一路多村、对当地经济发展环境影响大的优先安排)的原则,采取“政府补一点、集体出一点、个人集一点、社会捐一点”的筹资方式继续推进“村村通”工程,在实现100%的行政村通水泥路的基础上,大力实施通自然村水泥路、林地公路、新农村建设点公路、少数民族村公路建设,全方位推进全县农村交通向纵深发展。已完成农村水泥路建设50千米,完成投资1200万元。

(贺卓强)

【新余市农村公路建设任务全面完成】 新余市2011年农村公路建设项目共162.5千米。其中:农村公路连通工程103.6千米;新农村建设点55千米;国家农林场2.5千米;乡道升级改造1.4千米。至年末已全面完成建设任务,完成投资3885万元。新余市交通运输局加大对农村公路建设的工作力度,把任务落实到县区,做到计划有安排,进度有检查,质量有考核,建设取得可喜成绩。该局被省交通运输厅授予“2011年度全省交通运输系统目标管理先进单位”称号。

(新余市交通运输局)

【新余市分宜县全力抓好农村路桥建设】 2011年,新余市分宜县交通运输局全力抓好交通工程项目建设,优化交通发展环境,取得好成绩。已竣工通车项目有3个:①湖泽至分宜二级公路建设工程。该项目于2009年10月动工,总投资2376.6万元,全长7.2千米,2011年4月1日全线建成通车。②江锂大道延伸段建设工程。项目于2009年10月动工,总投资437万元,总里程1.1千米,2011年5月底建成通车。③分宜古岭渡改桥建设项目。于2009年5月动工,总造价432万元,桥全长217.04米,2011年7月正式通车,解决了两岸居民“旱无渡、涝无渡”的困境。此外,还完成农村公路连接工程项目23个,25.3千米;新农村点道路建设项目91个19.5千米;农林场道路建设项目1个0.7千米。

(新余市交通运输局)

【鹰潭市农村公路建设取得好成绩】 2011年,鹰潭市重点推进以满足农村客运网络化建设需要的县乡公路改造及连通工程建设、少数民族地区通村组公路建设和国有农林场公路建设,全年完成农村公路建设366.8千米,完成投资9424万元。新增通水泥路自然村165个,自然村公路硬化达1475个。行政村通达率、通畅率达100%,自然村通达率达40.5%。2011年鹰潭市被评为全省农村公路建设先进集体。开展乡(镇)农村公路综合服务站建设试点工作,新建乡镇客运站3个,客运、公交候车亭54个,市区建设简易招呼站100个,城区龙虎山线完善简易招呼站16个及终点站台1座。

至2011年年末,鹰潭市境内公路总里程达到3888千米,公路密度为109千米/百平方千米,高于全国、全省平均水平。

(鹰潭市交通运输局)

【赣州市道路交通网络日臻完善】 2011年,赣州市交通运输局通过狠抓交通重大项目建设,积极推进交通基础设施建设,高速公路和国省道公路建设完成投资142.625亿元。赣州市道路交通网络日臻完善,正打造成赣粤闽湘四省通衢的区域性综合交通枢纽。2011年续建和新开工的高速公路415.46千米,完成总投资131.14亿元,其中,隘瑞高速公路累计完成投资12.54亿元,已于10月20日正式通车;瑞寻高速公路累计完成投资60亿元,已于12月末顺利通车;大广高速龙杨段累计完成投资22.6亿元;厦蓉高速赣崇段累计完成投资36亿元。该市还大力发展和改善农村公路交通。全年共争取农村公路新建计划1512.57千米,争取危桥改造项目15座,累计争取上级补助资金共2.619亿元。

(李发淳)

【会昌“村村通”水泥路率达100%】 会昌县完成农村公路“村村通”水泥路建设任务,村村通水泥路率达100%。为确保“村村通”水泥路民生工程任务的顺利实施,该县严格履行国家有关建设程序,明确了所有水泥路建设项目的责任单位、完成时限,主动接受社会各界的监督。同时,该县还加大了项目建设巡查力度,对发现的问题及时下达指令,要求限期整改,有效确保了工程进度和质量。

(赣州市交通运输局)

【吉安市2011年农村公路建设成绩良好】 吉安市2011年共有农村公路计划项目1250个、1202.2千米,计划总投资4.071亿元。截至12

月末，累计完成路基1202.2千米、垫层1202.2千米、水稳层846.3千米、路面846.3千米。完成投资3000万元。危桥改造项目10座，已完工6座，在建和未开工建设项目4座，12月末永新县沙市大桥全面完工；泰和老营盘大桥、源塘桥和井冈山市石市口桥开工建设；新增改渡建桥项目2座，12月末已完成桩基础。安保工程项目10个、121.442千米，12月末全面完工。

（刘文权）

【安福县农村公路建设强力推进】 安福县2011年完成通自然村连通工程水泥路项目43个，完成建设里程55千米，完成新农村示范点水泥路项目66个，建设里程17千米。累计完成建设总投资1152万元。该县农村公路网建设的进一步完善，不仅大大方便了农民出行，而且为加快农村经济发展，建设新农村奠定了良好基础。

（安福县交通运输局）

【宜春市完成农村公路水泥混凝土路面建设任务】 2011年，宜春市农村公路建设计项目1074个，总里程1233.7千米，其中：县乡道升级项目139.9千米；2010年第二批车购税项目221.8千米；2011年其他连通工程448.8千米；2010年度水毁车购税项目63.7千米；2011年国有农场及华侨农场项目30千米；2011年新农村示范点连通工程项目329.5千米。全年完成各类计划建设任务。全年的农村公路建设重点已转移到县乡道升级和农村客运网络改造。主要做法：一、以改善路网结构、提升现有路网的公路等级、通畅能力为主，加快完善农村客运网络建设。二、管理上严格把关，努力确保计划内项目的工程质量。坚持建设标准适度超前（宽度3.5米以上，厚度18厘米以上），县（市、区）公路所坚持巡回督查，发现问题及时处理，市局组织以分管领导和总工带队、技术人员参加全面督查3次，确保项目不发生重大的质量问题。三、坚持用数据说话，确保工程质量目标落到实处。坚持政府监督、社会监理、企业自检的三级质量管理，保证体系工作环节不放松，确保已验收的项目合格率达100%

（严敬民）

【高安市交通运输局有序推进农村公路建设】 高安市交通运输局从“争取项目、争取资金、争取政策”的“三争”工作人手，统筹谋划公路建设的合理布局，抓住国家加大交通基础设施建设投入的机遇，加紧农村公路建设，2011年完成工程项目97个，里程127.7千米，争取补贴资金2046万元。其中：争取县道升级改造项目4个，里程10.1千米，补贴资金404万元；车购税项目1个，里程3千米，补贴资金90万元；争取乡道升级改造项目7个，里程17.3千米，补贴资金346万元；争取国有农林场通水泥路项目5个，里程14.4千米，补贴资金360万元；争取其他连通工程项目80个，里程82.9千米，补贴资金846万元。

（李先平　周世祥）

【上高县持续推动农村水泥路建设】 在实现村村通水泥公路之后，上高县交通运输局坚持以人为本，重点安排农场、林场和新农村水泥公路建设，把民生工程办好、办实。全年新建农村水泥公路105条，全长87.7千米，完成投资3612.5万元，进一步改善农村公路运输条件，有力地支持农村经济的发展。一是推动道路运输业发展。全年新增货运企业6家，物流企业5家。新增货运车辆406辆吨位2112吨，新增客运车辆11辆。公路客运量和货运量同比增长6.5%和5%。二是加快推动新农村建设步伐。新建农村水泥公路59条，全长31.2千米，完成投资624万元，加大新农村建设步伐。三是拉动建材工业发展。全年，修建农村公路共用砂石120118立方米，水泥36627吨，碎石66441立方米，安排就业人数达几千人。

（潘泓羽）

【宜春市袁州区完成农村公路建设任务】 宜春市袁州区交通运输局按照区政府统一部署，切实抓好交通基础实施建设工作。全年新建农村公路项目216个，完成路面硬化209.7千米，占计划的100%；完成工程总投资6347.5万元。该区进一步改善全区公路交通条件，为农村经济发展发挥重要作用。一是认真抓好工程质量全过程监督管理。二是建立目标管理责任制，将目标任务责任落实到人。三是全面加强监督、严格监督手续，确保监督面达到100%。四是积极向上争项目。该局积极努力向上争取项目资金,共争取各类项目284个,项目资金3252.5万元。

(刘良生 李 庆)

【奉新县加快公路路网建设步伐】 奉新县从全县公路建设协调发展的全局高度,积极推进农村公路网建设。全县2011年完成的82.9千米农村公路中,80%为乡镇与村,村与村,村与组之间的连接路。一张以省道为主干,县道为重要分支,乡道为节点,村道为链接,组级公路为终端的县内公路网络已经成形。

(魏振宇)

【铜鼓县完成通自然村公路改造项目】 铜鼓县2011年完成通自然村公路改造项目6个,共9千米,总投资302万元,完成12个自然村的公路硬化建设。在公路建设中,该县交通运输局打破按年度计划实施的常规,明确提出“谁积极就支持谁”,哪条路自筹资金先到位,垫层先铺好,哪条路就先安排施工。这一举措,有效调动了村组和群众修路的积极性。同时切实加强监管,抓好工程质量,严格执行计划,确保工程安全。

(金小明 黄祖芳)

【宜春市积极抓好安保工程和危桥改造工程】 为贯彻以人为本、构建和谐社会的要求,确保交通运输安全,宜春市交通运输局积极抓好农村公路安保工程和危桥改造工程。2011年,完成安保工程8个项目,里程194.964千米,其中:袁州区1个44.865千米;樟树市3个57.1千米;奉新县2个25.863千米;宜丰1个22.405千米;万载县1个14.911千米。危桥工程3个项目179.22延米。

(严敬民)

【宜丰县潭山农民贷款修通致富路】 宜丰县潭山镇肖家村和上山田村村民为早日修通致富路,以各家各户的山林为抵押,订贷款协议200余份向银行贷款500万元支持公路建设,建成肖家至上山田村公路全长7.2千米。公路修成,当地村民走上宽阔平坦的沥青混凝土公路。

(漆志秀)

【抚州市交通基础设施建设稳步推进】 2011年,抚州市交通运输局认真贯彻落实全省交通工作会议精神,切实加强交通基础设施建设,取得好成绩。一是农村公路建设稳步推进。全市共完成农村公路升级改道、连通工程路网改造等水泥路建设389.6千米。同时,全面加强了农村公路的养护管理,保证了农村公路的通畅和安全。二是完成改渡建桥任务83座,改渡建桥计划目标如期实现。结合抚州市实际,制定了全市农村渡口标准化建设试点实施草案,确定了金溪县璜汰渡口和临川周渡渡口进行标准化渡口试点。三是客运站场项目计划全部落实,18个建设任务,有10个已完成主体工程,4个在建,4个调整为农村客运综合服务站,列入2012年建设计划。

(抚州市交通运输局)

【广昌县加强村村通公路建设】 2011年,广昌县以建设新农村为契机,大力推进全县农村村村通公路建设。该县成立了农村公路建设领导小组,负责组织、协调、实施全县村村通公路建设项目。为解决项目资金,该县采取“上级立项补一点、挂点单位助一点、乡镇财政挤一点、受益群众筹一点、社会人士捐一点”的办法,多渠道筹措资金达1.5亿元,先后对全县11个乡镇129个村总长570多千米的农村公路实施了路面硬化,使该县行政村水泥公路硬化率达100%,自然村水泥公路硬化率达30%。

(广昌县交通运输局)

【南丰县“村村通”水泥路】 南丰县大力推进农村“村村通”水泥路建设,按照“村民自治、一事一议、民主决策”的方针,积极引导农民捐资投劳修建农村公路,县乡两级签订农村公路建设责任状,将责任逐级分解落实到位,聘请“三老”(老党员、老干部、老村民)为公路质量义务监督员,参与工程建设全过程。至2011年末,该县累计投入资金2亿多元,新建农村水泥路500余千米,实现了170个行政村通水泥路,通达率为100%。

(南丰县交通运输局)

【抚州市临川区全面推进农村公路建养管工作】 2011年,抚州市临川区以发展现代农村公路为目标,大力强化组织调度,全面推进公路建养管,取得好成果。一是加快农村公路建设。全年新修水泥路89千米，其中连通工程79.7千米，通乡项目20.3千米，一举实现了“村村通”目标。完成危桥改造项目3座共计151延米，共完成投资2478.5万元。二是加强农村公路养护。该局共管养农村公路里程1116千米，其中县道13条258千米，乡村道95条858千米。按照“有路必养，养必有效，有路必管，管必到位”的要求，明确责任，层层落实，做到“建、管、养”并重。三是工程质量把好“四关”，即施工队伍准入关，提高施工队伍的准入标准；材料进场质量关，未经检测合格的材料不准进入施工现场；施工现场管理关；工作检查验收关，加强对农村公路建设工作的检查，严格按程序办事，不达质量要求的不得验收。从而有效保证了工程质量，促进了公路建养管协调发展。

（临川区交通运输局）

【南城县加速推进农村公路建设】 2011年，南城县紧紧围绕建设快捷、畅通、安全、绿色的公路网和上级关于农村公路建设新的目标要求，全面启动县乡公路改造工程、农村客运网络化连通公路工程等建设，全年建设成连通工程17.3千米；新农村入村道路工程30千米；县乡道升级改造工程29.8千米；农村客运网络化工程21.7千米，以及水毁公路重建项目15千米，实现了全县“十二五”规划农村公路建设开门红。

（南城县交通运输局）

【抚州市临川区秋溪镇在外能人两年捐资修路30多千米】 11月23日，由临川区秋溪镇梓溪村在外能人志士捐资修建的5千米长环村组公路全面投入使用。“十一五”末，秋溪镇以新农村建设为契机，狠抓农村公路修建和改造，充分调动在外能人志士的力量，鼓励他们修建和改造家乡公路，帮助各自村组改善交通条件，带领群众加快致富。自2010年以来，该镇先后有40多位在外能人志士共捐资300多万元，为5个行政村修建和改造村组公路30多千米，得到了当地群众的广泛赞誉。

（临川区交通运输局）

【乐安县湖溪乡“爱心路”开工建设】 11月17日，由乐安县在外成功人士胡海平、黄晟昱等人捐资兴建的蟹都汇“爱心路”开工典礼在该县湖溪乡举行。郭岭村是湖溪乡偏僻的小山村，全村100多人的出行全靠一条长2.5千米，凹凸不平的山区小路。乡里和村里本想修通水泥路，但几十万元的资金一下子难以落实。2011年10月，人称“蟹王”的上海蟹都汇水产有限公司总经理黄晟昱回乡探亲，听说郭岭村未通水泥路，群众存在“出行难”，便产生了帮助该村捐资修路的想法。回到上海后，黄晟昱立即向公司董事会发起倡议，并得到了董事会其他乐安籍人士的响应，仅用了不到一个月时间，胡海平、黄晟昱、黄晟文、徐能宗等乐安籍在外成功人士就筹措善款60万元，用于郭岭村出村公路建设。

（乐安县交通运输局）

【南城县养猪专业村修了“连心路”】 7月18日，南城县田东村连接各村小组泥泞不堪的道路全部建成了砂石路，这不仅方便了村民的出行，更拓宽了“致富路”，村民们称之为“连心路”。田东村是当地远近闻名的养猪专业村，由于缺少通村公路，饲料进价高，猪出栏价格低，影响了当地生猪养殖业的发展。在该村挂点帮扶的南城县交通运输局领导在了解这一情况后，便及时与乡村干部制定了村内道路修建方案，并多方筹措建设资金，在短时间内就启动了田东村公路修建。该路于4月开工，7月完成，全长5千米，砂石路面。

（陈根玲）

【金溪县小山村修通致富路】 11月21日，金溪县琅琚镇厚山村唐家村小组锣鼓喧天，彩旗招展，村民们正在庆祝自己的大喜事：新修建的2.5千米进村公路正式通车了。唐家村小组是典型的小山村，以前只有一条羊肠小路通往外界。“行路难”是该村的历史难题，村民迫切要求解决。随着金溪县政府“鼓士气、顺民心、树新风”主题教育活动的开展，琅琚镇领导干部积极深入基层调查研究，倾听到唐家村小组村民们的心声后，镇党委、政府当即将解决群众“行路难”问题作为践行主题教育活动的一项重要内容来抓。在镇、村的共同努力下，唐家村小组很快便筹集到修路资金，并立即开工兴建村路。琅琚镇主要领导率先垂范，与村民们一起参加义务劳动。不到3个月，一条长2.5千米、宽3.5米的水泥公路便修建好。

（陈根玲）

公路桥梁建设

【概况】 2011年,全省公路桥梁累计1124727.561延米/24320座,共计有永久性桥梁1081824.91延米/22307座,永久化程度91.7%。其中:特大桥80173.34延/42座,大桥495256.51延米/2174座,中桥315798.69延米/5984座,小桥233499.02延米/16120座。2011年度新建桥梁73421.34延米/389座;各设区市公路局管养的桥梁205598.3延米/4652座(危桥35203.27延米/631座),其中:永久化桥梁205585.05延米/4651座,永久化程度99.98%;省养公路渡口3处(全部为机动渡)。地市交通局管养的桥梁515101.87延米/17042(危桥143011.01延米/4628座),其中:永久性桥梁472212.47延米/15030座,永久化程度88.2%。

(省公路局史志办)

【全省改渡建桥民生工程全面完成】 截至2011年12月末,经过3年多努力,全省投资42亿元实施的改渡建桥民生工程目标任务全面完成,共新建桥梁621座,撤销渡口800个,全省11个设区市的383个乡镇、616个村直接受益,惠及1000万名群众。江西省改渡建桥工作也成为全国农村公路建设的一个亮点。

为解决农村群众出行难,消除渡口安全隐患,2004年6月,江西省作为交通部3个试点省份之一,启动了撤渡建桥试点工作。省委、省政府抓住机遇,于2008年在全省全面启动了农村渡口改渡建桥工程,并将其列入民生程的重要内容,提出了"实现全省除大江、大河、大湖、水库外的农村渡口基本改渡建桥"的要求。3年多来,省政府先后8次召开全省农村公路暨改渡建桥现场会,强力推进该项工作。

为保障改渡建桥的资金投入,省政府积极探索,采取以政府投资为主、农村社区为辅、社会各界共同参与的多渠道筹资机制。省政府明确规定,对农村渡口改渡建桥工程资金,分别按50%、20%、20%的标准实行省、市、县三级补助。同时,对渡改桥项目的有关税收予以优惠、从低计征,对农村渡口改渡建桥项目涉及的行政事业性费用予以免收,并对在2010年前完成的项目实行奖励。在省委、省政府的高位推动下,各地建立"市长抓调度、县长负总责、一桥一领导"的机制,并将农村渡口改渡建桥纳入政府考评体系,合力推进;省交通运输厅对每个渡改桥项目的引道建设给予10万元/千米的补助资金,全省渡改桥引道共获2611万元省级资金的补助;各级交通主管部门加强监管,严格把关,切实把渡改桥工程建设成为"放心工程""满意工程"。

(摘编自2012年3月20日《江西日报》)

【全省农村渡口改渡建桥生产调度会在南昌召开】 5月31日,全省农村渡口改渡建桥生产调度会在南昌召开。省交通运输厅副厅长邓经国出席会议并讲话,省公路局局长任东红主持会议,省公路局副局长黄伟钢通报全省农村渡口改渡建桥工程进展情况,省交通质监站副站长刘学斌通报全省农村渡口改渡建桥工程质量情况。会上,各设区市交通运输局汇报了2010年未完工的渡改桥建设进展情况、存在的主要问题及确保完成任务下一步需要采取的措施。各设区市交通运输局分管副局长,厅规划处、厅质监站、省公路局有关处室负责人参加会议。

(省公路局史志办)

【全省最长公路大桥——德昌高速金溪湖特大桥贯通】 4月28日,德昌高速公路金溪湖特大桥工程顺利实现双幅贯通。金溪湖特大桥全长9178.5米,采用连续T梁+连续箱梁的结构形式,其中主桥最大跨径70米,是德昌高速公路全线施工难度最大的控制性工程,也是全省目前最长的公路桥梁。自2009年7月16日开工以来,项目建设者迎难而上,锐意进取,用652天的时间完成全部桩基施工、梁板预制和安装工程,顺利实现全桥贯通的目标。

为确保金溪湖特大桥能在工期内顺利完成,项目办采取了多项措施,争取了施工管理上的主动。一是提前启动钢便桥建设,为主桥施工赢得了更多时间;二是采用多项新技术,提高施工效率;三是规范施工管理,提高施工质量,减少不合格工程对进度的影响;四是强化管理措施,加强项目建设管理和调度,确保计划的完成;五是营造了良好的路地关系,施工期间实现安全生产。

(肖树山 朱俊铭)

【206国道鱼塘大桥等4座桥梁重建工程竣工】 10月8日,206国道鱼塘大桥等4座桥梁重建工程竣工。其中鱼塘大桥长205.1米,孔家大桥长165.1米,白塔渠中桥长32.04米,叶家中桥长32.04米,宽18米,总投资4500万元。206国道鱼塘大桥2010年被"6·19"洪水冲垮,当年7月开始重建,仅用了5个月,便于2010年12月31日建成通车,恢复了206国道交通大动脉的通行。2011年7月又先后建成孔家大桥、叶家中桥和白塔渠中桥。

(省公路局史志办)

【320国道鹰潭跨鹰厦铁路新桥右幅通车】 3月27日,320国道鹰潭跨鹰厦铁路新桥右幅通车,至此,日均车流量近2万辆的国道恢复了正常通行。320国道跨鹰厦铁路新桥是320国道鹰潭师范至龙虎山大道口改造工程的一部分,由原来12米的桥改造拓宽至32米,分左右两座桥。2010年8月320国道跨鹰厦铁路新桥北桥开工建设,为了及时排除老桥出现道路通行安全隐患,确保320国道大动脉的畅通无阻,鹰潭市公路管理局利用晴好天气日夜施工,并从余江、贵溪等地调派数10台施工机械设备支援新桥北桥的建设,实现了新桥右幅提前通车。

(省公路局史志办)

【南昌市开展农村公路桥梁安全隐患排查】 8月4日、5日,南昌市农村公路所采取分组、分片对各县区危险桥梁、路段存在的安全隐患进行排查。安全隐患排查的内容涉及到危险桥梁的安全带或护栏、桥面铺装、墩(柱)、桥台、安全警示标志、限行措施等内容。此次共排查危险桥梁24座,发现危险桥梁的护栏部分破损、空缺,警示牌位置不明显,无限高限宽限行标志等安全隐患问题比较突出。市农路所及时向相关县区反馈了检查中发现的安全隐患问题并提出整改措施。

(华叙涵)

【新建县农村公路桥梁建设工作取得成绩】 2011年,新建县农村公路桥梁建设工作取得成绩:全县6座渡改桥工程基本完成,撤销46个渡口,除大江大河之外改变湖区群众出行靠摆渡的历史,彻底消除渡运安全隐患。全县农村危桥改造已落实计划的共11座,流湖巷口一桥已完成主体工程,樵舍峰桥、生米南星周家桥正在施工,义渡大桥、石岗大桥已完成前期准备工作,即将组织实施,文青三房桥、下桩玲桥、巷子口桥等其他6座危桥改造项目也都在有序推进。

(南昌市交通运输局史志办)

【景德镇市加强农村公路危桥改造工作】 2011年,景德镇市切实加强农村公路危桥改造工作。2009年、2010年,该市共争取到上级危桥改造计划5个,通过努力,昌江区丽阳大桥、道观桥,浮梁县鹅湖大桥、小屋畈桥,乐平市芦山下桥都已维修改造。新列入"2011年危桥改造项目"的浮梁县王港大桥、北安大桥、庄湾大桥现已完成地质勘探、工可研究、初步设计等前期工作,正在进行招投标,年底前有望开工建设。与此同时,乐平市礼林大桥、浮梁县兴田乡朱家桥因2011年6月份受暴雨冲击损毁,目前业已对桥墩、栏杆、拱桥及路面进行了大修改造。乐平市众埠大桥,浮梁县坑口大桥、双篷中桥、石溪桥、濯缨桥等因不便修复,都已在桥梁原址或不远处动工建造了新桥。

(省公路局史志办)

【浮梁县4座改渡建桥项目建成通车】 浮梁县南门大桥、郑坑大桥、古坛桥、双篷中桥分别是浮梁县"十一五"期间农村渡口改渡建桥项目之一,工程于2009年先后开工建设,于2011年底陆续建成通车。上述项目建成投入使用后,浮梁县撤除汽车渡口1处,民用渡口3处。浮梁县交通运输局十分重视改渡建桥工作,按照省、市交通领导部门的安排,实行“一桥一领导,一桥一技术干部”的监督管理制度,对全县改渡建桥工作进行督导。在任务落实责任到人的基础上,定期召开调度会,检查工程建设进度,发现问题,及时解决。对工程建设资金由县财政列入预算,确保工程正常运转。同时,建立工程质量检查制度,做到专业抽检,群众参与,施工单位自检,确保施工质量。

(汪积林)

【景德镇市最大改渡建桥项目建成】 12月16日,景德镇市最大的改渡建桥项目——浮梁县南门大桥建成并投入使用。该项目于2009年12月8日开工,2011年11月30日竣工。该桥全长427.08米,总宽12.5米,桥面采用净9米+2×1.5(人行道)米,汽车荷载等级公路-Ⅱ级,设计洪水频率1/100。通航等级:Ⅷ—(2)级。两岸引道总长546.652米,其中东岸引道长377.692米,西岸引道长168.96米,路面按二级公路标准建设,设计速度60千米/小时,路基宽12米,路面宽9米,总投资2138万元。南门大桥东连景(德镇)瑶(里)公路,将古县衙(红塔)、金竹山寨、瑶里风景区等浮梁县精品旅游景点连成一线,对促进景市旅游事业又好又快发展具有重要作用。

(徐小明)

【景德镇市景北大桥建成通车】 9月29日,景德镇市景北大桥建成通车。景北大桥南起景德镇市广场北路端头,横跨昌江河,北与浮梁县新昌南路对接。景北大桥项目分为道路项目和大桥项目两部分,其中道路长2.5千米,路幅宽50米,双向六车道,中置6米绿化岛,两旁各设3.5米非机动车道和各5米人行道,机动车道与非机动车道中间各置2米绿化带。大桥本身桥面宽28米,长345米,双向六车道,中间设置2米绿化带,两侧各设置1.5米的人行道。景北大桥项目于2010年9月29日开工建设。

(涂　强)

【景德镇市罗家滩大桥维修工程完工】 11月14日,位于省道婺(源)南(楼)线(S304)景(德镇)湖(口)公路上的罗家滩大桥维修工程完工。

罗家滩大桥始建于1979年10月,为钢筋混凝土双曲拱桥,全桥3孔,净跨30米,桥长114.23米,桥面净宽7米,两侧各设0.75米人行道,按汽—20、挂—100的荷载标准建设。受大流量超重车辆的长期碾压,罗家滩大桥遭损严重,桥面出现多处断裂,桥墩及厢梁也出现宽10毫米~30毫米不等、长700~1500毫米不等的裂痕。为保障罗家滩大桥行车安全,提升桥梁承载能力,景市公路管理局自7月28日起对该桥实施封闭交通维修施工。

(涂　强)

【浮梁县为保护古桥另建新桥】 6月28日,浮梁县江村乡柏林村委会儒林村的新濯缨桥竣工。柏林村原有一座古桥,名濯缨桥。该桥位于乡道Y061(樟源—朱家)线上,始建于明朝万历十六年(公元1588年),距今已有423年的历史,系青石板桥面的石拱桥,长6米、宽3.5米。近年来由于经济发展,该桥在超载、超重车辆的碾压下,不堪重负,形成危桥,给当地人民群众的生产、生活带来极大不便。早日架通一座新桥,成为广大村民们的共同心愿。景德镇市交通运输局通过调研注意到这一情况,决定筹资20万元,在老桥北侧10米处重新修筑一座长20米,宽4.5米的新濯缨桥。同时对原濯缨古桥进行了维修。

(徐小明)

【萍乡市湘东区8座渡改桥建成通车】 从2007年开始,至2011年,萍乡市湘东区交通运输局通过向上级争取项目资金、地方政府配套资金等办法,积极实施改渡建桥工作,将境内河道上的1座浮桥和7个渡口全部撤销,建成公路桥。建设过程中,湘东区交通运输局坚持科学选址、科学规划,每座桥的建设项目都实行公开招标,聘请有资质、有信誉度的企业承担施工任务;每座桥都聘请符合国家标准规定的工程监理单位对施工过程进行全程监理,有效防止“豆腐渣”工程的发生。湘东区8座渡改桥建成后,每年为当地群众提供上千万人次通行方便。

(王　丰　邬粮蕃)

【莲花县农村危桥改造工作强势推进】 2011年,

莲花县交通运输局多方筹资对路边桥、安泉桥、马拿山桥、竹湖桥、模背桥、桃岭桥、布田桥、江边桥、罗布冲桥、新城桥等12座农村公路桥梁实施新建或改造,共投入资金180余万元,提前完成全年的农村危桥改造任务。

(莲花县交通运输局)

【九江长江公路大桥建设工程稳步推进】 九江长江公路大桥项目按双向六车道高速公路标准建设,计算行车速度为100千米/小时;桥梁结构设计基准期为100年;路基宽度33.5米;桥面宽度为:主桥38.9米(含风嘴),副孔、引桥33.5米;设计荷载为公路Ⅰ级。工程项目总长5580米,引桥长11.549千米,该项目累计完成投资15.45亿元,已成桩2285根,完成承台326个;墩、台身1051个;盖梁、台帽356个;预制T梁1610片,安装梁1400片、现浇梁113孔;主桥塔柱70节。

(九江市交通运输局)

【新余市仙女湖区全面完成改渡建桥任务】 新余市仙女湖区"十一五"时期改渡建桥工作任务是5座,到2011年6月28日已全部完成。区领导高度重视改渡建桥工作,将其纳入重点项目管理;将项目捆绑筹资,将白湄、花园、凤凰湾等渡改桥纳入区管委会环湖公路建设规划,由政府统一捆绑项目筹措资金,解决了改渡建桥资金来源。同时选好队伍,严把招投标关,在项目开工前由中标队伍先行垫资,自愿垫资,然后按照工程进度支付合格的工程量费用。在筹措资金上形式多样化,采取自筹资金、捐赠资金,向相关企业、向社会各界、私有企业主,有工作单位的本地人发动捐赠倡议书,解决项目资金问题。仙女湖风景名胜区管委会被省政府表彰为全省农村"改渡建桥"工作先进单位。

(新余市交通运输局)

【鹰潭市圆满完成农村改渡建桥任务】 "十一五"以来,鹰潭市认真落实"一桥一领导,一桥一技术干部"的要求,抓好建设责任落实和资金筹措,加强改渡建桥工作。至2011年12月31日,该市共完成29个改渡建桥项目,建成桥梁总长5347.32延米,完成总投资5033.74万元。通过改渡建桥全市共撤销渡口32个,惠泽25个乡镇、48个村、38万多人口,大大改善了农村群众的生产和生活条件,确保了百姓外出安全,有力地推动新农村建设。鹰潭市政府、龙虎山管委会、贵溪市政府被评为"江西省'十一五'农村渡口改渡建桥工作先进单位",市交通运输局及县(市、区)交通运输局被省厅评为先进单位。

(鹰潭市交通运输局)

【赣州市最大的渡改桥项目义源大桥竣工通车】 12月31日,赣州市最大的渡改桥项目义源大桥竣工通车,为贡江两岸的群众生活带来极大的便利。该大桥位于赣县茅店镇义源村,是横跨贡江的渡改桥项目,其标准为公路一级。大桥起点接323国道,跨贡江,到达赣县义源片区,终点接乡道Y041汶潭至义源公路。义源大桥全长1038.8米,引道长341.2米,该桥于2010年5月动工建设,总投资7400万元。

(赣州市交通运输局)

【吉州区开展桥梁普查】 2011年,吉州区交通运输局在全区开展桥梁普查工作。国道、省道、县道上的公路桥梁由区公路管理站负责普查,各乡镇、白塘街道辖区内的桥梁由各乡镇和白塘街道组织普查、汇总。通过普查,掌握详细资料,为建立健全桥梁数据库,逐步实施危桥改造创造条件。为做好该项工作,吉州区局还组织各乡镇、白塘街道公路办及所属单位有关人员进行了培训,为桥梁普查提供理论支持。

(吉州区交通运输局)

【吉安市交通公路部门为危桥建档】 为切实保证吉安市"十二五"期间农村公路路网结构改造项目的顺利进行,加强对全市危桥的规范化管理,吉安市公路处于9月5日起开展为期两个月的危桥排查工作,对全市范围内中桥以上危桥进行认定,如是新增危桥还要到实地察看,并建立一桥一档。

(刘文权)

【峡江县交通运输局为全县桥梁建立"病历卡"】 峡江县交通运输局把危桥改造管理作为建设"惠民交通"的重要内容,按照"局部病险,局部维修,整体病险,拆除重建"和"先急后缓"的原则,进一步加大对危桥的改造管理力度。该局创新桥梁养护管理机制,对全县范围内桥梁开展拉网式大排查,为全县所有四、五类桥梁建立“病历卡”,实行动态化、规范化养护管理;对存在重大安全隐患、一时不能实施改造的危桥列入“重症监护”对象。另外安排3万元专项资金制作设置醒目的警示、限载、限速标志,禁止超限、超载车辆上桥行驶。

(峡江县交通运输局)

【宜春市农村改渡建桥工作取得好成绩受到省政府表彰】 12月,宜春市81个农村渡口改渡建桥项目全部竣工,质量验收合格,宜春市政府交通运输局被省政府授为全省农村改渡建桥先进单位,并有7个县市获表彰。

为确保按时保质完成项目建设任务,该市主要措施是:一、加强领导、组织到位。在全省农村渡口改渡建桥工作会议后,该市召开专门会议,研究部署全市农村渡口建桥未完工项目工作。市、县(市、区)政府成立农村渡口改渡建桥领导小组,县政府分管领导担任组长,各项目也成立以乡镇长为组长的协调领导小组,抽调专门人员集中办公,具体负责农村渡口改渡建桥的日常工作。二、制度落实、保障到位。该市制定了改渡建桥建设标准、政策措施,并就质量管理、安全管理、资金管理等方面出台了具体的制度规定,实行规范管理,严格管理。三、明确责任、落实到位。做到一桥一套专门的人马。分管领导经常深入到项目所在建桥工地,实地检查督导,及时解决出现的各类问题,确保工作顺利开展。四、规范操作、程序到位。定期召开项目调度会,研究解决项目问题,督促工作落实。并召开流动现场会,做到互相学习,取长补短。五、严保质量、管理到位。建立完善政府监督、专业抽检、群众参与、施工自检的质量监督管理体系,严把每个工序、每道环节关。六、配套资金、提前到位。严格按照省政府要求,落实改渡建桥市、县级配套资金,并根据施工进度及时将资金下拨。

(严敬民　晏小宜)

【丰城市高标准完成农村改渡建桥项目】 丰城市政府把农村改渡建桥作为惠民工程,做到领导、工作、督察、资金、责任“五到位”,建设进度快、工程质量好,全面完成了15座农村改渡建桥任务,被省政府授予全省农村“改渡建桥”先进市称号。一是成立专门领导机构,明确责任主体,实行市长抓调度和负总责制度。二是广拓渠道,积极筹资。农村改渡建桥的建设资金采取国家拨一点、市财政补一点、受益群众自愿筹一点、在外工作的人员和工商老板为家乡建桥捐一点的办法,共筹措资金6502.6万元,确保了农村改渡建桥资金到位,并做到专项核算、专款专用。三是强化督察,确保质量。坚持按标准设计、按设计施工、按要求检查,严把材料来源关、施工操作关,真正把渡改桥建设成群众满意的民生工程、精品工程。

(熊小文　皮晓荣)

【靖安县提前完成改渡建桥任务】 靖安县政府把农村改渡建桥作为惠民工程来抓,实行统一领导、统一部署、统一组织、统一指挥,全力以赴,提前完成7座改渡建桥的建设任务,被省政府评为全省改渡建桥先进县。一是领导重视。实行一桥一县级领导,一桥一个班子,一桥一名技术干部,做到领导、组织、工作、责任四到位。二是把工程质量放在第一位。严把勘察设计、工程招投标、工程施工、材料进场、施工安全和工程验收关。做到专业监理与农村老党员、老干部、老先进、老村民代表旁监相结合,实行工程终身追究制,确保工程质量。三是多方筹资,采取国家拨、县财补、群众筹、社会赞方法,共筹措资金1600余万元,保证渡改桥顺利推进。同时加强建桥资金管理,做到专户专账,按工程进度付款,专款专用,进行资金审计,杜绝不合理开支。

(刘　斌)

【奉新县渡改桥工作获省政府表彰】 2008年以来,奉新县对全县9个渡口相继实施渡改桥工程。为确保工程质量和施工安全,严格实行“五制”,即:“项目法人责任制、招投标制、工程监理制、合同管理制、质量终身负责制。”层层落实领导责任制,成立由副县长为组长的县农村渡口改渡建桥工作领导小组,明确责任体系,对项目建设进行督促、指导、协调解决项目在实施过程中存在的问题,确保工程进度。加强质量管理,建立和完善“法人负责、政府监督、社会监理、企业自检”的质量保证体系,层层把关,确保工程质量。由于工作扎实、措施得力、进展迅速，8 个渡改桥项目均在省政府规定的时限内完成主体工程施工。该县被省政府评为全省改渡建桥工作先进单位，县交通运输局被省交通运输厅评为全省改渡建桥先进集体。

（魏振宇）

【高安市从解困入手加大改渡建桥力度取得好成绩】 高安市举全市之力，全力以赴抓好改渡建桥工作，进度快、质量优，8 月末，全面完成 11 个改渡建桥工程项目。该市成立以分管交通的副市长为组长，项目乡镇负责人为成员的领导小组，强力推进改渡建桥工作。1. 以温情促进度。大年初一，市交通运输局长携带班子成员到 4 个未完工的渡改桥项目施工现场去拜年，对仍在施工的每个项目送上慰问金 10000 元，鼓励施工单位克服困难，争取项目按时优质完工。2. 以帮困促进度。县交通运输局得知龙潭大桥因建设资金紧张导致施工进度缓慢，千方百计、想方设法帮助施工方筹措资金 20 万元，施工方很受感动，并保证如期完工。3. 勤调度促进度。对在建工程，市局进行三天一电话调度，分管领导和技术人员每天到施工现场进行督导，力促项目顺利完工。

（周世祥　余小琴）

【上高县又快又好完成农村改渡建桥任务】 上高县政府把农村改渡建桥项目作为惠民工程，形成政府带动，舆论推动，部门互动、上下齐动的良好局面，做到高起点、高速度、高标准，又快又好完成 8 座农村改渡建桥任务，被省政府授于全省农村改渡建桥先进县。一、加强领导，组织到位。成立由县长任组长，有关部门负责人和项目所在地乡镇长为成员的农村改渡建桥领导小组，实行统一领导，统一组织，统一行动，统一协调，统一指挥。二、规范操作、程序到位。建立协调机制，定期召开调度会和流动现场会，总结推广经验，及时解决工程建设中的问题，严格实行目标考核制，奖优罚劣。三、严格质量管理。建立完善的质量监督体系。严把设计、招投标、施工、材料进场和工程竣工验收关。四、多方筹资，经费到位。并加强资金管理，做到专户专账，专款专用，按工程进度付款。

（潘泓羽）

【宜丰县圆满完成改渡建桥任务】 宜丰县政府把改渡建桥作为改善民生的重大任务来实施，于 2011 年 12 月建成渡改桥 7 座，圆满完成改渡建桥任务，被省、市两级政府评为改渡建桥先进县。一是组织领导到位。落实一桥一位县级领导负责，明确县交通运输局为渡改桥建设主管部门，落实纪检察监察部门进行全程监督管理。二是资金筹措管理到位。大力宣传国家有关改渡建桥的优惠政策，各村成立桥梁建设理事会，芳溪镇禾埠村理事会，在较短时间内，人口仅为 900 余人的行政村筹集建桥资金达 60 余万元。县财政共配套财政资金近 500 万元。在资金管理上做到专项管理、专项核算、专项拨付。三是服务管理到位。县交通运输局加强业务培训，提高工程监管人员素质和技能。项目法人和建设单位实行工程质量风险抵押制度。充分发挥农村老干部、老党员、老同志的作用，对工程项目质量全程跟踪监督，有效地保证了改渡建桥工程质量。

（漆志勇）

【宜春市袁州区交通运输局加强危桥监管】 宜春市袁州区有农村公路桥梁 166 座，其中危桥 99 座，占总数的 59.6%。针对危桥点多面广，危桥加固改造项目少资金少的现状，区交通运输局积极采取措施：一是明确责任、落实部门。加大对农村公路桥梁危桥的管理力度，定期对危桥进行安全排查，严格执行“谁检查、谁签字、谁负责”的管理原则。二是统筹安排，精心组织。按照“轻重缓急、先易后难”的原则，分年度优先排序危桥加固改造计划。加强调度，严格管理，确保按时完成年度建设任务。三是规范管理，健全制度。建立《桥梁基础状况档案》，对危桥实行动态管理，定期检查，每次检查都要填写《农村公路桥梁安全隐患排查记录》，及时掌握危桥技术状况。加强日常养护、建立健全桥梁突出事件应急预案。四是严格执法，照章办事。对四类危桥限载通行，设置限载限速标志，加密检查频率。对五类桥封闭交通，并指派专人 24 小时看护与观测，确保桥梁运输安全。对废弃桥梁一律采取有效措施封闭交通，严防意外事故发生。

（李　庆　刘良生）

【崇仁县加快改渡建桥步伐】 2009 年以来，崇仁县抓住机遇,大力实施渡改桥项目工程,至2011年11月30日,孙坊镇的南门渡、下港渡,白露乡的乐家洲渡、华家渡,航埠镇的程坊渡、章家店渡,河上镇的左港渡,巴山镇的罗家渡、桥头渡等9个渡口全面完成改渡建桥任务。为了彻底消除渡口运行存在的安全隐患,12月23日,经县政府研究同意,撤销了上述9个渡口。

(崇仁县交通局)

【临川区秋溪镇建好“连心桥”铺通致富路】 2010年以来,临川区秋溪镇开工建设5座“渡改桥”项目,即上阳村、洪坊村、棠溪村、园石村、博溪村等“渡改桥”,至2011年12月,该5项目全部竣工,沿岸1.25万名群众结束了靠木船摆渡过河的历史。秋溪镇多水,崇仁河与宜黄河穿镇而过,不仅给沿岸群众的生产、生活带来极大不便,而且常常危及村民生命安全。为彻底解决群众出行难,促进农村经济又好又快发展,该镇大力实施民生基础工程,积极争取国家“渡改桥”项目建设资金,开工建设“渡改桥”项目。上述5座“渡改桥”项目的竣工,既方便了群众出行,消除渡口安全隐患,还促进了当地经济快速发展。村民们都把新修的桥称为“连心桥”。

(临川区交通运输局)

【宜黄县2座大桥竣工】 宜黄县交通运输局大力抓好农村公路桥梁建设,积极向上级争取建桥资金,强化领导,科学组织,认真落实责任制,至2011年12月,2座农村公路大桥竣工:(1)三都大桥,原桥于1976年建造,因受洪水常年冲刷,桥墩垮塌,成为危桥。2010年12月新桥开工,2011年末竣工。该桥长107米,宽9米,总投资300万元,汽车荷载等级公路Ⅱ级。(2)新中大桥,该桥于2010年10月开工,2011年12月竣工。大桥长165米,桥头引道长75米,汽车荷载等级公路Ⅱ级,桥面净宽6米,总投资367.78万元。

(宜黄县交通局)

【临川区河埠乡百余热心人士捐资建桥】 河埠桥横跨梦港河,连接河埠南北,是临川区河埠乡交通要道之一。该桥始建于明末清初,历经300多年风雨。长期以来,由于来往车辆过多,虽经多次维修,但因负荷过重,桥面下陷,已被定为危桥,禁止载重车辆通行。为了改善现状,方便全乡群众与车辆正常安全通行,当地政府决定在其上游再建一座长70米、宽7.5米的新桥,需资金200余万元。除上级项目补助外,资金缺口120万元左右。该乡动员各界人士捐资共建新桥。自2011年9月中旬发动捐资建桥以来,江西荣裕集团董事长叶荣裕率先捐资10万元,各单位干部职工、各地群众及社会各界人士等100余人捐款近50万元。该桥于2011年10月动工,2012年1月建成通车。

(临川区交通运输局)

【抚河浒湾大桥建成通车】 4月20日,横跨抚河的浒湾大桥竣工通车。抚河浒湾大桥是江西省人民政府列入“十一五”规划农村渡口改渡建桥建设项目,也是抚州市两座横跨抚河的渡改桥项目之一,是连接金溪浒湾和临川嵩湖两地的公路桥。该桥于2009年11月11日动工,大桥总造价2200万元,全长1357.86米,桥面宽8.5米,引道按三级公路标准建设,设计速度40千米/小时。浒湾大桥建成后,结束了金溪浒湾和临川嵩湖两岸群众隔河相望、舟楫以渡的历史,直接缩短了金溪与临川之间的距离,也从根本上消除了两地农村渡口的安全隐患,改善了群众的出行条件。

(陈根玲)

【广昌顺化大桥重修工程开工建设】 广昌县顺化大桥是70年代初修建的一座7孔28米双曲拱桥,桥长200米,宽9米,水泥混凝土桥面。该桥设计荷载标准低,随着经济的发展,交通量剧增,造成桥面破烂不堪,混凝土碳化,特别是被2002年百年一遇的特大洪水冲刷破坏,造成主拱圈多处出现裂缝,已被有关技术部门定为危桥,禁止车辆通行,给群众的出行带来极大不便,群众热盼重建该桥。2011年,广昌县委、县政府顺应民心,经研究决定,在原址处重建该桥。桥梁改建方案为:非对称中承式飞鸟拱桥,桥长206米,宽23米,项目总投资3690万元。该桥于2011年10月开工建设,计划工期24个月。

(广昌县交通局)

【靖安县安璪线鹿源大桥实行危桥管制】 7月30日,靖安县安(义)璪(都)线鹿源大桥实行危桥管制，确保安全。该桥位于安璪线 K39 + 600 公桩上（原宝璪线）在宝峰镇小湾水库上游，是在从北山通往三爪仑国家示范森林公园的进山途中。鹿源大桥于 1991 年与修建小湾水库时同时修建，由于当时设计标准低，随着靖安经济的发展，超载车辆的增加，特别是 2010 年洪屏电站工程开工后，超载车辆与日俱增，现已造成桥梁严重损坏。靖安公路分局在巡查时发现该桥严重损坏情况后，立即启动应急预案，在大桥两头设置水泥混凝土障碍墩，并在主要路口和大桥两头设置指示牌，禁止 2 吨以上车辆通行。

（省公路局史志办）

【央视纪录片《中国公路》摄制组至莲湖大桥拍摄采访】 3 月 15 日，中央电视台纪录片《中国公路》摄制组来到鄱阳县莲湖大桥开展取景拍摄活动。摄制组一行在莲湖大桥现场和莲湖乡分别对鄱阳县交通运输局有关领导、莲湖干部群众进行了采访，详细了解该县以莲湖大桥为代表的渡改桥建设的成绩和对广大湖区群众经济生活所带来的现实影响及各方面的变化，随后摄制组还来到鄱阳湖湿地公园的湿地科学园、观鸟长廊及外湖进行取景拍摄。据悉，30 集大型纪录片《中国公路》由中央电视台记录片制作中心摄制出品，将于 2011 年 6 月份在中央电视台第四套与观众见面。

（张新冬）

【上饶市龙潭大桥加固提载改造工程竣工】 6 月 2 日，位于县道 268 线上饶至鹅湖公路，中心桩号 K2 + 962 的龙潭大桥加固提载改造工程竣工通车。该桥全长 311.8 米，12 个桥孔，桥宽 9 米，上部为预应力混凝土简支梁，墩台为钢筋混凝土双立柱，1968 年兴建。历经 40 余年，桥面数度重修，栏杆残缺严重，荷载能力下降，已成危桥。龙潭大桥是跨越信江河，连接上饶县、三江片区铅山县的重要桥梁，现状已严重制约载重车辆的通行。为此，2010 年上饶市政府投资 1230 万元，对该桥进行维修加固。改造后的龙潭大桥更为坚固，也更美观，与周边的双塔公园风景相融合。

（陈均培）

【余干县中洲大桥竣工通车】 余干县中洲大桥是渡改桥项目，位于余干县江埠乡境内，横跨信江西支流，大桥主体长 323 米，引道长 772 米，按三级公路标准建设，总投资 1900 万元。大桥建成后结束了江埠乡 5 个行政村、3 万名群众以船代步的历史。

（陈均培）

【上饶市丰溪大桥建成通车】 6 月 26 日，上饶市跨越丰溪河的丰溪大桥建成通车。丰溪大桥西起三江片区江南大道与规划二路交叉口，东连水南片区的丰溪路，桥长 500 米，宽 27 米，其中，西引桥长 128 米，东引桥长 118 米，两岸引道总长 890 米，宽 28 米，按城市Ⅱ级主干道标准设计建设，总投资 1.1 亿元。该桥采用双斜柱造型，倾斜度达 67 度，从塔基起高 86 米，从桥面起高 74 米；主拱采用流线型设计，引桥采用连续梁结构，全长气势恢弘、刚柔相济、丰富多彩的“向上之拱”，远观似“旭日东升”，具有较强的现代感与视觉冲击力，成为上饶城的标志性建筑。

（陈均培）

【德上高速公路 3 座隧道工程建成】 德上高速公地处山岭重丘区，全长 61.222 千米，共有隧道 10 座，其中怀玉山隧道长 3415 米，桥隧比达到 40.34%，全线地势起伏大，地形陡峻。自 2010 年 5 月全面开工以来，建设单位克服地形地质条件复杂，便道施工难度大、材料进场困难、临时用电不足等不利因素的影响，不等不靠，主动出击、严格按标准化规范管理要求，科学组织，统筹安排，不断优化施工技术方案，确保项目顺利推进。11 月，南溪隧道长 427 米、雪岭隧道长 2841 米、金坪隧道右线单洞长 87 米已相继建成。

（陈均培　潘三杰）

公路养护

养护工程

【概况】 2011年,全省公路管理部门认真贯彻落实交通运输部公路养护管理工作座谈会议精神,坚持"建设是发展,养护管理也是发展,而且是可持续发展"的理念,大力抓好公路养护工作,取得好成绩,省高速公路在全国省、自治区排名第六位,国省干线公路排名十四位(以上均不含直辖市),省公路管理局被评为全国"十二五"时期公路养护管理进步单位,实现了省委、省政府"确保进步奖,力争前十五"的目标。

1. 高速公路养护。2011年,省高速集团在公路养护工作中,首先抓好组织管理,明确职责。全省高速公路养护实行三级管理模式,即集团、区域中心和大所养护站三级。明确四个责任主体,即集团设立养护管理部作为监督主体,区域中心设立工程养护部作为组织主体,大所设立养护站作为现场主体,招标选择的专业养护单位作为责任主体。其次,加大投入,加强路况维修整治。2011年,投资5.8亿元,重点对较早完成的1000多千米高速公路,如昌九、昌樟、温沙、梨温等,集中进行路面维修整治,全面提升了路况。再次,积极开展"四容四貌"整治工作,抓好路容路貌。即对公路本体、管理所、收费站和服务区四处进行绿化、美化,全面达到"畅、洁、绿、美"的要求。

2. 国省干线公路养护。一是圆满完成公路养护工程目标任务。全年共完成国省干线公路养护工程投资26.1亿元,其中路面改造和重建14.9亿元、养护工程大中修6.9亿元、路网结构改造4.3亿元。完成养护工程1744千米,超计划16.3%。其中完成中央车购税路面改造项目16个293.1千米,水毁路面重建项目27个510.3千米,完成养护大中修工程项目941千米。改造危桥65座5993延米,超计划25%。实施安保工程355.5千米,灾害防治102.12千米。二是加强规范化管理。省公路管理局出台了《关于加强"十二五"期间普通国省干线公路建设与养护管理意见》、《关于加强"十二五"全省农村公路养护管理工作意见》和《江西省"十二五"普通国省干线公路养护发展纲要》,制定出台了《江西省普通国省干线公路路网结构改造工程实施细则(试行)》等规章制度。新的行业政策、管理制度的执行,有力地推进了公路养护管理机制的调整,规范了公路养护管理工作。三是坚持典型引路、以点带面。积极推进养护示范工程建设试点和预防性养护,从公路路面、桥梁、沿线设施、绿化美化、路域环境和预防性养护技术应用等方面,在各地试点建设了一批养护示范工程和预防性养护典型路段,按照"亮化、美化、绿化"要求重点打造19处省界出口路段,全面推广应用公路养护道班管理系统,使养护管理工作得到较大改善,实现新的提升。

3. 农村公路养护。2011年,各设区市加强了对农村公路养护管理工作的领导,取得较好效果,好路率普遍得到提高,但发展不平衡,最高的达80%(如吉州区),普遍在60%左右,最低的仅47%(以上包括沙石路)。一是加速公路养护体制改革。2011年,各县(市)、区公路管理部门针对本地区特点,采取多种公路养护管理体制改革方案,总的原则是"县道县管、乡道乡管、村道村管",有的成立公路养护公司,有的实行职工承包责任制,有的实行家庭承揽式责任制(如遂川县)等。做到"有路必有人养"。二是积极开展农村公路"养护年"活动。2011年,省交通运输厅出台了《江西省农村公路养护年活动方案》,尽快落实养护管理责任,做到"五个到位"、"四个落实"。"五个到位"是:管理责任落实到位、机构人员配备到位、制度制订执行到位、资金筹措管理到位、监督检查考核到位。"四个提高"即:提高管养能力、提高路况水平、提高服务质量、提高群众满意度。三是积极开展乡镇农村公路综合服务站试点工作,促进全省农村公路建、管、养、运综合管理水平。2011年省厅已在南昌市进贤县李渡镇开展农村公路综合服务站建设试点工作,并要求2011

年在全省建立50个综合服务站。

（陶久选　郭　睿　王华平）

【省交通运输厅荣获“‘十一五’全国干线公路养护管理工作进步单位”称号】 10月21日，在全国公路养护管理工作会上，交通运输部隆重表彰“十一五”时期全国干线公路养护管理工作优秀单位和先进单位。江西省交通运输厅荣获“‘十一五’全国干线公路养护管理工作进步单位”称号。

同时，交通运输部、中国海员建设工会全国委员会对100个全国模范道班和100个全国模范养路工进行表彰，江西高速公路投资集团有限公司梨温公司交通设施维修队、宜春市公路管理局直属分局三阳道班、赣州市公路管理局全南分局陈华君道班荣获“全国模范道班”称号；萍乡市公路管理局芦溪分局上埠道班魏翔朝、南昌市公路管理局高坊岭分局南高道班陈水发、景德镇市公路管理局浮梁分局渭水道班江新国荣获“全国模范养路工”称号。

（焦　宣）

【交通运输部在赣召开“十二五”时期公路养护管理工作座谈会】 4月8日，交通运输部在南昌市召开“十二五”时期公路养护管理工作座谈会，副部长冯正霖出席会议并强调创新理念、规范管理、更好地为公众出行服务。省政府副省长洪礼和致辞。

在听取各省（市）交通运输主管部门负责人的发言后，冯正霖指出，“十一五”时期是全国公路建设大发展时期，也是公路养护管理工作大发展时期。各级交通运输部门坚持“建设是发展，养护管理也是发展，而且是可持续发展”和“以人为本，以车为本”的理念，不断加大工作力度，稳步推进成品油价格和税费改革、农村公路养护机制改革，加快公路养护市场化进程，完善公路应急保障体系，优化公众出行信息服务，公路养护管理工作取得了巨大成绩。

冯正霖强调，“十二五”时期是交通运输发展的重要战略机遇期，公路养护管理工作将进入新的发展阶段。各级交通运输部门要以科学发展观为统领，坚持建管养并重，规范收费公路管理，提升公众出行服务能力，研究和建立“两个公路体系”，即统筹发展以高速公路为主的低收费、高效率的“收费公路体系”和以普通公路为主的向社会公众提供普遍服务的“非收费公路体系”，构建更安全、更畅通、更便捷、更和谐、更高效的公路交通网络；要从社会管理的角度，创新公路养护工作理念和管理方式，强化公共服务职能；更好地为公众出行服务。

洪礼和在致辞时简要介绍了江西省情和经济社会发展情况。他强调指出，在交通运输部的正确领导和关心支持下，全省交通运输工作取得了巨大成就，实现了“一个重大跨越、两项崭新标志、三个明显变化”。江西交通运输部门坚持“建设是发展，养护管理也是发展，而且是可持续发展”的理念，始终坚持把加强公路养护管理作为转变交通运输发展方式的重要内容，以“等级提高、路况提升”两大成效为主要标志，全省公路基础设施网络进一步改善，养护管理体制机制进一步健全，公共服务水平进一步提升，公路养护管理工作取得了新成绩。

山东、湖北、上海、河南、江苏、安徽、湖南、江西等8省（市）交通运输主管部门负责人就如何创新公路养护管理体制机制、筹措公路养护资金、提升公路运营和服务能力、提升公路养护管理信息化能力等方面的问题分别作了发言。

（练崇田　雷声猛）

【全省干线公路养护管理电视电话会议召开】 3月22日，全省干线公路养护管理迎国检工作再动员再部署电视电话会议在南昌召开。省政府副秘书长朱希出席会议并讲话，省交通运输厅党委书记程受锭主持会议，厅长马志武讲话。副厅长邓经国宣读《江西省干线公路路域环境综合整治工作方案》，厅党委委员、省公路局党委书记曹先扬出席会议。

朱希指出，省政府召开全省迎接公路养护管理国检工作电视电话会议以来，省交通运输厅和各设区市、省直各部门紧紧围绕省委、省政府提出的工作目标，严格对照公路养护管理国检标准，以提升公路路况、管理规范化水平为重点，千方百计加大公路养护投入，建立健全公路养护管理制度，全省干线公路养护管理工作取得显著进步。突出体现为“三个明显提升”，即全省干线公路路况水平明显提升，全省干线公路管理规范化水平明显提升,全省干线公路路容路貌形象水平明显提升。在充分肯定迎国检工作取得阶段性成果的同时,也要清醒地认识到,全省干线公路养护管理工作还存在不少薄弱环节,对照省委、省政府提出的工作目标,还有很大差距,主要体现在以下两个方面:一是部分路段路况水平有待提高;二是干线公路路容路貌有待提高。各设区市人民政府、省政府有关部门一定要高度重视,必须抓紧时间,采取有力措施加以解决。当前要突出抓好路况巡查维护工作,确保全省干线公路路况水平一流;要突出抓好路域环境整治工作,确保全省干线公路路容路貌一流;要突出抓好内业资料整理提升,确保全省干线公路规范化管理一流。各级政府、各有关部门必须切实加强领导,实行严格的分工负责制、严肃的督察通报制、严厉的责任追究制,迅速行动,全力以赴,及时整改,狠抓落实,以一流的工作业绩迎接全国公路养护管理大检查,圆满完成“力争前十五、确保进步奖”工作目标。

马志武指出,全省迎国检工作总体上取得了明显成绩,但仍存在四个不平衡:工作进展不平衡,工程实施效果不平衡,整治工作推进不平衡,内业资料完善工作不平衡。马志武要求,当前,重点要做好以下五项工作,一要突出抓好公路路容路貌和路域环境整治。二要进一步加强内业资料整改完善和管理规范化工作。三要加强路况整治。四要加大宣传力度,精心做好接待准备工作。五要加强迎检工作落实情况的检查通报。省迎国检领导小组将派出专项督查组进行抽查,确保各项迎检任务的有效落实。

省政府有关部门,省交通运输厅相关处室及厅直相关单位,各设区市政府、市交通运输局、市公路局相关负责人参加了会议。

(摘编自《江西交通》2011 年 3 月)

【省交通运输厅对全省公路养护工程开展专项检查】 3 月~12 月,省交通运输厅对高速公路及普通国省干线公路养护工程进行为期 10 个月的专项检查。检查主要针对 2009 年 1 月 1 日以后实施的高速公路及普通国省干线公路养护工程的项目立项、招标投标、工程转包分包、设备材料采购、设计变更、资金拨付和使用、质量监督、工程验收等环节,重点查找和解决项目立项是否符合规定、审批文件是否齐全、招标文件的编制是否严谨、公平等 14 个方面的问题。

从 4 月到 6 月,省高速集团投资公司将组织专门人员,对 2009 年以来的所有竣工和正在实施(包括已全部或部分交付使用但未竣工决算)高速公路养护项目逐一清理,建立项目台账。要按照有关法律法规和政策规定,查找工程实施中存在的问题,研究制定解决方案和措施,落实责任单位和责任人,对存在的问题能纠正的应及时进行纠正。省公路管理局针对普通国省干线公路养护市场进行行业管理,各设区市公路局也将分别自查自纠。

(省公路局史志办)

【省公路管理局召开普通干线公路建设与养护工程推进会】 1 月 31 日,省公路管理局召开普通干线公路建设与养护工程推进会,听取各设区市公路局公路建设与养护工程的情况汇报,了解存在的问题,安排部署下一步的工作,加快推进全省普通干线公路建设与养护工程的进度,确保完成 2011 年公路建设与养护工程目标任务。省交通运输厅副厅长邓经国、省公路局局长任东红出席并讲话,厅规划处、路航管养处有关领导,局有关领导出席。

(省公路局史志办)

【南昌市湾里区积极抓好农村公路养护工作】 南昌市湾里区交通运输局重视农村公路养护维修工作,2011 年,全区共投入资金 517 万元,对农村公路基础设施进行维护:一是完成 2010 年大中修项目太平—珂里公路防排水综合整治养护工程。新修现浇混凝土边沟 4.3 千米,工程总造价 35 万元。二是完成罗梅公路水毁修复及安全设施工程。修复破损路面 556 平方米,新修排水边沟 1.7 千米,安装桥梁护栏 38 米,限速牌 2 块,减速带 37.6 米,道路反光镜 6 块,混凝土防撞墩 104 个,排设涵管 3 道等,工程总造价 36 万元。三是完成太珂公路水毁修复工程。完成浆砌片石挡土墙 1010.85 立方米,工程总造价 45 万元。四是及时组织抢修农村公路水毁。共投入资金 236 万元,对 17 条 36.3 千米农村公路进行抢修,确保全区农村公路安全、畅通。

(南昌市交通运输局史志办)

【萍乡市安源区创新公路养护管理体制提升服务水平】　萍乡市安源区交通运输局结合行业特点,以创新公路养护与路政管理体制为重要载体,多措并举,着力提升公路管理和服务水平,构建和谐平安交通运输体系。该局实行“五定(定路线,定人员,定工资,定养护内容,定考核标准)三结合(专业养护队伍和镇村包干相结合,日常养护和路政管理相结合,政府投入与社会服务相结合)”促养护,充分调动养护人员的工作积极性,促进了公路养管工作有序发展,全区580千米养管公路好路率达到90%以上。该局还采取“四到位(公路巡查制度落实到位,对违法案件处罚到位,队伍建设到位,工作目标完成到位)一延伸(延伸路政管理网络,实现网络全覆盖,真正起到了维护路产,保护路权的效果)”的办法加强路政管理,确保了辖区养管公路平安畅通,为发展道路运输业提供坚实有力的保障。

(刘焕萍)

【莲花县进一步加大农村公路管养体制改革和管养力度】　莲花县交通运输局根据县政府《莲花县农村公路管理养护实施办法》,出台了《莲花县农村公路管理养护实施细则》,基本建立起符合该县农村实际的以县、乡、村三级为主体、资金来源渠道明确的农村公路管理养护新体制和运行新机制,明确了县、乡、村三级的管养责任,逐步解决农村公路有建无养失管的问题,使农村公路的养护管理工作基本有保障,有效促进农村公路“建、管、养”统筹协调发展。同时,该局遵循“县管县道,乡管乡道,村道自养”的原则,加大力度,重点对列入省市补助的250多千米县乡公路主干道进行养护,着力抓紧雨季汛期水毁公路的预防和维护,主要对县道进行大中修;组织人员清理公路塌方4100余立方米,投入资金200多万元。严格加强对公路违章、违纪事件的处理,确保道路安全畅通。

(贺卓强)

【上栗县坚持农村公路管养并重确保公路畅通】

上栗县交通运输局严格落实公路养护责任制,完善考核评比办法,强化农村公路养护管理措施。一是实现全县所有在册农村公路养护全覆盖,狠抓计划内1066.243千米县、乡、村公路的日常养护工作,下拨正常养护经费116万元。二是抓好水毁公路工程修复工作,共投资78万元。三是投资36万元完成长平至福寿、东源经宫江至小枧等公路路面大中修工程。四是创建农村公路文明标准路段12千米,改善农村公路的通行能力,为广大人民群众出行提供畅通,舒适,美观,安全的行车环境。五是逐步推进路政管理规范化,对农村公路管理实行“综合治理”。通过以上措施,使全县农村公路保持了良好的路况,水泥(油)路好路率达80%以上,砂石路好路率达70%以上。

(上栗县交通运输局)

【彭泽县实现农村公路养护全覆盖】　2011年,彭泽县农村公路养护里程915.55千米,其中县道124.076千米、乡道207.281千米,村道521.193千米。全县农村公路实行三级管护机制,县道设置4个管护站,划分44个路段,落实到44个养护管理人员,由县交通运输局养护中心统一管理,在每个管护站配备一台视频电脑与养护中心联网,定时集中实行视频考勤。乡、村两级也分别成立养护队和养护组,对乡、村公路进行养护。养护考评实行百分制,每月25日,由局分管领导牵头进行严格考核,坚持奖罚分明,充分发挥养护人员积极性。全年已拆除公路上违章建筑11处310平方米,清除道路两旁堆物堆料1000立方米,生活垃圾1100立方米,使彭泽农村公路环境和秩序整治一新,上档升级。

(九江市交通运输局)

【新余市分宜县认真抓好公路管理养护工作】

2011年,新余市分宜县交通运输局进一步完善农村公路管理养护机制,强力推进管养工作。全县公路总里程为1344.78千米(其中:国道34.8千米、省道109.38千米、县道209.8千米、乡道413.2千米、村道577.6千米),分宜县交通运输局制定《分宜县农村公路管理养护实施办法》,并认真贯彻执行。公路管理人员经常下到乡镇村组,督促指导各乡镇进一步完善农村公路管理养护体制,按照各自所辖的乡、村道路积极开展日常养护管理。同时加强监督考核,认真进行年终考评,并按考核结果,给予奖励,做到奖优罚劣,鼓励先进,鞭策后进,效果较好,全年好路率80%。

(新余市交通运输局)

【鹰潭市交通运输局扎实开展农村公路管理养护年活动加强公路养护工作】 鹰潭市交通运输局按照交通运输部要求,于年初成立了鹰潭市农村公路管理养护年活动领导小组,下设办公室,负责"养护年"活动的具体组织实施。并结合实际,制订了鹰潭市农村公路管理养护年活动实施方案,明确了开展活动的指导思想、主要工作目标、实施步骤和具体措施。各县(市、区)交通运输局及公路建设的各从业单位也相应成立了领导机构,制定了各单位的养护年活动的工作计划,基本做到了行动有计划、工作有目标、管理有措施,保证了质量年活动的顺利开展。同时充分利用广播、电视、报纸、网络等多种媒体,广泛宣传农村公路管理养护年活动,力争做到家喻户晓、人人皆知,使全社会熟悉、理解、支持农村公路管理养护工作,形成全民参与农村公路管理养护的浓厚氛围,从而较好地促进了全市农村公路养护水平。

(鹰潭市交通运输局)

【贵溪市交通运输局改进公路养护方法提高养护水平】 2011年,贵溪市交通运输局管养公路总里程1618.75千米,实现了村村通公路,好路率达68%。针对农村公路养护方面仍存在部分失养现象,该局改进养护管理的方法,提高养护水平。一是逐步推广养护合同承包和季节养护相结合的方式。二是实行养护季节投入和投工检查监督以及养护督导制度。三是进一步强化水泥路养护管理,使公路路肩和排水系统得到较好的改善。四是对主要县乡公路采取加大养护经费和考核力度的办法。五是建立和健全专业养护与群众养护相结合、常年养护与季节养护相结合的制度。

(姜享梅)

【赣州市公路局加强公路养护管理服务水平明显提升】 2011年,赣州市公路局加强公路养护管理工作,服务水平明显提升。全局完成油砂封面31.2万平方米,水泥路灌缝1249千米,整治高路肩72万平方米,清理水沟2446千米,桥涵1732道,确保了路况稳定。年末市养公路优良率达77.5%,国省干线公路优良率达85%,同比上升1.3%和1.5%;路网改造成效明显。(1)全年投入520.8万元安保资金,设置标志牌772块,公路标线4.5万平方米,道口示警桩8704根,7处"焦点"路段已整治到位。(2)投入2206万元,完成危桥改造16座,正在施工5座。(3)大力实施地质灾害治理。修订完善应急预案。对出现的山体滑坡、公路塌方等险情,迅速启动应急预案,组织人员、机械进行清理,及时疏导交通。全年累计投入抢修资金800余万元,清理塌方6万余立方米,修补路面14.9万平方米。(4)绿色长廊基本建成。全年共完成种植景观常绿树94.8万株,灌木26.1万株,经济林93.3万株。全市国省干线公路新植、补植路树达2343千米,基本形成了"一线一景"、"一路一色"的生态绿色公路长廊。(5)机械化养护稳步推进。投入134.2万元,采购3台小型震动压路机和18辆公路养护车充实到养护一线,还自筹资金购置了平板夯、割草机、切割机和养护车。

(省公路局史志办)

【吉安市农村公路养护逐步制度化】 为了加强农村公路养护管理,8月,吉安市交通运输局出台了《吉安市农村公路养护工程质量管理暂行办法》《吉安市农村公路养护安全生产管理制度》、《吉安市农村公路养护巡查制度》,使全市农村公路养护逐步制度化。在《吉安市农村公路养护工程质量管理暂行办法》中明确了交通主管部门质量管理职责、养护工程质量监督职责、农村公路养护质量重点控制目标等,在《吉安市农村公路养护安全生产管理制度》中规定了做好养护生产工作的8项工作要求,在《吉安市农村公路养护巡查制度》中规定了组织机构及巡查形式、巡查的主要内容等。为全面接受社会监督,在全市范围内推行农村公路管理养护公示制度,对辖区范围内的县道以上或由公路站实施专业队伍养护的农村公路在起点设立公示牌,标明路线编号及名称、管养里程、管养单位、单位负责人、管养责任人、养护责任人及联系电话等内容。通过制定以上制度,逐步推进吉安农村公路养护规范化、常态化。

(刘文权)

【吉州区建立农村公路养护长效机制】 2011年吉安市吉州区采取有力措施,加强农村公路的日常养护工作。一是建立公路养护道班房,已建立长塘道班房、曲濑道班房,下设养路队,各自负责辖区内的农村公路的管养工作。二是购置割草机等机械设备15台，以提高养护质量和工效。三是区公路管理站每周进行养护巡查，每月对养路队的管养工作进行考核评分，管养经费和养路工工资根据得分情况进行拨付。四是区交通运输局和公路站每季检查一次并将考评分数作为管养经费下拨的主要依据。通过以上措施的落实，该区建立起农村公路养护长效机制，2011年，重点养护农村公路的养护好整率达86.38%。

（吉州区交通运输局）

【吉安县探索自然村路管护新模式】 吉安县采取多种措施加强自然村公路的管护工作：一是从解决家庭垃圾处理入手，乡镇聘请保洁公司负责垃圾清运处理，每50户选配1名保洁员以确保垃圾入池，二是与农户签订门前“三包”责任状，确保门前屋后清洁，形成保洁系统网络。三是试点乡镇均已投资购买洒水车和垃圾清运车。四是向保洁员每人每月补助150元，并享受低保待遇，交通运输部门也给予适当补助。保洁人员的工资待遇基本落实。五是将自然村路的日常养护和管理列入新农村建设的重要内容，成立理事会，积极完善村规民约。六是要求各乡镇每月对各村清洁工程开展一次评比通报，每季度组织各村党支部书记和主任开一次现场观摩点评会，每年进行一次综合考评，全力促进自然村路管护的长效机制。

（吉安县交通运输局）

【遂川县实行“家庭承揽式”公路养护机制推动农村公路养护水平上新台阶】 遂川县积极探索，不断创新，创立了“家庭承揽式”的农村公路养护机制，使农村公路养护水平提高。该县县乡公路养护率达100%，路面完好率保持在92%以上，乡道好路率达90%以上，村道好路率达85%以上。“家庭承揽式”养护责任制就是将一段公路的养护任务由某一养护工全家完成。其优点有：一是随时可掌握公路养护情况，对一些紧急抢修任务，能够做到随时发现，随时处理；二是能充分调动养护工的养路积极性，使养护公路成了自家事，所以更加爱路、护路。三是对一些急、难、险、重的养护任务，承揽户可以调动家庭成员一起协作，大大提高了养护进度和时效。

（黄素娟）

【安福县加强公路管养确保安全畅通】 2011年，安福县交通运输局认真抓好县乡公路养护的组织落实，明确了县、乡、村三级公路养护责任制，养护人员、养护经费落实到位；建立健全了一般县乡公路和通村水泥路的养护检查考核制度，公路养护覆盖率达100%。全年共整修重点县乡公路路肩165.455千米；修复竹洋线、泱甘线、柘石线损坏水泥路面共计1000余平方米，维修挡土墙200平方米，维修盖板涵7道；清理文三旅游公路塌方4000立方米。全年投入公路养护资金200万元，农村公路好路率达85%以上。

（安福县交通运输局）

【宜春市认真做好农村公路养护工作】 宜春市2011年有列入统计的通车公路总里程15464千米。另有未列入国家统计的村组道等外公路10000千米。至2011年年底，全市197个乡镇街办的2532个行政村已实现100%通水泥（沥青）路。全市已基本形成高速公路、国省干线等高等级公路为骨架，农村公路为经络，干支相连、行车舒适、环境优美、四通八达的公路交通网络。县道绿化率达到80%以上，乡道绿化率在60%以上。该市的主要措施：一是落实养护机构。至2011年年末全市拥有县级养护管理机构11个，人员419人；养护道班44个，人员1331人。二是加强养护设备建设，有挖掘机等机械设备341台。三是加强养护管理工作。继宜丰县之后，丰城、高安、上高、万载等市县分别支付50万元至200万元用于列养路线的日常养护。列养路线的养护工程质量发生可喜的变化，综合好路率由上年的58.48%提升到63.5%。县市区补助费用总和也从2010年的1000万元，增加到1224万元，同比增加22.4%。尽管2011年的养护好路率仍在上升，但是，由于种种原因，公路养护、管理存在的问题也正在日益凸显。如重建轻养、法规不配套、公路上经常出现超限超载现象，对混凝土路面损坏严重，加重管养的负担。

（严敬民）

【丰城市交通运输局制定《丰城市农村公路养护管理办法》】 9月16日，丰城市交通运输局为加强农村公路的养护管理，保障公路安全畅通，更好地延长公路使用年限，制定《丰城市农村公路养护管理办法》。该办法明确农村公路范畴、考核对象;成立组织机构;划分农村公路养护管理职责、主要内容及标准;确定农村公路的路政管理、养护质量、养护管理资金的筹集及管理;规定市管农村公路日常养护和大中修补贴标准。该办法的制定和实施,对加强农村公路养护管理工作,提高该市农村公路养护质量,具有良好的作用。

(皮晓荣)

【靖安县强化农村公路管理养护工作】 2011 年,靖安县对新时期农村公路管理养护工作进行部署,采取 8 项措施。一是积极筹措农村公路管养资金,采取“政府安排点、向上级争一点、受益单位集一点”的办法;二是选择条件好的地方,积极开展文明示范路创建活动;三是加大路政管理力度;四是严格执行养护作业规程;五是多层次开展技术交流培训;六是鼓励技术创新,树立循环发展理念;七是充分发挥社会监督作用;八是实现以下管养具体目标:县级公路管理机构负责县道、重要乡道和旅游公路的管理,乡(镇)负责乡道、村道的管理。通过以上措施,实现了管养能力提高,路况水平提高,服务质量提高,群众满意度提高的总体目标。

(刘 斌)

【高安市强化农村公路养护工作】 2011 年,高安市交通运输局把加强公路养护作为公路建设的重要内容,做到“四个到位”,确保养护质量。一是人员到位。各乡(镇)成立农村公路养路队,按定额要求配备固定养路工,明确养路工的具体职责和任务。二是资金到位。所有养护线路按照交通量、工作量确定补助标准,全年共补助资金 50 余万元。三是养护到位。结合实际,制定养护管理标准,明确养护管理要求,达到路面平整,路肩整洁,边坡稳定,边沟畅通,桥涵完好,标志齐全,绿化到位。四是检查到位。该局专门制定“季度常规检查、年度奖惩兑现”的检查评比办法,养护质量达到良等路给予奖励,差等路扣发补助资金,确保养护质量提高。

(李先平)

【上高县健全农村公路养护管理机制】 2009 年以来,上高县不断健全农村公路养护管理机制,取得较好成绩。一是在广泛调研的基础上,按照省厅关于农村公路管理养护体制改革的文件精神,制定《关于加强农村公路管理养护的意见》。明确公路管护责任、资金补助标准、资金使用管理、养护队伍组建、公路养护质量标准及检查考核制度。全县已初步形成“政府领导、交通组织、乡镇实施”的农村公路管养“三位一体”新模式。二是建立目标管理责任制。县局年初提出每条道路的养护目标,并向养护责任主体下达任务。村级公路养护,村委会与养路工签订合同书,明确责任,有力地推进村级公路养护工作。三是制定和完善相关技术标准和年终考核。从养护技术标准、养路队伍建设、养护配套资金到位等方面作具体规定,使农村公路养护工作做到有章可循。

(潘泓羽)

【宜丰县做好农村公路建养和危桥改造工作】 宜丰县坚持从实际出发,因地制宜抓好交通网络规划布局,在省交通运输厅出台“十二五”期间农村公路改造相关政策后,加大政策宣传力度,组织人员对全县县乡公路升级改造、“断头路”、连通路、自然村公路和危桥逐一进行调查和登记,建立项目数据库。建设和改造农村公路 34 条,全长 40.8 千米,完成天宝松溪大桥危桥改造,石市栏桥危桥改造项目顺利开工,做好农场大桥等 3 座危桥改造的项目申报工作,对存在安全隐患的桥梁安排人员进行养护,重点监管。修复 2010 年特大洪水损毁的公路、桥梁,累计修复桥梁 3 座、水泥公路 12 千米、各类护坡 87 处、320 余米。

(漆志勇)

【铜鼓县强化农村公路养护管理】 铜鼓县列入本县养护管理的农村公路总里程 205.95 千米,其中,省道县养 11 千米,县道 87.55 千米,乡道 89.7 千米,村道 17.7 千米。该县大力加强农村公路养护管理。一是继续加大乡道下放养护管理力度。将条件成熟的进村公路直接下放到村委会管养,与村签订联养协议,框定养护里程和养护经费,确定养护标准,进行经常性检查。二是建立农村公路养护管理基金。设立专用账户,做到专人管理,专款专用。根据养护质量考核结果按期计量支付养护经费。三是加强农村公路养护队伍建设,对养护工进行养护技能培训,使他们掌握处理公路各类病害的技能，提高农村公路养护管理水平。四是制定严格的考评制度和工资分配制度，实行工资与工作实绩挂钩，对完成任务好的进行奖励，对不能按要求完成任务的，扣除部分工资。通过以上措施，全县农村公路养护管理质量有所提高，全县公路通车里程率达100%。

（卢 凡）

【万载县农村公路养护推行“一线工作法”】 万载县交通运输局坚持科学发展，加大全县农村公路养护力度。坚持县路县养、乡路乡养、村路村养的原则，除增加养护经费的投入外，对养路工实行定线路、定里程、定人员、定标准、定报酬管理，做到乡镇每月检查一次，县局每季度检查，全年进行总结评比，并将公路养护情况通报全县，表彰先进，较好地调动养路工积极性。该局推行公路养护管理“一线工作法”：工作在一线完成，尽责做好每天的养护工作；问题在一线处理，消除所养路段安全隐患；管理在一线落实，确保交通设施完好无损；预防养护在一线治理，根据不同季节，搞好精细化养护。从而不断提升公路质量，确保全县农村公路安全畅通，为加快农村物流业发展，进一步改善农村交通条件发挥较好作用。

（胡爱仙）

【奉新公路分局公路养护全面推向市场化】 4月2日，奉新公路分局决定将市养公路306.89千米全部推向市场化，按照公平、公正、公开的原则，面向全社会公开招标。招标公告在宜春公路网、奉新公路网公布。经过购买标书、本人报名、资格审查、递交标书、评标小组评分、统分、当场公布投标人得分。整个招投标过程在宜春市公路管理局纪委的监督下进行，用电子屏幕显示投标人标段、投标价、得分、名次，最终公布中标结果。全分局16个标段中，有25%的标段由普通养路工中标。中标结果公示后，再实行中标人选员工，员工选中标人的“双向选择”。公路养护走向市场化后，养路工人从此告别了“铁饭碗”“铁工资”，为进一步深化公路养护管理机制改革，降低养护成本，提高养护质量，最大限度发挥养护资金效益，切实提高公路养护水平起促进作用。

（省公路局史志办）

【南城县进一步加大农村公路养护管理力度】 2011年起，南城县把农村公路建设的重心转移到公路管护工作上来，实现了农村公路的绿、洁、美、畅，确保了群众出行由“走得了”向“走得好”转变。其主要措施有：一是在认真抓好县乡公路的日常养护工作基础上，突出做好雨季、夏季、高温和冬季冰冻时期的公路养护工作，有效提高了县乡公路路况质量，为广大群众安全、舒适出行提供保障；二是积极抓好水毁公路工程的修复工作，全年共计维修病害水泥路面7400平方米，修复护坡、挡土墙2150立方米，完成投资420余万元；三是大力实施农村公路安保工程，全面完成南城至麻姑山安保工程建设，并加强了对新改建的县乡干线公路的安全整治；四是加快绿色生态公路建设，2011年实现公路绿化里程120千米，全县农村公路沿线生态环境有了进一步的改善。

（南城县交通局）

【广昌县不断加强公路养管力度】 2011年，广昌县在加快公路建设的同时，坚持“建养并重、管养结合”，进一步加大了公路养护管理力度。一是加强公路养护制度建设，确保公路畅通。年初，该局与各乡（镇）签订养护责任状，把管养务分解到各乡（镇）养路队，并采取季度考评与年终考评相结合的综合考评方法。二是加强雨季养护，及时恢复路况。坚持做到“雨前预防，雨中检查，雨后抢修”三个环节，确保公路顺利度过雨季。三是加强公路绿化建设。完成了15千米的“文明路”工程建设，栽种白杨、杜英树共3万余棵。在28千米县乡道路栽种行道树2.2万多株，成活率达95%以上。四是抓好路政管理。加强路政巡查，全年共查处路政违法、违章案件5起，较好地维护了路产、路权，提高路面使用率。

（广昌县交通局）

【金溪县组建公路养护有限公司】 随着交通运输事业的快速发展，至2011年末，金溪县农村公路总里程达到1232.148千米，原来的公路养护管理模式已难以满足日益发展的农村公路需要，特别是乡镇没有专业的养护机构，县级农村公路养护机制没有得到落实，致使该县农村公路的有效使用寿命和交通质量受到不同程度的影响。为此，金溪县于2011年5月28日成立了非国有性质、实行独立核算、自负盈亏,以本县农村公路为主要服务范围的交通运输局公路养护有限公司。

(金溪县交通局)

【宜黄县大力实施农村公路安保工程】 "十一五"规划以来,宜黄县坚持以人为本,认真贯彻落实科学发展观,做好公路安全保障工作。至2011年,该县交通部门已投入资金140多万元,对全县12个乡镇的水泥路实施安保工程。

"十一五"期间,宜黄县农村公路水泥路建设取得可喜成绩,5年投资6780万元修建农村水泥路96条,总长300.5千米。但是,大部分修建的村组水泥路只有三四米宽,路面较窄,影响行车安全。县政府领导十分重视这个问题,及时召开有关会议,以抓好安保工程建设、创建平安公路为目标,提高路容路貌整治标准,开展创建标准化公路活动。县交通部门重点对通乡村公路进行整治,完成了对棠阴至南源、东陂至新丰、圳口至党口、黄陂至上堡、梅湾至东陂、三都至中港6条线路共计136千米公路沿线的杂草砍伐和完善培路肩工程。同时在县道、乡村道水泥路两旁安装了标志牌3983块、广角镜641块,增加了农村道路的行车视距,为车辆安全行驶提供了必要的保障,受到广大司机和旅客的欢迎。

(陈根玲)

【鄱阳县交通运输局实行县道"认养"制】 鄱阳县交通运输局从5月开始,把全县422千米县道,建成全员义务劳动基地,每周二定为全局在岗人员"义务劳动日",把全部县道分段落实到人。

鄱阳县道过去由县交通运输局公路管理站担负养护管理任务,由于里程长,缺乏设备和资金,致使县道养管困难。为彻底扭转这一困局,该局结合工作职能转变,推进机制体制创新,将工作重心倾向县道养护,给予充足的人力、财力、物力保障。一方面动员原有交通规费稽征人员全部转岗从事公路养护管理工作,组建城关、洪门口、凰岗、田畈街、油墩街、谢家滩6个公路养护站,补强基层养护力量;另一方面强化局机关干部职工的服务意识,局领导带头"认养"一段县道,同时将机关内勤人员从办公室"赶"到县道养护一线,每人就近落实100米~200米的包干责任段,具体负责培护路肩边坡、清扫路面、清除占路垃圾和堆积物等工作。全县主要县道通行情况与保洁效果良好,农村公路整体养护水平得到提升,同时也成为该局加强机关效能建设和开展发展提升年活动的一个崭新亮点。

(王礼才 方 瑜 张新冬)

【上饶县交通运输局加强对县养公路汛前突击养护清理工作显成效】 3月,上饶县交通运输局决定赶在雨季到来之前,对全县60余千米县道进行一次全面彻底的突击养护清理,口号是:"奋战三个月,大干一百天,全面完成突击养护清理工作。"4月1日正式拉开序幕。培路肩、通水沟、割杂草、清塌方、维修盖板涵,经过3个月的奋战,截至6月底,投入资金60余万元,其间请临时工3000余人次,租用挖机、铲车、农用车台班1500余小时,全面完成了姜湖线、皂周线、里泉线,里程共60.08千米的3条县道的养护清理工作,使县道路容路貌焕然一新。在这3条县道上新增聘了9名当地农民养护工以加强日常维护。

(上饶县交通运输局)

【横峰县公路养护工作全面提升】 2011年,横峰县交通运输局深化农村公路管理养护体制改革,形成了"县道县管、乡道乡管、村道村管"的养护工作模式,引入了"以奖代补"资金管理方式。同时,对公路养护机制进行改革,成立通畅公路养护有限责任公司,实施专业化养护公路。在此基础上,横峰县还加大公路管养力度,投入资金770余万元对国省县道和危桥进行维修改造,完成320国道县城段和红军大道沥青路面20000余平方米的修复,县道坑清线百家段、白沙岭段300米路面的重建,葛新公路黄溪两座危桥,坑清公路百家危桥拆除新建,柯黄公路水毁桥得以重建,百官公路兰子危桥桥面改造维修,汛期清理塌方6000余立方米,修复路面8000平方米,保障了公路畅通安全。

公路绿化

【梨温高速公路掀起道路绿化美化高潮】 全长245千米梨温高速公路,是江西联通长江三角洲的门户之路,是江西主要高速形象路之一。10月份以来,梨温高速公路公司以路段管理处为单位,精心组织动员展开绿化美化工作,根据季节特点,全力以赴打好道路绿化整治攻坚仗。一是全面动员,全员参与。二是抢抓时机,12月完成。三是狠抓落实,年终检查评比。职工对全线245千米公路的路树及草坪精心进行修剪、补种、美化;增设或修整安全指示牌、隔离墩;修整路肩、护坡、护堤;总之,做到全路“畅、洁、绿、美、安。”

(胡 丹 吴建刚)

【景鹰高速余江处道路庭院绿化布局多层次】 2月,景鹰高速余江管理处开始对所辖路段栽种树苗,对庭院进行绿化设计,着力打造多层次绿化路段和生态果园基地,绿化效果明显。该处在所辖路段种植各类树种45278棵。品种有雪松、龙柏、四季桂、广玉兰、樟树、木芙蓉、八角金盘等。

该处还在管理处院区开辟大片土地,进行科学细致的设计,打造生态果园示范基地。种植了金桂、樱桃、杨梅、梨、水蜜桃等各类树种1000余棵。余江处从2010年开始有计划进行绿化工作,各类树苗相互搭配,颜色各异,层次分明,为过往司乘人员提供了一个“畅、洁、绿、美”的行车环境。

(蔡 琛)

【彭泽县深入开展农村公路绿化、美化活动】 彭泽县坚持按照县创样板、乡创特色、村创亮点的思路,突出“新”“雅”“靓”“美”四要求,对全县农村公路进行绿化、美化,全年投资30余万元,对2条县道23.78千米路段进行文明路创建。主要实施了四大工程:一是实施路基标准化工程,按照规范要求对公路路肩和内外边坡以及水沟进行整形;二是实施路面修复工程,对路面破损比较严重路段进行修复,确保公路安全、通畅;三是实施安保工程,在创建文明示范路县道上安装了警示标志牌;四是实施绿化美化工程,在公路内侧栽植了各种树木,实现有路必养,路通树成行的新格局。

(九江市交通运输局)

【袁州区农村公路绿化见成效】 2011年,袁州区交通运输局,按照区政府统一部署,以争创“省级森林城市(城镇)”为目标,把农村公路绿化列入“一大四小”工程建设重要内容,确保“路通绿化通,路好环境好”,绿化工作取得可喜的成绩。全区新增农村公路绿化343.991千米,绿化管养里程达987.361千米。一是强化领导。成立公路绿化领导小组和督查小组,对公路绿化进行指导督查;各乡镇街道成立相应的工作组,形成“主要部门亲自抓、分管部门具体抓”的工作格局,将公路绿化工作落到实处,确保全区公路绿化任务全面完成。二是领导重视。区局围绕点、线、面重点区域,加快绿化建设步伐。三是科学管理。制定公路绿化职责,区局负责全区农村公路绿化的日常管养工作。安排人员分段管理,坚持巡查制度,发现病虫害和绿化环境损坏情况及时修复治理。

(刘良生)

【丰城市加快农村公路绿化】 丰城市政府按照省政府统一部署,把农村公路作为“一大四小”工程重要内容,加大工作力度,采取有效举措,组织广大村民大力开展农村公路义务植树活动。市成立“一大四小”办,对道路绿化进行全面部署,要求林业部门、交通运输部门等各方要提高思想认识,明确工作要求,强化工作责任,统一技术要求。省“一大四小”督导组的领导对丰城市的通道绿化提升工程给予高度评价,工程进度快,工程质量高。全年完成农村公路里程249千米。该市主要措施为:一是领导重视。市成立“一大四小”办,由专人负责协调抓质量、抓进度。二是资金到位。“一大四小”办想方设法从多方筹资确保通道绿化提升的资金来源。三是督察到位。“一大四小”办的领导多次下到工地检查工程的进度、质量,得到上级领导的肯定。

(皮晓荣)

【靖安县加强公路绿化管理】 2011年入冬以来,该县为加强公路绿化管护工作,增强树木免疫力和成活率,确保路树安全过冬。县“一大四小”工程建设领导小组设立公路绿化专门资金,坚持栽、管、护并重,责任全部落实到人。县交通运输部门负责督查,进行工作协调,承包单位负责栽树和管护工作,确保路树成活率。由于6月中旬县境内受到多次大暴雨的袭击,造成洪涝灾害,致使农村公路两旁的路树严重毁坏,县交通运输局组织承包单位管护人员对损坏严重的路树进行重点管护,扶正、培土、打桩加固。同时加强生长期的管护工作,促使路树正常生长。严寒的冬季,为使路树不被冻死冻坏,确保安全过冬,组织管护人员对路树刷白、、修剪、培土,整治和美化公路环境。全县“一大四小”二期工程建设重点绿化公路20千米、栽树40万棵。

(刘　斌)

【高安市农村公路绿化效果好】 高安市交通运输局把农村公路绿化美化工作作为一项重要工作来抓,2011年全市农村公路共绿化里程80千米,取得良好的效果。一是高标准进行设计。邀请有关部门和专家,按照改善民生、优化生态环境的原则,对主要县乡公路通道绿化工程进行高标准设计,增设绿化景观,提升农村公路绿化品位。二是严要求抓好栽植。抽调技术人员成立农村公路通道绿化服务指导组,采取分包路段等措施,抓好绿化苗木栽植的督导检查和技术服务工作,控制栽植程序,规范栽植行为,确保绿化苗木得到优选,挖坑质量、苗木规格、栽植质量符合设计要求。三是重质量完善制度。先后制定完善了绿化苗木采购及验收、树坑开挖、栽植、浇水及后期管理等制度,明确标准、规格及质量要求,加强绿化环节、程序及质量管理,确保苗木成活和绿化质量。

(周世祥)

【万载县大力推进农村公路绿化】 2011年是“十二五”规划开局之年,按照省、市、县政府造林绿化的统一部署,把农村公路植树造林作为“一大四小”工程重要内容,以建设“生态万载”为目标,大力推进公路绿化。在农村公路绿化坚持“谁植树、谁管护、谁受益”的原则,实现统一领导,统一部署,统一标准和统一验收。采取财政拨款,林业部门出树苗,交通运输部门规范,乡村组织植树的农村公路改造一条、绿化一条等办法,并将绿化作为公路验收项目之一。要求绿化区域为边沟外3~5米。绿化树种以杨树、湿地松、苦楝、喜树为主。全年绿化公路25千米,绿化面积18.67公顷。做到公路改造一条,植树一条,管护一条,成活一条,美化一条,进一步提高农村公路质量,改善广大农村群众乘车环境。

(辛鹏远)

【瑞金公路分局掀起公路绿化建设高潮】 3月,为推进公路绿色通道建设,瑞金公路分局2011年再次掀起公路绿化建设高潮,全面完成路树补植工作,建设多条景观公路,重点打造了赣闽交界10千米绿色长廊。从1月起,瑞金公路分局广泛发动职工、群众和个体户做好调查摸底、规划、打穴等基础工作,于2月底至3月上旬,开始大面积地进行补植。该局共完成补植12345株桂花、3650株小叶桉、2530株香樟、2100株落羽杉、396株红叶石楠,全部为名贵树种,除小叶桉外全部为大径苗木,既确保了路树的成活率,又能保证当年成林;既有很高的经济价值,又有很高的观赏价值。

(省公路局史志办)

【瑞寻项目办进行上边坡绿化技术培训】 4月15日,为提高绿化工作成效,瑞寻项目办进行上边坡绿化培训。由绿化咨询单位的绿化专家进行授课,培训主要内容是:一、岩层边坡客土植生技术国内外现状。二、岩质边坡客土基材植生技术的基本原理。三、瑞寻高速公路岩质边坡设计施工以来的基本情况。四、针对现场施工存在的问题,提出应当关注的环节。

(省公路局史志办)

【德上高速公路项目办坚守环保理念给古樟树让路】 德上高速公路K51+000处的改渠项目,在实地放样时发现一颗古樟树位于项目范围内。“最小限度破坏,最大限度保护”是德上高速公路项目办环保理念。为了有效地保护这颗古樟树,项目办立即组织设计、监理及施工单四方代表对该樟树予以保护,对改渠进行优化设计,最后在保证水渠净过水断面不变的前提下,将梯形断面改成矩形断面,并增设渐变段及水渠位置适当移位等方式将古樟树保留下来。

(陈均培　潘三杰)

【赣州市4条道路入选省级“林荫路”】 经过单位申报、初审推荐、专家现场考核、网上公示等程序,全省共有38条道路被命名为2010年度“江西省林荫路”,其中赣州市共有4条入选,分别为红旗大道、迎宾大道、赣江源大道、登峰大道。红旗大道总长3416米,赣州市先后两次对其绿带进行改造,形成乔、灌、草结合的复式结构,堪称省内城市道路的名牌路;迎宾大道总长6580米,赣州市在对迎宾大道的多次绿化改造中,结合原有植物,采用栾树、樟树为背景树,中间层以红花羊蹄甲、黄花槐、石楠穿插过渡,形成红花、黄花、绿叶的色彩变化;赣江源大道总长4496米,设计主要采用欧式古典园林风格,将常绿与落叶植物相结合,形成具有一定园林景观的、层次丰富的森林大道;登峰大道总长4280米,分车带采用樟树、紫薇、黄花马樱丹等,行道树种选用大叶榕和栾树,防护绿带设计主题是“花黄槐香”,主要树种有大叶榕、樟树、黄花槐等,交通渠化岛选用紫薇、苏铁、矮紫薇等多种植物配植,形成了层次丰富的植物景观。

(赣州市交通运输局)

【遂川县强力推进造林绿化工程建设】 2011年,遂川县交通运输局采取有力措施抓好公路绿化工作:一是对有关责任部门和承包企业签发责任状,实行“五包”,即包施工、包苗木、包成活、包质量、包管护。二是配备挂线专职建设和绿化负责人,形成挂线干部督导、专职绿化员管理、承包商负责实施的责任层层落实体系。三是本着突出重点、全面推进的原则,着力抓好造林绿化建设公路示范点,分别对衙前至双桥公路等3段公路进行平整路肩、清除路障、路树刷白等专项路政整治,精心打造绿化亮点。县公路管理站已和承包商签订3条县乡公路(计97.7千米)绿化工程建设(管护)协议,落实绿化资金共计58.6万元,树种以杨树、苦楝树为主。共完成绿化面积125.2公顷,种植杨树2万株,苦楝树7.8万株。公路绿化成活率达90%以上。

(遂川县交通运输局)

【峡江县严把“三关”认真抓好春季公路绿化工作】 2011年,峡江县公路管理站严把“三关”,认真抓好公路绿化工作:一是严把栽植关。对还未植树的树坑重新进行检查,组织人员逐个清除乱石等杂物,保证树坑达标,对所有新采购的杨树全部要将树兜放在水里浸泡48小时后才栽种。二是严把管理关。实行目标管理,明确各路段的管护人,充分利用和发挥公路养护人员和沿途村、组聘请的专职护林员积极性,签订管护责任状,加大巡查力度。三是严把养护关。对人畜危害,破坏林木的行为发现一起处理一起,对已活的苗木及时浇水、施肥,确保新植路树成林成景。目前,该站在全县100多千米公路两旁种植杨树、樟树、湿地松、杜英等品种4万余株,全力创造一个“畅、洁、绿、美”的公路环境。

(吉安市交通运输局)

【临川区东馆镇全力打造城镇绿色长廊】 3月以来,临川区东馆镇组织林业站技术人员和数百名劳动力对境内公路和农户庭院的绿化进行统一指导并栽种苗木。该镇集中采购杨树、杜英、夹竹桃及其他绿化苗木10万余株,分类栽种,按照“一村一路一品、一村一路一景、一村一路一特色”的布局,对省道、农村沿线村落庭院进行集中绿化美化,全力打造城镇绿色景观长廊,实现“以绿护路、以绿美村、以绿净路、以绿富村”的目标。植树造林期间,该镇已对福银高速沿线10千米、抚城公路8千米的线路及其境内农村公路进行了绿化,种植面积分别达到53.3公顷、33.4公顷和26.6公顷,同时对沿线的100多户农户庭院进行了绿化,全力打造城镇绿色长廊。

(陈根玲)

灾害防治

【梨温高速公路提前部署防汛工作】 梨温高速公路公司认真总结经验,提前部署2011年防汛工作,春节刚过,该公司便作了详细的防汛工作安排。一是强化组织,严格落实防汛责任。做到分工明确,真正把防汛责任落实到具体部门、具体人员。二是拉网排查,切实消除安全隐患。要求各部门对所辖路段的路基、桥涵、边坡等安全设施进行全面调查,建立巡查台账。对已查出的隐患,及时消除。三是完善预案,抓好应急物资保障。该公司切实做好2011年防汛物资、抢险设备储备工作,已储备麻袋19500条、草袋3100条、编织袋6070条、沙石料3000立方米、应急警示灯45个、反光安全锥2076个、铁锹170把、各类抢险车辆20余辆。四是加强服务,做好便民保障工作。强化信息报送工作,通过电子显示屏,收费岗亭的告知栏等发布预警及路况信息。备足饮用水、食品、应急药品等物品。

(何爱鹏　胡　丹)

【九江市交通运输局全力抗冰雪保畅通】 1月19日夜,暴雪突袭九江市,严重影响交通运输。九江市交通运输局立即启动应急预案,全力做好保畅通工作,连夜调运货车运盐3吨,由局领导带队,运管处职工20余人送至昌九高速公路通远路段,协助高速公路管理部门清除冰雪。1月20日早上7点30分,局领导又带领全局40余名干部职工前往荷花垄高速路口清扫冰雪,受到过往司乘人员好评。

(九江市交通运输局)

【新余市高新技术产业开发区积极做好水毁农村公路修复重建工作】 2011年,该区水毁农村公路设施非常严重,全区洪水灾害造成直接损失182万元,其中:水泥路面水毁2千米,砂石路水毁路面3千米,全区水毁桥梁9座,山体滑坡3处,共计2000立方米。为把灾情减少到最低限度,该区交通运输局及时采取应急抢险措施,对公路设施抢险修复工作进行周密安排,投入大量的人力物力,共组织抢险人员300多人次,出动各种机械设备21台次,车辆15车辆次,架设便桥3座,共计折算投入应急抢险资金23万元。完成章洋线水毁重建项目两个,共计1千米,完成投资120万元。

(新余市交通运输局)

【赣州公路职工积极应对低温雨雪天气】 2011年伊始,赣州地区持续低温雨雪天气,赣州公路系统采取有效措施积极应对,全力以赴保畅通。一是加强领导。市公路局成立应急保通工作领导小组,由局长负总责。同时,班子成员对18个公路分局进行包片负责,蹲守一线指导保通工作。二是加强防范。全局储备挖掘机、装载机、发电机等各类机械设备54台,砂石材料10000余立方米,沥青、水泥、工业盐等3000余吨。同时,进行全方位巡查,24小时跟踪防控。三是保证运输车辆安全通行。各治超站积极主动配合当地政府做好冰冻严重路段车辆分流工作。四是保证信息畅通。落实24小时值班,发现冰冻情况随时报告,并在第一时间组织力量进行抢通。所管养路线均未发生冰冻阻路情况,公路交通通畅。

(赣州市交通运输局)

【宜春市积极做好农村公路水毁抢修】 2011年,宜春市多次遭受暴雨袭击,全市大范围普降大暴雨,最大降水量达100毫米,造成农村山区公路沿线山体坍塌,路基冲刷下切倒塌、桥梁涵洞毁坏;平原公路深水浸泡,不少公路交通中断,水毁损失非常严重。全年全市农村公路共冲毁路基35千米;损毁桥梁15座,677.3延米;全毁涵洞60道267米;直接经济损失2910.80万元。水毁发生后,全市各级交通运输部门都在第一时间分成两套指挥系统开展紧急救灾。一是由局领导带队冒着仍未停的大雨赶赴灾区核实灾情、指导救灾;二是在家的领导迅速调集挖掘机、装载机、推土机等到受灾最为严重的线路抢修被阻断的道路,展现交通系统干部职工特别能战斗的良好风貌。三是集中力量抓好关键路段的修复工作,确保干线公路畅通。水灾结束后,迅速转入灾后重建工作,按照先通后缮的原则,克服困难,多方筹措资金,不等不靠,组织进一步的道路水毁工程恢复,当年的水毁工程修复率达到90%以上。

(严敬民)

【袁州区大力抢修水毁道路】 四、五月间连降暴雨,袁州区农村公路水毁比较严重,全区共有13座桥梁受损,冲毁路基12.8千米,冲毁水泥路面6.1千米,冲毁砂石路面4千米。全区农村公路坍塌57处,塌方109585立方米,共损失750万元。为尽快修复全区农村公路,区交通运输局积极抗洪救灾。局干部职工组成抗洪救灾工作组,分别到各乡镇了解灾情,制定具体处理办法。交通系统安排10辆货车、10辆客车和6台挖掘机组成防汛应急车辆组,并安排3部货车、1部客车、3台挖掘机24小时待命。在雨中及时组织抢险人员数百人次,运送抢险砂石材料2万立方米,清理塌方10万多立方米,修复中断的公路64处;对出现险情的桥梁制定除险加固方案,并采取措施保证通行安全;对山区地质灾害逐一清理,采取措施清除安全隐患;并与当地政府密切配合,共投入资金40.0万元,组织人员奋力抢修,使农村公路水毁设施及时得到修复,确保道路畅通。

(刘良生)

【樟树市扎实做好防汛抢险工作】 入汛以来,樟树市交通局认真做好道路交通防汛抢险准备工作,一是责任到位。成立防汛工作领导小组,下发防汛通知,修订保障应急预案,对防汛工作进行全面动员和部署,严格岗位责任制。要求全局工作人员切实履行职责,担起防汛工作重任。二是组织到位。根据道路运输防汛保障工作应急预案，成立防汛抢险突击队，确保一旦发生紧急情况，拉得出、顶得上。三是保障到位。落实40辆客车、68辆货车，随时应对汛情。为确保防汛工作万无一失，制作防汛应急车辆明细表，每辆应急车辆的车主姓名、电话、手机号码、家庭住址详细记录。四是值守到位。要求所有工作人员保持24小时通讯畅通。值守人员24小时值班，并做好值班记录，遇有突发事件及时汇报。由于工作到位，该市防汛工作取得好成绩，未出现交通中断现象。

（曾凡荣）

【丰城市大力抢修水毁公路确保道路畅通】 四、五月连降大暴雨、使丰城市公路水毁较为严重，廖家—泉港县际公路路面破损严重，需重建1.7千米；桥东—马岭、阁里扬—南站公路路面破损严重、路基坍塌，需要重建1千米和2千米。丰城市交通运输局高度重视抗洪救灾工作，加强领导，制定举措，组织局机关干部职工到抗洪第一线，参加抗洪救灾；调集营运车辆，船舶运送被洪水围困群众，抢运抗洪救灾物资；组织公路工程技术人员，由局领导带队，深入各乡镇，到水毁公路第一线调查研究，及时将灾情损失上报，争取上级支持；制定水毁公路抢救方案，做到水退到哪里、公路抢修到哪里，确保公路畅通：为尽快修复水毁公路，以当地政府为主，组织劳力、机械设备进行抢修，市局进行技术指导，全市农村公路抢修投资254.65万元，其中地方筹资113.65万元；干部职工深入施工现场，与当地乡政府密切配合，奋力抢修，使水毁工程及时完工，确保道路畅通。

（皮小荣）

【奉新县多管齐下抢修水毁公路】 5月末至6月初，奉新县连续一个星期普降大雨，有的乡镇更密集，达到近1000毫米。暴雨和山洪冲垮山区的公路、阻断交通，造成很大损失。全县共有8座桥梁受损，冲毁公路路基63.2千米，路面13.4千米，道路塌方6.43万立方米，中断公路16条。对此，县交通运输局高度重视，果断行动，妥善应对。一是成立公路水毁抢修应急工作领导小组，下设公路抢修应急办公室，具体负责协调公路抢修工作。二是启动公路抢修应急机制，由该局40人组成应急队伍，在第一时间里派到公路抢修救灾的现场。三是加强与各乡镇的协调配合工作，在人员和设备方面给予大力支持，积极配合。四是积极争取政府支持。该局在了解各地灾情后，及时向县委、县政府主要领导汇报，得到县政府的大力支持。县政府拨出100万元的专项资金用于公路重建和抢修工作。至2011年12月全县受损公路基本得到修复，当地群众的生产、生活和出行恢复正常。

（魏振宇）

【景德镇市及时抢修水毁农村公路】 在6月份，连续四轮的强降雨中，景德镇市共有13条县道、19条乡道因路基塌方、路面损毁、桥涵松动而阻断交通，100多条县、乡、村道因水淹而不同程度受损。全市农村公路共有200余处路基路面坍塌，42座桥梁损坏，180道涵洞破裂，404处防护坡、驳岸、挡土墙毁坏，经济损失达5576余万元。

为及时抢通道路，景德镇市市、县两级交通运输部门派出多个小组，分片深入各乡（镇）加强农村公路巡检，指导协助当地政府及时抢修水毁农村公路，保障农民安全出行。截至6月末，在市、县交通运输部门和有关乡（镇）的共同努力下，已清除大部分塌方，抢修多处路基路面，除部分道路因桥梁损毁严重一时难以修复外，已打通9条县道和15条乡道。与此同时，进一步加大力度尽快抢修阻断的农村公路，积极向上级争取农村公路水毁计划和危桥改造计划。努力修复被损坏的桥梁、涵洞，消除农村公路安全隐患。

（徐小明）

【赣北公路管理部门积极做好防汛工作】 6月18～19日，强降雨再次袭击赣北，景德镇、九江、上饶、南昌等地区部分国省干线公路及农村公路遭受严重损害，直接经济损失逾10亿元。截至6月19日下午16时，累计有1382506立方米/896千米路基遭受不同程度损坏，全毁桥梁2728.6延米/151座，局毁桥梁12457.5延米/524座，全毁涵洞4233道，坍塌方3675382立方米/13253处，63处/45条国省干线及县乡公路一度出现交通中断。景德镇、九江、上饶、南昌4市所属公路部门及时组织人员、机械进行道路抢通抢修工作，至6月末，基本修复主要受损公路及桥梁，保障了道路通行。

（省公路局史志办）

【修水县交通部门抢修水毁公路桥梁】 6月10日的特大暴雨,给修水县造成严重洪涝灾害,交通基础设施损毁非常严重。交通基础设施直接经济损失达1.7亿元,受损公路515条743.8千米,其中损毁路面220.6千米,路基523.2千米152万立方米,损毁桥梁136座3452延米,边坡塌方280处56万立方米。高余线、山复线、潭下线、溪杨线、罗庙线5条县道和桃树至全丰等30条乡道中断交通。修水县委、县政府要求县交通运输部门竭尽全力抢修受损公路及桥梁,确保民生。县公路分局和县交通运输局立即行动,组织人员,调运设备进行抢修,至6月末,全县水损路桥基本修复,保障了公路交通的正常运行。

(省公路局史志办)

【铜鼓公路分局积极应对强降雨天气抢修公路】 6月15~16日,铜鼓县遭受强降雨,山区公路水毁情况严重,共造成当地市养公路发生边坡塌方15850立方米,冲毁路基2.5千米,冲毁公路边坡挡墙182立方米,境内公路路面均受到不同程度损坏,强降雨已致使境内王赋线K29+300、篁戴线K2+800等2处地段中断交通。婺源公路部门加强抢险力度,加大对抢险人员、机械的投入,尽全力抢修水毁公路,至6月末,已基本抢修完毕,保障了公路的正常通行。

(省公路局史志办)

【德兴市交通运输局认真组织抗洪抢险工作】 4月以来,德兴市普降大雨,特别是6月15日,平均降水量达171毫米,局部最高降水量达261毫米,乐安河水位达43.56米,超警戒水位5.56米,为1967年有记录以来新高,全市大部分公路被淹。水毁总里程达320.4千米,18座桥梁受损。

灾情就是命令,德兴市交通运输局迅速组织抗洪抢险工作。一是组织到位。于6月16日凌晨召开局领导班子会议,部署抗洪抢险工作,提出具体要求。二是措施到位。成立5个工作组分头对公路、在建工程、桥梁、道路运输进行巡查,根据实际情况制定抢修工作方案,并在影响交通通行安全的受灾路段立即设置临时标志、标牌,做好安全防护工作。三是落实到位。为保障道路通畅,组织人力、物力、财力及时进行水毁抢修。截至6月16日上午10时,共投入挖掘机180台、装载机300台、自卸汽车750台、沥青12吨、水泥19440吨、沙石295200吨进行抢修,多方动员展开清方、加固行动,及时疏通受阻公路,受到过往群众的高度赞扬。

(叶朝平)

【贵溪市加强农村公路水毁重建工作】 2011年4月,贵溪市交通运输局不等不靠、想方设法筹措资金,积极抓好水毁重建工作,取得好成绩,及时完成了水毁重建工程,确保了农村公路畅通。该局主要做法:一是设置警告警示标志和安全防护设施,确保交通安全;二是安排路政人员值守,加强路政监管和道路疏导工作;三是尽快清理边坡上易滚落的片石、碎石,修整边坡坡度,达到安全设计要求;四是将悬空水泥面板破碎清除,回填路基,砌筑挡墙,重新修复面板;五是按照省公路局下达的计划指标及修复内容,尽快制定修复方案,加快工作进度,确保及时修复。

(鹰潭市交通运输局)

【遂川县全力抢修水毁公路保畅通】 2011年,遂川县交通运输局坚持“预防为主,防治结合”的工作方针,坚持早计划、早安排、早落实,制定了《突发事件应急预案》,成立了4个应急分队及时落实水毁抢修各项任务。2011年9月上旬,全县连降暴雨,造成多条线路不畅通,特别是遂大线、大营线、大五线等线路反复发生塌方,路基严重冲毁,水毁损失达400余万元。该局精心组织,周密安排,4个应急分队分别调动机械赴各乡镇、各线路及时清理塌方35000立方米,浆砌挡土墙3000立方米,维修路面3.5千米,调运砂石7000立方米,共投入水毁抢修资金达196万元。确保了及时恢复交通,救灾物资到达各乡镇。

(遂川县交通运输局)

港航建设

【概况】 2011年,省发改委、省交通运输厅下达全省港航部门基本建设项目投资计划为63443万元。款源为:中央预算内投资8250万元,交通运输部补助资金12400万元,省交通运输厅统筹资金400万元,项目法人贷款17481万元,国外贷款15162万元,地方或单位自筹9550万元。所建项目为:赣江石虎塘航电枢纽工程(续建)44743万元(中央预算内投资7100万元、部补10000万元、项目法人贷款12481万元、国外贷款15162万元);赣江(南昌—湖口)Ⅱ级航道整治工程(续建)3150万元(中央预算内投资1150万元,部补2000万元);九江市水上应急指挥中心项目(新建)1050万元(厅统筹400万元,地方自筹或单位自筹650万元);永修县地方海事航道工作用房复建工程(新建)150万元(地方自筹或单位自筹);会昌县地方海事处工作用房复建工程(新建)150万元(地方自筹或单位自筹);九江市港航分局海巡艇(1艘)建造项目1600万元(地方自筹或单位自筹);万年港综合码头项目(续建)600万元(部补400万元,地方自筹或单位自筹);南昌龙头岗综合码头工程(新建)12000万元(项目法人贷款5000万元,地方自筹或单位自筹7000万元)。至12月,按照省发改委、省交通运输厅下达完成年度投资计划的基本建设项目为:赣江石虎塘航电枢纽已完成电站厂房、船闸、设备、防护工程等施工任务,船闸开始运行,第一台机组将于2012年汛前并网发电;赣江(南昌—湖口)156千米Ⅱ级航道整治工程已完成年度筑坝护岸及疏浚施工任务;万年港综合码头建设项目(码头、吊机及附属工程等)已按年度计划推进;南昌龙头岗综合码头一期工程完成了施工A合同段及监理J合同的招投标工作,开工准备就绪。九江市水上应急指挥中心、永修县地方海事处航道工作用房复建工程、会昌县地方海事处工作用房复建工程、九江港航分局海巡艇建造等项目因资金未到位,列为暂缓项目。

(张兆平　罗淑青)

【石虎塘水电项目成功完成联合国CDM项目注册】 3月10日,石虎塘水电项目清洁发展机制由联合国CDM项目执行理事会批准注册成功,这意味着石虎塘水电项目具备碳减排交易的条件。如按计划第一台机组发电后,可将发电量折算为二氧化碳减排量,经联合国核查后签发可交易的减排量,从而获得一定的减排收益。石虎塘水电项目成功完成联合国的CDM项目注册,必将掀开江西港航事业发展和赣江水资源开发的新篇章。

(朱　咏)

【全省港航系统首座专用水位站通过验收】 4月16日,省港航局航道管理处和港航勘察设计院等部门派出专家对由鄱阳县江海船舶修造厂承建的上饶港航分局专用水位站建造工程项目进行验收,经专家现场一系列科学的试验检测及查看施工过程技术资料,作为江西省港航系统首座专用水位站顺利通过验收并投入使用。上饶分局对建造专用水位站高度重视,及时组织领导及航道科对站址进行踏勘遴选,认真分析,结合实际地形地貌设计施工图图纸,通过招投标确定施工队伍并全程派出专人监督施工建造。鄱阳县江海船舶修造厂在施工建造过程中,严格按有关技术规范有序展开施工,严把质量关,先后完成水位站测深井、记录房、沉沙池、栈桥等主体施工,完成记录房的内外装饰、栈桥护栏、土方回填平整等后期工作。在该专用水位站投入运转后,航道管理部门能及时掌握辖区河流水位变化情况,及时发布航道水深水位信息。海事管理部门则可及时对船舶配载进行监管,对枯水季节航道保畅通和洪水期间的防汛减灾等工作提供决策上的科学依据。

(潘钰燕)

【省重点办领导视察指导石虎塘航电枢纽工程】 4月22日,省发改委党组成员、省重点办主任王前虎一行,莅临石虎塘航电枢纽工程视察指导工作,石虎塘项目办及泰和县相关负责人陪同视察。

来到石虎塘船闸工程施工现场,王前虎对即将完工的千吨级船闸工程建设整体形象大加赞赏。在认真听取项目负责人和泰和县就工程建设及征地拆迁工作情况的详细汇报后,王前虎对工程进展和项目建设者们为工程建设付出的巨大努力给予充分肯定。他希望项目办强化安全意识,抓好安全生产和安全度汛工作,确保人员和设备安全。要完善管理,充分关心农民工工资问题,尤其对即将完工的标段进行重点关注,保护农民工的权益不受侵害。要着手准备工程验收的各项前期工作,继续推动征地拆迁扫尾工作尽快完成,确保1#机组如期发电。要重视项目绿化工作,打造石虎塘工程亮点景观。

(吕一琦)

【鲇鱼山枢纽闸门集控系统改造工程通过验收】 4月28日,鲇鱼山航电枢纽闸门集成控制系统改造工程已全面完成,顺利通过省港航局有关部门和专家的验收,达到设计技术要求。

鲇鱼山闸门集成控制系统改造项目,自2010年12月20日开始建设,历经4个月时间,对原有落后机电操控设备进行了全面更新,引进了全电脑操控设备及泄水闸开度显示控制仪表,并在航道上下游安装了监控设备。改造后的电脑操控系统可以直观反映出航道上、下游水位情况及闸室内船只的通航信息,一改以往1人操作、1人巡视的工作模式,减轻了劳动强度,避免了人力资源上的浪费。全新的泄水闸闸门操作系统分为现地操作和远程操作两种,能准确显示闸门运行状态,提高运行可靠性。洪水来袭时,可确保闸门及时提升,为鲇鱼山航电枢纽的安全运行和防洪度汛提供良好条件。

(姜 辉)

【石虎塘航电枢纽工程船闸试通航成功】 10月30日11时整,5艘船舶从石虎塘船闸缓缓通过,顺利完成石虎塘船闸首次试通航,这标志着石虎塘船闸工程基本结束,达到设计通航能力,具备通航条件。石虎塘航电枢纽工程是全省有史以来航运工程投资最大的建设项目,亦是赣江中游全河段渠化建设的关键工程和实现赣州至南昌三级航道的重要组成部分。该船闸位于河道左岸,为单向年通过能力880万吨的千吨级船闸。由上闸首、下闸首、闸室(180米),上、下游引航道建筑物等组成,全长1174米。船闸有效尺度180米×23米×3.5米(长×宽×门槛水深),引航道底宽54米,水深3.3米,最大设计水头11.34米,预留二线船闸位置。船闸按非溢洪船闸设计,上闸首及上闸门参与防洪挡水,采用50年一遇洪水设计,300年一遇洪水校核。上、下闸首工作门门叶为人字门型,一套门叶总重量约202吨。上闸首进水口采用顶面格栅进水方式,下闸首采用侧面进水方式。

(吕一琦)

【赣江(南昌—湖口)Ⅱ级航道整治施工图设计通过专家审查】 4月14日,省交通运输厅召开《赣江(南昌—湖口)II级航道整治工程施工图设计》专家审查会。省交通设计院、省交通咨询中心、省中友工程造价咨询公司等与项目建设单位省港航管理局、项目设计单位省航务勘察设计院等有关领导、代表及特邀专家20余人出席会议。会议期间,专家、代表认真审阅有关资料,听取项目设计单位对《施工图设计》的详细介绍并经认真讨论,形成专家组意见:施工图设计文件资料翔实,设计内容、深度符合交通运输部颁发的《内河航运工程施工图设计文件编制办法》要求。工程总平面布置合理,设计参数可靠。筑坝工程、护岸工程、疏浚工程、航标工程、施工组织设计方案合理可行,工程量计算和预算编制准确,设计文件满足施工要求。同时,专家组提出了一些建设性意见和建议,以利航道整治工程顺利进行。

(张继红 黄定军)

【《江西省标准化渡口建设方案》评审会在南昌召开】 8月16日,省交通运输厅在南昌市主持召开《江西省标准化渡口建设方案》评审会。省厅总工程师胡钊芳及省港航局、省厅安监处、规划处、运输处、财审处、厅应急指挥中心、南昌市交通运输局渡口所、省港航设计院等部门领导、代表与特邀专家出席会议。

会上,专家和代表认真听取了编制单位对

《渡口方案》的介绍,对该报告进行了认真讨论,并达成一致意见:对《渡口方案》的展开与落实给予充分肯定与支持,对方案中存在的不足提出了指导性建议,进一步为该项目的全面实施奠定了科学依据。

(魏　涛)

【九江加紧编制环鄱阳湖港口群规划】 为进一步发挥滨湖地区水运优势和潜力,适应港口可持续发展和综合开发的需要,九江市于2011年开始组织编制环鄱阳湖港口群规划。《九江市环鄱阳湖港口群总体规划》由九江市政府组织,委托中交二航务工程勘察设计院编制,九江市交通运输局具体实施,九江市港航管理局负责规划编制前期工作的联系协调。

自7月始,九江市港航管理局工程技术及港口管理工作人员与中交二航务工程勘察设计院设计人员,先后深入永修、都昌、星子、德安、共青城、庐山区、湖口等规划涉及的县(市、区)收集有关资料,并实地勘察,为规划文本的制定提供依据。该规划将结合《鄱阳湖生态经济区规划》的内容和当地城市规划的思路,突出港口岸线使用、港口基础设施建设等方面,旨在协调港口与城市间关系,提升土地和岸线资源的合理利用水平,提升滨湖地区水运的质量效益和现代化水平,做大做强九江港口产业。

(洪　斌　李　磊)

【《赣江永泰航电枢纽工程预可报告》通过省评审】 7月20至21日,省工程咨询中心在南昌市主持召开了《江西省永泰航电枢纽工程预可行性研究报告》评估会。省发改委、省交通运输厅、省国土资源厅、省水利厅、省文化厅、省环保厅、省港航管理局、省港航建设投资有限公司、吉安市发改委、宜春市发改委、特邀专家及报告编制单位中交水运规划设计院有限公司、中水珠江规划勘测设计有限公司的代表参加了会议。省交通运输厅总工程师胡钊芳、省工程咨询中心主任张福庆到会并讲话。省港航管理局局长于钦民与专家、会议代表来到设计坝址现场进行调研考察。经评审,专家组一致通过报告。

赣江永泰航电枢纽是一座以航运为主,兼有发电等综合利用功能的大(2)型航电枢纽工程。电站拟配7台1.6万千瓦发电机组,总装机容量11.2万千瓦,年均发电量5.29亿千瓦时;船闸等级Ⅲ级,一期年设计单向通过能力为752万吨。二期1710万吨,可改善通航里程56千米;工程总投资35.43亿元。

(刘　勇)

【九江联港工贸码头工程施工图设计审查会召开】 3月17日,九江市港口管理局主持召开本港"十二五"期间首个码头工程项目——九江联港工贸公司码头工程施工图设计审查会。会议邀请九江市发改委、长江九江海事局、长江九江航道处及省内、外著名专家参加。会议科学严谨审查了该施工图设计文件,并提出了合理的意见和建议。

该码头工程位于九江港湖口港区张家洲南水道出口段右岸方江新船厂码头下游1千米,拟建设3000吨级散货泊位2个、5000吨级泊位1个,年通航能力195万吨。该码头建成后,将对企业自身发展、提供社会公共服务和推进地方经济发展发挥重要作用。

(罗　平)

【赣州港水西综合货运码头工可报告通过审查】 4月10日,赣州市政府、省交通运输厅、赣州市发改委、省港航管理局有关领导、特邀专家和相关单位在南昌联合主持召开了《赣州港水西综合货运码头工程可行性研究报告》审查会。经认真讨论审查,会议通过赣州港水西综合货运码头可行性研究报告。拟建的水西综合货运码头位于水西蛇坑,项目将建设1000吨泊位5个,其中,件杂货泊位2个,集装箱泊位3个。件杂货年吞吐量55万吨,年集装箱8万标箱。该项目建设后,将实现赣州与长、珠、闽的全面对接,成为赣州最大的1个水上运输黄金基地。

(郭冬荣　郭　燕)

【赣州至九江三级航道五年内贯通】 "十二五"期间,江西省将建设贯通赣江赣州至九江三级航道,达到通航1000吨级船舶的标准。在国务院批准的《全国内河航道与港口布局规划》中,赣江被确定为全国内河高等级航道。赣江赣州至九江湖口,途经万安、吉安、樟树、南昌,全长606千米。

赣州至樟树段长356千米通航条件较差,普遍只能通行300吨级及以下船舶。下游樟树至湖口段250千米已全部达到三级航道标准,可常年通行1000吨级船舶,是江西省内河运输最为繁忙河段。为了实现赣江全线贯通三级航道目标,自赣州以下共规划建设5座航电(水利)枢纽,即万安枢纽、泰和水利枢纽、石虎塘航电枢纽、峡江水利枢纽、樟树永泰航电枢纽。通过规划建设梯级之间的水位衔接贯通,加大部分河段航道整治力度,实现赣江赣州至湖口三级航道的贯通,打通纵贯江西南北的黄金水运大通道。项目总投资63.8亿元。

(赣州市交通运输局)

【《南昌龙头岗综合码头工程初步设计》审查会在南昌召开】 7月7日至8日,省发改委在南昌主持召开《南昌龙头岗综合码头工程初步设计》审查会。省交通运输厅、省水利厅、省重点办、省港航管理局,南昌市发改委、市交通运输局,新建县政府,省港航投资建设有限公司,中交第四航务工程勘察设计院有限公司、省勘察设计研究院、省港航设计院等单位代表与省内、外特邀专家出席审查会。

与会专家和代表认真察看了拟建码头工程现场,查阅了《初步设计》文件资料,并认真听取了勘察、设计单位对《初步设计》的介绍。与会专家针对《初步设计》分组进行充分讨论,达成一致意见:《初步设计》内容和深度符合规定要求,基本同意《初步设计》中的结论。同时,专家们为下一步工作实施,提出了一些宝贵建议和意见。

南昌龙头岗综合码头工程位于赣江西支左岸新建县樵舍镇龙头岗港区,上距西支大桥380米,下距在建的赣江海螺水泥码头420米,占地36.27公顷。工程一期建设2000吨级散杂货泊位4个,其中,散货泊位1个、件杂货泊位3个,码头岸线全长408米,年吞吐量420万吨,其中,铁矿石150万吨,件杂货270万吨。辅助生产建筑面积98307.5平方米,总投资6.5亿元。

(涂莹莹 魏 涛)

【国家发改委调研江西水运发展及南昌新港规划】 5月11日,国家发改委基础产业司司长黄民一行就江西“十一五”时期水运发展情况及南昌新港规划情况进行实地调研,厅长马志武、发改委副主任陈一星、省港航局局长于钦民等陪同调研。

黄民一行先后考察了南昌新港龙头岗港区建设选址、南昌国际集装箱码头及南昌保税物流中心。黄民询问了近年来赣江运输量、港口吞吐量、货源结构及服务周边地区等状况,并对今后南昌新港发展规划情况作了较为细致的提问及现场探讨。

座谈会上,马志武厅长简要介绍了江西水运“十二五”发展规划及南昌新港发展总体规划。其间,规划将围绕国务院《鄱阳湖生态经济区规划》《关于加快长江等内河水运发展的意见》为发展主线,转变水运发展方式,加快水运基层设施建设,全面改善长江干线(江西段)、鄱阳湖、赣江、信江等国家高等级航道的通航条件,高等级航道达标率74%。以九江港和南昌港为核心,着力打造两大港口群,初步形成以集装箱运输、煤炭、矿石、通用散杂货等专业化运输系统为目标;率先完成九江港步入亿吨大港行列,建成1000吨~5000吨级泊位60个,新增港口吞吐能力7150万吨,集装箱30万标箱、汽车滚装能力10万辆;重点打造以龙头岗港区为核心的南昌新港,包括龙头岗港区、鸡山港区、樵舍港区以及港口物流区,建成一批集装箱、多用途、大宗散货等专业化泊位,初步形成布局合理、功能完善的南昌港新格局。

(许海远)

【交通运输部规划司指导石虎塘航电枢纽工程】 12月24日,交通运输部规划司年度投资处处长王广明在石虎塘项目办负责人陪同下,莅临石虎塘航电枢纽工程视察指导工作。

王广明详细了解工程建设的进展情况。看到已经具备通航条件的左岸船闸和已经下闸试蓄水的左岸7孔泄水闸,以及首台机组安装完毕的电站厂房工程和右岸二期围堰内正在紧张进行底板浇筑的施工场面后,王广明对工程建设取得的成绩表示充分的肯定,同时向广大工程建设者们表示慰问。他指出,当前工程建设进入了白热化阶段,首台机组并网发电的目标任务日趋临近,各项准备正在紧锣密鼓地展开。项目办要做到“三个务必”。一是,务必做到心往一处想,劲往一处使,团结协作,确保完成目标任务;二是务必密切关注试运行期间,库区防护工程挡排水情况,确保库区安全;三是务必继续狠抓工程质量,确保工程质量优质。

(吕一琦)

【省航道工程局完成3个滩口航道维护施工任务】 10月13日,省航道工程局全面完成龙口滩、瓦窑滩、太平滩3个滩口的航道维护施工任务,共计完成疏浚工程量20万立方米,挖槽长4000米,并已通过交工验收。8月下旬,该局接到省局下的枯水浅滩疏浚任务后,立即组织两个挖泥船组,6艘船只,40余人,分赴龙口和太平滩。施工期间,该局十分重视,分管领导亲自督战,工程技术人员进驻各地施工点,严把技术质量关,施工人员平均每天十几个小时轮班作业,安全员驻船全过程督查施工安全,经过一个多月的日夜奋战,圆满完成了省局下达的任务,并做到了安全、高效、优质,有效地提高了东升至南昌大桥以及龙口河段的通航能力。

(涂小英)

【九江定位为全国“区域性物流枢纽”】 在2011年国务院印发的《全国主体功能区规划》中,九江被列为国家层面的“重点开发区域”,并明确功能定位为“强化九江临港产业和商贸、旅游功能,建成港口城市和旅游城市、区域性的物流枢纽,培育开发区域副中心。”

九江被列为国家层面的“重点开发区域”,对九江沿江开发和港口建设具有深远意义。随着国家“中部崛起”和鄱阳湖生态经济区战略的实施,合力建设长江黄金水道步伐的加速,以及长江航道整治的加快,九江港口建设正面临着重大的发展机遇。九江港作为江西唯一的对外开放一类水运口岸,上联武汉、重庆,下联南京、上海,具有承东启西、贯通南北的区位优势。同时,九江地处赣、鄂、皖、湘的结合部,随着大区域综合交通体系的进一步完善和港口设施建设的推进,九江港腹地将得到进一步拓展。“十二五”期间,九江沿江港口项目建设预计完成投资68亿元,新增码头泊位52个,新增货物吞吐能力6570万吨,新增集装箱吞吐量超过60万标箱,新增造船能力45万载重吨。2011年,九江港拟开工和续建泊位31个,总投资48.28亿元,新增年通过能力2770万吨。重点要抓好中电投江西九江港煤炭储备中心码头、江铜铅锌冶炼码头、彭泽核电重件码头、中石化九江炼油厂散货码头技改项目以及诺贝尔陶瓷专用码头等在建、拟建项目的落实和推进,为地方经济和区域经济持续而快速发展作出应有的贡献。

(王凌云)

【省人大代表、政协委员视察水运建设工作】 2月15日,省政协副主席陈清华率民革界的人大代表、政协委员到省港航局视察指导工作。省交通运输厅厅长马志武、省港航局负责人等陪同视察。其间,陈清华一行在省港航局召开水运发展专题调研座谈会。会议由马志武主持,汇报了江西水运建设成绩以及面临的形势和任务,阐述了水运发展的思路和工作重点;杨礼生就“十一五”时期水运建设情况和“十二五”发展规划,重点针对南昌新港的规划建设作了详细汇报。陈清华在座谈会上,充分肯定了江西水运建设工作所取得的成绩,希望人大代表、政协委员认真履行职责,结合此次调研活动,积极开展多种形式的学习、视察和调研活动,通过调查研究,集思广益,形成具有可操作性的人大提案和政协提案,为促进全省水运发展贡献力量。马志武在会议结束时说,江西水运发展所取得的成绩与人大代表、政协委员的关心、支持和帮助是分不开的。“十二五”时期省交通运输厅将在加快公路建设的同时,大力推进水运建设,努力提升内河航运的发展水平,希望代表、委员继续关注水运,为水运发展积极建言献策。

(许海远)

【交通运输部部长政策咨询小组来赣调研水运规划及其建设工作】 10月17~20日,交通运输部部长政策咨询小组一行30余名专家,就江西省交通建设和水运发展情况开展调研。省交通运输厅副厅长万明、孙茂刚,厅党委委员曹先扬,纪委书记成松,总工程师胡钊芳,省港航管理局局长于钦民,党委书记严允及有关单位负责人陪同考察。

18日,政策咨询小组在九江召开调研座谈会。会上,副厅长万明向部长政策咨询小组汇报了江西交通改革发展情况。总工程师胡钊芳从鄱阳湖生态经济区公路交通发展现状与存在问题、公路水路运输规划指导思想和目标、交通运输规划布局、方案对策与政策保障措施建议等方面就江西环鄱阳湖交通发展规划向咨询小组进行了汇报。交通运输部总规划师戴东昌对江西交通运输发展之快之好给予了充分肯定,并表示对江西环鄱阳湖交通发展规划建设充满信心。会上,咨询组专家还就该规划提出了建设性意见。

20日,政策咨询小组在省港航局召开调研座谈会。省交通运输厅副厅长孙茂刚、厅党委委员曹先杨会见政策咨询小组一行并出席会议。省港航局局长于钦民作"十一五"时期江西水运建设和"十二五"规划实施情况汇报。政策咨询小组组长唐学军对江西交通发展和水运建设所取得的成就表示充分肯定,同时表示要对此次考察情况进行深入研究,形成相关建议,报送交通运输部。

考察期间,咨询小组一行还到九江公路二桥项目办、永武高速、鄱阳湖湿地等处,予以实地考察。

(何金宝　许海远　邱志勇)

【南昌港加快推进龙头岗综合码头及樵舍码头项目建设】 2011年,新建县政府、南昌市交通运输局及港航管理部门对南昌港龙头岗综合码头及樵舍码头两项重点工程项目给予全力支持,协调处理好有关各项工作,保证码头工程尽快开工建设。至年末,两个码头项目已取得相应进展。龙头岗综合码头项目:新建县政府已出具征地红线图,省港航局在办理相关征地拆迁手续,项目施工及监理招标文件已上报省交通运输厅待批。樵舍码头项目:12月13日,省发展和改革委员会复函省交通运输厅,樵舍码头一期工程将建2000吨级液体货泊位2个,二期工程将建2000吨级液体货泊位1个和杂货泊位1个,建成后将改变南昌港无专业液体货泊位码头的状况。该建设项目由省港航投资有限公司正式接手,并与省港航设计院签订前期工可报告及其他有关评价报告编制委托合同,省港航投资公司通过与南昌市、新建县政府联系沟通,加快做好项目前期工作。

(平关正)

【南昌港国际集装箱码头扩能工程获得批准】 12月13日,省发展和改革委员会同意南昌港国际集装箱码头扩能工程建设。南昌港国际集装箱码头于2005年建成投产,至2009年集装箱码头年吞吐量已超过5万标箱的设计能力,因其生产能力受到制约,急需进行扩能建设,经扩能改建后将能满足未来10年集装箱吞吐量增长需要。

(平关正)

【宜春市飞剑潭码头建设稳步推进】 经省交通运输厅批准,宜春市袁州区飞潭库区新建旅游码头6个,已建成3个。飞剑潭码头是该区第一批旅游专用码头,投资总额60万元,将为发展飞剑潭库区的旅游事业奠定良好基础。为确保码头建设顺利进行,由省港航设计院的专家进行实地勘察,慎重选择码头的建设地点,认真设计施工图纸,确保码头建设的顺利开工。在建设过程中,为加强对码头建设的监管,区交通运输局专门成立工程项目建设领导小组,秉着"公正、公开、公平"的原则实行公开招投标。同时加强建设资金管理,设立银行专用账户,确保工程资金专款专用,杜绝违规挪用专项资金现象,使工程进度质量好,较好完成码头建设任务。码头的建成,进一步改善当地水运条件,吸引宜春、萍乡等赣西地区广大群众至飞剑潭库区旅游,助推旅游事业发展。

(张小平　李　庆)

【樟树市港口建设项目进展有序】 樟树市港航管理处将落实港口项目前期工作和申报工作列为全处工作的重中之重,积极推进港口建设项目建设。一是七码头(盐化码头)项目。经省发改委〔2009〕1256号文件批准,明确第一期总投资7974.84万元,建设2个1000吨级码头泊位,工程用地4公顷,主要为省级盐化基地配套服务。初步设计工作完成,并经省交通运输厅批准。二是河西综合码头(重杂件集装箱码头)。《河西综合码头工程工程可行性研究报告》已经省交通运输厅、省发改委评审,涉河分析、环评都已获省水利厅、环保厅批复,通航论证也已通过省港航管理局审查。修改稿正等待省发改委审批。三是港航工作趸船主体工程已经完成,对趸船整体装修已经完毕。四是荷湖馆液化码头竣工验收工作。该码头投资61.8万元,于2009年元月11日竣工。该码头的建成使用,对发挥赣江水运的优势,确保该地企业生产出的液氯、液碱液化品运输的安全,降低产品的成本发挥重要作用。荷湖馆液货码头竣工投入运营后经营顺利，没有发生过任何港口安全生产事故，已通过竣工验收。

（杨 波 张小平）

【高安市强力推进港口建设】 高安港有码头115个、泊位116个，其中，在建货运码头1个、泊位2个、新建个体沙石吊装码头33个；新建简易堆场1980平方米。码头建设总投资1070万元，其中，上级补助45万元、自筹200万元、群众投资825万元。2011年是高安历史上投资最大、建设码头最多的一年，极大地改善了水路运输条件。1. 市政府为港口建设实行优惠政策。因高安港水位过低，大吨位船舶不能进港，致使长途运输船舶都迁往外地挂靠。为此，该市把港口建设作为促进水运发展的一件大事来抓，列入城建统一规划。为加快高安新码头建设，将货运码头建设作为全市重点工程之一，在锦江南岸、筠州大桥旁无偿划拨土地3.33公顷解决建设用地问题，并在项目审批、办证等方面开绿灯，减免费用。2. 市交通运输局为搞好港口建设，成立专门工作领导小组，由主要领导任组长，协调处理港口建设事宜，实行一周一调度，一月一督查，及时掌握建设进度，解决实际困难，推进港口建设。3. 严把工程建设质量关。严把设计关、市场准入关、材料关、设备进场关、试验和检测关以及验收关。进一步健全完善以“政府监督、业主管理、市场监理、港航自检”为主要内容的工程管理体系。4. 拓宽工程融资渠道。该市想方设法拓宽融资渠道，采取国家投资与群众捐资相结合，鼓励沿河群众积极捐资，在工程资金短缺下，市局筹措资金20万元，群众提供825万元建河沙码头，解决燃眉之急，为工程顺利推进奠定基础。

（周世祥）

【铜鼓县天柱峰旅游度假景区主码头开工建设】 随着天柱峰景区旅游业的快速发展，铜鼓县委、县政府决定做大做优天柱峰旅游景区，吸引外地客商投资开发。浙江乐门集团看好天柱峰旅游景区开发前景，总投资约8亿元，拟将天柱峰旅游风景区建设成集养生度假、休闲旅游、生态观光为一体的旅游胜地。项目开发以九龙湖为核心，规划建设游船码头、生态停车场、游客集散中心、休闲度假中心、疗养中心、旅游商品展示中心、美食街、娱乐场所、宗教活动场所、水上乐园、客家文化村等景区景点。县交通运输局按照县委、县政府的部署，积极协助配合旅游、水务等部门及开发商搞好景区主码头和道路规划、勘测、设计和施工。在各相关部门大力配合下，项目开发进展顺利。至11月底，主码头与景区游道开工建设。主码头面积600平方米，投资80万元。码头建成后，可同时容纳25只游船及300名游客候船，天柱峰景区水路客运将翻开新的一页。

（黄祖芳）

【江西蓝天玻璃制品有限公司专用码头改扩建工程竣工】 12月，江西蓝天玻璃制品有限公司专用码头改扩建工程在湖口县金沙湾工业园竣工。该项目总投资2.8亿元，一期建设3000吨级泊位3个。该项目的建成，在保证企业自身生产需要的前提下，作为共用码头面对社会开放。该工程不仅以满足该公司及其所属景德镇市焦炭集团的货运发展需求，有利于景德镇市焦炭集团节约成本，提高效益，适应景焦集团的战略发展，而且还将为解决湖口港区共用码头能力不足的问题起到缓解作用。

（王海松）

【赣州港水西综合货运码头工程完成立项前期工作】 10月11日，赣州港水西综合货运码头工程已完成通航论证、建设项目防洪影响评价、建设项目水保评价、建设项目节能评价、工程建设用地压覆矿产资源评估报告、地质灾害危险性评估报告等前期工作，正抓紧进行建设项目环保评价、建设项目安全评价等。

赣州港水西综合货运码头作为赣州市中心城区6个主要物流节点之一的重点建设项目，其主要功能是依托赣江水运资源，建设赣州港口物流中心，为大宗工业成品与散装原料、燃料的集散提供水路货运物流仓储配送服务等。赣州港水西综合货运码头建设规模为：建成1000吨级泊位5个，其中，件杂泊位2个，集装箱泊位3个，年吐量8万标箱，件杂货80万吨。其中，一期将建设1000吨级杂货泊位2个，投资1.14亿。省政府本年度工作报告中明确要求“启动赣州港水西综合货运码头建设”，省发改委已将该项目列为“十二五”时期建设项目，省交通运输厅、省港航管理局亦将该项目列为本年度江西水运重点建设项目。

(郭 燕 郭冬荣)

【广西西江开发投资集团调研江西水运开发建设情况】 6月16至17日,广西西江开发投资集团董事长韦勇球一行到赣就江西水运开发建设情况进行实地调研,省港航局有关负责人陪同调研。韦勇球一行在九江考察城西港区的上港集团九江港务公司集装箱码头和物流公司时,听取了该市港口管理局有关沿江规划建设等情况介绍,并向上港集团九江公司了解了集装箱码头和物流园主要货源、货种、流量、流向、效益等建设经营情况。韦勇球一行还对南昌市江西国际集装箱码头和南昌保税物流中心进行了实地调研,听取了该市港航管理处有关南昌新港的规划建设等情况介绍,实地察看了码头集装箱场地、集装箱进出流程、物流园监管仓库、场地、监控中心、报关和检疫流程。座谈交流会上,省港航局有关领导分别就全省港航机构体制、“十一五”时期水运建设成果、“十二五”规划、船舶标准化实施等情况进行了介绍。韦勇球一行对江西省港航局在经济快速增长、产业加快集聚的发展态势下抢抓机遇,充分利用长江黄金水道优势,大力推进江西水运发展给予高度赞赏,并希望能在今后的工作中就加快水运发展举措加强交流与合作。

(何金宝)

【新建县港口码头建设稳步推进】 2011年,新建县交通运输局创新思维,勇于进取,港区建设稳步推进。一是完成樵舍龙头岗码头各项前期工作。该项目一期总投资5.8亿元,已列入省政府重大重点工程,工可、初步设计已经完工,进入征地拆迁。二是樵舍货运码头已进入实质性工作,该码头总投资5.3亿元,一期用地20.67公顷。兴建2个2000吨泊位,估算投资2.77亿元,工程可行性研究报告已报省发改委审查。三是南昌新港产业物流园稳步推进,占地面积177.53公顷,预计总投资10亿元,项目规划可行性研究报告已经完成。

(南昌市交通运输局史志办)

【九江市环鄱阳湖港口群总体规划专家咨询会在星子召开】 11月23日,九江市港航管理局在星子召开九江市环鄱阳湖港口群总体规划专家咨询会。会议首先听取了编制单位中交第二航务工程勘察设计院有限公司关于《九江市环鄱阳湖港口群总体规划》(以下简称《规划》)介绍,与会专家充分肯定了编制单位的工作,同时本着科学、求实的精神对《规划》进行了认真细致的评议,并就《规划》中存在的主要问题进行了深入的探讨,提出了许多建设性的修改意见。《九江市环鄱阳湖港口群总体规划》是为了更好适应“加快内河航运发展”、“建设鄱阳湖生态经济区”两大国家战略实施的发展,进一步发挥九江市水运优势和潜力,充分利用湖区岸线资源,积极应对鄱阳湖湖控工程建设带来的岸线变化,适应港口可持续发展和综合开发的需要,给政府决策提供科学依据,使沿湖港口建设有序、健康、快速地进行。

(九江市交通运输局)

规划与勘察设计

【概况】 2011年是“十二五”规划的开局之年,省交通运输厅紧紧围绕工作目标,认真开展交通规划工作,已经完成的规划有:《江西省“十二五”公路水路交通运输发展规划》、《江西省乡镇农村公路综合服务站建设设计指南》、《江西省“十二五”期红色旅游公路建设规划》、《江西省高速公路广告规划(初稿)》和《宜春至万载高速公路路线规划》、《萍乡至莲花高速公路路线规划》以及《江西省交通运输突发事件总体应急预案》。在水运方面,参与完成了《赣江航运规划》、《袁河航运规划》、《信江航运规划》、《抚河航运规划》、《修河航运规划》等。部分在编规划项目进展过半《南昌新港集疏运系统规划》、《江西省国省干线绕城规划研究》、《江西省交通运输安全生产和应急体系十二五发展规划》、《中央苏区公路水路交通发展规划纲要》、《江西省国省干线应急储备养护与服务中心规划》及《江西省高速公路养护应急综合基地规划》,并启动了《江西省交通物流基地布局规划(2011—2020)》等规划项目。此外,并参与编制了地方性的交通发展规划,如:《南昌市"十二五"公路水路交通发展规划》、《萍乡市"十二五"公路水路交通发展规划》、《抚州至东乡快速通道方案研究》、《湾里区公路网规划(2011－2020年)》等。

(龚莉萍)

【《江西省"十二五"公路水路交通运输发展规划纲要》编制完成】 2011年6月21日,《江西省"十二五"交通运输发展规划纲要》通过审议。该纲要是依据《江西省国民经济和社会发展第十二个五年规划纲要》、《交通运输"十二五"发展规划》进行编制的,主要阐明江西省交通运输发展战略意图,明确主要任务,统筹安排建设重点,是未来五年全省交通运输发展的宏伟蓝图和全省交通行业的行动纲领,"十二五"交通运输发展规划的总体目标是:到2015年,初步形成涵盖公路水路的安全畅通便捷绿色的交通运输体系,为全省科学发展、进位赶超、绿色崛起提供坚实的交通运输保障。具体表现为以下7个方面:

1. 实现公路水路基础设施成网化。

——着力完善公路网络,实现公路总里程达18万千米(含新农村道路)。全面建成"三纵四横"为主骨架的高速公路网,打通所有出省通道,实现县县通高速,县城30分钟上高速,高速公路达到5000千米。完善"十纵十横"国省干线公路网,二级及以上公路比重力争达90%,优良路率达85%。进一步提高农村客运公路网络化,实现县道三级以上达50%、乡道四级以上达80%。

——以赣江高等级航道建设为重点,基本建成"两横一纵"国家高等级航道网。内河高等级航道达到789千米,高等级航道达标率超过70%,实现千吨级船舶从赣江上游直达长江。

2. 实施基本公共服务均等化。

——落实公交优先战略,县级以上城市100%通公交。300万人口以上的城市、100—300万人口的城市以及100万人口以下的城市,万人公交车辆拥有量分别达到15、12和10标台以上。

——按照利民便民、效率公平原则,促进城乡客运资源共享,实施农村客运网络化工程,实现100%的乡镇和92%的建制村通客车。

——建设以农村交通服务站为基础的农村客货运网络。全省85%的乡镇建成有农村客运站功能的农村公路综合服务站,84.5%的建制村建成有候车亭功能的农村公路配送服务点。

3. 推进重要交通节点运输枢纽化。

——运输枢纽建设取得明显进展。建设14个多种运输方式衔接的综合客运枢纽,建设15个功能完善的综合运输物流园区或公路货运枢纽。

——以九江、南昌港建设为龙头,九江港率先步入亿吨港行列,以龙头岗港区为核心的南昌新港枢纽初步形成,鄱阳湖生态经济区港口体系框架形成。全省港口货物吞吐能力达到2亿吨,集装箱吞吐能力90万标准箱。

4. 初步实现交通运输信息化。

——加快推进一个平台三个体系建设,实现各级交通运输信息平台数据对接、安全应急处置平台对接、应用软件标准化对接。国省道重要路段、赣江等重要航道监测覆盖率达到70%以上,重点营业性运输装备监测覆盖率达到100%。

——高速公路电子不停车收费(ETC)平均覆盖率60%。

——科技成果应用水平进一步提高,科技进步贡献率达到55%。

5. 推进安全应急保障高效化。——公路应急保障体系基本完善,应急指挥调度能力显著增强。建设具有日常养护、物资储备和应急服务功能的10个省级高速公路和50个省级国省干线养护应急综合基地。

——交通应急水平明显提高。一般灾害情况下公路抢通时间不超过24小时,公路应急救援到达时间不超过2小时,赣江重要航段船舶应急到达时间不超过45分钟。

——交通安全水平明显提高。营运车辆万车公里事故件数和死亡人数年均下降3%,城市客运百万车公里事故件数和死亡人数年均下降1%,百万吨港口吞吐量事故数和死亡人数年均下降5%。

6. 发展交通运输业低碳化。

——运输装备专业化、标准化水平显著提升。营运中、高级客车比例达到55%,重型车、专用车、厢式车占营运货车比例达到25%、10%、25%,牵引车与半挂车比例达到1:2;船舶平均吨位达到800载重吨,内河货运船舶船型标准化率达到50%。

——与2005年相比,营运车辆单位运输周转量二氧化碳排放量、能耗分别下降11%和10%,营运船舶单位运输周转量二氧化碳排放量、能耗分别下降16%和15%。

——力争行业总悬浮颗粒物(TSP)和化学需要氧量(COD)等主要污染物排放强度比“十一五”末降低20%。

——港口、公路服务区等生产、生活污水的循环利用水平,路面废弃材料等资源的再生利用水平显著提高。

7. 推动行业队伍高素质化。

——人才总量进一步增长,大力引进与培养交通运输各类领军人才和交通运输投融资管理、客货运管理与服务、海事船检、信息化管理、节能减排、绿色交通等领域的紧缺人才。全省交通运输系统人才资源总量达到30万人。

——人才队伍结构得到显著优化,高技能人才占技能劳动者的比例达到30%,高级职称占专业技术人才比例达到10.2%,高、中、初级职称比例达到1:4:5。

至“十二五”期末,全省公路总里程预计达18万千米(含新农村道路),其中:高速公路总里程达5000千米,普通国道3113千米,普通省道8082千米;国省干线公路二级及以上比重达90%;所有行政村通畅率达100%。

全省千吨级以上航道里程达到789千米,其中:一级航道156千米,二级航道175千米,三级航道458千米;港口新增吞吐能力1860万吨、集装箱吞吐能力50万标准箱。

公路客运站场新增一级客运站29个、二级客运站19个,农村客运候车亭新增2000个。公路货运站场新增一级货运站20个、二级货运站23个。

(龚莉萍)

【《江西省“十二五”期红色旅游公路建设规划》编制完成】 根据国家发展改革委等14个部委联合发布的《全国红色旅游经典景区第二批名录和全国红色旅游经典景区第一批名录(修订版)》中确定的红色旅游经典景区和交通运输部的编制精神,在江西省交通运输厅指导下,厅规划办于2011年12月编制了《江西省“十二五”期红色旅游公路建设规划》。该规划的建设标准以二级、三级公路为主,山岭重丘特殊困难地段为四级公路。《规划》公路建设将布及上饶、景德镇、吉安、九江、新余、萍乡、抚州10个设区市,30个县(市、区),连接44个红色旅游经典景区,建设里程为699.5千米,投资预算为17.328亿元。

(龚莉萍)

【《江西省乡镇农村公路综合服务站建设设计指南》编制完成】 根据省交通运输厅赣交规划字〔2011〕139号文《关于在全省开展乡镇农村公路综合服务站建设试点工作的通知》要求,2011年,省交通规划办制定了《江西省乡镇农村公路综合服务站规划建设指南(试行)》,并正在指导全省乡镇农村公路综合服务站试点建设的前期工作。本指南共分8章:总则、选址、建设规模、总体布局、场地设计、建筑设计、消防疏散和设备,具有以下3方面的特点:1. 引入农村综合服务站的建设理念,即建立集农村客运、货运、运政、路政、公路建设与养护等“多位一体”的综合服务站;2. 因地制宜,根据实际需求明确了乡镇农村公路综合服务站相应的功能配置设施;3. 制定了综合服务站的规模大小,并对其组成、功能及服务设施作了详细规定,具有可操作性。

本指南中的乡镇农村公路综合服务站必须做到基本功能要求统一,其组成内容分为4大部分:1. 综合服务区:包括综合大厅、服务用房、管理用房、辅助用房;2. 车辆作业区:包括客运生产、货运生产、停车场、车辆检修;3. 养护生产区:包括材料堆场、设备仓库;4. 附属生活区:包括职工宿舍、职工食堂。

(龚莉萍)

【《萍乡至莲花高速公路路线规划》编制完成】 2011年,省交通规划办编制完成《萍乡至莲花高速公路路线规划》。萍乡至莲花高速公路是江西省2020年高速公路规划的重要路线,该路线位于萍乡市境内，地处于罗霄山脉的中北段，是连接萍乡、莲花的快速通道，路线起于安源区青山镇（跨沪昆铁路）与上栗至萍乡高速公路对接，终于莲花县神泉乡与泉南高速连接。在路网中属于湄洲湾至重庆国家高速公路江西境内段的重要组成部分，形成江西省一条通往闽东南三角区的快速通道，并且路线连接着二条横向国家高速公路（沪昆和泉南），为全省高速路网的可靠性提供更高保障。

（龚莉萍）

【《抚州至东乡快速通道方案研究》编制完成】 为加强抚州和东乡之间的联系、缩短抚州经东乡上杭南长高速铁路的时间、强化东乡县作为抚州市副城市中心的作用，省交通规划办于2011年3月开展了抚州至东乡快速通道方案研究，并于当月将该方案提交给抚州市交通运输局。研究针对扩容还是新建这一问题展开分析、论证，通过优势和劣势对比分析论述了各种不同方案。

（龚莉萍）

【开展《江西省交通物流基地布局规划（2011～2020）研究】 2011年，省交通规划办开展《江西省交通物流基地布局规划（2011～2020）》研究，为全省物流基地的规划布局提供可靠依据。规划研究针对江西省各地市物流发展特点，提出功能完善、层次分明的物流基地空间结构，以及国家、省、市三个层次的物流基地规划布局方案，同时对农村物流站点进行合理规划；结合新形势下对基础设施建设的要求，规划甩挂运输站点和内陆无水港的布局方案；对物流基地信息化建设、功能设置、投融资政策等方面提出合理化建议。

（龚莉萍）

【《“江西省交通运输安全应急总体预案》修改完善工作完成】 《江西省交通运输突发事件总体应急预案》于2010年4月份开始编制，编制目的是为切实加强江西省交通运输突发事件的应急管理工作，有效防备和处置公路、水路等领域各类突发事件，建立全省统一、高效、规范的公路、水路交通运输突发公共事件应急指挥、防备和保障体系，全面提高全省交通运输系统应对各类突发事件的能力。2010年12月进行专家评审会，通过评审后开展了修改完善工作，于2011年4月修改完善。

（龚莉萍）

【江西规划建设一批旅游公路】 4月6日，省发改委《江西省旅游公路建设规划（2010～2012年）》第一批旅游公路项目可行性研究报告评估会召开，南昌梅岭风景名胜区旅游公路、星子县环山公路至火焰山旅游公路等一批旅游公路将建设。此外，还有10条旅游公路在规划建设中，包括：鄱阳湖生态经济区康山旅游公路、万年县神农宫风景区珠曹旅游公路、景德镇瑶里至婺源灵岩洞旅游公路、婺源锦绣画廊乡村休闲健身自行车公路、龟峰风景名胜区旅游公路、龙虎山景区旅游公路、宜春市明月山风景区旅游公路、青原区青原大道至青原山景区旅游公路、南昌梅岭风景名胜区旅游公路、星子县环山公路至火焰山旅游公路等。

（省公路局史志办）

【萍乡市规划优先发展上等级公路构建“半小时交通圈”】 为形成安全畅通便捷绿色的综合交通运输体系，适应经济社会发展新要求和人民群众的新期待，提高交通运输效率，实现区域交通一体化、城乡交通一体化，萍乡市围绕构建“半小时交通圈”目标，计划在“十二五”期间，优先发展高速公路、二级公路以及上等级的农村公路。建成萍洪高速公路项目33.668千米，建成吉莲高速公路项目莲花段15.9千米，开工建设萍莲高速公路项目；建成芦溪经万龙山至武功山旅游公路和南部经济（旅游）干线公路；加大路网升级改造力度，重点建设村通村、村通组、组通组公路及联网公路，着力解决农村公路路网中的断头路、迂回路，完成通村组公路改造2000千米，使全市60%的自然村组通水泥公路，使农村公路真正由“通”到“畅”，形成惠及萍乡130万名农民的农村公路网，并基本实现县际公路达到二级、县至乡公路达到三级、乡至村公路达到四级的目标。

（晏卫东　陈孝法）

【萍乡市安源区未来10年公路建设林地利用规划】 萍乡市安源区未来10年公路建设总里程为990千米，其中，通村、通组、通户公路520千米,一、二、三级公路470千米。林地利用规划为:高坑镇54公顷,主要分布在高坑村、王家源村、彭泉村、泉江村、丰园村、浒泉村、云泉村、茶亭村。青山镇52公顷,主要分布在源头村、温盘村、高枧村、下柳源村、大城村、乌石村、光辉村、葡萄村、青山村。五陂镇41公顷,主要分布在五陂村、林业分场、红旗分场、园节分场、大田村、长潭村、册雷村。安源镇20公顷,主要分布在跃进村、安源村、十里村、石板村。城郊管委会25公顷,主要分布在里善管理处、井冲管理处、略下管理处、长兴馆管理处、流万管理处、后埠管理处。丹江街10公顷,主要分布在联星管理处、丹江管理处。白源街17公顷,主要分布在白源管理处、大陂管理处、长溪管理处、源壁管理处。

(刘焕萍)

【新余市渝水区余新公路等3条主干道前期工作全面展开】 新余市渝水区加速推进余新公路、经开大道、欧东线3条主干道前期工作。1. 余新公路新余段全长25千米,按一级公路标准设计,路面宽20米,是新余通往新干赣江码头的快速货运通道。余新公路渝水段长19.5千米,总投资2.8亿元,投资建设主体是新余市交通建设投资公司,渝水区负责境内项目征地拆迁和路基土石方工程,该项目正在开展设计工作。2. 经开大道全长10千米,其中袁河工业平台段长2.3千米,宽36米,按市政道路设计,其余长7.7千米,宽23.5米,按一级公路标准设计,概算总投资2.9亿元,投资建设主体是渝水区人民政府。该项目已完成工可、节能评估、环评、水保和规划选址及初步设计,正在进行施工图设计。3. 欧东线公路渝水段长30千米,总投资2.52亿元,投资建设主体是新余市交通建设投资公司,渝水区负责境内项目征地拆迁和路基土石方工程。该项目已经省发改委批复立项,正在开展设计工作。

(王志勇)

【吉安市综合交通建设“十二五”规划出台】 9月份,吉安市全市综合交通建设“十二五”规划正式出台。“十二五”期间,全市公路项目计划新建高速公路263千米、国省干线改造1373千米、实施县乡道升级改造和连通工程2000千米、旅游公路1737千米、战备公路397千米、渡改桥10座8075延米、危桥改造163座、安保工程1000千米;公路客货站场计划新建客运枢纽4个、物流园(中心、站)16个、乡镇农村公路综合服务站、候车亭1000个以及部分公交首末站、公交停保场、公交换乘枢纽;港口码头计划开展5个港口码头项目前期工作,开工建设2个项目;航电枢纽项目计划建设2个,航道整治项目3个,航道建设265.5千米;铁路计划新建563.4千米,改扩建吉安火车站;民航计划扩建候机楼、停机坪和配套工程,新增垂直联络道。预计全市综合交通建设“十二五”期间总投资达753.63亿元。

(龙少华)

【省交通设计院经济效益保持良好态势】 2011年,省交通设计院精心筹划经营策略,认真部署生产计划,真抓实干。全院春节初五即开始上班,生产一直保持旺盛的态势。全年完成4条高速公路共计309千米工程可行性研究;完成4条高速公路共计272千米初步设计;完成抚吉和井睦两条高速公路共计224千米施工图设计。其中,抚吉和井睦高速施工图勘察设计仅用5个月时间,就提交了设计图纸,确保了省政府提出的开工节点需要。面对高速公路设计市场日益萎缩的现实,强化地方项目的承揽力度。该院调整自揽项目的结算比重,积极鼓励生产部门发挥主观能动性,使生产所室自揽业务的比重逐年提高,努力实现市场经营责任主体的多元化。各所室承接地方勘察设计项目50余项,合同金额1648万元,为历史之最。新增高速公路监理项目3项,合同金额3500万元。全年完成勘察设计产值1.73亿元,监理产值0.2亿元,经济效益保持了良好态势,实现了年初制定的主要目标。

(张晓菁)

【省交通设计院获10个省优秀勘察设计奖】 2011年省交通设计院参加全省第十四次勘察设计“四优”评选,有5个项目获得一等奖,5个项目获得二等奖,获奖数量列省内各设计院前茅。其中,“瑞金至赣州高速公路工程地质勘察”获优秀工程勘察一等奖;“景德镇至鹰潭高速公路新建工程设计”、“丰城剑邑大桥新建工程设计”、“泰和至井冈山高速公路井冈山连接线新建工程设计”、“厦门至成都高速公路江西瑞金至赣州段新建工程设计”获优秀工程设计一等奖;“江西省高速公路智能交通与管理控制系统建设工程”、“厦蓉高速瑞金至赣州段新建工程交通安全设施施工图设计”、“丰城沪昆铁路跨线桥新建工程设计”获优秀工程设计二等奖;“隧道洞口三维设计系统”、“江西省交通岩土工程信息系统”获优秀工程勘察设计计算机软件二等奖。

(朱 革)

【省交通设计院企业制度建设再出新招】 为适应新形势,省交通设计院对管理制度进行动态管理,进一步规范了制度建设,并强化对制度的执行力度。2011年先后修订和出台了《员工绩效管理办法修改补充规定》、《职工参加医疗保险有关规定》、《专业技术人员执行资格管理暂行规定》、《生产部门目标管理责任实施办法》、《生产设备管理办法》等多个制度和规定。

新出台的《员工绩效管理办法修改补充规定》,针对2010年员工绩效考核运行中发现的问题,修改完善了考核主体、考核方式以及对考核结果的运用;提出了部门周一例会制度,要求各部门在每周一组织本部门人员对上一周工作情况进行小结,对全周工作进行安排,并使周一例会执行情况直接与年终考核挂钩。该制度的实施,有效地促进了管理的规范性和有效性,提高了管理者的积极性和管理责任的可追溯性。

《专业技术人员执业资格管理暂行规定》规范了院对具有执业资格的人员的管理,大大提高了对院产业发展有益的各类注册师的津贴标准。该规定于10月份下发执行后,院即对获得各类具有执业资格的专业技术人员核发了奖金及执业资格津贴。该规定的执行,极大地提高了专业技术人员的学习积极性,进一步稳定院人才队伍。

(朱 革)

【省交通设计院勘察设计投标实现突破】 省交通设计院针对省内高速公路勘察设计业务量不饱满的现实,审时度势,瞄准西部高速公路设计市场,主动出击,参与四川省川西藏区4条高速公路项目勘察设计投标,提出了举全院之力保中标的目标。相关部门全力以赴,顽强拼搏,终于在全国20余家公路设计院中脱颖而出,一举竞得绵阳至九寨沟102千米山岭重丘区高速公路的勘察设计业务,实现了该院省外高速公路项目中标零的突破。此外,省内都昌至九江高速公路勘察设计投标,院精心策划、精心应对,战胜强手一举中标。

(朱 革)

【省交通设计院开拓国外市场实现突破】 2011年,省交通设计院全力探索“走出去”战略,积极探求承揽海外公路勘察设计项目的途径。通过多渠道调研,与江西国际经济技术合作公司签署了共同开拓非洲市场的战略性框架协议。同时,与香港国际开发投资有限公司进行合作洽谈,以期共同承揽老挝公路总承包项目。派出多批次人员前往老挝和非洲的加纳进行项目的实地考察,编制完成了老挝萨拉湾省4条共计130千米三级公路的可行性研究报告。加纳西部走廊共计160千米二级公路的可行性研究报告正在编制之中。这两个项目的勘察设计或工程总承包业务也处于跟踪阶段。老挝和加纳项目的洽揽对省交通设计院走出国门、参与国际竞争具有重要的现实意义。

(朱 革)

【省交通设计院积极参与沪昆高速公路损毁路段抢险】 2011年9月2日,沪昆高速公路K939路段出现重大地质灾害险情,交通被迫中断。在省交通运输厅的统一协调和指挥下,省交通设计院主要领导亲率队伍赶赴险情路段,不分昼夜地抢险勘察。鉴于灾害线长面广而地层结构十分复杂的现实,该院积极地联系国内工程地质勘察技术先进的科研院所,并不计成本地从外省调遣专业队伍和先进设备,勘察灾害规模、分析灾害成因。勘察手段包括区域地质调查、工程钻探、电法线物探、电测深点物探和井中CT透视物探等多达5种方法。由于措施得力,以超常的速度查明了情况并提交了加固处理图纸,确保了地灾损毁路段及时修复。

(朱 革)

【井冈山厦坪至睦村(赣湘界)高速公路设计简介】 井冈山厦坪至睦村(赣湘界)高速公路是江西省高速公路规划网中的重要组成部分。该项目的实施,对于提高吉安地区的综合运输效益,促进革命老区、偏远山区的脱贫致富具有重要意义。该项目设计工作由省交通设计院承担,自2011年

1月至7月,历时6个月完成施工图文件的编制。该项目路线起于井冈山市厦坪镇菖蒲村,终于井冈山市与湖南省炎陵县赣湘两省交界处的睦村乡,接湖南省在建的炎陵至睦村高速公路,全长43.574千米。沿线途经井冈山市厦坪镇、井冈山垦殖场、鹅岭乡等7个乡镇、2个垦殖场和1个林场。项目主要设计标准:全线采用双向4车道高速公路标准新建,设计行车速度为80千米/小时,路基宽度为21.5米(分离式路基为11.25米),汽车荷载等级公路Ⅰ级,设计洪水频率为特大桥1/300,其他桥涵路基1/100,主线路面采用沥青混凝土路面。该项目概算总造价32.7587亿元,平均每千米造价7562.4万元。项目于2011年6月开工建设,施工期24个月。

(王 捷)

【抚州至吉安高速公路设计简介】 抚州至吉安高速公路地处江西省中部,是江西省高速公路网18条地方加密高速公路之一,东连福州至银川国家高速公路,西接樟树至吉安地方加密高速公路,途径抚州市临川区、金巢开发区、崇仁县、宜黄县、乐安县、吉安市永丰县、吉水县、吉州区等2市、8县(区)、21个乡镇。路线全长179.188千米。

该项目设计工作由省交通设计院承担,自2011年2月开始至5月,历时4个月,完成了施工图文件的编制。该项目主要设计标准:全线采用双向4车道高速公路标准新建,设计速度100千米/小时,路基宽度26.0米。路线走向:路线总体走向为东西走向,起于抚州市金巢经济技术开发区崇岗镇长岗街(起点桩号K3+138),设抚州南苜蓿叶枢纽互通接已建成的福银国家高速公路,及规划中的金(资)抚高速公路,终点设置在吉安北枢纽互通立交与樟吉高速公路相接,终点桩号K182+326。该项目概算总价94.55091406亿元(含连接线),平均每千米造价5276.8971万元。项目于2011年6月开工建设,施工期16个月。

(姜义斌)

【沪昆客运专线萍乡北站站房初步设计通过铁道部审查】 7月20日,在铁道部组织召开的沪昆客专萍乡北站、宜春东站站房设计初步设计审查会上,萍乡北站的站房初步设计顺利通过评审,标志着萍乡北站的站房建设将转入工程实施阶段。根据设计,新建萍乡北站房形式采用线侧平式,建筑长度138米,主体结构建筑层数为二层,总建筑面积16000平方米,其中地下层地下架空层6000平方米,地下层通道581平方米,站房一层建筑面积4852平方米,一层夹层300平方米,二层4261平方米,站房建筑高度23.4米(地面以上高度),地下层层高为6.7米,站场旅客进出模式将采用航空港式的为上进下出方式,站前设置高架桥,高架桥长752.12米,桥梁断面形式为鱼腹板式。根据计划,新建萍乡北站将于2013年12月前建成。

(宋庆辉)

【宜春交通规划勘察设计院完成设计任务】 宜春交通规划勘察设计院是一家具有道路、桥梁设计丙级资质的单位,隶属于宜春市交通运输局。2011年,该院干部发扬开拓创新、求真务实精神,克服市场竞争激烈等困难,依靠科技,以科研设计为主,以优秀设计开拓市场,转变服务观念,以较好的测设质量完成了工程可行性研究报告19份,完成桥梁设计40座,农村公路水泥路面设计806千米。

(戴颖娟)

站场(厂)房屋建设

【概况】 2011年,省交通运输厅共下达公路运输场站基本建设计划补助资金7000万元(其中:部车购税2000万元)。按计划类别分:乡镇农村公路综合服务站计划5000万元,农村候车亭计划2000万元。已下达计划数比2010年增长11.55%。

2011年累计完成投资19493万元，比2010年增长180%。其中，三级以上站场完成投资9515万元，农村客运站完成投资7578万元，农村候车亭完成投资2400万元；前2项比2010年分别增加47.29%、90.50%，最后一项比2010年减13.97%。

2011年，全省公路站场建设累计竣工投产项目总数2074个，其中：三级以上站场完成3个，农村客运站完成71个，建成农村候车亭2000个。2011年度，全省公路运输客货运站场建设累计新增固定资产9080万元，竣工房屋建筑面积43314平方米，其中：三级以上站场新增固定资产565万元，新增房屋建筑面积16016平方米；农村客运站项目新增固定资产6115万元，新增房屋建筑面积27298平方米；农村候车亭新增固定资产2400万元。本年度，在建项目2103个，新开工项目2059个，其中：本年在建项目三级以上站场项目5个，农村客运站项目98个，农村候车亭2000个；2011年新开工项目三级以上站场2个，农村客运站57个，农村候车亭2000个。

（罗颂华）

【全省国家级区域公路运输枢纽建设加速行动】 2007年，交通运输部出台了《国家公路运输枢纽布局规划》，确定江西省南昌、九江、赣州、吉安、鹰潭、宜春等6个市为国家公路运输枢纽城市。省运管局积极行动，努力做好上述6个市的有关前期工作，2011年已全部完成规划、环评、和省部评审工作。在些基础上，省运管局于2011年，同时还开展了宜春客运总站、赣州梅林客运站、南昌综合客运枢纽、南昌新港产业城综合交通物流园、井冈山经济技术开发区物流园、吉安城北物流园区、吉安河西物流园区，庐山旅游客运集散中心、井冈山旅游客运集散中心项目等9个工程项目的前期工作，其中宜春客运总站、赣州梅林客运站工可通过省发改委组织的专家评审，并于年内开工建设；南昌综合客运枢纽工可完成省交通运输厅组织的初审并上报省发改委。

同时，根据交通运输部要求，各省市自治区还可针对本地区需要，建设区域性公路运输枢纽。为此，省运管局于2011年，开展抚州客运综合枢纽站、萍乡旅游客运集散中心等2个区域性客运站的前期工作。抚州客运综合枢纽站工可通过省发改委组织的专家评审，并于年内开工建设。

（罗颂华）

【全省乡镇农村公路综合服务站建设试点】 2011年，省交通运输厅在全省范围内试点建设集农村公路建、管、养、运和路政执法为一体的多功能综合性服务机构，2011～2012年每年将分别试点建设50个。2011年省试点办（省运管局）已经完成第一批试点项目的储备、调研、确定和工程可行性研究报告的审查工作，并召开专题项目推进会，督促各项目单位按照省试点办要求，按时保质完成试点项目任务。

（李　杰）

【景德镇市积极争取乡（镇）农村公路综合服务站建设试点】 为探索面向乡（镇）的农村公路建、管、养、运新型管理服务模式，建立集农村客运、货运、运政、路政、公路建设与养护为一体并具有健全的综合管理服务功能的乡（镇）农村公路综合服务站，真正做到农村公路修到哪里、客运班线就通到哪里、养护工程就跟进到哪里、农村公路管理服务就延伸到哪里，切实将农村公路打造成惠民、便民的致富发展路，省交通运输厅于7月初启动全省乡（镇）农村公路综合服务站建设试点工作，选择50个乡（镇）农村公路综合服务站作为省级试点。景德镇市所辖乐平市塔前镇、浮梁县蛟潭镇、昌江区鲇鱼山镇共3个镇的农村公路综合服务站建设申报为省级试点。

列入试点范围的乡（镇）农村公路综合服务站，除可获得省交通运输厅给予的100万元建设补助资金外，试点站所在乡（镇）区域内的县、乡、村公路，还可获得省交通运输厅安排的公路养护工程补助资金，具体标准为县道7000元·年/千米、乡道3500元·年/千米、村道1000元·年/千米。

为力争景市有更多的乡（镇）纳入试点范围，景德镇市交通运输局成立专门机构，指导和协调各县（市、区）交通运输主管部门开展调查摸底，从中筛选符合申报条件的乡（镇），并在服务站建设项目可行性方案审批过程中开辟“绿色通道”，高质量地在规定时限内完成了试点申报。

（汪卫民　涂　强）

【景市首个农村公路综合服务站开工建设】 12

月28日,景德镇市首个乡(镇)农村公路综合服务站建设试点一蛟潭农村公路综合服务站正式开工建设。蛟潭农村公路综合服务站项目位于206国道K1377+700处,占地面积7000平方米,建筑面积2580平方米,主要包括按四级公路客运站标准设计的客运综合楼,公路养护、车辆维修厂房及管理用房等,总投资360万元。该项目集农村公路建设管理养护、公路路政执法、农村公路客(货)运输、道路运政执法为一体,其服务范围辐射浮梁镇、洪源镇、蛟潭镇、三龙镇、罗家桥乡、黄坛乡等6个乡(镇)共51个行政村,管理养护农村公路总里程426.4千米,项目建成后将实现农村公路修到哪里,客运班线就通到哪里、养护工程就跟进到哪里、路政执法就追踪到哪里,为农村交通运输及物流产业发展提供完善的服务保障。

(涂　强)

【萍乡市安源区源壁客运站通过竣工验收并投入使用】 萍乡市安源区白源街源壁客运站于2010年6月开工建设,占地面积2300平方米,混凝土停车场1200平方米,总投资65万元。经过近一年的紧张施工,已如期竣工。该客运站按照四级客运站进行规划,建筑设计新颖,功能齐备,与周边环境相协调,规划日发送旅客人次300人,该客运站的建成并投入使用,为人民群众创造了更加便捷的候车和出行环境。

(刘焕萍)

【原萍乡市长运总公司大修厂职工小区建房工程项目启动】 原萍乡市长运大修厂职工小区建房工程项目于10月25日正式公开招标。萍乡市长运改制领导小组考虑到原萍乡市长运总公司大修厂、牛角坪、萍乡西站土地出让后原有职工的住房问题,经报萍乡市政府同意,从已出售的大修厂土地中划拨8470平方米土地用于职工集资建房,以解决以上三块土地上职工房屋拆迁后的住房问题。该项目得到萍乡市交通运输局党委的高度重视,被列入该局重要民生工程项目之一,三块土地上的职工住户也坚决支持和拥护。

(肖鹏元)

【上栗县农村客运站点建设进展顺利】 2011年,上栗县2个农村客运汽车站建设项目(赤山观泉客运汽车站和彭高客运汽车站)完成主体建筑建设,分别完成投资100万元和50万元。同时,2011年该县还建成8个候车亭。

(上栗县交通运输局)

【鹰潭市稳步推进农村公路站场建设】 按照“四个提高、两个完善、一个满足”的具体工作目标,鹰潭市继续加强客运站及候车亭建设。2011年新建乡镇客运站3个,客运、公交候车亭54个,其中余江县13个,贵溪17个;市区建设简易招呼站100个,城区K2路龙虎山线完善简易招呼站16个及终点站台一座。完成鹰潭汽车客运北站一级客运站前期工程,完成公交调度指挥中心前期工作;启动了城市公交鹰东枢纽站和鹰西、鹰南、鹰北4个公交枢纽站前期工作。

(鹰潭市交通运输局)

【鹰潭市积极推进沪昆高速龙虎山服务区项目建设】 沪昆高速公路龙虎山服务区项目是鹰潭市2011年度重点工程项目之一,也是鹰潭市争取的省重点工程项目。根据市政府鹰府办字〔2011〕18号文,鹰潭市成立了鹰潭市沪昆高速公路龙虎山服务区建设工作协调领导小组,印发了《沪昆高速公路龙虎山服务区建设工作方案》。市委、市政府主要领导高度重视该项目建设,多次就项目建设进行批示指导。市领导小组组长、副市长杨晓群多次召集领导小组成员单位召开调度会,协调解决有关困难,督促加快工作进度。在省、市、县各有关单位的大力支持下,总投资1.6亿元的沪昆高速公路龙虎山服务区项目征地拆迁、建设方案已经完成。

(鹰潭市交通运输局)

【鹰潭市交通运输局积极完成农村公路综合服务站建设试点申报工作】 为探索面向乡(镇)的农村公路建、管、养、运新型管理服务模式,建立集农村客运、货运、运政、路政、公路建设与养护为一体并具有健全的综合管理服务功能的乡(镇)农村公路综合服务站,省交通运输厅于7月初启动全省乡(镇)农村公路综合服务站建设试点工作,选择50个乡(镇)农村公路综合服务站作为省级试点。鹰潭市交通运输局积极做好乡(镇)农村公路综合服务站建设试点工作。为力争鹰潭市有更多的乡(镇)纳入试点范围,市交通运输局成立了专门机构,各县(市、区)也成立了分管副县长为组长,各职能部门负责人为成员的筹建试点领导小组,形成了县市联动的工作体制。优中筛选符合申报条件的乡(镇),并在服务站建设项目可行性方案审批过程中开辟"绿色通道",高质量地在规定时限内完成了贵溪市文坊镇、余江县潢溪镇、龙虎山上清镇3个镇的试点申报工作。

(鹰潭市交通运输局)

【余江县筹建试点乡镇农村公路综合服务站】 为进一步提高农村公路建、管、养、运综合管理水平,探索新形势下农村公路建、管、养、运新型管理模式,余江县贯彻省交通运输厅有关文件精神,结合实际,筹建试点乡镇农村公路综合服务站。首先高度重视,加强领导。成立了由县委常委、县政府分管副县长为组长,县交通运输局局长为副组长,县发改委、县财政局、县法制办等相关职能部门负责人为成员的筹建试点领导小组。其次是精心组织,科学规划。根据本县客运、养护的实际情况,选定潢溪镇为建设试点乡镇。该镇人口有4万人,位于县域中部,是县城经济循环园区基地,辐射面广,具有广泛性、代表性,这将更加有利于推动和促进该县乡镇农村公路建设和提高农村公路综合利用率。

(汪有根)

【遂川县完善客运站、亭基础设施建设】 2011年,遂川县运管所不断加强各乡镇客运站、亭基础设施建设,坚持"选址合理化、投资多元化、站级多标准、经营多形式"的原则,通过 组织实施,对新续建的2个客运站和44个候车亭的选址以及乡镇建设单位进行了落实,并采取组织议标形式决定施工单位。在日常工作中,坚持每月一检查、每季一督查,确实保证站(亭)建设工作任务的顺利进行。2011年35个候车亭全面竣工,全县308个行政村,达92.83%实现通行客车。

(遂川县交通运输局)

【安福县新建农村客运候车亭20个】 2011年,安福县新建农村客运候车亭20个,完成建设投资20万元。截至年末,全县候车亭累计建成116个,完成建设投资116万元,覆盖了各乡镇绝大部分行政村,行政村客车通达率达86.7%。全县交通运输网络化已基本实现,对推动全县经济发展,加快新农村建设速度起到重大作用,同时,也方便农民出行、确保交通运输安全快捷。

(安福县交通运输局)

【瑞昌市农村公路客运站亭建设取得好成绩】 2011年,瑞昌市农村公路客运站亭建设稳步推进,取得好成绩。市区城西客运站按一级车站设计建设,占地2.7公顷,建筑面积43054平方米,总投资1.25亿元,2010年7月破土动工,2011年10月竣工,11月15日正式投入运营。农村客运站黄金站已投入运营,肇陈、南阳、南义、乐园4个客运站主体工程已全部完工并投入运营。全年并完成农村公路候车亭20个。完成武蛟乡镇农村公路综合服务站申报立项工作,被省交通运输厅确认为2011年度建设项目。

(九江市交通运输局)

【修水县汽车总站车站建成营运】 10月9日,县道路客运枢纽车站——修水汽车总站竣工并投入营运。该站投资1.15亿元,于2010年6月开工建设,占地面积8公顷。该站以长途、短途、公交、出租车为服务对象,将配套服务设施融为一体,实现旅客乘车无缝衔接的综合性车站,是按照国家一级客运汽车站标准建设的县级车站。目前是全省规划最大,功能最齐全,设备最完善的县级车站之一。

(九江市交通运输局)

【湖口县汽车总站建成并投入运营】 湖口县汽车总站位于景湖公路与盛源南路交汇处,是集客运、修理、公交、出租服务为一体的综合汽车总站。该站占地面积4.13公顷,项目总投资6000万元,于2011年12月中旬建成并全面投入运营。现日发汽车班次800个,运送旅客16000人次。

(九江市交通运输局)

【新余市乡镇客运站和候车亭建设任务全面完成】 2011年,省交通运输厅下达新余市乡镇五级客运站建设项目2个,农村候车亭建设计划20个,至12月,任务已全面完成,共完成投资610万元。新余市交通运输局十分重视客运站和候车亭建设工作,首先是把建设任务落实到县区,要求明确具体负责的责任人。其次,落实配套建设资金,设法多渠道进行筹措,并跟踪督促,做到不留缺口。再次,要求各县区积极做好建设前期准备工作,如征地拆迁、平整土地等。在工程建设期间,该局更是抓住不放松,定期派人至施工现场进行监督检查,发现问题,及时协调解决。

(新余市交通运输局)

【金溪县琉璃汽车站竣工投入营运】 金溪县琉璃汽车站为乡镇汽车站,面积600平方米,砖混结构,总造价80万元。该站于2010年6月动工,2011年12月竣工并投入使用。该项目由金溪县建筑公司承建,金溪县监理站监理。

(金溪县交通运输局)

【南城县驾驶技能培训学校动工兴建】 10月24日,南城县驾驶技能培训学校建设工程在万坊镇正式奠基,标志着该县交通运输场站建设取得了新的成绩。该驾校由南城县汽车运销集团有限公司投资建设,共征地7.33公顷,总投资1100万元。

(南城县交通运输局)

【赣州市全年建成347个农村客运候车亭】 2011年,赣州市已建成农村客运站17个,农村候车亭347个。2011年,赣州市委、市政府下达建设农村客运站、客运候车亭任务,要求符合通行条件的行政村90%通客车。该市各级交通运输管理部门以提高人民群众生活质量和幸福指数为目标,围绕2011年民生工程建设任务,加大农村客运发展力度,积极推进民生工程建设,取得了显著成效。至12月,全市开工在建农村客运站20个,开工在建农村客运候车亭155个,符合通行条件的行政村通客车率达93.4%。

(李发淳)

江西交通史志年鉴部分书籍

运输生产

道路运输

【概况】 截至2011年年底,全省公路运输完成客运量72527万人、旅客周转量3409013万人千米、货运量98358万吨、货物周转量2066.83亿吨千米,同比分别增长2.69%,3.15%,11.2%,11.7%。客运平均运距47千米,货运平均运距210千米,日均运送旅客198.7万人、货物269.5万吨;公路运输四大指标在综合运输体系中所占比重分别为92%、36%、89%、70%,公路运输在综合运输体系中继续保持主导地位。道路运输以其灵活、快捷、方便、舒适的特点,为人民群众的生产、生活提供了强有力保障。

随着近年来江西省公路建设的飞速发展,公路交通基础设施逐步完善,公路总里程已达到146632千米,其中高速公路3603千米,“三纵四横”的主骨架网基本建成,12个出省高速通道全部打通,省内直通高速公路的县(市、区)达到89个,所占比例达到了89%,为客、货运输生产提供了重要保障,道路运输在全省综合运输体系中的地位优势日趋明显。同时,在应对元旦、春节、清明、“五一”、端午、中秋、“十一”等节假期客流高峰的运输中,道路运输也发挥着越来越重要的作用。

农村客运网络得到明显优化,进一步促进了客运量和客运周转量的增长,运输需求基本满足。投入到农村客运的车辆达到9462辆,开通农村客运班线3610条,同比分别增长2.5%和4.94%。

公路货运逐步形成以普通货物运输,特种专项货物运输,货运服务,物流服务为主的多种服务方式相结合共同发展的新格局。

全省营运汽车拥有量达到28.96万辆,同比增长了14%,其中营运客车1.86万辆、46.5万座位,同比分别增长了5%、10%,营运载货汽车27.1万辆、143.7万吨位,同比分别增长了14.7%、26.4%。道路运输装备持续增加,运力结构得到进一步调整,较好地满足了日益增长的不同层次运输需求。

拥有100辆客车以上的班车客运企业达到35户,50辆客车以上的企业98户,班车客运经营业户户均拥有车辆16.4辆,同比增加了近3辆,班车客运经营业户的平均规模继续扩大。货物运输经营户数达14.5万户,同比增长了13.3%,户增均拥有货车2.8辆,同比增加了0.1辆。农村公交、城际快货、现代物流等新型服务方式应运而生。

运力结构不断优化,高中级营运客车快速增长。全省营运客车更新速度进一步加快,标准化程度高、舒适性能好、安全性能强、能耗低的营运汽车所占比例逐年提高。高级营运客车已达4665辆、179615座,同比增长19.7%、23%,中级营运客车已达3908辆,94258座,同比增长9.1%、6.3%,车型结构不断优化,运输装备明显改善。全省中、高级客车共8573辆,占整个运力结构的46.1%。

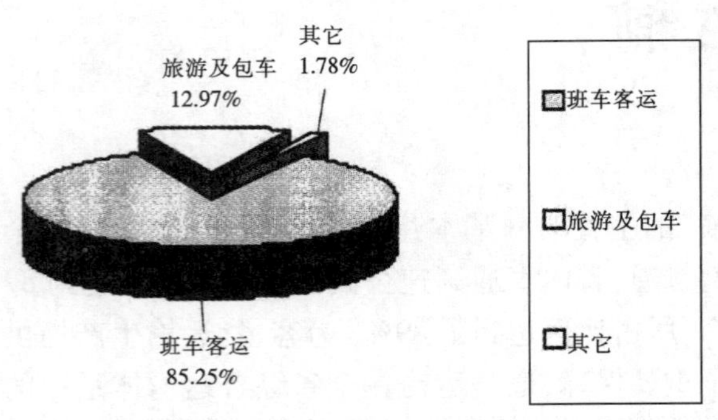

图1　全省运营载客汽车构成及比例

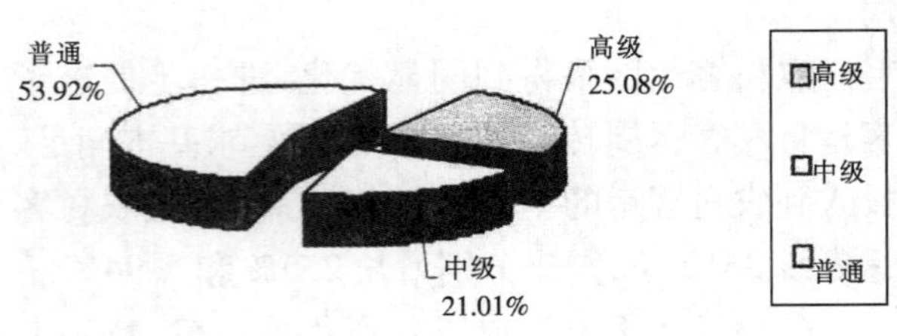

图2　全省运营载客汽车按等级分构成及比例

大型货车和小型货车发展较快。大吨位、高效率的大型货车和轻便灵活的小型货车均得到了较快发展。大型载货汽车达10.5万辆、116.9万吨,小型载货汽车达13.4万辆、16.97万吨位;同比分别增长15.3%、28.5%、15.1%、18.5%。运力结构不断优化,行业竞争力进一步加强。

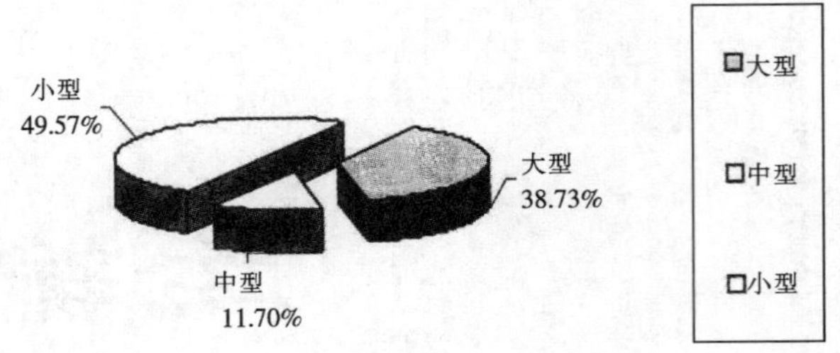

图3　全省运营载货汽车构成及比例

2011年营运载货汽车运力结构

表3

年度	载货汽车按车型划分所占比例				按经营范围分所占比例	
	大型	其中:重型	中型	小型	普通载货	专用载货
2011	38.73%	21.52%	11.7%	49.57%	95.7%	4.3%

积极推进危货企业集约化经营,提高市场竞争力。危险货物运输经营业户达234户,拥有危险货物运输车辆8519辆,户均拥有车辆数为36.4辆,明显高于普通货运。提高了市场竞争力,危险货物运输向规模化、集约化发展。

客运班线班次稳步发展。全省共开通客运线路6845条,平均日发班次达到5.2万个,其中跨省客运班线1183条,跨市(县)客运班线1303条,市(县)内客运班线4359条,紧紧抓住全省高速公路快速发展的机遇,大力发展高速直达客运,高速公路客运线路发展到498条,400千米至500千米以内当日往返、800千米至1000千米以内当日到达。

农村客运网络化程度继续提高,乡镇客车通达率为100%,行政村通车率达到90.4%,比上年提高了1个百分点,一年又解决了60个行政村农民群众的出行问题,使更多的农村群众共享现代交通改革发展成果。

(陈　刚)

运输企业

2011 年江西省道路运输从业人员数

表 4 计量单位:人

地区	从业人员数合计	道路旅客运输	客运驾驶员	乘务员	道路货物运输	道路货物运输驾驶员	危险货物运输驾驶员	危险货物运输押运员	危险货物运输装卸管理员	站(场)经营	客运站经营	货运站场经营	机动车维修经营	技术负责人	质量检验员	其他	机动车驾驶员培训	汽车租赁	其他相关业务经营
全省合计	686926	62637	36103	17943	521264	453992	13033	10214	2544	12029	11098	589	60833	6245	4049	905	12841	109	16308
南昌市	132076	8692	5993	1559	90060	59345	1369	1297	78	2711	2644	0	15300	627	341	106	1537	0	13670
景德镇市	37462	2312	1129	0	27993	18115	536	415	0	611	611	0	5941	152	132	25	580	0	0
萍乡市	39661	3394	2122	1272	32566	29005	1173	1021	177	459	237	0	2746	82	171	27	418	0	51
九江市	58214	8695	6176	2070	43738	41869	865	685	134	1139	1139	0	3307	405	314	100	1115	0	120
新余市	36837	972	564	290	32874	32147	184	230	30	256	256	0	2475	399	210	23	237	0	0
鹰潭市	18561	884	512	372	15924	15268	359	236	61	100	100	0	1311	71	71	18	321	3	0
赣州市	96016	15113	6380	4079	67693	65924	1318	646	142	2109	1721	388	7019	1404	360	213	3234	86	549
吉安市	64933	5375	2871	1909	51260	47582	1652	1590	436	1085	962	86	6232	812	505	94	546	0	341
宜春市	67089	4765	3141	1624	51592	48743	3300	1923	926	1411	1310	101	7230	1021	897	105	1762	0	224
抚州市	57213	4437	2737	1610	47193	44237	1391	1360	457	605	575	14	3329	492	461	54	634	20	941
上饶市	78864	7998	4478	3158	60371	51757	886	811	103	1543	1543	0	5943	780	587	140	2457	0	412

【道路运输站亭、维修、驾培等相关业务迅速发展】 截至2011年底,全省累计建成等级客运站867个,货运站54个,建成候车亭12000个,其中一级站17个、二级站90个、三级站61个、四级站118个、五级站581个,初步形成了以一、二、三级站为主骨架,区乡级站为节点,辐射乡镇、延伸农村、信息联通的道路运输站场服务体系。

机动车维修业户9872户,其中一类维修企271户,二类维修企业1290户,三类维修企业5744户,完成主要工作量318.7万辆(台)次,同比增长1.12%,汽车综合性能检测站66家,完成检测量37.9万辆次,同比增长9.98%,初步形成了以一类维修企业为骨干,二类维修企业为基础,三类维修企业为补充,综合性能检测站为技术支持,多种经济成分协调发展的机动车维修服务网络格局,为社会提供高效优质的服务,为道路运输业提供强大的技术支持和保障。

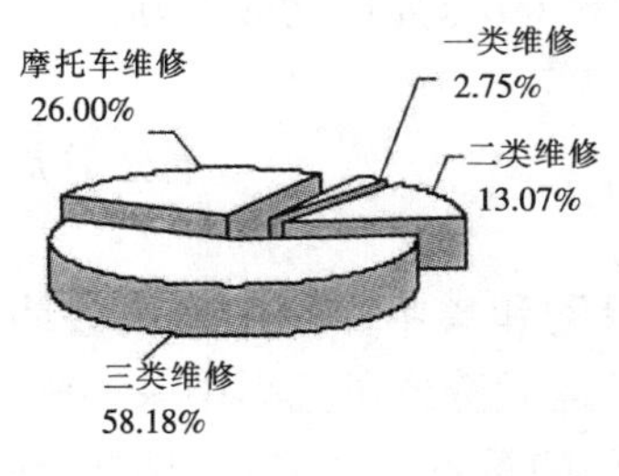

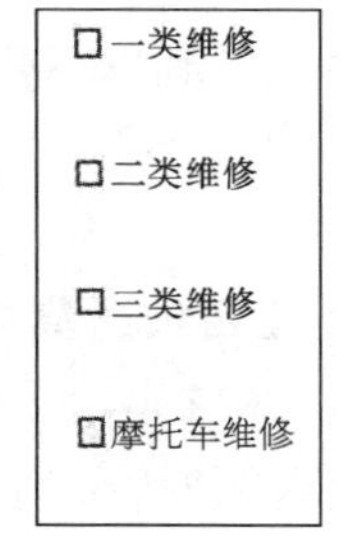

图4 全省道路运输从业人员构成及比例

机动车驾驶员培训业户384户,同比增长12.28%,其中一级驾校23家,二级驾校241家,三级驾校120家,培训了50.1万人次,同比增长30.1%,驾校网点布局合理,实现了现代化教学与管理,汽车驾驶员培训能力和培训质量适应社会发展的要求。

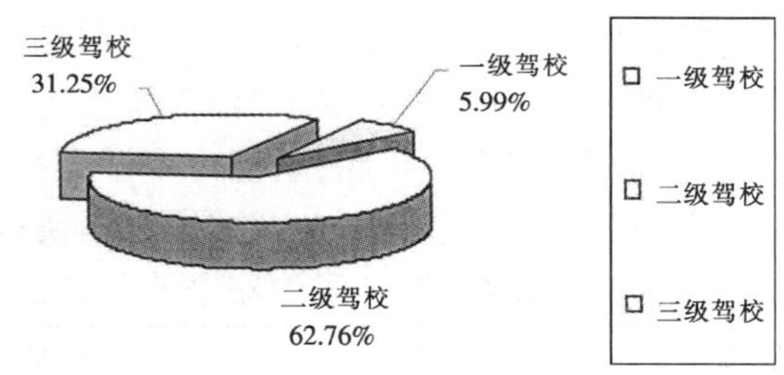

图5 全省运营载客汽车按等级分构成及比例

【江西省道路运输业发展为社会提供了更多的就业机会】 截至2011年底,全省道路运输经营许可证在册数达到16.8万张,较2010年增加3.4万张,同比增长25.22%;道路运输从业人员68.7万人,同比增长8.73%,其中持证上岗人员59.7万人,同比增长10.11%;为社会提供新的就业岗位5.5万个。

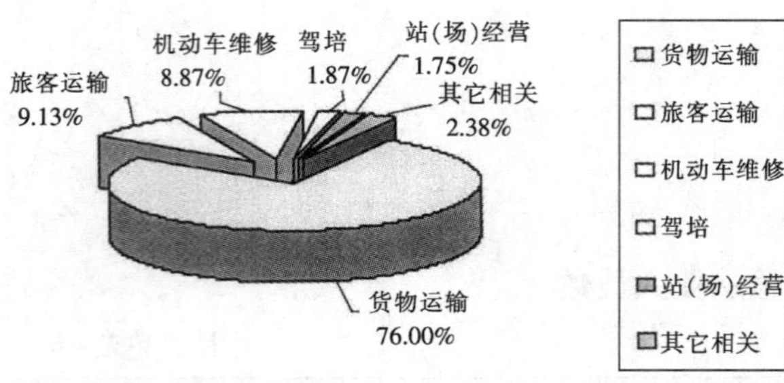

图6 全省机动车维修业户构成及比例

(陈 刚)

【江西道路运输服务水平进一步提高】 2011年,江西创新了农村客运站建设模式,积极推行农村公路综合服务站建设。农村公路综合服务站是集农村客运、农村物流、路政、运政、农村公路养护一体的交通基础设施,是交通服务于"三农"的一种创新。江西省提出了农村公路综合服务站建设初步意见,编制了工程可行性研究编制方案和规划建设指南,结合《"十二五"农村客运网络发展规划》,将综合服务站纳入规划中,完成了50个农村公路综合服务站的前期配套工作。

加快培育和发展汽车快修连锁网络,加大了"江西快修"品牌的推广力度,对汽车维修快修连锁业态贯彻"扶植品牌、改善环境、培育市场、有序推进",的思路,并组织开展了"江西快修"品牌创建活动,截至2011年年底,全省评审了3批共计116家"江西快修"品牌企业,并对"江西快修"品牌企业进行了授牌,提升了汽车维修行业的公共服务能力。同时,加大宣传力度,推介"连锁快修"的理念,引导车主消费观念改变和车辆消费群体流向。

全省11个设区市已全部建成2个道路运输从业资格考试考点,即专业知识应用能力考点和无纸化理论考点,正式启用无纸化理论考试系统开考了道路运输从业资格无纸化理论考试。考试环境明显优化,考务管理明显规范,考试效率明显提升,考试质量明显提高。

(陈 刚)

【江西省公路运输市场退出机制进一步健全】 以《江西省道路运输条例》正式出台为契机,加强配套制度建设和规范性文件出台。编印了《江西省道路运输条例条文释义》,出台了省地方标准《汽车客运站服务规范》,发布《江西省道路旅客运输班线经营权招标投标暂行办法》《江西省道路运输从业人员资格考试考核员管理办法》《江西省机动车综合性能检测机构管理规定(试行)》等规范性文件26件,加大了道路运输市场退出机制的健全完善力度。2011年全省报废和检验不合格退出车辆3200辆,吊销(注销)经营许可证业540户,吊销(注销)从业资格证620人。首次举办听证会,坚决吊销多次违章经营的鹰潭至珠海班线的经营许可;对9条到期而考核评估不合格的省际班线坚决收回原经营者班线经营权,并通过公开招投标重新确定经营主体;对各项安全管理工作不达标、存在重大隐患的3家汽车站实行降级处理:对87所资格条件不达标的驾校下达了限期整改通知书,17所驾校责令停业整顿,9所驾校强制降级,1所驾校被吊销行政许可;吊销了不合格32名教练员和165名客货运输驾驶员的从业资格证,并将其列入"黑名单"。

(省运管局:陈 刚)

【江西长运完成多项并购】 2011年,江西长运股份有限公司在公司发展过程中注重继续抓好对相关企业的并购,取得了较好成效。其中,该公司在2010年10月收购上饶汽运集团有限公司56.82%的股权,成为控股股东后,又于2011年末投资1.35亿元对上饶汽运集团有限公司进行后续收购,达到拥有100%的股权。2010年末,公司收购鄱阳县长途汽车运输有限公司78.8%的股权,成为控股股东,又于2011年3月收购该公司剩余股权,累计投资5775.39万元。2011年8月,公司出资4800万元收购了兴发物流(南昌)公司100%股权。2011年12月,公司投资3905.4万元成功收购鹰潭市汽车运输有限公司97.02%的股权。继2010年公司投资560万元成功收购吉安公交公司70%股权后,2011年公司又投资700万元成功收购新余公交公司,顺利进军公交业务。

(省运管局)

【江西长运集中采购和集中保险工作成效明显】 2011年,江西长运股份公司把集中采购和集中保险作为公司管理的重点工作来抓,调配合适人员,组建公司层的相关机构,建立、补充和完善相关制度。公司的车辆采购工作坚持"三统一"原则,即统一招标、统一签协议、统一承兑付款;公司的保险工作贯彻“三统一”原则,即统一保险、统一招标、统一签协议。2011 年,该公司对 567 辆大客车实行集中采购,总采购金额 17593.06 万元,节约成本 2681 万元;集中保险为公司节约成本 1164 万元,两项合计为公司节约 3845 万元。强化集中采购和保险工作,不仅增加公司商务谈判的实力而且使公司和子公司都受益。

(江西长运)

【江西长运公司综合站务管理系统实现升级换代】 2011 年,江西长运股份公司投资 325 万元升级换代综合站务管理系统并已投入使用。现在,公司能够向旅客提供南昌、景德镇、新余、抚州、吉安、乐平往返车票的互售,实现提前 20 天从网上订票。另外,公司还可以提供“114”查询、电话订票或送票上门等服务。该系统的升级换代提高了公司服务水平,方便了旅客出行,同时整个公司也提高了包括客运业务数据处理方面的速度、质量在内的管理水平。 (江西长运)

【南昌长运春运前到高校售票】 根据国家交通运输部统一部署,2011 年春运从 1 月 19 日开始。为保障广大高校学生寒假安全、便利、快捷、有序回家过年,江西长运南昌公司于 2011 年 1 月初起,专门组织上门售票组前往南昌市近 40 所大专院校,进行主题为“体验长运的温馨、享受回家的感觉”的上门售票活动,并采用海报张贴等宣传方式进行广泛宣传。

此次上门售票,公司向学生承诺:上门售票免收任何手续费;单车学生票实载率达到 50% 以上的班次,公司将组织车辆到学校接送。此外,公司还推出为部分困难学子提供回家免费车票的爱心公益活动。 (吴 娇)

【江西长运积极应对高铁、城铁、城乡公交的竞争】 江西长运股份公司针对高铁、城铁、城乡公交的冲击和挤压:一是认真研讨与城铁同方向同线路的竞争方案,如票价、座位数等科学定位;二是做好铁路盲点班线的接驳运输;三是牢牢抓住站场布点建设,占领客运市场据点;四是继续稳步推进城市公交并购项目,促进客运与公交资源整合;五是继续抓好公车公营改造,对客源稳定的班线要积极推行公车公营。同时,要求各子公司要充分利用好江西长运的客运网络,发挥协同作战优势,巩固现有班线,培植精品班线。

(江西长运)

【江西长运安全生产工作取得好成绩】 江西长运股份公司坚持做好安全生产工作,认真贯彻“安全第一、预防为主”方针,落实“安全第一、服务第二、效益第三”的经营理念,2011 年安全生产形势总体平稳,三大安全指标优于国家对一级道路客运资质企业所要求的安全标准,其中,公司责任安全事故率 0.01 次/车(2010 年 0.01 次/车),责任安全事故伤人率 0.013 次/车(2010 年 00.009 次/车),责任安全事故死亡率年 0.005 人/车(2010 年 0.006 人/车)。全年没有发生重特大交通事故和重大服务质量投诉。

(江西长运)

【南昌智能公交系统启用“掌上公交”】 11 月,南昌智能公交系统“掌上公交”(又称手机公交电子站牌)正式投入运行,每辆公交车进出站的信息通过 GPS 定位后,再传送到手机运营商服务器里。当乘客用手机登录“掌上公交”客户端后,即可实现查询功能。查询的内容包括目标公交车与等车站点的距离、到站、离站等实时信息,甚至还可以设置预约服务,让手机自动响铃提醒,减少了乘客不必要的盲目等待。至年底,“掌上公交”已覆盖南昌 156 条公交线路 1000 余辆公交车,该系统的投入提升市民出行效率。“掌上公交”软件的下载及使用,南昌公交公司不收取任何费用,使用过程中产生的流量费由手机运营商收取。

(章彦宏)

【景德镇长运公司开展金秋助学行动】 暑假期间,景德镇长运公司开展金秋助学行动,推出景德镇至武汉、长沙两地的学生票服务,以吸引更多学生选择乘坐客车出行。

此次金秋助学行动推出的学生票价为:景德镇至武汉每票 110 元,较正常票价低 45 元;景德镇至长沙每票 126 元,较正常票价低 51 元。大、中专院校在校学生凭学生证,新入学学生凭大、中专院校录取通知书可购买学生票。

(涂 强)

【景德镇道路货物运输业质量信誉考核结果揭晓】 8月26日,景德镇市公路运输管理处根据江西省公路运输管理局《关于修订江西省道路客运和货运企业质量信誉考核实施办法的通知》(赣运客货字〔2010〕4号文件要求),对全市51户道路货物运输企业进行认真考核。经考核,市区道路货物运输企业中有2户被评定为“AAA”级,10户被评定为“AA”级,6户被评定为“A”级;乐平市道路货物运输企业中有1户被评定为“AA”级,14户被评定为“A”级;浮梁县道路货物运输企业中有6户被评定为“AA”级,4户被评定为“A”级,4户被评定为“B”级;昌江区道路货物运输企业中有4户被评定为“A”级。为适应新形势、新政策而实施的道路运输企业质量信誉考核制度,在更好地引导和促进道路运输经营者加强管理,保障安全,诚信经营,优质服务等方面发挥着积极作用。

(顾雪群)

【景德镇道路运输从业资格无纸化考试系统启用】 自9月1日起,景德镇市道路运输从业人员资格考试将实行无纸化考试,这标志着原有的人工操作考试方式从此成为历史。道路运输从业资格无纸化考试有助于进一步加强对道路运输从业人员的管理,提高道路运输从业人员综合素质。无纸化考试中心拥有先进的网络信息传输系统、完整的操作和信息监控平台,可一次容纳30余人考试;采取滚动式考试流程,操作简便,计算机随机抽题,参加考试的人当场就可以了解考试结果。无纸化考试模式的运用,能减少考试、阅卷、评分过程中的人为因素,体现道路运输从业资格考试的客观性、公正性,实现道路运输从业人员智能化、信息化、网络化管理。

(熊钦锦)

【萍乡市道路运输行业新发展】 萍乡运管部门通过大力宣贯《江西省道路运输管理条例》,使全市道路运输经营行为得到进一步规范,道路运输市场健康有序发展。全年共完成客运量5954万人,旅客周转量154829万人千米,完成货运量8131万吨,货物周转量870637万吨千米,比上年均有较大幅度增长。城市公交发展保持整体提升态势,年内共完成客运量8600万人次,完成运营里程3595万千米,实现稳中求升目标。全市班线客车完成“清挂”目标,“公车公营”客运市场初步形成。包车客运、旅游客运的“公车公营”模式被省公路运输管理局推广到全省。萍乡道路运输管理部门在危险货物运输行业积极推行“一司一品”经营模式,专业化、规模化、集约化的危货运输管理得到了加强,形成了具有萍乡特色的危货运输经营模式和管理方式。

(陈孝法)

【萍乡市发展现代物流业】 年内,萍乡市交通运输局、萍乡市运管处积极协助上级部门编制《江西省交通物流基地布局规划》,推进萍乡物流业科学发展。由萍乡市交通运输局及萍乡市运管处牵线搭桥大力培育发展起来的江西烟花鞭炮物流中心,已成长为萍乡市最大的出口创汇企业,是全省物流业最耀眼的一颗明星。

(陈孝法)

【萍乡货运企业实现质量信誉AAA突破】 随着萍乡市达金物流有限公司以940分的考核高分被江西省运管局复审核定为2010年度道路货物运输质量信誉优良企业,萍乡货运企业首次突破了质量信誉AAA瓶颈,历时4个月的萍乡市2010年度货物运输企业质量信誉考核工作顺利结束。为促使萍乡道路货运行业健康发展,萍乡市运管处自2009年起在全市道路货运企业特别是危险货物运输企业中开展一系列旨在提高企业安全生产与服务意识,提升内部管理水平和从业人员责任感的主题活动,多次召开全市主要货运企业负责人会议并出台相关文件,要求企业转变经营理念、强化风险意识、维护人民群众生命财产安全、保障社会和谐稳定,并要求各企业结合年度质量信誉考核将以上工作落到实处。到2011年6月,在参加萍乡市2010年度道路货物运输企业质量信誉考核的81户企业中,除部分普货运输企业因种种原因被核定为不合格外,绝大多数企业都被核定为基本合格以上,危货运输企业都在合格以上,萍乡市达金物流有限公司被江西省运管局复审核定为质量信誉优良企业,实现了萍乡货运企业质量信誉的AAA突破。

(李　敏)

【萍乡城市出租车管理显现可喜成效】 年内，萍乡市颁布施行《萍乡市出租汽车管理办法》（修订）、出租汽车“二六二”管理模式相关规范性文件，出台了一系列出租汽车管理服务规范，完成了出租车经营权过渡和新增运力投放工作。全市出租车企业由原来的8户兼并整合为3户，新成立1户，出租汽车规模化经营程度得到有效提升。此外，萍乡市交通运输局还整合城市客运管理机构，并采取各种措施对城市客运实行更全面、规范、有效的监管，出租汽车行业的弊端被大举破除。

（陈孝法）

【萍乡市城乡交通一体化建设真抓实干】 2011年，萍乡市政府和市交通运输局进一步加大对公交基础设施建设的投入，在已有40辆燃气环保空调车的基础上再投资2000多万元新增燃气环保空调车50辆，使萍乡市公交新能源车辆保有量达到90辆，排在全省首位。此外，萍乡市公交总公司投资300多万元新改建公交候车亭150多个，并增加或更换了其他公交服务设施，城市公交线网覆盖面和服务辐射范围进一步扩大。是年，萍乡市运管部门完成4条农村客运班线（萍乡至观泉、萍乡至峡山口、萍乡至高坑、萍乡至路行）的公交化改造并实现正式运营，同时扎实推进“公交进郊，微巴进村”战略，新增、延伸3条近郊公交线路。

（陈孝法）

【江西长运新余公共交通有限公司挂牌成立】 1月6日，江西长运股份有限公司和新余市公共交通总公司合资组建的江西长运新余公共交通有限公司正式挂牌成立，新余市副市长林彬杨出席揭牌仪式并讲话。江西长运新余公共交通有限公司是在原新余市公交总公司的基础上，通过引进江西长运股份有限公司资本，进行改制重组成立的新公司，是新余市委、市政府进一步深化国有企业改革，做大、做强公共交通，推进城乡公交资源整合的一个战略举措。林彬杨对江西长运新余公共交通有限公司的挂牌成立表示热烈的祝贺，并希望江西长运新余公共交通有限公司全体干部职工，继续发扬团结奋进、自强不息、顽强拼搏，把公交这项与人民生活息息相关的公益事业做好做实。

（周　亮）

【新余公交获得“江西省摸范劳动关系和谐企业”称号】 6月3日，江西省模范劳动关系和谐企业和工业园区表彰会在南昌举行，会议通报表彰104户模范劳动关系和谐企业与8个模范劳动关系和谐工业园区，江西长运新余公共交通有限公司榜上有名，获得“江西省模范劳动关系和谐企业”荣誉称号。2011年，公司以建立规范有序、公正合理、互利共赢、和谐稳定的新型劳动关系为重点，扎实推进和谐企业建设，努力构建平安和谐公交。公司坚持依法治企，严格遵守和执行劳动保障法规，切实规范劳动用工，支持和充分发挥公司工会作用，努力提高职工收入，不断改善和优化职工工作环境。同时，公司还通过深化和完善职代会、司务公开、工资集体协商制，切实保障职工合法权益。公司坚持以人为本，把“理解职工、尊重职工、关爱职工、激励职工”作为企业管理出发点和落脚点，不断丰富和发展“和谐聚人心、和谐优服务、和谐促发展”的和谐企业文化，进一步密切了企业与职工、干部与职工、职工与职工之间的感情与联系，增强了企业内在活力及凝聚力、战斗力和创造力，有力促进了企业的和谐稳健发展。

（胡　军）

【新余市“无车日”期间200余辆公交车全部运行】 9月20日，200余辆公交车全部投入运行，新余市公交公司调整了运行班次，加大了发车密度，高峰时段的运力比平时增加15%。以解决城市“无车日”活动，减少公众对小汽车出行的依赖，鼓励人们尽量选择公共汽车、轨道交通、自行车、步行等绿色交通方式出行。“无车日”当天，为防止出现乘客长时间滞留现象，新余公交公司积极做好火车站、洪客隆、长途汽车站、赣新路口等主要站点和101线路、高新区等有关线路的车辆调配，将途经以上站点和区域线路的客流高峰时段运力增加10%～15%，及时输送乘客，缓解乘车压力。

（胡晓文）

【新余公交公司启动恶劣天气应急预案】 2011年元旦期间，新余市迎来一股强冷空气，雨雪冰冻天气给道路交通安全和市民出行带来不便。江西长运新余公交公司立即启动恶劣天气应急预案，全体公交员工坚守一线，全力保障雨雪冰冻天气期间市民出行。一是确保公交车辆出勤率达100%。公交公司为确保200余辆公交车的正常出勤,安排专人24小时值班,及时通报天气变化情况,提前做好应对工作。同时积极与石油公司联系,确保防冻柴油足量供应。此外安排专人对车场的积雪清扫工作,全力确保车辆准点出勤。二是排除巡逻小组,增派抢修车辆。公交公司派出21人组成的巡逻小组,在各主要站点和交通要道进行现场巡查,收集和了解路面冰冻情况,为调度中心提供有效依据,同时提醒驾驶员减速行驶,并负责解决处理突发事件。同时充分发挥公交GPS调度中心的指挥功能,及时、准确、有效地发布预警信息,灵活调度车辆,安全有序运行。针对大部分车辆行驶中出现油管冻结、发动机电机冻坏等机械损坏,公司修理厂增派5台抢险车3个班组共27名修理工,分布在各条营运线路上进行现场维修作业,力保车辆正常运营。

(宁茂昌　邓涵予)

【鹰潭市汽车运输有限责任公司】　年旅客周转量7512万人/千米;年运输旅客量62.6万人;年发送班次4.05万班次;年营运收入1987.8万元;全年加发班次560班次。与邮政部门合作设立梅园、火车站、广场车票代售点3个。

(艾年宗)

【鹰潭市公共交通有限责任公司】　营运收入2321.72万元,比上年同期增长3.2%;上缴税金83.16万元,比上年同期增长8.4%;总行驶里程1054.28万千米,比上年同期增长9%:完成客运量2550万人次,比上年同期增长2%;车辆数160台,其中11月车辆更新10台;新增公交线路顺利开通鹰潭至余江、信江新区2条公交线路;准班准点率96%;站台建设数目市区建设简易招呼站100个,城区K2路龙虎山线完善简易招呼站16个及终点站1个。

(艾年宗)

【赣州市6个物流企业获市规模以上物流企业资质】　2011年8月22日,赣州市现代物流产业发展协调领导小组印发了《关于下发第三批赣州市规模以上物流企业名单的通知》,江西省盐业集团公司赣州公司、赣州致远物流有限公司、定南县永立物流有限公司、赣州市森海汽车贸易有限公司、赣州佳运物流有限公司、崇义县恒泰物流有限公司等6户物流企业获市规模以上物流企业资质。至此,赣州市规模以上物流企业达49户。

(李发淳)

【峡江货运物流业凸显“五增”效益】　2011年,峡江县围绕打造赣中物流强县这个目标,加大政策扶持力度,强力推进货运物流产业发展。货运物流产业成为与工业和特色农业并驾齐驱的县域经济支柱产业,凸显“五增”效益。一是企业增利。从2000年第一户民营汽车货运企业成立以来,该县货运汽车以年均15.6%的速度增长,2011年全县货运物流企业已有64户,自开票纳税企业25户,其中年创税达100万以上的企业超过16户。二是政府增税。近7年以来,货运物流业税收占该县地方税收的1/3,占全县财政总收入的1/6。2011年1~7月,共实现货运税收5664.93万元,同比增长146%。三是银行增效。峡江货运物流产业已成为全省名牌,每年购车资金都在亿元以上。峡江货车赚钱效益快,还贷及时,备受银行业青睐。2011年全县共投入产业发展资金9727.76万元,其中银行放贷1800万元。在行业自身创造效益的同时,为社会资金的流动起到了较好的带动效益。四是群众增收。产业发展给广大农村劳动力和城镇下岗人员拓宽了就业渠道。该县有1.5万余人从事货运、信息配载、维修配件、货运服务、专业购销等,他们因货运物流业而致富。五是城市增容。一人开车,惠及全家。2000多名农村从业人员举家迁到县城,在城区购房,拉动了房地产、餐饮和娱乐等第三产业发展,为城市建设提供了不竭动力。

(周文庆)

【安福县货运物流产业强力推进】　2011年,在县委、县政府的高位推动下,县物流产业发展服务中心组建了“安福县物流产业信息网站”:全力打造物流信息网络平台,为安福县物流企业发展提供物流信息。全县物流产业健康、有序、快速发展。全县共有物流企业30户,年内新增物流企业7户,有运力7867.08吨,年内新增2212吨,同比增长39.11%,物流产业新增税收1861万元,同比增长12.37%。

(安福县)

【吉州区物流业发展不断壮大】 吉州区货运物流企业规模逐年壮大,物流业发展水平不断提升。2011年全区拥有货运物流企业21户,新增现代物流企业1户,全年货运企业完成税收2568万元。不断完善产业规划,加快物流园区建设。按照吉安市产业发展规划,结合城南专业市场建设,致力于打造现代物流业发展平台。扩大对外交流,提升物流业发展水平。积极开展招商引资工作,招商局物流集团等大型物流企业先后到吉州区实地考察河西综合物流园区,洽谈有关合作事宜。积极探索物流园区开发、建设和管理模式,有效促进了吉州区物流业有序健康发展。

(吉州区)

【宜春市货运产业发展势头】 全市、县两级运管部门,审时度势、靠前服务、加强引导,努力推动货运业转变发展方式,不仅大幅拉升经济增长,而且有力地增强区域竞争能力。全市共发展现代物流企业20多户,初步形成一个干线运输、区域配送和城市配送三级联动,辐射全国的道路运输体系。国内先进的第三方物流华正道落户樟树,投资6.2亿元,并将推出国际化的"甩挂业务"。高安市按照"提升物流层次,壮大贸易规模、延伸生产链条,完善服务体系"的要求,建设融货运用车零件生产、挂车专用车改装、仓库贸易于一体的江西省货运专用车产业基地。正式通过省发改委批复,基地规划已经完成,已有部分货运专用车项目签约,合同资金7.8亿元;万载县依托汽运广场服务平台,创新思维,全程高效服务,加大招商对接力度,推动货运产业做大做强。仅上半年,全县新成立货运公司13家,新上户货车2883辆,公司总数达53家,货车总数达6595辆。樟树实行"万村千乡市场工程"建设为契机,整合电话、电脑、电视等信息载体,以汽车站农村班车资源、零担货车为依托开展农资配送,以4个主要货运枢纽站场、16个乡镇货运站点吸引运输业户,培育各类农产品流通经济实体4193个,吸纳从业人员2万余人。按照"先放活后规范,先繁荣后理顺,先扶持后受益"的思路,运管部门积极争取政府重视支持,先后出台货运车辆落户优惠政策,进一步优化服务举措,简化办证手续,为货运业的发展提供一站式服务,鼓励和支持货运企业通过合法融资渠道吸收社会资本并积极引导发展10吨以上大吨位车辆、集装箱车辆、特种车辆。2011年上半年,全市新增货运车辆4070辆,吨位34595吨,同比增长11%。

(李　明　项广生)

【袁州区道路运输发展态势】 为促进袁州区道路运输业健康稳定快速发展,区交通运输局竭力做好以下工作。①狠抓生产促安全工作。每月定期不定期组织人员下到各运输企业排查安全,对发现的隐患及时督促相关企业整改并跟踪整改落实情况。②做好服务上门工作。该局每月组织机关股室定期去企业上门服务2次,及时为企业排忧解难。对不能当场解决的问题也要在最短时间及时处理好,坚决扫除尾巴。③每年评比"三好"企业,企业安全不留死角。每年防汛抗旱车辆保证随叫随到,车辆性能保障不出问题,运输中不出岔漏,保障货物及时到达。该区货运企业都把安全无事故当作全年工作的首要目标,争做安全优秀"三好"企业,为袁州区经济实现赶超发展提供了强大支持。客运方面,共有营运载客汽车269辆,全年完成客运量1038.5万人次,同比增长1.2%,完成客运周转量30423.5万人千米,同比增长2.5%。货运方面,共有营运货车5400辆,同比增长6%,全年完成货运量2159.3万吨,同比增长2.8%,完成货运周转量106636.5万吨千米,同比增长3.1%。

(李　庆)

【袁州区加速发展汽车运输产业】 该区集锂电、医药、机电、建材、油茶、服务等六大产业支柱,经济快速发展。尤其是省政府批准宜春市建成亚洲锂都,为全国锂电、机电产业打造千亿工程之后,工业迅速崛起。在"走出去"和"引进来"的发展策略下,香港、上海等沿海地区的外商纷至沓来,投资办厂。为适应物流大发展,区政府加强领导,精心组织,制定举措,加速汽车运输产业发展。截至12月,全区物流企业增至75户,汽车运输企业2955户,营运货车5400辆,全年完成货运量2159.3万吨,货运周转量106636.5万吨千米,促进全区经济社会又好又快发展。

(区交通运输局)

【丰城市大力发展道路运输】 丰城市交通运输

局注重道路运输产业培育,优化发展环境,先后出台发展道路运输相关措施,简化办事程序,道路运输及相关行业得到快速发展。2011年,全市有营运货车5909辆,4.01万吨,其中2011年新增货车1171辆,净增吨位9449吨;货运企业83户,其中新增18户;共有客运班线59条,其中省际班线6条,市际班线19条,县际班线7条,从事营运客车224辆5639座,由5个客运企业(车队)经营管理,所有县内班线客车均为城乡客运公交,城乡居民乘车到终点站只需3元/人次;完成客运量894.6万人次,客运周转量33994.8万人千米,完成货运量907.9万吨,货运周转量43579.2万吨千米,分别同比增长8.44%、7.78%、7.32%、7.39%。

(皮小荣)

【奉新县稳步推进货运产业发展】 奉新县交通运输局按照科学发展观的要求,采取组织和鼓励富裕起来的广大群众筹资购车,以优惠政策招商引资,发展物流业。以简化发展道路运输手续,缩短办证时间,为发展提供优质服务等举措,进一步助推全县货运产业稳步发展。通过努力,货运产业运力结构的调整步伐进一步加快,全县新增货车上户344辆,新增吨位2632吨,淘汰老旧高能耗货车338辆,计4425吨,农用车374辆,计410吨,货运运力发展进一步朝着大型化、专业化、集装箱式方向发展和调整。

(魏振宇)

【上高工业园区新增18辆公交车投放营运】 上高裕盛鞋厂万余名员工,因厂内周边公交站点少,乘车回家非常困难,职工反映强烈。县交通运输局组织人员到工业园进行调查,广泛听取职工各方意见,与公交公司协商,及时投入资金,新购高档豪华公交车投入营运,新增或延长运输线路20多条,有效地解决裕盛鞋厂员工乘车困难。县物价部门的人员,核定每条员工运输线路里程,基准月票价格。为确保园区员工安全有序运输,县运管所针对园区员工运输高峰期短,流量大的特点,与园区企业一起制定"定车、定人、定时、定点"的"四定"管理办法。为园区员工安全、便捷疏散再次系上一根保险带。

(潘泓羽)

【宜丰县营运货车同比增长40%】 为建设大交通,发展大物流,坚持以科学发展观为统领,县交通运输局把发展交通运输作为第一要务,认真贯彻落实县政府《宜丰县关于加快发展道路运输的通知》,制订实施方案,采取举措,做大全县道路运输产业。并按照"先放活后规范,先繁荣后理顺,先扶持后受益"的思路,鼓励和引导广大群众投资,办道路运输业和物流业。完善网上审批和"一站式"办证服务,全面落实延期服务、预约服务、上门服务等便民服务措施,进一步提高办事效率和服务质量。全县兴起办道路运输业热,新增营运车辆1206辆11988吨位。截至12月底,全县营运货车拥有量达3069辆38509吨,同比增长40%以上。

(漆志勇)

【宜丰县更新出租车】 宜丰县交通运输局针对出租车市场出现的车辆老旧、状况差、安全系数低等状况,为确保广大群众乘车安全,提升乘车幸福指数,经多次与出租车车主协商,共筹资500余万元,并报县政府同意,4月,出台出租车更新方案。优选车型,调整经营期限,全年更新出租车35辆,其余车辆正在分批更新中,此举受到出租车车主和市民的好评。

(漆志勇)

【铜鼓县城乡公交一体化凸现特色】 年底共有城乡公交车辆36辆,开通以体验农家情趣为主题的客家民俗文化路。从县城连接至城郊客家风情的农家乐、蔬果园、度假村的两条环城公交线;以秋收起义为主题的红色文化,从县城(赣湘边秋收起义阅兵广场)—秋收起义纪念馆—月形湾(毛泽东化险福地)红色旅游城乡公交线,和以优美生态为主题的休闲观光文化,从县城(铜鼓石)—大段(天柱峰国家森林公园九龙湖景区)—带溪(高速公路接口处冬瓜埚绿色风光带)红色旅游城乡公交线。凸显铜鼓"红色之旅,绿色之美,休闲之适,风情之特"的特色,为建成一个"山水相融,红绿相衬,人文相亲"的山水生态园林城市,营造便捷、安全、舒适的交通环境,形成吃、住、行、旅、购、观光休闲为一体的道路运输网络,对促进该县客家文化、红色旅游、休闲观光、绿色生态的发展起积极的作用。 (张玉洁)

【万载县货运产业新发展】 货运物流产业是该县升级年的重点项目,围绕货运产业“三个五”(落户企业50户,新增车辆吨位5000吨,实现税费收入5000万元)的工作目标,县直机关部门和各乡(镇)通力协作,采取一系列措施:走出去,请进来,多次组织人员赴上海、广东、南京、浙江等地开展招商活动,搜集物流企业信息,邀请客商座谈,宣传该县招商优惠政策;学习外地物流产业经验,降低入户门槛,引进一批企业前来落户,营造安商亲商的氛围。对引进的公司派专人跟踪服务,日常业务办理遵循“手续从简,时间从短,收费从低”的原则,大力推行预约服务,上门服务,延时服务,直至业户满意为止。县局成功引进浙江温岭客商投资5000万元的“盛典科技化工”和广东中山客商投资6000万元的“索菲雅照明灯饰”两家公司落户县工业园。新增货运企业21户,企业总数达63户,新上户货车1473辆、14056吨位,使货运公司、货运车辆、吨位同比分别增长60%、25%和30%。已落户万载的金诚汽车销售运输有限公司、龙诚汽车运输有限公司、江西郑铁物流有限公司(上述公司均可承运危险品)和高发汽车运输有限公司、江西安东物流有限公司、宏成汽车运输有限公司等均发展较快较好,为县域经济的发展作出较大贡献。

(辛慧民 王小刚)

【袁州区做好企业改制工作】 为切实做好企业改制的扫尾工作,区下属两个国有企业区运输公司、区第三运输公司,因资不抵债,采取破产的形式改制。两个集体企业:区第二运输公司、区装卸公司,采取整体出售的方式改制。至11月,两个国有企业和1个集体企业(区装卸公司)的企业职工安置到位,完成改制任务。袁州区运输装卸公司于1962年成立,以劳动服务为主的集体企业,主要是铁路货场装卸运输货物,隶属于袁州区交通运输管理局。企业坐落在宜春市考棚路2号,占地面积为695平方,现有职工111人,其中,在职工人12人,退休职工99人。企业改制进展情况:①改制职工大会已召开;②完成资产清查、清算;③资产评估已完成;④已着于进行资产拍卖阶段。区二运公司,因固定资产二次拍卖流拍,资产没有变现,职工还未拿到补偿费。该公司于1979年5月成立,以汽车运输为主,兼营标牌生产、旅社、餐饮等为铺的小型集体企业,隶属于袁州区交通局,企业座落在宜春市东风路3号,占地面积355平方米,有一栋6层高、面积1700平方米的服务大楼,现有职工160人,其中在职职工33人,退休职工119人,挂靠人员8人。

(吴泽水)

【抚州长运经济效益迈上新台阶】 2011年,江西长运抚州公司完成旅客运输量947.22万人次,完成客运周转量76968.4万人千米,分别比2010年同期增长49.3%、6.32%。该公司市场控制地位得到进一步加强,客运车辆达到458辆,营运座位11959座、营运班线203条,同比分别增长0.66%、3.25%和持平。2011年春运窗口售票额5595.47万元,创历史新高。全年营业收入15017万元、利润总额1429万元,这两项主要财务指标创造历史新纪录。16个基层单位完成或超额完成当年利润计划的有10个,占单位总数的62.5%。2011年,该公司小件快运收入353.55万元,比上年度增长4.43%,配水业务收入263.12万元,比上年度增长21.2%,物业、驾培、机动车检测收入均有增长,客运相关产业得到较快发展,收入同比增长达42.13%。

(抚州长运)

【崇仁县客货运输取得新突破】 2011年,崇仁县公路运输业以强化道路运输市场监督管理为重点,狠抓道路运输生产安全为根本,积极引导运输企业规范营运,做强做大,不断提高服务水平,客货运输取得新突破。

全县有客运班线51条,投入营运客车96辆(其中更新班线客车8辆),共计座位2314个,营运里程7470千米。全年实现客运量220万人,旅客周转量4850万人千米,分别比2010年增加8%和6%。农村客运班线34条,客运车辆56辆,营运里程达941千米,占全县公路总里程的72.33%,农村公路的79.14%。全县新增货物运输企业7户,新增车辆403辆,吨位1003.67吨。全年总吨位达23842.628吨,比上年增加5887.628吨。

(崇仁县交通局)

【上饶市道路运输实现“人便其行,货畅其流”】

2011年,上饶市道路客运已实现“人便其行”,全市组建客运公司142户,拥有大、中客车7891辆,65415客位;建有城、乡客运站140个,其中一级站2个,二级站11个,三级站9个,四级站50个,五级站68个,开辟客运线路1062条,年输送旅客15218万人次,客运周转量408389万人/千米。建成市、县出租车公司14户,出租车达到1376辆。道路货运也达到“货畅其流”的要求,全市拥有货运公司18598户,各类货车45790辆,301423吨,年货运量14733万吨,货运周转量2445287万吨/千米。全市机动车驾驶员培训学校51所,培训合格驾驶人员72500人。

(陈均培)

运输线路

2011年江西省道路客运线路班次一览

表5

地 区	道路客运线路班次合计		高速公路客运线路		跨省线路		跨地(市)线路		跨县线路		县内线路	
	条	平均日发班次	条	平均日发班次	条	平均日发班次	条	平均日发班次	条	平均日发班次	条	平均日发班次
全省合计	6845	52109	498	1839	1183	1468	1303	4053	846	9435	3513	37155
南昌市	511	4576	23	130	112	138	230	1023	42	840	127	2575
景德镇市	220	1353	10	36	64	81	89	150	9	31	58	1091
萍乡市	244	5528	51	48	53	88	38	70	89	3233	64	2137
九江市	712	6412	195	1241	114	194	145	318	88	533	365	5367
新余市	199	1095	7	15	16	20	62	192	5	18	116	865
鹰潭市	184	2205	2	6	15	15	67	126	27	736	75	1328
赣州市	1268	7833	44	113	346	454	61	105	161	1493	700	5782
吉安市	867	4523	20	27	112	109	104	237	127	683	524	3494
宜春市	676	4264	60	86	87	61	152	540	77	424	360	3239
抚州市	793	6643	58	87	81	126	129	819	92	788	491	4910
上饶市	1171	7677	28	50	183	182	226	473	129	656	633	6367

2011年江西省客运班车通达情况一览

表6

地 区	客运站站务人员	客运站平均日发班次	一级站	二级站	客运站平均日旅客发送量	一级站	二级站	乡镇总数	通班车	建制村总数	通班车
	(人)	(班次)	(班次)	(班次)	(人次)	(人次)	(人次)	(个)	(个)	(个)	(个)
全省合计	8962	42541	5280	21642	810520	137881	428070	1444	1444	16963	15335
南昌市	734	4264	1562	1404	62490	20261	15961	71	71	960	899
景德镇市	611	1353	341	0	43247	22349	0	43	43	505	420
萍乡市	337	5281	280	150	90552	10001	5001	46	46	625	514
九江市	1125	4125	781	2184	69756	14600	38028	181	181	1797	1646
新余市	255	1305	167	855	17194	2063	11696	26	26	364	361
鹰潭市	100	873	213	220	21600	3200	8600	31	31	332	306
赣州市	1594	6592	385	4616	147129	16200	124435	280	280	3387	2971

续表6

地　区	客运站站务人员	客运站平均日发班次	一级站	二级站	客运站平均日旅客发送量	一级站	二级站	乡镇总数	通班车	建制村总数	通班车
	(人)	(班次)	(班次)	(班次)	(人次)	(人次)	(人次)	(个)	(个)	(个)	(个)
吉安市	903	4486	161	3126	80196	3000	66051	218	218	2550	2326
宜春市	1221	3542	991	2351	94056	22015	62511	184	184	2243	2020
抚州市	575	3849	229	2681	79441	4011	40655	151	151	1806	1618
上饶市	1507	6871	170	4055	104859	20181	55132	213	213	2394	2254

【南昌至安义开通公交车】 经南昌市政府协调，南昌至安义班线经营权由江西长运股份公司移交至南昌市公交总公司。安义县交通运输局成立相应机构，制订工作方案和应急预案，加强与江西长运、特别是南昌市公交总公司的联络，妥善解决了公交车与快轿、农村班线客车同线经营等矛盾。

11月10日，南昌至安义公交车正式开通，由市公交总公司投入的新空调大客车运营，票价由原来的18元下调为10元。线路走向为：南昌坛子口北—洪城路—南昌大桥—昌九高速公路—南安公路—安义县城，双向对开。南昌至安义公交车的开通，使安义真正融入南昌半小时经济圈，惠及安义老百姓，享受南昌市民一样的交通出行待遇。为全县群众每年可节省车费800余万元，大大提升安义县的品味和对外形象。加速人流、物流，增添人气、财气（据了解，奉新的宋埠、干州和靖安的仁首等邻近乡镇群众甚至奉新、靖安县城的居民都来安义县乘坐公交车前往南昌），对县域经济的发展起到推动作用。

（徐正柱　章　东）

【南昌老年人、现役军人、伤残军人免费乘车线路范围扩增】 5月1日起，南昌公交正式将全市15万名70岁以上老年人、现役军人、伤残军人免费乘坐公交车线路范围在原有的基础上扩大至新老城区，新增免费乘车线路71条，使免费乘坐公交车线路达到94条。大大方便老年人、现役军人、伤残军人乘坐公交出行需求，体现南昌公交为政府解忧，为百姓谋福和拥军优抚的社会责任。

（章彦宏）

【南昌首次开通公交车专用道】 9月22日，南昌市正式开通2条公交车专用道，让市民享受快捷的公交乘车服务，同时也提高了城市公共交通的效率。

随着南昌城市的快速发展，机动车辆已经突破60万辆，而且每天都在以数百辆的速度增长，车辆增长与道路资源的矛盾越显突出。经过有关部门研究，市政府同意确定在市区主要道路首次开辟一纵一横2条公交车专用道。其中，一纵为八一大桥—阳明路—八一大道—井冈山大道，长8.9千米；一横由洪城路和解放西路分2段组成，长3千米。

公交车专用道实行每天7时至20时设置，在此专用时间段，其他车辆不得在公交车专用道上行驶，公安、交管部门对违规者将依法处以罚款200元，记2分的处罚。对不在公交车专用道行驶的公交车司机亦要处以罚款200元。

（周国祥）

【南昌近郊有了首条新能源空调车公交线路】 203路公交线是南昌市区连接南昌县的重要线路，日客运量近5万人次。南昌公交总公司与南昌县有关部门经过多次实地跟车考查，决定对203线路进行优化调整：南昌公交总公司投入4000余万元购置60辆油电混合动力的新能源空调车，更换203路原有全部公交车。新公交车外形以蓝色为主，均为大容量客车，车内配置了空调、暖风机、防伪投币箱、刷卡机等。为方便识别，203路外线改为201路，203内线仍为203路，全程32千米，运行时间80~100分钟。日发班次由370班增加到390班，收班时间延长1小时（夏季5:30~23:00；冬季5:40~22:30），票价维持一元一票制。7月18日，南昌市首条近郊新能源空调车线路正式开通。

（骆　丹）

【景德镇开通机场专线巴士】 自9月26日起，景德镇市开通机场巴士专线，行驶路线起点为火车站,途经沃尔玛广场—人民广场—珠山中路—西客站,终点为景德镇机场,往返运行,票价每人次10元。

机场巴士专线的班次根据机场已通航班架次发车。星期一、星期三和星期六第一班车发车时间为9:10分,第二班车发车时间为11:30分;第三班发车时间为17:45分,第四班车发车时间为19:50分。市区至机场巴士专线的主要功能是接送市区乘客到机场搭乘飞机和接送乘客回市区。景德镇机场发车时间为第一班车10:30分,第二班车12:50分,第三班车18:55分,第四班车21:00分。

机场巴士专线星期二、星期四、星期五和星期日的发车时间,第一班车为9:10分,第二班车为17:45分,第三班车为19:50分。景德镇机场发车时间为第一班车10:30分,第二班车12:50分,第三班车为21:50。

机场巴士专线的开通,有效地遏制了“黑车”违法经营行为,为市区至机场往返的旅客提供很大的便利,净化了城市交通运输市场环境。

(涂　强)

【景德镇至南昌高客班线每日增加5班】 自9月27日起,景德镇至南昌高速直达客运班线班次由每日15班次增加到20班次,最早班依旧为6:50发班,最晚班延至20:00发班,每班次间隔由50分钟改为约40分钟一班。

德(兴)(南)昌高速公路于9月16日开通运营,使得之前由济(南)广(州)高速公路经(南)昌万(年)公路到南昌的景德镇至南昌高速直达客运班线,改由济(南)广(州)高速公路经德(兴)(南)昌高速公路到南昌,行车时间缩短约50分钟,在不增加客车数量的前提下,为该班线班次加密提供了条件。

(涂　强)

【新余市开通5条清明祭扫公交线路】 为方便市民清明期间乘车去长安陵园祭扫,4月2~5日,新余市公交公司陆续开通公园北村、渝工学院等5条至长安陵园的公交专线,共计25辆公交车投入到清明祭扫客运保障工作。

(宁茂昌　邓涵予)

【新余市公交公司开通高考专线车】 为使2011年度普通高考工作顺利进行,让城区考生快速、准点到达各考点,新余市公交公司投入12辆干净、整洁、性能优良的大巴车,并派专人跟车,确保车辆运行良好,增开新钢中学至市四中、渝水一中至新纲中学、渝水一中至市一中等3条公交专线,为广大考生提供优质、舒适、安全、便捷的乘车服务。

(彭　剑　郭连平)

【鹰潭市道路运输线路及运量】 2011年,全市共拥有客运车辆1168辆,共19482座位;客运班线共152条,其中高速公路客运线路17条,客运线路平均日发班次1606班次/日;货运车辆9941辆,共8.55万吨。2011年,全市完成客运量6201.8万人次,客运周转量12.02亿人千米,货运量4632万吨,货物周转量116.27亿吨千米,同比分别增长9.7%、10%、10.6%和48%。

(艾年宗)

【鹰潭市区短途客运班线停靠点及运行线路调整】 具体调整如下:至鸿塘、志光、周坊、塔桥、三县岭班线停放至夏埠桥头(化工厂宿舍旁),停放车辆为2辆,由夏埠大桥往北出城;至锦江、邹黄、画桥班线停放至月湖区招待所停车场内,由环城西路、五道口出城;至贵溪班线暂时放至223队停车场内,待运行三天后根据车流情况另作调整,由四海路、白露桥洞出城;至桥头王家、屈碧、许家岗、流桥、官坊班线停放至223队停车场内,由四海路、白露桥洞出城;至潢溪、界牌、鸭塘班线停放至赣东商城(金地大酒店对面)停车场内,停放车辆为2辆,由四海路、五洲路、五道口出城;至冷水班线停放至东方宾馆停车场内,由四海路、白露桥洞出城;至余干班线停放至五洲路,由五道口出城;火车站站前广场在23:00~7:00时间段内允许长途班线客车待客,经四海路、白露桥洞出城。

(艾年宗)

【鹰潭市区公交线路作大调整】 鹰潭市有公交班线18条,其中11条为市区公交线路,2条为城际公交线路。由于城区主干道进行综合改造,从6月15日至8月15日,鹰潭市11条公交线路走向作重大调整,7路(东湖至信江新区线)公交车停开,1路(火车站至梅树园线)实施循环不间断营运。本次公交线路具体调整后的路线为:

◆1路(火车站—梅树园)调整后走向:火车站—站江路—环城西路—环城东路—建设路—胜利东路—梅园大道—府前路—梅树园(返回)梅园大道—胜利东路—建设北路—林荫东路—林荫西路—站江路—火车站。

◆2路(火车站—东站—梅树园)调整后走向:火车站—四海路—交通路—环城东路—梅枫路—府前路—梅树园(返回)梅园大道—府前路—梅枫路—环城东路—湖西路—胜利东路—建设北路—林荫东路—林荫西路—站江路—火车站。

◆3路(火车站—南站)调整后走向:火车站—站江路—环城西路—环城东路—南站路—320线—206线—上桂村(返回)206线—平安路—天洁东路—龙虎山大道—四海路—火车站。

◆4路(二化—师范)调整后走向:二化—四海路—站江路—环城西路—环城东路—岱宝山路—师范(返回)岱宝山路—建设路—林荫东路—林荫西路—站江路—四海路—二化。

◆5路(雅典城—防腐厂)调整后走向:雅典城—天洁路—龙虎山大道—四海路—站江路—环城西路—环城东路—建设路—胜利东路—湖西路—沿江大道—军民路—防腐厂(返回)梅园大道—胜利东路—建设北路—林荫东路—林荫西路—站江路—胜利西路—环城西路—站江路—四海路—龙虎山大道—天洁东路—雅典城。

◆6路(火车站—和谐小区)调整后走向:火车站—站江路—环城西路—环城东路—南站路—320线—和谐小区(返回)320线—南站路—天洁东路—龙虎山大道—四海路—火车站。

◆8路(火车站—小英)调整后走向:火车站—站江路—环城西路—环城东路—南站路—天洁东路—天洁西路—和谐小区—320线—206线—小英(返回)206线—320线—和谐小区—天洁西路—龙虎山大道—四海路—火车站。

◆15路(体育馆—滨江明珠)调整后走向:体育馆—龙虎山大道—四海路—交通路—环城东路—建设路—胜利东路—湖西路—沿江大道—滨江明珠(返回)沿江大道—湖西路—林荫东路—林荫西路—站江路—四海路—龙虎山大道—体育馆。

◆16路(火车站—甘露寺)调整后走向:火车站—站江路—环城西路—环城东路—南站路—320线—甘露寺(返回)320线—南站路—天洁东路—龙虎山大道—四海路—火车站。

◆17路(火车站—沥山)调整后走向:火车站—站江路—环城西路—环城东路—南站路—320线—206线—沥山(返回)206线—320线—南站路—天洁东路—龙虎山大道—四海路—火车站。

◆18路(防腐厂—工业园区)调整后走向:防腐厂—梅园大道—胜利东路—建设北路—林荫东路—林荫西路—站江路—胜利西路—五洲路—龙虎山大道—天洁西路—和谐路—320线—阳光二区(返回)320线—和谐路—天洁西路—龙虎山大道—五洲路—环城路—站江路—四海路—交通路—环城东路—建设路—胜利东路—梅园大道—防腐厂。

(艾年宗)

【赣州开通至张家港高速班车】 随着全球经济的复苏,特别是“长三角”经济的飞速发展,赣州市前往江苏务工的人员越来越多,旅客前往江浙方向的交通较为不便。对此,赣州汽车站从2011年2月6日起,开通赣州至张家港的高速班车。该班车途经苏州、昆山、常熟等站,赣州汽车站每天发车时间为下午3时08分。

(赣州市交通运输局)

【赣州至南宁高速班车增加车次】 自2010年2月18日,赣州汽车站开通至南宁高速班车,乘坐率一直较好。为了更加方便旅客前往广西,赣州汽车站于2011年1月15日新增赣州至南宁班车,新增车次为每日下午2时从赣州发车。该班线途经广东肇庆、云浮,广西玉林等地。

(赣州市交通运输局)

【赣州开通至东兴高速客运班线】 从2011年12月20日起,赣州开通至广西东兴市的高速直达班线,直接打通赣州市与西南边境城市的联系。东兴市位于中国大陆海岸线最西南端,东南濒临北部湾,西面毗邻友谊关与越南接壤,是广西乃至中国通往越南以及东南亚最便捷的通道,也是中国与东盟唯一海陆相连的口岸城市。近年来,赣州市与西南边境地区经济交流逐年增多,人员往来增加。以前赣州至东兴没有直达班线,旅客到东兴需要在广州等地转车。直达班线开通后,为加强赣州至东兴的经济交流、旅游观光、探亲访友等提供了有利条件。赣州至东兴班车每天13时25分在赣州汽车站发车,双向对开,全程1320千米。

(赣州市交通运输局)

【赣州至韶关高速直达班车开通】 从2011年3月9日起,赣州汽车站正式开通至广东韶关的高速直达班车,旅客乘高速班车前往韶关,比以前的普通班车快1个多小时。高速直达班车将在323国道运行的班车中调度4个班次,具体发车时间为每日上午9时、11时和下午1时、3时,全程运行只需两个多小时。现运行的赣州至韶关班车,从上午6时至晚上7时,每小时发一个班次,所有班车均由323国道运行,途经赣州市南康、大余等地,运行时间约为4小时。

(赣州市交通运输局)

【赣州市中心城区形成一横一纵快速公交线网】 2011年,赣州市公共交通总公司邀请江西理工大学教授和业内专家等30余人就公交线路优化进行了会诊。这次线路优化本着"统一规划、分步实施、稳步推进"的原则,按照提高人车资源利用率,减少重复线路,扩大覆盖范围,围绕一横一纵的思路优化线路。线路优化后,中心城区将形成一横一纵快速公交为主线,4个区域公交线路均衡分布的线网格局。横轴由火车站出发,先后经五洲大道—八一四大道—红旗大道—三康庙等道路并往返;纵轴则由火车站出发,经武龙大桥—赣江源大道—长征大道—东阳山路—文清路—阳明路(区公安局)等道路并往返。原部分重复线路将被取消,由优化后的其他路线公交车替代。一横一纵快速公交确保3至5分钟发车间距。

(赣州市交通运输)

【瑞金市新添农村客运班车线路开通】 为进一步加快农村客运网络化发展步伐,适应和满足全市经济社会发展的需要,为地处偏远乡村的广大群众乘车出行提供便利。瑞金市运管所紧紧抓住交通改革发展机遇,大力发展农村客运班线。2011年11月18日,瑞金市新添九堡至瑞林、官仓至沙龙2条农村客运班线。共安排投放运营车8辆,截至年底,瑞金的农村客运班线已达29条,实现100%乡镇通班车。

(赣州市交通运输局)

【赣州市大力强化农村客运网络建设】 全市农村客运网络建设在着力转变发展方式、调整农村客运结构、提升发展质量、加强信息化建设、推进城乡客运一体化、促进城乡资源要素的合理流动等方面都已取得了丰硕成果。2011年,全市农村客运班线达672条、农村客运车辆1 394辆、乡镇班车通达率达100%、行政村通班车率达87.8%、平均日发班车4071班次。新建了农村客运站70个、客运候车亭1500个。从2011至2015年期间,全市交通运输和公路运输主管部门抓住发展现代农村客运这一条主线,从加快农村客运基础设施建设、提升农村客运通达率、提高优质服务水平三方面入手,进一步强化农村客运网络建设。建设农村客运站180个,农村客运候车亭2562个、行政村客运候车亭覆盖率达100%、客运站乡镇覆盖率达70%、农村客运站使用率达90%、农村客车通车率达100%、农村客运中级客车达40%以上,适合农村公路路况和农民群众出行需求符合技术标准的车辆普遍推广运用。让农民群众享受到与城市居民相接近的公共交通服务。

(李发淳)

【会昌至赣州高速直达班车开通】 为进一步提高旅客运输业的服务水平,为乘客提供舒适、安全、快捷的乘车环境,会昌县运输公司积极从旅客的出行需求出发,以客为主,急旅客之所急,想旅客之所想,为来往于会昌、赣州的旅客,提供多层次的服务选择,于4月1日开通了会昌至赣州高速直达班车。此次开通会昌至赣州高速直达班车共4个班。途中运行时间山原来的2小时40分缩短至1小时50分,方便了经商、务工、探亲、访友等人员的出行。开通运行当天就出现较多旅客选乘该班的好现象。

(赣州市交通运输局)

【赣州城市公交线路调整】 1月4目起,中心城区12条公交线路有调整。更改的主要线路有:2路,火车站—赣州二中—西园—理工大学—赣州三中—市保育院—石油公司—文清路—启德家电超市—标准钟—东河大桥—贸易广场—火车站。3路,火车自—南桥新村—公变枢纽站—行政服务中心—张家围—南门文化广场—文清路—八境路口—卫府里市场—奥林匹克广场—妇幼保健院—文清路—电信大楼—张家围—青少年科技馆市检察院—火车站。5路，火车站—赣州汽车站—公交公司—东郊路—东河大桥—荷包塘—赣州——中—羊城酒家—赣州四中—卫府里市场—标准钟赣州公园—文清路—钓鱼台—赣州—中—东胜山路—消防大队—赣州汽车站—火车站。9路，火车站—桃子园市场—文明加油站—二康庙—郁孤台—均井巷路口—建国路—赣州公园—启德家电超市—区工商局—区检察院—下壕塘—二康庙—文明加油站—火车站。16路，横岭—收费站路口—越秀花苑—市人才市场—红环路口—南河路—移动大厅—营角上路—桃子园市场—赣州汽车站—火午站。18路，火车站—市三医院—蓝波湾小区—永安南城百货—赣州四中—卫府里市场—标准钟—文清路—电信大楼—电信大楼—东阳山市场—南河路口—飞龙岛大桥—两河车站—湖边—宝葫芦农庄。20路，公交枢纽中心—行政服务中心—张家围—红旗二校—人民医院—消防大队—中保大厦—东郊路—东河大桥—荷包塘—赣州——中—羊城酒家—赣州四中—奥林匹克广场—区工商局—环城路—赣州三中—青年路西—章江北大道—蔚蓝半岛侧门—杨公路口—飞龙岛大桥—安居小区—市政中心—公务员小区—公交枢纽中心。21路，公交枢纽中心—市政中心—安居小区—飞龙岛大桥—杨公路口—青年路西—石油公司—赣南宾馆—赣州 中—东胜山路—消防大队—中保大厦—东门市场—桃子园市场—交警大队—赣州酒厂—行政服务中心—公变枢细中心。23路，公变枢纽中心—娱乐城—交警支队飞龙大桥—杨梅渡大桥—越秀花苑—市人才市场—红环路口—南河路—赣州七中—市保育院—石油公司—钓鱼台—赣南宾馆—儿童公园—水安南城百货—娱乐城公交枢纽中心。113、117路，康洋加油站—卫校新区—师院黄金校匪—应用科学学院—飞龙岛大桥—市人刊市场—红环路口—南河路—移动大厅。128路，移动大厅—东阳山市场—红环路口—市人才市场—越秀花苑华坚鞋城—水碓村卫生所—新市民公寓—华坚鞋城—天赐良缘—水韵花都—市人才市场—红环路口—南河路—移动大厅。

（赣州市交通运输局）

【赣州市新辟两条快速公交线路】 4月9日上午，赣州中心城区快速公交线路正式启动。市委副书记、市长王平宣布快速公交线路启动。市人大常委会主任骆炳峰，市政协主席赖联明，市领导林泽华、刘琮出席启动仪式。为满足市民出行需要和着力解决城市交通拥堵问题，市委、市政府2011年直接投入3870万元，购置100辆大容量、高档次的公交车，第一批50辆新公交车已全部到位，并于当天正式投入运行。在此基础上，根据市内道路分布特点和新城区发展需要，市公交总公司优化公交线路13条，新开通公交线路4条。其中贯穿中心城区东西、南北两条主线的K1、K2快速公交线路，将按照夏秋季运营延长两小时，冬春季延长半小时，高峰期每3分钟一班，平峰期每5分钟一班的发班密度来满足市民的出行需求。届时，中心城区公交线路将形成一纵一横两条快速公交为主线，4个区域均衡分布相结合的线网格局。

（赣州市交通运输局）

【赣州3条公交线路进一步优化】 从4月17日起，赣州市公交总公司进一步优化延伸K2、5路和9路，从而解决章贡路、濂溪路、赣州三中、赣南医学院第一附属医院等路段没有公交车的现状。具体线路走向为：K2，火车站—武龙大桥—赣江源大道—长征大道—东阳册路—文清路—建国路—章贡路—八境路—濂溪路—解放路—阳明路—文清路—东阳山路—长征大道—赣江源大道—武龙大桥—火车站。5路，火车站—站前大道—八一四大道—东郊路—荷包塘—厚德路—健康路—解放路—濂溪路—八境路—章贡路—建国路—文清路—厚德路—东胜山路—红旗大道东段—八一四大道—站前大道—火车站。9路，火车站—站前大道—八一四大道—文明大道全程—三康庙—西郊路—西津路—建国路—标准钟—卫府里市场—大公路—环城路—青年路—三康庙—文明大道全程—八一四大道—站前大道—火车站。

（赣州市交通运输局）

【公交车开进瑶山寨】 全南县陂头镇瑶族村，是江西省唯一的瑶族同胞聚居行政村，位置偏僻，山高路陡，瑶民去一次圩镇很不方便，尤其是孩子上学，需要家长用摩托车接送，每当刮风下雨时，很不安全。为实现村民祖祖辈辈盼望水泥路进山寨的愿望,2009年,该县多方筹措资金370万元,建成了通往瑶族村的一条长11千米的水泥公路。之后,陂头镇积极与上级交通运输部门联系,县政府安排专项资金,给予农村公交客运车油价补贴,于2月9日,终于开通陂头镇竹山圩镇至瑶族村的公交客运线路,沿线岐山、瑶山等3个村庄2000多名群众受益。

(赣州市交通运输局)

【赣州市农村客车通车率达88.56%】 赣州市农村客运发展态势良好,完成农村客运候车亭220个,符合通行条件的村客车通车率达88.56%。全市公路运输系统加快转变发展方式,狠抓工作任务落实,各项工作稳步推进,现已基本实现任务过半的目标。农村客运站场建设扎实推进,其中完工110个,在建15个。为保障安全,市运部门对全市137个客运企业、24个客运站场、3229辆客车进行了安全隐患排查,对4637名客运驾驶员进行了安全培训。为加强赣州中心城区山租车监管,出动执法人员1900人次,查处违章车辆494辆次,其中黑车46辆次、异地经营车25辆次、小使用计价器的出租车214敏次。查处长途违章车辆835辆次,其中非法营运车182辆次。率先在全省制定了驾培行业"十二五"发展规划,AAA级驾校数量名列全省第一。在对维修企业信誉质量考梭中,已有11家维修企业获AAA级机动午维修企业资质。

(李发淳)

【丰城市举行曲江绳湾至城区滨江公园公交车开通仪式】 5月25日,该市在剑邑大桥西桥头举行曲江绳湾至城区滨江公园公交车开通仪式。该公交专线起点为曲江镇莲花村委会绳湾自然村,终点为市滨江公园,全长10千米,由市委、市政府投资690万元进行道路改造,并购置6辆新型公交车。他的顺利通车,全面结束赣江大码头西岸村民乘坐渡船往返两岸的历史,是策应城西防洪大堤建设、加速推进现代化中等强市建设的又一重大举措。市委常委、丰城市委书记冷新生下达公交车开通令。省交通厅副巡视员王凯林等领导出席仪式。近年该市把交通运输事业放在推动发展、保障民生的重要位置,重点研究、重点投入、重点建设,在全省率先实现城乡公交一体化,全市32个乡镇(街道)全面开通城乡客运公交,所有乡镇集镇和符合条件的行政村都可以坐公交车到达。曲江绳湾到老城区公交车路线的正式启动,是惠及赣江西岸人民群众的又一项民生工程。

(皮晓荣)

【崇仁石庄至乐安班线正式营运】 6月21日,崇仁石庄至乐安班线正式开通营运。该线路全长60千米,起点崇仁石庄乡,途经崇仁县七里亭、桃源、相山、浯漳,终点乐安县车站。该班线是经抚州市运管处批准新投入营运的县际班线,由崇仁县黄州汽车运输有限公司负责经营。投入营运客车1辆(车牌赣F39782),客座23个。崇仁起发时间为8:00和13:00,乐安起发车时间为10:00和15:00,每天来回2趟。该班线的开通为两地及沿途2万群众出行和互相交流提供了乘车便利,对促进当地农村经济发展起到了积极的作用。

(崇仁县交通局)

【抚州市公交线路达19条】 抚州市公交总公司现有公交车260辆,出租车50辆,标准公交站台173座,公交场站面积6.0公顷,公交线路19条(1、2、3、4、6、7、9、10、11、12、16、17、18、19、21、22、23、31、33路),线路总长249千米。公交线路已覆盖市区主要道路、城市总体规划区内所有乡镇。2011年完成旅客运量580万人次。

(陈根玲)

【铅山县城至鹅湖书院客运班线开通】 8月29日,当第一辆客车从铅山汽车站开往鹅湖书院时,车上的游客兴奋地说:"终于有客车直达,方便多了。"

南宋淳熙二年,朱熹、陆九渊、陆九龄讲学论辩于此,史称"鹅湖之会",也称"千古一辩"。现在的鹅湖书院是江西省重点文物保护单位,但由于鹅湖书院距县城有10多千米,且一直没有客运班车通往书院,交通极为不便。游客只能在江村换乘一些农用车及非法营运车进入书院,存在着很大的安全隐患,景区的发展也受到很大的制约。为解决这一问题,铅山县龙腾汽车运输有限公司筹资30余万元,购置两台中型客车,专门用作县城至鹅湖书院的班线旅客乘坐。该线路每天往返于县城车站、鹅湖书院8个班次。该线路的开通,极大地方便了到鹅湖书院旅游的游客,也消除了安全隐患,给景区发展提供了强有力的支持。

运输站点

2011年江西省道路客运站一览

表7

地 区	客运站数量合计(个)	配备危险品安全检测仪(台)	一级站(个)	二级站(个)	配备危险品安全检测仪(台)	三级站(个)	配备危险品安全检测仪	四级站(个)	五级站(个)	简易站及招呼站(个)
全省合计	869	111	17	92	85	61	1	118	581	12000
南昌市	51	6	3	3	1	0	0	0	45	870
景德镇市	23	3	2	0	0	2	0	0	19	340
萍乡市	48	2	1	1	1	5	0	0	41	530
九江市	109	13	2	12	11	5	0	6	84	1170
新余市	27	4	1	4	4	0	0	0	22	420
鹰潭市	46	2	1	1	1	4	1	0	40	470
赣州市	150	21	1	19	17	28	0	51	51	1850
吉安市	111	16	1	15	15	5	0	10	80	1450
宜春市	108	15	2	11	11	1	0	0	94	1930
抚州市	56	15	1	15	13	2	0	1	37	1130
上饶市	140	14	2	11	11	9	0	50	68	1840

2011年江西省道路货运站一览

表8

地 区	货运站数量				
	合计(个)	一级站(个)	二级站(个)	三级站(个)	四级站(个)
全省合计	54	0	2	12	40
南昌市	0	0	0	0	0
景德镇市	0	0	0	0	0
萍乡市	1	0	1	0	0
九江市	0	0	0	0	0
新余市	0	0	0	0	0
鹰潭市	0	0	0	0	0
赣州市	32	0	1	1	30
吉安市	3	0	0	1	2
宜春市	11	0	0	10	1
抚州市	7	0	0	0	7
上饶市	0	0	0	0	0

【国家公路运输枢纽建设】 2007年,交通运输部出台了《国家公路运输枢纽布局规划》,确定江西省南昌、九江、赣州、吉安、鹰潭、宜春6个市为国家公路运输枢纽城市,2011年已全部完成规划、环评和省部评审工作。

2011年度,开展了宜春客运总站、赣州梅林客运站、南昌综合客运枢纽、南昌新港产业城综合交通物流园、井冈山经济技术开发区物流园、吉安城北物流园区、吉安河西物流园区,庐山旅游客运集散中心、井冈山旅游客运集散中心等9个项目的前期工作,其中宜春客运总站、赣州梅林客运站工程可行性研究通过省发改委组织的专家评审,并于年内开工建设;南昌综合客运枢纽工程可行性研究完成省交通厅组织的初审并上报省发改委。

(省运管局:罗颂华)

【区域性公路运输枢纽建设】 2011年,抚州客运综合枢纽站、萍乡旅游客运集散中心等两个区域性客运站的前期工作正在进行。抚州客运综合枢纽站工程可行性研究通过省发改委组织的专家评审,并于年内开工建设。

(省运管局:罗颂华)

【南昌长途汽车总站停止客运业务】 自2011年7月10日开始,南昌长途汽车总站逐步停止客运业务,实施搬迁并对客运班线车辆进行分流。根据车辆出城方向,将南昌长途汽车总站发班的客运班线车辆分4批次有序、平稳分流至昌南客运站、徐坊客运站、洪城客运站和青山客运站,共分流130条班线502辆客车。其中,途经迎宾南大道向南出城的班线车辆分别分流至徐坊客运站和昌南客运站;途经昌樟高速、320国道向西出城的班线车辆分流至洪城客运站;途经昌九高速向北出城的班线及车辆分流青山客运站;途经昌万公路向东出城的班线车辆分别分流至青山客运站和徐坊客运站。

7月10日,南昌长途汽车总站开始搬迁分流客运班线,39个向北班线分流至青山客运站;7月16日,38个客运班线分流至洪城客运站;7月21日,58个客运班线分流至徐坊客运站;7月26日,最后一批共43条班线171辆客车分流至昌南客运站发班,南昌长途汽车总站搬迁班线车辆分流工作比预定时间提前5天完成。

至此,这座位于南昌市中心地带,始建于1928年,新中国成立后得到多次改扩建并在1980年重建成为全省最大的南昌长途汽车总站,在经历了80余年的运营后停止了公路客运业务。

为做好搬迁分流的衔接,在南昌长途汽车总站原址仍保留售票中心,继续为南昌市4个客运站发售联网客运车票。

11月15日起,南昌市高速客运班线再次调整,所有班线全部集中到徐坊客运站发班,同时将徐坊客运站的部分中短客运班线迁往洪城客运站。

(周国祥)

【南昌青云谱客运站终止公路客运】 南昌青云谱客运站是一个公路客运二级站,隶属市第三运输总公司。1996年11月由货车停车场改造而投入旅客运输,主要开行省内316国道沿线及抚州地区等地的班车,日均发送旅客能力1100人次,客流量高峰时日发200个班次,客流量达5000人次。

2010年下半年,江西长运股份公司与市第三运输总公司经过多次协商,在市交通运输局的协调下达成协议,将青云谱客运站发车的南昌至抚州、南城、罗针客运班线共45辆客车全部转入徐坊客运站营运。江西长运股份公司给予南昌市第三运输总公司经济补偿,原青云谱客运站的工作人员由市第三运输总公司安置。

2011年1月8日,青云谱客运站发车的南昌至抚州、南城、罗针客运班线共45辆客车正式转场至徐坊客运站,由徐坊客运站统一进行规范化站务作业和管理,统一实行新的发车时刻表。

至此,经营了15年的南昌青云谱客运站终止公路客运业务。

(周国祥)

【南昌大力推进公交场站建设】 2011年,南昌公交总公司完成南莲路、李家庄英雄大桥及塘子河立交桥下3个大容量公交车枢纽站及调度房升级改造工程、水厂路、望城公交枢纽(一期)、生米大桥临时过渡停车点等5个建设工程。12月28日,南昌公交红谷客运配套中心正式投入运营,该项目集车辆调度、车辆停放、车辆检测、自动洗车、加油、车辆修维、物资供应、办公等为一体,是一座综合性功能枢纽场站,该项目的建成为红谷滩和昌北片区的广大市民和公交车提供便捷的配套服务。在市政公用集团的大力支持下,取得市政府朝阳新城黄金地段土地3公顷、青云谱区昌南公交枢纽用地2.33公顷、南昌县小蓝开发区中心地块2公顷、高新区天祥大道公交用地2公顷以及国体中心周边公交用地2公顷,新增公交用地近13.33公顷。

(章彦宏)

【景德镇20户物流公司"退城进园"】 12月13日,20户物流公司选择从豪德贸易广场整体搬迁至浮梁县洪源工业园内的"金三角大型物流配载中心"。

为有效缓解城市交通压力,给创建全国文明城市营造良好的交通环境,景德镇市交通管理部门规定大型货车在6:00~21:00的时间段内不得进入城区,而豪德贸易广场又位于城南区,对货物进出带来诸多限制,在一定程度上制约着物流企业的发展,不少物流公司早在数年前就萌生了另谋出路的打算。景德镇汽车运输集团(公司)在调研物流市场现状时,得知这些位处豪德贸易广场的物流公司管理层的想法后积极跟进,利用空置的办公场所和仓库以及优惠的租赁条件吸引物流企业落户所属"金三角物流中心"。随着这20户物流公司的"退城进园",标志着一个集货物配载、仓储保管、餐饮住宿、停车维修等多种功能于一体的现代物流中心粗具雏形。

(涂　强)

【浮梁汽车站重新启用】 12月底,浮梁汽车站重新启用。浮梁汽车站位于浮梁县城新昌路与高岭路交汇处,始建于1996年年底,占地面积2140平方米,建筑面积2060平方米,按公路汽车客运站标准建设,总投资180万元。1998年6月建成投入使用。后由于客运班线逐年减少,于2003年初关闭。

为进一步规范客运市场秩序,浮梁县交通运输局采取与景德镇长运公司合作的方式,将县汽车站作为景德镇客运北站重新启用,促成了车进站、人归点,并先后开通浮梁至上海、杭州、武汉、南昌等长途客运班线,改写了浮梁县没有直达长途客运班车的历史,为浮梁人民创造了安全、便捷、舒适的出行条作。

(汪积林)

【九江市修水良塘车站正式投放试运行】 10月9日,修水良塘新车站正式投入试运行。新汽车总站拥有321个停车位,设有26个发车位,同时可发送26个班次,可日发送旅客10000多人次。当日有400多辆客运车辆进出新车站,日输送旅客7000余人次。车站位于修水县城宁红西大道与芦良西大道交汇处,由修水县汽车运输有限公司根据县委、县政府"完善老城区,提升南城区,决战良塘区"的城市建设思路独资兴建,按《交通部门行业规范》一级车站标准设计,总占地面积8公顷,总投资1.15亿元,是全省唯一一户按照国家一级客运汽车标准建设的县级车站。

(叶　勇)

【新余客运中心投入运营】 1月18日,新建成的新余客运中心投入试运营。该项目位于新余城区至沪昆高速公路新余收费所连接线(新欣大道)旁,站址距沪昆高速公路新余收费所500米,占地总面积为11.62公顷,总投资1.05亿元。此项目分二期建设,一期工程建设完成站功能、服务功能、建筑群及配套设施,投资6864.59万元;二期工程建大型停车场,投资估算3600.29万元。一期工程于2009年4月开工,2010年12月完工,由新余长运有限公司自筹资金建设。

(胡晓文)

【新余长运客运南站春运期间安全运送旅客16万人次】 为期40天的2011年道路旅客春节运输于2月27日结束。新余长运客运南站共安全运送旅客16万人次(其中长途3.4万人次),完成票款收入180万元,实现无安全事故、无服务投诉、无旅客滞留目标,圆满完成春运工作任务。为搞好2011年春运,车站制定详细的工作方案,认真做好车辆例检,核查进站车辆"四证一牌",保证车辆技术完好、驾乘人员证照齐全。严肃查处违禁物品,将一批易燃、易爆、有毒物品查堵于站外车下。开展春运优质服务活动,共为旅客排忧解难26件次,为旅客提供了良好乘车环境。

(王　敏)

【鹰潭市汽车站服务形象明显提升】 2011年,鹰潭市汽车站,深入开展“文明示范岗”和周五的卫生评比活动,服务质量和服务水平有了明显的提高。鹰潭市汽车站被省公路运输管理局评为2010~2011年度省(AAA)文明汽车客运站。售票房被省交通工会委员会评为“工人先锋号”,并再次被评为市级“青年文明号”。

(徐才金)

【鹰潭市汽车站注重消防安全工作】 鹰潭市汽车站经常请消防队来站指导工作,每年九月底在车站进行一次消防演练,使广大员工正确掌握消防器材的使用方法,消防安全意识上了一个台阶。

每月10日、21日为驾驶员安全学习日,逢重大节假日前请交警支队警官为客车驾驶员讲课,使广大驾驶员自觉遵守交通法规,时刻牢记旅客运输安全的重要性。

(艾年宗)

【于都县汽车客运站“乐乐快运”货运业绩显著】 于都县汽车客运站自2011年5月1日开通“乐乐快运”网络货运业务以来,为旅客提供了“晨时午到、午时夕到、夕时晚到”即收即送的快捷服务,受理业务量每月递增10%以上,高峰期日收运费超过3000元。为保证货物的安全,行包中心员工严格按照操作规程,把好每一道关口,针对大量的到达货物,主动提早到岗、推后下班,体现了团体协作、无私奉献的精神。“乐乐快运”以低成本、费率小、效率高、速度快等特点,为该站带来了良好的经济效益和社会效益。

(赣州市交通运输局)

【宜春市农村客运站(亭)建设有成效】 该市严格按照省厅农村综合服务站试点站的申报条件、程序要求,积极争取政府重视及相关部门支持,认真开展农村综合服务站试点候选项目的调研、勘察、申报工作。全市申报试点项目12个,11个通过评审。全市农村综合服务站试点建设项目占全省的22%;丰城市建立全省首批农村综合服务站(一次性建6个)。按照新审定的三种古典园林亭的选址和建筑队伍、监理单位的落实,尽快开工建设。在全市各农村公路便于农民候车的交通节点上,投资350万元,全面完成200个农村候车亭的建设任务。这种新式公交候车亭设计新颖,采用钢筋混凝土结构,每个占地约15平方米,使用年限长达50年,建设成本为1万元/个至2.5万元/个,与当地人文景观紧密结合,既能候车,又美观耐用,受到广大群众欢迎。同时,该市积极落实完成历年来已列计划而未完成的农村客运站项目15个,积极向省运管局争取农村客运站项目2个,所有农村客运站项目全部竣工,并通过省运管局验收。

(李　明)

【袁州区交通运输局加大站亭建设力度】 区交通运输局加大资金投入,全年已建乡镇汽车站2个,农村候车亭30个,分布在三水公路沿线。水江汽车站占地0.27公顷,建筑面积为305平方米,投资56万元,12月底竣工;西村综合服务站建设项目已争取上级部门立项,已征用土地0.64公顷,投资356万元,项目正在实施中。两个汽车站的建设对规范和优化所在两个乡镇的农村客运市场环境能起到积极作用,并带动当地经济的发展,方便当地群众的出行,为当地的招商引资提供良好条件。候车亭建设改变以往简单、不够美观的做法,重新进行设计,加大资金投入,投资标准由原来的1万元增加到2万元一个。

(李　庆)

【丰城市袁渡客运站正式启用】 该市袁渡客运站于2009年9月动工,2011年4月竣工,投资160余万元,占地面积为0.73公顷,建筑物面积为630平方米,是全市农村客运站建筑规模最大的客运站之一。该站于2011年7月1日正式开始启用。随着小袁线二级公路、客运站、城乡客运公交等项目的相继完成,真正形成“路、站、运”三位一体的道路运输格局。

(皮晓荣)

【丰城市拖铁线和小袁线候车亭建成】 4月2日,市交通运输局坚持“路、站、运”一体化发展思路,投资198万元,在拖铁线和小袁线建成钢结构候车亭79个,其中拖铁线25个(荷湖乡境内14、丽村镇境内11个)、小袁线54个(袁渡镇境内9个、白土镇境内12个、筱塘乡境内13个、小港镇境内20个),真正让人民群众乘车候车“无风雨之忧，无日晒之苦”，成为一道亮丽的风景线。

（皮晓荣）

【靖安县大力改善客运服务网络】 该县大力推进城乡客运一体化建设进程，加强场站建设，加快发展集高速专线、包车、旅游、商务为一体客运服务。积极完成农村候车亭建设任务，延伸农村班线，努力促成城镇公交运行。2011年新建候车亭25个，全县候车亭共有95个。同时对现有农村客运班线进行补充和延伸，整合农村客运班线5条，全县11个乡镇中的100个行政村通达班车，通达率91%。淘汰老旧客运车辆21辆，新增中高档班车17辆，群众乘车出行更加安全、舒适、便捷。

（刘　斌）

【奉新新汽车站投入使用】 该县新汽车站经过2年的建设，于2010年底竣工，并顺利通过上级运管部门的验收，1月18日，在春运前正式交付使用。县新车站位于冯川镇城郊村彭家组，省道S308奉新—干洲段公路旁边，占地面积1.8公顷，总投资800万元。新车站的建成和投入使用，有效地解决原有汽车站占地面积小、车辆和人流吞吐能力低以及地处闹市导致县城内交通流量大而经常发生交通拥堵的难题，适应和推动县城市化进程，投入使用一年，运转正常，社会反应良好。

（胡　建　魏振宇）

【奉新县农村候车亭建设提升农民幸福指数】 农村候车亭建设是农村客运网络化的重要配套设施。自2008年以来，通过3年的努力，奉新在全县主要公路沿线先后建设农村候车亭100个。该县根据全县农村候车亭布点情况及有关乡镇村农民交通出行的需要，新建乡村候车亭30个，2011年，全县130个农村候车亭像珍珠般镶嵌在全县境内公路沿线的各个村、组道口，为广大群众乘车提供良好条件。

（魏振宇）

【铜鼓县积极建设三都农村道路运输综合服务站】 根据省交通运输厅和市交通运输局有关精神，该县拟在三都镇建设农村公路综合服务站。三都是该县东河片的中心乡镇，周边辐射永宁、大塅、带溪、茶山、龙门等5个乡镇场、43个行政村，总人口8万余人，境内交通流量大，日发班次120辆次，日运输旅客5000余人。三都镇也是铜鼓县的工业重镇，镇内除原有的长林、长红工业区外，县生态经济园于2010年在该镇开工建设，占地面积300公顷，现进驻企业16户，员工7000余名，预计经济园全部建成后，进驻企业能达50户，员工40000名以上。在建的昌铜高速公路途经铜鼓生态经济园，并设有专门的出入口。随着铜鼓生态经济区的发展和昌铜高速公路的建设完成，三都镇势必成为全县主要的物流集散地和旅客运输中心。在三都镇建设农村公路综合服务站，并以此辐射周边地区，为用户提供集运输、仓储、包装、加工、配送等为一体的综合物流服务及优质的劳务接送等客运服务，大力推动农村物流和客运的发展。

（张玉洁）

【铜鼓县汽车服务广场紧张施工】 该县汽车服务广场2010年9月开工建设，是全县交通运输重点建设工程项目之一。占地面积约35000平方米，总建筑面积43600平方米，总投资在1亿元以上，由宜春汽运股份有限公司出资建设。主要将汽车和摩托车销售、维修、美容、物流、仓储、车辆检测和大型停车场等运输服务行业集中为一体。项目建成后，对提高铜鼓汽车服务功能、推动运输产业发展将起到积极的作用。

（徐国华）

【万载县推进农村客运网络化建设】 县交通运输局坚持科学发展观，按照建设大交通，发展大物流总体要求，把农村客运站、候车亭建设作为惠民工程，全年又建成株潭、双桥两个农村客运站，投资60万元；建成候车亭15个，全部设在岭东乡。建成农村三级客运站8个、候车亭174个，全县17个乡镇各公路沿线都已建成候车亭，形成网络化格局，进一步改善农村客运条件，方便广大人民群众的出行，在公路两旁，形成一道亮丽的风景线。

（黄　勇　朱林生）

运输工具

2011 年江西省营运载客汽车数量表(一)

表 9

地　区	合　计				其中:卧铺车		班车客运客车							
			汽油车	柴油车			小　计		大型		中型		小型	
	辆	客位	辆	辆	辆	客位	辆	客位	辆	客位	辆	客位	辆	客位
江西省	18604	464636	546	18058	539	21603	15859	378520	3421	137314	9637	205492	2801	35714
南昌市	2195	59619	18	2177	14	519	1548	36303	450	17548	650	13805	448	4950
景德镇市	611	17262	0	611	20	895	488	12791	88	4728	189	5219	211	2844
萍乡市	1057	24618	11	1046	26	1095	980	21473	144	5526	743	14783	93	1164
九江市	3067	73943	138	2929	90	3681	2348	51084	418	16578	1318	26793	612	7713
新余市	316	7675	0	316	12	489	279	6519	55	2108	222	4381	2	30
鹰潭市	438	10256		438	7	322	382	8495	55	2256	300	5858	27	381
赣州市	3091	79417	198	2893	124	4931	2683	70186	773	31958	1401	31200	509	7028
吉安市	1834	49205	0	1834	87	3647	1607	40144	350	14698	1127	23663	130	1783
宜春市	1607	46103	0	1607	81	2839	1527	43331	433	16303	1094	27028	0	0
抚州市	1497	31123	30	1467	63	2515	1436	29779	224	8753	833	15891	379	5135
上饶市	2891	65415	151	2740	15	670	2581	58415	431	16858	1760	36871	390	4686

2011 年江西省营运载客汽车数量表(二)

表 10

地　区	旅游客车		包车客车		其他客车		租赁客车	
	(辆)	(客位)	(辆)	(客位)	(辆)	(客位)	(辆)	(客位)
全省合计	2356	79958	58	2025	331	4133	311	3339
南昌市	647	23316	0	0	0	0	0	0
景德镇市	123	4471	0	0	0	0	0	0
萍乡市	63	2476	14	669	0	0	0	0
九江市	711	22733	8	126	0	0	0	0
新余市	26	781	11	375	0	0	0	0
鹰潭市	49	1726	0	0	7	35	7	35
赣州市	122	5642	12	435	274	3154	274	3154
吉安市	227	9061	0	0	0	0	0	0
宜春市	80	2772	0	0	0	0	0	0
抚州市	31	1194	0	0	30	150	30	150
上饶市	277	5786	13	420	20	794	0	0

2011 年江西省营运载货汽车数量表

表 11

地　区	货运车辆总计		营运载货汽车				其他载货机动车		轮胎式拖拉机		牵引车	挂车	
					汽油车	柴油车							
	（辆）	（吨位）	（辆）	（吨位）	（辆）	（辆）	（辆）	（吨位）	（辆）	（吨位）	（辆）	（辆）	（吨位）
全省合计	405485	2418980	270946	1437263	6513	264433	81713	85529	1023	1195	18450	33353	894993
南昌市	48472	184268	43251	164031	324	42927	3473	3333	0	0	1016	732	16904
景德镇市	13194	60748	10027	36242	2885	7142	384	269	101	122	1161	1521	24115
萍乡市	26375	67442	15658	50668	456	15202	10112	9417	0	0	309	296	7357
九江市	43426	229745	30060	142409	96	29964	8261	9033	0	0	2192	2913	78303
新余市	32470	353744	17387	109247	0	17387	3117	2021	0	0	3385	8581	242476
鹰潭市	15102	201491	5621	40034	0	5621	1486	1483	0	0	2623	5372	159974
赣州市	51079	130017	33566	112252	1041	32525	17358	17272	0	0	126	29	493
吉安市	42292	239496	20883	128464	464	20419	15203	17311	255	357	2493	3458	93364
宜春市	47725	345662	41475	270669	0	41475	2303	3223	0	0	779	3168	71770
抚州市	39560	304944	21929	149472	30	21899	7835	8741	273	268	4317	5206	146463
上饶市	45790	301423	31089	233775	1217	29872	12181	13426	394	448	49	2077	53774

【南昌公交部分车厢安装监控装置】 公交车失窃是一个顽症，一些扒窃老手常在乘客上下车的时候趁乱下手。11 月开始，南昌公交在部分线路的公交车厢里安装摄像头。装探头后，使窃贼收敛不少，可以很好地保护乘客的利益。同时，对于驾驶员来说，在处理车辆碰擦，与乘客的纠纷，甚至安全事故时，将有据可查，避免调查取证难的尴尬。

（章彦宏）

【景德镇三类老旧汽车换新享受补贴】 6 月 22 日，景德镇市 2011 年老旧汽车“报废更新”工作全面启动。自 1 月 1 日起至 12 月 31 日，交售给报废汽车回收企业的农村客运车辆、城市公交车、重型载货汽车，均可获报废更新补贴，最高可获得 18000 元的补贴。

此次“报废更新”补贴范围包括：使用 6 年以上（含 6 年）且不到 15 年，车长大于 4.8 米（含 4.8 米）、小于 7.5 米，并于当年更新的农村客运车辆，补贴标准为每辆车 11000 元；使用 8 年以上（含 8 年）且不到 15 年，并于当年更新的城市公交车，补贴标准为每辆车 18000 元；使用 10 年以上（含 10 年）且不到 15 年的重型载货汽车，补贴标准为每辆车 18000 元。无动力装置的全挂车、半挂车不属于此次补贴范围。符合上述补贴范围的老旧汽车车主，凭“老旧汽车更新补贴资金申请表”、“报废汽车回收证明”原件、“机动车注销证明”原件及复印机、更新车辆购车发票原件及复印件、有效身份证明原件及复印件、与车主同名的个人银行账户存折或单位账户开户证复印件等凭证申请补贴资金。申请农村客运车辆报废更新补贴的车主，还需同时提供中华人民共和国道路运输证、道路运输管理部门出具的意见等凭证。全年，景德镇市共完成上述老旧汽车更新 357 辆，发放补贴 512.6 万元。

（涂　强）

【昌河汽车售后服务技能竞赛全国总决赛在景德镇举行】 1 月 10 日，昌河汽车 · 昌河铃木全国售后服务技能竞赛总决赛在昌河汽车的总部——景德镇举行，从全国 1000 多户经销商中脱颖而出的 36 名技术精英参加了当日的总决赛。经过一天的紧张角逐，余姚市东江汽车销售服务有限公司夺得冠军，深圳市宝爵汽车维修有限公司夺得亚军，北京希杰汽车修理厂、河北金昌汽车贸易有限公司获得第三名。

此次比赛分为理论考试、技术规范考试和实

车排故比赛,其中理论考试的时间为50分钟,技术规范考试的时间为30分钟,含金量最高、最能考验参赛选手技术的实车排故比赛时间为90分钟。

之前,昌铃汽车公司分别在河北石家庄、河南郑州、山东潍坊、陕西西安、广东广州、四川成都举办了华北、中原、华东、西北、华南、西南等6次分区赛,共有121户骨干经销商的242名维修技术能手参加,成绩优异者进入了本次总决赛。

(涂　强)

【景德镇市二手车交易市场正式开业】 1月11日,由市物资局旧机动车交易中心和景德镇长运公司通过优势互补的方式联手打造的景德镇市二手车交易市场在新风路正式开业。这一交易市场的建立,结束了景德镇二手车市场长期存在的小规模经营、无序竞争状态,标志着景市二手车交易向规模经营、规范管理的良性发展轨道迈出了重要一步。

景德镇市二手车交易市场占地面积逾2公顷,交易大厅超过500平方米,拥有150个室外车位和30个室内车位,可同时容纳40余户经纪服务商入场交易。整个市场集车辆展示、经纪服务、二手车交易、车辆维修及装潢为一体。消费者不出市场就可享受二手车从选车、鉴定、评估、交易,到办理过户的一条龙服务。

(涂　强)

【景德镇27辆空调公交车上岗】 11月30日,由景德镇市政府安排财政资金购置的27辆空调公交车正式上线运营。新投入运营的公交车车身绘有青花图案和“千年瓷都　幸福城市”字样,颇具瓷都特色。此批上线经营的空调公交车为亚星客车,车身全长11.5米,车厢内设有27个座位,站立区域更加宽敞,全车即使容纳80名乘客也不显拥挤,为景德镇已投入运营公交车中最长的一款车型。

此27辆空调公交车分别投放在1路(11辆)、108路(8辆)、303路(4辆)、103路(4辆)公交线路上,其票价经物价部门核定为:普通成人票2元/次人,普通IC卡1.8元/次人,学生IC卡0.9元/次人,70岁及以上老年人凭老年IC卡可免费乘坐。

(涂　强)

【九江市公交公司50辆新型环保公交车正式启用】 12月16日,九江市公交集团公司50辆环保型、大容量、国内一线品牌的新公交车,正式投入市区101、104、108和28路等公交线路运营。九江市政府副市长杨健出席了新车投运仪式并讲话,他强调要努力把公交事业建设成为展示九江精神文明的窗口,使九江人民出行更安全,更便捷,更舒适;并宣布50辆公交新车正式投入营运。在新车投运仪式上,九江市公交集团公司总经理吴敏代表公司全体职工,表示公交集团将以新车投放为契机,真正做到车辆硬件上档次、服务软件上水平、惠民政策尽义务,为全市人民提供安全、便捷、舒适的出行服务。

(叶　勇)

【新余也有空调公交车了】 12月30日,新余市首批15辆大金龙空调巴士正式投入使用,全部更新101路、402路公交线路,这也标志着新余市首条真正意义上的空调公交线路正式投入使用。这批空调车是大金龙全新公交系列产品,是以经典城市公交产品为基础的最新升级之作,底盘更加稳定,全新外观设计融合了国际流行设计理念与中国传统美学元素,集美观、大承载和人性化于一身,代表了新一代城市公交车发展方向。车体长度约11米,较现在营运的公交车体略长,车内拥有33个座位。前后车门旁各有一个车门应急阀,便于在紧急情况下从外部打开车门。车身上下车踏板由原来的3步改为2步,乘客上下车将更加快速、安全。车厢前后都设置有摄像设备、应急门铃,车辆统一安装GPS车载终端、语音报站等设备。

(胡　军　邓涵予)

【赣州中心城区年新增公交车100辆】 赣州市中心城区2011年新增100辆大容量、高档次的公交车,并借此进一步提升公共交通服务水平。为贯彻市委、市政府对中心城区治脏治乱治堵工作的重要部署,赣州市大力实施“公交优先”战略,于年内在中心城区增加100辆大容量、高档次的公交车;调整优化路网结构,加密公交班次,提高公交线网的覆盖率,新增10~12条公交线路;完成3个公交枢纽站的建设,在主干道开辟公交专用车道,科学设置港湾式公交站台。同时,严厉查处中心城区公交车不进站点上下客等交通违规行为，提升中心城区公共交通服务质量和水平。

（李发淳）

【赣州中心城区所有公交车出租车安装了 GPS】 赣州市交通运输信息监控平台自 2010 年 8 月运行以来，依托现代信息化技术手段，对纳入监控的城市客运车辆实施全方位、全时空的动态管理，不仅有效降低了车辆交通事故及治安事件的发生频率，而且极大提升了运输企业安全管理和为民服务水平。投资 29.8 万元的交通运输信息监控平台，是交通建设中的民生工程。至 2011 年 1 月 11 日，市交通运输信息中心已组织市公交总公司等城市客运单位，为城区 360 余辆公交车和 690 辆出租车安装了 GPS 安全服务系统软件，并进入了运行阶段。

（李发淳）

【赣州两辆燃气公交车上路】 2011 年 1 月 20 日，由赣州市公交总公司两辆柴油公交车改装的燃气公交车正式投入使用。改装后的燃气公交车在行驶中车内的噪声明显小了，排放的尾气也减少了许多。燃气公交车一次可充 80 立方米天然气，可行驶 300 千米。此外，温度对汽车的启动没有影响。

（赣州市交通运输局）

【宜春首辆纯电动大巴投入试运营】 1 月 10 日上午，宜春市自行生产的首辆纯电动大巴举行试运营仪式，车长 10.49 米，拥有 34 个座位的崭新客车，缓行驶入中心城区 21 路公交线路。行驶过程中，车辆安静、舒适且提速较快，赢得广大观众啧啧称赞。首辆纯电动大巴的制造和试运营，表明宜春着力打造的锂电新能源产业链条正式启动，也标志着该市锂电新能源产业发展取得突破性成果。该辆电动大巴由江西锂电新能源产业有限责任公司牵头，联合北京神州巨电、江特电机、安源客车等企业共同研发制造，填补江西省纯电动大巴的空白。最大荷载 4.5 吨，最高车速 72 千米/小时，最大爬坡度 21 度，可持续行驶 350 千米以上，因采用以电代油的新型动力系统，达到低排放，无噪声的环保要求。

待该车稳定运营一至两个月后，宜春将按照“统筹规划、分步实施、安全可靠”的原则，进一步加快锂电新能源汽车的推广使用，以优质高效，服务为广大群众努力营造全市电动汽车应用的良好环境，大力推进锂电新能源产业快速发展。

（李　明）

道路运价

【出租车春节期间涨价惹众议】 2 月 5 日上午，景德镇市民刘××乘出租车上班，上车前出租车司机告诉他不涨价。可是到了目的地后，出租车司机说要加 3 元，这让刘××感到十分气愤。许多市民认为春节期间出租车涨价违反规定，但举报没有人管，节日期间监管的缺失，是造成这种不良经营行为的重要原因。对此，有市民提出建议，监管部门应该对春节涨价现象设立举报奖，如果发现出租车拒载、不打表、乱涨价现象，市民可以记下车牌号码进行投诉。经监管部门查实后，对举报的市民给予一定奖励。这样一来，全民参与监督才能有效解决出租车乱涨价现象。为更好地遏制乃至根治出租车乱涨价行为，监管部门应加大处罚力度，对于涨价的出租车一旦查实应予停业整顿，违规次数多的出租车应纳入“黑名单”取消其营运资格。

（涂　强）

【渝水乡村客运票价 9 月 1 日起微调】 因油价、工资等生产要素的上涨，9 月 1 日起，经新余市物价局批复，渝水区乡村道路客运班车票价上调。渝水区此次农村客运票价上调的幅度并不大，最高上调 1 元，最低上调 0.5 元，部分站点票价保持不变。2011 年以来，新余市油价上涨幅度较大，加上人员工资及各种费用的增加，作为承担连接城乡两地人员交通的渝水区农村客运运输企业在经营中面临了不少的压力。于是，有不少客运车主提出对农村客运班车的票价进行上浮的申请。根据省发改委、省交通运输厅 5 月下发的有关文件精神，经新余市物价局研究，同意对渝水区农村道路客运班车票价进行微调。物价部门核定的票价上浮额度主要根据客运里程长度来划分，运输里程在 11 千米～32 千米之间的，票价上调 0.5

元;运输里程在32千米以上者,票价上调1元。物价部门规定,此次核定的客运班车票价为最高限价,相关客运企业不能随意上调票价。票价包含2%旅客身体伤害赔偿责任保障金、旅客站务费、车辆通行费。成人及身高超过1.5米的儿童乘车购买全票。身高1.2米以下,不单独占用座位的儿童乘车免票,身高1.2米~1.5米的儿童乘车购买儿童票。革命伤残军人、因公伤残的人民警察乘车分别凭《中华人民共和国残疾人证》《中华人民共和国伤残人民警察证》购买优待票。儿童票和优待票按照具体执行票价的50%计算。物价部门还要求,相关客运企业应在车辆始发地售票场所和客车内醒目位置予外公示,明码标价,接受社会监督。

(王若刚)

【新余城区出租车加收燃油附加费】 5月15日起,新余市城区出租车始向乘客加收1元燃油附加费。新余市城区出租车自2008年1月15日调整运价以来,国家已先后11次调高成品油价格,上升幅度达41.2%。出租车用油价格大幅度上涨,致使新余市出租车运营成本增加,出租车车主经营出现困难。根据省发改委关于"成品油价格调整对出租车行业的影响,各地可采取调整出租车运输价格或收取燃油附加费的方式进行疏导"的精神,新余市于2011年5月15日起,城区出租车对乘客加收燃油附加费。具体调整方式:当0号柴油零售价格在7.09元/升~8.64元/升之间,城区出租车向乘客每车次加收1元燃油附加费;当0号柴油零售价格在8.64元/升~10.20元/升时,城区出租车加收2元/车次的燃油附加费;当0号柴油零售价格在7.08元/升以下时,取消燃油附加费,即出租车不得向乘客收取燃油附加费。出租车车主在出租车醒目位置上贴出由新余市物价局、市交通运输局监制的"新余市城区出租车燃油附加费公示",做到明码标价,接受广大市民监督。

(艾 欢)

【新余出租车按需打票受欢迎】 2011年,新余市出租车全部都实行按需打票,也就是司机根据乘客需要决定是否打印出租车发票。按需打票实行后,受到出租车司机的普遍欢迎。出租车是按照固定额度收取税费,乘客是否索取发票与出租车交税没有任何影响,打印发票主要是方便乘客报销以及证明出行。在市民中索取出租车发票的习惯还很少,乘客主要是为了报销而索取,原先全部打印出的发票很多都是浪费,随地乱扔影响环境。现在根据乘客的需要打印发票可以降低运行成本。原先全部打印发票每车每月需要数卷发票用纸,每卷成本3元,无形中也增加了运行成本。实行按需打票之后,现在每月只需1卷发票用纸,墨盒使用时间也大大增加。

(姜正义)

【鹰潭市道路运价有上浮现象】 2011年,随着油价的攀升,运输市场运价出现不稳定因素,尤其是在货物运价方面,上浮现象日见凸显,出租车市场价格略有上升。鹰潭至周边城市一般普通散货参考价:

鹰潭—上海 运距601千米 运价:220元吨
鹰潭—温州 运距400千米 运价:170元吨
鹰潭—深圳 运距702千米 运价:220元吨
鹰潭—广州 运距698千米 运价:190元吨
鹰潭—厦门 运距429千米 运价:170元吨
鹰潭—武汉 运距394千米 运价:170元吨

鹰潭市公交票价:鹰潭市主城区公交票价1元/次,成人IC卡刷卡票价0.9元/次,学生IC刷卡票价0.5元/次,城际公交票价3元/次。

(艾年宗)

【宜春城区出租车首征燃油附加费】 5月25日。宜春城区出租车开始收取燃油附加费。乘坐出租汽车超过2千米(不含2千米)以上的乘客,按计价金额付费的同时,须另付燃油附加费、此次燃油费的征收采取的是联动机制,燃油费以93号汽油为标准,当93号油的价格为每升价格达到8.01元~9.5元时,另付燃油费2元。随着油价、气价的不断攀升,出租车行业的利润空间日益萎缩,但出租车计价却不能上涨,让的哥们叫苦不迭。对此,市管局高度重视,急业户所急,多次到物价部门协调制订燃油附加费政策并督促落实有关宣传工作。对于该项政策的出台,得到城区司机们的赞同。

(余佩清 杜鹏程)

【抚州市客运10月起执行新票价】 根据省发改委、交通厅要求,抚州市交通运输局、市物价局联合批复了该市客运班线票价。对93条客运班线道路旅客运输票价进行重新核定,新票价2011年10月起执行。核定票价为最高票价,运营企业(或运营者)可以向下浮动。

受油价、人力、车辆更新等成本上升影响,该市此次对93条客运班线票价进行了重新核定,这些客运班线全部为省内、市内班线。此次新票价的核算公式为:核定票价 = 客运车型运价(含2%的旅客身体伤害赔偿责任保障金)×旅客计费里程(营运线路公路里程 + 城市市区里程) + 旅客站务费 + 车辆通行费 + 其他法定收费(中央空调服务费)。

以前,公路客运计费里程是指营运线路公路里程,基本都是两地间高速路或国省道的公路里程。但随着城市空间不断扩大,客运车辆从车站到达高速路收费口还有一段距离,尤其这段距离常会堵车,增加了营运成本。在上述新票价的核算公式中,旅客计费里程 = 营运线路公路里程 + 城市市区里程。此外,燃油附加费具体收取方式按照(赣发改商价字〔2008〕1202号)文件精神执行,与油价实行联动机制。

新票价执行期间正值客运淡季,全市各大客运汽车站根据客流情况,并未执行此次核定票价(即最高票价),大部分线路的票价比物价部门核定的基准价下浮,与平时的价格一样,因而旅客并未感觉在票价上有变化。

(陈根玲)

【上饶市调整公路客运票价】 11月30日,上饶市物价局、上饶市交通运输局以饶价商字〔2011〕50号文发出调整全市公路客运票价的通知。通知指出,本次所制定的票价是最高指导价,各经营单位不得上浮,下浮时应提前7天报当地价格、交通运输主管部门备案;票价中不含燃油附加费,在执行省发改委、省交通运输厅加收燃油附加费政策时须提前一周到当地物价和交通运输主管部门备案;此票价对各通行班线、全程长度、车辆各等级及座位数、基础票价、站务费、通行费都作出了明确的规定,除国庆、春节及政策性调价外,一个月内不得变动。通知要求各客运经营单位要在车站和车辆显著位置做到票价的明码标价工作,确保车辆型号等级与票价相一致。

新票价于2011年12月1日起施行,此前制定的所有跨县(市、省)公路客运票价同时停止执行。

(陈均培)

道路旅客运输

【南昌市2011年春运安全稳定、秩序良好】 2011年南昌市城区5户客运站场在1月19日至2月27日为期40天的春运中,为确保广大旅客及时顺利出行,最大限度增加运力,最大限度便民利民,春运安全持续稳定。40天的春运安全运送旅客1407453人次,同比增长2.49%,发送客车76633班次,日均发送客车1916班次,日均发送旅客35186人次。其中,节前15天发送旅客660675人次,同比增长0.01%,春节黄金周发送旅客190913人次,同比下降2.75%。

(胡 伟)

【南昌市成功转运2000名服刑人员】 司法部监狱管理局决定于2011年10月25日和29日分两批次从浙江监狱集中遣送2000名服刑人员至江西监狱。江西省监狱管理局要求南昌市运管处协助做好转运工作,每次征调28辆大型客车进行转运。

该处高度重视,做好此项工作,一是要求南昌长运公司组织28辆公车作为转运运力,并对车辆的安全性能进行严格检查;二是要求南昌长运公司选派政治素质强、驾驶技能好的驾驶员承担转运任务;三是组织参运人员到转运现场进行实地查看,制定详细的转运工作方案。由于准备工作充分,该处与南昌长运公司于10月26日和30日成功将遣送至江西省的2000名服刑人员从南昌火车站安全转运到指定监狱。

(唐洪斌)

【南昌市客管处组织春运"送温暖"活动】 2月2日是大年三十,正是一家团聚的时刻,火车站滞留的旅客们归心似箭盼着早日能够与家人团圆,再加上一番舟车劳顿,已是心身疲惫。为此,市客运管理处策划的“温暖行动”在南昌火车站拉开序幕,由多家出租公司派出的60多辆“爱心的士”以火车站为起点,免费将旅客送到家中,把温暖“传递”到全市的大街小巷,传递到乘客和家人的心中。据统计,除夕夜当天,“爱心的士”共运送乘客200多辆次,运送乘客人数800余人。

(吁一鸣)

【南昌出租车高考期间爱心送考十周年】 6月初全国统一高考来临,为了给考生排除学习之外的顾虑,让考生专心应考,由市交通运输局和市文明办主办,市客运管理处、市出租租赁汽车协会联合省市多家新闻媒体承办的高考送考活动又正式启动。活动分为两类:一是“一对一”的送考,主要针对家庭经济困难、住所与考场交通不便以及身体残疾、患病而行动不便的考生,通过预约上门接送;二是在各个考点,针对突发问题提供一次性免费用车服务。

2011年是南昌市出租汽车行业开展关爱高考学子免费送考活动的第十个年头。参加送考活动的出租汽车由最初的不足百辆,到2011年度的300余辆车,很多司机连续多年放弃正常运营加入接送高考考生的行列,回报社会,奉献爱心活动的影响面越来越大。有的司机为了给考生提供良好的乘车环境,在接送考生前,开好空调,备好防暑降温用品,有的甚至在家煮好绿豆汤用保温瓶随车携带。

(吁一鸣)

【景德镇市公路春运发送旅客近200万人次】 春运40天期间,景德镇市全市各汽车客运站共发班51948班次,其中加班1249班次、包车469班次,运送旅客199.71万人次,发班总数及运送旅客人次同比分别增长7.9%和5.7%,顺利实现“安全、优质、有序、高效”的目标。

景德镇及周边的鄱阳、万年等地,每年均有大量农村剩余劳动力前往沿海及经济发达地区务工。受此影响,春节期间客流量一直保持节后客流量大、高峰集中、单向流动明显的特点,主要客源地是浙江、福建、上海、江苏、湖北、广东等“泛长三角”和“珠三角”地区,同时省内各市际、县际及农村客运也是2011年公路春运工作的重点。与往年不同的是,2011年春运高峰时段的客流量呈现出波峰不高、波谷不低的现象,即自2月6日(正月初四)至2月18日(正月十六)的13天里,日均客流量在6万人次左右,最高时的2月8日(正月初六)为6.3万人次,最低时的2月16日(正月十四)也有5.7万人次。这说明市民出行更加理性,挪开高峰以避免旅途拥挤。

(涂 强)

【景德镇国庆期间公路运输旅客近40万人次】 “十一”黄金周期间,景德镇市公路运输部门共投放512辆各型号客车,各大汽车站(含乐平市)共发班3912班次,其中加班113班次,运送旅客12.9万人次,同比增长4.8%;农村各乡(镇)汽车站(含乐平、浮梁)共发班8943班次,运送旅客26.72万人次,同比增长3.2%。

“国庆”节假日期间,景德镇短途旅客主要以前往南昌、九江方向的客流为主,长途旅客主要以前往上海、杭州、武汉等方向的客流为主。景德镇长运公司针对德(兴)(南)昌高速公路通车,及时将经济(南)广(州)高速、(南)昌万(年)公路的景德镇市至南昌高速客班线运行线路调整为经济(南)广(州)、德(兴)(南)昌高速公路。由于单运行时间由原来的3个半小时缩短为2小时40分,该班线班次每天增加了5班,进一步方便了旅客及时出行。

(涂 强)

【九江市“十一”黄金周旅客运输安全平稳有序】 2011年“十一”黄金周期间,九江市投放客车3125辆,其中:包车1094辆、加班732辆,完成客运量86.12万人,客运量较上年同期下降11.7%。其间无旅客滞留现象,无安全生产事故发生,旅客运输环境安全、平稳、有序。

(叶 勇)

【新余市春运客运量再创新高】 春运期间,新余市道路客运日均投放客运车939辆,其中班车客运车283辆,旅游客运车20辆,出租汽车636辆,全市共完成旅客运输量138.6万人,同比增长2.08%,其中加班395趟次,包车211趟次,确保了全市春运期间的道路旅客运输和生产物资运输的顺利畅通。各级运管部门和运输企业工作人员坚持全天候值班制度,设立了24小时举报电话,自觉接受群众监督。对投诉及时处理，做到有报必查，查实必究。春运期间共受理旅客投诉25件，查处违规车辆15辆，做到件件有核实，件件有结果，得到社会各界和广大旅客的好评。

（黄林雅）

【钢城出租爱心送考】 2011年高考期间钢城出租车公司本着“回报社会、奉献爱心”的宗旨，第八次组织开展“爱心送考”活动，为高考学子提供安全、及时、温馨、免费的接送服务。高考期间，考生只要凭准考证就可免费搭乘公司贴有“爱心送考”标志的出租车。参加本次活动的出租车有80辆，车业主们秉承“我奉献、我快乐”的雷锋精神，以饱满的热情和出色的表现完成这次“爱心送考”活动，为考生考出好成绩奉献一份爱心，送上一份祝福，为构建和谐新余尽一份力。

（肖志勇　姜正义）

【喜迎“七城会”公交保畅通】 10月6日，第七届全国城市运动会火炬“幸福之光”传递到鹰潭市。10月17日鹰潭市迎来了“七城会”在鹰潭市体育馆的首场比赛，沈阳市VS德阳市U18女篮赛。为保障“七城会”的顺利召开，做好“七城会”赛事期间的交通保障和服务工作，当好东道主，展示鹰潭城市魅力，市公交公司积极配合“七城会”组委会，在比赛前夕抽调公交车辆接送“七城会”志愿者；比赛期间，公司将安排26辆公交车辆分不同时间段接送志愿者；在每场比赛结束后，公司将另外安排公交车辆在体育馆站专门运送“七城会”观众，为观众提供舒适、便捷的公交服务。

（林凤星）

【鹰潭市运管处全力以赴保春运】 为确保春运期间道路运输行业的安全稳定，市运管处全力以赴，精心准备，周密部署，重点对车站、旅游景区和重点路段进行现场检查，指导督促基层单位做好安全管理工作，确保安全管理工作“四个到位”：人员到位、措施到位、责任到位、管理到位。春运期间，安全运送旅客125万人，未发生一起旅客滞留现象和道路运输重大事故。

（鹰潭市交通运输局）

【鹰潭市城市公交新变化】 鹰潭市公交围绕构建“群众满意、政府放心”的城市公共交通目标，邀请东南大学编制并评审通过实施了公交专项规划，通过采取建立内部加油平台、升级改造GPS智能调度系统、增开2条公交线路，更新10台车辆等措施，促进了公交事业的平稳发展。2011年城市公交完成营运收入2321.72万元、总行驶里程1054.28万千米、客运量2550万人次，同比分别增长3.2%、9%和2%。K2路城际公交线分获市“巾帼文明示范岗”、市总工会“工人先锋号”荣誉称号。

为进一步推进城际公交一体化，积极配合市委、市政府推动大旅游发展战略，于2011年3月开通了鹰潭至仙水岩的公交线。该条线路的开通，为沿途及周边居民提供更为便捷的出行条件，也为游览仙水岩景区创造了良好的交通环境。

（鹰潭市交通运输局）

【赣州市900余辆加班车进出广东】 2011年春运期间，赣州市除各大车站2500辆正班车进出广东方向外，该市春运办为全市各运管部门及运输企业申请办理广东春运牌证的包车、加班车就达900余辆。这900多辆包车、加班车，根据各大车站春运客流高峰，适时将车开往驻地各乡镇，实行务工人员家门与厂门对接，学生家门与校门对接，有效减轻民工流与学生流叠加形成的客流高峰。

（赣州市交通运输局）

【赣州“五一”期间3天发送旅客4.2万人次】 在4月30日至5月2日这3天“五一”小长假期间，赣州市公路客运共发送旅客4.2万人次，加班班次达200班。“五一”小长假公路客运特点是：以学生流和旅游流为主。据相关数据显示，短途客流高峰出现在5月1日，主要加班班次开往于都、上犹、石城、崇义、瑞金等地。长途客流主要以开往广州、南昌、抚州、深圳等城市为主，客流高峰甚至达到了一小时一班次。

（赣州市交通运输局）

【吉安市平安和谐春运】 在2011年的40天春运工作中，吉安市全面实现了“安全、有序、便捷、畅通、和谐”的春运目标。确保没有发生一起重特大道路运输事故，没有发生大规模旅客滞留和重大运输服务质量投诉事件，做到了工作措施到位、目标责任到位、组织协调到位、安全督查到位。据统计,全市共投放客运运力74430辆次,运送旅客425.5万人,客运量同比增长25.5%。

(龙少华)

【宜春市春运道路运送旅客同比增长8%】 宜春市春运共投入1560辆班车运行,发车15.6万班次,运输旅客587万人次,同比增长8%,加班客车和包车2930班次。春运道路运输主要有三大特征:一是为保障外出务工人员能安心返家,宜春客运部门提前外出宣传,到广东、浙江、福建等宜春籍务工人员集中地区和企业,跟返乡人员约定"有专门车来接你们回家,不用担心",并长期派驻人员在广州、宝安、温州驻点衔接,让宜春务工人员返乡无忧。二是对农村客运辐射面进行延伸和班线加密,确保农民出行便捷。春运期间,宜春农村客运公交化运行模式开通186条,占农村班线的48%,全市的农村班线在原来的基础上每天加密30多趟班车,大大缓解农村出行难压力,农村乘客出行同比增长12%。三是发挥GPS全程监控的"天眼"优势,客运企业和行业人员分片分线分车落实安全责任,宜春春运实现无重大安全事故、无重大质量投诉、无旅客滞留的"三无"好成绩。

(孙启生 肖勇星)

【宜春市公交破难求进促发展】 该市公交公司以发展提升年为契机,大力开展"公交服务年"活动,着力解决阻碍服务水平提高的重重难题,取得可喜成绩。一是克服服务水平参差不齐,市民满意度大幅提高。针对市民投诉率较多的情况,专门拿出200多万元用作驾驶员星级工资发放,充分调动驾驶人员的工作积极性和主观能动性。同时,将车内顶棚、车窗玻璃、墙板、扶手杆、坐椅等车内卫生的保洁包干给专业清洁公司,切实减轻驾驶人员的劳动强度,也改善车内卫生和车容车貌。该市车辆准点率、正点率、车厢卫生、社会反应良好。二是克服交通管制不利影响,企业产值保持增长。为配合旧城改造、新城建设,对因道路施工交通管制影响运营的116路、118路、12路等公交线路实行绕道运行,5路、6路实行定点对接,增开宜春至袁梅临时线路。三是克服用工荒局面,公交线路进一步优化。在全国公交行业均出现不同程度用工荒的情况下,鼓励客流量小、劳动强度不高的线路驾驶员一人一车或三人两车,将10路、16路进行了延伸,21路增加银泰广场,方便了市民出行。四是克服车辆增多压力,安全形势明显好转。在行业内,该公司积极组织开展"百日安全竞赛"活动;在日常管理中,加强车辆出车前和出车后的例检工作。同时,完善突发事件应急预案,加强汛期路巡、路检,确保乘车安全,事故率同比下降22.5%。五是克服资金紧缺困难,基础设施建设加快。一方面自筹资金320多万元购进20辆迷你巴士投入到16路、18路、20路客流较小的线路运营。另一方面,投资100余万元在全省公交率先建立3G车载视频监控系统,并于6月份正式启用,实现"抹黑调度"向"可视调度"转变。此外,投资50万元,在上年完成市内重要交通要道、节点上建设港湾式站台的基础上,进一步完善公交基础配套设施,建设9座外形新颖、美观的候车亭,改善广大市民的候车条件。

(晏慧锋)

【樟树市全面完成"药交会"交通运输保障任务】 10月16日至18日,第42届全国药材药品交易会在"中国药都"江西樟树市举办。为圆满完成大会的交通运输保障任务,市交通运输局提前制定各项运输保障方案,合理安排运力。大会期间共安排本市班线客车20辆、抽调外地考斯特11辆,部门小轿车48辆,为本届"药交会"成功召开提供了安全、优质的运输保障。针对本次活动点多、线长、量大、接待规格高等特点,该局细化运输方案、落实相关责任。把接送保障车辆落到实处。克服了人员少、时间紧、任务重、场次多、车辆调度复杂等困难。按照"统筹安排、团结协作、高效运作、守时准点、服务到位、确保安全"的总要求,分别在机场、火车站、宾馆、会场等重要地点派驻运管人员和运输企业负责人,协调解决运输问题,连续三天24小时接送,全程安全服务,圆满完成大会及活动用车的保障任务。大会期间,运管人员还加大对运输市场的动态监管,强化一线稽查,严厉打击非法营运"黑车"及出租车不按规定使用计价器、拒载等违章营运行为,维护旅客合法权益。

(曾凡荣)

【丰城汽车站抓好暑期学生返校运输】 丰城汽车总站积极采取措施，提前制定工作预案，积极做好暑期学生返校运输工作。日学生运输流量达3000余人次，比上年同期增长15%。为确保学生返校运输工作的顺利开展，该站8月中旬就召开暑期学生返校运输工作会议，决定从各运输车队、公司选调一批安全性能好、舒适度高的宇宙、大金龙等车型，投放到暑期学生运输中，对学生出行的主要目的地南昌、武汉、广东、晋江等地班次进行加密，使学生乘车求学、回家更方便、更快捷、更省时。

（陆　慧）

【奉新县运输保障举办百丈清规文化节】 “天下清规，禅宗百丈”。自怀海老禅师在百丈寺立下“一日不作，一日不食”的训示以来，百丈寺与天下清规便享誉神州大地。经过多方努力和筹措，修葺一新的百丈寺又迎来新的辉煌，8月31日，百丈清规文化节隆重举办。为确保奉新县百丈清规文化艺术节的顺利举办，县交通运输局成立局长任组长，副局长、公路所长等为副组长，相关所、站、股室负责人为成员的运输应急工作领导小组，切实加强对该项工作的领导组织和实施力度，制订《百丈清规文化节运输应急方案》。汽运公司140辆客车按照预案开始繁忙有序运输。与此同时，交通运输系统车况紧急情况处置小组也到达预定地点上岗值守。县交通部门抢修队伍在甘坊候命负责对奉带线的公路抢修，以确保公路的畅通。为解决山区手机信号不好、通信不畅的问题，方便车辆的指挥调度和救援，有关方面配备对讲机用于工作通联。为预防人员拥挤发生意外及可能发生的群体性事件，文化节组办方还在上富售票点各安排公安干警维持秩序，在上富和百丈山旅客上下车点安排公安干警维持秩序。通过各方努力，确保百丈清规文化节的顺利举办，文化节期间共安全运送来宾12000人次。

（魏振宇）

【抚州市春运发送旅客逾425万人次】 为期40天的2011年春运于2月27日结束。期间，抚州市共投入客运车辆1411辆，加班5255班次，包车2061趟次，发送旅客425.085万人次，春节旅游黄金周共完成客运量84.99万人次，比上年增长6.2%。运输安全生产形势稳定，全市未发生一起重特大交通事故和安全事故及滞留旅客现象，运输服务质量明显提高。

春运期间，抚州市各级交通运管部门加大了对春运客车的安全管理力度，组织所有营运客车参加安全检测，对检测不合格的客车不发放春检合格证，不得参加春运。另外，该市还对市区及各县（区）客运站和运输企业进行了拉网式安全生产大检查，消除了隐患，提高了服务水平，为春运创造了良好的运输环境。

（陈根玲）

道路货物运输

【南昌三志物流“甩挂运输”】南昌三志物流是一个私营物流企业，在没有行业专家指导，没有政府资金支持情况下，出于降低运输成本的考虑，于2006年开始尝试“甩挂运输”作业。经过半年的实践效果测试，取得较好的经济效益。2007年始全面推广甩挂运输，至2011年，该公司90%的货物运输均由甩挂作业车辆完成。该公司已开通110条国内省际直达甩挂运输专线，并在全国各地设立47个甩挂货运站点，基本形成覆盖全国的甩挂运输网络。公司有牵引车头80辆，挂车200余辆，牵引车单车月运行里程2.2万千米～2.4万千米，2010年完成营业额约3.5亿元。

该公司甩挂运输在成本构成上体现出三大优势，即节约运输时间、降低车辆采购成本和促进节能减排，提高了车辆的使用效率，单车运输降低成本40%左右，减少油耗30%左右，运价在0.17元/吨千米以内，尽管在业内相比很低，但有较高的盈利水平。2010年公司创利税346万元，企业资金利润率近50%。

（张　平）

【乐平市公路运输管理所大力发展蔬菜物流业】

乐平市蔬菜生产源远流长，种植历史悠久，是农业部定点批发市场、国家发改委信息中心农产品价格信息点，也是全省20户亿元重点商品市场之一，年蔬菜交易量在60万吨以上，交易额超过8亿元。乐平市公路运输管理所紧紧抓住蔬菜大发展的有利条件，着力构建市场流通平台，立足本地,面向全国,搞活流通,促进发展,逐步实现蔬菜产、供、销、运一体化。

为推动农村蔬菜物流业发展,该所坚持以农村菜农合作社为基础,运用“市场牵龙头,龙头带基地,基地连农户”的形式,发展农村蔬菜物流产业,在市蔬菜批发大市场设立蔬菜物流中心。该中心占地面积20000平方米,并建有棚式仓库一栋,占地面积约1200平方米,同时建有可储存1000吨蔬菜的冷藏保鲜库一栋,拥有专业运输车辆300辆近2000吨位。

该所采取以点带面、灵活有序的运输方式,设立市、乡、村三级蔬菜物流信息站,即以蔬菜批发大市场为依托、以蔬菜种植乡(镇)为中心、以各村级菜农合作社为网点,建立蔬菜物流信息网络平台,方便菜农合作社找车、道路运输企业或业户找货,在减少中间环节、降低物流成本等方面发挥着积极作用。同时,充分发挥道路运输管理机构的职能,强化对蔬菜物流车辆的监督管理,形成了较为完备的全市蔬菜物流服务体系。据统计,2011年,全市共组织投入蔬菜物流车辆达5773辆次,运输蔬菜53万余吨。与2010年相比,分别增长11.3%和10.9%。

(涂　强)

【保价运输为陶瓷物流护航】 10月18日,景德镇绘画名家支先生将一块青花山水瓷板委托信联物流公司从景德镇发往上海,双方约定由信联公司负责承运,如瓷板在运输过程中出现破损,由信联物流按照作品保价价格予以赔偿,保价价格为4万元,支先生为此支付保价金额6.8%的保价运输费。为确保运输过程平稳安全,信联物流公司采取泡沫填充、多层木架装订的特殊包装形式。但当货物到达上海客户手中打开包装时,还是发现瓷板已经从中间裂开,大家都觉得十分遗憾。

信联物流公司得此消息后,立即与上海货站取得联系。按照约定,运输货物到达当地货站后由提货方自行到货站提取,但提货方接到提货通知后并没有按照约定自行提取,而是电话委托货运司机将货物送上门,并答应支付较高金额的上门费。没有太多瓷板运输经验的上海货站司机在大部分货物已经卸出,车厢比较空旷的情况下,擅自将瓷板送上门,最终导致瓷板的破损。尽管接货方在没有亲自到货站提货这一问题上存在一定过错,但出于维护公司信誉和保证客户利益的考虑,信联物流公司还是决定按合同约定支付4万元。10月31日,公司负责人候建华亲自将赔付款交到支先生手中,并进行了坦诚沟通,对造成的损失表示歉意,并强调到货站提货,尤其针对大型瓷板之类极易破损的货物要亲自陪同监押的重要性,以防下次类似的事件再次发生。托运方支先生对信联物流公司重合同守信用的做法给予了高度认可和评价,认为这里的保价运输值得艺术家信赖,应该在全行业推广。

(涂　强)

【如何走出物流发展瓶颈】 6月,景德镇市某物流公司给一瓷商托运4件瓷器,途中不小心损坏了一件价值上万元的瓷品,结果承运方只提出200多元的补偿费,导致双方原本长久的合作关系,因此不欢而散。陶瓷是易碎品,类似这样的事情在物流行业并不少见。2009年,德邦景德镇物流公司入驻景德镇,不到3个月就宣告关门,其中主要原因就与陶瓷运输易破损有关。货品破损,到底由谁买单?在景德镇不规范的物流市场中,承运方与托运方为此各执一词。问题的发生,归根结底与市场标准不统一、运营操作不规范以及缺乏相关法律部门管理等脱不了干系。

景德镇市物流企业普遍规模偏小,上规模的也只有信联物流、恒通物流几家而已。整个物流行业中货物运输没有统一的价格,而且货物破损没有统一的赔偿准则。景德镇市有着广阔的陶瓷运输市场,但是,众多小型物流企业由于自身条件的限制而难以消化,阻碍了物流行业自身的发展。

能让物流行业走出发展瓶颈的,是规范整个行业的流程,让陶瓷破损最小化,陶瓷运输保障最大化。而这就不得不效仿信联物流等大企业好的运营手段,例如为保障陶瓷安全的运输,在物品包装方面铺垫大量泡沫或用大量纸张包裹,外层包装多层木质框架。为解决客户的托运“货损之忧”,实行高档、贵重陶瓷(物品)保价承运制度,单件物品价值在3000元以上至20万元以内,只要声明投保承运,在可抗力之内破损后可享受全额赔偿。

(吴云波)

【景德镇市交通运输局紧急抢运食盐】 3月17日,受日本北部海域强烈地震引发核电站物质泄漏影响，景德镇与全国多个城市同时出现食盐抢购现象，导致全市各大超市、商业网点食盐脱销。为迅速平息食盐抢购风潮，稳定市场供应，消除市民恐慌心理，市委、市政府要求盐务部门迅速调集食盐供应市场。因盐务部门自身无足够运力将库存食盐运送到全市各经销网点，遂请求市交通运输局给予支援。接到市政府应急办指示后，市交通运输局主要领导立即指令启动交通战备运输车队，承担食盐紧急运输任务。景德镇汽车运输集团接到指令后，立即从交通战备车队调集3辆大型货车，从市盐业公司仓库将15吨食盐迅速运送到全市各大超市、商业网点，确保食盐敞开供应。当日下午，全市性的食盐抢购风潮得以平息。

（刘隆胜）

【交通运输部科研院专家到萍乡调研物流工作】 为编制《江西省交通物流基地布局规划》，推进萍乡物流业发展，4月27日，国家交通运输部科研院专家组和省交通运输厅、省运管局有关专家组成了调研组来萍开展调研座谈活动。调研组一行实地察看了由萍乡市达金物流有限公司和上海永碾物流有限公司合作建设的江西烟花爆竹物流中心，并了解达金物流有限公司的农村物流业务情况。座谈会上调研组专家和与会单位展开了关于萍乡物流业现状和发展方向的深层次交流，萍乡市交通运输局就萍乡物流的基本概况向调研组进行了详细介绍。

（江　宁）

【粮库物流业萌生】 5月3日，新余市第三粮库投资设立的新余市穗都仓储物流有限公司揭牌。该库系新余市粮食局直属国有粮食购销企业。该库通过整合闲置的仓库、人力资源，组建成立穗都仓储物流有限公司，进军仓储物流行业，迈开多元化经营新步伐，逐步向粮食仓储物流企业转型。新公司已成功开展空仓出租、场地出租等业务，与多家企业达成合作意向签订了仓库租赁合同。

（张慧豪　习　艳）

【仙女湖中心物流园区添新军】 6月2日，江西林安物流服务有限公司成立暨物流信息大厦举行开工典礼，新余市政协副主席侯硕参加。该项目位于仙女湖中心物流园，总投资3.0亿元，占地面积20公顷。2011年新余市道路货运车辆3.2万余辆，物流企业300余户，物流货运中心4个，全年货物运输总量9531万吨。随着经济迅速发展，物流业务的需求加大，要求越高，急需建立与国际接轨的低成本、高效率、多样化以及专业化的物流平台。林安物流服务有限公司成立暨开工建筑物流信息大厦将推进新余市场流产业结构优化升级，不断增强经济发展活力，提升区域竞争力，扩大就业，拉动第三产业快速发展。

（莫宇龙）

【新余召开闽能集团中国（江西）海峡现代物流园项目推进协调会】 4月14日下午，新余市人大常委会在该市工信委五楼会议室主持召开闽能集团中国（江西）海峡现代物流园项目推进协调会。厦门闽能集团、厦门港口局、中航院海外设计所负责人分别就物流园公共保税区和无水港建设定位及规划等情况在会上作了汇报。新余市政府相关部门、渝水区政府、新余海关和赣西供电公司负责人参加会议。新余是座工业城市，第三产业的发展相对滞后，建设现代物流园区会带来巨大的人流、物资流和资金流，可以带动相关产业的发展。而且新余的进出口货运量占全省的83%以上，有发展物流业的雄厚物质基础。因此，新余市委、市政府高度重视现代物流园项目建设，成立了高规格的协调领导小组，加快推进现代物流园项目建设。项目双方都派出精干力量参与现代物流园建设，闽能集团尽快拿出总规划和一期详细规划，做好公共保税仓申报工作；渝水区全力以赴做好土地的“三通一平”，为项目开工建设创造条件。

（邓清泉）

【新余赣西万商红（国际）商贸物流中心项目启动】 9月10日上午，新余赣西万商红（国际）商贸物流中心项目启动暨原产地商会协会合作签约仪式在仙女湖区隆重举行。新余市委副书记、市长魏旋君出席启动仪式并宣布赣西万商红（国际）商贸物流中心项目正式启动。新余市委常委、副市长胡高平，中国建材市场协会秘书长苏纶，中国纺织工业协会流通分会副会长钱晋分别在启动仪式上讲话。省商务厅副厅长李青华、省工商联副主席于也明，新余市人大常委会副主任欧阳嵩，新余市政协副主席涂绪永等应邀出席启动仪式。新余市副市长贺为华主持启动仪式。项目的顺利启动,标志着新余市构建“大商贸、大物流”发展格局取得重大突破。这将为新余市在更高层次上推进经济转型升级和城市开发建设提供坚实载体、增添新的动力。赣西万商红商贸流通开发有限公司董事长张平致辞并介绍有关情况。赣西万商红(国际)商贸物流中心,占地面积约1平方千米,总建筑面积110万平方米,总投资约3.5亿元,项目包括建材、家具、五金机电、汽车、汽车配件、农副产品、小商品、服装鞋帽等八大类。该项目是调整新余市产业结构、推动第三产业发展的省、市重点工程,也是新余市现代商贸物流企业发展的榜样工程。

(宋 涛)

【赣州市4个企业申报国家税收试点物流企业】 根据江西省发改委转发的国家发改委《关于推荐第八批税试点物流企业的通知》精神,市物流协会秘书处按照市物流办、市物流协会领导的指示11月29日通过赣州现代物流网、信函、电话向各会员单位发出紧急通知,要求具备申报条件的物流企业积极参与申报活动。截至12月5日,赣州市已有赣州江海航运有限公司、京九物流赣州分公司、赣州国盛铁路实业有限公司、信丰鹏图物流有限公司填写了《税收试点物流企业申报表》。自2005年以来,国家发改委、税务总局先后在全国确认了7批近千家物流企业纳入营业税差额纳税试点范围,实践表明,试点工作减轻了试点企业的税务负担,为物流发展创造了良好条件。

(李发淳)

【龙南里仁打造物流强镇】 龙南县里仁镇地处京九铁路、赣粤高速公路、105国道并汇处,区位优势明显,该镇工业小区拥有近30户企业,发展物流产业具有得天独厚的优势。2011年,该镇以企业为主体,以信息技术为支撑,以提高物流服务质量为中心,大力培育专业市场。2010年,该镇围绕着“创业服务年”活动这一主题,一方面积极引进外来物流企业,一方面大力扶持本地物流企业发展,不断强化创业服务,支持、鼓励物流企业创业,推动里仁镇物流产业驶上了快车道。

(赣州市交通运输局)

【上犹农村“汽车年货”受青睐】 2011年2月6日,上犹县紫阳乡长岭村黄华平买回了他家里历年来最贵的“年货”——一辆价值5.8万元的小轿车。黄华平近年来靠种植油茶年均收入10多万元。为了方便外出联系生意,2011年,他在办年货时特意将购买轿车列入了年货单。像黄华平这样2011年春节前买车的农户就有200余户。如今,上犹农民置办年货不再只是注重饮食穿着的改善,新的消费理念正悄然改变着人们的生活。

(赣州市交通运输局)

【南康建家具物流园区】 11月14日,为支持南康市家具特色产业发展和转型升级,省发改委对南康家具物流园项目予以备案。该项目建设地点为南康市龙岭镇新屋村,总投资3.5亿元,总建筑面积27万平方米,主要建设建筑面积18.8万平方米的家具仓储区,建筑面积7万平方米的家具物流综合服务中心和其他配套附属设施。南康家具物流园区集家具仓储、配送、物流综合服务于一体,面向全国家具用品经销商,具备家具集散中转、配送、物流信息服务、物流技术开发和产品技术检测、商品展示、电子商务支持等多种现代物流功能,为赣州市家具企业搭建了一个商品展示、分销、终端销售及配送的综合性物流平台。项目建成后,将有助于加快南康市现代物流产业发展,优化资源配置,有力地改变赣州市家具物流企业“散、乱、小”的局面,促进物流企业管理规范化,促进物流行业健康有序发展。

(赣州市交通运输局)

【瑞金大交通拉动大物流】 2010年,瑞金一、二、三产业结构比例调整为16:34.5:49.5,以物流业为主的第三产业正日渐成为瑞金经济发展的重要引擎。交通区位优势和较好的产业发展基础,构成了瑞金物流产业发展比较优势。瑞金依托大交通,充分发挥现有的运输、仓储、配送网络等潜在优势,以整合改造、规划发展为主线,壮大以闽光公司、禄祥公司为主体,集钢材、水泥、建筑装潢材料于一体的新型建材物流企业;以新耀汽贸、新泰实业公司为主体,主营电子、汽车零部件、仓储、装配、修配及销售等业务的机械电子物流企业;以金城炭业公司为主体,主营煤炭运输、仓储、分销、配送等业务的煤炭物流企业等8大现代物流产业。

2011年,该市通过市场化运作,共筹集资金10亿余元,完成了七里段至瑞金火车站大道等10多个物流项目设施建设,使瑞金物流企业由零散变为集中,由传统过渡到现代。该市盘活土地3.33公顷,将分散在全市各地的零担货运和零星货运统一集中起来,使公路货运走上集约经营、规模发展的道路。该市还通过组建物流信息中心,成立物流行业协会,争取到口岸、商检部门在瑞金设立办事处,为物流产业的发展营造了较好的环境。物流产业成为拉动瑞金县域经济发展重要一翼。大交通拉动大物流,大物流引发磁场集聚效应,带动产业大发展。外来客商看到瑞金市快捷便利的交通及较低的运输成本,竞相抢占市场。赣龙铁路开通后,瑞金市依托这一交通大动脉,规模建设铁路货物运输中转站,引进佳华蓄电池、汽车零配件生产、机械电子制造等53户企业。2011年前两个月,实现产值1.6亿元,成为该市工业新支柱。如今,瑞金物流产业的发展,带动发展起新型建材、食品药品、机械电子、矿产化工、轻纺织造五大支柱产业,推动县域经济大发展,这五大支柱产业实现产值占全市工业经济总产值的85%。

(赣州市交通运输局)

【峡江县7户货运企业组建“长鸿汽贸公司”打造货运“航母”】 3月10日,该县货运“联合舰队”江西长鸿汽车贸易有限责任公司正式挂牌成立并投入运营,标志着峡江货运集约化经营实现新的突破。江西长鸿汽贸公司由峡江县7户具有一定实力和影响的货运企业组建而成,首期注册资金1000万元,实行股份制经营管理。新组建的这家公司将立足全市,面向全省,对接全国货运物流市场,同时经营汽车销售、汽车租赁、二手车交易、车辆维修、出租车运输等业务,并加强与省内外大中型物流企业合作,向现代物流、包装储存、装卸配送、货运专线专营、危货运输、车厢制造等领域拓展,致力走多轮驱动、链式发展之路,力争每年新增货车200辆以上,实现税收突破1000万元,在3年内跻身全国一级货运企业行列,成为全省货运品牌企业之一,助推峡江由货运大县向物流强县挺进。

(周文庆)

【峡江县货运甩挂运输超八成】 峡江县从优化经营结构、落实政策扶持,加强联手合作、完善信息平台入手,加快推进道路货物甩挂运输,致力现代物流业发展。该县把发展甩挂运输作为调整运力结构的切入点,大力推广使用大吨位、重载量的货运车辆,全县3400多辆货车中甩挂车占82.7%,运输量占总数的87.3%。为促进货运向物流转型,该县加大甩挂运输政策扶持,加快运力更新改造,淘汰高耗、老旧车辆;凡新建便于甩挂运输作业的货运站场、物流中心,优先办理许可,对新车办证办照、车辆审验等给予税费优惠。通过内引外联,先后引进隆都物流、德鑫公司等现代物流企业,有10多户货运企业主动与省内外大中型物流企业交流合作,借助其先进管理技术、人才、信息化服务等做大做强甩挂运输。

(周文庆)

【峡江县道路运输诚信建设提速】 峡江县通过完善制度、强化教育、培育典型、兑现考核等有效措施,深入推进道路运输行业诚信建设,不断提升社会公信力。该县运管部门制定了客运、货运、汽修、驾培企业诚信服务评价标准和技术规范,建立异议处理、投诉办理和侵权追责制度,以规范企业的经营行为。加强经营者岗前教育、岗位培训,开展诚信教育,强化责任、激励和约束,不断提高从业人员的道德素质和整体形象。该县还注重典型引路,每年评选表彰5至6辆“党员红旗车”、50至100名“诚信车主”,扩大峡江诚信货运的影响力。同时,会同安监、交警、效能建设等有关部门加强对运输企业的质量信誉考核,确定信誉等级,并将考核结果向社会公布,存入企业信用档案。

(周文庆)

【宜春市物流产业转型升级】 2011年全市共发展现代物流企业20多户,初步形成一个以干线运输、区域配送和城市配送三级联动,辐射全国的运输体系。樟树现代医药物流中心建设项目获省发改委备案,投资10亿元;第三方物流企业华正道公司落户樟树,投资6.2亿,并将推出“甩挂运输”业务;宜春全市新增货运车辆12750辆,吨位108375吨,同比增长15%。为进一步增强区域竞争能力,促进经济发展,市运管部门根据行业发展形势审时度势、服务与引导相结合,着力转变货运发展方式。一是加快物流发展。进一步加大物流企业招商力度,并采取政府投入一定引导性资金增强企业融资能力,提供税收、征地等方面优惠政策保障,引导普货运输企业、货物配载中心、仓储企业转型升级。同时,由运管牵头加强各企业间信息集成与共享,促进现代物流发展。各县(市、区)农村物流发展已经启动,其中,樟树市以樟树汽车站农村班车资源、零担货车为依托开展农资配送,以货运站点吸引运输业户,培育各类农产品流通经济实体4193个,吸纳从业人员2万余人,基本构成了一个农户与市场、生产与流通紧密连接,覆盖面广、运转顺畅的农村物流网络。二是壮大产业基地。全国最大的汽车运输县(市)—高安,按照“提升物流层次,壮大贸易规模,延伸生产链条,完善服务体系”的要求,建设融货运专用车、零部件生产、挂车专用车改装、仓储物流、服务贸易于一体的江西省货运专用车产业基地。2011年基地正式通过省发改委批复,基地规划已经完成。三是优化车辆增长。按照“先放活后规范,先繁荣后理顺,先扶持后受益”的思路,积极争取政府重视支持,出台货运车辆落户优惠政策,简化办证手续、提供一站式服务,鼓励货运企业通过合法融资渠道吸收社会资本并引导发展10吨以上大吨位车辆、集装箱车辆、特种车辆,货运车辆实现较快增长。

(李　明)

【袁州区农村物流网络惠村民】 袁州区乡镇以设立“三农”服务站的形式”进行农村物流试点,不到一年时间,试点工作取得政府、农民、企业都满意的成效。全区已设立40家“三农”服务站,覆盖辖区80%乡镇和60%行政村,受益农民达20多万人。①集中采购统一配送农资价格普降10%。物流配送直达下乡的工业品低于市场价格,一是物流公司直接给厂家做代理,省去中间批发环节,零售价格降低,农民购买一吨化肥就可节省100多元;二是农资品需求量大时整车配送;量小则每天由进出乡村点上的客运班车行李箱慢慢带,这样省去运费,节省成本,农资价格自然就降下来。②“三农”服务站农资销售快。西村镇蝉塘“三农”服务站化肥卖得好时一天达20多吨,蝉塘村街上总共有七八家农资店,但那些店全部加起来销售也卖不到服务站的一半。③城乡小件快运农民购物省往返路费。“三农”服务站不仅配送货物下乡方便,农民的农产品或加工品等要送进城也方便。村民将加工好的发夹、手工花、电子等拿到服务站来,就可将货发出,省去以前送货上门的往返路费。

(吴泽水　陈维民)

【樟树市构建农村现代物流网络】 樟树市切实加强农村与城市的商贸流通,大力发展农村现代物流业,不仅有效拉动农村消费需求,还促进经济增长和农民增收。一是该市商务部门积极推进“万村千乡市场工程”建设,全市有252家村级日用品消费品和农资店,1000多家农家小超市,逐步形成连接货源、采购、运输、仓储、加工、配送等体系的农村现代物流网络。二是以农产品物流、货运枢纽建设为支撑,整合运输力量,建成了中药材专业市场、京九商贸城、江边货场、张家山蔬菜批发市场等货运枢纽站场,16个乡镇货运站点,吸引营运货车3000余辆从事流通服务。三是大力发展民间流通组织,引导和鼓励农村能人、下岗工人等进军农产品流通领域。已培育各类农产品流通经济实体4193个,从业人员2万余人。实现农户与市场、生产与流通连接,人尽其才,货畅其流。四是市汽车站以车站为依托,注册设立农村物资配送中心,购置零担货车,并依靠现有农村班车,开展农村物资配送,根据路网结构和乡村分布,河东片由30辆农村班线客车配送,河西片则由零担货车配送,方便农村流通和消费服务。

(殷早红)

【丰城市加快物流业发展】 丰城采取招商引资,社会筹资的办法,大力发展物流业,组织招商小分队,赴沿海各地推介发展物流业优惠政策,先后引进香港同创控股集团股份有限公司投资30亿元的大型商贸物流综合体项目落户丰城。该项目占地33.33公顷,建筑面积100万平方米,含食品、副食品、日用百货、小五金等,建成后成为立足丰城辐射全省的大型综合商贸物流城,成为丰城对外展示的名片。广东林安物流发展有限公司投资20亿元的林安国际商贸物流城项目落户梅林物流园。建设以物流园区为主的专业商贸市场,集商业、写字楼、公寓、生活配套服务等一体的商贸综合体,打造“物流、商流、信息流、资金流”合一的第四方服务平台。外商纷纷投资到该市办物流业对于该市工业发展，增强财政收入，加快城市建设将发挥重要作用。

（丰城市交通运输局）

【丰城市落户12亿元农资农贸物流项目】 9月13日上午，该市举行项目投资签字仪式，由江西赣龙农资物流有限公司投资兴建的赣龙农资农贸城项目，总投资12亿元，位于剑南街道内项目按市场交易、仓储物流、生产加工、综合配套功能区划，主要建设蔬菜、水果、粮油等专业市场，高低温冷库、仓库物流中心、物流配送中心、、农产品加工中心，质量检验中心、民优农产品展览中心及其他配套附属设施。该项目旨在专注服务“三农”，提升丰城商贸物流竞争力，促进丰城城乡经济多元发展的基础上，打造江西乃至中国中部地区最大的农产品物流产业基地。

（李　明）

【靖安县加快发展货运和快递产业提升物流水平】 该县按照“十二五”时期交通运输工作总体要求，加强和完善综合运输体系建设，强化交通枢纽功能，全面提升交通运输服务水平，为全县经济社会发展发挥交通先行作用。该县大力发展货运产业，加强政策导向和服务水平，吸引外商兴建货运企业，引导企业整合现有物流资源，重点向快速货运、专业运输、集装箱运输及特种运输方向发展，新增货运公司7家，现有货运企业27家（其中大规模的货运企业有3家：三友货运公司拥有车辆300辆，吨位为5696吨；平安货运公司拥有车辆201辆，吨位为4580吨；运通货运公司拥有车辆77辆，吨位为2010吨）。快递站点13家，全县新增营运货车193辆2329吨位，全县营运货车902辆，总吨位15279吨，同比分别增长13.9%和16.5%。

（刘　斌）

【奉新县农村物流试点取得阶段性成效】 县交通运输局把农村物流试点工作当做综合交通运输来抓，创新思维，强化措施，扎实推进，各项工作健康、有序地展开。“政府引导、公司运作、政策优惠、网络运营、繁荣城乡”的物流模式在该县澡溪乡已初步形成，取得较好的经济效益和社会效益。针对澡溪地处山区、村民居住较为分散、森林资源丰富、物流潜在需求大的特点，多次召开会议，就试点有关工作进行研讨和布置。一是积极向澡溪乡建议，与县内的销售企业冯客超市合作，采用连锁经营和加盟相结合的方式，在14个村委所在地建立村级农家店，所售商品由农村物流配送中心统一采购供应；二是对返乡开办加盟店的农民实行税费、规费减免并给予启动资金奖励。全乡已发展运输业户68户，小型货车和低速货车等运输车辆76辆，农村物流体系拉动解决农村劳动力的就业，运输业户人均增收8000余元，年完成货物周转量36万吨千米。

（魏振宇）

【高安市八景镇重视农村物流建设】 八景镇位于高安市东南，东濒丰城市泉港镇，南连樟树市张家山乡，地处三市交界中心，地理优越，交通优势明显，辖区内建材、陶瓷等产业较为发达。全镇已建成村级日用消费品商店和农资店31家、农家小超市13家，形成一个覆盖面广、功能完善、运转顺畅的经营服务网络。年运送农贸、农副等产品量达千万吨，社会消费品零售总额达0.5亿元，解决农村人口就业5000余人，创税2000多万元，实现农业人均收入6000多元。①招商引资办物流。该镇根据经济较为发达的特点，大力倡导“大市场带来大流通，大流通促进大发展”现代物流理念。分管招商引资和分管交通的两位副镇长亲自抓，一个负责抓向上争政策，另一个负责向外争资金。通过努力，一个大型物流企业——北八道（高安）物流有限公司正式落户八景，该公司注册资本2000万元，总投资2.6亿元，年集装箱和整车发送、到达量近2万个，运输量达100万吨。②搭建物流发展平台。融资100多万元在人流和物流较为集中的集贸市场旁，建设一个区乡站。依托客运站建立货源集散中心，通过客运车辆结构调整，向分舱式客车方向发展，对小件货物采取“以客带货”，并鼓励发展小型厢式货车的方式，积极发展连锁经营、快速配送和专用运输。采取“谁投资，谁经营，谁受益”的办法，拓宽筹资渠道，在高胡一级公路和赣粤高速交汇处选地6.67公顷，新建一个货运站场。采取“先基础、后配套，边建设边生产，以站养站，滚动发展”的办法，该站已累计投资3000多万元。集停车、维修、住宿、货物配载、整车货物交易、物流信息等于一体的站场,为发展物流发挥作用。③注重育好物流发展环境。该镇给予先营运后办手续和税收减免30%的优惠政策。运管部门采取快办、特办,并每月派人上门进行相关货运产业法律法规的讲解,实地了解企业困难,帮助解决问题。特别是对运输车辆,联合有关部门发放农村村用车辆通行证,除有安全隐患外,禁止任何部门扣证、扣车,运输鲜活农产品的车辆,则开辟“绿色通道”,做到不检查,不扣车,不罚款,保障畅通无阻。加大货运市场的规范力度,着重对货运场站经营、货运代理、配送、信息服务等经营行为进行规范;注重教育培训,大力引导经营者守法经营、诚信服务,使全镇建立起一个规范经营、诚实守信、竞争有序的农村物流市场,带动全镇订单农业333.33公顷,2000余农户从事订单农业生产,拉动出现包装、维修等新的就业增长点。

(熊守忠　李　明)

【抚州市实现铁海联运零突破】 “十一五”规划以来,抚州市不断加大对外开放力度,吸引了大批外向型企业来抚投资,外资经营队伍逐渐壮大,开放型经济进入快速发展阶段。2010年抚州市出口额达5.45亿美元,2011年出口额达8.85亿美元,同比增长61.58%。

10月18日,宁波港东南物流有限公司抚州办事处成立。该市外贸运输实现了公路运输和海铁运输的对接,将为抚州市出口企业货物运输提供更为快捷、便利的服务,让抚州市进出口企业共享鹰潭“无水港”海铁联运和大通关资源,并享受与鹰潭、上饶等地企业同等的铁路运输下浮优惠和区域大通关资源。抚州市巨晟实业、立伟轻工、事达塑业、嘉盛精密纺织等企业将通过宁波港东南物流公司的铁海联运业务实现出口。

(陈根玲)

【南城县着力打造物流运输“总部经济”模式】 2011年,南城县积极鼓励和支持运输企业通过参股、兼并、联合、合资、合作等形式,对现有物流运输企业进行整合,使物流运输企业由分散经营向物流中心集聚,由单一的货运向集约运输、仓储、配送、货运于一体的多式联运转型,着力打造“机构总部在南城、税金交纳在南城、运输经营遍全国”的物流运输“总部经济”模式。截至2011年底,全县拥有货运汽车3360辆、总运力43800吨位,其中当年新增道路运力490辆10992吨位。全县运输企业238户,从业人员22800人。年上交税金2亿元。物流运输业已成为南城农民增收、财政增长的主渠道之一。

(陈根玲)

【南丰县汽运物流业蓬勃发展】 2009年2月,南丰县委县政府批准成立了南丰县汽运物流业管理中心,归口县交通局管理,主要职责为:拟定汽运物流业总体规划及相关政策措施,协调解决汽运物流业发展中遇到的困难和问题,协助汽运公司加强车辆管理,把好汽运公司车辆二级保养和营运证年审关,负责企业纳税退税奖励的数额审核等。汽运物流业管理中心成立三年来,全县汽运物流业得到蓬勃发展,汽运物流企业由当初的20户增加到现在的34户,汽运物流公司运力也从起先的1000辆11000吨位猛增到2011年的2200辆30000吨位,物流税收三年来增长2倍,2011年达到7700万元。

由于县委、县政府的各项优惠政策逐步加大和兑现及时,极大地刺激了全县汽运物流业的发展,仅2011年就新增车辆500辆7000吨位,5家代开票公司在达到一定规模后变更为自开票公司,有力地促进了财政增长和群众致富。

(南丰县交通局)

【广昌物流企业年创税11亿元】 广昌县充分发挥“中国物流第一县”的品牌优势,大力推进现代物流网络和服务体系建设,引导推动物流企业转型升级,打造物流航母。2011年,该县物流企业产值超过350亿元,为国家创税11亿元。2011年,由广昌人创办的5000余家物流企业遍布北京、上海、广州、南京、无锡、杭州、厦门、成都、西安等全国100多个大中城市,形成了独特的县级物流“网络覆盖全国,物流通渠各地”的产业格局。面对金融危机及国家对房地产宏观调控带来的冲击,广昌物流企业抢抓《国家物流振兴规划》出台的机遇,通过走规模化、集约化、品牌化、多元化转型升级之路,实现在困境中勇进。珠海澳沪物流从单一的公路运输,发展为一个以第三方物流多式联运为龙头,以仓储、专线配送、产品包装、流通加工为基础,以信息技术、网络技术和电子商务技术为依托，以物流机械和进出口业务为辅助，以物流项目咨询和顾问服务为纽带的多元化经营综合型现代物流企业。2011 年，该公司实现营业收入 6 亿元。上海商业配送巨头——利丰物流，在继续保持行业领军地位的同时，实施多元化经营战略，通过收购或入股形式，向污水处理、生物科技、IT 信息、金融等产业扩张，有效规避了市场风险。至年底，该公司正朝着打造世界认可的中国物流品牌迈进。

为切实做大做强物流产业，培育县域经济新的增长点，该县以构建物流总部经济为主导，不断完善奖励机制，加大扶持力度，引导物流公司将注册地定在广昌，经营分公司设在全国各地，使税收回到广昌，变广昌人的物流为广昌县的物流。该县将创办自开票纳税人物流企业作为客商企业同等对待，明确规定物流企业的新增运输车辆和物流税收可抵招商引资任务，并在企业融资、证件办理、车辆交易过户等方面享受优惠政策。同时，相关职能部门及时上门帮助企业解决经营过程中遇到的困难，引导扶持物流企业朝着网络化、信息化、品牌化、规范化方向发展，重点培育较大规模和较强竞争力的龙头物流企业，打造广昌物流航母。2011 年底，该县注册地在广昌的物流企业达 176 户，其中具有自开票纳税人资格的物流企业达 21 户，代开票物流企业 14 户；货运汽车 2932 辆，总运力达 19800 吨位。

在大力发展物流总部经济的同时，该县还充分发挥物流网络优势，把遍布九州的物流企业作为招商前沿阵地，变物流信息为招商信息，变物流人才为招商人才，发展广昌籍物流招商“红娘” 1000 多人。通过物流人士牵线搭桥，引进该县工业园区的企业占总数的 70%，而由物流成功人士返乡创办的企业也日渐增多。

（陈根玲）

【信州区物流产业税收突破亿元大关】 2011 年，信州区完成物流产业税收 1.496 亿元，占年计划 124.7%，同比增长 77.3%，取得突破性发展。其中信州区交通运输局完成 4598 万元，占年计划的 131.5%。信州区实现现有营运货运总运力首次突破 8 万吨，全区拥有上缴物流税收，过 100 万元企业 21 户、过 300 万元企业 14 户、过 500 万元企业 10 户。（黄和顺）

节能减排

【省运管局组织开展节能知识竞赛活动】 为推动道路运输行业节能减排工作，省运管局联合大江网组织开展了“节能我行动、低碳新生活”知识竞赛活动。活动方式是通过网上在线答题竞赛吸引广大市民的参与。从 6 月 3 日至 6 月 15 日，历时 12 天，共有江西、江苏、山东等社会公众踊跃参加，共计 6.7 万人次关注竞赛，4.2 万人参与竞赛。省运管局于 6 月 27 日，邀请行业领导、省内知名专家和私家车主一同做客大江网直播室，通过网上在线提问、网上直播等形式进行互动，与网友们就“节能我行动、低碳新生活”进行畅聊，进一步强化了节能宣传教育的影响力。

（蔡宣灿）

【省运管局组织开展节能驾驶体验活动】 省运管局联合南昌 4S 店，在 6 月 17 日组织私家车主开展“节能节电、全民行动”节能驾驶体验活动。体验活动组织雪弗兰克鲁兹、大众宝来、比亚迪 F3 三种车型共 30 辆车从南昌出发，前往安义。车辆到达目的地和返回南昌后，分别进行两次油耗情况统计，并召开座谈会，对比分析体验活动燃油消耗情况，总结交流节能驾驶经验、方法及操作技巧。（蔡宣灿）

【省运管局举办全国道路客运安全节能科技知识大讲堂江西站巡讲活动】 各设区市运管机构和城市客运管理部门节能减排负责人、全省三级以上客运企业和各设区市公交企业的领导、科技助力行动工作小组成员等 120 余人参加了巡讲活动。科技助力行动旨在推动道路客运“安全、绿色、高效”发展，改善道路客运安全生产状况，提升道路客运节能减排水平，推动道路客运业的结构调整和产业升级。根据智慧运营系统实际数据采集及“科技助力行动”组委会专家组评审，省运管局和省道协获得优秀管理单位，上饶市兴荣汽车运输有限公司获得科技应用先进企业，2 名驾驶员（汪兴武、曾海林）获得安全节能驾驶能手。

（蔡宣灿）

【省运管局组织承办第二届“宇通杯”节能竞赛】 2011年10月,省运管局与省交通工会联合承办江西省交通运输行业机动车驾驶员节能竞赛暨第二届全国“宇通杯”江西省选拔赛。各设区市代表队都有较好的表现,参赛选手奋勇拼搏,敢于争先,总体成绩优良,平均百千米油耗为16.71升(比赛车辆标准百千米油耗为25升),节油率超过30%,选拔出来的2名优秀选手(新余长运有限公司的丁青勇、宜春汽运股份有限公司的舒惠明)代表江西省参加在福建武夷山举行的全国总决赛。

(蔡宣灿)

【萍乡公交自动洗车设备一分钟让车辆光亮如新】 萍乡市公交总公司为扎实推进“四城同创”工作,投资30多万元(包括土建工程)购置一套自动化洗车设备,在公交北站正式投入使用。该洗车设备造型简易,为敞篷式立体钢结构,6把柱状、软体、彩色洗车刷,周围多个喷雾式出水孔,当公交车缓慢驶入洗车通道时,该设备便自动感应清洗,毛刷飞速旋转,仅需1分钟,一身污垢的公交车出来竟是光鲜亮丽、焕然一新,不仅车身、车窗、车前、车后干干净净,而且车辆的轮毂也洗得一尘不染。使用该设备后,可满足站内200多辆公交车的清洗工作,改变了原来“水龙头+拖把”的清洗模式,清洗一辆车平均只需用水250升,冲洗下来的污水经净水设备可反复循环利用,每月可节水近1 500吨,既节能环保,又提高了洗车效率。

(陈良球)

【萍乡市新购50辆纯天然气空调客车上线运营】 继2010年萍乡市首批40辆新型环保天然气公交车投入使用后,2011年萍乡市政府又斥资2000万元新购50辆天然气空调公交车上线投入使用,使全市环保天然气公交车保有量达到90辆,排在全省首位。该批50辆环保公交车系通过萍乡市公共资源交易中心公开采购,重庆恒通、郑州宇通、萍乡安源客车3家国内客车厂分别供货20辆、20辆、10辆。该批公交车外观颜色以流行的绿色、蓝色等环保色为主色调,车辆前、后采用全景整体式玻璃,两侧超大挡风窗,通透感十足;使用压缩天然气燃料,燃烧后主要以水和二氧化碳为主,排放在“国三”标准以上;车内配置冷、暖空调,在夏天通过空调动力制冷,在冬天通过收集发动机排气余热为热源,实现车内供暖,既经济又环保;车辆还安装液晶显示屏、监控设备和人性化设施。

(陈良球)

【萍乡积极推进全市道路运输领域节能减排工作】 萍乡运管按照交通运输部《道路运输车辆燃料消耗量达标车型车辆参数及配置核查工作规范》文件要求,自3月1日起,废止《过渡期车型表》中的车型;明确规定对申请进入萍乡道路运输市场的以汽油或者柴油为单一燃料、总质量超过3500千克的车辆必须是列入《达标车型表》的车型,并符合相关参数和配置要求,有效阻止高耗能客、货车辆进入道路运输市场。2011年,运输车辆燃料消耗量核查1475辆,其中未列入《达标车型表》车辆数28辆;新增新能源公交车50辆(共计90辆),新增双燃料出租车150辆,切实推进了行业节能减排工作。

(何文海)

【新余市实行道路运输车辆燃料消耗量达标车型准入制】 为加强道路运输车辆节能降耗及机动车排气污染的监督管理,自3月1日起,新余市运管部门正式实行道路运输车辆燃料消耗量达标车型准入制。同时,“道路运输车辆燃料消耗量过渡期车型表”废止。即3月1日起,所有拟进入道路运输市场,总质量超过了3500千克的道路运输车辆在申请配发“道路运输证”时,其燃料消耗量应当满足交通行业标准“营运客、货车燃料消耗量限值及测量方法”(JT7 11、JT719)要求,车辆型号在“燃料消耗量达标车型表”内的车辆方可核发“道路运输证”。“燃料消耗量达标车型表”所列车型为已列入“车辆生产企业及产品公告”的国产车辆,各项技术参数和主要配置与“公告”或国家强制性产品认证的车辆一致性证书保持一致;经交通运输部公布的检测机构检测,符合道路运输车辆燃料消耗量限值标准的要求。此举是依据“道路运输车辆燃料消耗量检测和监督管理办法”(交通运输部2009年第11号令)实施的,旨在努力建设节约型和环境友好型园林城市,实现“十二五”规划开局之年转变交通运输行业发展方式,大力推进发展低碳交通运输体系,强化道路运输业节能减排管理。

(龚 巍)

【新余市公交公司整治尾气排放】 2011年9月,新余市公交公司针对部分公交车辆"冒黑烟"现象频繁,大量排放尾气不仅影响道路周边行人和车辆,而且造成空气环境污染,在公司开展以"整治车辆尾气污染,打造绿色公交"为主题的优质服务月活动。通过采取各种措施,限制公交车尾气排放。该公司公交车辆200多辆,驾驶员近400人,造成车辆尾气"冒黑烟"主要原因为车辆使用年限长、车辆技术状况较差,驾驶员操作不规范所致。为此,新余市公交公司制定整治计划,重点加强对部分车况较差营运车辆的发动机、油泵、喷油嘴等主要部位进行检查维修,并对驾驶员进行汽车理论和操作技能培训。为有效巩固扩大整治成果,该公司将一如既往严格按照整治方案,加大对公交车辆"冒黑烟"现象的整治力度,改善市民的生活质量,促进城市健康和谐发展,打造绿色环保公交。

(杨 明 范小东 战 亮)

【鹰潭市交通运输局三管齐下抓节能减排】 鹰潭市交通运输局从组织领导、工程建设和客货运输三个角度出发,三管齐下抓节能减排工作,取得了良好的效果。一是组织领导有保障。成立由主要负责人任组长的节能减排工作领导小组,落实相应机构和专门人员,通过完善计量、记录、报告、奖惩等管理制度,把节能减排工作的责任纳入相应工作岗位、日常管理和工作考核要求之中,做到层层有责任,逐级抓落实。二是工程建设抓根本。在公路建设中,牢固树立"不破坏就是保护"的观念,统筹规划设计公路路网,尽量使用老路基,避免深挖高填,减少废方量,少占土地,减少水土流失,尽可能做到挖方与填方达到基本平衡,避免了新挖路段、废土废石对水土保持和地表植被的破坏。在公路建设过程中,严把工程材料质量关,减少施工中粉尘对大气的污染。在沥青混凝土拌和中,通过对产生粉尘的设备密封、局部机械吸风等一系列技术革新,最大限度降低粉尘对环境空气的污染。公路建设扫尾阶段,对于废旧路段、料场及废石弃土场,能复耕的尽量全面复耕或进行绿化恢复植被。对于已建成的公路工程,按照"绿化、美化、标准化"的要求,及时进行养护绿化,既可保堤、护坡,又可以兼顾景观要求,改善公路通行环境。三是客货运输是关键。客运方面,充分发挥公共交通集约利用资源的特点,实施公交优先战略,提高节能、环保型车辆在公共交通中的占有率,通过调整出行结构,提高客运效率。货运方面,完善市场准入机制,提高运输的组织化程度,鼓励和引导运输企业发展大、特、专、集货运车辆,提高车辆的综合运输经济效益;完善交通运输能耗市场监管,加大车辆节能改造力度,加速老旧、高耗能车辆的折旧和淘汰,并逐步建立汽车产品燃料消耗量申报和公示制度。还在广大驾驶员中深入开展节能竞赛活动,形成节能光荣的良好氛围,确保节能目标的实现。

(艾年宗)

【樟树市构建低碳道路运输体系】 该市运输管理所坚持科学发展理念,严把道路运输关键环节,着力构建低碳运输体系,取得节能降耗的良好效果。该所将配置驾驶模拟器列入驾培市场准入资格条件和驾校质量信誉考核条件,辖区内7所驾校均配备汽车驾驶模拟器,共计85台,有效降低驾驶员培训中燃油消耗和废气排放;加强对已进入道路运输市场车辆的燃料消耗量指标的监督管理,对能耗高、尾气排放超标的车辆和达到国家规定的报废标准或者经检测不符合标准要求的车辆,收回其"道路运输证",强制逐出运输市场;在班线许可工作中严格控制运力的投放,对实载率低于70%的线路不再投放新的运力。同时,积极引导、督促维修业主和运输企业对废油、废电池、废轮胎、废旧配件、非包装物的收回利用,不仅减少环境污染,还变废为宝。针对货运车辆组织化程度低、空驶率和单位燃油消耗的情况,该所一方面倡导货运企业大力开展集约化经营,督促其积极淘汰老旧且油耗高的运输车辆,选用节能型车辆,另一方面鼓励运输企业使用柴油车、甩挂车和厢式车,并重点发展适合高速公路的大吨位重型汽车,推进拖挂、甩挂运输,提高牵引车利用率,该市已逐步更新多轴、大吨位大型货车1449辆,共2万多吨,该所对所有乡镇启动城乡客运公交,优化客运资源,既方便群众出行,又能降低总油耗。

(曾凡荣)

【奉新县在源头管理上抓好节能减排】 县交通运政部门把节能减排当作重点纳入运政管理工作日常议事日程。首先在新增商户车辆和运力更新投放上,车辆必须是纳入交通运输部认证推荐的车辆名录且经尾气和能耗检测达标的车辆,否则,坚决不予办理车辆上户、更新及办理道路运输证。其次对外地车辆过户车辆必须经过车辆综合性能检测能耗和尾气排放达标的,才予以办理上户办证手续。再次在办理年审年检工作时,从严把关,对能耗和尾气排查检测不达标的营运车辆,坚决不予办理年检年审手续,强制其退出市场,以加快运力更新和结构调整的步伐,促进运力市场健康、良性发展。通过努力,全年县新增货车上户344辆,吨位2632吨,淘汰老旧高能耗车辆338辆,计4425吨,至年底,全县实有货车1266辆,计11067吨。

(魏振宇)

【高安市推进道路运输节能减排工作】 市交通运输局围绕节能减排目标,狠抓道路运输行业节能减排工作,取得明显成效。①严把市场准入,优化运力结构。把好营运车辆市场准入关,推动客货车辆向"大特新"方向发展,优化运力结构,努力降低单位运输能耗。引导客运车辆的大型化、舒适化、全承载更新改造,大力发展大吨位、甩挂运输货运车辆,加快货运车辆的厢式化进程。年全市营运货车共20049辆,其中有10吨以上的重型货车16526辆,总吨位16万吨,占货运车辆总数的83.2%。②调整运输结构,推进转型升级。强化道路运输组织、服务和市场监管,促进道路运输业平稳较快发展。一是提高车辆的营运效率。严格控制运输结构,对实载率低于70%的线路,一般不投放新的运力;超过70%的,视情采取增班不增车的方法,满足运输需求,有效节约能源。二是加快推进大物流建设。充分利用产业优势资源,推行集装箱甩挂运输新模式,实现传统运输模式的转型升级,提高物流运作效率,增强企业竞争力。③加强排污防治,改善环境质量。加强道路客货运车辆排气污染的防治,努力推进机动车维修行业的"五废"回收、"两废"下降,促进行业的可持续发展。一是严格执行国家汽车技术标准。禁止新的高能耗客货车辆进入道路运输市场,防止超标车辆从事道路运输经营活动。二是提高营运车辆排气达标率。督促维修企业严格按照开业条件规定配置尾气收集净化装置和汽车尾气分析仪,汽车维修竣工符合国家标准的维修车辆才能出厂。④依靠科技进步,加大推广应用。鼓励科技创新,推进信息化建设。在农村客运停靠站建设中加大节能新材料、新工艺、新技术应用,取得明显效果。GPS定位系统在营运车辆上得到广泛应用,视频监控,监控中心和数字运管建设稳步推进,信息化管理、无纸化办公、节约型理念全面贯彻落实,机关能耗下降明显。

(周世祥)

【宜丰县三措并举推进节能减排管理】 县交通运输局从理念节能、技术节能、组织节能三方面入手,突出重点、强化措施,利用政策引导、监督管理、科技创新等手段,推进交通运输业节能减排工作的开展。一是高度重视利用车辆技术结构优化实现节能减排。引导公交公司更新20辆公交车,更新后的公交车比更新前的中型车单车每月平均节约油料100升。淘汰报废35辆车辆技术状况差、油耗高的出租车。货运车辆方面,鼓励发展多轴、高效、低耗的罐式、箱式、8吨以上重型货车和2吨以下轻型货车达2500辆,占全部货运车辆的72%,大大提升单车运营效益。二是努力建设节能型行业和节约型单位。积极组织参加全市营运车辆驾驶员节能竞赛活动。机关和局各单位定期开展节能培训和教育,建立油耗考核机制,完善和落实节约能源管理制度和奖罚制度。要求各单位从节约一度电、一滴水入手,加强日常维护,防止跑、冒、漏、滴,认真履行节能职责,使每名干部职工积极参与节约能源活动。

(漆志勇)

【万载县推行节能减排新举措】 县交通运输局积极响应国家节能减排号召,认真贯彻落实国务院《公共机构节能条例》,结合行业实际,制定多项措施,将节能减排工作落到实处。①制定办法。先后制定《万载县交通运输局节能管理办法》《万载县交通运输局节能工作目标责任制及考核评价制度》《万载县交通运输局节约水、电、公务车用油管理制度》,将节能减排工作细化,具体落实到局属各单位、各股室。②成立局节能减排领导小组,下设办公室,具体负责指导、推进、协调、管理节能减排工作,将节能减排指标分解落实到每个耗能点和责任人,年底进行考核。③积极组织协调。多次组织人员与供电、供水部门协调,耐心细致做好退休老干部及在职干职工的思想工作,彻底改造原供电、供水系统,将住房与局办公楼水、电完全分开,解决困扰多年的水电公私不分问题,并更换老旧线路、水表,极大降低线损、水损,避免跑、冒、滴、漏。局办公楼水电费同比下降35%。④积极推动出租车报废更新工作,将全县61辆老旧、耗能的出租车全部报废,更换成节油的新车,既提高安全系数也节约能源。⑤落实农村客运一体化经营,将原来个体经营的破旧、耗油客车25辆全部更新,大大降低油耗,提高安全性能。

（胡会平）

【上饶市交通运输系统开展交通节能行动】 上饶市交通运输系统为深入贯彻落实省委、省政府关于开展“节能节电全民行动”活动工作部署,决定于5月至12月开展交通节能行动。这项行动由市局主办,各县(市、区)交通运输局、局属各单位承办。明确以科学发展观为指导,把节能减排作为推进鄱阳湖生态经济区建设、加快转变交通运输发展方式、优化公路网络、推广节能和新能源车辆、加快构建低碳交通运输体系为抓手;围绕“节能我行动低碳新生活”主题,广泛开展6月11日至17日的“节能宣传周”活动,以倡导节能低碳的生活方式、消费模式和生活习惯,充分发挥广播、电视、报刊、横幅等媒体优势,充分运用手机、网络等新兴媒体,普及合理用能、提高能效、减少浪费的节能理念,提高干部职工节能意识。

开展活动以来,加快了县乡道、农村公路的建设和改造,提高了路网通达水平,降低了能耗与排放;提升了公路技术等级和路面质量,降低了车辆行驶摩擦阻力产生的能源消耗。优化营运车辆能源消费结构。推广、鼓励车辆利用天然气、醇类燃料、合成燃料和生物柴油等替代燃料和石油替代技术,大力发展混合动力车型。推广使用并增加节能与新能源公交车和出租车的比重,以新购置天然气车辆代替淘汰老旧车辆。局领导小组办公室组织开展驾驶员节能竞赛活动,广泛调动营运车辆、船舶驾驶员和社会公众参与的积极性,提高节能意识。2011年,上饶市交通运输局在交通行业节能减排工作中,大力实施营运车辆柴油化工程,新增柴油车756辆,对52辆出租车进行了油改气工作,淘汰老旧车辆446辆,车型结构不断优化,运输装备明显改善,一年综合节能效益2.39万吨标准煤,较好地完成了省市下达的目标任务。同时,该市参加全省交通运输行业机动车驾驶员节能竞赛中,获得大赛团体第一名。

（陈均培）

水路运输

【概况】 2011年,全省完成社会水路货物运输量7428.4万吨,货物周转量1,962,461万吨千米,同比分别增长14.4%和12.1%;旅客运输量251.5万人,旅客周转量2985万人千米。内河完成货物运量6947.6万吨,货物周转量1,267,603万吨千米。其中:进入长江干流的货物运量908.8万吨,货物周转量544261万吨千米;沿海完成货物运量480.8万吨,货物周转量694,858万吨千米,同比分别增长16.8%和增长15.3%。

至年末,全省内河拥有各类运输船舶4162艘,同比减少55艘;船舶净载重量2086279吨位,同比增加128337吨位;载客量11614客位,同比减少197客位;船舶总功率719214千瓦,同比增加78636.0千瓦。沿海运输船舶51艘,同比减少4艘;总载重量为216123吨位,同比增加34870.0吨位,功率为63033千瓦,同比增加4613.0千瓦。全省船舶完成货物运输连续8年保持增长的势头,水运经济在逐渐升温,天然气、钢铁、水泥、木材等大宗的货运物资的水上运输量在不断增长,特别是矿建材料(石砂)区间内砂石运输增长幅度较大,2011年度较上年完成的运输量增加了1037.8万吨,同比增长20.5%。沿海运输呈现的特点是货源(特别是长途货源)在不断增加,海轮运输随着货源的增加其运量和周转量增长比较大,主要是石油天然气制品、钢铁、煤炭增长幅度较大,分别比上年增加35.8万吨、20.8万吨、14.9万吨。全省水运经营业户根据市场的变化和需求,依据航道条件的改善,着力更新改造老旧的运输船舶,大力进行经营结构和船舶运力结构的调整,更新改造和新增船舶向"大型化、标准化"方向发展,全省货物运输船舶平均吨位由2006年的257吨上升至2011年达到548吨。旅客运输的格局还是长途旅客运输呈萎缩趋势,短途的特别是库区内和旅游景点的旅游运输量保持上年同期水平,客运船舶向安全化和标准化方向发展。

(周国强)

水路运输企业

【概况】 2011年,全省通过年度核查的水路运输经营业户共294户,较上年增加17户,增幅为6.1%(其中,国营集体企业155户,较上年增加17户,增幅为12.3%;个体(联)户139户,与去年持平)。水路运输服务经营业户122户,比上年增加20户,增幅为19.6%。全省经交通运输部、长江航务管理局批准筹建的水运企业共有23户。其中,经交通运输部批准筹建的国内沿海及长江中下游普通货物运输企业有16户(江西九江嘉祥海运有限公司、江西圣丰航运有限公司、江西彬烨船务有限公司、吉安市万达船务运输有限公司、江西亿和船务有限公司、黎川县福顺船务有限公司、乐安县中航船务有限公司、乐安县霖源船务有限公司、宜黄县海宏船务有限公司、临川区同鑫杰船务有限公司、乐安县顺畅船务有限公司、江西丰源盛运输有限公司、鹰潭市丰泰物流有限公司、江西长昌航运有限公司、萍乡市盛祥运输有限公司、九江市顺风货物运输有限公司)。经长江航务管理局批准筹建的长江中下游干线及支流省际普通货船运输的企业有7家(新建县新明辉实业有限公司、江西盛达港航运输发展有限公司、瑞昌市顺信船务有限公司、共青城利达船务有限公司、万年县东辉船务运输有限公司、南昌市临海船务航运有限公司、武宁县顺发船务运输有限公司)。经交通运输部、长江航务管理局批准开业的水运企业共有18户。其中经交通运输部批准国内沿海及长江中下游普通货物运输企业开业的水运企业共有12户(九江星鸿航运有限公司、江西星海航运有限公司、江西吉祥船务有限公司、江西顺盛运输有限公司、资溪锦恒船务有限公司、江西惠达船务有限公司、吉安市阳光物流有限公司、江西崇辉船务有限公司、江西顺亿达船务有限公司、江西宜海船务有限公司、江西吉顺船务有限公司、江西亿和船务有限公司)。经长江航务管理局批准开业的省际普通货物运输企业共有6户(新干县赣吉航运有限责任公司、九江市金鸡水运物流有限公司、九江利源船务有限公司、新余市顺荣航运有限公司、共青城利达船务有限公司、武宁县顺发船务运输有限公司)。

(吁 娟)

【江西水运集团公司基本完成企业改制】 江西水运集团有限公司是2001年8月重组的国有独资企业,隶属南昌市交通运输局。公司原有职工4050人,其中,在编1751人(在岗550人,不在岗1201人),离退休2297人。

由于体制所囿、机制不活、设备陈旧、管理落后、资金缺乏、冗员严重等原因。截至2010年8月,企业资产总额为18370.6万元,总负债18754.4万元(其中含职工内债2440.78万元),资产负债率103.8%。企业连年亏损,员工收入低,管理人员收入每月800元至900元。

2006年和2008年,公司曾两次试图通过改制来获求新生,但都因补偿标准低和改制资金严重不足等原因而被迫中止。

2010年,江西水运集团有限公司被列入南昌市七个系统国有企业改革的范围,公司抓住历史性机遇进行第三次改制。通过多批次、多阶段的工作,并在市政府政策和资金支持下,至2011年年底,职工与公司解除劳动关系的签约率达95.56%,尚有76人未签协议。签约职工分别按政策领取了经济补偿金和安置费用,拖欠多年的社保金得到有效清理,分离了冗员,公司改制基本完成,制约企业发展的历史包袱得到有效处置。

改制后,江西水运集团有限公司按照公司改革与发展实施方案对国有资产进行清算、监督,分别组建了江西水运投资管理有限公司,造船、港口、船舶、物业资产管理公司以及江西水运出租车公司。同时,成立江西水运集团有限公司留守处落实《职工分流安置方案》及改制后续工作,重新签约上岗职工278人。

(娄俊民)

【江西水运集团公司筹建白水湖码头】 2010年12月27日,市政府下发《关于印发南昌港规划建设有关问题现场办公会议纪要》,明确江西水运集团公司在南昌经济技术开发区白水湖工业园投资新建散杂货码头1座。5月,码头建设红线已划定,转入土地价格协商、工程建设前期程序等工作。

筹建中的码头位于赣江主流西河左岸港口村旁、距赣江大桥下游约7千米处。码头岸线约300米,面积约1.4公顷,建设千吨级散、杂货码头泊位3个,仓储2000平方米,配套设施3000平方米。年散杂货吞吐量300万吨。总投资约为5800万元。

码头建成后主要对接南昌经济技术开发区工业企业,为制造企业提供生产资料的物流服务,促进当地创造物流经济的发展。其中还可装卸新余钢铁厂的大宗件钢材,年装卸钢材量达230万吨,年装卸收入近3000万元。

(王　青　周国祥)

【南昌市地方海事处连续成功施救三艘搁浅船舶】 5月2日上午,南昌市地方海事处执法人员在巡航过程中发现英雄大桥上游水域、赣江八一大桥下游紫禁城水域、裘家洲左右通航标附近水域各有1艘船舶搁浅。该处闻讯后立即启动应急预案,派出海巡艇3艘、海事执法人员12人,前往现场开展救助工作,并帮助搁浅船舶联系拖船。经近3个小时的努力,成功将3艘搁浅船舶全部拖活,主航道恢复通航,有效防止了堵航事件的发生,确保了辖区水上交通安全形势稳定。

(万鹤令　夏　亮　邱志勇)

【吉安市加快航运复苏步伐】 吉安位于江西省中部,赣江中游,水运条件优越。随着铁路、公路运输业的兴起,加上赣江航道等级低,通航能力有限及港口滞后,吉安航运行业已经萎缩,一度走入低谷。近年来全省加大水运基础设施建设力度,全面提高航道等级,吉安航运业逐步复苏。吉安港石溪头码头和新干港河西综合码头的开工建设,港口硬件得到改善。之后相继又有泰和石虎塘航电枢纽工程的成功开建及赣江永泰航电枢纽工程即将上马,使赣江河道水位大大提升,千吨级的货船也由半年航行期变成全年通航。为鼓励投资,市政府先后出台了一系列投资优惠政策,为客商投资提供全方位的生活便利,并采用财政、金融、用地扶持,水、电保障等一系列措施,为客商在吉办实业提供有力的支持。努力构建创业环境最优、商务成本最低、投资回报最快、服务效率最高的完备服务体系,为客商提供从洽谈到签约的全程服务。2011年吉安市共有航运企业37户,运输船舶达到522艘、载重吨位已达20.69万吨,比上年同期增加2.59万吨位,增长14.3%。

(丁　波)

【宜春市船舶运力再创历史新高】 全市港航管理部门,以科学发展为统领,把发展水路运输作为第一要务,加强领导,制订举措,强化服务,调整水运产业结构,助推水路运输有序发展。2011年,宜春市共有水运企业16户、港埠企业110户,水路运输服务业1户,拥有营运船舶1162艘,载重吨位74.94万吨,同比增加1.5万吨。与此同时,制定多项发展措施:①鼓励沿江沿河等滨湖地区富裕起来的广大群众融资购船办水运。丰城、樟树、高安市群众自筹资金几百万元,建造大吨位船舶从事货物运输,宜春市有70%化学品运输由该市承运。②大力开展招商引资。各地组织人员,由领导带队,到沿海地区招商引资,推介该市发展水运优越条件和优惠政策,先后有3户水运企业落户该市,投资达几百万元。③大力发展河沙运输。该市辖区由有赣江、抚、袁、锦等河流,河沙资源丰富。随着公路、铁路、水利、城市、新农村建设,各地利用有利时机,组织和动员广大群众筹资、户办、联办河沙采沙场,造船从事河沙运输。丰城市同田乡每天有几百艘大吨船舶运河沙到南昌、南京、上海等大城市销售,既满足工程建设用沙需求,又搞活本地水运。

(吴泽水　张小平)

【宜春市水运企业增加2户】 随着经济快速发展,尤其工业迅速崛起,富裕起来的沿江、沿河群众纷纷筹资联办水运企业,从事水路运输。2010年,该市有水运企业14户,上年筹建的江西剑邑航运有限公司、江西明远物流贸易有限公司、樟树市泓杉货运代理有限公司3户企业,已获省港航局批复开业,注销江西省上高县航运公司1户企业,2011年水运企业16户,比上年增加2户。其中江西博洋海运有限公司已完成筹建,已报省港航局开业批复。

(张小平)

【宜春市水运企业发展不平衡】 受市场竞争影响,宜春市集体水运企业船舶运力流失严重,以至运力达不到规定要求而成为空壳公司。有上高、高安、樟树的3户集体性质的船舶运输公司经营亏损,运力不断流失。2011年,樟树船舶运输公司将所有的液货危险品运输船舶转卖给重庆一家船舶运输公司,仅有普货船舶运输。上高县船舶运输公司注销经营资质,公司从此退出水运。高安市船舶运输公司船舶大量出售,运力勉强达到经营资质条件。而自主经营的个私企业,充分发挥“小船好掉头的”灵活多变优势,积极组织货源,船舶运力不断更新和增加,经营范围扩大。丰城的赣中(赣丰)公司、东港公司、荣顺公司船舶运力发展强劲,3家公司拥有约50万吨运力,占宜春市约70%运力,其余企业规模较小。

(张小平)

【樟树市港船舶水运发展稳定】 该市营运船舶核查共计141艘,载货吨位76998吨,功率30129.1千瓦,省际运输船舶49艘,载货吨38894吨,功率20788.4千瓦,其中,普通货船32艘,载货吨30069吨,功率15605.6千瓦,化学品船16艘,载货吨位8125吨,功率4984.9千瓦,油船1艘,载货吨位700吨,功率198千瓦。区内运输船舶92艘,载货吨位38104吨,功率9340千瓦。并且重点对全市3户水运企业,1户水运服务企业资质进行审核、审查,核查通过率100%。

(杨 波)

【靖安县发展河沙运输】 县辖区内有南北潦河两条河流,河沙资源较为丰富,具有发展河沙运输良好条件。过去建筑等行业用沙大部分是从安义、奉新等地调运,运输成本较高,本地只是靠手工到河道采砂,效率十分低下,在一定程度上制约该县的经济发展。随着公路、水利、城建和新农村等建设的步伐加快,河沙用量俱增,县交通运输局组织人员调研的基础上,积极配合水利等部门,鼓励和引导潦河两岸广大群众融资,购买挖沙机、船舶从事河沙运输。同时,以优惠条件吸引外资到该县办河沙厂,对河沙运输业户提供优质服务,加强河沙运输管理等办法,使全县河沙运输迅速发展起来。全县现有河沙场16个,拥有挖砂船20艘,吸砂泵20余台,运输船30余艘,全年运输量15万吨,周转量30万吨千米。既支持该县经济建设,又助推水运发展。该县县委、县政府确立“建设幸福靖安”总目标的实施,全县工业迅速崛起,国家投资百亿的洪屏抽水蓄能电站的开工,昌铜高速公路的建设,安居工程的落实、新农村建设等大批工程建设推进,河沙用量增加,河沙运输越来越发展。

(刘 斌)

【高安市大力发展水路客运业】 高安市交通运输局利用上游库区资源,不断完善水运基础设施,发展水上客运业。水路旅游业的发展,改变高安库区无水路客运的历史。全年新增客运快艇6艘,44个载客位,202.15千瓦,完成客运量1530人,客运周转量5355人千米。水上客运业的发展使水路旅游业正在逐步成为带领湖区群众脱贫致富和解决出行问题的重要载体之一。①促进旅游业发展。随着人们生活水平的提高,消费结构升级对高端产品和高端服务的社会需求不断增长,优质的水上客运服务使上游湖旅游业呈现良好发展势头,上游湖全年接待游客8万人次。②增加业主收入。水上旅游业的转型增效,进一步解决剩余劳动力的就业问题,加快城镇化进程,提高城乡生活质量,进一步带动一、二产业的加快发展,湖区群众在水上旅游业发展中得到了更多的实惠,全年上游湖旅游总收入达到一个新水平。③方便群众游玩。近年来随着生活水平的日益提高,人民群众对业余时间的休闲娱乐需求越来越旺。以前水上客运不够完善,交通极为不便,游客只能沿岸或划船浏览湖区,因此游客稀少。水上客运开通后,情况大为改观,游客可以乘坐快艇饱览湖的美丽水上风光。

(周世祥)

【丰城市支持水路运输】 丰城港地处赣江中游，市辖赣江航道40多千米，有着天然的水路运输条件。市港航管理处把繁荣水运市场，加快水运发展作为第一要务，加强领导，制定措施，加快水路运输发展，取得可喜成绩。全市有水路运输公司11家，有船舶500余艘，运力66万吨，其中普货运力60万吨，危货运力6万吨。全年完成水路运输货运量1658.9万吨，其中河沙运量1024.399万吨；货物周转量319364万吨千米，同比分别增长1.1%和14.6%。码头全年吞吐量为200余万吨，同比增长13%。①加强水运管理。全市船舶多，单靠赣江沿线货物无法满足丰城市拥有的运力，该市运输船舶大部分常年在外运输。为及时、高效、服务于私营船主，市港航管理处在同乡、南昌、九江等地设办事处，解决船主在外办证、年审难等问题，同时办事公开透明，规范行政审批程序，收费有依据、有标准。②适应市场需要。随着国家大力发展基础设施建设力度，各种建设原材料日益增长，尤其是赣江的河沙，每天都有200多艘大吨位船舶运河沙到南昌、上海、南京等大城市，加之市工业飞速发展，工厂的货源骤增，尤其对陶土、煤等，为水路运输增添活力。③大力整顿市场。由于水路运输市场日益发展，水路运输市场急需改善，市港航管理处联合南昌、九江等港航部门组织执法人员加强水路运输市场的整顿和安全隐患排查，促进全市水运大发展。

（皮晓荣）

【丰城市港航管理处下属国有企业改制基本完成】 5月23日，该市港航管理处有4户国有企业和1户大集体企业改制工作基本完成。企业共143名职工领到一次性安置补偿金等费用，与企业解除劳动关系，86名退休人员得到妥善安置。此次改制中市政府收储港航处13处资产，垫付各种费用386.9万元，这样既盘活国有资本，又优化资源配置。

（胡　群）

【抚州市航运企业实现规模化发展】 11月23日，一艘载重5660吨的化学品、油品液货船舶在抚州市地方海事局办理了船舶所有权、国籍登记，成为江西省登记的载重量最大的内河船舶。

该船舶总长100米，自重3585吨，载重5660吨，主机功率1420千瓦。它的建造和营运刷新了抚州市乃至全省内河单船最大吨位记录，将加快抚州市内河船舶更新运力，实现航运企业标准化、规模化发展。2011年底，抚州港登记的营运船舶有280余艘，多在赣江、鄱阳湖、长江干线等外港从事水上货物运输。

（抚州市地方海事局）

【上饶市水运企业全面通过经营资质核查】 2011年，上饶市港航处对辖区内水运企业经营资质进行了全面的核查，全市12户水运企业100%通过经营资质核查，在册的232艘船舶，95%通过年审换证。在核查过程中，结合运力结构向新型化、标准化的发展方向，对9艘旧老船舶进行拆解，并淘汰了一批老旧船舶，对部分旧船舶进行了改造，为此发放补贴74.5万元，使水运市场得到优化。

（陈均培）

【上饶水运各项指标好于上年度】 2011年，上饶市水上运输以“统筹规划谋发展，创新机制强管理，全力以赴抓征收，服务全局保安全”的工作思路，各项工作均得到长足的发展。全年客运量76.6万人，客运周转量1823万人千米，同比增长1.6%、1.7%；货运量496.5万吨，货运周转量119530万吨千米，同比分别增长17.8%、22.5%；水路运输规费征收523万元，其中市本级389万元，各县所134万元，创历史新高。

（陈均培）

水路运输线路

【南昌港航分局战枯水保通航】 2011年，赣江中下游枯水期来得早，持续时期长，枯水通航形势极为严峻。面临战枯水保通航工作的挑战，南昌港航分局早准备、早部署，未雨绸缪。一是做好航标的设置维护。根据水位变化及时调标改槽，增设临时标志，全年共补充更新航标180余套。二是增大巡查密度，交叉巡航，及时掌握一线动态，加强水深测报，通过高频、通告、短信、网络等平台及时向船民和水运单位发布航道水情、航情信息，确保信息畅通准确;三是在新建海事处设点监控船舶流量,在重点浅滩派驻船艇全天候值守,每天都有50多名人员在现场引导船舶有序通行;四是加强进出港签证和现场检查监督,要求船舶按航道实际水位合理配载,严禁超载;五是出现滞航情况,立即启动应急预案,实施救助,防止事态扩大,尽全力减小损失,尽快恢复正常通航。

年初,南昌港航分局提前着手对瓦窑滩、太平滩等重点浅滩进行维护疏浚,完成土方量22万立方米。同时请省局协调优先安排赣江二级航道整治工程的铁河、小坊、鸡心洲等浅滩疏浚项目。汛期后,即对辖区航道进行全面扫床,对重点区域定期扫床。

赣江铁河段水域从4月1日开始,船舶堵航现象时有发生,滞留船舶最多时达近200艘。南昌海事处、航道处按应急预案亲临现场指挥疏导,先后调派了8艘船艇、40多名海事和航道人员,对搁浅的船舶进行拖救,对重载的船舶实施减载,同时请水上公安部门配合维持治安秩序,并争取到新建县水利部门的支持,把当地碍航采砂船集中到非通航水域停泊。通过采取通航管制、引航导航、抢通疏浚、过驳减载等一系列措施,最快速度地恢复正常通航秩序,避免了大面积长时间堵航情况的发生。

2011年,南昌港航分局辖区枯水期在有记录以来历史最低水位(赣江南昌站10.08米,黄海高程)的巨大压力下,齐心协力,昼夜奋战,赣江市汊—吴城106千米航道水深维护尺度保证率依然达到100%,安全满足航道维护等级的要求,保证了航道安全通畅。

(黄海源)

【故意毁坏航道岸堤者被判刑】 程爱等人明知在河岸采沙淘金会毁坏航道岸堤,仍故意为之,给国家造成经济损失,且数额巨大。8月25日,景德镇市昌江区人民法院作出判决:程爱犯故意毁坏财物罪,判处有期徒刑三年,缓刑三年。

程爱、程达、程飞(后两人均在逃)与他人合伙拥有一艘采沙淘金船,但未办理采沙许可证。2010年12月17日,程爱、程达、程飞3人商量于次日晚将淘金船开到鲇鱼山镇关山村昌江对面的岸坡处采沙淘金。次日晚7时许,3人把淘金船开到选择好的河岸坡处进行采沙淘金。程爱等人明知紧靠河岸坡采沙淘金会导致河岸崩塌,造成重大经济损失,乃紧贴岸坡开挖。在挖沙淘金的过程中,河岸不断塌方。当晚10时许,岸坡突然大面积崩塌,倒下的泥土和树木压住淘金船,迫使淘金船停机。经有关部门测定,程爱等人的此次盗采活动造成塌方面积计188.5平方米,体积计2016.95立方米,造成经济损失24178元。

(涂 强)

【湖口地方海事处为大型起重船安全护航】 8月11日7时20分,湖口县地方海事处静态监管值守人员发现大型起重船“神力号”从石钟山下游上行,欲通过鄱阳湖公路大桥和铜九铁路大桥水域进入鄱阳湖。值守人员立即用高频电话与该船联系,询问船上吊机水面以上净空高度,并迅速通知动态执法人员实行现场监管。执法人员到达现场后,上船实测该船水面以上最大高度为18米,该船准予通过。在执法人员的正确引导并现场维护通航秩序下,该船顺利通过鄱阳湖公路大桥和铜九铁路大桥水域,确保两座大桥和大桥水域内所有船舶安全运行。

(黄 伟 洪 永)

【九江、南昌海事部门联合处置赣江铁河口碍航事件】 4月1日,永修县地方海事处在巡航中发现赣江铁河口上游3千米至4千米水域出现碍航情况并立即向九江市地方海事局报告。九江地方海事局接到报告后,立即派人赶到现场。经勘查发现,因水位变化,事发水域800米左右的航段内有6艘船舶搁浅、1艘船舶触礁。现场能通航的水道最窄处不到10米,因通航水域宽度不够,船舶只能抛锚静观,导致多艘船舶滞留该水域。由于本次碍航事件发生水域处于永修县和新建县交界处,又适逢清明节客运高峰期,为遏制本次碍航事件进一步恶化,南昌、九江两地海事部门联手,启动应急预案,在掌握航道水深和搁浅船舶吃水的基础上,积极组织施救,从下游两艘搁浅严重横亘在航道上被困船舶开始疏导,用吊机减载帮助搁浅船舶脱困。从4月2日下午,第一艘船成功脱浅后,到4月5日上午,所有被困船舶全部获救,阻碍航道的情况终于解除,航道恢复畅通。

(何庆涛)

【全省航标管养工作不断增强】 2011年,省港航局航道部门采取多项有力措施,加强航标的管理和养护工作。全年新建航标233座,恢复水毁岸标和灯塔99座。九江港航分局都昌航道处在鄱阳湖松门山航段,柘林湖地方海事处、永修航道处在修河段增设了助航标志30余座,使之航道设标里程延伸了65千米,满足了船舶采运砂及旅游事业发展的需要。为优化通航环境提高通航能力,九江港航分局还在鄱阳湖蛤蟆石航段增设了8座专用标志,划定通航区、作业区、停泊区等水域,探索性开展鄱阳湖区航路改革。与此同时,为节省航标保修费用和确保保修质量,分局鼓励航道职工因地制宜,自己动手,并严格质量检查验收,将标志修理情况及标志编号拍成照片,作为验收资料建立档案,航标的修理保养工作有了很大改观。

（张兆平）

【永武高速公路红岩潭、巾口、修河等三座大桥航标工程通过验收】 8月22日,由九江港航分局承建的永武高速公路红岩潭、巾口、修河等3座大桥航标工程在武宁顺利通过专家组验收。

3座大桥航标工程自2009年8月30日开工以来,九江分局为保障航标工程顺利完工,确保水上交通安全畅通,精心安排部署,组织武宁县地方海事处、武宁航道处、柘林湖地方海事处、星子航道处具体负责3座大桥水域通航安全维护和航道管理维护工作。海事、航道部门加强沟通与协调,主动上门服务,了解施工进度,加大安全监管,及时设置、调整、维护航标,有效化解了大桥施工与正常通航的矛盾,确保该工程顺利竣工验收。

（龚　平　李美卫　占　军）

【德昌高速四座跨河大桥航标工程全面完工】 7月20日,德昌高速金溪湖大桥、瑞洪信江大桥、珠湖大桥、万年河大桥等4座大桥航标工程全部完成爬梯、工作平台、桥涵标牌、桥柱灯灯架、灯槽等永久性结构制作与安装任务。这4座大桥航标工程由鄱阳县江海船舶修造厂承建,于5月12日动工。

（潘钰燕　傅知拾）

【河海大学专家组考察赣江(樟树至南昌)航道】 7月29日至30日,河海大学副校长唐洪武率专家组一行,专程考察赣江(樟树至南昌)Ⅲ级航道整治工程。省港航局分管领导及宜春分局、省航务勘察设计院等有关单位负责人陪同考察。

专家组一行从樟树港乘船,沿赣江而下实地察看了樟树至丰城大港口Ⅲ级航道整治工程进展情况,认真听取项目负责人和工程技术人员对泉港、下荣、杜家和小港口等主要滩涂违规建筑物整治情况介绍,详细了解Ⅲ级航道整治工程效果和航道变化。实地考察后,专家组对赣江(樟树至南昌)Ⅲ级航道整治工程建设效果进行了认真分析和评估,肯定这一航道整治工程所取得的良好效果。同时,专家组就航道整治工程后出现的新问题进行深入研讨,对如何预防和应对措施提出了指导性意见和建议。

（王水生）

港口码头

【概况】 2010年,全省拥有港口59个,港区73个,港口管理部门66个,港口经营业主1071户,船厂19户,生产性码头泊位1728个,泊位总长达63315米,非生产用泊位75个,泊位总长3765米;最大靠泊能力5000吨级;拥有千吨级以上泊位115个,港口生产性仓库面积243205平方米,生产用仓库容积477578立方米、堆场面积2099125平方米,铁路专用线总长14795米,其中装卸线3931米;港口装卸机械2865台(套),其中,起重机械1174台(套)、装卸搬运机械711台(套)、输送机械488台(套)、专用作业机械19台(套)及其他装卸机械188台,最大起重能力175吨。

该年度,全省港口完成货物吞吐量23556.5万吨,其中出口16170.1万吨,进口7386.4万吨,分别比上年同期增长11.5%、9.4%、16.4%;旅客吞吐量475.7万人次,比上年同期增长5.9%,其中出港230.1万人次,进港245.6人次,分别比上年同期增长1.9%、10%;集装箱吞吐量为20.4万TEU、237.8万吨,分别比上年增长18.8%和增长11.7%。其中九江港集装箱吞吐量为14.2万TEU、168.8万吨,分别比上年增长17.7%、12.8%。南昌港集装箱吞吐量为6.2万TEU、69万吨,分别比上年增长21.3%、9.2%。

港口生产经营呈现以下几个特点:一是全省港口吞吐量最大货种还是矿建材(沙石),达到1.91亿吨,占全省港口吞吐量的80.9%,比上年同期增长9.1%。自2009年6月份部分湖区沙石开采以来,2011年九江鄱阳湖区水转水沙石出口量为11109.6万吨,比上年同期增长10.8%。赣江中游丰城同田一带,继2009年来沙量增长迅猛以后。2011年宜春出口沙石量达1303万吨、且采石点还在南昌和丰城水域缓慢上移。二是全省货物吞吐量增长较大的货种还有煤炭及制品、散装水泥,其中煤炭及制品增长384.8万吨,散装水泥增长308.5万吨。沿江电力、钢铁、建材、化工以及大耗煤产业对煤炭需求明显等影响,煤炭生产保持高位运行。主要是亚东水泥、新钢、南钢、贵溪电厂、九江钢厂、九江电厂等用煤。三是集装箱运输是本省适箱货物运输发展的主要方向,全省集装箱吞吐量完成20.4万标准箱比上年同期增长18.8%。

全年完成基本建设投资39529万元。其中:建筑工程36791万元,设备购置553万元,其他费用2185万元,累计新增固定资产48093万元。施工项目19个,其中:2011年新开工2个,建成项目8个。新增生产能力:新建客码头泊位1个,泊位岸线长度50米,新增旅客通过能力7万人/年。

重点港口建设项目方面,总投资245764万元的石虎塘航电枢纽工程已完成投资20717万元,第一台发电机组装机完成已具备并网发电条件,通航船闸已在11月建成并投入使用,其各项防护工程也在紧张建设中。赣江(南昌—湖口)航道整治(改善二级航道)工程计划总投资18296万元,自开工建设共完成投资6950万元(其中建筑工程完成5900万元),新干港河西综合码头2011年完成投资50万元,累计完成投资4128万元,完成码头主体大部分工程量的施工,其建设资金筹集困难较多,建设进度较慢。其他中小港站的建设进展顺利,工程质量合格率继续保持100%,未发生工程质量和安全事故。

(周国强)

2011年江西港口分货类吞吐量统计表

表12

货物吞吐量(万吨)				集装箱吞吐量(万标准箱)	汽车吞吐量(万辆)	旅客吞吐量(万人次)
合计(万吨)	矿石	煤炭	油品			
23556.5	874.4	924.6	205.3	20.4	—	475.7

2011年江西港口泊位数统计表

表13

	泊位长度(米)	泊位个数(个)	泊位年通过能力						
			货物(万吨)				集装箱(万标准箱)	旅客(万人次)	汽车(万辆)
			合计	矿石	煤炭	油品			
生产用	63315	1728	11050	—	—	—	40	768	—
非生产用	3765	75	—	—	—	—	—	—	—

(周国强)

【南昌市港口和水路运输特点】 2011年,随着国家加快实施长江黄金水道建设战略以及江西省加快推进航道治理和港口建设步伐,南昌港口建设取得较快发展,特别是南昌港集装箱码头以及江西赣江海螺水泥专用码头等千吨级泊位的建设,进一步强化了南昌港的枢纽地位。

2011年,南昌港完成货物吞吐量2119.9万吨,比上年增长35%,突破2000万吨关口。其中,煤炭160.5万吨,比上年增长137%,矿建材料1091.5万吨、水泥221.2万吨、非金属矿石87.4万吨、轻工产品24万吨、农林牧渔物资106.7万吨,分别比上年增长45%、84%、32%、2%、5%。完成集装箱吞吐量61690标准箱(TEU),比上年增长21%,其中空箱完成15965标准箱,比上年增长50%;重箱完成45725 TEU,比上年增长13%。其中,较为突出的是九月份,集装箱吞吐量创下单月同比、环比最高,达到了6052标准箱。除二季度因铁路分流部分集装箱运输和企业限电双重影响,导致集装箱吞吐量有所下滑外,其余三个季度均保持两位数的高幅度增长,主要因素是江铃公司及赛维(太阳能电池)公司的集装箱量大幅增加所致。

全年完成水路货运量684.1万吨,比上年增长2%;货物周转量完成100881万吨千米,比上年下降2%。其中市属交通部门完成货运量16.8万吨,比上年下降23%,原因主要是各县航运公司面临企业改制,而且船舶多为挂靠性质,运输工具拥有量急剧减少,吨位小、船舶旧,又多为短途沙石运输,竞争力远远不如一些其他经济类型的水运企业,从水路运输发展的方向和公司有效经营等方面来看,绝大多数非交通部门航运公司大批量地淘汰1000吨级左右的船舶,而2000吨~3600吨级的船舶则在不同程度地增加。另外受南昌市暂停赣江南昌段沙石开采的影响,沙石运输量下降明显。

(张科文)

【南昌港集装箱吞吐量突破六万标箱】 2011年,南昌港在受赣江、鄱阳湖特枯水位影响,致使集装箱运输船舶进出港严重受限的不利局面下,通过勤练内功,狠抓管理、加强服务、挖掘潜力等举措,继续保持了集装箱吞吐量稳步上升态势并刷新历史纪录,达到61690标箱,较上年增长21%。其中进口重箱16166标箱,较上年减少8%;出口重箱29559标箱,较上年增长29%。

(平关正)

【九江港货物吞吐量继续呈现增长态势】 2011年,九江港港口运输再创历史新高,全年共完成货物吞吐量3907万吨,同比增长19%,集装箱吞吐量突破14万标箱大关,同比增长18%,已实现连续10年增长。其中干散货吞吐量完成3133.58万吨,同比增长24%;煤炭为556.16万吨,同比增长35%;件杂货为446.04万吨,同比增长43%。

其中,瑞昌港区完成货物吞吐量904.08万吨,占总量的23.1%:城西港区完成货物吞吐量243.91万吨,占总量的6.2%;城区港区完成货物吞吐量292.03万吨,占总量的7.5%;湖口港区完成货物吞吐量1002.96万吨,占总量的25.7%;彭泽港区完成货物吞吐量413.9万吨,占总量的10.7%;上港集团完成货物吞吐量1046.14万吨,占总量的26.8%。

(九江港口管理局)

【九江市港口管理局全力保障电煤运输中转畅通】 2011年上半年,江西省经济形势看好,电力需求快速增长,全省各地出现电力紧缺现象。为保障省内各大电厂发电需求,满足企业生产和居民用电需要,九江市港口管理局在省、市政府和上级交通主管部门的统一部署下,采取多项措施,及时深入相关企业走访,了解实际情况,制定对应措施,指导电煤装卸中转的港口企业科学组织生产,调度指挥,加强与航运和铁路部门的沟通协调,提高各港口电煤运输中转装卸效率。加强与海事部门的工作联系,共同做好电煤运输“绿色通道”便捷服务,对电煤运输船舶实行优先安排停靠泊位、优先安排装卸作业、优先办理相关手续,尽量减少电煤运输船舶滞港时间,确保了九江港口电煤运输的中转畅通。截至5月11日,九江港共完成电煤吞吐量190余万吨,同比增长52%。保证了省内九江、贵溪、黄金埠等电厂煤炭供应。

(柯瑞华)

【省领导主持召开推进九江长江沿线开放开发座谈会】 12月6日,省委常委、常务副省长凌成兴召集省发改委、工信委、省交通运输厅、国土资源厅、商务厅等省直部门领导和九江沿江市县领导,从瑞昌市码头镇登船沿江察看九江152千米长江岸线,并现场召开了推进九江沿江开放开发座谈会。

凌成兴在座谈会讲话中指出,江西省委、省政府高度重视九江沿江开放开发,将其上升到省级战略层面予以强力推进。并强调要通过沿江开发,搭建全省重大产业项目集聚的大平台。九江长江152千米岸线是宝贵和稀缺资源,要管严管好,对小、乱、散码头要进行清理整治,要用好专用码头,拓展现有功能,向社会开放;要建好大型公用码头,实现“一个龙头,三个连接”,即以上港集团为龙头,连接南昌港、彭湖港区和赤码港区;要通过对九江长江岸线的认识,推进沿江开放开发,挺起江西发展脊梁。

(马尔飞)

【省煤炭储备中心通用码头工可报告通过审查】 11月23日,省交通运输厅在九江市主持召开《江西煤炭储备中心九江城东通用码头工程工程可行性研究报告》审查会,省港航管理局、九江市港口管理局、江西煤炭储备中心有限公司、中交第二航务工程勘察设计研究有限责任公司等单位的领导、代表与特邀专家出席会议。

与会代表在查看工程现场、听取编制单位就工程的工程可行性研究报告进行的汇报后,对工程可行性研究报告进行认真审议。与会专家一致认为该工程可行性研究报告基本符合交通运输部关于港口工程可行性研究报告编制规定的内容和深度要求,与会全体人员一致通过对该项目的审查。

该项目计划使用长江深水岸线400米,设计建设5000吨级泊位3个,其中,5000吨级通用泊位2个,5000吨级散货泊位1个与相应的配套设施,年通航能力298万吨,其中,散货229万吨、件杂货69万吨。工程投资58225.35万元。

(汪兰香)

【九江港城东港区建成全省最大“冷库”物流园区】 2011年,江西省最大、库容量高达10万吨的超大冷库为核心的新雪域物流园区落户九江市城东港区以来,一期工程建设进展顺利,年底完工并交付使用。

九江位于赣、鄂、皖、湘四省的结合部,自古曾是“三大茶市”,“四大米市”之一,途通九省的通都大邑,是全国区域性的商贸物流大通道。近年来,九江不断推进工业化、城市化步伐,支柱产业和工业园区成为重要的增长极,消费品市场需求旺盛,对外贸易高速发展,农业产业化水平不断提高,是长江产业带的组成部分和重化工、能源工业基地。《江西省现代物流业“十一五”发展专项规划》对九江的定位是初步形成以港口集装箱物流为中心,综合型物流和保税物流配套的现代物流框架,使九江成为连接长三角,辐射鄂、皖、湘的现代物流枢纽城市和全国区域性物流节点。

九江港城东港区紧紧抓住鄱阳湖生态经济区上升为国家战略这一机遇,充分发挥长江黄金水道和京九铁路大动脉的区位优势,大力发展现代物流业。该物流园规划用地12.47公顷,总建筑面积31万平方米,总投资12亿元,是江西省区位最好、单体容量最大的物流园。2011年,该园内部三条主干道正在施工,其中纵一路已投入使用;内部园一路的水稳层已完成;园二路路基已完成,招商中心已完工并进驻。

新雪域物流园区由琵琶湖农产品批发市场、新雪域物流园两大区块构成。设有冷冻食品、干货调味品、粮油、水产海鲜、蔬菜、水果等六大交易区,集中了服务于酒店、餐饮的茶叶、土特产、酒水饮料、酒店餐饮用具等特色功能,涵盖农产品及餐饮行业的各个领域。同时,配备强大高效的加工配送、仓储物流、电子交易平台等物流服务系统支撑。

(王凌云)

【湖口港区使用长江港口岸线获部批复】 湖口港区长江炉料有限公司货运码头工程申请使用的长江港口深水岸线于7月获交通运输部批复。该项目坐落于九江湖口金砂湾工业园内,拟建2个5000吨级泊位,设计年通过能力共计170万吨,其中散货泊位1个,年吞吐量120万吨,件杂泊位1个,年吞吐量50万吨。申请使用长江港口深水岸线275米。该岸线的批复,既为湖口长江炉料有限公司的货运码头工程的建设提供了有力的保障,又缓解了湖口金砂湾工业园区的码头通行能力不足的问题,将会进一步推动沿江产业的发展。

(汪兰香)

【九江多个部门举行港口危化品泄漏应急救援演练】 8月31日上午,九江市交通运输局、九江市港航管理局、九江市环保局、九江市安全局、九江市水上消防大队及庐山区港航、海事部门等多部门在赛得利(江西)化纤有限公司组织了一场涵盖内容丰富的危险化学品泄漏应急救援演练。

按照演练预案,港口作业、生产运输、消防、医疗救护、通讯联络、后勤保障等部门共30余人参加。演练过程中严格按照《中华人民共和国港口法》及其他相关法律规章要求,并根据企业自身条件和水域环境,高标准组织进行。伤员救护、现场警戒疏散、投加分解物、消防救助、取样检测等各环节衔接紧密、程序合理。演练取得预期效果,各环节操作人员得到一次实际锻炼。

(林小强　江运华)

【中石油湖口油库投入试运行】 4月29日上午,随着锦龙166轮在中油赣浔壹号趸船卸柴油作业的顺利进行,标志着由中石油全额投资新建的中国石油湖口油库项目正式投入试运行。

湖口油库的投入使用,将使九江、南昌、景德镇等地区成品油销售的仓储需求得到满足,进而推动湖口仓储和物流业的快速发展,提升湖口经

奋进中的江西公路开发总公司

江西公路开发总公司隶属于江西省高速集团投资有限责任公司，是一家具有独立法人资格，以投资、建设、管理高速公路为主业的国有交通企业，经营管理着梨温高速公路、景鹰高速公路、德昌高速公路和祁浮高速公路，总里程668千米，共设有33个收费站。现有注册资本17.75亿元，资产270亿元。

近几年来，总公司呈现出“项目建设多样化、经营管理精细化、党的建设规范化、文明创建品牌化”的良好发展态势。

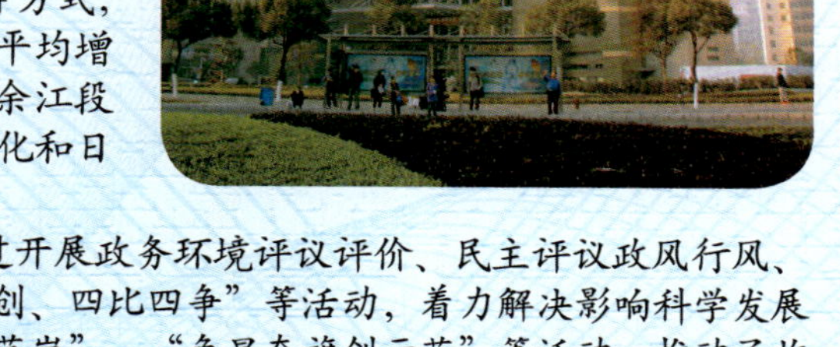

项目建设多样化。四年来，总公司共投资112.85亿元，推进项目建设。建成总公司办公大楼和万年养护中心；完成了梨温高速公路三清山、东乡、上饶等三对服务区的升级改造，着手龙虎山服务区迁建；建成瑶湖大桥扩建及麻丘互通立交代建项目；建成德昌、祁浮高速公路；完成梨温高速公路路面的全面整治；景鹰项目通过交通运输部竣工验收并被评为优良工程；开工建设九江绕城项目，启动都九项目前期工作。完成恒泰花苑房地产项目主体结构。

经营管理精细化。总公司着力推广精细化管理，挖潜增效，经营收入逐年攀升。通过强化银企合作、融资券、银团贷款、信托贷款、BOT等方式，筹措资金150.96亿元，解决项目建设资金。四年来，经营收入年平均增长率10.31%，纳税5.3亿元。投资10.16亿元，完成了梨温高速余江段水毁抢修、“迎国检”、路容路貌站容站貌整治、“一大四小”绿化和日常养护，美化了行车环境，提高了通行能力。

党的建设规范化。总公司大力推进基层处站规范化建设，通过开展政务环境评议评价、民主评议政风行风、机关效能年、创业服务年、发展提升年、干部作风整治、“四比四创、四比四争”等活动，着力解决影响科学发展的突出问题；在收费服务窗口开展了“党员亮牌服务”、“党员示范岗”、“争星夺旗创示范”等活动，推动了收费窗口规范化服务、党支部建设规范化建设。

文明创建品牌化。总公司大力开展青年文明号、文明单位、职工书屋等创建活动，打造了熊文清班组、刘泉林班组、鹰潭西收费站、螺丝钉班组、春风岗等一批特色鲜明、辐射力强的文化品牌。四年来，总公司获得国家级荣誉1项、省部级荣誉46项、地厅级荣誉269项，135人次获得各类表彰。连续2年被评为中国服务业企业500强，连续4年被评为江西省优秀企业。总公司连续被评为江西省第九届、十届、十一届、十二届文明单位称号，共有14个单位获得江西省第十二届文明单位，16个单位通过了省第十三届文明单位公示。

祁浮高速公路

站在新起点，把握新机遇。江西公路开发总公司将以邓小平理论、“三个代表”重要思想和科学发展观为指导，深入学习贯彻党的十八大精神，以公路开发为主业，服从和服务于江西经济和社会文明进步，为我省交通事业又好又快发展做出新的贡献。

金溪湖特大桥

德昌高速昌东枢纽互通

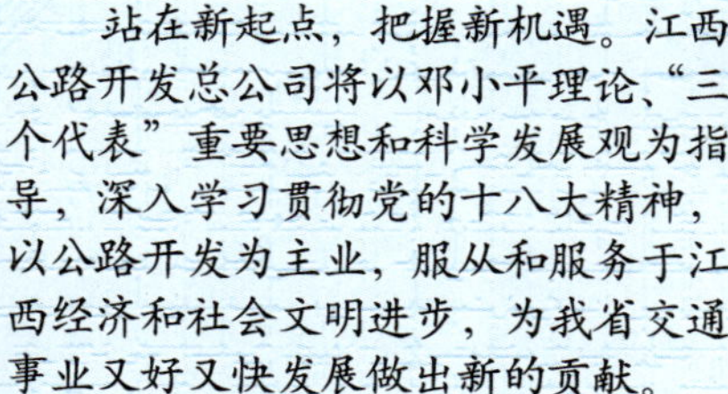

江西省公路

交通运输部副部长翁孟勇在省交通运输厅厅长马志武等陪同下，莅临景德镇长运公司视察指导春运工作

副省长洪礼和出席全省道路运输管理工作会，并为先进单位颁奖

江西省公路运输管理局是江西省交通运输厅所属的副厅级全额拨款事业单位，代表政府对全省道路运输行使行业管理职能。局机关内设党委办公室、办公室、法规稽查处（运政执法办公室）、财务审计处、客货运输管理处、城市客运管理处（出租汽车行业指导办公室）、计划基建处、车辆技术管理处、安全监督处、驾驶员培训管理处（道路运输从业人员资格管理办公室）、科技信息处、组织人事处、离退休干部处、监察室（与纪委合署办公）等14个处室，已实行参照公务员法管理。下设局机关后勤服务中心，为全额拨款事业单位。下属单位有交通技工学校一部、交通印刷厂、庐山培训中心。

江西省公路运输管理局主要职责有：贯彻执行国家有关道路运输、城市客运的法律法规和方针政策，拟订有关政策、准入制度、技术规范、营运标准并监督实施；承担全省道路旅客运输、道路货物运输、站（场）、机动车维修、营运车辆综合性能检测、机动车驾驶员培训等行业管理工作；承担指导全省城市公交、出租车、轨道交通管理的具体工作；负责跨省（自治区、直辖市）、跨设区市道路旅客运输许可和道路旅客运输增加班线许可；负责国际道路运输许可；组织实施道路运输经理人和机动车驾驶培训教练员从业资格考试；依法实施道路运输行政处罚，对道路运输管理机构的执法活动进行指导监督；承担抢险、救灾、战略物资等紧急道路运输任务和指令性计划运输的具体组织实施等。

法律大比武 献礼十八大——省运管局举办全省道路运输法律法规知识竞赛

长期以来，江西道路运输管理部门一直致力于人便于行、货畅其流，让人们出行更安全、更方便、更舒适，让货物运输更高效、更经济、更节能，让整个行业更稳定、更健康、更有序。尤其是

省运管局第一次党员大会召开

全省积极推进农村公路建管养运一体化发展

厅党委书记朱希在省运管局党委书记王江军的陪同下检查南昌市交通运输安全工作

厅长马志武在省运管局局长梁必康的陪同下检查景德镇市交通运输安全生产工作

进入“十二五”时期以来，江西道路运输坚持以科学发展观为统领，以鄱阳湖生态经济区建设为龙头，以加快转变道路运输发展方式为主线，以抓安全、保稳定、促发展为重点，坚持规划引领，夯实法治基础、健全制度保障、强化信息支撑、严格市场监管、注重民生为本，全力构建现代道路运输体系，不断提高道路运输行业的公共服务水平和运输保障能力，为建设富裕和谐秀美江西奋勇先行。

省运管局在中国人民大学举办道路运输管理高级研修班，加强干部队伍建设

开展创建公交服务精品线路活动

省运管局赴省反腐倡廉教育馆开展警示教育活动

全省运管系统开展稽查“先锋”行动保障道路运输市场安全、平稳、有序

江西道路运输“爱心车队”助力高考

江西省高速公路投资

党委书记李素华视察在建工程

总经理谢来发深入基层调研

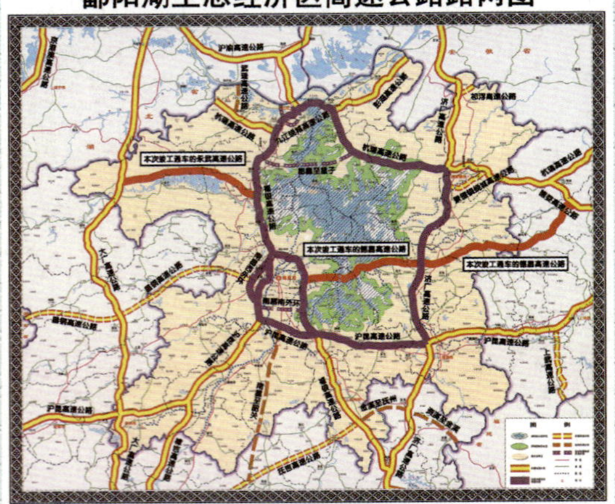

完善的高速公路网助力鄱阳湖生态经济区建设

江西省高速公路投资集团有限责任公司是经省政府批准成立的国有独资企业，是一个管理3000多千米高速公路、1000多亿资产的大公司，是一个拥有300多个基层单位、1万多名员工的大团队，是一个集高速公路投融资、建设、经营、管理于一体的大企业。集团的主要特点和成就可以概括为“江西‘航母’、江西速度、江西窗口”：

江西“航母”。集团经营管理着江西省境内福银高速昌九段、沪昆高速梨温段、大广高速泰赣段等27条3298千米高速公路，资产总额近1700亿元，资产规模在省内企业中首屈一指、在国内同行企业中位居前列；业务涉及高速公路等重大基础设施的融资、投资、建设、经营全过程，涉足工程施工、设备租赁、物流仓储、地产开发、酒店经营、广告、核电等多个领域，已逐步走向经营多元化、产业集团化；旗下直接管理的单位有公路开发公司、赣粤股份公司（上市公司）、交通咨询公司、畅行服务区公司等7个子公司和赣州、抚州、宜春、泰和、景德镇、上高管理中心等12个路段管理单位，以及瑞寻高速、九江长江大桥等9个参股子公司，共有330个基层单位，12300多名员工。

强化服务技能

开展服务区“环境大优化、服务大提升”专项活动

集团有限责任公司

德昌、永武高速建成通车

深入推行收费窗口规范化服务

江西速度。江西高速公路事业起步于上世纪80年代末，20多年来，江西省高速公路从零公里到1000千米，用了15年；从1000千米到2000千米，用了4年；从2000千米到3000千米，用了2年，创造了令人瞩目的“江西速度”。目前，全省高速公路通车里程达3792千米，排名进入了全国前十，打通了18个出省大通道，省内各设区市全部贯通高速公路，县县通高速公路指日可待，基本建成了“三纵四横”的高速公路主骨架网，形成了省内4小时、省际8小时经济圈，实现了鄱阳湖生态经济区城市群高速公路网络化，江西成为全国高速公路建设速度最快的省份之一。

江西窗口。在企业运营管理中，集团秉承“项目建设的大业主、政府融资的大平台、服务车主的大窗口、永续发展的大集团”这一战略定位，弘扬“高速高效、同行同德”的企业精神，致力于“把集团打造成资产规模大、融资能力强、管理水平高、窗口服务优、经济效益好的产业集团”的企业愿景，通过推行收费窗口规范化服务、所站规范化建设、“四容四貌”整治、“一大四小”绿化改造、服务区综合环境整治等措施，打造了安全、畅通、便捷、绿色的道路通行环境，树立了庐山、三清山、峡江等一批服务区标杆，涌现了熊文清班组、映山红等一批窗口品牌，江西高速公路实现了由量的积累到质的飞跃，成为服务百姓出行的优质通道，成为展示江西形象的靓丽窗口，2011年，在5年一次的全国干线公路养护管理大检查中，创造了高速公路排名全国第6的卓越成绩。

拓展服务内涵

加强服务宣传

严格落实鲜活农产品运输“绿色通道”政策

永武高速公路

江西赣粤高速公

中秋、国庆佳节前夕，省委书记苏荣，省委副书记、省长鹿心社一行检查指导节日期间高速公路服务保畅工作

赣粤高速荣获第一届“江西最具影响力企业”

江西赣粤高速公路股份有限公司是经江西省股份制改革联审小组赣股〔1998〕1号文和江西省人民政府批准，于1998年3月31日由江西高速公路投资发展（控股）有限公司作为主发起人发起设立的股份有限公司。公司于2000年5月18日在上海证券交易所成功上市，是江西省唯一一家公路类上市公司。

赣粤高速作为一家大型基础设施建设与运营服务类企业，以促进江西交通和区域经济发展为己任，始终秉承“义利共赢，和谐创新”的核心价值理念，坚守“路畅人和，提升价值”的企业使命，不断加强以董事会为核心的法人治理结构，科学发展，稳健经营，开创了赣粤高速持续健康发展的良好局面。截至2012年12月，公司总资产达239.36亿元，净资产达106.32亿元。公司股票先后入选沪深300指数、上证180指数、上证50指数、上证380指数、中证100指数和上证治理指数样本股，并荣获上海证券交易所“2011年度上市公司信息披露提名奖”殊荣，公司董事会连续8年荣获上市公司优秀董事会“金圆桌奖”，在全国同行业和全省上市公司中系唯一一家；公司还连续7年入选中国服务业企业500强，连续6年荣获“江西省优秀企业”称号，蝉联四届“江西省优秀高新技术企业”，先后荣获全国企业文化优秀奖、全国首届企业文化创新案例奖、交通运输部首批文

赣粤高速与国家开发银行、中国农业银行、交通银行和中国邮政储蓄银行《奉新至铜鼓高速公路项目银团贷款》签约仪式在南昌隆重举行

江西奉新至铜鼓高速公路通车仪式在铜鼓县隆重举行

公司荣获江西省地方税务局“2010—2011年度A级纳税信用企业”称号

路股份有限公司

赣粤高速成为连续 8 届蝉联“金圆桌奖”的上市公司

彭湖高速公路建设资源节约与保护技术研究项目成果总体达到国际先进水平

化建设示范单位、全国交通企业文化建设优秀单位、首届全国交通行业企业文化优秀成果奖、中国最具社会责任感企业、全国交通行业文明示范窗口、全国文明单位、全国杰出青年文明号、全国精神文明建设先进单位、全国职业道德十佳单位、全国巾帼文明示范岗和江西最具影响力企业等荣誉。

目前，公司拥有控股子公司 9 家，参股公司 6 家；经营管理 794 千米高速公路，旗下各条高速公路均系国家及省内高速公路网络的重要组成部分，具有得天独厚的区域优势和路网优势。

赣粤高速举行博士后科研工作站启动仪式暨首个博士后研究项目开题会议

赣粤高速公路综合管理信息系统达到国内领先水平

举办“喜迎十八大，排舞展风采”汇报演出，引领赣粤高速全民健身活动深入开展

全国高速公路服务区品牌建设与商业模式座谈会在赣粤高速召开

江西远洋

江西远洋研究部署安全生产工作

江西远洋召开职工代表大会，改制方案获全票通过

江西远洋运输公司创建于 1982 年，由中国远洋运输（集团）总公司与江西省交通运输厅合资兴办。

经过近 30 年的艰苦创业，公司形成了一支业务精湛、技术过硬、素质优良、善于管理的航运队伍，目前经营 2 艘远洋散杂货货轮，总载重近 2 万吨，主要经营中国香港、台湾地区及日本、韩国、东南亚国家及南太平洋航线，航区覆盖东南亚及南太平洋。

江西远洋开展建设学习型党组织主题讲座

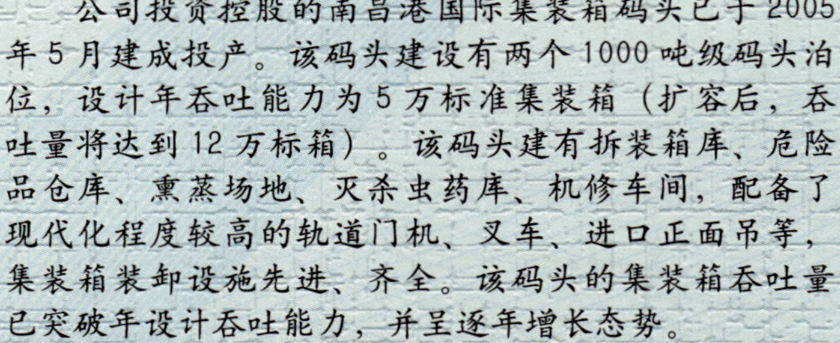

公司投资控股的南昌港国际集装箱码头已于 2005 年 5 月建成投产。该码头建设有两个 1000 吨级码头泊位，设计年吞吐能力为 5 万标准集装箱（扩容后，吞吐量将达到 12 万标箱）。该码头建有拆装箱库、危险品仓库、熏蒸场地、灭杀虫药库、机修车间，配备了现代化程度较高的轨道门机、叉车、进口正面吊等，集装箱装卸设施先进、齐全。该码头的集装箱吞吐量已突破年设计吞吐能力，并呈逐年增长态势。

公司开辟了现代物流服务，投资控股了南昌保税物流中心（B 型），是江西省唯一一家国家级保税物流中心，于 2010 年 9 月正式封关运行。该中心地处国家级南昌经济技术开发区，区位条件十分优越，作为区内唯一拥有国际集装箱码头的保税物流中心，是南昌市乃至江西省公、铁、水、空运衔接的枢纽点，其独有的公共保税中心功能也填补了江西省内空白，为广大

江西远洋举办学习全国“两会”精神讲座

蓬勃发展的南昌保税物流中心，是江西省目前唯一的国家级保税物流中心

运 输 公 司

江西远洋开展庆祝建党 90 周年党史知识竞赛

江西远洋召开 2012 年务虚工作会

工商企业提供保税仓储、国际物流配送、进出口贸易和转口贸易、物流信息处理、口岸、入物流中心出口退税等各项服务。截至 2011 年 9 月，该中心进出口总额已突破 1 亿美元。

公司经营了南昌至上海、南昌至南京、南昌至九江的国际集装箱班轮航线，目前控制或拥有集装箱运输船舶 12 艘，载箱量 900 标箱，与 20 多家船公司及货运公司展开业务往来，经营南昌及周边地区至世界各地的集装箱运输业务，是江西省市场份额最大的集装箱运输企业。

此外，公司还投资了旅行社、公路租赁、港口、房产、船务、期货等一批陆上产业，呈现良好的发展势头。

江西远洋开展金秋助学活动，全面启动定点帮扶工作

江西远洋组织职工赴豫章监狱开展廉政警示教育

江西省首艘内河标准化集装箱船“赣远 36”号首航

江西远洋开展义务献血活动

江西省交通设计研

党委书记　王金根

董事长兼总经理　聂复生

江西省交通设计研究院有限责任公司成立于1975年，是江西省内唯一一家集路桥、港航、市政工程、交通工程勘察设计、工程咨询、工程监理、工程总承包为一体的综合型国家甲级设计院。院现有在职职工485人，离退休人员193人，其中，全国工程设计大师1人，教授级高工19人，高级职称136人，中级职称165人，各类注册师105人。近3年来，院先后荣获全国优秀勘察设计院、省级文明单位、全国交通系统文明行业先进单位、省五一劳动奖状、全省纳税百佳企业等荣誉称号。省委常委、常委副省长凌成兴在院30周年院庆典礼上，充分肯定了交通设计院为江西交通事业做出的突出贡献，赞扬“设计了一大批精品工程、造就了一大批优秀人才、磨练了一系列时代精神”。

企业生产经营业绩出色。近年来江西省交通运输事业蓬勃发展，高速公路的大规模建设带来设计业务的增长。作为江西交通建设的先行官、排头兵、设计者，交通设计院承担了大部分的省内重点高速公路的勘察设计。院先后保质保量完成了景南外环、南昌西外环、景鹰、武吉、瑞赣、彭湖、鹰瑞、石吉、德南、景鹜黄等十几条高速公路2000千米的勘察设计工作，确保了项目的如期开工；承担完成了瑞赣SD代表处、鹰瑞B段代表处、AR4驻地办等项目的监理任务，为工程施工提供了可靠的保证；同时努力做好施工服务工作。这一时期，也是交通设计院历史上发展最好最快的时期，院生产产值、经营收入、财务利税持续创历史最好纪录，企业综合实力明显增强，院资产总计从2005年底的1.01亿元增长到2010年底的2.89亿元，连续多年被国有资产管理部门考核评定为国有资产营运和国有资产保值增值优良企业。

标准化路基填筑施工

设计质量提升出色。交通设计院通过技术培训、强化质量管理制度、增强质量责任意识教育等多种形式，提高设计人员质量意识，确保在设计中贯彻“六个坚持、六个树立”新理念。院设计理念日益更新，景鹜黄高速、南昌新八一大桥、鄱阳湖大桥、九江长江公路大桥、丰城剑邑大桥等都是新理念下的杰作。院设计质量明显提高，勘察设计水平有了较大的提升，特别是桥梁技术方面，掌握了特大跨径连续梁桥、连续刚构桥、世界级的大跨斜拉桥、斜拉—悬臂协作体系桥梁、高墩桥、小半径斜弯坡桥等复杂桥梁设计核心技术。

新八一大桥

究院有限责任公司

高速公路枢纽

景婺黄高速晓起环山桥

福银高速公路（桃木岭高架桥）

丰城剑邑大桥是一座跨越赣江的斜拉—悬臂协作体系特大桥，是目前国内罕见的型式，结构整体达到国内先进、局部达到国内领先水平；九江长江公路大桥在江西境内是第一座跨长江的高速公路大桥，其主跨为818米双塔斜拉，居目前世界已建和在建同类桥梁的第6位。2009年，景婺黄高速公路被评为建国60周年公路交通勘察设计经典工程。近年来，院无一项目出现质量和安全问题。

科技兴院成绩出色。结合自身的人才和技术优势，依托项目，交通设计院有针对性的组织开展自主技术创新和课题研发工作，取得了一系列重要成果。已完成和正在研发过程中的课题项目均与实际工程项目相结合，产生了相应的科技成果，为行业内企业提供了具有一定规模的、高度知识和技术密集型的服务。尤其是《标准跨径高墩桥抗震安全性评价研究》、《大跨径梁桥持续下挠的控制》、《山区高速公路高填方暗桥设计研究》等研究成果在全省桥梁设计项目中得到了广泛应用。由这些研发课题编著的论文有50余篇，科技成果填补了国内多项空白。近3年，交通设计院相继荣获国家和省部级优秀勘察设计、工程咨询、科技进步和优秀成果奖项，其中省部级科技进步奖6项，国家优秀咨询奖1项，国家优秀工程设计软件奖1项，省部级优秀设计奖19项，省部级优秀勘察奖6项，省部级优秀工程设计软件奖6项，省部优秀咨询奖12项，省部级优秀QC小组奖10项。

企业精神塑造出色。作为交通建设的排头兵，全院干部职工攻坚克难、无私奉献，为江西省高速公路建设付出了心血和智慧，这是一支被省领导赞誉为“特别能吃苦、特别能战斗、特别能奉献”的企业团队，涌现出众多先进个人，凝聚了独具特色的勘察设计企业精神。

和谐企业建设出色。交通设计院坚持以人为本，全心全意依靠职工办企业，全面落实职工代表大会制度，大力推行并深化完善企务公开，建立健全领导、公开、监督三种机制，保障职工合法权益。同时，把开展群众文化活动作为加强企业文化建设的重要内容，丰富职工精神生活，在愉悦的气氛中融洽关系，凝聚人心。多次受到江西省总工会、省交通运输厅党委、工会的肯定和表扬，被授予“模范职工之家”称号。

设计院大楼

江西省交通

总经理 刘仁达

党委书记 周连老

江西省交通工程集团公司是江西首届最具社会影响力企业这一，成立于1997年，现有注册资本5.1055亿元。是以公路施工为主，集公路投融资、房地产开发和物业管理等于一体，具有公路工程一级总承包和市政、房建、绿化等多项专业施工资质，以及地产开发、物业管理等资质和国家对外承包工程资格，是通过ISO9001：2000质量管理体系、ISO14000环境管理体系和OHSAS18000职业健康安全体系认证的国有交通综合性企业。

公司成立15年来，先后以施工总承包方式建成江西省第一条标准化高速公路——温厚高速；以风险投资模式投建完成江西省第一条收费旅游公路——三清山环山公路；以委托融资模式投建完成江西省公路管理体制改革后第一条省市共建公路——320国道大（城）万（载）公路；以设计施工总承包模式建成江西省第一条二级公路总承包项目——宜春至安福公路改造工程；现正在承建江西省第一条施工设计总承包高速公路项目——井（冈山）睦（村）高速公路，创造了江西公路建设史上的“五个第一”，先后荣膺“十五”、“十一五”时期江西省重点工程建设单位等称号。

通过15年来的发展和努力，公司业务立足江西，遍及全国各地，广受社会好评。当前企业主要技术力量、工程业绩和科技进步水平等各项指标现已全部达到国家总承包特级资质企业标准，未来发展将更加强劲。

企业文化

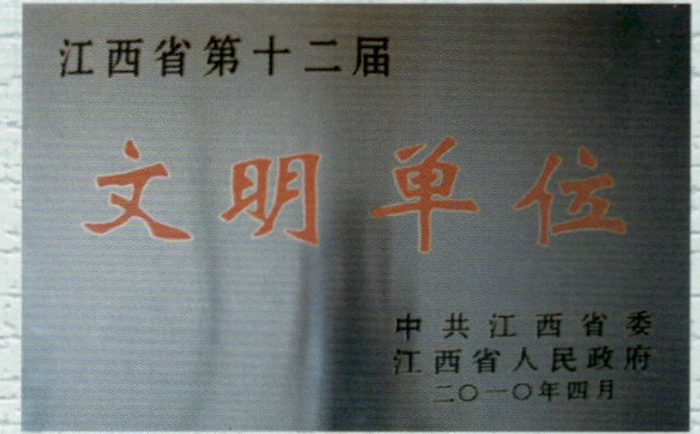

三大强项

路面施工 桥梁施工 隧道施工

公司承建的福建龙长高速路面工程

河南郑石高速宋庄分离立交桥工程

井睦高速公路设计施工总承包项目隧道

三大领域

公路施工 房产开发 对外劳务

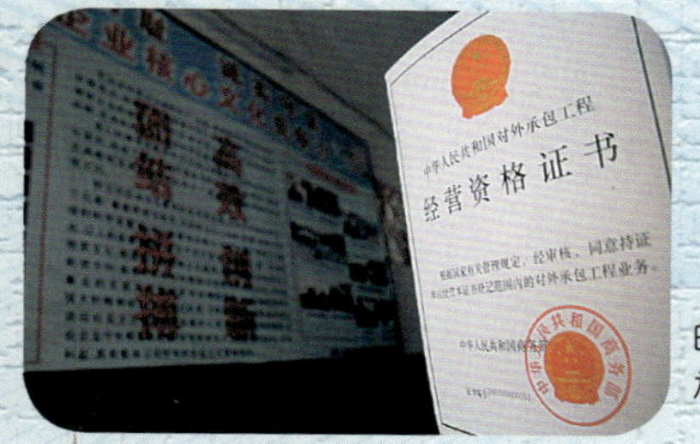

公司走出国门的通行证——对外承包工程经营资格

公司开发建设的泓德大厦

公司承建的江西省第一条六车道高速公路乐温高速公路路面标段

五个第一

公司以施工总承包形式承建的江西省第一条标准化高速公路——温厚高速

以委托融资模式成功完成建设的 320 国道大城至万载公路并交付运营

以设计施工总承包模式成功完成建设的宜春至安福公路

江西省第一条施工设计总承包高速公路项目——井睦高速公路

以风险投资模式成功完成建设投资的三清山环山旅游公路

鹰瑞高速小景

鹰瑞高速瑞金互通

江西省公路机械工程局成立于1995年，是江西省交通系统首家通过ISO 9001:2000国际质量标准认证的国家公路工程施工一级总承包企业，具有路基、路面、桥梁、隧道、交通安全设施专业一级资质，市政工程二级总承包，城市及道路照明二级专业承包，养护工程施工甲级资质，园林绿化三级资质，结构补强资质；是江西省工商行政管理局“守合同，重信用”AAA企业；是江西省内多家银行的AAA资信企业；是省直文明单位、南昌市文明单位。

伴随着国家的繁荣昌盛、交通建设的飞速发展，在艰苦拼搏十多年的风雨沧桑历程中，江西省公路机械工程局已发展成为一支拥有员工504名、各类专业技术人员315名、公路市政等专业一级建造师46名；工程机械设备489台（套）、设备原值数亿元的企业。该局始终坚持“做对社会负责任企业”的宗旨和“以质量求生存，以管理求效益，以效益求发展”的方针，坚持以人为本，大力实施“科教兴局”、“人才强企”战略，大力加强精神文明建设和企业文化建设，深化机制改革，强化内部管理，紧扣市场脉搏，在开拓创新、和谐创业中不断发展壮大，现已发展成为集公路、桥梁、隧道、交通工程、公路养护、市政工程施工等工程建设及设备租赁、房地产开发、园林绿化、软件开发、对外贸易、高速公路项目代建等业务为一体、多元化发展的现代化集团式施工企业。

路面摊铺

利用高起点的优势，依托强大的设备力量和技术支撑，采取先进科学的管理模式，突出施工质量、信誉，是江西省公路机械工程局大跨步向前发展的成功所在。该局拥有较为优良的沥青混凝土路面、水泥砼路面、路基土石方、桥梁、隧道、交通安全设施等各方面机械设备，拥有一批训练有素、技术过硬、经验丰富的项目经理队伍、施工管理人才和技术人员；全面按ISO9001:2000标准要求设置机构、配置人员、规范管理、建立质量保证体系；注重引进、消化、借鉴、创新国内外高新工程技术，大力推广应用新技术、新材料、新工艺、新设备，企业正朝多元、质量、效益型道路快速发展。

路桥相融

机 械 工 程 局

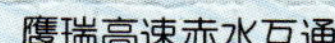
鹰瑞高速赤水互通

鹰瑞高速龙虎山景区风光

近年来，该局积极参与省内外重点工程建设，取得了令人瞩目的可喜成绩，施工队伍日益壮大、施工能力和施工水平进一步提高，先后参建了江西省内的梨温高速、泰井高速、昌金高速、京福高速、武吉高速、昌九高速技术改造、石吉高速、德昌高速、永武高速、瑞寻高速、澎湖高速以及陕西省西柞高速、陕西省商漫高速、浙江省诸永高速、浙江省黄衢南高速、广东汕头金凤大桥——西港高架桥工程、安徽省合六叶高速、辽宁省沈阳新市沈北区道路排水工程、辽宁省沈阳市浑南新区电力隧道工程、云南省水麻高速、广东省韶赣高速、广东省潮揭高速、内蒙古自治区赤峰至通辽高速、内蒙古自治区通辽至下洼高速、新疆自治区塔城至额敏至托里公路、新疆自治区奎屯至赛里木湖公路工程、河南省南阳至内乡高速、湖北省武荆高速、湖北省麻竹高速、河南省郑州至漯河高速、贵州省思南至剑河高速、山西省太佳高速、山东省青临高速、四川省九寨沟改建工程、甘肃省安西高速等多条高等级公路的工程建设，足迹遍及全国20多个省市（自治区），并于2006年承担了迄今为止全国一次性开工建设里程最长的高速公路建设项目——济南至广州高速公路江西鹰潭至瑞金段建设项目的代建业务，经济效益和社会效益逐年提高。“三个文明”建设硕果累累，多次被评为江西省交通系统和公路系统先进单位、南昌市文明单位、江西省文明单位；下属公司均被共青团江西省委授予“省级青年文明号”光荣称号，其中一个分公司被授予“国家级青年文明号”光荣称号。

大路当歌，大气无形，大音希声。江西省公路机械工程局每位员工将以“修筑完美之路，构建和谐企业，优质回馈社会”为使命，励精图治，锐意进取，并愿与社会各界携手奋进，共创美好未来，为交通、公路事业的跨越式发展而不懈奋斗！

迎宾花开

鹰瑞高速瑞金固村

江西省交通干部学院

时任省交通运输厅党委书记程受锭视察交通干部学院

省交通运输厅厅长马志武视察交通干部学院

江西省交通干部学院系江西省交通运输厅直属正处级事业单位，成立于1984年5月，原名江西省交通干部学校，2010年12月正式更名为江西省交通干部学院，成为全国交通运输行业第一家更名的省级干部学院。与中共江西省交通运输厅委员会党校、北京交通大学远程教育江西交通教学中心、武汉理工大学网络教育学院南昌学习中心、江西省交通职工中专合署办公。

学员上课

建院以来，学院秉承“教书育人、管理育人、服务育人、服务交通”的宗旨，认真践行“适应形势、规范办学、严格管理、质量至上”的办学理念，先后完成干部培训3万余人次，培养大中专毕业生7000余人。近年来，学院紧紧围绕“推动一个转变（思想观念转变）、建设两个平台（办公平台、网络平台）、做好‘三篇文章’（干部培训、远程教育、新校区建设）、狠抓四项建设（领导班子、职工队伍、管理制度、反腐倡廉）、打造‘五最’品牌（培训资源最丰富、培训组织最精细、培训管理最科学、培训服务最优质、培训效果最优良）”的发展思路，开拓进取，真抓实干，各项事业呈现出蓬勃发展的喜人态势。先后荣获全国交通远程教育办学先进集体、江西省文明单位、全省交通系统科技教育工作先进集体、中共江西省直属机关工作委员会先进基层党校、厅综合治理工作先进单位、厅直先进基层党组织、厅宣传思想工作优秀单位等荣誉称号。

学院新校区位于南昌市红谷滩新区凤凰洲，占地面积3.33公顷，由教学楼、学术交流中心A、学术交流中心B、学员公寓A、学员公寓B、食堂等6栋单体建筑组成，是一个集教学、培训、会议、住宿、餐饮、健身等功能为一体的现代化干部教育培训基地。新校区教学接待能力800人，会议接待能力800人，住宿接待能力312人，用餐接待能力500人；同时配有图书阅览室、室内恒温游泳池、室内羽毛球场、篮球场、网球场等文化健身设施。

乘风破浪会有时，直挂云帆济沧海。学院在厅党委和行政的坚强领导下，以新校区全面建成投入使用为契机，以改革和发展为主线，抓住机遇，解放思想，求实创新，不断开创学院各项事业新局面，为全省交通运输行业干部培训和职工继续再教育事业做出新的更大的贡献。

新校区大门　　食堂　　学员公寓客房

会议厅

九江长江大桥公路桥管理局

局长　户才淦

干部职工积极参加应急献血活动

监控中心

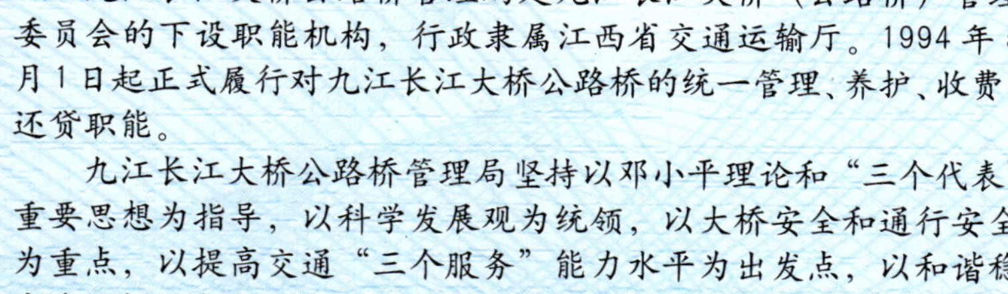

九江长江大桥公路桥管理局是九江长江大桥（公路桥）管理委员会的下设职能机构，行政隶属江西省交通运输厅。1994 年 5 月 1 日起正式履行对九江长江大桥公路桥的统一管理、养护、收费、还贷职能。

九江长江大桥公路桥管理局坚持以邓小平理论和“三个代表”重要思想为指导，以科学发展观为统领，以大桥安全和通行安全为重点，以提高交通“三个服务”能力水平为出发点，以和谐稳定为目标，科学管理，规范服务，促进了九江长江大桥“四个文明”建设的协调发展，确保了九江长江大桥的安全畅通，开创了九江长江大桥管理工作的新局面。

2012 年是交通运输“十二五”规划的重要一年。为提高九江长江大桥公路桥通行能力和安全性，九江长江大桥公路桥管理局正着手进行大桥升级改造论证、规划、设计及申报立项等工作，必将以更加务实的精神，开拓创新，扎实工作，为实现九江长江大桥公路桥管理局可持续发展续写辉煌。

冰雪天气为司乘人员提供送温暖服务

整治交通环境保障大桥安全畅通

收费窗口规范化服务演练

江西省交通运输厅对外经济联络办公室

厅纪委书记成松在外经办调研工作

外经办召开领导干部专题民主生活

江西省交通运输厅对外经济联络办公室是省厅外事、外经、招商引资和交通运输行业职业资格评价的职能部门，为正处级事业单位。自 1994 年与省工管局由合署办公改单列设立以来，在厅党委、行政的直接领导下，紧密服务交通建设改革发展大局，围绕交通运输外事、外经、招商引资和职业资格工作重点，内强管理、外树形象、真抓实干、创新工作，各项工作取得了显著成绩。

认真围绕“规范化、专业化、精细化、人性化”的工作目标，积极推进外事外经和招商引资工作。外经办作为交通厅外事管理的职能部门，多年来认真落实省委、省政府及省交通厅加强外事管理的各项规定，努力强化外事责任意识和服务意识，不断提高外事管理工作的计划性、规范性和实效性，切实做到出国（境）前有审查有教育，出国（境）途中有服务有保障，回国后有总结有提高。外事工作连续多年被省政府外侨办评为外事管理先进单位。

外经工作中认真作好外经工程资质申请、外经信息服务工作以及交通劳务输出人员管理工作。成功为赣北公路工程有限公司、江西省交通集团公司申请了对外承包工程经营资格，为江西省交通系统走出去打下了基础。2005 年以来，外经办在省厅的直接领导下，切实作好招商引资工作。九江至瑞昌高速公路项目通过项目业主招商引进外资并正式建成通车，为江西省交通基础设施投融资进行了有益的改革探索。2010 年，省交通运输厅又赋予外经办交通运输职业资格评价工作职能，几年来外经办积极开展调查研究工作，理清工作思路，研究工作机制，为下一步开展工作奠定了坚实的基础。

今后，外经办将继续在厅党委、行政的正确领导下，乘着十八大胜利召开的东风，积极服务于全省交通运输发展大局，解放思想、转变观念、锐意进取，努力实现外经办事业的健康可持续发展。

外经办职工阅览室为干部职工提供了良好的学习条件

外经办党支部组织全办党员赴瑞金开展主题教育活动

江西国际集装箱码头有限责任公司

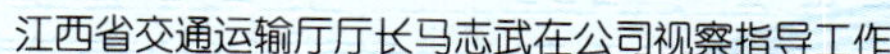

江西省交通运输厅厅长马志武在公司视察指导工作

集装箱码头堆场

江西国际集装箱码头有限责任公司成立于2001年，2003年开工建设，2005年7月正式运营，主要从事集装箱货物的装卸、仓储、中转、拆装箱和港口服务等业务。南昌港集装箱码头的建立填补了江西省水上集装箱装卸运输的空白。港区直接与区内的主干道连接，进出交通极为便利，具有十分优越的集散港运条件，已成为综合交通运输的重要集散地和发展现代综合物流的重要基地。

南昌港集装箱码头建设总投资1.6亿元，建有1000吨级泊位两个，陆域总面积17.05万平方米，主要集装箱装卸设备20台，设备齐全、安全可靠。在码头设有海关监管点、商品出信境检验检疫和海事部门联合办公的服务机构，客户不出码头便可现场办理报检、查验、结汇和交接货物，从而实现“门对门”的运输服务，为方便货主提高效率、企业降低成本创造了极为有利的条件。

近6年来，公司领导班子开拓创新、善谋实干，全体员工团结协作、锐意进取，企业规模和整体经济实力又好又快发展，企业安全生产形势稳定，集装箱吞吐量逐年稳步增长；在全球港口集装箱装卸业务普遍下降的情况下，2009年完成了集装箱吞吐量50019标箱，首次突破年设计吞吐量5万标箱目标； 2011年吞吐量突破6万标箱，超出年设计吞吐能力1万多标准集装箱，实现了港口集装箱业务快速发展，为促进江西物流和地方经济发展作出了积极的贡献。

如今，公司又在新的起点上谋求更大发展，坚持以科学发展观统领各项工作，坚持可持续发展的道路，抓住构建全省交通、大物流的有利契机，以加快扩能改造工程建设，开拓创新，锐意进取，积极把南昌港集装箱码头打造成为一流的现代文明口岸。

轨道式门机

正面吊

码头全貌

赣州高速公路

2010年9月16日，赣州绕城高速举行通车庆典

南下大通道——赣定高速

赣州高速公路有限责任公司成立于2001年4月，是国有控股公司，主营高速公路项目投资建设、经营和管理，是目前代表赣州市政府建设经营高速公路项目的重要主体。现由赣州市国资委代表市政府进行监管。

目前，赣州高速下设控股子公司——赣州赣康高速公路有限责任公司、江西寻全高速公路有限责任公司、江西赣益（润）公路开发有限公司，及分公司赣定高速公路运营管理公司，参股赣州康大高速公路有限责任公司、赣州安华钴业有限公司、江西联兴高速公路养护工程有限公司、赣州银行等。共有员工1000余人。作为赣州市高速公路建设主力军，该公司改革发展已步入快车道，2011年总资产超百亿元，运营高速公路里程达230多千米，为赣州经济、跨越发展发挥了重要作用。

近年来，在赣州市委、市政府的正确领导下，在市国资委、市交通局的监管支持下，连年在赣州市属企业“三位一体”考核中获评先进。历年来共获得省部级、市厅级荣誉计68项；已投资建成的项目有7个：赣定高速公路、康大高速公路、赣州绕城高速公路、赣州大桥、赣州和谐钟塔、大广高速龙杨段、赣崇高速；正在投资建设的项目有寻全高速；即将开工建设兴国（宁都）至赣县高速公路项目。

赣州绕城高速公路

有限责任公司

深山建通途

隧道流金

党员示范优质服务

全神贯注

2010 年建成的赣州大桥夜景迷人

省界江西南大门秩序井然

南昌市交通运输局

南昌市交通运输系统开展“保稳定、讲团结、优管理，促发展”主题教育活动

局长黄维象在主题教育活动动员会上讲话

在省交通运输厅的正确指导下，南昌市交通运输工作始终秉承为全市经济发展大局服务、为社会主义新农村建设服务、为人民群众安全便捷出行服务的理念，为保障全市经济增长、改善民生、增加就业、维护稳定做出了重要贡献。

交通设施更加完善。加快推进公路、铁路、航道、内河港口、机场等主要交通基础设施建设，基本形成以南昌为中心，公路、铁路、水运、航运为一体，干支衔接、线路相连的交通网络。运输保障更加有力。截至2011年年底，全市道路旅客运输企业299家，客运车辆2195辆计5.96万座；城市客运公交线路164条，公交车辆3095辆，出租汽车4345辆；道路货运企业4643家，营运车辆4.32万辆，总运力16.4万吨；水运企业24家，运输船舶221艘，总运力29万吨。

农村公路发展更加强劲。农村公路总里程达到13000千米，硬化路面约11000千米，提前两年实现了省委、省政府提出的100%行政村通水泥公路的目标。过去五年，新建渡改桥29座共11047延米。建设农村县乡客运站43个，风雨候车亭516个，开通农村客运班线184条，农村客运车辆492辆，乡镇客车通达率100%。

依法行政更加规范。建立行政处罚基准制度，对行政处罚依据和权限进行清理。在执法过程中，严格实行“四分离”“一公开”，即执法与执收分离，稽查与处罚分离，受理与终审分离，权力与监督分离和实行政务公开，形成了相互制约、相互监督、相互促进的工作机制。科技创新更加活跃。规范交通电子政务建设，建立了机关、运管、港航、农路、质监、城市客运网站和全市交通公路网络办公系统，推进道路运输、水上运输信息系统联网，实行资源共享。

行业形象更加向上。始终保持务实清廉、拼搏奉献、昂扬向上的行业风貌，先后被评为全省交通运输工作先进单位、安全生产管理先进单位、党风廉政建设先进单位、纠风工作先进单位。

南昌县三江秀据大桥通车典礼

南昌市运管处成立学雷锋志愿服务队，开展温馨旅程志愿服务活动

江西长运是以公路客运为主业的上市公司，中国服务业企业500强

南昌市交通运输局联合江西交通广播105.4频率在出租汽车行业举办演讲比赛

南昌市港航管理处规范水运市场管理

江西省航道工程局

局长　熊南萍

港航系统最大马力的拖轮

斗轮挖泥船

150 吨打捞起重船（省内最大起重能力的起重船）

6.8 米混合高速艇

江西省航道工程局是江西省港航管理局的直属单位之一，是财政拨款的事业单位，拥有机修所（又名江西省通安工程船厂）和疏浚工程处两个下属单位。其主要职责是承担赣江及鄱阳湖区的航道维护任务，并负责上级交给的海事执法船舶建造和维护、航标和相关器材的生产加工任务。

江西省航道工程局为更好地履行航道维护职能，保障赣江、鄱阳湖水域的航道畅通，该局着力打造一支精干的专业航道维护队伍。在队伍建设上，他们坚持高标准、严要求，强化职工技术、技能培训，不断提高航道维护战线职工队伍业务素质。该局拥有各类专业技术人员 96 人，其中具有中、高级职称的工程技术人员 10 余人，中、高级技术工人 72 人。一支高效的航道维护专业队伍，除了要有高素质的专业技术人才外，还必须要具有性能良好的装备来支撑。为此，在船舶设备管理方面，该局脚踏实地，建立健全设备维修保养责任制，强化机务监督管理，努力抓好船舶维修保养工作，确保设备完好率达到 90% 以上。该局拥有各类挖泥船 6 艘及其他配套的多种辅助船舶 17 艘。并且，为逐步适应赣江施工条件，保持高效的航道维护水平，航道工程局领导班子正在积极调研、创新思路、整合资源，加大现有设备更新改造力度，全面提升航道维护装备水平。

作为一支航道维护专业队伍，该局与时俱进，在人员素质、装备水平、技术等级和服务效率等各方面都取得了长足的发展，逐步形成了一套科学规范的内部管理机制。与此同时，该局以科学发展观理论武装职工头脑，以可持续发展为中心，整治干部作风，创优发展环境，立足长效机制，以全力做好保通航为己任，为建设和谐平安的水上交通而努力，为江西崛起提供优质服务。通过形式多样，生动活泼的宣传教育活动，使职工从思想上得到教育，在行动上体现成效，在个体上提高素质，表现团队精神，树立良好作风，增强公共服务水平。　随着基础设施的完善、投资的不断加入，江西省航道工程局将日益蓬勃发展，以先进的管理、优质的技术、公益性的发展趋势，全面有效地完成保通航任务，为社会服务，创建江西水上事业的美好未来。

绞吸式挖泥船

江西省现代路桥工程总公司

抚吉高速 A 段管理处、设计代表、业主及总监办、代表处到公司承建的 A8 标丁元水库 1 号高架桥检查工作

坪上分离立交桥下部结构施工场面

江西省现代路桥工程总公司成立于 1993 年 2 月，注册资本金 15000 万元，具有公路工程施工总承包一级资质，公路路面、路基、桥梁工程专业承包一级资质，市政公用工程施工总承包二级资质及交通设施工程分项资质，获商务部颁发的中华人民共和国对外承包工程经营资格证书，并顺利通过了 ISO 9000 国际质量体系认证、环境管理体系认证、职业健康安全管理体系认证。

目前，公司总资产达 2.60 亿元，拥有各类大型公路、桥梁工程配套设备和先进的试验检测仪器共 406 台（套）。公司先后在国内外承接了一大批国家重点工程：广深珠高速、深珠高架桥、沪昆高速、昌厦一级公路、九景高速、京福高速、乐温高速、昌金高速、景婺黄（常）高速、广州西外环高速、广东广佛高速、湖南潭衡高速、江西瑞赣高速、石吉高速、景鹰高速、南宁外环高速、德上高速等百余个项目，足迹遍布大江南北、长城内外。承建了也门曼拉一级公路、伊拉克哥美特大桥、科威特加尔汗大桥和戈扎里高速公路等工程。

路基土石方施工

在工程施工中，公司始终按照“安全防范精细到位，质量管理精益求精，环境保护精心呵护，成本控制精打细算”的管理方针，以雄厚的技术力量、先进的机械设备、丰富的施工经验、出色的施工业绩，受到社会各界和业主的广泛好评，在激烈的市场竞争中赢得了地位，并取得了良好社会效益和经济效益，多次获业主嘉奖，连续多年被省政府、省交通厅评为优秀单位，被江西省人民政府评为“江西省‘十五’重点工程建设先进单位”和“设备管理优秀企业”等称号。

“雄关漫道真如铁，而今迈步从头越”，今后公司将继续坚持走科学发展之路，积极参与市场竞争，努力为客户提供优质、高效的服务，真诚与国内外同行及广大朋友建立广泛密切的联系和合作，争创国内一流、国际知名企业，携手共创中国交通事业的美好明天。

坪上分离立交桥 T 梁安装

路基石方填筑

丁元水库 1 号高架桥

路基边坡修整

济发展水平，为九江地区经济的可持续发展提供强有力的保障，对促进江西经济发展起到积极的推动作用。

（罗 平）

【江西煤炭储备中心使用港口岸线申请获部批复】 9月18日，江西煤炭储备中心通用码头工程使用港口岸线申请获交通运输部正式批复。该项目位址为九江港港区内，计划使用长江深水岸线400米，拟建设5000吨级泊位3个，其中5000吨级通用泊位2个、5000吨级散货泊位1个及相应配套设施；年设计通航能力298万吨，其中，散货229万吨、件杂货69万吨。工程投资58225.35万元。

为加快长江九江段沿江岸线开发建设和九江港区发展，九江市港口管理局围绕九江市决战工业6000亿元的奋斗目标，服务沿江工业园，服务沿江港埠企业，服务重点港口建设项目，积极谋划，重点推进，主动与部、省上级部门沟通，跟踪服务。该工程岸线批复，为江西煤炭储备中心九江城东通用码头工程建设提供保障。

（汪兰香）

水路运输船舶

【南昌市船检局船舶AIS安装检验工作进展顺利】 按照交通运输部海事局的部署要求，南昌市船舶检验局于2011年采取多项措施，积极推动辖区100总吨以上出江运输船舶AIS（船舶自动识别系统设备）安装检验工作，截至12月8日，共有225艘出江船舶通过了设备安装检验，取得了阶段性成果。

为了做好此项工作，该局一是通过散发宣传单、召开座谈会等形式，加强与有船单位、船主的沟通，使他们充分认识到安装船舶自动识别系统设备对于保障船舶安全航行的重要性；二是结合现有船舶船检到期营运检验，要求进行营运检验的船舶必须一次性设备安装到位。三是把船舶自动识别系统设备安装纳入船检流程，确保所有新建船舶全部安装到位。

（邱志勇）

【省内首家船舶交易服务机构成立】 根据交通运输部《船舶交易管理规定》精神和省交通运输厅《关于实施（船舶交易管理规定）的意见》要求，江西昌盛船舶服务有限公司经市场调研分析，向省港航管理局提出了设立船舶交易中心的申请。是年9月，经省港航局同意并上报交通运输部备案，其主营业务为船舶交易服务。该公司的成立，填补了江西省船舶管理缺乏专业公共交易平台的空白，对于规范江西省船舶交易秩序和交易行为、维护船舶交易双方的合法权益、实现船舶资产的高效、有序流转，具有重要意义，促进了航运市场的健康发展。

（吴萃萃）

【横渡"8号"正式渡客 赣鄂往来更便捷】 6月3日，满载乘客的"横渡8号"渡船顺利从黄梅抵达九江城区客运码头。"横渡8号"的起航，标志着赣、鄂两省间的水上渡运拉开了新的序幕。该船长28米，宽6米，总吨位107吨，核定载客220人，运营航线为九江城区至黄梅横坝头。"横渡8号"正式投入使用，不仅改善了两岸群众出行难的问题，更为两地经济发展提供了动力支持。

（朱 丹 林小强）

【鹰潭市水路运输船舶及运量】 2011年，全市共有船舶297艘，载客量890客位，净载重量8338吨，船舶功率3962千瓦。水路运输完成客运量43.4万人次，旅客周转量303.8万人千米，货运量380.2万吨，货物周转量3566.6万吨千米，同比分别增长0.5%、0.5%、11.1%和16.4%。

（艾年宗）

【吉安港航分局拆解两艘老旧船舶】 12月13日，吉安海事、船检、港航工作人员到江西丰城造船厂，全程监督"赣吉安货1138"和"赣吉安货7229"的拆解过程。此次船舶拆解，是吉安市在《长江干线船型标准化补贴资金管理办法》出台后的首次拆解作业。在拆解工作中，吉安海事、船检、港航工作人员严格按照《长江干线船型标准化船舶拆改施工现场监督管理办法》的有关要求，对废钢船进港、登记、拆解实施全程监管。拆解前，仔细核对船舶及船舶所有人身份，拍摄拆解前实船照片,在确认无误后,船舶拆解正式开始。在拆解过程中,工作人员加强对拆船作业的检查及对附近水域的监督巡查力度,落实拆船污染物的无害化处理相关措施,确保废钢船实现“绿色拆解”,有效避免在赣江水域的污染。两艘船整体拆解工作于12月19日顺利完成。

(肖宇超)

【宜春最大运砂船在丰城下水】 1月26日,由宜春市船舶检验局负责建造检验的一艘4500参考载重吨的运砂船在丰城顺利下水。该船由九江船舶工程设计所设计、丰城同田新华船舶修造厂负责承建,船舶总长86米,是宜春市吨位最大、配备最先进的内河运砂船。

该船在建造过程中,宜春市船舶检验局非常重视对船舶的质量把关,除了对每个建造阶段进行认真的检验和严格审查外,还多次召集船厂负责人、施工负责人以及主要施工人员等进行专题讨论。该船的顺利下水,一方面是该市水上运输船舶不断做大做强的一个明显的标志;另一方面也有利于提高该市船厂的整体造船水平,从而不断推动地方经济的发展。

(贺晓峰)

【两艘大型化学品液货船相继落户宜春】 5月3日,赣东港化158、赣东港化168两艘化学品液货船相继在宜春市地方海事局办理船舶所有权、国籍登记。两船的船籍港均为宜春港,船舶所有人为江西东港航运有限公司。两船为省内大型的化学品液货船,总长达90米,总吨位2826吨,载重吨位4240吨,型深5.6米,总功率1150千瓦,由九江船厂有限公司承建。从机舱设备到驾驶设备在整个长江流域的化学品液货船中属先进水平,这标志江西省化学品液货船的建造水平和运装水平迈向一个新的台阶。

水路旅客运输

【湖口港航管理所积极应对鞋山庙会客流高峰】

4月25日(农历三月二十三日),是湖口鞋山庙会朝拜之日,香客四面八方乘船涌向湖口鞋山“娘娘庙”。为应对鞋山庙会客流高峰,湖口港航所加强码头现场管理,科学调配运力,加大安全监管,查堵易燃易爆物品上船,严禁超载,做好突发事件应急救援预案,做好出港发班登记签字,有序发班出港,确保了香客、游客、旅客平安乘船。

(柳玉石)

【鹰潭市港航处积极开展2011年春运工作】 为确保春运目标任务落到实处,按照“以人为本、安全第一、生命至上、做一个负责任行业”的要求,根据省、市工作部署,市港航管理处成立鹰潭市水路春运工作领导小组,负责全市的水路春运工作。2011年春运,龙虎山旅游公司投入普通游船20客位28艘,豪华游船12客位25艘、8客位2艘、6客位1艘、4客位2艘总计58艘,水路旅客运输量达2万人。为确保游客安全,市港航管理处制定了春运工作计划和应急预案,快速应对各种突发情况的发生,备足码头结冰时防滑麻袋及备用工具。加强船员上岗前的培训和教育,严格各项规章制度,为南来北往的游客提供舒适的乘船环境。

(李明华)

【铜鼓县大段库区水路客运创新高】 大段库区位于大段镇境内,是20世纪90年代初建成的。库区位于修河源头,地处江西、湖南、湖北三省交界处、有武吉、昌铜高速公路贯通,省道从库区穿越而过,公路交通便捷。库区总面积1.15亿平方米,航道Ⅷ级,全长23千米,水质为国家一级标准,库区内有流河第一峰——天柱峰、灵石庵、九龙瀑布、观音晒鞋、顺告石、岸目一线天、水上一线天、河国山庄等景区。库区内湖叉交错、蜿蜒曲折、形似九龙争斗、故称九龙湖景区。湖内小岛群集、形状各异,又有江西千岛湖美誉。库区四周高山环抱、树木葱茏,奇山怪石、古树参天。更有湖水映秀,红霞倒影,鸟鸣雀跃、兔窜鹿喜,鱼虾嬉戏,鲜花争妍,云蒸霞蔚,颇为壮观,气候宜人,景色好画。是赣西北地区渡假、休闲、会展、旅游的最佳地景之一。随着库区旅游开发步伐加快,库区开通客运潜能预显。县交通运输局按照县委、县政府关于加快库区旅游开发的部署,积极应对,千方百计办好库区旅游交通基础设施建设,为发展库区水路客运添力加劲。2011年,库区有客运船舶14艘,快艇4艘,可同时满足200余名乘客的乘船需要。全年,共计运送旅客和库区群众36000多人次,同比增长30%以上,创库区水路客运以来新高。

(徐国华)

水路货物运输

【宜春市调整产业结构助推水运发展】 该市辖区内有赣江、抚河、袁河、锦河和辽河等内河,水资源丰富,有良好的航运条件。全市港航部门,把水运发展作为第一要务,进行产业调整,使水运注入新的生机和活力。全市拥有营运船舶1162艘,运力749400吨,完成货运量2388万吨,货运周转量326513万吨千米,同比分别增长2%、2%、25.7%和9.5%,促进全市经济社会大发展。①大力发展大吨位运输船舶。该市原运输船舶每艘运力50吨~60吨,许多富裕起来的村民为提高船运效益,采取独资和联户融资的办法,改小船为大船,一艘吨位在千吨以上,多的达5000吨,全市营运船舶总数70%大吨位运输船舶,从事长途运输,长江流域化学品由该市丰樟高船舶承运,每条船年利润达几十万元,多的一二百万元。②大力发展河沙运输。随着国家加大铁路、公路、水利、城市和新农村建设,河沙用量俱增。各地扬河沙多质优的优势,组织、引导广大群众投资购置捞沙机和运输船舶办河沙场,全市河沙运输船舶达700多艘。丰城市同田乡每日200多艘大吨位船舶运河沙到南昌、南京、上海等大城市销售,既支持国家建设,又推动水运发展,实现国家、水运业户双赢。

(吴泽水)

【樟树市水运调结构转方式】 市港航管理部门,牢固树立发展是硬道理理念,把水路运输发展作为第一要务,调整水运产业结构,转变水运产业方式,创优发展环境,拓展水路市场,推进水运科学发展。全年完成水运货运量188万吨,货物周转量18475万吨千米,同比分别增长25.5%和2.2%,为推进全市经济社会发展作出新贡献。一是按照市委、市政府“以港兴市”部署,打造樟树港水运物流中心,把樟树港建设成布局合理、功能完善、管理科学、设备先进、集疏便捷、效益优良的现代化港口。市委书记、市长亲自到省交通运输厅、国家交通运输部要求将樟树港列为国家重点投资建设项目。二是完成港口总体规划。为新余钢铁公司、高安陶瓷工业基地产品的水运服务,樟树港河西集装箱码头距高安陶瓷工业园区只有10千米,距新余钢铁公司60千米,港航处组织人员到新钢、高安工业园组货,逐步将萍乡、宜春、新余市物资通过樟树港价廉的水运,建成三市物资水运集散地,将该港口打造成水运现代化物资中心,促进赣西地区经济社会快速发展。三是鼓励沿河广大群众融资联办航运公司,造大吨位营运船舶到长江跑运输,到赣江、袁河和肖河办河沙厂,大力发展河沙运输。

(杨 波)

【高安市水路运输生产注入活力】 市交通运输部门不断加快水路运输基础设施建设,加快运力结构调整,引导水路运输良性发展,全市水路运输业实现“两个转变”:由长途运输向短途运输转变,由服务型向经营型转变。全市有短途沙石运输船舶240艘,载重10258吨,功率9595.8千瓦,完成货物运输量75.6万吨,货物周转量756万吨千米。①完善基础设施,助推水路运输发展。该市努力完善配套设施,积极提升档次品位,有序推进水运项目建设。2011年,有在建货运码头1个,泊位2个,新建个体沙石吊装码头33个;新建简易堆场1980平方米。②调整运力结构,促进水运发展转型。因高安港水位过低,大吨位船舶不能进港,而随着公路、高速铁路、水利、新农村、城乡等建设的快速推进,河沙需求量剧增,本地资源无法水路长运,该市及时调整水运发展方向,由长途运输向短途运输发展,实现运输方式有效转变。③转变发展观念,鼓励发展采沙业。随着工业的发展,建筑业逐步繁荣,河沙用量俱增,周边县市纷纷到高安采购河沙,该市因势利导,鼓励沿河群众大力发展采沙业,大部分船主由以前的单纯运输转向兼营河沙,现在该市大量河沙已远销南昌、宜春、萍乡等地,带动地方经济的发展,增加业主收入。④提供优质服务,优化水运发展环境。该市交通运输部门特别是港航管理部门坚持以“规范、服务”为主线,进一步规范行业管理,简化市场准入手续,减少工作流程,推行办证、审验、缴费等下乡一条龙服务,努力提升服务水准,为水路运输业发展营造良好环境。

(周世祥)

【丰城市打造赣中水运物流中心】 水路运输的运价是公路运输的1/10,是铁路运输的1/3,具有占地少、运量大、运价低,不污染环境等优势。该市借助赣江高等级航道打造赣中最大煤炭、建材、石油等物资水上物流中心。丰城是一个有130多万人口全省最大的县级市,地处赣抚平原,沪昆铁路、京九铁路、沪昆、昌樟高速公路和赣江航道贯通,距省城南昌60千米,与全国的陶瓷基地高安市毗邻,有两大矿务局和全省最大的火力发电厂,又是全国粮食主产区,有煤海、粮仓、“金丰城”之称,丰城港是全省八大内河港口之一,有丰城、曲江、石上、泉港等码头。近几年来,广东、福建、上海等沿海地区客商纷纷将工厂转移到该市落实,大型工厂达几百家;已形成工业园生产基地、陶瓷生产基地、废旧品回收生产基地,货物运输量剧增。市政府制发《关于加快丰城市交通运输产业发展的通知》,水运物流中心逐渐形成一定的规模。①加大码头建设资金投入。引进广东外商投资2.6亿元建设曲江码头,泊位10个,年货物吞吐量达500万吨;群众筹资兴建河沙码头13个。②加快航道建设。赣江丰城辖区内高等级航道40千米,通航能力由50至60吨提高到1000吨级。③大力发展船舶运力,全市拥有水运运力达60多万吨,年货运量达5000万吨,年水运产值达50亿元。④加快造船业的发展。原有丰城造船厂一家,通过融资新办新华造船厂、友东造船厂,两家造船厂占地面积达9公顷;设备先进,人才雄厚,有一类电焊水平造船工人达890余人,已能年制造6000吨船200艘,造船产值超亿元。

(皮晓荣)

节能减排

【省航道工程局将节能减排工作落到实处】 在2011年节能减排活动中,省航道工程局秉承科学、严谨、公正、客观的工作理念,积极维护国家和集体的利益,大力推进节能先进技术,重点加大用电、用油能耗管理,履行环境保护工作职能,减少污染物排放。该局从实际出发,采取四项有力措施,实现节能减排工作目标,促进活动取得实效。

一是合理用电,节约用电。根据国家明令规定,在机关科室张贴用电须知,规定使用空调夏季温度不低于26℃,冬季温度不高于20℃;在节电过程中,采用高品质节能灯具,替代白炽灯照明,不仅减少了耗电,还提高了照明效果,极大地节约了用电量。二是加装液压油位控制器,积极推广节能新产品,新技术。该局将现有的8艘同类挖泥船进行改造,加装液压油位控制器。三是减少公务用车。限号停车一天,公车除限号停车一天外,双休日原则上不使用公车(因公出差除外),以保证节能和环保,达到节能用油和减少污染物排放的目的。四是淘汰旧、老和高耗能设备。加强船舶设备的维护保养,对“江湾号”等挖泥船主机进行了全面检修,杜绝机械设备带病运行,防止跑、冒、滴、漏造成油耗过大的现象。

(陈贵荣)

【江西首艘“油改气”混合动力船试验取得成功】 江西首艘使用柴油和液化天然气(LNG)为混合动力的“赣抚州货0608”干货船改装完毕,并于6月19日正式投入试营运。

通过3个月的实船试营运,充分证明使用柴油和液化天然气(LNG)为混合燃料在水运船舶上是成功的。虽然这种混合燃料使发动机的最高爆发压力略低于燃用柴油值,但所发出的功率却相当,还能减少发动机运动件之间的磨损,有效延长发动机的使用寿命,船舶的动力性能满足船用推进主机的需要,经济效益显著。船舶的燃料成本与原只能燃烧柴油的发动机相比(按当时市场价)可下降20%以上,排放在大气中的硫化物与氮化物也明显降低,减少了对空气的污染,符合国家提倡的节能环保要求。

液化天然气(LNG)作为一种经济、绿色、安全的新型能源,在江西省混合动力实船试验取得成功,是省港航部门对交通运输部《“十二五”水运节能减排总体推进实施方案》的积极响应,将为全面推进水运节能减排工作,加快建设绿色水运步伐,促进水运的全面、协调、可持续发展起到积极的作用。

（罗淑青　赖招权）

【鹰潭市交通运输局扎实推进节能减排助推发展提升】 为加快节能型交通建设，促进地方产业发展提升腾出更多环境容量空间，市交通运输局积极采取四项措施，力促节能减排助推发展提升。

1. 完善机制，进一步强化监管能力。通过完善节能减排工作责任机制，建立能源统计季报制度，强化各级主管部门和交通运输企业责任，定期开展交通行业能源消费状况评估工作，认真开展好交通运输行业节能减排工作目标考核工作，确保完成省厅下达的全年节能减排目标任务。

2. 优化结构，进一步完善运输格局。加强综合交通运输体系建设，实现各种运输方式之间的零乘换，推进城乡交通一体化进程，严禁高能耗、高排放、高污染、低能效车辆进入运输市场，努力降低空载率和运输工具能耗，提高运输效率。

3. 依靠技术，进一步发展绿色航运。加强节能减排关键科技研发和成果推广应用，大力推进节能技术创新，提高能源利用率，推进内河运输标准化建设，积极组织开展“车、船、路、港”单位低碳交通运输专项行动，实现减少能源消耗与环境污染目标。

4. 创建典型，进一步加强节能减排示范管理工作。充分发挥交通运输行业作为节能减排主体的积极性，大力开展示范项目创建活动，推广示范项目先进经验；创建节约型机关，做好局机关及直属单位的节能监督和能耗统计工作，初步建立公共机构节能长效机制；积极组织好全国节能宣传周活动，宣传好我国交通运输节能减排政策、措施、成果和贡献，做好营运车船驾驶员、港口机械操作员节能减排教育培训工作，促进交通运输行业绿色低碳消费。

（鹰潭交通运输局）

交通附属工业

道路运输附属工业

【全省机动车维修行业概况】 截至2011年年底，江西省机动车维修业共有9872户，比上年增长了4.21%。其中，一类机动车维修271户，二类机动车维修1290户，三类机动车维修5744户，摩托车维修2567户。全省机动车维修从业人员60833人，比上年增长了5.63%，其中技术负责人6245人，质量检验员4049人，其他维修技术人员36810人。全省完成主要工作量3187172辆(台次)，比上年增长1.12%，其中，整车维修42407辆次，总成修理188898台次，二级维护953678辆次，专项修理1975005辆次，维修救援44341辆次。全省汽车综合性能检测站共有66个，其中南昌市4个、景德镇3个、萍乡市3个、九江市9个、新余市2个、鹰潭市1个、赣州市13个、吉安市9个、宜春市7个、抚州市4个、上饶市11个。全省完成检测量合计379228辆次，比上年增长了9.98%，其中，维修竣工检测168376辆次，等级评定检测184903辆次，维修质量监督检测8363辆次，其他检测11222辆次。这些维修和检测不仅保证了全省机动车正常行驶，而且是道路运输安全的有力保障。江西省顺利完成了2010年度机动车维修质量信誉考核工作，共有111户维修企业被评为“质量信誉AAA级企业”；评审认定了第三批“江西快修”企业7户，并对三批共计116户“江西快修”品牌企业进行了授牌。根据《江西省道路运输条例》综检机构实施能力公告制度，省运管局制定出台了《江西省机动车综合性能检测机构管理规定(试行)》(赣运车技字〔2011〕18号)，明确了综检机构应当具备的条件、申报流程和经营行为等事项。

(蔡宣灿)

【省运管局召开全省汽车维修行业诚信企业表彰大会】 汽车维修诚信企业创建活动是国务院清理规范评比达标表彰工作中唯一保留的道路运输行业项目,每两年一次。3月10日,省运管局和省维修协会在南昌召开2010年度全省汽车维修行业诚信企业表彰大会。省消费者协会秘书长辜志明、省运管局副局长王赣军、省维修协会会长蒋祥维出席会议并讲话,会议由省维修协会秘书长吕任华主持。各设区市运管处(局)分管维修工作的负责人、维修科长,汽车维修行业协会负责人、会员维修企业和诚信企业负责人共计100余人参加了会议。会议总结和回顾了上年汽车维修诚信企业创建活动情况,部署了2011年质量服务年活动。并对48户省级汽车维修诚信企业进行了表彰并授牌,江西国力汽车服务有限公司和江西运通汽车技术服务有限公司代表作经验发言;江西省还从活动中获得优胜的诚信企业中推荐25户到中国维修协会予以表彰。

(蔡宣灿)

【省运管局开展机动车维修服务质量达标示范创建】 为强化行业服务意识,省运管局组织行业有关专家制定了省地方标准《机动车维修服务质量规范》(DB36/T 594—2010)。2011年省运管局结合标准的颁布实施,印发了《江西省机动车维修服务质量规范达标示范创建工作方案》(赣运车技字〔2011〕12号),在全省范围内开展全省维修服务质量规范达标示范创建工作,通过动员培训、创建实施、申报评审、公示发布等4个阶段,全省认定江西东维汽车销售有限公司、江西翔迪汽车服务有限公司等12户达标示范企业。达标创建工作是道路运输业"十二五"发展规划的重点工作,江西省无论在行业标准的制定上,还是开展创建工作的部署落实上,均走在全国的前列。

(蔡宣灿)

【省运管局开展全省"双优"汽车维修企业评选活动】 8月16日至9月30日,省运管局与大江网站联合开展了"优质修车树品牌 优良服务创效益——江西省首届十大'双优'汽车维修企业(品牌)"评选活动,参选企业为质量信誉连续5年均获得AAA者。评选活动由大江网专项设立"公众推荐指数测评(公众满意度)",通过网络投票、短信投票、声讯投票等方式在全省范围内进行广泛公开测评。评选活动一经推出,受到了省内乃至全国众多网友的关注,网页点击量达到21万次之多。活动共评出江西东维汽车销售有限公司、江西省汽车销售技术服务总公司等10户"双优"汽车维修企业。江西省首届十大"双优"汽车维修企业名单:江西东维汽车销售有限公司、江西省汽车销售技术服务总公司、江西省翔笛汽车服务有限公司、江西广跃汽车销售维修服务有限公司、江西运通汽车技术服务有限公司、南昌洪都汽车修理厂、南昌富源丰田汽车销售服务有限公司、南昌同驰丰田汽车销售服务有限公司、南昌市新世纪汽车修理有限公司、南昌市洪大进口汽车维修服务有限公司。

(蔡宣灿)

2011年江西省汽车综合性能检测站一览

表14

地 区	汽车综合性能检测站							
	数量合计	完成检测量合计	维修竣工检测	等级评定检测	维修质量监督检测	其他检测	排放检测	质量仲裁检测
	(个)	(辆次)	(辆次)	(辆次)	(辆次)	(辆次)	(辆次)	(辆次)
全省合计	66	379228	168376	184903	8363	11222	7946	523
南昌市	4	34828	6825	27938	52	13	0	13
景德镇市	3	37198	29414	7784	0	0	0	0

续表 14

地区	汽车综合性能检测站							
	数量合计	完成检测量合计	维修竣工检测	等级评定检测	维修质量监督检测	其他检测	排放检测	质量仲裁检测
	（个）	（辆次）	（辆次）	（辆次）	（辆次）	（辆次）	（辆次）	（辆次）
萍乡市	3	8731	0	8731	0	403	0	0
九江市	9	52524	24091	25629	75	2729	2180	0
新余市	2	12765	6765	5715	0	285	0	0
鹰潭市	1	7403	2618	4785	0	0	0	0
赣州市	13	70265	34807	26200	4771	4487	4019	468
吉安市	9	47450	30051	14961	1328	1110	0	0
宜春市	7	33629	4310	27962	951	406	0	0
抚州市	4	21740	0	15620	0	0	0	0
上饶市	11	52695	29495	19578	1186	1789	1747	42

2011 年江西省机动车维修业一览

表 15

地区	机动车维修业户					完成主要工作量					
	合计	一类汽车维修	二类汽车维修	三类汽车维修	摩托车维修	合计	整车修理	总成修理	二级维护	专项修理	维修救援
	（户）	（户）	（户）	（户）	（户）	辆（台）次	（辆次）	（台次）	（辆次）	（辆次）	（辆次）
全省合计	9872	271	1290	5744	2567	3187172	42407	188898	953678	1975005	44341
南昌市	636	69	216	337	14	176568	5951	41968	100426	27674	549
景德镇市	280	23	72	174	11	17248	707	6944	14495	4168	0
萍乡市	689	35	47	567	40	327718	1792	22360	29552	274172	3430
九江市	783	15	186	373	209	201939	2519	4954	75392	116368	2706
新余市	317	17	64	205	31	138906	5505	12884	68508	48183	3359
鹰潭市	147	6	52	59	30	111392	1670	12259	28430	68745	288
赣州市	2226	19	152	1308	747	970783	2696	10844	219394	718076	19773
吉安市	1663	20	136	983	524	481285	3309	19488	128316	324143	6029
宜春市	1723	41	138	930	614	130745	7810	7012	89645	23497	2781
抚州市	606	8	75	312	211	230050	5553	10886	122014	94135	2372
上饶市	802	18	152	496	136	400538	4895	39299	77506	275844	3054

【江西交通印刷厂经营演变】 江西省交通印刷厂成立于 1960 年，原系省交通厅厅机关直属事业单位。1994 年，根据省交通厅有关文件精神，对印刷厂管理体制进行改革，人员分流，职工一分为三，分别由省稽征局、省公路局、省高管局接纳安置。留厂人员、财产物资、债权债务一并移交给省稽征局管理。随后稽征局解散，印刷厂编入省运管局，为省运管局正科级事业单位，实行独立核

算,自负盈亏,企业化管理,属自收自支性质。

交通印刷厂主要印刷财政票据,兼彩色图片、书刊杂志、机密文件等,是江西省财政厅定点印刷单位,同时,还是江西省省级、市级公务印刷定点单位、江西省书刊出版定点印刷单位。并承印各单位印刷品。

印刷厂现有厂长、书记各1名,内设综合管理部、业务生产部、电脑制作部、生产一部、生产二部五个部门。全厂共有职工44名,其中在岗正式职工8名、在岗聘用职工24名、退休职工12名。

2007年由于一些客观条件限制,该厂失去税务定点印制单位资格;2008年受国家"费改税"政策的影响,导致养路票印刷被取消;2009年金融危机的冲击,印刷厂的发展遭遇前所未有的困难,为此,及时转变了经营思路,在进一步加强以财政票据为主,固定刊物及发展长期稳定的业务客户为重点的基础上狠抓零件业务,并着重在产品的快捷、优质、特色、精细上下工夫。

2011年,该厂长期客户已达50余户。该厂从企业的发展战略角度出发,加大设备投入,自筹资金完成设备技术改造投资项目。投资100多万元,各项设备技改均达到使用技术要求,并组织专业技术人员研究、消化、吸收、创新,为我所有,为我所用,提高了印刷厂发展的后劲。

规范的企业制度是企业长期稳定发展的保证。这几年,该厂狠抓制度建设,改革企业领导体制,建立和实行科学规范的企业治理。加强企业财务制度建设,健全企业财务会计制度,严肃财务纪律,加强财务会计人员的职业道德教育。伴随着企业的发展,该厂相继修订出台了一系列管理规定,如:"产品质量奖惩措施""产品生产工作程序""计件工资工价""业务员绩效考核规定"等,细化了各生产环节规章制度。在保持企业稳定发展的基础上,针对该厂正式职工少,临时用工多的特点,大力推行内部人事、劳动、分配三项制度改革,调动广大员工的积极性、主动性和创造性,促进企业经营机制转变和整体素质提高,使企业走上了持续、稳定发展的轨道。

(江西交通印刷厂)

【萍乡市机动车维修行业发展势头迅猛】 2011年,萍乡市机动车维修行业的发展有较大提升,全市已发展到12家4S店、14家特约维修站,4S店数量仅次于南昌,在全省位居第二。

(陈孝法)

【九江市整治机动车维修市场】 2011年,九江市清理机动车维修市场,先后在瑞昌市、共青城市、九江县、湖口、彭泽、武宁、星子、德安、都昌以及九江市检查维修业户达359户,共查获未经许可非法从事机动车维修经营业户达142户,出动执法人员500余人次,突击检查该市机动车维修市场,共检查维修经营的业户达359户,其中未经许可非法从事机动车经营的业户达142户,限期整改52户,停止营业13户,取消维修许可2户,超范围经营2户,超类别维修1户,降低类别2户,补办证件1户,超范围经营维修企业3户,并将对违法违规经营维修店(点)、维修企业作出停业办证、扣证整改等处理。

(叶　勇)

【新余市四户汽车维修企业获全省第一批"诚信企业"称号】 2011年,新余市军安运输产业有限公司汽修厂、新余市江铃汽车销售服务有限公司、新余长运有限公司汽车修理厂、新余市继文汽车修理有限公司四家维修企业获省汽车维修行业协会授予"诚信企业"称号。此项荣誉产生于全省范围内开展的争创汽车维修行业诚信企业的评比活动,1400余户具备2009年度AAA级资质的一、二类汽车维修企业参与了评比。全省共评比出48户企业为全省第一批"诚信企业"。评比活动的开展,旨在为汽车维修服务行业树立"诚信经营、优质服务、规范修车、合理收费"的典范。获得此项荣誉的企业将在政府采购部门、相关银行、保险公司和主机厂的技术支持等方面获得优先考虑和支持。

(周小玲)

【赣州市三户汽车维修企业获全国诚信企业称号】 在全国开展的创建汽车维修行业诚信企业的活动中,赣州市汽车维修行业积极响应参与。4月初,经中国汽车维修行业协会评审并作出决定,赣州市有三户汽车维修企业获得了"2009~2010年度全国汽车维修行业诚信企业"的称号。这三户汽车维修企业分别是:江西新世纪汽运集团有限公司汽车服务公司、赣州江铃汽车销售服务有限公司、赣州现代交通汽车修理厂。

（李发淳）

【会昌县平安车辆检测有限公司获得省运管局委托】 会昌县平安车辆检测有限公司2011年取得江西省质监局的计量认证证书，获得省运管局对营运车辆检测委托，准予从事营运车辆综合性能等级评定、整车修理、总成修理、二级维护竣工检验及其他委托检测活动。从此之后会昌县籍所有从事营业性道路运输的车辆可就近检测，将极大地方便当地人进行车辆的办证检测、春运检测和季检工作，提高行政许可办事效率。

（赣州市交通运输局）

【宜春市车辆技术管理进步明显】 为提高维修市场管理水平，该市加强运管和汽修厂视频监控管理系统建设，建立二级维护提醒制度，开展二级维护竞赛，强化营运车辆的二级维护管理；建立维修行业例会制度，组织业户定期学习部门文件及行业法律法规；开展“3·15汽车维修质量服务月”活动和维修行业专家知识讲座，并积极推进服务质量规范达标示范汽修企业创建，增强汽车维修企业服务意识，提高汽车维修质量和服务水平。行业管理部门着力“两个节能”，倡导节能减排。一是技术节能。建立健全营运车辆燃料消耗量限值标准实施工作目标责任制，加强道路运输车辆燃料消耗量检测工作，严防高油耗车辆进入道路运输市场；推广汽车模拟器和天然气燃料教练车的使用，大力开展绿色培训。二是技能节能。组织开展第二届全市交通运输行业机动车驾驶员节能驾驶竞赛，并精心准备，积极参与全省、全国交通运输行业机动车驾驶员节能驾驶竞赛，有力推动全市道路运输行业驾驶员学业务、练技能的热潮。市2户维修企业获全国汽车维修行业诚信企业，5户企业获全省首批汽车维修行业诚信企业。

（李　明）

【宜春市两家汽车维修企业获全国诚信企业称号】 宜春汽车维修总厂、义友汽车服务有限公司两家汽车维修企业获得全国汽车维修行业诚信企业称号。该市有一、二类汽车维修企业178户，其中一类企业39户，二类企业139户。为进一步推动全市汽车维修企业诚信体系建设，提升汽车维修行业诚信度和美誉度，开展机动车维修企业质量信誉考核工作，不断增强维修企业的法律意识、质量意识和服务意识，促进全市机动车维修行业健康和谐发展，维护人民群众生命财产安全。继续开展汽车维修质量服务年活动，并引导机动车维修企业积极参加省汽车维修行业协会组织的“诚信与质量，消费与服务”活动，通过提高企业经营的诚信和汽车用户认知度及放心度，最终提高汽车用户满意度和忠诚度。

（杨立顺　彭旭东）

【袁州区汽车维修业的发展】 随着工业快速发展和人民生活水平的提高，对汽车的需求迅猛增加，汽车维修企业发展到263户，其中一类企业有21户，包括有12户4S店，二类企业有37户，三类企业205户，较好地适应和满足营运车辆和社会车辆的维修需求。区交通运输局加强对维修企业进行质量信誉考核，全年组织企业维修人员进行从业资格培训363名，进一步促进汽车维修从业人员素质的提高，为汽车维修企业健康有序发展发挥较好作用。

（李　庆）

【万载县汽车维修管理上新台阶】 随着道路运输业的发展，与之相关的机动车的维修业也越来越兴旺起来。2011年万载新增三类维修企业4户，汽车维修业户已发展到422户，其中一类企业4户（含2户快修企业，1户维修救援企业），二类企业9户，三类企业133户，摩托车维修业户276户。机动车维修行业从业人数达到2986人，其中企业管理人员414人，技术管理人员25人，技术人员802人，其他17387人。县运管所把搞好相关服务行业的管理、促使提高其服务质量作为关注民生的一项重要职责来抓。组织人员按照维修开业标准开展维修业户的资质清理整顿工作，取缔不符合条件的维修点1个，优化组合维修业户3户。同时，加强二类维护点的建设和监管，严防只收费不维护、签发虚假合格证和维修作业不规范现象发生，对1户存有安全隐患、管理落后的维修企业实施停业整顿。经过努力，全县维修行业整体服务水平大有提高，彰显出文明、诚信、高效、优质的维修新形象。

（王薪霏）

水路附属工业

【江西造船公司建造水上公安联合执法趸船】 2011年3月,新建县公安局委托江西造船有限责任公司建造一艘水上公安联合执法趸船,并于2011年3月22日正式签订建造合同。该船为停泊于赣江B级航区的大型趸船,设计船长50米、宽13米,型深2米,吃水1米,主船体外钢板采用8毫米厚预处理板。甲板上共3层,安装功率40千瓦备用发电机1台。总造价565万元。

江西造船公司组织技术人员按照合同要求做好设计等前期工作,经船检部门审查认可后,立即安排建造工作,2011年年底,该船完成船体建造,进入船面以上舾装工程。

(周国祥)

【江西造船公司建造的2艘船完工下水】 2011年,江西造船有限责任公司克服企业改制等困难,创造条件组织生产,完成2艘船的建造任务,实现下水试航,交付使用。其中有:为中国石化江西九江分公司建造的钢制趸船,长70米、型宽12米、型深2.50米,系江西省最大的成品油接驳趸船。为东华理工大学建造的内河教学科研船,长24.85米,型深1.60米,型宽5.00米,吃水0.9米,适航B级航区,最高航速22千米/小时,是该公司建造的第一艘内河教学科研船。

(周国祥)

【南昌市做好长江干线老旧船舶拆解】 市港航处在推行长江干线船型标准化工作中,精心组织、妥善安排,统筹协调落实非标准船舶的拆解。该处成立推进长江干线船型标准化工作领导小组,加强对老旧船舶拆解工作的领导,组织人员多次上门宣讲及动员,鼓励广大船东积极参与。业务科室做好对全市范围内的老旧船舶的初步摸底和估算,会同地方交通运输局加强与地方财政的协调,确保进入拆解计划的船舶拆解补贴资金顺利落实到位。对于列入计划拆解的老旧船舶,及时通知并指导船主按照拆解补贴流程行走。3月25日,江西省首批老旧船拆卸仪式在江西造船公司举行。2011年度,全市完成拆解普通货船4艘,集装箱船2艘,危险品船1艘,共计7艘,船舶总吨2694吨。

(刘 洁)

【九江都昌造船厂建造挖掘机功率2765千瓦的工程采砂船】 3月28日,由九江市船舶检验局检验、九江都昌造船总厂有限公司承建的江西省最大工程采砂船在都昌正式开工建造。该船总长108.4米,总吨位3243吨,主机推进功率1200千瓦,辅机总功率2765千瓦,发电机功率1530千瓦。由于该船吨位大、功率大,结构较复杂,九江市船舶检验局积极履行职责,按照审批图纸,结合检验规范,严格执行船舶开工检验流程,在建造现场对船台、建造工艺提出严格要求,严把船舶建造质量关。

(李 育)

【庐山西海2艘30米水泥趸船顺利下水】 6月24日,由鄱阳县江海船舶修造厂承建的2艘30米水泥趸船顺利下水。该船在建造过程中,鄱阳县江海船舶修造厂从施工场地的遴选、混凝土船台的硬化建造、趸船所有构件的预制、拼装以及上层建筑的施工建造等各个阶段,坚持以标准化为重点、以工艺控制为原则、以工序管理为手段、以落实责任为保障;科学组织、周密部署,严抓建造质量的同时确保各分项工程顺利进行并按期完工。2艘30米趸船的交付,为基层单位解决船舶停靠、现场签证办公、值班用船需要的同时,也为庐山西海增添一道亮丽的风景线。

(傅知拾)

【江海船舶修造厂建造2000吨级散装水泥罐装船下水】 4月28日上午,由鄱阳县江海船舶修造厂为上饶市龙翔航运有限公司建造的2000吨级散装水泥罐装船顺利下水。该船总长62.6米,型宽12.6米,型深3.8米,总吨位988吨,总功率404千瓦。罐体总长22米,罐体内径6.6米,筒体壁厚13毫米,封头壁厚18毫米。整船由江海船舶修造厂自行设计建造。

(傅知拾 鲍有明 何 敏)

【首批老旧船拆卸仪式在江西造船公司举行】 3

月25日，首批老旧船拆卸仪式在江西造船公司举行。省港航局有关领导、南昌市港航管理处、江西造船公司主要负责人、船主等出席拆卸仪式，并召开座谈会。省港航局遵照交通运输部《关于推进长江干线船型标准化工作的实施方案》和《长江干线船型标准化船舶拆改施工现场监督管理办法》，要求各管理部门、施工单位认真对待老旧船舶的拆卸工作。在拆解前，核对船舶证书所载信息与船舶现场丈量的数据相符，严格核实船舶所有人的真实性，坚决避免船证不符、产权不清的船舶进入拆解程序。南昌市港航管理处作为监管单位，表示一定严把拆解监督关，严格对照船舶拆改补贴范围和标准，一切按规章制度办。并要求施工单位在老旧船舶的拆卸工作中，务必做好安全防范工作，制定详细的工作流程和安全预案，防止在拆解过程中对环境造成污染。

（裴文奇　罗淑青）

【吉安3000吨位内河船舶下水】 5月8日，吉安赣海船舶修造有限公司承建的吉安辖区最大吨位内河货船顺利下水。该船舶总长74.8米、型宽14.8米、型深4.98米，设计吃水4.2米，主机功率800千瓦，载重量3200吨。属南昌鄱阳湖航运有限公司所有。该船下水，刷新吉安内河造船记录。

（马治国）

【樟树市船舶制造工业整体下滑】 该市有船舶制造厂4个，全年建造营运船舶10艘，运力7000吨，船型单一，以河道采砂船舶为主，油品船、化工船业务量为零，全年造船量不足历史最好时期的10%。造成全市造船舶工业下滑。原因是多方面的：一是国家对内河运输船舶开始实施标准化船型，按新标准图纸造船舶成本增加30%以上。二是内河采砂资源减少。经过多年掠夺式的内河采砂。河道资源急剧减少。三是成品油由水运改为管道运输。四是赣江常年80%以上时间为是枯水期，造成大宗货物弃水走陆运输。五是非法造船泛滥。造船工业由交通运输部门移交国防办管理之后，致使专业造船厂造船业务大量下降，无厂房、无设备、无技术人员、无审批，一部电焊机和一部切割机，擅自造船人员在赣江、袁河两岸、河滩上非法造船到处可见，对水运安全带来很大隐患。

（杨　波）

【丰城市造船业资源重组】 丰城有着得天独特的水上运输条件，因而也带动造船业的发展；然而这几年随着世界金融危机，使得丰城的造船产业停滞不前，造船业的生存就面临很大的困难。丰城市市政府为规范造船秩序，经资源重整、优化组合，使得同田造船业有所发展，新华造船厂已迁建到原同田造纸厂内，并在上峰又发展一个分厂；友东造船厂迁建到龙雾洲依沙庙前，两家造船厂面积达9公顷。2011年，两家造船厂设备配套齐全，拥有二氧化碳电焊机8台，普通电焊机350台，车床、铣床、钻床、刨床等各种机床14台；精工车间1个，建造90米的水泥船台4个，剪折机床2台，下水气囊60个，铲车一台，20吨起重吊机一台，供电设施、室内放样间等造船设施总投入超千万元；聘请中级工程师6人、助理工程师12人，共有一类电焊水平的电焊工300人，员工队伍达890人。两厂造船设备实力雄厚，人才济济，船舶设计技术水平较高，现在已能造6000吨级大铁船，年造船能力200艘，产值超亿元，成为赣江两岸远近闻名的造船企业。

（皮小荣）

【高安老旧船舶拆解顺利完成】 为贯彻落实《推进长江干线船型标准化实施方案》，加快老旧船舶拆解，促进长江干线船型标准化目标的实现。市港航管理所积极动员长江干线老旧船舶业主，在享受国家补贴的同时按时配合船舶拆解工作的顺利进行，全年拆除老旧船舶5艘，总吨727吨。

（张　淼）

公路附属工业

【赣江交通设施厂中标永武高速公路安全设施工程施工】 5月，由物资储运总站赣江交通设施厂中标的永修至武宁高速公路JT4合同段交通安全设施工程正式施工。该工程内容有：编织网隔离栅、波形梁钢护栏、防眩板、轮廓标等项目，金额865万元，路线全长27千米。

（蔡晓萍）

【萍乡市公路局J4000沥青搅拌站启动】 10月

14 日,萍乡市公路管理局 J4000 型沥青搅拌站启动仪式在该局白源养护中心举行。J4000 型沥青搅拌站是由中交西安筑路机械有限公司制造,是引进德国成熟技术后,根据中国市场需求,研制生产的具有当代国际先进水平的产品,配有先进的自动控制及监控系统,具有高效、节能、环保的特点:生产能力 320 吨/小时,年生产能力 60 万吨沥青混合料。为适应"十二五"公路建设的工程需要,同时为做大做强施工企业,萍乡市公路管理局投资 900 余万元,购置该搅拌站。该搅拌站建成后,填补了萍乡市无大型沥青搅拌站的空白,保证该市公路工程沥青路面建设的需要,更能覆盖萍乡周边 100 千米范围的沥青路面施工市场,适应于含高速公路等各等级公路的要求,提升了该市公路施工企业的市场竞争力。

(陈孝法)

【通达公司 4000 型沥青拌和站彩色沥青一次性成功投产】 4 月 11 日上午 11 时,宜春市公路局通达路桥建设有限公司 4000 型沥青拌和站彩色沥青一次性成功投产,标志着 4000 型沥青拌和站生产水平又上了一个新台阶。

从三月底开始,通达公司员工们始终坚持"质量第一、安全为主"的方针,经过 10 多天的管道改造,终于提前为彩色沥青的生产做好了准备工作。

鉴于彩色沥青的特殊性质,公司在拌和站生产前组织召开生产调度会议,主要介绍新工艺、新材料的应用及需要注意的一些特殊问题,并重点强调生产前必须对生产工艺流程进行认真清洗,以保证产品的纯度;申明彩色沥青对骨材料和沥青的严格的温度要求,彩色剂投放时间标准,搅拌工艺在时间上的特殊要求等,为彩色沥青的成功投产打下基础。 (蔡晓萍)

高速公路收费站

科技　教育　卫生

科　　技

【概况】 2011 年,江西交通运输科技工作以科学发展观为指导,以发展现代交通运输业为导向,以实施科技强交战略为主线,以创新能力提升、重大项目研发、科技成果推广、标准化建设、现代信息技术应用为重点,着力解决制约交通运输科学发展的关键技术和难题,发挥了科技创新在促进行业发展中的支撑和引领作用。

2011 年,共确定交通运输科技计划项目 64 项(详见表 16),6 个科技项目被列入省部级科技计划,完成交通运输科研成果 38 项(详见表 17),获得省部级科技进步奖 7 项,取得了 11 项知识产权证。

一年来,开展了一系列技术交流活动,创新了科技管理手段,行业技术创新能力建设取得了明显成效。与此同时,培养了一批高层次技术人才,实现了科研成果的标准化,为全省交通运输事业的又好又快发展提供了强有力的支撑和发挥了引领作用。

一、强化手段创新,提升科技项目管理水平

交通科技管理实施新举措。一方面,完善了科技项目管理系统,继续实行科技项目网上申报、网上评审机制。继续开展重点工程科技项目随时申报、随时受理、及时立项评审。另一方面,创新了科技项目立项顶层设计,启动了“十二五”时期首批 6 个重大科技项目招标工作,首次采取公开招标、邀请招标方式,确定了 4 个承担单位,创新了全省交通科技课题立项评审方式。

加强了重点工程技术攻关。根据重点工程科

技项目要按照“交通运输基础设施建设共性技术研究、重点工程建设中的关键技术研究、交通科技成果的推广应用各占三分之一”的原则要求,依据“随时申报、随时受理、及时立项评审”机制,对昌铜、吉莲、上武、德昌、德上、井睦、隘瑞、赣崇8个高速公路建设工程的30个科技项目进行了立项评审,确定了27个科技项目计划,其中,通过公开招投标方式确定了7个科技计划项目。截止2011年底,全省交通运输系统在研科技计划项目236项。

拓展了科技合作交流的深度和广度。组织技术人员参加部科技大讲堂3期,举办各类技术讲座9场,组织参加对外科技交流6次,拓展了交通科技人员的视野。

二、彰显奖励效应,提高科技成果水平

2011年,全省交通运输系统共鉴定并登记各类科技成果38项,其中,连续梁移动模架分块、逐孔施工技术,路基回弹模量快速检测技术等科技成果达到国际先进水平。

2011年,一批科技成果获得了省部级科技进步奖励。省交通科学研究院完成的“江西省高速公路沥青路面修筑关键技术和系统集成”、赣粤高速公路股份有限公司完成的“桥梁结构全过程状态监测及安全评估关键技术”、武吉高速公路建设项目办公室、同济大学、江西交通咨询公司共同完成的“隧道围岩稳定性评价及预警体系研究”、赣州赣康高速公路有限责任公司完成的“赣州市赣江公路大桥悬索桥锚碇基础关键技术”等4项科技成果获得省科技进步奖,赣粤高速公路股份有限公司完成的“沥青路面乳化沥青厂拌冷再生成套技术研究与实践”、江西省高速公路投资集团有限责任公司完成的“九江长江公路大桥双壁整体式钢吊箱设计与施工关键技术研究”、上饶市交通运输局、江西省交通科学研究院完成的“基于裂缝分析的国省道中小跨径桥梁选型参数研究”等3项科技成果获中国公路学会科技进步奖。2011年所获奖励在数量与级别上较往年有明显进步。

三、加强知识产权登记,强化科技成果产权保护

2011年,全省交通运输系统共获得7项发明专利和4项实用新型专利,分别是:江西赣粤高速公路股份有限公司申报的《高速公路收费站计量衡器动态计量检定方法》《冷再生乳化沥青混合料及其用于路面改建的方法》等7个技术项目获得了年度国家发明专利授权证书,省交通科学研究院申报的《一种玄武岩纤维复合筋网与锚间加固条联合的边坡稳定装置》等4个技术项目获得了年度国家实用新型专利证书。此外,还申请了专利6项,出版专著3部。

四、加大科技投入,保障科研基地及重点科技工程建设

2011年,省交通运输厅积极支持省级重点实验室和工程技术中心建设。省交通科学研究院位于南昌小蓝经济开发区的试验检测基地,已完成了主体工程建设;继续加大了对在建的“江西省桥梁(监)测及加固重点实验室”和“江西省高速公路养护工程技术研究中心”的支持力度,共安排科研经费63万元,确保了工程建设需要。

全面启动了全省交通科技信息资源共享平台建设。根据交通运输部决定启动交通科技信息资源共享平台推广工作要求,省交通运输厅信息中心、交通运输部科学研究院编制完成了《江西交通科技信息资源共享平台建设方案》,该方案经批复后,平台已正式建设。江西省交通科技信息资源共享平台建成后,涵盖了科技项目管理、科技成果登记、科技人力资源等科技管理业务的信息化,实现了政府科技信息公开与科技业务在线办理,对开展科技成果推广、咨询交流等公共服务和全省交通科技创新与发展,以及服务型政府的建设提供了有力支撑。

五、突出科技生产力作用,推广转化一批成熟科技成果

2011年,全省交通运输系统进一步突出科技生产力作用。通过建设科技示范工程和引导推广等方式,有效地推广了一批成熟的科技成果。

一是庐山西海高速公路成为交通运输部安全绿色交通科技示范工程,实现了零的突破。庐山西海高速公路成为交通运输部“十二五”时期首条科技示范工程路,实现了江西省交通运输科技示范工程的重大突破。此项工程重点围绕水环境安全保障技术、交通安全保障技术和资源节约型、环境友好型公路建设技术等开展创新,并推广应用51项科技成果,探索了一条适合全省科技成果推广应用的新路子。

二是强化科技成果的管理与推广,取得了重

要进步。根据《江西省交通运输厅新技术推广应用管理暂行办法》规定，经专家认定，确定了全省首批新技术推广项目9项，通过引导推广、示范推广及强制推广等方式在全省进行推广应用。

六、强化行业标准编制和应用，提升行业技术水平

2011年，全省交通运输系统行业标准化建设工作得到有力推进。

一是成立了省交通运输标准化技术委员会（下称标委会）。根据省质监局《关于成立江西省交通运输标准化技术委员会的批复》（赣质监标〔2011〕23号）要求，依托省交通科学研究院成立了标委会，标委会由21名成员组成，基本涵盖公路、水路、交通工程、信息化等交通运输行业相关领域。

二是完成了一批省地方标准编制工作。2011年，已有5项省地方标准顺利通过审定或发布，分别是：《汽车客运站服务规范》《高速公路沥青路面铣刨式路肩震鸣带设计与施工技术规范》《高速公路沥青路面集料水洗施工技术规范》《江西省高速公路联网收费技术要求》《公路填砂路基施工技术规范》等；并举办了省地方标准宣贯会1次，规范了全省高速公路沥青路面设计、施工技术标准。

三是启动了一批省地方标准的编制工作。依托科技项目，启动了《江西省高速公路收费所站管理用房建设》《江西省高速公路服务区建设设计》《江西省高速公路施工质量控制技术要求》《废轮胎橡胶沥青混合料设计施工技术规范》等4项省地方标准编制工作和《江西省乡镇农村公路综合服务站建设规划指南》《江西省高速公路景观化人工湿地污水处理建设指南》等2项行业标准编制工作，进一步为全省交通运输生产、建设和管理的规范化提供了技术支撑。

（朱国英）

2011年全省交通运输行业科技计划项目一览

表16

序号	项目编号	项目名称	承担单位
1	2011C0001	高速公路建设项目实时管控系统研究与开发	江西赣粤高速公路股份有限公司、南昌至铜鼓高速公路建设项目办公室、北京特希达科技有限公司
2	2011C0002	高速公路桥高墩结构型式分析研究	江西赣粤高速公路股份有限公司、南昌至铜鼓高速公路建设项目办公室、华东交通大学生土木建筑学院
3	2011C0003	一体化恒化位连续进出水周期循环式污水处理中水回用成套技术装置在高速公路服务区的应用研究	江西赣粤高速公路股份有限公司、南昌至铜鼓高速公路建设项目办公室、北京瑞和信诚科技有限公司
4	2011C0004	公路梁桥车桥耦合振动试验对比研究	江西赣粤高速公路股份有限公司、南昌至铜鼓高速公路建设项目办公室、华东交通大学土木建筑学院
5	2011C0005	危险化学品泄漏事故的桥面径流处置及监控系统研究	江西赣粤高速公路股份有限公司、南昌至铜鼓高速公路建设项目办公室、交通运输部科学研究院
6	2011C0006	重载条件下伸缩缝修筑技术研究	江西赣粤高速公路股份有限公司、南昌至铜鼓高速公路建设项目办公室、东南大学土木工程学院
7	20011C0007	高速公路路基强振碾压工法研究	省高速公路投资集团公司、吉莲高速公路项目建设办、长安大学、陕西中大机械集团
8	2011C0008	沥青路面集料准入制度在吉莲高速公路中的应用管理研究	省高速公路投资集团公司、吉莲高速公路项目建设办、江苏省交通科学研究院股份有限公司
9	2011C0009	江西省高速公路水泥混凝土桥桥面铺装防水粘结体系关键技术研究	省高速公路投资集团公司、吉莲高速公路项目建设办、交通运输部科学研究院

续表 16

序号	项目编号	项目名称	承担单位
10	2011C0010	同步加纤碎石封层技术在高速公路中的应用研究	省高速公路投资集团公司、吉莲高速公路项目建设办、交通运输部科学研究院
11	2011C0011	装备式混凝土空心板梁铰缝施工技术及质量控制方法	省高速公路投资集团公司、吉莲高速公路项目建设办、东南大学
12	2011C0012	基于2.4G无线网络的高速公路隧道照明节能控制系统研究与应用	省高速公路投资集团公司、吉莲高速公路项目建设办、江西方兴科技有限公司
13	2011C0013	标准化高速公路工程招标工作研究	省高速公路投资集团公司、吉莲高速公路项目建设办
14	2011C0014	工程项目招标投标存在的突出问题与防控对策研究	省高速公路投资集团公司、吉莲高速公路项目建设办
15	2011C0015	湖沥青在上武高速公路路面工程中的应用研究及示范	上饶市交通工程质量监督站、上饶至武夷山高速公路管理处、同济大学交通运输工程学院
16	2011C0016	南方地区公路桥梁蓄盐类沥青铺装层化雪除冰机理及关键技术应用研究	江西公路开发总公司、德兴至南昌高速公路项目建设办公室、东南大学
17	2011H0017	常温速强沥青面层材料的研究	江西省公路管理局物资储运总站、江西省天驰高速科技发展有限公司、江西交通职业技术学院
18	2011H0018	高速公路既有桥梁在火灾、爆炸或撞击下力学性能及抢修、加固技术研究	江西省交通科学研究院、昌樟高速公路管理处
19	2011H0019	基于综合无损检测方法的隧道健康诊断体系研究	江西省天驰高速科技发展有限公司、华东交通大学
20	2011H0020	水泥为结合料的沥青路面冷再生技术研究	江西省天驰高速科技发展有限公司
21	2011H0021	隧道洞口段超前地质探测与施工对策的智能匹配系统研究	江西省交通设计院
22	2012H0022	生物沥青混合料路用性能研究	江西省交通科学研究院
23	2012H0023	原地浸矿稀土矿区土的工程性质及其对交通工程的影响	江西省交通设计院、江西理工大学
24	2012X0024	江西交通综合查询与分析系统设计与开发	江西省交通运输厅应急指挥中心、北京四通智能交通系统集成有限公司
25	2011X0025	江西省公路养护综合管理平台	江西路通科技有限公司、江西省公路管理局、江西省高速公路投资集团有限责任公司、北京恒达时讯科技开发有限责任公司
26	2011X0026	江西省公众出行服务网设计与开发	江西省交通运输厅应急指挥中心、北京北大千方科技有限公司
27	2011X0027	路政管理智能调度指挥系统	江西省公路路政管理总队
28	2011X0028	慧通商情管理系统设计	江西省交通运输厅应急指挥中心
29	2011X0029	高职院校图书馆数字资源综合开发与利用	江西交通职业技术学院
30	2011X0030	江西省高速公路管理分中心区域应急指挥调度系统开发	江西省高速公路投资集团有限责任公司景德镇管理中心
31	2011X0031	江西省高速公路应急储备体系建设研究	江西省高速公路投资集团有限责任公司、江西省交通运输厅安全监督处、江西省交通厅规划办、长安大学
32	2011T0032	LNG混燃在重型物流柴油车上的应用研究	江西省公路运输管理局、中油中泰燃气投资集团有限公司
33	2011T0033	高速公路服务区污水处理集成技术研究	江西省交通科学研究院、南昌航空大学、江西公路开发总公司

续表 16

序号	项目编号	项目名称	承担单位
34	2011T0034	合成碳素燃料及燃烧系统研究	江西省公路桥梁工程局、河南许昌蓝天机械设备有限公司
35	2011T0035	组合曝气复合 MBR 高速公路服务区污水处理技术与工程示范	江西畅行高速公路服务区开发经营有限公司、华东交通大学
36	2011T0036	高速公路养护施工管理模式及招标相关规范性文件研究	江西赣粤高速公路股份有限公司、华杰工程咨询有限公司
37	2011T0037	高速公路养护市场化模式与运行机制研究	江西省高速公路投资集团有限责任公司、江西赣粤高速公路股份有限公司、长沙理工大学
38	2011T0038	交通服务公众满意度评价体系与标准化评价方法研究	江西省交通科学研究院
39	2011T0039	江西省综合交通运输规划分析预测模型研究	江西省交通运输厅规划办、交通运输部科学研究院
40	2011T0040	鄱阳湖生太经济区综合交通运输体系发展战略研究	江西省交通科学研究院
41	2011T0041	江西交通运输科技信息编制	江西省交通科学研究院
42	2011T0042	江西省交通运输行业创先争优理论研究	江西省交通运输厅直属机关党委
43	2011T0043	江西省交通干部教育培训体系研究	江西省交通干部学院
44	2011T0044	江西省交通运输行业远程培训平台建设研究	江西省交通干部学院
45	2011T0045	交通运输行业科普知识宣讲	江西省公路学会
46	2011H0046	江西省乡镇农村公路综合服务南站建设规划指南	江西省交通运输厅规划办、南昌大学城市规划研究所
47	2011H0047	《江西省高速公路施工质量控制技术要求》地方标准研编	江西省交通工程质量监督站
48	2011H0048	废轮胎橡胶沥青混合料设计施工技术规范研编	江西省公路科研设计院
49	2011T0049	全真模拟实训在高职路桥专业教学中的研究	江西交通职业技术学院
50	2011T0050	江西省交通运输行业科技成果推广	江西省交通科学研究院
51	2011C0051	江西省高速公路收费所站管理用房建设指南研编	江西省交通运输厅吉安至莲花高速公路建设项目办公室、南昌大学城市规划研究所
52	2011C0052	江西省高速公路服务区建设计指南研编	江西省交通运输厅吉安至莲高速公路建设项目办公室、江西省交通运输厅规划办,南昌大学城市规划研究所
53	2011C0053	高速公路安全保障与突发事件处置技术研究	江西省高速公路投资集团有限责任公司德兴至上饶高速公路项目建设办公室、武汉华中科大土木检测中心
54	2011C0054	长大公路隧道综合节能技术应用研究及示范	江西省高速公路投资集团有限责任公司井冈山厦坪至睦村高速公路项目建设办公室、交通运输部公路科学研究所
55	2011C0055	江西省交通运输能源消耗统计、监测与考核体系研究	隘瑞高速公路项目建设办公室、交通运输部科学研究院
56	2011C0056	公路路基路面健康检测与评价技术研究	赣崇高速公路项目建设办公室、长安大学
57	2011C0057	桥梁基桩施工质量的超声波 CT 检测技术及应用研究	赣崇高速公路项目建设办公室、江西交通工程质量监督站、重庆交通大学、南昌工程学院

续表 16

序号	项目编号	项目名称	承担单位
58	2011H0058	玄武岩矿物纤维在沥青路面中的应用	江西省高速公路集团有限责任公司、江西省高速公路养护工程技术研究中心
59	2011H0059	江西省交通建设一线作业人员岗前安全培训教学研究	江西省交通工程质量监督站
60	2011H0060	公路工程试验检测技术开发与应用研究	江西省交通工程质量监督站、江苏省交通科学研究院股份有限公司
61	2011H0061	高速公路全寿命三维数字建管养一体化管理系统开发及应用	江西省高速公路投资集团有限责任公司井冈山厦坪至睦村高速公路项目建设办公室、同济大学、上海同岩土木工程科技有限公司、江西省交通工程集团公司
62	2011H0062	山区高等级公路环境因素对路侧事故的影响及安全保障技术	江西省高速公路投资集团有限责任公司井冈山厦坪至睦村高速公路项目建设办公室、江西省交通科学研究院、长安大学
63	2011C0063	南方多雨冰雪山区沥青路面修筑关键技术	江西省高速公路投资集团有限责任公司井冈山厦坪至睦村高速公路项目建设办公室、长沙理工大学
64	2011C0064	公路隧道 LED 照归研究与应用	江西赣粤高速公路股份有限公司、南昌至铜鼓高速公路项目建设办公室、招商局重庆交通科研设计院有限公司、广东奥其斯科技有限公司

2011 年全省交通运输行业科技成果一览

表 17

序号	项目编号	项目名称	承担单位	负责人	成果编号
1	2009C0006	江西省交通运输行业节能减排管理系统研发	赣粤高速公路股份有限公司、彭湖高速公路建设项目办、江西慧通科技发展有限责任公司	颜庆华	赣交科鉴字〔2011〕第 01 号
2	200700025	数控技术专业建设模式研究	江西交通职业技术学院	李俊彬	赣交科软评字〔2011〕第 02 号
3	2009X0046	内河集装箱码头调度指挥系统开发	江西远洋运输公司、江西众诚信息产业有限责任公司	侯会斌	赣交科鉴字〔2011〕第 03 号
4	200700019	基于 GIS 的公路基础灵气库系统研究与应用	江西省公路管理局、江西路通科技有限公司、北京恒达时讯科技开发公司	任东红	赣交科鉴字〔2011〕第 04 号
5	200500020	公路隧道支护结构的安全性与可靠性评价研究	江西省交通设计院、瑞赣高速公路建设项目办、武汉理工大学	刘劲勇	赣交科鉴字〔2011〕第 05 号
6	计划外	温拌沥青混合料路面施工技术规范	江西省高速公路投资集团公司、江西省高速工程公司	陈　涛	DB36/T605—2011
7	计划外	福银高速公路九江长江公路大桥 1761t 双壁整体式钢吊箱设计与施工关键技术研究	江西省高速公路投资集团公司、中交第二航务工程局有限公司	刘　理	赣交科鉴字〔2011〕第 07 号
8	2010T0053	汽车客运站服务规范	江西省公路运输管理局	王赣军	赣交科软评字〔2011〕第 08 号
9	200700016	连续梁移动模架"分块、逐孔"施工新技术	江西省交通设计院、华东交通大学、江西蓝天学院	张　憬	赣交科鉴字〔2011〕第 09 号

续表 17

序号	项目编号	项目名称	承担单位	负责人	成果编号
10	200700008	基于裂缝分析的国省道中小跨径混凝土桥梁选型研究	上饶市交通运输局、江西省交通科学研究院、武 汉理工大学	徐华兴	赣交科鉴字〔2011〕第 10 号
11	Z20050009	控制大跨度 PC 梁桥持续下挠关键技术研究	江西省交通设计院、华东交通大学	郭圣栋	赣交科鉴字〔2011〕第 11 号
12	20070003	瑞赣高速公路人工湿地营造技术研究与示范	瑞赣高速公路建设项目办、江西农业大学园林与艺术学院	吴克海	赣交科鉴字〔2011〕第 12 号
13	200500019	高速公路岩溶洞穴探测的综合方法技术研究	江西省交通设计院、东华理工大学	赵卫楚	赣交科鉴字〔2011〕第 13 号
14	2009C0040	赣大高速公路柔性基层施工质量动态控制技术研究	赣州赣康高速公路有限责任公司、北京中咨通成 工程咨询有限公司	刘伟胜	赣交科鉴字〔2011〕第 14 号
15	2009H0035	高速公路路肩震鸣带设计和施工技术研究	江西省交通科学研究院、四维创新交通科技有限公司、石吉高速公路建设项目办	刘小勇	赣交科鉴字〔2011〕第 15 号
16	2009C0017	实现加快江西省高速公路项目建设总工期目标的保障措施研究	鹰瑞高速公路建设项目办、江西省交通科学研究院	江学功	赣交科鉴字〔2011〕第 16 号
17	200800006	江西省高速公路沥青路面预防性养护关键技术研究	梨温高速公路公司、江西省交通科学研究院、四维创新交通科技有限公司	颜杏生	赣交科鉴字〔2011〕第 17 号
18	200700040	长大隧道防火防灾技术在广石隧道中的应用研究	江西省交通工程质量监督站	彭东领	赣交科鉴字〔2011〕第 18 号
19	200700010	路基回弹模量快速检测技术研究	江西省交通工程质量监督站、长沙理工大学	栾建平	赣交科鉴字〔2011〕第 19 号
20	200700026	公路桥梁工国家职业标准编制	江西交通职业技术学院、江西省公路桥梁工程局	吴继锋	赣交科验字〔2011〕第 20 号
21	2010X0038	高速公路绿色通道货物检测系统研发与应用	江西赣粤高速公路股份有限公司、深圳市迪科电力系统集成有限公司	汪建明	赣交科鉴字〔2011〕第 21 号
22	2009T0018	江西省交通运输厅科技项目管理系统	江西交通职业技术学院	张志雄	赣交科验字〔2011〕第 22 号
23	200800031	沥青路面耐久抗裂结构研究	鹰瑞高速公路建设项目办、江西省交通科学研究院、长安大学	喻光华	赣交科鉴字〔2011〕第 23 号
24	2009T0054	江西交通党风廉政建设警示教育研究	江西省监察厅驻交通厅监察室、江西省交通科学研究院	江学功	赣交科验字〔2011〕第 24 号
25	200800025	关于加强江西公路交通防灾抗灾能力研究	江西省公路学会	胡建国	赣交科验字〔2011〕第 25 号
26	2009H0028	赣北地区农村公路典型路面结构研究	武宁县交通运输局、江西省交通科学研究院	赵　敏	赣交科验字〔2011〕第 26 号

续表17

序号	项目编号	项目名称	承担单位	负责人	成果编号
27	200800019	万安水库蓄水与放水助航研究	江西省港航管理局、国电万安水力发电厂	于钦民	赣交科验字〔2011〕第27号
28	200800030	机载激光雷达测量与道路设计协同的研究	赣州赣康高速公路有限责任公司、中交第二公路勘察设计院	陈楚江	赣交科鉴字〔2011〕第28号
29	200700009	区域干线公路安全保障技术及实施方法研究	吉安市公路勘察设计院、解放军理工大学工程兵工程学院	颜传盛	赣交科鉴字〔2011〕第29号
30	200800033	鹰瑞高速公路工程项目管理模式研究	鹰瑞高速公路建设项目办、中国地质大学(武汉)经济管理学院	曾晓文	赣交科软评审字〔2011〕第30号
31	200800011	江西省高速公路雪害凝冰应急对策研究	梨温高速公路公司、江西省交通科学研究院、四维创新交通科技有限公司	颜杏生	赣交科软评审字〔2011〕第31号
32	2010T0059	江西省交通运输“十二五”教育与培训规划研究	江西交通职业技术学院、江西省交通干部学院	朱隆亮	赣交科软评审字〔2011〕第32号
33	2010T0057	江西省公路水路交通运输“十二五”节能减排规划研究	江西省交通科学研究院、交通运输部科学研究院	高东升	赣交科软评审字〔2011〕第33号
34	200600019	轮胎橡胶粉沥青路面修筑技术研究应用	南昌市公路勘察设计院、江西省公路管理局物资储运总站	万　明	赣交科验字〔2011〕第34号
35	20070004	大柔性混凝土在桥面中的应用研究	南昌市公路管理局、北京工业大学	俞剑平	赣交科验字〔2011〕第35号
36	200700017	连续玄武岩纤维加固桥梁结构技术研究	江西省交通设计院	余少华	赣交科鉴字〔2011〕第36号
37	200800002	公路填砂路基施工技术规范	江西省公路管理局、江西省交通工程质量监督站、江西省交通工程集团公司、江西省交通设计院、华东交通大学土木建筑学院、同济大学	任东红	赣交科软评字〔2011〕第37号
38	382010T0046	新型富锂基正极材料及其城市公交汽车用动力锂离子电池产业化研究	宜春市公交公司	彭智勇	赣交科验字〔2011〕第38号

【“江西省高速公路沥路面修筑关键技术和系统集成”科研成果获省科技进步二等奖】 2011年,由江西省交通科学研究院、江西省交通厅乐温高速公路建设项目办公室和长安大学、东南大学共同完成的“江西省高速公路沥青路面修筑关键技术和系统集成”科研项目全面系统地分析了江西半刚性基层沥青路面早期病害的原因与机理,提出了沥青路面各结构层受力特性及使用功能要求。与此同时,首次提出采用沥青稳定碎石结构层的混合式基层的江西高速公路沥青路面典型结构形式;沥青混合料粗细集料的分界粒径,即认为2.36毫米是粗细集料的分界筛孔,4.75毫米~2.36毫米颗粒在骨架形成中主要承担骨架作用,突破了传统观点中认为4.75毫米~2.36毫米颗粒主要起填充作用的结论,有效解决了长期困扰工程界的粗细集料分界标准问题;首次提出以抗

裂指数为综合设计指标的水泥稳定碎石混合料设计方法，并对水泥稳定碎石基层的掺砂量提出了明确的建议范围（10%左右）。开发适用于半刚性基层沥青路面基面层层间的乳化改性黏结材料——乳化改性沥青；优化路面混合料组成设计，提出了路面施工工艺和质量过程控制方法；编制《江西省高速公路沥青路面设计规范（试行）》（DB 36/T 576—2010）和《江西省高速公路沥青路面施工技术规范（试行）》（DB 36/T 577—2010）。

该科研成果在沥青路面结构设计、路面混合料配合比设计以及施工质量控制等方面有创新，已在江西1532千米高速公路建设中得到应用，充分体现其具有显著的经济效益和社会效益，具有良好的推广应用价值。江西省科技厅鉴定认为：该项目成果总体达到国际先进水平。该项目荣获江西省科技进步二等奖。

（龚仁平）

【“高速公路路肩震鸣带设计和施工技术研究”通过鉴定】 2011年，由省交通科学研究院主要完成的科研项目“高速公路路肩震鸣带设计和施工技术研究”，全面分析国内外高速公路沥青路面铣刨式路肩震鸣带设计、施工、维护技术的现状、特点和发展趋势，借鉴和吸收国内外相关成果和先进技术，并结合江西改善高速公路沥青路面路侧行车安全的实际情况，制定设计施工技术规程，拟订了高速公路沥青路面铣刨式路肩震鸣带设计、施工技术的适用范围和相关要求，明确了路肩震鸣带的使用条件，规范了路肩震鸣带的设置原则，统一铣刨式路肩震鸣带几何尺寸设计参数的标准推荐值，提供了标准设计图纸，提出施工组织设计、工艺流程、环保安全、质量控制的相关要求及验收标准。

该项科技成果突出体现公路工程建设中安全、环保以及以人为本的指导思想和建设理念，具有科学性、创新性、先进性、经济性、实用性和易掌握的特点。该项科技成果应用、推广后由于车辆掉线事故和路侧二次碰撞事故的大幅减少，有效地减少人员伤亡事故和财产损失。其次，由于车辆掉线事故的减少，减少因车辆碰撞而造成的护栏损坏，从而减少交通部门的护栏养护维修费用，节省大量的建筑材料。第三，由于车辆掉线事故和路侧碰撞事故的减少，有效地减少公路主管部门的法律责任和由此而来的赔偿损失。该项目已通过省交通运输厅成果鉴定。

（龚仁平）

【省地方标准《高速公路沥青路面铣刨式路肩震鸣带设计施工技术规程》通过省质量技术监督局审定】 6月24日，江西省质量技术监督局邀请国内部分高校、设计、建设、养护等领域的相关专家组成专家组，对由省交通科研院、四维创新交通科技公司、省石吉高速公路项目办拟定的《高速公路沥青路面铣刨式路肩震鸣带设计施工技术规程》进行了编制成果审定。

铣刨式路肩震鸣带是采用安装有转动刀片的特殊设备，在高速公路硬路肩上按一定间距在路表铣刨而成的平整、均匀、一致的弧形凹槽。当车辆驾驶人因疲劳、瞌睡、疏忽、夜间视距不良、恶劣气候环境下能见度差等因素而驶离行车道时，车轮行驶到震鸣带上会产生隆隆声和震动感而警醒驾驶人安全、及时地驶回行车道或停车，避免交通事故的发生。《高速公路沥青路面铣刨式路肩震鸣带设计施工技术规程》规定了江西省高速公路沥青路面铣刨式路肩震鸣带适用范围、几何尺寸设计指标推荐值、施工工艺和质量检验标准等相关要求。编写格式规范，内容体系完整，符合国家有关法律法规及强制性标准要求，体现了公路交通“安全高效”和“以人为本”的建设理念，具有创新性、先进性和实用性。对改善江西省高速公路运营行车安全，促进公路交通事业和谐发展和可持续发展，具有重要的指导作用。与会专家一致同意该规程通过审定，并建议作为江西省推荐性地方标准予以发布，以便组织推广应用，发挥其社会效益和经济效益。

（龚仁平）

【省交通科研院“一种功能分区的水泥混凝土路面板”获国家实用新型专利】 2011年，省交通科研院的科研成果：“一种功能分区的水泥混凝土路面板”，获国家实用新型专利。该水泥混凝土路面板为四方形，共分板顶、板底、四个板角、四个板边十个功能分区。中部为板顶和板底，以路面板中间层面为界分为上下两层，板边区域为板边以板边距离为宽的长方体，每边一块共四块；板角区域为以板角垂线为中心的1/4圆柱体，共四块。

上述混凝土路面板施工模板,为三种类型的模板:边缘模板、板内分模板、板角模板。该实用新型面板符合公路水泥路面设计规范,满足混凝土板块不同功能区的所有要求。该实用新型水泥混凝土路面板各功能分区好,板块耐久性好,施工简单,降低了水泥路面板的工程造价。此水泥混凝土路面板已获国家实用新型专利。专利号为 ZL2011 2 0048123.4

(龚仁平)

【省交通科研院"一种玄武岩纤维复合筋网与锚间加固条联合的边坡稳定装置"获国家实用新型专利】 2011 年,省交通科研院的科研成果:"一种玄武岩纤维复合筋网与锚间加固条联合的边坡稳定装置",由玄武岩纤维复合筋网、锚垫板、锚间加固条、锚杆、玄武岩纤维边界绳和缝合绳构成,其特征是:玄武岩纤维复合筋网的每块网片覆盖在土质或岩质坡体上,相邻的网片间通过缝合绳连接在一起,四周及中间均匀设置锚杆,锚杆用锚固螺母将玄武岩纤维复合筋网固定在边坡上,并在锚杆四周灌注水泥浆,锚杆顶上套设锚垫板,锚杆之间设有锚间加固条。该实用新型坡面柔性防护体系在柔性和整体性,美观和环保,特殊环境适应性方面具有明显的优势,施工安装便捷,工程应用经济,是一种玄武岩纤维复合筋网与锚间加固条联合的边坡稳定装置,获国家实用新型专利,专利号为:ZL 2011 2 0048124.9。

(龚仁平)

【宜春市率先在城市公共汽车应用锂电动力】 2011 年,宜春市率先在城市公共汽车进行节能环保新能源汽车产业试点。已在条件具备的部分公交线路增加了锂电动力公交车参与营运,实践证明:锂电新能源作为高新技术产业,具有高比能量、高比功率、高转换率、循环寿命长等特点。锂电池电动公交车的推广应用,符合国家政策导向和社会需求。该市对锂电新能源动力公交车的应用和探索,取得了良好的经济效益和社会效益,为该市在城市公共汽车推广应用锂电动力积累了一定经验。

(李雪娥)

【"沥青路面耐久抗裂结构研究"科研项目通过鉴定】 2011 年,江西鹰瑞高速项目办、省交通科研院、长安大学联合成立"沥青路面耐久抗裂结构研究"课题组,展开对沥青路面耐久性不足的现状研究。通过大量室内外试验和理论分析,并结合鹰瑞高速公路工程试验段的铺筑,对沥青路面耐久抗裂结构的材料组成与路用性能,刚性基层沥青路面结构设计、施工技术及经济分析等方面开展了全面系统的研究,全面完成了技术开发合同书规定的研究工作。该研究成果的应用,显著改善了沥青路面的使用性能,对江西甚至全国沥青路面耐久抗裂的设计与施工起到积极的推动作用,从而显著延长了沥青路面的使用寿命。同时,保证沥青路面的安全、快捷,减少养护对交通的影响,节约养护资金,节省筑路资源,减少环境污染,对实现公路建设的可持续发展并带动沿线地区经济的快速增长,提高经济与社会效益具有重要意义,其应用前景良好。该项研究成果具有创新性,总体达到国际先进水平。已通过省交通运输厅成果鉴定。

(龚仁平)

【省交通科学研究院强化人才的培养和引进工作】 2011 年,江西省交通科学研究院博士后科研工作站与长安大学签订合作培养协议,招收 2 名博士后进站开展研究。继聘用美国交通科研机构 2 名特约研究员之后,2011 年又增聘国内交通运输行业高校特约研究员 1 名,新增岩土专业硕士生导师 1 名。共招收在研硕士研究生 3 名。2011 年,共引进博士 3 人,在职攻读博士学位 3 人。人才培养和引进进一步完善和提升了该院科技人才队伍的结构与实力。

(龚仁平)

【江西省《汽车客运站、城市公共汽车客运服务、出租汽车客运服务规范和客运(租赁)企业质量信誉考核办法》颁布实施】 6 月 7 日,江西省地方标准 DB36/T616—2011《汽车客运站服务规范》由省质量技术监督局发布,自 2011 年 10 月 1 日正式实施。

江西新的《江西省城市公共汽车客运服务规范(试行)》和《江西省出租汽车客运服务规范(试行)》于 7 月 1 日起正式实施。

12 月 27 日,《江西省城市公共汽车客运企业质量信誉考核办法(试行)》《江西省出租汽车客运企业质量信誉考核办法(试行)》《江西省汽车租赁企业质量信誉考核办法(试行)》发布施行。

12月28日,《江西省城市公共汽车驾驶员质量信誉考核办法(试行)》《江西省出租汽车驾驶员质量信誉考核办法(试行)》正式发布执行。

(省运管局)

【赣州市国防交通理论研究成果甚佳】 2011年,赣州市交通战备办公室国防交通理论研究取得较好的成果。11月16日,中国国防交通协会发出通报,表彰2011年度国防交通理论研究论文作者。署名谢赣健、章广麟、李发淳撰写的《边际区域国防交通建设浅议》一文,作为江西省交通战备办公室的唯一代表作,评为了优秀论文。12月14日,在安徽省黄山市召开的南京战区第二十次国防交通理论研讨交流会上,署名章广麟、李发淳撰写的《对国防交通保障能力生成模式转变的几点思考》一文,也是全省唯一被评为优秀论文的佳作。

(赣州市交通运输局)

【省高速公路投资集团公司召开养护技术研讨会】 11月23日,省高速公路投资集团公司在梨温公司召开2011年养护技术研讨会。省交通运输厅、省高速集团和江西公路开发总公司、赣粤股份有限公司、集团直属各管理中心分管养护工作的负责人参加会议。

研讨会邀请东南大学教授倪富健、美籍博士潘世德等6位公路养护技术领域专家现场讲解现代公路养护技术。6位养护技术专家就美国道路养护管理情况、道路管理决策系统和沥青温拌技术等内容进行了演讲。

会上,北京特希达公司现场演示了高速公路桥梁安全视频快速检测系统;江西方兴科技有限公司介绍了高速公路全路段即时提示系统;省高速公路投资集团抚州管理中心、昌九管理处和昌樟管理处作了典型经验介绍。与会者还就江西高速公路除冰雪技术进行交流和探讨。

(朱沛东 胡 丹)

【德上高速公路建设项目办积极推进小型构件预制标准化】 2011年10月,德上高速公路建设项目办在防护工程中积极推进小型构件预制标准化管理。通过首件认可、方案评审择优、总结形成、全线推广等措施,积极推行小型构件"标准化管理,工厂化生产,精细化操作,加速小型构件场站建设标准化,模板加工精细化,生产工艺程序化"。在小型构件预制生产过程中,从施工前准备到预制块模板安装,从混凝土浇筑到模板拆除,从混凝土养生再到预制块检验合格后集中的堆放等施工流程始终坚持着"粗活细作、细活精做、精益求精"的原则,实现了施工管理的标准化、程序化、精细化,实现了小型预制构件大面平整、棱角分明、线条美观、表面光洁和色泽均匀,确保了小型预制构件的质量,达到了高速公路防护工程"内在质量好,外观形象佳"的目的。

(沈宏波 陈华根 金加华)

【省高速公路投资集团公司首次举办初级财审人才库选拔考试】 9月5日,省高速公路投资集团首次举办初级财审人才库选拔考试。该集团所辖赣州、抚州、泰和管理中心管理所财审岗位选拔考试分别在南昌、赣州、井冈山三地举行。

本次初级财审人才库选拔考试试卷聘请专家统一命题,分为理论和电脑操作考试两种形式,两者累计得分为参考人员最后总成绩。考试采取闭卷的形式,单人单桌,全程监控,不留死角,确保考试质量和水平。考试成绩合格者,已进入初级财审人才库,并按考试成绩排名顺序择优安排财审工作岗位。

省高速集团所辖不同岗位的117名员工参加了选拔考试。

(省高速集团)

【"实现加快江西省高速公路项目建设总工期目标的保障措施研究"通过鉴定】 2011年,省交通科研院关于"实现加快江西省高速公路项目建设总工期目标的保障措施研究"的课题研究,注重技术、管理、廉政三个方面和十三项工作:(一)机构人员选优配强;(二)前期工作协调推进;(三)勘察设计科学优化;(四)招标投标规范操作;(五)质量监控齐抓共管;(六)安全生产常抓不懈;(七)资金使用严管严控;(八)民工权益依法保障;(九)施工环境优化和谐;(十)信用体系健全完善;(十一)工程变更严格把关;(十二)尾工工程严谨规范;(十三)廉政建设保障有力方面凝炼出新观点、新思路、新对策。其管控措施指导性强,可操作性强,并在项目前期组织机构设置、项目前期工作、项目设计工作、施工准备工作、工程实施中关键技术攻关、项目现场管理模式,项目建设纪检监察督导机制等方面有重要突破和创新。

该项研究成果能在宏观上给予公路交通建设提供理论依据和实际工作指南,对全省高速公路建设,甚至提供国内高速公路建设借鉴具有重要的现实意义,推广应用前景广阔。已通过省交通运输厅成果鉴定。

(龚仁平)

【吉莲高速公路建设项目办运用“三新”打造典型示范工程】 2011年,吉莲高速公路建设项目办积极引进新技术、新工艺、新设备,把粗活做细,细活做精,全力将吉莲项目打造成典型示范工程。各标段依据“江西省高速公路施工质量控制要点”,结合吉莲项目实际,从彻底消除桥梁坍塌、隧道倒塌等恶性事故和路基沉降与桥头跳车等质量通病着手,大力推广应用“三新”(新技术、新工艺、新设备):一是积极推广新技术。为避免对洞口高大边坡开挖,减少对原地质体的扰动,保护好周边自然环境,吉莲项目办要求各隧道施工单位采用“零仰坡”进洞法;为确保吉莲项目重大分项工程的施工质量与安全,项目办引进视频监控系统技术,在隧道、桥梁等重要施工作业点,设置摄像机和移动式单兵无线传输摄像机,对施工实施远程监控;项目办还在桩基和墩柱钢筋笼骨架竖向主筋施工中,运用钢筋套筒车丝连接的新技术,有效避免了焊接不饱满或损伤主筋的现象发生。二是大胆采用新工艺。过去隧道仰拱施工,一般采用半幅浇筑。吉莲项目办实行全幅施工法,全幅绑扎钢筋、全幅浇筑混凝土,不仅减少了施工缝,而且使仰拱面平顺;过去制作钢筋笼,一般是用长线胎架法,吉莲项目全线使用“水平胎架法”,不仅不用起重设备,还减轻了劳动强度,提高了效率。如今用此法制作直径分别为1.5米、1.2米的钢筋笼,只要2个多小时,少用一半时间,工效翻了一倍;过去梁板凿毛,都是手工操作,吉莲项目普遍采用了机械凿毛法,把专用的凿毛钻头安装到电动凿毛机上,然后让凿毛钻头高速运转凿除梁板表面的混凝土浮浆,效果好,效率高。三是普遍使用新设备。人靠脊梁,桥靠箱(T)梁,而箱(T)梁的着力点就在梁板预应力。吉莲项目各桥梁施工单位引进预应力智能张拉仪,对空心板、箱梁等进行逐片张拉,确保了预应力的充分传递,有效消除了松弛影响。经检测,各单位的梁板张拉实际伸长值与理论伸长值都相差在2.7%以内,符合设计规范;为确保土方施工质量,各路基标均使用重型碾压设备进行碾压,如YZ32D2型超吨位、超大激振力全液压自行式压路机等,压实效果好,密实度均匀,无坑窝裂纹,可消除工后沉降;各施工单位还将数字化测量智能控制系统应用到测量放样上,大大提高了精度与速度,杜绝了数据做假行为。吉莲项目办运用新技术、新工艺、新设备施工后,全线工程质量总体受控,从未发生重大质量事故和安全事故。

(陈玉龙)

【江西高速公路有了“会呼吸”路面】 排水性沥青路面,俗称“呼吸式路面”,亦称为“不湿行人裤脚的路面”。排水性沥青路面技术是在不透水的沥青层面上铺筑空隙率高达20%左右的排水性沥青面层,使雨水通过该层内部的连通空隙沿路面横坡与路两侧纵向排水管排出路外,防止在道路表面形成水膜和径流,可以降低80%的交通事故发生率,具有良好的社会、环境和生态效应。2011年,省高速公路工程有限公司课题小组根据江西气候特点及材质属性,成功应用成熟的排水性沥青路面技术于昌樟高速公路。昌樟高速公路上排水性沥青路面试验段的铺筑成功,为江西高速公路和城市道路路面施工又提供了一种技术选择,随着该技术的推广与使用,既能为高速公路的司乘人员提供更加安全的行车环境,也能为公众提供一个良好的出行环境。

(黄树华)

【赣州市公路运输步入“科技兴安”轨道】 4月20日,赣州市公路运输管理处依据政策,已对安装GPS不同类型的客车分别给予每辆600、900元和1200元不等的资金补助。支持汽车客运站安装安全检测仪,以每台安全检测仪5万元的标准发放资金补助。至此,全市公路运输行业已建成96个GPS安全监控服务系统,有1409辆长途客车、122辆旅游客车、580辆危货汽车安装了

GPS。有23个二级以上汽车客运站安装了安全检测仪及视频监控设备。全市公路运输系统的科技兴安工作进展顺利,成果丰硕。

(李发淳)

【"长江公路大桥1761吨双壁整体式钢吊箱设计与施工关键技术研究"通过评审】 5月5日,中国公路学会、省交通运输厅在九江市举行"九江长江公路大桥1761t双壁整体式钢吊箱设计与施工关键技术研究"课题评审会。

"九江长江公路大桥1761t双壁整体式钢吊箱设计与施工关键技术研究"课题研究成果,成功解决了在地质、水文、航道复杂条件下超重吊箱下水、长距离运输与吊装下沉等关键技术,节约了建设成本,缩短了施工工期,取得了良好的社会效益和经济效益,实现了国内最大规模的超大整体钢吊箱工厂化制作、气囊法整体下水、长距离浮运及高精度安装的施工工艺,并首次在国内外特大型桥梁承台钢吊箱施工中采用三船抬吊同步吊装施工工艺,对国内外类似工程具有借鉴意义。

以8位国内知名桥梁专家参加的评审专家组听取了课题组的研究介绍,审阅了研究成果报告资料,实地考察了相关使用情况。一致认为该课题研究成果总体达到国际先进水平,同意通过成果鉴定。

(曾 晨 陈 陆)

【赣南公路勘察设计院3个项目获2010年度江西省优秀工程咨询成果奖】 2011年,江西省工程咨询协会公布了2010年度江西省优秀工程咨询成果奖,赣南公路勘察设计院3个项目榜上有名,喜获优秀工程咨询成果奖,其中,赣州市原323国道火车站至潭口路段改造工程(峰山片区路段)工程可行性研究报告获优秀工程咨询成果二等奖,赣州市西河大桥拆除重建工程可行性研究报告获优秀工程咨询成果三等奖,江西省赣县茅店镇义源大桥工程可行性研究报告获优秀工程咨询成果三等奖。

(赣州市交通运输局)

【"彭湖高速公路建设资源节约与保护技术研究"科技项目研究成果达到国际先进水平】 2月18日,交通运输部委托江西省交通运输厅在南昌组织召开省部联合攻关项目"彭湖高速公路建设资源节约与保护技术研究"成果鉴定会。

会议邀请8名全国公路行业资深专家、教授组成鉴定委员会。中国沥青路面理论奠基人、原西安公路交通大学校长王秉刚教授担任鉴定委员会主任。专家组认真听取了项目组的汇报,查阅了相关技术文件,就关键技术问题进行了质询,经过充分讨论和评审,专家们一致认为该项目研究成果在彭湖高速公路等工程中已成功应用,取得了显著的土地资源节约和环境生态保护效果,并取得了极具推广价值的创新性成果:一是系统提出了基于土地资源节约的公路选线、横断面、互通立交和服务区等设计技术;二是系统提出了公路建设中表土资源剥离收集、集中堆放用于临时用地复垦堆形地貌构造等技术;三是提出了服务区污水处理土壤渗滤生态床体耦合单元块设计模式、低水位双泵三相控制进水提升系统等污水生态处理技术;四是提出了基于植物、表土资源保护的公路施工分步清表方法;五是定量分析了坡率、坡长、坡向等主要影响因素,提出了利用表土进行路基边坡植被恢复技术。专家们认为该项科技项目研究成果达到国际先进水平,一致同意该项目通过验收。

(黎 凯 江 涛)

【全省高速公路建设管理标准化经验交流会在德昌召开】 7月22日,全省高速公路建设管理标准化经验交流会在德昌高速公路建设项目办召开。省交通运输厅厅机关、省高速集团有关处室、各项目办负责人参加会议。

会议期间,与会人员现场观摩了德昌高速金溪湖特大桥主跨、CP2路面附属工程标准化施工及AP2路面上面层SMA施工。现场听取了德昌项目办推动管理标准化的工作亮点和措施,以及在施工管理、施工工艺、质量控制等过程中实现管理标准化的成果以及通过完善机制、强化管理、推行规范、精心组织等措施和手段,实现了油面摊铺的规范化、标准化、精细化和无污染施工情况介绍。还听取了吉莲高速项目办介绍将"标准成为习惯、习惯符合标准、结果达到标准"的理念贯穿于路基施工的始终,以统一思想认识,以强力推进标准化管理的措施;以培养先进典型,以点带面抓样板的思路;以抓住关键环节,精雕细琢抓管理的方法,实现了路基、桥涵工程管理标准化水平的不断提升的经验和做法。自2010年9月江西开展高速公路建设管理标准化活动以来,省厅先后在九江长江公路大桥、德昌、九瑞、彭湖、永武、鹰瑞等项目指导培育了混凝土集中拌和、临时设施建设、碎石材料水洗、大梁预制及安装、浅碟型边沟和专用凿毛工具凿毛、湿接缝施工、小型构件预制、梁体预制止浆工艺等10多个典型示范工地,先后组织召开全省高速公路建设现场观摩会11次。

本次会议在上述各项工作的基础上,各项目办相互交流了管理标准化的成功做法。大会总结推广了德昌高速路面标准化施工,以及吉莲高速路基标准化施工的经验。

(张永康　聂龙头)

【九江新长江大桥首节钢箱梁吊装成功】 8月19日上午11时许,随着主桥钢混结合梁稳稳地落在位于主梁伸入主跨32.5米处的南塔存梁支架上,九江新长江大桥首节钢箱梁成功吊装就位。此次吊装的主桥箱梁,梁宽38.9米、高3.6米、重283吨,结构为2米(混凝土箱梁部分)+2米(钢-混组合部分)+3.5米(顶、底板带有T型加筋的钢箱梁部分)+0.65米(钢箱梁部分)。该大桥首节钢箱梁是唯一一段钢筋混凝土结合箱梁,也是整个项目施工的关键技术难点,钢箱梁的吊装成功对后续主桥箱梁施工具有至关重要的作用。

(曾　晨)

【昌铜高速公路建设项目办巧用奖惩机制助推工程质量标准化】 2011年10月,昌铜高速公路项目办制定《南昌至铜鼓高速公路建设项目管理标准化活动奖罚实施方案》和《奉铜高速公路项目构造物混凝土质量评级办法》,采取强有力的措施:一是积极打造示范工程;二是不断优化施工工艺;三是严格落实奖罚措施;四是开展工程质量标准化“比、学、赶、超”活动。采取一月一检查、随机抽查及召开现场会等办法,对施工、监理单位进行考核评比,对在项目施工中表现突出的标段实行明确奖励金额。对表现较差的标段,如月度考核连续两次倒数后两名的路基单位,阶段劳动竞赛不得进入前三名,并将视情况采取约见法人代表、更换项目经理等措施,加大对各参建单位的奖惩力度,用经济手段规范参建单位的质量行为,提高施工单位标准化施工的自觉性。对做得好的标段进行嘉奖。已对AP2、BP1标在路面管理标准化示范工程中的突出表现进行奖励,进一步激励了各施工、监理单位大力推进项目管理标准化管理,使工程质量得到较大提升。

(王　超)

【梨温高速公路公司杨梅岭管理处从点滴入手抓实节能减排工作】 2011年,杨梅岭管理处从五个方面着手,强化节能措施,推进节能减排工作向纵深发展。

一是大力推行节约用电。对照明、空调、办公等用电设备的使用做出相应规定,统一更换节能灯。安排专人进行定期检查,要求节约每一度电,随手关灯、关饮水机,电脑不用随即关掉,杜绝耗电浪费。

二是深入开展节约用水工作。节约每一滴水,水龙头用后及时关,定时检查各用水部分,发现水龙头漏水及时维修更换,防止“长流水”和“跑冒滴漏”现象发生。

三是竭力节约办公用品,从购、置、配、用等环节进行监督,促成“低碳环保”的理念和习惯。在复印、打印公文时,尽可能双面打印。

四是驾驶车辆管理,降低车辆费用。在出车前进行综合考虑,灵活调度,科学统筹,提高车辆的手利效率,减少车辆费用。

五是做好水、电、油、办公用品的统计,在科学预测的基础上,进行用量控制。

(李慎国)

【赣州市交通运输系统全力推进节能减排工作】 2011年,赣州市交通运输局节能减排工作以政府部门为主导、企业为主体、全行业共同推进的工作格局,全力推动节能减排工作,着力建设低碳交通运输体系。市交通运输主管部门严禁高能耗、高排放、高污染、效率低的车辆进入运输市场。对客车实载率低于70%的线路不再投放新运力。大力发展厢式、多轴车运输,以求提高运输效率。鼓励城市公交、出租车、驾培行业推广“油改气”的新能源车辆。在公路建设领域内强化节地、节水、节财的评估审查。市属公路建设企业沥青混合料温拌技术和沥青混合料厂拌冷再生技术的运用得到广泛推广。市港航管理部门将通过船舶运力结构调整的方法，淘汰了一批落后船型，并严格限制能耗高、污染大的船型数量发展，以减低赣州市境内内河的环境污染。

（李发淳）

【全省交通运输部门采取七项措施，加快节能降耗进程】 2011年，江西交通运输部门以省委、省政府"节能节电、全民行动"节能主题活动和全国第21个节能宣传周为契机，紧密结合行业自身特点，采取七项措施，加快节能降耗进程，加快建设以低碳为特征的道路运输体系。

1. 组织开展节能知识竞赛活动。省运管局与省内权威媒体合作，组织开展节能知识竞赛活动。结合全球关注热点问题，通过网上在线答题竞赛吸引广大市民的参与，从6月3日至6月15日，历时12天，共计6.7万人次关注竞赛，4.2万人参与竞赛。

2. 组织开展节能驾驶体验活动。省运管局响应省委、省政府"全民节能减排"的号召，联合南昌4S店，在6月17日组织私家车主开展"节能节电、全民行动"节能驾驶体验活动。车辆到达目的地安义和返回南昌后，分别进行两次油耗情况统计，随后立即召开了座谈会，对比分析体验活动燃油消耗情况，总结交流节能驾驶经验、方法及操作技巧，活动取得了良好的社会反响。

3. 推出"节能我行动，低碳新生活"直播访谈。经细心策划，省运管局于6月27日，邀请专家一同做客大江直播室，在大光网上与广大网友畅聊低碳新生活，并就网友们提出的节能减排意见和建议进行了互动交流，进一步强化节能宣传教育的影响力。

4. 编印与分发汽车"绿色驾驶"手册。省运管局以开展"节能宣传周"活动为契机按照省厅部属，总结驾驶节能能手经验，组织人员编制汽车"绿色驾驶"手册。在各级运管管机构、道路运输企业、站场等场所共发放汽车"绿色驾驶"手册1800余册，大力宣传节能减排工作中取得的新成绩、新变化，让节能宣传普及广大驾驶员和旅客，有效扩大宣传的影响面。

5. 组织开展万民驾驶员节能竞赛活动。6月17日，省运管局举办了万名驾驶员节能竞赛活动启动仪式，就全省道路运输行业"节能节电、全民行动"主题活动进行了部署。此次万名驾驶员节能竞赛活动结合第二届"宇通杯"节能技能竞赛进行，先由三级以上客运企业在企业内部组织驾驶员进行竞赛，通过竞赛选拔出节能能手参加市级运管机构组织的驾驶员节能竞赛，然后各设区市组成代表队参加省级决赛，选拔优秀选手参加全国总决赛。

6. 机关带头践行节能行动。省运管局积极组织开展"能源紧缺"体验活动。在6月13日，省局组织机关和直属单位干部、职工开展"我为节能减排作贡献"倡议活动，并号召全体人员在6月14日进行"低碳体验"，做到少开一天车、停开一天空调、停开公共场所照明一天、停开六层以下电梯一天和减少一次性用品消耗，从而把节能理念贯彻到生活中去，落实到日常行动中去。

7. 积极营造全省道路运输行业节能氛围。省运管局要求全省道路运输行业各单位各部门，以开展"节能宣传传周"活动为契机，在单位网页开设活动专栏，通过发放节能驾驶宣传手册，利用车载视频播放节能宣传片，在政务中心、客货运场站、维修企业、驾校等醒目位置悬挂以节能减排为内容的宣传画报和条幅，大力宣传道路运输节能减排政策法规和节能减排工作中取得的新成绩、新变化，让节能宣传普及广大驾驶员和旅客，有效扩大宣传的影响面。

（蔡宣灿）

【江西省公路工程检测中心获得公路工程试验检测综合甲级资质证书】 11月10日，根据交通运输部质监总局公路水运工程试验检测机构评定结果，江西省公路工程检测中心获得公路工程试验检测综合甲级资质证书。江西省公路工程检测中心是一家集工程试验检测、桥梁综合检测、道路综合检测及相关检测咨询于一体的综合甲级检测机构。主要从事路基、路面、桥梁及隧道工程现场质量检测及相关试验检测，并承担江西省国省干线公路和高速公路路况综合检测工作，是江西省公路管理局下属的唯一一家公路检测机构，是江西省交通运输厅唯一指定的国省干线公路和高速公路路况综合检测单位。

（省公路工程检测中心）

【"成套模具安装T梁钢筋骨架施工公法"通过评审】 1月20日，由省公路机械工程局组织申报的《成套模具安装T梁钢筋骨架施工工法》等两项施工工法,通过了江西省建筑业协会专家评审。2010年初,省公路机械工程局按照建设部、交通部《工程建设工法管理办法》和《工法编写与申报指南》的要求,首次开展了"成套模具安装T梁钢筋骨架施工工法"开发和工法编写工作。通过详细收集各项原始数据和施工工艺图片和各种资料,精心编写,不断修改完善,如期向江西省建筑业协会正式申报该两项工法,在2010年12月3日的江西省工法评审会议上,得到评审专家的一致好评,顺利通过专家评审,并由江西省建设厅于2010年12月31日正式颁发省级工法证书。

(省公路机械工程局)

【安远公路分局成功试制沥青冷补料】 7月下旬,安远公路分局组织技术人员在孔田养护中心拌和场地试拌了沥青冷补料,并成功制作出冷补料29吨。经核算,每吨自制冷补料的成本要比向外购买的成品冷补料成本低280元。

(安远公路分局)

【"基于GIS的公路基础数据库系统研究与应用"通过科技成果鉴定】 1月18日,省交通运输厅在南昌组织召开江西交通重点科研项目"基于GIS的公路基础数据库系统研究与应用"课题项目成果鉴定会。与会专家听取了课题项目组的汇报,观看了系统演示,审阅了技术资料。经质询与讨论,鉴定委员会一致认为,课题项目组完成了科技计划任务(合同)书所规定的任务,达到了设计要求,其图形数据与属性数据同步处理的一体化数据更新技术和图形定位误差控制技术具有创新性,在同类系统处于国内领先水平,同意通过科技成果鉴定。

该项成果是以江西路通科技有限公司数据中心为主组成的课题项目组经过近6年的努力工作,完成了全省公路基础数据管理体系的建立,制定了一系列的数据管理规章制度和更新、维护流程完成的。目前该课题项目成果已在农村公路计划管理、农村公路项目验收管理、国省干线公路规划、农村公路客运网络规划、江西省公众出行服务、公路综合统计年报和农村公路统计等业务领域得到很好的应用。

(路通科技公司)

【省航道工程局通过质量、环境和职业健康安全管理体系认证】 10月20日,省航道工程局通过了有关管理部门组织进行的ISO 9001质量管理体系、ISO 14001环境管理体系、GB/T 28001职业健康安全管理体系审核,并已经获得了方圆标志认证中心颁发的认证证书。"三合一体系认证"的通过,标志着省航道工程局市场竞争力得到进一步提升,在质量、环境、职业健康安全的管理方面迈上了一个新的台阶。

(涂小英)

【江西路通科技公司通过ISO管理体系通过年审】 5月20日,北京中质协质量保证中心审核组派员对路通科技公司2011年ISO管理体系运行和公路交通工程通信、监控、收费综合系统工程施工和服务方面进行了年审。通过对公司工程部、技术部、综合部等相关部门是否按照质量管理、环境管理、职业健康安全管理三大体系标准进行日常管理进行了严格的审阅和检查、评估,最终通过年检审核,同意继续使用认证《证书》。

(路通科技公司

【省交通设计院举办GPS—RTK测量技术讲座】 随着外业测量中实时动态测量(RTK)技术的大量应用,省交通设计院为提高相关专业技术人员应用实时动态(RTK)测量系统的理论和操作水平,提高观测精度,减少误差,于5月25日邀请天宝、拓普康工程师为全院40余名GPS使用人员作了"GPS—RTK测量技术"的讲座。

通过讲座,全院GPS使用人员对"GPS—RTK测量技术"的应用领域、正确的操作使用仪器、加强对仪器的保管、及时进行维护等有了更深的了解,使大家受益匪浅。

(陈飞华)

【省交通设计院举办沥青再生和温拌技术讲座】 10月19日,省交通设计院举办技术讲座。邀请美国博士史蒂芬先生作"沥青再生和温拌技术"专题演讲,该院30余名技术人员参加听讲。

史蒂芬先生毕业于瑞士洛桑的瑞士联邦大学,随后分别取得了美国内华达大学硕士和犹他州大学土木工程博士学位。在路面养护方案应用和混合料设计方面积累了丰富的经验。他从乳化冷再生及碎石封层在美国的使用及成功关键因素以及温拌沥青混合料在中国的应用回顾等方面阐述了路面老化、破坏的机理，以及解决的办法与途径。讲座图文并茂，深入具体，并与会技术人员进行了互动交流，会后还做了简短的答疑。

美国很早就完成了全国的高速公路网建设，近几十年都处于再生、养护、提高路用性能阶段，积累了丰富的经验。江西省2012年高速公路里程将达到4000千米，每年按10%进入养护期，就是一个可观的数字和巨大的市场。因此，该次技术讲座无疑给设计院的技术人员以不少的启迪和知识，听讲人员一致反映良好。

（省交通设计院技术审查处）

【景鹰高速公路公司创新QC小组成果被评为国家级优秀成果】 7月3日结束的2011年全国交通行业QC成果发布会上，景鹰高速公路公司创新QC小组发布的“研制收费岛防撞智能报警装置”名列全国交通行业51个课题成果之中，并被评为国家级优秀成果，荣获国家级优秀成果奖。

该QC小组“研制收费岛防撞智能报警装置”课题严格遵守创新型活动程序，经过全体小组成员的团结协作，成功研制出收费岛超声波防撞智能报警装置。这一装置能在车辆与收费岛一定距离时，触发超声波信号，启动设备，从而发出声光警报，对司机产生明显的提示作用，有效的预防收费岛擦撞事故，保证了收费人员的人身安全，营造了和谐征收环境，实现了经济利益和社会效益的双丰收，获得QC专家的一致好评。

（景鹰公司）

【赣州市召开“加快区域性交通枢纽建设打造区域性交通中心课题研究”专家评审会】 2011年，赣州市召开“加快区域性交通枢纽建设打造区域性交通中心课题研究”评审会。评审会专家组由交通运输部规划研究院副总工程师、研究员徐丽，交通运输部公路科学研究院中心主任、研究员虞明远，江西省交通规划办主任、教授级高工冯义卿，赣州市城市规划建设局总工、教授级高工廖光斌，江西理工大学副校长、教授陈金泉等5位专家组成。与会专家听取了课题组成员、赣南公路勘察设计院总工程师刘建云对课题研究报告编制情况的汇报，审阅了“课题研究报告”。专家组认为该“课题研究报告”编制思路清晰，方法正确，内容全面，具有前瞻性和可操作性，对赣州市区域性交通枢纽建设及未来交通的发 展建设具有较好的指导意义，为地市级交通发展课题研究树立了典范。与会专家一致同意“加快区域性交通枢纽建设与打造区域性交通中心课题研究报告”通过评审。

（赣州市交通运输局）

【景德镇市交通运输局重金支持科技研究】 2011年5月，景德镇市交通运输局决定，自2011年起采取领导领衔课题、部门和单位承办、年终评比奖励的办法，推动交通运输科技工作水平的全面提升。该局每年安排一定数额的专项经费，以保障课题研究的基本需要，同时规定凡列入上级主管部门科研项目的课题，其补助资金的80%作为课题经费、20%奖励给该课题组及有关研究人员。已将农村公路建设、城乡客运一体化建设、交通运输中的节能减排、现代物流业发展、水路运输发展等课题列为当年的研究重点，积极探索研究方式和途径，既可依托在建项目开展施工工艺、关键技术难题等实用研究，又可利用项目规划进行行业发展前景、市场培育方向等前景研究；既可与科研机构、大专院校开展合作，也可与建设项目的设计、施工、监理等单位共同攻关，以调动社会力量推动交通运输科技研究尽快取得成果并运用于实践。

（涂 强）

信息工程

【概况】 2011年，全省交通运输系统以科学发展观为统领，以创新发展为理念、以服务交通现代化建设为目标，构建信息资源整合与共享机制，建立健全和完善交通信息化发展体制、机制，不断加快推进交通信息化建设步伐，取得了显著成效。

1. 以电子政务为主体，建好交通运输行政管理和服务系统

（1）进一步完善了网上办事功能。快速推进和初步完成了网上审批和电子监察系统项目建设任务。全年完成网上申请审批事项308件，其中，办结数247件,办结率80.2%,提前办结率76.9%。

(2)加强网站建设管理,提升机关信息化服务水平。已初拟《江西交通信息网网站管理办法》,并完善了"进一步规范江西交通信息网公众留言及公众邮件办理工作"等制度,强化了网站日常管理维护和安全保障工作。并认真做好江西交通信息网公众留言工作。已处理网上留言3500多条。2011年11月,省交通运输厅网站荣膺"2011年江西省优秀政务网站"称号。

(3)进一步规范和完善了政务公开与信息报送机制,深入开展了政府网站绩效评估工作,扎实做好了与交通运输部、省信息中心等有关单位的政务信息报送工作。已出台《全省交通运输行业政府网站绩效评估工作方案(初稿)》等方案、措施,明确了责任,健全了机制,为深入开展交通行业政府网站绩效评估工作奠定了基础。全年及时、准确报送政务信息近2000条。

(4)建立健全和完善了内容涵盖规划公开、招标公开、设计公开、征地拆迁公开、参建单位管理公开、变更公开、质量监督公开、安全生产监督公开、竣(交)工验收公开、资金使用公开、奖罚结果公开、投诉受理公开等高速公路建设"十二公开"专网应用、推广,强化了日常监控工作及内容更新事项,受到省省委常委、省纪委书记尚勇和省委常委、常务副省长凌成兴等的赞许。

(5)办公自动化系统与信息化在省交通运输行业的应用工作良好。2011年信息中心圆满完成省交通运输厅、省公路局、南昌市公路局、畅行公司与康大高速的OA制作、人员培训工作,为省交通运输厅与各厅直单位及各地方业务局在同一平台上进行办公创造了条件。

2. 坚持以人为本、科学发展理念,建好公众出行服务系统

2011年,进一步强化了江西公众出行服务网建设,网站投入使用后为社会公众和交通运输行业用户提供了各类综合性信息服务,有效地减少了路网拥堵,增强了交通安全性,减少了无效出行。安全、便捷公众出行服务系统网已成为信息共享、一站式服务的支柱,避免了公众出行服务系统分散建设,重复投资,有利于统筹规划、资源复用。全面提升了为江西公众安全、便捷出行的服务能力。全省公众出行服务网累计访问量达540多万人次,发布路况信息4669条、新浪微博粉丝数量达到20余万人次,发布微博信息2996条、短信报告2960条。

3. 江西公路交通资源整合与服务工程通过交通运输部竣工验收

2011年12月,由交通运输部公路局、综合规划司、道路运输司、科技司、规划研究院、公路科学研究院代表以及特邀外聘专家等组成的12名专家验收组通过研讨和考察、审核,认为:江西公路交通资源整合与服务工程建设坚持了集约、服务和实效的理念,针对江西省交通运输管理和服务的突出问题,加强需求分析,整合共享全省公路交通等信息资源,初步建立了省级交通数据中心和信息资源整合共享平台,形成了交通信息资源管理和服务体系。一致同意省公路交通资源整合与服务工程通过验收。

4. 加快建设交通运输监测管理、应急处置保障系统步伐

2011年,省交通运输厅新增设外场道路监控摄像机95套,智能交通系统建设已达2697千米,平均5.448千米便设有一套,圆满完成省智能交通建设的总体方案中规定的平均每6千米设有一套道路监控摄像机的目标任务。

与此同时,省交通运输厅已新增多要素气象检测仪32套,能见度检测仪32套,气象检测设备进一步完善。此外,省交通运输厅与省气象局、省交警总队就"国家气象信息中心编写的《江西省高速公路气象监测预报预警工程项目建议书》"达成一致意见,已获省发改委批复。省交通运输厅通过光纤传输,成功为省政府应急办、交通部路网中心提供了8路视频图像,为省港航军代处提供了4路视频图像,省港航局也可查看全部交通视频图像;通过外网发布,为省交警总队提供了全部高速交通视频图像。

5. 制定、发布交通信息化发展的若干政策与规划

2011年,省交通运输厅已编制、发布"江西公路水路交通运输信息化'十二五'发展规划"、"2011~2012年江西省交通运输信息化工程可行性报告"。完成了"江西省交通运输信息化系统建设(2010~2012年)工程费用估算表"的编制与相关文稿的编写。同时,完成了交通运输厅应急指挥监控中心新大楼智能化系统建设费用的匡算任务。省公路局编制完成了“江西省公路养护综合管理平台初步设计文件”、省公路路政总队编制完成了“江西省公路路政管理信息系统建设方案”、省高投集团编制完成了“江西省高速公路投资集团有限责任公司信息化建设总体规划”、赣粤公司编制完成了“江西赣粤高速公路股份有限公司信息化(2011～2013年)工程可行性研究”、省运管局编制完成了“江西省道路运输车辆卫星定位系统政府监管平台建设方案”、畅行公司编制完成了“畅行公司信息化平台项目说明”等文件拟定工作,全省交通运输信息化建设步入“快车道”。

6. 创新发展交通信息资源,拓展信息领域,丰富信息内容

2011年,全省交通信息资源创新发展,交通信息资源,信息领域不断拓展,信息内容更加丰富,数据规模提升扩大。一年来,新增了江西省测绘局的空间数据(全省1:50000的地理空间数据)与来自交通量调查系统的交调数据和其他数据资源(静态路况信息、社会服务信息)等,其中,全国公路基础数据库包括七大指标集,80多张数据表,800多个数据项。包含公路属性数据指标、公路空间构造数据、农村公路通达数据、交通流量调查数据等;增加了来自运政信息系统的数据与道路运输卫星定位导航监控系统的数据等,共11类,160多个属性信息字段;新增加了全省3600千米高速公路联网收费系统的数据(车辆信息、高速公路收费信息)与高速公路智能交通管理和控制系统的数据资源(视频监控信息、路况信息、高速公路气象信息、超速车辆信息)等。此外,还丰富了包括船舶基本信息、水上交通事故信息、船舶视频信息等数据资源。

7. 全省交通运输行业交通信息化应用水平显著提高

2011年,全省已建成高速公路智能交通管理与控制系统、卫星定位导航安全监控平台等多个系统,实现了专业领域内的有效科学管理。不停车收费系统(ETC)作为全国试点地区之一,自2007年开始建设以来,经过4年的努力,ETC系统已达到一定规模,江西高速公路已建成、开通符合国家标准的ETC专用车道达257条。

应急指挥中心建成后,已将七大系统信息集中整合。并以交通信息资源整合库为基础,充分利用交通通信专网、高速公路智能交通管理与控制系统、GPS监控平台、水上监控系统、呼叫中心(“96122”)系统、交广电台直播系统等各种交通信息资源,为全省交通运输行业发生的自然灾害、交通运输生产事故、社会安全事件等各种突发事件的快捷应急处置决策创造了条件。应急指挥中心已具有完备的监测监控、预测预警、信息报告、综合研判、辅助决策、指挥调度等主要功能,强化了对突发事件综合、有效管理。

8. 公众交通信息服务水平与服务质量明显提升

全省公众交通信息服务建设体现了大交通服务理念。已由单一的网站信息发布服务模式向多元化信息采集、多渠道信息公布、多层次信息服务拓展。充分利用网络、数据库、应用系统建设成果,对内整合共享,对外交换协作,全面提升了服务质量和服务水平。

——通过江西公路GIS公众出行系统、江西交通系统网站群、江西交通广播(跨行业合作全国首次)、信息交换共享(跨行业合作),以点对面,主动向公众提供及时、全面、普遍性信息。厅门户网站已完成改版工作(江西交通信息网),已初步完成网上审批和电子监察系统项目建设。厅机关及各相关单位与省通信中心之间的物理链路全部畅通,并将各单位相关账号分配给受理部门,由各单位落实到具体人员进行日常的网上审批及电子监察业务。截至2011年12月14日,网上审批事项的申请总数308件,办结数247件,办结率80.2%,提前办结率为76.9%。

——通过江西交通综合应急指挥系统、江西交通卫星定位导航安全监控平台,在事前、事中、事后三个阶段为领导决策提供了准确信息、可靠数据,对确保交通运输安全畅通发挥了重要作用。

9. 新开发完成的“三项系统信息工程”应用前景广泛、成效好

2011年度,省交通运输厅新开发完成的公路交通综合应急指挥系统、公路交通综合查询与分析系统、公众出行服务系统,在行业监管、应急指挥、决策分析和公众出行服务等方面具有特别重要的意义和广泛的应用前景,被省计算机协会评为2011年度江西省信息系统优良工程。

10. 厅与厅直多家网站在全省优秀网站评选活动中获多项殊荣

2011年9月,江西省计算机用户协会正式启动优秀评选活动。全省共212个政府部门、所属单位的政府网站参与评选活动。评比内容包括政务公开、在线办事服务、公众参与、网站设计及性能等。此项活动受到省内外广大社会公众的密切关注,投票参与点击量达到42.75万人次。历时三个半月,最终由公众投票和专家评审产生总成绩。省交通运输厅网站名列省直组前茅,荣获“2010年江西省优秀政府网站”、“2010年江西省十大优秀政府信息公开政务网站”称号。与此同时,省公路管理局网站、省公路运输管理局网站被评为2010年优秀政府网站(直属组)。厅信息中心被评为2010年江西省信息技术应用先进单位。

(徐　钊)

【省交通运输厅新网站试运行】 9月16日,新版江西省交通运输厅(www.jxjt.gov.cn)门户网站上线试运行。

新网站根据政务公开文件、招投标信息、工作动态、网上办公、在线办事、公众互动从上到下优先级别的逻辑顺序编排。设置有电子政府、建设资讯、公众出行三大类栏目,内容涉及政务信息、招(中)标公告公示、新闻资讯、网上办公、在线办事、互动交流等大小版块共398个。加快了信息发布和更新速度,建设成了服务社会公众和交通职工、宣传交通运输工作、树立交通形象的重要阵地。

新网站具有“新、实、快、好、活”特点。通过文字、图片、视频等多种形式,全方位、多角度地展示江西省交通运输建设情况,便于公众了解交通、支持交通,为全省交通运输建设营造良好的舆论氛围。

改版升级后的新网站新特点、新亮点是政务信息主题更加突出。在内容、形式上突出政府网站“政务公开、公共服务、在线办事和互动交流”主题;页面栏目更加规范。整体网页面时尚、简约,功能分区明确,栏目设计色调统一、完整,色彩区分明显(三大色调为红色凸现电子政府、深蓝聚集建设资讯、淡蓝服务公众出行),清新典雅;信息公开更加透明。细化政务公开的栏目,丰富政务公开内容,在线服务更加多样。增加了网上办公、网上行政审批、在线办事系统等多种在线服务项目,开通了在线点播、在线调查等栏目;整体性能更加优良。建立了数据资源库,增加了后台应用功能,优化了程序设计,提升了网站的稳定性、安全性、便捷性。

省交通运输厅网站自2002年上线以来累计更新信息近百万余条,网站点击率和访问人数累计已超过1000万人次(不同IP地址),门户网站建设受到社会各界的充分肯定,曾先后获得交通运输部、省政府及相关机构颁发的多个奖项。

(厅信息中心)

【新版江西省公众出行网正式上线】 2011年,新版江西省公众出行网正式上线。该网以省级交通信息资源整合平台为依托,采集的是最新数据,新增查询系统、短信服务平台、呼叫中心等在线自助功能,让用户随时随地掌握所需要的实时路况、突发事故、旅游、天气、位置、出行路线、加油站、服务区、维修厂等交通信息。通过对交通出行相关信息的采集、梳理、整合和发布,为公众出行用户提供全方位、多形式的综合信息服务。服务内容包括出行前的出行资讯查询、出行路径规划、电子地图服务,以及出行中的短信查询服务、手机WAP网服务,出行后的经验交流、意见反馈、网上调查等服务。电子地图的特色、亮点还反映在路阻信息能在GIS上定位显示。旅客只要轻点鼠标,就可查询全省境内公路、铁路、民航等进出全省的路线,以及沿途的加油站、收费站和维修厂、红色旅游景点等综合信息。

新版江西省公众出服务网投入使用后,对拓宽交通部门与社会公众沟通渠道,方便公众安全便捷查询,促进交通公众服务信息化,提升政府行政效率和公共服务能力与为全社会提供“一站式服务”具有具有重要的现实意义。

新版江西省公众出服务网网址:http://111.75.200.5:8008/JXJT/。

(厅信息中心)

【省交通科研院改版运行“江西交通科技推广网”】 江西交通科技推广网(www.jxjttg.com)是江西省交通运输厅科技推广中心的网站平台,江西交通科技推广中心是经江西省交通运输厅批准依托江西省交通科学研究院成立,其职责是负责省内交通运输领域科技成果(新技术)的推广应用工作,构建信息交流互动平台,打造电子政务系统,有利于新技术信息发布、推广证书网上申请,提供新技术展示等。网站设新闻中心、认定申请、节能减排、网上展厅、技术咨询、企业名录、行业专家、会议培训等版块。

（龚仁平）

【赣州市召开道路运输企业 GPS 车载终端应用座谈会】 12 月 1 日，赣州市公路运输管理处、江西运安科技有限公司联合召开全市道路运输企业GPS 车载终端应用座谈会。这次座谈会，旨在为了认真贯彻落实交通部、公安部、安全监管总局、工业和信息化部“关于加强道路运输车辆动态监管工作的通知”文件精神，进一步加强 GPS 应用管理，了解和掌握赣州市营运车辆 GPS 应用管理情况，更好的解决运输企业在 GPS 应用中遇到的问题，加强运输车辆的安全管理、提升运输企业的社会经济效益，使这一先进的科技手段能够有效的为运输企业的安全生产服务，保证 GPS 车载终端设备每日 24 小时能够正常发挥功能作用。与会人员就 GPS 车载终端设备产品质量、使用、维护过程中的经验技术，进行了咨询、探讨、交流。

全市有 30 余户运输企业 GPS 车载终端设备监控人员 40 余人出席了座谈会。

（李发淳）

【九江长江大桥公路桥管理局完成监控系统改造】 2011 年，九江长江大桥公路桥管理局投入790 万元对大桥监控系统进行了全面改造，并于2011 年底投入运行。改造后的收费监控系统，融合最新的智能交通管理与控制系统技术，使系统成为集先进的计算机网络技术、光纤数字视频传输管理平台（光传输数字视频矩阵平台等）、数据采集与处理技术、自动控制技术与计算机多媒体技术于一体的高效运行的智能化收费与监控系统。新系统累计 63 个摄像点实现了全桥无盲点监控，并增加了全桥录像、语音对讲、车辆自动统计和建立“黑名单”功能，与江西省交通运输厅应急指挥中心实现了联网对接，为大桥收费管理和交通应急保畅提供了可靠支撑。

（万　鹏）

【全省首期水上船舶自动识别系统（AIS）应用培训班在南昌举办】 2011 年 4 月，全省船舶自动识别系统（AIS）应用第一期培训班在南昌举办。省港航管理局海事管理处、省水上搜救中心，以及南昌、九江、宜春、上饶市地方海事局的 22 名海事、信息化人员参加培训。

此次培训由部海事局 AIS 实施小组的老师授课。授课老师详细讲解了 AIS 应用专业版软件的操作及使用知识。

通过培训，对提升江西地方海事水上安全监管水平具有较大的推动促进作用，为落实交通运输部在全国内河推行船舶自动识别系统（AIS），彻底解决跨省流动船舶监管难度大的问题创造了条件。

（刘宁钰）

【上饶市中心城区搭建出租车安全监控平台】 2011 年，上饶市城市公共客运管理处积极与电信部门协商，对城区出租汽车免费安装使用 GPS 车载终端，搭建出租车安全监控平台。城区 511 辆出租车 GPS 车载终端已安装到位，监控平台正式开通运行。

安装 GPS 卫星定位系统车载终端后，监控平台可以对出租车进行实时跟踪和定位，随时对车辆的运行速度、运行方向、区域位置进行实时监控。此外，系统还配备了车载电话和实时报警系统，车辆行驶途中，出租车司机若发现危险，可以迅速按下报警开关，监控中心和“110”指挥中心会同时收到报警信息，及时跟踪报警车辆，同时，监控平台还可对车辆运行轨迹进行回放，为解决司机和乘客纠纷提供依据，有效防止各种违章违规行为的发生，进一步提高行业管理水平。

该平台开通以来，已接到报警 66 次，派警 35 次，解决纠纷 3 起，协助破获重大抢劫案件 1 起，有效保障了出租车驾驶员生命财产安全。

（厅信息中心）

【九江长江大桥公路桥管理局建成路灯单灯控制系统】 2011 年，九江长江大桥公路桥管理局投入 30 余万元，对九江长江大桥公路桥路灯进行了智能化改造。该系统是基于无线通信技术的智能化控制系统，通过在每盏路灯头安装通信及开关模块，可以实现点对点控制，无需白天开灯巡桥即可准确定位故障路灯位置编号，提高了路灯维护、电路维修等工作效率，降低了电能消耗。

（万　鹏）

【省交通运输厅和国内"三大"通讯营运商合作加速信息工程建设】 2011年,省交通运输厅与国内"三大"通讯营运商签署全面战略合作协议,以加速信息建设步伐。协议约定,双方自2000年起合作推进全省交通系统信息化建设。本次合作,主要是发挥各自优势,在整体网络建设、移动产品、移动通信优质网络服务等领域开展全面务实合作,共同推进江西交通运输系统信息化进程。国内"三大"通讯营运商则通过合作,抓住发展机遇,拓展与交通行业合作空间,统筹安排资源,提供更优质便利的产品服务,进一步满足交通运输系统的用户需求,扩大全省交通系统信息化规模,提升江西省交通运输信息化发展水平,以通信的现代化促进全省交通运输又好又快发展。同时,通过合作,通讯营运商也促进了自身发展,实现了互利共赢。

(徐　钊)

【路况管理信息化有效服务社会和公众出行】 1月27日16:14,江西第一条"高速公路实时路况"在新浪微博上正式发布,标志着全省高速公路官方实名认证微博正式落户新浪网,截至2月14日上午10时,及时发布高速公路各路况信息52条,微博粉丝有近200人。

2011年,省交通运输厅应急指挥中心通过路况管理信息化,应用新GIS可随时查询各路段阻断信息。新版GIS还带有手机WAP服务,只要登录WAP网址可以随时随地获取各路段阻断信息。交通运输厅应急指挥中心大厅对接的50块等离子大屏已汇集各高速路段重点可视信息,通过切换大屏幕上的画面,足不出户就可以看到全省各条高速公路、重点港口码头、长途客运站等地的实时动态路况。

与此同时,依托江西省交通信息资源整合为平台而搭建的江西省公众出行网,通过对交通出行相关信息的采集、梳理、整合和发布,为公众出行用户提供全方位、多形式、全时在线的综合信息服务,2011年累计访问量达到540多万人次。

(徐　钊)

【省交通信息资源整合与服务工程通过省交通运输厅验收】 2011年,由省交通运输厅副厅长孙茂刚、厅直有关单位及厅机关有关处室7位专家组成的验收委员会,对交通运输部信息化示范工程的推广工程——省交通信息资源整合与服务工程项目进行内部验收。

厅验收委员会分别听取了项目承建单位的工作情况汇报,对该系统应用情况进行了全面检查,审阅了相关文件,并对相关问题进行了质询。专家组对该工程系统给予充分肯定,认为该系统整体设计科学、框架合理、功能完善,符合交通运输部规定的验收条件;计划进度合理,开发过程规范,系统运行稳定,工程质量符合交通运输部信息化接口相关标准;文档资料齐全、完整,符合相关规范要求。专家委员会一致同意省交通信息资源整合与服务工程项目通过内部预验收。

(厅信息中心)

【新余市物流公共信息平台网站投入运行】 2011年,"新余市物流公共信息平台"网站建好,并投入使用。新余市物流公共信息平台与江西电信新余分公司确立了战略合作伙伴关系,物流信息发布系统客户端投入使用,发展企业会员100余家,GPS车辆监控管理系统成功上线,车辆的实时跟踪定位、网上查车等20项功能得到完善,实现了与省物流公共信息平台的有效对接,进一步拓展了平台服务范围,增强了服务功能,实现了与兄弟省市平台、相关部门的系统对接,扩大了共享面,促进了新余市物流公共信息物流信息、物流基础设施等资源全社会共享和优化资源配置,改善了新余市物流发展环境,使之更好地为新余经济社会发展服务。

(郭　晖)

【赣州市运管处举办OA系统培训班】 8月30日,赣州市公路运输管理处举办OA系统培训班。这次培训班,旨在做好全省公路运输协同办公系统应用工作。培训班就OA系统中如何做好设置流程和权限、基础设置、收发文管理、系统管理员培训、机构用户维护等内容,对参训的各县(市、区)运管所,直属运管所从事OA系统工作的20余名系统管理员和文件收发员进行了培训。

(李发淳)

【江西高速公路绿色通道货物检测系统投入试运行】 12月3日,江西高速公路"绿色通道"货物检测系统昌西南收费站正式试点运行并投入使用，此举标志着全省的收费系统硬件建设又登上一个新台阶。

该系统是利用放射元素钴60进行检测、识别"不成像"的高速公路绿色通道货物检测系统，属全国首家检测手段科技化系统。投入使用后不但减轻了收费员人工检测的劳动强度，而且提升了全省高速公路绿色通道货物有效检测率，加快了绿通车辆的查验、通行速度，规范了绿通车辆管理，提高了服务保障和识别假冒"绿通车辆"的能力。当月已便有30多辆"绿通"车辆通过了该检测系统的货物检测。

（厅信息中心）

【全省内河船员适任计算机考试系统建成】 4月6～8日，根据国家海事局有关自是年起所有航行长江干线的一、二类船员适任考试必须实行计算机终端考试的规定，经省地方海事局申报、国家海事局同意，江西交通职业技术学院、九江职业技术学院和上饶市龙翔船员培训学校3家船员培训机构始建船员计算机考试考场。中国海事服务中心派专家帮上述3所学校安装了终端考试系统，其中，江西交通职业技术学院（在南昌）建有1个机考考场，共70台机位；九江职业技术学院（在九江）建有2个考场，100台机位；上饶市龙翔船员培训学校（在鄱阳）建有1个考场，40台机位。与此同时，中国海事服务中心专家还为省地方海事局安装了组卷系统和导入考试题库，进行了一系列的模拟测试。中国海事服务中心还在江西交通职业技术学院举办考务系统应用培训班。省地方海事局直属各分局船员管理人员及上述3家船员培训机构的网络管理人员参加了培训。

（刘　祥）

【全省道路运输卫星定位系统政府监管平台建成】 2011年，省运管局进一步深入贯彻落实"关于加强道路运输车辆动态监管工作的通知"精神，结合全省卫星定位系统的现实情况，积极开展全省道路运输车辆卫星定位系统政府监管平台建设工作，完成了此项任务。通过系统的建设与应用，实现了政府监管平台与企业监控平台分离，保证了政府监管平台的独立性、公益型和服务性。

（李　为）

【江西内河船员适任证书统考进入无纸化时代】 11月17日，江西内河船员适任证书统考在江西交通职业技术学院内河船舶船员适任考试计算机终端考场举行。此次内河船员统考是首次采用计算机操作，首次实现无纸化。

此次用于考试系统服务器的笔记本电脑完全按照纸质统考的试卷保管要求来进行保管，所有考试终端的IP地址均被指定，按照座位编号进行排序。考场安装了5个视频监控，并与部海事局考试中心联网，部海事局实施了远程监考，现场监考则由江西省地方海事局派来的督察工作人员和南昌市地方海事局监考人员进行全程监督。

南昌市地方海事局作为江西地区第一个采用计算机进行船员考试的海事部门，考试题库与同期纸质统考所采用的题库完全一样，与过去纸面考试相比，可以免除人工组卷、印卷、阅卷，以及试卷保存等大量事务性工作，大幅提高了考试效率，降低考试成本。全省共有40名船员参加原二等船长换发一类不受限船长的船舶操纵考试。

（汪　莹　段　鑫）

【宜春市港航处实现网上审批办证】 2011年，宜春市港航处为实现网上审批办证和电子监察打下基础，先后投入15200元购买电脑和打印机。并积极与市信息中心和市交通运输局信息办联系，购置了路由器、传输线等设施。与此同时，与市政府、省港航局网上审批办证和电子监察系统对接，进一步加快了市港航处信息化建设步伐，实现了网上审批办证。

（张小平）

【江西东港航运公司建成船舶实时监控系统】 2011年3月，江西东港航运有限公司投资3000多万元建立网站。11月，在赣东港化168号油化两用标准船成功建立船舶实时监控系统（CCTV视频监控）。从此，在任何可上网的地方都可以监控船舶，实现了全程24小时监控，提升了公司的装卸和安全管理水平。

（张小平）

【奉新县交通运输局加快推进办公信息化建设】 2011年，奉新县交通运输局先后投入15万元，为局辖所、站、股、室及局党政在职负责人配备电脑、打印机共40台,基本满足了该县交通运输事业快速发展与加强交通运输管理需要,加快了电脑和互联网普及的步伐,推进了该局信息化办公步伐,提升了办事效率和交通运输管理水平,干部职工通过电脑自学,科技文化水准与专业技能有较大提高。

(魏振宇)

【上高县交通运输局大力推进运政信息化建设】 2011年,上高县交通运输局大力推进运政信息化建设。该局一方面先后派人员参加省、市运政信息化培训学习,一方面在公路运输管理所在运政办公大楼改造后投入26万元,用于各股室配齐办公用电脑、空调、打印机、复印机,并新购四台40寸液晶彩电作为GPS监控平台,设立了信息室和电子档案。已实现办公用OA系统,公文网上流转,网上办理业务、打证、收发文等都充分应用“江西省运政管理系统”,加快了运政信息化建设进程。

(潘泓羽)

【省港航信息网三级联网工程通过验收】 9月19日,省港航局信息网三级联网工程验收会在南昌召开。省港航局三级联网工程自2010年4月开始建设,光缆与设备已于2011年1月全部调试开通,2011年2月进入了试运行阶段,其运行状态良好。

由省信息中心、省交通运输厅信息中心组成的专家验收组听取了集成商工程详细实施汇报,审阅了技术资料,现场查看了联网设备的运行情况后,认为:集成商提交的技术资料齐全,内容完整,完成了合同规定的内容,符合竣工验收要求;江西省港航信息网三级联网工程严格按照《江西省港航信息网初步设计方案》施工,并按照合同要求按时完工;江西省港航信息网三级联网工程依托省政务外网,采用虚拟VPN技术组建,安全可靠、经济实用、资源配置合理。通过半年多的试运行,证明该系统运行稳定,能满足港航系统当前及今后一段时间内业务应用的要求,专家们一致同意省港航信息网三级联网工程通过验收。

(刘　琦)

【永武高速公路项目办在全国首创新一代智能查询服务系统】 2011年5月,永武高速公路项目办在庐山西海服务区建设过程中,开发出了一套自助与互动相结合的高速公路信息智能查询系统。该系统采用国际通用的多媒体触摸屏模式,技术上融合了多媒体计算机技术、信息技术、图形展示技术和传统的语音技术;业务上整合了公众交通出行服务、高速公路实时路况服务、“96122”交通热线服务等业务,充分考虑了高速公路不同群体的道路使用者查询信息的方便需求。并采取综合、开放、融合的服务总线架构,具有使用方便、维护简单、内容全面等特点,以及“人机一站式”自助查询功能。司乘人员只要通过触摸屏操作界面,输入相应查询条件,就能对出行需求信息进行查询,还可以通过电话专线与“96122”坐席人员进行语音对话,进行“互动式”语音服务或查询;在自助式信息查询方面,使用者可以查询道路信息、实时路况、出行向导、天气信息、旅游资讯、城市特色、江西特产、常用电话等,整个系统涵盖了出行、旅游等各个方面的即时信息;在系统维护方面,每个模块为独立运行模式,系管员可以根据权限和实际情况通过维护终端进行增加、修改、删除,不用更改整个系统。此外,系统备有预留接口,可根据发展需求,随时增添其他功能,其兼容性良好,属全国首创。

(邱志清　欧阳天晓)

【九江港航系统“三级联网”正式开通运行】 8月12日,九江市港航系统“三级联网”正式开通运行。

该“三级联网”,亦称省港航信息网,由省港航管理局主持建立,依托省、市、县三级政府信息中心高速光纤,将全省港航、海事等条管与块管单位的电脑等设备联结,旨在提高全省计算机应用系统运行效率与安全性能。2011年,九江市港航管理局投入45万元,购置了路由器、防火墙等网络设备与办公电脑等相关配套设备。并在“省港航信息网”上加大投入,逐步开通了财务、电视电话会议系统、OA系统等应用系统,进一步加快了九江市港航管理局信息化建设步伐,提升港航系统信息化水平。

(江运华)

【宜春港航分局正式启用网上行政审批系统】 8

月11日，宜春港航分局正式启用网上行政审批系统，由此拉开了利用网上行政审批系统办理相关业务的序幕。

该局网上行政审批系统启用后，进一步提升了该局的行政审批效率，方便了船东船员办事和监督，有助于充分实现行政许可审批信息化和推行阳光政务，并自由实现网上审批、在线咨询、在线投诉、受理统计及监督管理等工作流程。一方面有利于向广大船员和服务对象提供与行政许可业务相关的法律法规、办事指南等信息，方便群众办事和监督；另一方面充分地实现了部门与公众之间的交流互动，从而不断促进行业服务质量和服务水平的提高。

（贺晓峰）

【赣州港航分局加快推进网上审批与电子监察系统建设】　2011年8月，赣州港航分局在完成2010年开展行政审批流程再造、网上审批和电子监察等前期工作的基础上，进一步对办理流程、表格下载等资料进行更新完善，完成了网络连接和调试工作，已接入市政府的行政许可网上审批及电子监察系统，实现了行政许可审批信息化。被许可人可在网上审批、在线查询、在线投诉。该局在市工信委、市行政服务中心的支持下，光猫、光缆专线连接、IP地址分配等问题均圆满解决，并于8月组织有关业务人员培训。与此同时，市行政服务中心由系统的开发者把赣州港航分局提供的有关材料注入市政府网上审批和电子监察系统程序。该局依托网上审批系统，向群众和服务对象提供与业务行政许可相关的法律法规、办事指南等信息，方便群众办事和监督，实现了部门与公众的交流互动。（刘志斌）

【全省道路运输营运车辆GPS安装取得新成果】

2011年，全省道路运输营运车辆GPS安装取得新成果：全省道路运输GPS安全服务系统的客户端监控平台数达到1069个，其中，运管平台数为332个，企业平台数为737个；通过系统实现GPS安全监管的“两客一危”车辆达到了1.6万辆，其中，客运车辆9262辆，危货车辆7054辆，其中，2011年新增入网客车1240辆，货车501辆，较好地完成了预定的工作目标任务。

（李　为）

【景德镇市地方海事局举办网上行政审批专题培训班】　8月24日，景德镇市地方海事局举办“网上行政审批”专题培训班。该局分管负责人、海事、船检、航道等相关科室工作人员等参加培训。

培训的主要内容是：围绕网上审批系统介绍、系统使用设置、系统登入、网上办公业务流程操作等四个部分进行。此次培训班特邀景德镇市信息中心的专家为参训人员进行讲课，着重介绍网上行政审批服务系统的功能及作用，并现场利用多媒体为大家演示了系统的操作方法，最后还就日常操作出现的常见问题以及解决方法进行了说明。

通过培训，参加培训的人员基本上掌握了网上行政审批系统操作流程，业务素质明显提高。

（程纪品）

【江西省道路运政管理信息系统升级改造完成】

2011年10月，省运管局经过项目招标、需求调研、软件开发、系统测试、应用培训等多个阶段的工作，至此，“江西省道路运政信息系统”升级工作圆满完成。

2011年11月初，全省运管系统内启用新版“运政信息系统”。新版“运政信息系统”除了对原有系统业务模块进行完善升级外，还根据行业管理职能要求，新增了城市公交管理、出租车管理、汽车租赁管理、营运车辆综合性能检测管理和统计分析等功能模块。通过系统的升级建设，使系统功能覆盖更全面、业务流程更规范、应用操作更便捷、数据管理更科学、信息应用更安全。

（李　为）

【昌铜高速公路建立沥青拌和楼动态监控系统】

2011年11月，省交通运输厅昌铜项目办在奉铜项目各路面施工单位相继建立了沥青拌和楼生产动态监控管理系统，在全省高速公路建设项目中首次实现了沥青拌合楼生产运行的远程监测和楼生产动态监控管理。

沥青拌和楼动态监控系统是集事先预控、事中监控、事后分析三大功能于一体的先进管理系统。事先预控能预先设置油石比、级配、拌和温度等重要控制参数的报警范围界限，以达到提前预控的目的；事中监控，是实时监控拌和楼生产进度情况和生产质量波动情况，当生产过程中重要控制参数变化幅度超出预控范围时，系统进行报警，并通过短信通知相关负责人，使相关负责人能实时掌握拌和楼生产情况；事后分析，是通过动态监控系统的数据库，可以分析拌和楼生产出现异常的原因，同时在沥青路面施工期间甚至通车后，如果路面出现质量问题，可通过相关数据追本溯源，为明确责任方提供可靠的依据。

建立沥青拌和楼动态监控系统后，将实现沥青拌和楼生产情况实时远程监控和查询，可及时掌握沥青生产情况，确保混合料生产的质量以及生产过程的安全、顺利、有序的进行，弥补以往常规管理流程中的不足，提高了项目管理的真实性、及时性以及决策的针对性，为昌铜高速路面施工质量提供了保障。

（吁新华）

【赣州市交通运输局通信信息中心举办计算机网络安全知识讲座】 2011 年，赣州市交通运输局通信信息中心邀请了专家就计算机网络安全知识对全体机关干部作了专题讲座。随着信息技术的发展，电子政务和计算机网络技术越来越广泛地应用于政务办公，熟练掌握计算机网络安全知识成为每个工作人员的基本能力要求之一。通过培训，使大家进一步了解了计算机网络安全知识对开展电子政务工作的重要性，掌握了相关计算机网络安全技术，提高了中心工作人员的计算机网络安全水平。

（赣州市交通运输局）

【省运管局完成“道路运输管理业务网上办事系统”建设】 2011 年 12 月，省运管局完成了“道路运输管理业务网上办事系统”的建设任务，向社会开放网上许可申请以及行业查询应用。

网上办事系统是以“江西省道路运政管理信息系统”为基础，依托“江西运政信息网”，通过外网申报、内网受理、外网公布许可结果，实现行政许可的网上申请、受理、许可、公示以及客票真伪、行业黑名单等查询功能。网上办事系统的应用，为从业人员和企业提供了便捷的网上业务办理窗口和渠道，实现了网上一站式服务，降低了业务办理过程的时间和费用成本，提高了行业公众服务水平和行政许可工作办事效率。

（李　为）

【全省高速公路第二次联网工作例会在新余召开】 11 月 24 日，全省高速公路第二次联网工作例会在新余召开。省联网中心、高速公路投资集团有限责任公司、赣州高速公路有限责任公司、南昌高速公路有限公司、诚坤国际九瑞高速公路发展有限公司、上武高速公路管理处有关负责人、各经营管理单位分管领导及征费部、监控中心负责人共计 70 余人参加了会议。会议还通报了 2011 年第二次全省高速公路联网收费联合稽查的情况，组织讨论各路段提交的收费管理和系统软硬件问题，研究了相关措施，达到了相互学习、交流经验，规范操作的目的。通过会议进一步强化了合作，细化服务，增强全省高速公路联网管理服务合力，为更好地形成全省高速公路联网管理服务合力发挥了积极作用。

（汪　丹）

【长三角高速不停车收费第九次省(市)联系会在厦门召开】 12 月 8 ~ 9 日，长三角区域高速公路不停车收费第九次省(市)联系会在厦门召开。交通运输部公路局、公路研究院与上海、江苏、浙江、安徽、江西、福建 6 个省市交通主管单位、高速公路联网管理单位负责人参加会议。

会议就福建省交通运输厅成为长三角区域高速公路联网不停车收费省(市)级联席会议成员单位，福建省联网高速公路纳入长三角区域高速公路联网不停车收费范围，2012 年 1 月实现联网运行等事宜达成共识。长三角区域高速公路不停车收费联网省份达 5 个，赣通卡及电子标签的使用范围又增加了一个省。

会上，各省(市)代表还交流了 ETC 系统建设和客服发展等工作经验，探讨了如何提高 ETC 的联网运行效率和整体服务质量，联网区域省份加强运行管理的沟通、技术交流和业务协同，建立运营信息定期交换等工作机制。从而，有效促进了加快长三角区域高速公路 ETC 联网运行步伐，充分发挥 ETC 系统的效能，更好地为公众出行服务。

（邓　涛）

【省运管局升级改造全省道路运输视频会议系统】 2011 年 7 月，省运管局对全省道路运输视频会议系统进行升级改造工作。完成了省局会议终端升级、录播设备部署以及相关线路的改造等工作。通过会议终端升级实现了省局主会场的多镜头显示，利用新增的系统录播功能将实现县所一级的视频会议应用。通过不断完善全省视频会议系统功能，切实加大了视频会议系统应用的广度和深度。

（李　为）

【省运管局开展全省运政专网备份线路建设】 2011年12月，省运管局围绕满足省、市两级运管机构信息化应用实际需要，保障全省信息化应用工作的正常开展，大力建设省、市两级运管机构备份线路，完成了多个地市运管处（局）专线网络接入，接下来要完成省局和11个地市运管处（局）的备份线路建设。通过新建的网络专线，进一步提高网络连接速度和稳定性，并与现有的运政专网在省、市两级实现线路的相互备份，确保了包括全省视频会议系统、运政信息系统、协同办公系统在内的信息系统的正常应用。

（李　为）

【省运管局对江西公路运输协同办公系统进行升级改造】 2011年，省运管局对江西公路运输协同办公系统（简称“OA系统”）进行升级改造，完善了已有江西公路运输协同办公系统的业务功能，实现了系统的移动办公需要，翌年初实施新版“OA系统”的部署和运行工作。通过系统升级将可以实现OA系统的移动办公功能，支持iphone手机、IPAD、android手机以及浏览器WAP等方式访问OA系统，并完善现有系统的其他功能。

（李　为）

【网上审批与电子监察系统应用培训在南昌举办】 9月9日，由厅科教处组织的网上审批和电子监察系统应用培训在南昌举办。

本次培训内容有：外网服务环境、内网服务环境、监察部门预警错误提示等。由省信息中心专家和山东浪潮齐鲁软件产业股份有限公司技术开发工程师进行了专业指导和授课。厅办公室、基建处、路航管养处、财审处、科技处、法规处、厅信息中心、路政总队、省公路管理局、省港航管理局、省运管局的分管此项工作的负责人及相关人员参加培训。

（徐　钊）

【省港航局南昌分局开展内河船舶船员适任证书无纸化理论考试模拟测试】 2011年10～11月，省港航局南昌分局大力推进船员无纸化理论考试工作，在内河船舶船员适任证书理论考试系统开发工作基本完成的基础上，南昌分局协同江西省交通职业技术学院投入大量的人力利物力，初步建成了可同时容纳70人考试的考场。

10月26日，省港航局海事处人员到该学院船员考试考点进行考察和模拟测试。通过测试考试系统在停电、电脑故障等各类突发情况的运行状况，完成了考前最后一次调试，并开始投入试运行。

11月15日，南昌内河船舶船员适任证书理论考试已全面告别书面笔试，实现无纸化理论考试。南昌内河船舶船员适任证书理论考试实现了统一标准、组卷、印卷、阅卷，既使考试的组织和实施效率大大提高，又为广大船员提供了快捷与便利服务。

（汪　莹　段　鑫）

【省公路管理局分别在南昌、鹰潭举办路政管理信息系统操作与应用培训】 3月3日、15日，省公路管理局分别在鹰潭、南昌市举办培训班，组织各设区市公路局路政科（处）负责人及所属大队内业骨干人员培训。培训学习公路路政管理信息系统的应用与操作，共培训人员近100人。

通过理论讲解、实际操作和业务讨论，参训人员全面了解了系统概况，重点掌握了实现系统功能的操作和基层信息的录入工作。全省路政管理信息系统的应用推广标志着全省公路路政管理工作从人工管理时代跨入网络管理时代，对规范和完善路政内业档案，提升路政规范化管理水平具有重要意义。

（蔡晓萍）

【九江港航分局网上审批和电子监察系统正式上线运行】 7月18日，依托九江市政务网，九江港航分局网上审批和电子监察系统正式上线运行。11个大项、24个子项分局级行政许可项目全部实现网上办理和“统一受理、内网办理、全程监控、在线服务”。

网上审批和电子监察系统已进一步改进行政管理和监督方式，对推进“廉政阳光工程”，促进行政权力公开、透明,提高行政服务水平和效率具有十分重要的意义。

(余杏云)

【赣州市启用交通信息平台监管出租车】 2011年,赣州市交通运输局已完成出租车GPS安全监控系统设备安装的基础上,专门组建了交通通信信息中心,启用交通通信信息平台,实行24小时监控制度。对投诉出租车不打表等违规经营状况,可以直接在平台上调出被投诉出租车的运行路线、现场情景视频、录音证据资料等,然后由交通稽查人员根据证据资料处罚违规经营出租车司机。赣州市已在赣州火车站、赣州汽车站等公共交通场所和流动人口密集处安装监控,扩大市交通信息平台监控出租车运行范围与相关情况。

(赣州市交通运输局)

【赣州市公路运输步入信息化轨道】 2011年,赣州市公路运输系统步入信息化轨道,至4月21日全市公路运输行业已建成96个GPS安全监控服务系统。公路运输主管部门依据政策,对客车和汽车客运站给予资金补助,支持安装GPS、安全检测仪。全市有1531客车安装了GPS,有23个二级以上汽车客运站安装了安全检测仪及视频监控设备。

(赣州市交通运输局)

【全省港航系统信息化技术人员专业培训结束】 12月7日,省港航局组织局属各单位、九江市港口管理局、各设区市港航管理处(局)80余名信息化管理人员开展了为期一天的信息化专业培训。

此次培训邀请了省厅信息中心和有关信息化建设项目施工单位的专业技术人员授课。授课教师就省、市、县港航三级网络、视频会议系统及OA办公等业务系统进行了详细、深入的讲解和现场操作演示。

通过培训,学员们受益匪浅,为进一步推进"数字港航"建设,切实加强信息化人才队伍的培养,提高专业技术人员的管理能力和业务水平定了基础。

(倪 磊 罗云海)

【萍乡市道路运输从业资格9月起实行无纸考试】 9月27日,萍乡市运管处按照《道路运输从业人员管理规定》和省运管局、市交通运输局的要求,与大富汽车工程学校合作,投入几十万元,购置52台电脑,安装监控系统,设立运用现代电子办公技术的封闭式从业资格考场。萍乡市道路运输驾驶员从业资格考试实行计算机"无纸化"考试,参考人员通过上机考试,电脑操作答题,运程监控,由系统自动评分。无纸化考试系统的启用,规范了全市道路运输从业资格考试流程,缩短了考评时间,大幅提高了阅卷的准确性,降低了考试成本,提高了工作效率,杜绝了暗箱操作,确保了考试的公平、公正。

(晏卫东 文伟伟)

【南昌市运管处自主开发"南昌运政管理信息系统"】 2011年,南昌市运管处针对长期以来,公路客运牌证的发放是由操作人员手工用word打印,键盘输入量大,容易出现输入错误和打印错误,并且难以掌握牌证发放的情况,经常发生重发牌证的问题。研究开发出了拥有自主知识知识产权的"南昌运政管理信息系统",4月初拿出第一个软件测试样本,经过客运科牌证打印工作人员的试使用,信息科进行多次地调试修改,于5月15日正式启用该套系统,使用情况良好。

开发该系统使客运科牌证打印的操作人员降低工作强度和误操作,提高客运线路牌证发放的速度和准确度,同时也能够让客运线路牌证的管理人员通过该系统的查询和管理功能掌握各类客运牌证的发放情况,并能通过该程序控制非正常的牌证发放,通过信息化管理的手段使得该处的客运线路牌证的管理水平得到一个较大提升。

(周 凯)

教 育

【概况】 2011 年,全省交通运输系统把交通教育放在优先发展的位置,牢固树立“发展经济,交通先行;发展交通,教育先行”的观念,全面落实“科技兴交”、“人才强交”的发展战略,按照“分工负责、分级办学”的思路,充分发挥省、市、县三级交通运输主管部门的主导作用,做到统筹规划、政策指导、组织协调、监督检查。省交通运输厅围绕交通运输建设、改革和发展对人才的需求,搭建了管理干部教育培训、专业技术人员知识更新、技能型人才培养三个平台,进一步建立健全了交通运输人力资源支持保障体系。交通运输职工教育培训工作,布局结构日趋合理,高素质的从业人员队伍建设成果显著,交通职工队伍整体素质明显提高,为交通运输事业又好又快发展提供了坚实的人力资源支撑和保障。

一、交通职业教育进一步发展

2011 年,江西交通职业技术学院顺利通过省人才培养工作评估,被列为国家骨干高职院校立项建设单位,并获批江西省高职高专院校单独招生试点院校资格,当年单独录取学生 82 名。2011 届毕业生就业率达 93%,就业对口率、起薪水平、用人单位满意率均位于省内同类院校前列。2011 年,该院占地面积 39.1 公顷,建筑面积 31 万平方米,图书馆藏书 50 万册,教学科研仪器设备总值 5600 万元,全日制在校生 7562 人。学院紧紧抓住职业教育大发展的历史性机遇,以国家示范性高职院校为标准,以社会需求为导向,认真贯彻党的教育方针,全面实施素质教育,坚持办学体制改革与创新,深化内部管理,不断提高学院的办学水平和办学质量,在师资队伍建设、实训基地建设、产学研结合、实施特色办学等方面取得了明显成效。

1. 强化教师素质培养,优化师资队伍结构。该院在师资上,通过招考录用,引进优秀教师;通过选送深造,培养专职教师;通过外聘兼职教师,充实培训机构师资库。该院现有专任教师 364 人,外聘行业企业技术专家 177 人。拥有全国交通高等职业教育专业带头人 4 人、省级高校教学团队 3 个、省高校教学名师 4 人、省级学科带头人 3 人、省高校中青年骨干教师 22 人。

2. 推行学习与实践相结合,加强特色专业建设和实训基地建设。该院大力深化教学改革,注重学以致用,加快学院校内外实习、实训基地的建设和发展。2011 年该院设有汽车工程系、路桥工程系、管理工程系、机电工程系、信息工程系和基础部,开设汽车运用技术、道路桥梁工程技术、物流管理等交通运输类及相关专业 34 个。各系部均建有独立的教学仪器设施及较完善的实训大楼,总建筑面积达 4 万平方米。同时相继建立了以大型企业和高新技术企业为主、覆盖学校所有专业的 122 个校外实训基地。汽车维修技术和建筑工程技术 2 个专业被确定为国家技能型紧缺人才培养培训专业,汽车运用技术、道路桥梁工程技术被评为省级示范专业,物流管理、汽车技术服务与营销、交通安全与智能控制等 6 个专业为省级特色专业。

3. 着力产学研相结合,促进校园资源优化和效益协调发展。该院依托行业特色,坚持产学研结合的办学道路,不断提高科研水平,优化校内资源,取得了较好的经济和社会效益。该院建有国家级精品课程“汽车底盘电控系统检修”等 2 门,省部级精品课程“道路材料”“高速公路通信系统集成”等 12 门。道路桥梁工程技术等 2 个专业被确定为江西省人才培养模式改革实验区。学院申报的江西省教育体制改革试点项目:“高职教育现代学徒制探索”获批立项。2011 年 5 月,江西交通职业技术学院的科研成果:“一种桥梁快速检测车”获批国家知识产权局授予的实用新型专利。

4. 实施特色办学,进一步推动工学结合,校企合作。2011 年 9 月,江西交通职业技术学院首次开设少数民族教学班,该班共有学生 40 名,涉及藏、满、蒙等多个民族。并为西藏天路股份有限公司开办订单模式培养班,其培养计划和核心课程由学院和企业按岗位要求共同制定,学习期满考核合格的学生到西藏天路股份有限公司就业。该班学制两年,就读于该院路桥工程系。同时,企业指派了一名中层干部全程参与学生管理工作。开办"西藏中职班",有利于为民族教育事业发展作贡献,有利于加快为西藏培养技能型人才及高素质劳动者,对推进西藏经济社会跨越式发展、促进全国各民族的紧密团结和国家的长治久安具有重大的现实意义。12月,学院又与江西省港航建设投资有限公司达成战略合作关系。其间,学院为迎接全国少数民族传统体育运动会承办了全省少数民族传统体育项目选拔赛。

二、教育培训工作成果丰硕

2011年,全省各级交通主管部门和各类教育培训学校,按照江西公路水路"十二五"期间交通运输教育与培训发展规划,结合工作实际,积极组织开展了岗位培训和从业资格培训。全省交通行业共有62274人次参加各类培训(含面向社会对从业人员的培训和参加外培人次)。江西省交通运输厅科技教育处被交通运输部评为西部地区交通运输干部培训工作先进单位。

1. 干部教育和行政执法人员培训登上新台阶。坚持选送学与培训学相结合,组织了4个设区市交通运输局23名领导干部参加2011年全国交通局长培训班;承办了全国交通运输行业科教处长培训班1期67人;交通运输部科技司党员联学活动班1期23人;全年共举办处级领导干部、科级干部(企业中层)、地方交通管理干部、党务工作者、新党员、入党积极分子、节能减排等各类别各层次培训班80期,培训人员6303人次,其中,全省水上交通行政执法、道路运输运政执法人员、高速公路路政执法人员培训人员就达1700人次。

2. 技术人员教育培训稳步推进。根据交通行业发展的实际需求,省交通运输厅先后举办行业有关单位的科研人员、设计人员和工程技术人员参加交通运输相关部门组织的高速公路建养技术、桥梁建养技术、隧道建养技术、交通信息化技术、交通节能减排、交通安全技术和交通环保技术等的业务培训班和现场经验交流会。

3. 交通干部学院新校区全面建成并投入使用。2011年,交通干院认真履行职责,立足交通、面向市场、面向社会,突出培训内容的针对性、实用性,形式的多样性,干部教育培训工作取得了明显成效。被评为2011年全国交通现代远程教育办学先进集体、北京交通大学2011年优秀校外学习中心。新校区于10月全面建成并投入使用,占地3.33公顷,建筑面积25430平方米,建有教学楼、学术交流中心、学员公寓、食堂等设施。具备培训、教学、会议、住宿、餐饮、健身等综合性功能,同期可容纳800人规模的培训。2011年完成了10期共977人次的培训任务,其中,全国"两会"精神宣传辅导骨干培训班1期52人;省高速集团抚州管理中心文秘人员培训班1期83人;省交通运输厅入党积极分子培训班2期310人;厅学习贯彻《中国共产党党和国家机关基层组织工作条例》专题培训班1期169人;厅第七期青年科级干部培训班1期51人;厅组织人事干部培训班1期107人;厅机关党委新党员培训班1期115人等多期培训班。同时,多次受委托为省厅有关处室、兄弟单位设计培训方案,干部培训工作取得了较好成效。

三、职工在职教育扎实推进

2011年,全省各交通主管部门高度重视职工队伍素质建设,积极支持干部职工在职学习,努力拓展教育渠道。根据交通运输部支持西部地区教育培训相关政策,江西省交通运输厅依托长沙理工大学,面向全省交通运输系统招生工程硕士学员30名,每名学员获1万元学费补助,实现了交通运输教育培训工作新的突破,110人参加报名考试,录取学生28人。交通干部学院、交通职业技术学院继续加强与北京交通大学、武汉理工大学等高校联合举办大专、本科、在职工程硕士等学历、学位教育的办学力度,进一步转变办学理念,强化招生举措,推动远程教育事业跨越发展。2011年,圆满完成了404人的远程教育招生工作任务,年招生人数自2003年以来首次突破400人,在校学生人数达1153人。进一步拓宽办学渠道,在办好与武汉理工大学合办工程硕士班的同时,与长沙理工大学顺利开办工程硕士班1期,两校在籍工程硕士研究生77人。

(邹爱华)

交通院校

【省交通干部学院新校区全面建成】 2011年10月，省交通干院新校区全面建成并投入使用。新校区位于南昌市红谷滩新区凤凰洲，于2009年开工建设，占地面积3.33公顷，总建筑面积为25430平方米。由教学楼、学术交流中心A、学术交流中心B、学员公寓A、学员公寓B、食堂等六栋单体建筑组成，是一所集教学、培训、会议、住宿、餐饮、健身等功能为一体的现代化干部教育培训基地。新校区教学接待能力800人，会议接待能力800人，住宿接待能力312人，用餐接待能力500人；同时配有图书阅览室、室内恒温游泳池、室内羽毛球场、篮球场、网球场等文化健身设施。

（钟恢万）

【省交通干部学院立足自身实际做好“三篇文章”、打造“五最品牌”】 2011年，省交通干部学院立足自身实际，创新发展思路，注重学院发展，重点做好“三篇文章”（干部培训、远程教育、新校区建设），打造“五最品牌”（培训资源最丰富、培训组织最精细、培训管理最科学、培训服务最优质、培训效果最优良），朝着建设全国省级交通运输行业一流教育培训基地的方向快速发展。

一是全力做好干部培训工作重要职责，保质保量完成该院担负的全省交通运输系统干部培训的各项培训任务。该院建立健全了培训体系，积极对接“1+32”全国交通运输行业管理干部培训平台建设，实现了教育培训的优势互补和资源共享；并改进培训组织，整合社会资源，完善兼职师资库、培训基地数据库建设；与此同时，拓展培训内容，突出形势任务培训主题，突出江西交通的发展需求，突出能力素质的培养提高；创新培训方法，采取现代与传统多种教学方法相结合、理论学习与军事训练相结合、本地培训与跨省培训相结合等方法加强了对学员的培训。

二是大力推进远程教育。该院继续加强与北京交大、武汉理工大学的现代远程教育合作办学力度。不断加大远程教育招生宣传力度，在册生人数继续保持强劲的增长势头；规范教学管理，健全学员信息库，把好入学关和论文关，加强学籍档案管理、注册等工作，制定考务工作方案，完善考务制度，提升了办学层次；在远程教育招生规模扩大的基础上，继续办好与武汉理工大学合作开办的在职工程硕士研究生班，较好地满足了全省广大交通运输系统在职职工不同层次求学需求和优质高层次的学历教育。

三是努力推进新校区项目建设。已经建成占地面积3.33公顷，建筑总面积为25430平方米，由教学楼、学术交流中心A、学术交流中心B、学员公寓A、学员公寓B、食堂等6栋单体建筑组成的新校区。学院已整体搬迁，一举突破学院以往制约发展的瓶颈，使办学空间得到倍数拓展，办学条件得到全面改善，办学能力得到空前提高，办学规模得到有效扩大，为该院发展成为培训资源最丰富、培训组织最精细、培训管理最科学、培训服务最优质、培训效果最优良的全国省级交通运输行业一流教育培训基地奠定了基础。

（钟恢万）

【省交通干部学院在职工程硕士班GCT考试再获佳绩】 2011年，全国在职人员攻读硕士学位GCT考试（全国联考）中，省交通干部学院与长沙理工大学合作开办的在职工程硕士研究生班有30余名学生成绩达到录取分数线，上线率达62.5%，上线率及上线学生数在长沙理工大学在职工程硕士校外教学点中名列第二。

与此同时，省交通干部学院与武汉理工大学合办的工程硕士班也有16名学生通过了GCT考试。全年省交通干部学院累计通过全国在职人员攻读硕士学位GCT考试的学生人数达50名。

（邓 赟）

【江西交通职业技术学院开办少数民族教学班】 2011年9月，江西交通职业技术学院首次开设少数民族教学班，学制为两年。该班共有藏、满、蒙等多个民族的学生共40名，全部就读于该院路桥工程系。本次少数民族教学班系西藏天路股份有限公司订单模式培养班。办学期间，天路公司委派了一名中层干部全程参与学生管理工作。其培养计划和核心课程由学院和企业需求共同制定，学习期满、考核合格的学生安排到西藏天路股份有限公司就业。

（刘 婷）

【江西交通职业技术学院通过省人才培养工作评估】 2011年11月,省教育厅组织专家组对江西交通职业技术学院人才培养工作进行为期2天的考察、评估。专家组通过评估汇报会、专家深度访谈、专业剖析、教师说课、教师座谈会、学生座谈会和现场考察等评估考察和多方面、多渠道地收集数据和信息,对该院的办学成绩给予充分肯定,对该院人才培养成果一致通过。

(刘　婷)

【全省展开驾校资格条件清理】 5月15日~10月31日,省公路运输管理局在全省范围内进行驾校资格条件集中清理整治。对全省2007年12月31日前取得经营许可权的驾校的教练场、教练车、教练员、教学设施设备以及安全设施等资格条件是否符合《机动车驾驶员培训管理规定》《机动车驾驶员培训机构资格条件》以及《机动车教练场技术条件》的规定进行全面核查。经过为期5个半月的全面清理整治,全省共对87所资格条件不达标的驾校下达了限期整改通知书,17所驾校责令停业整顿,1所驾校被吊销行政许可。

(曹　伟)

【江西交通职业技术学院开展"节能减排,从我做起"主题活动】 9~10月,江西交通职业技术学院在全院开展了以"节能减排、从我做起"为主题的班会活动。

此次活动的主要内容有:各班组织学习《节能减排宣传手册》,积极开展以节能减排为内容的主题教育和宣传活动,将节能、节水、节粮等教育纳入课堂中,自觉养成健康、文明、节约、环保的良好习惯;各系结合实际,建立健全节能环保制度,节约每一滴水、每一度电、每一粒粮食、每一张纸、节约资源、保护环境;各班组织交流节能减排经验与体会,采取形式多样的教育和宣传形式,营造节能减排氛围,积极开展节能减排社会实践活动;全校师生在学习、工作、生活中,开动脑筋,积极行动,从我做起,从小事做起,争做节能减排活动的践行者和督导员。

通过此次活动,各系各班级师生进一步强化了能源忧患意识和环保意识,为倡导文明低碳的生活方式,创建节约型、生态化校园奠定了基础。

(学工处　后勤处)

【江西交通职业技术学院与省港投公司开展校企合作】 12月7日,江西交通职业技术学院与省港投公司双方在学院举行校企战略合作签字仪式。省交通运输厅、校企合作双方有关负责人及职工、教师和学生代表共300余人出席仪式。

江西交通职业技术学院与省港投公司双方从战略合作的高度,本着平等互利、优势互补、有偿共享的原则,充分发挥校企双方的优势,加强校企间的合作与交流,在教育、科研、人才培养等领域展开全面合作,结成长期、全面的战略伙伴关系,实现资源共享。企业为该院学生提供实践所需;学院为企业及社会培养更多高素质、高技能的应用型人才,共同进一步推动江西交通运输事业发展。

(刘　婷)

【省交通干部学院多项措施并举,推进"节约型"单位建设】 2011年,省交通干部学院紧密结合实际. 以制度建设为载体,以节能降耗为目标,多项措施并举,推进"节约型"单位建设。全院形成了"总动员、全参与、严落实"的节能减排格局。一年来,学院充分利用职工大会、党员大会、支部会议,组织干部职工深入学习中央以及省厅节能减排文件精神,向每位职工发放《中华人民共和国节约能源法》及《公共机构节能条例》学习读本,以集体学习与个人自学相结合的方式,强化全师生员工的节能意识;充分利用拉宣传横幅、张贴节水节电"小贴士"、发放节能倡议书以及开辟网站专栏、观看多媒体知识讲座等多种传统与现代相结合的宣传方式,宣传节能减排知识;组织全体人员参观了江西省节能产品和技术展示会,开拓职工视野,增强责任意识;与此同时,完善规章制度。制定了《省交通干院2011年度节能减排工作要点》,修订完善了《省交通干院节约用水电管理暂行办法》《省交通干院车辆管理制度》等规章制度,明确了各部门节能减排工作职责;深入开展以节电、节水、节油、节约办公用品为重点的系列节能活动,做好照明、供水、办公设备的节能升级改造,杜绝"白昼灯""长明灯""长流水"现象发生。同时,加强车辆管理和办公用品的采购和使用,严控会议规模和公务接待,在新校区建设中充分融入节能减排因素,将公共机构节能落到实处,推进节能工作步入制度化、科学化轨道;严格监督检查。学院加大了监督检查力度，通过对办公区域水电、办公用品及公务车用油使用管理情况开展全面检查和抽查，汇编成能耗支出明细账，及时公布物资消耗和费用开支情况，接受干部职工监督，对检查中发现的问题及时督促整改，确保节能减排不走过场。通过不定期开展节能减排监督检查，为创建"节约型"单位，建立节能减排的长效机制奠定了坚实基础。

（钟恢万）

【全省开展驾培行业"百优教练员"评选活动】 2011年11月20日～12月31日，省运管局联合省驾培协会在全省驾培行业开展了"百优教练员"评选活动。

此次评选范围广泛，所有已取得教练员从业资格并在全省驾培机构从事机动车驾驶员培训工作的在职教练员均可参加。评选活动严格遵循"公平、公正、公开"的原则，采取驾校推荐、社会评价相结合的方式。整个评选活动共分为初评推荐、初审择优、复审评定和公示表彰四个阶段。旨在通过选拔百名"教学水平高、服务质量优、社会信誉度好"的优秀教练员，树立行业典型，发挥示范作用，倡导驾校良好的教学风气。评选活动受到了全省各驾校和教练员的热烈欢迎，广大教练员积极参与、踊跃报名。评选活动结束后，省运管局和省驾培协会召开表彰大会，对获评的百名教练员授予"省级优秀教练员"荣誉证书，并给予适当物质奖励。

（曹　伟）

【广昌成立交通培训学校】 2011年1月，广昌县交通运输局交通培训学校正式成立。该校面积40平方米，固定资产1万元。拥有专职教师6名，其中，中级教师3名，初级教师3名；本科文化程度人员3名，大专文化程度3名。该校的成立，对传授交通运输专业知识，加强全县交通运输人员素质教育，促进全县交通运输事业发展将发挥重要作用。

（广昌县交通局）

【赣州创办首个汽车学院】 江西环境工程职业学院"中锐汽车学院"正式揭牌，这标志着赣州市首个汽车学院正式成立。这也是全省第二个汽车学院。新成立的中锐汽车学院涵盖汽车运用技术、汽车检测与维修、汽车技术与服务营销3个专业，以全日制3年制模式办学。该汽车学院是上海中锐教育集团与江西环境工程职业学院联合创办的。

（赣州市交通运输局）

培训与继续教育

2011年全省机动车驾驶员培训一览

表18

地　区	机动车驾驶员培训业户					教练员人数合计	管理人员人数合计	培训人次合计	教学车辆合计	机动车驾驶模拟器	教学场地（含租赁场地）面积
	合计	其中：普通机动车驾驶员培训									
		合计	一级	二级	三级						
	（户）	（户）	（户）	（户）	（户）	（人）	（人）	（人次）	（辆）	（台）	（平方米）
全省合计	384	384	23	241	120	8904	2875	1601163	9171	3289	6710211
南昌市	39	39	6	29	4	1,342	195	1,254,755	2,041	635	1,053,904
景德镇市	7	7	1	6	0	420	160	7,400	507	0	53,000
萍乡市	13	13	1	11	1	324	94	14,525	309	89	351,400
九江市	46	46	1	14	31	825	288	45,880	771	368	625,485
新余市	10	10	0	8	2	184	53	13,459	181	155	374,723

续表 18

地 区	机动车驾驶员培训业户					教练员人数合计	管理人员人数合计	培训人次合计	教学车辆合计	机动车驾驶模拟器	教学场地(含租赁场地)面积
	合计	其中:普通机动车驾驶员培训									
		合计	一级	二级	三级						
	(户)	(户)	(户)	(户)	(户)	(人)	(人)	(人次)	(辆)	(台)	(平方米)
鹰潭市	14	14	0	3	11	207	114	7,067	204	118	181,800
赣州市	98	98	2	67	29	2,014	608	58.531	1,822	700	1,503,893
吉安市	22	22	2	3	17	240	264	14,569	385	101	469,580
宜春市	64	64	4	46	14	1,052	304	71,535	1,362	575	829,960
抚州市	20	20	2	17	1	446	188	33,442	502	132	573,766
上饶市	51	51	4	37	10	1,850	607	80,000	1,087	416	692,700

(省公路运输管理局)

【省运管局对全省运政人员进行执法培训】 自2011年7月起,省运管局分4期举办运政人员执法培训班,对全省运政执法人员进行培训。

培训内容主要是:道路运输法律法规、行政执法基本知识、职业道德规范和队伍形象训练等。

培训期间实行半军事化管理。培训结束后,接着进行书面考试与模拟务实执法考核,其成绩纳入省运管局执法人员档案管理,并作用为“交通行政执法证”申领、换发的依据。

(王 洁)

【抚州市开办公路水路人才资源统计培训班】 5月17日,抚州市交通运输局举办公路水路交通运输行业人才资源统计培训班。各县(区)交通运输局、市局有关科室及下属企业派员参加培训。

培训内容是:学习交通部、省交通厅《交通运输部门公路水路交通运输行业人才资源统计调查工作方案》;讲解、演示《全国公路水路交通运输行业人才资源统计调查数据采集系统》;抚州市交通运输人才资源统计方式方法、调查范围、调查对象、调查方法等。通过培训,为确保全市公路水路交通运输行业统计调查工作按时保质完成奠定了基础。

(财审科)

【抚州长运公司举办以安全生产为主题的知识竞赛】 10月18日,江西抚州长运有限公司举办以安全生产为主题的知识竞赛。抚州市交通运输局、抚州市安监局、抚州市运管处及江西长运负责企业文化建设相关领导出席了本次竞赛活动,抚州长运公司全体领导及公司22个基层单位和部室160余人参加和观摩了本次竞赛活动。

本次竞赛在江西抚州长运有限公司机关和16个基层分公司组成的18个队54位选手中进行,分预赛和决赛两个阶段,其中,决赛又设有必答、抢答、风险竞答三个环节。竞赛内容包括《中华人民共和国安全生产法》《中华人民共和国道路交通安全法》《中华人民共和国道路交通安全法实施条例》《江西省安全生产条例》《江西省道路运输条例》《国务院关于进一步加强企业安全生产的通知》《中华人民共和国保险法》《生产安全事故报告和调查处理条例》《江西省人民政府关于进一步加强企业安全生产工作的实施意见》等相关法规。

通过此次竞赛活动,抚州长运公司进一步全面宣贯了《中华人民共和国安全生产法》等重要法规,加强了防患道路运输事故的能力和本领,提高全员安全素质,对杜绝习惯性违章等不安全因素,推动和促进安全生产具有重要意义。

(陈根玲)

【宜春市交通运输部门强化干部职工继续教育】 2011年,宜春市交通运输部门进一步强化干部职工再教育,注重提高干部职工队伍素质。其培训规模、参训人数堪称历史之最。

2011年该市县(市、区)交通运输部门把干部职工培训教育列入重要议事日程,作为全年工作目标考核的一项重要内容,并把学习成绩作为职务提升、评先的条件之一。精心编制培训规划、计划,确保领导、工作、经费、人员、计划五落实。

培训内容紧密结合该市建设大交通、发展大物流的需要,设有:交通建设项目管理、工程监管、养路工、渡工、交通执法、交通管理、财务统计等课题。

培训方式多种多样,主要是:邀请专家学者、老交通人员授课,由教师结合交通运输实际编教材、讲理论、讲实际运用与操作技艺。与此同时,鼓励干部职工利用业余时间自学。并积极组织和鼓励他们参加党校、刊大、业大等高校学习;选调干部带薪到高校脱产学习。并先后分期分批选调了一批有培养前途的年轻干部到高校带薪脱产学习。通过几年学习,他们回原单位后,均成为工作骨干,为交通运输发展发挥较好作用。

全市各交通运输部门积极鼓励干部职工自学成才,促进学习型交通运输队伍建设,规定凡经过自学考试,取得毕业证的学员学费均由单位报销,成绩特别优异的给予奖励。

全年全市交通运输部门采取多形式、多渠道举办各类培训班共 160 期,参加学习人数达 16607 人次。

（吴泽水）

【赣州市公路管理局举办《公路安全保护条例》专题培训班】　10 月 10 日,赣州市公路管理局举办《公路安全保护条例》专题培训班。全市 120 多名路政、治超执法人员及管理人员参加了此次培训学习。

此次培训由享受国务院特殊津贴的交通运输部法律顾问张柱庭教授讲课。张柱庭教授详细地介绍了《公路安全保护条例》的起草编写过程、立法的目的和依据、基本原则、适用范围、法律责任等。特别是在如何进一步加强公路安全保护问题上,张教授充分运用具体案例,对公路建筑控制区、集镇规划控制、涉路施工管理与许可、公路养护等作了生动地讲解。学员们纷纷表示整个讲座深入浅出、内容丰富,受益匪浅,增强了大家保护公路安全畅通的责任感和使命感。

（赣州市交通运输局）

【宜春公路学会举办农村公路管理培训班】　8 月 10～15 日,宜春公路学会在袁州区新佳汇宾馆举办了全市农村公路管理培训班,参加人员达 200 余人。12 月 1 日～6 日,在宜春举办了农村公路 GPS 数据维护系统、公路基础数据库系统更新、软件操作培训班,参加人员达 20 余人。6 月23 日～7 月 6 日,路政专业委员会组织了题为“加强岗位练兵提高队伍战斗力”的培训班。组织全体人员学习业务知识、上级文件和政治理论,讲解《路政案例范本》,然后逐个交流,检查队员的掌握程度。此次学习活动收到良好效果。

（张　虹）

【宜春市交通运输局安全宣教活动取得新突破】

2011 年,宜春市交通运输局着力在提升从业人员和市民的安全意识上下工夫,采取多项措施,推进交通运输安全宣教活动向纵深发展,安全宣教活动实现新突破。

该局积极组队参加全省交通运输系统“安康杯”交通运输安全知识竞赛,在全省交通系统 36 个参赛代表队角逐中,分别获得预赛和决赛第一名的好成绩;与此同时,一年来充分利用各种媒体,采取多种形式和方法广泛开展安全生产宣传教育、咨询活动,传播应急知识和防范技能,提升职工和民众的安全意识和技艺;扎实开展安全宣传月活动。市交通运输局联合袁州区交通运输局在鼓楼广场开展安全宣传咨询活动中,制作安全宣传展板多块,印制安全和应急宣传册 1500 本,宣传单 3000 余份,发至广大市民手中,其中,宣传册得到省厅表扬,已推荐给其他设区市参考、借鉴;深入开展安全培训教育工作。全市共组织渡口安全培训 6 期,培训渡管干部和渡工 128 人次。市交通运输局先后 4 次组织危货驾驶员和押运员从业资格培训和考试,共培训 1452 人。培训后组织学员考试,严把从业人员准入关,凡是不符合条件和考试不合格的驾驶员及押运员,一律不准进入危货运输市场。市运管局组织全市客货运输企业安管人员、部分驾驶员等进行培训。邀请专家授课,培训了万余人次。

（皮晓荣）

【丰城市运管所强化道路运输人员安全培训】

10 月 17 日～19 日,丰城市运管所对丰城市道路运输人员进行集中安全教育培训。该市所辖的客运、危货、公交、驾培、汽车维修及相关从业人员,共815人参加培训。

通过培训,学员们普遍感到受益匪浅,进一步强化了道路运输从业人员的安全意识,提高了搞好安全运输的事业心和责任感。

(丰城市 高强)

【铜鼓县加强交通行政执法人员素质教育】2011年,铜鼓县交通运输系统以坚持"执法为民、奉献社会"为宗旨,加强交通行政执法人员素质教育。

1. 组织全体交通行政执法人员深入学习和全面贯彻落实《交通职业道德规范》与《交通行政执法职业道德基本规范》,教育他们正确对待党和人民赋予的执法权力,认真履行行政执法的责任和义务。

2. 加强执法业务培训。通过集中统一开展交通行政执法、业务培训、派员参加上级安排的学习培训,邀请有关部门业务人员到单位讲课等多种形式,提高执法人员的业务素质、能力和水平。

3. 对交通管理部门的行政执法人员在加强思想政治工作的基础上,严格要求、严格教育、严格管理、严格监督,坚持"以制度管权、管钱、用人"为主线,加强约束力,努力从体制上、机制上、权力运行中铲除可能产生的腐败现象与土壤。

通过一年来的教育、培训,该县交通行政执法人员素质与执法水平明显提高,为培养和造就一支依法治交、文明服务、开拓进取、廉洁高效的交通行政执法队伍奠定了坚实基础。

(张玉洁)

【铜鼓县交通运输局加强干部职工在职教育培训】 2011年,铜鼓县交通运输局根据现有在岗职工队伍现状,加强对现有在岗干部职工科学文化素质和业务技能的教育和培训。积极支持在岗干职工利用业余时间参加各种函授学习,取得毕业证后给报销学费。全年还先后分5批,共安排干部职工13人分别到赣州、南昌、宜春等地学习工程预算、电子地图等业务技能。此外,还安排干职工参加纪检监察、政法综治、交通安全、运政执法、办证审批、新闻写作、信息宣传、电子政务等各项业务培训学习。通过在职教育培训,营造人人争当本职岗位工作行家里手的良好风气,全体干职工业务素质得到提高,现在岗干职工中具有大专以上学历17人,占在岗干职工29人的60%。通过培训,为该县的交通运输事业可持续发展提供了智力支持和人才保障。

(李 燕)

【高安市交通运输局路政管理培训效果好】 2011年,高安市交通运输局举办路政管理培训会。副局长、公路所所长到会授课。交通运输系统所属单位农村公路路政管理人员参加培训。以会代训形式,使参会者全面了解路政管理的意义及重要性。此次培训会既是一次路政业务培训,又是路政人员共同学习、相互促进的交流会,参训人员认真学习、深刻理解、学以致用,使培训收到良好效果。

(周世祥)

【袁州区交通运输局加强干部培训】 2011年,宜春市袁州区交通运输局采取一系列培训措施:一、积极抓好干部素质提升工程。所属各党支部结合实际,充分考虑干部知识层次和年龄结构不一等因素,制作学习培训需求卡,让干部自选培训内容,确保参训干部学有进步。二、多种手段促进教育培训工作。一是集中办班形式,举办入党积极分了、后备干部、干部培训班;二是坚持长班与短班相结合,知识普及与学历提高相结合,走出去与请进来相结合;三是充分利用现代远程教育的网络优势强化培训。三、做好教育培训建档工作。认真做好干部培训的建档立卡工作,健全和完善培训档案,加强干部教育培训管理的回访、反馈。通过培训,达到用科学的理论武装干部,用现代科技知识提高干部素质,加强实践锻炼,提高创新能力,培养和造就了一支高素质的干部队伍。

(刘 琛)

【樟树市交通运输局举办汽车安全维修行业知识讲座】 5月24日,樟树市交通运输局举办维修行业专家知识讲座,汽车维修企业负责人等40余人参加听课。

此次讲座邀请省道路运输协会秘书长吕润华授课。他结合具体案例,从汽车市场的现状,目前维修市场的问题、汽车消费市场的发展规律、汽车维修企业营销管理过程、客户关系管理等方面讲解汽车安全维修行业知识。并通过课堂现场答疑方式,对学员在实际工作中遇到的问题进行详尽解答。

通过讲座,学员们进一步理解和掌握了汽车安全维修行业知识,促进了该市汽车维修行业健康发展,增强了良好服务和品牌意识。

（彭旭东）

【全省道路运输从业资格考试考核员与从业资格培训教练员培训班在南昌举办】　4月19～22日,全省道路运输从业资格考试考核员和从业资格培训教练员培训班在南昌举办。各设区市运管处(局)选送的72名在职运管干部参加了考核员培训班;40名经全省各道路运输从业资格培训机构推荐的人员参加了从业资格培训教练员培训班。

此次全省考核员培训班是受部评价中心委托举办的全国首个考核员培训班。旨在为下半年全省各考点统一开考及执行新的从业资格考试内容奠定扎实基础。培训班邀请交通运输部评价中心两位软件工程师和省高校及相关单位的一些专家为学员授课。

培训内容有专业知识应用能力考核的评分标准以及考试软件、考务软件的操作应用等方面的课程;从业资格培训教练员培训班的内容主要包括交通安全法及安全行车知识、道路运输条例及相关规定、专业知识应用能力讲解、汽车使用技术与常见故障处理以及危险运输物品管理等。

培训结束后,省运管局组织了结业考试,并对成绩合格的学员相应核发了考核员证和"从业资格培训教练员证"。

（曹　伟）

【江西举办道路运输从业资格考试系统管理员培训班】　6月21～25日,交通运输部职业资格中心在南昌举办道路运输从业资格考试系统管理员培训班。

本期培训班由交通运输部职业资格中心委托省运管局具体承办。授课地点设在南昌市道路运输从业资格理论考场,全省各设区市运管部门共选派了33名考试系统管理人员参训。培训班重点对Oracle数据库、考试题库、机考系统、考务管理系统的安装及操作等内容进行了培训。培训结束后,交通运输部职业资格中心对参训人员进行了结业考核,并向11个设区市发放了题库安装盘和《实用操作手册》。

（曹　伟）

【赣州市道路运输驾驶员从业资格考试中心开始执业】　8月10日,赣州市公路运输管理处道路运输驾驶员从业资格考试中心已开始执业。投资90万元新建的道路运输驾驶从业资格考试中心,占地面积500平方米,配备计算机45台、3辆教练车。驾驶员从业资格考试在实行无纸化考试的基础上,还新增了专业知识考试内容。该中心通过规范考试工作,对进一步提升营运驾驶员的心理技术素质,从源头上保障道路运输安全具有实际意义。

（李发淳）

【省运管局全面规范教练员培训和考试】　2011年,省运管局在南昌举办了全省上、下半年的机动车驾驶培训教练员从业资格培训和考试,各设区市共有2300余人参加。

省运管局全面规范教练员培训和考试工作:一是实行"考培分离",由省驾培协会负责教练员从业资格培训工作,省运管局则具体负责考资格审查、考试组织以及教练员证制发等工作。二是从严审查报考人员资格。在资格审查环节设置了初审和复审两个岗位对报考人员提交的申请材料进行审查,对不具备资格条件或申报材料不齐的,坚决不予受理。三是紧扣《机动车驾驶培训教练员从业资格考试大纲》内容设置培训课程,增强培训工作的针对性和实用性。同时聘请教学经验丰富的老师和优秀教练员为学员进行授课,切实提高培训质量。四是强化考务管理。进一步规范考试流程,严格考试纪律,加强考试监督,确保了考试的公开、公平、公正。

（曹　伟）

【梨温高速公司举办首期绿化种植管养培训班】
3月16日,梨温公司首期绿化种植管养培训在东乡管理处开班。培训班特邀南昌市花协副秘书长罗民伟主讲。

培训会上,罗民伟从绿色生态的宏观认识与微观认识入手,深入浅出地阐述了省委省政府关于绿化工作"一大四小"的重要性和战略意义。同时,具体讲解了树木的识别、种植和养护三部分重点,详细再现了对树木的识别、树木的种植和树木的养护等现场化知识。授课形式轻松,语言丰富,通俗易懂,使受训人员一听就懂、一听就能掌握。罗民伟还用“抗旱浇水、锄草施肥、防病灭虫、修剪整形”四句话总结了对树木养护的经验。学员们普遍反映:通过培训,受益匪浅。

(余斯冬　万季怒)

【江西公路开发总公司公路养护经费座谈会召开】 1月28日,江西公路开发总公司公路养护经费座谈会在南昌召开。该总公司及所辖梨温公司、景鹰公司、养护公司的有关工程养护、财务审计负责人员参加。

会上,各单位参会人员汇报了2010年养护经费使用情况,并对当前养护经费计划模式进行热烈讨论。会议研讨了大家的相关建议和建设性意见,并就养护经费计划提出了新模式,明确了改进方向,从而使养护经费管理、决策、使用更加科学化、效率化,更加适应交通运输事业发展需要。

(宋　远)

【景鹰高速公路公司举办公路养护技术管理培训】 10月27日,江西公路总公司景鹰高速公路公司举办养护管理技术培训。景鹰公司新进的养护管理技术人员、养护内业人员等60余人参加培训。

培训的内容是:公路养护管理方法、养护规范化管理、养护技术与管理、养护安全管理四个方面。培训班针对日常管理过程中的养护管理与技术问题进行了详尽讲解,并就养护工作提出了明确的要求和殷切的希望。

通过培训,学员们一致表示要以强烈的事业心和责任感和“懂技术、比技能、重管理”作为标准严格要求自己,提高养护管理技术水平,保障高速公路的“畅、洁、绿、美”,切实做好高速公路维修保养工作。

(赵秀女　周　欢)

【鄱阳公路养护所注重提高员工业务技能】 2011年,景鹰高速公路公司鄱阳养护所开展各项业务、技术活动,进一步提高全所员工的各项业务技能和管理水平。

一年来,该所利用业余时间,组织技术人员走上讲台,为员工分别讲解工作职责和养护知识;进一步开展业务研讨,相互交流、学习、共同提高;组织全所员工“练绝活、创一流、争第一、开展技能比武”活动;11月30日,组织技术人员进行业务技能考试,考试内容主要有《公路桥梁养护规范》《公路路面、路基养护知识》和《公路养护作业安全规程》等知识。通过以上多项业务活动,提高了职工队伍的实际工作能力与工作效率,提升了全所人员的专业技术与管理水平。

(胡思勤　丁成艳)

【景鹰高速公路公司与江西财大合作开办管理人才培训班】 8月2日,景鹰公司与江西财经大学合作开办的第一期管理人才培训班开班。景鹰公司与江西财经大学产业经济研究院就管理人才建设合作开办的干部培训班,是该公司推进干部培训创新,积极探索校企合作,创建学习型企业的一次有益尝试。

第一期培训历时3个月,讲授6门课程,内容涵盖领导力与执行力、企业文化建设;人力资源管理、绩效与薪酬管理;现代商务礼仪;财务管理与企业资产配置;现代生产与物流管理等五大课程。江西财经大学党委书记、产业研究院院长、博士生导师、教授廖进球应邀进行开班第一讲。教授廖进球以《“十二五”期间经济发展的十大趋势》为题,围绕“十二五”规划总体目标,分别从生态经济导向、科技创新领先、人才要素第一、效率公平并重、内需外需均衡增长、资源配置资本化、区域发展均衡化与功能区化、产业体系现代化、增量与存量改革并进、全球化视野与全面开放等10个方面进行详细分析,并通过列举大量事例、数据,生动、全面地剖析了当前在全球经济不断变化形势背景下的国内、外经济发展状况及动向。从全球发展的新视野,发展的趋势,阐述了适应全球发展应具备的新理念和创新思路,使广大干部职工深受启迪。

公司班子成员,各管理处副站级以上干部,机关全体职工共70余人参加培训。

(夏睿德)

【景鹰高速公路公司举行柴油发电机组维护保养培训】 10月19日,景鹰高速公路公司在鄱阳管理处举行柴油发电机组维护保养培训。此次培训由发电机组厂家专业技术人员授课，景鹰公司全线发电机操作人员参加。培训的主要内容是涉及发电机组日常操作流程及简易维护保养相关知识。此次培训有效提升了公司全线发电机组操作人员的理论和实际操作水平，为各单位发电机组今后安全有序运行提供了坚实保障

（丁成艳）

【省高速集团昌东养护所组织养护知识考试】 11月28日，昌东养护所组织了一次养护业务知识考试。此次考试实行单人单桌、闭卷的方式进行，以真实的学习成绩检验学习成果。通过此次考试，检验出该所员工们取得的良好学习成果，也反映出员工的一些不足之处，更加促进了员工的学习积极性和主动性不断提高。大家纷纷表示，今后要进一步立足本职，继续苦练基本功，争做技术精兵、养护能手，以推动养护工作又好又快发展。

（龚海燕）

【赣州市对违章出租车司机进行职业培训】 12月21日，赣州市运管处对本年度违章2次以上的120余名司机进行职业培训。赣州市中心城区现有13个出租车公司，司机2500余名。这次培训是依据交通运输部《出租汽车服务质量信誉考核办法》及《江西省道路运输条例》有关条款而着手举办的。通过培训，对违章出租司机进行法律、法规再教育，提高他们的综合素质和技艺水平及遵纪守法的自觉性。

（李发淳）

【江西公路开发总公司举办法律知识考试】 12月10日，公路开发总公司组织2011年法律知识考试。公司科级干部等共20余人参加。考试内容为全国普法办编著的《干部学法用法读本》、2011年全省重点普及法律法规知识（包括刑法、人民调解法、社会保险法、村民委员会组织法、邮政法）及省人大常委会《关于进一步加强法制宣传教育的决议》等。考试以考促学、学用结合的方式进行。通过考试，进一步激发了全体机关干部职工的学法、懂法、用法热情，提高了干部职工的法律法规意识和廉洁自律、遵纪守法的自觉性。

（王　玮）

【余江高速公路管理处举办学习中共十七届六中全会精神讲座】 12月6日，余江高速公路管理处举办学习中共十七届六中全会精神专题讲座。邀请鹰潭市市委讲师团张敏胜教授宣讲十七届六中全会全会精神。

通过讲座，学员们深刻认识和理解中共十七届六中全会召开的重大意义和全会提出“文化是一个民族的精神和灵魂，是国家发展和民族振兴的强大力量，是支撑中华民族生存、发展的精神支柱；文化建设有利于增强民族凝聚力和创造力，是推动中华民族走向繁荣强大的精神动力，是中华民族之魂”的极端重要性。进一步加深了对加强文化建设，加快发展文化产业，推动文化产业成为国民经济支柱性产业的理解与认识。全处班子成员、副站级以上干部、党员代表及机关全体员工参加讲座。

（谢卫兵）

【鄱阳养护所举办业务技能考试】 11月30日，鄱阳养护所组织技术人员进行业务技能考试。考试内容主要有《公路桥梁养护规范》《公路路面、路基养护知识》和《公路养护作业安全规程》等。

近些年来，鄱阳养护还所利用业余时间，组织技术人员走上讲台，分别讲解养护知识和养护的各项技能。并组织员工相互交流、相互学习，开展“练绝活、创一流、争第一、技能比武”活动。本次进行业务技能考试既是对过去学习情况的检查，又是对今后业务学习的推动，以进一步提高全所员工队伍的专业技术水平和管理水平。

（胡思勤　丁成艳）

【乐平收费站开展读书思廉活动】 自11月25日起，乐平收费站紧密结合鄱阳管理处开展“反腐阳光年”活动，开展“读书思廉洁”活动。此项活动开展以来，该站始终以“廉政准则”为主要学习内容，用廉政案例、名言警句、古今清廉故事教育干部职工。该站在干部、员工在自学的基础上，通过组织分组讨论、集中研讨交流等形式，让职工相互帮助、共同提高，确保了“读书思廉洁”活动取得实实在在的成效。通过开展读书思廉活动，进一步激发了大家的学习热情，营造了学廉洁、思廉洁，践行廉洁、廉洁从政，警钟长鸣氛围和反腐倡廉建设的创新发展。　（吴俊龙）

【景鹰高速桥隧管理处举办新闻写作知识讲座】 10月24日,景鹰高速桥隧管理处特邀江西省作家协会会员、江西省杂文学会副秘书长欧阳滋生作新闻写作知识讲座。欧阳滋生结合自身多年新闻工作实践,主讲了有关新闻写作基本知识,新闻消息的写作方法、写作技巧,以及如何提高稿件采用率等基层单位实际应用问题,并对该处员工写作的稿件进行了点评指导。该处领导、部门负责人及员工共计20多人参加讲座。

(桥隧管理处 项 坚)

【三龙收费站开展"服务直通车"服务知识培训】 11月29日,江西公路开发总公司三龙收费站举行为期2天的"服务直通车"知识培训。此次培训利用各种日常生活中的服务案例来阐述优质服务所需要的思路、方法和技巧,以互动的形式,通过现场交流、情景演练、角色转换、故事讲解、现场提问,讲解服务概念、方法流程到细节步骤的行为技巧,以及"窗口"服务、文明服务、礼仪服务三大部分内容。通过培训,学员们从感性到理性理解了"优质服务"重点、意义和方式方法与技巧,对做好本职工作,提升团队意识,培养团队协作精神等方面起到了很大的推动和促进作用。学员们一致表示:要将培训中学到的知识更好地运用到实际的工作中去,真正做到"真诚为车主,服务到永远"。

(康乐昊)

【宜春市公路局路政支队开设"周五路政治超课堂"】 3月16日,宜春市公路管理局路政支队开办"周五路政治超课堂",于周五下午3:30安排授课。全体路政治超执法人员参加听课。

每周"周五路政治超课堂"以理论知识宣讲为主,学习探讨路政法律法规,路政治超业务以及对工作中遇到的难点问题的剖析等。通过"路政治超课堂"这一新型学习平台,相互学习执法技巧,交流工作经验,切实提高执法人员履职能力,提升执法人员综合素质,推动路政执法工作的开展。授课人员为该局负责人或邀请其他部门专家授课,也可由该路政支队有针对性指定专门人员授课。课题自选,或由该支队根据当前工作实际指定调研课题。员工只要在工作中积累了好的工作经验或做法,即可上台讲课。该活动旨在创新学习型组织的新平台,将路政执法支队打造成一个"政治过硬、业务过硬、作风过硬"的路政治超执法队伍。

(戴志勇 杨亚光)

【万年管理中心举办新员工岗前培训】 12月12日,万年管理中心瑞洪收费站新员工岗前培训班落下帷幕。本次培训时间紧促、内容丰富、气氛浓厚,是一次高要求、高标准、高质量的培训。在整个培训过程中,做到了"三个到位",一是领导重视,培训小组全面到位,各项工作开展井然有序;二是端正态度,培训人员集体到位,全体参训人员认真对待;三是齐心协力,住宿环境落实到位,各单位团结一致为员工提供优越的学习和生活环境,确保了培训顺利进行。

通过培训,新员工的思想、技能和综合素质与适应能力明显提高。培训班结束时万年管理中心为优秀学员代表颁发了荣誉证书,表彰了先进。

(陈碧娟)

【昌樟管理处举办日常工作法律知识讲座】 9月3日,昌樟管理处举办日常工作法律知识讲座。由江西华心律师事务所主任律师邹铸仁授课。他结合高速公路管理的实际情况,通过对一系列案例的生动分析,针对性地讲解了最近颁布的"公路安全保护条例""社会保险法""《新婚姻法"等法律法规知识。对管理处在日常管理工作中如何规避法律风险、避免违约责任等内容作了重点讲解。教师就学员关心的问题与大家进行了现场交流。管理处中层以上管理人员,基层单位党政主要负责人以及收费、养护部门等相关工作人员共计80余人参加讲座。通过听讲座和现场咨询,进一步增强了全处干部职工的法律意识,提高了管理处依法收费、依法管路的能力和水平。

(黄 凯)

【省高速集团举办第二期稽核业务骨干培训班】 12月6~8日,省高速集团第二期收费稽核业务骨干培训班在南昌举办,集团所属单位的92名收费稽核业务骨干参加培训。

培训内容主要是:收费服务与管理、新版收费系统软件的操作及应用、高速公路联网稽查方法、高速公路逃费案例分析等。

培训班邀请省内收费稽核业务能力强、工作经验丰富的管理人员授课。侧重于提高学员的系统软件的操作应用能力和逃费形迹的判断分析能力。授课形式除了详尽的理论知识阐述和典型案例演示外,每堂课后均安排30分钟答疑时间。学员就学习中所产生的疑问和平时工作中积压的问题,与授课老师进行面对面交流与互动,取得了良好的教学效果。学员们普遍收获颇多,受益匪浅。培训结束后,学员们参加了集团统一组织的第一批收费稽核专业人员业务考试。

（收费管理部）

【赣州市举办道路运输卫星定位服务系统监控人员培训班】　6月10日,赣州市举办全市道路运输卫星定位服务系统监控人员培训班。这次培训班切实贯彻落实国务院、交通运输部“关于加强道路运输车辆关于监控工作的通知”精神和江西省有关规定,加强赣州市道路运输车辆动态监管工作、预防和减少道路交通运输事故、提高道路运输管理现代化水平、规范全市道路运输车辆卫星定位系统的监控管理工作。培训班上,省运通科技公司系统部经理上官洪、维护站站长郭华翔、客服经理杨希、市运管处信息科科长孙晓红分别就江西省道路运输卫星定位服务系统操作技术、GPS车载终端设备日常维护和常见故障排除、赣州市道路运输卫星定位服务系统管理办法及相关文件向学员作了认真宣讲。

全市公路运输管理所、重点公路运输企业从事信息化监控工作的人员近70人参与培训。

（李发淳）

【上高管理中心举办社会治安综合治理知识专题讲座】　12月8日,上高管理中心举办社会治安综合治理知识专题讲座,特邀省交通运输厅综治办主任糜向荣主讲。他针对性地从社会治安综合治理基础知识、全省交通运输系统综治工作特点、要求、矛盾纠纷排查调处制度,以及突发事件应急处置等方面做了详细的讲解。

通过讲座,上高管理中心全体干部职工深受启迪。进一步提升了综治人员业务能力和综合素质,强化了广大干部职工的安全防范意识。

该中心领导班了成员、中心所属各单位党政主要负责人、综治办主任、综治员以及机关全体职工共70余人参加了讲座。

（韩小万　汪　星）

【省交通运输厅举办两期2011年入党积极分子培训班】　5月30日~6月1日,省交通运输厅2011年入党积极分子首期培训班在省交通干院举办。此次培训邀请省委讲师团、省直工委、江西财大的4名专家教授授课。专家们分别讲授了“坚持中国特色社会主义道路”等课程。培训班采取集中培训与自学、考试考核相结合的方式进行。通过培训,提高了厅直单位入党积极分子的政治素养和自身素质与理论水平。厅直属单位近170入党积极分子参加培训。

12月7日,省交通运输厅2011年第二期入党积极分了培训班在省交通干部学院新校区开班。此次培训一是认真贯彻中组部《发展党员工作细则》,被列为重点培养的发展对象,入党前进行短期集中培训;二是通过培训,使发展对象加深对邓小平理论、“三个代表”重要思想、科学发展观等基本理论的理解,掌握党的基本知识,懂得党的性质、纲领、指导思想、宗旨、确立为共产主义事业奋斗终身的信念;三是提高入党积极分予自身素质。本次对入党积极分子进行集中培训为期3天,省交通运输厅厅直各单位的入党积极分子140余人参加培训。

（程晓明）

【省交通运输厅举办学习全国“两会”精神宣传骨干培训班】　4月7~9日,省交通运输厅学习贯彻全国“两会”精神宣传骨干培训班在社会主义学院举办。培训的主要内容有:《“十二五”规划学习辅导》、《“两会”精神学习辅导》《中国传统文化的现代折射》《国际热点问题——中东局势》等。厅直各单位中心组学习秘书、宣传骨干、理论辅导员共50余人参加培训。通过培训,学员们进一步自觉地把思想和行动统一到党和国家对当前国际国内形势的科学判断及重大决策部署上来,把力量凝聚到“十二五”规划纲要提出的宏伟目标和实施“十二五”规划起好步、开好局上来,提高了自身素质和能力,调动了学员们的工作积极性、主动性和创造性。

（程晓明）

【省交通运输厅举办学习党和国家机关基层组织工作条例培训班】 10月27～28日，省交通运输厅在省交通干部学院举办学习贯彻《中国共产党党和国家机关基层组织工作条例》(以下简称《条例》)专题培训班。

培训班邀请江西党建方面的专家授课。厅直各单位党务专职干部及所辖基层党组织负责人170余人参加了培训。

通过培训，学员们进一步理解和认识《条例》修订颁布的重要意义，增强了学习贯彻《条例》的责任感和紧迫感，提高了机关党建工作能力和水平，促进了厅直各单位将《条例》的宣贯活动落到实处的进程。

(程晓明)

【全省第五期公路路政执法人员岗前培训班在陆院举办】 1月7～13日，省交通运输第五期全省高速公路路政执法人员岗前培训班在南昌陆军学院举办。

培训的内容主要是：路政管理实践工作、路产路权管理、行政处罚、排障管理、行政执法、交通手势操；与此同时，进行严格的军事训练。

此次培训是一次思想、意志、业务、作风的全面培训。学员们非常珍惜二次上岗前培训的机会，克服天寒地冻、时间短、内容多、要求高等诸多困难，既学好业务知识，又践行军纪作风；既增强了进取意识，又锤炼了个人意志，全面提升新上岗执法人员的综合素质和履职能力，强化了队伍建设，提高了“保畅通、保平安、保稳定、保形象”和依法行政水平。

全省高速路政系统的360名学员参加了培训。

(来栋萍)

【省交通运输厅第七期青年科级干部培训班开班】 11月21日，省交通运输厅第七期青年科级干部培训班在省交通干部学院开班。

参加本期培训的学员是在厅直属单位范围内以差额的方式，通过“双推双考”(民主推荐、组织推荐、理论考试、组织考察)，公开选拔的191名厅直属单位副处级后备干部的一部分青年科级干部。

(雷声猛　钟恢万)

【省交通运输厅举办组织人事干部培训班】 12月21～23日，省交通运输厅在交通干院举办为期3天的组织人事干部培训班。

此次培训班对参加培训的组织人事干部进行了适应新形势、新任务、提高自身素质；树立服务意识，争当服务大局的表率；树立学习意识，争当勤于学习的表率；树立奉献意识，争当敬业奉献的表率；树立廉洁意识，争当严于自律的表率等方面的培训教育。

厅直单位组织人事处(科)长和人事干部，共计100余人参加培训。

(程晓明)

【江西远洋运输公司举办党务、纪检监察干部业务培训班】 10月29日～30日，江西远洋运输公司举办党务、纪检监察干部业务培训班。公司所属各单位、部门的党支部书记、专兼职纪检员、有关单位、部门的负责人等80余人参加了培训。

此次培训内容是：紧密结合创先争优活动与当前公司在党务、纪检监察工作的实际，从如何当好党支部书记、党及党支部基本知识、党员发展、党费收缴、党的公文收发规则、惩防体系建设、党风廉政建设工作规范和评价机制、消息写作等方面进行了讲授和交流。

通过培训，进一步提高了全公司党务、纪检监察干部整体素质，丰富了业务知识，提高了公司党务、纪检工作的整体水平。

(张桂钦)

【江西远洋运输公司举行普法知识考试】 12月7日，江西远洋运输公司按照省普法办统一部署，组织干部职工进行2011年普法知识考试。公司机关及各在南昌所属单位的100余名职工参加考试。

此次考试内容主要是：2011年全省重点普及的法律法规知识，包括刑法、人民调解法、社会保险法、村民委员会组织法、邮政法、江西省人大常委会关于进一步加强法制宣传教育的决议等。

通过考试，进一步加强了公司职工学法、知法、守法、用法意识，提升了公司职工依法从业的理念。

(张桂钦)

【全省首期水上船舶自动识别系统(AIS)应用培训班在南昌举办】 2011 年 4 月,全省船舶自动识别系统(AIS)应用第一期培训班在南昌举办。省港航管理局海事管理处、省水上搜救中心,以及南昌、九江、宜春、上饶市地方海事局的 22 名海事、信息化管理人员参加培训。

此次培训由交通运输部海事局 AIS 实施小组的老师授课。授课老师详细讲解了 AIS 应用专业版软件的操作及使用知识。通过培训,为落实交通运输部在全国内河推行船舶自动识别系统(AIS),彻底解决跨省流动船舶监管难度大部问题创造了条件。对提升江西地方海事水上安全监符水平具有较大的推动促进作用。

(刘宗钰)

【省交通运输厅信息中心举办 OA 协同办公知识讲座】 7 月 8 日,省交通运输厅信息中心举办厅 OA 协同办公知识讲座。

讲座内容有:系统介绍 OA 系统办公的各功能模块,具体包括门户应用、流程符理、知识管理、沟通平台、综合事务及系统管理等六大功能,以及 OA 移动办公、手机访问等新技术的应用。

通过讲座,进一步提高了学员们的信息技术应用水平,对在全系统进一步推广同一 OA 系统,快捷方便整合交通信息资源起到一定的推动与促进作用。

(厅信息中心)

【赣州市港航管理处举办全市港口经营、水路运输行政许可业务培训】 3 月 24 日,赣州市港航管理处组织全市各县(市)港航所 30 名分管行政许可负责人、办证人员和市港航处行政服务办证中心人员,在市港航处会议室进行港口经营、水路运输行政许可业务培训。

培训的主要内容是:从港口行政许可基础知识、港口经营管理规定、国内水路运输经营资质管理规定、水路运输经营资质动态管理等 4 个方面作了系统的培训,并在江西省交通厅航管理局船舶动态管理系统中进行了实操。

通过培训,受理业务人员对行政许可工作标准进一步加深了解,提高了行政许可受理和审核实际操作工作能力。进一步转变了行政服务办证作风、提高了办事效率、提升了港航业务管理整体水平。

(赣州市交通运输局)

【省运管局加大运政执法人员执法培训力度】 2011 年,省运管局大力加强全省运政执法队伍建设,提高执法人员素质和执法能力,根据省交通运输厅《关于举办全省道路运输行政执法人员资格培训的通知》(赣交科教字〔2011〕35 号)的要求,从 7 月份开始,对全省执法人员开展执法培训。培训实行半军事化管理,培训内容主要包括行政法律基本知识、道路运输法规和规章、执法实务知识、职业道德规范以及队伍形象训练等。培训考核结果作为《交通行政执法证》申领、换发的依据,并纳入省局执法人员档案管理。2011 年共举办四期执法培训,培训人数共计 537 人。

(省运管局 王 洁)

【梨温高速公路公司举办建设学习型组织专题辅导讲座】 4 月 8 日,梨温公司举办了一场题为“建设学习型组织”专题辅导讲座,讲座特邀省委讲师团李江源教授授课。他分三个层次展开讲座,即什么是学习型组织、学习型组织的总体要求和学习型组织的主要内容,全面介绍了学习与历史、学习与中外、学习与文化、学习与实践、学习与政党“五个方面”的内容。并就学习型组织建设的标准、内涵、任务、做法、现状与方向进行了系统讲解。通过讲座,拓展了干部员工理论视野,丰富了学习型组织建设内涵。

(公路开发总公司 胡丹)

【萍乡市交通运输局举办党史知识学习报告会】 4 月 22 日,萍乡市交通运输局举办党史知识学习报告会,邀请安源纪念馆馆长黄仂作中共党史学习辅导。萍乡市交通运输系统 150 多名干部职工参加报告会。辅导报告详细介绍了学习中共党史的意义和方法,对中共党史上的一些重大历史事件及背景进行了深入阐述和 讲解。

(李襟远)

【德昌高速公路项目办新员工岗前培训工作完成】 8 月 30 日,为期 10 天的德昌高速项目办新员工岗前培训工作完成。

通过培训,学员们磨练了自己的意志品质,增强了自身的学识才干,增进了与员工和班长之间的友谊,培养了尊重他人、关心集体、坚韧不拔、敢于拼搏的优良品质,学到了上岗后应知应会的知识,为成为一名合格的德昌高速员工奠定了坚实基础。此次岗前培训共完成军事训练72课时,业务理论12课时和规章制度学习8课时。

参加此次岗前培训的新员工共272人,其中,男员工124人,女员工148人。

(傅文明)

【景鹰高速公路公司组织新员工入职培训提升员工工作技能】 自1月15日起,景鹰公司组织新员工在凰岗收费站进行为期一周的入职上岗培训。

培训内容主要有:军事训练、收费知识、收费文明礼仪、公司规章制度及岗位职责、千分制考核办法、相关法律法规、廉政规定、爱岗敬业等。

培训方式为:单兵动作行徒手操练,讲师授课,现场观摩学习。

通过培训,新员工尽快熟悉岗位要求,熟练掌握了操作技能,提升了工作能力和综合素质。

(谢福建)

【景鹰高速公路公司举行安全教育培训及理论实践考试】 1月25日,景鹰公司组织全体驾驶员进行增强驾驶员安全意识,提高驾驶员业务技能,提升驾驶员综合素质的培训和理论考试。考试分理论和实践操作,景鹰高速公路公司55名驾驶员参加了此次考试。通过此次安全教育培训及理论实践考试,公司驾驶员的安全文明行车意识得到进一步提高,为车辆安全管理工作奠定了坚实的基础。

(刘伯庭)

【新余港航分局积极开展行政执法人员培训】 2011年4月,新余港航分局积极组织全局海事执法人员开展行政执法培训与考试。该局机关及下属海事处共有14人参加培训与考试。此次培训紧密结合辖区水上交通实际和海事执法工作实践,重点讲解了港航行政执法实务操作中的案例和执法风纪。培训内容涉及海事行政执法的法律、法规、规章、规范性文件及技术业务基本知识。通过培训及考试,提高了执法人员业务素质,营造了良好的行政执法氛围,加强了行政执法队伍建设,为辖区水运生产经营依法行政工作奠定了良好基础。

(张少华)

【梨温高速公路公司开展监控员业务知识培训】 7月14日,梨温公司在杨梅岭管理处举行监控员业务知识培训。

培训课上,杨梅岭管理处有关负责人国围绕监控员的监督职责、主要工作内容、监控工作的特点、基础业务知识、电话沟通的礼貌规范以及处理投诉的方法和技巧以及如何应对应急事件等方面进行了详细的讲解,并对参加培训的监控人员在工作中遇到的疑难问题进行详细的解答,提出相应的解决方案。赣浙管理处监控员代表就如何做好监控工作作了体会发言和经验交流。

通过培训,进一步提高监控员监控业务水平,规范监控业务流程,促进监控工作规范化、专业化和科学化,监控人员不仅拓宽了监控业务的知识面,进一步掌握了处理投诉的方法与技巧,提高了主动服务的意识,为更好地为司乘人员提供真诚、细致的服务打下了良好的基础。

(李慎国)

【江西公路开发总公司用礼仪培训为女员工"塑形"】 4月15日,江西公路开发总公司工会在梨温公司鹰西收费站举办了文明礼仪知识培训。

培训课特邀江西科技师范学院周丽云教授授课。周丽云教授结合总公司发展对文明礼仪需求,围绕礼仪的概念和作用、礼仪的原则、基本的礼仪规范、创办文明企业和公共关系与人际关系、如何树立自信、诚信待人、善待自己、塑造形象,旁征博引、深入浅出、幽默风趣的授课,使得现场的培训气氛非常活跃,有效提升了员工礼仪知识水平,进一步提高了女员工文明礼仪素养,塑造魅力职业女性形象。

(叶青林)

【宜春市加快发展驾培行业教育培训】 2011年,宜春市机动车驾驶员培训学校获"全国文明诚信优质服务驾校"称号,标志着全市驾培行业实现较快发展。一年来,新增训练场119632平方米、理论教室30多个、教练车400余台、教练员300余名、汽车驾驶模拟器500余台,9个科目基本健全;硬件建设和软件教学条件的不断完善,为教学水平、培训质量的提高尊定坚实的基础;经营行为逐步规范。按省局要求给全市各驾校教练车办理“道路运输证”,并对其标识和车身颜色进行统一;全市驾校基本实行向社会公示经营资质、经营范围、收费标准、教练员、举报电话等情况;各驾校还与驾培专业委员会签订培训收费自律公约,使驾培市场竞争更加公平有序;市场环境明显好转;为保护合法经营业户的权益,对全市的非法培训点进行重点打击,取缔非法培训点7处,查扣非法培训车辆21辆,有效净化驾培市场环境。

（李　明）

【景德镇市交通运输局举办机关工作人员业务技能竞赛】 景德镇市交通运输局自10月初起开展机关工作人员业务技能竞赛活动。竞赛分公文写作、计算机运用2个单项进行。

此次业务技能竞赛活动分训练、竞赛、表彰3个阶段进行。在10月1日至10月31日的训练阶段,组织相关业务技能培训,机关所有工作人员均参加相关业务技能培训,在此基础上结合自身工作能力的强弱,有针对性地进行自学。11月7日至11月18日为竞赛阶段,依据参赛对象的得分情况,每个单项竞赛得分最高者为优胜者。该局党委于11月底向优胜者颁发了荣誉证书和进行了表彰。

通过竞赛,进一步提升了局机关工作人员的办事能力和水平,进一步转变了机关作风,提高了办事效率,加强了机关效能建设。

（涂　强）

【景德镇市公路运输管理处开展“学政治、学法规、学业务”活动】 自5月6日起,景德镇市公路运输管理处在全处干部职工中开展“学政治、学法规、学业务”活动。该处每周安排周四、周五的下午16:00至17:20进行集中学习,每个科(室)根据课程安排表的内容讲解与自身业务相关的政治、法规、业务知识,授课人员采取教学与工作实际案例分析相结合的方式,对学习内容中的疑点难点进行认真讲解,使全体干部职工熟悉和掌握道路运政法律、法规和相关业务知识,切实履行好行政许可、行政处罚、监督检查职能,达到了内强素质、外树形象的目的。（熊钦锦）

【景德镇市交通运输局举办综治维稳干部培训班】 11月23～25日,景德镇市交通运输局举办综治维稳干培训班。该局各企(事)业单位分管社会治安综合治理工作的负责人、综治办负责人及维稳信息员参加培训。此次培训班共安排加强和创新社会管理、廉政准则、预防职务犯罪、消防知识等4个方面的学习内容。市综治办有关负责人作题为“加强和创新社会管理”的首场辅导报告。

（涂　强）

【省公路管理局举办全省公路基础数据库管理软件培训】 7月12日,省公路管理局在景德镇市举办全省公路基础数据库管理软件培训,各设区市、区县交通运输局、公路局及各高速公路管理单位相关技术人员参加培训。通过培训,各单位相关技术人员的软件操作水平得到了较大提高,为今后全省公路电子地图和基础数据库的更新工作打下了坚实的基础。

（省公路局）

【省港航局举办全省水运企业诚信评价和水运安全知识培训班】 11月29～30日,省港航管理局在南昌举办全省水路运输企业诚信评价和水运安全知识培训班。

培训班学习贯彻交通运输部《关于加强长江液货危险品运输市场宏观调控的公告》和港航局印发的《江西省水运企业诚信评价办法》精神,同时通报了水运企业建立和实施安全管理体系有关情况和近两年全省水上交通事故,并对典型事故案例进行了分析。

通过培训,学员们及时解了交通运输部最近颁布的《关于加强长江液货危险品运输市场宏观调控的公告》精神;掌握了《江西省水运企业诚信评价办法》的程序、条件和要求;明确了建立和实施案例管理体系的有关规定。他们纷纷表示,积极参加诚信评价活动,争取早日评为诚信企业,切实做到诚实守信、合法经营。完善企业安全管理制度,严格执行安全操作规程,并从典型安全事故案例中吸取教训,引以为戒,消除各类事故隐患,确保水路运输安全。

各设区市港航管理部门的运政管理负责人、水运企业经理和安全管理人员共78人参加培训。

（涂春如　罗淑青）

【省港航局举办船舶登记业务培训班】 4月13~14日,省港航局在井冈山海事宾馆举办本年度船舶登记培训班。

这期培训班对部、省新颁布的船舶识别号管理系统和升级后的船舶登记系统操作应用进行讲解,详细介绍近几年颁布的船舶登记相关法律法规,就如何提高全省船舶登记质量和规范登记行为进行讨论与交流,并对学员的船舶登记业务知识进行了书面考试。

省局有关领导、吉安分局有关领导出席培训班开班典礼。各分局船舶登记初审、复审人员共24人参加培训。

(李 卿)

【省港航局举办消防知识培训】 9月21日,省港航局举办消防知识讲座,机关全体工作人员参加听讲。讲座由省防火培训中心教官主讲,他从火灾的危害、高层建筑的防火、高层建筑发生火灾时的自救与逃生、家庭防火等方面进行了详细讲解,并通过列举大量实例、观看有关视频图片资料和现场演示消防器具的使用方法等形式,使在场人员对消防知识和自护自救措施有了系统的了解。通过讲座,大家认为一定要将学到的消防知识运用到日常工作生活中,切实做到防患于未然。

(屈 圆)

【省港航局举办危险品货物运输岸上人员培训班】 9月25~29日,省港航局在九江举办第八期危险品货物运输岸上人员培训班。

参培人员有:从事港口危险货物装卸、过驳、储存、包装、集装箱拆箱工作的企业管理及操作人员;从事水路危险货物运输企业安全生产管理人员;船舶代理企业安全生产主要负责人和危险货物申报员;货运代理企业安全、生产主要负责人和危险货物申报员;货主或其代理人的危险货物申报员;水路危险货物集装箱站和堆场的检查员,共计76人参加了培训。

培训内容是:重点讲授《中华人民共和国安全生产法》《中华人民共和国港口法》《中华人民共和国内河交通安全管理条例》《危险化学品安全管理条例》《国际海运危险货物规则》,讲解剖析了一些典型案例事故原因。

通过培训,学员们增强了对危险化学品专业理论知识的了解,熟悉了危险化学品方面的相关法律、法规及安全管理条例,掌握了危险化学品管理和操作技能,以确保工作中最大限度减少因此造成人员的伤亡和财产损失。

(罗淑青)

【省交通设计院组织会计人员继续教育培训】 2011年8月~9月,省交通设计院组织全院会计人员参加《会计法、企业内部控制》继续教育培训,共有34人、分4个小组参加培训,每人参加培训不少于24小时。这次培训,进一步贯彻落实了省财政厅关于2011年省直和中央驻赣单位会计人员继续教育培训的精神,进一步提高了全院会计人员业务素质,为进一步搞好本企业财务管理工作打下坚实的理论基础。

(余慧君)

【上饶市公路局路面裂缝处理技术培训班在婺源举办】 2011年2月28日上饶市公路局在婺源分局举办路面裂缝处理技术培训班,参加培训班的有市局领导、有关科室负责人、各分局养护公司经理、技术人员、道班长等人员共32人。

路面裂缝处理技术主要采用热熔型密封胶进行灌缝的方法对沥青混凝土路面和水泥混凝土路面裂缝病害修复,这种修复方法不仅能保证路面的防水性能,还可防止造成不必要的污染,且经济成本较低,是一种较好的路面养护办法。参加培训人员还现场观摩了婺源分局的施工,培训班结束后,已在全市公路部门推广使用该项处理技术。

(叶树华 祝华生)

【万年县交通运输局组织执法人员封闭集训】 元月9日,万年县交通运输局组织全县交通系统运政、港政、路政执法人员进行了为期2天的集中学习和军训。县纪检委、县法制办、县交警大队等领导就加强廉政、依法行政、文明执法等多个方面对学员进行了辅导;军事教官组织学员进行了队列基本动作训练。

此次集训实行全封闭军事化管理,主要是通过理论业务知识和军事队列动作、交通指挥手势等科目的培训,强化路政、运政、港政执法人员军事素质和执法礼仪训练和交通法律法规知识的学习,着力打造依法行政、文明执法、纪律严明的交通执法队伍。

（万年县交通运输局）

【省港航局举办文秘培训班】 8月1～4日，省港航局在井冈山海事宾馆举办首期本系统办公室文秘人员培训班。局属各单位、九江市港口管理局、各设区市港航管理处（局）的办公室分管领导、主任及文秘工作人员共58人参加培训。

培训主要内容：包括行政公文处理、公文写作、OA系统、政务信息等知识。由井冈山大学文学院教授、省交通运输厅负责OA系统的有关专家，以及多年从事办公室文秘工作的老干部和省港航管理局有关业务处室的专家授课。

通过培训，学员们一致认为培训课程安排合理，内容针对性强，对办公室工作具有较强的指导性，深感受益匪浅。

（何金宝　邱志勇）

【省港航局举办宣传工作会暨新闻写作培训班】 11月8日，全省港航系统宣传工作会暨新闻写作培训班在南昌举办。会议总结两年来宣传报道工作情况，部署今后一段时期的主要任务。会议通过以会代培的形式，集中开展培训和交流，并专门邀请《江西日报》经济部副主任江仲俞进行新闻写作专题讲授。局属各单位、九江市港口管理局、各设区（市）港航管理局（处）、石虎塘项目办等分管领导和宣传部门负责人及业务骨干共80余人参加会议、接受培训。

（倪　磊）

【全省水上交通行政执法培训班在南昌举办】 7月4～8日全省水上交通行政执法培训班在南昌举办。培训主要内容是：行政许可与处罚、内河水路运政、港政管理、航道行政管理、船舶检验和水上交通安全管理等知识。培训班邀请了省政府法制办执法监督处领导、省交通运输厅多年从事政策法规研究工作老同志和省港航管理局有关业务处室的专家授课，局法律顾问还就全省水上交通安全管理的典型案例进行了剖析。授课结束后，对学员进行了考核。通过培训，使学员在思想作风、业务知识、执法水平等方面得到提高，为成为一名合格的水上交通行政执法人员奠定了良好基础。

（余　淼）

【新余市举办客运企业安全管理员培训班】 4月19日，新余市运管处联合市安监局等有关部门，组织举办全市客运企业安全管理人员培训班。运管、安监、交警部门的专业人员为学员授课。授课内容主要有道路运输安全生产现状分析及法律法规知识、道路客运企业安全工作规范、道路旅客运输安全管理、道路运输重大危险源辨识及事故应急救援等。丰富的内容、生动的讲解、翔实的案例使学员们受益匪浅，许多学员表示，通过系统的培训，进一步强化了客运企业主体责任，有效防范道路交通事故，学员们无论是在安全生产意识、知识和管理水平上都有了很大的提高。

新余市各客运企业管理人员30余人参加培训并统一进行了考试。

（曾国陵）

【萍乡市组织开展机动车维修技术人员从业资格培训和考试】 本次培训工作从2010年11月1日开始到2011年1月底全面结束，培训分技术负责人、质量检验员以及机修、钣金、电器、涂漆维修技术人员几个层面开展从职业道德和法律法规、技术质量管理、检测检验技术以及机动车维修专业知识等几个方面进行了系统化的授课培训。培训考试共有22名技术负责人、106名质量检验员以及70名机修、26名钣金、40名电器、21名涂漆维修技术人员参加，经过考试取得了《从业资格证书》。

（何文海）

【新余市运管处举办维修企业法人代表培训班】 2011年1月中旬，新余市道路运输管理处举办汽车维修业法人代表培训班，全市71家汽车维修企业的管理人员参加培训。培训班邀请江西省汽车维修协会吕任华秘书长作“中国汽车维修市场的现状”专题知识讲座。讲座解读了汽车服务业的内涵、汽车服务业的发展背景、现代汽车服务业的发展趋势、汽车服务业的特点、目前国内主要的汽车维修模式。并就如何面对汽车社会市场入手，对现代汽车维修服务业存在的问题及汽车维修企业应具备的能力、维修市场经营的定义及本质，发展汽车维修企业的措施等问题展开探讨。精彩的讲课、丰富的内容引起了企业厂长、经理极大的兴趣，并给他们留下了深刻印象。学员们表示,通过此次培训,不仅在对现代维修企业的发展趋势有了深入的了解,同时使自身的企业管理水平也得到了很好的提升。

(周小玲)

【新余市开展机动车驾培机构质量信誉考核】 2011年3月,新余市开展了对全市机动车驾培机构的质量信誉考核工作。此次考核范围为全市所有驾校,分别从驾校的资格条件、经营行为、教学管理,培训质量和诚信服务5个方面进行了全面考核。对在此次考核中不达标的单个项目,下发限期整改通知书。另外,在此次的考核中还将驾校安全清理整顿工作和落实教练员教学行为"五条禁令"纳入了此次质量信誉考核范围。通过考核更好地规范了全市驾培市场的经营行为,加强了各驾校的日常教学管理工作,排除了各驾校工作中存在的安全隐患,提高了各驾校的培训和服务质量,进一步提升了全市驾培行业的整体水平和良好形象。

(严　凌)

【萍乡市交通运输系统举办专业知识再教育培训班】 5月14日,萍乡市交通运输系统专业知识再教育培训开班。培训班邀请江西交通职业技术学院骨干教师上门授课。培训班开设公路工程、交通运输管理两个班,采取集中培训、定期学习的方式系统学习道路材料及检测、公路工作设计、运输统计等课程。培训班从5月14日开班直到年底结束,共有180多名干部职工参加培训。

(李襟远)

【萍乡市交通运输局荣获第二届全国"宇通杯"江西赛区团体三等奖】 江西省交通运输行业机动车驾驶员节能竞赛暨第二届全国"宇通杯"江西省选拔赛于10月10~13日在江西交通学院和昌樟高速公路路段举行理论和实际操作竞赛。全省派出11支代表队,共计47人参加竞赛。萍乡市交通运输局选送的选手陈华、万鹏等4人组成的代表队在决赛中经过激烈的角逐,荣获团体三等奖。

(郭　辉　吴实文)

卫　生

【省交通医院扎实抓好培训、安全、稳定工作】 2011年,省交通医院围绕改革发展需要,注重稳定提升医疗业务水平,加大医疗业务人员的培训力度。选派了2名主治以上职称医生参加为期半年以上的全科医学知识脱产培训。与此同时,组织全院80%的业务人员先后参加江西省卫生厅组织的医疗业务集中培训。为确保全院有一个更加安全稳定的工作学习环境,该院高度重视综合治理和安全生产工作,他们克服种种困难,坚持安全值班和安全检查,杜绝了医疗事故,以及火灾、失窃等安全事故的发生,受到社会有关部门的好评。

(王　芳)

【省航务勘察设计院关心女职工体检】 省航务勘察设计院多年来始终把保障女职工的身体健康视为一件大事,平时组织该院女职工学习保健知识,增强其自我保健意识与能力,以减少发病率。同时,对该院女职工各种常见妇科病及时组织体检,做到早检查、早发现、早治疗。2011年5月18日,省航务勘察设计院组织女职工进行再一次体检。通过妇检,进一步全面掌握了全院女职工的身体健康状况,并建立和完善了女工健康档案。对查出疾患的女职工,积极敦促和安排其尽快治疗,提高了全院女职工健康水平。

(省航务勘察设计院工会)

【省路港工程局组织全体职工体检】 11月15~

17日，省路港工程局为使职工及时了解到自身的健康状况，做到有病早治疗，无病早预防，真正达到"早发现、早诊断、早治疗"的防病治病目的，组织在职与离退休职工进行体检。该局共有100余人参加体检。省路港工程局坚持以人为本与广大职工"健康生活，快乐工作，保障职工的身体健康"的理念，处处为职工着想，受到员工的赞许。

（曾　艳）

【万载县委书记亲自抓公路卫生工作】　3月17日，宜春市委常委、万载县委书记陈晓平亲自抓公路卫生工作。他要求各乡镇（街道）及相关部门组织人员对全县境内公路搞好卫生，清扫垃圾。3月21～22日，县委、县政府抽调人员对县境国道、省道的卫生状况进行督查。3月23日，对督查情况进行了通报，进一步推动各乡镇（街道）及相关部门重视和做好公路卫生工作，在县委、县政府的高度重视下，万载县域内的公路更加环境优美、安全畅通。

（王松州）

【孕妇路上产子昏迷无助，收费员合力接生救人】　11月13日20时45分，一个20多岁的吴姓云南籍男子焦急地拍着梨温高速东乡收费站五道岗亭的窗户喊道："救救我妻子，她快要生了！"当班收费班长蓝生旺和收费员王会娇立即放下手中的活儿，迅即来到不远处的长途汽车停车点，看见有位女士正躺在地上痛苦呻吟。他们迅即拨打"120"求助。这时产妇已出现昏迷现象。面对两个生命的求助，这些收费员们勇敢地担当起责任，合力为产妇接生，新生命降临了。半小时后，120急救车赶到，收费员合力把产妇和婴儿抬上车。临行捐赠200元钱。次日下午，他们又自发前往东乡县人民医院再次看望了产妇一家。出院后，收费员们又自发凑了200元钱，为夫妻俩买了回乡的车票，并叫来出租车把他们送往车站，此举深深感染了许多人。

（南昌晚报　魏　莹）

【梨温高速公路公司红十字志愿应急救援队抢救晕厥司机】　11月6日夜21:30分，梨温高速上饶西收费站收费员彭红兰，发现一名司机晕厥在车门一侧，口吐白沫，全身抽搐痉挛，情势万分紧急后，该站立即在第一时间电话求助"120"的同时，站红十字志愿应急救援队员迅即赶到现场，对晕厥司机实施行现场进行救援。经现场紧急抢救，几分钟后，该晕厥司机全身抽搐痉挛症状得到减缓。21时43分，该司机已有轻微意识，渐渐恢复一些知觉。该站又一边联系司机家属，一边等待医护人员到来。待"120"救护车赶到救援现场后，医护人员为该司进行检查急救。急救医生说，发生类似晕厥状况，前3至5分钟现场救护是关键，你们为抢救车主发挥了重要作用。

梨温高速自2009年7月成立全省首支高速公路红十字志愿救援队以来，已参加了省运会、中博会、七城会等大型活动的志愿服务，已经成为梨温高速上配合应急处置突发事情的一支生力军。

（兰红梅　陈兴明）

【梨温高速公路公司鹰潭东收费站帮助车主扑火】　1月14同上午09点46分，一辆装有重要机械设备车牌为皖S7＊＊＊9半挂车在鹰潭东收费站车箱底部尾部突然燃起大火，顿时浓烟滚滚。车主手足无措，呆若木鸡。当班员战燚迅即拿起灭火器经过该站干部职工的全力扑救，终于在10点20分将大火扑灭。车主激动地握着该站人员的双手连声道谢。送走车主后，职工们虽然已全身湿透，一方面仍然冒着大雨清理灭火现场遗留的垃圾，另一方面继续实实在在地为车主真心服务。

（刘思思）

【宜春市交通运输系统全民健身活动活跃】　宜春市交通运输系统历来高度重视全民健身活动，群众体育健身活动异彩纷呈。

10月31日至11月1日，由市交通运输局举办的全市交通运输部门第15届老年门球赛在靖安体育馆举行。市局、袁州、樟树、靖安、高安和铜鼓等7支代表队参加比赛，参赛运动员、教练员和裁判员达90余人，运动员全部来自全市交通运输部门离退休干部职工，年龄最大的80多岁，最小的55岁以上，经过两天激烈角逐，市局代表获第1名，铜鼓县、高安、樟树市代表队分获2、3、4名，靖安县代表队获道德风尚奖。

"三八"妇女节期间，铜鼓县交通运输局关心干部职工文体娱乐活动，组织女职工外出学习考察，开阔视野，增长见识。在"五一"节前，组织干职工开展登山比赛,磨炼意志,陶冶情操,增强活力。

12月26日,宜春市交通运输局组织局体育代表团参加宜春市举办的“新阳陶瓷杯庆元旦机关运动会”比赛,荣获市直组集体跳绳项目二等奖和体操三等奖的好成绩,充分展示交通运输机关干部职工良好的精神风貌和人人爱运动的健康氛围。

(吴泽水 徐国华 周世祥)

【省交通医院创收工作取得实效】 2011年,省交通医院通过自身增收,经济收入稳步增长,已完成经济收入250万元,较上年增长26%。全年医院新增支出133万元,其中退休人员生活补贴87万元,住房补贴46万元。该院在上级拨款只增加45万元的情况下,克服各种困难,保证了职工一年来各项政策性的补贴落实到位和干部职工尤其是离退休人员的各项待遇落实到位。

(王 芳)

【鹰潭港航分局“三个一,三到位”做好计生工作】 2011年为完成鹰潭市月湖区和梅园街道办事处一年一度的计划生育目标考核工作,鹰潭港航分局党政领导高度重视,年初制订了工作计划,成立了计划生育工作领导小组,与各基层单位签订计划生育责任状,将计划生育工作纳入重要工作日程,并能过开展“三个一”活动,促进计生工作“领导重视、计划措施、责任落实”三到位。

整理一次计生档案。通过积极参加计生部门组织的计生干部培训班,进一步建立健全了出生登记、计划生育手术登记、育龄妇女信息卡等有关档案。

组织一次环、孕检。组织本单位女职工和家属进行环、孕检,未发现有违反计划生育现象,为完成年度目标考核任务打下了坚实的基础。

开展一次条例宣传。把计生条例内容以文图并茂形式放入宣传栏,供路过的职工阅读;以开卷考试的方式使职工了解条例,同时发放以问答形式为内容的宣传单,使该条例深入人心。

近年来,该局未发生一例违反计生政策的情况。

(钱伟红 李凌宇)

【梨温高速公路公司赣浙收费处采取四项措施保障职工生活,提升健康水平】 2011年新伊始,梨温公司赣浙处从四个举措加强食堂管理工作,保障职工生活,提升健康水来。

1. 注重落实“六好”目标,即“人员素质好”、“制度落实好”、“设备管理好”、“伙食调剂好”、“勤俭节约好”、“饮食卫生好”,进一步加强后勤人员爱岗敬业的思想引导,对食堂后勤人员实行精细化月度考核,建立奖惩制度,增强后勤人员的责任意识。

2. 注重听取员工意见。每月定期组织召开膳食会议,收集职工对改善食堂伙食的意见和建议,不断从饭菜的种类、口味上改进,努力达到职工满意,同时加强营养搭配,定期调整食堂菜谱。

3. 在注重提升菜肴的特色和品质。先后几次组织厨师到玉山县独具特色的菜馆学习烹饪技术,集中厨师们的智慧研制一些有特色的主菜,定期推出新菜色。

4. 注重实行人性化管理。及时添置保温饭台,保证在寒冷的冬天,员工都能吃上暖暖的饭菜,同时要求食堂能及时给下晚班和上早班的收费员准备可口的夜宵。

(陈培文)

【抚州长运公司员工健身活动融入企业文化建设】 2011年,抚州长运公司进一步关心员工身心健康,广泛开展员工健身文娱活动,促进职工身心健康。一年来,该公司结合抚州文化底蕴组织各类活动,先后举办了迎新年环梦湖长跑龙套、书乡古镇浒湾长跑、道教名山灵谷峰健身登山、九龙戏珠仙桂峰登山等活动,参与人数678人次;举办了庆“七一”歌咏晚会,全公司各单位编排节目43个;举办了摄影书法绘画比赛,收集作品87幅。通过多种形式营造企业文化氛围,进一步增强了员工凝聚力,向心力,为推进公司稳健发展发挥了文化支持和思想保障作用。

(抚州长运)

学术团体

【江西交通会计学会四届四次理事会暨省交通审计学会第六届会员代表大会在玉山召开】 7月

20日,江西交通会计学会第四届四次理事会议暨省交通审计学会第六届会员代表大会在上饶市玉山县召开。会长刘长根作题为“围绕中心、服务交通,充分发挥学会桥梁纽带和平台作用”的工作报告。省交通会计学会理事及省交通审计学会会员代表,共计135名代表参加会议。

会议全面总结了江西交通会计学会2010年及省交通审计学会2006年第五届理事会成立以来五年的工作,部署了新的目标任务。会议期间,收到学术论文8篇。会议进行了学术专题交流,围绕学会发展与服务交通,从不同角度进行了财务、审计的理论研讨。

大会选举产生了江西省交通审计学会第六届理事会,共选出审计学会理事69名。推举选出了江西省交通审计学会名誉会长、会长、副会长、秘书长和副秘书长,分别是:

名誉会长:钟彦祯、陈玉书

会　长:刘长根

副会长:叶香春、邹龙赣、熊少平、颜林高、刘祥扬、熊学夫

秘书长:刘长根(兼)

副秘书长:朱首校

(省交通会计【审计】学会)

【省公路学会坚持“三个服务”,发挥学术平台重要作用】 2011年,省公路学会紧紧围绕交通行业科技创新发展,坚持以“三个服务”(服务公路交通科技创新、服务基层一线、服务广大会员)为重点,创新活动模式和工作机制,充分发挥学术平台作用,各项工作成效显著。

一、围绕行业需求,服务交通建设,开展学术交流

2011年,该会根据钢波纹涵管在江西交通公路建设中的首次应用,组织了技术讲座和现场观摩活动。先后邀请中国工程设计大师王用中、同济大学桥梁系主任陈艾荣到赣讲学,举办了钢桥面设计技术、桥梁先张法及桥梁造型设计专题技术讲座。并组织会员参加全国各类学术交流考察活动。围绕行业需求,积极与渝、川、陕等学会联系,组织省高速集团上高管理中心公路技术人员20余人,分别考察了重庆渝湘高速、四川二郎山、陕西秦岭终南山隧道等地工程建设情况,学习了解隧道管理经验。10月25～30日,组织全省近30名公路科技人员,参加第六届华东公路发展研讨会和实地考察了矮寨特大桥的施工现场。与此同时,全年由学会本部承办、协办的学术交流活动8次,组织1000余名会员分别参加国内外学术交流活动15次。通过上述活动,较好地解决了江西交通建设中面临的一些相关实际问题。

二、面向基层一线,开展从业人员技术培训

2011年,省公路学会开展了以高级工程师为主体的桥梁养护工程师执业资格培训、交通节能减排干部培训班以及社会治安综合治理等培训工作。赣崇高速公路建设项目办地处省内偏远地区,施工地质复杂,施工管理难度大,开工伊始就委托学会为所有施工企业和项目办举办“桥梁隧道施工质量安全控制培训班”。省公路学会结合该项项目的实际情况,精心选择有施工管理经验的授课专家,组织一线技术人员带着问题与专家互动讨论,请专家深入施工一线现场指导,确保了该项目高质高效完成施工任务。2011年,省公路学会共组织技术培训6次,培训人员达960人次,促进了人才成长,提升了广大工程建设者的技术水平。

三、做好科技项目评价和科技人员评价与对典型优秀会员的举荐宣传工作

2011年1月,省公路学会组织21名专家对2010年度191篇论文进行评审,评选出优秀论文19篇,编辑出版了年度优秀论文集。同年7月,召开了2011年度科学奖评审会,邀请13位专家组成的评审组,对交通行业近两年完成的科研项目进行评审,共评选出21个获奖项目。此外,还组织推荐了10个项目参加2011年中国公路学会科学技术奖申报,其中,有4个项目获奖。

2011年,省公路学会开展的科技人员评价及对典型优秀会员的举荐宣传工作扎实推进。经该会举荐,有4名科技人员荣获了第六届中国公路学会百名优秀工程师称号;有一名优秀科技人员作为江西省青年科技人员代表出席了中国科协八大会议。该会充分利用《江西科协》、省科协网站、学会网站、简报、期刊等平台,大力宣传省公路学会优秀的中青年科技人员,扩大他们在行业中的影响力,为他们的成长、发展积极搭桥铺路。

四、开展科普教育活动,宣传交通科技知识

2011年10月,省公路学会科普工作委员会与永武高速公路建设项目办联合举办了一期“大

学生永武高速公路科普行”活动,在江西交职院学习的第一批西藏班学员一起参加了这次活动。永武高速公路全线在建设中,对40多项新技术进行集中运用,充分采用了绿色环保、亲近自然、风光互补的设计理念和振动隆声、车速预警、水源热泵融冰等多项交通安全保障、绿色交通新技术,其中,很多都是在全国首次应用。此次活动对提高学会会员的交通科技理念、增强学习兴趣、培养良好的职业素养具有积极的意义。

五、积极承接课题研究,开展新技术推广运用

2011年,省公路学会服务行业需要,开展或参与了三项课题研究:一是参与泛三角区域高速公路应急保障体系研究项目;二是《江西省公路绿化景观设计与研究》;三是《江西公路防灾抗灾能力的研究》,其中,后两项课题研究已进入结题阶段。与此同时,积极组织波纹管桥涵技术及香根草边坡防护技术等项新技术推广运用工作,为行业发展需要提供了有效服务。

六、《江西公路科技》期刊越办越好,为广大会员和公路科技工作者提供了良好的学术服务、技术交流平台。

省公路学会期刊《江西公路科技》自创刊以来,一直是省内优秀连续性内部刊物。2011年再次被省出版局评为优秀内部刊物。刊物受到行业内专家学者的一致认可,为广大会员和公路科技工作者提供了良好的学术服务与技术交流平台。为全省公路科技人员职称评定工作提供了有力依据。全年,出版刊物5期,刊登学术论文85篇,免费为会员赠送刊物5000册。2011年学会共对外报送举荐学术论文107篇,被采用刊登了55篇。

七、加强自身建设,争创一流业绩,提升服务水平

2011年,省公路学会进一步加强自身建设,完善组织机构,提高办公自动化、信息化服务手段,不断提高工作人员的素质和能力。同时,积极做好发展新会员工作。全年吸纳新会员单位7家,其中民营企业会员2家,高级会员12人,普通会员47人。截至11月底,该会共吸纳会员单位90家,个人会员达3255人。充分发挥学会的简报、网站的宣传作用,办好学会的简报和网站,加大学会工作的宣传,使之能有效地联系和管理广大会员,坚持会员为本,举办会员关怀活动,听取广大会员对学会工作的诉求和意见,为会员提供了更好的服务。

加强对专业(工作)委员会、设区市公路学会的指导,推动分支机构及设区市学会工作的发展。2011年,省公路学会的桥隧委员会、交通监理工作委员会、科普工作委员会等都开展了一系列学术交流活动。11个设区市学会在其交通运输局的领导下,积极开展了各类学术交流,其中,宜春、赣州2个设区市公路学会获得了全省先进社会组织称号。省公路学会已成为交通科技工作者之家、是会员之家,各项工作有了新发展,登上了新台阶。2011年3月,省公路学会荣获“江西省科协先进省级学会”称号;4月荣获省民政厅颁布发的“全省先进社会组织”称号;5月分别荣获了中国公路学会表彰的2009~2010年度先进学会和中国科协的“全国科协系统先进集体”称号。

(厅史志办辑录)

【江西交通会计(审计)学会工作成果丰硕】
2011年,江西交通会计学会与江西交通审计学会紧紧围绕交通运输行业财务管理和审计工作中心任务,不断强化和推动理论研究,组织论文撰写和会议交流。充分发挥智力优势,创新和拓展服务交通运输行业的方式和范围,进一步提升了《江西交通财会》会刊的质量,促进了交通财会、审计理论研究的繁荣与发展。已成为广大交通财会(审计)人员了解财务(审计)工作信息的资料库、交流学习的平台,服务交通改革的理论研究和工作交流的园地。全年收到全省交通财务(审计)学术论文31篇,共计14.5万字,论文的实用性和质量都明显提升。此外,扎实完成了中国交通会计学会会刊《交通财会》的组织征订工作,订阅会刊达263份。组织全省财务(审计)人员专业培训,仅江西交通系统赴外省(7省)参加不同类型的学习培训班人员就达到86人次之多。通过培训,进一步提高了江西交通财会(审计)人员的素质和业务技能。

2011年,江西交通会计(审计)学会面临全省交通运输行业财务审计管理工作的新形势,新任务、新要求,出实招、办实事,完成了行政委托的各项任务:先后圆满完成了对温沙管理处迎国检“一大四小”资金使用情况检查,以及参与完成昌泰高速2010年财务收支审计,九江长江大桥公路桥管理与2010年度财务收支审计,江西省路港工程局2010年度财务收支审计和省港航局南昌东河、西河(南昌至湖口)整治工程资金使用情况审计。此外,2011年度,江西交通财务(审计)学会还受行政管理部门委托,一年内先后完成了对省交通厅战备办及厅直单位(部门)离任负责人的经济责任审计工作任务,交通会计(审计)学会工作取得成果丰硕。

(江西交通会计【审计】学会)

【省公路学会谌润水获"全国优秀总工程师"称号】 11月6日,中国土木工程学会2011年度全国优秀总工程师评选活动揭晓,全国共有27人获此殊荣。省公路学会常务理事谌润水榜上有名。

谌润水系江西南昌人,1960年8月出生,教授级高级工程师、研究员。他于1981年由省交通学校毕业,后于1988年与1998年在同济大学攻读公路桥梁和建筑工程管理专业,获双学士学位。现任江西中煤建设工程有限公司总工程师、华东交通大学兼职教授、硕士生导师、省公路学会专家委员会副主任委员、桥隧岩土专业委员会副主任委员、省公路学会科学技术奖励委员会委员等职。

谌润水等完成的"双曲拱桥加固与改造成套技术研究"科研成果获2009年度中国公路学会科学技术一等奖、江西省科学技术进步二等奖;"外包混凝土加固法的受力性能及评价指标研究"获得2009年度江西省公路学会科学技术三等奖;桥梁加固改造方面的技术研究已达到国内先进水平;已获得10项实用新型专利和1项发明专利;获得2009~2010年度国家级工法四项发明。

谌润水曾于1999年和2001年分别被评为全国交通系统优秀科技工作者;曾被有关部门授予"全省交通系统优秀科技工作者"称号;2004年被授予"江西青年科学家"称号;2005年度被授予"全省科研院所突出贡献人才"称号;江西省新世纪"百千万人才工程"第一、二层次人选;2008年被评为享受国务院特殊津贴专家。

(王永忠 李文华)

【江西3个项目获2011年度中国公路学会科学技术奖】 2011年,由省公路学会推荐的全省公路交通系统10项科研新成果在参加2011年度"中国公路学会科学技术奖"评审中,有3个项目获奖,分别是:

1. 由江西赣粤高速公路股份有限公司、同济大学、江西嘉和工程咨询监理有限公司、江西赣粤高速公路工程有限责任公司共同完成的科研项目"沥青路面乳化沥青厂拌冷再生成套技术研究与实践"。

2. 由省高速公路投资集团、中交第二航务工程局有限公司共同完成科研项目"九江长江公路大桥双壁整体式钢吊箱设计与施工关键技术研究"。

3. 由上饶市交通运输局、江西省交通科学研究院、武汉理工大学共同完成的科研项目"基于裂缝分析的国省道中小跨径桥梁选型参数研究"。

此外,江西赣粤高速公路股份有限公司参与的由交通运输部科学研究院推荐的《西部公路建设中水资源保护技术研究》项目获得三等奖。

(秘书处)

【宜春市公路学会积极开展学术交流与科技咨询活动】 2011年,宜春市公路学会紧紧围绕"建设大交通,促进大物流"这个主题,服务宜春市交通运输事业。

1. 学会结合各专业委员会的特点,积极开展形式多样的学术交流和科技咨询服务。3月3~10日,桥梁专业委员会组织10个县(市、区)交通局分管改渡建桥副局长及有关公路与桥梁专业技术人员15人,分两个组对全市在建渡改桥工程项目进行进度与质量督查。9月20~25日,组织会员共12人,对2011年全市农村公路在建的项目进行质量检查,提出整改意见和要求。3月29日,道路专业委员会组织会员5人,对全市重点工程明月大道路基软土地基进行咨询,提出处理建议和方案。9月,组织会员8人对昌金高速公路地质灾害分流320路段上的危桥进行评估、限载,以确保证分流安全。11月22日,组织会员到丰城市乡道围里至荣塘上的荣木桥(70年代建)进行技术状况评定。评定结果为五类危桥,已无利用改造价值,必须重建。被有关部门采纳后,该桥已开工重建。

2. 组织会员开展学术交流和进行考察活动。一年来,分别组织会员赴北京、广东等11个省(市、区)学习考察公路交通建设、管理与农村公路建养、路政执法、客货运输、节能减排、安全生产、物流管理等方面的经验,开展学术交流活动。

并积极组织会员到长沙参加第六届华东公路发展研讨会。派员参加省公路学会和市科协组织的各项科技研讨、交流活动。通过以上活动,不断为会员“充电”,掌握交通运输前沿技艺,更好地服务全市交通运输事业。

3. 围绕“三个服务”,开展科技咨询。9月4日,组织公路桥梁专家会员对昌金高速西村镇布里岭桥技术状况进行检测评定,为修该桥桥面破损提供了可靠依据。10月9日,组织5名会员对农村公路综合服务站试点工作项目选址及规划进行咨询。8月19~10日,组织6名会员对丰城市新梅一级公路破损情况进行考察认证,提出修复方案,受到丰城市委、市政府赞许。

4. 举办培训班,提高业务素质。8月10~15日,在袁州区新佳汇宾馆举办了全市农村公路管理培训班,参加人员达200余人。12月1~6日,在宜春举办了农村公路GPS数据维护系统、公路基础数据库系统更新、软件操作培训班,参加人员达20余人。6月23日~7月6日,路政专业委员会组织了题为“加强岗位练兵提高队伍战斗力”的培训班。组织全体人员学习业务知识、上级文件和政治理论,讲解《路政案例范本》,然后逐个交流,收到了良好效果。

5. 加强组织建设与学会工作。先后召开了第八届五次理事会暨学术交流大会与秘书长会议暨2010年学术交流会。在总结工作、部署新的目标任务的同时,对2010年征集的共57篇论文进行了评审。发展21名新会员。及时为会员提供省公路学会《简报》、市科协、市民政局等有关部门的《科技资料》等。

(张　虹)

【高安市汽车运输协会开展物流培训】　8月17日,高安市汽运协会举办物流培训会。邀请中国首家B2E黄金港创始人、陕西省天鹏投资担保有限公司董事长、教授李鸿恩授课。讲授现代物流先进理念和国内物流业发展趋势等。他结合高安汽运产业实际,重点就如何整理信息资源,建立物流信息平台,推进单纯的汽车货运向现代物流业转型等内容进行深入浅出的精辟演讲。该市民营企业局领导、汽运产业协会会长、理事和其他物流公司老总及有关人员近50余人参加培训会。

(周世祥)

【高安市汽车运输协会加强驾驶员职业道德教育】　自7月14日开始,高安市汽运协会利用专题讲座、媒体引导、阵地宣传、标语提示等多种形式,全面加强以“五要”,即要牢固树立起对个人、家庭、社会负责的责任意识、忧患意识、大局意识;要筑牢安全第一、文明礼让的思想意识;要积极主动参加安全教育;要及时排查各类道路交通安全隐患;要努力争做宣传交通法规的模范为基础的驾驶员职业道德教育,增强其职业道德修养。此次教育活动全市广大汽车驾驶员均参与其中,内容丰富,形式多样。通过持续开展此项活动,对提高驾驶员综合素质,尤其是文明行车、安全驾驶、遵纪守法、提升高安汽运产业形象,从源头上预防和杜绝重特大交通事故的发生,推动全社会共同关注道路交通安全发挥了重要作用。(卢光辉)

【省公路学会获“会员管理服务先进学会”称号】

12月14~16日,一年一度的全国公路学会秘书长工作研讨会暨会员日活动在浙江金华举办。中国公路学理事长胡希捷,全国各级公路学会秘书长及部分会员代表共计90余人参加会议。

会上,表彰了10个会员管理服务先进学会、15位2011年度中国公路学会优秀秘书长和5位2011年度《中国公路学会通讯》优秀通讯员。江西省公路学会获“会员管理服务先进学会”称号,副理事长兼秘书长刘鹭英获“优秀秘书长”称号,学会秘书丁静获得“优秀通讯员”称号。

(省公路学会秘书处)

【省公路学会召开2010年度优秀论文评审会】

2011年1月25日,江西省公路学会2010年度优秀论文评审会在省交通设计院召开。全省公路交通行业的20多名专家学者及学会领导参加会议。

本次评选活动经过一年时间征集,共收到论文204篇,筛选合格论文191篇,内容涵盖道路工程、桥梁工程、岩土隧道、信息工程、交通工程、汽车运输、公路经济等多个专业类别。

评审工作分道路、桥隧岩土、交通信息和综合四组进行,经过分组审阅和各组集中讨论,得到统一的评审意见,提交大会评议通过,最后评出2010年度优秀学术论文二等奖10篇、三等奖19篇,交流论文70篇,不交流论文92篇。

(丁　静)

【省公路学会再度荣获“江西省科协先进省级学会”称号】 3月30日，江西省科协通报表彰了2010年度先进省级学会（协会、研究会），江西省公路学会等44个省级学会荣获“省级先进学会”称号。这是该学会连续第22年被省科协评为先进省级学会后，再次获此殊荣。

2010年，省公路学会在江西省科协、江西省交通运输厅的领导和中国公路学会、江西省民政厅的指导下，以邓小平理论和“三个代表”重要思想为指导，深入贯彻落实科学发展观，围绕公路交通改革发展大局，团结和组织全体理事单位和广大会员，共同努力，较好地完成了学会各项工作任务，在学术交流、科技普及、决策咨询、服务会员、服务社会等方面取得了一定的成绩。学会的工作得到了省科学技术协会的认可，将进一步巩固和扩大工作成效，为推动江西交通科技发展发挥了积极作用，作出了新贡献。

（丁　静）

【新余市公路学会组织会员开展学术活动】 新余市公路学会专家委员会于12月7日组织会员开展了一次学术活动。

活动中各位会员对各自在工作实践中所遇到的新问题、新情况进行了广泛的交流、探讨。学会负责人对学术论文撰写完成情况进行了摸底，并要求重点在生态环保、采用新材料、新工艺、农村公路养护渡改桥建设经验总结方面做文章。会上，还认真听取了大家对学会工作的意见与建议。随后组织大家到罗坊大桥施工现场对该项目采用的箱梁现场支架结构形式进行观摩学习。

（康建华）

【宜春市公路学会组织会员到台湾考察】 宜春市公路学会于11月17～25日组织会员一行9人到台湾考察，先后参观考察了台湾的高速公路、省道、县道、乡道、村道等基础设施建设情况。会员们体会到，台湾地区高速公路的管理水平很高，特别是高速公路的运营管理、服务区的管理及应急保障系统对省内高速公路建设很有借鉴意义。

会员还参观了台湾故宫博物馆、孙中山纪念馆，游览了日月潭、阿里山森林等景点。考察不仅使会员们学到不少东西，而且观赏到了台湾宝岛好山、好水、好风光。（金三仔）

【省公路学会“关于加强公路交通防灾抗灾能力的研究”课题通过评审验收】 12月9日，省交通运输厅组织专家小组对江西省公路学会承担的“关于加强公路交通防灾抗灾能力的研究”课题进行评审验收。

验收组听取了课题研究汇报，审核了课题成果，查阅相关资料，一致认为课题提交的成果材料齐全、内容翔实，分析技术路线清晰，研究内容全面透彻，具有较好的推广应用价值，达到了科技项目任务书预期的考核目标，同时还提出了课题可以进一步提炼成果，提升具体性和实用性的相关建议。验收组专家最后一致表决通过了课题验收。

（李文华　刘鹭英）

【彭德清、谭生光、陈国、谌洁君荣获“第六届中国公路百名优秀工程师”称号】 2011年，中国公路学会下发了关于表彰“第六届中国公路百名优秀工程师”的决定，并在9月22日天津举办的“公路在综合交通运输体系中的地位和作用”研讨会上举行了颁奖仪式。经省公路学会推荐，江西赣粤高速公路股份有限公司总经理、教授级高工谭生光，江西省公路科研设计院院长、教授级高工彭德清，省公路学会会员单位、江西中煤建设集团有限公司高级工程师谌洁君，江西省交通设计院信息中心副主任、高级工程师陈国4位工程技术人员被授予本届“中国公路百名优秀工程师”称号。

“中国公路学会百名优秀工程师”是中国公路学会组织为表彰在公路勘察、科研等各领域的优秀科技、技术人员而设立的公路交通行业工程师的最高荣誉，也是公路工程师的一项终身荣誉。

（省公路学会秘书处）

【省公路学会举办桥梁隧道施工质量安全控制培训班】 9月2～3日省公路学会联合赣崇高速公路建设项目办，在江西上犹举办了桥梁隧道施工质量安全控制培训班。培训班特邀上海市城乡建设和交通委员会原总工、国内著名桥梁专家钱寅泉教授和岩土隧道技术、高速公路建设方面知名专家、中南大学夏增明教授授课。

两位专家的讲座深入浅出，贴近实际，从真实案例中给大家详细讲解了桥梁和隧道施工中容易被忽视的质量环节、影响桥梁隧道安全的原因和解决方法,具有很强的针对性和指导性。

此次桥梁隧、道施工质量安全控制培训正如"雪中送炭",对提高业主、监理、施工单位管理人员的业务素质,加强隧道质量安全管理,预防桥梁质量通病,稳步推进赣崇高速公路建设,具有积极推动作用。

赣崇高速全线施工单位的项目经理、总工程师、施工队长、工程师以及业主和监理单位人员共计140余人参加培训。

(丁　静)

【赣州市道协第三届会员代表大会召开】 3月25日,赣州市道路运输协会第三届会员代表大会暨三届一次理事会在明珠大酒店召开。大会对上届理事会的工作进行了总结,提出了新一届理事会工作的指导思想和工作任务。会议强调,市道协新产生的理事会要围绕新的任务做好五项工作。一是要服务于综合运输体系的建立,使道路运输成为连接不同运输方式的纽带,成为提高运输交通的桥梁。二是要服务于人民群众安全便捷出行,进一步加强和改造道路客运运输安全工作。三是要服务于行业的节能减排,大力推进道路运输车辆标准化,切实加快以低碳为特征的道路运输体系建设。四是要服务于社会主义新农村建设,加快形成"以城促乡,城乡协调"的城乡交通发展新格局,为建设社会主义新农村,方便群众出行创造更好的条件。五是要服务于道路运输企业与政府之间的桥梁构架。当好政府和企业的参谋和助手,努力为全省道路运输发展营造良好环境。

(李发淳)

【赣州市公路学会评审2010年优秀论文】 2011年1月14日,赣州市公路学会公路学术专业委员会组织专家对2010年会员单位报送的58篇论文进行了逐篇认真评选,共评出优秀论文20篇,其中一等奖2篇、二等奖6篇、三等奖12篇,论文内容涵盖公路路基、路面、桥隧建设、工程管理、公路养护、老桥提载加固、绿色生态公路、交通运输、交通管理、工程机械等。通过学术论文评审表彰和交流,推广普及了新材料、新工艺、新施工方法,推动工程技术人员开展学术研究和创新科研成果。

(林秉峰)

【上饶市公路学会评审2009~2010年度优秀论文】 11月26日,上饶市公路学会学术专业委员会组织资深专家对2009~2010年度会员单位报送的20篇论文进行认真评选,共评选出3篇二等奖、4篇三等奖论文。论文内容涵盖公路路基、路面、桥梁建设、质量控制、山区养护和管理、老桥的加固提载、公路建设中的地方协调及公共交通发展思路等。通过学术论文的评审和表彰,对推动学会工程技术人员学术研究起到了积极作用。

上饶市公路学会秘书处对这次评选的论文已编辑出版。

(陈均培)

【省公路学会召开金属波纹管桥涵应用技术现场交流会】 3月30日,江西省公路学会在永修柘林镇举办了"金属波纹涵应用技术施工现场交流会"。中交第一勘察设计院环境分院院长、博士生导师、中国公路学会青年专家委员会委员李祝龙在会上作了《钢波纹管桥涵技术》的学术讲座。钢波纹管桥涵技术是近年在公路建设中逐步增多的应用技术。与传统桥涵相比,金属波纹管桥涵的强度是水泥管的1.5~3倍,且重量仅为同规格水泥管的1/15~1/5,使用寿命长达百年以上。此材料最突出的优点是工程实际造价比同类跨径的桥、涵洞低,施工方便快捷。传统桥涵施工需要大量的水泥、黄沙、石子等建材,还需大量劳动力和大型机械配合完成,而波纹管桥涵只要在具备沙砾基础的施工环境中,少量的操作工即可完成安装。李祝龙博士从1998年至今一直从事公路波纹钢桥涵的研发工作。

南京联众建设工程技师有限公司副总经理何锡式结合工程实例讲解了金属波纹管桥涵的应用情况及施工流程和关键技术。

学术报告会后,代表们考察了永武高速公路金属波纹管桥涵施工现场。永武高速公路作为交通部确立的江西重点科技示范路,在全省高速公路中首次采用该项技术。在参观现场中,代表们除了直观感受了该技术的优势,还向施工方详细询问了金属波纹管桥涵的有关技术问题,施工技术人员与代表们作了更为详尽的技术交流。

此次交流会有来自全省各地市公路勘察设计单位、项目建设单位的40余名技术人员参加,通过专家讲座和现场观摩有机结合,参会代表们从理论和实践上亲身体验了金属波纹管桥涵的优点。

（丁 静）

【省公路学会经济实体科力公司检测中心获得公路水运试验乙级资质】 9月15～16日，江西省交通质量监督站蒲华、章弘和交通部公路工程试验检测专家一行，对科力公司检测中心进行了资质认证的现场评审。

评审组听取了公司中心试验室的质量保证体系运行和检测工作汇报。并对中心试验室工作环境、仪器设备、体系文件等进行了审查，查阅了管理体系运行记录、仪器设备档案、人员技术档案及检测报告（含原始记录）等材料。评守组还通过提问、现场试验技术考核等方式对管理体系的建立和运行情况仔细检测。同时，根据中心试验室申报的综合乙级检测项目中13个项目抽取了20个检测参数进行了现场实做，对技术水平进行测试。

科力公司于2010年12月正式开始筹建中心试验室。公司根据《公路水运工程试验检测机构等级标准》中综合乙级的组建要求，精心投入人力和设备，各项筹备工作落实到位，达到组建的要求，并已具备了承担公路检测和授权工地试验室的能力通过评审，已获得公路水运工程试验乙级资质。

（徐绍婷）

【江西省机动车驾驶员培训行业协会第一届代表大会暨一届一次理事会议在南昌召开】 8月8日，江西省机动车驾驶员培训行业协会第一届代表大会暨一届一次理事会议在南昌顺利召开，标志着江西省机动车驾驶员培训行业协会正式成立。省交通运输厅、省公路运输管理局局长梁必康、省道路运输协会会长邱金女，省交警总队副总队长陈永强出席会议并讲话，省民间组织管理局副局长樊胜宣读了同意筹备成立省驾培协会的批复。

会议听取了协会发起单位代表——江西省蓝天驾校校长林素君所作的协会筹备工作报告，审议并通过了《江西省驾培协会章程》《江西省驾培协会第一届理事会理事单位、会长单位、副会长单位选举办法》《江西省驾培协会会费收缴及管理办法》《江西省驾培协会财务管理办法》，投票选举产生了省驾培协会第一届理事会，并召开了一届一次理事会议，江西省蓝天驾校校长林素君当选为第一届理事会会长。省、市运管部门分管驾培的领导对当选的56家理事单位、12家副会长单位和1家会长单位进行了授牌。

（曹 伟）

鄱阳湖中观鸟处

交通管理

行政管理

发展提升年活动

【概况】 江西省委、省政府召开表彰大会,对全省2011年发展提升年活动先进单位进行表彰。省交通运输厅荣获全省发展提升年活动先进单位荣誉称号。

2011年以来,省交通运输厅严格按照省委、省政府的决策部署,结合深入贯彻落实中央和省委、省政府有关文件精神,紧紧围绕省五项重点工作,切实加强领导,精心组织实施,狠抓工作落实,深入开展发展提升年活动,取得了一定成效,为全省科学发展、进位赶超、绿色崛起提供了坚实的交通运输保障。全厅发展提升年活动的主要成效具体表现为"六个明显提升":一是推进重大项目建设的办事效能和服务水平明显提升;二是推进和服务全省新型工业化的办事效能和服务水平明显提升;三是推进和服务农业现代化的办事效能和服务水平明显提升;四是推进和服务城镇化建设的办事效能和服务水平明显提升;五是推进交通运输各项事业协调发展的办事效能和服务水平明显提升;六是创建交通运输最优发展环境的办事效能和服务水平明显提升。

3月11日,省交通运输厅召开发展提升年活动动员会,落实全省创业服务年活动总结表彰暨发展提升年活动动员电视电话会会议精神,动员部署发展提升年活动。厅发展提升年领导小组副组长、厅纪委书记成松宣读《全厅发展提升年活动六项重点工作任务分工》时指出，开展发展提升年活动是2011年省委、省政府部署的一项重大任务，是推进交通运输发展进位赶超的现实需要，是加快转变交通运输发展方式的必要要求，是进一步提升交通运输系统办事效能和服务水平的有力抓手。根据省效能办分工和省五项重点工作牵头厅局的专项方案，省厅对口安排了发展提升年活动的六项重点工作。各单位要建立工作机制，明确工作重点，督促工作落实。通过抓好六项重点工作，进一步提升重大交通运输项目的推进速度和质量，进一步提升交通运输系统广大干部职工的办事效能和服务水平，进一步提升交通运输服务支撑全省工业化、农业现代化、城镇新型化、社会各项事业协调发展、创建交通运输最优发展环境的水平和能力。

（涂序东　张永康）

【省交通运输厅做好“四个民生建设”促交通发展提升】 一是抓好国有农林场公路建设。加快农村道路运输基础设施的建设和原有道路的升级改造，建设农村公路8000千米，主要实施以满足农村客运网络化建设所需的县乡公路改造及连通工程建设、少数民族地区通村组公路建设以及国有农林场公路建设。

二是抓好农村客运体系建设。提高农村道路客运的辐射能力和延伸水平，加快建设农村客运站120个，农村候车亭2000个。推动交通基础设施向农村延伸、交通运输公共服务向农村覆盖，为推进农业的现代化、城镇化创造条件。

三是继续加大建制村通班车建设。以农村客运网络规划为指导，推进县乡道路等具有通道功能的农村公路网化工程建设。为实现全省县道三级公路达50%以上，乡道80%以上达四级公路标准，基本形成农村客运网络，所有乡镇和92%的建制村通班车的目标。

四是深化农村公路管理养护体制改革建设。继续深化农村公路养护体制改革，科学建立农村公路建设管理养护机制、为实现全省农村公路“有路必养”的目标。此外，将加大危桥改造和安保工程建设力度，开展农垦区、林区、农业产业区等道路建设，增加农村交通物流站点，进一步加强农村公路安全保障措施。

（省厅发展提升办公室宣传组）

【省运管局八项举措推动发展提升年活动】 省运管局认真按照省厅的统一部署，紧密结合运管实际，细化工作任务，层层分解任务，力推八项举措确保发展提升年活动有计划、有步骤、有效果地进行。

一是签订责任状。3月18日，在全省道路运输管理工作会议上，省运管局局长与各设区市运管处(局)长签订了“2011年道路运输理目标责任状”。

二是明确工作目标。2011年省效能办增加了运管为全省重点监测对象，年终将进行效能监测满意度排名，并在全省进行通报。据此，省运管局提出了“确保全系统效能测评年终排名位置明显前移”的行风建设目标以及不发生一次性死亡10人以上的重特大道路客运责任事故等5大确保指标，并实施一票否决。

三是推行问责制。省运管局推行目标管理、行风建设向责制，构建省、市、县三级问责体系，强化省、市、县三级运管部门目标管理、行风建设的主体责任。

四是出台考核细则。签订责任状后，省运管局将结合本行业的实际，出台具体细化的工作目标，制定切实可行的奖惩办法，跟踪问效，严格考核，兑现奖惩。

五是明确督查督办。对每一项工作任务，定人员、定责任、定时限，明确分管领导和承办部门，明确工作进度，涉及督办事项达到3次以上的进行全省通报。

六是加大明察暗访力度。根据工作需要，对全省运管行业的办事效能和服务水平进行检查。

七是广泛聘请监督员，积极探索建立效能监督热线电话，畅通群众诉求反映渠道，建立覆盖面较广的立体监督网络。

八是认真做好效能监测点监测问题的调查与整改，做到件件有调查、有处理、有回复、有回访，确保投诉人满意。

（运　宣）

【省港航局围绕“五个方面”推进发展提升年活动】 一是围绕推进项目建设提升办事效能和服务水平。围绕江西水运发展规划，加快推进水运建设重大项目前期工作;提升对水运重大项目的服务质量,进一步完善重大项目储备库;及时解决项目建设过程中的难题,加大调度会、协商会议定事项的执行力度。

二是围绕推进工业化和农业现代化提升办事效能和服务水平。加强对水路运输企业分析,引导和促进运输企业、港口企业进行多种形式的联合和合作,推进水运企业规模化发展、集约化经营,鼓励企业做大做强,提升水运企业发展质量和水平;积极发展现代物流,加强对重点物流企业的跟踪服务,扶持物流企业加快发展;加强对乡镇船舶船员的培训,积极推进渡口规范化试点工作,完善水上交通安全监督机制。

三是围绕推进城镇化建设提升办事效能和服务水平。围绕全省快速推进城镇化建设进程有关要求,坚持先规划后建设的原则,严格岸线审批,促进可持续发展。

四是围绕推进社会各项事业协调发展提升办事效能和服务水平。进一步强化组织领导,形成领导亲自抓、部门协调落实、上下联动推进的工作机制;加强诚信建设,建立水路运输市场信用体系和水路建设市场信用体系;推进航道管理、养护一体化发展,保证航道安全畅通,维护船员切身利益;积极做好服务,严把船舶检验质量关。推进水上应急救援体系建设。

五是围绕创建交通运输最优发展环境提升办事效能和服务水平;继续抓好省委、省政府《关于创建最优发展环境的决定》各项规定和措施的落实;巩固机关效能年活动和创业服务年活动成果,大力推进网上审批和电子监察,强化对权力运行的监督与制约,进一步提高各级机关办事效率、服务质量和水平;健全发展环境监测机制、效能投诉快速反应机制和效能问责机制。

(化　磊)

政务管理

【概况】　省交通运输厅办公室围绕工作职责,做好各项工作的协调、调研、督查和落实,努力提高机关、基层服务和保障水平。

全力做好厅重点工作的政务保障。围绕2011年全省交通运输科学发展跨越发展的中心任务,突出重点,真抓实干,努力发挥好参谋助手、调查研究、综合协调、桥梁纽带、督查督办等作用。一是做好区域合作、行业交流、迎国检等重大会议、活动的筹备工作,精心组织七省二市长江水运发展合作、迎国检、华东六省一市交通运输协作、泛珠“9+2”交通合作、部办公厅调研等一大批活动、会务接待工作,组织周密,衔接顺畅,反映良好;二是做好重点项目建设有关活动的组织协调,牵头组织了德昌、永武和瑞寻、昌奉两次高速公路竣工通车仪式,会同有关部门和单位共同做好“十二公开”现场会和一批高速公路项目的开工、转段动员会议、领导视察活动,并收回已建成通车并完成竣工验收的项目办公章68枚;三是做好部省领导和厅领导有关批示、厅行政部署的督查督办。建立电子台账,完善办理机制,及时转办领导批示,及时跟踪办理情况,及时反馈办理意见;先后五次督办厅务会议落实情况。

保障日常工作有序运转。认真开展发展提升年活动,充分调动办公室全体人员的积极性和创造性,扎实做好文稿起草、公文运转、保密、信访、档案、政务信息、信息公开、督办人大建议、政协提案办理、办公自动化等工作。全年收文3917件,审核发文2057件;文件归档110卷1959件,向省档案局报送已公开文件36件;加强机关机要保密工作,在完成厅机要设备更新和继续开展全厅涉密载体清理的同时,健全了机要工作机制,通过组织征订保密书籍杂志、组织厅直单位100余人参观全省保密展览等,进一步提高厅机关和直属单位相关人员的保密意识和业务水平,未发生一起失密泄密事件。完成了对政府工作报告、交通运输工作报告任务的分解、交办和督办工作;承办省人大代表建议90件,省政协委员提案30件。注重做好与人大代表、政协委员的沟通,办结率、满意率均达100%;向省委、省政府和交通运输部报送信息600多条次,被上级相关部门采用125条;做好政务公开工作,在厅门户网站新增政务公开信息6309条,在省政府网站公开政务信息525条。受理信访案件885件次,初信初访办结率达98%以上,停访息诉率达95%以上;清理出信访积案、疑难案6件,停访息诉6件;开展了领导干部接访和信访包案活动,全年参加省接访中心11次,接访群众19批50人次,领导包案54件全部办结。继续做好厅系统办公自动化有关工作，对厅OA办公系统使用中存在的问题进行了软件提升和流程优化；做好厅机关财务管理和会计核算工作。一年来，先后获得全省保密工作先进单位、全省政务督查先进单位、交通运输部政务信息工作先进单位、全省信息报送工作先进单位等荣誉称号。

（赵国成）

【江西试点建设乡镇农村公路综合服务站】 从2011年起，江西省交通运输厅将通过两年时间在全省开展乡镇农村公路综合服务站建设试点工作，以点带面，推进全省农村公路建、管、养、运一体化服务发展，在试点的基础上，有计划、有步骤地建立健全江西省村公路建、管、养、运综合服务体系。2011年，在全省范围内选择确定50个乡镇农村公路综合服务站建设作为省级试点。

截至“十一五”期末，江西省农村公路总里程达12.6万千米，路面硬化里程达8.2万千米，农村客运班线3575条，全省建制村实现了村村通水泥（沥青）路、90%通客运班车。农村公路的快速发展，较好地解决了江西省农村群众出行难的问题，但是农村公路建、管、养、运综合管理服务总体水平与农村群众日益增长的需求和期盼仍有较大差距，迫切需要在全省探索面向乡镇的农村公路建、管、养、运新型管理服务模式，真正做到农村公路修到哪里、客运班线就通到哪里、养护工程就跟进到哪里、农村公路管理服务就延伸到哪里，切实将农村公路打造成惠民、便民的致富发展路。

乡镇农村公路综合服务站具有农村客运、货运、运政、路政、公路建设与养护综合管理服务功能，有条件的地方可将小件快运、邮政代办、医药配送、供销配送、生资配送等纳入服务内容。乡镇农村公路综合服务站可根据当地实际情况按乡镇区划或分片区进行规划布局与建设。

江西省交通运输厅已经成立了乡镇农村公路综合服务站建设试点工作推进领导小组，负责指导、协调、推进全省乡镇农村公路综合服务站建设试点工作。同时，对乡镇农村公路综合服务站试点申报条件、申报程序及试点工作实施步骤作了明确规定。此外，经正式批准同意作为省级建设试点的乡镇农村公路综合服务站建设项目，已获得一定的政策支持。

（熊昌军　黄　金）

【省交通运输厅提升电子政务和政府公共管理能力】 省交通运输厅始终把加强网站建设管理、完善网上办事效能作为一项重要工作，采取多项措施优化服务环境、提升办事效能和服务水平。一是完善网上办事功能。深入推进网上审批和电子监察系统工作。按照省行政审批制度改革领导小组办公室要求，并根据省信息中心统一部署，省交通运输厅已初步完成网上审批和电子监察系统项目建设。厅机关及各相关单位与省通信中心之间的物理链路全部畅通，并将各单位相关账号分配给受理部门，由各单位落实到具体人员进行日常的网上审批及电子监察业务。自2010年10月启动以来，全系统近40个行政许可事项全部实现了网上审批和电子监察系统中运行。截至6月17日，网上审批事项的申请总数156件，办结数102件，提前办结率为93.1%。二是加强网站建设管理，不断提升机关信息化服务水平。完善《江西交通信息网网站管理办法》等制度。按照网站建设要求，积极做好网站日常管理维护和安全保障工作。同时，做好江西交通信息网公众留言工作，已处理网上留言3400多条。三是不断完善政务公开与信息报送机制，深入开展政府网站绩效评估工作。规范网站政务信息公开，不断完善政务公开与信息报送机制。同时，加紧做好与交通运输部、省政府有关单位的政务信息报送工作，2011年以来已报送政务信息近700条。已出台《关于进一步加强交通运输政务信息报送工作的通知》，并初拟《省交通运输行业政府网站绩效评估工作方案（初稿）》等制度，明确责任，健全机制，为深入开展交通行业政府网站绩效评估工作提供条件。

（省厅发展提升办公室宣传组）

【省交通运输厅荣获全省政府系统督查工作先进单位】 在全省政府系统督查工作评选中，省交通运输厅荣获“督查工作先进单位”称号，厅机关龚伟被评为“督查工作先进个人”。2011年，省交通运输厅督查工作在省委、省政府的正确领导下，坚持以科学发展观为指导，紧紧围绕实现江西交通运输科学发展、进位赶超、绿色崛起目标，以加快交通运输发展方式转变为主线，以鄱阳湖生态经济区交通运输建设为龙头，加强督促检查工作，着力增强督查工作成效，切实抓好各项工作任务的落实,为江西经济社会平稳快速发展起到促进作用。

(厅办公室)

【萍乡市交通运输局确定交通运输质量管理目标】 市交通运输局确定公路建设、道路运输等质量管理目标,实施质量兴交战略,全面提升交通运输服务经济社会发展、服务群众的质量与水平。公路工程管理目标:到"十二五"期末,全市农村公路平均好路率力争达到80%,农村公路竣工验收合格率、优良率力争分别达到100%、60%,到2020年全市农村公路竣工验收优良率力争达到70%。道路运输管理目标:到"十二五"期末,道路客运业整体素质和企业质量管理水平显著提高,公路长途客运正点率达到80%,乘客满意率达到85%,投诉处理及时率达到99%,到2020年,道路运输服务质量水平跨入全省先进行列,公路长途客运正点率达到85%,乘客满意率达到90%。

(晏卫东)

【全省信访秩序基本稳定】 2011年全省交通运输信访总量与2010年相比略有上升,其中,群众来信数量明显下降,而群众来访人数上升幅度较大,虽然群众集体访批次减少,但上访人数却增多。群众来信来访反映的问题集中在三个方面:一是公路建设中拖欠农民工工资和工程款而引发的上访;二是道路运输管理中对客运车辆实行公司化经营中有关车辆产权认定、收购补偿发生纠纷以及对客运线路审批和出租车经营管理等方面不满而引发的上访;三是撤销二级公路收费站后,部分职工(合同工)对地方政府的人员安置方案不满而引发的上访。

全省交通运输信访秩序总体稳定,初信初访办结率达98%以上,停访息诉率达95%以上。

主要做法:

1. 坚持集中化解信访积案。2011年,省厅深入开展了交通运输信访积案化解工作,实行领导干部带案下访与包案处理相结合工作制度,做到"六个到位":深入基层,调查研究到位;认真负责,沟通协调到位;分析案情,提出处理意见到位;检查指导,督促落实到位;分清责任,责任追究到位;总结经验,推动工作到位。全厅共清理出信访积案、疑难案6件,化解了6件,停访息诉6件,其中协调解决"三跨三分离"信访案件1件。

2. 坚持党政领导干部包案。交通运输厅坚持党政领导干部包案制度,对重大疑难复杂和群众反映强烈的信访突出问题以及上级部门和省、部领导交办的信访案件,以"定纷止争、案结事了、停访息诉"为目标,严格按照"定包案领导、定工作任务、定责任单位及承办人、定办结时限和包牵头协调、包跟踪劝返、包责任追究、包解决问题、包息诉罢访"的"四定""五包"原则,全部由厅领导实行包案处理制度。必要时,对重大疑难复杂信访问题,实行了"三级终结"制。厅领导实行包案工作制,直接推动问题的彻底化解。

3. 坚持矛盾纠纷排查化解。按照"属地管理、分级负责""谁主管、谁负责""依法、及时、就地解决问题与疏导教育相结合"的信访工作原则,切实推行首办责任制,把交通信访突出问题妥善处理在本单位、本部门,把矛盾解决在基层,化解在萌芽状态,绝不允许将矛盾和问题推给上级、推向社会。2011年,厅及厅直单位共排查矛盾纠纷18起,调解18起。

4. 坚持领导干部定期接待群众来访。厅制定了《江西省交通厅领导干部定期接待群众来访办法》,厅领导坚持在岗接访和定期轮流到厅信访接待室接待上访群众。同时按照省信访局要求,厅党委书记程受锭等9位厅领导还定期按时参加省政府(省人民接访中心)接访工作。2011年,厅参加省人民接访中心接访的厅领导11人次,共接访了群众来访19批/50人次,上访群众反映的15个问题,基本上都得到妥善处理。

5. 坚持厅长手机、信箱投诉办理时效化。省厅在2002年起先后开通网上投诉和厅长信箱的基础上,2009年1月13日又开通了厅长手机"15907096122",更加方便了社会各界反映问题,咨询政策、建言献策。但是来电人和网民往往反映群众投诉只有上文没有下文或回复不及时的情况时有发生。为此,厅严格规定接电收信受理人能答复的当场回复;当场不能回复的,必须及时转交有关部门依法依规在规定的时间内(一般为7天)予以准确答复。2011年,厅长手机、厅长信箱分别收到有效群众来电来信91个和64件,已全部及时回复和依法处理。

(罗安生)

组织与人事

【概况】 2011年厅组织人事工作围绕交通运输科学发展这一主题,以提升服务水平为着力点,以做好领导班子建设、人事制度改革、人才队伍建设、干部职工教育培训以及组织人事基础性工作为抓手,为省交通运输“十二五”规划开好局,起好步提供了坚强的组织人才保证。

1. 领导班子和干部队伍建设取得新成绩。坚持贯彻落实厅党委的有关部署,全力做好厅属单位领导班子建设和干部队伍建设。一是领导班子结构不断优化。坚持老中青三结合的干部梯次配备原则,把握好统筹使用各年龄段干部和培养选拔优秀年轻干部的关系,着力选拔德才兼备、群众公认的优秀干部进班子。2011年厅共进行了四批干部考察工作,共提任处级干部32人(其中正处级13人,副处级19人);对8个单位试用期一年期满的44名处级干部进行了考察,办理了正式任职手续,办理处级干部退休6人,厅属单位领导班子的年龄、专业结构和文化程度进一步优化;二是竞争性选拔干部工作不断推进。积极推进厅直单位领导干部竞争上岗工作,促进全厅竞争性选拔工作的制度化、经常化、规范化。厅机关拿出安全监督处处长等3个正处级职位开展竞争选拔,取得了较好效果。组织指导省公路运输管理局、高速投资集团、联网中心等多家单位开展科级干部竞争选拔工作。2011年厅通过竞争选拔担任科级及以上干部达40余名,较好地激发了干部队伍活力;三是干部教育培训工作不断加强。突出党政干部这个重点,积极开展各类培训工作。选送各类干部到各级党校、行政学院和专业院校培训学习12批次,培训干部20余人。积极发挥厅属交通干部学院的培训优势,举办厅第七期青年科级干部培训班,共有51名学员参加了为期两个月的学习。同时,积极做好综合知识的学习测试工作,共组织副处级以上干部进行法律基础、换届知识等知识测试4次,测试人员1100余人次,测试合格率达到100%;四是干部交流力度不断加大。2011年,有17名处级干部在厅属单位内部交流,选派3名中青年领导干部到省直单位和设区市进行挂职锻炼,配合组织部完成了3名挂职期满的优秀干部的到期考察;五是干部日常管理水平不断提升。2011年,省委组织部出台了《江西省党政领导干部选拔任用工作有关事项报告实施办法》等多项干部管理规章制度,厅均及时召开厅党委中心组会议进行学习,并第一时间进行部署落实。指导厅属单位领导班子开好2011年度党员领导干部民主生活会。认真做好厅属事业单位年度考核和处级以上领导干部报告个人有关事项工作等干部管理工作。

2. 积极稳妥推进事业单位人事制度改革和机构编制管理。根据省委组织部、人保厅及省编办的要求,坚持稳中求进,较好地完成各项人事制度改革任务,实现了“三个推进、一个优化”的目标:一是推进事业单位分类改革。配合省编办对厅属事业单位需撤销、整合、核减的情况进行了系统的摸底,对部分单位职能进行重新梳理和明确,对需清理规范的事业单位进行了确定,为下一步分类推进事业单位改革打下了坚实的基础;二是推进机构编制实名制管理。在厅直事业单位中实行机构实名制管理,做到编制与人员一一对应,对厅属事业单位人员上下编程序进行了梳理和规范,进一步提高了编制管理水平;三是推进事业岗位设置和聘用。在把握岗位设置的行政约束力与动态管理关系的基础上,积极研究探索设岗、聘用与适应全厅人才队伍建设和事业发展的思路和措施,扎实有效的推进事业单位岗位设置。2011年底,全厅已经有39家处级单位,通过了人保厅的审核,并有江西省港航管理局、省交通科学院等多家完成了岗位聘任工作,其他单位也正在积极制定聘任实施方案;四是优化事业单位管理结构。对厅直单位机构进行了调整,重点抓好了江西省水上搜救中心与省港航管理局(省地方海事局、省船舶检验局)合署办公事宜。省交通运输工程档案馆、省公路管理局信息数据中心的设立组建。完成江西省交通职业技术学院(副厅级)升格和交通工程质量监督站经费性质变更(全额拨款事业单位),做好部分厅属单位的职能明确、变更隶属和机构更名等事项。

3. 扎实推进人才工作。2011年,按照厅党委行政的要求,积极做好人才管理各项工作。一是出台具有江西交通运输特色的《十二五人才发展规划纲要》,并将人才规划纳入“十二五”全省交通运输发展规划当中。二是摸清了全省交通运输行业人才分布和组成结构,截至2010年底,全省交通行业从业人员总量达到77.8万人,其中,具有中专以上文化程度人员24.1万,具有大专及以上文化程度人员11.8万人,中专以上文化程度人员占全省交通系统从业人员的31%,全国平均水平为33%;全省交通行业共有专业技术人员34530人,技术人员占从业人员总数的4.4%,全国平均水平为8.8%;全省交通行业共有技能人员20.7万人,技能人员占从业人员总数的26.6%,全国平均水平为41.4%。通过扎实开展人才调查工作,省厅获得“全国交通运输行业人才资源统计调查工作先进单位”称号。三是认真做好高层次人才推荐工作,完成交通部科技英才、江西省拔尖人才和事业单位专业技术二级岗位人选7人次,推荐高层次人才参加人保厅学习培训2人次。四是开展年度高中级职称评审工作。2011年,全厅共收到职称申报材料646份,其中厅属单位469份,外单位177份。全厅通过教授级工程师评审13人,其他正高职称4人;通过交通运输高级工程师评审82人,其他副高职称17人;通过交通运输工程中级职称评审197人,其他中级职称25人。五是草拟了《江西省交通运输厅专家委员会组建方案》,并积极推进相关筹建工作。

4. 劳动工资管理进一步规范。坚持以人为本、认真细致、规范有序的原则,较好地完成各项任务。一是完成了厅直单位年度的各类人员的正常年度调资、增资工作。二是完成了工人技术,等级考核工作及企业退休人员增加社保工资审核。组织考核小组对省高速集团公司、省交通设计院、江西远洋运输公司3家企业进行了绩效考核,并确定绩效工资标准档次。三是指导并批复下属单位制定绩效工资分配方案。厅属事业单位退休人员生活补贴全部发放到位,在职人员有50%执行绩效工资。四是根据交通运输部人事劳动司文件精神,在全省范围内开展交通运输行业特殊工种提前退休情况专题调研,协助相关处室完成了中央六部委津补贴检查调研组来我省的调研检查工作。

5. 统筹做好其他人事专项工作。组织人事部门克服人员少、工作强度大的困难,较好地完成了多项人事专项工作。一是做好厅属企业改革人员安置工作。本着以人为本,公平公正的原则,先后组织了路桥局两批共计245人上岗抽签工作,办理了省公路管理局物资储运总站287人划转高投协议。二是认真做好外事管理。认真做好出国(境)政审工作,制止利用公款出国旅游,全年共办理出国政审25批84人次。三是做好人员招录和退伍军人安置工作。完成2010年厅机关和省公路局15名招录人员的转正定级,完成省港航管理局等3家事业单位74名人员招聘工作。完成接收国家指令性下达厅的退伍军人的安置计划75人,安置军转干部5人(其中副师干部1人、团职1人,营以下3人)。四是积极做好重点工程表彰工作。2011年厅组织人事处调研出台了《关于全省交通重点工程建设项目评比表彰工作的通知》,并先后完成了德昌等6条高速公路建设项目先进集体和先进个人的表彰工作,完成全省“抓养护、迎国检”、农村“改渡建桥”、高速公路服务区综合整治、“十一五”全省公路养护管理工作等先进个人和先进集体表彰。全年共表彰先进个人1735人,先进集体267个。

6. 强化组织人事部门自身建设。2011年,该厅认真贯彻落实省委组织部“讲党性、重品性、作表率,树组织人事干部新形象”实践活动,以提高组织人事干部政治素质、能力及业务工作水平,努力建设一支政治坚定、业务精通、素质过硬、作风一流的组织人事干部队伍。在不断加强自身的学习基础上,不断强化基层单位人事干部的业务培训和思想教育工作,编印了《组织人事干部培训文件选编》,先后开展了社会保险法、专利代理人资格考试、厅直事业单位组织人事干部业务培训等专项培训3次,培训组织人事干部170人次,选派优秀组织人事干部参加省人保厅面试考官专项培训12人次,厅直单位组织人事干部业务能力和服务意识显著增强。

(王　硕)

财务审计

【概况】 2011年,厅财务审计部门开拓创新、求真务实,全面履行工作职能,积极推进财务审计工作发展目标的实现,为交通事业的全面协调可持续发展作出贡献。

1. 适应财政改革，强化预算管理。厅财务部门认真完成部门预决算的编制，强化预算管理，全面落实国库集中支付，认真执行政府采购等事项工作。一是按照省财政厅统一要求，按时完成厅2010年决算报表的编制工作。二是精心编制20011年部门预算和调整预算。厅2011年年初部门预算编制工作，得到省财政厅的表彰。三是根据省财政厅统一部署和要求，在扎实做好预算信息公开各项准备工作基础上，于3月30日在江西交通信息网上，公开厅2011年部门预算。

2. 应对融资压力，采取积极灵活的融资策略，多方筹措资金，增强资金保障。长期以来，交通建设任务繁重和资金供给不足的矛盾一直十分突出，各级交通部门融资压力日益增大。2011年度坚持安排好中央转移支付资金使用的同时，努力争取部里的资金和银行信贷资金支持，对外拓宽融资渠道，增加资金总量，优化融资结构，控制债务风险。

（1）2011年以来，由于政府融资平台清理、国家宏观调控银行规模紧缩、利率不断上调，对交通部门形成了持续加剧的资金压力。为确保交通建设资金需求，厅财审处积极与省银监会及各家银行省行及总行沟通，继续争取银行贷款的支持，1至10月，厅已累计筹措建设资金244亿元（含高投集团），其中：中央补助的车购税资金到位96亿元，银行贷款新增148亿元。

（2）积极将有关情况向省领导汇报，建议省政府出台扶持交通建设的相关政策，争取由省财政厅一次性安排5亿元专项资金用于偿还厅2011年到期的部分流动资金贷款，并在以后年度预算中逐年加大对厅偿债资金的补助，逐渐实现公路建设这项公益性的基础设施建设由政府公共财政资金供给的回归。

（3）厅成立融资工作协调小组，协调小组办公室设在厅财审处，负责对高投集团、港投公司等厅属单位重大融资工作进行指导、协调和必要的统筹，2011年厅监管融资平台公司积极拓宽各种融资渠道，不断创新债务融资方式。省高投集团通过信托贷款、委贷等方式筹措资金超过资金总额的三分之一；10月，成功发行10亿元非公开定向债务融资工具，成为江西省首家采用非公开定向债务融资工具的企业；成功发行2011年二期短期融资券19亿元；集团企业债、定向工具（私募债）及集团本部短期融资券和央企直投等融资工作有序开展，筹措资金超过120亿元。

（4）积极与省财政厅协调，加快资金拨付，做好有关资金分配工作。一是提出了成品油价格和税费改革中央转移支付增量资金的分配意见，省财政厅及时将资金下达到厅。二是2011年车购税用于交通重点项目专项资金由原中央直拨变更为实行地方转移，厅财务审计处积极与省财政厅沟通协商，做好2011年部车购税一般及重点项目资金的请、拨款工作，有效缓解项目资金压力，减少资金沉淀。

（5）严格监管厅本级债务，实时动态防范债务风险，继续保持迄今为止从无逾期和违约的优良信誉。厅财审处对厅本级债务进行集中管理，所有债务实行统贷统还、预算控制，同时实行严格的合同管理，按合同约定的提款和使用条件进行提取使用，并严格按合同约定及时偿付债务本息。

3. 突出重点，强化审计监督。根据交通运输部《关于印发2011年交通运输审计工作计划的通知》，省厅及时印发《关于印发2011年江西交通运输审计工作计划的通知》，按要求认真加强审计监督。

（1）强化建设资金和建设项目审计，加强对项目管理的检查，核实项目支出，促进项目管理和资金有效使用。开展对收费还贷高速公路迎国检工程决算等11项基本建设项目新建和续建项目资金管理使用情况进行审计。

（2）继续深化领导干部经济责任审计。2011年，根据厅组织人事处的委托，组织完成8个厅管领导干部任期经济责任审计，确保行政“一把手”离任经济责任审计覆盖面达到100%。

（3）切实做好预算执行和财务收支审计。2011年，对九江长江大桥公路桥管理局、昌泰高速公路公司、省路桥工程局2010年度财务收支情况进行审计，会同省公路路政管理总队对对全省治超站进行审计调查。

（4）组织所属单位开展行业性资金审计。针对行业性资金点多面广的现状，2011年，组织厅属行业管理单位开展行业性资金审计。委托省公路管理局对渡改桥资金进行审计，省公路运输管理局对县乡客运场站运营管理情况进行审计，省港航局对港口码头建设资金进行审计。

(5)配合厅纪检监察部门对省公路管理局交通工程公司进行审计调查。

(6)加强内审人员后续教育,不断提高综合素质和业务水平。通过制订培训计划、转发培训文件等方式,积极组织全省交通运输系统内部审计人员参加交通运输部、中国内审协会等部门举办的审计业务培训班。

4. 继续开展“小金库”治理工作。2011 年,继续承担省厅治理“小金库”工作领导小组办公室的职能,根据中央和省治理“小金库”工作领导小组的要求,组织开展“小金库”治理全面复查工作。通过加强组织领导、制订实施方案、广泛宣传动员和狠抓落实,厅“小金库”治理取得实效。2011 年厅“小金库”治理共复查 586 家单位,发现厅下属 2 家单位通过截留收入设立过“小金库”,对复查中发现的“小金库”,已要求各单位组织纪检、审计、财务人员进行核查,用于单位公用支出的予以核销,用于私人利益的予以清退,并根据情节追究责任。厅“小金库”治理工作因领导重视、措施得力、成绩显著,多次被省治理“小金库”工作领导小组办公室通报表扬。

5. 配合做好厅属企业改制工作及绩效考核工作。为配合厅属企业改制,厅财审处积极参与对改制方案的审核,及时审核省交通设计院、江西远洋运输公司和省公路局、省港航管理局、省运管局所属企业改制清产核资结果并上报,完成省交通设计院和江西远洋运输公司资产评估的招标工作。根据《江西省交通运输厅厅属企业负责人经营业绩考核办法(试行)》、《年度经营业绩考核计分细则》,配合完成对省高投集团、省交通设计院及远洋公司 2010 年度绩效考核财务考核指标评分工作。

6. 强化会计基础工作,防范资金风险。一是组织开展资金安全检查。根据省纪委等五部门的要求,为严格资金管理,防范资金风险,组织厅属单位全面开展资金安全专项检查,要求各单位从确保资金安全的 9 个方面 39 项内容,逐条对照,逐环节检查,并及时上报检查结果和财务人员信息。厅属各单位共核查了 936 个银行账户的资金余额,在各单位自查的基础上,并派出督察组开展重点检查。二是深化国库集中支付制度改革,规范银行账户管理。对厅直各事业单位银行账户进行了一次全面清理。三是按照实施公务卡改革工作要求,全面推行公务卡改革。四是组织安排全厅 44 个预算单位开展会计基础规范化检查工作。

7. 加强收费公路管理。

(1)认真开展收费公路专项清理工作。按照交通运输部等五部委开展收费公路专项清理工作的要求,对全省收费公路统计人员进行数据统计填报培训,组织开展调查摸底工作。9 月底,全省收费公路专项清理已完成了调查摸底,并按时准确上报中央部委、向社会公开有关信息。厅在完成调查摸底基础上,进行自查自纠。经反复研究,提出撤并五个普通公路收费站、下降普通收费公路收费标准、纠正两个高速公路经营权转让违规延长收费年限和督查整改少数管理混乱收费公路项目的措施意见,交通运输厅已会同省发改委、省财政厅、省监察厅和省政府纠风办进行了研究,上报省政府批准,自查自纠工作按国家五部委要求于 2011 年年底完成。

(2)2011 年度,全省高速公路车辆通行费收入 86.4 亿元,同比增长 10.2%。

(3)配合做好国省干线公路迎国检工作,检查、督促、指导收费公路迎国检。

(陈玉书)

【省交通运输厅严格外事管理】 省交通运输厅认真落实国家、省外事工作管理规定。2011 年,省厅严格执行国家、省有关严格控制一般性考察、严禁借机公费旅游的有关规定,进一步加强对外事管理工作。坚持以我为主组团出访进行公务活动的原则,严格控制交通部门工作人员参加各类学会、协会、基金会、中心组织的出国团组,对一般性考察进行调整压缩。2011 年,对由外经办安排的出访每个团组从出访线路、时间安排、公务活动、对口接待等环节都严格把关,严格按上级要求强化公务对口,并严格按新程序进行报批。同时,每一批因公出访团组认真做到事前、事中和事后的跟踪服务与管理,实现了出国前有教育、出国期间有跟踪、回国后有总结。全年省厅共出访 22 批 106 人次,没有出现一起违纪违规问题。

(余明华)

【省运管局加强全省客运企业客票管理】 2011 年,省运管局组织召开全省客运企业票管人员座谈会,会上对客运票证的计划报批、印制、发放、保管等作了进一步规范要求。为2012年票证管理依托运政网络实现信息化打下了基础。

（王丽新）

【九江长江大桥公路桥管理局完成2011年度征费任务】 2011年，九江长江大桥公路桥管理委员会下达九江长江大桥公路桥管理局通行费征收计划为2.0亿元，实际通行费收入2.08亿元，为计划数104%，与2010年同比增长1000余万元。完成任务主要措施有：一是强化目标管理，充分调动收费积极性。根据近三年来桥南、桥北两所收费比例，首次对大桥收费任务进行了分解下达，并分解到各收费班组，与绩效工资挂钩，实行量化考核，做到奖惩分明，增强工作动力。二是整顿收费秩序，营造和谐收费环境。2011年，针对每天超过300辆车辆过桥冲关逃费并有发展的趋势，九江长江大桥公路桥管理局密切联合九江、黄梅两地公安、交警、路政等部门，对冲关、逆行逃费等扰乱大桥正常收费秩序行为开展了13次专项整顿，累计整顿冲关车辆1970余辆，补办统缴证385台，补交通行费达8万余元，规范了收费秩序。三是正确把握收费与畅通关系，尽量减少收费流失。九江长江大桥设计通行能力与社会经济发展以及车流量急剧增长不相适应，收费与保畅通有时存在着矛盾。九江长江大桥公路桥管理局认真分析和研究解决问题的办法，摸索出一套科学调度免费放行的保畅通原则，规范管理，严肃纪律，将保畅通和收费有机结合起来，最大限度减少费源流失。四是认真落实“绿通”政策，服务社会经济发展。为认真贯彻江西省交通运输厅、发改委、财政厅《关于进一步落实鲜活农产品绿色通道政策的通知》精神，九江长江大桥公路桥管理局专门开辟了鲜活农产品运输车辆“绿色通道”，按照廉政、无三乱、快捷的要求，制定了“绿通”车辆查验简易程序。全年累计放行“绿通”车辆10.7万辆，共减免通行费600余万元，免费额与2010年相比增加了200余万元，为服务“三农”作出了积极贡献。

（扈　军）

【界牌航电枢纽电厂售电收入创历史新高】 2011年，界牌航电枢纽管理处施行电量效益与职工收入挂钩的绩效管理制度，坚持班值长竞聘上岗，极大地调动了全体职工的工作积极性。水工维护检修人员挖潜增效，采用科学的清污方法，加大拦污栅清污力度，减小水头损失，及时调整水头和机组出力；运行人员做到勤调度、勤调整，合理调配电力负荷，不断优化枢纽运行。

枢纽管理处在上级主管部门的支持下，通过积极服务于信江流域防洪抗旱和经济发展，主动协调好各方面的关系，妥善处理好了蓄水受制于地方、上网受限于电力部门的矛盾，争取到汛期（4～7月）部分时段发电运行，解决了往年汛期只能运行2个月的限制，谷电实现了上网销售和同电同价，售价由0.31元调高至0.34元。

枢纽管理处优先保障设备检修和技术改造的资金投入，对电厂IF机组导水机构、升压站102#油开关和110千伏线路进行了检修，完成了电厂二台机组励磁系统和110千伏线路高铁跨越段改建工程，逐步对水电厂计算机监控系统升级改造，有效提高了设备安全系数和运行效率。2011年度枢纽电厂发售电总量6091万千瓦小时，售电收入1900余万元，经济效益创历史新高。

（黄海源）

【南昌昌北机场高速路下调通行费】 根据江西省发展与改革委员会、省交通运输厅和省财政厅联合下发《关于降低南昌昌北机场高速公路收费标准的通知》的决定，8月18日起对通行于南昌昌北收费站与南昌昌北机场的一类车（7座以下客车）实行单趟收费5元。使市区经高速公路前往南昌昌北国际机场的小车往返一次只需交费10元，比原来的30元收费减少20元。此次收费额的大幅下调得到社会的普遍好评。

（周国祥）

【南昌市交通运输行政执法单位全部纳入市级财政全额拨款】 南昌市交通运输局下属6个行政执法事业单位，由于原有经费来源途径不同，市公路运输管理处于2004年底由自收自支变更为市财政全额拨款；市交通工程质量监督站于2005年底设立起明确为全额拨款，其他4个单位仍为自收自支。2009年国家实行燃油税改革，取消公路、水路运输管理费的征收，市港航管理处、市农村公路管理所、市渡口管理所经费由燃油税中核定下拨，市城市客运管理处由市财政专项下拨。

2011年8月8日,经南昌市机构编制委员会研究,同意南昌市交通运输局的请示,决定将市港航管理处、市农村公路管理所、市渡口管理所和市城市客运管理处的经费性质由自收自支调整为财政全额拨款,并重新核定各单位全额拨款事业编制数。至此,南昌市交通运输局所属6个行政执法单位全部纳入市级财政全额拨款。

(周国祥)

【南昌银三角立交桥收费站撤销终止收费】 南昌市"银三角"(高坊岭)立交桥是江西省公路第一座最大的三层互通式立交桥,位于105、316和320国道交汇点,距南昌市区15千米,是省会南昌城南的公路枢纽。1994年10月31日开工建设,1995年5月31日竣工通车并设立银三角立交桥收费站,分向东(国道316、320)、向南(国道105)2站开始单向收费。南昌籍车收费10元/次,外籍车出城需交20元/次。按照省政府批准,1998年该立交桥收费站划入江西省赣粤高速公路公司,并入昌九高速公路并延长收费年限至2028年。

银三角互通立交桥对分流车辆、缓解南昌市城南的交通压力起到很大作用。但由于该桥地处南昌市南郊,是南昌县、进贤县及其他市县进出南昌的必经之地。收费站的再存在对南昌城区的发展和周边社会的流通带来阻碍,要求撤站的呼声越来越高。

经过省领导的考察和协调,省政府办公厅发出《关于印发撤销银三角立交桥收费站专题协调会议纪要的通知》,决定终止银三角立交桥项目收费。同时决定给江西赣粤高速公路公司适当补偿,延长昌九高速公路收费期限24个月,即由原审批收费结至2028年3月31日延长至2030年3月31日。

2011年1月25日8时起,银三角立交桥收费站停止收取车辆通行费。至此,南昌往返南昌县、进贤县、抚州市、丰城市、樟树市等地的国道105、316、320线已经没有收费站。

(周国祥)

【萍乡市交通运输局会计核算连续3年被评为达标单位】 萍乡市交通运输局财务会计核算工作,较好地遵守财经纪律、法律、法规、规章制度,依法理财,资金使用安全、有效。经市会计核算中心年度考评,连续3年被评为达标单位,步入全市先进行列,进位逐年前移,2011年获得全市第二名。

(毛惠明 刘安萍)

【萍乡市交通运输局规范资金安全管理】 该局一是进一步调整机关内部职能,充实财务审计机构,组建监察审计室,配备专业审计人员,规范和强化财务内控制度和审计力度。二是严格执行资金拨付、复核、稽核和单位主管领导审核把关的分工负责制,明确规定各岗位的职责权限,每年组织局属单位分管财务负责人和委派会计进行培训,进行党风廉政、法制法纪和资金安全管理教育,对年度财务管理、厉行节约内控监管,财务预算执行情况和经费支出进行通报分析,对财务执行情况进行审计监控。三是强化财务管理内控监督审计制度,制定实施《机关财务管理规定》《交通建设资金管理拨付暂行办法》《交通建设项目资金监督管理实施细则》《交通运输行业内部审计工作实施办法》,从制度上健全完善资金安全风险防范机制。四是规范会计基础工作,完善财务报账手续和资金收付管理流程,健全内部控制和审计监督制度,严格委派会计人员管理,强化会计服务、会计管理职能,确保资金使用安全有效。

(毛惠明 刘安萍)

【宜春市交通运输局开展农村公路建设资金专项审计】 2010年全市农村公路建设中央投资、车购税、县通乡等项目551项,全长1657千米,投资总额61533万元,其中:国家拨款24853万元,自筹资金36680万元。为了确保公路资金专款专用,市局组织4名财务人员,由分管财务工作的副局长梁彦带队,于10月19日至12月1日,采取查账、上路核查、走访调查等方法,先后对9个县(市)2010年县通乡复通项目、2010年水毁车购税项目、公路养护、改渡建桥等专项资金管理、使用情况进行审计。审计结果表明:建设资金管理总体是好的,基本上做到资金银行有专户、专项管理,专项核算,专项存储,按计划、按项目、按工程进度拨款。许多有水泥路建设项目乡村,实行财务公开,群众监督和老党员、老干部和老村民代表参加的建设资金管理等经验。但个别地方和少数基层单位存在建设资金未开银行专户，有的工程款拨付不及时，有的拖欠民工工资，有的截留养护资金，有的违规在渡改桥建设资金中支付设计费及资料费等问题。“审计重在整改”，及时制订三条整改意见：一是按计划未及时下拨公路建设专项资金要求在2012年6月以前全部拨付到位，保证资金的使用效益；二是公路养护资金不得截留用于本局机关经费使用，应及时下拨资金，以保证公路养护资金需求；三是农村渡改桥建设资金不得从中提取工程设计、咨询等费用，做到建设资金专款专用。通过审计，各地对审计的问题高度重视，专门召开会议进行研究，制定整改措施，进一步加强建设资金管理，确保工程款专款专用，为促进全市农村水泥路建设，搞好公路养护和改渡建桥发挥积极作用。

（喻美红）

【宜春市交通运输局继续推进“小金库”治理】 5月12日至12月底，市局继续开展“小金库”专项治理，取得显著的成效。本次专项治理分为全面复查、督导抽查、整改落实、机制建设和总结验收5个阶段。通过深化改革，健全制度，全面构建“小金库”治理长效机制。局领导高度重视开展“小金库”专项工作，组织局机关及下属事业单位干部职工认真学习、深刻领会，把“小金库”治理工作摆在重要位置，做到亲自部署、亲自过问、亲自协调、亲自督办。按照彻底清理“小金库”的工作要求，全面深入推进市局机关及下属事业单位的“小金库”专项治理工作，进一步巩固专项治理成果，总结专项治理经验；按照更加注重治本、更加注重预防、更加注重制度建设的要求，有针对性地出台制度、采取措施、推进改革，建立和完善防治“小金库”的长效机制，把防治“小金库”长效机制建设作为财务管理任务之一积极推进。

（喻美红）

法制工作

【概况】 2011年，围绕《江西省2011年推进依法行政工作要点》提出的工作任务，大力开展法治政府部门建设，提升依法行政水平，规范具体行政行为，完善制度建设，努力把交通运输建设、改革、发展各项工作纳入法制化轨道，全系统依法行政工作取得较好的成效。

1. 加强依法行政工作的组织领导。省厅建立了主要领导负责的依法行政工作机制，成立由厅长任组长、分管副厅长任副组长的全面推进依法行政、建设法治交通领导小组，明确由法规处、监察室负责具体组织协调。全省各级交通运输管理部门也相应建立了主要领导亲自抓，分管领导直接抓，法制和监察部门具体抓，职能部门共同参与的齐抓共管工作机制。年初专题部署全省交通运输依法行政工作，制定了江西省《2011年交通运输法制工作要点》。

2. 完善交通运输法制建设。一是完成了《江西省道路运输条例释义》的编写工作。二是加快推进《江西省航道管理条例》的出台，该条例（草案）已被纳入省政府立法调研项目。三是完善相关配套制度。省厅制定了《江西省道路客运线路经营权招标投标办法》《关于进一步推进全省道路客运企业公司化经营的意见》等8项制度。四是加强规范性文件管理工作。《中华人民共和国公路安全保护条例》和《中华人民共和国行政强制法》出台后，对涉及交通的地方性法规、省政府规章和规范性文件，进行了全面的清理，提出具体的修改建议。

3. 开展行业学法和执法培训。省交通运输厅高度重视行政执法管理干部和执法人员的法律素质培养：一是坚持领导干部法制讲座和理论中心组学法制度。2011年以来组织副处级以上干部参加法制讲座3次，厅理论中心组集中学法4次。组织全省统一的普法考试。二是组织行政执法专题培训。省厅牵头组织了运管部门、港航部门、路政部门、治超站执法人员对行政执法进行专题知识培训。在南昌陆军学院先后组织6期高速公路路政执法人员培训班，培训人数1618人；开展四期针对全省运管所（科）长的执法专题培训班；举办二期港航执法人员执法专题业务知识培训班。对全省交通运输行政执法人员举办一期“加快交通运输发展方式转变，提升交通运输队伍行政执法能力”的专题培训班。此外，还组织相关执法人员参加部举办的公路安全保护条例、行政强制法培训班，以及省政府法制办组织的规范性文件制定业务等各类法律专业培训。

4. 完善交通行政决策机制。省厅把规范行政决策作为依法行政工作的大事来抓,逐步建立了重大行政决策的各项制度:一是进一步建立健全了厅重大行政决策公众参与、专家论证、风险评估、合法性审查、集体讨论决定的行政决策机制。二是建立和完善了有关配套制度。三是按照“谁决策、谁负责”的原则,建立健全决策责任追究制度。四是创新工程建设领域决策模式。

5. 规范行政执法行为。通过规范执法案卷、制定典型案例、加强证件管理及开展网上审批等一系列举措,促进行政执法行为向规范化方向发展。一是认真开展案卷评查活动。上半年在厅机关及厅直属各执法单位开展了一次案卷评查活动,选出部分案卷作为优秀案卷向省政府法制办推荐。二是规范各类执法文书。省厅专门组织业务骨干和法律顾问,根据有关法律、法规以及交通运输部相关文件规定,结合江西实际,制定了《江西省道路运输行政许可和行政处罚执法文书式样》《江西省高速公路行政许可和路产路赔案件执法文书范本》及《江西省道路运输行政执法文书档案管理规定》,编印了《道路运输行政许可工作规范手册》和《道路运输行政处罚执法手册》,三是努力推进行政处罚典型案例类比制度。厅组织6名法律业务骨干,分别对省公路局、省港航局、省运管局的一些易发、多发、频发以及容易出偏差的行政处罚案卷进行筛选,编写出17个典型案例,在交通信息网站上公布。四是做好行政执法证件管理工作。制定了《江西省交通运输行政执法证件管理规定实施办法》,建立了交通运输行政执法人员和执法证件管理系统,同时成立省交通运输行政执法证件制作与发卡中心。五是建立网上行政审批和电子监察系统。已初步完成了网上审批和电子监察系统建设,在厅一楼大厅设立了行政审批事项集中受理窗口,制订了窗口工作制度。厅直属各有关单位也按照要求,逐步完成系统建设,设立了受理窗口,落实了工作制度和相关人员。据统计,自2010年10月启动以来,厅及厅直属近40个行政许可和非许可审批事项全部实现了在网上审批和电子监察系统中的运行。全厅各单位共受理网上审批事项308项,已完成247项,办结率80.2%。

6. 加强政务信息公开和执法信息化建设。开展政务信息公开建设。出台了《江西省交通运输厅政府信息公开目录》《江西省交通运输厅政务公开监督考核办法》等管理规定,正式启动了全省交通政务信息公开。不断完善执法信息公开与信息报送机制,2011年以来已报送执法信息近200余条。加强各专业信息管理系统的建设,在全国率先开发并运行了交通运输安全GPS监控系统统一平台,开发应用了治理超限超载电子信息管理系统,该系统涵盖治超执法从货车称重、违法行为告知到处罚结果的全过程。已完成了18条高速公路的智能交通系统建设,总里程达到2612千米。新增外场道路监控摄像机483套,雷达测速抓拍设备37套,大型可变情报板58套,视频及数据传输设备438套。

7. 做好行政复议和提案回复。省厅统一交通行政复议文书,明确了文书、案卷制作和归档的具体要求。行政复议工作机制健全,行政复议案件内部办理流程顺畅。2011年厅共受理了5件行政复议案件。已作出维持处罚决定的行政复议决定。厅信访来信284件,其中重要来信56件;来访56批共计505人次,其中集体访30批,442人次,均做到了件件有落实,事事有回音。认真回复省人大代表建议和省政协委员提案。全年共办理省人大代表建议82件,省政协委员提案39件,办结率100%,从省政府办公厅反馈的信息看,满意率达100%。

8. 开展行政执法监督。一是强化现场监督。坚持由厅领导带队上路明察暗访,现场查纠公路“三乱”问题。加大对道路运输管理、治理超限超载和公路路政管理的专项整治力度。二是认真落实行政审批事项清理成果执行情况。5月,开展了全系统行政审批事项清理成果贯彻执行情况的监督检查工作,抽调了精干力量,集中对全省的行政许可案卷进行抽查。三是开展行政执法评议考核检查工作。3月成立了以厅长为组长的“省交通运输厅行政执法评议考核工作领导小组”,负责组织领导评议考核工作,下发了《关于印发〈全省交通运输行政执法评议考核工作实施方案〉的通知》,制定了《江西交通运输行政执法评议考核内容及评分标准》。8月份厅下发《关于开展我省2011年交通运输系统行政执法评议考核督查工作的通知》,在各单位自查的基础上,于9月组织了两个检查组,对全省交通运输系统一年以来的行政执法工作进行了全面的评议考核和打分,对各单位存在的问题进行了现场反馈，督促其进行整改，并将检查结果进行了通报。11 月交通运输部行政执法评议考核督导检查组到江西检查，对江西省交通运输依法行政和行政执法工作给予较高的评价。

（张建明）

【江西省交通系统 3 个单位和 3 名个人受到表彰】 2010 年交通运输部表彰了一批交通运输依法行政先进集体和个人。江西省交通运输系统 3 个单位和 3 名个人分别受到表彰。其中上饶市玉山县交通局被授予“交通运输依法行政示范单位”；吉安市地方海事处、九江高速公路路政管理支队二大队被授予交通运输文明执法示范窗口”；萍乡市公路运输管理处直属运管所监察队长肖万军、厅治超办副科长万海飚被授予“交通运输文明执法标兵”；萍乡市交通运输局审核审批科科长晏卫东被授予“交通运输法制先进工作者”荣誉称号。

（厅法规处）

【省交通运输厅采取六项措施加强法治政府建设】 省交通运输厅出台六项措施，进一步深化行政管理体制改革，创新社会管理方式，为实现江西交通运输进位赶超、科学发展提供法制保障。一是扎实提高交通运输部门工作人员特别是领导干部依法行政的意识和能力。定期组织领导干部和机关工作人员参加法律知识培训、建立健全厅领导班子会议前学法、法制讲座制度、组织执法人员教育和培训。同时，将培训情况、学习成绩和依法行政工作能力作为考核内容和任职晋升的依据之一。二是继续深化行政管理体制改革，加快转变政府职能。通过定期清理行政审批事项，做好下放行政审批项目的后续监管工作，落实“两集中、两到位”行政审批模式；推行网上申请、网上受理、网上办理、网上查询，提供优质快捷的审批服务。三是加强和改进立法工作，提高制度建设质量。通过规范性文件制定，建立健全规范性文件合法性审查制度，落实规范性文件报备工作；配合做好政府规章和规范性文件的清理工作；定期清理厅规范性文件，规范性文件一般每隔 2 年清理一次。四是坚持依法科学民主决策，提高行政决策水平。通过健全厅重大行政决策公众参与、专家论证、风险评估、合法性审查、集体讨论决定的行政决策机制；通过落实专家论证和咨询、公众参与、专业机构测评相结合的决策风险评估机制；建立健全厅重大行政决策社情民意反馈制度。五是改革行政执法体制机制，严格规范行政执法行为。通过依法加强财务管理、财政专项资金管理，完善资金使用控制机制、财政大额资金使用绩效评估机制；依法加强政府性债务和政府融资平台管理，完善政府债务偿还机制；扎实推行行政执法级别管辖制度，完善行政执法适用规则和裁量基准制度，健全行政执法案卷评查制度；继续加强行政执法信息化建设，推行执法流程网上管理，依托全省电子政务公共数据统一交换平台，建立行政执法部门信息交流和资源共享机制。六是全面推进政务公开，提高行政运行效能。通过深入推进交通信息公开及协调各内设部门的政府信息工作，做好财政预算领域的信息公开、公共资源配置、重大建设项目及政府信息公开监督保障机制，定期对政府信息公开的实施情况进行监督检查，建立政府网站监管的长效机制。定期对各级交通运输部门政府网站进行抽查，开展绩效评估。

（厅法规处）

【省港航局组织年度法律知识考试】 为进一步推动局机关干部职工学法用法活动的深入开展，根据省直机关工委宣传部《关于举行 2011 年省直机关法律知识考试的通知》要求，12 月 7 日下午，省港航局机关举行了本年度法律知识统一考试，局机关干部、职工参加了此次考试。考试的具体内容为全国普法办组织编写的《干部学法用法读本》，包括刑法、人民调解法、社会保险法、村民委员会组织法、邮政法以及江西省人大常委会关于进一步加强法制宣传教育的决议等。

（倪　磊）

【省交通运输厅开展交通法制宣传主题活动】 《中华人民共和国公路安全保护条例》出台后，省厅制定了具体的宣贯方案，成立厅长为组长、分管副厅长为副组长、各有关职能单位为成员的贯彻实施条例工作领导小组；6 月 1 日召开了全省交通运输系统贯彻实施《中华人民共和国公路安全保护条例》工作电视电话会议，具体布置条例的宣传贯彻工作，江西二套、江西卫视和江西日报等新闻媒体对此作了报道;宣传期间,共出动宣传人员9700人次,出动宣传车1000余辆,制作并悬挂宣传横幅、标语1万余幅、发放条例宣传手册和宣传单20余万份,制作展板3000余块。

(厅法规处)

【《江西省道路运输条例条文释义》正式出版发行】 按照省人大法工委、省交通运输厅的要求,结合全省道路运输管理实际,省运管局组织编写了《江西省道路运输条例条文释义》,对《江西省道路运输条例》进行了逐条解释,并对该条例立法背景、立法原则和宗旨以及重点、难点问题等进行了具体说明。《江西省道路运输条例条文释义》经省人大法工委、省交通运输厅的审查,已于2011年10月份由江西省人民出版社出版发行。

(王　洁)

【省运管局统一规范运政执法文书】 针对当前全省运政执法程序以及执法文书的制作不统一、不规范的情况,结合全省运政执法实际,省运管局制作了统一的道路运输行政许可式样27件、行政处罚执法文书式样35件,制定了《江西省道路运输行政执法文书档案管理规定(试行)》。通过统一执法文书,逐步规范执法行为和执法程序,进一步提升执法人员执法能力。

(王　洁)

【省运管局依法处理运政执法案件】 2011年省运管局共受理了执法投诉案件25起,其中,由省运管局查处、督办案件4起,即遂川客运班线纠纷案、分宜车辆更新纠纷案、鹰珠班线越线经营案、黎川农村客车挂靠案。对于受理的投诉案件,以依法核办、化解矛盾为原则,做到妥善处理。尤其是对社会影响较大的或者比较复杂的案件,做到严格按法定程序办理,并保障了当事人的权利。如在对鹰珠班线越线经营案的处理上,在充分调查取证后,进行了案件集体讨论、公开听证程序,依据相关法律法规予以吊销班线经营许可的行政处罚,当事人无异议。

(王　洁)

【省运管局首次公开举行行政处罚听证会】 3月,经举报,发现鹰潭市汽车运输有限责任公司涉嫌不按规定线路行驶的违法行为,省运管局依法予以立案,并按照行政处罚程序进行了调查处理,拟对该公司处以吊销班线经营许可的行政处罚。根据当事人申请,省运管局依法组织了听证会。听证会上,省运管局依法告知了其违法的事实和依据,当事人对涉及的事实进行申辩,对证据进行了质证。经听证,当事人对行政处罚的事实、程序和依据均无异议。此次听证会对充分保障行政相对人的合法权利,提高执法人员的法制意识,规范执法行为将产生积极影响。

(王　洁)

【南昌市运管处在全省执法案卷评选中获2个一等奖】 2011年,南昌市运管系统通过进一步完善制度、健全机制、夯实基础、落实责任,增强工作人员依法行政理念,推进科学民主决策、规范行政执法行为,提升道路运输执法水平。在严格按照法定程序限时办结的同时,及时做好执法文书的制作及整理,推进阳光执法、规范执法行为。2011年8月,经过市政府法制办公室的推荐,南昌市运管系统一批执法案卷在省政府法制办公室组织的全省2011年优秀行政执法案卷评选中获得好成绩,其中,市运管处报送的"万永生未经许可擅自从事道路运输经营"案卷被评为全省优秀行政处罚案卷一等奖;安义县运管所制作整理的"南昌市文峰驾驶员培训有限公司二级普通机动车驾驶员培训经营许可"案卷被评为全省优秀行政许可案卷一等奖。南昌县运管所报送的"南昌前程旅游有限公司普通货物运输经营许可"案卷被评为全省优秀行政许可案卷三等奖。

(胡长法)

【萍乡市交通运输局评议考核行政执法】 为评价全市交通运输行政执法队伍执法工作情况,进一步促进依法行政,提高交通运输行政执法水平和管理能力,市交通运输局在5月底对全市各县区交通运输局和市交通运输局直属执法单位(机构)的行政执法工作进行了考核评议。通过听取汇报、评查执法案卷、查阅文件资料等方式,评议检查了各单位的制度建设、行政处罚、行政许可、行政复议应诉、执法监督等情况。针对各执法单位存在的问题,萍乡市交通运输局提出了具体整改要求,明确了整改责任单位。一是各级领导和单位要高度重视，积极整改；二是加强执法队伍建设，切实提高执法人员素质；三是进一步完善行政执法基础资料，规范行政执法案卷档案管理工作；四是坚持依法行政，严格遵循法定程序，保障相对人的合法权益。同时，将行政执法工作中存在的问题汇总成了19个整改要点一并印发，要求各单位在工作中必须依法行政，做到不越权、不弃权、不丢权，县区交通运输部门必须依法管理好公路路政和公路建设，切实履行交通运输管理职能。

（晏卫东）

【萍乡市运管处在全市依法行政工作会议上受表彰】 萍乡市公路运输管理处认真贯彻落实国务院《全面推进依法行政实施纲要》，坚持以加强执法队伍建设，提高依法行政能力为主线，以执法培训、执法督查、完善制度流程等工作为抓手，紧紧围绕交通运输中心工作，开拓创新，规范执法，全力推进和谐运管和依法治运的进程，依法行政工作得到了有关部门的充分肯定。在1月14日的全市依法行政工作会议上受表彰，被萍乡市人民政府授予“全市依法行政工作优秀行政执法机构”荣誉称号。

（央义萍　谭跃萍）

交通战备

【概况】 2011年，江西交通战备以加快转变军交运输保障能力为主线，在国防交通基础设施建设、国防交通专业保障队伍建设、交通战备正规化建设等各个方面取得新成效。

1. 推进交通基础设施建设。全省交战机构和交通部门牢牢把握机遇，有计划、有步骤、有重点地建设国防公路。2011年竣工项目1个，新开工建设国防公路项目6个、部队进出口道路2个。6月~8月份，省交战办会同省发改委及时到省环保厅协调解决了一批国防公路工程的环评手续，为确保国家发改委审批2011年全省国防公路项目争取到时间，完备了手续。

积极协调国防公路建设项目。省交战办多次向省交通运输厅领导汇报国防公路项目情况，并就困难较大的南昌一项国防公路建设项目进行专项汇报，得到领导支持。书记程受锭、副厅长邓经国多次亲临现场指导，并于10月19日由邓经国主持召开专项会议，形成了会议纪要，明确责任主体，推进了项目实施。

2. 切实推进交通动员准备工作。交通战备各项预案进一步完备。截至2010年10月底，配合军区完成了公路水路一、二、三级所有交通重点目标保障方案39个。开展民用运力动员潜力调查，增强运力动员准备的针对性和有效性，完成《江西省民用运力动员预案》等107个民用运力动员预案。针对反恐维稳、抢险救灾和处置突发公共事件等任务特点和保障要求，按照“平战结合、一案多用”原则，拓展交通保障方案计划的内容和深度，制定非战争军事行动交通动员方案，搞好应急方案的补充对接，确保方案计划“拿来就能用，照着就能干”。制订、完善《江西省应急作战交通动员支前保障方案》等战时交通保障方案107个。

9月9日，程受锭书记主持，在物资储运总站举行国防交通物资储备仓库授牌仪式，省交战办与省高速集团签订国防交通储备器材委托管理协议书，进一步完善和规范战备仓库的管理机制。

3. 加强国防交通专业保障队伍建设。贯彻落实国务院、中央军委《关于规范国防后备力量队伍组建工作的意见》和国家交战办《国防交通专业保障队伍编组计划》、军区交战办《南京军区国防交通专业保障队伍整组意见》，按照编组计划，完成了专业保障队伍的整组。由各设区市共同组建机动保障力量和基本保障力量。根据国家交战办关于组建重点专业保障队伍的要求，组建公路工程保障大队，根据实际确定一支公路运输重点保障队伍。同时加强与政府应急保障力量的一体化建设。6月份，组织省市县三级战备干部120人进行共同训练，邀请国家、南京军区交战办和省军区后勤部的专家进行授课，组织观看军交运输保障教学片，开展典型经验介绍，提高了交通战备干部的理论水平和工作能力。4月份，宜春市靖安县组织对“靖安县交通战备工程抢修分队”的建制和50名队员情况进行了点验。

4. 搞好交通战备现代化建设。各地依据国家国动委《关于加强新形势下交通战备工作正规化建设的意见》，深化交通战备正规化建设，收到良好效果。一是健全战备组织机构。进一步明确了战备动员工作的职能部门分工和工作职责,配备专职工作人员84人,兼职人员210人。二是健全了协作机制。坚持和完善了军地联席会议、情况通报、信息交流等制度。交通部门形成了“一把手主抓,分管领导常抓,专职干部专抓,班子成员齐抓”的良好局面。三是部分单位依托本单位信息化建设成果,推进战备信息化建设步伐。省交战办国防信息专网一宏网的机房、网络通道、终端设置已到位,并已与军区交战办联通,进行了涉密信息的传输、交换。宜春市交战办等单位开发了运力动员、战备基础数据库等辅助决策系统,交通战备工作自动化和信息化水平有所提高。四是认真贯彻国家交战办在兰州召开的“9·19”现场会议精神,正在着手研究、制订江西省交通战备指挥中心和训练基地建设的具体措施。

5. 完成重大交通保障任务。交通专业保障队伍按照“平时服务、急时应急、战时应战”的总要求,在重大交通保障中发挥了重要作用。6月份,景德镇、九江、上饶、南昌等地累计有896千米路基遭受不同程度损坏,全毁桥梁151座,524座桥梁局部被毁,全毁涵洞4233道,坍塌方13253处(3675382立方米),45条国省干线及县乡公路一度出现交通中断,直接经济损失逾10亿元。各级交通部门和交战办迅速启动应急预案,累计出动交通专业保障人员3000人次,机械设备500个台班,实行24小时不间断公路抢通、路面巡查和防汛值班,冒雨清理塌方,修复受损公路,确保水退车通。

9月2日凌晨3时许,萍乡市芦溪县银河镇紫溪村蛇形冲发生地面塌陷,导致附近部分民房开裂,并造成沪昆高速公路K940+200M处路面沉降开裂、K940+750M处南线路堑边坡塌陷。省交通运输厅从交通各类专业保障队伍中选派了400名精兵强将、技术骨干、施工和监理人员,投入了大量车辆、设备和物资,全面实行人停机不停,24小时轮班不间断作业的方式,掀起了抢修工程施工高潮,确保实现省委省政府提出“力争10月底沪昆高速修复通车”的目标。

6. 重视交通战备学术理论研究。2011年组织开展交通战备现代化建设等10个方面的理论研究。在中国国防交通协会、南京战区国防交通协会及有关国防交通刊物共发表论文、通讯报道34篇。赣州市交战办谢赣健、章广麟、李发淳撰写的《边际区域国防交通建设浅议》被中国国防交通协会采用;宜春市交战办颜卫民撰写的《强化内陆地区军交运输体系保障能力建设的几点思考》、赣州市交战办撰写的《对国防交通保障能力生成模式转变的几点思考》被收录至《南京战区第二十次国防交通理论研究交流会论文汇编》;章广麟、李发淳被评为南京战区国防交通理论研究优秀论文作者;上饶市交战办常建新、吉安市交战办李建平被评为南京战区国防交通协会通讯报道先进个人;省交战办在东南国防交通2011年第四期发表了调研论文《国防交通信息化建设应注意的几个问题》。

(饶品涵)

【湘东区五里至大江边战备公路交工验收】 5月,省交通运输厅对湘东区五里至大江边战备公路进行验收。五里至大江边战备公路项目属2010年国防战备公路计划,里程4.3千米,建设标准为三级公路,实际按二级公路标准实施,完成投资6052万元,其中上级补助资金172万元,自筹资金5880万元。道路施工单位为新余市珠珊建筑工程有限责任公司,监理单位为萍乡市同济工程咨询监理有限公司。该战备公路建成后,大大改善了驻区部队和当地人民群众的出行条件,军民共建再添可喜成果。

(湘东区交通运输局)

【宜春市抓好交通战备动员准备和国防公路建设】 市交通战备办自2009年初开始,就有序组织开展国防交通基础设施建设项目的前期申报工作。2011年底,全市有11个公路建设项目初步纳入国家“十二五”国防公路与港口建设规划,建设里程411千米。

市战备办抓好市、县两级交通战备正规化建设,重点规范县级交通战备工作,指导各单位严格对照上级规定要求,结合本地实际逐项抓落实。所辖10个县(市、区)战备办全部落实交通战备专职干部编制并定岗到人,确保基层组织的人员稳定和依法依规履行战备工作职责。

市战备办在将国防交通管理机构与专业保障队伍统一纳入各级政府应急管理体系之后,组织各单位依托现有路桥专业保障队伍资源参与市、县两级的应急保障体系集训,并在2011年的抗洪抢险中快速行动，多次出色完成道路工程应急抢修任务。5月，丰城市交通战备办公室按照上级统一部署，在交通系统内抽调42人组成丰城市交通战备应急救援舟艇分队，并配备12艘救援冲锋舟。为提高实际应急救援保障能力，7月22日至25日，该分队抽调12名由水上港口、航运系统人员组成应急救援舟艇集训小分队，参加在丰城市紫云山水库进行的驾驶冲锋舟实施水上救援课目训练。着力提升专职干部综合素质，市战备办采取三项措施：一是召集市、县两级战备专职工作人员12人，参加全省交通战备干部共同培训课目集训。二是积极推广“国防交通信息管理系统”在全市交通战备系统的应用。强化硬件配备，全市十个县市区战备办均按要求配备战备专用保密电脑。针对“信息管理系统”操作较复杂特点，市战备办除派出人员参加上级组织的软件操作人员培训班外，还单独举办所有县级战备办人员软件培训班。三是自下而上建立县、市二级数据采集网络，广泛采集国防交通基本数据，并及时更新、上报数据，为上级有关部门提供准确的决策依据。应急交通保障果断有力。9月上旬，驻军为执行长途机动演练任务，在5天内每天集中时间完成从驻地到火车站摩托化行军集结过程，并向市战备办提出交通综合保障需求。市战备办立即召开有关成员单位协调会议，重点围绕交通管制任务及道路清碍工作进行部署，落实具体责任单位与完成时限，并组织责任单位到现场进行督查。各单位认真抓责任落实，在5天时间里组织200多名交警及10辆次引导车在重要路段实施交通管制，组织100余名工程人员和8台工程机械设备进行道路与站场清碍，全面完成应急交通保障任务。

（颜卫民）

【万载县扎实推进交通战备正规化建设】 县交通战备办公室紧紧围绕交通战备工作正规化建设，加强组织领导，认真抓好交通战备保障能力提高和专业保障队伍建设工作，较好地完成各项工作任务。1. 开展交通专业保障队伍建设，提高专业保障队伍整体素质和应急能力。县交通战备办加强对110人的工程抢修分队和汽车运输保障中队建设。使各中队明确任务和责任，做到既具备协同保障的能力，又具备相对独立保障的能力。为确保战时和突发情况下不延误队伍的动员和集结时间，组织二次专业训练、演练，以提高队伍的专业水平和应急能力。组织20多台次和200多人次参加抗洪抢险、森林火灾的物资运输保障和抢险扑救工作，较好地完成上级赋予各项工作任务。2. 推进交通战备正规化，提高全县交通战备正规化建设水平。重点对交通战备组织机构、工作职责、制度建设、资料建设、方案建设、专业保障队伍建设等进行完善。建立《应急交通保障方案》《交通战备工作岗位责任、制度、工作程序》《汽车运输分队方案、计划制度》《兵员动员方案》《森林防火、防洪救灾方案》等规章制度。3. 加强自身建设，提高干部队伍素质。重点对国防法、国防教育法、国防交通培训、人民防空法、新形势下交通战备工作正规化建设意见等法律法规的学习，并于6月底参加全省为期一周的交通战备干部培训学习，进一步提高交通战备队伍的法律意识和综合素质。

（辛外平）

【丰城市应急救援舟艇分队开展训练】 7月22日至25日，由丰城市武装部组织、丰城市交通战备办组建的市应急救援舟艇分队在紫云山水库驾驶冲锋舟进行水上救援科目训练。训练救援科目：1. 学习冲锋舟结构和驾驶理论知识；2. 训练怎样驾驶冲锋舟水面行驶、离岸和靠岸及简单故障排除等。舟艇分队下一步将按照训练大纲进行更加系统的训练。真正打造一支“招之即来、来之能战、战之能胜”的水上救援应急队伍，以便在今后的丰城市水上应急救援工作中发挥重要作用。

（黄　斌）

【高安市交通运输局做好交通战备】 该市交通运输局高度重视交通战备工作，积极协调全市各单位充分搞好运力统计，切实做好运力状况调查摸底，把握全市运力分布、所属单位及车型等基本情况。将客车、货车、特种车等车型分类统计，严格按照《交通战备干部训练和考核大纲》和《交通战备训练工作指导意见》的要求，加强交通保障队伍建设，并根据应急交通保障需要，结合运输生产、工程施工、抢险救灾和军事行动保障、组织保障等工作开展抢修、抢建和抢运训练，以增强保障队伍整体素质和保障技能,提高快速反应能力和综合保障能力,不断适应军事斗争交通保障的需要。

(周世祥)

【上高县狠抓民兵军事化训练】 该县局狠抓民兵军事化训练,实行半军事化管理。为适应交通战备工作需要,每年组织民兵进行军事、业务训练、实弹射击等军事活动。9月中旬,该局组织60名民兵进行军事化训练,同时邀请县消防队的警官担任教练,练步伐、练队列,通过军事化训练,使每个民兵增强集体荣誉观念,养成雷厉风行、办事干练的工作作风。10月10日与25名公路分局基干民兵在上八线20千米处,开展以工代训,岗位练兵活动。在确保民兵专业训练按时保质完成的同时,民兵队伍的能力素质得到较大提高,推动各项工作的落实。

(潘泓羽)

【宜丰县着力提高交通战备保障能力】 该县交通战备办坚持训演结合,着力提高交通保障能力。一是与武装工作有机结合。在民兵整组工作中,及时加强与武装部联系,完善民兵队伍与专业保障队伍的整体合一,把专业技术精、业务能力强,身强体健的人员编入到专业保障队伍中来,依据上级精神,成建制地设置机构,编配人员,提高中队人员的整体素质。另一方面与工作有机结合。重点抓好三项科目的训练。一是结合县人武部组织的分队接口训练,提高分队人员的基本素质,增强命令意识。二是结合抗洪抢险抓好运力保障的训练,组织抢修队伍和运输保障队伍进行演练,增强战备意识,达到人员召得拢、装备走得动、保障跟得上的目标。三是结合公路改建,抓好保交护路的训练和桥梁抢修训练。把专业抢修保障队伍拉到工地进行训练,提高人员与装备的有机结合,通过定期抽查,确保保障队伍召之即来、来之能战、战之能胜。达到指挥运作程序顺畅,人员机械分配合理,抢修能力整体提高,道路桥梁随时畅通的目标。

(漆志勇)

社会治安综合治理

【概况】 全省交通运输部门广大干部职工以和谐平安创建为主线,加强和创新社会管理综合治理工作,较好地实现了省综治委下达的年度综治工作目标管理任务,有效地维护了全省交通运输行业的和谐稳定局面,被省综治委评为2011年度社会管理综合治理先进单位。

1. 落实综治维稳工作责任。一是逐级落实领导责任。厅党委把综治工作列入一把手工程,党政主要领导与厅机关各处室、厅直属各综治责任单位党政一把手签订了2011年度综治目标管理责任状,明确要求各单位党政一把手为综治维稳第一责任人,形成了主要领导亲自抓,分管领导具体负责,其他领导班子成员共同履行“一岗双责”的责任体系。二是逐层落实目标管理责任。各级交通运输部门认真贯彻落实省综治办和厅综治领导小组下达的综治责任目标任务,通过加强领导,强化责任,健全制度,完善措施,狠抓落实,较好地实现了年度目标。交通运输系统63个综治责任单位纳入了厅综治管理和考评范围。在7月和11月,分别开展了半年综治工作检查和年度检查考核评比,并按照省综治委相关规定,依据考核评比情况实行了奖励和处罚。

2. 提升综治维稳管理水平。5月,省厅召开了社会治安综合治理工作会议,专题传达贯彻中央、省委省政府领导的重要讲话精神,并以此为统领来谋划和推进全厅综治工作。积极发挥纪检、监察、人事、安全监管、综治等部门协作、全员参与的作用,分兵把守,密切配合,注重发挥综治领导小组成员单位的积极性,坚持每季度召开一次全体会议,研究部署工作。每月召开一次由厅直综治责任单位综治办主任参加的工作例会。完善条块结合的综治联动机制,不断提高社会管理的效能效率。积极主动与属地综治部门沟通和联系,签订责任状,积极参与属地社会管理工作。

3. 推进综治基层基础建设。一是着力加强综治维稳队伍建设。配齐专(兼)职综治干部,从厅机关到各基层单位,形成了上下联动、协调一致、横向到边、纵向到底的严密的综治组织网络。

全年共完善各级综治组织机构691个，矛盾纠纷排查调处组织763个，综治专职干部423人，综治兼职干部628人，专职治安巡防队伍171个，专职治安巡防队员771人，专业保安队伍133个，专业保安队员544人，群防群治队员2093人，平安建设志愿者1807人，看楼护院队伍241个，看楼护院队员779人。二是着力加强基层基础建设。进一步推进基层综治办及综治工作规范化建设。完善工作制度，落实各项措施，建立健全日常工作台账。厅直各单位综治办对办公室、人员、门牌、制度、经费和档案等进行了完善。各单位从登记、检查、制度和问责等方面，加强了对重点要害部位、重点人群、流动人口和出租屋等方面的管理，未出现影响社会治安和稳定的刑事、治安案件。进一步健全物防措施。各单位在办公楼、职工住宅小区等地方均安装了各类必要的物防设备设施，消防器材总量达5909件(套)，并注重物防设施的日常维护，保证维护经费开支。进一步改善技防措施。全力推进以“省交通运输应急指挥中心”为中枢的智能交通建设，充分利用交通通信专网、高速公路智能交通管理与控制系统、GPS监控平台、水上监控系统、呼叫中心“96122”系统、交广电台直播系统等各种资源，为全省交通运输行业积极预防和应对自然灾害、安全事故、治安事件等突发情况提供了科技保障，并与省应急指挥中心及省公安厅等有关司法机关联通，实现了对突发事件的综合指挥与管理。全省高速公路每6千米安装1个路况监控摄像头，各收费所(站)的重点部位和收费岗亭均安装了治安监控系统，与当地公安“110”联通，实行全天候24小时不间断监控；客运车船和危险品运输车船均安装了GPS系统，可全程监控行驶状况和运行线路。三是着力加强基层平安创建。高度重视创建平安单位和平安楼院，坚持平安创建的多样化。抓好港口码头、基层所站、工程建设、小区楼院、办公场所的平安创建，积小安为大安，不断扩大平安创建覆盖面。坚持和谐平安创建的人性化。开展和谐文化主题专项活动，各单位扎实推进“职工书屋”建设，丰富了职工文化生活；以“创先争优”活动为契机，进一步增强党员的先锋模范作用，为和谐平安创建活动树立典范。全系统共开展和谐平安创建专项活动109个，参加活动的党员群众共达5000余人次。

4. 开展矛盾纠纷排查调处。抓关键环节。2011年，多个公路、水运重点工程项目正在建设，省厅妥善地预防和处置了一些因大规模建设可能引发的征地拆迁、工程及劳务合同、环境保护、影响沿线群众生产生活等矛盾纠纷；厅属企业改制进入攻坚收尾阶段、厅直事业单位改革全面推进，妥善地预防和处置了一批人员身份转换、利益调整分配等矛盾纠纷；城乡客运管理体系日趋规范，妥善地预防和处置了一批既得利益者与市场竞争者的矛盾纠纷；收费公路管理和路政执法管理日趋规范，与省发改委、公安交警等有关部门一道，依法规范了收费标准和执法界定，妥善化解了一些误会和矛盾纠纷，等等。二是把住重要时段。在春运、两会、清明、五一、端午、国庆、长江水运工作会、七城会、泛珠经贸磋商会及省十三次党代会等重要时段期间，根据各时段的实际情况，一方面通过加大对重点地区和要害部位的安全隐患排查和监督；另一方面通过严格执行重点时期24小时值班和“零报告”制度，保证信息渠道畅通。2011年，全厅排查处理影响和谐稳定的各类问题434个，5人以上到厅机关群体性上访事件33起共508人次，其中有效化解30起，正在化解3起。

5. 抓好综治舆论宣传和教育培训。积极开展了综治宣传月活动。以纪念中央关于加强社会治安综合治理两个“决定”颁布20周年为契机，结合交通运输行业和各单位特点，厅直各单位制定了活动方案，全面部署，以开展消防知识专题培训讲座、综治安全知识竞赛、应急演练等多种形式，充分借助各级主流媒体、江西交通信息网、《江西交通杂志》、各单位门户网站和内刊、宣传栏、横幅标语和电子情报板等平台载体，在全系统、公路水路沿线和单位周边掀起综治维稳宣传热潮。活动期间，省交通运输厅向省综治办报送了6篇稿件，厅属单位共悬挂横幅或用电子情报板滚动播出宣传标语1533余条，刊发或更新宣传刊物、网页和宣传栏560余期，发放宣传单33010余份，编发简报293期，举办综治知识考试96次，安全知识竞赛53次，消防知识专题讲座161次。着力巩固国家安全人民防线。深入开展了国家安全利益的宣传教育，提高各级干部和职工群众反渗透、防窃密的意识，开展了保密培训、信息安全检查等工作。严格落实了网络安全保密措施，坚持开展政务公开的同时扎实做好保密审查工作。

加大综治教育培训的力度。11月,组织全省交通运输系统综治干部共200余人进行了为期3天的培训,厅党委书记程受锭和省综治办主任张传发等领导和专家亲临指导、授课。

(曹裕霖)

交通建设管理

【概况】 省交通运输厅基本建设管理部门创新项目管理模式,提高工作效率,采取一系列措施对重点工程项目建设进行有效监管。

1. 加强基本建设监管。认真履行公路水运工程招标投标监管职责,共备案55项招标方案、资审文件、招标文件,备案50项资审结果、招标结果。完成大广里仁至杨村高速公路、德上高速公路、南昌至湖口二级航道整治、石虎塘航电枢纽等项目的施工图审查及批复工作。完成奉铜高速公路、德上高速公路等项目的施工许可审批及报送工作。完成武吉高速公路设计变更、鹰瑞地方道路补偿等审批17批、1952项。完成赣州城西段高速公路、昌金高速公路、泰井高速公路竣工决算审批。

积极协调督促景鹰高速公路、武吉高速公路、瑞赣高速公路、大万公路4个项目竣工验收准备工作,其他已完工尚不具备竣工验收条件项目督促抓好后期扫尾和关账工作,根据厅务会精神,配合完成14条高速公路的关账(剩景婺黄项目没关账),8个地方公路的关账(剩大万公路)。

积极推进"管理标准化"活动和"平安工地建设"活动,推动施工管理标准化、规范化、精细化,使建设各方将"粗活细作、细活精做、精益求精"的精细化管理理念贯穿于工程建设全过程。在全省高速公路建设项目推行《江西省高速公路项目标准化管理指南》及《江西省高速公路施工质量控制要点》,把管理标准化纳入项目管理合同,将贯彻落实标准化施工情况作为施工单位考核的重要指标。

近年来高速公路建设大都转入山岭重丘区,桥隧比较高,施工难度大,安全风险高,安全形势不容乐观。10月14日,会同省交通质监站组织召开了全省交通重点建设项目安全生产会议,分析了全省安全生产形势,交流了各项目办安全生产工作的经验、教训,布置安全生产工作重点,进一步强化全省交通重点建设项目安全生产监管工作。2011年以来,厅基建处会同省交通工程质量监督站以开展"平安工地"建设活动为重点,切实加强安全生产管理。安全生产事故全年发生12起,死亡12人,控制在省安委会下达的指标以内。

2. 强化建设市场管理。严把市场准入审查关。坚持依法行政,在资质审查工作中严格执行相关政策法规,认真履行审查职责,做到公平、公正。累计审查施工、设计资质申报62项(其中35项同意申报),复核监理资质申报16项,受理厅属企业资质申报14项。

健全信用体系建设。一是做好部省公路信用平台对接,于3月下旬成功将江西省2010年度信用评价结果数据上报至部公路信用平台,按时落实了交通运输部相关工作要求。二是建设了独立的水运信用平台,于4月份组织相关单位建设"江西省水运工程建设市场信用信息管理系统",并顺利实现了与部水运信用平台的对接。三是对厅信用管理系统运行近两年来的情况进行了梳理总结,逐步分阶段进行完善调整。

3. 完善基本建设制度建设。根据工程建设领域专项治理检查中发现的问题,结合全省高速公路建设实际情况,基本建设监管等部门不断对高速公路建设管理制度进行梳理,对管理薄弱环节进行制度强化,对操作性不强的法规制度进行细化,在全省推行建设管理标准化工作,制定出台《江西省交通运输厅公路水运基础设施建设管理若干规定》《江西省公路水运工程质量监督实施细则》《江西省公路水运建设工程安全生产费用管理暂行规定》《江西省高速公路施工质量控制要点》《江西省高速公路标准化管理指南》等7个规范化管理文件。

4. 规范招投标工作,保证招投标“公开、公平、公正”。一是严格执行招标程序,全省各交通重点工程项目按工程可行性研究批复的招标方式进行招标,所有招投标活动均进入公共资源交易中心进行。主材供应采取招标或准入方式选择,项目主体工程、房建、机电、绿化、交通工程及沥青、重要设备招标的招标方案、资格预审文件、招标文件、招标控制价须报同级交通主管部门备案。二是推广采取随机方式确定投标标段,投标资格申请人只报名参加本类别的投标,不具体选择所投标段,以随机摇号的方式确定投标资格申请人的可投标段;条件允许的情况下,采用投标人对所有可投标段均先报价后摇号的方法确定所投标段。三是严格评标方法的使用,技术复杂、工艺要求高的项目和设计、监理等服务性招标可采取综合评分法,世行项目采取最低价中标价法,其余项目宜采取合理低价法。四是保证招投标结果的公开,资格预审结果及定标结果在江西省交通信息网及现场管理机构网站上公示7天,招标活动的有关信息在十二公开网上公布,接受社会监督。五是加强招标过程监督,防止招标人设置不合理条款或违反招标纪律向投标人泄露保密的招投标信息。六是认真开展招投标投诉的受理及调查处理工作,依法依规对在投标中弄虚作假恶意举报的单位或个人予以相应惩处。七是在省监察厅的统一部署下,加快交通行业公共资源网上交易平台建设,积极推行网上招投标工作。

5. 推行重点工程建设现场观摩会。在交通建设重点工程中实行现场观摩会制度。组织各在建重点建设工程相关人员对项目管理中的先进经验、难点问题的有效解决方案,建设中采用的先进工艺、先进方法及规范化管理措施等进行现场观摩、学习,通过这种手段将交通建设中的先进管理经验、施工工艺和施工方法在全省交通重点工程中推广,提高全省交通建设从业单位的管理水平及工程质量。2011年组织了永武高速公路“浅碟式边沟规范化施工”、高铁施工标准化管理、德昌高速公路路面施工规范化等现场观摩会。各项目办多次组织标段之间的现场观摩会,将某些标段的先进经验和方法在整个项目中进行推广。

(朱 晗)

【省交通工程质监站推动管理标准化】 该站全面系统地总结近年来开展公路水运工程混凝土质量通病治理活动的成功经验和新工艺,进行提炼、升华,出好一本书,即《江西省高速公路施工质量控制要点》,2011年初由省厅正式印发全省实施,已在各在建项目深入推广。制作“两张片”:一是制作安全生产教学片。针对一线作业人员大多为农民工,操作技能差,安全意识薄弱的现状,以图文并茂、通俗易懂的形式编制了《江西省交通建设一线作业人员岗前安全培训教材(幻灯片)》;二是开展《江西省公路工程试验教学片》的摄制。将公路工程试验检测的所有项目分阶段以试验教学片的形式制作成影视示范片,8月举行了开机仪式,先期投资80万元,制作了78个试验项目,预计总投资300万元。

抓好典型示范。一方面注重寻找培育典型示范点,一方面大力推广典型示范经验。在省质监站的报告和建议下,省厅先后在九江长江公路大桥、德昌、永武等在建高速公路项目和省内在建的高铁项目组织召开全省高速公路建设现场观摩会7次。各项目也及时组织了多次观摩交流。抓好简报编印。2011年成立《管理标准化简报》编委会,及时将各项目活动开展的好经验、好做法、好工艺以编印简报和经验交流材料的方式予以推广,共编印了《管理标准化简报》8期,共计4200份和《经验交流材料汇编》3册共600本。严格奖惩制度。该站结合日常项目监督工作,加强对管理标准化活动开展情况的检查和指导,重点工程项目每季度督查2次以上,对照管理标准化活动目标要求,全年对在建重点工程项目组织综合、专项、巡视等各类督查80余次,现场签发公路(水运)工程抽查意见通知书617份,印发督查通报28份。全省通报活动优胜项目和开展不力的单位,并依据《江西省公路水运建设市场从业单位信用管理暂行办法》分别给予信用评价加、扣分奖惩,奖优罚劣,充分发挥了政府监督职能。年底,还结合江西省《“平安工地”建设活动考核达标评价办法》《项目建设单位考核评价办法(试行)》,初拟了《高速公路建设管理标准化活动考核办法(试行)》,即将报厅审定实施。

从质量安全督查、质量监督抽检和交竣工质量检测情况看,省高速公路建设管理标准化活动取得了初步成效,在四个方面有了明显提高。一是参建人员思想认识有明显提高。二是大型设施建设水平有明显提高。三是混凝土外观质量有明显提高。四是质量通病治理能力有明显提高。

(卢世军)

【省质监站切实履行监督职责】 该站突出重点把握关键。一是强化对以项目法人为主要对象的参建行为监督,以发现的问题和隐患为切入点,分析原因,界定责任,从而达到标本兼治的效果。二是准确分析项目建设特点、难点,以桥梁桩基、台背回填等隐蔽工程,挖孔桩施工、高墩施工、梁板安装、长隧道掘进、高边坡开挖等危险性大的工程和质量通病治理为重点,开展日常督查工作,把握关键环节。三是紧紧抓住全省公路建设存在的突出问题,有计划、有针对性地重点开展了"梁板和小型预制件、隧道初支偷减钢筋"、"桥梁支座质量"、"标志牌基础、路堑边沟偷工减料"专项整治和"农村渡改桥"督查等专项行动,有力地促进了质量水平的提高。四是对质量、安全问题比较严重的施工、监理单位,约谈其法人代表,以引起法人单位的重视,推动相关质量、安全问题和缺陷的整改落实。2011 年该站约谈了 6 家监理单位、17 家施工单位的法人代表,取得了较好的成效。

其次,敢于碰硬狠抓落实。一是对检查发现的质量安全问题,及时发出整改通知书和督查通报,责成整改处治。二是通过卓有成效的工作,赢得了厅领导的充分信任和大力支持。每份督查通报厅领导亲自签阅,提出相关意见,并以厅名义发往建设单位,提高了整改力度。三是敢于碰硬,顶住外部不良环境的压力,紧密跟踪整改情况,不整改坚决不放过。2011 年以来,对交(竣)工验收项目的非正常变形和安装错误的支座都责成项目参建单位采用智能液压顶升工艺全部进行了更换或处治;对存在的路堑盲沟堵塞、标志牌、隔离栅砼基础和砌筑工程几何尺寸不够等缺陷,通过狠抓整改落实,都基本进行了返工处理;把好交(竣)工最后一道质量关。

再次,强化检巡市场管理。该站连续几年都开展了试验检测数据打假专项整治活动,2011 年进一步加大治理力度。一是继续向施工现场派驻监督检测小组,加强对检测单位检测质量的监督抽检。二是抓好关键检测项目考核工作。出台了《公路水运工程试验检测机构申请扩增基桩完整性检测参数的相关规定》,明确申报桩基检测项目的检测机构必须要独立申请,从事桩基检测的人员不仅要持有部桥梁检测证书,还必须通过该站组织的能力考核方可上岗从业。2011 年共考核桩检人员 63 人。三是加强在建项目工地试验室的管理和备案工作。把工地试验室及其授权负责人纳入日常监督管理,明确授权负责人必须为母体机构派出人员,否则工地试验室不予备案。已完成 5 个在建项目总计 93 家工地试验室和第三方检测机构的备案工作。四是推进科技攻关工作。1. 完成"路基回弹模量快速检测技术研究"课题研究,提出了江西地区路基回弹模量合理取值和基于动弹性模量的路基施工质量控制技术。经鉴定,该课题研究成果总体上达到了先进水平,在路基回弹模量室内测试方法研究方面居领先水平。2. 完成"长大隧道防火防灾技术在广石隧道中的应用研究"课题研究。经鉴定,该课题研究成果总体上达到了国内领先水平,在隧道衬砌混凝土耐火性能研究方面居国际先进水平。3. 加强对热点、难点问题的研究,组织课题组编写并印发江西省"高速公路建设施工质量控制要点""一线作业人员岗前安全培训教材""'平安工地'建设活动达标验收标准"等一系列实用性强的行业规范和教材,以指导各从业单位加强质量安全控制。

(卢世军)

【南昌市开展交通工程质量监督】 2011 年,南昌市交通质监站对全市交通工程建设监督项目覆盖率达到 100%,所有项目都在可控项目范围内。其中,24 座改渡建桥(桥梁总长 9758.2 米)项目,由省交通工程质量监督站监督 5 座,市交通质监站监督 19 座,完成交工检测的 4 座。对市公路局管辖的国省道大中修项目监督数 15 个,总长 236.391 千米,其中,二级公路 173.94 千米,三、四级公路 62.44 千米,完成交工检测项目 10 个。对各县区管辖的"油返砂"项目监督数 5 个,总里程 36.9 千米,其中,二级公路 7.3 千米,三、四级公路 29.6 千米,通过交工检测项目 2 个,竣工质量鉴定项目 1 个。农村公路危桥改造质监项目 9 个,桥梁总长 385.9 延米。

(黄攀宇 单昌年)

【南昌市开展国改项目检测验收】 南昌市 2010

年农村公路国改项目检测验收工作，在市交通质监站、市农路处、市交通工程质量检测中心的精心组织、紧密配合下顺利完成。此次检测验收工作共完成检测验收59.2千米，占2010年农村公路国改项目计划的55.4%。此次检测验收的重点是农村公路项目的长度、宽度、厚度、强度、平整度、外观、路肩培土及绿化等技术指标。

（黄攀宇）

【安源区交通运输局荣获“全国农村公路建设质量年先进集体”称号】 交通运输部于9月15日在重庆召开“全国农村公路建设质量年活动和第三批示范工程经验交流会”，安源区交通运输局在为期三年的全国农村公路建设质量年活动中，成绩突出、成效显著，被交通运输部评为全国农村公路建设质量年先进集体。

（邓 娇）

【萍乡市交通运输局加强项目管理】 8月，萍乡市交通运输局按照重点排查、“回头看”复查、全面核查3个阶段的要求，对2009年以来政府投资工程建设项目进行检查，要求全市交通运输系统对检查中发现的前期申报审批、招投标、施工管理、资金管理、工程验收等方面的问题着力整改。一是要进一步加强前期工作，完善项目的申报审批手续。充分认识到前期申报审批资料是一个项目的基础，是项目工程合法性、合理性等政策性依据和可靠性等技术性依据的具体体现，领会国家设置审批环节的意图。要通过行业行政主管部门的审批把好政策关和技术关，提高项目的科学性，促进全市经济社会的科学发展。二是行业行政主管部门要充分发挥在专业领域的作用与监督职能。发挥自己在专业领域的作用与职能，依法行使职权，特别是审批职权，同时加强监督，在项目建设中不缺位、不弃权。尤其是纪检监察部门要充分发挥职能，加强检查，防止项目工程违纪违规。三是要加强主体项目工程的质量监督与管理。质量是工程的生命。作为政府行业主管部门要充分支持、帮助质量监督部门做好质量监督工作，质量监督部门在施工管理、竣工验收等各个环节中要充分介入，把每一个工程建成优质工程、群众满意工程、安全工程。

（晏卫东）

【萍乡市交通工程质量监督站严把路面改造工程质量关】 自319国道上栗至东峰界段路面改造工程3月底开工以来，萍乡市交通工程质量监督站高度重视并专门指派一名质量监督工程师及一名试验检测员负责质量监督工作。该站在质监过程中采取综合检查、专项检查、巡视检查相结合的检查方式，着力加强检测力度，并严格遵循“两个不放过”的监督原则。一是原材料不合格不放过。加大对水泥、砂石等各种原材料进行及时的抽检频率，凡不符合规范及设计要求的原材料一律杜绝使用；二是工程实体不合格不放过。对已完工的基层、面层的强度、厚度等各项指标全部及时进行检测，发现工程实体不合格的地段一律责令返工，检测合格后方可进行下一道工序的施工。自该工程开工以来，该站共进行履约检查一次、巡视检查10余次，下发“履约检查情况的通报”1份、“工程质量抽查意见通知单”5份、“质量监督通知书”1份。

（罗艳春）

【萍乡市交通工程质量监督组进驻芦万武公路施工现场】 芦溪经万龙山至武功山旅游公路（简称芦万武公路）进入路基交工验收阶段，根据8月16日芦万武旅游公路路面工程建设市长专题办公会议精神，萍乡市交通运输局为严把质量关，及时派出强有力的质量监督组进驻芦万武公路，对路面垫层、路基防护工程、排水工程等有关项目的各项指标进行全面的检测，并对路面工程制定了详细的质监计划。努力将芦万武公路建设成一条“合格路”、“放心路”。

（罗艳春）

【湘东区交通运输局加强农村公路建设质量监管】 湘东区交通运输局建立联动机制，对新开工项目质量监督工作实行市、区、乡（镇、街）监督联动，主要采取三条措施对工程质量加以控制。一是建立信息上报制度。各乡（镇、街）交通办在工程开工前填报工程信息表，开工后每旬填报工程监督信息表。该局及时掌握工程建设动态，适时组织质量检查，保证项目检查率100%。二是严把混凝土路面开工审批关。三是该区所辖项目由萍乡市交通工程质量监督站会同该局共同验收，主要检查原材料质量、设备、人员配备情况、路基施工状况等。四是加强对过程试验的监管,实行数据共享。尽可能减少路面的破坏性(取芯)试验,市、区两级质监机构共同开展实体取芯强度试验,数据共享。

(湘东区交通运输局)

【上饶市加大工程质量监督力度和抽检频率】 2011年,上饶市交通工程质量监督站加大工程质量的监督力度,保证了工程建设质量。全年受监公路3093.8千米,其中配合省站督查上武、德上高速公路114.82千米。检查余黄一级、德昌高速万年、余干、德兴连接线46.55千米,农村公路2300千米;监督检查省养面上工程100余千米,渡改桥78座。抽检原材料100组,抽检项目10项565组;检测一级公路2条34.72千米,渡改桥46座,省养公路390.08千米,农村公路近3000千米,并对全市363个农村候车亭进行了交工检测,配合省站做好上武高速52.96千米的交工检测。该站在检查、检测过程中,对工程质量问题,坚持原则,敢于碰硬,全年下达质量通报和整改通知书81份,其中渡改桥建设工程62份;下达质量抽查意见书96份,废除不合格桩基3根、桥梁墩台2个、墩柱1根、梁板291片,更换支座14片;监督施工方铲除不合格路面约3000余平方米,重新浇筑水泥混凝土路面4200平方米。

(陈均培)

高速公路管理

【概况】 2011年,省交通投资集团公司全体员工紧扣发展大势,攻坚克难战项目,全力以赴迎国检,精心精细抓服务,完成年度目标任务,取得了显著成效,创造了不凡业绩。

1. 夯实基层基础。深化基层模式改革,以德昌高速公路通车为契机,成立了万年管理中心,进一步完善了区域管理模式;以永武、昌奉等路段通车为契机,相继完成了赣粤股份公司及上高、景德镇管理中心的大所制改革。深化基层所站规范化建设,按照统一的建设标准持续推进,不断改善所站环境、强化基层管理,一大批基层所站全面达标。深化国企改革,推进了公路开发公司、交通咨询公司以及原高管局下属5个事业单位的清产核资、资产划转工作;完成了物资储运总站的整体划入,更名为江西省高速公路物资有限公司;启动了高速公路广告资源整合、嘉和公司增资等工作,进一步理顺了资产关系;安置900余名稽征、省路桥局等分流人员,为全省税费改革、厅属企业改革作出了贡献。深化制度建设。出台了《重大政务事项统筹协调管理办法》《公路项目实施阶段建设管理绩效考评办法》《服务区管理办法》《安全生产监督管理职责暂行规定》等制度。

2. 通车里程突破3600千米。建设进度快。通车项目全面竣工,德兴至南昌、永修至武宁、隘岭至瑞金、瑞金至寻乌、南昌至奉新项目按时建成通车,全省高速公路通车里程新增554千米,达到3603千米,覆盖到全省89个县(市、区),实现了鄱阳湖生态经济区城市群高速公路网络化;在建、开工项目全面推进。九江长江公路大桥、德兴至上饶、奉新至铜鼓、吉安至莲花、浮梁至桃墅岭项目全部完成了阶段目标任务,井冈山厦坪至睦村、抚州至吉安项目一阶段施工进展迅速;项目前期全面展开。寻乌至全南项目征地拆迁工作已启动,昌九高速改扩建等项目前期工作有序推进。二是管理成效好。推进了管理标准化活动,严格落实标准化要求,项目施工更加有序、管理程序更加合理、安全生产更加到位;实施了项目定期考评,对在建项目进行半年一次的绩效考评和标准化考评,强化了对项目建设进度、工程质量、安全生产等监管;规范了变更审查程序,把好了变更技术关、造价复核关、变更程序关。三是项目亮点多。永武项目全面推广应用绿色交通技术科技成果,被交通运输部列为“十二五”时期全国首个“科技示范工程项目”;九江大桥项目推行平安工地建设常态化，被列入第一批全国“平安工地示范工程”；九江大桥、吉莲等项目成为江西高速公路建设管理标准化的示范项目。

3. 融资总额近200亿元。2011年，受宏观经济政策调控影响，国内许多基础设施项目因资金短缺被迫停工，省高速集团不等不靠、主动作为，通过各种方式筹集资金197亿元，保障了资金需求、保障了项目建设，集团成为国内融资渠道最多、融资成本最低的公路企业。一是四面出击寻资金。突破省域限制，直接对接京沪等地金融机构总部，成功开辟了新的资金来源，省外资金占全年融资总额的70%。二是多措并举拓渠道。积极推进项目贷款，全面完成德昌、昌铜、吉莲等项目的银团贷款；突破银行贷款形式，实现“四大创新”：作为国内首批地方企业发行了非公开定向债务融资工具10亿元，成功完成国内最大单笔无抵押信托融资50亿元，成为内地首家利用国际物流贷款的高速公路企业，成为省内首家获得总行理财池信托贷款的企业。三是千方百计降成本。坚持贷款基准利率，成功注册省内规模最大的短期融资券40亿元，节约了大量财务费用；与昆仑信托开展融资合作，成为年内信托利率最低企业之一；集团和赣粤高速获得“AAA”企业主体信用评级，填补了省内空白。

4. 创国检全国排名第六的好成绩。在2011年全国干线公路养护与管理大检查中，江西高速公路取得了在全国省、自治区排名第六的好成绩，为全省养护国检实现“力争前十五，确保进步奖”的目标作出了突出贡献，交通运输部检查组给予了高度评价：“江西高速公路的运营管理走在了全国高速公路行业的前列，为高速公路管理探索了新路、总结了经验。”在迎国检中，突出抓好了路况维修整治，继续加大路面整治投入，及时处治低温雨雪和春运后出现的坑槽、沉陷等病害，实现了路面平整舒适、路况水平达优的目标。突出抓好了“四容四貌”整治。对全省高速公路路容路貌、区容区貌、站容站貌、所容所貌持续进行了整治，精心打造了景婺黄、昌金、温沙、梨温、景鹰等省界5千米精品路段，完善了沿线交通标志和安全设施；对基层所站、收费广场、服务区进行美化、亮化，使路域环境更加整洁、优美。突出抓好了“一大四小”绿化改造，采取公开招标、合作共建、自行栽种等方式，投入近1.1亿元完成了第三阶段绿化改造任务。

5. 提升收费服务。出台了《鲜活农产品运输绿色通道政策实施细则》，完善绿通车辆查验制度和工作流程；规范车辆通行证办理，打击遏制车辆在匝道调头行驶等偷逃费行为；做好收费公路专项清理工作，大幅度降低机场高速公路收费标准，提前撤销105国道峡江收费站。大力开展收费岗位大练兵大比武活动，扎实做好收费员星级考评工作，强化了收费队伍的业务素质；大力开展收费窗口服务品牌创建活动，进一步提升鹰西女子收费站、“映山红”等品牌的影响力，全新打造瑞赣路“心悦客家”、昌金路“雷锋班组”、昌樟路“巾帼班”等一批叫得响的品牌。通行更加便捷，实施收费三大系统硬件改造，完成梨温高速梨园收费站拓宽改造工程，做好泛珠大会、七城会等重大活动和节假日期间的通行保畅工作。全年集团通行费总额达到78.17亿元，同比增收6.58亿元、增长9.2%，超额完成了收费指标。

6. 改善服务区管理。深化了体制改革，扎实推进服务区资产整合工作，畅行公司股份制改造取得较大进展。完善硬件设施，完成了吉安、上饶服务区的改造工程，推进黎川、婺源以及武吉高速公路沿线服务区的改造，启动龙虎山服务区新建工程的方案设计和征地工作，统一服务区各类设施的VI标识，进一步完善功能、提升形象。创新经营管理，出台《服务区经营管理规范》等制度，形成统一的标准和流程，通过采取“物管领先、经营跟进”的策略，做到水电设施长期保持完好、环境保洁长期坚持到位、场地绿化长期巩固提升；在全国首推“卖场经营”模式，引入同城同价和区域特色经营理念，引进李先生餐饮、绿滋肴等品牌，实现了社会效益和经济效益的双赢，打造了庐山、峡江、三清山等一批标杆服务区。

（陈　菁）

【常务副省长凌成兴充分肯定高速公路抗冰保畅工作】 1月20日晚，省委常委、常务副省长凌成兴冒雪到昌樟高速药湖大桥考察指导雨雪天气保畅通工作，亲切看望慰问在高速公路除冰铲雪的突击队队员。省政府副秘书长朱希、省交通运输厅党委书记程受锭、副厅长许润龙、总工程师胡钊芳，省发改委副主任陈一星、省重点办主任王前虎，省公安厅副厅长罗永银等相关部门负责人陪同考察。

在药湖大桥桥头,铲雪车,洒盐车等现代化机械除雪设备排成一列,“打赢药湖保畅战役,展现昌樟铁军风采”的标语前,身着红黄两色反光背心的梅林所抗冰保畅突击队队员们士气高昂,正整装待发。凌成兴与突击队队员们一一亲切握手,并详细询问了抗冰保畅具体措施,人员、物资和设备的投入情况。昌樟管理处负责人汇报说,自冰雪灾害天气发生以来,药湖大桥上就始终有一支抗冰保畅的铁军在作战,昼夜铲雪除冰。特别是专业的除雪机械化设施配备后,大家的底气更足了,更有信心打赢这场抗冰除雪的硬仗。

在视察完药湖大桥的保畅工作后,凌成兴在丰城服务区紧急主持召开应急保畅工作协调会。会上,省交通运输厅、公安厅、省高速集团及当地政府相关负责人向副省长凌成兴汇报了当前的应急保畅工作。在听取汇报后,凌成兴充分肯定了交通运输厅等单位在抗冰保畅工作中取得的突出成绩,并称赞赣粤高速昌樟管理处在此次抗冰雪保畅通工作中准备早、行动快、配合紧、效果好,有力地确保了高速公路安全畅通。凌成兴指出,九江大桥、药湖大桥等高速公路重要枢纽,交通流量大、桥梁跨度长,保畅任务重,相关责位单位要高度重视,要切实强化春运期间恶劣天气道路交通的管控,高速公路、交警、路政、排障单位及当地政府要紧密做好沟通和协调工作,动用一切力量,全力确保安全畅通。

凌成兴对全省高速公路下一步的抗冰保畅工作提出了全力抓好“三个重点、五个落实”的工作要求。“三个重点”,即:重点抓好容易结冰,堵车的长、陡坡路段,重点抓好容易结冰、堵车的大桥,特大桥梁,重点抓好容易结冰、堵车的互通立交;“五个落实”,即:落实蹲点的带班领导,落实应急的清扫队伍,落实应急的机械设备、落实应急的处置措施、落实高速公路管理单位、高速交警、路政等部门的联动机制。针对九江大桥、药湖大桥、鄱阳湖大桥、龙王庙大桥及敖岭垮铁路桥这样的特大桥梁,要切实做到“三个昼夜不停”,即除冰铲雪的队伍要昼夜不停,各种应急的除雪设备、排障车辆要昼夜不停,带班领导和巡逻交警要昼夜不停。各单位的主要领导要坚守在抗冰保畅第一线,要本着对人民群众高度负责的态度,加大投入、尽全力保障全省交通的安全畅通。

程受锭在汇报中表示,全省交通运输系统正全力以赴保障安全畅通。一是应急保障到位,包括物资、人员均已提前到位。二是指挥到位,除了加强应急值班外,在九江长江大桥、昌九高速通远段、昌樟高速药湖大桥等重要路段都有领导蹲守值班指挥。三是责任单位到位,各单位之间实行统一调度。

从18日到21日上午8时,省高速投资集团共投入人员3300人次,调用草袋、麻袋98600条、工业盐440吨,动用各类机械设备270余台(套)。

(李　欣　黄　凯　温荣生)

【交通运输部副部长高宏峰视察永武高速公路和庐山服务区】 5月12日,交通运输部副部长高宏峰在江西省委常委、常务副省长凌成兴、省政府副秘书长朱希、交通运输部科技司副司长任永民、省交通运输厅党委书记程受锭、厅长马志武、省高速集团总经理谢来发、副总经理王昭春等同志陪同下,深入永武高速公路、庐山服务区视察工作。

作为鄱阳湖生态经济区内的一条地方加密高速公路,永武高速公路有60多千米贯穿庐山西海国家风景名胜区。基于这条高速公路的服务功能定位和生态环境保护的需要,开展以绿色公路建设关键技术研发与科技成果推广应用,具有重要作用和意义。2010年4月初,该项目顺利通过交通运输部”绿色安全交通科技示范工程”实施方案评审,项目办攻关的旅游公路建设成套技术、绿色公路建设成套技术等得到专家认可。

高宏峰对永武高速公路科技应用和创新情况表示满意。他指出,永武高速(庐山西海旅游高速公路)公路以生态、旅游、安全以及低碳环保为总体目标,依靠科技进步,推广应用科技新成果,在创新规划设计理念、集约利用建设资源、有效保护生态环境等方面进行了积极探索,必将为建设资源节约型、环境友好型公路积累新的经验。

高宏峰强调,要进一步强化施工控制,加强标准化管理,提高创新能力,推广新工艺、新技术,提升公路通行能力、安全水平;要进一步加强深水桥施工和路桥面径流收集相关技术探索、试验和总结,狠抓建设过程中和建成通车的污水处理,千方百计保护好柘林湖一泓清水;要求进一步完善规划,按照推广低碳、节能、环保技术的应用、提升硬件设备水平和完善服务功能的要求，全力打造高速公路新型服务区，努力打造一条安全、绿色的科技路、环保路。

在结束对永武高速的考察后，高宏峰一行又冒雨到庐山服务区。高宏峰仔细察看了特产超市、便利店、餐厅、咖啡厅、职工书屋等服务经营场所，及洗手间的环境卫生情况，并与工作人员亲切交谈，详细了解询问他们的工作生活情况。在职工书屋，当看到书架上各类书籍琳琅满目，高宏峰连连点头，露出了满意的笑容。在主楼的电子触屏前，高宏峰饶有兴致的察看了全省高速公路实时路况信息，并称赞："这个办得不错，极大地方便了司乘人员的出行。"

（陈林凤　张永康）

【萍乡等八对服务区投入运营】　1月25日，赣西地区建筑规模最大、功能设施最全、现代化标准最高的高速公路服务区——萍乡服务区正式投入运营，同时，于都、南城、广昌、宁都东、泰和东、银湾桥和宜丰等七对服务区也在当天同时开业运营。省交通运输厅厅长马志武，省高速集团总经理、省高管局局长谢来发等负责人出席仪式。

在开业仪式前，马志武一行在实地详细查看了特产超市、咖啡厅、餐饮中心、客房包厢、服务区设施及环境卫生情况，当看到服务区内功能齐备完善、环境卫生整洁干净、各项服务周到温馨时，对服务区工作给予了充分肯定。

萍乡服务区距萍乡市区仅8千米，是赣西前往长株潭的必经之地。原东西两区仅占地6.5公顷，建筑面积3337平方米，设施简陋，近年来，随着着赣西经济的不断发展，车流量日益增加，服务区原有接待能力和各项功能设施已不能满足过往司乘人员的基本需要。改扩建工程自2010年6月份开工以来，在工期紧、任务重、天气条件恶劣的情况下，全体参建人员攻坚克难，加快施工进度，克服原材料涨价、冰冻雪灾等不利因素影响，以高标准的工程质量，提前完成了施工任务。

萍乡服务区占地8.8公顷，按照多功能服务区的要求建设，集管理、休息、用餐、住宿和停车及接待功能于一体，南北两区可同时容纳600余人就餐、购物和休息。设有标间、单间和豪华套间客房35套；停车场可分区同时停放车辆250台；卫生间专设分设母婴、残疾人独立单间，可同时容纳50人入厕；南北两区各建有一个256平方米的综合性超市，往来的旅客可足不出高速就买到赣西特产。服务区建筑布局充分结合了地形的特点，古朴简约的建筑风格，现代化的室内装饰，优美的绿化环境，全方位彰显出生态环保型内涵和人性化文明服务理念。

（陈林凤　廖振华　陈　琼）

【厅党委书记程受锭察看庐山、石钟山、鄱阳服务区】　4月15日，省交通运输厅党委书记程受锭在省高速集团总经理谢来发等陪同下，察看了庐山、石钟山、鄱阳服务区，并召开座谈会，指导服务区经营管理，督察迎检准备工作。

在庐山、石钟山、鄱阳服务区，程受锭仔细察看了超市、餐厅、客房等场所的服务经营情况和办公区、停车区、洗手间的环境卫生情况，并与正在餐厅就餐的司乘人员亲切交谈，询问饭菜的质量及价格。程受锭表示，各服务区硬件建设标准较高，卫生设施、餐饮作为重点，有很大的改进，通过实行多种经营，经营方式相比过去单一模式大有改观。他指出，作为高速公路服务的重要窗口，服务区要全方位、全过程的展现江西交通的良好形象，展现江西的良好形象。

（雷声猛　钟富平　张　坚）

【全力打造高速公路典型服务区】　省高速集团全面实施服务区整治提升工作，不断创新经营理念，把服务区作为星级酒店来管理，作为特色超市来经营，作为休息景点来开发，使服务区面貌发生巨大的变化，实现社会效益和经济效益双赢，服务区成为展示江西对外形亮丽窗口，得到省委省政府和交通运输部等各级领导的充分肯定，受到省政府嘉奖和表彰。

1. 创新建设理念。针对早期服务区选址不合理、布局不科学等问题，省高速集团出台《调整公路服务区规划与设施建设指南》，统筹服务区规划布局和内部设计。形成由中心服务区＋普通服务区＋小服务区的建设格局；在场区设计上，充分考虑车流量增长的潜在因素，充分考虑司乘人员的停车、加油、洗漱、用餐等实际需求，合理设置和完善停车场、卫生间等公共场所的功能，确保一次性建设功能全、科学实用的新型服务区。突出硬件提升，制定《高速公路服务区新建和改扩建方案》，先后投入5亿多元，新建成庐山、三清山等一批服务区，改扩建峡江、萍乡、吉安、石钟山、东乡、南城、新余、宜春8对服务区，改建遂川、横市、七里岗、黎川等15对服务区，使全省高速公路服务区硬件设施达到全国一流水平。同时突出地域特点，按照“一区一特色、一路一品牌”的原则，融入地方元素，满足多方要求，在服务区设立人文、动物等雕塑和绿化景观，着力打造地域特色景观。如打造赣东北民居建筑仿古风格的三清山服务区，欧式建筑风格的樟树服务区，江南民居和微派风格的彭泽服务区，现代钢结构建筑风格的上高、仙女湖服务区等。

2. 创新管理手段。该集团公司在组建畅行公司的基础上，逐步理顺服务区体制机制，收回公益性事务管理权，对服务区加油、餐饮、超市、汽修等基本项目的公益性事务管理费，即经营商上缴一定数额的物业管理费，由服务区管理单位聘请保洁、保安人员作好公共卫生的维护和公共安全的保持，服务区的环境卫生、安全状况因此大有改观。提升物管水平，严格落实“保洁、保通、保绿、保安、保形象”等六保要求，按照“物管领先、经营跟进”的工作思路，推进服务区物业管理和专业化、品牌化。一方面引进专业物业公司，在庐山、遂川、萍乡等服务区相继引进南昌市诚城物业公司，通过专业化团队提升服务区物业管理水平；另一方面，引进专业保洁设备，配置了美国坦能洗地吸干机。深化内部管理。首先加强日常管理，采取检查、公布投诉电话、设立服务监督牌等方式，对经营区域内的环境卫生、文明服务等进行监管。引入一套信息化管理系统，把采购、仓储、配送等流程控制，以及对便利店、餐饮店、加油站、环境卫生、安全保卫的管理全部纳入到系统之中，实现数字化管理。二是加强队伍建设，举办服务礼仪、物业保洁、质量认证体系等式培训，建立绩效考核激励机制，对部分服务区中层副职岗位进行公开招聘，招聘服务区超市经营管理及物业管理人材。三是加强制度建设，制定并出台《高速公路服务区经营管理规范》《江西省高速公路服务区VI手册》等50余项规章制度。

3. 创新经营模式。该集团公司创新经营理念，在全国范围内首推“卖场经营”模式，不断探索市场激励机制一是推行卖场式经营。在“统一标准、统一物管、统一招商、统一收银、统一营销、统一考核”的基础上，由业主提供场所，商家提供商品，按照利益共享、风险共担的原则共同经营的模式，公开招标择优引入北京绿滋肴等一批信誉好、实力强的国内省内知名企业进驻服务区；消除社会对服务区“商品高价”的印象，坚持“同城同价、薄利多销”的平价经营理念，确保服务区销售商品价格与城市商品价格一致。二是探索特色化经营。根据地域文化的不同特点，引导餐饮和超市经营商走特色经营的路子，构建“红色雕塑、红色歌曲、红色影视、红色故事、红色菜肴”等以红色文化为主题特色的吉安服务区，以“水产品、水文化”为主要内容，凸显鄱阳湖长江“水韵”和人文特色的石钟山服务区等。三是坚持差别化激励。针对“卖场经营”的服务区，采用营业额提成法，甲乙双方每月按照营业额核算收益，扣除甲方收益后余款于每月15日前返乙方。针对自营服务区，将员工经济收入与业绩、经济指标和顾客满意度挂钩。

4. 创新服务内涵。一是推行人性化服务，免费提供茶水、药品、修理工具、旅游资讯，在公共区添置桌椅秋千，定期开展便民惠民月、清凉服务月活动；为司乘人员安装电子触摸屏，在服务区超市安装POS机等。二是推行精细化服务，出台《江西省高速公路服务区员工操作手册》等服务标准和制度，要求员工统一着装、持证上岗；聘请专业人士对员工进行文明礼仪、业务操作等培训，大力开展业务考试、技术比武等活动。

（李　明）

【梨温高速玉山管理处强化堵漏增收“六项举措”】　3月份以来，玉山管理处不断加大打逃力度，强化打逃举措，取得了明显的成效。一是强化培训教育。该处采取以会代学、以会代培、专题培训形式，定期或不定期组织员工开展业务技能培训，使员工的业务技能得到不断提高。二是定期交流经验。该处通过“走出去、请进来”的方式，组织人员到鹰西收费站、赣浙收费站等所进行学习交流先进经验。该处每季度组织举行一次打击逃费经验交流会，累计已发现21种逃费方法。三是落实奖惩制度。除按照总公司奖励规定以外，该处将打击逃费数据进行统计，分别纳入优秀班组考核、优秀收费员的考核，形成竞争机制。四是规范处置流程。针对不同车型、车情进行分门别类，统一规范处置流程，如绿通车除履行正常的流程以外，并要求在广摄镜下操作，多人多点验货，并拍照取证。五是建立调解机制。要求全站人员熟练掌握了解相关政策规定，全力做好对司乘人员的解疑释惑工作，实行分级处理方式，全力化解矛盾。六是建立联动机制。主动走访相关部门，建立联动机制，如路政、交警、服务区、木材检查站等，保持了打击逃费的高压态势。

（程国强　周　宁）

【梨温高速广丰站员工抓逃费】 2011 年新年第一天，两辆心存侥幸企图逃费车辆在梨温高速广丰站企图蒙混过关，不料被该站收费员逮了个正着，两辆车均被按规定加收通行费共计人民币 5140 元整。1. 车队深夜垫钢板逃费。1 日凌晨 2 点 40 分，一队车牌赣 K 打头的车队在广丰站下高速，由第一辆车掩护过磅，第二辆车下车垫钢板，再连同后面的车队陆续、快速地通过收费站，被该站收费人员及时识破。同时，该站的录像设备也同步记录下来，证据面前，逃费司机无话可说，最终，该车队被加收两倍通行费共计 3820 元。2. 装卸货假冒绿通逃费。1 日上午 9 时 30 分，一辆车牌为黑 A38 ＊＊＊的 157 型半挂车超限 14%，行经广丰站下高速，自称是绿通车辆运的是萝卜要求免费放行。按照正常推理，如果车内装的都是萝卜，不可能会超限比例如此之高，该站收费员当即表示怀疑，并再三向车主解释绿通车辆享受免费相关政策，但该车仍然坚称是绿通车辆，还自愿签下"绿通验货协议书"要求收费员验货。在收费员认真查验货物后，却发现该车只是四周有萝卜作掩饰，里面全是矿石之类的货物，假绿通车当场在该站遁形。同样，也被加收两倍通行费 1320 元。

（程国强）

【梨温高速鹰潭西站重细节出成效】 在深入开展发展提升年活动中，梨温高速鹰潭西收费站发挥女子细腻心理，从细节入手，巧用心思，完善工作细微处，有效破解难题。一是整洁活动公示栏。原有站务公开栏都是粘贴版面式，用双面胶、胶水等将纸张粘贴在上面，但长此以往，会留有像"牛皮癣"似的胶痕，影响美观，为解决这一难题，该站改版换成板夹式，每天反复更换，使用方便，清爽又美观，实用性强。二是设置验货工具箱、弃票专用筒。以前遇上绿通车辆需要验货，收费员常常到车道寻找验货工具，相机、手电筒……这样常常浪费时间，影响车辆通行速度，现该站将所有的验货工具统一放在固定的工具箱内，同时把弃票专用筒放置在每个车道特定位置，将司机不要的弃票暂寄放在内，保持了收费台面的整洁美观。三是巧用物品摆放架。梨温公司为岗亭内统一配备物品摆放架，该物为透明亚克力（有机玻璃板）材质，分上下两层，上层用于放置笔记簿、文件等，下层用于放置水杯等其他物品。经过比对大小，将"江西高速公路计重收费标准对照表"剪开一分为二，张贴在物品摆放架的面板上，以便日常使用，美观又实用。

（刘洁云）

【景鹰高速浮梁处以"加减乘除"法提升服务水平】 景鹰高速浮梁管理处以创先争优和发展提升年活动为契机，倡导"加减乘除"工作模式，提升干部职工的综合素质，提升服务水平。"加"，即加强业务学习，做一专多能的表率。在该处随处可见干部职工学习的身影，他们不仅掌握岗位业务知识，在本岗位上出类拔萃，还深入学习多方面的理论知识，在多领域里大显身手，真正起到"五型五好"模范带头作用。"减"，即减少空话闲聊，争做严以律已的表率。工作中，该处干部职工严以律已，淡泊名利，无私奉献，办事雷厉风行，做人低调谦和，既耐得住寂寞又挡得了诱惑，全身心的投入工作。"乘"，即乘以综合实践，做深入一线的表率。机关创业服务岗工作人员每天充实一线顶岗，在做好文明服务的同时，认真倾听司乘人员的呼声和一线员工的心声，真正为管理处建言献策，为司乘人员排忧解难，真正做到"想司乘所想，急司乘所急，盼司乘所盼"。"除"，即除去陈旧观念，做开拓创新的表率。该处机关创业服务岗拓展新思路，深入挖掘服务内涵，推陈出新，开展各项创新服务，主动为过往司机服务，深受过往司乘人员的好评。

（吴红兰）

【景鹰高速浮梁处"三字法"拓展文明服务内涵】

景鹰高速浮梁管理处在文明服务中创新求变，在拓展文明服务的内涵上进行了有效的探索和实践，推出了文明服务"三字法"。一是坚持一个"实"字。该处对每位收费员建立了文明服务档案,观察其变化,发现问题马上进行提醒和纠正;不断细化文明服务内容,严格文明服务规范及标准,真正将文明服务工作落到实处。二是注重一个“深”字。该处通过开展文明服务培训、专题座谈会和评选每月服务之星等活动,在文明服务的深度上下工夫,把司乘人员的满意度作为收费员的工作标准。三是贯彻一个“新”字。该处在服务形式、内容上不断推陈出新。除做好规定动作外,该处还结合各站特色使用文明用语,例如赣皖收费站根据省内外车牌使用“欢迎您来(回)到江西,行驶景鹰高速公路”,“雨天路滑,请您开慢点,注意行车安全”等,让外地司乘人员感到温馨亲切。根据各站地理位置情况,该处还自制文字交通指南,为司乘人员行车提供导航方便。

(方晓莉)

公路交通管理

治理车辆超限超载

【概况】 2011 年,全省治超有关部门通力协作、密切配合,坚持“立足源头、依法严管、标本兼治、长效治理”的治理原则,按照国家九部委《关于印发全国车辆超限超载长效治理实施意见的通知》的要求,以迎接全国干线公路养护管理检查和交通运输行政执法评议考核为契机,进一步加大源头和路面治理力度,使长效治理工作稳步推进,逐渐深入,治超取得了阶段性成果。一是治理成果得到巩固。目前严重违法超限车辆所占比例已控制在5%以内。二是交通安全形势进一步好转。全年全省共发生道路交通事故 3354 起、造成 1507 人死亡、3910 人受伤,与 2010 年同比分别下降了 17.08%、3.83%、19.26%。三是保证了物资运输市场稳定。保障了鲜活农产品、重点物质和人民生活必需品的及时运输,道路运输市场价格稳定,市场秩序呈现良性发展态势。四是公路设施进一步得到有效保护。全省干线公路路况明显改善,公路基础设施完好率与治理前相比明显提高。

主要工作措施

1. 强化路面治理工作。按照《江西省普通公路超限超载车辆检查站点布局初步规划方案》的要求,经报省政府同意,宜春、吉安、上饶等设区市分别设立了宜春丰城、吉安八都、上饶新岗山治超检查站,逐步加强对取消政府还贷二级公路超限超载车辆的监管。同时,部分设区市政府通过增设固定治超检测点,有效防止了车辆绕道逃避治超检查,以及车货总重超过 55 吨的违法超限超载车辆上路过桥,保护了公路桥梁安全。各级交通、公安部门进一步加大对超限超载车辆的联合查处力度,继续按照全国统一的超限超载认定标准,坚持在治超站点共同对超限超载车辆进行集中整治,坚持对超限超载车辆实施卸载、消除违法状态后才予放行,有效遏制了车辆违法运输。2011 年,全省累计检查车辆 438791 辆,处罚 68298 辆,除车主自行转运外,检查站卸载货物 114690 吨。

2. 扎实做好迎国检工作。为确保迎接全国干线公路养护管理检查工作取得成效,厅治超办组织各设区市治超办和治超站对“迎国检”工作进行再部署,特别对治超站场站设施建设、执法文书制作和迎检文件资料汇编等重要内容进行了重点布置;并加强监督检查。同时,对治超综合环境进行全方位整治,加强了对管辖地区货运企业和运输业户治超相关法律、法规和政策的宣传,提高其守法运输意识。

3. 认真开展交通运输行政执法评议考核。厅治超办专门成立了治超执法评议考核工作办公室,并指定专人负责考核工作的落实。要求各设区市治超办、治超站地成立相应的领导机构和办事机构,并将执法评议考核工作经费纳入年度预算,确保工作经费到位、人员到位、任务落实到位。同时,制定了考评工作方案,认真按照省交通运输厅对此项工作的有关要求,制定了《全省治超检查站执法评议考核工作实施方案》,并印发给各相关单位执行。各地结合各单位实际,制定了本单位的具体评议考核方案,并进行了动员部署。为保障执法评议考核工作落到实处,厅治超办还专门抽调部分设区市治超办、治超站人员组成检查组,对全省各治超检查站执法评议考核工作进行督导检查,对查找出来的问题及时制定了整改措施进行限期整改,确保执法评议工作取得较好成效。

4. 强化治超信息化建设。在实现“部、省、站”三级治超管理系统联网的基础上,推进了治超检测站点信息化建设,进一步完善治超信息系统联网运行,并开设“江西治超信息网”,提升治超工作信息化管理水平。同时,加强信息监测,密切关注运力、运价和市场动态,掌握蔬菜、粮油、煤炭等批发供应市场价格波动情况,按照《全国治理车辆超限超载信息管理工作制度》有关要求,做好了信息的收集、整理、审核、汇总和上报工作。

治超工作存在的问题:一是短途、区域间运输超限超载仍然严重,短途驳载和绕道逃避治超执法检查的车辆时有发生,治理困难。二是治超长效机制有待完善。主要是源头治理工作尚未真正到位,治超机构未落实,治超工作人员不到位,有的站场站设施至今还未建完。三是治理力度有所下降。绕道逃避检查导致检查站通过的车辆减少,以及长时间高强度的路面执法,引发一些执法人员的疲劳和畏难情绪。部分治超站点的执法人员没到位工作,联合执法力度减弱。四是有的地方聚众拒不接受检查、堵塞交通、强行闯卡、带车绕行甚至暴力抗法等问题仍然存在。五是一些地方只罚款、不实施卸载的现象还比较严重,并且极少数执法人员态度蛮横,刁难群众问题尚未纠正。

(万海飚)

【浙赣省际多部门首次开展“联合治超日”行动】 为进一步做好浙赣省际治超工作,打造和谐、安全、畅通的公路运营环境,由衢州市调整公路超限运输检测管理站、320国道常山超限运输检测站、玉山超限超载检查站以及浙赣两省高速公路业主、交警、公安等11家单位于12月20日开展了代号为“大雪一号”的首次浙赣省际“联合治超日”行动。

本次行动中,两省共投入执法力量65名。玉山治超站投入路政执法车3辆,执法人员12名。此次行动重点打击跨省超限超载运输以及暴力冲卡、暴力抗法、恶意堵塞公路等违法行为,保护合法运输和人民群众生命财产安全,维护G60高速、320国道浙赣省界公路安全畅通。

(江金宜)

【320国道浙赣治超站进行联合突击整治】 2011年春节以来,出现了较多超限运输中的“车托”,俗称超限“黄牛”,这些人为超限运输车辆提供信息,帮助超限司机绕道、闯关,严重干扰了治超的正常秩序。为了切实维护320国道浙赣省界公路安全畅通,进一步巩固治超成果,320国道江西玉山治超站和浙江常山治超站两站决定进行联合整治。

2月23日凌晨零点至5点,出动联合执法人员20余人,执法车辆5部,共整治冲关车辆5辆、绕道车辆3部,此次行动取得初步成效。

(江金宜)

道路运输管理

【概况】 2011年,全省道路运输行业广大干部职工围绕年初确定的目标任务,应对挑战,攻坚克难,全省道路运输量呈现平稳快速发展的好势头。

1. 道路运输加快发展。2011年,全省营运汽车拥有量达到28.96万辆,同比增长14%,其中营运客车1.86万辆、46.5万座位,同比增长5%、10%,营运载货汽车27.1万辆、143.7万吨位,同比增长14.7%、26.4%。城市公交车9144辆(10009标台),同比增长14.1%(16.4%),出租汽车15369辆,同比增长4.8%。全年完成营业性公路客运量7.25亿人次、旅客周转量341亿人千米,同比分别增长2.7%、3.2%;完成营业性公路货运量9.84亿吨、货物周转量2066.8亿吨千米,同比分别增长11.2%、11.7%。运力结构不断优化。中、高级客车达到8573辆,占整个公路客运运力结构的46.1%,同比增长14.6%;大吨位、高效率的大型货运车辆和吨位同比分别增长15.3%、28.5%。城市公交完成客运量14.2亿人次,同比增长2.82%,城市出租完成客运量6.12亿人次,同比增长10.65%。全省道路运输经营许可证在册数达到16.8万张,同比增长25.2%;道路运输从业人员68.7万人,同比增长8.7%,其中持证上岗人员59.7万人,同比增长10.1%。新增一级客运站2个,二级客运站5个;新增一级驾校4所、二级驾校14所,升级一、二级驾校9所,新增、更新教学车辆1002辆;新组建了全省驾培协会、公交协会。

2. 增强服务民生能力。坚持把改善民生作为道路运输工作的出发点和落脚点,加快推进城际客运公交化改造、农村客运网络化建设、城乡客运一体化发展。对南昌至安义、鹰潭到辖区内3个县(市、区)、赣州至南康等11条城际客运班线进行了公交化改造,抚州市129条市际客运班线、213辆客车,全部实现了公车公营。对1192条省际客运班线线路走向及途经地进行了核对、规范和重新标示。新增农村客运线路170条、农村客运车辆231辆,全省农村客运班线达3610条、客运车辆达9462辆、座位18.2万个,行政村班车通达率达到90.4%。完成了11个设区市城市公交满意度调查测评。及时发放2010年度农村客运、城市公交、出租汽车燃油补贴8.5亿元,进一步减轻了经营者的负担,改善了发展环境。萍乡市政府建立了长期的城市公共交通补贴补偿机制,从市本级城市维护费预算中列支8%的资金用于对城市公共交通的补贴补偿;南昌市政府对公交车驾驶员给予1600万元专项补贴。

3. 加大安全监管力度。采取了超常规的手段和措施,对道路运输安全生产实行高压严管态势。道路旅客运输安全管理各项指标控制在省安委会和省厅下达的指标之内,事故起数(28起)、受伤人数(108人)同比分别下降9.8%、6.9%,死亡人数(63人)与2010年持平,是近三年来未发生一起一次死亡10人以上重特大安全事故的一年。先后开展了4次大规模的安全生产督导检查活动,召开了一次安全生产紧急视频会议,培训企业安全管理人员500余名。印发了《江西省道路客运安全隐患治理专项行动实施方案》,共排查企业366家,排查隐患1295起,整改1287起,整改率达99%。组织开展了对390辆凌晨2点至5点运行的卧铺客车进行排查整治。深入开展安全生产年、安全生产月、安全生产知识咨询日以及专项整治等活动。

4. 加大道路运输基础设施建设。全省完成公路站场建设投资19630万元,同比增长181%。完成了南昌、赣州、宜春、吉安、九江、鹰潭6个国家公路运输枢纽总体规划编制工作,并通过交通运输部组织的评审,基本确定在6个城市规划建设28个客运站、33个货运站场。在国家公路运输枢纽城市,引导启动了4个客运站、4个货运站场项目前期工作,其中,宜春客运总站已开工建设,赣州梅林客运站工可已通过省发改委评审,南昌综合客运枢纽站工可已通过省厅评审。新建农村客运站122个,候车亭2000个。全省城市(县城)公共汽电车投资完成56179.2万元,其中,公交站场投资6996.3万元,公交车辆购置与更新49182.9万元。南昌、赣州、九江等3个设区市设置了6条共26千米公交专用道,亚洲银行在抚州市投资1.3亿美元试点建设城市快速公交系统(BRT)项目。

5. 健全市场退出机制。以《江西省道路运输条例》正式施行为契机,加强配套制度建设和规范性文件出台。编印了《江西省道路运输条例条文释义》,出台了省地方标准《汽车客运站服务规范》,发布了《江西省道路旅客运输班线经营权招标投标暂行办法》《江西省道路运输从业人员资格考试考核员管理办法》《江西省机动车综合性能检测机构管理规定(试行)》《江西省城市公共汽车客运经营服务规范》《江西省出租汽车客运经营服务规范》等规范性文件24件。健全了道路运输市场退出机制。首次举办听证会,坚决吊销多次违章经营的鹰潭至珠海班线的经营许可;对9条到期而考核评估不合格的省际班线坚决收回原经营者班线经营权,并通过公开招投标重新确定经营主体;对各项安全管理工作不达标、存在重大隐患的3家汽车站实行降级处理;对87所资格条件不达标的驾校下达了限期整改通知书,17所驾校责令停业整顿,9所驾校强制降级,1所驾校被吊销行政许可;吊销了不合格的32名教练员和912名客货运输驾驶员的从业资格证;对机动车维修企业进行了专项整治,对390家企业下达了限期整改通知书,26家企业被强制降级。

6. 全国试点的道路运输从业资格考试工作

进展顺利。全省11个设区市已全部建成2个考点,即专业知识应用能力考点和无纸化理论考点,并于2011年9月正式启用无纸化理论考试系统进行开考。加强从业资格培训和考试工作的管理,对全省从业资格培训机构进行全面清理,对考点建设标准、考点形象标识、考务工作流程、考核人员管理等进行了统一规范。试点工作得到交通运输部的高度评价和充分肯定。

7. 全省试点的乡镇农村公路综合服务站建设取得进展。为提高全省农村公路的建、管、养、运综合管理水平,统筹城乡交通运输发展,构建农村客运网络化和城乡客运一体化新型发展模式,在全省开展乡镇农村公路综合服务站试点,出台了《农村公路综合服务站可行性研究报告》编制范本和规划建设指南,修改完善了《江西省"十二五"农村客运网络化建设规划》。省运管局从150个申报点中,通过调查摸底、现场勘察、审查工可及方案评审等,最后筛选确定50个符合要求的试点项目,并选择丰城市作为全省区域性试点县市。丰城曲江、丰城梅林、浮梁蛟潭、遂川新江、高安新街等5个乡镇农村公路综合服务站已于2011年年底正式开工建设。

(梁富民)

【省厅进一步规划范出租、公交及汽车租赁管理】 省交通部门及时采取积极有效措施强化城市客运行业健康发展。一是出台城市客运服务的相关制度。省运管局出台包括《江西省出租汽车客运经营服务规范》《江西省汽车租赁客运经营服务规范》等一系列行业制度。二是筹建江西省汽车租赁协会。省交通部门制定江西省汽车租赁合同格式文本,筹建江西省汽车租赁协会,建立出租汽车行业维稳工作机制和应急预案,开展全省出租汽车行业文明创建、表彰等相关活动。三是规范从业人员上岗培训及管理工作。年内完成对全省城市公共汽车经营、出租汽车客运经营、汽车租赁经营企业、车辆、从业人员的许可证及发证工作。

(省公路运输管理局)

【160辆新能源出租车助力绿色"七城会"】 喜迎"七城会"新能源出租汽车启用仪式上,160辆贴有"七城会"会标、会徽、吉祥物和主场馆造型的丰田凯美瑞油电混合动力车正式投入使用。

南昌市是全国首批节能与新能源汽车推广使用试点城市之一。"七城会"也以"红色英雄城、绿色七城会"为主题,向世人展示南昌市绿色、环保、低碳新形象。此次投入使用的160辆丰田凯美瑞油电混合动力车,贴有"七城会"会标、会徽、吉祥物和主场馆造型,进一步突出了"红色英雄城,绿色七城会"主题。此外,投入使用的还有106辆朗逸、68辆速腾、8辆帕萨特等中高档出租汽车,这些车也统一贴有"七城会"相关标识,整体看上去简洁大方而又不失美观。至此,南昌市喜迎"七城会"出租车已经达342辆。占全市出租车总量的9%。他们为"七城会"参赛人员和广大市民提供优质服务,极大地改善南昌出租汽车行业的形象。

(省公路运输管理局)

【上饶推行"五个做到、五个严禁"】 上饶市公交有限责任公司自2011年11月15日起组织开展"五个做到、五个严禁"专项活动。本次活动为期3个月,2012年2月15日结束。开展本活动主要目的是通过"五个做到、五个严禁"专项活动,使公司全体驾驶员牢固树立"公交优先必须公交优秀"的理念,提高公交发班率、正班率,杜绝误班、脱班以及乱停乱靠、闯红灯、拒载老人等不文明陋习,做到文明行车、文明用语,不断提升社会满意率,着力营造文明交通从我做起的氛围,重塑上饶公交新形象。

"五个做到"的主要内容是:做到正班正点;做到有序停靠;做到车体明净;做到文明礼貌;做到安全营运。"五个严禁"的主要内容是:严禁误班、脱班;严禁乱停乱靠;严禁拒载老人;严禁驾驶员在营运的过程中抽烟及打手机;严禁疲劳驾驶。

在活动开展过程中,该公司还对所有车辆的车身广告、标识标志进行一次彻底检查,对影响车身美观、内容残缺破损的重新制作张贴,车体卫生严格按公司的卫生标准执行兑现,每周不定期抽查一次,对卫生不达标的取消月卫生补贴。

(杨 辉)

【江西统一规范机动车驾驶培训教练车标识】 根据《机动车驾驶员培训管理规定》(交通部令2006年第2号)和《江西省道路运输条例》的有关规定,省运管局下发《关于统一规范全省机动车驾驶培训教练车标识的通知》,要求全省各驾校统一规范教练车标识。统一教练车标识是贯彻落实《江西省道路运输条例》的重要举措。为切实做好这项工作,省运管局在充分酝酿准备的基础上,聘请了省内专业设计公司设计教练车标识图案,并征求了大多数设区市运管处及部分驾校的意见,经过反复修改,最终确定了教练车标识的图案及内容。

按照省公路运输管理局的要求,今后凡驾培机构新购置的教练车须先按规定统一标识和车身颜色后,方可投入教学使用。各驾培机构现有的教练车须在2011年12月31日前完成统一标识和车身颜色工作。对不按规定的要求和时限统一教练车标识和车身颜色的驾校,一经发现,由驾校所在地运管部门责令限期整改,逾期整改不到位的按规定处罚。

省内各级运管部门正按照要求,有计划、分步骤地督促辖区内驾培机构积极开展统一教练车标识工作。

(曹　伟)

【省运管局开展危货运输安全隐患交叉检查】 11月23日~29日,省运管局在全省范围内组织开展道路危险货物运输安全隐患交叉检查。此次检查共抽调设区市级运管部门分管货运的领导及相关业务科室负责人13名,分为四个检查组交叉进行,检查各设区市级运管部门的危货管理工作及34家道路危险货物运输企业,并向一家企业下达整改通知。

检查组采取听汇报、查资料、看现场等多种方式重点检查了各设区市运管处(局)对《关于印发〈江西省道路货物运输企业检查办法〉(试行)》等文件的通知的落实情况,并按照该文件要求对道路危险货物运输企业进行了抽查,特别注重了对各类运输安全隐患的排查。检查中发现少数运管部门危货运输许可仍然不规范,企业内部安全管理仍然存在如GPS监控问题、安全学习制度落实不到位、不按规定悬挂危货标志等一些比较突出的共性问题。对此,检查组围绕加强道路货物运输安全进行了座谈,并就2012年如何推进全省道路危险货物运输行业管理工作提出了建设性的意见和建议。

(省运管局客货运输管理处)

【省运管局加强汽车客运站管理】 2011年,省运管局制定出台了《江西省道路客运站服务规范》,加大汽车客运站的监管力度,认真完成一、二级汽车客运站站级核定工作。截至年底,全省符合建设标准的一、二级客运站达到107个,其中,一级站17个、二级站90个。一个以一级站为枢纽,二级站为主导,三、四级和农村客运站为补充,农村候车亭为结点,辐射全省、链接周边省市的客运站服务网络初步形成。全省一、二级客运站共有106个站配备安检设备,建立了一级汽车客运站视频监控平台。开展全省汽车客运站质量信誉考核工作。按照《江西省汽车客运站质量信誉考核办法(试行)》的要求,组织各级运管机构对全省一、二级汽车客运站进行质量信誉考核,评定结果向全省通报。对于被评为B级的客运站,责令整改,对验收不合格的3家汽车客运站,省运管局作了降级处理。

(蔡　洁)

【南昌市为出租汽车更新车辆选型公开投票】 市客管处和市出租租赁汽车协会贯彻落实南昌市领导提出的“城市的窗口形象要展示,出租汽车的形象必然要先展示”的指示,决定于2011年9月起,对全市出租汽车的更新采用全新车型。为此,市出租协会于4月1日举行南昌市出租车新车型选型活动。选型由全市27家出租公司总经理和部分出租司机代表进行投票决定。评委们在综合考量了各款推荐车型的外观、动力、车身尺寸、环保标准、燃料标号、安全配置以及舒适性。最后,由南昌欧亚推荐的大众旗下两款主力车型宝来和新捷达凭借其突出的高效节能的经济性、强劲的动力组合以及卓越的安全保障,分获评选活动第一和第二名。

(吁一鸣)

【南昌市客管处与市人民广播电台联合开展“讲文明树新风”活动】 3月1日开始,市客管处与南昌人民广播电台在全市出租汽车行业联合开展“讲文明、树新风、争做文明驾驶员”活动。力求通过活动,大力培育和弘扬“规范经营、文明服务、诚实守信、奉献社会”的良好行业风尚,提高客运出租汽车行业服务质量和从业人员素质,实现行业管理、企业管理、从业人员服务水平的全面提升，为创建全国文明城市提供最佳的服务。活动开展后，涌现出许多的优秀出租汽车驾驶员。他们在运送每一趟乘客中，注重细节，热情服务，获得社会各界的广泛好评。尤其是市第三出租汽车公司有46名驾驶员全年无客运违章、无交通违法、无一起有责投诉记录。

（吁一鸣）

【南昌市首场道路运输从业资格无纸化考试】 无纸化考试是一种新型的考试手段，即考生不用纸质考卷，也不需要人工阅卷，试题由电脑随机从题库中选题，考生在电脑上直接答题，电脑当即确认考试成绩。市运管处经过软硬件的配置、调试和模拟考试，建成无纸化专用考场。

9月15日上午10时整，随着监考人员宣布考试开始，由市运管处组织的南昌市首场道路运输从业资格无纸化考试正式开考。考生经过90分钟的紧张考试顺利结束。首场考试报名人数41人，实际参加考试人数33人，最终考试合格25人，合格率76%。参加考试的考生一致表示，无纸化考试操作过程简单、方便，容易接受。

首场无纸化考试标志着南昌市道路运输从业资格纸质试卷完成历史使命。至年底，该处已组织经营性道路客货运输从业资格无纸化考试7次，共有460人参加无纸化考试。

（何　宾）

【省运管局积极推进道路客运企业公司化经营】 该局从业务受理、班线改造、政策导向等三个方面进行积极引导。在业务受理方面，省运管局对企业申请新增客运班线、更新客运车辆，必须要求公车公营，并且提供公车公营承诺书，如经营过程中发现与公车公营承诺不相符，将立即取消班线经营权；在班线改造上，省运管局从社会和谐出发，以保稳定为大局，引导客运企业和经营业主对车辆进行股份制改造，以实现真正的公司化经营。省运管局已帮助抚州长运公司对乐安至南昌、崇仁至南昌班线车辆实行了公车改造；在政策导向上，省运管局为鼓励企业实行公司化经营，对实行公司化经营的线路，更新车辆座位数也可适当增加，而非公司化经营的线路，车辆更新座位数受到严格控制。

（章华平）

【各级运管部门继续推进农村客运网络化建设】 截至12月末，全省新增农村客运线路170条、车辆231辆，全省农村客运班线达3610条、车辆达9462辆、座位18.2万个；乡镇班车通达率达到100%，行政村班车通达率达到90.4%，平均日发班次36052次。2011年农村旅客运输完成客运量27640万人、旅客周转量878644万人千米；新建农村客运站122个，候车亭2000个，农村客运站数量达到了12699个。编制完成了《“十二五”农村客运网络化建设规划》，为推进全省城乡道路客运一体化发展奠定了坚实基础。

（游国侯）

【运管部门积极推进城乡客运一体化发展】 4月，省运管局选择在基础较好的鹰潭市和丰城市开展城乡道路客运一体化试点工作。经过一年的探索和完善，鹰潭市、丰城市试点工作取得明显进展，初步形成了“城际客运公交化”和“农村客运公交化”两种运行模式。

“鹰潭至贵溪”K1路、“鹰潭至龙虎山”K2路、“鹰潭至余江”K3路城际公交线先后于1月1日、4月1日、2011年2月18日开通运行。

丰城市于2010年4月开始推进城乡道路客运公交化改造。4月17日，试点开通了丰城至桥东、铁路、洛市、蕉坑、石江5个乡镇公交线路，之后，条件成熟一条，开通一条，至6月15日，全市32个乡镇（街道）农村客运班线全部进行公交化改造。2010年，市财政给予专项补贴1000万元。2011年，全市有公交化改造的农村客运线路27条，投放车辆137辆、3475座，日发948班次，乡镇通达率100%，行政村通达率83%，实载率79.92%，日运送旅客27000人次。全市所有公交化改造的农村客运统一票价全程3元，中途上下客2元，票价下降幅度多数超过50%；企业亏损由政府补贴，企业利润为国家燃油补贴，投入车辆为18～24座单开门和29座双开门宇通客车，运行情况良好。

此外，为顺应经济一体化发展和人民群众出行需求，南昌市和赣州市也加大了城际客运公交化改造力度，南昌至安义、赣州至南康等城际客运班线进行了公交化改造。

（游国侯）

【全省推行客运班线服务质量招投标】 为贯彻落实交通运输部《道路旅客运输班线经营权招标投标办法》,省运管局对《江西省道路客运班线经营权招标投标暂行办法》进行修改,并于2011年11月1日由省交通运输厅正式发布实施。省运管局对2011年到期省际班线中考核不合格的9条班线通过招投标方式进行重新许可,其中,5条班线通过服务质量招投标方式重新更换经营主体,2条客运班线因合格投标人不足3人依据质量信誉等级重新确立经营主体,2条客运班线直接注销经营权。

(章华平)

【全省重新规范省际客运班线途径线路标识】 根据《道路旅客运输及客运站管理规定》,道路客运班线经营许可途径地原标识为地名。随着道路路网的不断发展和完善,运输企业可选择的道路较多,引发了市场矛盾。为规范企业经营行为,结合省际客运班线到期之际,省运管局对全省道路省际客运班线途径线路进行了重新审查和规范。首先,要求企业全部按照新的高速公路、国省道命名和标识重新核定途径线路;其次,要求县级运管部门和市级运管部门认真审核后报省局;最后,省运管局根据原许可决定,对所有省际到期客运班线途径线路进行修订,并将修订结果在江西运政信息网上进行了公示。 (章华平)

【全省城市客运管理体制进一步理顺】 至2011年末,全省11个设区市除景德镇市外其余10个市的城市客运管理工作都移交交通运输主管部门,实现了归口管理,超过50%的设区市新成立了城市客运管理机构或部门;全省100个县(市、区)除奉新、浮梁外,均已实现归口管理,全省城市客运管理职能基本实现了顺利交接、平稳过渡。截至年末,全省共有公交企业113家,公交车辆8014辆(8599标台),公交线路872条、运营线路网14119千米,从业人员15633人;出租汽车企业188家,出租汽车15330台,从业人员32205人。

(曾德宝 焦晓芬)

【省运管局召开客运班线复审工作会】 省运管局于7月在南昌市召开了全省道路客运班线复审工作。在这次复审中,共对2521条省际、市际客运班线及4015辆客运车辆进行了复审,其中,62条客运班线中的87辆客运车辆因运行不规范等原因必须整改而未通过复审。2011年省局共受理道路旅客运输经营申请6个,其中,同意许可4个,不予许可2个,办结率为100%;共受理道路客运班线经营申请112个,其中,同意许可29个,不予许可63个,办结率达82%。

(章华平)

【全省新兵运输工作圆满完成】 2011年,全省各级交通运输主管部门和道路客运企业根据《征兵工作条例》的规定和省征兵领导小组的要求,在遵循“安全、准时、准确、有序”的原则下,经过共同努力,全省共投入客车近100辆,运行2000多车次,分两批次运送新兵18900人,共完成新兵运输量达3.5万人次,全省18900人新兵运送正确率和安全率均达100%,圆满完成全省新兵道路运输任务。

(罗珍华)

【省运管局进一步规范旅游客运市场】 2011年初,省运管局对全省旅游客运运力增长进行预测,并根据2010年全省旅游客运运力情况以及旅游客运市场需求状况,下达了2011年旅游客运运力增长计划。同时,与省旅游局联合下发了《关于规范道路旅游客运企业和旅行社经营行为的通知》,对旅游客运和旅行社的经营行为进行了进一步规范。根据2011年旅游客运运力增长计划,2011年全省旅游客车达到了2060辆,比上年增长263辆。旅游客运运力的增长,及时为全省旅游事业的发展提供了积极有效的服务。全年旅游客运约960万人次。

(龙星航)

【省运管局认真做好燃油补贴发放】 该局完成2010年度中央8.7亿元燃油补贴资金发放前的信息统计、审核、汇总工作,补贴资金通过财政口全部发放到位。加强对2011年燃油消耗信息统计、审核管理工作,提高数据质量,如期、高质量地完成了2011年年报工作。江西省月报工作制度和申报质量得到交通运输部好评。

(曾德宝)

【全省农村交通物流试点工作有进展】 5月,省运管局组织人员赴山东省专题学习考察农村物流发展,并将撰写的考察报告在专业杂志上刊登,在全省运管系统组织学习讨论。通过考察学习,进一步推动了全省农村物流试点工作。萍乡市达金物流有限公司仅上栗县10个乡镇,年运输农副产品就达2800车次,承揽了当地大型食品加工企业、蔬菜基地长期物流业务,其中上栗宏明食品年产2000吨,福田镇的天绿蔬菜年产5000吨,均通过该试点项目统一直接配送至全市各大超市或辐射至省内外经销网点。都昌县万宜物流配送中心,占地面积5.7万平方米,总建筑面积2.7万平方米,总投资1.4亿元,该项目一期工程已竣工营业,面向全县700余家超市实行商品配送,每日发行四班,实现了网络化配送,由县城直达各行政村的加盟网点,仅此一项配送年运量超过4000吨,同时也组织农资、种子配送。

（周秋华）

【省运管局推进甩挂运输发展】 甩挂运输是一种先进的运输组织方式。省运管局对省内甩挂运输发展情况进行实地调查。调查的主要内容包括运输企业的经营规模、经营区域、设施设备、运营方式、经营效益等情况,以及当地运管部门及地方政府对企业的政策支持与引导。通过调查摸底,发现江西三志物流有限公司已经具有三年组织甩挂运输的运作经验、经济效益较好、公司的组织结构、经营模式、利润分配模式较有特色。该公司已开通了110条国内省际直达甩挂运输专线,并在全国各地设立了47个甩挂货运站点,已基本形成覆盖全国的甩挂运输网络。公司现有牵引车头80辆,挂车200余辆,牵引车单车月运行里程2.2万千米~2.4万千米,年营业额3.5亿元,创税346万元。2011年11月,省运管局在南昌组织召开甩挂运输现场推进会,把江西三志物流有限公司的先进经验向全省进行推介,就甩挂运输发展过程中的经验教训和瓶颈问题进行座谈,引导有基础的企业组织甩挂运输,推进全省甩挂运输的健康发展,从而提高运输效率、降低运输成本、促进节能减排。（周秋华）

【萍乡市交通运输局加快“公交进郊、微巴进村”建设】 萍乡市交通运输局积极筹划“十二五”农村客运发展规划,实行“公交进郊、微巴进村”战略,构建农村客运网络化。一是着力推动公交优先、全面推进发展战略。认真研究制定鼓励城市公共交通发展的政策措施,扩大公交运行线路,制定公交企业绩效考核办法,解决好公交企业政策亏损补贴,公交站场建设用地等问题,推进公交专用道建设,实现“公交进郊”。同时研究制定出租车运力投放、出租车司机招聘、出租车运营管理等办法,提高出租车行业管理水平和出租车行业的文明服务水平。二是实现农村班车通达率100%。采取灵活有效的措施,根据不同行政村的实际需求情况,配置不同的车辆满足当地百姓的出行需求,通过“微巴进村”力争实现所有通公路的乡镇和行政村均开通农村客运班车,全面实现公车公营,“一片一公司”的模式组成公司,增强农村客运抗风险能力,为客运市场安全生产提供保障。三是提高服务水平。农村客运网络化得到明显优化,运输需求基本得到满足,大力发展高速、舒适、环保型车辆,优化运输组织结构,加强GPS平台建设,对客运、危运车辆实行百分百的实时监控,农村客运运力全面更新为符合国家标准的车型,城乡客运网络得到有效衔接,提高安全和服务水平。四是实现各乡镇客运站覆盖率为100%。加强行政村候车亭的建设与乡镇客运站的建设,同时设计、同步建设,覆盖率达到100%。

（李襟远）

【萍乡市交通运输局加强出租车整治】 1月19日,在收到多起有关出租车不按规定打表计费、拼客、乱涨价的举报投诉情况后,萍乡市交通运输局督导萍乡市运管处立即组织人员进行了整治。当天晚上,市运管处运政监察队就开展了整治行动。1月20日上午,萍乡市运管处又召集客运管理所分管出租和分管稽查的副所长及刚组成的处应急处置队全体队员开会,会上对出租车存在的问题及怎样进行整治进行了分析、讨论、布置;下午,组织人员分三支队伍在市区内的火车站、湘雅医院、南昌百货、金典城等地点布点检查;至下午5时30分,共查获不按规定打表计费、不携带从业资格证件的案件10宗、“黑车”一辆,对5辆不按规定打表计费又不携带从业资格证件的车辆采用了停运措施,对6辆不按规定打表计费但携带了从业资格证件的车辆采用了扣证措施。在整治中,市民们对在风雪中穿着单薄冬衣检查出租车的运管人员十分赞赏,都说:“早就该这样整顿了。”经过两天的集中整治,1月21日的出租车秩序明显好转,截至下午5时30分,查获不按规定打表计费、不携带从业资格证件的案件5宗,其中对3辆不按规定打表计费又不携带从业资格证件的车辆采用了停运措施,对2辆不按规定打表计费但携带了从业资格证件的车辆采用了扣证措施。截至1月21日下午4时,在本次集中整治行动中共有14辆违章出租车接受了处理,运管人员分别对前来接受处理的出租车驾驶员(车主)开展政策法规和职业道德宣传和教育。

(萍乡市交通运输局办)

【萍乡运管人员被称为“被困旅客的贴心人”】 2月15日16时,44名被困旅客在安全驶出萍乡时,满含着热泪紧紧地握住运管人员的双手感激地说:“感谢萍乡运管,你们真是我们的贴心人。”

2月14日早晨5时,1辆从贵州凤冈开往福建石狮的大客(贵C09911)在沪昆高速萍乡段与鲁QX7108、鲁QX21082辆小车发生追尾相撞,致使车上44名旅客被困车上,不能及时返回目的地,萍乡运管处得知这一消息后,处运政监察队与客运科立即赶赴现场了解情况、进行处置。当时雨中掺着雪花,天气非常寒冷,车上44名旅客都是从贵州到福建打工的民工家属,多数为妇女和儿童,为确保旅客不被冷着冻着,运政执法人员给他们联系了休息点,熬了姜汤给他(她)们去寒,保障开水的供应,并发放方便面、点心、矿泉水,帮助旅客解决出行的各种困难。在与贵州遵义运管部门商议解决办法的同时,联系本市客运企业做好派出车辆转运工作的准备,最终贵C09911大客经抢修后安全驶离萍乡开往福建石狮。

(刘 俊)

【萍乡市公交总公司狠抓营运秩序】 萍乡市公交总公司从5月1日起开展公交营运专项整治活动。为切实做好专项整治活动,该公司从细节入手,以车队、场站为单位,加强员工教育培训,增强了司乘人员遵章守纪、安全行车、文明服务的积极性、主动性。在营运秩序上:重点治理不关车门行驶,车未停稳上下乘客;不按规定线路行驶,不正确使用灯光;违章超车、争道抢行、超速行驶、闯信号灯;吸烟、闲谈、开车打手机等。为保障车辆出勤率,防止“病”车上路,该公司还加强了对车辆设备的重点检查,主要排查车辆制动、拉杆球头、灯光、轮胎气压性能不达标,车内把杆、扶手不牢固,车辆例行保养不到位及“三漏”(漏水、漏油、漏气)等安全隐患。同时,认真做好站台、站点设施安全维护,整治站场停车秩序,完善站点线路走向,严查防火、防盗、安全用电、场内监控设施及各项应急预案的落实情况,并定期开展违规违章人员的专项教育培训工作。

(萍乡市公交总公司)

【萍乡市两家汽车维修企业荣获全国诚信企业称号】 在2009~2010年度全国汽车维修行业诚信企业表彰大会上,萍乡市蓝盾汽车修理厂、萍乡市民生汽车修理厂荣获全国维修诚信企业称号,被评为AAA级信誉等级。至2011年年底,萍乡市共有汽车维修经营户376家,其中,一类维修企业35家、二类维修企业55家,基本形成了以整车一类维修企业为龙头,整车二类维修企业为骨干,三类专项修理为补充的格局。

(张宇辉 谭跃萍)

【萍乡市顺利完成出租车经营权过渡和新增运力投放】 2011年,萍乡市原有的600辆出租汽车按规定全部完成经营模式选择和新一轮运力配置,新增100辆出租汽车运力于12月31日完成投放并正式运营。在经营权过渡和新增运力投放过程中,萍乡市交通运输局和萍乡市运管处面对有可能出现突发事件的现实情况,顶着前所未有的压力,做了大量艰苦细致的工作,确保没有发生任何意外情况,没有损害萍乡及萍乡交通的良好形象,这样平稳过渡的情况在全省甚至全国都不多见。

(陈孝法)

【萍乡市大力推进“公交优先”发展战略】 8月11日,萍乡市政府召开第66次常务会议,确定了城市公交补贴、补偿机制,确定了新增50辆燃气空调公交车的工作安排,确定了置换老西站、新建公交西站方案,确定了萍乡市公交总公司城市创建工作经费的解决办法。会议要求,要坚持“公交优先”发展战略,创新理念,改革模式,通过靠大联强等方式,探索公共交通的运行机制,增加内在动力,让人民群众出行满意。

(李襟远)

【九江市公交集团公司营运智能调度系统启用】 12月16日,九江市公交集团公司营运调度中心启用,智能调度系统开始在市区三条线路试运行。九江市政府副市长杨健、市交通运输局局长董学煌为调度中心揭牌。副市长杨健还现场察看和询问了调度应急指挥中心、智能调度系统的功能和运作情况,对公交集团公司加强信息化建设,强化公交运营监控管理表示肯定,并提出了指导意见。公交集团公司智能调度系统,先在市区15路、16路、25路3条线路试运行。在这些线路的公交车车厢内安装有智能调度终端,与调度中心无线联通,调度中心工作人员可以通过电脑直观地监测到公交车运行的实时动态情况。当出现堵车状况,公交车辆不能按时到站时,公交智能调度指挥中心也会立即得到消息,调度员会迅速调整发车间隔,以减少乘车市民的等候时间。“智能调度”系统的应用,能有效提升九江市公交运营管理质量和运行效率,实现了对线路营运车辆的实时监控,对营运车辆做到看得见、调得动、管得住,使公交的管理计划更周密、调度更科学、运行更规范,服务更优质,让市民出行更加安全、方便和快捷。 (九江市交通运输局)

【吉安市现代物流发展筹建工作正式启动】 为加快推进该市现代物流业的发展,规划好“十二五”规划全市重点物流园区建设,吉安市政府成立了由市交通运输局、市商务局等单位组成的吉安市现代物流发展协调办公室,全市“十二五”物流园区规划建设工作全面启动。办公室组织调研组,对井开区、吉州区、吉安县、新干县、峡江县等县(区)现代物流业发展特别是物流园建设情况进行了专题调研。调研组在多方面调研的基础上,分析了吉安市物流要素的现状,并针对目前物流园区功能定位低,资源浪费、建设资金不足、基础设施差、人才资源落后等问题,借鉴国内外物流业发展的先进经验,从吉安市所处区位条件、城市总体规划布局和产业发展布局出发,提出了适合吉安市物流体系结点布局的规划构想。

(肖小红)

【吉安市道路运输业“十二五”发展规划出台】 11月份,《吉安市道路运输业“十二五”发展规划》正式出台。该规划共有6章、12节,涵盖道路旅客运输、道路货物运输、现代物流发展、运输站场建设、机动车维修、道路运输节能减排、机动车驾驶培训、道路运输安全管理、道路运输信息化和行业队伍建设等方面内容,是吉安市交通运输发展规划的重要组成部分,也是吉安市编制的第二部道路运输业五年发展规划。该规划的实施进一步助推全市道路运输事业的持续、健康发展,为吉安经济社会发展作出更大的贡献。

(董冬根)

【万载县委、县政府建立农村客运市场新秩序】 过去农村客运由个体经营,出现争班线、争班次,争客源和抬价等问题。客运市场较为混乱,群众反映强烈。引起县委县政府领导高度重视,按照交通部《道路旅客运输招投标管理办法》,改个体为公司经营。专门召开县委扩大会议进行专门研究,成立以县长为组长,分管交通运输工作副县长,交通运输、公安、财政、工商等部门主要领导成员的农村客运领导小组,制定工作实施方案,利用多种形式,广泛宣传。宜春市委常委、县委书记陈晓平等领导召开城乡客运公交一体化工作协调会。县委副书记、县长孙国琴等领导到有关乡调查,解决客运秩序有关问题。县委、县政府、县人大、县政协领导深入到茭湖、白良、罗城等乡镇进行调查研究,解决农村客运班线收购问题,由于县领导重视,全县个体经营客车退出客运市场,由宜春汽运公司208车队对全县9条客运班线和139辆客车进行收购,由公司经营。加大资金投入,对客车进行更新,实行统一经营,统一管理,统一班线,统一运价,让利于民,运价下调了20%。一个改革、有序、安全、畅通的农村道路运输市场正在该县建立,客运秩序好转了,运价下降了,得到广大群众的好评。

(王松州)

【抚州市召开新增出租车运力论证会】 12月23日上午,抚州市出租车客运管理办法暨市城区新增出租车运力论证会在抚州市交通运输局会议室召开。省直、市直有关单位负责人和部分市人大代表、政协委员等20余名代表参加了论证会。

论证会上,抚州市运管处负责人向代表们介绍了“抚州市城区新增出租车方案”“出租车经营权到期和延续到期后重新配置方案”,并陈述了增加出租车运力的必要性及可行性。2002 年以来,抚州市中心城区客运出租车总量一直维持在 329 辆,10 年未增加一辆。随着城市框架的拉大、市城区人口的增多,出租车运力已无法满足群众出行需要,“打的难”日益突出。同时,按照“城市道路交通规划设计规范”第三章第五条“城市出租汽车规划拥有量根据实际情况确定,大城市每千人不宜少于两辆;小城市每千人不宜少于 0.5 辆;中等城市可在其间取值”的规定,抚州市城区人口为 50 万,按每千人 1 辆计算,并考虑流动人员及城市建设发展等因素,市城区出租车总量应有 500 辆。根据新增出租车运力条件和投放标准,抚州市拟在市城区再投放 80 辆出租车,以缓解运力不足。

通过论证,代表们纷纷表示,抚州市城区框架成倍扩大、人口增长加快,增加市城区出租车数量势在必行。但对于具体增加出租车数量,要根据国家和省里的有关文件精神,还要考虑抚州市场实际。同时,要全面落实新的“抚州市出租汽车客运管理办法”,切实加强出租车监管,不断提升出租车服务水平,改善乘车环境。

(陈根玲)

【抚州长运站务管理发生新变化】 2011 年,公司以抚州总站为标杆的站务达标活动取得了良好效果。继南丰汽车站、南丰西站、抚州客运总站、南城汽车站获得 AAA 车站后,2011 年黎川客运站、南城客运中心、资溪汽车站又荣获 AAA 客运车站称号。2011 年,南丰车站被省交通运输厅评为全省交通系统“文明示范窗口”、南丰车站和崇仁车站被抚州市委市政府评为“文明单位”。抚州客运总站在站场设施和站务管理模式上已经有了明显变化:对候车厅进行了全面修缮,更换了座椅,增加了顶灯,新砌了瓷砖墙裙,添置了吸顶空调,车站形象和旅客候车环境有了明显改善,也吸引了社会车辆进站作业,形成了站、客、车的良性互动。同时,总站成立了玉茗服务班组,增加了服务项目,改善了服务形象。2011 年,玉茗班组已经成为总站一道靓丽的风景线。

(抚州长运)

【抚州市客货运输驾驶员从业资格无纸化考点正式开考】 8 月 26 日,抚州市第一期客货运输驾驶员从业资格考试,在抚州长运道路运输从业资格考试考点开考。此次参加旅客运输驾驶员从业资格考试的考生 47 名,参加货物运输驾驶员从业资格考试的考生 21 名,考试分为理论微机考试和专业知识应用能力考试。4 名考核员和主考员严格认真按照考试规则和程序,对每位考生进行逐项考核,并当场公布了考试成绩。

为全力做好无纸化考试工作,抚州市运管处要求各驾培学校切实加强考前从业人员培训工作,驾培机构要认真完成培训课时,并做好考前的模拟考试工作,县(区)运管所要加大对驾培机构开展培训的监管力度,监督学员参加相应的培训,落实培训内容和课时。

(张 敏)

【金溪县农村客运网络化建设成效显著】 金溪县经过多年的农村客运网络化建设,成效显著。全县 14 个乡(场)镇均通上等级公路,144 个乡镇通上水泥路,拥有城区客运中心 2 个,乡镇客运站 8 个,行政村候车亭 124 个,农村客运车辆 69 辆,农村班线 56 条,日发班次 260 余个,实现乡镇、行政村通客车率达 100%。

(金溪县交通局)

【上饶市城区集中开展出租车客运市场整治活动】 临近春节,一些出租汽车司机受利益的驱使,不顾市民的出行需要,乱涨价、不打表、拒载,侵害了市民利益,市民反映强烈,极大地损害了城市和行业形象。市客管处为规范城区出租车客运市场,决定自 2011 年 1 月 30 日 ~2 月 15 日,即春节期间,开展为期半个月的城区出租车客运市场整治活动。重点整治出租汽车不按规定使用计价器、宰客、拒载、故意绕道、强行拼客等违法违规经营行为。元月 31 日是专项整治活动首日,市客管处 30 多名执法人员,兵分五路突出重点区域强化路面管控,突出重点时段强化路面整治。整治的第一天,共检查出租汽车 66 辆,查扣 43 辆,其中,无从业资格证 7 辆,不打表 33 辆,无服务卡 3 辆。执法人员对所有被检查的出租车辆进行一一登记、驾驶员签字。对无从业资格证、不打表等严重违法违规的 40 辆出租汽车依法从严从重处理。

受理各类投诉案件33起(包括市长热线办转办的投诉案件),办结33起。这项整治活动,上饶电视台等新闻媒体也随组跟踪采访。

(上饶市客管处)

路政管理

【概况】 全省公路路政管理现状是:省公路路政队负责全省高速公路路政管理;省公路管理局和各设区市管理局负责国省运公路路政管理;各县(市、区)交通运输局负责辖区内县乡公路路政管理。全省各级路政管理部门以依法行政,保护路产路权,保障公路安全畅通为重点,深化路政审批制度改革,进一步提高行政效率和执法水平。提高路政执法水平。

2011年,全省高速公路路政管理部门认真落实《江西省高速公路恶劣天气应急管制办法》,进一步健全《江西省公路路政管理总队应对突发事件处理预案(试行)》,明确应对突发事件的职级划分和处置程序,完善重(特)大交通事故、恶劣天气、火灾事故、危险化学品泄漏等各类突发事件的应急措施。科学、快速处置昌樟高速"11·5"、昌九高速"11·27"等重特大交通事故,继圆满完成6月份的抗洪保通重大任务后,又成功处置了岁末年初的冰雪灾害,全省高速公路保持了安全畅通。加强路政巡查,6月份各大队成立以来,全省路政部门巡查里程超过290万千米,发现影响行车安全的路面破损114处,关闭中央开口栅、隔离栅329次,发现被损坏路产设施496处,发现路权侵占8处。进一步简化行政许可申办流程,严格执行事前征求业主单位意见程序,全面实行网上审批和电子监察,全年办理行政许可事项60件,收取路政管理费用377.92万元,特别是做好西气东输、京福高铁等国家重点工程建设需要的服务工作,赢得了业主和建设单位的好评。规范路产索赔。建立路产损失共同确认工作机制,加大了肇事逃逸路产损失的追缴力度,有效防止随意减免路赔款行为,全年共立案处理路产案件5060件,收取路赔款3959万元,赔偿率达到95.06%。加强了路权管理。开展了路域环境综合整治工作,拆除违法建筑物17栋、广告牌62块,责令当事人修复破损广告牌95块。特别是对九江市政府在昌九高速(通远至荷花垄)开通时非法设置的广告牌进行了集中治理,有效净化了高速公路行车环境。加强了治超执法。从8月1日开始,全面启动九江白水湖、上饶梨园治超站治超执法工作,共查处违法车辆6787辆次,累计卸货27214吨,未发生违纪违规行为和任何安全责任事故。全面加强"三级"值班管理。规范值班工作行为,有效畅通路面信息报送和上级指令下达渠道,全面提升了路政部门快速反应和应对重大突发性事件的能力。有效推动联勤联动工作。建立和完善以高速公路经营单位为依托,高速交警、高速路政、养护部门、清障施救单位多方联动的道路保畅应急救援工作机制,形成统一指挥、各负其责,反应快速、联合行动,协调有序、运转高效的工作局面。切实加强清障施救管理。在进一步加大清障施救监管工作的同时,着手理顺清障施救经营管理体制,按照"老路老办法、新路新办法"原则,推行清障施救市场准入和经营主体资格确认工作,率先在鹰瑞、石吉、彭湖等新开通高速公路实行公开招投标选择清障施救队伍。积极引导清障施救单位加大装备设施投入,指导、督促清障施救单位新购置或租赁吊车13辆,拖曳能力达到50吨的大型拖车13辆,拖曳能力达到30吨的中型拖车10辆,液压多功能钳、切割机等破拆工具15套,以及小型平板车10辆、现场维护车13辆、转货车10辆,增强了全省高速公路的清障施救能力。

全省公路系统路政队伍加强内业整改和外业整治力度,适时举办全省路政骨干迎检培训班,加强路政人员的培训,确保本地区本部门路政管理工作扎实有效。省公路局统一路政执法文书、执法行为规范,统一路政服装,统一路政执法人员编号、执法车辆编号工作,受到交通部检查组的充分肯定。认真做好《中华人民共和国公路安全保护条例》宣贯工作。按照省厅的文件精神,结合全省公路安全保护工作实际,省公路局通过推出条例展板;在《江南都市报》、江西公路网、《江西公路》杂志设立条例宣传专栏;发送宣传公路安全保护手机短信;与江西交通广播电台合办一个栏目,发放条例单行本等方式向社会各界进行条例宣传,取得了良好的宣传效果。规范网上路政许可行政审批工作。严格审批程序,完善政务服务体系。积极开展行政许可网上审批工作,在机关一楼设置了局行政许可受理窗口,认真执行《中华人民共和国行政许可法》,规范行政许可行为,完善许可审批程序,做到了无越权许可,无超范围许可。每项许可都依规定和程序审批。同时,加强调查研究,每一项审批项目都要深入现场调查,掌握第一手资料。进一步对省公路局所涉及的行政审批和非行政审批事项做好网上审批流程再造工作,达到减少操作层级,缩减办理时限,进一步明确各级审批权限,提高机关工作效能。建立路政管理信息化系统,全省公路系统路政管理系统以宜春为试点,逐步在金省推广应用,省局建立省级信息化管理平台,对全省路政管理具体执法工作进行实时监督指导。

各县(市、区)路政管理部门强化县乡农村公路路政管理,进一步健全机构,加大经费投入,加强路政巡查,并结合本地实际,有重点地开展各种专项整治活动,有效查处各种违章建筑,制止和纠正损害路产路权行为,保障农村公路安全畅通。

(刘　军　王　建)

【江西整治路域环境】 由江西省交通运输厅牵头,以沿线各级政府主导,在全省范围内开展干线公路路域环境综合整治活动,进一步提升江西公路通行能力和服务水平,努力营造“畅、安、舒、美”的行车条件和运营环境,确保以良好的路容路貌和路域环境迎接全国干线公路养护管理检查。

整治工作着重从四方面入手:排查公路安全隐患,强化公路桥隧保护,整治非公路标志标牌,依法清理公路建筑控制区内的违章建筑。整治范围是国省干线公路、公路用地及建筑控制区。公路建筑控制区的范围从公路用地外缘起向外的距离标准为:国道不少于20米,省道不少于15米;高速公路建筑控制区是指边沟(截水沟)外缘的间距不少于以下距离的范围:主线(含互通和匝道)30米,连接线20米。

(练崇田　张永康)

【江西试行高速公路清障施救收费新标准】 江西重新制定了高速公路清障施救收费项目和收费标准。并于2011年1月1日开始试行,至2012年12月31日止。新标准明确了放空费、车辆抢修费等项目的收费标准,还包括拖车作业费、吊车作业费、停车保管费、仓储费、搬运费等收费项目。停车保管费将按照车货总长收费,25米以上最高按每天20元计算;吊车作业费收费标准中,对第五类车型(15吨以上货车、12米集装箱车)费用没有限定最高限额,但须由双方协商收费。此次制定的各项收费标准均为最高标准。各高速公路清障单位一律不得突破规定的收费标准,不得重复收费、分解项目收费或者强制服务并收取费用。对可以拖曳(牵引)的车辆,原则上不得实施抢修。夜间抢修费用可上调20%,车辆抢修人员必须具备相应资质。在行车道上的故障车辆应立即予以拖走,在停车带上的故障车辆白天在2小时内(夜间不超过30分钟)能自行排除正常行驶的,不得强行拖车收费。

(张永康)

【129块高速公路非法广告牌全部拆除】 为迎接第七届城市运动会,提升南昌省会城市形象,从2011年7月份开始,南昌市政府牵头组织开展机场高速、昌樟高速(南昌段)户外广告整治工作。江西省交通运输厅为配合行动,成立了由路政总队牵头的整治协调小组,期间开展了大型集中整治行动25次,出动执法人员3980人次,施工人员625人次,执法车辆780台次,大型吊机35台次。至9月20日,共拆除非法广告129块,圆满完成整治任务。

(洪士斌　涂智琴)

【省路政总队和省交警总队建立联勤机制】 8月10日,省路政总队和省交警总队联合举办江西省高速公路交警路政联勤机制启动仪式,正式拉开全省高速公路交警和路政部门联勤工作序幕。

随着江西高速公路建设的迅猛发展,高速公路里程数已突破3000千米,车流、人流、物流量急剧增多,路面交通状况日趋复杂,高速公路管理任务的难度压力也越来越大。高速交警、路政部门作为维护全省高速公路道路交通安全畅通和路产路权完整的职能部门所面临的形势也更加严峻、困难更加突出、任务更加艰巨。为共同维护江西高速公路路产路权完整和道路交通安全畅通,进一步管理创新、服务创新,提升全省高速公路突发交通事件应急处置能力及常态化交通管理水平,省交警总队和省路政总队根据省政府《江西省高速公路恶劣天气交通运输应急管制办法》《江西省高速公路保畅通应急处置办法》文件要求，在充分总结以往成功合作经验的基础上，共同制定出台了《江西省高速公路交警路政联勤工作机制》（以下简称《机制》），现已全面启动实施。

《机制》明确了双方要突出恶劣天气等突发事件的应急处置，共同落实联勤巡逻机制，做好协调配合，加强联动演练，提高协同作战能力和联勤工作水平。

省路政总队和省交警总队在抓好各项联勤机制要求的同时，还将积极邀请辖区其他高速公路职能部门加入联勤工作体系，逐步建立起高速公路综合服务平台，实现各项便民服务工作的统一实施，为广大交通参与者提供优质高效服务，进一步提高服务公众能力和水平。

（洪土斌）

【宜春管理中心启用移动视频监控系统】 省高速集团宜春管理中心在全省率先启用了高速公路移动视频监控系统。高速公路移动视频监控系统的启用，使得养护管理人员在巡查高速公路发现问题时，能够第一时间通过该系统将实时画面传送回指挥中心，从而缩短了对安全隐患的处置时间。高速公路移动视频监控系统主要是通过网络、3G 通信、GPS 以及 GIS 技术，对高速公路日常养护巡查工作进行实时监控和调度。利用车载 3G 无线视频设备，养护巡查人员可以将高速公路现场画面，以“直播”的方式传回至养护中心监控室。在养护中心的监控室内，调度人员通过移动视屏监控系统可以清楚地看见公路巡查车的行驶速度、所在位置、路面情况等资料信息。在巡查车无法达到的地方，如边沟、桥梁下部构造、隧道配电房等位置。还可由巡路员携带单兵 3G 视频设备，将相关画面和信息直接传递至养护中心的监控室。同时，监控室内的视频监控系统还可以将车载或单兵 3G 无线视频设备传输回来的内容生成视频和音频文件，并储存到电脑上，储存后的文件详细记录了巡查车或巡路员巡路的路线、速度、时间等信息。

在高速公路日常巡查过程中，如发现高速公路安全隐患和路面病害等情况时，巡路人员通过该套设备可以与后方实现远程视频通话，使养护部门及时制订相应的问题解决技术方案。同时，根据电子地图显示信息，调度就近作业人员到达现场，对存在的安全隐患进行及时处治。

此外，该系统还可将视频画面直接传送至手机上面、遇到突发事件时，可以将现场图像实时传送至上级主管部门，为领导科学决策提供依据。

（傅雪川　夏睿德）

【安源区交通运输局创新公路路政管理模式】 安源区交通运输局创新公路路政管理模式，构建路政管理工作网络全覆盖新格局。各乡镇（街、管委会）结合实际情况制定乡村道路路政管理办法，建立路政档案，保障农村公路完好、安全和畅通。一是聘请义务路政员加强巡查，设立举报电话，及时上报和制止损路毁路案件。二是经常保持农村公路路面无障碍物，禁止向路肩、边沟倾倒垃圾，公路建筑控制区内无私搭乱建临时摊棚以及新建永久性建筑物。三是以各村路段的环境整治为重点，清理沿线违章建筑及废弃物，清理非公路标志、标牌，改变公路沿线脏、乱、差现象。

（刘焕萍）

【莲花县交通运输局路政加强管理】 莲花县交通运输局将处罚与教育相结合，在路政执法中做到公开、公正、文明。一是不断加大宣传力度，全年发放宣传资料 1000 余份，增强老百姓爱路护路意识；二是加大路政执法力度，打击各种侵犯路产路权的违规行为，全年共办理路政处罚案件 13 起，拆除违章建筑 11 处 647 平方米，清除障碍物 5300 立方米，清除非法标志广告牌 19 块，查处超载车辆 70 余辆次、卸载货物 365 吨，维护了路产路权，有效遏制了损害交通安全的行为。

（莲花县交通运输局）

【芦溪县将路政管理工作落到实处】 一是全面加强路政执法，对辖区路段沿线乱堆乱放、乱设标牌、乱排污水等行为进行治理，共清理公路用地种菜 3500 米计 20 余万棵、路上堆放物 35 处计 1000 余立方米、非法标牌 26 块、洗车点 3 个，查路政违法案件 2 起，办理行政许可 4 起，确保了沿线公路畅通。二是认真开展高速挂线整治工作，先后向有关企业和沿线居民发送《关于加强对芦溪高速挂线公路管理的通知》120 余份和《关于在企业进出口安装减速带的通知》60余份,在部分企业和主要交叉路口安装减速带57米,重点打击在公路及公路用地范围内摆摊设点、堆放物品、倾倒垃圾、设置障碍、挖沟引水、污染公路和影响公路畅通等行为。三是加强超限超载治理工作,联合芦溪县运管所对过往车辆进行限载检查,并对超载司机进行教育处罚,有效地减少了超载车辆对公路的损坏。

(芦溪县交通运输局)

【渝水区交通运输局保农村公路安全畅通】 2011年,随着经济的快速发展,渝水区农村公路承载的客运、货运量不断增长,而农村公路不堪承受超重车辆通行,导致有些农村公路损坏。该区加大路政管理力度。组建成立渝水区农村公路路政管理大队。针对超限车辆开展专项整治活动,严厉打击非法占道经营、挖掘道路等行为,从源头上治理公路破坏行为。加强农村公路日常养护管理。按属地管理原则,根据各乡镇辖区内县道里程数,该局按里程定额下拨日常养护资金到乡镇,由乡镇负责日常养护工作,从而有效保障了农村公路的通行。加大农村公路维修管理工作。渝水区交通运输局在有限的财务中安排近百万资金对全区主要县道和出境公路进行维修,从而解决了部分路段道路通行能力差的问题。该区公路的通行能力得到了极大的提高。 (刘士芳)

【丰城市确保公路畅通】 丰城市公路路政监察大队担负新梅、小袁、南站3条公路路政管理,人员少、任务重,始终坚持文明执法、严格执法,在日常巡逻中一旦发现路政侵权案件,坚持先宣传、后处置劝其主动消除侵权行为所带来的不良影响。在处置过程中,坚持依法办案,按照程序执法、严格执法。路政监察大队为让公路沿线居民知道有关公路管理的法律、法规,安排路政人员在公路两侧沿线1千米范围内的居民进行宣传,组织路政人员在沿线的村庄、路口、街道张贴宣传单300余份,发放路政宣传资料1500张。为确保公路畅通,该大队加强路政巡查力度,严格坚持一日二次的路政巡查制度。全年总清除路面障碍物等180余处,确保公路的完好、安全和畅通。特别是在防汛抗旱期间,坚持"常备不懈、以防为主、全力抢险"的工作要求,切实履行职责,严格落实各项防汛工作措施;同时热心服务过往的司乘人员,全年,共帮助120余辆故障车辆设置安全标志、联系牵引等。截至12月底为止,辖段共发生损坏公路路产400多件,造成路产损失20多万元,结案396件,收回路产损失赔偿费20多万元。共上路巡查700多次,清除路障180余处,纠正各类路政违章160余起,依法审批临时(特殊)占用、增设平交道口、设置广告标牌等路政许可4件。

(熊志强 皮晓荣)

交通安全管理与应急处置

【概况】 全省交通运输系统各单位围绕建设安全畅通、便捷绿色的现代交通运输业目标,深化安全生产年和交通运输安全应急"双基"建设等活动,全省交通运输安全生产呈现"一降三平稳"态势。水上交通安全事故持续下降。全省共发生水上交通事故3起,死亡3人,沉船2艘,直接经济损失150万元,与2011年同比分别下降63%、67%、60%和36%。事故造成死亡人数仅占2011年省安委会下达的水上交通安全考核控制指标的33.3%。全年未发生渡运和远洋运输事故。继2009年、2010年之后,连续第三年将水上交通事故死亡人数控制在个位数,首次控制在5人以下。重点工程建设安全生产形势保持平稳。2011年全省续建和新开工建设项目16个,总里程1267.91千米,在巨大的建设任务压力下,全省重点工程建设项目共发生安全生产事故12起,死亡12人。占省安委会下达的重点工程建设安全考核控制指标的75%,总体形势平稳。道路旅客运输安全生产形势保持平稳。全省共发生道路旅客运输事故28起,死亡63人,受伤108人,死亡人数与2011年持平,事故起数、受伤人数与2011年同比分别下降9.8%、6.9%,是近三年全省唯一未发生10人及以上重特大道路旅客运输死亡事故的一年。各重要时段交通运输安全工作保持平稳。春运、"两会"、法定节假日、大运会、第七届全国城市运动会、中博会等重要时段,全省交通运输系统未发生一起死亡3人以上安全事故。

1. 强化道路客运安全管理。7月24日,交通运输部召开安全生产紧急电视电话会议后,厅党政主要领导多次亲自部署,要求认真贯彻落实国务院第165次常务会议和交通运输部紧急电视电话会议精神,落实"两个安全主体"责任。在超长途连续运行的卧铺客车推行凌晨2点到5点临时停车休息措施。一方面,建立了道路客运安全告知制度,通过高速公路省界收费入口发放"卧铺客车夜间行车告知书"7万余份,告知长途卧铺客车驾驶员休息制度;由高速路政引导长途卧铺客车进入指定休息点休息;由运管部门派员驻守休息点进行现场监督,有效强化了部门安全监管责任;并制作安全告知影像资料和卡片,规范安全告知内容,在车站、客运车体、车内醒目位置张贴和滚动播出。公布举报电话,使营运客车违法违规经营行为接受乘客和社会群众的监督;另一方面,对全省客运企业390辆凌晨2点到5点营运的卧铺客车采取措施,其中,47辆客车通过调整发班时间确保在凌晨2点前到达目的地,其余343辆客车落实停车休息方案,严格执行停车休息措施,并对全省所有卧铺客车加装了视频监控装置,进行实时监管及时纠正违章行为,有效督促企业落实了安全管理主体责任。

2. 加强安全应急队伍建设和处置力度。厅设立了应急指挥中心。省港航局组建了省水上搜救中心搜救队伍。省高速集团在全省12个路段管理单位均已成立应急救援保障队伍,有现场工程专业抢险队伍63个,应急管理人员和应急队员2245人。省公路局成立了省级应急交通专业战备综合保障大队,有各类专业技术人员1030人。市县各级公路部门基本完善了应急管理组织框架和应急指挥系统,组建了较稳定的应急抢险保通队伍。省运管局依托江西长运公司成立了省级应急保障车队。省高速路政系统成立安全生产组织机构76个,各级专兼职安全干事85人,有清障施救队伍30支,清障作业人员500余人。

各级交通运输系统干部职工通过有效处置,取得三次防抗自然灾害保路通工作的胜利。一是夺取昌金高速萍乡芦溪段"9·2"地质灾害抢修战的胜利。科学合理制定分流方案,保障了灾害路段有序畅通,同时迅速组织清查事故原因,全力抢修受损路段,10月20日全部完成险情路段修复工作,提前10天完成抢通任务。二是夺取年初雨雪冰冻灾害天气抢险保路通的胜利。冰冻灾害期间,由于启动应急预案及时,调度指挥有序,现场处置有力,未发生因交通运输部门的工作不到位导致的路阻和封路情况。三是夺取汛期保畅通的胜利。根据雨情雨量变化,加强道路巡查,重点部位指派专人24小时盯守,有效保障了高速公路汛期的畅通。

3. 强化安全隐患排查整治。各级交通运输管理部门积极深化"安全生产年"活动,以突出安全隐患排查为重点,共排查各类安全隐患5363起,整改5181起,整改率达96.6%,重大隐患均已整改到位,剩余182处一般安全隐患均已按照"五落实"要求限期整改。一是开展严厉打击非法违法生产经营建设行为专项行动,在为期3个月的专项行动过程中,各部门、各单位认真清查无资质、无照、超载、超限等各类非法违法经营、建设行为,查处治理各类非法违法行为310余次,纠正一般违章行为1900余次,消除安全隐患326处。二是开展了道路运输安全隐患治理专项行动。通过6个月的治理行动,运管部门联合有关部门对全省道路客运市场进行了全面的清查治理,共排查道路客运企业366家,查出安全隐患1295起,整改1287起,整改率达99%。加大了路面治超执法工作力度,查处违法超限超载运输车辆68298辆,卸载货物11.5万吨。三是开展了水上交通安全专项整治。以渡口和"四客一危"运输船舶为重点开展安全隐患排查整治,排查各类水运、港航企业、渡口724家(道)次,查出水上交通安全隐患788处,整改781处,整改率达99.1%。深化船舶超载运输专项整治,建立全省海事联动执法机制和逃逸船舶协查机制,分别在赣江南昌段昌邑山、鄱阳湖水域星子和鞋山水域设立三道"拦截检查线",检查运输船舶26171艘次,查处超载船舶2203艘次,强制减载货物10万吨。将

86 艘“三无”船舶纳入规范管理,完成船舶登记1849 艘次,对 152 家水运企业开展了安全生产考核。四是开展了桥梁、隧道、在建交通重点工程安全专项整治。开展高速公路长大隧道和钢管拱桥安全专项治理,排查特长隧道 5 座、长隧道 32 座,治理隐患 50 余处。组织重点工程项目安全专项督查 20 余次,检查出安全隐患 137 处,下发通报 26 份。

(刘　晔)

【公路安全保护条例宣传月启动】 6 月 1 日,交通运输部和全省交通运输系统工作电视电话会议召开,《中华人民共和国公路安全保护条例》(以下简称《条例》)宣传月活动正式启动。全省采取一系列措施,切实贯彻实施《条例》,依法保障全省公路完好、安全及畅通。

省交运运输厅对照《条例》规定,清理现行公路安全保护的地方性法规、规章和规范性文件。凡是与《条例》相抵触的,向省政府提出修订或废止的清理建议。各级交通运输主管部门认真梳理和讨论《条例》内容,清理现行有关公路安全保护的规范性文件。并将继续保持路面治超的高压态势,加大治超力度。省运管局健全运管人员货运源头派驻和巡查制度,加强货运源头监管;省公路局、省公路路政总队与省运管局加强沟通,尽快建立并严格执行超限运输违法信息登记抄报制度和处理信息反馈制度;省运管局逐步建立全省运政系统执法信息平台,对 1 年内多次违法超限运输的道路运输企业、货运车辆和驾驶人,依法加大责任追究力度。

(胡　萍)

【省厅全力抓好交通运输安全】 7 月 24 日,全国交通运输安全生产紧急电视电话会议在京召开。会议强调要认真学习贯彻中央领导同志重要批示和国务院安委会全体会议精神,在思想认识、安全责任、规章制度、安全监管和整改措施五个方面狠抓落实,坚决遏制重特大事故多发势头,全力确保交通运输安全生产形势持续稳定好转,努力实现“十二五”时期交通运输发展良好开局。

7 月 31 日,省交通运输厅召开安全生产工作专题会议,迅速传达贯彻国务院常务会议精神和部长李盛霖、副部长冯正霖关于加强交通运输安全生产工作的指示精神,紧急部署全厅安全生产工作。

会议强调,7 月 28 日,交通运输部部长李盛霖专门打来电话。传达贯彻国务院常务会议精神,要求以高度的责任感和紧迫感,结合本地区交通运输实际,采取有力措施,以道路旅客运输、水上“四客一危”船舶和特大型桥梁为重点,严防死守,防范发生重特大事故。

8 月 8 日上午,省交通运输厅召开安全生产调度会,听取前一阶段全厅安全生产工作情况汇报,部署下一阶段工作。

会议要求,各单位、各部门要充分认识安全生产的重要性,坚决贯彻落实国务院常务会、交通运输部有关会议精神,采取有力有效措施,确保全省公路水路安全。一是要认真分析产生事故的原因,掌握安全生产工作的规律性,把握工作的主动性。要杜绝安全工作时紧时松现象;要严厉打击交通运输超载、超重、超时经营行为,杜绝经营企业为追求利益最大化而铤而走险现象;要妥善处理历史遗留与现实因素产生的安全隐患。二是既要全面抓,又要重点抓。既要把安全生产作为一项长期工作,常抓不懈,又要突出道路客运、水上运输、公路桥梁三个方面工作重点,兼顾其他,纵向到底、横向到边做好当前交通运输安全工作。三是要始终绷紧安全生产这根弦,全面落实安全责任制,完善安全管理各项制度并严格执行,重典治乱相。四是要进一步完善信息报送制度,加强上下沟通联系,畅通信息渠道,研究制定举报制度,做到耳聪目明,掌握安全管理工作的主动权。

(省厅安全监督处)

【厅直单位重拳打响安全生产保卫战】 7 月 24 日全国交通运输安全生产紧急电视电话会议召开后,厅直单位迅速传达会议精神,及时贯彻落实,积极开展安全生产检查。

7 月 27 日,省运管局召开全省道路运输紧急电视电话会议,贯彻落实交通运输部、省交通运输厅有关文件精神,着力通过“六加强”、组织开展安全生产专项督查打响道路运输安全生产保卫战。一是加强事故隐患排查。认真贯彻落实国家安全生产监督管理总局、交通运输部和公安部《关于进一步深化和拓展道路客运隐患整治专项行动的通知》要求,从车、人、站、管四个方面,每一条线每个环节从严督查，各级运管部门和运输企业要建立自查责任制和检查整改台账，对排查出的隐患建立销账制度，整改一项，销账一项，落实到人。特别是旅游包车和卧铺客车，要严格监管，对长途连续运行的卧铺客车，要积极推行实施凌晨2点至5点临时停车休息的措施。二是加强从业人员教育，尤其是驾驶员的守法观念和安全意识教育。对所有从业人员特别是“两客一危”驾驶员进行一次集中培训。三是加强车辆技术监管。按照营运车辆技术标准，对全省“两客一危”车辆、公交车辆进行一次安全检查和检测，保证车辆技术状况完好。四是加强对运输企业监管。对车辆超员、不按规定线路、班次行驶、站外揽客、高速公路违规上下客等行为给予严厉处罚。运蝓企业、公交公司必须完善应急预案。五是加强客运站的驻站安全监督。切实履行“三不进站、五不出站”的安全职责和“不系安全带不准出站”的要求，落实岗位安全责任制和车辆安全例检、出站检查的工作程序，严格旅客行李物品检查制度。六是加强车辆动态监管。严格执行国家四部委的规定，自8月1日起，对达不到规定要求的新增车辆不予核发道路运输证；2012年起，对未达到规定要求的现有车辆暂停审验。

省公路局迅速落实精神，积极开展检查。为将国务院、交通运输部、省交通运输厅有关精神落实到实处，切实保障全省公路系统安全生产平稳态势，省公路局下发《关于开展安全生产检查的通知》到各设区市交通运输局、公路局，路局直属单位、项目办，检查落实国、省干线公路、农村公路县道上桥梁状况及乡道特大桥隐患排查情况，特别是对四、五类危桥的安全隐患排查治理和处置情况，五类危桥交通管制措施的落实情况；普通国省干线公路改造工程施工现场路基的高填深挖路段，在建桥梁施工现场，农村公路改渡建桥施工现场安全管理情况；运营公路的急弯陡坡、高路堤、临水临崖等危险路段的安保设施的设置和完善情况；公路超限超载行为的监管、源头治理、路面执法情况，应急体系健全完善情况。

省港航管理局由局领导带队，共分6个检查组，自8月1日~5日对全省水上交通安全进行督查。督查组深入一线，深入现场，重点督查全省各级港航、海事管理部门就全国交通运输安全生产紧急电视电话会议精神的部署落实情况。同时督查2011年以来进一步深化“安全生产年”活动情况；“四客一危”船舶、砂石运输船舶、渡口渡船安全监管情况；涉水工程安全监管情况；水路运输及港口码头企业安全工作措施落实情况；水上专项整治工作情况；隐患排查治理工作情况；内部安全生产情况。

7月27日，省高速集团紧急召开碰头会议，决定从7月28日~8月3日，由集团领导带队，分三个小组下基层。将全国交通运输安全生产紧急电视电话会议等有关会议精神传达到基层所站、服务区和养护中心；同时，全面开展基层安全生产工作大检查，查找安全生产基础性工作中存在的问题，解决基层单位内外部环境存在的隐患与困难，督促各单位完善应对盛夏高温的各项安全措施。

【厅领导现场指挥梨温高速“8.6”特大事故应急处置工作】 8月6日凌晨4时36分，沪昆高速梨温上饶段发生特大交通事故后，省交通运输厅副厅长邓经国第一时间赶到事故现场指挥交通应急处置工作。省高速集团和公路开发总公司主要领导高度重视，作出一系列相关安排部署，梨温公司、管理处、收费站三级管理单位相关人员现场组成“8·6”特大事故交通应急处置工作组。工作组按副厅长邓经国要求，全力以赴配合高速交警、路政及当地消防、医护人员抢救伤员，全力以赴抢修高速公路损坏设施，用最短的时间恢复交通通行。

梨温公司路产安监处、维修队、玉山管理处、养护所等人员积极投入到事故现场救援、交通设施抢修、交通疏导及现场清理。在紧张高效的抢修工作中，梨温高速各部门齐心协力，密切配合，奋力抢修被损交通设施。当天上午9点30分，梨温高速事故段双向单幅恢复通行。

8月6日清晨4时30分，在沪昆高速K503处，两辆半挂车发生追尾碰撞，其中1辆半挂车侧翻，并冲向对向车道，与对向车道的1辆大货车发生碰撞，导致大货车撞压同向行驶的1辆小型客车。事故导致17人死亡。

（杨赣平　秦美香）

【全省水上交通运输安全形势稳定】 2011年，全省共发生一般及以上水上交通运输事故3起，死亡(失踪)3人,沉船2艘,直接经济损失150万元。与2010年同比,事故起数下降63%,死亡(失踪)人数下降67%,沉船数下降60%,直接经济损失下降36%。

抓好重点时段水上交通安全监管。元旦、春运、“五一”、“十一”、“两会”、建党90周年庆典期间,全省各级海事部门实行领导带班和24小时值班制度,组织多个安全生产督查组深入主要渡口、码头、“三湖一山”(仙女湖、柘林湖、井冈湖、龙虎山)水上旅游风景区等重点水域进行安全督查,加大重点水域安全巡航密度和“四客一危”船舶监督检查力度,对客运船舶一律实行现场签证,严禁超载,并将每艘客船的监管责任具体分解落实到现场监管人员。

深入开展水上交通运输专项整治:一是开展船舶超载运输专项治理。在上年开展水上超载专项整治取得阶段性成果基础上,扩大整治范围,将未堪划船舶载重线和未标识船名、船籍港的船舶纳入整治;建立全省海事联动执法机制和逃逸船舶协查机制,分别在赣江南昌段昌邑山、鄱阳湖水域星子和鞋山水域设立三道“拦截检查线”,严厉查处超载船舶。全年共出动海事执法人员11472人次,检查运输船舶26171艘次,查处超载船舶2203艘次,强制减载货物10余万吨。二是开展“三无”船舶专项治理。重点加强赣江及鄱阳湖支流水域的“三无”船舶整治;积极出台简化船舶办证程序的规定,引导和帮助办证船主自觉申请办证。全年纳入规范管理的“三无”船舶共计86艘。三是开展救生衣平安工程。重点检查船舶救生设备配备情况。

组织开展“安全生产月”活动。在“安全生产月”活动中,全省各级海事部门共制作安全宣传展版220块,发放各类港航安全生产宣传手册、宣传单等共14030张(册),张贴宣传标语1274张,举办各类安全生产培训班25期,共培训人员1165人次。走访港航企业290户。有21个港航管理部门(海事机构)组织开展21场次港航安全应急演练活动。

大力开展水上交通运输隐患排查治理工作。全年共排查各类水运、港航企业724户次,排查一般隐患324项,现已全部整改到位,整改到位率100%。排查各类水上交通运输安全隐患464项,已整改到位457项,整改到位率98.49%。

开通运行船舶动态管理2.0系统。10月1日,全省各海事机构船舶动态管理2.0系统办理业务正式启动。至年末,全省各级海事管理机构通过该系统办理船舶进出港签证11611艘次,其中,进港5616艘次,出港5995艘次,船舶安全检查900艘次。

加强船舶管理与船员管理,完善应急预案修订。4月份,省港航局组织全省24名船舶登记受理初审人员登记业务培训,对船舶识别号管理系统和升级后的船舶登记系统的操作应用和船舶登记法律法规进行学习,全面提高船舶登记人员业务能力。至年末,全省共进行船舶登记1849艘次,其中,船舶所有权登记519艘次,船舶国籍登记628艘次(其中,临时国籍登记1艘次),船舶抵押权登记138艘次,船舶注销登记549艘次,光船租赁登记15艘次,发放船舶IC卡443张。全省各级海事部门加强船员培训、考试、发证管理,全省船员的技术水平、专业技能和适任资格得以稳步提高。2011年,全省各级船员考试发证机关认真组织开展船员基本安全培训考试、船员适任培训考试和油船、高速船、危险化学品船舶船员特殊培训考试。全省参加各类船员培训考试共2327人,其中,基本安全培训考试507人,适任培训考试1410人,特殊培训考试410人。认真做好《江西省处置水上突发事件应急预案》修订工作,该预案意见征求函已发至相关成员单位(各厅、局、委),对各成员单位反馈的修改意见进行了梳理汇总上报省厅。

(陈明中)

【庐山区多部门联合开展水上安全整治】 为进一步维护鄱阳湖蛤蟆石水域的通航安全,大力营造安全、和谐的水上交通氛围,6月21日,庐山区地方海事处、庐山区水警大队、庐山区港航分局开展联合执法行动,重点整治无证驾驶和酒后驾驶船舶等违规行为。

在联合执法过程中,海事、公安、港航执法人员密切配合,加强现场安全监管,对蛤蟆石水域航行船舶进行现场检查,同时开展安全宣传教育,增强船员水上交通安全意识,提高船员学法、懂法、守法自觉性。据统计,此次联合执法行动共检查船舶31艘,处罚1艘,现场纠正和警告5艘。

无证驾驶和酒后驾驶存在极大的安全隐患,

极易造成水上交通事故,海事部门提醒船员应自觉遵守水上交通安全法律法规,杜绝无证驾驶和酒后驾驶,做到合法经营,安全航行。

(庐山区地方海事处)

【长航局到九江开展专项检查】 7月31日,长江航务管理局检查组一行4人到九江市港航管理局,对九江市长江水系省际客船及液货危险品船运输企业的经营资质、经营行为以及该局监督管理情况进行检查。

座谈会上,九江市港航管理局就开展2010年度企业经营资质核查、长江水系省际液货危险品运输企业运输安全和经营资质专项检查、省际营运船舶经营行为专项检查等情况和对违法经营的企业和船舶调查处理进行了详细的汇报。检查组在听完汇报后对该局经营资质监管工作给予了充分肯定,并对该局下一步继续做好后续经营资质监管工作提出了要求:一是继续加大日常监管力度,对发现的问题要及时处理;二是进一步加大对船舶各项证书的检查力度,规范船舶经营行为;三是进一步加强安全管理力度,提高思想认识,从企业经营资质保持和行业管理方面加强安全监管。

在浔期间,检查组一行还深入到九江振兴轮船有限公司和九江市顺恒物流有限公司两家水运企业,对企业组织机构、办公场所、管理人员配备情况、安全制度建设情况进行实地查看。

(吴　隐)

【省交通质监站扎实开展“平安工地”建设活动】 2011年,该站以开展“平安工地”建设活动为重点,切实加强了施工现场安全生产监督工作。完善制度,制定达标标准,夯实安全生产“双基”工作。该站代厅拟定并由省厅印发了《江西省公路水运建设工程安全生产费用管理暂行规定》《“平安工地”建设活动达标标准》和《“平安工地”建设活动考核达标评价办法》,为“平安工地”达标验收工作打下了坚实的制度标准基础。事前预防,开展隐患排查。对全省所有在建项目进行3次安全专项督查,共排查出公路工程安全隐患829项,其中819项已完成治理销号工作,10项短时间内难以消除的安全隐患已落实整改措施、费用、责任单位和时限。

2011年,全省在建高速公路项目大都为山岭重丘区,桥隧比高(德上、赣崇项目桥隧比接近40%),施工难度大,安全风险剧增,施工现场安全生产监督任务非常艰巨。在各级交通工程质量监督管理部门和广大参建单位的共同努力下,2011年全省各重点项目生产安全事故人员死亡人数控制在省安委会下达的考核指标之内。全省重点工程项目安全生产形势平稳,“平安工地”建设活动取得初步成效。

(卢世军)

【九江新长江大桥项目办开展主塔紧急撤离演练】 8月17日,九江新长江大桥项目办在B2合同段北塔施工现场开展了一次主塔紧急撤离演练活动。此次演练包括:雷暴雨恶劣天气及小型火灾紧急情况下如何通过电梯、塔吊安全撤离,以及在停电、断电、电梯故障情况下的应急处置。随着撤离警报拉响,参加演练的北塔全体施工人员依照预定路线,依次有序向临时避险点进行紧急撤离,医护人员及急救车迅速到送指定地点。整个过程中,各部门及人员服从指挥,紧急配合、有序迅速,达到了应急处置的快速反应和整体协调的目的,得到了观摩领导的高度评价。

九江新长江大桥主塔施工已进入中塔柱施工阶段,塔身高达80余米,在恶劣天气及火灾事故等突发情况下如何使施工人员安全撤离成为主塔安全管理的一项重要工作。此次主塔紧急撤离演练活动,使现场施工人员提高了在突发事件下的应急反应和自救互救能力,掌握了紧急应急撤离及疏散方法,熟悉了紧急疏散程序和路线,有利于将突发事件应急处置。

(黄琼琼　宋文健)

【省运管局落实卧铺客车凌晨2时至5时停车休息制度】 为贯彻落实交通运输部“7·24”电视电话会精神和《关于开展卧铺客车集中整治工作的通知》要求,省运管局及时启动卧铺客车安全隐患专项行动。对省内卧铺客车进行了拉网式排查。据统计,全省共排查凌晨2点到5点卧铺客车390辆,其中,通过调整发班时间确保在凌晨2点前到达目的地车辆有47辆,落实停车休息方案车辆319辆,另外还有24辆由于运行线路不达停车休息条件,采取落实驾驶员休息制度。此外,还出台财政补贴政策,要求所有卧铺客车加装符合标准要的视频监控装置,到年底,所有在凌晨2点至5点期间运行的卧铺车辆均已安装视频监控装置,并配套出台了卧铺客车视频监控管理制度,督促运输企业安排专职人员利用GPS、视频监控手段加强对卧铺车辆超速驾驶、超员驾驶、疲劳驾驶的监督检查力度,及时纠正存在的违章行为

(易晓荣)

【南昌地区组建应急保障车队】 遵照省人民政府指示和要求,省运管局依托江西长运公司,组建了一支南昌市辖区内的应急运输保障车队。从江西长运公司营运车辆中挑选符合要求的车辆组成一个应急运力储备库,每天安排3台大型高等级45座车辆24小时值班,一旦接到政府应急指令,应急车辆可在15分钟之内集结完毕。全年共完成政府急用车85个车日。

(易晓荣)

【打赢昌金高速芦溪段“9·2”地质灾害抢修战】 2011年9月2日凌晨,萍乡市芦溪县银河镇紫溪村突发岩溶地面塌陷地质灾害,当地出现3个塌陷坑,周边房屋和地面出现裂缝。至9月2日下午,地质灾害开始波及昌金高速公路,导致该路K940+150~K940+250段出现纵向裂缝及路基下沉,最大下沉量达60厘米;K640+750左幅边坡出现直径约12米、深约10米的塌陷洞。至9月7日,在K939+700右幅蛇形里主线桥外北侧出现两处岩溶塌陷。灾情导致国道大动脉昌金高速公路宜春至萍乡段交通全面中断。

灾情发生后,省委常委、常务副省长凌成兴立即做出重要批示:各部门要齐声心协力,一定做好昌金高速公路及附近路段车辆通行工作,确保车辆顺利分流、交通安全畅通。省政府成立“9·2”地质灾害应急处置工作指挥部,下设地质勘探组、交通分流组、工程施工组。省交通运输厅领导和省高速投资集团公司、省交通设计院、宜春管理中心快速反应,及时启动应急预案,成立应急处置领导小组,制订昌金高速公路分流保畅通方案。应急处置领导小组协调高速交通交警立即封闭道路,采取交通分流等紧急措施。同时要求交通设计院连夜作业,进行地质勘探,探明灾害原因。宜春管理中心加强安全监督,在地质灾害现场、所有车辆分流点、施工地段规范摆放安全标志,散发车辆分流示意图,并安排安全员加强现场安全监管。据不完全统计,该中心摆放安全锥8000余个,安全告示牌和交通标志牌100余块,分发车辆分流示意图6000余份,悬挂条幅27条,散发安全告知书500份,电子情报板24小时滚动播放路况信息和分流情况。

9月2日,交通设计院主要领导带领技术人员赶赴现场,会同有关部门紧急研究制定抢险工作方案,及时调集勘察人员和勘钻机、物探仪器到位。针对9月5日凌晨出现在距蛇形里中桥外仅30米和60米的稻田中又出现两处大面积塌陷,最大一处塌陷直径达50余米,由于该塌陷有向蛇形里中桥发展的趋势,情况十分危急。鉴于灾害线长面广且地层结构十分复杂,省交通设计院积极联系国内工程地质勘察先进的科研院所,从中南大学和武汉地球物理研究所请来专家,从广东调来先进的井中CT透视物控设备,以集中专家的智慧进行科学勘察,采用区域地质调查、工程钻探、电法线物探、电测深点物探和井中CT透视物探等五种先进勘察手段。经过勘察钻探,9月9日,查明地质灾害产生的原因,是由于该区域属石灰岩与煤层的交叉沉积区,石灰岩岩溶与煤矿巷道连通,由于巷道地下水位的急剧下降,导致岩溶地面塌陷。到9月14日,基本探明地下空洞的性质、分布和规模,为修复设计提供第一手资料。

根据省政府“9·2”地质灾害应急指挥部的部署,宜春管理中心成立抢修项目管理部,抽调精兵强将,各施工单位接到命令立即制定工程实施方案,组织施工设备、人员进场;同时该中心抢修项目管理部及时与高速交警、路政部门针对沉陷路段半幅施工、半幅通车的复杂状况,制定相应交通管制方案,做到道路畅通和施工作业两不误。项目管理部定期召开工程调度会和碰头会,科学调整工期安排,并对修复工程建设各关键工序进行分解,明确各关键工序的时间节点、制约工序进展的要点、难点及解决办法,对关键工序衔接进行明确规范要求。施工单位根据工期安排,周密组织施工,合理调度生产,24小时全天候不间断作业,实现修复工程的快速推进。从9月21日进场至10月16日全面修复。此次抢险共投入机械设备220台(套),完成地面地质调查6平方千米,高密度电法29500测线米,瞬变电磁物理点488个,钻孔24个,钻探进尺1166.72米,完成连续钢

筋混凝土板浇筑3800立方米，钻孔压浆129孔，累计压浆4200米，完成压浆4300米。

在“9·2”地质灾害抢险保通工作中，省交通运输厅和各有关单位快速反应、有效协调、科学决策、群策群力，取得应急抢险保通全面胜利，创造成“全省交通运输系统应急管理工作的典范”，得到凌成兴副省长的充分肯定，受到广大司乘人员和社会各界人民群众的广泛赞誉。

（李　明）

【九江长江大桥公路桥管理局保障大桥安全畅通】 2011年，九江长江大桥公路桥管理局以“大桥安全和畅通安全”为重点，狠抓应急保畅通工作，使大桥更好地服务于经济社会发展。主要措施有：一是建立应急机制。为加强对九江长江大桥应急保畅通工作的组织领导，成立了以主要领导为组长、分管领导具体抓的应急保畅工作领导小组，领导小组下设处置组、协调组、后勤保障组和路面保障队、施救保障队，明确各下设机构职责，形成了部门协作、各负其责的工作局面。二是保障应急物资。为认真贯彻落实张德江副总理关于“确保大桥安全和通行安全”的指示精神，九江长江大桥公路桥管理局未雨绸缪，加大了对应急物资、设备的投入，备足融雪剂、草袋、麻袋、铁锹、扫帚、钢丝绳、防滑链等应急物资，并保持大型施救车、破冰机、洒水车、铲雪车、撒盐机、运输车等应急机械设备良好状态，为大桥应急保畅工作提供了基础保障。三是实行科学调度。九江长江大桥公路桥管理局在认真总结近年来抗冰雪及2011年清明节保畅通经验基础上，研究制定了“南通北放、北通南放、确保桥面不得积压车辆，实行控制有序放行车辆”的保畅通调度原则，进一步完善九江长江大桥突发事件保畅通应急预案，明确了应急保畅指挥调度程序和指令的发布，充分发挥大桥监控调度指挥优势，做到发现问题及时处置，保持桥面畅通。四是加强协调配合。九江长江大桥公路桥管理局在江西省交通运输厅、九江市政府的统一领导下，多次牵头组织昌九高速公路、路政支队、泊水湖治超站、九江运管局及九江、黄梅两地公安、交警、武警等部门，召开大桥安全保畅通协调会，加强沟通，建立了例会制度和信息通报制度，明确各参管单位职责与分工，在春运、节假日或重大活动期间，实行24小时联合值班制度，不分地域、密切配合，确保了九江长江大桥的安全畅通。

（扈　军）

【梨温高速赣浙处“四个强化”畅通江西东大门】

梨温高速赣浙收费处“四个强化”确保春运期间江西东大门和谐、平安、畅通。一是强化组织落实。结合以往春运工作实际，该处及时召开春运工作部署会，成立春运工作领导小组，明确分工，责任到人，制定24小时值班制度；同时采取处领导“一线带班法”，调动全处员工春运工作的积极性，攻克艰难，打好春运这场“保畅战”。二是强化隐患排查。组织相关人员对监控室、收费广场、票款室、财务室和配电房等重点部位进行严格检查，真正做到防微杜渐、不留后患，坚决杜绝安全事故的发生。三是强化安全畅通。针对春运车流量大，及时安排机关人员跟班收费，确保车流高峰有足够人员开启备用车道；制定保畅应急预案，备足零钞，提高通行能力，确保广大司乘快速安全通行。四是强化优质服务。在春运期间，要求收费员全方位使用文明礼貌用语，坚持做好手势服务、微笑服务，并在春节里放置祝福语指示牌，用细小之举为过往司乘人员带来节日的问候；为司乘人员提供免费茶水，让广大司乘在严寒气候下喝上“暖心茶”，并在收费车道上放置天气预报栏，随时填写天气情况，以便提醒司乘人员安全出行。

（杨　霞）

【梨温高速赣浙处节前开展票款防抢预案演练】

春节临近，车流量增大，收费额剧增，梨温高速赣浙处于1月20日上午组织了一次有针对性的票管室防抢、防暴安全应急预案演练。

演练围绕相关各职能部门的工作职责、报警后处置程序、信息沟通方法、现场录像监控保存信息、抓捕后的防范措施及处理办法等方面进行。本次演练部署周密，演练方案详细，并得到了当地公安部门、高速公路交警的大力支持和配合，演练取得圆满成功。

（陈培文　谢桂林）

【赣浙省界收费站联合召开安全保畅协调会】 8月25日，赣浙两省主线收费站联合组织两省高速交警、高速路政及超限检测站等8家行政执法单位召开安全保畅联勤联动会。

会上,各单位针对安全畅通、现场秩序、恶劣天气及突发事件等情况进行协商探讨,并达成共识。将成立联勤联动组织机构,建立长效协调机制,共创保畅通快速平台;在两省高速路政、超限检测站执法过程中,实施24小时不间断执法,以保证主线收费站的安全畅通;两省扩建车道需相互配合,提高通行能力,共同为车主服务;全力维护收费现场秩序,集中对收费现场闲杂人员、“黄牛”及兜售食品人员进行整治活动,为司乘人员提供安全、快捷的通车环境。

会议强调,高速公路的安全畅通是赣浙省界工作的重中之重,是事关两省省界形象和社会效益,两省主线收费站和高速交警、高速路政和超限检测站等相关单位要通力合作,密切配合,进一步加强沟通联系,努力消除省界不安全、不稳定因素,确保主线收费站安全畅通。

赣浙两省主线收费站将每季度联合两省高速交警、超限检测站等8家行政执法单位召开安全保畅协调会,共同协商和解决有关安全保畅方面的困难和问题,全力打造两省省界品牌形象。

(杨　霞　谢桂林)

【三清山服务区设置客运车辆强制休息点】 梨温高速三清山服务区设置客运车辆强制休息点,主动热忱服务并积极创造条件与高速交警共同做好客运车辆强制休息点工作,打造梨温高速服务区良好的品牌形象,着力构筑和谐平安路。一是设立强制休息点标识标牌,起到有效的引导作用。三清山服务区在服务区南、北两区入口处2千米外设立引导标识牌,对7座以上客运车辆进行引导,让超时驾驶员及时发现,自觉进入休息点休息。二是在服务区内划定专用客运车辆停放区域,采取功能指示牌指示并派专人引导相结合的方式,指引客运车辆到达指定停车位置。三是聘请交通协警员实行24小时交通疏导,对客运停放区域加强巡逻,确保客运车辆在停车点休息时的停车安全,同时做好大客司机的登记工作。四是服务区专门为驾驶员提供休息室,并备上免费茶水、瓜子等,为驾驶员提供一个良好的休息环境,让驾驶员能在短暂休息中得到减压,有效缓解驾驶员的疲劳。

(罗红忠　郑　兵)

【梨温高速“六个到位”做好春运安全工作】 为做好2011年的春运安全工作,梨温公司以保障高速公路安全畅通、为司乘人员创造良好的出行环境为己任,以“六个到位”做好春运安全工作。一是组织领导迅速到位。成立以党政一把手为总协调和组长的“春运安全生产领导小组”,其他班子成员分片负责组织指挥抗击冰冻雨雪工作,加强对春运安全工作的领导,做好道路保畅、预防事故、监督检查工作,将安全隐患消除在萌芽状态。二是应急物资储备到位。该公司提前做好应急物资储备,组建玉山、杨梅岭、鹰潭、东乡4个应急物资仓库,储备各类工程机械、运输车辆、抢险物资、生活用品及药品。三是安全制度落实到位。实行部门自查和上级抽查相结合,做到处处有人管安全、层层有人抓安全的良好局面。四是文明优质服务到位。该公司把行政人员充实到一线,开足车道,提高通行效率,并对信号灯、场地照明灯及各种设施进行检查,确保春运期间保持完好状态,为司乘人员提供优良的通行环境。五是车辆管理严格到位。春运期间,加强接送员工上下班交通车的安全管理,要求其车况良好,严禁超载,提高驾驶员安全驾驶意识,确保车辆、人员安全。六是施工作业现场安全到位。加大路桥、事故易发路段安全设施等重点部位的检查力度,完善落实应急预案,确保道路安全畅通;加强办公区、宿舍区、收费区等重点部位的治安、用电、消防安全管理,确保人员、财产安全,最大限度地减少事故损失。

(杨赣平)

【景德镇市发生重特大交通事故】 1月2日18时40分至19时,杭(州)瑞(丽)高速公路浮梁县境内段先后发生3起交通事故,共造成7人死亡、多人重伤。当日18时44分,一辆车牌号为浙DF3891的大型客车在下雪导致路面湿滑的情况下未减速行驶,车辆左倾碰撞隔离栏后失控侧翻于K337+60米处,造成车上3名乘客当场死亡、1人重伤、10余人受轻伤。6分钟后,一辆车牌号为赣G04280的大型客车同样因为车速过快,导致车辆失控侧翻于同一路段,造成车上2名乘客当场死亡、1人在送医院抢救无效后死亡、10余人不同程度受伤。当日19时,一辆车牌号为浙AN126的商务车因车速过快打滑调头,于K346+270米处与另一辆重型货车发生刮碰后,被一辆车速过快无法及时刹车的大型车撞上，造成商务车上1名乘客经送医院抢救无效后死亡、1人重伤。

2月20日7时30分，济（南）广（州）高速公路桃墅收费站南侧2千米处（桃墅隧道口处）发生一起3车连环相撞的交通事故，一辆为装载20吨二甲胺的槽罐车、一辆为装载20吨浓硝酸的槽罐车，另一辆为中型普通货车，3辆事故车均因碰撞挤压发生严重变形，其中浓硝酸槽罐车发生泄漏。经消防、路政人员紧张施救，险情被排除，阻断近4个小时的交通得以恢复。

3月19日12时30分，一辆车牌号为赣H07067的中型客车自北向南行驶至206国道K1415+400处时，欲从左侧行车道超车时遇到正前方有一辆车相向驶来，客车驾驶员急打方向盘避让，导致客车侧翻。此次事故造成客车上17人不同程度受伤，其中重伤2人。

4月15日5时，一辆车牌号为赣CA9228的大型货车追尾撞上停在路边检查故障的车牌号为赣H06168的小型货车，造成大型货车驾驶员及3名乘客不同程序受伤，其中1人重伤。

8月14日2时30分，杭（州）瑞（丽）高速公路景德镇北收费站往东8千米处发生一起车辆追尾事故，一辆车牌号为豫NK689挂的挂车追尾撞上车牌号为赣H26975的大型货车，造成豫NK689挂的挂车驾驶员及1名乘客经现场抢救无效后死亡，赣H26975车驾驶员及2名乘客不同程度受伤。

（涂　强）

【景德镇市公路运输管理处加强卧铺客车安全管理】 自8月初以来，景德镇市公路运输管理处全面加强卧铺客车的安全管理工作。全市各级运管部门督促指导客运企业对卧铺客车实行特别监管，强制卧铺客车安装车载视频装置，实行24小时监控车厢内情况，以及推行凌晨2时至5时强制休息制度。同时对辖区内的道路运输企业进行全面排查，特别是卧铺客车的安全技术性能、司乘人员的资质条件等情况进行全面排查，发现存在严重安全隐患立即停止运行进行整改。督促客运企业建立健全安全管理组织机构，完善车辆和驾驶员安全监管制度。全市各级运管部门和运输企业推行24小时值班制度，落实高速公路卧铺客车进入服务站（点）进行休息的管理工作，处理好因强制休息而引发的各种矛盾和不稳定因素，做好解释和说服工作。认真落实企业安全生产主体责任，加大对企业安全生产主体责任落实的监督，形成道路运输安全生产严管态势。各级运管部门积极与省公安交警部门、省高速投资集团公司和省厅路政管理部门加强联系，相互沟通信息，遇有情况及时通报。

（文　英）

【乐平市加大整治校车力度】 10月至年底，乐平市持续开展针对校车安全隐患的集中排查整治行动，对乐平市境内20个乡（镇）的377所幼儿园进行上门走访，对132所幼儿园的222辆校车的所有人姓名、交通违法记录、年检保险时限、校车标识设置、车内安全装置、运行时间、行驶路线以及驾驶人的驾驶资质等基本情况建档。同时，充分借鉴道路客运隐患整治专项行动的经验做法，对影响学生接送车辆道路交通安全的隐患进行集中排查整治。共增设学校警示标志18块、减速坡5条计21米，维修校园周边交通指示灯3套，黄闪灯8只。在行动中，乐平市相关部门还先后与全市377所幼儿园签订交通安全责任书，采取上门宣传教育与发动群众举报相结合、定期检查与突击整治相结合的办法，形成严厉打击学生接送车辆交通违法的浓厚氛围。

整治期间，共行政拘留超员接送学生的违法驾驶人27人，扣车41辆次，记分161分，有力打击了校车驾驶人的侥幸心理。

（涂　强）

【萍乡市交通运输局四大措施提升公路安全水平】 萍乡市交通运输局一直将改善公路安全状况、提升交通服务水平放在重要位置，采取多项措施改善公路安全状况，公路安全水平得到明显提升。一是改革机制，出台《萍乡市农村公路养护管理指导意见》及一系列配套文件，对农村公路的安全设施及服务水平进行明确规定。二是加强检查，要求各县区每月对所辖公路进行巡查，并做好巡查记录，市局每半年进行一次大检查。三是保障资金，要求各县区每年将不少于全年公路养护资金的10%用于改善公路安全状况，并将资金落实情况列为年终目标管理考核。四是全面改造，通过完善公路标志标线，整治危险路段，实施危桥改造等方式,全面改善公路安全状况。2011年全市继续投资300万元,完善设置各类公路标志标线、安装减速带321米,整治危险路段5处,改造各类危桥11座。

(宋庆辉)

【萍乡市强化安全监管和质量监督】 萍乡市交通运输部门不断强化交通运输安全监管,建立和完善交通运输安全源头控制体系,积极开展"安全年"、"安全月"、"警示日"活动,全市交通运输安全形势总体稳定。公路建设工程质量监督得到进一步强化,全年共对16个公路建设监督项目计300千米公路开展质量监督综合检查。2011年,萍乡市交通运输领域未发生交通建设工程责任事故,未出现因道路、桥梁建设质量问题而发生交通事故的情况,水路运输连续保持30年无事故,全市道路运输行业各项安全指标均在规定范围之内,全系统保持相对稳定的安全生产态势。

(陈孝法)

【新余对客运驾驶员增加旅客急救考试】 7月26日,新余市交通驾校正在进行道路运输驾驶员从业资格考试,其中,道路旅客运输从业资格考试专业知识应用能力除了车辆安全检视之外,还增加占分值30分的旅客急救项目。从事道路客运驾驶员必须掌握一些简单的应急抢救知识和技能,并能使用一些简易器材和方法,对伤病乘客进行急救,保障旅途安全。旅客急救应用考试包括必考项目心肺抢救,抽考项目指压止血法、加压包扎止血法、绷带包扎法等6个选项。

(莫宇龙)

【吉安市交通运输局开展春节安全工作大检查】

为认真贯彻落实省、市春节道路、水路运输工作会议精神,切实做好2011年春节期间交通安全生产工作,防范重特大交通安全事故的发生,确保全市春运"和谐有序、安全为先、科学组织、优质便捷"。吉安市交通运输局于春节前夕由局领导带队,从局属有关单位抽调人员组成6个督察组,深入运输企业、车站、码头、渡口等生产一线,检查春节运输组织和安全生产情况。此次督查共检查汽车站18个,运输企业20家(含危险品运输企业1家),客车38辆,渡口13个,渡改桥在建项目1个,码头1个,客(渡)船13艘(其中游艇1艘)及相关安全设施。从督查情况看,各县(市、区)、各单位对春节运输工作予以了高度重视,全市春节运输组织工作和交通安全生产工作总体情况较好。

(刘小琴)

水路交通管理

水路运输管理

【概况】 2011年,全省各级港航管理部门以推进省际危险品运输企业资源整合为突破口,重点开展对水运企业和水路物流企业的扶持服务工作。本年度,全省有水路液货危险品运输企业30家,港航管理部门挑选资质条件好、有发展潜力的5家企业列为重点发展企业进行帮扶,使这些企业能够通过资源整合做大做强,并带动其他企业发展。至年底,5家重点发展企业已完成对7家弱小水运企业的兼并收购工作。经长航局批准5家企业已得到延伸长江上游危险品运输航线和新增长江干线危险品运输船舶运力额度批件,从而为企业加快发展奠定了基础。

1月份,省港航管理局印发了《江西省水路运输企业安全生产考核暂行办法》,旨在为进一步强化全省水路运输企业安全生产管理,落实水运企业安全生产主体责任,提高水运企业安全生产水平,控制和减少水路运输安全事故的发生。5

月份,各设区市港航管理部门依据《暂行办法》规定,对辖区内水运企业安全生产情况进行全面考核,共考核水运企业152家,考核结果:49家为优秀企业,72家为良好企业,31家为合格企业。考核情况已在省港航信息网上进行公示,接受社会监督。

省港航管理局于7月1日转发了省交通运输厅《关于实施〈船舶交易管理规定〉的意见》,要求全省水运经营业户认真贯彻实施交通运输部《船舶交易管理规定》,同时明确了本省船舶交易市场管理主体、交易机构设立原则、报批程序和船舶交易要求等,并促成全省第一家船舶交易机构"南昌市船舶交易中心"的设立。

根据长航局《关于加强液货危险品船舶管理工作的通知》要求,各设区市港航管理部门对辖区内从事液货危险品水路运输企业和船舶的基本情况进行了一次全面清查,并要求企业落实安全主体责任,加强安全生产教育,提高船员安全生产意识,完善船员在特殊航段、特殊水位和恶劣通航环境下的应急操作规程和安全注意事项,确保了液货危险品运输船舶航运安全。

全省各级港航管理部门不断简化行政审批程序,改善水运政务环境,提高管理服务水平,促进了全省船舶运力的快速发展。截至5月31日,全省通过年度核查的水路运输企业共计294户,较上年增加17户,增幅为6.1%;水路运输服务企业122户,较上年增加20户,增幅为19.6%。通过核查的营运船舶为2797艘、1891437载重吨,11337客位、1226箱位,船舶载重吨比上年增加266153载重吨,增幅为16.4%,实现了全省船舶运力2位数增长的目标。船舶平均吨位由上年的571载重吨增长到676载重吨,增幅达18.3%,标志着全省运输船舶逐步向大型化方向发展。

(涂春如)

【2011年度全省水路运输年度核查工作结束】 根据交通运输部《关于开展2011年国内水路运输及水路运输服务业核查工作的通知》要求,全省各级港航管理部门早宣传、早布置、早落实,组织业务精、能力强的管理人员参加本次核查工作,并保质保量地完成了本年度核查的各项工作。

截至5月31日,全省通过年度核查的水路运输经营业户共294户,较上年增加17户,增幅为6.1%,其中,企业155户,较上年增加17户,增幅为12.3%;个体(联)户139户,与上年持平。通过年度核查的营运船舶共2797艘(比上年减少48艘,减幅为1.7%)、1891437载重吨(比上年增加266153载重吨,增幅为16.4%)、11337客位(比上年减少1492客位,减幅为11.6%)、1226箱位(比上增加158箱位,增幅为14.8%)、646498千瓦(比上年增加131472千瓦,增幅为25.5%),其中拖推船增加2艘、397千瓦;货船增加16艘、266905载重吨;客船(含高速客船)减少57艘、1492客位;化学品船减少11艘、载重吨增加11859;油船减少2艘、6180载重吨;集装箱船增加4艘、158箱位。

江西水路运输经营业户和船舶运力变化情况呈现以下特点:一是老旧船舶淘汰速度进一步加快。2010年,江西省全面启动老旧船舶拆解工作,鼓励现有小吨位、船舶技术状况差的船舶提前退出水运市场,逐步发展大吨位、标准型船舶,加快老旧船舶淘汰速度。截至5月末,江西省拥有船舶与2010年同期相比减少48艘,而载重吨增加了266153吨,数据显示该项工作取得了初步成效;二是水运企业数量增加质量提高。由于江西经济的快速发展,为江西水运提供了良好的机遇与条件,江西省水运企业数量有逐渐增加的趋势,2011年水运企业较上年增加了17户。同时,通过现有水路液货危险品运输企业的成功兼并重组。江西水运企业不断向做大做强方向发展;三是船舶平均吨位大幅增加。2010年全省船舶平均吨位为571载重吨,2011年增加至676载重吨,增幅达18.3%,说明全省船舶逐步向大型化方向发展。

(倪　磊　吴萃萃)

【省港航局整合液货危险品运输企业】 省港航局按照"扶优减弱"原则,积极推进省内水路液货危险品运输企业资源整合工作,扶持部分资质条件较好的企业加快发展,引导和带动其他水运企业的调整结构、转型发展。通过对全省水路液货危险品运输企业经营状况的分析,充分了解企业发展面临的困难和问题,从全省水路液货危险品运输企业中挑选了资质条件好、有发展潜力的5家企业作为重点扶持企业。加强对企业的跟踪服务,并通过资源整合力争使这5家企业能做大做强,打造江西水运企业品牌。在这5家重点扶持企业的带动下,全省水路液货危险品运输企业资源整合工作迅速展开。经过整合,全省水路液货危险品运输企业一次性减少5家,加上自行淘汰的5家,总计减少液货危险品运输企业10家,为全省水路液货危险品运输企业总数的三分之一。

省港航管理局已优先满足3家完成了兼并收购的重点扶持发展企业航线延伸和新增运力额度需求,报长江航务管理局批准增加长江上游危险品水路运输航线和新增长江干线液货危险品运输船舶运力额度,并取得了批准文件和证书,为这些企业加快发展步伐及做大做强奠定了基础。

(涂春如)

【吉安市港航管理处开展经营资质核查】 按照交通运输部《国内水路运输经营资质管理规定》和《港口经营管理规定》,吉安市港航管理处进一步加强对水运企业和港口经营人经营资质的动态管理,认真做好一年一度的经营资质核查工作,严格按核查工作的要求,把好经营资质核查关,确保经营资质核查工作的按时完成。2011年,全市完成港口经营业户核查13户,水运企业(业户)核查37户,其中,水运企业18户,个体运输业户19户,比去年增加3户,核查率100%;水运服务企业7户,核查率100%;运输船舶522艘,206932吨位,454客位;63007.76千瓦,比上年减少10艘,增加25931吨位,增加4909.11千瓦,吨位增长14.3%,船舶平均单船吨位由上年的340吨位增加到396吨位,净增56吨位,实现船舶运力快速稳定增长。

(刘 晖)

【宜春市创新采沙市场管理模式】 赣江丰城水域黄沙质量好、销路广,每天有100艘至200艘35万吨运力的运沙船舶,来往赣江丰城至九江段运输。成为全省沙石船舶重要的聚集地。为加强对丰城港采沙运沙市场的管理,充分发挥沙石资源的最大效益,市港航管理部门进行有益的探索,较好地解决赣江丰城段沙石资源节约与环境保护、安全与效益、发展与稳定的矛盾,不仅促进水运市场的繁荣,也取得生态、社会、经济效益的良好局面。主要措施有:一是继续实行“五定”和“五统一”管理。由港航、海事、水利等部门抽调人员组成的宜春市河道采沙管理领导小组办公室,实行“五统一”管理,即统一组织领导、统一开采经营、统一规费征收、统一综合执法、统一利益分配,突出对沙石采、运的规范整顿。在沙石开采方面,实行“五定”模式,即定点、定时、定船、定量、定功率。在可采区、开采期,规定晚间时段不得开采。采沙船凭作业证控制总量开采,实现安全、生态、经济、廉政等多重效益,以往在丰城同田乡水域的“沙霸”、“水霸”现象基本消失。二是采沙管理实行采运一体化管理,突出对运沙船的源头准入和现场监管。规定船主按程序化操作,证件齐全、核定载货、交纳规费后领取配载单,凭单到规定采区受载,严禁采沙船向无配载单的运输船配载。越来越多的船主主动缴费和接受执法检查,减轻港航执法成本,巩固水运安全平稳形势。三是港航、海事部门实施联合执法。定期开展巡查,查处无证运输船舶、超载船舶、无配载单等非法违章行为。联合执法实施后船主自觉缴费、船舶自动报港的意识得到明显加强。宜春短途沙石运输市场日渐规范,运输环境明显改善,运输效益稳步提升,服务社会经济发展的能力不断增强。

(张小平)

【宜春市加强水运管理】 为建设开放、有序、畅通、安全的水路运输市场,推进全市水运又快又好发展,为全市经济发展服务。一是整治水运市场秩序,规范船舶经营资质,规范河道采运砂船舶经营、港口岸线使用,取缔无证经营。二是开展码头建设管理,争资立项,督促业主单位按时按质按量完成码头建设任务。三是开展船舶年审换证,首次对逾期不来年审的船舶,取消经营资格。四是开展老旧船舶拆解,与海事等部门现场监管拆解,与财政等部门沟通补贴发放,将中央、省级补贴发放到船主手中。五是开展水运安全督查,陪同省局、市局领导到港口码头、水运企业安全督查。港航处定期组织人员到县(市、区)港口、库区进行安全隐患排查。六是指导港航规费征收,协调省局,联合南昌、九江港航处(局)查漏补征,指导征收河道采砂拍卖规费、高铁占用港口岸线使用费。七是抓好船舶节能减排工作和年度船舶与港口能源消耗普查工作。

(张小平)

【抚州市海事局帮助航运企融资 1.3 亿元】 2011 年,抚州市地方海事局多措并举规范船舶抵押登记,服务航运企业融资,促进抚州水运企业做大做强。截至 12 月,该局已为 4 家航运企业提供船舶抵押贷款服务,实现融资 1.33 亿元,资金的到位有效地促进了辖区航运经济发展。

该局还坚持“监管与服务”相融合,严格执行船舶登记法律法规,完善船舶登记管理制度。船舶登记做到规范化、合法化;执法人员加强学习交流,提高业务素质,提升船舶登记对外服务能力;设立业务咨询服务窗口,做好咨询服务工作,畅通沟通渠道,及时向航运企业宣传相关政策法规,确保服务对象一次性提交合格材料。并且,对航运企业办理融资抵押登记,给予优先办理,实行一站式服务、延时服务、预约服务、节假日加班服务,提高办事效率,保证当日受理当日办结。2011 年末,该市船舶登记载重吨位已突破 20 万吨。

（黄造昌）

港口管理

【概况】 2011 年,全省各级港口行政管理部门认真贯彻落实国家有关港口管理法律法规规章,切实开展有关港口法律法规知识的宣传、贯彻活动,着力推进港口行政执法规范化建设,加强港口经营市场和港口安全生产监督管理,规范港口经营市场秩序,保障港口生产安全,有力地促进了全省水上交通形势的持续稳定。

全省港口行政管理部门贯彻落实港口管理有关规定,加强港口经营市场准入的源头管理,严格港口经营企业经营资质年度审核制度,对经营资质不能有效维持的企业,尤其是危险货物港口经营企业,坚决予以清理整顿。认真做好本年度港口经营资质核查。截至 12 月 31 日,全省港口行政管理部门对 362 户港口经营人进行了经营资质核查工作,其中,301 户港口经营人符合核查要求。对经营资质不能有效维持的 61 户港口经营人,下达了限期整改通知。加强对所辖地港区的巡查力度,认真做好港口经营市场的动态监督检查工作,对非法从事港口经营行为、市场中的垄断经营行为、不正当竞争行为等进行严厉打击和查处,从而有力维护了全省港口经营市场经营秩序的稳定,保护了合法经营人的正当权益。

认真贯彻落实交通运输部开展长江沿线船舶超载运输专项整治活动精神。全省各级港口行政管理部门根据省局印发的《江西省港口装卸船舶超载治理实施方案》及《开展船舶超载运输专项整治活动方案》要求,建立健全港口装卸船舶超载治理长效机制,认真组织开展港口反水上运输超载工作,督促港口企业认真把好船舶装卸关,防止船舶超载出港,从源头上抓好港口超载监管工作,有力遏制运输船舶超载行为,保障全省水上交通安全形势的持续稳定。

全省各级有关港口行政管理部门根据省港航管理局部署,认真做好港口危险货物装卸作业安全的日常监管工作,加强辖区内危险货物作业码头的巡查,督促港口经营企业严格执行《中华人民共和国港口法》《中华人民共和国安全生产法》《危险化学品安全管理条例》等法律法规,做好安全防范工作。严格执行港口危险货物作业申报制度,认真开展安全隐患排查工作,对排查出来的问题和安全隐患加强整改,切实保障危险货物作业安全生产。组织抓好港口危险货物岸上管理及作业人员教育培训工作,9 月 25 日 ~27 日,在九江市举办了全省第八期港口危险货物岸上管理及作业人员培训班,全省从事港口危险货物岸上管理及作业人员、危险货物运输管理及作业人员共 76 人参加了培训,并取得上岗作业证书。

（张掌华）

【全省完成港口经营资质核查及换发新版“港口经营许可证”】 自 2011 年 4 月份开始,按照交通运输部要求,江西港口行政管理部门统一布置,顺利完成了港口经营业户资格审查和“港口经营许可证”换发工作。经过核查,江西共有 394 户港口经营业户的经营资质符合规定要求,全部按要求换发了新版“港口经营许可证”,其中普通货物港口经营业户 358 户,危险货物港口经营业户 34 户,港口旅客运输服务经营业户 2 户。

（张掌华）

【九江港两码头获批使用长江深水岸线】 江西九江港两个码头工程使用长江深水岸线获交通运输部批复。两条岸线总长达 1143 米。

江西铜业集团公司铅锌冶炼工程是江西省“十百千亿工程”重点建设项目,获批复的配套码头工程使用长江岸线173米,拟建3000吨级件杂货泊位1个、5000吨级散货泊位1个,年吞吐量180万吨。同期批复的江西华东船业有限公司船舶建设项目使用长江岸线970米,拟建6万吨级纵向船台滑道2条、3.5万吨级纵向船台2座、3.5万吨级舾装码头泊位2个,年修造船25万载重吨。

【南昌市停止赣江南昌城区段滩场砂石经营】 2011年11月,按照《南昌市砂场整治工作协调会议纪要》要求,南昌市对赣江南昌城区段上起向莆铁路大桥上游铁塔、下至赣江北支乐温大桥、中支英雄大桥下游1000米,南支鱼尾闸范围内所有砂场一律停止经营。按照市政府的决定,南昌市港航管理处依法负责收回上述区段内已发放的港口经营许可证,所有涉及砂场设立经营的新申办港口经营许可证一律停止发放,已发放的在有效期限内全部收回。

(平关正)

【九江市港口管理局强化安全监督构建平安港口】 2011年,九江市港口管理局深入开展“安全生产年”活动,以建立安全生产长效机制为目标标,以专项治理活动为载体,修改制定《2011年港口安全监管工作思路细化目标》和《目标管理考评办法》,创新安全监管模式,落实安全生产主体责任,提升安全监管执法水平,取得了好的成效。

4月开始,该局与九江地方海事、长江公安、长江航道等部门联合执法,并建立了联合执法例会制度,联合执法涉及港口危货作业监管、消防演练、“三无”船舶查处、港口装卸、船运超载治理等多个方面。5月,联合九江市安全生产监督局举办了港口企业安全生产管理培训班,100余家企业共150名负责人和管理人员参加了学习。9月组织港区危险品货物作业单位人员41人参加省港航管理局的上岗资格培训,危险品货物运输岸上人员持证上岗率达100%。成立督查组,实施“自查+督察”、“分工+责任”的模式,对87家港口企业进行了安全隐患排查,对13家危险货物企业上报资料审核,其中,1家因码头安全评价报告过期未通过,核查率100%。全年共查经营场所380多次,排查出安全隐患60处,下达整改通知26份,完成整改60处,整改率100%。审批及核销单船危险货物作业申报780起。

2011年,九江港共完成进出口货物吞吐量3203万吨,共完成旅客吞吐量69300万人次,辖区内各港口客、货运输安全有序,没有发生旅客伤亡事故和安全生产责任事故。

(黄海源)

规费征收

【概况】 2011年,是江西水路交通规费征管工作极具挑战性的一年。一是全省降水量少,为有完整气象记录以来的第二位(仅次于1963年)。上半年出现罕见春夏连旱,下半年提前两个月进入枯水期,船舶运输受到严重影响。二是主要采砂区之一的赣江丰城水域严格限采,因多种原因停采达半年之久;南昌对赣江水域非法采砂实施整顿,封点禁采;鄱阳湖九江水域的当地政府规定停采时间比上年提前近一个月,导致全省较为单一货源的水运市场不景气,给规费征收带来极大压力。面对困境,各级港航稽征部门及时调整思路,狠抓重点,突破难点,逆势而上,保持了规费收入稳定增长,为港航事业的持续发展提供了经济支撑。2011年,全省水路交通规费征收29127.36万元,较上年增收4014万元,同比增长15.98%。其中:海事规费征收10796.15万元,比2010年增收1043.76万元,同比增长10.70%;港口规费征收18331.21万元,比2010年增收2970.24万元,同比增长19.33%。

规范管理,狠抓落实。各稽查征费单位为适应国家实施费改税政策后近两年的新形势,针对本地区的新情况,建立或完善了稽征管理制度。南昌港航分局重修订《规费征收管理办法》,宜春港航分局修订《船舶港务费征收管理办法》,九江市港口管理局制定《规费征收管理规定》。坚持制度建立健全与狠抓落实并举,增加了实征到位率。

坚持应收尽收,实征到位率明显提高。九江、上饶试行收费与稽查分离,规费征收人员不巡查,稽查执法人员不收费,使收费到位率大大提高,成本明显降低,达到了预期目的。同时,稽查人员加大巡查频率和惩罚力度,增强了船舶业主主动报港缴费的意识。

规范海事与港航联合执法征费管理,发挥优势互补作用。8月份以来,新增加南昌海事与港航联合执法征费点,联合执法征费提高了办事效率,不仅方便船民,而且提升征费到位率,降低征收成本。

加大现场稽查力度,加大打击偷逃规费力度。堵漏查补费收同比增长83.49%。鄱阳湖区补征额达377.45万元,占入湖收费的18.47%。九江对省外始发港未缴费的入赣船舶补征达370多万元,南昌港航处补征也达321万元。九江市地方海事局直属执法监察大队全年实施各类行政处罚共计769起(查处本省违章船舶482艘次,外省违章287艘次),同比减少25.48%,共处罚款248.48万元,其中,查处严重超载或屡次超载船舶97艘次,查处假证书船舶18艘次,查补漏缴船舶港务费53.58万元,查补货物港务费148.91万元,违章和偷逃规费的现象得到了遏制。

寓管理于服务之中,培植费源增长点。九江市地方海事局长期与蛤蟆石过驳企业保持良好关系,主动帮助企业排忧解难,维系住企业过驳业务稳定,同时维系住了过驳平台的港务费源。九江市港口管理局牢固树立"服务沿江重点港埠企业、服务沿江工业园区、服务沿江港口工程建设"的"三服务"理念,赢得了港口企业对征费工作的支持。南昌市港航管理处在推进《南昌港总体规划》实施中,专人负责跟踪服务,促进一批具有相当实力的大企业相继落户南昌港,为南昌经济和港航事业的发展注入了新的活力。如江西赣江海螺水泥专用码头投产后,货物装卸缴纳规费65.8万元。

2011年规费征收存在的主要问题是:少数运砂船港务费未按航次征收,港内短途运输船舶征费到位率太低,这些存在多年的问题还没有得到有效的解决。

(黄海源)

船舶检验

【**概况**】 2011年,全省各级船检机构围绕"发展提升年"活动中心,以新的船检技术检验法规和建造、营运检验规程发布为契机,着力推进船检信息系统功能建设,提升技术服务和技术培训工作,进一步优化检验服务环境,提高服务水平,从而为江西水运事业发展提供了安全保障,取得了良好的社会效益和经济效益。

2011年,全省船舶检验登记数量为6540艘,1812853总吨,724442千瓦;船舶检验业务量4948艘次,2254423总吨。继续做好了新建船舶、转籍船舶及"三无"等船舶的送审图纸审查工作,共审批各类图纸68套。继2010年船舶吨位丈量专项检查活动开展以来,本年着重核查了有关船舶的主尺度、总吨位、主机功率等数据,共审核并授予船检登记号76艘。

按照国家交通运输部海事局的部署,积极配合海事部门开展运输船舶吨位丈量专项活动。全年共进行船舶现有吨位丈量计算复核1664艘,并对1634艘船舶进行了实船复查。同时对新建及转入的运输船舶实施吨位丈量复核,把运输船舶吨位丈量专项活动纳入全省船检工作的长效管理机制。在吨位丈量复核中,由于历史原因,存在补图未经船检审批认可的情况等操作层面的问题还有待部局作出统一规定。

按照部海事局在全国范围内实施船舶吨位丈量统一管理新模式的要求,及时更新了检验工作流程和相关软件,11月开始启用了新版船舶吨位丈量管理系统,审核发放新版证书46艘。

加快船检信息系统功能升级。在"江西省船舶检验质量管理信息系统VIMS5.0"试运行状况良好的基础上,下半年启用了新的"江西省船舶检验质量管理信息系统集中版升级VIMS5.03",新增VIMS5数据交换模块,负责将日常检验数据、单个报废、批量休眠、登记号授予等数据报送全国库。

按照交通运输部海事局《关于印发水网地区和非水网地区海事结对子工作计划的通知》(海安全〔2009〕555号)文件精神,为促成赣晋两省船检形成互帮互学、双向交流、共同提高、共同发展的良好局面,两省已建立省级结对子机制,并将此项工作延伸到分支机构,达到了互帮互学,双向交流,共同发展的目标。11月1日至3日,江西省船检邀请法规制定部门技术人员,以《内河船舶法定检验技术规则》(2011)、《河船法定建造检验技术规程》（2011）、《河船法定营运检验技术规程》（2011）等主要内容，为山西省地方海事局有关人员进行了一期业务培训。

提升技术服务和技术培训工作。全年选派了18人次技术人员参加部、局组织的船检人员业务培训，参加部、局组织的船舶吨位丈量复核人员培训共四批18人次，均取得了相关资质；抓住新的船检技术检验法规和建造、营运检验规程发布的契机，为本省用船、造船、设计、验船单位或部门进行法规培训108人。组织全省船检技术骨干参与船舶审图和检验，对九江地区建造的万吨级海船专门组织选派了技术人员进行检验把关，确保了船舶建造检验质量。

（黄海源）

2011年船舶检验登记数量统计表

表19

类别		计算单位	序号	合计				国际航行船舶				国内航行船舶				其中：国内航行小船			
				海船		河船		海船		河船		海船		河船		海船		河船	
				入级	非入级	入级	非入级	入级	非入级	入级	非入级	入级	非入级	入级	非入级	入级	非入级	入级	非入级
甲		乙	丙	1	2	3	4	5	6	7	8	9	10	11	12	13	14	15	16
总计	艘数	艘	1	0	66	0	6474	0	0	0	0	0	66	0	6474	0	0	0	1965
	总吨	吨位	2	0	116940	0	1695913	0	0	0	0	0	116940	0	1695613	0	0	0	75918
	主机功率	千瓦	3	0	54511.6	0	669930	0	0	0	0	0	54512	0	669930	0	0	0	51297
	客位	个	4	0	0	0	33288	0	0	0	0	0	0	0	33288	0	0	0	17219
	车位	辆	0	0	0	0	0	0	0	0	0	0	0	0	0	0	0	0	0
机动船 合计	艘数	艘	6	0	61	0	5570	0	0	0	0	0	61	0	5570	0	0	0	1570
	总吨	吨位	7	0	112671	0	1579267	0	0	0	0	0	112671	0	1579267	0	0	0	49684
	主机功率	千瓦	8	0	54511.6	0	668822.9	0	0	0	0	0	54512	0	668823	0	0	0	50245
	客位	个	9	0	0	0	30942	0	0	0	0	0	0	0	30942	0	0	0	16190
	车位	辆	10	0	0	0	0	0	0	0	0	0	0	0	0	0	0	0	0
机动船 客滚船	艘数	艘	11	0	0	0	0	0	0	0	0	0	0	0	0	0	0	0	0
	总吨	吨位	12	0	0	0	0	0	0	0	0	0	0	0	0	0	0	0	0
	主机功率	千瓦	13	0	0	0	0	0	0	0	0	0	0	0	0	0	0	0	0
	客位	个	14	0	0	0	0	0	0	0	0	0	0	0	0	0	0	0	0
	车位	辆	15	0	0	0	0	0	0	0	0	0	0	0	0	0	0	0	0
机动船 高速客船	艘数	艘	16	0	0	0	56	0	0	0	0	0	0	0	56	0	0	0	48
	总吨	吨位	17	0	0	0	452	0	0	0	0	0	0	0	452	0	0	0	308
	主机功率	千瓦	18	0	0	0	4189.51	0	0	0	0	0	0	0	4189.51	0	0	0	2915.5
	客位	个	19	0	0	0	985	0	0	0	0	0	0	0	985	0	0	0	754
机动船 客渡船	艘数	艘	20	0	0	0	542	0	0	0	0	0	0	0	542	0	0	0	443
	总吨	吨位	21	0	0	0	8931	0	0	0	0	0	0	0	8931	0	0	0	6390
	主机功率	千瓦	22	0	0	0	9993.22	0	0	0	0	0	0	0	9993.22	0	0	0	8325.6
	客位	个	23	0	0	0	21922	0	0	0	0	0	0	0	21922	0	0	0	11944

续表 19

类别			计算单位	序号	合计				国际航行船舶				国内航行船舶				其中:国内航行小船			
					海船		河船		海船		河船		海船		河船		海船		河船	
					入级	非入级	入级	非入级	入级	非入级	入级	非入级	入级	非入级	入级	非入级	入级	非入级	入级	非入级
机动船	客渡船	艘数	艘	24	0	0	0	285	0	0	0	0	0	0	0	285	0	0	0	189
		总吨	吨位	25	0	0	0	8017	0	0	0	0	0	0	0	8017	0	0	0	3081
		主机功率	千瓦	26	0	0	0	13239.93	0	0	0	0	0	0	0	13239.9	0	0	0	6743.1
		客位	个	27	0	0	0	8035	0	0	0	0	0	0	0	8035	0	0	0	3492
	油船	艘数	艘	28	0	18	0	82	0	0	0	0	0	18	0	82	0	0	0	12
		总吨	吨位	29	0	46939	0	19597	0	0	0	0	0	46939	0	19597	0	0	0	3793
		主机功率	千瓦	30	0	26132	0	12266	0	0	0	0	0	26132	0	12266	0	0	0	2691
	散装化学品船	艘数	艘	31	0	0	0	175	0	0	0	0	0	0	0	176	0	0	0	0
		总吨	吨位	32	0	0	0	60569	0	0	0	0	0	0	0	60569	0	0	0	0
		主机功率	千瓦	33	0	0	0	35442.2	0	0	0	0	0	0	0	35442.2	0	0	0	0
	液化气船	艘数	艘	34	0	0	0	0	0	0	0	0	0	0	0	0	0	0	0	0
		总吨	吨位	35	0	0	0	0	0	0	0	0	0	0	0	0	0	0	0	0
		主机功率	千瓦	36	0	0	0	0	0	0	0	0	0	0	0	0	0	0	0	0
	其他	艘数	艘	37	0	43	0	4430	0	0	0	0	0	43	0	4430	0	0	0	878
		总吨	吨位	38	0	65732	0	1481701	0	0	0	0	0	65732	0	1481701	0	0	0	36112
		主机功率	千瓦	39	0	28379.6	0	593692.1	0	0	0	0	0	28380	0	593692	0	0	0	29570
非机动船	合计	艘数	艘	40	0	5	0	822	0	0	0	0	0	5	0	822	0	0	0	315
		总吨	吨位	41	0	4269	0	115121	0	0	0	0	0	4269	0	115121	0	0	0	24853
		客位	个	42	0	0	0	2346	0	0	0	0	0	0	0	2346	0	0	0	1029
	客船	艘数	艘	43	0	0	0	137	0	0	0	0	0	0	0	137	0	0	0	82
		总吨	吨位	44	0	0	0	2539	0	0	0	0	0	0	0	2539	0	0	0	2173
		客位	个	45	0	0	0	2346	0	0	0	0	0	0	0	2346	0	0	0	1029
	油船	艘数	艘	46	0	0	0	76	0	0	0	0	0	0	0	76	0	0	0	13
		总吨	吨位	47	0	0	0	8757	0	0	0	0	0	0	0	8757	0	0	0	2068
	散装化学品船	艘数	艘	48	0	0	0	0	0	0	0	0	0	0	0	0	0	0	0	0
		总吨	吨位	49	0	0	0	0	0	0	0	0	0	0	0	0	0	0	0	0
	液化气船	艘数	艘	50	0	0	0	0	0	0	0	0	0	0	0	0	0	0	0	0
		总吨	吨位	51	0	0	0	0	0	0	0	0	0	0	0	0	0	0	0	0
	其他	艘数	艘	52	0	5	0	605	0	0	0	0	0	5	0	605	0	0	0	220
		总吨	吨位	53	0	4269	0	102213	0	0	0	0	0	4269	0	102213	0	0	0	20612
挂桨机船		艘数	艘	54	0	0	0	82	0	0	0	0	0	0	0	82	0	0	0	80
		总吨	吨位	55	0	0	0	1525	0	0	0	0	0	0	0	1525	0	0	0	1381
		主机功率	千瓦	56	0	0	0	1107.06	0	0	0	0	0	0	0	1107.06	0	0	0	1052.3

（江西省船舶检验局）

2011 年船舶检验业务量统计表

表 20

类别		计算单位	序号	合计				国际航行船舶				国内航行船舶				其中:国内航行小船			
				海船		河船		海船		河船		海船		河船		海船		河船	
				入级	非入级	入级	非入级	入级	非入级	入级	非入级	入级	非入级	入级	非入级	入级	非入级	入级	非入级
甲		乙	丙	1	2	3	4	5	6	7	8	9	10	11	12	13	14	15	16
总计	艘数	艘	1	0	80	0	4868	0	0	0	0	0	80	0	4868	0	0	0	1189
	总吨	吨位	2	0	151035	0	2103388	0	0	0	0	0	151035	0	2103388	0	0	0	22348
建造检验	艘数	艘	3	0	0	0	79	0	0	0	0	0	0	0	79	0	0	0	16
	总吨	吨位	4	0	0	0	66919	0	0	0	0	0	0	0	66919	0	0	0	63
初次检验	艘数	艘	5	0	9	0	133	0	0	0	0	0	9	0	133	0	0	0	55
	总吨	吨位	6	0	19117	0	50735	0	0	0	0	0	19117	0	50735	0	0	0	1852
定期检验	艘数	艘	7	0	11	0	584	0	0	0	0	0	11	0	584	0	0	0	49
	总吨	吨位	8	0	26084	0	264548	0	0	0	0	0	26084	0	264548	0	0	0	574
中间检验	艘数	艘	9	0	15	0	589	0	0	0	0	0	15	0	589	0	0	0	35
	总吨	吨位	10	0	21945	0	268839	0	0	0	0	0	21945	0	268839	0	0	0	545
年度检验	艘数	艘	11	0	35	0	2833	0	0	0	0	0	35	0	2833	0	0	0	1032
	总吨	吨位	12	0	61512	0	997729	0	0	0	0	0	61512	0	997729	0	0	0	19312
临时检验	艘数	艘	13	0	10	0	650	0	0	0	0	0	10	0	650	0	0	0	2
	总吨	吨位	14	0	22377	0	454618	0	0	0	0	0	22377	0	454618	0	0	0	2
坞内检验	艘数	艘	15	0	0	0	0	0	0	0	0	0	0	0	0	0	0	0	0
	总吨	吨位	16	0	0	0	0	0	0	0	0	0	0	0	0	0	0	0	0

(江西省船舶检验局)

【武汉船检管理处到江西调研船检工作】　4 月 1 日,长江海事局副局长刘亮、部海事局武汉船检管理处处长吴又平与九江长江海事局副局长吴接根一行 3 人赴赣调研船检工作,并就船厂管理和新改建船舶建造质量监督管理等工作进行座谈。省国防科工办船舶工业管理处处长甘增海、省港航局领导参加座谈会。

会上,刘亮从加强船舶生产企业管理、加强船舶检验管理、加强船舶登记管理、加强现场检验、加强违法违规行为查处等几方面介绍了湖北省船检管理处的工作要求和思路,并就落实国家关于加强船舶建造质量监督管理与严厉打击非法违法生产经营建设行为的有关文件精神,加强船舶建造质量监督管理工作,构建“造、检、航”一体化监管格局,打击非法违规建造船舶,杜绝低质量船舶进入航运市场,防止船舶污染和重大水上安全事故发生等方面的工作发表讲话。甘增海针对江西省船舶生产企业现状作详细介绍,并反映了本省船舶生产企业管理中的重点和难点。与会人员对形成合力、共同加强全省新改建船舶建造质量监督和船厂管理工作等方面发表了许多建设性意见和建议。同时,结合全省工作实际,由长江海事局、省国防科工办、省港航管理局就加强新(改)建船舶监督管理有关要求,尽快联合行文达成共识。

(林正源)

【九江市交通运输局举行汽车船舶产业招商对接座谈会】　6 月 22 日 ~24 日,九江市交通运输局在浙江省宁波市举办以汽车船舶产业为专题的九江(宁波)汽车船舶产业招商对接座谈会。副市长廖凯波出席会议并讲话,局长董学煌主持会议。会上签约项目 4 个,签约合同资金 6.4 亿元人民币。

(九江市交通运输局)

渡运管理

【省交通运输厅到抚州调研渡口标准化建设试点情况】 4月12日，省交通运输厅安监处、规划处、信息办，省地方海事局等相关部门负责人组成调研组，深入抚州市调研渡口标准化建设试点工作。

调研组一行对临川罗针、唱凯、嵩湖等乡（镇）渡口进行现场考察，详细询问渡口基础设施建设、撤渡建桥等情况，并现场指导渡口信息化标准建设。指出渡口标准化建设要坚持安全、服务、便民的原则，制定与实际需求相适应的渡口候船亭、码头坡道、标牌、视频监控设计方案。

抚州市是2011年省厅选定的实施全省渡口标准化建设试点市。为做好此项工作，抚州市地方海事局积极配合，对全市渡口进行调查摸底，做好相关前期工作。

（黄造昌　唐一凡）

【厅主要领导赴大码头渡口督查渡运安全】 1月18日上午，厅党委程受锭书记在省港航管理局、省运管局领导和丰城市委、市政府、宜春市交通运输局、宜春市地方海事局等主要领导的陪同下，冒着严寒、顶着风雪，深入到丰城大码头渡口督查春运水上交通安全工作。

丰城大码头渡口是全省日人流量密度最大的渡口，程受锭书记十分关心渡运的安全工作，他走到渡口的下客处，迎候正在靠岸的渡船，叮嘱过往群众注意安全，并对陪同检查人员强调，水上交通安全工作与人民群众生命财产安全息息相关，也是海事部门监管的重点。一要加强春运期间渡口、码头的值班工作，要落实责任，坚决杜绝违章操作。二要认真做好安全检查工作，把安全监管工作做细做实，从严把关，消除隐患。三要严禁超载渡运。近期雨雪、冰冻、大风天气频繁，要严禁冒险渡运，确保春运期间乘船群众的安全。

（刘立平）

【海事部门加强渡口渡船安全监管】 9月下旬，海事部门对全省所有的渡船和渡口进行了一次拉网式排查，重点检查渡船救生设备配备情况和在显著位置标识船舶乘客定额等。对排查出的安全隐患和突出问题，督促相关部门和单位及时整改，并在安全隐患整改到位之前，对带“病”渡船一律停航。加强水上交通运输安全教育培训，对乡（镇）水上交通运输安全管理专员、渡工等实行一次不少于4课时的安全教育培训，提高受培训人员的操作技能和责任意识。培训结束后，签订安全渡运承诺书，保证在渡运过程中不发生超载、违规抛锚等违规行为。为落实省厅逐步对全省部分渡口实行标准化建设试点工作，省港航设计院已正式完成试点方案的设计，并通过了省厅评审。按照省厅部署，省港航局已完成相关资料审核工作。

（陈明中）

【南昌市实现农村渡口渡运安全20年】 南昌市濒临鄱阳湖畔，赣江、抚河等径流全境，农村渡口相对较多。经过最近几年渡改桥的建设，部分渡口陆续撤销，到2011年末，全市仍有渡口62个，涉及乡镇31个，行政村58个，配置渡船75艘，有渡工78人。保障人民的出行安全仍是一项重要的任务。

2011年，市交通运输局坚持“安全第一，预防为主”的方针，紧紧围绕着渡运安全这个中心任务，积极做好渡口渡船安全管理方面工作。一是积极开展渡口安全大宣传。组织开展主题为“关爱生命、关注水上交通安全”大型宣传活动，使广大农民群众一同关心渡口安全。二是对各县渡口渡船安全进行检查。市渡口管理所年初制订安全检查计划，坚持不定时的和各县区主管部门配合对辖区内的渡口和渡船进行安全检查，及时了解渡船安全情况，对查出的隐患记录存档备案并下达整改通知书限期整改到位。三是突出春运、传统节日、洪水期等重点时段安全监督检查工作。四是坚决取缔非法渡运。五是明确撤销渡口渡船去向。通过一系列措施的有效实行，全市渡口渡船安全管理方面取得重大成效，至年底，南昌地区已连续20年渡运安全无事故。

（樊　猛）

【宜春市地方海事局打造平安渡口】 宜春市管辖渡口65个、渡船57艘，大多分布于偏远乡镇、山区，安全任务艰巨。宜春市地方海事局高度重视渡运安全监管工作，海事人员长期坚持跋山涉水，走渡口查渡船、访渡工，落实安全法规，强化现场监管，狠抓隐患整改，取得了显著成绩，辖区渡口事故率为零，连续18年保持了渡运安全。

2011年，宜春局属各海事处进一步把任务分解，将渡口安全责任具体落实到人，与各渡口安管员及渡工签订了《渡运安全承诺书》，签约率100%；制订了“渡口渡船突发事件应急预案”，12月与相关部门在飞剑潭水库共同举行了演练；增置救助设备，为渡船配备了水上救生专用浮具，10月份各海事处对辖区渡口的渡工进行了培训。

通过“安全活动月”活动，深入第一线发放安全宣传单800余份；在汛期，派出60人次赴渡口监管和宣讲；在冬季，又走访了相关的渡运单位，督促检查防冻防风防火防爆。对排查出的隐患实行“挂牌”督办和“销号”管理，当场整改与跟踪整改相结合；及时通报地方政府，开展联合执法，将事故消除于萌芽中。全年共出动船艇132艘次、海事执法人员865人次，排除隐患26起，整改26起。

2011年，宜春市地方海事局还对渡口进行了全面调查摸底，严厉打击非法渡运，加大对危及渡运安全的水上作业的监管；掌握改渡建桥施工进展情况，建立了翔实的“渡改桥”项目撤渡工作台账，积极推动已建桥渡口的撤渡工作。全年共撤销渡口51个，特别是经过多次推动，历经上百年、省内渡运量最大的丰城大码头终于在5月撤渡，消除了辖区重大渡运安全隐患。

（黄海源）

【景德镇市投入30万元整改渡口渡船安全隐患】 该市乐平市、浮梁县、昌江区先后投入30万元整改渡口、渡船安全隐患。对存在安全隐患的13道渡口道路、码头交通基础设施进行维修改造；对9艘锈蚀严重、洞穿渗水的渡船进行补修，对部分年久失修的老化设备进行更换；同时增补缺失的救生圈、救生衣等水上救生器材和消防器材；增设多处安全警示标识设施；举办渡工安全培训班，通过一系列措施，确保了渡口和渡船的安全运营。

（徐小明）

【九江市港航局捐赠救生用品给渡轮“送平安”】 6月9日是全国第10个“安全生产月”的第9天，也是“黄梅横渡8号”下水运行的第10个营运日，九江市港航管理局在城区客运码头举行捐赠仪式，将200余件全新救生衣捐赠给黄梅县横坝头运输公司，其“横渡8号”船救生设备得以全部更新。

九江市城区客运码头平均每天有三五百人乘渡轮往返于九江市区和黄梅县，最高峰曾达3000余人。“横渡8号”原有的救生衣大多已陈旧老化，式样也参差不齐。九江市港航局捐赠的救生衣，给乘船的旅客不仅带来了安全保障，还消除了救生设备不匹配所形成的隐患。“横渡8号”的船员们从中深深感受到安全防护的极大重要性，表示要牢固树立“安全第一、预防为主”的理念，切实把安全渡运工作认真做好。

（林小强）

【宜春市地方海事处开展渡工消防应急演练】 为进一步增强船舶驾驶人员消防意识，提高渡船遇到突发事件时的应急救援能力，12月6日，宜春市地方海事处在宜春飞剑潭水库组织船员、渡工开展了冬季消防应急演练。

上午9点30分，模拟的火灾险情的发生，渡口管理站在接到险情报告后，消防小组迅速行动，一方面组织人员进行火灾扑救，一方面组织乘客自救、逃生。在防火演练指挥组的有序调度下，按应急预案的安排，5分钟后着火点明火被扑灭，船员渡工又仔细检查了危险点，防止复燃发生；同时，采取多种救生措施，迅速将乘客有序地撤离到了安全地带。

10点30分，演练顺利结束后，渡口管理站和宜春市地方海事处组织参与演练的人员进行总结，肯定了成绩，指出了问题，同时对如何更好地组织火场逃生、着火点扑救、旅客疏散等在现场进行了具体指导。

（杨惠文　于　喆）

【丰城市集中整治渡口安全隐患】 根据《江西省渡口安全管理条例》规定，9月20日，该市组织安监局、公安局、交通运输局、水利局、海事处等安委会成员单位及拖船、泉港、曲江镇和同田乡政府对全市水上交通安全进行联合大检查。检查中发现拖船镇拖船渡口被附近砂场占据，严重影响渡口正常渡运秩序，存在安全隐患。9月27日下午，分管交通运输工作的副市长在拖船渡口召集各相关部门现场办公，一致同意清除占用拖船渡口的3个砂场并由各相关单位联合下发通告，告知业主在规定的时间内撤离渡口码头，否则坚决予以取缔。由于砂场业主安全意识极其淡薄，在规定的时间内仍无动于衷，继续作业。在市政府的统一指挥下，各相关单位分赴现场，对违反《江西省渡口安全管理条例》有关规定的砂场进行集中整治。多年占据拖船渡口码头作业的3个砂场被彻底清除，从而给赣江拖船段两岸百姓乘渡安全。

（胡　群）

【高安市交通运输局强化渡口安全管理】 由于改渡建桥工作全面完成，大部分渡口被撤销，仅保留了蚁口渡、彭家渡等9个渡口，市局强化工作举措，确保渡乘人员的生命财产安全。一是责任落实到人。实行片区管理负责制，把渡口分成3个片区，安排专门工作人员负责监管，把渡口安全管理责任落实到人。二是坚持月检制度。职能科室每月对所有渡口进行一次检查，发现问题及时整改，重大节日和恶劣天气还要安排人员加强巡查。四是强化渡工安全技能培训。适时举办渡工培训班，加强渡工安全意识、法律法规和操作技能等方面的教育，提高渡工素质。

（何　伟）

【上饶市减少47个渡口】 上饶市境内的公路渡口和民间在运渡口逐年减少，2011年比上年同期减少47个，信州、玉山、德兴三县市的民间渡运已退出历史舞台。全市尚剩公路渡口1处，民间在运渡口100个。全年下拨补助资金23.5万元。

（陈均培）

江西交通史志办获得奖状(部分)

党群工作

党建工作

【概况】 2011 年,厅直属机关党委在厅党委和省直机关工委的正确领导下,克服人员少、任务重、工作杂、压力大等困难,坚持"服务中心,建设队伍",在努力推进党的思想建设、组织建设、作风建设、制度建设和反腐倡廉建设等方面动脑筋、下工夫。

一、深化理论武装工作,继续推进学习型组织建设。

省交通运输厅针对厅直党员干部的工作特点和学习需求,订购、编发了有关学习资料,在督促各单位落实 12 个专题和 12 天集中学习时间的同时,加强了互动式学习、多媒体学习、体验式学习等学习方式的探索。截至 2011 年年底,厅直属机关党委先后组织了 2 期入党积极分子培训班,1 期新党员培训班和 1 期新修订《中共基层党组织条例》培训班,培训共计 660 人次,完成省委党校和省直机关工委党校调学任务 23 人次。

二、围绕交通运输中心工作,深入开展创先争优活动。

1. 省交通运输厅各级基层党组织开展了"四比四创"、"四比四争"主题实践活动(即在基层党组织中开展比学习,创建学习型党组织;比发展,创建干事创业组织;比团结,创建协调统一组织;比作风,创建务实高效组织。"四比四争"即在党员中开展比学习,争当勤学善思模范;比工作,争当敬业实干模范;比作风,争当务实清廉模范;比奉献,争当克己奉公模范)。该活动围绕迎接建党 90 周年这个重大节点展开,分动员部署(2011 年 3 月 5 日 ~2011 年 3 月 20 日)、活动实施(2011 年 3 月 21 日 ~2011 年 11 月 10 日)、总结提高(2011 年 11 月 11 日 ~2011 年 12 月 20 日)3 个步骤进行。一是以活动促活跃。省交通运输厅各级党组织精心设计并落实了以"通行费征收党员示范岗""党员执法示范岗""党员示范窗口""规范化党支部建设"为主要内容的活动载体,纷纷召开党支部规范化建设现场会、"党员示范岗"经验交流会以及组织演讲比赛和征文等多种形式的活动，推动基层党组织履职尽责创先进、促使广大党员立足岗位争优秀。截至2011年底，省直单位服务窗口服务礼仪比赛活动正紧锣密鼓地进行，省高速集团鹰西女子收费站代表省交通运输厅组队参加比赛，现以预赛第二名的好成绩顺利挺进决赛。二是以表彰掀高潮。厅党委于6月28日在南昌隆重召开"省交通运输厅纪念建党90周年暨创先争优活动表彰大会"，掀起了"四比四创"、"四比四争"主题实践活动和创先争优活动的高潮。大会表彰了在创先争优活动中涌现出的44个先进基层党组织、129名优秀共产党员、129名优秀共产党员、48名优秀党务工作者。另外，厅直属单位中共有2个单位被评为省直机关先进基层党支部、2名个人被评为省直机关优秀共产党员、1名个人被评为省直机关优秀党务工作者。三是以宣传造氛围。省交通运输厅编印了《创先作表率 争优当先锋》及《江西省交通运输厅创先争优活动工作手册》。在省委创先争优简报上刊发了《省交通运输厅以领导点评工作推动创先争优活动深入开展》《省交通运输厅结合创先争优开展"四比四创"、"四比四争"主题实践活动》等6篇文章。在《中国交通报》全版宣传省厅和厅直单位开展"四比四创"、"四比四争"的典型经验。

2. 继续推进"四级联动、携手共建活动"和"共驻共建文明社区活动"。省交通运输厅在对共建单位——都昌县和合乡黄金村已落实村党支部办公楼建设资金18万元，资助村小学围墙建设5.5万元，奖学基金0.5万元，两条沿湖公路5.2千米建设立项77万元的基础上正在加紧办理共建单位黄金村委会公路建设缺口资金36万元的申请补助事宜。同时，为省交通运输厅直接对口帮扶社区——南昌市绳金塔街办耶稣堂社区落实经费9550余元用于社区环境美化及休闲场所修缮，并配置电脑2台，配置价格5000元的新空调1台。

3. 创建最优发展环境，大力做好发展提升年工作。一是继续抓好省委、省政府《关于创建最优发展环境的决定》各项规定和措施的落实。2010年"万名群众评机关"对涉及省交通运输厅的8条指向性意见，省交通运输厅在2011年全面落实整改基础上，进一步在公众出行服务方面提升服务水平，实现了江西公众出行网正式上线，厅应急指挥中心推出了官方微博"赣交通厅应急指挥中心"，提供24小时全天候覆盖的全省高速公路实时路况服务。在高速公路服务区推行"卖场经营"，改变部分服务区饮食"质次价高"状况，集中力量打造精品服务区。二是着力提高工作人员服务意识和综合素质。各窗口单位深入开展岗位练兵与"窗口服务形象大使"评比活动，先后组织各类服务竞赛活动36次，举办培训班30余批次，选送参加各级培训900余人次，开展各种演练62次。

三、认真学习贯彻落实"条例"，不断强化党建工作责任落实。

1. 扎实抓好"条例"的宣贯工作。省交通运输厅派人分别参加了省直工委举办的省直机关学习贯彻《中国共产党和国家基层组织工作条例》及《省委实施办法》宣讲骨干培训班、机关党务干部培训班、机关党支部书记培训班，引导党务干部准确把握"条例"精神实质和对机关党建工作提出的新要求，积极探索新形势下基层党组织更好发挥作用的新途径。

2. 认真履行机关党委职责。2011年召开了5次机关党委会，学习贯彻全省机关党建工作会议精神，通报有关情况，履行组织程序，研究工作措施，使机关党委自身建设和工作实效与时俱进。

（秦炜婷）

【省交通运输厅组织纪念建党90周年系列活动】

1.2011年，省交通运输厅组织开展了庆祝建党90周年系列纪念活动。举办了全省交通运输系统（南昌地区）庆祝中国共产党成立90周年职工大合唱比赛，部分获奖单位的参赛曲目在省厅纪念中国共产党成立90周年暨创先争优活动表彰大会上汇报演出。该次比赛以"党在我心中"为主题，共有15个单位、30个节目、700余名演员参加。2. 积极参加省委和省直工委组织的各项活动。一是省高速公路投资集团公司获得全省机关纪念中国共产党成立90周年文艺调演一等奖、全省纪检监察系统纪念建党90周年唱红歌比赛二等奖和"颂歌献给党 爱我新江西"全省纪念中国共产党成立90周年大型群众歌咏比赛决赛二等奖，参加了江西电视台都市频道和江西卫视的现场直播。同时，在全省机关纪念中国共产党成立90周年文艺调演中，省港航管理局选送的音乐快板《十颂江西交通》，获语言类三等奖及优秀创作奖,并参加省直机关庆祝中国共产党成立90周年文艺晚会演出;省公路局选送的器乐合奏《山花烂漫》获声乐类二等奖;交通职业技术学院选送的舞蹈《在灿烂阳光下》获舞蹈类二等奖;省交通运输厅获得优秀组织奖,并被省直机关工委给予通报表扬。二是为总结党的历史经验,进一步提高基层党组织建设科学化水平,积极组稿参加省直工委以"纪念中国共产党成立90周年"为主题的论文评选活动。省交通运输厅选送9篇论文,其中1篇获三等奖,2篇获得优秀论文奖。三是省直机关党建工作项目化发展暨机关文化建设现场会于11月15日在赣粤公司召开。省直机关工委、省交通运输厅相关领导及省直机关各单位组织(宣传)部长、机关党委专职副书记等150余人出席会议。赣粤高速代表交通运输系统作了题为《义利共赢 和谐创新 建设赣粤高速人共有的精神家园》的典型发言。会场同时举办了江西交通运输行业文化建设成果展,生动展现了江西交通运输行业文化的内涵和精神,受到与会代表一致肯定和好评。

(厅直机关党委)

【省公路管理局召开庆祝建党90周年暨创先争优活动表彰大会】 6月29日,省公路管理局隆重召开庆祝建党90周年暨创先争优活动表彰大会,追忆党的光辉历程,缅怀党的丰功伟绩。表彰一批作出突出贡献的先进基层党组织和优秀个人。大会在庄严的国际歌中开幕,省交通运输厅党委书记程受锭出席会议并为优秀单位和个人颁奖,厅党委委员、省公路局党委书记曹先扬讲话。大会对8个先进基层党支部、23名优秀共产党员、14名优秀党务工作者以及荣获庆祝建党90周年知识竞赛活动的先进单位和个人进行了表彰,3位党员代表先进基层党支部、先进共产党员、优秀党务工作者进行了发言。局直属各单位党政负责人,先进基层党支部、优秀共产党员、优秀党务工作者代表以及局机关全体党员干部参加了会议。大会在全体人员高唱《没有共产党就没有新中国》的歌声中闭幕。

(公路局史志办)

【省港航局举办"四比四创"、"四比四争"主题演讲比赛】 7月21日,省港航局举办了"四比四创"、"四比四争"主题演讲比赛,来自全省港航系统18个单位的24名选手齐聚一堂,经过一天紧张激烈的角逐,最后有6位选手分获比赛的一二三等奖。

比赛中,选手们以自己身边的基层党组织、党员群体或个人为素材,通过慷慨激昂的陈词,生动反映了全省港航系统各级党组织、党员群体或个人在立足本职岗位、积极创先争优、争创一流业绩、发挥先锋模范作用,推进港航事业科学发展等方面的先进事迹和精神风貌,精彩的演讲不时博得了台下观众的阵阵掌声。

通过此次比赛,进一步激发了港航系统干部职工比学赶超、创先争优的工作热情,为继续促进全系统创先争优及"四比四创""四比四争"活动的深入开展起到了积极的推动作用。

(倪 磊)

【省港航局组织党员代表赴韶山接受革命传统教育】 2011年,省港航局组织在昌党员代表赴湖南韶山接受革命传统教育。党员代表通过瞻仰韶山毛泽东故居,深刻缅怀毛主席对建立和建设新中国所立下的丰功伟绩。重温中国共产党艰苦卓绝的发展历程和光辉历史,进一步坚定了理想信念,陶冶了思想情操,激发了爱国主义热情。在湘期间,还学习考察了湖南省地方海事局在创先争优和党建工作方面的经验。

(徐燕平)

【省运管局加强党建工作】 2011年,省运管局党委紧紧围绕道路运输改革发展的大局,加强党建工作。一是坚持组织生活,让"党建机制"良性运转。始终加强组织建设这一基础。3月批复成立了省道路运输协会党支部,进一步推进了新社会组织党组织建设,并积极稳妥做好了离退休党支部按届选举工作。依托全国党员管理信息系统(基层版),加强党组织、党员、发展党员动态管理。始终加强队伍建设这一重点。积极稳妥地推进了干部人事制度改革,圆满完成了局机关干部选拔任用工作,新提拔处级以上干部8人,科级干部16人;新提拔和改任科级非领导干部11人;双向选择调整工作岗位11人。二是强化思想教育,让"党的意识"扎根心头。用厚重历史传承使命。组织开展了"七个一"活动纪念中国共产党成立

90周年活动,即开展了一次集中慰问活动,集中走访看望慰问老党员、老干部、困难党员和优秀党员;组织新党员赴方志敏革命烈士墓进行了一次入党宣誓活动;组队参加省交通运输系统"党在我心中"职工大合唱比赛活动,获得了一等奖;组织了一批优秀共产党员、优秀党务工作者赴湖南韶山参观学习,在毛泽东铜像前重温入党誓词;开展了一次"学党史、强党性"主题读书活动;集中收看庆祝中国共产党成立90周年大会实况,上了一次坚定信仰、坚定方向的党性教育课;结合创先争优活动,表彰了一批"先进基层党支部""优秀共产党员"和"优秀党务工作者"。用运管精神激励斗志。引导广大党员干部把"天道酬勤、顺畅为民,路运并举、和谐发展"这一精神入脑、入心、入身,坚持共产主义理想与做好本职工作有机结合起来,立足岗位发挥党员先锋模范作用。三是深化创争活动,让"党员形象"立标立杆。开展党员公开承诺活动,激发使命感。局机关102名在职党员承诺办实事好事1285件,并做成公示牌公示上墙。开展创先争优点评工作,唤起责任心。对支部和党员的践诺情况,局党委组织开展了点评活动,点出问题,评出实效,整改完善。其中,兑现承诺1115条,兑现率100%,制定整改措施460条。开展"四比四创"、"四比四争"主题实践活动,增强先锋性。结合工作实际,制定了活动实施方案,结合实际工作推进活动有序开展,进一步激发党员干部干事创业的热情,形成不甘落后、奋勇争先的良好局面。

(朱 熹)

【省高速集团10项活动纪念建党90周年】 2011年,省高速集团结合实际,精心部署10项活动,在各级党组织和广大共产党员中掀起了创先争优新高潮。

10项活动分别是:开展党史学习宣传活动,在江西高速公路网站开辟"党史上的今天"栏目;举办党史知识讲座,邀请省委党史研究室主任沈谦芳为党委中心组扩大学习作专题讲座;组织党组织和党员制定2011年度创先争优承诺书,努力为职工群众办更多实事;举办党的知识竞赛活动。在广大党员中掀起学习党的知识高潮;举办纪念建党90周年红歌会暨"爱我高速"企业歌曲歌唱大赛,用歌声讴歌党、讴歌祖国、讴歌江西交通、讴歌江西高速;在江西高速公路网站和江西高速公路杂志开设"高速先锋——优秀共产党员风采展"专题宣传,对近年来省高速集团涌现出来的优秀共产党员先进典型的感人事迹进行广泛宣传;开展纪念建党90周年书画摄影作品征集评选活动,以书画摄影形式为党的生日添彩;组织"学习党的历史知识、纪念建党90周年"征文活动;召开创先争优表彰大会,表彰一批先进基层党组织、优秀共产党员和优秀党务工作者;组织企业思想政治工作和创先争优理论研讨会。纪念建党90周年10项活动的开展,活跃了职工群众的文化生活,充分展现了省高速集团党员干部良好的精神风貌。

(刘 健)

【省交通设计院举办中层干部学习班】 10月16~22日,省交通设计院在婺源连续举办两期题为《用哲学的理论指导企业科学发展》中层干部培训班。第一期10月16~19日,有33人参加;第二期10月19~22日,有21人参加。院党委主要负责人分别参加了两期培训班的学习。在中层干部学习班上,院党委主要负责人系统论述了哲学的理论对企业科学发展的重要作用及深远意义。参加学习班的中层干部认真听党课,学习讨论并做笔记。通过党课学习,中层干部感触很深,感到大有收获,该次党课也非常及时,对该院体制改革后的企业发展方向有着十分重要的现实意义。

(李亚琼)

【省交通设计院组织党支部书记赴韶山参观学习】 7月28日,省交通设计院组织15名党支部书记赴韶山参观学习,让党支部书记们亲身感受开创新中国历史的红土地的神圣,共同缅怀革命领袖的丰功伟绩。在一天的时间里,党支部书记们回忆往昔,怀着无比激动的心情参观了一代伟人毛泽东的故居,在毛主席铜像广场向毛主席铜像敬献花篮并深深地鞠躬,表达对毛主席的敬重和怀念。党支部书记们认为伟大的中国共产党风风雨雨走过90年,很不容易,也很了不起,对90年来取得的巨大成绩感到十分自豪。成绩的取得离不开党的英明领导和全国各族人民的团结奋斗,党支部书记们结合争先创优活动,结合该院实际,勤奋苦干,开拓创新,为该院的发展尽心尽力,作出自己的贡献。

(周　君)

【南昌市交通运输局开展主题教育活动】 12月初,新组建的南昌市交通运输局党委研究决定,用一年的时间,在全市交通运输系统开展“保稳定、讲团结、优管理,促发展”主题教育活动。这是加强干部队伍建设的重要抓手,是推进全市交通运输发展的思想动力。活动共分4个阶段进行:组织动员、宣传发动,对照检查、自查自纠,制定措施、整改落实,评议验收、总结提高。

此次主题教育活动涵盖局机关,各县、区交通运输局(办),局属各企事业单位,局党委和局领导为活动领导小组正副组长,并分别明确联系的县区和局属各企事业单位。活动的重点是紧密联系该单位(部门)及个人的思想和工作实际,围绕稳定、团结、管理、发展四个方面的问题认真进行自查自纠。在此基础上,用5个月的时间对存在的问题进行整改,达到“四个实现”,在全市交通运输系统形成和谐稳定、团结奋进、管理优良、快速发展的良好局面,力争全市年度综合目标考评和省厅业务工作年度考评排名靠前,把全市交通运输工作推上一个新的台阶。

(周国祥)

【景德镇市交通运输局部署系统党建工作】 4月2日,景德镇市交通运输局召开系统党建工作会议,部署系统党建工作。

2011年景德镇市交通运输系统党建工作的总体要求是:以邓小平理论和“三个代表”重要思想为指导,深入贯彻科学发展观,落实中共十七、十七届五中全会精神,按照市委的总体部署和要求,围绕中心、服务大局、为推进交通运输事业科学发展,提供坚强的思想、政治保证和人才支撑,以优异成绩庆祝建党90周年。具体做好四项工作,一是紧扣主题,围绕主线,着力加强领导班子和干部队伍建设,认真贯彻全市组织部会议精神,着力加强各级领导班子和党员干部队伍建设,努力打造一支创新发展、担负重任、廉洁从政的高素质领导班子和干部队伍。二是以纪念建党90周年为契机,切实抓好党的建设,按照“凝聚人心、推动发展、促进和谐”的要求,切实抓好党的建设工作,以优异成绩迎接党的生日。三是围绕中心、服务大局,深入广泛开展反腐倡廉建设,着力解决人民群众反映强烈的突出问题,不断提高反腐倡廉建设科学化水平。认真落实2011年交通系统党风廉政建设和反腐败工作责任分工,切实把反腐倡廉工作抓落实。四是切实做好宣传思想和精神文明建设工作,认真组织建党90周年各项纪念活动,围绕交通运输事业建设目标,做好对外宣传报道工作。开展好发展提升年活动,确保继续评为全市先进单位。

(郭晓初)

【景市交通运输局开展纪念建党90周年系列活动】 自6月1日起,景德镇市交通运输局在全系统开展纪念建党90周年系列活动,以深切缅怀党的光辉历程,热情讴歌党的丰功伟绩,继承弘扬党的光荣传统和优良作风,凝聚党员干部和职工群众的智慧和力量,开创交通运输事业科学发展新局面。该局系列活动唱响共产党好、社会主义好、改革开放好、伟大祖国好、各族人民好的时代主旋律,主要内容包括召开纪念建党90周年表彰大会,对系统先进基层党组织、优秀共产党员、优秀党务工作者进行表彰;举办纪念建党90周年文艺会演暨群众歌咏比赛,并组织参加全市第32届群众歌咏歌咏月活动;组织党员学习党史、党建知识,党员领导干部通过学习至少写出一篇学习体会文章,组织全体党员参加“全国党建知识竞赛”活动;开展“学习党的光辉历史,接受革命传统教育”主题教育活动,组织党员参观红色故址、旧址,接受传统教育:举办建党90周年成果展,集中反映全市交通运输系统在党的旗帜照耀下所取得的成就;开展以“庆党建、保廉洁、促发展”为主题的宣传教育月活动,营造良好的廉明清政文化氛围,进步增强党员特别是党员领导干部廉洁从政和依法行政意识;开展走访慰问困难党员、老党员、老干部和优秀共产党员、优秀党务工作者活动,给党员们送去党的关怀和温暖。

(涂　强)

【景市交通运输局“红歌颂党恩”】 6月23日,景德镇市交通运输局党委举办“红歌颂党恩”文艺会演。这是该局组织的纪念中国共产党成立90周年的系列活动之一。副市长黄康明到场观摩并指导演出。大合唱《祖国不会忘记》拉开了文艺会演的帷幕，男声独唱《把一切献给党》表达了共产党员牢记入党誓词，随时准备为党和人民牺牲一切的崇高品德，配乐诗朗诵《党啊，今天是您的生日》讲述了中国共产党的成立不仅是中国历史上的伟大事件，也是世界发展史上的重大事件，这一历史事件改变了中国的命运，也改变了世界的发展轨迹。文艺会演在全场齐唱《走向复兴》的豪迈歌声中结束。文艺会演结束后，该局党委接着召开市交通运输系统纪念建党90周年暨“创先争优”表彰大会，对在创建先进基层党组织、争做优秀共产党员活动中涌现出的先进党支部、优秀共产党员和优秀党务工作者进行了表彰。由该局党委组织的“全市交通运输系统纪念中国共产党成立90周年成果展”也同时开展。

（涂　强）

【萍乡市交通运输局开展多种活动隆重纪念建党90周年】 2011年，萍乡市交通运输局隆重纪念建党90周年，进一步加强党组织和党员队伍建设，鼓舞和激励全体党员坚定理想信念。该局多措并举开展庆祝建党90周年系列活动。一是组织开展学唱、传唱红歌等文艺活动。豪迈的歌声飞扬，精彩的文艺表演，激情的演讲比赛，表达全市交通运输系统干部职工对祖国的热爱。二是以“继承传统，发扬作风”为重点，组织开展党史纪念地学习活动。通过组织广大交通运输系统干部职工走进安源路矿工人运动纪念馆，瞻仰陆德铭烈士墓，聆听党史、市情教育等重温革命历史活动，汲取革命先烈的精神力量，继承和发扬优良传统。三是组织单位全体党员干部职工观看电影《建党伟业》，通过座谈、讨论、交流观后感的形式，帮助广大党员、干部了解历史，增强民族自豪感，继承和发扬光荣革命传统，培养永远跟党走的爱国主义情操，激发广大干部职工在交通运输事业大发展中建功立业的热情。

（卢春媚　廖嵘峰）

【九江市交通运输系统基层党组织配专职书记】

2011年，九江市交通运输局党委下辖33个基层党支部，在运管局、港航局机构名称变更及相关下属单位升格后，运管局新成立了客管处、稽查支队、驾培所、运管所、维修所4个党支部，并选配了专职支部书记，连同原有的城区分局、共青分局及离退休支部一起，共选配了7名专职支部书记；下属公交公司党委除机关支部外，其余9个党支部全部配齐了专职支部书记。另外，港航局党总支城区分局、湖口检查站、离退休支部等3个支部，装卸运输公司党委4个支部，航运总公司党总支3个支部，局属公路所计11个党支部也都选配了专职支部书记。调整后的党支部班子更具凝聚力、向心力。

（叶　勇）

【新余长运客运南站开展“颂党恩、跟党走”主题教育活动】 6月底，新余长运客运南站在建党90周年之际，精心组织以“颂党恩、跟党走”为主题的系列活动。该站进行红色遗址寻访学习，组织全体党员到罗坊会议纪念馆参观，接受革命宣传和爱国主义教育；听一场党史专题课，并进行党史知识测试；开展全体党员重温入党誓词的入党宣誓仪式，牢记党的宗旨；组织咏唱红歌晚会，讴歌党的丰功伟绩；进行先进评比表彰和党员登山活动。

（王　敏）

【鹰潭市交通运输局开展党员领导点评工作】

2011年，鹰潭市交通运输局创先争优领导小组将领导点评工作纳入日常工作范畴，集思广益，职工们想法子、出点子，目标只有一个——将领导点评工作与中心工作、日常工作、群众关心的热点难点问题牢牢结合起来。联系公开承诺、评星晋级等活动进展情况，采取了会议集中点评、工作现场点评、个别谈话点评、面对面相互点评等模式，将领导点评落实到了各党支部和全体党员。全局有党支部11个，被点评11个；党员82名，被点评82名。通过领导点评，进一步巩固了局党组织的战斗堡垒作用和党员的先锋模范作用，有力促进交通各项工作的顺利开展。

（鹰潭市交通运输局）

【宜春市交通运输局扎实展开“三同四民”工作】

11月2~8日，按照宜春市委的统一部署，宜春市交通运输局，“三同四民”工作组，在樟树市阁山镇黄家巷村开展以“六个一”为主要内容的“三同四民”活动。为贴近群众，了解民情，该局工作组不搞特殊化，帮助劳动力较少的家庭收割水稻，与农户同吃同劳动、并召开村委干部会议和由村委干部、村民小组长以及部分党员参加的宣讲会,朱宜民局长宣讲宜春市党代会主要精神,从什么是幸福宜春、建设幸福宜春存在问题和有利条件、怎么样建设幸福宜春等5个方面,深入浅出并结合黄家巷村的实际解读建设幸福宜春的努力方向,发放宣传小册子100份。党组书记李奇带领工作组成员走村串户、深入田间地头,广泛了解民情. 走访慰问10户五保户、困难户、留守老人和儿童家庭,发放慰问金3000元,同时选定其中6户相对困难家庭结成帮扶对子,长期予以帮扶。工作组积极向上反映和协调该村与新干县交界处40公顷高山茶叶林地归属权问题,并提出修建水库的规划和思路。在实地察看四个新农村建设点后,经与村委沟通,由村委选定停靠点,加固一座水毁公路桥梁,对村内的新农村点公路建设给予立项,并提供帮扶物资31万元。

(梁益海 柳承启)

【宜春市交通运输局组织党员干部到延安参观】 7月中旬,宜春市交通运输局机关党总支组织全体机关干部赴延安参观。在延安的宝塔山下,党员们参观枣园、畅家岭、延安文艺座谈会址和中共党的七大会址。一幅幅珍贵的照片、一件件古旧的文物、一段段感人的故事,把党员们的思绪一下又拉回到革命战争年代延安时期,一幅幅惊心动魄、艰苦卓绝的画面就在党员们眼前。全体机关党员怀着对老一辈无产阶级革命家无比崇敬的心情在枣园竖起党旗,举起右拳,重温入党誓词。通过参观学习,党员们受到一次深刻的革命传统教育。党员们纷纷表示,要以此次参观学习为起点,发扬"延安精神",与时俱进,爱岗敬业,为交通运输事业多作贡献。

(易 为)

【上饶市交通运输局举办纪念建党90周年党建知识竞赛】 6月22日,上饶市交通运输系统为纪念建党90周年举办了党建知识竞赛活动,复赛、决赛在上饶公路分局举行。市纪委、市委组织部、市委宣传部、市直机关工委、市文明办等有关领导应邀观摩指导,市交通运输局党组书记、局长吴铭汉致辞,市交通运输局负责人和全市交通运输系统各单位代表150余人观看了比赛。

该市交通运输系统共有23支代表队参加了笔试预赛、12支代表队参加了复赛,经过层层筛选,6支代表队进入决赛。玉山县交通运输局代表队勇夺桂冠,取得了本次竞赛活动的一等奖,市客管处、现代路桥总公司分别获得二等奖,市交通质监站、鄱阳县交通运输局、万年县交通运输局分别获得三等奖,市局机关、市运管处、余干县交通运输局、铅山县交通运输局获得优秀奖,广丰县交通运输局获得最佳组织奖,上武高速公路建设管理处获得最佳风采奖。

(章定成 匡 慧)

纪检监察工作

【概况】 1. 2011年,省交通运输厅狠抓党风廉政建设,各项工作扎实推进。年初,制定下发了《关于落实2011年党风廉政建设和反腐败工作任务分工的通知》,明确了2011年度省交通运输厅党风廉政建设的目标要求和反腐败工作的8大类47项任务,并将责任领导、牵头部门和责任部门落实到位。2月21日,召开了厅直属单位纪委书记座谈会,对厅直属各单位落实年度党风廉政建设责任目标进行督促。11月4日,召开厅直单位纪检监察工作座谈会,组织汇报交流党风廉政建设和反腐败工作的进展落实情况。组织由厅领导带队,加强党风廉政建设责任制检查。对各设区市交通运输部门、厅直属各单位和各重点工程建设项目办贯彻落实党风廉政建设责任目标的情况以调研的形式进行督促检查,分别检查了交通职业技术学院、九江新长江大桥建设项目办、远洋运输公司和宜春市交通运输部门等近30个单位落实党风廉政建设责任制工作情况。

2. 强化惩防体系建设加大防治腐败力度。2011年,省交通运输厅制定了《江西省交通运输厅惩防体系、机制构建手册》,梳理并纳入各项制度及规定的惩防腐败工作措施249项。梳理纳入原有制度92项,2011年新制定完善7项,新纳入相关制度和规定38项。3月15日,厅机关召开惩防体系工作部署会,广泛征询了对"八大子体系"和30项机制建设工作的意见和建议。对照工作规划、实施办法以及"八大子体系"和30项机制明确的任务进行,认真梳理。5月26日,省交通运输厅在永武高速召开了全省高速公路建设项目“十二公开”现场会。会议对全省高速公路建设项目“十二公开”工作的阶段性成果进行了总结。

3. 以查办案件工作为手段,积极惩处违纪违法行为。2011年,全厅纪检监察机关接受群众来信来访电话举报191件(次),上级交办64件(次),其中检控类50件(次),受理初核线索15件,立案11件,处分了违纪人员。

4. 以提升发展能力为目标,大力加强交通运输政风行风建设。一年来,省交通运输厅以群众切身利益密切相关的窗口单位作为行风建设重点进一步加强政风行风建设。驻厅监察室先后在全省进行春运道路旅客运输服务及运政执法的情况和设区市治超站、运管所以及高速路政大队、高速公路服务区收费站进行督导和明察暗访。以加强出租车行业规范管理为突破口,加大了出租车行业规范服务管理力度。驻厅监察室协调省运管局、省高速集团和省路政总队,分别印发了《全省道路运输行政执法专项治理活动方案》《全省高速公路服务区“环境大优化、服务大提升”活动实施方案》和《全省高速公路路政管理专项治理活动实施方案》。开展了为期3个月的专项治理工作,着力解决了是否存在执法行为不规范、服务意识差、执法公示不健全、趋利执法等问题。认真解决影响机关效能、损害发展环境和交通运输行业形象的突出问题。全年,共办理省纠风办转办的投诉14件,受理省效能办督办函26件,对经核实存在的问题及时进行了整改,8月份在全省58个监测对象排名升至第26名。认真开展庆典、研讨会、论坛过多过滥问题的专项治理,从严审批。节约资金2万元整。

5. 以推进专项治理工作为重点,反腐倡廉工作不断深化。2月15日,召开了全省交通运输系统工程建设领域突出问题专项治理工作会议,总结经验,部署2011年的工作任务。与此同时,对2002年以来有关工程建设的法规、制度进行了梳理,新增24件,汇编成册,印发了《江西省交通运输厅“十二公开”制度汇编》。进一步完善了《江西省交通运输厅部门、岗位风险防控手册(试行)》和《交通运输基础设施重点工程建设项目廉政风险防控手册(试行)》。制定《江西省交通运输厅开展工程治理重点领域集中检查工作方案》。6月份,分两个组对各重点工程建设项目办专项治理工作组织实施情况、项目排查和问题整改落实情况和项目建设关键环节及重点领域治理情况进行了督查。

2011年,进一步推进“阳光反腐年”活动。进一步强调厅直属各单位将行政审批、选人用人、资金使用、公路执法、工程建设、物资采购、公务管理等方面由领导班子集体研究决定,杜绝暗箱操作、预防营私舞弊,切实落实《关于党的基层组织实行党务公开的意见》,推动政务公开,所(站)务公开的全面落实。10月9日,驻厅监察室在昌樟高速昌西南所召开基层单位党风廉政建设推进会,交流和重点布置了基层单位党风廉政建设工作。7月28日,省公路路政管理总队在抚州召开全省高速路政管理系统政务管理“六公开”现场会,较好的促进基层单位党风廉政建设工作的开展。

进一步推进网上审批和电子监察工作。5月4日,协调召开由省公路局、省港航局、省运管局、省路政总队和厅办公室、厅科教处、驻厅监察室及厅信息中心参加的协调会议,研究厅网上审批和电子监察工作事宜。

推进公路养护工程建设项目专项治理。3月8日,配合厅路航管养处下发《全省公路养护工程专项检查工作实施方案》,对2009年1月1日以后实施的高速公路及普通国省干线公路养护工程的项目立项、招标投标、工程转包分包、设备材料采购、设计变更、资金拨付和使用、质量监督、工程验收等环节进行了检查。11月,厅路航管养处和驻厅监察室组成联合督查组,对全系统公路养护工程建设项目专项治理工作进行专项督导。

推进“小金库”专项治理工作。5月9日,驻厅监察室配合厅财审处召开“小金库”治理工作推进会,布置了2011年“小金库”治理工作。配合厅财审处制定了《“小金库”专项治理重点检查工作实施方案》,派出了7个检查组对所属7个单位进行了重点检查。

推进公务用车专项治理工作。5月27日,召开公务用车专项治理领导小组会议,对开展公务用车统计、上报工作进行了统一布置,认真研究制定省厅公务用车编制配备等管理问题。配合厅后勤中心认真开展了公务用车登记自查工作,共登记自查厅机关公务用车23辆,未发现有违规情况存在。

6. 深入开展党风廉政宣传教育,提高党员干部廉洁自律意识。2011年,驻厅监察室在江西廉政网上稿10篇,在省监察厅《监察综合与分析》杂志以专版的形式宣传了省厅高速公路建设“十二公开”工作。编印了《江西交通纪检监察信息》12期,下发给全系统纪检监察部门。开展了纪念中国共产党成立90周年反腐倡廉建设理论研讨和风险岗位廉能管理工作理论研讨两项研讨活动,收集优秀论文60余篇,向省纪委和交通运输部推荐8篇。开展了唱红歌活动,开展了形式多样的警示教育活动。

(李青峰)

【省交通运输厅加强全系统纪检监察干部队伍建设】 3月25~27日,省交通运输厅组织厅机关、厅直属二级单位和重点工程建设项目办的100余名纪检监察干部和工程建设干部参加由《中国招标》周刊社举办的招标采购操作实务与监督管理及风险防范培训班,提高了纪检监察干部和工程建设干部的业务水平。6月8~10日,组织全省交通运输系统工程建设廉政监管业务培训班,厅机关、厅直属二级单位和重点工程建设项目办的130余名纪检监察干部参加培训。此外,厅直各单位也积极组织纪检监察干部培训,取得了较好的成效。3月18~19日,省路政总队举办全省高速路政系统纪检监察业务培训,全省11个高速路政支队纪委书记、支队机关兼职纪检监察干部、各大队、治超站党支部负责人员及纪检员等140余人参加培训;6月2日,交通职业技术学院举办廉政党课报告会,培训该院领导班子成员、中层干部、全体在岗党员和学生党员共计300余人。

(李青峰)

【省交通运输厅召开厅直属单位纪委书记座谈会】 2月21日,省交通运输厅纪委在省高速集团召开直属单位纪委书记座谈会。各单位就贯彻落实省纪委八次全会、交通运输部廉政工作会及省厅廉政会议精神,做好2011年工作,进行了交流发言。驻厅纪检组组长、厅纪委书记成松出席会议并讲话,副厅级纪检员、监察专员汪明彦主持会议。

会议指出,一是要围绕中心,服务大局,把纪检监察工作融入部门的中心工作,并在服务大局中提升纪检监察工作水平。二是要完成“八大子体系”基本框架,深入开展“阳光反腐年”活动,构建全省交通运输特色惩防体系。三是要强化教育监督,促进领导干部廉洁自律。四是要加强政风行风建设,争取取得阶段性成果。五是要重视和加强办案工作,严肃惩处腐败行为。会议还对各单位纪检监察干部提出具体要求,一是要努力学习,不断提高自身素质。二是要扎实作风,把握部门纪检监察工作的规律和特点。三是要履行职责,不辜负组织和群众的期望。

(李青峰)

【省交通运输厅召开基层单位党风廉政建设推进会】 10月9日,江西省交通运输厅基层单位党风廉政建设推进会在昌樟高速管理处昌西南所召开,省交通运输厅厅长马志武,副厅长孙茂刚,厅党委委员、省公路管理局党委书记曹先扬,厅纪委书记成松出席会议,省纪委三室副主任李启真亲临会议指导。

厅机关有关处室,厅属各单位党委、纪委主要负责人和部分基层单位代表160余人参加会议。与会代表观看了省高速集团党风廉政建设宣传片。省高速集团、省公路路政管理总队、省高速集团赣粤股份公司、赣县地方海事处、省高速集团景德镇管理中心婺源北所和省高速集团公路开发公司景鹰公司桥隧处作党风廉政建设经验交流发言。

会议要求。一是要高度重视基层单位的廉政建设工作。2011年,全省交通运输系统各基层单位在落实党风廉政建设责任制上、在坚持教育方面、在制度建设上、在监督上下了工夫。但在看到成绩的同时,也应该清醒地认识到基层单位廉政建设工作的“三个不够到位”,即贯彻落实廉政建设责任制不够到位,解决突出问题方面不够到位和制度执行不够到位。各单位必须认清形势,认真贯彻落实中央关于加强基层建设的精神,全面提高对廉政建设的长期性、艰巨性和复杂性的认识,把加强廉政建设作为单位“一把手”工程来抓,紧紧抓住基层所站这个窗口,努力促进基层规范管理,提高工作效率、改善工作作风。二是要明确基层单位事务公开的重点和权力公开透明运行的关键环节。要明确重点内容、明确重点人员、明确运行规范。结合廉政风险防控点、行政许可流程图等方面,要抓好资产处置问题、养护工程招标问题、物品采购问题、公车管理问题和作风问题。三是要认真执行基层单位事务公开工作规范和评价机制。要认真执行工作规范和制度,抓好制度清理,制度创新,针对新情况、新问题,及时制定新的制度,抓好制度落实。要认真执行基层单位党风廉政建设考核评价机制。

(厅办公室　驻厅监察室　江西交通编辑部)

【省交通运输厅召开纪检监察工作座谈会】 11月4日,省交通运输厅在永修召开纪检监察工作座谈会。驻厅纪检组组长、厅纪委书记成松参加会议并讲话。厅直属各单位分管纪检监察工作领导和监察室主任(纪检员),计40余人参加会议。

会议强调,要加强学习,自觉用省第十三次党代会精神统一思想,指导参会人员的工作。一是要抓紧完善惩防体系基本框架。各单位、各部门要根据中央工作规划和省实施办法的要求,对照八大子体系、30项机制明确的任务,认真梳理,加快工作进度。对已完成的工作,要总结经验,巩固提高,并纳入常态管理;对持续开展的工作,要持之以恒,开拓创新,不断取得新的成效;对未完成的工作,要仔细分析原因,倒排时间,抓紧推进。确保2011年年底前完成惩防体系基本框架构建任务。二是要如期完成各项专项治理任务。三是廉洁自律一刻也不能放松。尤其要重点抓好节日期间的廉洁自律工作,四是增强查办案件工作力度。五是发展提升年争取取得明显提升。六是认真进行2011年终考核。

(李青峰)

【省交通运输厅组织机关干部参观省反腐倡廉警示教育展】 12月21日,省交通运输厅在家的厅领导及机关干部50余人参观省反腐倡廉警示教育展。通过参观警示教育展,参观人员感到深受启发和教育。警示教育展中揭露的腐败分子,理想信念动摇,忘记了全心全意为人民服务的宗旨,有的以权谋私,权钱交易,贪污受贿;有的作风败坏,生活糜烂,骄奢淫逸;有的任人唯亲,拉帮结派,贪赃枉法,不但给国家和人民带来了巨大的损失,也葬送了自己本来和睦幸福的家庭,最终落得个身败名裂的下场,令人十分痛心。

在参观完警示教育展后,参观人员纷纷表示,当前随着全国经济、政治、社会等领域的深刻变革,消极腐败现象也越来越呈现出新的特点和规律,社会主义市场经济条件下的反腐败斗争形势更为严峻和复杂。在新的历史条件下,交通运输系统党员干部更要经常"照镜子",查找差距,反思不足,加强党性修养。抓好警示教育,无论是对广大交通运输系统党员干部的稳步健康成长,还是对全省交通运输事业的又好又快发展,都十分重要。(李青峰)

【省交通运输厅坚持抓反腐倡廉教育】 2011年,省交通运输厅组织党员领导干部50余人参观了全国检察机关惩治和预防渎职侵权犯罪展览江西巡展;组织干部职工收看了反腐倡廉电教片《土地之殇》;组织在家的厅领导、厅直属二级单位和厅机关副处级以上党员干部集中观看警示教育片《落马的"县官"——县委书记、县长腐败案件剖析》,厅党委书记程受锭和驻厅纪检组组长、厅纪委书记成松分别在警示教育大会上讲话。积极组织全厅机关86名党员干部参加纪念建党90周年反腐倡廉知识竞赛活动,引导机关党员熟悉掌握新时期党风廉政建设理论、方针、政策及反腐倡廉法规制度,增强了党员干部拒腐防变的能力和廉洁从政的自觉性。

(秦炜婷)

【全省高速路政系统推行政务管理"六公开"】 7月28日,省路政总队在抚州召开全省高速路政系统政务管理"六公开"现场会。驻厅纪检组组长、厅纪委书记成松出席会议并讲话。抚州高速路政支队及其三大队负责人作典型发言,与会人员认真参观学习了在会场展出的支队、大队政务管理六公开栏。("六公开"内容为"财务收支公开、人事考核公开、车辆管理公开、行政许可公开、食堂管理公开、案件处理公开",其中财务收支公开是"六公开"中最重要的方面。)

会议指出,推行政务公开是从源头预防腐败的现实需要,是推动高速路政科学发展的重要举措,是构建和谐平安路政的必然要求,全省高速路政系统要切实增强开展好政务公开的责任感和紧迫感,以推行政务公开为契机,加快惩治和预防腐败八大子体系建设,构建用制度管人管事,用制度约束权力运行的工作格局;要注重统筹兼顾,建立长效机制,并着力在制度的执行力上下工夫、见成效,扎实推进全省高速路政系统党风廉政建设。

会议要求,要全面落实政务管理“六公开”各项工作目标任务,做到认识到位、责任到位、工作到位、检查监督到位。要切实加强组织领导,狠抓工作落实,在开展之初,要抓好宣传发动、思想教育和制度建设,突出规范,防止“流于形式、走过场”;在实施中,要做到“四个注重”,即注重明确公开的主体责任、载体和要求,注重公开的全面性,注重公开的时效性和注重公开的准确性;在全面铺开后,要注重建立“六公开”工作长效机制,进一步加大组织实施力度,完善信息公开方式,扩大公开范围,强化检查考核,建立健全责任追究机制,确保这项工作沿着制度化、规范化的轨道,积极稳妥、长期有效地开展下去。

(李青峰　洪土斌)

【省高速公路联网管理中心构建三大制度体系框架】 2011年,省高速公路联网管理中心以开展“阳光反腐年”活动为契机,着力强化制度建设,坚持以形成用制度管权、管人、管财、管物、管事的体制机制为目标,着力提高制度建设整体效果,初步建立起涉及“人财物”三个方面的制度框架体系:一是“管人方面”。重点强化了对在职人员的管理和监督,尤其是对领导干部权力的监督。修订了《江西省高速公路联网管理中心教育谈话制度》《党政领导干部个人重大事项报告制度》《收入申报制度》和《副科级以上领导干部述职述廉制度》,完善了《干部职工综合考核评价管理制度》等。二是“管钱方面”。首先,创新了人事劳资管理和财务管理相关制度,对部门预、决算的审核、批复情况,专项资金的分配、使用情况,非税收入收缴、入库、拨款、票据使用管理情况等方面的监管作了明确的规定。其次,通过会计核算监督资金运行,加强资金支出管理。出台了资金管理操作规程,修订了财务管理暂行规定等。三是“管事方面”。制定出台了政务公开制度、文明办公制度、公文处理制度、会议管理制度、档案管理制度、文印室管理规定以及节能管理制度(包括节油、节水、节电、节用办公用品)等。截至2011年底,已修订完善党务类规章制度10余个,行政类规章制度10余个,联网业务管理类规章制度近20个,初步构建了全中心决策权、执行权,监督权既相互制约又相互协调的权力结构和运行机制。

(郭　萍)

【蒲日新因职务犯罪获刑16年】 蒲日新因受贿、滥用职权获刑16年。吉安中院经审理查明,1999年至2008年期间,被告人蒲日新利用其担任江西省交通厅副厅长、厅长兼江西高速公路投资发展控股公司董事长的职务便利,通过向下属发指示、打招呼等方式,帮助一些企业在公路建设、声屏障建设、绿化工程等的招投标中中标,非法收受张某、顾某、肖某等人财物,共计人民币415万元,港币5.2万元,价值6.95万元金条1根,价值2万元欧米茄手表1块。另外,被告人蒲日新身为国家机关工作人员,违反单位行政议事规则和程序,在决定借款3094.2万元给鑫桥公司用于还债一事中,不正确行使职权,致该借款至今一直未能收回,公共财产遭受重大损失。据此,吉安中院依照《中华人民共和国刑法》的有关规定,判决被告人蒲日新犯受贿罪,判处有期徒刑14年,没收财产30万元;犯滥用职权罪,判处有期徒刑4年。决定执行有期徒刑16年,没收财产30万元。扣押在案的赃款人民币415万元、港币5.2万元,赃物金条1根、欧米茄男式手表1块予以没收,上缴国库。

(厅史志办)

【徐宗辉因贪污受贿获刑8年】 10月11日,景德镇市中级人民法院终审判决(〔2011〕景刑二抗终字第06号),徐宗辉犯贪污罪、受贿罪,判处其有期徒刑八年。徐宗辉,男,1955年8月出生,汉族,安徽省休宁县人,1973年7月参加工作,1982年9月加入中国共产党,2000年7月任景德镇市交通局党委委员、副局长,2007年7月任景德镇市交通局党委委员、副局长(正县级)。

(涂　强)

【金宜鹄因贪污受贿获刑12年】 12月23日,景德镇市中级人民法院终审判决(〔2011〕景刑二终字第38号),金宜鹄犯贪污罪、受贿罪,判处其有期徒刑12年。金宜鹄,男,1949年7月出生,汉族,江西省浮梁县人,1968年11月参加工作,1983年5月加入中国共产党,1996年8月任景德镇市交通局局长、党委书记,2010 年 4 月任景德镇市交通局调研员。

(涂 强)

【省港航局召开反腐倡廉警示教育大会】 5 月 11 日,省港航局召开了反腐倡廉警示教育大会。在昌局领导、局属各单位负责人、局机关副处以上领导干部等近 60 人参加大会。会上,全体与会人员观看了警示教育片。

局党委书记严允要求各级领导干部通过警示教育,从身边发生的腐败案件中看清腐败的危害,从中汲取教训,并指出领导干部发生腐败问题的五点危害:一是影响党的形象。二是影响干部的威信。三是影响单位的发展。四是影响家庭子女。五是影响个人的生活。针对领导干部如何加强反腐倡廉建设,希望党员干部:一是要谨慎。要挡得住两种诱惑:①事物本身所具有的吸引力;②人为的诱惑。拒绝诱惑有三难:一难是投其所好,防不胜防。二难是编好圈套,请君入瓮。三难互利互惠,逼你就范。二是要知足。古人说:“知足者常乐,贪婪者常悲。”各级领导干部要以平常心来看待名利,以感恩心来对待组织、对待工作、对待生活;要经常换位思考,时刻保持一颗平常心,正确对待名利得失,才能在事业上一路走稳走好。三是要修身。古人讲“修身、齐家、治国、平天下”,修身是排在第一位的。要着重从四个方面努力:①要加强党性锻炼。有坚定的理想信念,忠诚于党和人民的事业。②要加强人格修养。③要提高心理素质。④要加强身体锻炼。

(许海远)

【部海事局对省港航局廉政风险防控管理工作开展预评估】 8 月 22 ~ 23 日,部海事局海事行政执法廉政风险防控中期推动暨预评估工作组莅临江西省港航局检查廉政风险防控工作,并召开海事行政执法廉政风险防控管理工作座谈会。省港航局党委负责人出席座谈会并陪同检查。

工作组采取“听、问、查”的方式,在听取汇报、现场答辩后,查看了省港航局廉政风险防控工作材料。检查结束后,评估组对此项工作的开展给予了高度评价,认为启动早,适应快,覆盖广,讲实效,较好地贯彻落实了部党组和部海事局的廉政风险防控工作要求。在赣期间,部海事局工作组还对井冈山市地方海事处行政执法廉政风险防控工作进行了检查。

(倪 磊 邱志勇 张 涛)

【梨温高速严把“四关”建设廉洁优质工程】 2011 年,梨温公司为深入开展工程建设领域突出问题专项治理工作,围绕“工程审批、材料采购、工程质量、资金支付”等关键环节强化监督,确保将工程建设建成廉洁工程、优质工程。一是严把工程审批关。严格工程审批程序,由实施单位班子研究后提出报告申请,梨温公司养护部门从工程进行的必要性、工程方案的可行性及工程预算的合理性等方面进行详细预审,该司专题讨论同意后予以实施,专项工程需报公路开发总公司审批同意后予以实施。

二是严把材料采购关。对原材料的进货源头进行严格把关,加强对原材料采购环节的监督、检查、审批和验收,实行集中采购、“阳光采购”,严防使用劣质或不合格建筑材料,从源头上控制和把握工程材料质量关。

三是严把工程质量关。加强对各项工程的监理工作,加强合同落实情况的监督检查,派驻技术人员在现场从建材质量、操作规程、施工工艺、竣工验收等环节进行监督,隐蔽工程并进行拍照以存档留查。工程完成后由纪检人员、养护技术人员、负责实施单位(部门)人员进行工程数量、外观质量等全方位验收,确保工程建成一处、安全一处、放心一处。

四是严把资金支付关。在工程竣工后,施工单位提出结算申请,纪检部门、养护部门、负责实单位(部门)三方验收字后,财务部门进行核算和手续审批,最后由分管财务领导或公司主管领导签字予以转账支付,切实做到资金支付手续健全、真实合法,资金使用节约有效,努力实现工程建设“安全、优质、高效、廉洁”的目标。

(刘群慧)

【萍乡市交通运输局对风险岗位加强廉能管理】 2011 年萍乡市交通运输局对风险岗位进行廉能管理,增强领导干部和各岗位人员的责任意识和廉政风险意识,加强对权力运行的监督制约,从源头上加大防腐力度。萍乡市交通运输局对风险岗位廉能管理采取“分岗确权、分险设防、分级监管、分类处置”的方法，坚持廉效统一、融合业务、制度创新、点面结合的原则，管理对象为交通运输系统内部权力集中、消极腐败现象易发多发的重要岗位，主要包括行政许可与审批、公共资源配置、资金管理、干部人事管理、行政执法等岗位。该局在风险岗位廉能管理中采取的防范措施分为思想道德风险防范、制度机制风险防范、岗位职责风险防范等方面。对风险廉能管理中发现的失误与偏差，市交通运输局将分别予以警示提醒、诫勉纠错、责令整改、严肃处理等手段，防止廉能风险演化成违纪违法行为，努力把问题化解在萌芽状态。

（晏卫东）

【萍乡市交通运输局强化审计监督促进反腐倡廉】 2011 年，萍乡市交通运输局将审计监督纳入纪检监察职能体系，进一步发挥内部审计在规范行业管理、严肃财经纪律、促进反腐倡廉，加强干部队伍建设等方面的职能作用。全年对局属 6 个事业单位进行了内部审计；开展了迎国检费用审计，共审减金额 194708 元，审减比例为 43.18%；在局机关零星工程、星亮山庄附属工程审计中，审减金额 93213.91 元，审减比例为 28.65%；对两名科级干部开展了离任经济审计。

（卢春媚）

【九江市运管局“六个严禁”整饬运管队伍】 2011 年，九江市运管局结合发展提升年活动，在全市运管系统集中开展“六个严禁”自查自纠活动，并与各基层分局签订了《全市运管人员廉洁自律责任书》，使全系统干部职工通过对照岗位职责，认真梳理工作中存在的问题，确保工作履行到位、服务意识到位、廉洁行为到位，进一步提升运管综合形象。一是严禁参与和变相参与道路运输经营活动和交通运输工程建设项目；二是严禁开办和入股开办道路运输行业相关业务和证照中介公司或者代办相关业务；三是严禁利用行政审批权力和便利对报批件批而不审、审而不批、超时审批、违规审批；四是严禁以任何形式干预影响企业资质评定和企业质量信誉考核结果；五是严禁向企业收取法律法规规定以外的任何费用及报销应由本人或者本单位承担的开支；六是严禁接受监管服务对象的礼品、礼金、接受宴请和消费娱乐活动。

（九江市交通运输局）

【鹰潭市交通运输局开展风险岗位廉能管理建设活动】 2011 年，鹰潭市交通运输局开展了风险岗位廉能管理活动。成立了由局党委书记任组长，纪委书记任副组长，各科室负责人为成员的廉政风险防控机制建设工作领导小组。专门会议研究部署廉政风险防控机制建设工作，制定下发了《廉政风险防控机制建设工作实施方案》，明确了廉政风险防控机制建设工作的指导思想、目标要求、主要内容和方法步骤等，并将廉政风险防控机制建设工作纳入了 2011 年党风廉政建设责任制考核和工作目标考核。全局按照“岗位自查、单位自查、请人帮查、资料汇总、上墙公示”的“五个步骤”的方式，在岗位职责、业务流程、制度机制、外部环境 4 个方面查找廉政风险点。在全局机关 9 个科室 53 个岗位，查找内设机构风险点 76 个，个人岗位风险点 116 个；确定岗位风险一级 94 个、二级 32 个、三级 96 个；制定业务流程图 6 张、机构内控措施 94 条、个人防控措施 95 条，完善全局制度 21 项。

（鹰潭市交通运输局）

【鹰潭市交通运输局出实招治“庸、懒、散”】 2011 年，鹰潭市交通运输局结合发展提升年活动，在全系统开展“以治庸提能力，以治懒增效率，以治散正风气”为主题的干部教育实践活动，并要求各级明确整改责任，做到违规行为处理到位，存在问题整改到位。

在治庸方面，克服平庸作风。重点解决理想信念淡薄，缺乏事业心、责任感；工作作风漂浮，被动应付；领导干部不认真履行管理职责，机关管理混乱，考核评价和奖惩制度不完善，导致干部碌碌无为；干部业务素质差，不讲标准、不讲效率，对部门和岗位职责范围内的工作敷衍塞责，工作质量达不到标准，不研究新情况、新问题，因循守旧等问题。在治懒方面，克服懒惰作风。重点解决没有工作激情，精神状态差；不积极履行职责，只讲待遇、不讲奉献，缺乏大局意识和服务意识；不服从组织分配，不认真履行职责，办事拖拉，推诿扯皮，工作敷衍塞责，效率低下；思想僵化，缺乏改革创新意识，对群众反映的问题不能提出有效的解决措施等问题。在治散方面，克服散漫作风。重点解决组织纪律观念淡薄，漠视规章制度，损害集体荣誉；群众意识、服务意识淡薄，作风粗暴，服务态度差，群众满意度低等问题。各级全面抓落实，对克服和避免出现“庸、懒、散”等纪律作风问题作出承诺，形成有效开展自我监督、群众监督和组织监督的良好局面。对于干部以前存在的一般纪律作风问题，以教育为主，能够认识到位和改进明显的，不予追究；对个别给机关形象和工作效能造成重大损失和严重影响的问题，做出深刻反省和适当处理；对边整边犯、顶风违纪的问题，视情节轻重，按照干部管理权限给予相应的组织处理。

（鹰潭市交通管理运输局）

【赣州市推行公路建设项目“十二公开”】 2011年，为在全市公路建设领域达到以公开促廉政、建设优质工程、提高工作效率的目标，赣州市实行公路建设项目“十二公开”。市、县重点公路建设工程总投资额在1000万元以上的国省道新建和改造项目、投资500万元以上的农村公路建设项目，均需实行规划计划、招标、设计、征地拆迁、参建单位管理、变更、质量监督、安全生产监督、竣（交）工验收、资金使用、奖罚结果、投诉受理全公开。“十二公开”工作实行分级管理，第一级为市交通基本建设行业监督及质量安全监督部门，第二级为公路建设单位，第三级为公路建设相关从业单位。市交通运输局相关业务部门对“十二公开”的内容，应及时向沿线政府和群众、行业相关部门、公路建设参建单位公布。

（赣州市交通运输局）

【赣州市道路运输系统大力加强行风建设】 5月10日，市道路运输系统开始开展为期8个月的行风建设和发展环境监测工作，整个活动到2011年年底结束，力争在年内全系统行业风气大为好转，发展环境监测年终满意率达80%。市道路运输主管部门对各县（市、区）运管所、各运输企业等都提出了具体的工作任务、目标、措施。全系统将从构建权力公开透明运行机制、纠正行业不正之风、开展发展环境监测等方面入手，结合“治脏治乱治堵”等工作，通过上下联动、民主监督、明察暗访、督查督办、奖优罚劣的方式，进一步转变部门职能、改进工作作风、提升为民服务质量水平，解决一批群众反映强烈如出租车拒载、不打表等方面的突出问题，查处一批不作为、乱作为影响发展环境的反面典型。

（赣州市交通运输局）

精神文明

【概况】 2011年，江西省交通运输部门紧紧围绕全省交通运输发展大局，以开展“学先进、树新风、建体系、创一流”活动为载体，以提高交通干部职工素质为根本，组织和引导干部职工积极开展形式多样，内容丰富的宣传思想工作和行业文明创建活动，推动交通文明发展，省港航局等37家单位获省直机关第八届文明单位称号。

1. 深入开展窗口和公共服务行业文明创建主题实践活动。根据省文明委安排部署，在全省交通运输系统具有行政管理职能的单位和公共服务部门开展“加强职业道德、提升服务效能”主题实践活动，着力提升基层窗口的服务能力和水平，着力加强优质服务常态化、长效化机制建设。省路政总队开展了“机关干部下基层，提升效能促发展”实践活动，赣粤高速公路股份有限公司峡江服务区、湖口县地方海事处处长林强分别荣获全省开展“加强职业道德、提升服务效能”主题实践活动先进单位和先进个人，受到省文明委的表彰。在省直机关窗口服务技能竞赛暨形象大使评选活动中，由梨温高速鹰西站代表的江西交通队进入十佳，荣获最高奖项的优秀团队奖，队员冯艳荣获省直机关窗口服务形象大使称号。

2. 深入开展社会公益活动。厅机关和省高速集团与南昌市耶稣堂社区对口开展共驻共建文明社区活动。省公路局积极参与省市文明委组织的“爱在党旗下，红动中国心”大型系列活动以及“创建文明城喜迎七城会”活动。省港航局积极创造条件，加强图书馆、阅览室、职工活动等基层文化基础设施建设，组织开展了庆祝建党90周年摄影比赛、主题演讲、岗位练兵、技能竞赛、队列仪容仪表大赛等。省运管局在全省出租车行业开展了以“建优良秩序，树诚信企业，做文明使者，创优质品质”活动并举办江西首届文明示范企业、文明驾驶人网络评选活动。此外，交通工程咨询监理中心、高速公路联网管理中心、交通设计院、交通科研院等单位，积极组织开展了“五月邻里节”、共创文明城市、“捐献一日工资”“五四”向儿童村送温暖等献爱心、扶贫、共建共创活动,树立了江西交通运输系统的良好形象。

(厅宣传处)

【省交通运输部门各单位推动交通文化发展】 2011年省交通运输部门各单位认真贯彻落实十七届六中全会和省第十三次党代会精神,积极创新方式方法,开展形式多样的文化活动,丰富交通运输文化内涵。

一是广泛开展行业核心价值体系建设。各单位积极开展宣传、文艺演出、演讲比赛等多种形式的宣传活动,提高交通运输职工对交通运输行业核心价值体系的认同感。为加强核心价值体系宣贯,展示交通文化,在省厅的协调下,省高速集团赣粤公司承办了省直机关党建工作项目化发展暨机关文化建设现场会,会上举办了江西交通运输行业文化建设成果展和企业文化、科技展,受到了省直机关工委和省直单位领导肯定。此外,省公路局开展特色文化创建活动,推进文化示范点建设。省高速集团制定了《企业文化建设实施纲要》。交通职业技术学院、交通干部学院开展了以校园文化为主旨的文化建设,交通咨询监理中心开展了“诚信监理”活动。二是广泛开展群众文化活动。各单位利用歌咏比赛、纪念征文、知识竞赛等群众喜闻乐见的活动形式,广泛开展了群众性活动。省厅举办“赣粤高速杯”全省高速公路服务区主题摄影比赛,各单位积极组织摄影爱好者投稿参赛,展现了“服务规范、设施先进、环境优美、群众满意”的服务区形象。在全省交通运输系统(南昌地区)庆祝中国共产党成立90周年职工大合唱比赛中,交通工会积极配合,做了大量工作,厅直各单位踊跃参加,展示了广大交通干部职工立足本职、爱岗敬业、创先争优的工作成果和精神风貌,表达了广大交通干部职工对党的忠诚,对祖国的热爱和为交通运输事业不懈奋斗的信念。由省高速公路投资集团公司代表省交通运输厅参加全省纪念建党90周年系列合唱比赛,先后荣获全省机关纪念中国共产党成立90周年文艺调演一等奖、全省纪检监察系统纪念建党90周年唱红歌比赛二等奖、“颂歌献给党爱我新江西”全省纪念中国共产党成立90周年大型群众歌咏比赛决赛二等奖,参加了江西电视台都市频道和江西卫视的现场直播;省港航管理局选送的音乐快板《十颂江西交通》,在全省机关纪念中国共产党成立90周年文艺晚会演出;省公路局在全省机关纪念中国共产党成立90周年文艺调演中荣获语言类三等奖及优秀创作奖,并参加省直机关庆祝中国共产党90周年文艺调演声乐类二等奖;交通职业技术学院荣获全省机关纪念中国共产党成立90周年文艺调演舞蹈类二等奖,为省厅乃至全省交通运输系统赢得了荣誉。

(厅宣传处)

【省交通运输厅对重大活动宣传及时有效】 年初,全省交通运输系统围绕抗雨雪保春运工作,开展了及时有效的宣传。

4月,省厅精心策划迎“国检”宣传工作,省公路局、省高速集团、省路政总队等单位在电视、广播、报纸、网站等有影响力的媒体以及本单位宣传阵地大力宣传“十一五”规划以来全省公路建管养工作的成绩和特色,制作了《红土飞歌》《崛起之路》画册以及相关专题宣传片,为全省“抓养护迎国检”工作营造了良好的舆论环境。

5月底,省交通工程质量监督站、交通工程咨询监理中心、永武项目办等积极配合省厅,做好全省高速公路建设项目“十二公开”宣传工作,展示了交通重点工程项目在反腐倡廉、阳光公开方面的先进典型经验。

6月份,长江水运发展协调领导小组第三次会议在南昌召开。省港航管理局抓住机遇,对全省水运、港口建设与发展进行了大张旗鼓的宣传,并策划制作了宣传片《碧水弦歌——崛起的江西水运》,获得了各级领导的肯定。

9月和12月,德昌、永武高速公路竣工通车仪式和瑞寻、昌奉高速公路竣工通车仪式隆重举行。省公路局、省高速集团以及公路开发总公司、赣粤高速公司和有关项目办以此为契机,在《中国交通报》《江西日报》等主流媒体开辟通版专题报道,集中开展江西交通建设成就的宣传活动。

此外,围绕农村公路建设、城乡客运一体化、高速公路服务区整治、鄱阳湖生态经济区综合交通运输体系建设等重点工作,“十一”黄金周、建党90周年、省第十三次党代会等重要节点,厅直属各有关单位都有针对性地策划了新闻报道。

(厅宣传处)

【省交通运输厅专题活动宣传富有特色】 2011年,厅宣传处印发了开展创先争优和发展提升年活动的两项专题活动宣传工作方案,策划开展了“我对交通有话说”活动。各单位迅速部署,强化措施,大力宣传,积极营造出全系统谋发展、争先进、促提升的浓厚氛围。

强化品牌服务宣传。交通运输行业各窗口单位,结合新要求、新形势,进一步加强窗口品牌建设,宣传部门及时对好的经验做法进行了宣传报道。省高速集团及赣州管理中心积极配合省厅策划推出了“心悦客家”“情满红都”等服务品牌宣传。九江大桥管理局提出大桥形象、管理水平、职工素质、内部管理“四个提升”目标,积极开展“收费窗口规范化服务”活动,为过往车主排忧解难,通过有形活动树立窗口形象。厅外经办通过增强法制理念,提高依法管理和服务基层组织的水平。

强化先进典型宣传。围绕专题活动主旨要求,各有关单位加强宣传了基层单位和职工好人好事。省运管局组织媒体到全国交通依法行政示范单位——吉水县运管所采访,在《江西日报》上推出《清风正气扬四方优质服务促和谐——全省道路运输系统加强行风建设纪实》;上栗运管所典型事迹受到省效能办表扬,省厅及时发出表扬通报并进行了广泛宣传报道;南昌出租车司机、公交司机群体好事不断涌现,受到大江网、《南昌晚报》等媒体的竞相报道,运管部门顺势推出了救人不留名出租车司机王日亮以及全国见义勇为先进个人谢顺全典型。

强化突发事件应急宣传。在沪昆高速“9·2”地质灾害事件中,省厅第一时间启动了应急宣传措施,省交通设计院、省高速集团及宜春管理中心等积极配合,及时、准确、广泛发布出行信息,主动邀请新闻媒体深入现场,对最新交通分流方案、交通部门为保障高速畅通采取的措施等进行了客观、正面报道,争取了社会各界的支持和理解。省路政总队在景鹰高速遭遇“天价”吊车费新闻事件中,及时加强与省厅以及新闻媒体的沟通协调,增强了社会对交通运输工作的理解。

(厅宣传处)

【“巾帼文明岗”和“职工书屋”】 6月16日,省公路管理局交通通信总站举行了全国“巾帼文明岗”和全国“职工书屋”挂牌仪式。

交通通信总站“96122”江西省公众出行交通服务热线,是交通运输系统的一个对外服务窗口由运营办、信息办、技术办3个部门组成,通过电话、短信、传真、微博等方式,全天候向交通参与者提供公众交通出行信息查询、交通政务信息咨询、交通政策法规、实时路况信息发布、公路和水路紧急救助、公众交通投诉和建议、厅长热线接听等动态和综合性交通服务。自2007年12月29日开通试运营以来,“96122”共受理各类咨询、投诉话务80多万次,平均日接听量748次,日最高峰值达到7460次,变多头或无处受理交通咨询、投诉和救助为适度集中受理,极大地方便了公众出行,成为交通运输系统与公众之间的连心线。先后获得了“全国交通运输系统先进集体”、“全国交通运输行业文明示范窗口”、“全国公路交通系统优秀五型班组”、全国“巾帼文明岗”等国家级荣誉称号。

交通通信总站职工书屋始建于2010年初,具有近60平方米空间,集立体书柜、电脑、电视、DVD、音响多媒体于一体,可同时容纳20~30人阅读。配备了一名兼职管理人员,通过图书软件进行全面系统的现代化管理。职工书屋的书籍数量、质量、分类均配备齐全,建设初期得到职工捐书200余册,后通过路局工会支持又配备了3271册价值近10万多元的书籍,并配备了电子音像制品100张,报纸杂志20余种。自职工书屋建成后,通信总站从提升职工文化教育入手,充分发挥职工书屋的作用,引导职工“爱读书,读好书”,在全站范围内深入开展“创建学习型组织、争做知识型职工”读书活动,掀起了一股读书热潮,形成了良好的学习氛围。2011年年初,通信总站职工书屋因建设规范、利用合理,正式被授予全国“职工书屋”荣誉称号,成为全省交通运输系统在南昌地区的首个国家级职工书屋。

(公路局史志办)

【全省港航系统庆祝建党90周年活动精彩纷呈】 在庆祝中国共产党建党90周年来临之际,全省港航各单位以多种形式开展了这一主题活动。

赣州港航分局举办了以党的基本知识、党的历史和形势政策为主要内容的知识竞赛活动。通过深入学习党的基本知识,检验党员干部的知识储备,了解党的光辉历程,坚定永远跟党走的决心，进一步激发党员干部立足岗位奋发作为的工作热情。

九江港口局举办了“纪念建党90周年——重温党的光辉历程”演讲比赛。参赛选手以热情洋溢的语言表达了对党和人民的眷眷深情，表示要牢记党的宗旨和使命，学习英雄模范，认真履行职责，干好本职工作，为促进港口繁荣稳定、建设和谐九江作出更大贡献。

鹰潭港航分局邀请市委宣传部负责人作了题为“一路丰碑”的党史知识专题讲座。讲座结束后，全体党员一致表示要立足岗位工作实际，深入开展创先争优活动，以学习党史知识为契机，加强理论学习，提高工作能力，转变作风，真抓实干，创造一流业绩，奉献一流服务。

九江港航分局举办“坚定不移跟党走，港航明天更美好”文艺晚会，通过歌曲、舞蹈等形式，表达了喜迎建党90周年的激动情怀，讴歌了中国共产党的光辉历程，经济社会发展的伟大成就，并充分展现了港航人爱岗敬业、无私奉献、争创一流的精神风貌。

界碑航电枢纽处开展了“六个一”(即一本书、一次党性教育、一次知识竞赛、一次走访慰问、一批表彰和一条发展建议)系列活动。九江市港口管理局彭泽分局创新思路，联合长航公安、海事部门举办“重温九十年辉煌，共促港口发展”主题党课活动。景德镇港航分局、航务勘察设计院分别组织党员到“红色省会”葛源镇和革命圣地延安接受革命传统教育。

(张兆平)

【省港航局四个单位获安全竞赛先进集体称号】 2011年7月26日，中国海员建设工会全国委员会、交通运输部安全委员全作出《关于表彰2010年全国水运系统船舶、班组安全竞赛先进集体的决定》，对一批全国水运系统船舶、班组安全竞赛先进集体授予荣誉称号。其中，南昌港航分局赣道政0010号、吉安港航分局赣航吸303号、湖口县地方海事处赣海巡612号列入“全国水运系统安全优秀船舶”名单中。界牌航电枢纽管理处水电厂机修车间亦列入“全国水运系统安全优秀班组”名单中。

(张兆平)

【省港航局干部、职工义务献血】 7月29日上午，省港航局团委组织的干部、职工在办公大楼一楼大厅举行义务献血活动，局机关和局属南昌地区各单位职工积极响应，现场报名者络绎不绝，自愿加入到义务献血的行列中，以实际行动支持这项利国利民、利人利己的爱心活动。经过现场体检有76名符合条件的干部、职工无偿献血18600毫升，受到了江西省血液中心的好评。

(许海远)

【省运管局关注民生“亮”形象】 2011年，省运管局在宣传工作中坚持以和谐社会为重点，突出了关注民生、关爱民生的解难题、办实事、做好事的宣传。一是编制《江西道路运输内参》，让各级运管干部能够及时掌握到行业动向、他山之石和负面新闻，通过抓信息、抓建议和抓“靶子”，发挥该内参在舆论监督中的参考、参谋和参与作用，并制作了负面报道信息转办单，要求相关部门及时对事情进行解释或整改，消除不良影响，有效地督促了责任部门正面应对揭露的问题。二是及时发布亚运会、中博会、七城会及“五一”、“十一”、春节等重要时段道路运输信息，通过媒体及时向社会公众发布道路运输政策部署。三是组织运管工作人员参与诸如“行风热线”节目，在一问一答中为公众答疑解惑，增进听众、乘客与运管部门的相互信任和体谅。

(朱　熹)

【省运管局继续深化群众精神文明创建活动】 2011年，省运管局以活动为载体继续深化群众精神文明创建活动，弘扬“天道酬勤、顺畅为民、路运并举、和谐发展”的江西运管精神。为迎接南昌七城会胜利召开，省运管局在全省出租汽车行业开展以“建优良秩序，树诚信企业，做文明使者，创优质品牌”为主题的文明创建活动，并与交警总队联合举办江西省首届文明示范企业、文明驾驶人网络评选活动。各地也纷纷开展了出租汽车品牌车队(或班组)创建、“十佳”的哥(的姐)网络评选、“服务明星”(十佳运管员)网上评选、优秀驾校校长评选等创建活动。并通过2011年春运农民工平安返乡(岗)安全优质服务竞赛活动、全国交通运输文化建设示范单位申报工作和新一轮定点扶贫工作等，把思想教育的内容渗透、融化在活动之中,使广大干部职工在“润物细无声”中受到感染,得到熏陶。2011 年,省运管局被评为南昌市第十三届文明单位和第八届省直文明单位。

（朱 熹）

【省运管局以关怀行动促进文明建设】 2011 年,省运管局坚持关怀干部职工,帮扶困难职工,认真做好了非工口七大系统改制企业大病困难职工救助工作,严格执行实名制,确保资金发放到位,增强企业改制的信心;完成了困难职工统计建档工作,并对困难职工状况进行了调研;积极开展了春节慰问离退休人员、妇女节慰问女职工和生日祝福活动,走访慰问生病住院职工,切实增强了干部职工的归属感、荣誉感和责任感。广泛开展献血、慈善一日捐等活动,扎实开展新一轮“党旗引领致富路,携手共建新农村”定点扶贫工作,积极组织广大干部职工参与创建活动,共同构建和谐社会。

（朱 熹）

【省高速集团召开纪念建党 90 周年暨创先争优表彰大会】 6 月 30 日,省高速集团在南昌召开纪念中国共产党成立 90 周年暨创先争优表彰大会,回顾党的光辉历程,缅怀党的丰功伟绩,表彰在集团创先争优活动中涌现出来的先进集体和先进个人。省交通运输厅副厅长孙茂刚出席会议并为先进代表颁奖,省高速集团负责人及厅机关相关处室负责人出席会议。

会议首先回顾了中国共产党成立 90 年来走过的光辉历程,回顾了在党的正确领导下江西高速公路事业所取得的发展成就。会议指出,在江西高速公路事业大发展大跨越进程中,全系统各级党组织和全体共产党员始终围绕中心工作,广泛开展创先争优活动,充分发挥了基层党组织的战斗堡垒作用和共产党员的先锋模范作用。集团成立以来,全体党员干部职工以建党 90 周年为强大动力,全面推进科学发展,高速公路各项工作取得了突出的阶段性成果。创先争优活动和党的建设深入推进;高速公路体制改革深入推进,高速公路建设融资经营管理工作深入推进;高速公路文化建设深入推进。

会议要求,要以建党 90 周年为强大动力,扎实抓好党的建设,推进集团各项事业更好更快发展。要更加扎实地抓好创先争优活动,更加扎实地抓好学习型党组织建设,更加扎实地抓好党员干部队伍和基层党组织建设,更加扎实地抓好党风廉政建设,更加扎实地抓好高速公路建设融资经营管理工作,更加扎实地抓好高速公路文化工作,更加扎实地抓好职工思想政治工作。

会议强调,以建党 90 周年为强大动力,全体共产党员要争做表率,充分发挥先锋模范作用。要根据厅党委和集团党委的安排部署,在全体党员中深入开展“四比四争”活动,全面提升集团广大党员干部素养,提高履职能力,全面提升广大党员干部形象,打牢群众基础。大会对 17 个先进基层党组织、39 名优秀共产党员、17 名优秀党务工作者进行了表彰。

（罗时善）

【《中国公路》摄制组赴鹰潭西收费站记录时代巾帼风采】 3 月 16 日,《中国公路》摄制组赴鹰潭西收费站,拍摄反映中国公路交通建设成就的电视系列片,此前鹰西站作为代表江西交通窗口形象建设的成就之一,成功入选记录江西交通风采的必录清单。

鹰潭西收费站积极协助摄制组开展拍摄工作。全站员工以严谨认真的态度再现了从化妆、列队、交接、上岗、服务等一系列流程,该站精心组织,在镜头前充分展示“管理规范化、文化特色化、环境一流化、服务细节化与工作快乐化”全国巾帼示范站风采。

大型电视纪录片《中国公路》是为迎接建党 90 周年,交通运输部联合有关单位共同摄制的大型献礼节目。

（刘洁云）

【梨温高速扎实推进创先争优活动】 2011 年,在“四比四创”、“四比四争”主题实践活动中,梨温公司立足发展实际,找准工作“三个着力点”,创新活动载体,扎实推进创先争优活动,以实实在在的成效喜迎建党 90 周年。一是紧扣中心工作,着力打造一流高速品牌。梨温公司自觉把创先争优活动融入中心工作和重大任务中,树立以人为本、科学管理的理念,不断完善发展思路、明确发展目标,努力在“促增收、保畅通、提效能、抓稳定、增本领、建和谐、树形象”上见成效。随着迎国检日益临近,该司上下严阵以待、全力以赴,把迎国检作为创先争优的主战场,做到工作标准不降低、工作力度不减弱、工作质量不缩水,以一流的路况、一流的服务、一流的业绩迎接检查。二是注重载体创新,着力增添科学发展活力。梨温公司结合发展提升年活动,“四比四创、四比四争”,“爱我高速”等实践活动,灵活设计载体,丰富活动内容,积极营造比学习、比工作、比奉献和学先进、赶先进、当先进的发展氛围,使创先争优活动成为干部职工展示才智、建功立业、实现价值的平台。积极开展瞻仰革命遗址、重温英雄事迹以及演讲比赛,摄影作品展,唱红歌,党史竞赛等活动,喜迎建党90周年。三是夯实基层基础,着力提升工作执行能力。积极完善党建工作新机制,丰富工作举措,强化执行力建设,切实加强党员示范岗和示范党支部建设,进一步提升梨温品牌。探索高速公路思想工作新思路,抓住热点、把握重点、破解难点,把矛盾化解在基层、消除在一线。健全联勤联动工作机制,明确工作职责,推进应急管理制度化、长效化。 (何爱鹏)

【萍乡市交通运输局开展“四项活动”强力推进“四城同创”】 2011年,萍乡市开展“四城同创”(创建全国文明城市、国家园林城市、国家卫生城市、蝉联全国双拥模范城)工作,市交通运输局积极行动,广泛动员,结合行业实际,按照“建设、管理、服务并重”的原则,着力打造文明服务品牌,提升全行业文明和谐水平。一是积极开展客运行业整治活动,对全市出租车、客运班车、公交车的车客车貌、服务质量、标志标识、安全技术、经营规范等方面进行层层考核,严厉打击黑车等扰乱市场秩序行为。二是积极开展路城环境治理活动,实施绿化美化工程,打造绿色风景线,加大对超限超载、占用公路集市贸易、打场晒粮等行为的治理力度,营造良好行车环境;加强公路沿线设施管理,完善各种标志设置。三是积极开展窗口单位专项治理活动。以汽车站、管理站、办证大厅等交通公共服务窗口为重点,修订编制工作标准和规范,打造标准统一、流程规范、便捷高效的现代化交通运输管理服务体系。四是积极开展“四城同创”宣传教育活动。从局机关到各基层单位,层层建立宣传队伍,加强宣传教育,使每个干部职工、各运输企业直至每名出租车司机,熟知交通文明礼仪知识,充分利用互联网、专栏、标语等宣传手段,全面报道创建工作进展,交流创建工作新经验、新成效,特别是在车站、停车场醒目位置悬挂横幅或张贴标语,加强对公民道德和文明意识的宣传,努力营造创建氛围。

(李襟远)

【萍乡长运有限公司加大力度抓好创建工作】 2011年,江西萍乡长运有限公司根据上级的统一部署和要求,整合力量,真抓实干,努力实现创建目标,并结合企业实际加大力度营造良好的创建环境和创建氛围,进一步推进萍乡市创建全国文明城市工作。为确保创建工作真正落到实处,该司按照创建标准和要求制定了具体详实的工作方案和创建措施:一是加强领导,成立创建工作领导小组,明确工作标准、时限要求、具体措施及有关负责人,实行定任务、定进度,定责任,形成主要领导负责抓,专职领导直接抓,一级抓一级,层层抓落实的创建机制。二是对照创建要求和标准,查找差距,限期整改,对创建工作的重点、难点问题和薄弱环节采取有力措施进行专项治理。三是加强宣传,提高思想认识。充分利用企业短信平台及车站电子显示屏深入宣传发动,积极为创建工作加压鼓劲、积聚合力。充分发挥自身优势,通过“细胞”行动,广泛发动广大员工积极参与创建,推动创建工作蓬勃发展。四是加大创建经费的投入,共投资80余万元保障创建工作顺利进行。

(谢培建)

【九江市运管部门开展出租车服务质量星级评选】 2011年,为进一步提高九江市区出租车从业人员服务水平和服务质量,九江运管部门结合发展提升年活动,对市区出租车启用了新一代客运“从业资格证”。证上不仅有驾驶员照片、姓名等信息,还公布了监督举报电话和用“☆”标示了服务质量星级,既方便广大乘客了解驾驶员服务质量,也便于乘客发现违规及时投诉。新一代客运从业资格证共设5颗星,一星为白色,代表2009年10月至2010年10月无投诉的副班司机;二星为绿色,代表无投诉司机和车主;三星为红色,代表2010年5月“内强素质、外树形象”专题教育活动中评为的百名优秀司机;四星和五星为无投诉、见义勇为、拾金不昧、抗洪抢险等方面的司机。截至年底，最多的只有3颗红星，四星、五星需通过群众推荐和评定后，才能提高星级。九江市区出租车服务质量星级评选活动，有效地促进了租车驾驶员规范经营，进一步提升了出租车行业服务质量。

（九江市交通运输局）

【九江市交通运输局“七个一”活动成效显著】 九江市交通运输局围绕局党委提出的“七个一”（一批党员行政执法示范集体、一批党员先锋示范科室、一批党员优质服务示范班线车、一批党员优质服务示范出租车、一批党员优质服务公交车、一批党员示范窗口、一批党员示范班组）示范创建活动持续深入开展“创先争优”，示范创建活动全面铺开，推出了两个党员行政执法示范集体：九江城区公路运输管理所和湖口水路运政检查站为公路和水路党员行政示范集体，党员行政执法实现了无错罚、错办、错案、无投诉。

（叶　勇）

【新余市交通运输局开展爱心捐助活动】 11月21日，新余市交通运输局的新农村建设帮扶和社会管理创新帮扶点，渝水区水北镇泉塘村的3户村民家因意外起火房屋被烧毁，所幸被发现得早，未造成人员伤亡。这起火灾共烧毁砖木结构房屋6间，烧毁棺木3副，烧毁村民存放在家中的现金8000余元，屋内家具、电器等生活用品全部被毁，损失惨重。23日，新余市交通运输局局长简少华得知灾情后，立即赶赴泉塘，在村委干部的陪同下，现场察看灾情，看望受灾村民，并当即拿出800元现金，分别慰问了3户受灾村民，同时要求村委全力帮助受灾村民度过难关，重建家园。之后，新余市交通运输局发出为受灾群众献爱心的倡议书，号召全局干部职工献爱心。全体干部职工和部分离退休老干部踊跃参与，为3户受灾村民捐款17450元。

（胡晓文）

【鹰潭市公交公司不为人知的点钞员】 2011年，鹰潭市公交公司点钞员，每天就像一台台活的“点钞机”一样，高效率地清点着数以万计的零钞和硬币，还要准确识别假币。看似简单的活计，却有着不为人知的辛苦，工作单一枯燥，每天与细菌亲密接触，多嫩的手在这工作后也会变得相当粗糙。每天100余辆公交车，7名点钞员。一只箱子代表一辆公交车。每天7:50分点钞员提前到达公司，准备点钞前的工作，用钥匙将100余个箱子全数打开，将每辆车的车牌写在纸条上放进箱子，这样做的原因是为了方便清点纸币的点钞员能清楚地将每辆车的纸牌数登记好。8时整，所有准备工作就绪，只见点钞员张玉真、温怀琴、蔡苗苗等快速地倒出一个个箱子，双手迅速地将纸币放进盘中，将一毛、伍角的硬币放进碟中交给统计员清理，一元的硬币在点钞员手中迅速变成了10元一叠的长龙，随着一声“580”的声音，统计员在清理好一元、伍角的硬币后迅速在纸上找到车辆登记好。点纸币的叶纪娟只见她双手飞舞着将一张张乱七八糟的纸币叠得整整齐齐，原本杂乱无章的钱在点钞员的整理下变得有序。

走进点钞中心，迎面扑来一股刺鼻的气味。零钞所散发的特有的气息让人无法忍受，在点完所有钱后，点钞员的手都是黑的。在一间不大的房间里，安装着6个监控，每位点钞员身穿工作服，谁都不敢大意，只要出了差错，就要赔钱。就是在这种条件下，这些可敬的点钞员们克服了人员少、工作量大的困难，每天都出色地完成了工作任务。

（吴　贞）

【贵溪市交通运输局窗口立足“小细节”凸显“大服务”】 2011年，贵溪市行政办事服务中心交通运输局窗口在对外服务过程中，主动采取靠前、靠实、靠心服务，不断推出系列便民服务措施，做到了“小细节”凸显“大服务”。全年该窗口累计受理办结交通行政许可事项2866项，办结率、满意率均为100%，同时，收到服务对象赠送的锦旗2面，多次被行政中心评为优质服务先进窗口。该窗口为了创新机制，优化政务环境，做到“来有迎声、问有答声、走有送声”，使司机业主申请、办理“道路运输证”，客、货车年审在窗口一次性完成。并且该窗口还推行了车主提醒服务，在服务过程中开展了“跟班作业”，不仅让前来办证的车主业户享受到优质的服务，还耐心细致地解答司机业主反映的各种车辆涉费问题，做到有问必答、有求必应、有涉必查，有查必果，积极为民排忧。

（戴丽萍）

【"爱心专车"接农民工回家过年】 2011年春运前,兴国县交通运输局安排运管人员深入闽、粤、浙、沪等地务工人员较集中的工厂和乡镇,了解客源的流量和流向,为返乡人员提供"门对门"便捷的服务。春运开始,该县就派出2辆专车到上海接送务工人员,对务工人员数量少或目的地较为分散的企业,统一在汽车站设立专门联系点,开设"绿色"通道,全方位提供便利。进入春运以来,兴国县各客运公司先后免费安排26辆次客车前往宁波、上海、深圳、东莞等地迎接农民工返乡,运回旅客800余人。

(赣州市交通运输局)

【238辆爱心送考车服务广大考生】 6月6日上午,2011年高考爱心车队大型公益活动正式启动。高考期间,赣州中心城区将有238辆爱心送考车服务广大考生,其中出租车192辆、私家车42辆,定点接送宏志班学生的公交车有4辆。高考期间,考生还可凭活动组委会发放的乘车卡或准考证免费乘坐其他各路公交车。爱心车队自2005年来,免费接送考生,真心服务群众,用爱心、热情与坚持帮助数以万计的考生安全、快捷抵达考场,受到广大群众和考生的交口赞誉。

(赣州市交通运输局)

【赣定高速"六措并举"为民服务见实效】 2011年,赣定高速运营管理公司始终秉持"顾客至上"的为民服务理念,从苦练员工内功、开展基层班标准化建设、加强干部作风建设、深入实施员工关爱计划、开展客户走访活动、丰富文明服务内容6个方面采取有效措施,促使窗口服务质量迈上一个新台阶。截至11月,赣定高速司乘服务满意度达99%;受理司乘投诉12次,比2010年同期下降了68.4%,无一例有效投诉。

(赣州市交通运输局)

【遂川县95岁老人郭远樑坚持修路50载】 遂川县95岁老人郭远樑,从上个世纪50年代开始,为周边乡亲义务修路,50余载坚持不辍,用坏了8把锄头、10余把大铁锹。当地群众及广大网友为老人的善举所感动,同时也表示老人的精神值得当前人们学习和反思。九旬老人善举流传网络,网友称赞"现代愚公"。 (公路局史志办)

【彭家胜见义勇为救俩孩子】 3月27日,在遂川县草林镇经营挖掘机生意的江苏省滨海县商人曹正赋、李德亚夫妇,一双儿女——2岁男孩和5岁女孩到遂川公路分局草林道班广场西南角水塘边玩耍,不慎先后滑落入1.4米至3米深的池塘中,情况十分危急。正在道班休班的彭家胜听到呼救声,以最快速度跑到池塘边,连鞋子、衣服未脱,一头扎进冰冷的水中,一把托起女孩,抱到岸边。由于彭家胜同志视力高度近视,加之水深又不大识水性,彭家胜接着连续两次潜入水中搜救小男孩都未果。虽然已经身疲力尽,但他始终没有放弃,再次憋足气潜入水中,终于找到了落水小男孩,用尽全身力气把小孩往上托,孩子终于得救了,瘫倒在地的彭家胜的见义勇为精神感动了在场的所有人。

(公路局史志办)

【宜春市交通运输局持续推动精神文明建设】 2011年,宜春市交通运输局在精神文明建设工作中坚持两手抓、两手硬的方针,把文明创建工作列入重要议事日程,加强领导,制订举措,与交通运输发展工作同部署、同落实、同督查、同考核,力求通过抓班子、带队伍、抓党风、促行风,在全部门营造一个和谐干事创业的工作环境。进一步推动交通运输事业发展。一是举办党员培训班,164名党员签订公开承诺书,其中,参加创先争优活动领导总评72人,从思想上、技能上提高党员骨干的综合素质。二是踊跃投入"三同四民"活动,按照全市统一部署,局长、书记亲自带队,到樟树市阁山镇开展"三同四民"活动,活动期间,发放宣传小册子100余份,协助村委开办"十要十戒"宣传学习栏,走访部分村民,慰问五保、贫困、留守儿童10户,发放慰问金3000元,工作组为当地群众办好修建2个客运候车亭、加固水毁桥梁和公路、环境治理等6项实事,提供帮扶资金、物资37.3万元。黄家巷村委赠送感谢锦旗。三是认真办理建议提案。全年承办建议和提案24件,为认真办好建议提案,局强化组织领导,落实办理责任,明确办理时限,严格工作要求。四是完成运输保障。精心组织,积极协调,全程调度,全面完成月亮文化节、竹文化节等重大节庆交通运输保障任务。五是开展作风警示教育。组织66人的合唱队参与全市"辉煌九十年·红歌献给党"文艺演出,交通部门的内部凝聚力、社会影响力进一步提升。市局先后被市委评为“第六届中国竹文化节筹办工作先进单位”，被市政府评为“320 国道保畅通工作先进单位”等。

（晏小宜）

【抚州高速实施“345”服务工程提升服务效能】 2011 年，抚州高速路政支队五大队结合工作实际，以树立高速路政部门“保稳定、保畅通、保平安、保形象”的服务工作宗旨，启动实施了“345”服务工程。

“345”服务工程是三项服务准则，即：“六个一”（一句您好相迎、一张笑脸相见、一把椅子相让、一杯茶水相敬、一份热情相待、一声再见相送）；“六个快”（办事动作快、咨询答问快、审批手续快、应急处置快、沟通协调快、解决问题快）；“六个办”（当日事当日办、明日事提前办、分内事积极办、分外事帮助办、难事设法办、特殊事特别办）。四项服务承诺，即全面推行政务财务公开，切实加强路政管理，严格执法，依法行政，优化交通服务环境。五项优质服务，即挂牌佩证服务，微笑服务，路政业务跟踪服务，现场办公服务，一窗式服务。

该项举措出台后，大队受理来人来电 120 次，受理率达 98%，特事特办 2 起，及时上门上户为辖区沿线政府部门，沿线村民散发法规政策宣传单千余份，走访慰问困难集体群众 30 余人，实现了辖区高速公路突发事件应急处置快，相关部门联勤联动机制运行好，高速排障施救“零投诉”服务好，确保了辖区内高速公路的平安畅通，得到了社会各界车主的一致好评，都称“345”服务实在是“解民情，通民意，暖民心”。

（殷俊杰）

工会工作

【概况】 2011 年，全省交通基层工会围绕中心，服务大局，在组织职工建功立业、构建和谐劳动关系、维护职工合法权益、促进社会和谐稳定，加强工会自身建设等方面取得了显著成绩，为全省交通运输事业科学发展，进位赶超发挥了积极作用。

1. 找准服务大局切入点，发挥劳动竞赛作用有新体现。一是交通工会制定下发了《2011 ~ 2015 年劳动竞赛指导意见》，并督促、指导全省交通运输行业各单位认真开展建功立业活动，将劳动竞赛活动列入年度工会重点工作考核内容。二是组织开展 2011 年“春运农民工平安返乡（岗）安全优质服务竞赛”活动。全省交通运输各单位围绕春运工作，以“安全快捷、优质服务、温馨和谐”为主题，组织开展竞赛活动，确保了春运任务的完成。三是 9 月份，承办了全省交通运输系统“安康杯”安全生产知识竞赛活动。比赛分预赛和决赛两个阶段进行，36 支代表队参加了预赛，从中选拔了 12 支代表队进行决赛，宜春市交通运输局等 6 个单位分获一、二、三等奖。四是各基层单位以“创一流工作、一流服务、一流业绩、一流团队”为目标，大力开展“工人先锋号”创建活动，并以此为抓手，深入开展了以技术创新为主要内容的劳动竞赛活动。五是各单位根据自身特点，有针对性地开展岗位技能比赛活动。全省交通基层单位开展岗位练兵活动面达 86%，开展各种技术比武、技能比赛 36 场次，参与职工达 16800 人次，组织技能培训 26 场次，培训职工 1500 余人次；提出合理化建议 1000 余项。六是开展全国、省五一劳动奖状、奖章选树工作。

2. 把握职工素质推进点，职工队伍整体素质有新提升。一是大力开展建党 90 周年庆典活动。二是大力开展文化体育活动。三是强力推进“职工书屋”创建活动，截至 2011 年年底，交通基层工会创建全国“职工书屋”19 个、省级“职工书屋”48 个。四是着力推进“五型班组”创建活动。

3. 抓住维权维稳核心点，和谐劳动关系有新发展。一是围绕交通国企改革，加大了维权力度。二是围绕构建和谐平安交通，加大帮扶力度。元旦、春节期间，交通工会筹集资金 42 万元，组成 4 个“送温暖小组分赴各地，重点走访了困难劳模和困难家庭 60 户。2011 年各单位上报困难职工 626 人，已在交通工会建档 289 人，在设区市工会建档 189 人，待建档 148 人。开展了“金秋助学”活动，向 160 名贫困大学生分别赠送了箱包、书包和 T 恤衫，同时，还资助 16 名贫困大学生每人 3000 元、14 名贫困高中生每人 1000 元，受赠人数和受赠金额是 2010 年的 2 倍。

4. 狠抓增强内功关键点，自身建设水平有新提高。一是加强工会组织建设。5月份统计,交通工会直属基层工会46家,职工43325人,其中女职工13674人;会员总数41779人,其中女会员13176人;专职工会干部297人,兼职工会干部874人。二是加强职工之家建设。三是加强工会干部培训,分别选送2名、18名工会干部参加了中国海员建设工会和省总工会组织的工会干部培训班。组织交通基层工会干部80人赴北京学习培训。2011年,完成了分类培训计划8项,参加153人次。四是举办了第七届交通工会民主管理论文研讨暨工会重点工作座谈会,40余人参加会议。四是规范了法人资产审验制度,全年完成17个基层工会的变更登记和上报工作。五是强化了女职工工作和职工互助保障工作。召开交通工会女职工委员会二届四次委员(扩大)会议,调整了二届女职工委员会委员、副主任委员。同时,开展各类女职工先进推荐工作。六是完成了省总工会下达的工会经费上解任务,2011年度交通工会经审工作获省总工会二等奖。

(李 坪)

【四名学生获"2011年金秋助学"资助金】 8月25日,2011年"金秋助学"资助仪式在南昌举行。省总工会常务副主席郭学勤、省交通厅副厅长孙茂刚出席资助仪式并作重要讲话。资助仪式由省总副主席柯进水主持,省总工会领导,省交通工会领导、工会干部、受助学生参加了资助仪式。

在助学仪式上,省总工会对102名大学新生按照每人3000元、58名高一新生按照每人1000元的标准给予资助。省总工会领导分别向每位受助学生发放了助学金和物品,并希望受助学生要继续刻苦学习,辛勤耕耘,收获知识,成为国家和社会有用的人才。此次受资助学生中,抚州市公路局有4名困难职工子女受到资助。其中广昌、资溪分局两名困难职工子女考取大学,每人获得3000元资助金和一个旅行箱、一件T恤;金溪、南丰分局两名困难职工在校高中生子女,每人获得1000元的资助金和一个书包、一件T恤。

(公路局史志办)

【省港航局建党90周年文艺节目表现突出】 2011年,在省交通运输厅举办的庆祝建党90周年文艺演出活动中,省港航局合唱团演唱的《四渡赤水出奇兵》《海事之歌》两首主旋律歌曲,以浓郁的艺术感染力和创新的表现形式,展示了港航人"建设和谐港航、打造平安交通"的价值追求,赢得了现场观众和评委的好评,最终以总分第三名的成绩获得了该次比赛的二等奖,并作为优秀节目被推荐参加全省交通系统庆祝建党90周年红歌演唱会。其表演的音乐快板《赞江西交通》,以歌颂江西交通运输60年来的巨大变化为主题,形式新颖,内涵丰富,从全省交通系统100余个参赛节目中脱颖而出,代表省厅参加了江西省直机关举办的庆祝建党90周年文艺晚会演出。

(张兆平)

【省港航局获"全国交通建设系统先进工会"荣誉称号】 2011年12月29日,中国海员建设工会全国委员会在《关于表彰全国交通建设系统先进工会、优秀工会工作者和优秀工会之友的决定》中,对在加强工会组织建设,扎实推进"两个普遍",依法科学维权,构建和谐劳动关系,维护职工队伍稳定和促进全国交通、建设事业可持续发展等方面作出了重要贡献的先进工会组织授予"全国交通建设系统先进工会"荣誉称号。江西省港航局路港工程局工会因其在认真贯彻落实"组织起来、切实维权"的工会工作方针,团结广大职工围绕中心,服务大局,立足岗位,建功立业等方面工作取得突出成绩而获得这项荣誉称号。

(张兆平)

【航道工程局文明创建获荣誉称号】 2011年,省港航管理局航道工程局工会按照中国海员建设工会和省交通工会总体部署和要求,结合自身实际,积极组织开展创建"工人先锋号"和创建"五型班组"活动。经过推荐评选,2011年,疏浚工程处和江洪号挖泥船组分别被中国海员建设工会全国委员会和省交通工会授予全国交通建设系统"工人先锋号"荣誉称号。

(徐士林)

【省运管局工会服务中心工作】 2011年,省运管局工会紧紧围绕运营中心工作,围绕安全抓"安康"。安全是道路运输工作的重中之重,省运营局把"安康杯"竞赛作为职工参与行业安全管理的重要途径,唱响"安全发展"主旋律,深入开展

“安全生产年”活动,并在6月12日组织职工上街开展安全生产宣传咨询活动,11月份又在全省道路运输企业开展了“安全在我手中,争当百名优秀驾驶员”活动;围绕“建功”抓竞赛。认真开展了“春运农民工平安返乡安全优质服务劳动竞赛”活动,积极开展了“宇通杯”节能竞赛、文明交通示范企业网络评选活动、“百优教练员”评选活动、提升服务效能竞赛等劳动竞赛活动,有力地促进了行业发展;深入推进以创建“工人先锋号”为内容的班组建设活动,局属单位交通印刷厂印刷车间荣获了全国交通系统“工人先锋号”荣誉称号;围绕“企改”抓指导。为稳妥推进局下属江西运输开发公司进行企业改制,局工会指导、协助做好了职工大会召开的各项准备工作。5月18日,企业改制职工大会顺利召开,企业改革和职工安置方案全票通过,为省运管局企业改革的顺利完成奠定了坚实的基础。

(朱 熹)

【省运管局工会努力为职工办实事】 2011年,省运管局工会对职工困难状况进行摸底,建立了31名困难职工档案;统一为115名职工投保了特种重病团体互助医疗保险、团体人身意外伤害互助保险,另外,专门为26名女职工投保了安宁险;2011年“两节”期间,由局领导带队分别对41名局机关离退休老干部和31名困难职工、困难党员进行了走访慰问,送去节日祝福,发放慰问金56500元,其中厅直机关党委和交通工会分别下拨1.1万元,局工会配套资金34500元,远远高于1∶1的资金配套比例;关爱员工身体健康,组织局机关和离退休全体职工进行了健康体检,建立了全员健康档案;每个职工过生日,局工会都会送去一份生日祝福,“三八”妇女节期间为每位女职工准备了一份节日礼物。此外,局工会努力践行社会责任,深入推进社会和谐。8月组织“我健康、我献血、我快乐”无偿献血活动,计献血6900ml;动员干部职工积极参与慈善一日捐活动,募捐到4910元;2011年春节前夕,局负责人还专程到扶贫点——井冈山市东上乡坳背村进行了春节走访慰问,看望了村里的10户老党员、贫困户和残疾人,督促检查了扶贫工作进展情况。

(朱 熹)

【省高速集团举行纪念建党90周年红歌会暨“爱我高速”企业歌曲歌唱大赛】 6月17日,省高速集团在南昌隆重举行纪念建党90周年红歌会暨“爱我高速”企业歌曲歌唱大赛。省交通运输厅党委书记程受锭在省高速集团党委书记李素华、总经理谢来发等陪同下观看比赛并为获奖单位和选手颁奖。

该次大赛以“唱响红歌”和“唱响江西高速企业歌曲”为主题,分为个人组和合唱组两种表演形式,每个选手和代表队演唱曲目均为两首,一首为省高速集团企业歌曲,一首为红歌。比赛中,各代表队紧扣主题,积极创新创优,音、舞、诗、画不拘一格,舞台表现异彩纷呈,极富感染力的表演将一首首催人奋进的歌曲演绎得淋漓尽致。《映山红》《井冈山上太阳红》《歌唱祖国》《春天的故事》《走向复兴》《跟你走》《大地飞歌》《在灿烂阳光下》《可爱的家乡》等红歌唱出了江西高速公路人对党、对祖国、对生活的无限热爱,《江西高速之歌》《江西高速》《向远方》《爱在江西高速》《江西高速我爱你》等企业歌曲唱出了广大干部职工对高速公路大家庭的满腔深情和殷殷祝福,充分诠释了集团“高速高效、同行同德”的企业精神。

(省高速集团)

【第四届“梨温高速杯”男子篮球赛落幕】 11月2日,由梨温公司主办,省交警总队直属三支队、上饶、鹰潭、抚州高速路政管理支队、梨园治超站等协办的第四届“梨温高速”杯男子篮球赛落下帷幕。在为期5天的循环比赛中,梨温公司、高速交警、高速路政等负责人全程观摩比赛,并为篮球队颁奖。

该次比赛从10月28日开始,来自各单位共14支篮球队豪气满怀上演龙争虎斗,赛场边观众呐喊声、叫好声及加油声不绝于耳,一幕幕精彩对抗赛吸引了场外无数眼球。连续5天,各路人马排兵布阵奋勇争先,篮球场上你争我夺,不甘落后,将“更高、更快、更强”的体育精神表现得淋漓尽致。经过激烈而精彩的循环淘汰赛,复赛、半决赛和决赛,梨温公司机关代表队夺取第1名,获第2至第6名的分别是,鹰潭管理处代表队、省交警总队直属三支队第一大队、抚州高速公路路政管理支队、上饶高速公路路政管理支队、省交警总队直属三支队第二大队。梨园治超站获优秀组织奖,体育道德风尚奖颁给梨温公司玉山管理处代表队。

(胡 丹 刘 英)

【景鹰高速浮梁处“桃墅之声”广播站全新亮相】

2011年,浮梁管理处“桃墅之声”广播版块以全新面貌闪亮呈现。新版“桃墅之声”共设《工作动态、员工风采》《文学广场》《新闻午茶》《生活小百科》《音乐欣赏》5个栏目。内容更加丰富多彩,更加贴近职工工作和生活。广播时间由原来的不定期播报,变为天天播报,每天中午12:10~12:30是职工点歌、送歌的《音乐欣赏》栏目,带给听众一种充满活力、富有节奏的愉快感觉,同时进一步增进了同事间的友谊,营造了大家庭的感觉。

景鹰高速浮梁处“桃墅之声”广播站自2010年8月开播以来,一直以传递工作动态,反映员工心声,促进企业文化建设为目的,专注打造员工沟通交流平台,广播的稿件都是由职工采写、编辑而成,播音也是由职工自己完成,该广播站已成为职工工作和生活的一个重要组成部分。

(万华琴 龚 斐)

【景德镇市交通运输局党委组织机关妇女赴西安参观学习】 为让局机关妇女过上一个有意义的“三八”国际妇女节,景德镇市交通运输局党委组织全体机关妇女赴西安参观学习。短短几天的西安之旅,让机关妇女对世界四大古都之一、中国六大古都之首的十三朝古都西安有了一定的了解。西安是底蕴深厚的人文之都,有3100年建城史和1100年国都史,被誉为中国的“天然历史博物馆”。秦兵马俑规模宏大、场面威武;华清池南依骊山、北临渭水、风光旖旎,是历代皇家的御花园;西岳华山奇险峻秀,是驰名海外的“奇险天下第一山”;古城墙完整如一、气势雄伟,妇女们惊叹古城的古文化、古文明、古智慧,也增强了作为炎黄子孙的自豪感。妇女们不但领略了西安的古代文明,还了解了西安道路建设和运输情况对景德镇市交通运输事业的发展起到了积极的借鉴作用。

(孙 琳)

【萍乡市交通运输局全民健身运动促进行业文明建设】 2011年,萍乡市交通运输局始终把推动全民体育健身运动作为交通运输系统精神文明建设的重要抓手,以丰富干部职工文体生活来促进中心任务科学推进。该局一以贯之落实《全民健身计划纲要》《全民健身条例》,并开展了一系列丰富多彩、寓教于乐、富有成效的健身体育运动,极大提升了市交通运输系统体育文化水平和竞技运动水平,展现出开拓创新,锐意进取的精神风貌。每年元旦、春节、国庆和“全民健身日”等,萍乡市交通运输局都会精心策划,严密组织各项文艺联欢比赛和体育赛事活动。该局先后组织了诸如登山运动、羽毛球比赛、乒乓球比赛、钓鱼活动、拔河比赛、执法队伍队列训练、打靶活动、“绿之动”环城跑,高铁杯篮球联谊赛、桥牌比赛等活动,尤其是“高铁杯”篮球联谊赛,在全市产生了良好的反响。萍乡市交通运输局结合交通运输系统的特点和各单位的实际,设计一些更为贴近行业特点的健身项目、活动内容。在该局机关内,每个工作日的两次工间操已贯穿全年,已经形成了制度化;春季还会组织“乡间赏油菜花”等户外有氧运动;局老年体协也会定期开展钓鱼活动比赛。该局先后投入资金30余万元,对机关楼进行改造并安装MTV系统。为了迎接“高铁杯”篮球联谊赛,又翻修局机关大院篮球场,此外还改造职工俱乐部、健身房,购买篮球、羽毛球拍、乒乓球拍等器材。全系统拥有健身房3个、篮球场6个,乒乓球室12个,有力地保障了该局健身活动的正常开展,在全系统内形成了崇尚健身、参与健身、追求健康文明生活方式的浓厚氛围,良好的健身环境也为周边群众搭建了一个良好的体育运动平台。

(陈理手 刘继文)

【萍乡市交通运输局开展庆“五四”野外登山活动】 为纪念“五四”运动,进一步推动创先争优活动深入开展,5月7日,萍乡市交通运输局组织全市交通运输系统干部职工100余人参观芦溪县卢德铭烈士纪念广场,重温入党誓词,并在芦溪县羊狮幕进行野外登山活动。萍乡市交通运输局通过开展各种形式的集体活动,充分展示了萍乡交通人团结互助、勇于挑战、面对困难毫不退缩、顽强拼搏的精神风貌,单位职工的凝聚力、向心力、战斗力进一步得到提升。

(李襟远)

江西交通建设工程监理所

世行专家检查瑞赣高速公路项目

设计院领导与上武项目获奖劳模、先进合影

监理工程师巡视工地现场

江西交通建设工程监理所成立于1994年5月，隶属于江西省交通设计研究院有限责任公司，是具有交通部公路工程甲级监理资质的专门从事交通建设工程监理服务的独立法人机构，能在全国范围内从事一、二、三类公路工程、桥梁工程、隧道工程项目的监理业务。2007年通过ISO 9001:2000质量体系认证，同年获得交通部公路工程试验检测综合乙级资质。

监理所实行所长负责制，配有副所长、总工程师、总经济师、总会计师，下设综合部、生产经营部、中心试验室。机构设置合理，职责分明，精炼高效。项目管理实行二级管理、三级责任制体制。成立以来，完成高速公路等主要工程施工监理服务28项，里程超过1000千米，监理业务涉及了省内外诸多交通工程重点项目和部分地方工程项目。在所监理的工程项目中，企业始终坚持“干一项工程、创一块牌子、锻炼一支队伍、闯一方市场”的企业精神，严格遵守“严格监理、热情服务、顾客满意、持续改进”的质量方针，赢得了业主单位的好评，产生了良好的经济效益和社会效益，培养了一批具有丰富的监理、设计、施工经验的优秀人才队伍。共有7个项目获得江西省高速公路建设领导小组授予的项目“先进单位”称号、9个项目获得“先进集体”称号、20人次获“劳动模范”、91人次获“先进生产工作者”。2005、2011年获得江西省人民政府授予的“江西省‘十五’、‘十一五’重点工程建设先进单位”称号。

利用多媒体演示召开监理工作会议

江西省“十一五”重点工程建设
先进单位
江西省人民政府
二〇一一年六月

“十一五”重点工程先进单位

高架桥贯通现场

抚州至吉安

省委书记苏荣视察抚吉高速

省委常委、常务副省长凌成兴等领导察看抚吉高速公路建设情况

省交通运输厅副厅长许润龙考察抚吉高速

省高速集团党委书记李素华到抚吉高速考察调研

抚州至吉安高速公路项目，在省委、省政府的亲切关怀下，在省交通运输厅的正确领导下，在省高速集团的直接指挥下，在省直有关部门、沿线各级党委政府和广大人民群众的大力支持和密切配合下，项目办带领和团结全体参建人员，紧紧围绕省委、省政府2012年底高速公路建成通车4000千米的目标，紧紧围绕创建规范施工示范工程的要求，求真务实，统筹规划，精心组织，精心施工，以工程质量为核心，以规范管理为抓手，以科技攻关为动力，以廉政建设为保障，大力推进工程建设，圆满完成了一、二、三阶段的预定目标任务，2012年12月底全线建成通车。

抚州至吉安高速公路项目（简称“抚吉高速公路项目”）是江西省18条加密高速公路之一，远期规划为连接海峡西岸经济区的大通道，它连接江西省中部地区两个重要的地级市抚州市和吉安市，东连福州至银川国家高速公路，西接樟树至吉安地方加密高速公路，途经抚州市临川区、金巢开发区、崇仁县、宜黄县、乐安县、吉安市永丰县、吉水县、吉州区两市八县（区），路线全长179.188千米，概算总投资94.55亿元。

抚吉高速公路项目的建设将彻底改变江西中部腹地无高速公路的局面，并成为中西部地区与东部沿海发达地区联络的又一快速通道，是对江西省高速公路网的重要补充，将为促进江西在中部地区

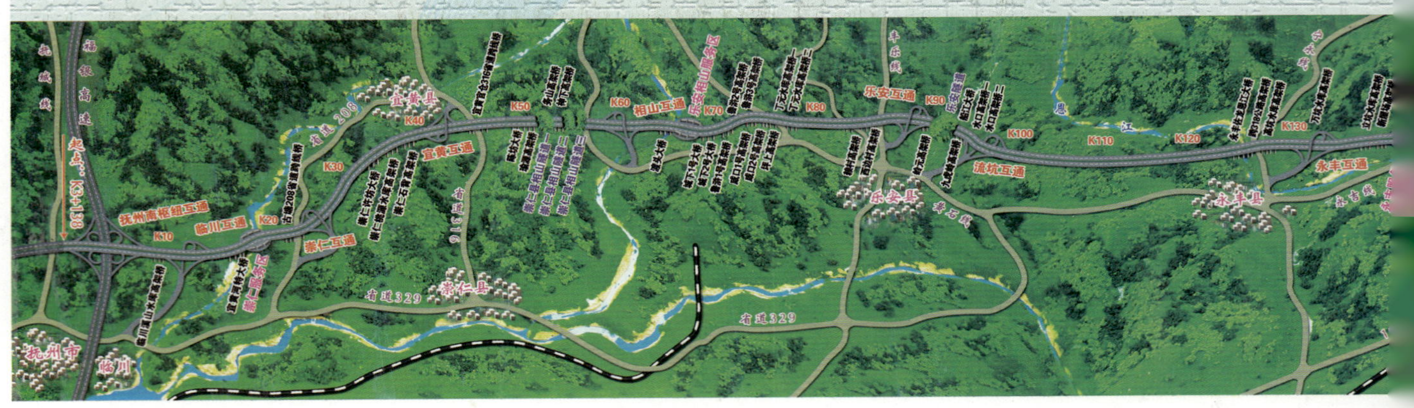

高速公路

时任省交通运输厅党委书记程受锭视察抚吉高速

省交通运输厅厅长马志武察看抚吉高速建设

崛起起到极其重要的作用。

抚吉高速公路项目管理的中心思路是“以规范化施工促进度、保质量”，项目办紧紧围绕“着力打造规范施工示范路”这个目标，确立了“以规范施工促工程进展，以工程进度体现规范施工，以路面工程促路基工程”和“向设备要生产力、向科技要质量、向管理要安全”的项目建设总体思路。在这个总体思路的统领下，认真总结和吸收省内外高速公路建设管理的实践经验，结合本项目的实际情况和特点，采取了一系列针对性强、操作性强的工作措施，并狠抓落实，抓出成效，基本达到了“标准成为习惯，习惯符合标准，结果达到标准”的目标要求，全线施工有序开展，快速推进，质量可控。

2012 年是抚吉高速公路建设的关键之年，通过全体建设人员的共同努力，必将优质高效完成省委、省政府下达的各项任务目标，又好又快地把抚吉高速公路建设成为“工程质量更优、外观形象更美、生态环境更佳、依法管理更严、安全廉洁更好”的规范施工示范路。

省高速集团总经理谢来发考察抚吉高速，听取项目办主任樊文胜工作汇报

抚吉高速赣江大桥施工

驻地形象标准化建设

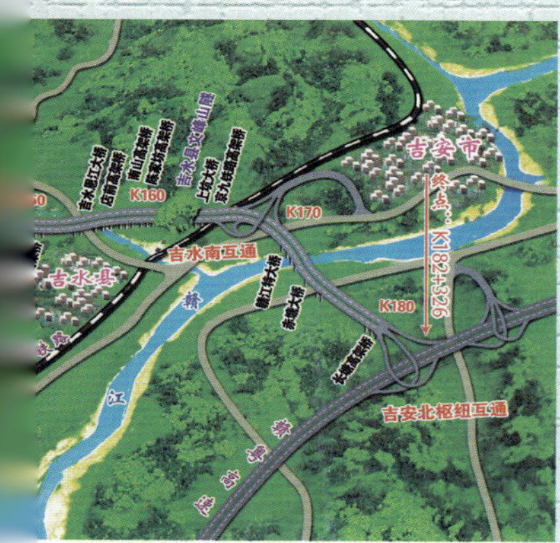

抚吉高速公路文峰山隧道

抚吉高速公路

赣州至崇义

省委书记苏荣视察赣崇高速公路建设

省委常委、常务副省长凌成兴，省交通运输厅党委书记朱希等领导视察赣崇高速公路建设

赣州至崇义高速公路是厦门至成都国家高速公路（厦蓉线）的组成部分，也是江西省“三纵四横”高速公路主骨架规划中第四横的重要组成部分。

赣崇高速项目具有“难、险、高、大、杂、多”六大特点，难（即施工困难）：一是高填深挖路段多，最大填高达 51 米，最大挖深为 56 米，最大填挖相对高差近 100 米；二是岩层破碎，红砂岩、岩溶、淤泥、高液限粉土分布广；三是工期跨雨季较多，雨季施工时间占总工期的 2/3；四是薄壁墩多达 500 个（其中墩高超过 40 米的高墩有 169 个，分布在 25 座桥梁中。险（即地势险要）：全线地处赣南山岭重丘区，从崇义县城附近起到湖南交界处地势险要、峭壁千仞，地貌特征复杂，地形起伏较大，自古有“湘赣咽喉”之称。在施工难度和地形复杂方面，在江西全省高速公路建设史上实属罕见，可以形象的比作江西省的“青藏公路”。高（即桥隧比高）：全线桥隧比 39%，崇义县境内部分路段桥隧比接近 80%，全线平均 1.25 千米就有一座桥，7.29 千米就有一座隧道，是目前全省在建项目或已建成项目桥隧比最高的项目之一。大（即工程量大）：全线共设桥梁 21.4 千米 /69 座；全线共设隧道 12.96 千米 /12 座。全线梁片约 6000 片；桥梁下部高墩多，薄壁墩 500 个；全线浇注混凝土 233 万方、使用钢筋 22 万吨、水泥 104 万吨。杂（即地形复杂）：全线共 2 次跨上犹江、21 次跨崇义河、19 次跨赣丰公路、6 次改赣丰公路，给打开多个作业面和扫除施工盲点带来困难。多（即控制点多）：

特大桥施工

赣崇高速公路

高 速 公 路

省交通运输厅厅长马志武多次深入赣崇高速施工现场调研

特大桥雄姿

尖峰岭隧道特长隧道4085米/1座；大跨径刚构桥梁有4座，其中茶滩三大桥、车前坝大桥、崇义一桥主跨均为80米、崇义二桥主跨为100米。

赣崇高速项目工程概算总造价68.95亿元，平均每千米概算造价7824万元。由江西省交通运输厅与赣州市政府按6：4比例共同出资建设，双方派员组建项目建设办公室进行现场管理。项目位于厦蓉高速江西境内的最西端，全长88.129千米，2012年12月底建成通车。

路基土石方施工

路面摊铺施工

夜间施工

路面碾压

隧道施工

省委常委、常务副省长凌成兴察看吉莲高速公路全线

副省长洪礼和察看吉莲高速公路建设工地

吉安至莲花高速公路是国家“7918”高速公路网的第15横，也是江西省高速公路主骨架网的第3横，全长106.661千米，投资52.5亿元，途经吉安市的泰和、吉安、永新县和萍乡市的莲花县等2个设区市4个县16个乡镇。项目于2010年8月9日奠基，2012年12月底建成通车。通过大打路基工程歼灭战、路面备料突击战、路面摊铺和钟家山隧道施工攻坚战，项目累计完成路基土石方2031.32万立方米，摊铺沥青混凝土上油面层226.5万平方米；建成大桥 29 座，中小桥 45座，总长15458 米，互通分离式立交3座；建成隧道3座，总长3760米；完成防护工程16.6万立方米，排水工程26.7万立方米。

省交通运输厅副厅长许润龙、总工程师胡钊芳深入工地调研吉莲项目建设

吉莲项目是省厅确定的全省高速公路建设实行标准化管理的示范项目。项目办全力推进管理标准化、施工精细化，大力开展创建“典型示范合同段”活动，召开路基、桥梁、隧道等现场观摩会多达15次；推广应用“四新”，共引进新技术、新工艺、新设备各3项，改进工艺10余项，如路基采用“三次线控法”施工；桥梁钢筋笼制作使用“水平胎架法”，梁板预应力张拉采用智能张拉仪；隧道洞口首次在全省高速公路隧道工程建设中采用“零仰坡”进洞法；首次在国内高速公路服务区建立光伏发电及微电网示范工程；率先在全省高速公路建设中全路段设置及时提示和风光互补两大系统，首次在全省高速公路路面备料碎石加工时采用布袋除尘器除尘。

省交通运输厅纪委书记成松深入吉莲建设工地指导党风廉政建设

率先在全省高速公路中全路段设置及时提示和风光互补两大系统

应省交通运输厅邀请，中国工程院院士王梦恕亲临钟家山隧道施工现场指导，出席隧道施工技术方案专家咨询会

交通运输部总工程师周海涛考察吉莲高速公路应用预应力智能张拉仪技术

省交通运输厅党委书记朱希察看吉莲高速公路建设

省交通运输厅厅长马志武多次察看吉莲高速公路工地

省高速集团党委书记李素华考察吉莲高速

省高速集团总经理谢来发多次到吉莲工地现场调度工程建设

大广高速江西龙南里

省委常委、常务副省长凌成兴，省委常委、赣州市委书记史文清视察龙杨高速

省委常委、常务副省长凌成兴视察龙杨项目建设

省重点办主任王前虎视察项目建设

大庆至广州国家高速公路江西龙南里仁至杨村（赣粤界）段（以下简称本项目）位于江西省最南端。根据《国家高速公路网规划》提出的“7918”规划方案，大庆至广州国家高速公路是国家规划的“7918”的纵5线，路线起于黑龙江大庆，经吉林松原、内蒙古、河北承德、北京、河南开封、湖北黄石，进入江西武宁县，经吉安、赣州，于龙南进入广东省连平县，经新丰，终于广州市，全长约3500千米，纵贯江西南北，江西境内长约612千米，2012年12月31日建成通车。

大庆至广州国家高速公路江西境内武宁至吉安段2008年已全线通车，吉安－赣州－龙南里仁段已通车，龙南至河源联络线已连通，本项目是大庆至广州国家高速公路在江西省境内的最后待建段，也是江西“三纵四横”高速网主骨架第三纵的末段，为全省第一条较长的山区六车道高速公路，路线经过两县九个乡镇，道路及地方协调工作量大。项目起点设于龙南里仁互通区域，受地形条件制约，互通交织流错综复杂，在省内甚至国内均不多见，交通导改及施工难度极大。全线4座6车道大跨度隧道净宽达15m，均处于地形地质条件复杂区域，隧道施工条件及其复杂。项目所处区域属于南岭山脉的九连山北麓较不稳定工程地质亚区，工程量浩大，任务十分艰巨。项目路线附近存在较多环境敏感点，围绕着建设“安全舒适、生态环保、风光独特的旅游休闲绿色文化走廊”的建设目标，如何合理的保护这些历史文物及植物资源，最大限度地利用自然条件，是项目建设全过程需控制的重点。

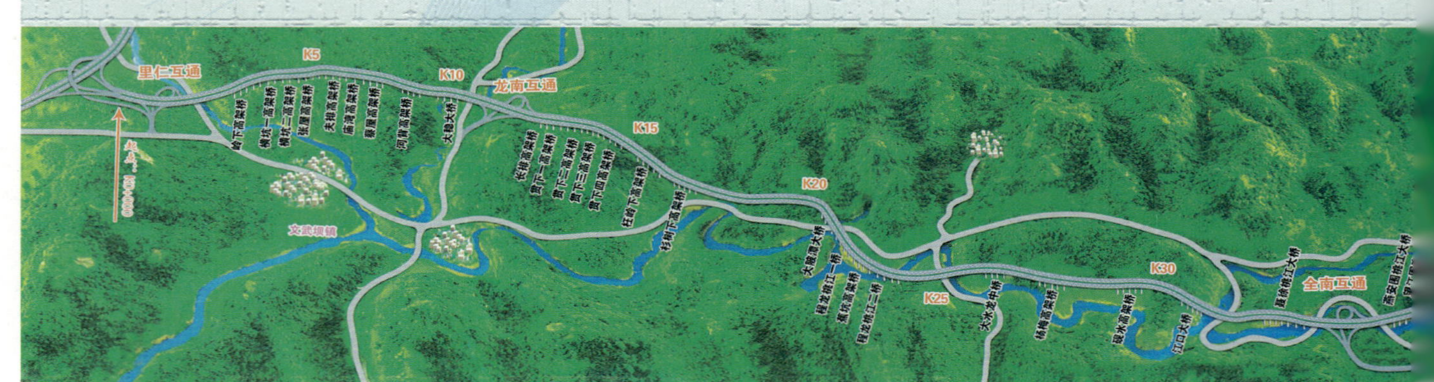

仁至杨村段高速公路

省交通运输厅厅长马志武慰问大广高速龙杨段建设者

省交通运输厅副厅长许润龙视察项目建设

龙杨高速公路的建设对大广高速全线贯通，促进江西省高速公路网络的形成，缩短江西至广州的时间距离，发挥高速公路路网效应，具有重要作用，也是中国中部地区运输通道的需要，同时结束了江西全南县没有高速公路的历史。

赣州市政府副市长刘建萍在大广高速龙杨段项目考察指导

已建成的高速路貌

路面施工

龙南南收费站

精心护绿，图为大广高速龙杨段已绿化的边坡

接受革命传统教育

建设中的姚坞高架

德兴至上饶高速公路位于江西省东北部，主线全长61.222千米，项目概算为47.917亿元，2010年8月9日召开开工新闻发布会，于2012年12月建成通车，是江西省高速公路通车里程突破4000千米的关键项目之一。线路始于德兴市花桥镇、途经德兴市龙头山乡、玉山县怀玉乡、樟村镇、临湖镇、必姆镇、下塘乡，终于上饶市信州区沙溪镇共三个县（市、区）8个乡镇。是江西省规划高速公路网的重要组成部分，也是德兴至南昌高速公路和上海至昆明高速公路之间的竖向地方加密高速公路。与沈阳至海口国家高速公路宁德至上饶联络线武夷山（赣闽界）至上饶高速公路组合形成了纵贯上饶市的一条快速通道。它的建设对完善全省高速公路网、改善江西省特别是上饶市路网结构，盘活沿线地方经济建设具有重要意义；对构筑旅游快速交通网，推动江西省旅游业发展，带动三清山、婺源周边旅游资源的开发利用，促进区域经济的快速发展具有举足轻重的意义。

特大桥雄姿

项目途经地区山高坡陡，沟壑纵横，属山岭重丘区，被称为江西的“天路”，全线共有桥梁78座，隧道9座，土方量达1030万立方米，50米以上高墩桥梁共8座，最高墩有81.6米，为全省第二；高填深挖路段多，土石方集中，边坡最高达9级，最大填挖高度达80余米；桥隧比达40.73%，是江西省迄今为止唯一一个桥隧比超过40%的项目；仅施工便道就达300千米；项目途经大茅山、三清山、怀玉山、大茅山

建成通车的德上高速

汪村高架

高速公路

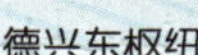
德兴东枢纽

古井头高架

等环境敏感点，环保要求高，施工难度前所未有。项目办按照省委、省政府、省交通运输厅的要求，认真总结和汲取省内外高速公路建设管理的经验，针对本项目特殊的地形地貌特点和极端天气的实际情况，采取有效措施，扎实推动管理标准化活动，使得一大批新工艺、新技术和新科技得到应用。项目办制订了一系列管理制度和活动方案，建立了规范、统一的标准，为提升项目管理水平和今后的项目建设积累了宝贵的经验。

项目建设者在建设过程中秉承“德行天下、上求卓越”的理念和追求，以“开明的工作方法，严明的工作纪律，过硬的工作作风，明确的工作责任，端正的工作态度”，使建成后的德上高速公路成为“质量优良、环境优美、和谐自然”的发展之路、文明之路、富民之路，为江西省深入贯彻落实科学发展观，推动跨越式发展，为建设美丽中国、秀美江西的可持续发展贡献自己的力量。

美观的附属工程

规范的路基施工

蟠龙高架

路面摊铺施工

南昌至铜鼓

省委省政府、省交通运输厅十分关注昌铜高速公路项目建设。图为省委书记苏荣等领导察看昌铜线型

省委常委、常务副省长凌成兴察看昌铜高速公路项目建设

建成通车的昌铜高速公路

南昌至铜鼓高速公路为江西省高速公路网18条地方加密高速公路之一，是中部地区与东部沿海发达地区的快速通道即杭州—德兴市—南昌—铜鼓县—浏阳市—长沙—益阳—重庆中的一段。西接湖南的浏阳（湘赣界）至花垣（湘渝界）高速公路，东接德兴至南昌高速公路，与德兴至南昌高速公路的组合形成了横贯江西的又一条便捷的快速通道，它的建设对于降低沪昆高速公路的运输压力，促进沿海经济发达地区和中部地区的经济联络交流起到了十分重要的作用，被纳入交通运输部组织的《中部地区崛起公路水路交通发展规划》。

该项目的实施不仅是建设中部地区高速公路及江西省的高速公路网的需要，同时也是对国家高速公路网有利的补充。它的建设缩短了项目沿线地区各县区与南昌市的时空距离，有利于这些地区的经济发展，改善区域交通运输条件，缓解区域交通压力，对于提升省会城市南昌的辐射、带动作用，对于提升鄱阳湖生态经济区建设的发展优势，从而进一步发挥江西的生态优势，加速江西的工业化、城市化进程均具有十分重要的意义。

该项目起点位于新建县望城镇青西村，顺接规划中的南昌

项目办主任谭生光深入昌铜高速公路施工一线检查、指导工作

项目办常务副主任王德山率队赴江苏、安徽考察、学习交流

城西快速路（连接生米大桥），与南昌西外环高速公路相交，途经新建、安义、奉新、靖安、宜丰，终于和湖南浏阳交界的铜鼓县铁树坳。路线全长约190.9千米，其中新建里程约170.3千米，与已建成的武吉高速公路共线约20.6千米，投资87亿元。该项目分两期建设，南昌至奉新段2009年7月16日开工建设，2011年12月28日建成通车，奉新至铜鼓段2010年8月9日开工建设，2012年10月28日建成通车。

建成通车的昌铜高速公路

井冈山厦坪至睦村（

交通运输部副部长冯正霖为井睦项目总监办颁发全国"十佳总监办"荣誉证书

交通运输部总工程师周海涛察看井睦高速建设项目

井冈山厦坪至睦村（赣湘界）高速公路项目位于江西省井冈山市境内，路线全长43.574千米，概算总投资32.76亿元，平均7518万元／千米，桥隧比32.4%，沿线途经井冈山市11个乡镇（场）26个行政村。全线路基土石方1068万立方米；桥梁26座7276.5米；涵洞通道145道；井冈山特长隧道6850米；互通立交3处，主线收费站1处，服务区1处。

井睦项目是中国首次采用项目管理与工程监理合并管理（监管一体化）模式建设的公路项目，是江西省首次采用设计施工总承包模式建设的高速公路项目，由江西交通咨询公司负责实施、省交通工程集团公司和交通设计院联合体承建。项目全线均在井冈山境内，地理位置特殊，沿线风景优美，植被茂盛，环境和人文生态保护要求高，倍受领导和社会各界关注。井冈山特长隧道是全省最长及首座采用斜井通风的公路隧道，也是全国首座同位双斜井隧道。

全线集中设置一个工厂化的小型构件预制场，有效地防治了原来防护工程、排水工程施工质量不稳定、外观质量差的通病

井冈山特殊的自然气候对工程建设具有较大影响，经常性的雷阵雨天气多和入冬早、冻融期长，山区小气候突出。井睦项目按照"坚定总体目标、攻克工程难点、强化质量安全、统筹推进配套、做好群众工作"的要求，攻克了交通不便、电力短缺、山区软土和雨水频繁等困难，抢抓晴好天气、加大投入、合理安排雨季施工，保证了井睦项目的关键工序不停不慢、工程质量始终受控和安全生产态势平稳。

井睦项目厦坪枢纽互通

赣 湘 界）高 速 公 路

省委常委、常务副省长凌成兴视察井睦高速

全省首次在主线范围内施工的钢波纹管涵洞

预制梁顶板钢筋吊装

标准化梁场

项目办自行投入400万元购入了一整套先进的试验检测仪器，首次配备了激光雷达检测设备，建设了一个600多平米的标准化中心试验室，并从项目办、项目经理部到现场作业工区配置一套完整的质量监控与检测体系

井冈山特长隧道

九江绕城

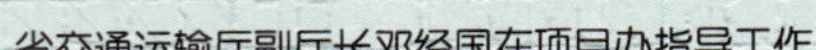
省交通运输厅副厅长邓经国在项目办指导工作

厅纪委书记成松深入九绕项目办视察

九江绕城高速公路工程项目是规划的江西高速公路五条“环线”的其中一环，也是国家高速公路杭州至瑞丽和福州至银川高速公路之间的地方加密高速公路，项目于2012年1月获得江西省发展和改革委员会批准立项，同时列入江西省2012年第一批省重点建设项目，路线起点位于庐山区新港镇，与正在运营的杭瑞高速公路九江至景德镇段相接，往西与规划建设的都昌至九江高速公路相连。路线途经庐山区新港镇、虞家河乡、姑塘镇、威家镇、海会镇以及星子县白鹿镇、南康镇、华林镇，共经过九江市境内的1区1县8个乡镇，终点位于星子县华林镇，路线总长约46.96千米，分8个路基标和2个路面标，全线共有路基土石方944.8万方，涵洞通道240道，桥梁48座，总长约11179.82米，桥梁占比超过25%，其中特大桥3座，总长3732.06米，项目总投资约为31.39亿元。

九江绕城高速公路项目的建设，是江西实施鄱阳湖生态经济区建设的重要基础，项目的建设对加快鄱阳湖区域经济和旅游业的发展、缓解九江市中心城区日趋紧张的交通压力及完善赣北地区的路网布局具有重大意义。同时，该项目的实施，对于充分发挥交通重点项目建设对全省经济增长和社会发展的动力和引擎作用，为建设富裕和谐秀美江西打下坚实基础具有重大意义。

在省委省政府的高度重视和省交通运输厅、高速集团以及公路开发总公司精心指导和正确指挥下，在沿线各级党委政府的有力配合和大力支持下，参建各方牢牢抓住全省高速公路建设提速发展的良好机遇，围绕“典范项目、精品工程、景观长廊、和谐大道”的建设目标，以“更新、更好、更快”的理念，依法依规、科学管理、创新创优、廉洁自律，以时不我待的紧迫感加快建设步伐。项目自2012年8月份启动招标工作，10月份正式开工建设以来，实现了前期筹备到开工建设的顺利衔接和高效过度，创造了项目开工建设的良好局面。

理地

标准化路基填筑

高速公路

江西公路开发总公司和九江市公路局、庐山区、星子县领导出席项目办揭牌仪式

九江市副市长陈和民在项目办主任旷小林陪同下到工地现场办公

九江市政府主持召开九绕项目征地拆迁动员会

项目办与各标段签订综治、安全维稳责任状

项目办召开生产调度暨综治安全维稳会议

项目办举行安全生产专题培训班

南昌至樟树高速

省委常委、常务副省长凌成兴视察昌樟高速改扩建项目建设

昌樟高速公路改扩建项目进展汇报会

南昌至樟树高速公路是国家高速公路网（7918 网）中的上海至昆明国家高速公路的一部分，是江西省“三纵四横”高速公路网主骨架的重要路段，也是江西省连接周边省份、加强对外联系，对接长珠闽、融入全球化的跨省高速公路运输大通道的咽喉要道，在江西路网中具有显要的地位。

随着地区经济的快速发展，昌樟高速公路交通量逐年增长，昌樟高速公路改扩建项目起于南昌市新建县生米镇附近的昌西南枢纽互通南端，与南昌西环线高速相接，经生米镇、厚田，设 9.1 千米药湖特大桥跨越锦江及流湖、药湖低洼涝区，经丰城、跨越肖江、经楼、临江，终于樟树市昌傅镇樟树枢纽互通赣州端，与樟吉高速公路相接，路线全长 85.656 千米，批复概算约 61.53 亿元。

省厅党委书记朱希、厅长马志武，宜春市市长蒋斌等出席项目办揭牌仪式

项目在梅林及胡家坊两次采用桥上跨丰城支线铁路，跨越的主要河流：锦江（Ⅵ级通航）、肖江河（Ⅷ级通航）；交叉的主要公路及铁路：S321、S228、丰城支线铁路；项目主要控制点：生米镇、厚田乡、锦江、梅林镇、丰城支线铁路、胡家坊村、肖江、昌傅镇。

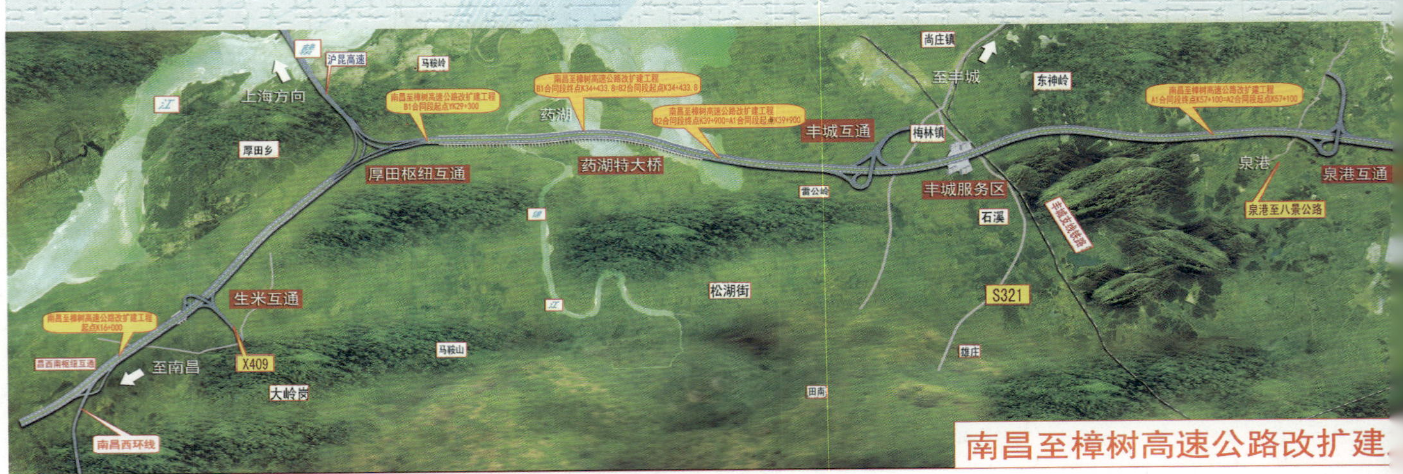

公 路 改 扩 建 项 目

昌樟高速改扩建项目办召开“大干 150 天劳动竞赛”动员大会，副厅长许润龙出席会议并讲话，赣粤高速总经理谭生光主持会议

省厅创新民工工资管理试点工作在昌樟改扩建工程实施，副厅长邓经国作动员报告，省综治办主任张传发出席会议并讲话

昌樟高速改扩建项目举行新闻媒体见面会，省厅纪委书记成松出席会议并讲话

拌和站建设

实验室建设

驻地建设

征地拆迁之“一大四小”树木移栽

安装高边坡防护网

药湖大桥桩基施工

寻 乌 至 全 南

寻全高速项目召开开工新闻发布会，省长鹿新社下达开工令

省委常委、常务副省长凌成兴出席寻全高速项目征地拆迁动员会并作重要讲话

江西省寻乌（赣闽界）至全南高速公路是江西省规划高速公路网中以“三纵四横”为主骨架、5个环线、2条联络线及18条地方加密高速公路中的第18条，东接福建漳州古雷港区至武平（闽赣界）高速公路武平县十方至东留段，西接已建成的大广高速公路赣定段，与济广高速瑞金至寻乌段相交，是赣南南部东西向主要出省通道之一。

该项目位于江西省赣州市境内，横穿江西南部，线路呈东西走向，经“三个县十二个乡镇”，起于赣闽交界处的寻乌县罗珊乡珊贝村草头垄，经寻乌县罗珊乡、澄江镇、水源乡、三标乡，安远县高云山乡、欣山镇（安远县城）、车头镇、新龙乡，信丰县虎山乡、安西镇、崇仙乡、小江镇，终于信丰县小江镇罗吉村的西坑腰仔（与大广高速公路相接）。路线全长112.104千米，总投资871331.87万元、平均每公里造价7764.5万元。

项目由赣州市人民政府和江西省交通运输厅合作建设，按55%：45%比例共同出资，法人单位为江西省寻全高速公路有限责任公司。项目于2012年10月正式开工建设，计划于2014年建成通车。

该项目的建成对完善赣闽两省区域干线公路网，提高该地区的综合运输效益，发挥高速公路路网效应具有重要的作用，实现“江西省县县通高速”，改善行车条件，适应交通量增长，将赣州建设成为区域交通枢纽，加强中部地区与海西经济区的联系有着重大的政治、经济、社会意义；对增强国防交通战略保障，加快原赣南等原中央苏区的振兴和促进地方经济发展、开发旅游资源具有重要的意义。

省交通运输厅纪检书记成松一行调研寻全高速项目建设

省交通质监站站长栾建平一行督查寻全高速项目安全生产管理、标准化施工

寻全高速公路项目办揭牌仪式在赣州市安远县举行

高 速 公 路

国家交通运输部总规划师戴东昌，省交通运输厅厅长马志武、总工胡钊芳，赣州市领导谢赣健、刘琮调研寻全高速项目施工现场

寻全高速项目第一阶段施工动员大会召开，赣州市政府副市长刘建萍作动员讲话

赣州高速公司董事长肖遵良深入寻全高速项目办调研

赣州高速公司总经理温扬汉考察寻全项目建设全线

寻全高速项目首件桥梁浇筑成功

寻全高速项目梁场标准化建设和管理现场观摩会

寻全高速项目建设路基清表工作全面展开

昌九高速公路改

开工新闻发布会

省高速集团总经理谢来发到项目办检查指导

征地拆迁动员会

昌九高速公路，作为江西第一条高速公路，为助推江西经济发展作出了极为突出的贡献。然而，随着地区经济的快速发展，区域交通流量增长迅猛，道路通行能力已远远不能满足时代发展的需要，特别是通远铁门坎路段，先天性技术缺陷（长大纵坡、路基宽仅18米），在冰雪、霜冻、大雾等极端天气影响下，极易导致“肠梗阻”现象，对其进行改扩建显得尤为紧迫和必要。

昌九高速公路改扩建通远试验段建设项目全长10.426千米（K86+640～K96+666），由双向4车道扩建为双向8车道，设计时速100千米，整体路基宽41米，采取“左幅分离新建、右幅利用老路改造”方式进行改扩建。起点位于九江县马回岭茶林场，终点位于九瑞枢纽互通南端分汇流点。项目主要含隧道2个、大桥1座、互通1处，项目工期为2012年9月至2015年2月，项目概算7.78亿元。

该项目地处庐山西麓、长江南岸、鄱湖之滨，是国家高速公路网福银高速公路的有机组成部分，是江西省“三纵四横”公路网主骨架的重要路段，是纵贯南北、承东启西的主干通道，是对接长珠闽、融入全球化的跨省公路运输咽喉要道。项目的开工建设，对促进鄱阳湖生态经济区建设和沿江开发，对助推中部崛起，促进江西经济腾飞具有十分重要的战略意义。该项目是江西省首次对现有高速公路进行大规模改扩建，是高速公路建设领域的一个新课题，必将为日后全省高速公路改扩建积累经验，提供借鉴，也必将在很大程度上缓解昌九大动脉的通行压力，造福八方百姓。

扩建通远试验段

赣粤高速董事长黄铮慰问通远试验段项目建设者

交通组织方案评审会

项目办筑路工变铲雪工除冰保通

机械铲雪和人工撒盐相结合除冰保通

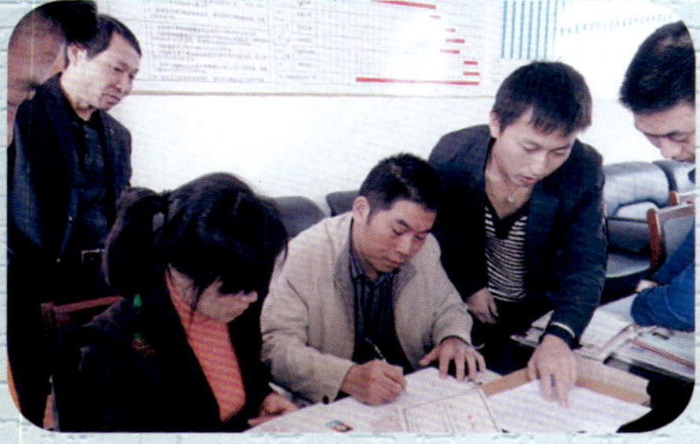

第一次合同履约检查

项目第一次工地会议

项目办现场调查核实农民工工资发放情况

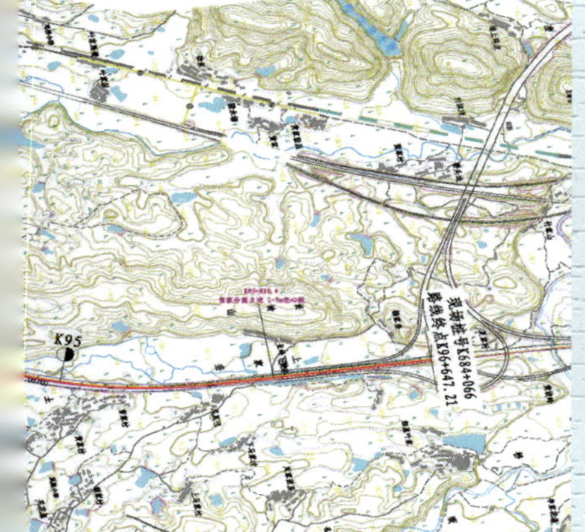

通远隧道进洞施工现场

项目清表施工现场

赣 江 石 虎 塘 航

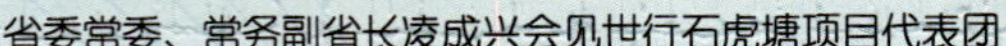
省委常委、常务副省长凌成兴会见世行石虎塘项目代表团

中国水运局局长宋德星视察石虎塘项目

赣江石虎塘航电枢纽位于赣江中游泰和县城公路桥下游26千米的石虎塘村附近，为赣江赣州以下河段六级开发方案中的第三个梯级，是一座以改善航运条件为主，兼顾发电等综合利用效益的Ⅱ等大（2）型航电枢纽工程。工程建设规模为：正常蓄水位56.5米（黄海高程），总库1.67亿立方米，通航建筑物建设标准为内河Ⅲ级，船闸有效尺度为180米×23米×3.5米（长×宽×槛上水深），渠化航道38千米，电站总装机容量120兆瓦（6×20兆瓦灯泡贯流式机组），年平均发电量5.27亿千瓦小时；工程建设的主要内容为：船闸、泄水闸、电站、左、右岸挡水坝、坝顶交通桥、鱼道、库区防护等工程。该项目的工程可行性研究报告由国家发改委于2008年6月10日批复，交通运输部于2008年9月3日批复了初步设计，审定概算为243764万元，2008年12月29日江西省委、省人民政府在南昌召开了赣江石虎塘航电枢纽工程、井冈山华能电厂扩建工程等3个项目的开工新闻发布会，省委书记苏荣下达了赣江石虎塘航电枢纽工程项目开工令。

枢纽管理区

电厂中控室

二、主要工程量完成情况

土石方开挖总量838万立方米，现已累计完成817万立方米，占总量的97%（其中主体工程312万立方米，占100%，库区工程505万立方米，占97%）；土石方回填总量534万立方米，现已累计完成533万立方米，占总量100%（其中主体工程125万立方米，占99%，库区工程408万立方米，占100%）；混凝土浇筑总量81万立方米，已浇筑80.46万立方米，占总量99%（其中主体工程67.36万立方米，占99%，库区工程13.1万立方米，占100%）；金结制安总量9417吨，已完成5723吨，占总量61%（其中主体工程5101吨，占58%，库区工程622吨，占100%）。

三、形象进度

1、主体工程

W5标施工已全部结束，于2012年9月20日办理了交工验收，其内容主要包括：船闸集控楼、船闸、上下引航道、左侧7.5孔泄水闸、左11跨坝顶公路桥、左侧土石坝，考虑到整个道路路面施工与其他标段协调一致，目前本标段内的路面及桥面铺装工程尚未实施。

W4标一期工程全部完成，其工作内容主要包括：电站

电 枢 纽 工 程

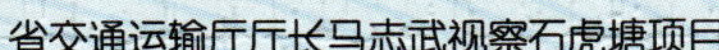
省交通运输厅厅长马志武视察石虎塘项目

省交通运输厅副厅长许润龙视察石虎塘项目

厂房土建工程、右侧砼连接坝、右侧土石坝、鱼道工程、右侧1.5孔泄水闸、万合自排闸、万合电排站。二期工程围堰按计划截流，基坑内的14个泄水闸闸墩正在紧张施工，目前有3个闸墩铰支座砼已浇筑完成，其中12#闸墩砼已浇筑到顶，其余闸墩砼可望在11月中旬浇筑完成，闸门埋件安装已开始。

2、电站机组安装

电站1#、2#、3#、4#机组已并网发电，5#、6#机组也正在按计划有序安装。

3、防护工程（W6、W7、W8、W9）

43公里防护堤、56公里导排渠（除县城5公里未征地外）、3座节制自排闸、80座桥梁（10座公路桥、51座机耕桥、19座人行桥）、7座电排站已施工完毕，并于9月20日办理了交工验收。

4、附属工程

枢纽办公楼、职工活动中心、值班楼等生产生活用房总建筑面积8290平方米、渔业增殖站已施工完毕，并于9月20日办理了交工验收。

5、征地拆迁和移民安置

截至2012年9月底，永久用地征用650公顷，完成总计划的99%。在实施过程中对设计方案进行了优化，临时用地数量比原计划大幅减少，临时用地征用70公顷，比原计划减少51%。抬田工程已全部完成，抬田补偿已全部落实到户。移民安置已完成新洲、泰垦集中移民安置点建设，安置279人，后靠安置132人，完成移民总指标的70%。

船闸中控楼

船舶过闸

樟塘节制闸

樟塘防护堤

德兴至南昌

省委书记苏荣视察德昌高速公路项目建设

交通运输部副部长翁孟勇视察德昌高速公路建设

2011年9月16日，德兴至南昌高速公路建成通车。它的建成，形成了昌九、九景、景鹰高速公路对鄱阳湖地区的合围，完善了环鄱阳湖地区高速通道建设，对加快环鄱阳湖区域经济和旅游业的发展、缓解江西省东西向通道日趋紧张的交通状况、完善江西省“三纵四横”公路网建设具有重大意义。

开工建设两年来，德昌项目办树立“以鲁班精神凿品牌项目，以科学态度创优质工程，以廉洁作风塑团队形象，以环保理念建生态高速”理念，注重打造特色、注重创新亮点、注重建设精品、注重阳光廉洁，实现了工程质量优、管理效能高、创新亮点多、依法办事严、生态环境美、安全廉洁好的建设目标。主要特点有：

一、施工组织调度科学有序。德昌项目全线桥梁总长38千米，其中，全长9178.5米的金溪湖特大桥是目前江西省最长的公路桥梁。项目办借鉴杭州湾大桥建设经验，在主体工程动工前提前搭建6.05千米的钢便桥，为主桥施工争取了时间，为总工程进度赢得了主动，为全省公路特大桥施工管理创造了先进经验。

项目办主任周院芳代表德昌项目先进单位领奖

二、管理创新亮点层出不穷。项目办广泛借鉴立模施工工艺，在全省首次全面成功推广橡胶管止浆技术，首次全线推行预制梁喷淋养生技术，首次采用钢筋检测仪，和引进第三方桩基检测单位，首次成功推广混凝土砼集中拌合，首次创造气动锤凿毛混凝土砼的成功经验，首次引进木屑板隔音墙，首次对交通工程材料统一招标采购，首次引进路面咨询单位，首次在全省推广路面上面层混合料中添加木质纤维素（SMA），提升了高速公路建设管理水平，打造了项目管理的亮点。

秋水共长天一色（松山大桥）

省委常委、省委副书记尚勇视察德昌高速公路项目建设

省委常委、常务副省长凌成兴视察德昌高速公路项目建设

三、建设理念实现明显突破。项目办把“严、准、细、实”四字质量管理方针落到实处，成立了专职部门对工程全程进行监控和管理。通过统一全线各单位工程施工标准，对施工工艺进行定标、定型。对技术含量高的工艺作为样板，利用现场学习观摩、分析评议等形式进行推广，使工程的内在质量和外观形象得到明显提升。

四、标准化管理实现新提升。项目办将“标准成为习惯、习惯符合标准、结果达到标准”的理念贯穿路面施工全过程，将实现“零污染”作为路面施工的目标，使路面施工质量较以往项目有特色、上水平，有力实现了项目业主对工程质量的强力掌控，为推进全省高速公路管理标准化创新提供了行之有效的实践经验。

五、项目建设过程阳光透明。项目管理团队牢记“工程优质、干部优秀”的承诺，实现全部招标工作“零”投诉的承诺；深入推进了工程建设领域突出问题专项治理，全体参建人员的从业行为进一步规范，工作机制进一步健全；深入推进了全省高速公路项目建设“十二公开”工作，工程“阳光运行、阳光操作、阳光建设”的机制更加完善。

金溪湖特大桥风光互补供电系统

建成通车的德昌高速公路

日出东方（军山湖互通）

省委常委、常务副省长凌成兴，时任省交通运输厅党委书记程受锭等领导看望瑞寻项目建设者

省交通运输厅厅长马志武视察瑞寻项目

建成通车的瑞寻高速公路

瑞金至寻乌高速公路全长123.956千米，建设工期24个月，概算总投资60.49亿元，该建设项目路线经过赣州市的瑞金市、会昌县、寻乌县两县一市，设计速度100千米每小时，整体式路基宽26米，路面采用沥青砼路面，全线主要工程量：路基土石方2489.5万立方米，大、中桥59座，总长13072.8米；涵洞通道488道；隧道5座，单洞总长9731米；互通立交4处；分离立交18处。瑞寻高速公路是国家"7918"高速公路规划网中的重要组成部分，是江西"三纵四横"高速公路主骨架第一纵在江西境内的最后一段，与已经通车的鹰瑞高速公路一起形成江西东部又一条南北大通道。

瑞寻项目办下设A、B两个管理部，相应设有A、B段监理代表处，分别管理3个驻地办。该项目办内设6个职能处室，分别为工程技术处、合约管理处、行政综合处、征拆协调处、财务审计处和政治监察处。按照项目总体安排，项目建设分3个阶段。第一阶段从2010年1月至10月，第二阶段从2010年11月至2011年5月，第三阶段从2011年6月至2011年12月。

瑞寻高速公路建设项目在省交通运输厅的正确领导下，在沿线各级政府、各部门的大力支持配合下，项目办紧紧围绕省领导提出的"工程质量更优，外观形象更美，生态环境更佳，依法管理更严，安全廉洁更好"的建设目标，坚持"好"

羊子岩湘水大桥

高　速　公　路

省交通运输厅副厅长许润龙在薄壁高墩施工现场听取项目人员进度汇报

省投资集团公司副总经理刘钢调研瑞寻高速

字优先，“快”字为本，突出重点、狠抓管理，通过全体建设者的共同努力，于2011年12月底建成通车。

在工程建设中，瑞寻项目一是围绕质量创优目标，通过“首件工程认可制”，建立健全明晰的责任机制，抓好现场管理，严控质量关口。二是紧扣目标任务，统筹规划工期，灵活制定施工策略，分析重点、难点，抓好关键工程，运用奖优惩劣机制，强力推进工程进度。三是营造安全施工环境，在保障措施上下工夫，从项目办、各施工单位都层层建立健全了安全生产管理机构，实行“一岗双责”责任制，抓好现场的安全管理，加强安全生产制度、措施、经费的落实。四是做到警钟长鸣，在廉政建设上下工夫，通过严抓招投标、工程变更、计量支付等环节，强化对从业者的廉政教育，加大廉政建设监管力度，有效防止工程建设中的腐败问题。五是强调和谐理念，在科学发展上下工夫。项目办从开工之初就坚持“最小限度破坏，最大程度恢复”的原则，在施工中要求各施工单位尽量减少对自然景观和植被的破坏，尽快恢复施工中破坏的水系和路系，对容易发生滑坡、水土流失的部位采取护坡、拦坝、植草皮、砌挡墙等措施，防止水土污染。

首个实现架通的司背一桥

建设中的瑞寻高速

路面摊铺施工

建成通车的瑞寻高速公路

永修至武宁

交通运输部部长李盛霖视察永武高速公路项目建设

省委、省政府领导亲切接见永武高速公路项目建设者代表

端头吸能装置

路沟坡自然过渡

2011年9月16日，永修至武宁高速公路建成通车。永武高速公路东起昌九高速军山枢纽，西连武吉武宁西枢纽，是昌九、武吉高速公路重要的“枢纽连接线”；穿越庐山西海景区而过，是直通旅游名胜区的“风景观光线”。

永武项目由江西省交通运输厅和九江市人民政府共建经营，项目概算总投资41.852亿元，线路全长104.487千米，途经九江市永修、武宁2个县13个乡（镇、场）45个行政村。项目建成后，将把福银高速公路和大广高速公路有机地连成一体，充分发挥两条高速的带动作用，对加强赣鄂经济联系，更快更好地开发庐山西海旅游资源，提升庐山西海的知名度，整合大庐山旅游区等具有十分重大的意义。同时，项目的建成还有利于策应环鄱阳湖生态经济建设，发展环鄱阳湖区域旅游产业，完善赣西北地区公路布局，促进赣西北区域经济社会的发展。

历时两年多的建设过程中，永武项目主要呈现以下特点：

一是深水桥建设首开先河。全线有5座深水桥，平均水深28米，最大水深近30米，是江西省目前桥梁基础施工水位最深的桥梁，在江西省桥梁建设史上从未有过，而且在全国深水桥施工中也不多见。永武项目深水桥的成功建设，将为江西省今后建设此类项目提供借鉴和经验。

二是示范路实施创造历史。2011年6月，永武项目正式被交通运输部列为“绿色安全交通科技示范工程”，这是全国“十二五”时期第一个交通科技示范项目，也是江西省第一个交通科技示范

南山一桥

高速公路

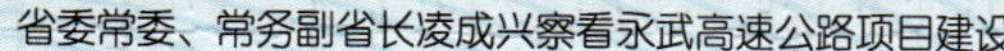
省委常委、常务副省长凌成兴察看永武高速公路项目建设

时任省交通运输厅党委书记程受锭察看永武高速公路项目建设

项目。示范内容主要为推广应用资源节约技术40多项，集成创新环境友好技术2项，科技攻关安全保障技术1项，集绿色、安全交通技术之大成。示范工程的顺利实施，也创造多个全国第一：全国第一个低碳服务区——西海服务区，全国第一个三维GIS管理和服务信息系统，全国最长的排水路面、最长的路侧振动隆声带、最长、最完善的路桥面废水收集处理系统等。

三是标准化管理打造典范。超前谋划标准化施工，在主体工程招标时，编写了《安全、文明、环保规范化施工细则》作为招标文件的附件，一并发放给投标人。进场之初又编制了技术规范和管理大纲等近30项标准化管理制度措施。细致抓好标准化管理，强化理论宣贯，确保新理念、新措施在全体参建人员之中入脑入心；强化现场指导，确保新工艺、新技术在施工人员手上逐步落实；强化典型引路，确保新做法、新经验在参建单位之间全面推广。开工以来，共打造了上边坡、浅碟形边沟、桥头锥形坡、隔离栅工程、路面拌和场站、路面界面无污染施工、工序科学衔接等诸多亮点。

四是文明型施工保护生态。率先推行路基“二次清表”，第一次全面清除路基范围内的表土，第二次控制性地清除表土，留下有保护价值的的原生植被和古树。全面实行“边施工、边防护、边绿化”，路基大致成形后，立即开挖排水沟，疏通水系。上边坡整形1个，立即喷播绿化1个，防止水土大面积流失。扎实落实水环境保护措施，临水基础施工均用编织塑料布做好河岸防护，水中桩基则采用深护筒清水钻技术，施工平台及栈桥底部安置油污处理装置吸附油污，避免工程机械废油和泥浆污染湖水。

五是阳光下运作高效廉洁。率先推行项目“十二公开”，通过网络、宣传栏、宣传单3个主要平台，公开项目建设计划、招标、设计、征地拆迁、参建单位管理、变更、质量监督、安全生产监督、竣（交）工验收、资金使用、奖惩结果、投诉受理等12项基本建设内容的100多个具体事项。率先实施廉政风险防控机制，排查摸清岗位履职风险、流程环节风险，出台了针对性措施，堵住了监管漏洞，织密了监控体系。整个建设期间，招投标工作人员无一例投诉举报，项目管理人员无一例投诉举报。在民意测评中，党风廉政建设满意度达到了100%。

巾口互通

特大桥

花香满路

省委常委、常务副省长凌成兴视察工程建设情况

时任省交通运输厅党委书记程受锭与工程建设者亲切交谈

2010年9月16日，石城至吉安高速公路建成通车。石吉高速公路是国家“7918”高速公路网规划中的第十五横泉州至南宁高速公路江西境内的东段，也是江西省高速公路“三纵四横”主骨架中的第三横。路线起始于赣州市石城县东南约10千米处的赣闽省界五里亭，途经赣州市宁都县、兴国县、吉安市泰和县等26个乡镇，终于泰和县以北约11千米处的石山乡，全长190.7千米。工程概算总投资约103亿元。

路基检测符合设计标准，一次验收合格

工程起点处与泉州至南宁高速公路福建境内永安至宁化段相接；在宁都与在建的济南至广州高速公路江西境内鹰潭至瑞金段交汇，在终点处又与大庆至广州高速公路江西境内樟树至吉安段交汇，并与计划建设中的西段吉安至莲花高速公路相连。

建设石吉高速公路，对于完善国家高速公路网和区域高速公路网建设意义重大；对于构筑江西省高速公路主骨架、完善江西公路网建设意义重大；对于加强沿海地区与内陆中西部地区的经济联系，改善革命老区落后的交通状况，带动沿线红色旅游资源的开发利用，促进区域经济快速发展意义重大；对于加速江西省实施“对接长珠闽、连接港澳台、融入全球化”的大开放主战略和强化江西承东启西、连南应北的交通枢纽作用意义重大。

石吉高速公路鸟瞰图

高速公路

省交通运输厅厅长马志武在石吉高速工地考察

省交通运输厅副厅长许润龙在石吉高速工地考察

特大桥

石吉高速公路建成通车

石吉高速公路

泰和赣江特大桥

建成通车的石吉高速公路

彭泽至湖口

省委常委、常务副省长凌成兴视察彭湖高速

时任省交通运输厅党委书记程受锭视察彭湖高速公路建设

2010年9月16日，彭泽至湖口高速公路建成通车。彭湖高速公路始于彭泽县赣皖界鹰尖山（牛矶），途经彭泽县浪溪镇、太泊湖开发区、黄花镇、黄岭乡、芙蓉农场、芙蓉墩镇、太平关乡，湖口县大垄乡、张青乡、马影镇，终于九景高速公路K28+780处（与九景高速衔接处）。系沿长江南岸高速公路通道，江西至安徽的出省主通道，也是《促进中部地区崛起公路水路交通发展规划纲要》、《江西省2020年高速公路网》规划项目和彭泽核电站配套项目。该项目的实施，对贯彻落实江西中部崛起和九江沿江开发战略，构建长江南岸高速公路通道，促进江西沿江经济的发展，促进赣皖地区整体开发开放及配合彭泽核电站的建设具有重大意义。

景观环境美：彭湖高速

省委、省政府高度重视彭湖高速公路项目建设，省长吴新雄等省领导亲临施工现场视察，指导工程建设。彭湖项目办紧紧围绕省委常委、常务副省长凌成兴提出的“工程质量更优、外观形象更美、生态环境更佳、依法管理更严、安全廉政更好”的建设目标，以理念创新为先导，在省内实现“三个”率先，并创新“四项”管理举措，高效完成了各项目标任务，为将彭湖高速公路建成一条科技、生态、环保的高速公路奠定了坚实的基础。

率先在省内实施油面料碎石加工水洗工艺：加工后的碎石0.075毫米以下粉尘含量减少近70%，碎石粘附性指标明显提高，为提高路面质量控制，延长沥青混凝土路面使用寿命效果明显，同时其经济效益和节能减排效益明显。

率先在省内实施路基沉降观测：针对彭湖高速地处滨湖地带，过湿土及软弱地基较多特点，委托江西华东交通大学成立

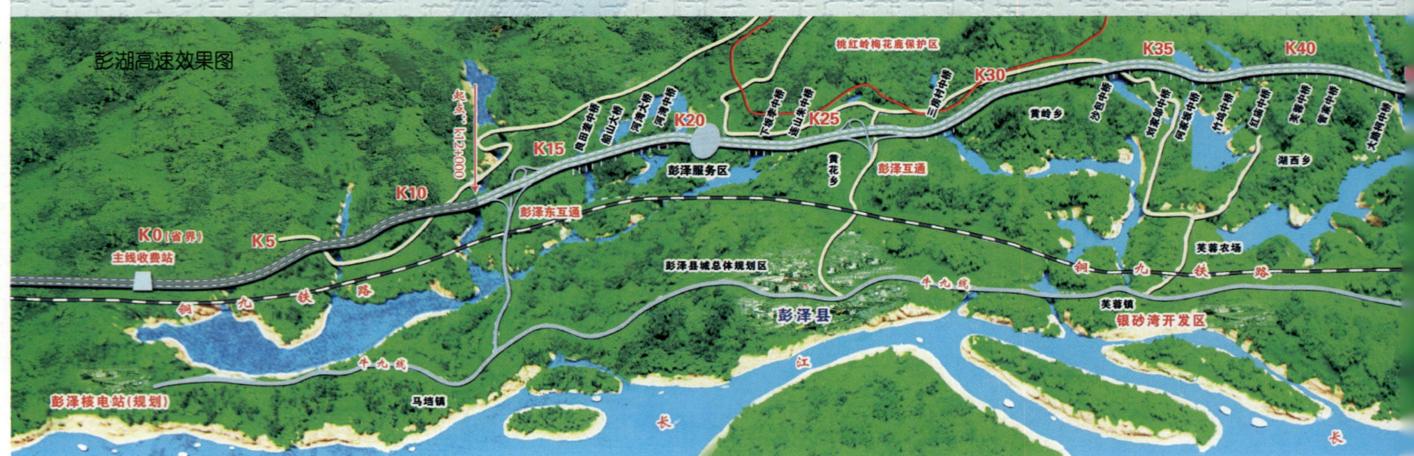

彭湖高速效果图

省交通运输厅厅长马志武亲临现场指导

省交通运输厅副厅长许润龙视察彭湖高速公路建设

专门路基沉降观测组，掌握路基沉降在施工期间及运营期间的影响。

彭湖高速公路项目办在全省交通行业中率先实行农民工电子档案管理：为依法维护农民工权益提供了强有力保障，保障了农民工的合法权利，至今农民工工资零投诉。

该项目办创新环保景观理念：委托上海同济大学进行全线景观规划优化设计，引入交通运输部科学研究院环保中心对项目实行全过程环保咨询和管理，率先提出了两步清表的新理念，对弃土进行二次利用。

与此同时，创新台背回填举措：建立了结构物台背回填施工四方责任机制和四方现场验收签认制度，严格选择台背回填材料，完善台背回填施工工艺。并采取以上新举措：

一是创新路面施工模式：振动成型、立模摊铺，最大程度的减少基层反射裂缝，提高基层密实程度，减少层间水冲刷影响。

二是创新质量控制管理：引入“首件工程合格制”和业主第三方“飞行检验机制”，立足于“首件示范，全线推广”的原则，抓住全线首件工程确定施工工艺、质量标准，委托同济大学采用不定时、不定人、不通知的方式进行飞行检测，保证了施工质量。

建成通车的彭湖高速公路

雪天施工

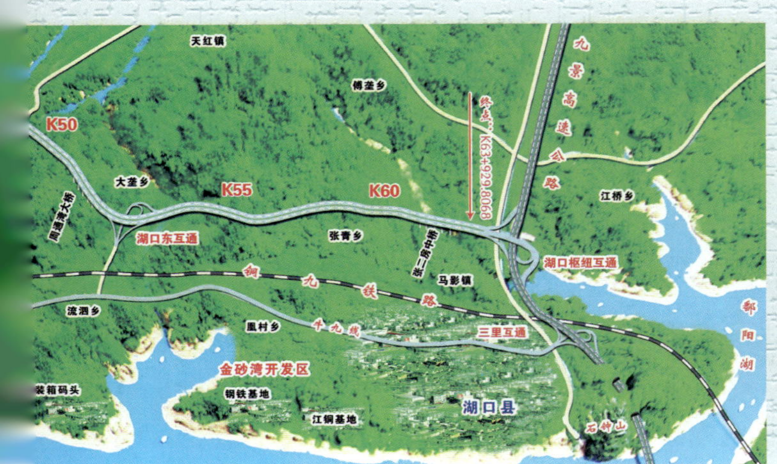

立模摊铺

战高温

江西省交通工程集团赣崇高速 BP1 标

赣崇高速公路 BP1 标迎接业主检查

赣崇高速公路 BP1 标项目经理罗新主持召开安全生产工作会议

一流的施工设备

江西省交通工程集团是江西省交通基本建设线上的骨干队伍之一，是省级历年的“AAA”特级信用企业，江西省优秀企业，中国质量万里行质量诚信跟踪荣誉企业。具备国家对外承包工程经营资格、公路工程一级施工总承包资质、房地产开发二级企业资质和环境污染治理资质，是 ISO9001:2000 质量管理体系、ISO 14000 环境管理体系和 OHSAS 18000 职业健康安全体系认证企业。系江西省具有一定投融资实力，集公路工程施工和房地产开发等于一体的国有大型综合性交通企业。

公司承建的赣崇高速公路 BP1 标全长 35.019 千米，该项目在项目经理罗新、总工谢劲松带领下，结合项目生产任务，严格规范施工，加大管理力度，合理调配资源，充分激发全体员工的劳动积极性，获得业主组织的月度、季度、阶段评比优异成绩，得到了各方面的好评。

路基碾压现场

路面摊铺施工

【宜春管理中心职工书屋】 2011年10月17日下午，中华全国总工会副主席、书记处书记倪建民一行在江西省交通工会、高速集团工会和宜春管理中心以及宜春市相关部门负责人的陪同下考察宜春管理中心“职工书屋”建设工作。

倪建民指出广泛开展创建“职工书屋”活动旨在提升职工素质，营造职工读书氛围，搭建学习平台，一定要把职工书屋建设好、管理好，更好地发挥工会“大学校”作用。希望宜春管理中心以创建“职工书屋”为平台，充分发挥“职工书屋”的文化功能，进一步深化“职工书屋”的内涵；开展多样化的读书活动，努力为职工提供健康向上、丰富多彩的精神文化产品，为江西交通事业的发展作出更大的贡献。

宜春管理中心一直都高度重视职工书屋的建设工作，为每个基层所站都建设了符合国家级标准的职工书屋，累计藏书30000余册，全部采用图书管理软件进行自动化管理。同时开展了“日读三页书”、“雷锋就在您身边”的读书主题活动，在全中心形成了“爱读书、多读书、读好书”的学习氛围。职工书屋已经成为该中心职工学习的重要阵地，被亲切地称为“心灵家园”。

（胡　娟　廖振华）

【宜春市公交公司充分发挥工会作用】 2011年，宜春市公交工会以发展提升年活动为契机，紧紧围绕建设幸福交通、幸福公交的目标，充分发挥组织职能，促进职工队伍的团结稳定，发挥工会在打造幸福公交中的积极作用。一是组织开展多样活动，增强企业凝聚力。公司积极组织广大干部、职工开展形式多样的文体活动，如“三八”妇女节组织女职工开展夹玻璃球、托乒乓球比赛等活动，通过活动，丰富职工业余生活，进一步促进职工感情交流，增强企业凝聚力。二是积极开展扶贫帮困和送温暖活动。公司工会坚持做到对患病住院职工进行上门慰问；对困难职工予以适当补助，尽力帮助困难职工解决生产生活中遇到的实际困难。公司工会认真按照上级要求，进一步注重加强自身建设，努力提高工作水平，团结和凝聚职工，充分发挥工会作用。

（市公交公司）

共青团工作

【概况】 2011年，省交通运输厅直属机关各级团组织坚持以科学发展观为指导，以庆祝建党90周年为契机，紧扣全省交通运输改革发展稳定大局，全面履行四项基本职能，加强了团的自身建设，服务中心取得新进展，服务青年取得新成效，为推动江西交通运输事业科学发展、进位赶超、绿色崛起作出了积极贡献。

1. 厅党委对共青团的工作提出新要求。3月18日，省交通运输厅召开党委会，听取了共青团工作汇报，并对2011年的工作提出了要求。厅党委对厅直团委一年来所做的工作及取得的成绩给予了充分肯定。厅党委要求，要紧紧围绕交通运输改革、发展、稳定的大局，团结动员全省交通运输职工为推进交通运输又好又快发展建功立业；要针对交通运输职工、特别是青年职工的特点来做工作，激发青年职工的活力，提升交通运输职工的战斗力；要充分发挥共青团做思想政治工作的优势，引导交通运输系统干部职工深入学习践行行业核心价值体系，积极开展“学树建创”活动，着力提高行业文明程度；要加强共青团的自身建设，改进工作作风，大力提升工作积极性，推进全省交通运输共青团工作再上新台阶。

2. 厅直团委的工作扎实推进。深入开展“学党史、知党情、跟党走”主题教育实践活动，通过开展读书交流、编印读书心得，坚持用社会主义核心价值体系教育引导青年。深入开展青年文明号、青年岗位能手、青年突击队建设，举行了全国青年文明号授牌仪式，广大团员青年积极参与青年文明号创先争优服务月活动，参与重点工程项目建设、抗冰保畅等急、难、险、重任务，进一步发挥了生力军和突击队作用。深入开展青年志愿者活动，以收费岗亭便民服务台等为载体给过往司乘人员提供便民服务，以“一助一”、“多助一”等方式为敬老院老人、福利院孤儿、留守儿童等提供志愿服务，展示了交通运输团员青年良好的社会形象。组织厅直团干赴延安学习考察，深化了团干部的成长观、事业观和大局观教育。全面推进党建带团建工作，转发了省委组织部、团省委《关于加强新形势下基层党建带团建工作的实施意见》,省高速集团团委争取党委支持出台了《共青团(青年)工作条例》《推优入党实施细则》。

3. 厅直团委的活动丰富多彩。省公路局团委举办了全省公路系统唱红歌比赛,开展了"情系留守儿童"活动;省高速集团团委组织了"雷锋就在您身边"、"敬老助老,真情相伴夕阳红"、"捐资助学,真情帮扶结对子"和大型义务献血活动,举办了纪念建党90周年红歌会暨"爱我高速"企业歌曲歌唱大赛,协助开展了岗位大练兵大比武、青年联谊会、职工田径运动会等活动;省港航局团委组织了义务献血活动,开展了"五四杯"羽毛球比赛、"手拉手"爱心助学活动;省运管局团委组织参观了方志敏烈士陵园,开展了登山比赛、党团知识竞赛活动;省交通设计院开展"五四"青年节向儿童村送温暖主题活动;江西远洋运输公司团委坚持每周两次羽毛球活动,赴安义看望并资助3个贫困学子;交通职业技术学院团委举办校园十佳歌手大赛、"共青团杯"篮球俱乐部比赛、五人制足球比赛、"三对三"篮球争霸赛、第二届书画大赛等活动。

(厅直团委)

【省交通运输厅直属机关各级共青团组织开展活动】 2011年,省交通运输厅直各级团组织工作取得新的进展,创造性地开展相应活动。一是厅直团委于"七一"期间组织了部分厅直团干赴革命圣地延安开展了"学党史、知党情、跟党走"考察调研活动。二是厅直团委于2011年正式成为团省委"青年文明号"组委会成员单位之一,为全省交通运输系统窗口单位申报评选省级青年文明号创造了更加便利的条件。11月于赣皖边境高速公路的收费岗亭处,为新命名的全国"青年文明号"——景鹰公司浮梁管理处赣皖收费站举行了隆重的授牌仪式,通过观看赣皖收费站全国"青年文明号"创建活动宣传画册和幻灯片,察看青年文明号"为民服务,创先争优"服务站、全国职工书屋示范点、"螺丝钉之家"等特色建设阵地,充分展现了交通一线青年干部职工岗位成才、岗位建功、岗位立业的风采。

(厅直团委)

【省运营局扎实推进共青团的工作】 2011年,省运管局依据党建带团建,扎实推进团的工作。一是加强思想引领,建设学习型团组织。该局重视对优秀团员青年的培养,通过在江西道路运输网"政工之窗"开设团建工作专栏普及团的知识、组织团员青年参加学习培训等形式的教育宣传活动,引导青年团员自觉追求进步,在思想和行动上积极向党组织靠拢。3名团员均已递交入党申请书,被列为入党积极分子。二是以活动为载体,引导凝聚团员青年。4月21日,省运管局与南昌市运管处、南昌市城市客运管理处团员青年联合开展了以"缅怀革命先烈坚定理想信念"为主题的"五四"纪念活动,共同参观了方志敏烈士陵园。开展了登山比赛、党团建知识竞赛活动等。同时,该局组织团员青年观看红色影片《建党伟业》,组织观看残疾人艺术团表演,支持残疾人事业。团员青年踊跃参与局"我健康、我献血、我快乐"无偿献血活动和慈善一日捐等活动。三是加强自身建设,激发组织活力。进一步完善了团员青年的基本资料档案库;规范团员青年团员证和团徽的发放与管理;规范团费缴纳工作,按时缴纳团费,履行团员的基本义务。有2名团员青年分别被表彰为省直优秀团干、厅直优秀团干。

(朱　熹)

【省高速集团召开党建带团建推进会暨共青团工作会】 5月3日,省高速集团召开党建带团建、团内创先争优、青年文明号、青年读书交流推进会暨共青团工作会。会议要求,一是落实党建带团建要求,推动团的工作取得新成效。要把思想建设作为党建带团建的根本,坚持组织共建、阵地共享,使党组织活动场所既是党员之家又是青年之家。二是开展创先争优活动,带领团员青年为实现集团"四大定位"战略目标多作贡献。要在帮助青年树立正确的企业发展观念上花心思,在引领青年创新创效上做工作,在辅助企业人力资源开发上动脑筋,在辅助企业提高管理水平上找路子,在辅助企业增强内在凝聚力上下工夫。三是深化青年文明号创建,树立集团青年良好形象。要进一步丰富青年文明号工作内涵,创新活动形式,加强监督管理,完善运行机制。四是抓好青年读书学习活动,继续深入推进学习型团组织建设。要主动为青年读书学习活动创造更多更有利的条件,把立足岗位提升素质作为实践平台,广泛开展

"学党史、知党情、跟党走"主题教育活动。会议强调,2011 年,省高速集团各级团组织要围绕集团中心工作,加强青年思想引导,搭建青年展示舞台,深入开展创先争优,健全基层组织网络,全面激发企业共青团活力,团结带领团员青年在"十二五"规划开局之年发挥生力军作用。

(省高速集团团委)

【桂赣两省交流青年文明号创建工作】 6 月 21 日,桂赣两省青年文明号创建工作交流会在省高速集团抚州管理中心南昌东管理所召开,桂赣两省 20 余名青年文明号号长就如何强化青年文明号创建工作、拓展创建领域、巩固创建成果、提升创建水平等方面进行了热烈探讨,在如何围绕中心工作开展创建活动、如何帮助青年成长成才、如何保持青年文明号创建激情等问题上达成了共识。会前,桂方与会代表参观了南昌东管理所党团员活动室、青年职工阅览室和"一种三养"基地,听取了该所团支部书记青年文明号创建工作介绍,观看了相关影像资料,详细了解了该所国家级青年文明号的创建历程,对该所的创建成绩和创建举措给予充分肯定。

(王　伟　崔　元　高云朋)

【景鹰高速赣皖收费站全国青年文明号授牌】 11 月 7 日,景鹰高速赣皖收费站全国青年文明号授牌仪式举行。省交通运输厅副厅长万明为赣皖收费站授牌并讲话,省高速集团党委书记李素华等出席仪式。

对进一步做好创建活动,万明要求,一要创新工作思路、工作方式、工作运行机制,正确把握创建方向,推进青年文明号活动不断与时俱进;二要立足服务青年,发挥青年自身优势、增强服务能力、弘扬职业文明、创造一流业绩,使青年文明号活动成为青年服务群众、奉献社会的舞台;三要丰富活动形式,最大限度地调动青年员工的积极性和创造性,完善各项制度和长效机制,永葆青年文明号的年轻亮点、先进本质;四是要坚持以人为本,关注青年成长,引导青年树立正确的人生观、世界观和价值观,使青年文明号成为培养青年人才的基地和摇篮。

(冯传琦)

【省高速集团举办共青团工作论坛暨团干培训班】 12 月 22 ~23 日,省高速集团共青团(青年)工作论坛暨团干培训班在赣州管理中心举行。在培训中,集团团委组织与会人员参观考察、学习推广赣州管理中心青年志愿者服务活动经验。赣州管理中心推出的"高速公路应急援助青年志愿者服务行动"项目,主要是依托自身应急指挥体系建设优势,充分发挥团员青年的工作干劲和积极性,通过组建青年志愿者服务队,一方面在高速公路上,免费为遇到困难的司乘人员提供应急援助,另一方面在高速公路沿线,开展义工活动,奉献社会。项目启动后,活动事迹多次被省、市主要新闻媒体报道,获得了社会各界的一致好评,并被团中央授予"第八届中国青年志愿者优秀项目奖"。高速集团团委负责人还以"形势定位方法"为题作了培训辅导,各单位团委负责人围绕青年思想凝聚、服务集团发展、加强自身建设等重点进行了主题发言,并参观了赣州管理中心"心悦客家"等品牌、赴红都瑞金接受了革命传统教育。

(省高速集团团委)

【福银高速公路赣闽青年文明通道工作联席会召开】 11 月 2 日,福银高速公路赣闽青年文明通道 2011 年工作联席会在南昌召开。会议以深入开展创先争优活动为契机,以建设"平安、畅通、文明、和谐"高速公路为目标,以"立足岗位争先进,赣闽联手创品牌"为主题,充分激发两省高速青年职工的创新能力和奉献意识,旨在不断强化两省协同合作,促进资源互享、信息互通、人员互动、优势互补、规范协作,充分打响"赣闽文明通道"特色品牌。会议交流了文明服务保畅通方面的工作经验,研究制定了下阶段工作的计划和目标,即赣闽双方要进一步增强协作能力、进一步提升服务水平、进一步强化品牌意识,从内容和形式上创新"赣闽文明通道"创建工作,进一步提高业务能力和服务水平,不断提升公众出行满意度;注重发挥创建活动服务社会的功能,以一流的安全管理、一流的行车环境、一流的保障服务,提升福银高速公路"赣闽文明通道"品牌的社会影响力和知名度。

(王　伟　纪　敏　高云朋)

**【梨温高速赣浙收费处"亿元收费员"学雷锋做先

锋】 3月15日,赣浙收费处组织年度收费额过1亿元的7名收费标兵、6名团员青年到玉山县双明镇敬老院开展学雷锋献爱心服务活动。当天,天空下着绵绵春雨,收费状元、团员青年们带着大米、食用油、猪肉等生活必需品,到敬老院慰问。慰问中,有的和老人谈心,整理房间,有的打扫庭院卫生、捡拾垃圾,擦窗子拖地。看着忙碌的志愿者。看着收拾干净整齐的环境,老人们感到非常高兴,也感受到了温暖。

赣浙收费处自成立以来,一直重视加强干部员工思想道德教育,多次组织开展学雷锋献爱心活动,以实际行动弘扬尊老、爱老、敬老的良好社会风尚,以实际举措回报社会。

(陈培文)

【省交通设计院开展“五四”向儿童村送温暖主题活动】 5月6日,省交通设计院团委组织20余名团员到南昌市SOS儿童村开展送温暖慰问活动。

中国SOS儿童村是由国际SOS儿童村组织资助,以家庭形式抚养孤儿的社会福利事业单位。南昌SOS儿童村是全国与国际SOS儿童村组织合作建立的第四个儿童村,它是一个平等、友爱、团结、互助而又充满家庭温馨的儿童乐园,这里生活的儿童全都是父母双亡的孤儿,儿童村有12个爱心家庭,每个家庭8个孩子,1个妈妈。已经有90余名孩子完成学业离开儿童村,在机关、部队、学校和企事业单位供职,为中国社会的发展尽责献力。在儿童村蔡干事的领引下,青年团员们参观儿童村孩子们的学习生活场所,了解儿童村的基本情况和孩子们的生活状况。团员青年们纷纷表示努力尽自己的一份力量,长期关注孩子们,为孩子们捐赠人民币2000元及书刊衣物等,甚至业余时间到儿童村做义工,为儿童村献上自己的一份爱心。更要向儿童村的妈妈们和工作人员学习,进一步传承和发扬她们团结互助、无私奉献的高尚品质,努力做好本职工作,为构建社会主义和谐社会贡献力量。

此次活动与创先争优活动相契合,既让儿童村的孩子们感受到社会的关爱,同时也使团员青年身体力行地发扬服务社会、关注儿童、奉献爱心的精神。

(谷 川 陈水莲)

【江西交通职业技术学院青年志愿者行动在第一线】 9月份是“创建文明城、举办‘七城会’”迎接国家文明办检查工作的关键时段。应昌北经开区文明办的邀请,交通职业技术学院青年志愿者协会派出40名青年志愿者,站在各个交通枢纽协助维护交通秩序。从9月12~18日,在连续7天的工作中,每天从早上6点至晚上6点青年志愿者们顶着炎炎烈日,不畏辛苦地坚守自己的岗位。在遇到市民违章行为时,立即出面制止,并耐心劝导和讲解交通安全知识;在遇到问路的市民时,细心的指路带路;在遇到行动不便的残疾人、老人时,主动给予帮助,搀扶残疾人、老人过马路。青年志愿者们认真的工作态度和热情周到的服务赢得了市民的一致赞赏,也得到了昌北经开区管委会的充分肯定。

(宋俊鸣)

【景德镇长运公司团员青年参与“瓷都志愿者服务月”活动】 3月4日,景德镇市“瓷都志愿者服务月活动”正式启动。当日,景德镇市交通运输局团委组织景德镇长运公司青年志愿者到市敬老院开展慰问活动,志愿者为老人送去了慰问食品,还开展各种敬老活动,陪老人聊天,给老人表演节目,青春的活力和老人的笑脸,像春曰里的阳光洋溢在敬老院里,用奉献爱心,助人、乐己,诠释着新时代雷锋精神和志愿者奉献理念,用人间大爱温暖感动着瓷都。

(孙 琳)

【赣州市规范中心城区客运出租车管理青年志愿者活动拉开帷幕】 3月12日9时,由赣州市交通运输局、赣南教育学院外语系联合发起的规范中心城区客运出租车管理青年志愿者活动启动仪式,在赣州火车站广场举行。由此拉开了这场活动的帷幕。赣州市交通运输局负责人在启动仪式上做了讲话。这次活动是为了进一步贯彻落实市委、市政府关于在中心城区开展治脏、治乱、治堵决策,动员社会各界群众积极参与规范中心城区客运出租车管理、维护出租车市场正常运营秩序、为建设“创业、宜居、平安、生态、幸福”赣州,营造更好的交通环境而采取的一项重要举措。在这次活动中,赣州市交通运输局的运政执法人员与赣南教育学院外语系50名大学生志愿者联手,通过发放宣传资料、维护运营秩序、回答市民咨询等服务措施，不断加大出租车行业管理的整治力度。以求中心城区的城市交通面貌，更加和谐有序。

（赣州市交通运输局）

【吉安港航分局团委开展“重温入团誓词，迎接建党90周年”活动】 5月21日，吉安港航分局团委组织全体共青团员赴东固革命根据地开展“重温入团誓词，迎接建党90周年”主题活动。在东固革命根据地博物馆，面对鲜艳的团旗，全体团员高举右手，紧握右拳，在领誓人的带领下重温入团誓词，激励革命斗志。仪式后，全体团员们参观了东固革命根据地博物馆和革命根据地历史上的第一家人民银行——东固平民银行旧址等。

通过该次活动，全体青年团员接受了一次生动的爱国主义教育和党史教育，进一步增强了团员青年的责任意识，提升了团组织的凝聚力和感召力。团员们纷纷表示，要将入团誓词时刻铭记于心，并转化为实际行动，发挥生力军作用，开拓进取，奋勇拼搏，为港航事业发展贡献自己的力量和青春。

（李华志）

【高安市交通运输局团委开展创先争优活动】 2011年，高安市交通运输局局团委始终发扬“党有号召，团有行动”的优良传统，坚持党建带团建，团建服务党建，充分发挥共青团联系青年的桥梁和纽带作用。在积极开展主题活动的同时，不断加强团组织的阵地建设。局团委经过汇报协调，设立团员活动室，粘贴明显标识，将团组织网络、工作制度、目标任务等展版粘贴上墙，对团员档案资料健全；制定局团委工作职责，并在交通运输行业系统建立青年QQ群展开网上创先争优活动的大讨论，营造交通运输系统青年群体创先争优的良好氛围。

（周世祥）

老龄工作

【概况】 2011年，省交通运输厅离退休干部管理处认真贯彻“政治上关心、生活上从优”的方针，坚持及时向老干部通报情况，提供信息，认真落实老干部的政治待遇。一是春节前举办了交通形势报告会，慰问厅机关全体离退休人员及厅直各单位副厅级以上的离退休干部和全厅的老红军遗属，邀请副厅长许润龙作交通形势报告，向老人们求经取宝，积极为老人们提供发挥余热机会，听取对交通发展的意见和建议。二是每月组织老干部开展政治学习和组织生活，根据老人们的身心特点制订学习计划，及时发放学习资料，开展灵活多样的学习活动。让老人们了解发展状况，分享发展成果。组织老干部学习总书记胡锦涛在建党90周年大会上的重要讲话、省委和厅党委重要文件；组织老干部听报告；参加省委和厅建党90周年表彰大会等重要会议和重大活动；8月初安排厅机关老干部在庐山疗养，并举办了丰富多彩的参观考察活动；12月组织厅机关55名老干部参观考察新建成通车的永武高速公路，参观考察了交通干部学院新校区并创新开展了组织生活。三是高规格主办刘铁锐遗体送别仪式，协调邀请省委常委、组织部长莫建成，省人大常委会副主任陈安众，省委省政府省人大省政协及省直有关单位领导，厅主要领导参加送别。

同时，全面落实老人的生活待遇，为老人们办实事做好事，帮助解决实际问题和困难。一是以优质服务，切实做好老干部工作。离退休干部管理处本着为离退休干部做好服务的宗旨，从思想上提高自身的政治和业务素，从行为上以“三勤四心”标准要求自己，并按照学习、管理、服务等一系列规章制度，妥善处理老人们来信来访，认真听取提出相关问题和要求，积极采纳可行的意见和建议，对老干部生活中的困难和问题按规定及时认真办理，给予明确答复并及时解决。做到来信来访热情接待，尽心尽力，事事有回音，件件有着落。对不符合政策规定或一时难以办到的事情，向老人们解释清楚，耐心、细致地做好说服工作，在处理营造努力学习、务实进取、团结勤奋、热情服务的风气，努力做到让厅党委放心，让老干部们满意。截至2011年年底，还协调省运管局重新装修厅大院老干部活动室，消除了安全隐患，为老干部生活和学习提供更安全更舒适的活动场所。二是进一步完善和落实医疗费保障机制。帮助解决处理好老干部看病、审核、报销等环节，确保离休干部医疗费按规定实报实销。同时，退休干部医药费也按规定及时得到了报销。三是按照老干部政策要求，确保了2011年新增的离休干部生活补贴、老干部活动经费及去世老干部丧葬费、抚恤金等费用及时发放到位，积极联络省委老干部局协调解决了厅路政总队离休干部史林的生活费遗漏补发问题。四是坚持走访慰问老干部制度。在春节，建党90周年、逢老人们过生日、生病住院时陪同书记程受锭、副厅长万明、副厅长孙茂刚、副厅长许润龙等厅领导走访、看望慰问老人们计30余次，送去了党的温暖。重大节和访、特殊情况随访已经形成了制度。

2011年，省交通运输厅离退休干部管理处通过全处人员的共同努力，开拓进取，勤奋工作，保证了全厅老干部队伍的和谐稳定。厅退休干部管理处被省委组织部、省委老干部局、省社保厅评为“全省老干部工作先进集体”。

（胡建强）

【省交通运输厅离退休干部“两项建设”扎实推进】 2011年，厅离退休干部管理处带领离退休党员始终保持思想上清醒、政治上坚定、作风上务实，积极组织引导老干部在推动科学发展、促进社会和谐稳定中创先争优，争创五好支部，争当五好党员，取得显著成效，较好地发挥了离退休党支部的战斗堡垒和离退休党员的先锋模范作用。建党90周年之际，第五党支部被厅党委评为先进基层党组织，郭明顺被评为优秀共产党员，付荣金被评为优秀党务工作者，省交通运输厅荣获省委老干部局2011年度全省老干部宣传思想工作先进单位。

一是扎实开展老干部党支部创先争优活动，争创五好支部。按照厅机关党委的部署和安排，厅机关第五党支部精心组织，广泛动员，公开承诺创先目标，确保了创先争优公开承诺环节落到实处。按照“五个好”“五带头”要求，将履行职责、兑现承诺、发挥作用等情况作为主要点评内容，接受上级党组织负责人的点评，支部书记对所属党员进行点评，点评面达100%。二是强化政治理论学习。厅机关老干部党支部自1987年以来在不间断自学的基础上，坚持每月18日为支部集中学习日，20余年未曾间断。支部按照“政治坚定、思想常新、理想永存”的要求，围绕老有所学，老有所为，老有所乐的主题组织各项活动，充分调动离退休干部党员群众参与积极性，过好组织生活，使离退休老人们适应新形势，思想上不掉队，政治上不落伍，永葆共产党人的活力。

（胡建强）

【省交通运输厅离退休干部各项文体活动丰富多彩】 厅离退休干部管理处筹措经费6万元，依托厅老年体协组织各种有益于身心健康的文体活动。一是平时开展健步走、晨练、晚行等活动，二是春节和重阳节分别开展棋牌、飞镖、套环、乒乓球等比赛活动，全年组织厅机关老干部钓鱼活动11次，举办全厅钓鱼比赛2次，全厅季度门球比赛4次，组织举办了第十四届全省交通运输系统老年门球赛，全省交通运输系统10支球队，120余人参加比赛。三是积极参与省内各项老年体育表演和赛事，获得较好成绩。组建省交通运输厅门球队赴赣州参加了中国冠军门球赛江西分区赛，在2011年省直老年体协为庆祝建党90周年举办的比赛中，厅机关老年门球队获得第二名，获“十一五”期间全省门球工作先进单位荣誉称号，黄晓翔获得全省围棋个人赛第一名，厅老年合唱团在全省交通运输系统（南昌地区）庆祝建党90周年职工大合唱比赛中获三等奖。这些文体活动极大地丰富了老干部的晚年生活，充分展示了全省交通运输系统老干部的精神风貌。

（胡建强）

【省运管局关心离退休干部职工生活】 2011年春节，省运管局领导班子成员分5个小组登门慰问了省局机关14名离休干部、17名副处以上退休干部、3名老红军遗孀、5名副处以上离退休干部的遗属和13名生病住院及困难的退休干部职工。从2011年1月1日起，落实离退休处级干部（含副处）每月报销30元电话费的政策，提高离休干部公用经费和退休干部活动经费标准，为离退休人员送去生日蛋糕，组织了两次老年人健康讲座和一次健康体检。

（章　艳）

【省港航局组织离退休干部开展文体活动】 10月12日，省港航局老年体育协会围绕敬老月活动举办了以“敬老助老、从我做起”为主题的象棋、扑克、跳棋比赛活动。

该次活动得到了省局领导的极力支持,离、退休干部积极响应,踊跃报名,有55名离、退休职工报名参加了比赛。整个比赛过程既紧张激烈又轻松和谐。参赛队员热情高涨,老人们在展示自己实力的同时又享受了比赛带来的快乐。经过一天的激烈角逐,产生一等奖4名、二等奖4名、三等奖6名、纪念奖41名。

(章新明)

【省港航局开展离、退休干部健步行活动】 4月27日、29日上午,省港航局在南昌八一公园举办了离、退休老人们健步行活动。有91位老人参加。这种锻炼养生的形式受到老人们的普遍欢迎,老人们参与活动热情高、劲头旺。通过活动,老人们锻炼了身体、愉悦了身心。同时,通过相互交流,增强了老人们的凝聚力和向心力。

(高玉茹)

【宜春市交通运输局离退休干部党支部再次被评为先进党支部】 市交通运输局离退休党支部2011年再次被评为全市"先进党支部"。主要做到六个坚持:一是坚持活动室天天开放。该局老干部活动室150余平方米,有按摩椅、多功能跑步机5台、麻将、扑克、象棋桌等器材,订有《中同老年报》《老年文摘报》《益寿文摘报》《参考消息》,杂志有《中国老年》《退休生活》《党建文汇》等。使老干部天天开展各种娱乐活动。二是坚持每月集体学习和开展文体活动比赛。每月28日上午为离退休干部集体学习日。组织老人们学习政治理论,学习党的方针政策,学习上级有关文件等,联系实际,开展讨论,局里为每个老干部订一份《老友》《康乐寿》杂志,办有"学习园地",全年撰写学习体会文章达60余篇,进行学习交流,每人有学习计划,做到四有:有学习资料、有学习日记本、有学习体会,人均写学习心得体会达2万字以上,对坚持参加学习的老人们,年终适当物质奖励。下午为开展文体活动比赛项目、项目有麻将、扑克、象棋、跳棋、围棋、托球、钓鱼、夹掸子等,凡参加比赛和取得名次的适当给予奖励,做到天天活动;月月有比赛。三是坚持每年组织一次到外省或市辖内进行学习考察观光。5月组织老人们赴温汤镇和靖安县疗养休闲,老人们心情愉快。四是坚持重阳节召开座谈会。重阳节,局里组织离退休干部到城区附近参观城市建设,召开座谈会,局主要领导到会向老人们致以节日祝贺,并听取老人们建议和意见,进行聚餐,发慰问金。五是坚持每年举办一次全市交通运输系统老年门球赛,2011年市局代表队获全市交通运输系统老年门球赛第一名,获全省交通运输系统老年门球赛第二名,局领导决定,对参赛的队员每人奖励200元,以资鼓励。六是坚持开展"三庆"活动,"入党庆",每逢老人们入党40周年、50周年,上门送贺卡、鲜花和贺金100元;"生日庆",每逢老人们过生日送蛋糕,逢"十"的生日(即女过60岁、男过70岁后),上门送贺卡、鲜花和贺金100元;"金婚庆",送贺卡、鲜花和贺金100元;老人们患病住院专委前往医院探望,并送鲜花和慰问金100元进行慰问。

(吴泽水)

【宜黄县交通运输局老龄工作丰富多彩】 宜黄县交通运输局老年体协工作在局党政班子的亲切关怀和县老年体协的精心指导下,取得了长足的进步。一是适时调整老协班子,保证全局离退老人们在局党委的正确领导下老有所乐,老有所养,充满活力。二是老协活动经费逐年增加。2011年比去年增拨13400元,净增50%。三是在重阳节和春节期间,局召开老人们座谈会,与家谈心谈健康,一起参加各项活动。四是老人们在生病住院期间,局领导都亲临家中和住院部看望,并送来慰问金,使老人们心中感到无比温暖。五是坚持每月二次学习日活动(15日与30日),使老人们老有所学,发挥余热。六是组织老人们走出去。2011年组织老人们到工业园区参观全县经济发展新貌,到县城新城区、卓王塔、新贸易广场、曹山寺、仙洞等地步行游览。包车从县城一黄陂一新丰一棠阴全县绕一圈,参观考察了宜黄公路、桥梁建设,还到黄陂大捷、草台冈、江背村等老区参观学习,使老人们大开眼界。所有渡口全部建桥代渡,各乡、镇村公路全部改建成硬质公路,真正实现了人行其道,物尽其流,全县人民的幸福指数大大提高。组织老人们参加县里老人活动:①"健步万里行";②"七一"'红歌比赛;③门球比赛;④乒乓球、棋牌比赛;⑤钓鱼比赛;⑥腰鼓、二胡、健身球等活动。老年妇女们代表县队赴抚州市参加全市老年排球赛,获全市金奖,为全县老人争了光。七是普及健身知识,保障老人们身心健康。订阅《康乐寿》18 份,订阅《老友》2 份。这些杂志除个人阅读外,还在集体学习期间,选读有关老人们的科学健身经验和做法,使老人们科学健身,健康长寿。通过以上活动,大大加强老人们的心身健康。

(宜黄县交通运输局)

【铅山县注重幼、老工作促和谐】 2011 年,铅山县交通运输局在关心下一代、关注退离休职工中倾注了爱心,付出了艰辛,取得了成绩。一是成立关心下一代工作委员会、老年党支部。二是在工作中领导到位,指定局领导主抓;人员到位,选用政治觉悟较高、热爱关心下一代和尊重退休职工的热心人员。三是每年除列入预算的 10000 元经费外,开展活动时还另行安排活动经费。四是建有图书阅览室,配备电教设备、活动器材,并实行全天开放。五是组织丰富多彩的教育活动,“五四”青年节开展“感恩教育”活动,观看“爱祖国、爱老师、爱父母、爱自己”的感恩教育片,多次向受灾地区和困难家庭捐助 2 万余元的钱和物,局运管所还每年为 2 名贫困大学生捐助 6200 元,直至大学毕业。七是当好网吧义务监督员,组织 6 名退休老人,分成三组,对县城 5 个网吧进行长年监督,为净化文化市场,促进青少年的健康成长出力。八是组织老人们到外地参观,参观新农村、农村公路、高速公路、渡改桥建设。同时开展户外健步行、棋、球和书法比赛。九是每当老人们的生日、患病住院、因病去世及每年的春节,都由领导带队上门走访慰问,使退离休职工及家属真切感受到党的关怀与温暖。

(陈均培　刘步彬)

扶贫救灾工作

【省交通运输厅成立驻信丰县油山镇坑口村扶贫工作组】 11 月,为贯彻落实省委办公厅、省政府办公厅《关于开展第二轮“党旗引领致富路,携手共建新农村”定点包扶贫困村工作的通知》(赣办字〔2011〕50 号)、省直机关工委《关于进一步深化“四级联动、携手共建”活动的实施意见》(赣直党字〔2011〕51 号)等文件精神,省交通运输厅决定成立驻信丰县油山镇坑口村扶贫工作组,2011 年工作组组长由省高速公路联网管理中心纪委书记郭昌担任,组员为厅安全监督处主任科员张建新。

【江西省交通运输系统一批单位和个人获省扶贫开发领导小组表彰】 11 月,按照省扶贫开发领导小组《关于表彰“十一五”省直(属)定点扶贫先进单位和个人及社会扶贫模范人物的决定》,省公路管理局、省高速集团(省高管局)、江西公路开发总公司、省交通工程集团公司、省公路工程监理公司、九江船舶工业公司被授予“‘十一五’省直(属)定点扶贫先进单位”荣誉称号。省高速集团(省高管局)、省公路管理局、省交通工程集团公司、江西公路开发总公司的四名个人被授予“‘十一五’省直(属)单位定点扶贫先进个人”荣誉称号。

(郭　昌)

【省交通运输厅被评为 2007 ~ 2010 年省直单位定点包扶贫困村工作先进单位】 12 月 20 日,江西省扶贫开发工作会议在南昌举行,江西省交通运输厅被省委、省政府评为 2007 ~ 2010 年省直单位定点包扶贫困村工作先进单位。

(郭　昌)

【省政协领导走访慰问樟树水运困难企业】 2011 年,省政协副主席胡幼桃率相关部门一行,代表省委、省政府来到水运困难企业——樟树市船舶运输有限公司,走访慰问公司干部职工和离退休老人们,并送去 10000 元慰问金和党组织的关怀及新年祝福。

胡幼桃询问了公司现有情况后,鼓励企业要抓住当前的水运发展机遇,大胆创新工作,要关心职工生活,促和谐保稳定。樟树市委书记、市长、市政协主席以及交通运输局、港航管理处的负责人员陪同慰问。

(张小平　郑小龙)

【萍乡市交通运输局开展帮扶贫困村活动】 11 月 26 日,萍乡市交通运输局“三进三同”(进农村访民情、进农户访民忧、进企业谋发展,与群众同吃、同住、同劳动)工作组进驻芦溪县南坑镇窑下村,积极开展民情家访和困难帮扶活动,与村组干部、老党员、部分群众和种养专业户进行交心谈心,了解干部群众的真实想法和合理诉求,耐心解答干部群众关心关注的问题;积极向干部群众宣传党的惠农政策,增强干部群众对党的政策的理解,并对 干部群众开展法律法规教育,增强干部群众的法律意识;帮助村组干部理清全村发展思路,使农民群众更快更好地找准致富路子,增强自身造血能力;专程邀请省公路管理局县乡公路管理处有关负责人到窑下村重点工程大江背桥改造项目现场进行指导,为该桥争取立项和补助资金打下了坚实的基础;深入调查特困群众的家庭情况、致困原因,并开展为困难群众捐款送温暖活动;与群众共同劳动,帮助劳力缺乏的农户到油菜田施肥浇水,并动员干部群众利用田地闲耕时期多栽种油菜,实现多渠道增收。 (陈孝法)

【九江市港航管理局为希望小学捐赠物资】 6月1日上午,九江市港航管理局向九江交通港航希望小学送去了价值5000元的学习图书和儿童玩具,当管理局的工作人员将一捆捆图书搬到课桌上时,激动不已的学生们蜂拥而至,把桌台围了个水泄不通。学生们捧着新书,脸上充满了喜悦。在捐资助学仪式上,该局负责人员还向8名贫困生每人发放了200元助学金,并叮嘱同学们要好好学习、健康成长。同学们纷纷做出“V”字手势,表达心中难言的喜悦,十分感谢叔叔阿姨们的关心,表示要好好珍惜机会,努力学习,报效祖国。

九江交通港航希望小学位于九江县港口镇,原名丁家山小学,2005年,该校教学楼在地震中严重损毁。该局获悉后捐资20万元,帮助该校恢复重建。九江县人民政府为感谢该局助学帮建之举,设功德碑,镶嵌于校教学楼墙壁。6年来,每逢儿童节、教师节,该局都会到该校看望师生,捐助教学用具和学习用品,向希望小学奉献爱心。

(余昭林 林小强)

【九江市地方海事局为儿童福利院献爱心】 九江市重要的民生基础设施工程——九江市儿童福利院建设项目于6月1日竣工启用。九江市儿童福利院建设项目是九江市委、市政府关爱孤残儿童、发展儿童福利事业的“民心工程”和“爱心工程”。5月31日,在“六一”儿童节即将来临之际,九江市地方海事局为该项目建设捐款10000元,为孤残儿童献上一份爱心。

进入新世纪以来,九江市地方海事局热心公益事业,关注社会民生,为社会公益事业、儿童福利、特困党员捐款、捐物,充分展现了高度的社会责任感,赢得了社会广泛好评。 (龚 平)

【新余市交通运输局新农村建设帮扶工作成效显著】 2 011年,新余市交通运输局新农村建设帮扶点为渝水区水北镇泉塘村委庙下村。该局党委高度重视新农村建设帮扶工作,将其纳入重要议事日程,及时组建并下派新农村建设帮扶工作组,并制订了详细的帮扶工作计划。局党、政主要领导经常深入帮扶点指导和调研新农村建设工作,并根据庙下村的实际,全年帮扶该村新农村建设资金20万元,确保了庙下村的新农村建设工作圆满完成。春节前局领导班子集体走访慰问该村18户困难村民,并送去慰问金5400元。新余市交通运输局被新余市市委、市政府表彰为2011年度全市新农村建设帮扶工作先进单位;庙下村被表彰为新农村建设优美村庄。 (胡晓文)

【吉州区交通运输局新农村帮扶成效显著】 吉州区交通运输局在新农村建设帮扶工作中,真心为群众办实事,办好事,改善人民群众生产生活条件。完成改水、改厕。新建沼气池1 6个、化粪池35个。新修水泥路500米、填水泥砖400米。修建垃圾池3个、垃圾分类处理中心1个、生态水塘1个,新建农家书屋1家,家家通有线电视,设置了一套体育器材。新农村帮扶工作被区委、区政府评为先进单位。 (吉州区交通运输局)

【宜春市交通运输局大力推进新农村点建设】 根据宜春市统一安排部署和局挂点帮扶工作实际,宜春市交通运输局制定2011年挂点新农村建设工作计划,并成立新农村建设点帮扶工作领导小组。结合新农村点建设工作3年计划和沙潭村实际情况,明确在村庄整治、帮扶服务、修桥修路、庆祝建党90周年活动等方面的工作目标,并落实工作责任。春节、“七一”两大节日前夕,局领导分别带领机关有关科室负责人到沙潭村走访慰问贫困户18户,送去慰问金4000元,送去新春祝福和党的温暖。4月份,在得知沙潭村因棕塘水库除险加固工程施工造成水库未蓄水,53.33公顷早稻受旱灾影响严重的情况后,局支持5000元购置灌溉设备,有效缓解旱情,使20公顷受灾早稻获救。同时,积极为村里争取到省交通运输厅立项村部至320国道公路6.8千米,并及时把未通水泥路4.9千米列入年度建设计划,2011年底已完成硬化任务。

(柳承启)

【抚州市交通运输局帮助少数民族村脱贫致富】

乐安县金竹畲族乡流舍村位于乐安县最南部,地处深山区,是村集山区、老区、贫困区三位一体的"三区乡"。2008年初,抚州市交通局挂点帮扶该乡流舍村,当时该村是全市比较贫困落后的村委会,交通问题一直是制约该村经济发展的一个瓶颈。三年来,抚州市交通局党政领导高度重视,多次深入流合村进行调研和督查,现场办公,根据村里的实际困难,在人力、物力、财力等方面给予了大力帮扶,切实解决了制约流舍村经济发展的主要问题,办好了实事。"江西百景"之一金竹瀑布群就座落在流合村,为帮助该村尽快脱贫致富,发挥当地旅游资源优势,加快瀑布群的开发利用,市交通局投资40万元新建了瀑布群景点的3千米旅游步道。旅游步道建成后,大大改善了景区的环境,保障了游客的生命财产安全。2008年以来,该局先后投资30万元新建桥梁2座,同时争取项目资金1000余万元,完成了33.6千米水泥公路建设,经济得到全面快速发展。另外,每年都向流舍村小学赠送学习用品,勉励同学们好好学习,长大后建设家乡,报效国家。

2011年,该村面貌一新,昔日破破烂烂的旧宅,变成了焕然一新的农民新村,坑坑洼洼的村道,变成了整齐宽敞的水泥路,随处可见的老式厕所荡然无存,家家户户用上了干净的自来水和瓷式水冲厕所,到处呈现生机勃勃的新景象。

(陈根玲)

文史工作

【《江西交通年鉴(2011)》审稿会召开】 9月28~29日,《江西交通年鉴(2011)》编审和全省交通文物史料征集工作会议在南昌召开。参加会议的有主管史志工作的省交通运输厅领导;厅机关各处室主要负责人、撰稿人,厅直属各单位分管领导及各设区市分管史志年鉴工作的领导、撰稿人、编辑人员90人。会议由省交通运输厅办公室副主任梁波主持,省交通运输厅副厅长万明、省地方志办公室副主任吴小瑜到会,并作重要讲话。省交通运输厅史志办副主任邓振胜就年鉴的编辑工作进行具体指导;省交通运输厅史志办主任杨文作会议小结。

万明在讲话中从三个大的方面对史志工作者提出要求:一是充分认识交通史志工作面临的形势和任务。二是努力开创交通运输史工作新局面。三是切实完成交通运输文物、史料征集工作任务。吴小瑜就史志工作可持续发展从与时俱进的思路、完善的体制机制建设、改革创新的项目、高质量的地情产品服务、精干稳定的队伍建设五个方面作了指导性很强的讲话。会议对省交通运输厅史志办编写的《江西交通年鉴(2011)》送审稿,进行全面、细致的评审。会后,厅史志办全体编辑,按照各方面提出的评审意见,对条目进行反复核对,整理和仔细修改。

(何战鏖)

【全省港航系统首次史志工作会在南昌召开】

12月22日,全省港航系统首次史志工作会在南昌召开。会议总结了近年来省港航局史志工作开展情况,部署了当前和今后一段时期的主要任务。局主要负责人出席会议并讲话。局属各单位、局机关各处室主要负责人员和史志工作业务骨干40余人参加了会议。

会议要求,一要提高思想认识,进一步增强做好史志工作的责任感和紧迫感。充分认识史志对提供科学决策依据,真实记录新时期行业发展情况,构建服务现实、资业育人有效载体的重要作用和意义。二要明确工作目标,按照要求高质量地完成各项史志工作任务。树立质量第一的思想,坚持高起点、高标准、高质量,把精品意识贯穿于史志工作的全过程;总结港航系统史志工作历史经验,初步形成具有行业特色的技术规范;真实记录行业发展历程,为研究行业发展建设规律提供基础资料。三要加强组织领导,确保该局编史工作取得丰硕成果。各单位各部门既要加强组织领导，更要给予关心支持，真正做到领导到位、机构到位、经费到位、队伍到位及条件到位；积极配合局史志办落实好各项工作任务，确保各项工作落实到位；按照确定的任务和步骤实行目标管理，狠抓工作督查，确保圆满完成史志工作的各项任务。

会议总结了该局史志工作开展情况，做了四个方面的工作，一是上轮编史工作成绩显著。二是年鉴编纂取得新突破。三是启动了新一轮江西航运史等史志编撰工作。四是积极开展了全省水路运输文物、史料的征集工作。会议对工作进行了部署一是合理安排《江西内河航运史》等两本书的编撰；二是全力做好交通运输文物史料征集；三是保质完成《江西交通志》和年鉴资料的编撰和报送。

（何金宝　邱志勇）

诉衷情

清明悼念凤翔、必寿、郁芬三位史人

邓振胜

当年史志困难多，
共奋上高坡。
晚年不曾蹉过，
总把交人歌。
青史就，
几秋磨，
乐呵呵。
此生不俗，
仰向苍穹，
君愉快么？

注：原厅史志办傅凤翔、饶必寿、徐郁芬为交通史志编纂呕心沥血，尽付辛劳，终于成就了古今江西交通史体系，功勋不可泯灭，特以此词以示纪念。

【《南昌市交通志（1986～2010年）》续修工作正式启动】　《南昌市交通志》（1985年前）的编纂历时8年，于1994年编纂成稿，全书66万字。1996年5月印刷出书，共印1000册。期间，在收集大量资料的基础上，编录300万字的《南昌市交通资料汇编》并印刷成书。

从1986年起算，至2010年已经过25年。这是中国改革开放取得辉煌成就的25年，也是南昌交通建设与发展发生根本变化的25年，是非常值得记录的25年。其间，市交通局为《南昌市志（1985年～2004年）》编写“交通篇”，为《江西省交通志（1991年～2005年）》汇编丰富的资料。根据南昌市和省交通运输厅史志办提出的要求，2011年8月，南昌市交通运输局决定正式启动续修《南昌市交通志》编纂工作，续编时限为：1986年～2010年。

此次续志跨越25年，内容丰富，工作量大，经过发掘并经局领导同意，从局属单位聘请4名经历过这个年代，有责任心和一定文字功底的人员参加编撰工作。

2011年10月续志正式启动，经过对大量资料的搜集、整理，截至12月底基本完成编辑大纲的拟定。2012年年初开始，按照分工，工作人员分别纂写相关章节，力争于2012年6月底完成初稿。

（周国祥）

【九江市港口局档案管理工作获殊荣】　12月，九江市港口管理局被省档案局授予档案工作规范化管理“省二级单位”称号。

2011年，该局在九江市档案局的大力支持和指导下，认真按照《中华人民共和国档案法》《江西省档案管理条例》和《九江市档案管理办法》等有关规定，扎实做好了档案管理工作：一是把档案综合目标管理和档案工作列入重要议事日程，纳入岗位目标责任制管理，加大人力、物力、财力的投入，实行全体动员、目标分解、工作细化、责任到人等具体措施，扎实开展了各项基础业务工作；二是结合自身实际，制定了一系列切实可行的档案工作规章制度和业务规范，使档案管理工作步入了制度化、规范化、科学化的轨道；三是多次对档案工作进行自查，将日常检查及专项检查相结合，发现问题立即整改，及时堵塞工作漏洞，努力排查隐患，确保档案的完整与安全。（刘浔玉）

【新余举办“庆祝建党90周年交通系统书法作品展”】　8月9日，“庆祝建党90周年交通系统书法作品展”在新余市交通运输局举行。此次书法作品展共展出书法作品30余幅，展示了交通职工积极向上的精神风貌，表达了对党和人民的无限热爱之情。

（赖娇健）

【龙南公路分局助民修路】 2月10日,龙南公路分局“三送”活动驻村工作组又为村民办了件实事。在汶龙圩镇五显庙起经汶龙镇中学至上庄村村道口浇筑一条长约700米、宽5米、厚20厘米的水泥路,投资约30万元。该局“三送”工作组进驻上庄村后,在该镇、村两级工作组组长雷炜的带领下,积极走访,了解民情,疏理民意。在走访过程中,了解到连接村部和学校的村道晴天尘土飞扬、雨天泥浆飞溅,给村民的生产、生活带来不便,也给镇中学的老师和学生带来诸多安全隐患。于是,该局“三送”工作组充分发挥公路部门的职能优势,将修建水泥路列入工作重要议程。为早日解决村民出门路难行的问题,该工作组想方设法多方筹措资金。将资金落实到位后,立即进行施工,现已完成工程量的50%。这条水泥路建成后将给村民及学校师生的出行带来极大的便利,有效改善村部的基础设施,促进村级经济的发展。

(赣州市交通运输局)

【宜春市交通运输发展文物史料征集取得初效】 2011年,宜春市各级交通部门把文物史料征集工作作为交通文化建设工程,实行一把手工程,科学谋划,精心组织,全面部署。形成党政主要领导负总责,分管领导具体抓,专干全力抓,交通人积极参与,一级抓一级,层层抓落实,做到认识、领导、组织、人员、工作、经费、责任七到位和领导、人员、时间三集中。成立征集工作领导小组18个,下发文件24个,抽调征人员349人,加快征集工作进程。

已取得阶段性效果。截至12月23日,全市已征集登记交通运输发展文物史料达579件。

(吴泽水)

【丰城市交通运输局做好发展文物史料工作】 2011年,按照省交通运输厅和市交通运输局部署,丰城市交通运输部门,科学谋划,精心组织,形成部门带动,舆论推动,上下联动,交通人齐动可喜局面,做到进展快,力度大,效果好。截至12月23日,征集交通运输发展文物、史料103件,有力推动交通文化建设。一是组织到位。成立以局长为组长。分管领导为副组长,局属单位领导和乡镇分管交通工作的副乡镇长为成员的征集工作领导小组和征集办公室,制订工作实施方案,局主要领导亲自召开会议,亲自动员,亲自协调,亲自参与征集工作,做到领导、机构、人员、举措、经费五到位,使征集工作有序推动。二是宣传到位。市局利用市政府网络发布“面向全国征集江西交通运输发展文物、史料工作”的通知。先后三次召开全市32个乡镇分管交通的副乡镇长会议和广播、电视、板报、标语等舆论工具,大力宣传征集工作重大意义、征集范围和报酬等,大造形式,营造征集浓厚氛围,变部门行为为社会行为。三是措施到位。该局组织各单位文物、史料征集工作(水路道路文物、史料征集小组)配备车辆、相机,走村串户,集中一个余月开展调查摸底,做到边调查、边登记、边联系、边征集,使全市征集工作有序推进,取得较好效果。(皮晓荣)

【上饶市交通运输局召开史志工作会议】 4月12日,上饶市交通运输局召开《上饶市交通志(1986~2005)》校审会暨《上饶市交通年鉴(2011)》编纂工作会议。副局长赖勇、局负责人出席会议并讲话。各县(市、区)、上饶经济开发区、三清山名胜风景区交通运输局、局属各单位、上饶高速路政支队和上饶航务分局等交通口有关单位分管史志工作的领导(主审)及志鉴工作主撰人员计50余人参加会议。会议对《上饶市交通志(1986~2005)》进行了整体校审,并对《上饶市交通年鉴(2011)》编纂工作做了进一步布置。

会议对《上饶市交通志(1986~2005)》出版的意义作出了深刻诠释,是1985年首轮编修的《上饶地区交通志》的续志,是上饶交通运输系统始终坚持加强行业文化建设结出的重要成果。对续志的发行、宣传工作提出了要求,各单位要营造“知交通志,学交通志,用交通志”的良好氛围,准确掌握交通运输行业的发展历史与现状,以志为鉴,更好做好当前交通运输工作。会议要求,在交通志鉴工作得到进一步加强,工作机制进一步完善,“一纳入、五到位”的工作要求得到深入落实的基础上,对下一步志鉴工作提出了三点要求,一要抓紧时间完成《上饶市交通志(1986~2005)》校审和《上饶交通年鉴》(2011)编撰工作。二要进一步加强交通史志工作制度建设与队伍建设。三要进一步加大交通志鉴创新力度。

(李　婷)

市、县交通运输

南 昌 市

2011 年,南昌市公路只在个别道路小幅调整,公路总里程为 10481.08 千米,比上年增加 510.21 千米,主要是增加村道,其中:高速公路 263.16 千米,国道 260.24 千米,省道 109.18 千米,县道 1228.01 米;乡道 1154.57 千米;村道 7394.51 千米,专用道 71.41 千米。全市有:航道 461.8 千米,主航道为 III 级;南昌港码头 68 座,105 个泊位,总延长 5738 米;1000 吨级的船舶可以常年驶入南昌港。

至年底,全市道路旅客运输企业 299 户,道路货物运输业户 1.54 万户,道路运输相关业务经营业户 1502 户,从业人员 13 万余人。营运载客汽车 2195 辆,客位 5.96 万座。公路客运线 511 条,其中,省内 399 条,跨省 112 条,高速班线 23 条;道路货运企业 4643 户,个体货运企业 10870 户,营运载货汽车 4.32 万辆,运力 16.4 万吨。全年完成道路客运量 8767 万人,客运周转量为 734350 万人千米,比上年分别增长 2.91% 和 2.44%;完成道路货运量 7645 万吨,货运周转量 1987305 万吨千米,比上年分别增长 5.53% 和 13.48%;全市公路水路运输行业从业人数近 15 万人,约占全市第三产业从业人员总数的 10%。城市客运公交线路 164 条,公交车辆 3095 辆,年客运量 5.48 亿人次,比上年增加 946.6 万人次,增长 1.76%。出租汽车 4345 辆。有水路运输企业 24 户,港口经营企业 48 户,各类营运船舶 221 艘、29 万载重吨。至年底,水路货运量 684.1 万吨,比上年增长 2%;货物周转量完成 100881 万吨千米,比上年下降2%。水路客运继续全面停航。港口吞吐量完成2120万吨,比上年增加546万吨,增长35%,其中集装箱吞吐量61690标箱,比上年增长21%。从业人数近2万人。

2011年,南昌市交通运输局以《南昌港总体规划》《南昌公路运输枢纽总体规划》《南昌市"十二五"公路、水路交通运输发展规划》为指导,争取全市及各县区加大交通运输基础设施建设力度,新修、新建农村公路建设项目1020个共1644千米;公路危桥改造项目完工16座,正在施工9座;改渡建桥完工通车23座,基本完工5座,正在施工1座;新建农村客运站12个,竣工验收7个,完工待验2个,正在施工3个;农村候车亭建成投入使用128个,正在施工261个。安义县境内昌铜高速路段,进贤县境内沪昆高速李渡互通立交、杭长高铁客运站扩建,新建县境内龙头岗综合码头(一期)、樵舍货运码头等项目进展顺利。江西长运南昌综合客运枢纽(火车站东广场)、西客站综合枢纽、高新客运站、综合物流园、公铁物流港项目已完成土地洽谈和报建;江西水运白水湖件杂货码头、船舶工业园、国际集装箱码头扩能等项目前期工作有序推进。2011年全市交通运输系统完成基本建设投资近3亿元,较上年大幅增加。

全市开展道路客货运输企业质量信誉考核,考核率100%。出台《南昌市驾驶培训管理办法》,实行培训指标额度管理,规范驾培机构经营行为,在全省率先完成无纸化考场建设和从业资格考试改革。加大客运市场专项整治力度,出动交通行政执法人员4600人次,开展执法行动296次,查处"黑车"405辆。加强港口岸线管理,整顿港航市场秩序,建立港口经营者档案,实行企业资质年度审核;开展港航、航政、海事、公安等水上相关部门联合执法,严厉打击违规建设码头和经营活动,查处涉嫌偷逃规费和不服从管理船舶25艘次、违规码头机械2台。修改完善《南昌市客运出租汽车经营者管理办法》和《南昌市客运出租汽车驾驶员管理办法》,建立服务质量与出租汽车经营权相挂钩的考核奖惩机制。认真落实农村公路养护体制改革实施方案,在各县区设立公路管理站的基础上,进贤、安义两县还设立了11个乡级交通运输管理站,承担农路养护、危桥改造和通乡公路建设管理工作。加快城乡客运一体化进程,开通了南昌至安义、南昌至宝葫芦农庄等城乡公交线路。采取"一线一公司、一片一公司"运作模式,推进农村客运网络化建设,全市乡镇班车通达率100%,行政村班车通达率87%。

交通物流模式创新,大力推行节能减排。南昌三志物流投资6060万元发展甩挂运输,在全国各地设立54个甩挂作业分公司,经济效益明显提高,年营业额3.5亿元,上缴税收1000万元,资金利润率大幅提高。江西银燕物流基地新增投资1亿元的土建工程基本完工,已进入试运营。按照"先行试点、取得经验、总结提高、全面推广"的工作思路,开展农村物流试点工作,江西国鸿实业有限公司、南昌市城南运输有限公司依照农村物流企业标准,完善基础建设,转变运营理念,取得新进展。南昌市已被交通运输部确定为全国10个低碳交通运输体系建设的试点城市之后,2010年又被确定为10个试点城市中的4个重点城市之一,并以此为契机,制定试点实施方案,大力推行节能减排,推广节能与新能源汽车应用。2011年,全市淘汰2000余辆高排放货车和出租车,新增油电混合动力公交车76辆、纯电动力公交车10辆、油电混合动力出租车160辆。长途客车"持续新车"模式研究取得实效,实施轮胎充氮新技术。

企业发展增添活力,安全稳定持续好转。江西长运集团公司、江西水运集团公司两个国有企业改革任务基本完成,发展后劲不断增强。2011年,江西长运营业收入19.2亿元,实现净利1594.5万元,上缴利税2.95亿元。完成了江西长运股份公司收购昌南客运站、洪城客运站和南昌公交总公司收购南昌至安义班线等工作。7月10日至26日,南昌长途汽车总站所有的130条班线586辆客车分4个批次有序、平稳地分别搬迁到青山客运站、洪城客运站、徐坊客运站和昌南客运站运营,实现南昌客运总站迁离城区中心,有效整合道路客运和城市公交两个资源。江西水运采取资产分块经营模式,企业生产开始复苏,全年完成营业收入4939.1万元,比上年增长7%,实现减亏259.8万元。市二运总公司、市三运总公司采取划小核算单位,实行以新养老、资产合作等多种灵活经营方式,保证企业经营平稳和职工基本生活。严格执行安全生产"一岗双责"和单位主体负责制,在全省首创客运安全管理模式,实行安全例检标贴制度,道路客运死亡事故起数和人数比上年分别下降54.5%和53.8%,未发生一起一次死亡3人以上重特大道路客运责任事故。渡口、水上客运死亡事故和安全生产事故为零,全市农村渡口保持了20年的安全。全面落实社会综合治理"一把手"负责制,推进综治机构规范化建设,确保工作网络、工作经费、办公设施、规章制度"四到位"。

该局深化交通运输行政审批制度改革,按照"两集中、三到位"和"行政审批与行政监管分离"的要求,全年受理行政审批事项4620件,办结率100%。加大治理公路"三乱"力度,坚决制止和纠正交通执法以罚代纠、以罚代管和执法不规范行为。切实加强党风廉政建设,认真落实领导干部廉洁自律和干部职工廉洁从业规定,规范廉政风险管理,全系统未发生重大违法违纪案件。开展行业文明创建活动,始终保持务实奉献、昂扬向上行业风貌,涌现出一批先进人物和先进集体。全市交通系统为在南昌市举办的第七届全国城市运动会提供优质会务和观众运输保障服务,满足"七城会"的需求。

(周国祥　李东昇)

南　昌　县

2011年,南昌县交通运输局基础设施建设取得实效。一是公路建设加速推进。完成国改工程290.8千米;完成未实施的2009年新增通乡公路建设计划的调整工作,并全部实现开工建设;完成南昌至新联公路的五星场至塘南路段13.5千米的施工图设计报批;完成农村公路其他连通工程和新建独立桥梁等建设项目计划申报,争取农村公路79.7千米连通工程建设计划和中央补助资金718.4万元;完成2010年度国改工程14.2千米的检测验收。二是危桥改造有序开展。24座市级重点危桥改造中,完成富山桥、二干桥、龙头山桥改造,兴农桥、春溪桥、浒南桥、蛟溪桥正在推进之中;组织完成15座乡镇委托打捆设计桥梁的报审工作;全面启动71座县级危桥改造工作。三是9个改渡建桥项目基本完工,完成投资额16200万元,占总投资额的95%。四是场站建设稳步实施。富山、南新、渡头客运站已经完工,新联、泾口、塔城客货运站进入筹备阶段,260个农村客运候车亭项目已开标,2012年全面组织实施。

运输保障全面提升。2011年全县拥有道路经营业户1855户,客、货运及农用车辆9532辆,其中客运车辆597辆、货运车辆8935辆;新增货运企业29户,新增货运车辆682辆,新增吨位3433.42吨。维修企业43户。水运船舶268艘。全县完成公路客运量9659万人,比上年增长13.38%;完成旅客周转量237932万人千米,比上年增长13.99%;完成公路货运量1565万吨,比上年增长15.94%;完成公路货物周转量336435万吨千米,比上年增长19.92%;实现水路货运量286万吨,货港吞吐量700万吨,货物周转量205920万吨千米。统筹推进公交发展,协助完成《昌南客运站长运、公交、出租车交通组织规划》,充分发挥昌南客运站综合功能。

行政管理力度加大。一是农村公路管养中,完成市级农村公路大中修工程项目申报,争取市级资金181万元和县财政资金336万元;坚持农村公路桥梁安全巡查制度化,对发现的安全隐患督促有关乡镇养路队及时进行整改,确保公路安全畅通。二是运政管理中,开展昌南客运站周边环境整治等专项行动,共纠正车辆违章82起;加强对11户二类维修企业、29户三类维修企业和77户货运企业、8户货运信息部质量信誉考核,有效地规范货运、维修市场经营秩序。积极参与"五车"整治活动,依法查处非法营运"五车"584辆。三是水运管理中,该局与市港航处、市海事部门开展联合执法专项整治,查处违规船舶180艘,责令17艘"三无"船舶退出水运市场;大力宣传水运安全知识,通过报刊、政务网站、信息专栏、散发宣传单等方式对安全活动进行广泛宣传,共散发安全宣传传单1000余份,查处并纠正港口作业安全生产隐患20起,下发整改通知书12份,责令停业4户;大力开展整治非法滩涂造船活动,深入各乡镇进行巡回督查,打击冈上镇、蒋巷镇、向塘镇存在的非法造船点(场),责令拆除非法所造船舶,有效遏制非法滩涂造船现象在南昌县境内扩大蔓延;帮助和指导有关乡镇纠正违章渡运行为,共纠正违章渡运行为11起,下发违章通知书11份,实现安全零事故。

(章　纯)

新　建　县

2011年,新建县交通运输局创新思维,勇于进取,交通运输各项工作取得较好的成绩,获得全省“十一五”时期农村公路和渡改桥建设先进单位。

港区建设稳步推进。一是完成樵舍龙头岗码头各项前期工作。该项目一期总投资5.8亿元,已列入省政府重大重点工程,工可、初步设计已经完工,进入征地拆迁。二是樵舍货运码头已进入实质性工作,该码头总投资5.3亿元,一期用地20.7公顷。兴建2个24吨泊位,估算投资2.77亿元,工程可行性研究报告已报省发改委审查。三是南昌新港产业物流园稳步推进,占地面积177.53公顷,预计总投资10亿元,项目规划可行性研究报告已经完成。

桥梁建设高位推进。一是石岗(上坪)大桥竣工通车,联圩(丰乐)大桥主桥已架设完毕,进入桥面安装。全县6座渡改桥工程基本完成,撤销46个渡口,除大江大河之外,改变了湖区群众出行靠摆渡的历史,消除了渡运安全隐患。二是全县农村危桥改造已落实计划11座,流湖巷口一桥已完成主体工程,樵舍峰桥、生米南星周家桥正在施工,义渡大桥、石岗大桥已完成前期准备工作,即将组织实施,文青三房桥、下桩玲桥、巷子口桥等其他6座危桥改造项目在有序推进。其中由新建县交通运输局做业主的2座,由乡镇做业主的9座。

农村公路扎实推进。一是投资1000多万元对石岗至抗援全长10千米进行县道升级公路改造,主体工程已完工。二是组织实施流湖温泉城1.84千米县道迁改,总投资1000多万元。三是投资700多万元的市管道路坎樵公路全长8.5千米,进入招投标工作。四是抢修了温泉义渡至厚田光伏发电厂简易公路,投资100多万元。五是投资168万元改造危桥——流湖巷口一桥,主体工程已经完工,进入桥面安装。六是全年兴建33个候车亭,完成了溪霞、梦山五级客运站建设,西山客运站也正在顺利推进。上报了流湖、金桥、联圩3个中心服务站建设项目,储备了一批农村危桥改造项目。

运输市场健康有序。一是开通南昌至宝葫芦和望城新区循环公交线路,改造长坡至湾里客运班线,提升该县旅游品位。二是集中整治县城非法营运黑车,共查处非法营运黑车100余辆,告诫50余人次,对黑车市场起到了强有力的威慑作用。三是加强监管,服务性行业更加规范。全年新增上户车辆近900余辆,办理货运经营许可14户,维修企业审批3户,办理道路运输证1000余件,道路运输证验审合格率达98%,培训客、货运驾驶员60余人次,全年共查处非法经营20余起。四是对农村公路占道现象进行专项整治,查处非法经营360余处,散发《公路法》宣传单1000余份,路政管理在一定程度上取得了突破。五是参与打击河道采砂活动,查处无证运营16起,超载22船次,危险品装卸1起,强化船舶安全配置15船次,确保航运健康有序。

新建县交通运输局驻行政服务中心窗口被县政府评为“最佳文明窗口”。

(包玉梅)

进　贤　县

2011年,进贤县交通运输局全年完成交通固定资产投资3.75亿元,其中进里公路拓宽改造工程,全长60千米,投资1.07亿元,按二级公路标准改造,至年底已竣工通车。三长线路面重建工程、昌进一级二期工程(温家圳—高坊岭全长36千米)、福银高速李渡开口互通工程、320国道县城段改线工程(长18.5千米)完成立项。改渡建桥完成1.46亿元,12座桥任务已完成10座,2座桥正在抓紧扫尾。农村公路建设完成国改项目105.6千米,总投资0.7亿元;完成大中修项目6个,危桥改造启动8座。水运和城市公交等其他完成0.52亿元,建设农村客运候车亭90个。全年客货运输量继续保持较快增长,公路水路完成客运量1106.5万人次、旅客周转量2.9亿人千米、货运量188.25万吨、货物周转量4.7亿吨千米,同比分别增长7.1%、8.3%、11.2%、12.7%。实现行政村通达率100%,自然村90%,交通综合服务站幅射21个乡镇,客运风雨亭覆盖263个村委会。

该局把握“公路运输安全”和“水路运输安全”两条线，落实责任，层层签订责任状。建立和完善公路、渡口、危桥巡查制，责任追究制；在病害公路、危桥两端设立警示标志牌，落实专人看护，进一步完善保障措施；整治“五车”、严厉打击“黑车”非法营运，以查处车辆窜线、越线、乱停乱放、揽客、宰客等损害群众利益为切入点，规范业主和司机行为，严把市场准入关，规范客运市场秩序。反复开展交通安全隐患大排查、大整改行动；全面加强应急救援体系建设。建立应急预案，成立应急队伍，强化道路抢通保通和应急保障能力。实现行业稳定，公路、水路、渡口全年无重大伤亡事故的目标。

（县交通运输局办公室）

安　义　县

2011年，安义县快速推进公路建设，三大重点工程顺利实施，三项民生实事积极推进，稳步实施交通运输改革，实现“十二五”规划精彩开局。全年完成固定资产投资1.1亿元，公路客运量205万人、客运周转量7436万人千米；货运量95万吨、货运周转量6195万吨千米。

县交通运输局积极主动做好省重点工程昌铜加密高速公路安义境内沿线（22.32千米）的协调，通过境内的路基、高架桥、隧道工程、路面摊铺及配套设施的建设一直走在沿线县区的前列，为确保实现省政府提出年底前南昌—奉新段竣工通车的目标起了示范带头作用，多次得到省、市领导的充分肯定和高度评价。昌奉段已于2011年12月28日竣工通车，改写了安义县无高速公路的历史。12月6日，连接安义县城与昌铜高速的龙安大道（一期）工程全面开工，预计于2013年6月竣工。2个改渡建桥项目——黄洲大桥和戴坊大桥全面完工。

县交通运输局借全市公共交通资源整合，强力推进安义至南昌公交车运营。该局密切与江西长运集团公司、特别是市公交总公司的对接协调，妥善解决公交车与快轿、农村班线客车同线经营等矛盾，11月10日，安义至南昌公交空调快车线顺利开通，向城乡公交一体化迈出坚实的一步，实现了省会南昌远郊县不通公交车的历史性跨越和零的突破。该局快速推进危桥改造，变被动为主动，迎头赶上，走在全市的前列，得到市领导的多次表扬。3个项目共投资300余万元，其中，石鼻大桥于7月提前建成；罗家桥于11月基本完成桥梁主体工程；杏村桥自6月开工后工程进展顺利。全县稳步推进农村公路建养，全年共投资680余万元，建成农村公路22千米，实现97%以上自然村通水泥路；农村公路大中修和乡道升级改造项目已完成工可设计。为整体提升农村公路的水平和形象，共投入120余万元，大力推进南安公路沿线延伸分化的3条农村公路样板路试点。

该局强化监管交通运输市场，一是依法行政，健全法制体系。以强化行业管理为主线，认真贯彻《中华人民共和国行政许可法》，限时办结；落实执法公示制，持证上岗，文明执法，杜绝公路“三乱”；坚决执行质量信誉考核制，加大行业审验力度；完善应急救援机制和事故报告制度，健全应急救援体系。二是把关监督，确保生产安全。以广泛开展安全大检查为抓手，切实履行行业监管职能，落实安全主体责任，加大源头监管力度，加强日常监管，强化过程监控，加强从业人员安全教育培训，圆满完成运输生产和重大活动安保，未发生重特大安全和责任事故。三是强化整治，规范运输市场。以客、货运输为重点，深入开展运输市场整治活动，打击客车非法客运、货车非法改装及黑驾培等，规范出租车、县城公交车经营，“黑车”“黑驾校”非法经营，以及客运、货运、维修行业违法经营行为得到有效遏制，经营秩序进一步规范。

（徐正柱　章　东）

湾　里　区

2011年，湾里区交通运输局重点项目建设有序推进。一是8月31日完成梅岭旅游环山公路拓宽改造工程，比原计划提前1个月竣工通车。二是太珂公路团山至牛岭段拓宽改造工程于11月底前已全面竣工，比原计划提前一个月竣工通车。三是扎实推进湾里一小至团山旅游公路改建工程。四是启动农村公路其他连通工程建设。2011年省交通运输厅批复该区农村公路连通工程建设项目20个,总里程19.7千米,总投资492.5万元(其中,中央投资190.2万元,地方自筹302.3万元)。2011年已完成项目建设6个,里程6.6千米,投资165万元。

交通基础设施维护稳步推进。2011年,湾里区共投入资金517万元,实施农村公路建设和其他交通基础设施维护:一是完成2010年大中修项目太平—珂里公路防排水综合整治养护工程。新修现浇混凝土边沟4.3千米,工程总造价35万元;二是完成罗梅公路水毁修复及安全设施工程。修复破损路面556平方米,新修排水边沟1.7千米,安装桥梁护栏38米,限速牌2块,减速带37.6米,道路反光镜6块,混凝土防撞墩104个,排设涵管3道等,工程总造价36万元。三是完成太珂公路水毁修复工程。完成浆砌片石挡土墙1010.85立方米。工程总造价45万元。四是及时组织抢修农村公路水毁。共投入资金236万元,对17条36.3千米农村公路进行抢修,确保全区农村公路安全、畅通。

交通固定资产投资稳步增长。2011年,湾里区累计完成投资12829万元,比上年增长28.29%。其中重大重点项目完成投资11842万元;农村公路建设完成投资165万元;农村公路养护管理完成投资352万元;客运站场完成投资10万元;道路运输设备设施完成投资160万元;社会投资交通项目完成投资300万元。该区争取上级项目资金成效显著,共争取上级交通运输基础设施建设项目资金7000.7万元,其中争取旅游公路建设专项资金6155万元。

道路运输行业管理逐步规范。一是农村客运网络健康发展。投入资金160万元新购置8辆庐山客车对新建县长埈至江西中医学院客运班线进行更换,全部实行农村客运班线公司化改造。全区11辆客运车辆已改造8辆,总改造率达73%;全区4个乡镇客运班线通达率达100%,35个行政村通达率达76%。二是运政稽查工作扎实有效。全年共出动稽查人员368人次、车辆860辆次,对非法营运车辆进行打击和查处,上路稽查200多车次,查处各类车辆128辆,行政处罚案件结案率、投诉举报案件结案率均达100%,未发生一起行政复议和诉讼案件。三是质量信誉考核迈入正轨。经考核,全区334名从事旅客运输、货物运输的驾驶员中,AA级驾驶员74名,A级驾驶员260名;全区12户机动车维修企业中,AA级6户,A级2户,B级4户;3户道路运输企业均达到AA级。9月,该局正式启动《湾里区公路路网规划(2011~2020年)》编制工作,12月份,该规划通过专家评审。《湾里区农村公路养护管理实施办法(送审稿)》已正式上报区政府审批。

道路运输持续快速增长。一是道路运输企业平稳增长。全区道路运输企业(业户)224户,比上年增加11户。二是运输从业人员稳步增长。全区道路运输企业从业人员1500人,比上年增加200人。三是客货运输车辆快速增长。旅客运输车辆11辆,总座位177座,比上年增加56座。货物运输车辆915辆,比上年增加157辆;总吨位5910吨,比上年增加1572吨。四是客货运输量飞速增长。完成道路客运量38万人,比上年增加14.32万人,增长60.47%;完成旅客周转量646万人千米,比上年增加176万人千米;完成道路货运量162万吨,比上年增加21万吨;完成货物周转量18500万吨千米,比上年增加1580万吨千米。

(孙祥武)

青山湖区

2011年,青山湖区有注册备案的公路261.206千米,其中县道39.04千米,乡道38.42千米,村道183.75千米。按公路等级划分:二级公路39.04千米,三级公路53.33千米,四级公路146.60千米,等外公路22.25千米。全区道路运输业继续保持良好的发展态势,其中,营运车辆4118辆(新增557辆),货运企业资质信誉考核15户,其中AA12户,A4户,考核率达100%。全年完成货运量638万吨,完成货运周转量158320万吨千米,比上年分别增长5%、0.3%、2.7%;年审货车2704辆,占应审率75%。辖区内有机动车维修企业70户,其中二类维修企业11户,三类维修企业59户(新增二类1户,三类20户),已通过维修资质信誉考核28户,其中AA2户,A26户。

2011年,青山湖区实施《青山湖区农村公路管理养护体制改革实施方案》,强化各镇政府对农村公路管理养护的意识。该区精心组织县乡道路大中修,抓好公路建设质量,确保工程质量,为农村公路管养奠定坚实的基础。同时积极探索,建立管护长效机制,打击侵害农村公路的不法行为,对发现的违法行为依法依规进行严肃查处。该区财政预算71万元用于农村公路养护经费,对全区通村水泥路推行养护管理,农村公路管理养护水平上了新台阶。争取农村连通公路的上级补助计划5千米,补助资金68.6万元,争取新农村公路补助4.4千米,资助资金35.2万元,上级补助资金共103.8万元。

该区公路站在完善农村公路网络的同时采取多项措施,开展安全隐患排查治理工作。一是加强农村公路在建工程的监管。对县道大中修、“村村通”延伸、农村公路建设等在建项目完善施工安全监管体系,强化主体责任。组织施工现场安全生产的监督检查,及时处理安全隐患。二是完善农村公路安保设施。对农村公路安全标志、标牌进行补缺补差,对遮挡视线的行道树进行修剪,对水塘边路基易滑坡隐患点进行浆砌片石挡墙处理,对全区农村公路桥梁进行全面“体检”,并对每座桥梁建立“健康档案”。共排查23座桥梁,每一座桥梁拍摄图片,用GPS定位仪精确确定桥梁位置,建立桥梁档案,实施技术监管“全覆盖”。界定了2座四类危桥,对危桥所在乡镇及行政村下达整改通知书,责令其立即整改到位,消除安全隐患。区内2座五类危桥改造完成。

该区运管所将工作重点从收费为主转移到市场监管为主,一是认真开展质量信誉考核工作,提升货运企业和维修企业的整体服务质量及水平,规范企业的管理。在考核中公平公正、不流于形式走过场。二是把汽车维修市场专项整治列入该所常态性管理之中。三是重点突出,积极与公安交警、市运管处联合执法,重点整治无证经营业户。全年取缔路边维修店19家,停业整顿3家,有效净化市场。全年共查处非法客运的黑车33辆,从而维护了运输市场秩序,营造了良好的运输市场环境,促进了全区道路旅客运输市场健康稳定发展。

(黄凌谦)

青云谱区

青云谱区境内共有公路9条,总长17.12千米,其中县道2条共7.02千米,乡道7条共10.10千米。随着该区昌南工业园区的开发建设,区内县乡公路已接通城市主干道,组成城乡道路网,部分公路已经成为区内城市道路。

2011年,该区投入近150余万元按高标准对连接国道的县道青云谱—罗家,乡道石马—前万,青云谱—象湖3条公路进行白改黑(水泥路改水泥沥青路)工程建设,加宽路面改造,修补破损路面,进行安保工程建设,补种毁损树种,按期完工改造提升,迎接全国第七届城运会的召开。区交通办公室组织对全区注册的县乡公路进行定期的维修养护,提高了公路路面等级,为本区的经济发展实现“工业强区、市场大区、旅游新区、文化名区”的战略目标提供良好的道路基础设施。该区2011年新农村连通工程之解放东路至辛郑等6条农村公路(总里程2.3千米)总体质量均被市交通运输局、市新农办等部门组成的新农村连通工程建设项目联合验收组评定为合格,全部顺利通过市级验收。

2011年,该区道路运输行业发展迅速,货运车辆及运力与上年度比较有大增幅,至年底,全区年新增货车297辆、新增吨位数903吨,分别比上年增长27.6%和31%。区交通运输办对6户企业进行道路运输企业质量信誉考核,考核率100%,其中2户货运企业已上报市运管处、省运管局申报AAA级道路运输企业。道路从业人员质量信誉考核完成率100%。区交通运输办坚持安全生产常抓不懈,把确保安全生产当作首要和重点问题来抓,把安全意识时刻贯穿全员头脑之中,安全措施层层落实,制定安全生产长效运行机制,定期排查,限期整改,将事故隐患消灭在萌芽状态。在养护、工程、绿化、路政等各岗位均未发生各类事故,未出现一起被省、市相关部门通报批评事件,未发生一起上访事件,实现“四个确保”指标。

(尚　政)

南昌经济开发区

2011年,南昌经济开发区交通运输办公室针对区内特点,在公路建设与管养、道路运输管理两方面做好工作,打好“十二五”规划开局战。全区区管农村公路可通车里程达393.35千米,共355条,其中:县道3条20.26千米;乡道32条94.53千米;村道278条243.47千米。另外省管国道2条,通车里程22.01千米;省管县道2条,通车里程7.16千米。全区一镇二处和26个行政村之公路全部实现路面硬化,初步形成了以国道为主干,县乡道为主体,乡村道为基础,纵横交错贯穿全区的公路交通网络。

该区交通办加强客运市场管理,优化运输环境。一是成功协调开通两条公交线路703、704,方便居民出行,缓解区内大中专院校师生出行难的问题。二是加大农村客运网络的监管力度,规范农村客运班线的运营秩序,为农民出行提供方便;三是优化运输环境,整顿客运市场,严厉打击“黑车”。该办集中力量,在庐山南大道、大中专院校周边,对从事非法营运的黑车进行严厉打击。专项整治期间,共悬挂条幅30条,张贴标语及宣传单6000张,共检查车辆260辆次,纠正和查处非法营运车30余辆。该办把货运管理的重点放在加强源头管理,加大危货管理力度,加快现代物流业发展和货运规模化进程。一是深入全区货运企业、站场和货物集散地等源头部位,认真开展调研,提出物流市场“十二五”发展规划。二是每月对危险货物运输进行一次安全监督检查,对危货车辆技术状况及从业人员资质进行检查,落实危货运输安全责任制,督促企业的安全教育,要求企业充分利用GPS监控平台,加大监管力度,制定突发事件紧急救援的预案,确保安全生产落到实处。2011年新增业户44户,新增车辆44台,吨位56吨。全区在册货运业户达到317户,车辆500余辆,总吨位2000余吨。货物运输行业从业人员近千人。

该区管委会把农村公路改造工程列为2011年重点民生工程项目之一,共完成6条4.1千米,已进入招投标程序项目1个1.3千米。区交通办采取责任到人、倒排进度、跟踪问效三个办法,对区里重点民生工程项目落实专人负责跟踪管理。经多方争取,获得9.1千米的公路改造指标,增加了4.1千米。完成国改项目1项,里程0.9千米。随着开发区不断发展,区交通办成立路政执法队,对农村公路进行定期或不定期巡查,对占用、利用、破坏公路等行为依法处理。全面完成105国道路域环境整治工作,清除各类垃圾30余吨,违章搭建8处200多平米,各类非公路标志9处,该项工作顺利通过国检。该区投入养护资金78.5余万元,其中:争取省市大、中修资金24万元,区级大、中修配套资金10余万元;投入20万元对全区农村公路进行了日常维修和保养。投入5.5万元对水毁严重的路段进行路面抢修,投入3万元对危险路段增设16条减速带和1个交通反光镜的安保工程建设。成立了公路应急抢险队伍,制订公路安全防范应急预案,保障低温、冰冻、雨雪、强降雨等恶劣天气期间农村公路的行车安全。

(区交通办)

南昌高新技术产业开发区

南昌高新技术产业开发区创建于1991年3月。2011年,高新区交通办突出抓好农村公路建设,完善农村公路路网配套设施改造,全面推动农村公路基础设施建设,抓好计划工程项目建设、质量监督。完成尤口—氨厂公路(油返砂项目)建设里程7.9千米;完成昌东镇郭家桥、麻丘镇上田桥、陈家桥危桥改造重建项目3个;完成公路连通工程项目20个13千米。

区交通办强化道路运输管理,促进全区道路运输行业的健康发展。一是制定有效措施和制度,组织参与公安交警和市运管处联合执法,打击超员、超载行为,连续7年杜绝重特大道路运输安全事故。二是做好信息化建设工作,配备计算机操作人员,全面接入全省道路运输协同办公系统,实现全市运管系统联网办公,为辖区的经营业主和从业人员提供优良的服务。三是开展“七城会”期间的运输市场整治工作。用4个月的时间对省奥体中心七城会赛区周边的“五车”和“黑面的”进行整治,共查处违章车辆40余辆,纠正违章行为35次,对违规的予以清理取缔,保证了运动会期间的道路畅通。

(赵文华 刘建南)

桑海经济技术开发区

2011年,桑海区交通办公室在农村公路项目工程建设与养护中,紧紧抓住国家惠民政策,加大农村基础设施建设投入的机遇,认真做好农路工程项目的申报、立项和实施工作。全区投资217.8万元,完成公路计划项目6.6千米的硬化及检测验收工作;推进实施村级公路10.6千米工程项目。全额投资900余万元,完成起步区交通主干道的改造升级。2011年11月正式出台《桑海开发区农村公路管理养护实施细则》对机构与职责、计划管理、资金筹措及使用、养护管理、路政管理和考核奖惩等作出了明确的规定。通过分路段核实养护里程和责任主体,正常开展日常养护和工程养护,确保全区农村公路建养协调发展。同时把农村公路的超限超载治理纳入日常工作中,统筹考虑,统一治理,确保农村公路的安全畅通。

桑海区交通办公室在目标管理推进中,一是落实目标责任,亮化指标,落实责任人,建立日常检查、督察制度,做到工作投入到位、责任目标到位、服务承诺到位、督查考核到位、管理成效到位。二是强化现场管理。提出重点工程服务现场、审批许可注重现场、源头管理紧盯现场、执法检查规范现场、达标考核突出现场、信息平台对接现场、品牌创建引领现场的工作要求。三是严格责任考核。对完成任务的查质量,正在实施的查进度,没有到位的查原因,影响落实的查责任,在执行中比力度,在操作上比水平,在落实上比成效。在春运、“七城会”、黄金周等期间,该办全员深入一线疏导交通,并正确处理执法与服务之间的关系,提高“说理式执法”能力,做到文明执法,减少抵触情绪,化解执法阻力,提高执法效率。

(程万里)

景德镇市

2011年,在高速公路建设方面,景德镇市交通运输局主动靠前协调德(兴)(南)昌、浮(梁)黄(山)高速公路建设项目地方接水、接路等问题,积极提供良好施工环境,项目境内段建设进展一直较为顺利,确保了德(兴)(南)昌高速公路项目于9月16日如期全线建成通车、浮(梁)黄(山)高速公路项目于8月初转入第三阶段施工。杭(州)瑞(丽)高速公路湘湖互通顺利建成并开通运营,济广高速公路月亮湖临时互通连接线工程全部完成。按照市政府与省交通运输厅协调会精神,经积极协调督促,景西(罗家滩)收费站新站建设用地征迁工作进入实际操作阶段。在农村公路建设改造方面,积极争取到农村公路改造计划223.5千米,其中通自然村公路硬化计划50千米、新农村建设点进村道路项目71千米、县通乡(镇)公路升级改造计划20.6千米、农村客运网络化公路完善工程2.7千米、农村公路安全保护工程18千米。至年底,上述五类项目已如期完成。在农村客运体系建设方面,全年完成新建区乡客运站2座、村庄候车亭30个。在乡(镇)农村公路综合服务站建设方面,积极争取到乐平众埠、浮梁蛟潭、昌江鲇鱼山3个乡(镇)农村公路综合服务站试点,其中蛟潭站已开工建设。在农村渡口改渡建桥工作方面,切实强化指导、调度、督查力度,全力推进农村渡口改渡建桥工作。全市“十一五”期间30个项目有24个已于2010年底完工。至2011年底,6个跨径在300米以上的大桥项目主体工程基本完工。在水毁公路抢修方面,6月上、中旬连续4次的强降雨中,全市共有100多条县、乡、村道因水淹而不同程度受损。据不完全统计,全市农村公路共有200余处路基路面坍塌,42座桥梁损坏,180道涵洞破裂,404处防护坡、驳岸、挡土墙毁坏,经济损失达5576余万元。灾情发生后,市交通运输局及时派出多个小组,分片深入各乡(镇)加强农村公路巡查,指导协助当地政府及时抢修水毁农村公路,努力修复被损坏的桥梁、涵洞,所有塌方路段均在较短时间内清理完毕,受阻路段均在1个月内恢复通行。与此同时,积极向上级争取农村公路水毁计划,共争取到建设补助资金1000万元,多条受损严重的路段得到及时修复重建。在农村公路危桥改造方面,积极加快农村公路危桥改造步伐,消除农村公路安全隐患,昌江区丽阳大桥、浮梁县鹅湖大桥、道观桥,乐平市芦山下桥、小屋畈桥共5个危桥改造项目均已完工。

道路运输经济增速强劲。经过多年的培育扶持,景市八大战略性新兴产业均实现不同程度的发展,由此产生的生产资料大进大出有效刺激了道路运输经济的发展。全年全市净增客运车辆39辆、货运车辆432辆,新增维修企业19户。全年完成道路运输客运量2097万人次、旅客周转量90013万人千米、货运量1391万吨、货物周转量178916万吨千米,同比分别增长3.76%、4.63%、11.01%和51.89%。

行业市场管理规范有序。道路运政方面,积极开展打击非法违法经营专项行动,采取更加严密的组织方式,更加有力的打击措施,更加严格的监管手段,严厉打击非法经营行为,坚持做到每起案件事实清楚、证据确凿、定性准确、程序合法、处罚得当,确保"打非"专项行动取得实效。6月28日,成功承办全省道路客运安全管理工作经验交流座谈会,景德镇市在道路客运安全管理方面的做法和取得的成效得到与会代表的充分肯定。港航管理方面,根据《中华人民共和国港口法》的有关规定,在充分调研,科学论证的基础上,认真编制完成《景德镇市港口总体规划(讨论稿)》。积极开展水上运输"安全生产年"活动和反"三无"船舶、治理水上"三乱"活动,共开展全市水上运输安全生产大检查7次,排除安全隐患6次,全市水上运输未发生安全责任事故。以招商引资为助力,推进货运码头复建,与中石油昆仑天然气利用有限公司签订合作协议,该公司意向投资2亿元左右建设燃油和散货码头。质量监督方面,扎实做好以农村渡改桥项目和农村公路建设项目为重点的工程质量监督工作,根据各项目的质量监督计划对项目的质量管理行为、施工工艺、工程实体质量进行监督检查,共下发抽查意见通知书19份,检查通报4份,对在建项目的工程质量行为起到了良好的引导与规范作用,对问题较严重的项目下发了停工通知书。同时对乐(平)秧(畈)、景(德镇)瑶(里)公路2个超亿元重大项目及2010年的农村公路建设项目进行交工验收检测。

安全生产监督常抓不懈。为确保安全生产各项工作落实到位,共召开各类安全生产工作会议36次,深入企事业单位、工程建设现场和车站渡口进行安全生产工作检查21次。组织开展道路客运安全隐患整治和打击非法违法经营专项行动,排查治理交通运输行业和领域安全隐患1110家(含81个渡口),排除一般隐患42项,整改到位42项,整改率达100%。根据省厅的统一部署,集中力量对水上交通运输、滩涂造船,渡运、超限超载、农用车载客、危险品运输和规范农药运输业等进行了较大力度的整治;联合海事部门对乐平市鸣山渡口隐患问题做出整改。在做好日常安全监管工作的同时,根据交通行业的特点,对重点企业,重点区域在重点时间开展重点检查,进行重点整治。高密度的检查、大力度的整治,有效地保持了全市交通运输安全生产形势的稳定。为确保全市渡运安全,投入近30万元,对存在安全隐患的13处渡口道路、码头交通基础设施进行了维修改造,对9艘锈蚀严重、洞穿渗水的渡船进行了补修,对部分年久失修的老化设备进行了更换;同时增补了缺失的救生圈、救生衣等水上救生器材和消防器材;增设多处安全警示标识设施;举办渡工安全培训班2期。对全市渡口、渡船、渡工进行渡运安全大检查,共发现隐患3处,发出整改通知书5份,现已全部整改到位。全市渡口运输实现连续23年零事故。

(涂 强)

乐 平 市

2011年,乐平市全力推进重点工程建设,完成官庄至许村20.6千米,206国道改线6.46千米，省道S205改线12.737千米的工可编制等前期工作；县道改造工作进展顺利，完成4条计89.1千米县道升级改造及国有林场公路39.1千米改造立项工作；德（兴）（南）昌高速公路项目征地拆迁等协调工作成效显著，乐平市交通运输局被评为德（兴）（南）昌高速公路工程建设先进单位，有力保障了项目如期建成通车。农村公路通达能力不断提高，完成2010年度“千亿元工程”项目的验收工作，建设改造新农村公路建设项目45千米，连通工程44千米计划基本完成，县通乡油路基本完成。公路养护管理水平整体上升；投资60余万元，及时抢修抢通车库线、礼林桥、众篁线等水毁公路，县、乡道列养公路100%落实责任；完成全市乡、村公路养护督查工作，拨付乡村道路养护资金150万元，兑现奖惩；绿化“一大四小”工程中的公路绿化进程加快，境内公路两侧植树共10000余棵，成活率达到95%以上，绿化里程近30千米。完成89.1千米县道升级改造、国有林场39.1千米公路改造，同时狠抓项目筹备，完成塔何战备公路、文山至许村红色旅游公路、众埠综合服务站等项目立项工作。

交通运输行业进一步规范有序。全面完成市属4户道路客运企业、3户道路危品运输企业、15户道路货运企业、2个汽车客运站、41户汽车维修企业和城市客运企业的服务质量信誉考核工作，考核率达100%。力促航运运力结构向大吨位方向发展，水路运输船舶核定载重吨位首次突破万吨大关，达到12753吨，比上年度增加运力3567吨，标志着乐平市跨入全省运输船舶运力超万吨港口行列。

企业“三保一促”稳中有升。企业改制取得阶段性成果，乐平市汽运公司参加改制人员共79人，绝大部分人员已签订安置协议，职工思想稳定。经济保持稳步增长态势，乐平市汽运公司新增乐平至名口上四村农村班线，新增危险品运输车辆8台，为公司开辟了新的增收渠道。年初，新世纪客运公司开通乐平至太阳埠班线，6月份更新乐平至杨范班线上的全部6辆客车，全年共完成旅客运输量112万人次，同比增长12%；完成旅客周转量1120万人千米，同比增长10%，实现营收费70余万元，上缴国家税收20余万元。

安全稳定形势喜人。全市渡口取得连续23年安全无事故的好成绩，道路春运安全运送旅客80余万人次，创历史新高，夺得第14个安全无事故春运。

（盛建国）

浮梁县

2011年，农村公路建设快速发展，全年完成农村公路建设改造110.3千米，完成总投资6268万元。其中，连通工程49.9千米，完成投资1497万元；新农村道路建设20千米，完成投资600万元；水毁重建项目17.9千米，完成投资1074万元；安保工程18千米，完成投资172万元。全年完成390.73千米农村公路的日常养护。与此同时，加强了路政监督管理，加大对侵占路产路权的查处力度，制止公路违章建筑65起，拆除公路违章建筑108处，清除公路堆积物223处，使景瑶二级公路顺利通过国省主干道路域环境整治工作的验收。

农村渡口改渡建桥工程加速推进。全县12个改渡建桥项目，分布在7个乡镇。总投资5932万元，其中项目资金2000万元，其余为市、县两级地方配套。该项目自2009年实施以来，相继有坑口大桥、湄水大桥、石溪桥建成。由于资金配套压力大，项目实施进度缓慢。2011年，通过加强对项目的调度和监管，更换了一批技术力量薄弱施工单位，加大资金的投入，加快了整个项目的实施。陆续有郑坑大桥，南门大桥、双篷桥、古坛中桥建成通车，其余5个项目也基本完成主体工程。

农村客运网络化建设进一步完善。为全面提高农村公路建、管、养、运一体化综合管理水平，探索农村公路建、管、养、运新型管理模式，根据省交通运输厅《关于在全省开展乡镇农村公路综合服务站建设试点工作的通知》（赣交规划字〔2011〕139）文件要求，申报立项建设蛟潭农村综合服务站，使之成为全省农村公路综合服务站50个试点之一。同时，积极探索城乡公交一体化进程，开通了寿安鸿兴至景德镇火车站公交班线试点，使该县县城公交一体化进程迈出了坚实的一步。

道路运输行业管理进一步加强。全县拥有维修企业53户；货运企业6户，货运车辆1728辆；客运企业1户，客运车辆63辆，客运班线21条；

乡(镇)通客车率达100%,行政村通客车率达85.6%。全年完成客运量165万人次,客运周转量3310万人千米;完成货运量539万吨,货运周转量5.10亿吨千米。同时,加大了对非法营运车辆的打击力度,规范了道路运输市场秩序,营造了一个健康、有序的经营环境。

(汪积林)

昌 江 区

2011年,农村公路建设。继续实施总建设里程8千米的通村公路计划以及6千米的新农村公路建设计划,争取资金118万元;启动县(乡)道升级改造及客运网络化通达工程项目3个,总里程14.6千米,争取资金346万元。随着以上项目的完成,昌江区农村公路更加通畅便捷。积极抓好新皇公路建设工程进度和质量监管工作,全长3.7千米的新皇公路作为区政府的重点工程、民心工程,总投资310万元,其中政府投入191万元。该路已于3月底建设完工并正式通车,方便了沿线居民的出行和邻县之间的物质、人员交流。同时,抓好该路的配套设施建设,将新皇公路打造成农村公路建设的"样板路"。做好2010年农村公路建设项目验收准备工作,完成2010年农村公路项目电子图复测以及资料的收集整理。

做好洪灾损毁交通基础设施的修复重建工作,共修复公路60千米,桥梁8座,投入资金40万元。针对汛期降雨较多的情况,为确保公路畅通,消除公路安全隐患,会同各乡镇对塌方、水毁的农村公路及时进行查看,有针对性的做好防范措施,设置相关警示标志,并加强对危桥监控力度,消除安全隐患,确保全区交通安全畅通。

水上交通安全。时刻绷紧安全生产这根弦不放松,大力抓好渡运安全管理。区、乡(镇)两级签订"全区渡运安全责任状",对具体事项做了明确分工,做到各负其责。为消除安全隐患,规范渡运管理,投入5万余元,维修洪家、港南、关山等渡口的渡船,向渡工发放渡运燃油补助费3万元。为稳定渡工队伍,确保渡运安全,在区、乡两级财政的大力支持下,定期拨付了竟成镇、鲇鱼山镇、丽阳乡的渡工工资,并形成制度化,保障了渡运经费的落实。积极配合海事部门进行全区汛期渡运安全大检查,并就检查中发现的问题积极整改。

(洪 涛)

萍 乡 市

2011年,萍乡市交通运输工作围绕构建安全、畅通、便捷、绿色的一体化现代综合交通运输体系,突出交通基础设施建设和重点项目协调,全面强化行业管理,进一步培育健康有序的道路运输市场,大力加强安全监管,狠抓廉政建设、队伍建设和文明创建,较好地完成了各项交通运输工作任务。

编制完成萍乡市"十二五"综合交通运输发展规划。积极协助做好萍莲高速公路工可编制工作。上栗至莲花六市84千米战备公路建设计划获省发改委批复。上栗至芦溪战备公路项目获省发改委初步认可并完成工程可行性研究。争取县道升级改造计划41.9千米、乡道升级改造计划6千米、农村公路建设计划330.9千米,落实客运网络计划3千米,落实危桥改造项目3项、安保工程2项计23千米,概算总投资1.44亿元。

顺利通过全国干线公路养护检查,为江西省干线公路养护水平在全国的位次前移作出贡献。G319国道上栗至东峰界段6.7千米改造工程开工建设并实现竣工通车。完成2011年农村公路连通工程330.9千米路面改造,3座部属危桥(开发区和雁桥、芦溪县宣风桥、上栗县姚家江桥)改造竣工。5个乡镇客运站和120个农村客运候车厅的建设任务完成;新建高铁枢纽站、扩建长运城北汽车站、异地搬迁公交城西站场等项目的前期工作启动;旅游集散中心汽车站开建;湘东、上栗、芦溪、莲花等4个县区的农村综合服务站完成立项、报批等前期工作。对《萍乡市农村公路养护管理指导意见》的落实力度加大,全市5500多千米农村公路基本实现有路必养目标。渡改桥建设基本完成扫尾工作,芦溪县王源桥项目因施工难度较大未能如期完成。城市公交设施实现规模化改造,公交服务辐射范围进一步扩大。

道路运输管理全面加强,班线客车基本完成“清挂”目标,旅游客运“清挂”全部完成,整合客运线路84条,新组建许可客运企业2户。“公车公营”的客运市场初步形成,包车客运、旅游客运全部实行公车公营。积极推行“一司一品”危货运输经营模式,加强专业化、规模化、集约化危货运输管理。城市公交实现稳中求升目标,城市出租车完成经营模式选择和新一轮运力配置,新增出租汽车运力于12月31日完成投放并正式运营。

全年萍乡市公共政务服务中心窗口运用省网上审批与电子监察系统受理办结行政许可事项3138件,报局备案的行政许可事项3850余件。全年未出现公路“三乱”行为。市运管处被市政府授予“依法行政优秀机构和学法用法示范单位”,法律文书案卷选送参加全省交通法律文书案卷评选获得第二名。

萍乡市交通运输领域全年未发生交通建设工程责任事故,未出现因道路、桥梁建设质量问题而发生交通事故的情况,水路运输连续保持了30年无事故,全市道路运输行业各项安全指标均在规定范围之内,全系统保持相对稳定的安全生产态势。

安　源　区

2011年,安源区共完成农村公路建设60千米,完成农村公路通村、通达工程16千米,完成新农村道路建设18千米。抓好农村公路养护工作,完成路面大中修25000平方米,创建6条文明示范路。改造完工五陂桥和三候桥等两个危桥改造项目。完成白源街5座农村候车亭的建设,完成青山镇葡萄村新农村建设点帮扶工作。完成白源街源壁客运站工程建设、验收和正式投入使用,该工程按四级客运站规划,建设规模2300平方米,6月份开建,总投资65万元。S231省道五陂段升级改造12月动工。积极做好杭南长客运专线安源区段建设协调工作,全区段3个隧道(大屋场隧道、沙岭隧道、显华隧道)建设竣工。协助萍乡市交通运输局、萍乡市公交总公司做好公交西站的搬迁工作。该项目搬迁地点位于安源区青山镇青山村水口罗家坡,占地3.33公顷,按二级客运集散中心规模建设。

(安源区交通运输局)

湘　东　区

2011年,湘东区完成荷尧、广寒寨两个汽车站及8个候车亭建设,累计投资144万元;完成农村公路建设98.2千米,完成投资2454万元;完成水毁公路项目改造计划6.8千米,完成投资272万元;全年公路养护投入126万元,完成公路大中修20100平方米计220万元;完成危桥改造12座计184万元;完成乡道升级改造8.1千米计680万元,文明路段创建计10万元,安装养护路段责任牌180块计4.5万元。通过进一步完善“十二五”交通运输规划和农村客运网络化建设规划的编制,全区公路等级和网络化程度再次得到提升。

(湘东区交通运输局)

上　栗　县

2011年,上栗县交通运输局积极争取萍栗高速公路复工及协调工作,复工有望。319国道上栗段路面改造工程全线竣工通车。S231上栗段改造项目完成外业测量、施工图设计、征地拆迁及工程招投标等前期工作。狠抓落实农村公路建设任务,实行县、乡、村三级联动,层层落实目标责任,确保建设任务圆满完成。农村客运站点建设进展顺利,完成彭高汽车站和赤山观泉汽车站主体建筑的建设工作,完成8个候车亭建设任务。修订编辑完成《上栗县“十二五”农村客运网络建设规划》。实现全县所有在册农村养护全履盖，打造了福田镇明山村，东源乡新益村、楼下村等一批老协管养村级公路的新亮点，全县农村公路水泥(油)路好路率达80%以上，砂石路好路率达70%以上。交通安全态势良好，所辖道路和水上交通安全畅通，工程施工安全顺利进行。运输行业管理进一步加强，协调运管部门和上栗汽运公司加强了对城区客运市场秩序的整治工作。综治工作效果明显增强，为全县"和谐平安"建设和经济社会发展营造了良好的交通环境。

(上栗县交通运输局)

芦 溪 县

2011年，芦溪县交通运输局以项目建设为抓手，切实加大重点工程建设力度，加强公路养护、行政执法、安全生产管理、干部队伍建设等工作，攻坚克难，真抓实干，确保全年交通工作目标任务的圆满完成。完成320国道芦溪段改建工程，该工程为一级公路，路线全长10.654千米，2007年11月份开工，老线已于2008年10月26日竣工通车，新线于2010年10月30日竣工通车，完成投资1.12亿元。2011年4月份顺利通过国家干线公路养护检查。芦溪经万龙山至武功山旅游公路正在进行沥青路面铺设。沙湾客运站建设完成，23个候车亭建设完成，农村客运建设投资完成48万元。完成芦溪县"十二五"交通运输规划纲要、芦溪县"十二五"农村客运网络化建设规划。争取县、乡道提升改造项目8千米计275万元，农村客运网络改造里程382千米通过工可评审。基本完成杭南长路客运专线征地拆迁工作，杭南长路客运专线途经芦溪县4个乡镇，经过里程19.84千米。

(芦溪县交通运输局)

莲 花 县

2011年，莲花县全县有国道(319国道)62.8千米、省道(莲吉公路)29千米、省养县道40千米、县养县道125千米、乡道360千米、村道787千米，公路通车总里程1400千米，密度127千米/百平方千米。319国道萍莲段完成二级沥青(水泥)路面改造，省道吉莲线由三级公路改造升级为二级公路标准，县道基本改造升级为三级或四级沥青(水泥)路，乡村道路基本改造为水泥路面，全县实现乡乡通油(水泥)公路，100%行政村，75%自然村已通水泥路，16个出境公路口已有13个改造为水泥(沥青)路面，县际公路和乡际公路已实现贯通，形成了以县城为中心、由南北走向的319国道萍莲段与东西走向的省道吉莲线构架的"人"字形主干道以及由主干道与支线相连、内通各乡村、外通各邻近县区的公路交通网络，构建起"全县1小时经济圈"。截至2011年底，全县有客车136辆3100座位、小车(含面包车、出租车)950辆、货车(含农用机动车)2100辆，计6950吨，实现100%的行政村、95%的自然村通汽车，100%的乡镇、80%的行政村通直达班车，与周边县市互通班车，已开通莲花至广州、深圳、长沙、南昌等高速客运班线12条，形成了县内互联、县市互通、通达相邻省市的城乡客运网络，方便群众出行，促进莲花经济社会发展。

(莲花县交通运输局)

九 江 市

2011年，九江市交通运输局紧紧围绕市委市政府提出的"两区互动、强工兴城"战略部署，以服务发展为根本，以改善民生为己任，牢牢把握交通基础建设和运输市场监管两大任务，高起点、高标准推进交通运输各项工作齐头并进、协调发展。交通运输局被市委市政府评为2011年度目标管理综合先进单位。

交通基础设施建设。全年交通运输部门完成固定资产投资6.26亿元，同比增长10.8%，有力地支撑交通运输的大建设、大发展。新建农村油、水泥路962.1千米，超建设任务（896千米）7.4%，完成改渡建桥33座，乡镇客运站42个，建成农村候车厅367个，完成了庐山国脉宾馆至大月山公路建设项目。

服务经济发展。加大规费征收力度，全年征收港航规费1.15亿元，首次突破亿元，同比增长23.51%；局属企业营运收入突破5亿元，达到5.4亿元，税收突破3300万元，达到3310.25万元。其中长运集团公司实现营收4.75亿元，同比增长15.3%，实现税收3092万元，同比增长32.9%。公交集团公司实现营业收入6495.57万元，同比增加336.6万元，税收218.25万元，同比增长8%。努力抓好招商引资工作，全年引进项目5个，实际到位资金2.2亿元，同比增长70%，被评为招商引资先进单位。

交通运力发展。全年新增公路营运汽车7407辆，完成客运量10608万人、货运量8431万吨、旅客周转量41.93亿人千米、货物周转量163.52亿吨千米，比上年分别增长7.4%、9.8%、6.7%、2%；水路运力达到490380载重吨，新增船舶65艘，净增81528载重吨，同比增长46%，完成货运量1141万吨、货物周转量106亿吨千米，比上年分别增长8.2%、26%；九江庐山机场完成旅客吞吐量85429人次，货物运量81吨，与上年同期相比，分别增长0.05%、20%，起降航班1480班次，与上年同期相比下降0.02%。

运输市场监管。一是加大打击非法营运力度。联合公安交警、行政执法、残联等部门组成联合执法组，开展打击"摩的""拐的"、电动三轮车等非法营运车辆专项整治活动6次，共查扣非法车1469辆，其中"黑车"346辆、"摩的、拐的"306辆、非法改装572辆，站外揽客70起，无从业资格证案件94件，其他违规违章案件81件。二是整顿出租车市场。代市政府草拟《九江市出租汽车管理办法》；在全省率先对出租车实行"处罚评价"措施，建立了快速投诉处理制度、出租车月度回场检测制度、出租车驾驶员诚信考核信誉档案以及市区出租车车辆和驾驶员信息档案；出台了《九江市城市客运驾驶员诚信考核办法》，完成市区出租车驾驶员诚信从业资格的年审工作，培训出租车驾驶员360人次；全年巡查出租车3295台次，其中违规营运出租车338台次。三是加强公交车管理，促进城市公交和谐发展。市区共有3家民营公交企业，拥有65辆公交车，经营5条线路，对民营公交采取收购，实行公车公营，公交巴士收购工作进展顺利。

城市公共交通服务。坚持公交优先发展战略，新增公交86辆，新增2条线路，调整或延伸4条公交线路，营运里程2192万千米，比上年增加192万千米；启用营运智能调度系统，有效提升公交运营的科技管理水平，实现了对线路营运车辆的实时监控，改变以往先投诉后再稽查的方式。

自身建设。一是发展提升年不断深入。在开展"内强素质、外树形象"教育活动的基础上，进一步完善干部职工思想教育、工作作风、监督管理、廉洁自律等方面的规章制度，成立领导小组并制定发展提升年工作方案，在运输行业司乘服务人员中广泛推行"六要六不要"行为规范，创建示范共建线路、文明班线和文明出租车，以先进典型带动行业走向文明。二是加大干部队伍建设，全年提拔正科级干部41名、副科级干部76名，股级干部47名，交流正科级干部11名，安排4位科级干部参加市委党校的学习，对公交公司进行了换届考察并重新任命领导班子成员。

（九江市交通运输局）

德　安　县

德安县交通运输局全面贯彻落实市交通运输局和县政府关于交通建设的各项要求，扎实推进交通建设，服务一方人民。

农村公路建设。2011年度德安县农村公路建设47千米。其中国家农村公路改造工程项目41.1千米；县道升级项目5千米；水毁公路修复项目0.9千米。已完成国家农村公路改造工程项目41.1千米；水毁公路修复项目0.9千米。完成总投资1037万元。

公路养护管理。结合2011年公路养护工作实际情况及养护资金状况,把养护任务按目标分解、细化,落实养护责任制。投入资金44.6万元对范车线部分塌方路段进行彻底整治,投入资金37.8万元对黄桶张家桥及林泉海螺堰桥进行中修,投入资金10多万元对通乡主干道进行小修养护,基本保证了县道的通畅。加强路政管理。大力宣传《中华人民共和国公路法》《江西省路政管理条例》等有关法律法规,做好路产清查工作,开展综合执法集中整治活动,共清除违章建筑30余处,建筑垃圾1000立方米,路肩杂物2000余处。

站场(厂)房屋建设。2011年新开工建设车桥农村客运站一座。

(德安县交通运输局)

都 昌 县

都昌县交通运输局抢抓发展机遇,创新发展思路,推进交通工作,在"十二五"规划的开头之年迈开扎实一步。

景湖公路(都昌段)升级改造工程全线竣工通车。景湖公路(都昌段)升级改造工程于2010年9月23日正式开工建设,于2011年12月28日全线竣工通车,改造后的景湖公路全长29.86千米,路基宽12米,硬化路面宽9米,标准为二级公路,工程总造价1.34亿元。

苏山马鞍渡改桥顺利竣工通车。苏山马鞍大桥系县2009年最大的渡改桥项目,桥梁全长607.8米,工程概算总金额1425.08万元。2009年12月动工,历时两年,于2011年8月竣工通车。

蔡岭望晓源村级公路建设提前启动。蔡岭镇望晓源行政村是县最后一个未通水泥路的村。为从根本上改善边远山区近700人的出行困难。该公路建设于2011年3月提前启动。于2011年3月完成全线测量设计工作,4月确定施工单位,9月通过立项,该公路全长17.5千米,分两个标段分期建设,该项目预算总造价为1285万元。

大和公路升级改造工程全线竣工。大沙至和合公路全长12.3千米,尚有4.3千米没有进行改造。于2011年8月开工,于11月顺利竣工,总投资492万元。

(都昌县交通运输局 邱新和)

共青城市

2011年是实施"十二五"规划的开局之年,共青城市交通运输局深入贯彻落实科学发展观,坚持建养并重,协调发展,积极做好交通工程建设。

坚持交通基础设施建设与工程质量两手抓。2011年共青城市交通运输局农村公路建设计划24千米。截至12月底,农村通乡、通村油水泥路建设里程计划全部完成。总投资600万元,争取交通补助资金222万元。共安大道全长5130米,宽60米,政府总投资1.5亿元,2011年9月底竣工。南湖大桥桥长1176米,桥宽27.6米,总投资1.8亿元,2011年10月底竣工。

加强农村公路管养,加大路政文明执法力度。全年共修复土石路1360平方米,沥青罩面2650平方米;清理县乡公路两旁垃圾400立方米,清除道路两旁杂草6500余米;为新建农村公路安装减速带160米。改革完善路政管理体制,增强路政管理队伍工作的积极性、主动性和创造性。行政执法行为规范、文明、合法,行政许可、行政审批行为符合有关规定,严厉查处各类路政案件,结案率达到了100%,有效维护了全市农村公路的路产路权。

完善交通运输管理体制,提高服务质量。建立并完善依法行政工作机制,提高工作人员法律知识水平。健全制度,保障监管到位、廉洁执政,保证工作到位。

认真做好"十二五"规划。继续实施通组公路建设和保安工程及灾害防治等路网改造,将部分县道由四级公路改造为三级公路。根据城市规划的调整对网化公路进行相应调整。

(共青城市交通运输局)

湖 口 县

2011年是湖口县经济发展重要的一年,也是湖口交通建设具有里程碑的一年,全年各项交通建设任务顺利完成。

落实70周岁以上老年人和残疾人免费乘坐公交车的惠民政策。对本县70周岁以上老年人、残疾人人数及出行车次进行了调研，出台实施细则，凡属70周岁以上(含70周岁)的老年人、持证残疾人及持证伤残军人办证后自2012年1月1日起均可免费乘公交车。

彭湖高速大垅出口至银砂湾连接线工程全面完工。主线全长8.08千米。其中彭湖高速大垅出口至流泗镇长5.574千米，按二级公路标准建设；流泗镇至银砂湾工业园长2.51千米，按一级公路标准建设；支线长0.38千米，按三级公路标准建设。该项目总投资4500万元，于2010年5月21日开工建设，2011年11月20日工程全部完工，12月已全线通车。

舜德屏峰渡改桥全面完工。桥全长106.04米，总投资595万元，于2009年11月开工，2011年底大桥已全面竣工通车。湖口县汽车总站是集客运、修理、公交、出租服务为一体的综合汽车总站。占地4公顷，项目总投资6000万元，于2011年12月中旬建成并全面投入运营。日发班次800个，运送旅客16000人次。

完成“十二五”农村客运网络发展规划修编工作。通过农村客运网络建设规划，至2015年，在湖口县域内形成至周边市县，县城与县城之间，县城与乡镇(工业园区)以及乡镇与乡镇、行政村与行政村之间，公路等级，通达性能，车辆运行均能适应县域交通发展需求并适度超前的农村客运网络格局。2011年8月25日已完成县“十二五”农村客运网络建设规划修编工作。

加强交通运输安全监管。全县所有出租车已安装GPS车载终端系统，完善事故隐患排查治理机制和道路、水路运输应急保障机制，对公交线路，新车站内、外车辆停放点进行具体规划，全年共完成客运量131万，旅客周转量完成6420万人千米。水上全年新增运力5317吨，共接送旅客15.3万人次。

(湖口县交通运输局)

九 江 县

九江县交通运输局按照“以宜居、宜游、宜业为目标，努力打造文化之城、生态之城、实力之城、和谐之城”的定位，全力发展交通运输事业，为社会经济发展提供更好的交通服务。

城乡路网规划呈现新格局。组织编制交通运输“十二五”规划、20年中长期城市发展总体规划，明确了“畅通出口大通道，提升公路连通性，完善运输网络化，打造交通大格局”的工作主线。

交通服务功能进一步提升。2011年修建20个农村候车亭、3个乡镇客运站，所有农村班线车从11月份起统一进沙河汽车站，统一售票，统一经营管理，从源头上堵塞交通客运站、场安全管理漏洞，使农村客运市场步入良性发展轨道。

中心工作能效进一步凸显。参与重点工程建设项目有双瑞大道改造工程和大千世界工程。对双瑞大道拓宽工程、大千世界工程内3条道路(狮城大道、东泉西大道、环湖公路)、福银高速公路平行线、两纵两横道路建设等工程项目进行申报立项，里程总计为26.47千米的道路全部列为农村公路；毛沟大桥、西窑河大桥、汤家埠大桥、红丝渡大桥、关山大桥等5座渡改桥主体工程全面完工。硬化公路70余千米。

启动五一桥重建工程。12月12日九江公路分局启动承建的五一桥重建工程。桥梁重建工程计划于12月下旬开工，预计总投资350万元，桥梁全长64米。

105国道(环庐山段)面阳山桥开工。2011年1月11日，105国道(环庐山段)面阳山桥正式开工。全长26米，桥面宽12米，桥涵设计载荷为公路Ⅱ级。

杭瑞高速九江段建成运行。杭瑞高速九江县段2009年动工，2011年12月26日建成运行，经沙河经济技术开发区、狮子、新合、新塘、涌泉等五个乡镇，在沙河设有与昌九高速互通，在狮子设出入口与双黄线相连。

(九江县交通运输局)

庐 山

2011年，是庐山交通运输事业稳步发展的一年。按照全市交通工作目标管理任务书的要求，在服务庐山旅游经济发展方面发挥了重要的作用。

强化运输市场监管。突出“预防为主、加强监管、落实责任”,认真落实领导干部“一岗双责”,加强对庐山运输市场的监管,维护庐山交通秩序,保证交通运输安全。落实企业安全生产主体责任,进一步夯实企业安全生产的基础。

加强运输市场监管。为整治庐山旅游市场秩序,进一步优化庐山旅游环境,2011 年,在庐山管理局统一部署下,交通运管、公安、综合执法等部门联合,继续采取齐抓共管、部门联动、综合整治的方式,集中力量开展打击非法营运行为,整治庐山旅游运输环境,旅游市场秩序得到明显改善,交通秩序得到明显改善,庐山旅游市场环境得到进一步优化。

加强基础设施建设。庐山北门换乘中心是九江市重点交通枢纽项目,由省厅列入了全省国家级交通枢纽项目,目前正在全力做好项目的申报工作;国脉宾馆至大月山 5 千米战备公路改建工程是 2011 年国家车购税投资计划,庐山按照项目建设程序认真做好项目建设工作,该项目于 2011 年底竣工。

积极做好 105 国道(环庐山段)改建工程建设协调工作。105 国道(环庐山段)改建工程是市委、市政府的重点工程,项目在 2011 年底已竣工通车。

旅游公路建设。投资 1000 多万元的旅游公路植青路改造在 4 月底完成,进一步改善庐山旅游交通条件。庐山瑶池路桥项目正式列入了《江西省旅游公路建设规划(2010~2012 年)》项目库。

主动服务农村公路建设。一是认真做好迎接农村公路建设的验收工作,并及时对农村公路建设存在的问题进行整改和上报农村公路建设调整计划。二是认真做好 2011 年农村公路建设,完成了国家农村公路改造项目计划 1.5 千米的建设任务。

(庐山交通运输局)

庐 山 区

2011 年,庐山区交通运输局按照“畅通高效,安全绿色”的发展要求,紧贴区委、区政府“主攻城东港区,实现新一轮跨越式发展”的宏伟目标,在交通设施建设,路政管理,交通执法监管等方面取得重大进展。

抓好农村公路和民生工程建设。农村公路建设里程为 18 千米,已建设 28.8 千米。争取民生建设项目 3 个,其中候车亭 10 个,已全部完工。危桥改造 1 座,高垅碧龙潭桥危桥改造已竣工投入使用。客运站项目 2 个,海会客运站已处封顶阶段,2012 年“五一”期间可正式投入运营;新港客运站主体工程年底可完工。修编区“十二五”农村公路客运网络规划,每个乡镇基本覆盖了农村客运班线。105 国道改造项目全线通车,九星路、九湖路升级改造正在稳步推进。

路政执法。全年共查处超限超载运输车辆 500 辆次,违章车辆自行卸货 110 吨,查处未经许可擅自在九莲北 333 号路段增设平面交叉道口,修改地面构筑物,占用公路路肩 61.5 米一案,有效维护庐山区区管公路的路产路权,保障公路运输安全。

路政宣传。2011 年 8 月至 12 月,庐山区交通运输局结合交通运输行业,以窗口单位为主,深入开展“加强职业道德,提升服务效能”主题实践活动,推出“一宣传,二警告,三劝说,四保证,五处罚”的人性化执法制度,沿公路发放宣传单 3000 份。营造出“人民公路人民爱,人民公路为人民”的良好氛围。

开展治理公路“三乱”工作。4 月 21 日,庐山区交通运输局根据省、市、区关于治理公路“三乱”的安排和部署,以深入治理损害人民群众利益的公路“三乱”问题为重点,开展了从源头预防和治理公路“三乱”工作。进行为期四个月的治理公路“三乱”工作,加强了交通执法人员的执法水平和业务素质,强化了公路“三乱”易发多发路段的监管力度,建立和完善了治理公路“三乱”的长效机制。

(庐山区交通运输局)

彭 泽 县

彭泽县交通运输局突出加快发展、科学发展,又好又快发展不动摇,坚持建、管、养并重,协调发展,大力推进农村公路综合服务站建设。

大力推进县道升级改造工程。按照“十二五”规划布局，2011 年彭泽县农村公路建设任务是县道黄花至乐观公路升级改造。该工程全长 23.78 千米，总投资 4500 万元，按三级公路技术标准进行升级改造，工程于 2011 年 11 月底全面完工，12 月底竣工通车，代表全省农村公路接受交通运输部质检总局质量检查并获得好评。

实现农村公路养护全覆盖。2011 年全县农村公路养护里程 915.55 千米，其中县道 124.07 千米、乡道 207.28 千米、村道 521.19 千米。实行三级管护机制，县道分别在马当镇、黄岭乡、杨梓镇、定山镇设置 4 个管护站，划分 44 个路段，落实到 44 个养护管理人员，由县交通运输局养护中心统一管理，在每个管护站配备一台视频电脑与养护中心联网，定时集中实行视频考勤。乡、村两级也分别成立了养护队和养护组，对乡、村公路进行养护。养护考评实行百分制，每月 25 日，由局分管领导牵头进行考核，全年已拆除违章建筑 11 处 310 平方米，消除堆点 41 处，清理非交通标志牌 56 块，清除道路两旁堆物堆料 1000 立方米，生活垃圾 1100 立方米，使彭泽农村公路环境和秩序整治一新，上档升级。

深入开展农村公路养护管理活动年。彭泽县坚持典型带动，按照县创样板、乡创特色、村创亮点的思路，突出“新”“雅”“靓”“美”四要求，全年县交通运输局投资 30 余万元，对 2 条县道 23.78 千米路段进行文明路创建。主要实施了四大工程：一是实施路基标准化工程，按照规范要求对公路路肩和内外边坡以及水沟进行整形；二是实施路面修复工程，对路面破损比较严重路段进行修复，确保公路安全、通畅；三是实施安保工程，在创建文明示范路县道上安装了警示标志牌；四是实施绿化美化工程，在公路内侧栽植了各种树木，实现有路必养，路通树成行的新格局。

（彭泽县交通运输局）

瑞　昌　市

2011 年瑞昌交通运输致力于重点交通工程、县乡道升级改造和连通工程建设，为瑞昌经济社会发展发挥了积极作用。

公路建设。2009 年 11 月动工新建的九瑞快速通道（瑞昌段）17.9 千米一级公路，2011 年 4 月 30 日建成通车，项目总投资 3.9 亿元，完成省道婺桃线瑞昌至南义段 41.87 千米升级改造工程，12 月 17 日竣工通车，项目投资 6000 万元。完成县乡道大德—大坳 10.5 千米和范镇—九源 8.8 千米升级改造。完成连通工程 98 个项目 61.3 千米，其中新农村公路建设 30.1 千米。

渡（危）桥改造。全面完成渡改桥 8 座 877 延米，撤销渡口 9 个。完成危桥改造 2 座，桂林渡口桥 85 延米，富强桥 36.8 延米。

站（场）亭建设。市区城西客运站按一级车站设计建设，占地 2.7 公顷，建筑面积 43054 平方米，总投资 1.25 亿元，2010 年 7 月破土动工，2011 年 10 月竣工，11 月 15 日正式投入运营。农村客运站黄金站已投入运营，肇陈、南阳、南义、乐园 4 个客运站主体工程已全部完工并投入运营。完成农村公路候车亭 20 个。完成武蛟乡镇农村公路综合服务站申报立项工作，被省交通运输厅确认为 2011 年度建设项目。

交通运输管理。全年新增车辆 650 辆，增长 8.5%。全市所有出租车、班线客运车辆配装了 GPS 定位系统，实行全程监控。春运期间，投入客运车辆 425 辆，接送旅客 45.9 万人次，比上年同期增长 7%。

（瑞昌市交通运输局　周宇财　宋增英）

武　宁　县

2011 年，是武宁县交通运输事业加快调整转型、全面发展提升的重要一年。交通运输事业发展开创了新局面，迈上了新台阶。

加大项目投资建设。争取上级连通工程、县道升级、水毁等项目建设扶助资金达 3800 多万元，启动重大交通工程 3 个，建成县、乡、村等各类农村水泥路 90.1 千米，农村客运站（亭）23 个。编制完善《武宁县“十二五”交通运输发展规划》《武宁县“十二五”农村客运网络化建设规划》《武宁县“十二五”农村公路建设与养护规划》等专项规划，协助完成了旅游、人防等部门规划，对省道改造、县道升级、连通工程、公路管养、安保工程、危桥改造、客运班线、运输站场等建设进行了全面规划。

实施交通重大项目。积极策应全县“项目建设大会战”活动总体部署,实施交通重点项目3个:宋水线宋溪至窑塅公路改造工程,建设里程5.88千米,航道论证、环境评估等各项前期工作已经完成,钢便桥及桩基正在施工,各项工作基本就绪;宋溪至巾口15.2千米三级水泥路工程,工程造价1500万元,宋溪段路基改造全部完成;横路至金水7.1千米三级水泥路工程,工程造价800万元,已于2011年12月建成通车。

建管养运协调发展。建成乡村水泥路83千米;着力提升公路管养水平;积极加快客运站场建设。投入200余万元,建成乡镇客运站3座、乡村候车亭20座,启动了澧溪综合服务站试点项目,土地和配套资金已落实。

加强安全管理。始终坚定不移地把安全稳定作为第一责任,共组织开展各类检查督查行动20余次,投入资金4万多元,完成新华、石渡、哨背、车下等渡口渡船维修和灭火救生设备更换,整改各类安全隐患50余起,全县交通运输安全生产没有发生重大事故和责任事故。

(武宁县交通运输局)

星子县

2011年是星子县交通运输局全面发展提升的重要一年,交通基础设施建设,交通行业管理等方面取得了长足发展。

加快基础设施建设。投入资金1855万元,完成全县农村公路建设53千米,投资5000万元建起公交总站,新建农村客运站1个,农村候车亭15个。农村改渡建桥扎实推进,高标准完成神灵湖大桥、涂山桥建设任务。

公路桥梁建设。2011年全县共投入资金1855万元,建成公路53千米,其中水毁公路5千米,连通工程48千米。全力推进神灵大桥建设,投入2350万元。神灵湖大桥属省渡改桥项目,全长487千米,工程造价为2350万元,2009年1月5日动工,2010年12月主体工程完工,2011年3月竣工通车。太乙村公路水毁灾害修复项目,共投入资金720万元,对路面硬化,修建挡土墙6处590立方米,2010年9月开工,2011年2月竣工通车。

行业监管力度加大。加强全县货运企业,维修企业的检查监督,规范驾驶员培训市场,联合公安交警开展打击非法营运车辆行动,加强了鄱阳湖区水路运输市场秩序的整顿。

机关效能建设加强。制定规章制度,从严查处有悖于创优发展环境的人和事,建立廉能风险岗位责任制。开展神灵湖大桥、太乙村公路改造、105国道改造等重点工程项目检查活动,确保了工程的质量和资金的安全。

精神文明建设取得实效。积极参与“千百万”工程活动,先后下派干部职工20人次到包挂点。组织干部职工开展爱国主义教育和红色旅游活动。树立过紧日子思想,交通局机关公务经费严格控制在有关部门规定标准之内,并实现“零增长”。

(星子县交通运输局)

修水县

修水县交通局紧跟社会经济发展的步伐,服务社会,服务民生。2011年,各项工作任务圆满完成。

公交汽车企业成功改制。3月1日起,修水县公交企业整合改革成功,全面实行公车公营模式。县城60辆公交汽车正在按新调整的8条线路运行,开通县城至竹坪乡、县城至征村乡两条城乡公交线路,公交覆盖率达95%。

实行特殊群体免费乘坐公交车。4月20日起,修水县70周岁以上老人,盲人和一、二级肢体残疾人、现役军人和伤残军人等六类群体可以免费乘坐修水境内公交汽车。

积极组织“6·10”抗洪救灾。6月10日,修水发生特大暴雨,交通基础设施损毁非常严重。该县积极组织抗洪救灾,打通了当地群众的生命通道,央视新闻联播节目对此进行了报道。

出租车体制改革完成实行公司化经营。以服务质量招投标方式出让出租车经营权,完成了新增出租汽车特许经营权出让招投标,形成两家出租车公司、200 辆出租车运力的城市出租客运体系。

汽车总站车站建成营运。10 月 9 日,县道路客运枢纽车站—修水汽车总站竣工并投入营运。投资 1.15 亿元建设的修水汽车总站(良塘车站)于 2010 年 6 月启动建设,10 月建成运营。占地面积 8 公顷,是以长途、短途、公交、出租车和配套服务设施融为一体,实现旅客乘车无缝衔接的综合性车站,是全省唯一一家按照国家一级客运汽车站标准建设的县级车站。是全省规模最大、功能最齐全、设备最完善的县级车站之一。

多措并举加强县道养护管理。制订并实施《修水县农村公路管理办法》;实行年度目标考核;加大养护人员管理;在各级政府设立专项资金账户,做到专款专用,账目透明。加大宣传《中华人民共和国公路法》和《农村公路保护条例》等相关法律法规的力度,严厉打击各种破坏农村公路行为。

部分项目开工建设。10 月 18 日上午,在“6·10”洪灾中被冲毁的黄沙墩中桥和全丰大桥正式开工建设;黄溪大桥、西港大桥于 2011 年 12 月开工建设;启动公交站台建设,计划总投资 800 万元,分布在城市主要街道的 154 个公交站台建设,已经建成 42 个;县交通运输局引进并签约修水物流园项目启动,总投资约 2.08 亿元,其中固定投资约 1.5 亿元,占地 9.4 公顷;修铜线改造全面启动。

农村公路和改渡建桥任务全面完成。本年度共计完成计划投资 5100 万元,完成新建农村公路 124.4 千米,至 2011 年 12 月底全县 100% 的乡镇、100% 行政村通油水泥路。全面完成 18 座改渡建桥工程。同时完成该县“十二五”交通规划编制工作。

(修水县交通运输局)

永　修　县

2011 年,永修县交通运输局深入开展“内强素质,外树形象”“提升发展年”和“争创一流业绩,争当创业先锋”等主题活动,全力推进各项目标管理工作。

交通基础建设实现新突破。完成农村公路硬化 105 千米,全面完成上级下达的 39.7 千米计划;成立公路养护中心,在两乡镇成立乡级养护机构,具体负责该乡镇辖区内的县道养护;湖陂大桥、西津大桥两个渡改项目年底前已完成主体工程。其中昌家桥已交工验收,并经县政府批准正式撤销小河渡口;全年计划新建农村客运候车亭 31 个,已全面完工。

为城市建设发展作贡献。充分发挥交通先行官的作用,调动主要专业技术骨干力量,承担县城市建设 4 项重点工程项目:一是县城修河新大桥的规划设计。二是开元大道的施工、开元大道两侧人行道硬化以及绿化工程。三是新城汽车站规划选址及筹建工作。四是县城区运输市场秩序规范整治工作。其中修河新大桥已基本完成了初步设计,设计施工图纸正在审查,各项前期正在有序进行;新城汽车站已确定站址,并列入县政府 2012 年重点工程项目;开元大道建设已完工通车;县城区客运市场秩序明显好转。

坚持打疏并举,加强管理力度。规范全县道路运输市场秩序。一是严厉打击非法营运。查处违章经营车辆 92 辆。二是加强县城区的客运市场的监管。查扣处理非法营运电动三轮车、人力三轮车 65 辆,规范人力三轮车 253 辆。三是采取有效措施,会同有关部门对全县校车进行规范和整顿,严格标准,严格市场准入。四是积极做好高考、中考前期的交通保障工作。五是配合县公路分局对国道、省道公路进行环境整治工作,拆除违章搭建 100 余处,制止占道行为 120 次,遏制违章建房 18 起。六是积极与县交管大队、县公路分局、县城管局和运管分局联手对山下渡公路桥实行整治超载超限。

交通安全工作态势平稳定。进一步明确安全生产责任制,严格实行“一岗双责”,主要抓好五个方面的工作:一是与全县有关乡镇签订交通安全生产责任书;二是在元旦、春节、“两会”期间以及“五一”前组织有关人员对全县公路、水路安全管理工作进行了拉网式的检查。三是加强与有关交通安全监管部门和运输企业的沟通,建立比较完善的交通安全监管体系。四是组织有关交通职能部门,认真开展交通安全知识宣传咨询活动,出动宣传车 36 台次,宣传板画 12 块。五是进一步健全交通安全生产管理的规章制度。印发了

2011 年交通安全生产工作要点,明确各个岗位,不同行业的安全生产责任。六是加强交通安全生产检查督促的力度。全年共检查、检测客运车辆380 余辆次,检查渡口 90 余道次,下达停业(停航)通知书 62 份,采取整改措施 22 条。

(永修县交通运输局)

新 余 市

交通运输基础设施建设快速推进。2011 年新余市农村公路建设完成 162.5 千米,其中:农村公路连通工程 103.6 千米;新农村建设点 55 千米;国家农林场 2.5 千米;乡道升级改造 1.4 千米,完成投资 3885 万元。农村公路水毁重建 6.8 千米;农村公路危桥改造 3 座;新建农村公路桥梁 1 座,农村公路安全保障工程完成 30 千米。改渡建桥续建项目共完成 5 座。完成乡镇五级客运站建设项目 2 个,农村候车亭建设计划 20 个,共完成投资 610 万元。现代物流业发展基础建设快速推进。2011 年有 30 家生产、商贸、物流企业与赣西中心物流园区签订了入园协议,其中 8 个项目开工建设,共完成项目投资 50600 万元。穗东物流中心基础设施建设投入进一步加大,仓储条件进一步改善。2011 年引进开元汽车配件、康师傅方便面、伊利奶粉等 20 多家知名企业入驻经营。物流公共信息平台建设软、硬件设施投入进一步加大,已发展企业会员 100 余户,正在洽谈的 200 余户。

交通运输行业服务和监管再上新台阶。①至 2011 年底,新余市共有货运企业 133 户、货运车辆 32252 辆、351635 吨。其中 2011 年新增车辆 4496 辆、62671 吨,同比增长 15%。全市共有道路危险货物运输企业 10 户,运输车辆 142 辆。全市共有客运企业 23 户,营运客车 1311 辆:其中班线车辆 321 辆、城乡(际)公交车 87 辆、出租车 636 辆、城区公交车 267 辆。全市农村客运班线总数发展到 132 条,行政村通客车率达到 98.73%。全市机动车维修企业 237 户,其中一类维修企业 17 户、二类维修企业 64 户、三类维修企业 156 户。全市驾驶员培训学校 9 所,全年共培训学员 13459 人。全市道路运输完成客运量 1773 万人次、旅客周转量 65180 万人千米、货运量 9531 万吨、货物周转量 1759953 万吨千米,同比分别增长 3.87%、2.78%、16%、22%;水路运输完成客运量 38.6 万人次、旅客周转量 770 万人千米、货运量 81.9 万吨、货物周转量 253.89 万吨千米,同比分别增长 15.9%、15.6%、1.36%、1.15%。圆满完成了 2011 年春运及“七城会”“十一”黄金周运输任务。道路春运期间共投放旅客运力 957 辆,运送旅客 138.6 万人次,同比增长 2.08%;水路春运期间投入游船 12 艘,468 客位,运送游客 0.53 万人次。全市营运客车更新加快,车型结构不断优化,运输装备明显改善。2011 年新余市公交公司更新公交车 15 辆。②大力推进现代物流业发展。报请新余市政府批复了《新余市现代物流业发展规划》。积极引进和发展壮大物流企业,2011 年引进大型物流企业 1 户(国通物流),培育发展壮大物流企业 32 户。4 月 10 日召开的新余市实施“十百千亿工程,突破工业五千亿”动员大会上,受表彰奖励的物流企业达到 32 户。推荐 10 户物流企业参与全国第十二批 A 级物流企业评选,申报 9 个物流项目为全国节能减排示范项目。③交通节能减排争取国家项目资金实现历史性突破。2011 年新余市向交通运输部申报交通节能减排补助项目 2 个,共获得补助资金 201 万元。其中新余市运管处《道路运输车辆维护检测信息系统》项目补助资金 67 万元,新余市春宇汽车运输(集团)长青有限公司《新余市物流公共信息平台》项目补助资金 134 万元。④行业培训和市场监管更加规范。进一步规范和完善了行业从业人员资格培训和考试制度,全年共组织道路运输驾驶员从业资格培训考试 22 期,经考试合格 1329 人;组织危险货物运输驾驶员从业资格培训考试4期，经考试合格56人。进一步强化了运输市场监管，全年共出动稽查人员1360人次，检查各类车辆2542辆，汽车维修企业70户，驾校9所，检测站2家，查处违章52宗。严把交通工程质量关，对在建的农村公路和改渡建桥项目实现了100%监督检查，全年共完成监督检查71次，发出督查意见书11份，帮助解决处理检查发现的问题23起，全市交通重点建设项目及改渡建桥项目，工程实体质量技术指标合格率达到100%。⑤招商引资工作超额完成任务。2011年新余交通运输局实际引资20690万元，超额完成了全年20000万元的目标任务。⑥新农村建设帮扶工作圆满完成。2011年新余市交通运输局新农村建设帮扶点为渝水区泉塘村委庙下村。该局党委高度重视，党政主要领导经常深入点上指导调研新农村建设工作，并帮扶该村资金20万元，使该村的新农村建设工作得以圆满完成。新余市交通运输局被新余市委、市政府表彰为2011年度新农村建设帮扶先进单位，庙下村获新农村建设优美村庄奖。新余市交通运输局全体干部职工为泉塘3户受火灾村民捐款1.75万元，春节前该局领导班子集体走访慰问泉塘困难村民18户，并送去慰问金5400元。

交通运输安全生产形势稳定。水上交通、重点工程建设、道路客运生产各项指标均控制在新余市安委会下达的考核指标以内，特别是水上安全生产连续25年责任事故为零。“春运”“两会”“七城会”、法定节假日等重要时段保持安全平稳的良好态势。安全监管全面加强。落实“一岗双责”，深入开展安全生产年、安全生产隐患排查整治、道路客运隐患整治、打击非法生产经营建设行为等专项活动。安全监管装备全面加强。新余市交通运输局配备了1辆安全生产监督专用车辆，新余市港航管理处2011年5月新购了一艘仙女湖库区水上安全生产监督艇。新余市交通运输局被新会市政府评为2011年度全市安全生产工作先进单位。

（简少华　胡晓文）

分　宜　县

2011年，分宜县基建项目完成：①清宜公路（分宜段）改建工程。至12月底，完成圆管涵21个，盖板涵18座；中桥桥梁已架设完成，小桥已全部完工；完成土方挖方55万立方米、填方38万立方米左右，路床整理已结束，垫层施工已完成，土方工程基本完成，路基工程总体完成95%，路面施工已经开始，第一层水稳层已铺设3千米。②沪昆高速公路分宜出口东移工程已完成工可报告编制。③湖泽至分宜二级公路建设工程项目。该项目于2009年10月动工，总投资2376.6万元，全长7.2千米，2011年4月全线建成通车。④江锂大道延伸段建设工程。项目于2009年10月动工，总投资437万元；总里程1.1千米，2011年5月底建成通车。⑤分宜古岭渡改桥建设项目。于2009年5月份动工，总造价432万元，桥全长217.04米，2011年7月份正式通车。⑥完成农村公路其他连接工程项目23个，总里程25.3千米；完成新农村点道路建设项目91个19.5千米；完成农林场道路建设项11个0.7千米。⑦农村公路危桥改造。2011年，分宜县向上级申报危桥改造3座（其中，洋江镇纽村桥长26.04米、铃山镇贺田桥长32.2米、洞村乡楼下桥长48.54米），已完成贺田桥、楼下桥的建设，纽村桥已完成桥台的浇筑。⑧水毁重建公路项目。2011年完成了水毁项目操场线泉丘至建陂公路3.4千米沥青罩面任务。⑨乡镇客运站和候车亭建设。湖泽镇五级客运站主体工程已完工，全县乡村10个候车亭建设也已全部完成。

强化市场管理服务，优化运输环境。2011年春运期间共投放营运车辆290辆。其中客运班车127辆，出租车105辆，公交车58辆，实现安全运送旅客46.53万人次。全县有客运企业15户，维修企业11户，全年新增车辆722辆，新增吨位5516.01吨。全县现有货车4629辆，总吨位达21098吨。同时，进一步整合全县货运车辆，为物流规模发展打好基础。全年招商引资7300万元。

全县公路总里程为1344.78千米（其中：国道34.8千米、省道109.38千米、县道209.8千米、乡道413.2千米、村道577.6千米），包含高速公路34.8千米、一级公路1.94千米、二级公路162.98千米、三级公路84.04千米、四级公路677.61千米、等外路383.41千米，全县通车里程1344.78千米，养护总里程961.37千米。

（分宜县交通运输局）

渝水区

2011年,渝水区交通运输局继续抓好下村工业基地道路建设,先后完成世纪路、创新路和霞江大道建设,下村工业基地道路主骨架基本形成;余新公路、经开大道、欧东线战备公路等重大项目前期工作有序展开;农村水泥路建设稳步推进,全年完成农村公路连通工程建设项目81.7千米;加速推进渡改桥民生工程建设,全区"十一五"期间6个渡改桥项目全面开建,其中5桥已实现主桥合拢;积极配合做好清宜线(界水段)、樟排线改造、环城南路和杭南长高铁等工程在渝水境内的征地拆迁及建设协调工作,确保国家和省、市重点工程顺利推进。加强公路管养,先后对狗江线、水芳线、哲划线、章洋线等破损严重路段进行了大修,并对水芳线两处危桥实行交通管制,组织加固重建。积极开展水毁公路、桥涵的排查和统计上报,确保水毁路桥得到及时维修重建。

全年全区共新增货运企业21户,新增货运车辆2560辆,新增运力吨位20925吨,全区货运企业总数达80户,货运车辆总数10026辆,总吨位82950吨。至2011年年底,全区共拥有客运公司3个、城乡公交公司3个、个体客运业户1户、拥有乡镇客运站9个、客运招呼站187个、拥有客运车辆125辆(其中:城乡公交车61辆,班线48条,日发班次476班;拥有一类维修企业5户、二类维修企业19户、三类维修企业85户;拥有二类汽车驾驶培训学校2所)。全年完成客运量775.12万人次,客运周转量16930.6万人千米,完成货运量1217.83万吨,货运周转量35104.21万吨千米。

(渝水区交通运输局)

仙女湖风景名胜区

2011年,为进一步改善全区农村交通条件,加快推进交通民生工程,促进社会主义新农村建设,全区公路建设项目27个,里程8.2千米。至年底农村公路完成项目20个,完成里程5.9千米。仙女湖大道西延伸工程为新余市公路建设重点工程,该工程仙女湖境内约5.1千米,道路等级为一级公路,道路路基宽28米,双向6车道,采用BT投资模式,全段垫层铺设在11月上旬完成。环湖公路后期建设已接近尾声。仙女湖环湖公路于2011年4月初已全程通车。2010年12月8日环湖北路第一批5名养护人员正式上岗,到2011年4月1日环湖公路全线上岗进行养护管理。仙女湖区"十一五"时期撤渡建桥工作目标任务是5座,到2011年6月28日已全部完成任务。2011年全区新增10个候车亭。另外,计划增加一个三级客运站、一个五级客运站,建设工作正有条不紊进行中。重点工程建设紧锣密鼓进行。其中长安汽车经营项目已完成征地、土方平整、规划草案等;仙女湖汽车城中东风—悦达起亚项目地勘、规划、鸟瞰图等前期工作稳步推进,并在11月开工。全力推进新钢货运通道改建工作,新钢货运通道改建工程是新余市政府确定为民办好事的"70件"民生工程之一,并列为省重点工程,其中仙女湖风景名胜区段路线全长7余千米,路缘石浇筑、水稳层铺设、涵洞等附属设施全部完成,油路铺设正快速推进,确保按期建成通车。通过政策引导与制度规范,运输企业十分活跃,运力结构不断优化,货车重型化、厢式化、专业化日趋明显。至年底全区货运企业达34户,共拥有各类机动车辆11458辆,吨位合计176988吨,分别比上年增长33.7%和21.7%。

(仙女湖风景名胜区交通运输局)

新余高新技术产业^开发区

2011年,该区交通运输局认真进行农村公路建设的组织实施工作,全年共完成计划项目9个,建设里程11千米,完成投资220万元。全区农村公路硬化里程242.4千米,350个自然村已有268个通了水泥路,全面完成了全年计划任务,通水泥路的自然村达76.5%。桥口大桥改渡建桥工程项目按照施工计划在各时间节点如期进行,进展顺利,完成总投资610万元。农村公路养护工作采取统一领导、分级负责,把农村公路管理养护工作放到农村工作重要位置来抓,通过全局上下共同努力,完成县道好路率在85%以上,乡道好路率在75%以上的养护工作目标,全年共投入养护资金80万元。

2011年,该区水毁农村公路设施非常严重,全区洪水灾害造成直接损失182万元,其中,水泥路面水毁2千米,造成直接损失80万元;砂石路水毁路面3千米,造成直接损失8万元;全区水毁桥梁9造成造成直接损失80万元;山体滑坡3处,共计2000立方米,造成损失4万元;其他公路水毁情况造成损失10万元。为把灾情减少到最低限度,该区交通运输局及时采取了应急抢险措施,对公路设施抢险修复工作进行了周密的安排,投入了大量的人力物力,共组织抢险人员300多人次,出动各种机械设备21台次,车辆15车辆次,架设便桥3座,共计折算投入应急抢险资金23万元。完成章洋线水毁重建项目2个,共计约1千米,完成投资120万元。

2011年,全区客货运输呈现良好的发展态势。全年完成客运量66.5万人次,旅客周转量622.42万人千米,同比增长9.2%;完成货运量790万吨,货运周转量26092万吨千米,同比增长8.9%。全年交通安全保持平稳,确保了无重大水上、道路交通事故的发生。

(高新技术产业园区交通运输局)

孔目江生态经济区

2011年,全区共有县道4条,总长32.16千米,乡道111.162千米,村道101.65千米,100%的行政村已通了水泥路,基本形成了以区为中心,辐射全区各乡(镇)办,实现了乡乡通公路,村村通公路的目标。2011年,孔目江生态经济区交通运输局完成农村公路续建任务11.4千米,完成农村公路新建计划6.4千米,共计完成投资300万元。2011年,孔目江生态经济区交通运输行业有了长足发展,全区已有运输企业7户,其中客运企业1户,货运公司6家;已建成乡镇汽车站2个,即观巢客运站、欧里客运站;汽车修理厂1家;已开通道路客运线路8条,拥有营运客车14辆,货车1200多辆,从业人员达3000余人。运输市场基本满足了广大乘客和货主对运输需求,全年共运送旅客120万人次,货运量206万吨。

(李春艳　周新生)

鹰　潭　市

农村公路建设成绩斐然。2011年,鹰潭市重点推进以满足农村客运网络化建设需要的县乡公路改造及连通工程建设、少数民族地区通村组公路建设和国有农林场公路建设,全年完成农村公路建设366.8千米,完成投资9424万元,超额完成省厅下达计划。新增通水泥路自然村165个,自然村公路硬化达1475个。行政村通达率、通畅率达100%,自然村通达率达40.5%。2011年被评为全省农村公路建设先进集体。

改渡建桥工程扎实推进。建成农村改渡建桥项目28个,建成桥梁2097.42米,完成总投资5亿余元。通过改渡建桥全市共撤销渡口32个,惠泽25个乡镇、48个村、38万多人口,改善了农村群众的生产和生活条件。

城乡客运网络化初具规模。建立了内部加油平台、升级改造GPS智能调度系统、更新10台公交车辆,公交形象得到提升。积极推进城乡客运一体化建设,新建乡镇客运站3个,客运、公交候车亭54个。顺利开通鹰潭至余江、信江新区2条公交线路,市区至贵溪、余江、龙虎山、高新技术开发区、信江新区城际客运公交化改造全面完成,启动贵溪城南汽车站至流口农村客运班线公交化营运试点。

农村公路养护机制取得新进展。编制出台了

全市农村公路管理养护保洁工作方案,制定了养护计划,争取农村公路养护分成资金较往年有所增加。各县(市、区)制定了实施细则,把养护保洁目标细化分解到各乡镇,使养护保洁工作稳步推进。把农村公路管养改革工作与"卫生清洁"工程有机结合起来,全力打造护路、护树、保洁"三位一体"新模式,养护保洁农村公路1928.8千米,摸索完善了一套农村公路长效管理体制和机制。

运输生产迅猛发展。2011年全市新增物流企业102户,招商引车4005辆5.92万吨位。至2011年年底,全社会公路运输完成客运量6201.8万人次,客运周转量12.02亿人千米,货运量4632万吨,货物周转量116.27亿吨千米,同比分别增长9.7%、10%、10.6%和48%。水路运输完成客运量43.4万人次,客运周转量303.8万人千米,货运量380.2万吨,货运周转量3.57亿吨千米,同比分别增长0.5%、0.5%、11.1%和16.4%。

安全生产形势保持良好。高度重视安全生产工作,开展了规范交通客货运输专项整顿、危险运输安全秩序整顿、乡镇船舶安全专项整顿"三项整顿"工作。落实了以企事业单位为主体的安全责任制、乡镇船舶交通安全责任制、工程项目法人安全生产责任制"三项责任制"。2011年水上交通、重点工程安全生产事故为零,道路运输安全生产事故控制在考核指标以内,第六年荣获全省交通运输系统安全生产工作先进单位和全市安全生产工作先进单位,在全省"抓班组,提高管理水平,重教育,推进安全文化"知识竞赛中荣获优胜奖。

(鹰潭市交通运输局)

贵 溪 市

2011年在农村公路建设方面共争取到冷水银矿大桥、农林场水泥路改造、乡村道升级改造项目建设资金1286万元,并全部实施完成。如期全面完成文西公路一期水毁修复工程建设任务,完成资金投入1300万元。全面完成鸿塘至夏埠16千米段,以及文坊至冷水11.52千米路段续建县通乡三级水泥路拓宽改造建设项目工程,完成资金投入2000余万元。完成冷水银矿大桥主体项目工程,资金投入1500余万元。完成河潭垦殖场至王石源分场1.8千米四级水泥路改造项目工程,资金投入90万元。完成上级下达的2011年度通村组公路改造项目工程94.8千米,资金投入3000万元。全面完成牛亭桥危桥改造建设项目工程,资金投入48万元。完成塘湾至上祝及下张至李源二条乡道升级改造项目工程前期勘测设计等各项准备工作,计划2011年12月底施工单位进场开工建设,力争2012年3月底全面竣工。建成白田、冷水、河潭、西窑、双圳等5个农村客运站,城南、城北客运站运营正常,全市客运网络框架基本形成。

全面完成上级下达的16条176.25千米市管县道及重要乡道的养护保洁工作任务,并经上级相关部门考核验收合格。依法维护路产路权,全年累计查处各类公路不法行为为85起,完成罚款3.8万元,比年初计划超0.3万元。"十一五"期间贵溪市17个农村渡口改渡建桥项目(贵溪三桥除外)全面完成,桥梁长度3160米,桥梁面积40977平方米,建桥总投资17851.86万元,方便了群众的出行,促进了城乡经济繁荣,消除了渡口安全隐患。2011年完成耳口姚家大桥、泗沥雷家大桥2个改渡建桥项目。争取省厅资金60万元,地方配套资金50万元,完成3个标准化渡口(滨江乡的金沙渡口、地理渡口,河潭镇的余家滩渡口)设置项目。建立了管理制度,完善了先进的监控设备,实现了这些渡口的渡船标准化、码头标准化、制度标准化、监控设备标准化。

2011年全市共新增物流企业21户,3户汽车维修企业升级为二类汽修企业。全市108条农村班线车,63辆公交车,138辆出租车年审率100%,760万元燃油补助全部发放到位。全市实际完成客运量1348万人,客运周转量33487万人千米,完成公路货运量714万吨,货物周转量126087万吨千米。

4至6月份开展道路运输安全生产整治工作,对全市道路运输行业开展了安全生产隐患排查,共排查班线客运企业(车队)12户、危货企业3户、站场1个,并对发现的问题及时进行了纠正,对一时不能纠正的下达了书面整改通知,要求限期整改到位。联合城管、交警等部门对非法载客行为集中整治,查处非法营运三轮车52辆,收购残疾人三轮车65辆,查处非法"摩的"375辆,黑车18辆,违规违章车辆85辆,罚没总额34万元。查处3起非法驾校招生行为,保护了合法驾校的利益。加强水上交通安全监管力度,实现了48年无安全事故。市汽运公司改革进展顺利,资产进行清算移交,职工安置费用基本发放到位,解除劳动关系合同签订率达73%。

余 江 县

2011年,余江县完成交通基础设施投资3200万元,桥梁建设4座,农村公路建设70千米,新建客运站4个、候车亭10个。

2011年共争取通自然村项目20千米,新农村建设项目45千米,项目资金约1300万元。县通乡项目龙界线(杨溪—东乡段)4.2千米于10月底竣工。余江—东乡、洪湖—龙虎山两个县通乡项目通过验收。张公桥新建项目2011年2月11日正式开工,桥长166.04米,桥面宽7米,引道长438.49米,项目总投资322万元,2011年底,整个项目基本完工。

公路养护。本着县道县养、乡道乡养、村道村养的原则,实行日常养护,定期养护,临时养护相结合,完成了小修保养任务,确保好路率达标。余江县局管养县乡公路226.56千米,其中,县道64.94千米/5条,乡村道161.62千米。水泥路面总里程195.8千米,完成优良路187千米,好路率指标达95.5%。砂石路总里程30.76千米,完成优良路24千米,好路率指标为78%;综合优良路211千米,好路率指标为93%。

2011年,共引进新的物流企业35户,新增车辆1580辆,新增吨位25710吨。全县有客车186辆,2759客位,其中,城市公交24辆,456客位;出租车41辆,205座;客运班车127辆,2260客位;客运的增加,交通的发展提高了余江县广大居民出行方便。加强农村客运站建设,开工新建农村客运站4个,分别是平定客运站、洪湖客运站、黄庄客运站、画桥客运站,全部都已完工,正在通过验收。

撤渡建桥。2011年,余江县撤渡建桥项目为潢溪大桥项目建设。潢溪大桥位于余江县潢溪镇白搭河潢溪渡口,长417米,宽9米,总投资1387万元。于2010年1月16日正式开工,2011年年底,大桥主体工程已全部完工。

招商引资。2011年已完成总部经济51万元,个人限售股202万元,两项合计253万元,占目标任务数的126%,新增物流企业24户,新增车辆1580辆,新增吨位25710吨。新引进企业1户——余江县鸿达机动车辆检测有限公司,该公司投资600万元的兴建项目已建成投产。

(吴爱琴)

龙虎山景区

2011年龙虎山景区交通局积极向上级部门争取农村公路建设项目与资金,完成了水南1.5千米通村公路、肖家1.2千米通村公路、泥湾江家山1千米、蒋家1.7千米、沙湾1千米通村公路建设任务,改善了景区农村公路状况。完成汉浦危桥董建项目前期申报、图纸、计划立项批复等工作。汉浦大桥桥长197.12米,宽6米,引道长189.9米,建设工期为360天,已向省交通运输厅争取补助资金274万元,正在启动招标工作,争取2012年初动工建设。全力以赴,积极配合,完成景区桂洲至圣井山(含大脚岭段)旅游基础设施工程项目建设。该工程项目是景区重点工程,全长6.5千米,工程总投资1370万元。景区交通局精心组织,科学部署,合理安排,第一标段于2011年6月15日采取公开、公平、公正招标方式,确定中标单位为际洲建设工程有限公司,全长3.51千米,工程投资620万元;第二标段于2011年10月8日确定中标单位为鹰潭公路工程公司,全长2.99千米,工程投资750万元。第一标段自7月11日动工,经历4个多月的精心施工和管理,路基桥涵工程10月底完成,路面工程完成80%,工程进展顺利,12月20日路面工程基本结束。接着,进入部分附属路肩、水沟及防护工程,确保2012年元月底全面竣工。第二标段于2011年10月25日动工,该标段地形复杂,施工难度较大,在2011年12月底完成路基、盖、圆涵及路基砂石底层,全线可砂石路通车。完成了沙湾二桥及引道水泥路面硬化建设工程,总投资95万元,解决了沙湾行政村通路问题。在时间紧、任务重的情况下,克服种种困难,完成了3200米九曲洲至上清公路拓宽的征地及路面改造升级任务。完成了贵溪至龙虎山公路圩上段水毁修复工程。完成上清农村公路综合服务站申报省级试点工作。

为充分保障农村公路建设成果,真正体现建养并重的原则,以适应新时期农村工作的需要,2011年,景区交通局对全区农村公路加强了养护管理。一是明确了养护体制,按照"县道县管,乡道乡管,村道村管"的基本要求,景区的县、乡道路由交通部门养护,村道由镇村养护。二是规范了农村公路养护,景区交通与卫生清洁办联合制定了《农村公路"三责一体"养护管理办法》,景区交通局农村公路养护中心对所管养的农村公路落实了专职养护人员,镇村通村公路养护与农村卫生清洁工程相结合,由各村保洁员对通村公路进行养护,完成了"有路必管、有路必养"的目标。三是确保了公路养护的投入。2011年景区交通局在资金紧张的情况下拿出了一部分资金投入到公路养护之中,景区财政也拿出了相应的配套资金,基本解决了农村公路养护资金的瓶颈制约,使景区农村公路养护上了一个新的平台,适应了景区旅游和卫生清洁工程的需要。

赣　州　市

交通基础设施建设。2011年全市交通基础设施建设计划投资107亿元,实际完成投资130.86亿元,同比增长26.65%。具体体现在"两个加速推进、两个稳步推进和一个基本建成"上。一是加速推进县县通高速。高速公路完成总投资79.04亿元,其中,隘瑞高速完成投资7.5亿元,瑞寻高速完成投资27.66亿元,龙杨高速完成投资16.2亿元,赣崇高速完成投资27.68亿元。建成隘岭至瑞金、瑞金至寻乌两条高速公路155.9千米,占全省的三分之一,全市高速公路通车里程达到808千米。续建龙南里仁至杨村、赣州至崇义高速公路148.9千米,阶段目标任务全部完成。同时,稳步推进寻乌至全南、兴国至赣县江口高速公路项目前期工作。二是干线公路建设加速推进。国省道实际完成投资12.97亿元,完成改造建设任务217千米,其中,升级改造项目完成投资3.26亿元,建成141.51千米;路面改善项目完成投资7.88亿元,建成38.07千米;续建项目完成投资1.83亿元,建成37.42千米。国省干线路网结构改造工程和公路建设养护工程实施过程逐步规范,公路养护管理日趋完善,经过全市公路系统干部职工的辛勤努力和各县(市、区)政府的积极配合,该市顺利完成了省里下达的迎国检目标,为全省取得全国省、自治区公路养护管理排名第14位的好成绩做出了应有贡献。三是农村公路建设稳步推进。农村公路完成投资5.28亿元,完成改造建设任务1799千米,改造危桥76座,通车总里程达到2.36万千米。全面完成渡改桥、新增通乡油路(油返砂)工程,及时完成农村公路水毁灾后重建工程,全面启动农村公路网化工程。建立健全农村公路养护管理机制,农村公路养护逐步实现正常化。积极争资争项,将"三送"活动中涉及农村交通基础设施建设的项目列入项目库向上争取,共争取农村公路新建计划1799千米和危桥改造项目15座,累计争取上级补助资金达2.62亿元。四是运输设施建设稳步推进。港口码头建设平稳推进,水西综合码头和赣县湖江、上犹、崇义水口旅游客运码头前期工作进展顺利。市委市政府将赣州黄金机场改扩建工程提上议事日程,前期工作进程加快。新的城市候机楼投入运营,为旅客提供了更周到的航班查询、订购机票、提前换登机牌等服务。物流基础设施建设加快推进,赣州综合物流园区正式启动,中心城区六大物流节点建设和各县(市、区)物流配送中心建设进展顺利,物流载体建设完成总投资19.71亿元。五是赣南大道基本建成。赣南大道完成投资13.86亿元，于2012年1月通车，将赣县、章贡区、开发区、南康市连成一体，成为中心城区的城市快速通道。

公路运输行业管理。一是强化客运车辆管理，在全省率先强制对营运时间超过8年的营运客车退出客运市场，提高营运客车的安全系数，据统计，全年共有220辆营运时间超过8年的客车退出市场，更新客车372辆。二是以节能降耗、倡导低碳为核心，认真落实道路运输车辆燃料消耗检查制度，对新购营运车辆实行燃料消耗预先核准制度，杜绝了不符合车辆技术标准和节能减排要求的车辆进入我市运输市场。三是针对卧铺客车车型存在的安全隐患，加快了卧铺客车更新换代和退出市场步伐。四是率先在全省制定驾驶员培训“十二五”发展规划，推行驾培市场投资风险公示预警制度，减少投资者的投资风险。五是以建设汽车维修服务质量规范达标示范企业为重点，积极开展汽车维修质量服务月活动和汽车维修诚信体系建设活动，创建行业规范模式。六是以再教育、强素质为基础，做好安全管理人员的继续再教育工作，全年共培训维修质检员192人次，安检员123人次。

公路运政管理。一是完成了赣州市道路运输从业资格考试中心建设工作，考点的建设标准、形象标识、考务工作流程和考核人员管理工作，通过了省运管局的验收，考试中心于2011年7月1日正式运行，在全省率先实行道路运输从业资格无纸化考试。2011年共有1885名营业性驾驶员通过了从业资格无纸化考试。二是2011年全市共查处非法经营的“黑车”856辆，有力遏制了“黑车”猖獗的势头，市场监管工作取得了明显成效。采取上级启动、下级行动的方式加强市场监管。制定了《2011年打击非法营运及规范道路运输市场经营行为工作方案》，明确了工作目标、工作重点和工作步骤。采取上下联动，左右互动的方法加大打击非法经营力度，形成高压态势，遏制非法经营现象。

公路运输生产。全市道路运输从业人员达到9.6万人，拥有营运客车3091辆，完成客运量8114万人次，旅客周转量63.1万人千米，拥有营运货车5.1万辆，完成货运量1.59亿吨，货运周转量174.38亿吨千米，同比增长13.3%和5%。客货运输量和周转量分别占综合运输的比例为90.3%和76.3%。2011年新增一、二类汽车维修企业15家，总数达到155家；新增汽车驾驶员培训学校5所，总数达到99所；建成乡镇客运站21个，总数达到130个；建成农村客运候车亭523个，总数达到2023个。长途客运班线已延伸到广东、广西、贵州等11个省市。拥有旅游客运企业4家，旅游客运车辆124辆，确保了假日运输和旅游服务的运输需求；在不断提升运输服务能力的同时，进一步加快道路运输基础设施建设，完成赣州梅林客运站建设的前期准备工作，已通过省发改委的专家评审；编制完成《赣州国家公路运输枢纽总体规划》，并通过了交通运输部组织的专家评审，《赣州国家公路运输枢纽总体规划》编制的完成，进一步增强全市高速公路网的有效供给能力。完善农村客运网络，全市新开通农村客运班线34条，新增农村客运车辆29辆，更新农村客运车辆158辆，农村客运班线公交化改造16条，符合通客车条件的行政村客车通达率达到93.4%。农村客运基础设施进一步完善，全年共建设完成农村客运站21个，在建19个；建设完成农村客运候车亭523个，在建25个。农村公路综合服务站的报建工作，也取得了明显的成效，全市29个符合申报农村公路综合服务站条件的项目中，有10个由省交通运输厅列入2011年全省农村公路综合服务站试点，项目总数占全省的五分之一。

物流工作。1. 全市物流载体建设取得重大进展。赣州市共规划了116个物流中心，其中综合型物流园区和物流中心12个，县(市、区)配送中心13个，专业化物流中心8个，仓库(冷库)83个。物流载体总投资19.71亿元。2. 扶持物流企业发展壮大。通过各主管部门的帮助指导和企业自愿申报、市物流办考察和初审、召开评审会等程序，认定江西盐业集团公司赣州公司等6家企业为第三批规模以上物流企业。全市规模以上物流企业达49家，其中货物运输企业40家，仓储配送企业8家，货运代理企业1家。拥有货物运输能力5.6万吨，自有仓储面积19.66万平方米，物流营业收入13.23亿元，纳营业税5823万元。

国省干线公路管理。1. 迎国检工作。迎国检从2009年10月开始部署实施，该市迎检里程1181千米，受检里程318千米，均占全省任务的三分之一，是全省迎检里程最长、任务最重的设区市公路局。在历时19个月的迎检中，全局强化组织领导、强化任务落实、强化质量监督和强化工作检查,投入资金3.9亿元,完成路面改善392千米,破碎板修复53万平方米,增设了一大批公路交通安全设施,成功打造了319国道瑞金与长汀交界处等11个出省出市公路景观亮点,进行了大范围、卓有成效的路域环境综合整治,46个道班、17个路政大队和5个治超站规范化管理水平得到大幅提升,赣州公路对外形象明显好转。2.应急保畅通。修订完善了《应对低温冰冻雨雪天气养护抢修应急预案》和《公路桥梁应急处置预案》。据统计,累计投入抢修资金800万元,清理塌方5万立方米,修补路面14.9万平方米。3.预防性养护。科学制定预防性养护目标,油砂封面、水泥路灌缝任务根据实际情况进行核定。全局完成油砂封面31.2万平方米,水泥路灌缝1249千米,整治高路肩72万平方米,清理水沟2446千米,桥涵1732座,确保了路况稳定。据统计,年末市养公路优良率达77.5%,国省干线公路优良率达85%,同比上升1.3%和1.5%。4.路政管理。一是加大路政硬件设施投入。投入资金174.6万元,配备了18辆新路政巡查车,17个分局设置了LED电子显示屏、触摸查询系统,执法形象明显改观。二是加大路政案件查处。是年共清理非公路标志牌2148块,查处路政案件310起,查处路损案件697起,办理行政许可487起,收取占用费、路产赔偿费569.4万元,案件查结率达98%以上。三是加大治超力度。始终保持治超高压态势,切实做到文明、规范、廉洁治超。全年共查处超限车辆24378辆次,卸货14186吨,处罚司机、车主23523人次,罚款总额982.5万元,固定站超限超载率为4.78%,同比下降2.56%。

安全生产工作。交通安全应急能力进一步提高。安全监管全面加强,安全形势持续稳定,各项安全事故指标较上年全面下降。严格落实"一岗双责",深入开展安全生产年、安全生产隐患排查整治、道路客运隐患整治等专项活动,落实客运"一带一速一平台一防护"(安全带、控制车速、GPS监控平台、安全防护装置)严管制度。一是充分运用科技手段加强道路运输安全监管,全市三类以上班线客车、危货运输车辆、旅游客车和卧铺客车全部安装了GPS卫星定位装置,市、县二级运管部门和道路客运企业建立了GPS监控平台,二级以上汽车客运站安装了视频监控系统,利用安全检查仪查堵"三品",对GPS的监控工作实行每日二次抽查,每月一次通报制度,不断加强道路运输安全监管工作。二是深入开展卧铺客车专项整治,坚持24小时值班制度,重点抽查卧铺客车凌晨2点至5点的运行情况,所有卧铺客车制定了凌晨2点至5点停车休息方案,对卧铺客车的运营情况采取全面排查、认真审核、安全告知、强制休息、设点检查、加强监管等方式加大监管力度。三是扎实做好第26届世界大学生运动会和亚运会入粤客运安保工作。四是加强应急保障体系建设,制定了《全市道路运输应急保障工作方案》,建立了应急保障车队,固定了90辆客车、180辆货车24小时值班待命,全年完成应急任务280车日。五是认真落实安全监管工作各项措施,继续采取分片包干的方式定期开展安全隐患大排查,全年开展了6次大规模的安全检查督导活动,共排查出安全隐患265处,已全部整改到位。

(杨河良)

章贡区

2011年,章贡区内有公路197条总长380.66千米,其中:国道2条计42.8千米;省道2条计24.86千米;县道3条计24.58千米;乡道14条计61.62千米;村道176条计226.80千米。

区交通运输局以新农村建设为主线,把农村公路的建设管理养护与农村公路客运网络设施建设统筹规划、同步实施。年内,完成农村公路改造8个项目计6.1千米,完成新农村建设点改造累计13千米,完成新建农村公路客运候车亭6个,完成农村公路路肩水泥硬化20千米及会车道扩建工程。区财政从摩托车养路费中安排200万元专项用于农村公路日常养护和路肩水泥硬化及会车道扩建,各镇财政拨出一定比例的资金列入公路管养经费的预算。拥有营运车辆6324辆,其中:货车5208辆,出租汽车686辆,公交汽车430辆,运行线路42条。

该局认真履行职责,积极抓好交通运输行业监管,定期或不定期地检查整治道路运输、县区际客运、汽车维修、危货运输、汽车驾培和城市客运等市场,确保了交通运输工作有序有效开展,对于遏制交通事故的发生，维护人民群众生命与财产安全起到积极作用。

继续推进物流业发展，引进新增货运车辆698辆计3676吨。市级规模以上物流企业增至为6家。年内为国家创增税收1110万元，比上年净增249万元。

该区交通运输局被江西省政府残疾人工作委员会授予“十一五”期间扶残助残爱心集体称号；被市政府分别授予2011年度全市交通运输工作先进单位和2011年度全市物流工作先进单位称号；被赣州市交通运输局授予2011年春运工作先进单位称号；被区委、区政府分别授予2010～2011年度先进党委、2011年度城市管理“治脏、治乱、治堵”工作先进责任单位、《章贡年鉴（2011卷）》编纂工作先进单位等称号。

（章贡区交通运输局）

赣　　县

工程建设。1. 义源大桥主体工程顺利完成。该项目自2010年4月份开工建设，于2011年10月15日顺利合龙贯通，至12月底，大桥主体工程顺利完成。2. 瑞赣高速赣县北（储潭）互通及连接线工程项目批复立项。3. 赣南大道赣县段已完工。4. 赣大高速义源互通进展顺利。5. 义源大道已竣工。该项目路面宽32米、长1.096千米，总投资3150万元，于2011年1月1日开工建设，于11月底竣工通车。

公路桥梁建设。1. 农村公路建设有序推进。2011年，全县共完成路基改造105.9千米、水泥路面硬化105.9千米，完成投资8183万元。2. 渡改桥项目全部完工。2011年，全县共完成渡改桥4座，分别是：王母渡横溪大桥、东埠头大桥、立濑大桥、义源大桥。

道路运输管理。1. 积极发展农村客运。2011年，全县共新增农村客运车辆5辆，更新车辆3辆，新增农村客运班线6条（其中省季班线一条）。截至2011年底，全县共有客运企业10家，实现了100%的乡镇和100%符合客车通车条件的行政村通班车。2. 积极发展城市公交。一是新增公交车5辆，其中，县内环城线路3辆、129路2辆。二是新增从客家文化城起点的县城环城公交车班线。三是筹集资金近300万元，将7辆101公交线路赣县车辆全部更新为豪华大巴。四是完成了县公交换乘枢纽站、公交保养场图纸设计和工程概算。3. 积极发展汽车维修业。全县有机动车维修企业60家。4. 物流产业迅猛发展。一是打造物流大县品牌。全年新增货运车辆498辆，新增吨位4133吨，新增物流企业5家，物流产业营业税突破2300万元，比上年同期各增加了10%以上。二是积极推介红金物流园区项目建设。成功引进6家一线品牌4S店入驻该县。三是做大物流一条街。现物流街投资超1.5亿元，各类物流企业24家，在岗职工25000人。四是新建物流公共信息服务中心。五是昌联物流园和海铁物流园正在加紧建设主体工程。5. 站场建设进展顺利。

农村公路养护。1. 顺利完成“一大四小”县乡公路绿化工程。县乡公路绿化57公顷，在县道和专用道两边加密种植桉树20万株。2. 完成危桥改造工作。完成长洛乡圩镇桥和韩坊乡郭屋庙桥的拆旧建新，维修加固了储潭桥和韩坊乡大营桥。3. 确保农村公路安全畅通。雨季期间及时清理全县的公路塌方和山体滑坡150多处5000多立方米，恢复中断交通公路6条12处。每周定期对赣周线义源段和田村至白鹭公路的烂路面进行整修。4. 抓农村公路的日常养护。按照县道县管，乡村道乡管、行政村组织实施的县、乡、村三级公路管养责任体系，加强了农村公路的日常养护和考评，提高了农村公路的好路率。

路政管理。一是加强路政巡查，从源头治理了超限运输、污染和损坏公路的行为。二是严厉打击公路控制区违章建房的行为，全年共查处违章建房96处，拆除违章建房2处，查处损坏公路树木行为6起。

水上交通。1. 渡口安全生产态势稳定。2011年，全县共有渡口18个、渡船21艘，分布在沙地、湖江、储潭、茅店、江口、吉埠、南塘、大埠、王母渡等9个乡镇。该局进一步完善县、乡、村、渡工（船员）四级渡运安全管理责任机制，加强水上交通安全知识宣传，完善安全防范应急机制，勤检勤查渡口渡船安全生产，确保了全年无渡运责任事故。2. 抓水上运输的发展。一是加快了港口、码头的建设。抓住赣江枯水季节加紧了湖江桃花岛码头、夏浒刘姓码头和廻龙阁码头等三座码头的建设,码头主体工程已全部完成。二是争取赣江旅游航线。根据湖江夏浒旅游开发的需要,该局新购了“大湖江”号旅游船,并开通了赣江旅游航线。

(赣县交通运输局)

上 犹 县

公路交通基础建设。1. 2011 年,厦蓉高速公路上犹至崇义路段 22. 50 千米,投资概算 16. 7 亿元,已开工建设,结束了上犹县域无国道的历史。2. 2011 年度上犹县农村公路投资规模高达 11086 万元。滨江至江西坳即上江线全长 86. 63 千米,其中县城滨江至梅水 13 千米为一级路混凝土路面,其余为二级公路柏油路面改造竣工通车;平富至分水坳 7 千米及蓝田至紫阳 26. 33 千米四级公路改造工程的全面竣工,基本实现了该县县道无砂石路面的目标。2011 年,投资 1. 88 亿元建设上犹县迎宾大道路面宽 24 米,双向 4 车道,起点从赣丰线的黄埠至中稍路段,全长 8. 9 千米,施工队伍于 2011 年 10 月正式进场施工;黄沙坑经双宵至黄埠 90 千米国家已下达投资计划,总投资达 3. 28 亿元,完成了测设,评审等工程前期工作;梅岭台商农业创业示范园公路工程 8. 65 千米,完成投资 303 万元,占总投资的 100%;梅水至陡水旅游公路改造工程 7 千米,已完成施工图设计,黄塘至沿河新建公路全长 2. 35 千米,完成工程立项等事项。

农村公路管养。在公路的管养中,主要是以通过农村公路养护体制改革,提高公路路政管理能力,加强养护监管、指导,从而构建起管、养、指导、监督的工作方式,结合开展《公路安全保护条例》的实施,争取交管、公路和乡镇政府等相关部门的支持,开展专项路政集中治理行动,公路处于良好安全的通行状态。

运输行业。1. 全县运输市场日渐繁荣。全县客运站场 4 个,营运车辆拥有量为 1479 辆,其中营运货车 1345 辆,营运客车 134 辆(班车 80 辆,公交车 19 辆,出租车 35 辆),全年完成客运量 137. 2 万人,客运周转量 29266. 2 万人千米,同比分别增长 2% 和 1%。完成货运量 300. 49 万吨,货运周转量 18874. 44 万吨千米,同比分别增长 8% 和 16. 6%。2. 全县从事道路旅客运输经营业户共有 7 家,其中从事班车客运 6 家,从事出租车客运 1 家,县内公交车客运 1 家。从事道路货物运输经营企业 5 家,从事机动车驾驶员培训的学校 4 家。从事机动车维修企业 95 家,汽车综合性能检测站 1 家。3. 道路客运路线 54 条,平均日发班次 130 班。客运班车通达乡(镇)14 个,班车通达率 100%,通班车村 121 个,班车通达率 91%。4. 物流运输建设有新发展。形成了以专业物流,高超配送农村物流及零担货运等多形式的现代物流市场。2011 年新引进了安宁、聚和、佳程三家规模以上物流企业,引进资金 3700 万元。5. 运输市场管理力度增强。分别成立了道路和水上安全领导小组,制定了相应工作方案,签订了目标责任状,明确了责任,强化了工作措施。2011 年来共检查涉嫌非法客运车辆 698 辆次,查处非法客运车辆 21 辆,收缴罚款 15. 95 万元。6. 农村客运市场建设和服务得到改善,为做好农村客运站和候车亭建设,为行政村通客车打下坚实的基础,全年来完成了 30 个农村候车亭的建设任务,与此同时,根据上级做好成品油价格补贴的文件精神,为城市公交车企业发放燃油补贴 46. 8 万元,农村客运企业发放 64. 67 万元,出租车企业发放 24. 4 万元。7. 上犹县汽车站企业改制工作根据国家有关劳法律法规和《上犹县七个系统国有企业改革方案》(上府办发[2011]52 号文件),以 2011 年 12 月 31 日为改制截止日,计算职工工龄和年龄。已有部分职工按规定与上犹汽车站签订了相关协议。

(上犹县交通运输局)

崇 义 县

项目建设成效明显。一是通村公路扫尾工程基本完工。2011 年,8 个通村公路扫尾工程项目共计 78. 2 千米,已全面完工。二是县乡公路油返砂改造已完工。2011 年县乡公路改造续建工程 2 个,分别是崇义—龙勾 31. 4 千米,于 9 月 21 日正式通车;上堡—江西门 11. 7 千米已完工。三是农村客运站、候车亭建设。扬眉车站已全面完工,30个候车亭建设任务已全面完成。四是县乡公路安保工程建设。投资36万元,增设公路三岔路口指路牌32块、公路桥梁限载标志牌106块、乡镇地名牌25块,设置道路警示牌204块,波形护栏600米,橡胶减速带156米,对县乡道路上部分桥梁实施了维修加固。

高速公路建设。赣崇高速公路崇义段建设共完成投资19.8亿元。崇义互通连接线拓宽建设于2011年8月份正式启动。

道路运输平稳发展。一是道路客运秩序正规有序。全县共有公路客运班线39条,其中,长途班线4条、中长途班线2条(至赣州、南康)、农村客运班线33条,有班线客运车辆90台,行政村通班车率达90%。从县城可直通广东、湖南、南昌等多个省市区,至赣州实现了半小时1班的半公交化,到离县城最远、人口最少的乐洞乡每天也有3个班次。实现了道路客运责任事故零纪录。二是车辆非法客运整治扎实有效。全年共检查违规嫌疑车辆650台次,查处非法客运车辆12台,维护了道路客运市场的正常秩序和稳定,以及人民群众的生命财产安全。三是道路运输窗口服务水平有新提高。窗口搬迁至政务大楼进驻县行政服中心后,投入4万元更新了服务窗口办公设施,优化了窗口服务队伍,派遣工作人员参加交通运输办证业务培训,提高了工作人员窗口服务水平。完成代征车辆营运税86万元,完成办理新车上证141台,季审检测1383台次,道路运输驾驶员诚信考核400人次。

水上运输安全平稳。按照“兴绿兴游、旅游热县”的发展战略,全县水上交通运输的地位将越来越凸显。陡水湖库区全县境内共有水口、杰坝长潭、过埠、石门子等4个码头,投入运营船有6艘,其中,水口码头2艘、石门子码头1艘、杰坝长潭码头1艘,过埠码头2艘机渡船。

(崇义县交通运输局)

南　康　市

1. 交通基础设施建设。①县、乡、村公路建设。2011年完成市重点工程2个,在建2个,完成投资1368.72万元。全市完成通组水泥路建设项目167条,计135.1千米(含2010年12月份下达的59个项目30.7千米计划),100%完成建设任务,完成投资4053万元;完成水毁路面修复3千米,完成投资220万元;乡道升级改造项目计2.9千米,总投资145万元。②国省道建设。赣南大道(南康段)建设工程按一级公路并兼有城市一级主干道功能设计,设计速度为60千米/小时,主车道采用双向6车道,路面宽60米,其中,赣州建设段长度为8.2千米,南康建设段3.4千米。建设项目总估算投资11亿元(含征地拆迁费),于2012年1月19日正式通车。③高速公路建设。赣崇高速公路项目于2010年12月开工建设,计划到2012年全线通车。赣崇高速公路在该市境内全长13.8千米,该项目在该市境内总投资规模5.4亿元,全年完成总投资2.4亿元。至2011年底已全部完成线红线内征用土地95公顷,拆迁各类房屋3.2万平方米,坟墓迁移900穴;根据工程建设的需要,完成二次征地约5公顷。

2. 道路水路运输生产。南康市进一步规范运输市场秩序,优化发展环境,取得了显著的工作成效。2011年有232辆客车投入运输,其中,出租车24辆,总共完成运送旅客1032.20万人次,旅客周转量61684.80万人千米;载货汽车2514辆,货运量606.06万吨,货物周转量78787.80万吨千米,其他机动车2543辆,货运量943.62万吨,货物周转量23590.50万吨千米。

3. 道路水路运政管理。该市现有班线客车208辆,有5644个座位,有出租车24辆,有公交车100辆,有货车2514辆,4603吨位。全面贯彻落实上级召开的交通工作会议精神,按照年初制定的各项工作目标,一步一步抓落实,一项一项促高效,全年共查处违法违章运输车辆262起,共查处非法营运“黑车”76辆,收取罚没款180余万元。

4. 2011年,该局以“保运输企业生产、保水上交通安全畅通、保重点工程施工,保道路畅通质量无隐患”为工作重点,积极采取各种有效措施,着力抓好安全生产源头管理和各项防范措施的落实,实现了交通安全零事故。

(南康市交通运输局)

大 余 县

1. 交通基础设施建设稳步发展。认真做好323国道黄龙至县城路段拓宽工程和康大高速公路大余收费站至323国道连接线道路拓宽工作。2011年完成通村水泥路建设61.6千米,全县105个行政村有105个村通了水泥路,通村率达100%。完成了牡丹亭中桥、黄龙鸡足滩大桥、青龙三孜江大桥3座桥资料整理及交工验收工作。

2. 道路运输行业管理开创新局面。2011年货车拥有量2507辆、5850吨位,完成货运量238万吨、货物周转量33081万吨千米;客车拥有量90辆,2380客位,客运量完成134.4万人,旅客周转量12721万人千米。2011年春运期间运送旅客71648人次,旅客周转量1390.33万人千米。新开通3条农村客运班线,乡镇通班车率达100%;新建14个农村客运候车亭,全县105个行政村有96个村通了班车,行政村通班车率达91%,改善了人民群众的乘车环境。利用固定车辆检测站的有利条件,将审验、复审、车检相结合,开展了"营运证"审验和班线复审,保证了运输车辆的技术安全,客车审验率100%;货车审验率91.3%。代征车辆营业税取得突破性进展,全年共征收车辆营业税171万元;物流体系建设工作成效显著。物流运输服务业13家,其中,双佳汽运公司资产总额775万元,总载重量810吨,安达公司、乐易通达公司、平安公司、利达公司4家注册物流公司均达200万元,自有车辆总数13辆,总载重量95吨;大余榄菊日用品公司、纬格电子公司、佳盛电子公司先后与海通物流签订了货运协议,逐步与市物流信息平台实行联网,实现了物流信息资源共享的目标。

3. 交通运输企业发展势头强劲。县通达汽运有限公司是集汽车维修、零配件、检测站、汽车站、道路客运于一体的客运三级企业。客运短途班线有大余至新城、赣州、南雄等;长途班线有大余至韶关、广州、深圳、珠海、东莞、清溪、佛山、揭阳、番禺等。为适应发展需求,2009年以来该公司投入资金1100万元用于车站建设(新车站还未投入使用)及检测站建设。

4. 安全生产形势平稳有序。全系统干部职工始终绷紧"安全生产管理工作不放松"这根弦,在安全生产的制度建设、学习管理上下功夫,做到三个"雷打不动",即每周一次的安全检查、每月两次的安全学习、每季度一次的总结布署"雷打不动"。严格落实安全责任,狠抓安全基础工作,采取有效措施保证各项安全制度的落实,杜绝了安全责任事故的发生;严格落实安检责任、切实加强"三不进站、五不出站"管理,进一步完善特殊天气条件下道路安全运营应急预案,加大对道路管理,加大巡查力度,完善工作措施,及时检查和排除事故隐患,预防重大交通事故发生,把事故解决在萌芽状态,确保道路畅通,2011年全系统未发生一起安全责任事故。

(大余县交通运输局)

信 丰 县

农村公路建设快速推进。2011年共向上级争取农村公路建设里程共114条,计104.3千米,总投资3137万元,争取上级补助资金1263.9万元;争取105国道升级改造项目补助资金1500万元。完成乡际公路连通工程、县乡道改造升级、村组公路111条,计90.1千米。1. 乡际连通公路6条共83.8千米,截至12月份,已完成46.9千米。2. 县、乡道改造升级项目4个共19.7千米。3. 其他连通公路建设项目109个共87.1千米,水毁工程建设项目2个,共3千米,已全部完工。

农村公路养护完善了以"五定"(定人员、定路段、定质量、定责任、定报酬)为主要内容的养护责任制,每个乡(镇)按公路建设里程配备了专业养护人员,确保不出现"一年修、二年丢、三年后变成大水沟"的情况。全县农村公路2092.267千米,好路率达95%以上。

道路运输管理得到加强。2011年全县建成农村客运候车亭20个,完成了万隆汽车客运站建设,全县262个行政村,已有236个行政村通客车,行政村通车率已达90%。全县共有班车243辆5333客位,公共汽车20辆376座,出租车60辆300客位,货车4072辆,总吨位7085吨;完成客运量821万人,客运周转量61254万人千米,货运量1042万吨,货运周转量10.46亿吨千米。一是加强农村客运网络化建设,对乡镇客运站和候车亭建设进行了督查和调度。2011年要完成的9个乡镇客运站已全部开展了选址、土地征用等前期工作,万隆客运站即将完工,20个农村客运候车亭已建设9个,完成投资100万元。二是开展了道路运输市场整治工作。会同公安、交管等部门加强了汽车站客运市场的监管,严格执行"三不进站,六不出站"规定,严厉查处面包车、三轮车、货车、私家轿车等非法载客行为,同时打击客运班线超员超载、乱班乱线、乱停乱放等违法行为,确保全县道路旅客运输市场的正常秩序,据统计,2011年共查处了非法从事旅客运输经营的"黑车"80辆次,其他违法行为车辆1000辆次。三是开展了机动车维修等道路运输相关业务的整治工作。

重点工程建设稳妥实施。2011年该局主要负责的重点工程项目是信池公路城区段改建工程、汽车总站建设项目、信池线油山段改造工程、桃江大桥重建工程、站前大道综合改造项目。该局对每个项目都进行了认真的研究分析,抓住问题的重点和关键点,千方百计突破难点,有力地推动了项目建设。

发展现代物流产业。2011年年底,全县物流企业总数达到29家,共有货车4042辆总吨位达7035吨,同比分别增长8.7%、10.5%,规模以上物流企业纳税总额达294.6万元。培植物流企业。2011年重点扶持现有物流企业快进加快发展,支持双佳、鹏图、丰迅、远航等4家规模以上物流企业不断发展和壮大,促进物流企业上档升级。

招商引资工作再创佳绩。进一步加大招商引资工作,去年引进的在建项目新江塑料包装厂总投资1500万元,已建好2栋厂房和1栋宿舍,于9月6日开始试生产,完成投资1505万元;新引进的信丰文峰电子科技有限公司总投资3亿元,主要生产多层线路板,市、县环保部门已审核通过了该项目环保的有关资料,环评工作开展比较顺利。

(信丰县交通运输局)

龙南县

交通基础设施建设。1. 扎实推进农村公路网络体系建设。2011年建设改造农村公路达59.53千米,完成危桥改造项目2个(正桂大桥和临江桥),该县通组公路和渡改桥项目都名列全市前茅,全县17个乡(镇、场)、117个行政村通畅率已达到100%,1276个村小组通了水泥路,占全县1699个村小组的75%,100%完成渡改桥建设。2. 切实加大重点工程建设推进力度。大广高速龙南段工程,已经基本完成征迁任务,确保了工程建设用地需要,明年底可建成通车;寻茅线龙南段工程,两阶段初步设计文件省公路管理局已批复,完成了两阶段施工图设计,已送市交通运输局组织专家评审;105国道改道工程项目已列入全省"十二五"规划,下一步由省交通运输厅和省公路管理局向交通运输部申报;京九铁路电气化改造及电力配套设施建设工程项目已完成项目牵引变电所、网工区征地,工程已如期完工。

农村公路养护。加强对杨梅至家俱学院公路及6条县道等7个路段135.89千米的养护、绿化和美化力度。建立健全农村公路养护管理责任制,加大养护资金的投入和监管力度。根据不同的季节,将养护生产计划下达到养护承包人,公路站坚持每月对养护生产的执行情况进行检查,并按照完成情况拨付养护经费及落实奖惩制度。同时,强化县乡公路的绿化美化、公路灾害巡查和路政管理工作,坚决制止违法、违章、侵占及破坏公路等现象,积极完善了警示标志、防撞墙、减速带等安保设施。全年完成计12千米的安保工程及3米的水毁抢修投资分别为26万元、41万元。

道路运输生产。1. 全县的道路运输功能日益完善,道路运输业保持良好发展态势。共新增通村客运班车(次)12辆(趟),新开工业园区班线6条。建成22个农村候车亭,启动九连山、武当2个农村客运站建设。全县营运车辆拥有量达到了2603辆,拥有客运班线39条,共投放客车95辆。现有公交车15辆,出租车51辆,年客运量347万人,客运周转量22907万人千米。拥有营运货车2406辆,货运量776.8万吨,货运周转量

74879万吨千米。全县乡镇通班车率达100%,行政村通班车率达90.5%。2. 运输企业规范化建设。一是认真做好客运企业运输质量信誉考核工作。对全县维修企业的经营主体、从业人员、维修质量保证进行了一次全面清理。二是完成2011年道路运输证的审验和换证工作。3. 提升道路运输市场整治和管理力度。针对人民群众投诉的热点问题,采取集中稽查整治、交警、城管、教育等部门联合整治及流动稽查相结合,切实加大整治力度,共查处非法营运车辆36辆,超载、改装、拼装校车5辆。4. 完成2011年春运工作。5. 提升物流体系建设水平。已有11家汽车销售企业进驻。完成了该县首家物流公共信息平台中心的建设并投入运营。全县规模以上物流企业2家,正申报第三家规模以上物流企业,2家自开票纳税企业,年内完成车辆税收1200万元以上。

争取资金和项目及招商引资工作。1. 全年共争取各类无偿计划资金4924.85万元,占县下达任务数的109.44%,比2010年新增861.84万元。2. 新引进凯立(龙南)贸易有限公司,总投资1000万美元。引进总投资达30亿元的龙南狮山新区项目,占地95公顷。

(龙南县交通运输局)

全 南 县

截至2011年底,全县公路总里程696.49千米。龙小线、全吊线、樟排线3条公路是该县通往广东省的重要交通通道,也是该县对接珠江三角洲经济圈的便捷通道。全县9个乡(镇)均实现通水泥或油路,86个行政村全部通水泥路,通车率100%。

1. 公路建设。大庆至广州高速公路途经全南段建设。大广高速全南段3.1千米建设工程进展顺利,已完成路基工程量的75%。良上线良伞寨至寒洞公路改建工程8月已竣工通车。全吊线汶坑至吊兰寨公路改建工程7月中旬已开工建设,已完成路基的土石方工程量的70%。寻茅线南迳杨坊至广东交界处16.1千米路面改造工程于2011年11月28日招投标,12月上旬开工建设。全年累计完成50千米农村公路改造任务。

2. 公路养护。县乡道养护总里程达到96.7千米,路面完好率保持92%以上。同时,按照县政府《农村公路管理养护工作实施方案》要求,将536千米的县乡村道纳入管养范围。在县乡道路增设各类标志标牌485块,安装平交路口减速带1100米,增设安全柱793根、防护墩90个,清理塌方15200立方米,砌挡土墙1100立方米。投资20多万元对部分水毁路段进行了修复。

3. 交通运政管理。新增5辆客车,加密主干道农村客运班线;购置10辆微型面包车,开通乡镇至村客运班线,覆盖8个乡镇,并开通乡镇圩日班次,各乡镇每逢圩日开通2~3个圩日班;建设陂头汽车客运站和20个农村客运候车亭,较好地满足城乡人民群众出行的需求和经济发展的需要。开展客运市场整治专项行动,查处非法客运车辆3辆,规范客运市场秩序,维护群众安全和客运企业合法利益。

4. 交通安全生产。2011年交通安全工作继续以强化道路运输安全管理为重点,坚持“安全第一,预防为主”的方针,认真抓好交通安全生产工作。全年道路交通和公路建设安全事故为零。

(全南县交通运输局)

定 南 县

1. 重点项目建设。截至11月份,小江—定南—细坳三级公路改建工程九曲至细坳段(全长7.08千米,投资1530万元)已全部完成工程建设;天花至九曲段已完成老圩段水泥路面1千米,投资额120万元;东江源大道扫尾工作5月底已全面完成;大鼓丘跨铁路桥后期工作也已经全面完工。

2011年建成农村公路里程64.7千米,其中,新增道乡油路项目3个,完成三级公路13.8千米,其他连通工程项目建设工程20.3千米,新农村连通工程项目建设里程30.6千米,全县行政村通水泥路率达100%,全县农村公路里程1195.21千米。

2. 公路养护。由于2010年该县通村水泥路已全面完成,2011年定南县交通运输局将公路养护作为重点工作来抓。制定了《定南县农村公路养护管理实施办法》及《农村公路养护质量检查评定办法》，对全县416.71千米的农村公路进行了精心养护。2011年1～12月份，局工作人员对岭北、鹅公、岿美山—英兵坳桥梁、双龙公路、桐广公路等水毁路段及时组织施工队伍进行抢修，确保了该县县乡公路的畅通。

3. 公路运输。2011年，全县拥有营运货运车辆1013辆；营运客车93辆，2586个客位。全县镇通班车率100%，符合通行条件的行政村通班车率97%。辖区内有机动车维修企业62家，其中二类维修企业4家；普通货运企业3家，其中规模以上企业2家。危险品运输企业1家，驾驶员培训学校3家。各项数据显示，该县道路运输各项指标稳步增长，道路运输整体形势呈健康发展态势。

4. 基础设施建设。该县的民生工程基础设施建设任务已全面完成：1. 客运站建设，共投资250万元的鹅公和岭北客运站已竣工；2. 农村客运候车亭，投资30万元兴建的20个农村候车亭，现已全面完工；3. 县财政投资150万元兴建70个城区公交站台现已完工；4. 占地0.66公顷的天九农村公路综合服务站正在征地，该项目完工后，每年解决东片（历市、天九、龙塘、鹅公）县、乡、村公路养护经费80万元。

5. 出租车行业管理。2011年，为进一步加强出租汽车行业管理工作，全面贯彻落实新修订的城市客运出租汽车管理条例，一是签订安全生产责任状、出租车服务承诺，明确了经营者与承租人的权利义务。二是严格经营资质审批，强化行业培训教育。更新出租汽车34台，新增出租汽车15辆，每月举办一次驾驶员安全培训。三是不断加大客运违章查处力度，净化行业经营秩序。全年稽查各种违章经营出租车93起，教育违章当事人95人次。四是认真及时受理群众投诉咨询，不断提高市民满意度。全年受理电话投诉8起、信访批件4起，并将处理意见及时的反馈，做到处理率、反馈率均为100%。五是建立GPS信息平台，开通叫车服务。全县所有出租车均安装了GPS车载监控系统，在车辆密度较低，沿途招手租车不方便的时间和地点，开通了出租车叫车电话。

（定南县交通运输局）

安　远　县

公路建设。1. 九龙大道西段工程是九龙大道一期工程的续建。起于一期工程的终点，途经高排村、永丰村，终点在大胜村与城北大道相接，长2.46千米，按一级城市道路标准实施。2. 县通乡（油返砂）项目，全县2010年度县通乡（油返砂）项目经上级批准建设，分别是黄坑至上濂、版佑线至铁丰和孔田至桂竹帽公路。三个项目均按四级公路标准实施。3. 通村（组）公路。①2011年度农村公路网改善连通工程（包括通组、少数民族村公路），2011年下达的连通工程（包括通组、少数民族村公路）指标总计为33.9千米/17条，总投资847.5万元，其中，上级补助资金370万元。该县自上半年开始组织妻施农村公路连通工程建设，动手早、村组及群众积极性高涨，各项目工程进展顺利，已全部完成连通工程建设任务，完成总投资847.5万元。②新农村连通工程。下达该县的新农村连通工程水泥路总计22.6千米/115条，总投资562.5万元，其中，上级补助资金180.8万元。在县农工部及相关部门、乡镇的共同努力下，已全部完成新农村建设点连通工程水泥路，完成投资570万元。4. 县道上等级改造项目。该县的县道改造项目严格按照市局的安排部署，积极做好工可报告等前期工作。7月8日，省交通运输厅专家组通过县城至高云山（五里沥）公路的工可报告评审。11日14日，市局正式下达2011年度县道上等级改造计划。寻乌至安远（安远至五里沥）公路15.6千米列入计划，总投资1560万元，其中，上级补助资金624万元。

公路养护工作有了新举措。一是以公路养护以提高养护质量为重点，切实抓好县道的养护工作，坚持日常养护经常化和全面养护标准化，确保经常性的保持路状况良好。坚持日常养护巡查机制同时，加大督查力度。每月初下达本月养护工作任务，通过养护巡查督促落实到位。实现了省市下达的好路率目标；二是认真做好利园线战备公路的养护接管工作，细致地察该公路的工程缺陷情况，对工程缺陷问题向建设单位提出处理意见，并对工程缺陷进行了维修；三是积极贯彻实施造林绿化“一大四小”建设工程,拓宽公路的绿化机制,在保证公路产权前提下,采取“谁投资、谁管理、谁受益”的原则,积极争取各方面资金和力量完成了城区绿化建设九龙大道、城北大道、城南大道、安定大道完成绿化任务7公顷,完成率100%,完成了县乡公路通道绿化任务54公顷,完成率为101%。

行业管理工作有了新形象。安远县交通运输局加大了运输管理力度,运输能力不断增强,交通运输公共服务和组织保障能力不断提高。一是通过强化各种安全措施,加强对车站的安全管理,严禁超员售票,杜绝易燃易爆危险品上车,把安全隐患堵在站外、车下;二是加强对客运企业、维修企业、驾校的日常管理,规范企业在服务质量、经营行为、安全生产、企业管理等方面,对不符合的地方提出整改措施,并认真抓好落实。认真做好客运企业、维修企业、驾校,货运企业的信誉考核工作,考核率达100%;三是积极做好道路运输证年度审验工作,客车年审率达100%,货车审率达97%,其他机动车年审率达95%,班线复审率达100%;认真做好了道路运输从业人员从业资格证的诚信考核工作,完成了辖区内2011年度道路运输驾驶员诚信考核工作;四是加大客运车辆更新力度,全县已开通10条跨省班线,1条跨市班线,8条跨县班线,22条县内班线。更新该县北片乡镇农村班线客运车辆8辆。认真完成乡镇客运站和农村客运候车亭建设工作,全年已建成1个乡镇客运站和70个候车亭。

(安远县交通运输局)

寻 乌 县

2011年,寻乌的交通条件得到很大改善,上了一个新台阶。随着济广高速公路瑞金至寻乌段的建成通车,结束了寻乌无高速公路的历史,公路网络得到进一步完善。全县公路总里程达1095.196千米,其中,农村公路总里程957.464千米。一是农村水泥路建设力度不减,使农村公路网络不断完善。全县共完成农村水泥路建设92.8千米,全县所有行政村通了水泥路,农村的出行状况得到较大改善。二是改渡建桥全面完成,车头大桥和麟石背桥建成通车,实现了全县渡口改渡建桥。三是重点工程建设有成效。完成迎宾大道路基工程,瑞寻高速公路寻乌连接线工程(6.4千米)建设进展顺利,206国道大路下至五里亭改造项目(1.7千米)有序开展。四是农村公路桥梁全面检测,部分危桥得到维修。开工维修危桥两座,改建了吉潭桥、兰贝桥,吉潭桥已经建成通车;完成了大丹公路鸡竹排大桥,老太南线留车大、小桥,罗竹线上津桥4座桥梁的维修。五是农村公路养护工作上新台阶。出台了《寻乌县农村公路养护管理实施办法》,进一步完善了农村公路养护体制,健全了养护队伍。2011年,县城至乡镇公路好路率达到65%,比2010年同期增长了10个百分点。

运输管理工作规范有序。继续加大对道路运输市场的管理,进一步规范运输市场秩序,着力加大运输市场监管力度,做到软硬件建设到位、服务到位,取得了良好成效。首先,抓好道路运输市场的源头管理,规范客货运输秩序;其次,抓好城市公交和出租车的发展和管理工作;三是积极引导和鼓励现代物流业的发展,发展规模以上物流企业3家。营造了一个安全、有序、快捷的客货运秩序。同时,配合开展城市管理年活动,加强城区运输市场管理和加大对黑车等非法营运车辆的打击力度,重点对出租车、公交等特殊行业的随意停车上下旅客以及维修行业店外占道经营行为进行整治,使城区交通井然有序。

国有交通运输企业改革工作完成。按照省、市、县关于国有企业改革的文件精神,该县汽车客货站,汽车修理厂结合企业的实际,制订了企业转制方案,经职工代表会议、全厂职工大会通过和县人民政府批准实施,两个企业职工签订“解除劳动关系和经济补偿协议”,进行经济补偿买断“身份”,完成了汽车客货站和汽车修理厂的国有企业改革工作。

(寻乌县交通运输局)

于 都 县

全县有一个二级汽车客运站,301个农村客运候车亭,客运班车309辆/8263座;出租车50

辆;公交车 36 辆,公交线路 12 条;货运汽车 870 辆/1170 吨。全县拥有摩托车 11 万辆、农用车 1098 辆、小汽车 6360 辆。2011 年完成客运量 506.9 万人次,旅客周转量 64172 万人千米,完成货运量 468.1 万吨,周转量 28041 万吨千米。

交通基础设施建设。1. 农村公路网连通工程项目。2011 年市政府下达该县的民生工程的通组水泥路建设项目(含新农村建设)计划达 195 千米。目前上级已安排计划仅 97.0 千米(通组公路 38.2 千米/23 条、少数民族村公路 4.4 千米/7 条、渡改桥引道 16 千米/12 条、新农村建设 38.4 千米/55 条),计划缺口 100.9 千米。由于上级下达计划时间较晚,影响了工程进度,截至目前仅完成水泥路面 78.3 千米。

2. 危改桥项目。危桥改造是"十二五"时期农村公路建设的重点之一,国家在 2011 年建立了大中桥危桥项目库。该县共向上申报了 4364 延米/72 座大中桥要求列入危桥项目库。新陂桥、东方红桥已经完工,黄麟大桥年底前完工,高石下桥已进行下部构造施工和平整预制场地。农村公路新建中桥项目的大田桥已开工建设,下堡桥年底前可以完工。公馆和东流水桥现已委托设计院进行初步设计和施工图设计,力争列入全省 2012 年建设计划。

3. 县道改造升等级项目。该县已争取葛坳—曲洋三级公路 9 千米、仙下—车溪—段屋改造 16.2 千米、水南—新陂—利村 19.5 千米等 3 个项目。于都县城环城快速干线公路(南线)项目。已完成按一级公路技术标准建设的初步设计、施工图设计等前期工作,正在进行环保和节能减排评估。

4. 农村客运网络建设。城乡客运公交一体化工作快速发展,全县农村客运班线总数达 78 条,农村客运车辆 160 辆,行政村通班车率达 92%。新建成 36 个农村客运候车亭,全县总数达 301 个,是全市农村客运候车亭数量最多的县(市);客运北站项目已向政府行文调整规划;已完成沙心客运站建设,葛坳客运站已开工建设,仙下、罗江客运区乡站已完成征地工作。根据上级文件精神,将全县 23 个乡镇划为 4 个片区,规划建设银坑、禾丰、罗坳、黄麟等 4 个乡镇农村公路综合服务站,以点带面、推进全县农村公路建、管、养、运一体化服务发展。目前,银坑农村公路综合服务站(农村客运站)已完成工可编制,并获省运管局批准建设。

5. 鸿顺物流中心项目。已基本完成园区主大道路面硬化,考试中心已试运行,累计完成投资 3600 万元。

行业监管工作。1. 圆满完成了 2011 年春运任务。春运期间,全县共投入营运客车 377 辆,其中,正常运力 285 辆,启用机动运力 51 辆,调配对开省及省内运力 41 辆,保证了春运期间旅客出行需求。

2. 运输结构调整步伐加快。全县道路运输经营业户数达 2467 户,道路运输从业人员 4344 人,同比增长 17% 和 9%;全县有客运车辆 336 辆,货运车辆 1402 辆,同比分别增长 3% 和 34%;全县客运班线达到 120 条。全县完成公路客运量 551.9 万人、客运周转量 69464 万人千米、货运量 505.6 万吨、货物周转量 30311 万吨千米,同比分别增长 8.8%、8.3%、8% 和 8.1%。

3. 进一步优化运输环境。整顿客运市场,严厉打击"黑车"经营。10 月 21 日,县委常委、政府副县长倪旺珍在局主持召开打击"黑车"专项行动动员大会。集中整治期间共查处"黑车"经营 88 辆次。

4. 规范县乡公路路政管理。共清除路障 138 处,拆除临时厂棚 1 处,拆除非公路标牌 8 块,制止违法建房 5 处。办理路政处罚案件 7 起,办理行政许可案件 4 起。

(于都县交通运输局)

兴 国 县

兴国县公路通车车程达 2223.87 千米。境内县乡主干道已全部硬化路面。100% 的行政村通了水泥公路,90% 以上的行政村通了班车。2011 年底县内 7 个渡口,除鼎龙乡库区高井渡口外已全部完成撤渡建桥任务。

基础设施建设。一是 319 国道城区段改造工程总投资 3.9 亿元,累计完成投资 2.4 亿元,全线路基基本成型,小桥涵施工全部完成。二是滨江 1 号线至程水塔路段(含兴国大桥)至 11 月底全部完工。三是滨江东大道向北延伸段绿化工程全年累计完成投资670万元,完成填方5.7万立方米,砌筑挡土墙572立方米,种植乔灌41万株。四是毛园至开发区B区大道公路建设工程总投资1527.4万元,8月开工建设,年底已建成通车。五是新开岭至兴莲乡官田苏区中央兵工厂旧址公路改建工程总投资2474.8万元,至年底除东村圩镇段2千米外,其余路段已全部完工。六是农村村组公路建设全面加速,年初启动了通自然村公路硬化建设工程,全年完成通组公路水泥硬化150千米,完成投资4500万元。七是完成72千米新农村建设示范点村组主干道硬化,完成投资1440万元。八是完成鼎龙石至方太古顺5.8千米乡际断头路及兴国南坑至宁都黄陂5千米县际断头路的硬化改造。

公路运输。一是农村客运基础设施进一步完善。2011年全县新建农村客运候车亭30个,至2011年底全县累计建成农村客运候车亭218个。二是公路运输运力有了新的增长,全年新增客车6辆,更新客车13辆。三是新开通客运线路6条,全县累计开通客运线路106条。全年新增普货运输车辆63辆,计96载重吨位。四是城市公交进一步完善,2011年新开通"火车站—工业园"公交线路一条,新购豪华公交车2辆,新建改建公交站台22座,2011年年底,县城城区拥有公交线路9条,公交车33辆。五是汽车维修业有了新发展。全年新增三类以上汽车维修企业5家、摩托车维修企业4家,至年底,全县有维修企业69家。六是坚持依法行政,不断优化交通运输业发展环境。强化GPS监控系统管理,对客车和危货运输车辆进行动态监控,及时发现和排除安全隐患。全年完成公路客运量460万人次,客运周转量363242万人千米,与上年相比分别增长1.8%和1.9%,完成货运量606万吨,货运周转量44558万吨千米,分别比上年增长1.1%、1.5%。

县乡公路管理。县公路养护管理站严格考核管理,确保全县13条县乡公路路面完好、路肩平整、路基稳定安全畅通。一是明确目标任务。年初,该站向各县乡公路养路队制定下发了《2011年度县乡公路养护工作目标管理实施方案》,详细明确了全年县乡公路养护工作的目标任务和管理方面的主要措施。二是加强了监督检查力度。对全县13条县至乡公路的养护工作进行经常性的监督检查,发现问题及时进行指导纠正。三是严格执行考核制度。2011年该站对13条县至乡公路养路队严格执行了月度检查考核,将各养护人员每月完成的养护情况与当月工资报酬进行挂钩,同时分别于6月底和12月底对13条县乡公路进行半年和年终检查考核评比。对养护工作做得较好的单位和个人进行奖励和表彰。四是加强了文明样板路建设。

保障县乡公路安全通行。县公路养护管理站大力实施安保工程建设,在县乡公路上的进出白、急弯险段、危桥及平交路口设置各种警示标示牌53块,设置减速带73米/14处,设置防护立柱1397根/15处,设置防护墩334.5米/11处,拓宽1处视距台石方1116.3立方米,土方2292.9立方米,投入安保资金25万元。

县乡公路路政管理。2011年,路政巡查大队加强公路建筑控制区的管理,狠抓超限运输现场处理和源头管理,狠抓路政队伍建设,将路政管理工作逐步推向"规范化、法制化和制度化"的轨道。路政管理工作取得明显成效。全年共上路巡查142天,现场制止各类涉路违法、违章行为102起,清理公路上乱堆乱放132处,共计1160平方米;拆除非公路标示牌9块,共计64平方米;签订路段许可协议2份。

(兴国县交通运输局)

瑞 金 市

实施农村公路建设。积极加强与上级交通主管部门的联系对接,抓项目抓管理抓进度,着力实施农村公路建设。全年完成投资4700万元。重点抓好湖陂至黄沙公路37千米战备公路和县道升级改造项目争项工作。日东乡湖陂至黄沙公路37千米有望列入2012年国家战备公路建设计划,并做好了项目相关前期工作;冈面乡蛇子岗至塔下寺、蛇子岗至瑞林、瑞林至赖村、瑞林至对坊4条84.3千米县道升级改造项目已全部完成项目工可,通过专家评审,列入"十二五"规划。同时,采取工程技术人员分乡镇、分项目挂点包干的形式,完成了晶山纸业厂区道路改造、瑞林镇政府至元田路段6.4千米路基扩宽和日东至黄沙公路14千米路面硬化工程。基本完成84.9千米村组公路水泥路建设任务。中赖、龙江、长沙、王坑口等渡改桥工程也在扫尾中。

加强道路运输管理。全市道路运输完成客运量419万人，旅客周转量34081万人千米，货运量316万吨，货物周转量34490万吨千米。农村客运班线新增3条、客车11辆，公交车更新8辆、新增2辆，营运货车新增352辆，全市拥有客车202辆、出租车71辆、公交车48辆、营运货车2402辆。1. 科学组织，保障重大活动运力调配。春运工作，全市投入营运客车223辆，完成客运量39.029万人，客运周转量3768万人千米，发送旅客人数比去年同期增长12%，实现平安春运；央视"心连心"慰问演出和纪念中华苏维埃共和国成立80周年系列活动期间，该局调配运力220辆次，圆满完成运输保障任务。2. 依法行政，道路运输市场规范有序。重点开展了安全生产月、客运安全隐患整治、打击非法营运及规范道路运输市场经营行为、高中考瑞金考区交通环境等多项整治活动。严厉打击扰乱道路运输市场秩序的人和事，共查处纠正违章466起，查处非法营运"黑车"23起。3. 加强监管，汽车维修、驾培服务质量稳步提升。开展了营运车辆年度技术等级评定及营运证审验、客运班线复审；开展了驾培机构资质清理，通过核查整改，全市更新教练车4辆、汽车驾驶模拟器34台，增设训练道路200米，世通驾校由三级升为一级；开展维修行业的质量信誉考核，新增2家二类维修企业。4. 管治结合，优先发展城市公交。推进公交管理规范化、制度化，3、6、9路24辆公交车实现公车公营并更新3路公交车8辆。5. 稳步推进农村客运站(亭)建设。

加强港航管理。全市拥有砂场26个、采砂船25艘、运砂船舶31艘，全年累计完成砂石货物吞吐量32万吨，周转量179.2万吨千米。一是加强安全整治，深入港航企业检查安全管理人员、安全生产责任制、安全生产规章制度等的落实情况。二是与海事、质监、安监等相关部门联合执法，深化对砂石运输船、施工船和旅游船及港埠企业的现场监管，切实消除各种事故隐患。全年组织安全检查106人次，查出事故隐患16起，责令限期整改企业13家。三是严格按上级核定的费项和费收标准，依法开展港航规费征收工作，全年征收砂石货物港务费24万元。

强化路政执法力度。继续按"县道市管、乡道乡管、村道村管"的农村公路养护体制，抓好农村公路的日常养护管理。投入100万元对上半年遭受水毁严重的瑞林、丁陂、万田、日东、拔英、冈面等山区乡镇县乡公路水毁工程进行了修复，确保了农村公路安全通行。不断加强县乡公路巡查力度和密度，切实维护路产路权，全年共巡查公路2800千米，受理群众举报5起，排查安全隐患2处，纠正违章建房1起。开展货车超限超载整治，有效遏制云万、梅九、沙九公路车辆违法超载超限运输势头。投入30万元在农村公路隐患路段设置了减速梗779米、指路牌9块、警示牌67块。以云万公路、冈沙公路为重点，大力实施"一大四小"造林绿化工程，种植桉树苗木5万株，树立造林绿化宣传牌4块。

（瑞金市交通运输局）

会　昌　县

交通基础设施建设。争取农村公路建设计划96.3千米，危桥改造1座，争取上级补助资金1812万元；启动了会杉线公路升级改造38.2千米项目、206国道东移升级改造和县乡公路升级改造项目申报前期工作，储备了一批工程项目。截至2011年12月底，全县共完成交通基础建设投资1.1亿元，续建的13座渡改桥基本完成，29个通村水泥路项目120千米全部完成。5个通乡油返砂公路项目52.1千米，完成路面铺设40.1千米。完成新农村路面硬化88.25千米。农村公路养护探索新方法，庄口农村公路综合服务站试点建设通过省厅评审，集客运、物流、配送、养护管理为一体的农村公路养护初步建立。农村公路养护管理得到进一步加强，实施了安保、水毁修复等工程，保通能力得到增强。

民生工程建设。1. 积极推进农村客运网络化建设。开通了白鹅至河迳、白鹅至狮子、会昌至板坑三条农村客运班线以及新增会昌县城至于都县铁山垅镇的跨县班线。全共完成珠兰、永隆、站塘、右水、白鹅五座乡区客运站建设任务和20座候车亭建设。2. 新建12座公交候车亭，同时督促公交公司设立公交站牌。

行业管理。全县营运汽车拥有量为1448辆，其中营运货车1261辆(含726辆农用车),营运客车187辆(客车142辆,出租车30辆,公交车15辆)。县内公交线路5条,客运班线74条,全县乡镇通班车率100%,行政村通班车率91%,一、二类维修企业4家,物流运输服务企业18家。与上年相比,新增货车19辆231吨位,新增农用车16辆,新增客车4辆,新增物流运输服务企业5家,新增三类维修企业4家。加速淘汰能耗高、排放超标的老旧车辆,2011年更新12辆客运车辆,新增4辆客车。水上交通管理措施到位,水上交通运输稳步有序健康发展,确保了连续26年渡运无责任事故。加大了对在建交通工程的管理力度,严格按照各项管理制度、规章、规定执行,对工程质量监管全覆盖,建立试验室,检测手段不断提升,监管措施不断完善,工程质量明显提升。农村公路质量抽查合格率100%、质量监督覆盖率100%,全县无一起重大质量安全事故。

新农村建设。建设点共投入资金63.28万元,拆空心房、旧猪牛栏、厕所等计4126平方米,房屋粉刷12576平方米,阶檐硬化2789平方米,浆砌水沟3563立方米,新建猪牛栏20间,垃圾池2个,清理垃圾1000立方米,改厕38户,硬化入户便道1126平方米,硬化村组主干道2.5千米,村、校绿化苗木1000平方米,建设精品景点3个。

(会昌县交通运输局)

石 城 县

交通基础设施建设。1. 农村公路建设扎实有效。一是加快实施连通工程建设,印发《关于做好2011年农村公路(含其他连通工程)建设工作的通知》,明确建设任务和标准,全县60个项目计47.8千米如期实施,路基工程全面启动,完成路面浇筑40千米,完成投资1200万元;二是旅游公路设施逐步完善。完成如日山登山公路改造工程,建设投资17万元;完成五中至九寨旅游公路高填方路段路面浇筑工程,建设投资15万元;完成秋溪至游客接待中心错车道加密工程,建设投资20万元;三是突击完成睦富至沔坊公路勘察设计工作。2. 重点项目全面竣工。下长浦至岩岭公路工程于7月底全面竣工,建设投资2816万元;二是大由龙头大桥扫尾工作全面结束,累计完成投资300万元,彻底改变该县群众摆渡出行的历史;三是协助做好了城南沿江大道、西外路、防洪堤、兴隆大桥等县重点工程前期工作及建设管理工作,项目推进顺利。3. 公路管养寻求突破。一是加强公路养护,完成五中至九寨旅游公路C标段灾害防治工作,完成投资20万元。完成长乐至沙段公路安保工程4.1千米,完成投资20万元;二是狠抓监管,深入推行双公示制规范运行,要求在建项目全面实施双公示制,确保工程廉洁高效;同时深入排查道路交通安全隐患,排查出中小桥危桥32座、县道主干线危险路段408处、其他乡村道600处,已对部分危险路段设置了防护墩,桥梁采取禁止通行和限制通行处理,并将改造计划上报政府待批,切实维护道路安全畅通。

运输市场管理。1. 客运市场稳步推进。一是客运车辆继续更新,年内更新"石城—宁化"班线车辆8辆计228个客位,新增客车1辆计55个客位。二是大力发展客运班线。新开辟"石城—潮州""石城—厦门"省际班线2条,新开通了3个行政村通客车,行政村通客车率达87%。三是加快推进客运站场建设,做好屏山镇、小松镇2个农村客运站的重新选址工作;印发了《关于做好2011年便民候车亭建设和管理工作的通知》,17个候车亭于10月开工建设;积极做好横江镇综合服务站列入全省建试点工作。2. 货运产业健康发展。一是当好"娘家人"。实行电话预约、主动上门服务,货运企业车辆办证年检一路开好绿灯,随到随办。二是当好"公关人"。积极协调各部门落实优惠政策,协调相关部门解决货运车辆进城难的问题。三是当好"引路人"。启动建设总投资7700万的县物流中心(汽车城),及时提供货运市场信息,为企业发展提供良好平台。年内新增货运车辆85辆,计120.5吨位,实现税收450万元。3. 运输安全形势良好。坚持安全隐患排查常规化。全年对运输公司及客运站的安全隐患排查共40余次,下发安全隐患整改通知书13次,整改落实100%;对客运驾驶员安全培训常抓不懈,每周组织一次全县客运驾驶员进行安全知识培训及警示教育;加强了道路运输安全宣传力度,发放宣传单1200份,接待市民咨询300人次,增强了群众交通安全意识,确保了全县道路安全形势平稳。4. 运输市场规范有序。一是进一步加强维修行业监管，对3家二类维修企业、44家三类维修企业、71家二类摩托车维修企业进行质量信誉考核；二是加强机动车驾驶员培训的监管；三是加强对出租车行业的监管，出租车全部安装了GPS全球定位装置及宣传显示屏，对全县汽车租赁公司进行摸底调查并建立台账；四是严厉打击非法营运，保持严厉打击“黑车”的高压态势，采取客运企业、客运驾驶员及广大群众联动机制，建立了“黑车”举报制度。全年共查处黑车21辆。

（石城县交通运输局）

宁　都　县

交通基础设施建设。1. 完成省道S222宋水线大树岭至东韶段全长20.9千米建设；完成省道S208隘上至肖田段全长11千米建设；启动省道S222宋水线洛口至来源段全长17.2千米改造建设；按三级公路标准，已完成路基工程，完成投资450万元；启动省道S319蛇永线蛇形排至黄陂段改造建设；2. 完成了县道改建项目翠微峰至罗江公路建设；启动县道固村王坊至辽屋坪公路建设。3. 完成村组农村公路硬化项目90千米，完成投资2250万元。4. 完成城市交通重点项目登峰大道北段拓宽改造工程量三分之一，完成投资850万元；5. 完成了肖田大桥、竹笮龙颈桥、安福社溪桥、肖田乡吴村桥、洛口谢坊桥等危桥改造项目，并对38座乡村公路中小危桥实施了重建，对22座中小危桥进行了维修，完成投资1500万元。6. 农村公路养护。一是村公路养护体制改革成果不断巩固，养护公司进一步完善了公司化管理措施，更新了设备配置，加强养护工人技能培训，大大提高了养护工作质量，提升了公路养护水平；二是确保了农村公路水毁及时抢修。全年共抢修水毁土石方16000立方米，抢修边护坡以及护墙共3200米，修复破损路面2万平方米；三是加大了安保设施投入，对农村公路弯多路险、事故多发路段设置警示牌、减速带、防撞墩等设施，减少事故的发生。

道路运输行业管理。一是抓市场，道路运输业继续保持良好的发展态势。扎实推进运输服务优化工程建设，全力服务运输行业做大做强。结合开展运输企业安全生产“月检查、季分析”制度，定期组织客货运输、运政稽查、城市客运、维修、驾培等股室负责人联合深入全县各运输企业进行服务和指导，向运输企业征求对行业主管部门的服务意见。二是抓服务，确保重要时段旅客出行畅通。圆满完成节假日和指令性运输任务。全年共完成货运量766万吨，货运周转量75543万吨千米，客运量577万人次，客运周转量49202万人千米。三是抓整治，确保客运市场安全有序。始终把运输安全生产作为一项突出的工作来抓，强化对辖区内运输企业安全监督检查，开展打击非法营运专项治理行动，争取政府出台打击非法营运方案措施，联合各部门执法。同时加大宣传力度，印发打击非法营运专项治理行动通告及宣传标语，在车站等重点区域悬挂宣传标语，发放专项治理宣传资料1000份，并出动宣传车到全县各镇巡回广播。自9月份专项行动以来，已查处非法营运车辆达40辆，专项治理工作取得了阶段性成效。四是抓民生，扎实推进客运网络和农村客运候车亭建设。编制了宁都县“十二五”客运网络规划，建立与农村公路发展相适应、与农村道路客运保障措施相配套的农村道路客运网络，分5年共新增55条农村客运班线。同时紧跟全县乡村公路交通安保工程进展情况，根据客运经营户提供的申请材料，依据行政许可程序及时审批客运线路延伸许可，并鼓励有条件的农村客运线路采用区域循环发车和预约包车方便广大农村群众出行，扎实推进村村通客车工程。完成了1个农村客运站和20个农村客运候车亭建设任务，总投资达220万元。

（宁都县交通运输局）

吉　安　市

2011年,全市交通运输部门干部职工求真务实、开拓创新,各项工作进展顺利。全面完成全年目标任务。全力协助抓好泉南高速公路吉安至莲花段建设;积极配合业主做好征地拆迁工作;积极配合业主做好前期工作,泰井高速公路厦坪至睦村段年内开工建设。新开工建设农村公路846.3千米,续建项目298.6千米;实施危桥改造29座;新建农村公路养护道班房18个;建成农村客运站9个、候车亭250个,完成33个农村客运站竣工验收;积极推进吉泰走廊公交一体化,争取尽快开通吉州至吉水、吉州至泰和公交线路;加快推进吉安现代物流业发展,出台推进吉安现代物流业发展方案,推进以井开区物流中心为龙头,吉州区物流园区等七大物流园为节点的现代物流服务体系。

1. 农村交通基础设施建设全面推进。起草《关于"十二五"公路水路运输基础设施建设的实施意见》,同时重点开展"十二五"农村公路建设项目前期工作,积极组织各地对国有农、林场、通乡镇的沥青(水泥)路建设项目、县通乡道升级改造建设项目、农村客运网络化的连通工程、农村公路中新建独立大桥以上桥梁等项目编制工程可行性研究报告,并得到上级部门批复。到年底已全面完成目标任务。

2. 农村公路养护管理力度加强。一是建立完善各项农村公路养护管理制度。市局组织部分县(市、区)公路站长等相关人员赴贵州省铜仁地区考察农村公路养护情况,起草并以市政府名义印发了《关于加强"十二五"期间全市农村公路管理养护工作的意见》。为落实交通运输部开展的农村公路养护管理制度落实年活动,积极完善了相关制度,已制定了《农村公路管理养护公示制度》《农村公路桥梁养护管理制度》《农村公路养护巡查管理制度》《农村公路桥梁养护应急预案制度》《农村公路安全保障工程管理制度》《农村公路管理养护安全生产管理制度》《农村公路危桥改造加固建设管理制度》等七项制度。二是积极开展农村公路安全保护管理宣传活动。组织学习《公路安全保护条例》,提出贯彻落实《公路安全保护条例》工作意见。三是制定"十二五"期间县道道班建设规划。对全市农村公路县道道班"十二五"期间建设进行了规划,按照每30~50千米设置一个大道班的原则,全市拟规划设置大道班75个,其中,在原有道班基础上改造50个,新增道班25个,道班人员按3.5千米/人~4千米/人,每个道班配备养护人员10人左右。四是积极推进农村公路绿化建设。继续抓好农村公路"一大四小"绿化建设工作,积极指导县(市、区)开展造林绿化。全市计划绿化里程524.73千米,实际绿化里程498.57千米,补植里程1662.94千米,植树69万余棵。

3. 运输市场管理规范有序。一是圆满完成2011年道路旅客春运工作。全市日均投放客运班车1850辆,日均开行客运班次3607班,组织春运加班(包车)4005班次,运送旅客461.8万人,客运量同比增加8.5%。春运期间,查处打击非法经营行为3起,没有发生一起重特大道路运输事故。二是出租车管理职能顺利交接。到萍乡、湘潭等地进行城市客运市场管理的考察。对全市出租车市场的现状进行了调查摸底,6月25日举行了出租车管理职能交接仪式,从7月1日起全市出租车行业管理职责由交通运管部门履行。三是稳步推进吉泰走廊开通公交线路。吉泰走廊公交一体化是2011年全局的重点工作之一,得到了市政府领导的高度重视。成立了由分管副市长任组长的工作领导小组,对吉泰走廊内现有客运班线进行了摸底调查,提出了吉泰走廊公交线路开行初步方案。正在与相关客运企业进一步协调沟通,尽早开通吉泰走廊公交线路。四是客货运力稳步发展。全市拥有客运车1825辆、48465客位,比上年同期增长1.3%和5.2%;拥有货运车辆40623辆、224387吨位,比上年同期分别增长

13.5%和30.60%。

4. 重点物流园区规划建设稳步推进。一是成立工作机构。在市交通运输局设立吉安市现代物流发展领导小组办公室,负责全市物流业发展的规划、指导。二是对井开区、吉安县、吉州区、峡江县、新干县等重点县(区)物流业发展情况进行调研,并到杭州、南京、南昌等地进行学习考察。三是提出了全市重点物流园建设规划。四是以市政府名义出台《关于加快吉安市现代物流业发展的实施意见》。

5. 交通安全形势保持稳定。2011年,全市交通安全生产形势总体平稳。水运、渡口和公路施工安全连续多年保持安全无事故,道路运输安全事故也呈平稳态势。全市交通运输安全监管主要做了以下工作:一是全面落实安全生产责任制,层层签订安全责任书。二是坚持安全生产例会制度,每季度召开一次安全生产工作会,认真研究和解决安全生产存在的突出问题。三是广泛宣传,努力营造安全良好氛围。围绕春运、"安全生产年"、"严厉打击非法违法生产经营行动"等专项整治活动,采取多种形式,广泛进行宣传。四是切实抓好安全专项整治。结合季节性、重点时段的安全生产工作特点,组织开展安全生产综合大检查,对检查中发现的突出问题和事故隐患提出限期整改,督促生产经营单位和行业管理部门及时落实整改措施。

(吉安市交通运输局)

吉 州 区

吉州区交通运输局锐意进取,开拓创新,在交通基础设施建设、农村公路养护管理、物流业发展、交通安全管理等工作中取得了可喜的成绩。一是高标准、高质量完成吉州区交通运输"十二五"发展规划编制工作。二是交通基础设施建设项目有序推进。抚吉高速公路建设吉州区境内12.92千米征地拆迁工作顺利进行,征地工作全面结束,征地款全部发放到位,拆迁户42户,已签协议40户,完成拆迁22户。加紧实施县道升级改造和乡道升级改造公路建设,完成县道升级改造项目:西四乡联网公路小湖江至电缆厂段2.71千米公路建设,计划内的3条5.6千米的乡道升级公路全面开工建设,完成通自然村公路28.2千米;完成危桥改造3座;完成农村公路候车亭22个,超额完成建设计划7个;曲濑道班房和长塘道班房建设全面完工,并投入使用。三是农村公路养护管理卓有成效。建立了农村公路养护长效机制。各乡镇成立农村公路办公室,提高了乡、村公路养护补助标准。落实养护责任,重点养护农村公路,充分发挥了道班作用,实行线路分段、专人负责,并在沿途设立公示牌,接受社会监督。加大养护硬件投入,购置了割草机、切割机、发电机组、压路机、风炮机、搅拌机等设备和机具。强化路政管理。散发宣传资料1000余份,送达交通违法通知书30份,新增补齐标志、标牌50块,清理公路堆积物20处,收缴公路赔补费3万元。四是货运物流发展呈现出新的亮点。完成吉安市河西综合物流园区建设项目可行性研究报告,并上报审批。完成货运税收2568万元。五是安全生产平稳,未出现任何事故。六是扎实开展了创先争优、"三民三增"、发展提升年等活动。

(吉州区交通运输局)

青 原 区

2011年,青原区交通运输局锐意进取,开拓创新,在交通基础设施建设、农村公路养护管理、物流业发展、交通安全管理等工作中取得了可喜的成绩。

1. 重点项目建设。(1)青东公路"三改二"工程。该项目分两期实施改造,全长85.67千米,全线按二级公路标准实施改道,总投资4.4亿元。一期项目于2010年12月开工,2011年12月底已完成一期油路面通车,完成投资约7245万元。(2)现代物流园。该项目已列入国家交通运输部"十二五"规划建设项目和吉安市"十二五"期间重点布局八类专业市场之一,占地45.3公顷,设计吞吐能力为240万吨/年。该项目的规划红线图、选址意见书、工程可行性研究报告已经完成。(3)105国道"二改一"工程。1月份完成绿化、亮化、标志、标线等附属工程,4月份完成交工验收,10月份已与市公路局直属分局办理了交养手续。

(4)古高线改造。该项目全长8.56千米,按照二级公路标准改建,于2011年年底完成通车,总投资约1200万元。

2. 农村公路建设。组织人员到各个建设项目进行督察,督促施工单位在保证工程质量的前提下抢抓有利天气加快施工进度,发现问题立即通知业主和施工单位整改。全年完成新、改建农村公路75.5千米,农村候车亭6个。

3. 公路养护和路政管理。农村公路养护取得新成效:一是按照县道养护3.5千米/人,乡道4千米/人的标准配备日常养护人员,与各路段养护人员签订了养护承包合同。二是进一步完善各项规章制度,使养护管理工作任务和责任更加明确,养护技术标准更加清晰。三是制定养护考核办法,实行养护目标考评。管养的666.1千米农村公路,好路率达86%。为管养的63座桥梁建立完整的"一桥一档"农村公路桥梁档案,并落实农村公路桥梁相关养护管理责任人,签订了养护责任状,对桥梁实行定期巡查制定。全面实施"安保工程",投入安保资金23.2万元,设置了示警柱80根、标示牌40块、减速带378米、标线4610米、标线325平方米。投入100万余元资金,对景区道路6.3千米和古富至分水岭4.61千米进行行道树种植。

(青原区交通运输局)

井冈山市

2011年,井冈山市交通运输局认真开展公路交通基础设施建设、公路养护、行业管理、运输生产、安全管理、政务环境、效能建设和行业文明创建等各项工作,取得突出成绩。

1. 交通基础设施建设取得实效。(1)泰井高速公路厦坪至睦村段全长43.7千米,于2011年4月份破土动工,至年底,完成土石方241125立方米,隧道洞口开挖全部完成;(2)农村公路建设。①大陇至团山升级改造,全长6.1千米,总预算投资1000万元,已完成招投标工作;②大陇至源头公路升级改造,全长11.8千米,总预算投资1980万元,已完成招投标工作;③少数民族村组油背至深坳改造,全长3.6千米,总投资90万元,2011年6月动工,12月底竣工;④续建2010年,农村公路建设项目,厦坪至新江1.7千米,投资400万元,于6月份动工,12月竣工;⑤鹅茅水毁公路投资60万元,于6月份动工,12月份竣工。(3)危桥改造项目。①攀家洲桥全长85米,预算总投资380万元。②坳里桥全长86米,预算总投资200万元。③石市桥全长75米,已完成前期工作,计划投资93万元。

2. 公路养护及公路绿化工作进一步加强。2011年,井冈山市交通运输局继续坚持"县道县养、乡道乡养、村道由所在村委会养"的原则,与各责任单位签订养护合同,促进养护质量的大幅提升。共投入养护资金120余万元。

3. 道路运输市场管理进一步规范。(1)2011年春运任务圆满完成,共发送客车11600班次,运送旅客21.23万人。(2)货运业取得进一步发展,全市货车已达到1159辆,计4022吨位。(3)旅游客运市场秩序进一步优化。通过客运市场的专项整治,全市309辆客车全部实现了公司化管理,全年共完成客运量272万人,客运周转量1.6亿人千米,货运量152万吨,货运周转量3.39亿吨千米。(4)汽修行业管理进一步加强。2011年,全市拥有汽修业户17户,二类5户,三类12户,维修质量进一步提高。(5)为推进安全服务系统的管理,班线车辆安装摄像头达60%。(6)三级汽车驾校一所,驾校教练员、管理工作、质量信誉考评率达100%。(7)着力发展货运业。把汽车货运业作为井冈山市经济新的增长点来培植,以"六化"为目标,积极引导、重点扶持、努力做大、做强货运业。2011年,井冈山市货运车辆发展到1159辆。(8)重点整治道路客运市场。重点整治无牌无证、异地经营、串线营运、争揽客源等违章经营行为,协助指导客运企业搞好"三优""三化"工作,达到"车进站、人归点"的规范化管理;井冈山市运政部门与市交警大队2次联合开展道路客运市场安全整治活动。

(井冈山市交通运输局)

吉　安　县

2011年,吉安县交通运输局上下团结共为,奋力拼搏,各项工作取得新成绩。

1. 农村公路建设。2011 年全县农村公路建设项目共 137 个、120.3 千米,其中县乡道改造项目 2 个、17.9 千米,中央预算内项目 2 个、6.6 千米,水毁项目 4 个、7 千米,通自然村公路 129 个、88.8 千米(包括新农村建设点进村公路)。到年底,县乡道改造项目达到规定进度,水毁项目全面竣工,中央预算内项目达到规定进度,通自然村公路完成 80 千米,占计划任务的 90%;农村公路危桥改造全面完成;道班房建设完成征地和工可报告;撤渡建桥项目完成竣工决算。完成《吉安县"十二五"农村公路建设规划》和《吉安县"十二五"客运公路网络建设规划》,均已顺利通过上级有关部门审核。

2. 农村公路养护和绿化。全县 13 个专养队签订了县道管养责任协议书,委托乡镇养护的乡道及所在路上的桥梁也分别与有关乡镇签订了委托养护合同;其他乡村水泥路分别由乡镇与各管养责任人签订了养护合同。全县每条重点养护县乡道上均设立了养护公示牌,明确了路线编号、名称、管养里程,管养单位,管养责任人及联系电话。该局还进一步完善了《农村公路养护安全生产管理制度》《农村公路养护工程质量管理办法》《农村公路安全保障工程管理办法》《农村公路危桥加固工程质量管理办法》及《农村公路养护巡查制度》等 5 项制度,并加大检查督导频率,确保农村公路"安全、完好、畅通",好路率达到了 90% 以上。继续坚持"谁投资,谁栽种,谁管理,谁受益"的原则推进农村公路绿化工作,及时补植树木 4000 余株,公路绿化率达 90% 以上。

3. 交通运输行业管理。一是顺利圆满完成春运工作。春运期间,全县共投入客运车辆 92 辆、1928 座,安全运送旅客 32.84 万人次,完成旅客周转量 1648 万人千米。二是整顿运输市场取得明显成效。查扣 80 辆次非法营运车辆,扣证 50 本次。三是大力发展农村运输市场。2011 年底拥有客车 91 辆、1889 客位;新增货车 263 辆、1059 吨位,到年底拥有货车 1581 辆、7703 吨位;新增低速车 55 辆、52 吨位,到年底拥有低速车 803 辆、884 吨位;农用车 214 辆、238 吨位;货运车辆总数为 2598 辆、8825 吨位。四是公路运输量实现了持续增长。全年共完成客运量 332 万人次,比上年同期增长 1%,完成客运周转量 14826 万人千米,比上年同期增长 1%;完成货运量 298 万吨,比上年同期增长 2%;完成货运周转量 75455 万吨千米,比上年同期增长 2%。

(吉安县交通运输局)

泰　和　县

2011 年,泰和县交通运输局以交通基础设施建设为重点,主攻"四大工程",交通基础设施建设进展顺利,运输行业管理力度不断增强,安全生产秩序井然,交通行业成果丰硕。

1. 交通基础设施建设成效显著。一是全力做好泰和大道南延工程建设。泰和大道南延一期工程年底前油路通车,绿化、亮化主体完工。二是吉莲高速公路建设征地拆迁工作进展顺利,补偿款 100% 拨付到位。石吉高速损毁公路得到省交通运输厅、省高速集团公司和项目部支持,积极组织修复损毁。三是泰和石虎塘航电枢纽工程建设有序推进,永久用地已征用 612 公顷,完成总计划的 93%。四是泰和县城北公交车总站已列入重点项目建设。

2. 公路养护、路政工作成效显著。一是明确管养主体。建立健全县乡村三级公路养护管理体制,明确县道由县公路管理站负责养护和日常管理,乡道由所在的乡镇人民政府负责养护和日常管理,村道由所在的村民委员会负责养护和日常管理的管养机制。在对沿线群众开展"爱路护路"宣传活动的同时,组织路政管理人员不定期对公路沿线进行巡查。二是落实养护资金。在用足用好上级政策的基础上,对所有县道逐条制定了详细的养护资金使用计划,并督促县公路站落实好养护单位;在乡村道养护中该县每年在县财政转移支付中安排道路养护维修费 92.6 万元。对养护工作到位、养护质量好的线路及时足额将资金拨付到位,对养护管理不到位或养护质量达不到要求的线路扣减补助资金,对未进行养护的线路不予补助,差额部分资金要求乡村自筹解决。

3. 交通运输行业管理规范有序。一是加强货运产业发展。全县货运车辆达 4751 辆,计 20029 吨位。新增货运车辆 504 辆,计 3500 吨位(含低速货车 137 辆计 135 吨位),剔除过户与报废车辆后,与上年同期车辆数和吨位数相比分别增长10%和19%。二是加快城乡客运一体化及农村客运网络化建设进程,按照客运网络化“十二五”规划,加强城市和农村客运的无缝衔接,努力实现公交车与线路车的零距离换乘。全县278个行政村94%通了班车。三是积极对道路运输行业单位进行质量信誉考核,客、货运输企业,二类以上维修企业,驾校等单位的考核均达到100%。四是按照《江西省道路运输条例》的有关规定,完成租赁企业的调查摸底工作,对全县10家汽车租赁企业的53辆租赁汽车进行登记备案,完善了出租汽车客运管理的相关工作制度。五是加大客运市场的监管力度,重点打击了“黑车”非法载客经营的违法行为。

(泰和县交通运输局)

万 安 县

2011年,万安县交通运输局进一步细化目标,强化责任,硬化措施,狠抓落实,各项工作稳步推进。

1. 公路交通建设。2011年,启动万安互通连接线公路改造工程,改造里程4.2千米,总投资3500万元。完成农村水泥路建设68条50千米,累计投资1590万元,其中地方配套1024万元。至2011年末,全县农村水泥(油)路总里程912.18千米。

2. 农村公路管养。2011年,全县有县道及重点考核乡道186.26千米,一般乡道241.26千米,村道333.45千米。养护责任落实上,按照“县道县养、乡道乡养、村道村养”的分级养护体制,县道及重点考核乡道全部由县公路站负责养护管理,一般乡道由所在乡镇政府负责养护管理,村道全部由属地村委会养护管理。各管养责任主体与养护负责人签订养护合同。养护资金投入上,除将上级转移支付资金267.72万元全额用于公路养护外,争取县财政资金72万元用于公路危险路段整治、水毁修复、公路大中修、安保工程建设。公路路政管理上,县道及重点养护乡道每半月组织一次巡查,全年组织专项整治两次,清理公路两侧堆积物356立方米,查处违法建筑7起。公路养护质量明显提升,年末平均好路率82%,县道好路率90%。

3. 道路运输发展。道路客运企业改制。原局属三家道路客运企业——万安县汽运公司、万安县汽车站、万安县运输公司通过公开挂牌出让,由江西长运吉安公司摘牌受让,于2011年4月12日成立江西万安长运有限公司,3家改制企业的原有经营业务全部归属新公司负责,标志着万安县交通运输局国有企业改制工作全面完成。农村客运站亭建设。市局下达2011年农村客运候车亭项目18个,于12月底全部完工。城乡客运公交化改造。2011年对万安至窑头、万安至高陂、万安至枧头3条农村班线采取滚动发班模式。农村客运网络化建设。2011年底,全县135个建制村有123个开通农村客运班车,开通率91%。道路运输市场发展。2011年,全县货运汽车拥有量1472辆,新增营运货车110辆,同比增长8.07%,总吨位3754吨,比上年增加677吨,增长23%。更新客运车辆13辆,更新率16%。道路运输量。2011年,全县完成货运量585万吨,货运周转量81657万吨千米;完成客运量179万人次,客运周转量16588万人千米。

4. 交通行业管理。严格执行《道路运输车辆燃料消耗量检测和监督管理办法》,凡不达标车辆不予许可,并继续实施客车实载率低于70%的线路不投放新运力的调控政策。组织开展道路客运市场秩序专项整治活动,2011年10月起,联合交警、城管等部门对非法营运、出租车从事或变相从事班线客运、出租车拒载、不使用计价器、出租车与班线车争抢客源等行为重点整治,查处各类违法行为32起。进一步强化安全主体责任落实,完善各项安全生产措施和应急预案,加强安全生产日常监管,注重加强对重要时段、重点部位、重点作业的安全监管,全年未发生水上交通、渡运、路桥施工亡人事故,杜绝了道路运输较大以上事故。

(万安县交通运输局)

遂 川 县

2011年,遂川县交通运输局以构建和谐交通为目标,坚持按照“夯实基础,培植典型,打造品牌，全面提升”的工作思路，求真务实、真抓实干，取得优异成绩。全年完成交通基础设施项目投资4500万元，改造县乡公路8千米，改造通村水泥路76.7千米，开工建设乡镇客运站2个，完成候车亭44个；公路养护继续实行“家庭承揽式”模式，取得更为显著的成效，公路主干道好路率达到95%。同时进一步规范道路运输行业管理，新开通县城至于田至枚江的公交车环城线路，新增城市公交18辆，成功取缔无牌无证“拐的”243辆，理顺了城市公交车、出租车的管理机制，道路运输市场秩序明显改观。全年新增货运物流企业26家，新增货车运力10000吨，实现上缴税收3000万元。运政执法队伍建设不断加强，道路运输市场整治力度不断加大，各种违章经营行为得到有效遏制。渡口(港航)、交通安全等行业管理和精神文明建设都有新的发展。全面高效完成县委、县政府及上级主管部门下达的各项工作任务，为实现全县经济又好又快发展提供了有力的运输保障。2011年被评为全县“文明单位”，全县综合工作考评“先进单位”，荣获全市交通运输部门“二等奖”。

（遂川县交通运输局）

永新县

2011年，永新县交通运输部门干部职工团结拼搏，较好地完成全年各项工作任务，实现了交通运输事业全面可持续发展。

1. 重点工程项目建设扎实推进。(1)吉莲高速公路永新连接线一期工程4.8千米，于2010年底动工，工程进展顺利，累计完成工程投资2000万元。二期工程5.12千米，于2011年10月开工建设。(2)绕城公路(东里至才丰段)项目全长约6千米，拟按二级公路标准建设。9月份由市发改委组织专家进行了工可评审，并对项目工可进行了批复。

2. 交通基础设施责任项目顺利实施。2011年，县交通运输局克服时间紧、任务重、资金少的困难，交通基础设施建设项目进展顺利。乡道升级改造项目1个，即龙安至洞口公路5千米，路基工程正在施工，到年底已完成路基总工程量的80%以上。通自然村公路建设项目84个，计56千米，开工项目84个，路基完成56千米，砂砾垫层完成56千米，水稳基层完成56千米，混凝土面层完成56千米，累计完成投资1680万元。沙市大桥危桥改造下部构造加固工程全部完成。道班房建设项目1个，即四教道班房，结合烟阁客运站建设已投入使用，并逐步发挥养护功能。里田、龙门、三湾、象形、高市、坳南、烟阁农村客运站配套设施完成竣工验收。2010年续建通自然村公路项目1个，计1.6千米全面完成并已上报验收。

3. 运输市场整治及安全监管卓有成效。该局配合公安、交警、物价等部门，开展了客运市场专项整治行动，重拳打击县客运市场违规行为。重点查处无证经营、超范围经营行为。重新对全县客运票价进行了核定，彻底根治票价过高的“顽症”，查处非法营运车20余辆。在安全监管方面，坚持“安全第一，预防为主”的原则，进一步强化落实企业安全生产主体责任，与安监、公安等部门联合开展了道路客运安全隐患整治专项行动，积极组织开展了安全生产月和安全生产咨询日、安全生产知识竞赛等活动，加强日常安全检查和重大节日、会议期间和汛期的安全管理工作。

（永新县交通运输局）

安福县

2011年，安福县交通局认真开展公路交通基础设施建设、公路养护、行业管理、运输生产、安全管理、政务环境、效能建设和行业文明创建等各项工作，取得突出成绩。

1. 交通重点工程建设。武吉高速连接线一县城北至高速公路出口一级公路17.41千米改造工程全面竣工；县道赤马公路“四改三”项目工程招投标等建设前期工作已全面完成，并于12月18日开工建设；枫林桥拓宽工程前期工作进展顺利；物流产业园区建设项目完成土地征用，并向县政府上报建设可行性报告。

2. 农村公路建设。农村公路建设计划责任项目109个，建设里程72千米，截至12月中旬，完成通自然村连通工程水泥路项目43个，完成建设里程55千米，完成新农村示范点水泥路项目

66个,建设里程17千米。累计完成建设总投资1152万元。新建农村客运候车亭20个,完成建设投资20万元,完成危桥改造2座。候车亭累计建成116个,完成建设投资116万元,行政村客车通达率达86.7%。

3. 公路养护。一是抓管养责任落实。认真做好重点考核县乡公路养护的组织落实,明确县、乡、村三级公路养护责任制,养护人员、经费落实到位。建立健全一般县乡公路和通村水泥路的养护检查考核制度,公路养护覆盖率达100%。整修重点县乡公路路肩165.45千米。修复竹洋线、泱甘线、柘石线损坏水泥路面共计1000余平方米,维修挡土墙200平方米,维修盖板涵7道。清理文三旅游公路塌方4000立方米。全年共投入公路养护资金200万余元。全县农村公路好路率达85%以上。二是抓好公路绿化。按照"一大四小"造林绿化工作要求,签订了管养协议,确保绿化资料、路树权属手续完备。开展县乡公路造林绿化成活率、保存率调查和补栽工作。三是加大路政执法力度。全年共查处违章建筑共120平方米,清除路障16处,清理路面堆积物26处,清理非公路标志牌2块。开展县道沿线宣传活动48次,张挂宣传标语12条。

4. 交通运输生产。全县共有营运车2531辆,同比增长5.37%,其中,客车193辆、4962客位,完成客运量346万人次,较上年增加2万人次,客运周转量12626万人千米,与上年持平。货车2338辆、7273吨,同比增长5.8%,完成货运量374万吨,货运周转量83040万吨千米,同比增长1%。

(安福县交通运输局)

吉　水　县

2011年,吉水县交通运输局围绕市、县下达的目标任务,创新工作机制,抓好项目组织实施,创先争优,依法行政,圆满地完成全年各项任务。

1. 交通基础设施建设。全年完成交通基础设施建设投资4936万元,开工建设农村公路141.7千米,其中完成通组公路54.6千米,少数民族村组公路9千米、移民公路20千米;完成两座渡改桥项目的水下桩基工程;完成客运候车亭项目15个;新建县乡公路道班房3个。

2. 重点工程建设协调工作。抚吉高速吉水境内共25.6千米。2011年,县抚吉高速建设协调办工作人员与沿线乡镇及县直有关部门通力合作,建立县、乡、村三级联动的机制,开通工程建设"绿色通道",围绕项目建设中心,开展"110式"跟进服务,做到随叫随到,实地排忧解难,协调解决征地拆迁中的矛盾纠纷。圆满完成征地协议的签订,已拆迁房屋30户,迁移坟墓800余座,迁移名木古树80余棵;共协调解决水系、路系问题60余个,调处山林权属纠纷10余起,调处施工单位与当地群众各类纠纷100余起,为重点项目建设顺利实施奠定坚实基础。

3. 交通运输行业监管。该局全力以赴做好春运期间的客货运输组织工作,圆满完成为期40天的春运任务。春运期间,日投放运力134辆、3172客位,安全运送旅客50.6万人次,与上年同期相比增长6%,未发生客运交通安全责任事故。该局集中开展了4次专项整治活动,大力整治甩客、卖客、倒客,不按核定站点停靠,不按核定线路经营等违法行为。加强对非法营运出租车、面包车的严厉打击,维护了合法经营者权益。强化对危货企业的日常检查,定期组织安全学习,进一步健全安全生产监督检查、危险货物运输登记、从业人员安全管理、安全例会、安全培训和教育等制度。集中开展2次危险货物运输市场专项整治,重点打击超范围经营,无从业资格人员从事驾驶、押运,未落实危货操作规程等违法行为。深入开展"安全生产年"活动和"客运隐患整治专项行动",以杜绝重特大安全生产责任事故为重点,以预防和遏制安全生产事故为目标,全面落实安全生产各项规章制度,切实抓好道路、水上交通安全生产工作,全年未发生安全生产责任事故。

(吉水县交通运输局)

峡　江　县

2011年,峡江县交通运输局进一步细化目标,强化责任,硬化措施,狠抓工作落实,各项工作稳步推进。

1. 交通基础设施建设进展顺利。一是桐林流源至永丰潭城公路3.6千米水泥路全面竣工通车;仁和至脑上公路8千米水泥路正在开工建设。二是完成民族村水泥村建设项目9个、18.2千米,完成其他连通工程项目(通自然村水泥路)13个16.6千米,完成移民公路18个29.5千米,占计划任务100%。三是完成危桥改造项目1个即乌口危桥改造。四是完成道班房建设项目2个,即油陂庙至仁和公路戈坪道班房400平方米、田洲上至洲上公路上盖道班房400平方米,总投资96万元。五是完成候车亭建设项目12个,完成续建2010年少数民族村公路项目18个23千米,通自然村公路项目3个5.6千米,通乡水毁公路重建项目1个2千米。

2. 货运物流产业增长强劲。成功引进了央企招商局物流集团落户该县;由七家货运企业组建"长鸿汽贸公司",全力打造货运航母;认真抓好物流园、赣江货运码头、公路、水路、铁路货物运输商务大楼的前期规划设计工作,加快了物流基础设施建设。全年累计新购货车586辆8673吨位,过户312辆3696吨位,净增货车274辆4977吨位,现有货车总量为3491辆44975吨位;新增货运物流企业14家,现有货运物流企业69家;新增自开票纳税企业3家,现有自开票纳税企业26家;累计完成税收10319.47万元,占全年目标任务的169%,与上年同比增长154%;共投入货运物流业发展资金1.85亿元。

3. 交通行业管理规范有序。一是抓好了春运工作。投入营运客车72辆、1658客位,准备应急运力12辆、341客位,增开加班车、包车18车次,安全运输旅客14.38万人次。二是加强道路运输市场整治。开展了道路运输企业质量信誉考核;对汽车维修市场进行了专项整治;指导春云驾校完善场地和教学器材,加强教学管理;客运网络化建设加快推进,于8月正式许可峡江至巴邱班线为城乡公交班线,延伸通行政村客运班线1条,全县行政村通客车率达90.5%;接管了出租车客运管理。三是加强县乡公路养护。落实了公路养护人员及经费,采取设队养护、承包养护和机动养护等多种养护形式,全面做好县道的养护管理;设置了养护公示牌7处,对相关线路的名称、长度、养护责任人、养护职责和举报电话进行公开。四是加强路政管理。制定了公路宣传整治方案,以《公路安全保护条例》为主题,在县城进行公路法规宣传咨询活动,坚持经常性路政巡查,加大了公路违规的查处。五是对辖区内129座桥梁逐一编制"桥梁技术档案卡",对重点养护线路上四、五类桥梁设置了安全警示标志21处。六是105国道峡江收费站提前撤销。105国道峡江收费站于2011年11月26日零时停止收费,进一步优化了该县的招商引资环境,方便了群众的生产、生活和出行。

(峡江县交通运输局)

新　干　县

2011年,新干县交通运输局围绕市县下达的各项工作目标,不断提升交通发展质量和效率,积极努力工作,较好地完成各项工作任务。

1. 基础设施建设全面完成。完成2011年公路建设65千米,其中,计划内通自然村公路项目39.1千米,计划外建设里程25.9千米。续建2010年农村公路建设项目31个33.9千米。完成樟树下道班房主体工程。完工县乡道升级改造项目塘西至石歧凌1千米,完成105国道至庙前2千米面层。兴建农村客运候车亭41个。

2. 公路管养不断加强。制定完善新干县农村公路养护安全生产管理制度、农村公路养护巡查制度、农村公路养护工程质量等一系列管理办法,进一步完善了农村公路养护管理,并建立健全了养护档案等养护资料。共斥资21万余元修复破损水泥路面960平方米、填补新三线沥青坑槽56立方米、清理边沟及堵塞涵洞近80千米、填补修复路肩30立方米。着力改善公路通行环境,在危险路段、村庄和人群密集处新增88块警示牌。开展多次路政专项整治,累计清理临时建筑物37处,清理乱堆乱放42处,及时查处了各类损坏公路案件,查处率达100%。

3. 货运物流量持续增长。全年共新增货运车辆306辆,完成税收7000余万元。城北物流园区建设正在全力推进中,河西现代物流园已被市政府列为全市三大重点物流园区建设项目之一,已聘请交通运输部科学院专家进行工可。

4. 重点项目有序进行。新干航电枢纽项目已由国家交通运输部、发改委审核通过,待国家正式批复立项。余新公路改造项目已成立建设指挥部,正开展征地拆迁工作。临江至新干高速挂线战备路项目已上报有关部门待批。

5. 行业管理水平不断提升。一是集中力量抓好春运工作;二是精心组织运输企业质量信誉考核,客运企业、货运企业、二类以上汽修企业、驾校及教练员、营运客车考核率达100%;三是强化客运市场管理。进一步扩大客运网络覆盖,合理安排客运和公交线路。四是抓好营运客货车年度审验工作。

(新干县交通运输局)

永丰县

2011年,永丰县交通运输局解放思想、创新思路,千方百计破解发展中的难题,重点工程整体推进,民生工程全面完工,行业管理水平大幅提升,安全生产形势稳定。全年完成农村公路改造206.8千米,其中,续建2010年通少数民族村组公路项目24.5千米、通自然村公路20.1千米、通乡公路水毁重建3千米、通村公路水毁重建28千米。全县完成县道升级改造4.3千米、乡道升级改造4.1千米、通自然村组公路41.4千米、通少数民族村组公路45.1千米、新农村连通工程30.3千米、通乡水毁公路6千米;完成渡口改渡建桥扫尾工程项目9个;完成恩江大桥、佐龙乡麻田大桥、瑶田镇三龙大桥危桥改造项目3个和龙冈畲族乡张家车大桥主体工程;完成城北、石马和龙冈3个客运站项目的验收;完成农村候车亭项目20个;完成道班房项目1个;完成县物流园主体工程;全县新增运力2700吨,累计达到9605吨,实现物流税收5198万元;新增客车15辆,共达163辆;新开辟农村客运班线2条,行政村通客车率达95.4%;完成客运量249万人次,客运周转量24458万人千米;完成货运量224万吨,货运周转量28902万吨千米;管养县道年末实现优良路297.6千米,好路率86%;抚吉高速公路6月份动工,永丰县境内路段完成路基土石方工程量的80%,抚吉高速永丰连接线10月份开工,完成征地拆迁和清表,完成路基土石方工程量的70%。公路养护坚持建管养并重,努力保障公路畅通。全县农村公路基本达到沟涵通畅,路容、路貌整洁,公路面貌发生根本性的转变,已逐步走上以多种承包方式为主的日常养护轨道,顺利通过省市的考核验收。

(永丰县交通运输局)

宜春市

2011年,全市交通运输部门紧紧围绕市委、市政府打造"幸福宜春"和建设大交通、大发展、大物流为目标,团结拼搏,扎实工作,全面完成全年交通运输任务。

1. 交通运输基础设施建设持续推进。昌奉高速公路已建成通车,奉铜高速公路建设进展顺利,已完成投资40亿余元。宜万高速公路建设,昌樟高速公路扩建工程已启动。建农村水泥公路1073条,全长1233.7千米,投资总额41673万元,其中:县道16条,全长48.3千米,投资总额2415万元;乡村道1057条,全长1185.4千米,投资总额39258万元;农村公路桥梁7座,全长583.2延米,投资总额1267万元。渡改桥81座,全长16773.9延米,已全部竣工验收。农村公路绿化里程8448.88千米。投资1.68亿元的宜春汽车站已开工建设,建乡镇客运站17个,建筑面积5900平方米,投资总额1200万元,农村候车亭380个,建筑面积8360平方米,投资总额760万元。铜鼓汽车广场、高安货运码头、袁州区飞剑潭库区客运码头建设加速推进,高安市群众投资

800余万元，建河沙码头33个，为建设大交通创造良好条件。

2. 交通运输生产持续发展。现有道路货运企业495户，同比增加169户，客运企业13户，拥有客车1607辆、46103客位，货车49408辆、419968吨位，同比分别增长6.6%和34.6%，完成客运量7538万人，客运周转量370960万人千米，货运量10856万吨，货运周转量3130526万吨千米，同比分别增长24.6%、19.1%、23.7%和25.1%，拥有营运船舶1162艘，载货吨位749400吨，完成货运量2388万吨，货运周转量326513万吨千米，同比分别增长2%、2%、25.7%和95%。

3. 交通运输物流持续升温。各级政府采取征地、纳税等优惠政策，采取国家投资、社会融资，招商引资等办法，兴起一股办物流热，全年共发展大型现代物流企业20多户，初步形成铁路、道路、水路、航空运输、区域配送和城市配送三级联动，辐射全市交通物流体系。由天津昊雄钢铁物流集团和江西中科智担保投资有限公司联合投资5亿元在宜春城建赣闽钢铁物流园，已入驻企业41户，设商务办公区、仓储加工区、生活区等，年营业收入达200亿元，缴纳税金2000余万元。樟树市政府投资10亿元建现代医药物流园，华正道物流公司投6.2亿元落户该园。全国道路运输四强县之一的高安市，按照“提升物流层，壮大贸易规模，延伸产业链条，完成服务体系”的要求，集货运专用车、零部件生产、挂车专用车改装、仓储、物流、服务贸易于一体，打造江南最大、全国具有影响的江西省货运专用车生产基地。各县(市、区)农村物流发展已经启动，利用农村班车资源，零担货车为依托开展农资配送，以货运站点吸引运输业，培育各类农产品流通经济实体，构成一个农户与市场、生产与流通紧密连接，覆盖面广、运转顺畅的农村交通运输物流网络。

4. 交通运输安全生产持续稳定。认真贯彻“预防为主，安全第一，综合治理”的方针，坚持以人为本，把交通运输安全生产作为一项惠民工程，摆在工作首位，突出重点，抓管理、抓教育、抓督查、抓薄弱环节，从抓整治运输秩序人手，广泛开展查思想、查制度、查违章、查隐患，加强领导，制订举措，做到领导、机构、人员、工作、经费六到位，加大检查力度，做到驾乘人员每日自查一次，乡村和运输企业每旬检查一次，县(市、区)交通运输局每月督查一次，发现隐患，及时整改到位，严格执行“三不进站”，“五不出站”规定，加大资金投入，客车、危险运输货车基本上安装GPS设备和摄像头，用高科技强化安全管理，全年实现渡运无伤亡事故，客运无重大责任事故，交通运输安全生产持续稳定。

5. 交通运输行业自身建设持续提升。围绕“幸福宜春”这一主题，以发展提升年活动为契机，深入开展创先争优和精神文明创建活动，进一步加强党的建设和廉政建设，做到学英雄与学本行业先进人物，学习与工作结合起来，进一步强化干部职工思想教育、团结教育、服务教育、纪律教育和作风教育，在抓行业自身建设中形成部门推动，舆论带动，上下联动，干群齐动的局面。

(吴泽水)

袁　州　区

区交通运输局围绕区委、区政府全区经济社会总目标，求真务实，奋力拼搏，建设大交通，发展大物流，全面完成全年各项工作任务。

1. 交通基础设施建设新推进。新建车购税县乡道路改造工程项目4个，里程21.5千米，完成投资资金590万元；中央预算内投资项目1个，4.5千米，投资112.5万元；农村公路路网改善工程项目63个，113.2千米，投资1177万元；新农村改路工程项目145个，62.5千米，投资500万元；北门口至天台安保工程项目1个，44.9千米，投资179万元；水毁工程项目2个，6.5千米，投资195万元；新建农村桥梁2座，投资189万元；乡镇汽车站5个，投资150万元；农村候车亭项目60个，投资60万元；农村公路综合站建设项目1个，投资100万元。

2. 交通运输生产新发展。拥有营运客车269辆，全年完成客运量1038.5万人次，同比增长1.2%，完成客运周转量30423.5万人千米，同比增长2.5%。拥有营运货车5400辆，同比增长6%，全年完成货运量2159.3万吨，同比增长2.8%，完成货运周转量106636.5万吨千米，同比增长3.1%。

3. 交通企业改革工作新成效。根据区政府关于印发《宜春市袁州区国有集体企业改制工作实施方案》,成立改制工作领导小组,由局主要领导任组长,班子成员任副组长,企业经理及各股室负责人为成员,下设四个指导组,每个班子成员带领一个工作组负责一个企业的改制工作。区第二运输公司、区装卸公司,采取整体出售的改制方式;区运输公司、第三运输公司,因资不抵债,采取破产的改制形式。至年底,已基本完成改制,4 家企业已进行清资,核算改制成本,企业职工安置到位。

4. 交通运输安全新发展。对存在安全隐患的车辆进行整改,对辖区内所有企业的 GPS 监控设备进行排查,要求企业对营运车辆进行 24 小时 GPS 监控,对四类危桥限载通行,渡运坚持每月排查一次,特别是在节假日、重要活动日及恶劣天气日,局安全人员到现场指挥监督;投资 80 万元修建码头和购置救生圈等设施。全年实现客运无重大责任事故,渡运零事故,路桥无垮塌伤亡事故,系统内无上访事件的目标。

(刘良生 李 庆)

樟 树 市

市交通运输局着力建设"两型行业",上下合力,扎实工作,实现"十二五"规划交通运输良好开局。

1. 重大项目服务到位。昌樟高速公路胡家坊互通枢纽经省交通运输厅同意设在肖江以北、经楼互通出入口,设置经赣粤高速公路股份有限公司同意,方案已列入《昌樟高速四改八》项目的初步设计。葛玄公路拓宽改造工程项目全长 29 千米,其中樟树至店下 18.5 千米,为超二级公路。店阁段 10.5 千米,为二级公路,工程预算总造价约 1.08 亿元,建成通车。经楼二级公路改造项目已通过工可报告评审,并经宜春市发改委批复。七码头(盐化码头)项目 2009 年 7 月已获省发改委批准,评审修改后的《七码头工程初步设计》已上报省交通运输厅。《河西综合码头工程可行性研究报告》已经省交通运输厅和省发改委评审。

2. 民生工程有力推进。完成农村公路路网改造连通工程建设项目 25 个,全长 25.1 千米,完成投资 627.5 万元;新农村连接工程项目 72 个,全长 27.9 千米,投资 558 万元;县乡道升级改造项目 1 个,投资 290 万元,补助 116 万元;安保工程项目 5 个,投资 996 万元;水毁公路抢修工程 1 千米、投资 30 万元。宜春汽运股份有限公司投资 473 万元,先后收购义成、经楼班线 16 辆客车和城区 1、2、3 路 37 辆公交车,实现河西班线与城区公交线路无缝对接。

3. 运输行业有序发展。完成公路客运量 403 万人次、旅客周转量 19008 万人千米,同比分别增长 6% 和 31%;完成公路货运量 1764 万吨、货物周转量 311023 万吨千米,同比分别增长 45% 和 46%;新增营运货车 852 辆、8547 吨位,代收车辆使用税 673.15 万元。完成水路货运量 188 万吨,货物周转量 18457 万吨千米,同比分别增长 25.5% 和 2.2%;营运船舶 141 艘,76998 吨位,功率 30129.1 千瓦,总吨位 25915 吨。开通樟树至南昌和城区到乡镇两条物流专线,全年实现物流营收 80 多万元。引进广州华正道(物流)集团在樟树设立物流服务基地,占地 18.8 公顷,建筑面积 15 万平方米。驾培行业投入资金 500 万元,改扩建训练场地 10 万多平方米,添置汽车驾驶模拟器 85 台,新增教练车 25 辆,新增驾练员 65 人。

4. 安全稳定和运输保障有效落实。一是落实国家有关政策和市委、市政府部署,继续做好费改税后相关工作和国企改制维稳工作。二是落实综治维稳责任,精心组织和扎实推进幸福樟树和平安交通创建,搞好人防、物防、技防建设,抓好出租车试行安装 GPS 专项工作。三是抓好水上渡运、道路客运、道路危货和交通企业安全监管。建立市、局、乡、村四级渡运安全管理网络,层层签订安全责任书。四是抓好路桥安全隐患排查整改。共排查农村公路桥梁 105 座,对存在安全隐患的 66 座危桥提出整改意见并跟踪督查,编制完成《樟树市农村公路危桥整治方案》和《樟树市农村公路危桥改造工程管理办法》。五是运输保障落实到位。认真做好市第六次党代会、阁皂山道教文化节、养生天堂盐浴项目开工典礼和第 41 届药交会等全市重大活动交通运输保障工作。全年实现客运无重大责任事故,交通运输安全稳定发展。

(杨 波)

丰 城 市

市交通运输局加快交通建设,促进运输发展,全面完成交通运输任务。

1. 交通基础设施建设有新进展。投资2.15亿元完成农村公路建设383.8千米和农村公路桥梁建设790.1千米;完成水毁公路重建项目3个4.7千米,投资254.65万元;县乡道升级改造项目4个26.2千米,投资2225万元;客运网络化项目6个18.5千米,投资1275万元;完善路网结构其他连通工程(新农村点)项目168个,161.4千米,投资3564万元;建客运站2个,候车亭80个,农村公路综合服务站6个。

2. 交通运输市场稳步发展。全市拥有营运货车5909辆、40100吨位,其中,新增货车1171辆,净增吨位9449吨;货运企业83家,新增18家;出租车200辆;营运客车224辆、5639客位;城市公交车91辆;残疾人车279辆;人力蹬士1100辆;有机动车维修企业350余家,新增三类维修企业3家;拥有驾驶员培训学校9家,新增2家;完成客运量894.6万人次,客运周转量33994.8万人千米,完成货运量907.9万吨,货运周转量43579.2万吨千米,同比分别增长8.44%、7.78%、7.32%、7.39%。完成水路货运量1658.9万吨,货物周转量319364万吨千米,同比分别增长24%和14.6%。

3. 交通运输安全形势平稳。强化“以人为本,安全发展”理念,坚持动态监管与源头管理相结合,把做好交通运输安全工作落实到每一个环节。开展“安全生产年”活动,并制定《丰城市交通运输局安全目标管理考核办法》;为消除交通安全隐患,有效预防和减少安全事故的发生,主要检查12家客运、公交、出租、货运企业;对3家危货企业,重点排查GPS监控设备的使用、危货驾驶员、押运员的配备;对6家驾校教练员资质、教练车的配备进行检查,并联合海事处对全市渡口进行督查,对重点危桥,进行24小时监管。由于举措有力,全市实现客运无重大事故,渡运零事故。

(皮小荣)

靖 安 县

县交通运输局突出公路建设和运输管理两大重点,求真务实,锐意进取,全面完成交通运输工作任务。

1. 公路建设再跃新台阶。新建昌铜高速靖安连接线一级公路,全长8.58千米,投资6281.96万元,按一级公路技术标准(兼城市道路功能)进行设计建设。路基、路面、桥涵和管道等主体工程已全部完工。建农村水泥公路项目44个54.8千米,中部地区县通乡水泥公路项目2个20千米,县乡道升级改造项目2个,全长9.2千米,县乡道升级改造项目,黄浦至马坊7.2千米、渔桥至黄龙2千米,均已全部完工。建成候车亭25个,建筑面积1500平方米,投资25万元。农村行政村通客车率91%。

2. 交通运输实现新突破。现有货运企业27家,新增7家,营运货车902辆,总吨位15279吨,同比分别增长13.9%和16.5%。完成客运量21.4万人,客运周转量6726.3万人千米,同比分别增长6.5%和3.3%;完成货运量121万吨,货运周转量29358.2万吨千米,同比分别增长10.4%和11.2%。

3. 安全稳定取得新成效。坚持“安全第一,预防为主”的方针,把交通运输安全工作作为工作重点,加强领导,制订举措,层层签订安全责任状,做到领导、组织、人员、工作、经费、责任六落实,形成局主要领导负总责,分管领导具体抓,一级抓一级,层层抓落实工作机制,大力开展“安全月”活动,抓好安全教育,提高广大司乘人员安全意识,完善制度,从严管理,从抓整治运输市场秩序人手,强化排查,发现安全隐患,及时整改到位等,全年实现渡运无一人伤亡事故、道路客运无重大责任安全事故、干部职工无违法乱纪事件。交通运输安全持续稳定。

(刘 斌)

奉新县

县交通运输局不断创优发展环境,为工业大提速、城镇大变样、农业大发展、旅游大突破、社会大和谐和全县经济社会又好又快发展作出贡献。

1. 积极协调,跟踪服务,着力推动昌铜高速公路项目建设取得进展。昌铜高速是奉新第一条高速公路,该局全力搞好项目建设沟通、协调、组织和服务,为工程建设创造一个和谐的环境,奉铜段工程进展顺利,昌奉高速公路已竣工通车。

2. 科学发展,统筹安排,加快全县公路网络建设步伐。按照科学发展、统筹规划、顺畅便捷、交互连网的要求,已完成农村公路路基 82.9 千米,占计划数的 100%,基层完成 74.7 千米,占计划的 90%,路面完成 66.4 千米,占计划 80%。天工大道是昌奉高速公路是奉新连接线,为搞好工程建设,局主要领导和 3 名科级干部、3 名工程技术人员长期在工地负责工程协调、工程质量监督、工程调度和施工服务等,工程建设顺利,完成土石方 40 万立方米,铺设碎石垫层 300 米,大中桩基 80 根,礅柱 22 根。

3. 政策引导,强化监管,货运产业运力结构进一步优化,市场秩序持续好转。进一步加强道路运输市场管理和交通运输执法队伍建设,加大工作力度,强化硬件设施建设。全年完成道路旅客运量 354.65 万人次,客运周转量 14627.04 万人千米,同比分别增长 2.5% 和 2%;货物运量 183.33 万吨,货物周转量 32787.10 万吨千米,同比分别增长 4% 和 3%。在道路运政管理工作中,强化源头管理,落实“三不进站,五不出站”规定,大力查处“三品”。先后开展道路运输行政执法队伍整顿、城区客运市场秩序整治,共取缔“黑的”24 辆,纠正和处理各种违法行为 96 起。新增货车上户 316 辆,计 2478 吨位,淘汰老旧高能耗货车 338 辆,计 4425 吨位,全县货车 1138 辆,计 10913 吨位,农用车 374 辆,计 410 吨位。货运运力结构进一步朝着大型化、专业化、集装箱式方向发展。出租车更新 40 辆,新建农村候车亭 26 个。

(魏振宇)

高安市

市交通运输局团结拼搏,扎实工作,全力保增长、保民生、保稳定,建设大交通,发展大物流,全面完成交通运输任务。

1. 提速。加快交通运输和工程建设,西环路桥项目前期工作快速推进,完成土地征用和图纸设计工作。新建农村水泥公路 97 条 127.7 千米,投资 2046 万元。完成农村公路网络化建设 4.5 千米;改造危桥 1 座,撤渡建桥 11 座;新建农村公路综合服务站 1 个、建筑面积 860 平方米,投资 70 万元;农村候车亭 60 个,建筑面积 240 平方米,投资 60 万元。

2. 提效。全市拥有 1 个物流管理总集团、3 个汽运集团(高安、瑞州、江龙集团)、1 家物流总公司(正通物流公司)、汽运子公司 527 家,营运货车保有量 20560 辆、221169 吨位,营运客车 186 辆、3162 座位。完成客运量 520 万人,旅客周转量 7280 万人千米,同比分别增长 4.2% 和 6.8%。全年累计完成税收 19911 万元,比上年增收 8711 万元,增长 77.8%。车型结构向大吨位、多用途方向发展。基本实现电子公文网上传输和车辆维修管理网上监管等。

3. 提质。以“三大市场”为重点,提高监管质量,交通运输市场秩序进一步规范。公路运输市场方面,在强化对运输市场宏观调控的基础上,大力整治客运市场,186 辆农村客运车辆全部实现公司化经营,农村客运车辆安全生产主体责任得到落实,查扣黑车 221 辆次,整治私跑班线出租车 19 辆次,有效净化市场经营环境;注重市场质量信誉考核,5 所驾校均达到 A 级,取缔 2 家维修企业。交通建设市场方面,认真落实《江西省交通建设市场信用考核管理办法》,对新建项目招投标工作进行全过程跟踪监督;建立质量监督“一月一巡查、一季一检查及通报”、整改复查等行之有效的制度。水路运输市场方面,开展了船舶核查换证工作,实现“零差错”。

4. 提高。交通安全形势保持平稳。组织交通基础设施、危险化学品运输、砂石运输船、渡口渡船安全管理等专项整治和专项检查,对查出各类事故隐患的整改率达100%，交通运输安全管理长效机制进一步完善；实施公路安保工程，对筠州大桥实行了24小时限载限速监控。全年全市水上安全无事故，道路客货运输未发生较大以上事故，交通系统职工无伤亡、无火灾事故。交通法制建设不断加强。制定《交通行政处罚规范行政自由裁量权的详细职权目录、流程图》，完成交通行政处罚、行政许可、行政强制、行政征收自由裁量权规范工作，培训执法人员379人；在市人大交办的执法检查工作中，没有发现违法违规设定和实施交通行政许可及罚款的项目，巩固该市公路无"三乱"成果，顺利通过目标管理考评。农村公路管理进一步提高。集中开展农村公路超载超限整治，有效遏制农村公路超限上升趋势。养护管理持续加强，完成公路绿化80千米，全市专养公路综合好路率75%。

（周世祥）

上 高 县

县交通运输局以科学发展观为统领，奋力拼搏，扎实工作，全面完成各项任务。

1. 交通基础设施建设进一步推进。新建农村公路建设项目105个，完成投资3612.5万元，完成水泥路建设里程87.7千米。修建水毁公路桥1座，全长144米。公路危桥改造1座，全长62.06米。启动上八线石湖至磻村10.6千米三级公路改造工程。完成8座渡改桥扫尾工程，已全部通过质量验收。建设区间站翰堂站，农村候车亭25个。协助完成上棠线、泗官线二级公路改造。

2. 交通运输有序发展。全年新增货运企业6家，物流企业5家。新增货运车辆406辆，2112吨位，新增客车11辆。全县公路运输行业有货运企业24家，物流企业7家，客运企业3家（含城市公交），出租客运企业2家，维修企业129家，机动车驾驶员培训学校4家。拥有营运货车2286辆，客车204辆，出租车130辆。水路运输有采沙运输船舶68艘。全年公路运输完成客运量600万人次、客运周转量26764万人千米，同比分别增长6.5%和7.4%；完成货运量526万吨、货运周转量36568万吨千米，同比分别增长5%和6%。

3. 交通运输安全生产持续稳定。认真贯彻执行"预防为主，安全第一、综合治理"的方针，深入开展交通安全宣传教育，突出抓好春运、重要活动和节假日期间的交通保障和安全稳定工作。加强对公路建设征地拆迁、旧出租车退出运输市场等方面的政策解释和信访接待，及时防范和化解各种矛盾纠纷和不稳定因素。全年未发生任何水陆交通、工程建设安全责任事故和重大安全事故，无集访、群访和赴市、进京上访事件。

（潘泓羽）

宜 丰 县

县交通运输局围绕"十二五"规划确定的工作目标，凝心聚力，扎实进取，为全县进位赶超、跨越发展提供坚实的交通运输保障。

1. 服务大局，积极推进"三大重点"。高位推动奉铜高速公路建设。先后10余次召开征地拆迁协调会、进度调度会，协调解决相关问题，妥善解决进出通道、环境保护、水系设置、临时用地、安全保卫、公共设施等一系列重要问题。大力推进省道、县乡道升级改造项目建设。扎实推进320国道新连接线（前头至石市一级公路）建设，潭山至双峰斜港公路院前段11月已竣工通车，宜丰至上高一级公路（清水桥至交坑段）已完成路基工程量90%以上。宜杨公路改造已完成征地、拆迁和杆线迁移等。倾力做好农村公路建养和危桥改造。建设和改造农村公路34条40.8千米，完成天宝松溪大桥危桥改造，石市危桥改造项目顺利开工。做好农场大桥等3座危桥改造的项目申报工作，对存在安全隐患的桥梁安排人员进行养护和重点监管。修复桥梁3座、水泥公路12千米、各类护坡87处、320余米。

2. 强化责任，全力抓好"三大热点"。全力抓好运输市场管理。继续重拳整顿出租客运秩序。在城区开展3次出租车市场整治。查扣违法违章车辆600多辆次。4月，更新出租车35辆，查处非法违法生产经营单位2家，关停机动车维修厂1家。全力抓好交通运输财务管理。全年下拨各类专项资金2860万元，并对下拨的专项资金进行跟踪审计。全力抓好交通安全管理。强化安全责任机制建设,进一步完善督查检查、信息报送、应急值班等制度。组织安全督查,重要时节、重要时段和重大节庆期间,共安全督查24次,查处各类安全隐患87起,当场整改83起,限期跟踪整改4起。

3. 创新机制,努力破解“三大难点”。努力破解优化环境之难。完善网上审批和“一站式”办证服务,全面落实延期服务、预约服务、上门服务等便民服务措施,进一步提高办事效率和服务质量,全县新增营运车辆1206辆、11988吨位,全县营运货车拥有量达3069辆、38509吨位,同比增长40%。新建农村候车亭26个,新增20辆公交车。农村客运班线全面实现公车公营,并安装GPS安全监控系统和SD卡监控仪。制定《处置群体性事件应急预案》《重大事项社会稳定风险评估机制实施方案》等一系列矛盾纠纷排查调处制度。每月召开综治工作例会,每周排查一次矛盾纠纷,及时分析可能发生矛盾纠纷,对不稳定因素有针对性地部署维稳工作。重点对工程建设项目中的征地拆迁、安置等可能引发的矛盾纠纷,改制企业下岗职工、特殊工种提前退休、部分军转、退人员待遇、上海“垦民”等可能引发的矛盾纠纷进行排查。

(漆志勇)

铜鼓县

2011年,县交通运输工作以发展提升年活动为契机,围绕“建设大交通、发展大物流”总目标,团结拼搏,扎实工作,全县交通运输事业呈现长足发展的良好势头。

1. 交通运输工程项目建设实现新突破。昌铜高速铜鼓段路基主体程已全面完成。迎宾大道新建工程项目已进入施工阶段,完成土石方70%。定江桥改建工程顺利进行,已完成主体结构和桥面铺设。县汽车服务广场已全面进入建设阶段,主体工程正在加紧施工。城南西路改造及新建工程项目烈士陵园至怀远桥段改造工程已竣工。全面完成农村公路改造项目6个,恢复重建水毁工程项目3个,其中,桥梁40延米,道路30千米。

2. 交通运输行业安全稳定。利用多种形式和重要节假日广泛开展安全生产宣传活动,提高群众的交通运输安全意识。强化驾乘人员的日常教育管理,全面排查水上运输、车站源头管理的安全隐患。进一步落实企业安全生产主体责任,有效防范和遏制重大事故的发生。加强防汛工作,汛期执行24小时值班制度,确保信息畅通。全县道路运输平稳,无重大人员伤亡事故,水上运输连续24年无事故,道路施工无任何安全责任事故。开展打击非法营运专项行动,共检查客运车辆52辆次,查处违章29辆,暂扣车辆21辆,较好地维护旅客和经营者的合法权益。全力组织好春运工作,旅客运送安全及时,无一滞留。春运期间投入运力148辆,运送旅客13万人次。

3. 交通运输生产得到新发展。新增货运企业12家,新增货运车辆457辆,同比分别增长85%、65%。新增客车5辆,更新客车1辆,客运车辆向舒适、豪华型方向发展。城乡公交一体化网络更加完善,新开通城乡公交客运班线5条,全县103个行政村有86个通客车,比例达到83%,新增机动车维修企业27家,同比增长47%。旅客运送量120万人次,同比增长35%。货运周转量15613万吨千米,同比增长16%。

(徐国华)

万载县

县交通运输局坚持以开展发展提升年活动为契机,全局上下团结奋进,务实创新,为推动全县经济赶超发展,建设幸福万载作出新的贡献。

1. 交通路网建设迈上新台阶。建设通乡水泥公路30千米,9个县、乡道升级项目29.5千米,连通公路工程项目19个,开工建设23.2千米,建新农村建设点村道39.5千米,改渡建桥全部竣工通车。农村公路安装减速带80米,对高村、白水、仙源等地水毁公路投入30多万元,及时进行抢修,确保农村公路安全畅通。

2. 货运物流业凸显新发展。道路货运物流产业是该县交通运输升级年的重点,进一步完善汽车服务广场的综合功能,做大做强现代物流产业。货运产业新落户50家企业,新增货运车辆载重量5000吨位,实现税费收入5000万元。县局多次组织人员赴上海、广东、南京、浙江等地开展招商活动,先后成功引进浙江温岭盛典科技化工和广东中山索菲雅照明灯饰两家公司共投资1.1亿元落户县工业园区。新增货运公司21家,企业总数达63家,新增货车1473辆、14056个吨位,货运公司、货运车辆、吨位与上年同比分别增长60%、25%和30%。

3. 道路运输管理呈现新秩序。1月12日完成全县农村个体客运班线整体收购后,拥有139辆客车,个体业户全体退出农村客运市场,由宜春汽运总公司208车队统一实行公交化经营,客运线路、班次进一生优化,行政村客运通车率达到90%。管理更趋规范,服务质量进一步提升,客运票价在物价部门核定的基础上下调20%,群众得到了实惠。加强对城市公交和出租客运的行业管理,成立专门职能股室,落实专职人员,实行规范化管理。增加车辆、站台、站牌设备、设施,更新、改善车容、车貌。年初,购置8辆双门大中型公交车,开通康乐大道公交线路,全县共有公交车33辆,7条公交线路。更新61辆出租车,全县共有72辆崭新的伊兰特新型出租车,统一车型、标识、计价器等,并全部安装护栏和GPS车载设备,制定和完善规章制度。全年共查处"黑车"及非法营运65起。

4. 交通运输安全再创新佳绩。交通安全列入党政工作议事日程,做到逢会必议。及时调整局交通运输安全工作领导小组,积极开展安全生产宣传教育活动,强化安全管理各项制度,层层签订安全生产目标管理责任状。在春运和重大节假日,安排人员现场监管,实行24小时值班值勤。营运车辆安装GPS监控系统达100%,对长途卧铺客车选定服务休息站(点),实行24小时视频监控,确保长途客车在凌晨2~5时停运休息。雨季汛期组织工作小组下到山区乡镇排查水毁路段,及时发现和指导水毁公路抢修。

(辛慧民)

抚　州　市

2011年,抚州市交通运输部门在交通基础设施建设、交通行业管理、党风廉政建设和精神文明建设等各方面均取得了丰硕成果,实现"十二五"时期交通运输工作的良好开局。

1."十二五"交通运输发展规划完成。在认真总结"十一五"全市交通运输发展的基础上,组织精干人员,深入调查研究,准确把握发展阶段,选准发展重点,多方征求意见,反复修改论证,经省有关专家组评审,形成了《抚州市"十二五"交通运输发展规划》,并经市政府第69次常务会议研究通过付之实施。

2. 交通基础设施建设稳步推进。一是抚吉高速征地拆迁任务顺利完成。二是抚州新区客运站建没扎实推进。三是农村公路建设、养护管理成效显著。截至12月31日,全市共完成农村公路升级改道、连通工程路网改造等水泥路建设389.6千米。同时,全面加强农村公路养护管理,保证农村公路的通畅和安全。四是完成改渡建桥83座,改渡建桥目标如期实现。五是开展标准化渡口建设。制定了全市农村渡口标准化建设试点实施草案,并确定金溪县璜汏渡口和临川周渡渡口进行标准化渡口试点。六是客运站场项目计划全部落实。18项建设任务有10个已完成主体工程,4个在建,4个调整为农村客运综合服务站。

3. 道路运输行业管理卓有成效。一是安全完成春运任务。全市共投入客车1411辆,加班5255趟次,运送旅客425万人,同比增长6.2%。春运安全生产形势平稳,没发生一起重大安全生产责任事故。二是客货运力增长,结构优化。全年新增县际班车客运企业1家,县际班线5条;新增(更新)县际以上班线客车70辆。新增危货企业3家,运输车辆115辆,共2167吨位。至2011

年底,全市拥有道路运输经营业户9872户,其中,旅客运输经营户49户,货物运输经营业户9823户。拥有站场63个,其中,客运站56个,货运站(场)7个,机动车维修业户606户,汽车综合性能检测站4户,机动车培训驾校20户。全市拥有客运班线794条,客运线路平均日发班次6643个,农村客运班491条,农村客运站974个。全市151个乡镇全部通班车,1806个建制村有1618个通班车,农村客运汽车816辆、14344客位,年完成农村客运量2051万人次,客运周转量85096万人千米;全市拥有旅客营运汽车1497辆,31123客位,年完成客运量4455万人次,旅客周转量274213万人千米;拥有货物营运汽车39560辆、304944吨位,年完成货运量9714万吨,货物周转量3226403万吨千米。水上运力增长10200吨,年完成货运量106.1万吨,货运周转量119885万吨千米,分别占计划的55.6%、57%。三是城市客运管理增强。抚州市城区新增公交车12辆,19条公交线路车辆达到260辆。2011年12月乐安县安平公交公司成立,至此,全市11个县(区)均开通了公交车,县(区)公交车辆229辆。城市公交运力结构得到优化,居民出行更加便捷。出租汽车方面,制定了第三轮出租车经营权有偿转让方案,已报市政府审批。四是在全市范围内开展了道路客、货运企业、客运站、及机动车维修企业质量信誉考核工作。五是运输市场监管力度进一步加大。在春运等节假日期间,联合有关部门对无证、无牌、站外组客等非法经营行为进行了严厉打击,查扣"黑车"9辆,纠正一般违法行为157起。

4. 交通安全生产态势平稳。一是在羊城广场开展安全生产月活动,进一步普及安全生产基本知识,强化从业人员的安全生产意识。二是从3月初起,在全市范围内开展了道路运输安全生产大检查,对辖区客运企业、客运站场进行了为期3个月的安全隐患整治专项行动,隐患整改率达100%。三是全面落实"一带、一速、一平台、一防护"工作,全市362辆三类以上班线中高级客车和29辆旅游客车全部安装了安全带;3500千克以上的631辆危货车辆全部安装了符合国家标准的防护装置。四是对从事客运的车辆进行了技术性能检查,继续推广GPS安装,确保车辆营运安全。

(陈根玲)

临 川 区

2011年是实施"十二五"规划开局之年,临川区交通局积极应对各种困难与不利因素,开拓进取、奋力拼搏,交通领域建设保持良好发展势头。

1. 交通基础设施建设扎实推进。一是切实抓好抚吉高速公路建设协调工作。征地、拆迁、青苗补偿等各种问题已妥善解决,工程进展较为顺利。二是切实抓好农村公路建设和渡改桥建设。认真抓好"村村通"水泥路扫尾工程,基本实现了行政村"村村通"水泥路的目标。切实抓好农村公路路网改善工程,新修水泥路100千米,其中,连通工程79.7千米,通乡工程20.3千米,危桥改造项目3座共计151延米,共完成投资2478.5万元;着重抓好改渡建桥工作。2011年底,27座改渡建桥有21座已经完工,其余6座正在进行桥面铺装及引道建设。

2. 交通行业管理得到加强。一是圆满完成春运工作任务。春运期间,共发放春运牌证389张,投放客车385辆,完成客运量88.978万人次,比上年增长2%。二是运输生产工作成绩喜人。全区现有客车385辆,9248座,线路108条(新增线路4条),共完成客运量830万人,比上年增长5%,旅客周转量77852人千米,比上年增长5%。货车3699辆,25532吨,共完成货运量910万吨,比上年增长7%,货运周转量18830万吨千米,比上年增长7%。三是认真开展道路运输市场专项整治工作,严厉打击黑车和异地经营等违法、违章行为。认真受理群众举报、投诉,督促道路旅客运输经营者规范经营行为,共查处各类违章车辆500余辆。同时积极抓好站场管理,一、二级客运站全部实行封闭式管理,加强源头管理,共派驻车站运管人员35人,下发各车站整改通知书48份,并不定期开展督查。四是农村客运站场建设工程全面开工,唱凯、上顿渡、云山、罗针和荣山等客运站正在筹建中,秋溪、河埠两个客运站已完成选址。在桐源、龙溪、七里岗新建综合型农村候车亭6个。五是驾培事业逐步推进。重点做好2011年度驾驶培训学校市场的整顿工作,取缔无证经营的驾驶培训学校,重点抓好驾驶教育培训质量的监管,保证培训质量。2011年在河西新建一所驾培学校,经省运管局验收合格。临川区驾培学校总数达7所。六是维修行业持续发展。现有维修企业一类4家,二类28家,三类11家。年初开展维修行业专项整治,重点打击无证经营的业户,取缔非法经营和不符合标准维修业户,完成辖区内2011年度维修企业质量信誉考核工作,辖区内汽车维修企业考核率达100%,维修人员持证上岗率达到90%,维修技工持证上岗率达到90%。七是行政审批改革工作扎实推进。按照上级要求,成立审批股,机构人员到位,所有审批事项全部集中进入办事大厅,实现4个100%。

3. 加大资金支持和招商引资力度。2011年,争到国家补助桐源至大岗9.2千米三级路改造投资368万元;争取到新农村连通工程20条计13千米,总投资115.2万元;争取到路网改善工程41条共42.8千米,总投资408.2万元;争取到农村客运站及候车亭建设资金100多万;争取到农村公路水毁资金200多万元。尤其是秋溪至上顿渡的战备公路及上顿渡大桥重建已纳入了省交通运输厅的项目范畴。成功引进外资80万美元,工业项目完成2250万元,占全年任务102%。

(临川区交通运输局)

宜 黄 县

宜黄县交通运输局切实抓好交通项目建设,努力提升行业服务水平,较好地完成了各项工作任务。

1. 积极做好抚吉高速公路建设的协调服务工作。一是大力宣传,全面启动抚吉高速项目。通过召开全县干部动员大会和深入沿线乡(镇)、村、组及农户家中,宣传抚吉高速对宜黄经济建设和发展的重要性,讲解有关征地拆迁的政策法规,使广大干部群众的思想统一到推进工程建设的各项工作中来,群众能积极支持、服从服务于征地拆迁工作。二是精心组织,全面完成主线用地征拆任务。县政府成立了由分管副县长担任组长,国土局、交通局、林业局、房管局等相关单位和沿线乡(镇)组成的协调领导小组,明确各成员单位和乡(镇)职责,主要领导亲自过问,分管领导亲自协调。协调办全力以赴做好各项协调工作。三是严格制度,全面落实各项工作。严格执行款项拨付制度。

2. 全力做好2010年农村公路建设收尾和改渡建桥续建。通乡公路31.1千米全面完成,并通过验收;通村公路除干溪村8.6千米还在建设中外,其余全部建成,行政村公路硬化率为99.28%。新中大桥12月底全面竣工,其余项目按计划完成。

3. 加大农村公路危桥改造力度。重建工程三都大桥12月底竣工。公路危桥加固项目九车桥、梨溪桥、周家桥、白槎桥等完成项目设计并交市局审核后组织实施。

4. 扎实开展农村公路养护。在全县农村公路范围内安装了广角镜700块,标志标牌4000多块,总投入140万元;投入60余万元对公路两侧进行培路肩清沟排水、砍伐灌木丛杂草等,并加强了日常巡查制度,发现问题及时处理;对全县县乡道上的危桥进一步进行检查,有问题的在两端设立标志标牌等警示牌,并做好记录;及时上报建设项目,争取立项,杜绝交通安全隐患;进一步完善通乡、通村水毁重点项目。2011年通乡主要公路完成建设挡土墙3500米/8处,投入约115万元;路面加宽约6000米、投入资金约60万元;路基拓宽28000米/7处,投入资金约18万元;通村水毁重建项目上级计划20千米,目前已完成15千米,投入资金约260万元。

5. 加快站场建设。投资3000万元的宜黄新汽车站于2011年底竣工。农村客运站建设进展顺利,新建乡镇客运站2个,年建成农村候车亭36个,共修建候车亭78个。乡镇和行政村客车通达率分别达到100%和92.8%。全县拥有运营运汽车1120辆,年完成货运量1303吨,货物周转量37086万吨千米。拥有客运班线53条,投入运营客车118辆、1420客位,平均日发226班次,年完成客运量150万人次,客运周转量4503万人千米。

(宜黄县交通运输局)

南 丰 县

2011年,南丰县交通运输局立足新起点,抢抓新机遇,开拓进取、扎实工作,各项工作均取得了较大成绩。

1. 交通基础设施建设进展顺利。一是认真抓好“十二五”交通运输发展规划编制修订工作。该局组成专门队伍,安排专项经费,使全县“十二五”交通运输发展规划既有前瞻性和预见性,又切实可行。二是努力加强交通基础设施和农村公路改造建设。2011 年初全县还有 7 个村 24.4 千米农村公路未完成硬化任务。该局千方百计加快“村村通”项目扫尾工作,采取多种有效措施,推进项目的实施。同时抓好危桥改造和农村公路维修养护管理工作。2011 年,投资 110 万元、长约 70 米的肖坊桥建成通车;投资 100 万元、长约 60 米的京口桥已顺利开工。筹资 70 多万元对 11 座小桥进行加固改造。筹资 70 万元,对 22 千米的县道白长公路进行重建维修。安排 20 多万元资金对全部县道进行局部维修,保障道路安全通畅。此外,继续加强对村组水泥建设的指导服务。建成村水泥路 25.3 千米。三是着力推进农村客运站建设工作。全县把农村客运站、养护站、物流站多站合一建设,作为今后几年的重点工作。该局将重点建设占地 7000 平方米以上的综合客运站。2011 年,经过积极争取,将白舍列入全省乡镇农村公路综合服务站建设试点。规划建站占地面积 8000 平方米,成为全县南部一个枢纽站。另外,以客运站为载体稳妥推进乡镇为中心的二级班线网络建设。5 月份全县在太和客运车站试行县至镇、镇至村二级班线管理,努力为县至乡镇班线公交化管理探索路子。

2. 交通行业管理开创新局面。一是圆满完成春运工作任务。2011 年春运,全县共投入客车 168 辆、2379 客位(含出租车 60 辆),组织加班 450 趟次,完成旅客运输量 32.15 万人次,比上年同期增长 6%。二是客运市场不断规范。该局派出四个稽查组共查处违章车辆 251 辆次、查处“摩的”96 辆次、查处“黑车”18 辆次,查处农用车、三轮车载客 11 辆次。三是汽车维修市场不断好转。该局在做好宣传工作的同时多次召开业户会议,派出工作人员深入到企业指导检查工作。严厉查处只收费不维护的现象,严格检查各项制度落实情况,对维修质量投诉案件立即查处,并利用媒体进行曝光。维修质量投诉案件与上年同期下降了 92% 以上。该局督促南方驾校更新学校设备,提高教学水平,从而不断提高服务质量。南方驾校投资 2000 万元在南建公路旁兴建一座占地 4 万多平方米,集教练、考试于一体的现代化大型培训中心。2011 年,该驾校已通过省运输管理局审批,获得一级驾校资质。四是积极发展货运物流业。局物流业管理中心人员认真对汽车物流公司进行政策指导,为其提供办证快捷、跟踪服务等方面工作,协助地税收缴各种税收近 8000 万元。

(南丰县交通运输局)

资溪县

2011 年,资溪县交通运输局努力工作,增强全县交通运输供给能力,为经济社会稳定发展提供有力保障。

1. 大力推进交通基础设施建设。在上年的基础上完成 26.3 千米通行政村公路建设任务,全面实现村村通水泥路工作目标。完成 13.5 千米农村公路连通工程建设任务。完成 2.2 千米通新农村建设点公路建设。乡镇和行政村客车通达率达到 100% 和 96%。重建了瑞溪桥、苗莆桥。进一步加强农村公路养护工作,在做好抚草线、瑞杨线等主要县道养护的基础上,对昌坪旅游公路进行了全面养护,确保主要县道和旅游公路的安全畅通。进一步完善农村公路管理和养护办法,明确养护责任主体,落实养护资金。生态旅游公路建设。九龙湖旅游公路是 2011 年县委、县政府重点建设工程。2010 年开始建设,2011 年加快建设进度,同时完成东源至港东 5.5 千米(通乡项目)的原始森林观光旅游公路工程。完成东源至昌坪 8 千米旅游公路路面加宽工程。站亭建设。新建大觉山农村客运站。完成农村客运候车亭建设 10 个。水毁公路、桥梁修复工作。2011 年“6.19”洪灾,全县公路、桥梁损毁严重,全县乡、村公路共损毁路基 180 千米,路面损毁 12000 平方米。该局大力做好水毁公路、桥梁修复,及时会同各乡(镇)、场调查核实水毁情况,汇成资料和报审。采取争取省市交通部门项目资金补助、县财政配套、乡镇村自筹等方法,多方面筹集资金,分期分批安排重建。先后完成县道抚草线 32 千米、瑞杨线20千米、昌坪旅游公路8千米水毁修复工程。完成通行政村公路水毁修复23千米。完成5镇2乡3个林场共74个公路、桥梁水毁项目,新建桥梁39座,修复桥梁9座,修复路基33160立方米,投入资金共2385.22万元。

高速公路建设。资溪花山界至里木高速公路全长39千米,总投资27亿。于2009年1月15日批准立项,2010年9月11日与省投资集团达成合作建设此项目的协议,并于当年12月26日注册项目公司,经省政府批准项目法人。2011年1月31日正式变更为江西投资集团资溪高速公路开发有限公司。该项目已被省政府确定为2011年重点工程。该局全力配合做好各项工作,至12月底,项目申请报告已批复,正与省投资集团深入洽谈投资建设合作补充协议。

2. 加强交通安全生产。一是提前谋划搞好春运工作,在历时40天的春运中共投入客运车辆5080班次,运输旅客68800人次,全县未发生一起运输安全责任事故,实现了春运安全零事故的目标。二是局领导班子成员进行分工,带队对全县农村公路、桥梁进行工程管理和安全隐患排查,制订应急预案,确保汛期公路桥梁安全畅通。三是加强汛期客运安全隐患排查,防患于未然,确保农村客运安全运营。

(资溪县交通运输局)

黎川县

县交通运输局抢抓机遇,大力实施交通重点工程和农村公路建设,强化行业管理,优化发展环境,各项工作都取得较好成绩。

1. 抓项目建设,稳妥推进交通基础设施建设。(1)农村公路建设。完成公路建设60.3千米,其中,水毁项目16.5千米、连通工程29.6千米、2010年通乡项目和遗留工程14.2千米。完成水毁桥梁建设48座1257延米,另外安保工程桃宜线7千米完成设计,县乡道升级项目11.2千米完成设计。(2)农村客运站场建设。完成厚村、湖坊两个乡镇五级客运站建设,新建农村候车亭7个。(3)重点交通项目建设。黎河大桥建设工程、东方红大道改造工程全面竣工,县城环城路景观桥项目完成桥型设计,熊三线改造基本完成。

2. 抓行业监管,全面提升道路运输服务水平。一是加强对客运、货运及危货运输企业的行业监管,进一步完善管理措施,认真做好对运企业服务质量信誉考核工作,加强对机动车维修、驾驶员培训等道路运输服务业行业管理。一些规模较大、维修经验丰富的三类维修企业升级为二类维修企业。驾友驾校荣获“全国文明诚信优质服务驾校”荣誉称号。二是加大对城市公交的指导。2011年,城市公交行业管理职能全面移交该局后,认真履行职责,安排领导分管和设立对应股室。针对新区中学生源多、校车不够实际情况,2011年新增10辆公交车投入运营。三是加强运输市场主体的培育,重点抓好货物运输发展。2011年新增运输企业7个,新增车辆220辆,新增5955吨位。四是加大交通运输市场秩序整顿和规范。以“打黑”为着力点,开展道路运输行业非法生产专项整治行动。五是加大依法行政力度。局成立了局行政审批股,交通运输18个行政审批项目进驻县行政服务中心。完成客运量150万人,客运周转量12292万人千米;年完成货运量225万吨,货运周转量63330万吨千米。

3. 抓统筹兼顾,全面推进交通工作。一是引进物流企业4家、3100吨位,完成引资任务6000万元。二是安排资金5000元,帮助德胜镇茅店村村委会建设。解决德胜镇新店村新农村建设项目资金39万元,新建村道260米。三是办理人大代表建议16件、政协委员提案2件,满意率100%。四是向莆铁路协调服务工作扎实跟进。五是交通战备、工会、妇女、综合治理等工作均按照年初计划,较好完成了工作任务。

(黎川县交通运输局)

广昌县

2011年,坚持以交通基础设施建设为中心,扎实推进重点工程项目和农村交通基础设施建设,突出抓好交通行业管理,努力实现全县交通各项工作全面协调发展。

1. 农村公路建设稳步发展。完成农村公路55条计52.8千米,总投资1851万元,其中,2011

年新农村建设水泥路27条,共16.9千米,总投资537万元;省市计划项目27条,共33.1千米,总投资1047万元。并完成财政等其他农村公路建设项目共8.9千米,总投资267万元。

完成新建桥梁项目11座共计251延米,总投资约320万元。

完成农村公路2010年续建水泥路项目12条,共37.6千米,总投资约1128万元。并做好县道升级8.9千米,该项目12月份开工建设。

2. 公路养护力度不断加大。狠抓农村公路养护,着力改观农村公路现状。明确了交通主管部门和乡(镇)、村各级农村公路养护工作职能,严格按照《县乡道养护管理暂行办法》开展工作,并落实了养护责任制,各乡镇、场严格按照养护要求,认真选择养护人员,行使养护职权。结合全省开展"一大四小"绿化工作及开展"建设鄱阳湖生态经济区"工作,在县乡道路28余千米栽种行道树2.2万多株,较好地完成了水毁抢修工作。

进一步加强路政执法,有效维护路产路权。全年共制止县道违规建筑1起,查处非法占道2起。对全县农村公路开展安全排查,共排查整改8处行车视线不良、陡坡等安全隐患。

3. 运输市场管理工作规范化。一是规范客运经营许可,严把市场准入关。二是健全和完善营运车辆基础管理工作。全面实现VIS标准化建设工作,落实专人负责营运车辆的档案管理工作,对全县所有营运车辆基础信息建立完备详细的台账。三是规范客运经营行为管理。开展道路旅客运输经营业户质量信誉考核工作,全县共审验道路运输业户135户,审验率达90%;货车审验率达93%;危货审验率达100%;客车检验率和审验率均达100%。并对客运经营业户的经营行为通过多种形式实行全程监督,设立了旅客运输服务质量投诉电话,2011年该县共新增货运企业10家,新增货车485辆,新增运力6200吨,并大力开展全县出租车运输市场整治工作,重点对无证、无牌运输的"黑车"进行打击,查处无证、无牌"黑车"6余辆,消除安全隐患10处。四是严厉打击非法培训驾校。全年共查处5辆黑教练车,2名"黑教练",并取缔3所"黑驾校"。五是春运工作安全有序。春运期间,全县共发放客车9915班次,完成客运量9.41万人次,客运周转量1618.43万人千米。

4. 加快农村客运发展,着力构建农村客运网络。认真开展农村公路综合服务站试点工作,综合服务站设在长桥乡,占地7000平方米,年底已向省厅上报可行性研究报告。同时全部完成乡镇客运站及候车亭建设任务。继续做好客运网络建设工作,鼓励和引导经营业户发展农村客运,特别是发展乡到村、村到村的农村客运班线,引导经营业户选购经济、舒适、节能减排的车型经营农村班线。2011年底,全县乡镇通班车率为100%,120个行政村开通班车,行政村通班车率达93%。

(广昌县交通运输局)

崇仁县

2011年,崇仁县交通运输局全力以赴招商引资,稳步推进交通基础设施建设,大力优化交通运输网络,各项工作进展较好。

1. 配合完成县中心工作。城市建设重点项目。永胜大桥主桥及桥面铺设完成,光明大桥及引道工程竣工。抚吉高速公路征地拆迁工作圆满完成,辖区内路线全面开工建设。招商引资取得新成果,新引进1家总投资达1亿元的物流企业"崇仁县星诚物流有限公司"落户。

2. 改渡建桥工程基本完成。2009年开工建设的8座改渡建桥项目工程主体全部完工。

3. 农村公路向"建养并重"发展。在完成上年度6个续建计划项目计15.8千米农村公路的同时,认真落实本年度12个新建项目计21.5千米。大力实施水毁公路重建计划2个计12千米,在建1个计1.5千米。抓好农村公路养护管理,全年投入资金28万元重点养护东张线和红里线等2条农村公路计46千米;积极筹措资金56.8万元,全力抓好农村公路桥梁维修,新建小桥1座,维修小桥4座、中桥1座。

4. 客运网络进一步优化。更新农村客运车辆4辆,新增农村客运线路1条。站点建设进一步推进。许坊客运站建设完工,航埠客运站完成了相关手续,年底开工建设,白露、六家桥客运站正在紧张准备开工前的相关事项。同时,积极实施河上镇农村公路综合服务站试点项目。

5. 运输行业进一步发展。新增经营业户7

户,新增货运车辆403辆,更新客运车辆7辆;新增三类维修企业1家,全县维修企业达80家,其中二类3家、三类77家,完成机动车驾驶员培训937人、其中小车753人、大车184人。

6. 行业安全持续稳定。进一步完善各项安全管理制度,确保责任落实。加大危险路桥的整治、维护和实地监控,确保公路桥梁的通行,全年投入资金12万余元在28个村级公路上安装安全标志牌340套。强化道路运输安全的源头监控,严格“三关一监督”制度的落实,严格驾培市场准入关,强化车辆维修市场管理,严厉打击非法营运车辆。全面落实渡运安全监管责任,健全安全管理网络,强化重点时段渡运安全检查,筹措资金8000余元维修隐患渡船,渡运安全得到有效保障。一年来,渡运、公路运行、道路运输、交通工程施工继续保持无重特大事故。

(崇仁县交通运输局)

东　乡　县

2011年,县交通运输局加大交通基础设施建设力度,强化交通运输行业管理,大力实施畅通交通工程,年度各项目标任务超额完成。

1. 公路建设。一是向上申报的实施县、乡道升级改造及农村客运网络化连通工程、国有农场通沥青(水泥)路建设工程项目等可行性研究报告,省交通部门已批复。连通工程51.7千米。2011年底,全县农村公路总里程达1470.77千米,其中,县道169.85千米、乡道229.97千米、村及村以下公路1070.94千米。二是2个乡镇汽车站建设项目,杨桥客运站主体已竣工,黎圩客运站进展顺利。20个农村候车亭建设项目全面完成。三是跑项目争资金,实际已到县财政账户资金1047.6万元。

2. 招商引资。共接待客商26余人次,引进资金4900万元,其中,县锦溪混凝土有限公司进资4000万元,金拓机械进资900万元,占全年总任务的108%。另与浙江永康客商李美笑签订的五金、金属加工项目已交土地押金。

3. 重点工程建设。一是国家重点工程建设。西气东输工程在县境内长34.9千米,于2009年12月开工建设,年底完成工程总量的96%。二是重点工程建设。环城西路全长1720米,于2011年8月竣工。汽车东站于2011年4月10日动工兴建,年底完成主体工程。子山路全长1164米,正在进行设计、预算等前期工作。

4. 开展“百日大行动”。采取定点路查和流动路查、定时路查与不定时路查相结合的形式,在车站、县城各路口、重点场所等路段和区域严厉打击非法营运行为。共扣押各类非法营运车辆579辆,其中,非法改装的三轮电动车208辆;无证经营的二轮摩托车238辆;乱停乱放车辆40辆,无牌无证行驶的车辆87辆;查处拒绝载客、未按规定使用计价器、无从业资格证违规营运“的士”6辆。

5. 公路养护。一是积极探索农村公路养护管理新机制。11月15日,在宜黄县召开的全市农村公路养护现场会上,县局做了典型发言,得到有关领导和兄弟单位的好评。二是搞好公路日常养护。共投入资金50余万元,对重点路段和桥梁、涵洞进行全面检查,对破损路段进行修复。三是积极抢修水毁公路。6月份的持续暴雨,投入资金10余万元,对水毁严重的公路进行抢修,铺装块石700多立方米,碎石200多立方米。四是强力推进“安保工程”。在瑶圩至虎形山等路段增设公路标志标牌30余个。对辖区内危桥建立危桥档案,对县、乡、村道上的危桥落实了责任单位、责任人员和技术人员。五是加大公路路政巡查力度。清理路障140余处,拆除非公路标牌16块。

(东乡县交通运输局)

南　城　县

南城县交通运输局理清发展思路,坚定发展信心,圆满完成了年初既定的各项工作目标任务。

1. 交通建设持续加速。农村公路建设深入推进。科学编制了全县《“十二五”农村公路建设和养护专项规划》,并对相关的路网升级改造工程、客运网络化工程、其他连通工程以及农村公路安保工程等建设项目进行调查摸底和可行性研究。争取2个计划项目总里程29.8千米的县乡道升级改造工程项目、3个计划总里程21.7千米的客运网络化连通工程项目、49个计划总里程47.3千米的新农村建设点进村道路和其他连通工程项目、4个计划总里程15千米的水毁公路重建项目获得批准建设。年底,里程47.3千米的新农村建设点进村道路和其他连通工程项目、里程15千米的水毁公路项目和水口合湖桥、沙洲桥、水口排二桥等3座水毁桥梁重建项目完工外,其他立项的农村公路建设项目也在抓紧实施,全县农村公路水泥路通车里程突破750千米大关,达到752.4千米。

渡改桥建设扎实推进。加快在建渡改桥建设收官工作,确保了圭峰、河东等8座渡改桥竣工通车。同时,启动了周家堡渡改桥建设前期工作。

运输场站建设稳步前进。科学编制了《南城县"十二五"期间农村客运网络化建设专项规划》,对"十二五"期间全县农村公路乡镇综合服务站和农村客运网络化线路建设作出规划布局,并通过了省交通运输厅的审查。同时,已立项的洪门、新丰街2个乡镇客运站和15个候车亭建设项目正在平地。

2. 物流运输业持续壮大。2011年,全县共新增道路运力490辆10992吨位。至年底,全县拥有货运汽车3360辆,总运力43800吨位,跨县际以上客车46辆1469客位、农村班车107辆1970客位(农村班车通村率达92.4%)、出租车100辆500座、城市公交车36辆,水路总运力19880吨位,运输企业238家、从业人员22800人,缴纳税收1.93亿元,成为南城农民增收、财政增长的主渠道之一。

3. 行业监管持续加强。春运组织有序平稳。春运期间,共发放"安全运输告知书"3000余份、春运指南5000余份,投入客车157辆、渡船11艘,先后发班2.7万班次,完成道路旅客运输量41.36万人次、旅客周转量31200万人千米,客运量和旅客周转量同比增长8%,未发生客运责任事故和旅客滞留现象。

专项整治常态深入。全年共开展了道路客运、道路危险化学品运输、城市公交、驾培市场、机动车维修市场、客运站(场)、公路桥梁等专项整治,使交通运输安全隐患及时得到了根除。同时,汇同交警、城管等单位组成整治组,对县城内的"摩的""黑的"、蹬士等非法营运开展了常态化的打击取缔,共收缴"摩的"60余辆、蹬士20余辆,查处"黑的"30余辆次,进一步净化了该县客运市场。

日常监管持续有力。据统计,全年共印发宣传资料12000余份,悬挂横幅标语19幅,有3200多名从业人员参加了从业资格诚信考核,道路运输客货企业质量信誉考核率和二级以上客运站安检仪安装率均达100%,淘汰更新客车6辆;清理公路塌方40余处,修建挡土墙和防护墩100处,增设安全警示牌120余块;撤销渡口15个、拆解销毁渡船12艘(全县仅剩下渡口2处),摆渡出行已成历史;出动执法人员260余人次,下达隐患整改通知书16份,纠正违规经营行为20余起,保障了群众生命财产安全。至年底,全县未发生一起客运责任事故,尤其是渡运保持了连续34年"零事故"。

(南城县交通运输局)

乐安县

2011年,乐安县交通运输局坚持以交通基础设施建设为中心,实现了县交通运输各项工作全面协调发展,较好地完成了年度各项工作任务。县交通运输局被县委、县政府评为2011年度全县目标管理综合考评先进单位;被市交通运输局评为2011年度全市交通运输安全生产先进单位。

1. 交通基础设施建设有新突破。认真做好公路项目申报工作。2011年编制申报县乡道升级改造公路项目13条57千米,少数民族公路21条34.7千米,新农村建设进村公路20.3千米,国有农林场公路0.6千米,其他连通工程公路26.4千米,并全部完成外业勘测,落实业主及建设资金,所有项目实施顺利。

全力做好抚吉高速公路征地拆迁工作。抚州至吉安高速公路是江西省18条加密高速公路之一,全长约179千米,在乐安县境内长29.3千米,截至6月30日,全面完成各项征地拆迁任务。

完成通行政村水泥路扫尾工作。到2010年底还剩3个村委未完成通水泥路要求。为此,县局加大通行政村水泥路建设扫尾力度,坚持每月调度,定期通报,督促建设进度,全面完成了通行政村水泥路建设任务。

完成改渡建桥项目建设。山砀对门桥、牛田谢家桥在 2011 年完成桩基基础的前提下,2011 年春节过后争时间赶进度,加快建设步伐,11 月底,全县所有改渡建桥项目圆满完成。

扎实做好县乡公路养护工作。重点抓好主要县道的“四清”工作。一是对路面窄、弯道多、影响行车视距的路段,将路肩上的柴、草进行了清除;二是对堆积在公路两旁,影响行车安全的农田基本建设和水利工程建设的砂石材料进行重点清理;三是对排洪不畅,经常造成路面过水的边沟进行清淤疏通;四是对山区道路上遗留下来的塌方进行全面清理。

进一步完善农村客运站场布局规划,稳步推进基层站场建设和农村客运网络建设,全年完成罗陂客运站 1 座、候车亭 20 个,全县乡镇客运站已达 6 个,候车亭 95 个。全县乡镇、行政村通客车通达率分别达到 100% 和 93%。同时,县局与谷岗、罗陂、湖坪等班线经营者签订了进站服务合同,并正式投入营运服务,发挥了车站的功能,农村客运站使用率达 83%。

2. 道路运输市场监管有新进展。运输市场秩序健康发展。全年共检查营运车辆 2000 余台次,其中查处黑“面的”42 辆次,未出现一例执法错案。规范出租车市场管理,不断打击出租车异地经营及变相从事班线经营,查处出租车违章经营行为 16 车次。做好城市公交管理移交工作,落实城市公共交通政策,做好公交停靠点规划,制定公交线路。

维修行业管理力度加大。2011 年对全县 5 家二类维修企业进行了规范,道路运输客货运企业质量信誉考核率达 100%。

客货运输业不断发展。截至 12 月底,全县 16 个乡(镇、场)均有一个货运企业,促进了全县物流企业的发展。全县拥有客运车辆 128 辆,年完成客运量 132 万人次,客运周转量 16114 万人千米。拥有货运车辆 2113 辆,年完成货运量 97 万吨,货运周转量 17407 万吨千米。

3. 安全生产形势保持总体稳定。年初与各单位签订了安全生产目标管理责任书。积极开展公路险桥、险段隐患排查整治,积极实施“安保工程”。加强对客运站场及客运企业的安全监管,严格执行“三不进站、五不出站”规定,严格车辆回库检查制度和驾乘人员安全学习培训制度。对长途客运车辆全部安装了 GPS 定位监控系统。同时投入 10 多万元安装了车站安检仪设备。组织人员对全县渡口渡船及挂点水库进行安全生产隐患排查,并与所在乡镇签订安全生产责任书。全年共开展安全大检查 40 次,排查安全隐患 12 起,整改消除隐患 12 起。

(乐安县交通运输局)

金 溪 县

2011 年,金溪县交通运输局干部职工克难攻坚、奋力拼搏,较好地完成了年度各项工作任务。

1. 交通基础设施建设稳步推进。一是在完成 100% 乡镇通等级公路、100% 行政村通水泥路的基础上,继续加大农村公路建设的投入。全年完成农村公路路网改善工程建设 52.1 千米;完成计划建设的 15 个候车亭和省级乡镇农村公路服务站试点一陆坊服务站建设的前期有关准备工作;完成浒湾李家渡改桥、石门乡鸣山渡改桥两桥的续建工程,撤销浒湾、李家、鸣山 3 个渡口;完成县重点工程疏山北路拓宽改造和工业园 B 区至金溪二中新校区公路项目建设及抚金高速公路建设前期筹备工作。

2. 交通行业监管逐步加强。完成春运、五一、十一、元旦等节假日客流高峰期旅客运输任务,无重特大道路运输事故和渡运安全事故发生;完成辖区内 28 家道路运输企业的年度质量信誉考核,考核率为 100%;完成 800 余人次的从业人员资格的质量信誉考核;开展了交通运输市场集中整治活动,查处非法营运 680 余辆次、非法渡运 2 艘次,2 家客运站场限期整改,1 家危货企业停业整改。全县拥有客车 105 辆(1837 客位),出租车 50 辆(200 客位),公交车 20 辆(380 座位)。年完客运量 470 万人次,旅客周转量 23500 万人千米。拥有货车 3838 辆(21328 吨位),年完成货运量 407 万吨,货物周转量 128100 万吨千米。

3. 招商引资和“跑项争资”工作得到加强。修改完善招商引资实施细则和跑项争资实施意见,转变工作思路,加大工作力度,创新工作方式,已落实一个投资 2000 万元的钢架厂项目和争取上级项目资金 1700 多万元。

4. 新农村帮扶工作进展顺利。截至12月底,已向琉璃乡新塘村委会上李村小组投入帮扶资金7.1万元,争取危桥改造资金2万元,人饮工程资金2万元,水毁工程2万元;完成进村主路和入户路建设;完成改水改厕及活动场所地面的硬化。

(金溪县交通运输局)

上 饶 市

2011年,上饶市交通运输部门围绕建设宜居、宜业、宜游的现代化区域中心城市目标,全力推进交通基础设施建设,全面加强交通运输行业管理,扎实推进交通法制建设,深入开展行业创建活动,较好地完成各项工作任务,实现了"十二五"时期良好开局。

1. 交通基础设施建设成绩显著。全市完成交通固定资产投资41.8亿元,比上年同期增长35.6%,其中,高速公路30.75亿元,国省干线公路3.88亿元,农村公路及渡改桥6.97亿元,场站建设0.2亿元。争取国省项目补助资金2亿元。一是交通运输发展规划全面完成。为贯彻落实建设鄱阳湖生态经济区和海西经济区的重大战略部署,积极组织力量,编制各项交通运输发展规划,编制完成《交通运输发展规划(2011~2020年)》《"十二五"农村公路建设与养护规划(2011~2015)》《"十二五"农村客运网络化建设规划(2011~2015)》。二是交通重点项目建设取得重大突破。德昌高速公路和上武高速公路分别于9月16日与11月15日建成通车,至此,上饶市高速公路通车总里程达552千米。上武高速公路累计完成投资28亿元,本年完成11.66亿元。德上高速公路累计完成投资22.63亿元,占总投资的47%,本年完成投资19.09亿元。上饶至万年(鄱阳)高速公路和环鄱阳湖公路改造已成立项目前期工作机构,前期工作扎实推进。三是国省干线公路、农村公路及渡改桥和场站港口建设稳步推进。国省干线公路建设完成235.3千米,占计划103%。市养农村公路硬化完成55.34千米,占计划115%,完成投资0.65亿元。地养农村公路硬化完成1313.2千米,完成投资5.51亿元。渡改桥2011年扫尾项目10座,完成5座,完成投资0.81亿元。场站港口建设完成投资0.2亿元,完成农村客运站18个、农村候车亭250个,均占年计划的100%。

2. 交通运输保障水平明显提高。一是交通运输生产快速增长。全市拥有营运客车4732辆、86200客位,比2010年末增长7.55%、17.82%;拥有营运货车45790辆、301423吨位,比2010年年末增长5.98%、16.56%。全年完成公路客运量15218万人次、客运周转量408389万人千米,比上年同期增长1.6%、2.2%;完成公路货运量14733万吨、货运周转量2444927万吨千米,比上年同期增长4.4%、1.3%。培训汽车驾驶员83000人,比上年同期增长27.19%。全市道路运输及服务业经济总收入87.49亿元、完成税收4.21亿元,比上年同期增长45.67%,41.56%。水路运输完成货运量496.5万吨,同比增加长5.3%;货运周转量119530万吨千米,同比增长22.5%;客运量76.6万人,同比增长1.6%;客运周转量1833万人千米,同比增长1.8%。二是交通运输管理全面加强。农村客运网络进一步完善,客运公司化经营率95%,三年内新车率92%,行政村通班车率达96%。投资50多万元启动建设视频监控和GPS监控为一体的监控中心,对全市二级以上车站、车辆技术性能综合检测站、重点维修企业、驾校以及所有安装了GPS的营运客运、出租车、危货车辆均可在市运管处监控中心实时监控和调度指挥。积极开展经营性道路运输从业资格考训试点,全面建成经营性道路运输从业资格考训中心。完成机动车驾驶员培训学校质量信誉考核,并扎实开展了驾校资质整顿及教练车统一标识工作。积极推进交通物流业发展,全市货运运力首次突破30万吨,达30.14万吨,物流税收达4.21亿元。进一步加强城市公交出租行业管理。搭建公交、出租车监控平台，实现智能化管理。对城区511辆出租汽车免费安装使用GPS车载终端和LED屏，并投资80多万元，安装公交GPS调度监控和车载视频监控系统。加大公交设施投入力度。新购20辆公交车，在广信大道开通首条公交专用通道，并全面推行IC卡服务。共查处违规违章出租车114辆，处理回复服务质量投诉511起。严厉打击“黑车”非法营运，查处非法营运车辆313辆。三是交通运输节能减排工作成效明显。实现全年综合节能效益2.39万吨标准煤。大力实施营运车辆柴油化工程，新增柴油车756辆，对52辆出租车进行了油改气工作，淘汰高耗能老旧车辆446辆。对9艘老旧船舶进行了拆解。在参加全省交通运输行业机动车驾驶员节能竞赛中，获得团体第一名。

3. 交通运输安全态势总体平稳。一是加强隐患排查，深入开展打击“三无”船舶和船舶超载专项整治、车辆超限专项整治、危化品运输整治、交通秩序综合整治，及时发现和纠正重大缺陷和潜在隐患。二是夯实安全基础，提高安全生产预控能力。启动114千米农村公路安保工程建设，实施10座农村公路危桥改造计划。广丰县猴狲潭渡口已列入标准化改造试点，正在抓紧实施。推进内河船型标准化建设，已完成9艘旧船拆解工作。三是强化建设队伍，促进从业人员安全素质的提高。组织全市22名安全管理人员参加国家安监局组织的专题培训班学习。

4. 工程质量管理和农村公路养护管理不断加强。紧紧围绕“四路一桥”项目，切实加大了监督力度和抽检频率，总计受监项目约3093.86千米，其中配合省质监站督查上武高速、德上高速114.82千米，检查余黄一级、德昌高速万年、余干、德兴连接线46.55千米，监督检查省养面上工程100余千米，检查农村公路2300千米，监督检查渡改桥78座。并对全市363个农村候车亭进行交工检测，配合省质监站做好上武高速52.96千米的交工检测。对农村公路养护体制机制进行探索，组织县（市、区）交通局领导赴贵州省铜仁市考察学习农村公路养护管理先进经验。

（上饶市交通运输局）

信　州　区

2011年，信州区交通运输局在实施交通赶超战略中，突出物流产业发展，提升全区农村公路等级，促进道路运输管理和农村公路养护及各项工作再上新台阶。

1. 物流产业发展势头强劲。全区完成物流产业税收1.49亿元，实际营运货运总运力首次突破6万吨，拥有上缴物流税收过百万元企业21家，过300万元企业14家，过500万元企业10家。

2. 渡改桥全面竣工。9月25日，张家、日升、丰溪、朝阳、白石墩、灵山底6座渡改桥竣工暨日升大桥通车典礼的举行，标志着全区百姓出门靠摆渡成为历史。

3. 农村公路建养并重。县通乡“严十公路”项目路基已基本完成。完成农村公路17.1千米，投资427.5万元；新农村进村主干道10.5千米，投资210万元；水毁水泥路重建2千米，投资110万元。在路政管理方面，完成公路养护35千米，投资40余万元，其中，清理路肩杂草，行道村刷白33千米；沙松线路面维修2千米，投资30余万元。对辖区内西气东输工程、高速铁路工程和德上高速公路工程涉及的路段设置了减速带、标志牌，维护了公路的通行安全。

4. 道路运输市场规范有序。一是圆满地完成了2011年春运工作；二是对全区客、货运企业进行了质量信誉考核，考核率达到100%；三是组织开展“汽车维修诚信服务月”活动，促进汽车维修行业服务规范；四是如期完成了对5所驾校的质量信誉考评工作，并对5所驾校逐一排查，查处违规经营报名点3个，非法培训点2个；五是在稽查工作变被动的市场监督为主动深入一线服务，将工作重点前移，进行源头管理。对车户反映强烈的汽车站周边非法经营车辆较多的问题，进行了重点整治，严厉打击了黑车，全年共出动稽查589次，检查车辆8913辆次，查处“黑车”近百辆。

（信州区交通运输局）

上 饶 县

2011 年,上饶市交通运输局紧紧围绕该县“主攻一园,决战两区,推进四化,建设宜居宜业城市”的总体目标,以科学发展观为指导,推进全县交通事业和谐、稳定、快速发展。

1. 交通基础建设稳步推进。2011 年,农村公路建设项目有 63 个,总里程 130.6 千米,总投资 5224 万元,其中,往年遗留项目 4 个,公路里程 45.8 千米,投资 2748 万元;通自然村项目 56 个,里程 88.6 千米,投资 3544 万元;通乡公路项目 4 个,45.8 千米,投资 2748 万元。完成煌固镇樟宅和观上两个渡改桥续建项目,总投资 675.8 万元;应家农村客运站的主体工程,投资 350 万元;清水乡 15 个农村客运候车亭项目,投资 30 万元。完成农村公路建设项目 29 个,45.4 千米,投入资金 1816 万元。通自然村公路还有 34 个项目正在施工中。

2. 科学编报交通规划。结合县情实际,本着科学发展的原则,编制了交通远景及“十二五”交通规划。

3. 不断提升公路养护水平。(1)加大了农村公路养护资金的投入,共投入公路养护资金 110 万元,其中,市局下拨 20 万元,县财政安排 60 万元,从局事业经费中挤出 30 万元,使公路养护资金得到一定保障。(2)明确责任,强化指导,细化考核,不断完善公路养护体制。在 2007 年县政府出台的《上饶县农村公路养护管理办法》基础上,相应制定了《农村公路养护考评细则》和《养护工绩效工资管理方案》等制度,新聘请 9 名专职养护工,配备了养护工具、服装及机械设备等。(3)采取定时巡查与日常养护相结合,年初对全县县乡道进行了一次彻底的巡查摸底,公路的路基、路面、桥涵、边沟、绿化、标志标牌等情况进行了详细的登记。农村公路好路率达 67%。

4. 路政管理得到加强。(1)对京福高铁、杭长铁路客专工程建设造成农村公路损坏情况,组织了路政及公路技术人员协同有关单位在全县范围内进行调查摸排。两条高铁施工涉及 12 个镇(乡)、街道,不同程度损坏农村公路 60 条,损坏公路里程 203.47 千米,造成经济损失 6090 万元。得到铁路施工方的确认,通过多次协调,施工方承诺铁路建成后修复损坏公路。(2)对里洲至上泸、旭望、湖村至茗洋等主干公路乱搭乱建、乱堆乱放等违法行为进行了集中整治,出动推土机对公路路面进行全面清理整顿。(3)对皂周公路控制区内的违法建筑进行重点整治,发送违法通知书 12 份,并在国土部门及公路沿线镇乡、村的协助下,抓好整改落实。(4)严厉查处公路违法行为,公路违法案件查案率达到 98%,结案率达到 100%。共纠正公路违法行为 2000 余起,查处超限运输 280 起,清理路障 200 余千米,办理公路路政许可件 2 件,协调处理公路纠纷 8 起,收取公路赔(补)偿费 30.3 万元,收缴罚没款 2.1 万元。

(上饶县交通运输局)

广 丰 县

2011 年,广丰县交通运输局稳步推进基础设施和重点工程建设。

交通基础设施建设稳步推进。1. 完成全县公路电子地图调查、公路建设计划、公路及改渡建桥管理与初验。2. 完成大湾、三墩、碧石等 9 座大桥的交工验收。3. 组织编制了广丰县“十二五一农村公路建设养护规划、《广丰县交通运输发展规划(2011～2020)》、广丰县客运网络化规划等。4. 完成 2011 年 39.7 千米农村公路项目,18.9 千米新农村出口道路项目申报,以及县乡道改造计划等项目的申报工作。5. 迎宾大道筹建进展顺利。6. 大二线改建工程(广丰至上饶火车站快速通道)已立项。7. 竹航山隧道工程项目已与人防办进行了交接。8. 广管线路面重建工程顺利完成。9. 完成毛大线东山大桥加固项目、新东线公路养护大中修项目的设计招标工作。10. 经努力争取,铜钹山镇猴狲潭渡口已列入了 2011 年农村公路路网改善工程建设计划(渡口标准化建设)。一年来交通基础设施建设完成投资 1441.25 万元,其中,渡改桥资金 1288.65 万元,公路建设资金拨款 85 万元,公交候车亭 49 万元,危桥改造 18.6 万元。

公路管养能力进一步提升。1. 养护公司继续实行“划段承包为主”的方式,并推行“农村公路民养化”、农村公路承包责任制和养护市场化。对近百名农村公路养护工集中进行养护技能培训,培训合格的颁发“广丰县农村公路初级养护资格证”。2. 在农村公路传唱爱路护路歌和树立养护管理责任公示牌,向社会公开承诺公路养护职责。编制通俗易懂的《广丰县农村公路养护管理手册》,发放到各乡镇、行政村的干部及乡村公路管护员手中。3. 开展养护示范活动。确定了23个农村公路养护示范村,进行重点培植。7月份在该县召开了全市农村公路养护现场会。4. 加大路政宣传力度。首先将相关法律法规摘编成宣传单向相关部门及公路沿线乡(镇)、村、居民发放;其次利用走访企业、乡镇村等形式宣传县乡公路路政管理的意义和作用,并在公路沿线漆刷宣传标语。利用召开季度乡镇联席会进行路政管理业务培训等。全年查处各类路政案件106件,结案106件,结案率100%,有效地维护了全县公路路产、路权。

道路运输管理日趋完善。1. 春运工作圆满完成。道路运输已连续保持了8年无旅客安全责任事故和死亡人数为零的纪录,期间,全县共投入营运客车487台,其中,外调运力156台,完成客运量1052.86万人次。2. 加强对“黑校车”的安全整治。安排4个运政稽查队,分片区走访了全县相关各中小学校及幼儿园78个,发放宣传单1500余份,并与相关学校及幼儿园签订了学生乘车安全责任状45份,要求各乡镇、村、居委会对所在地学校自用车不得参加社会营运作出书面承诺。各客运公司将预备运力、闲置运力投入到周末乘车高峰对接中。3. 加强对非法营运打击力度。通过集中整治,取缔道路非法营运车辆40辆,其中非法营运轿车4辆、面包车8辆;查处其他违章行为28起,使客运市场及车站周边的环境得到了整治。对出租车司机安全问题,联合县电信公司、广通出租公司对出租车GPS定位监控系统建立合作关系,免费为出租车安装GPS监控管理系统。全年共查处非法经营车辆100多台次,其他各种违章车辆280多辆次。4. 优先发展县局6月份组织有关人员到周边县市借鉴学习公交企业发展和政策扶持的经验;9月份,组织力量对非法客运进行了整治;同时联合审计、财政、物价等部门对县公交公司的亏损进行了核定,按照政府出台的政策给予了一定补贴。5. 开展了广丰县第一届“服务之星”评选活动。7月份联合县委宣传部、县文明办、团县委等部门成立评选组委会,从400多名客运驾驶员中推选“服务之星”候选人30名,最后通过网上投票及短信投票的方式确定15名表彰驾驶员。对获得表彰的驾驶员所驾车辆由团县委授予“青年文明号”班车称号。

(广丰县交通运输局)

玉 山 县

2011年,玉山县交通运输局积极推进农村公路建设,全面加强道路运输管理,不断强化交通安全监管,深入推进依法行政工作,完成各项工作任务。

1. 农村公路。一是全面完成《玉山县“十二五”农村公路建设与养护规划》的编制。建设项目投资达6.37亿元,其中,路网改造196.9千米,国有农垦公路改造67.7千米,国有林区公路改造63.2千米,少数民族村项目4.6千米,农村旅游点、移民村公路建设61千米,新农村建设自然村项目361.7千米,省道、县道危桥改造519.6延米/20座,安全保障工程256千米,农村渡口改造项目5个。二是认真做好公路养护公司组建工作。5月12日,成立玉山县通运公路养护有限公司。三是积极开展隐患治理工作。经排查核定属四、五类桥梁共81座,对其进行修复、改造或重建需投入资金6020万元。因大部分农村公路安全设施缺损较为严重,省道、县道公路也需投入资金1237万元等,已向县政府报告,争取县财政资金补助。四是全力保障公路完好畅通。6月份以来,该县连降特大暴雨,农村公路路基、路面、挡土墙、桥梁等均受到重大损毁,除村道玉紫线至桥溪,其他公路水毁工程已恢复交通。五是深入开展农村公路建设大会战。①完成飞青线二级公路路面改造工程。②十里山大桥重建工程顺利推进。③全面推进农村公路建设。完成县道升级改造项目1.5千米,投资150万元;乡道升级改造项目3.5千米,投资175万元;自然村连通公路56.2千米,投资1405万元:新农村连通工程40千米,投资800万元;国有农林场公路3.4千米,投资

170 万元;危桥改造项目 3 个,投资 170 万元;完成水毁重建工程 4 千米,投资 220 万元。

2. 运输管理。一是圆满完成春运工作任务。共发送加班车 737 辆次,包车 23 辆次,累计发送车辆达 7676 辆次,运输旅客约 49.69 万人次。二是扎实做好运政基础工作。自 5 月份开始,对全县道路客货运企业、营运客车、汽车站、机动车维修企业、机动车驾驶员培训学校进行了质量信誉考核,企业考核率、营运客车考核率、教练员考核率均达 100%。营运客车年审率达 100%,营运货车年审率达 91%。三是全力维护运输市场秩序。共查处各类违规车辆 705 辆次,对违规经营业户起到了一定的震慑作用。其次是对出租车市场,对违规驾驶员进行停业一周办班学习处理、实行出租车驾驶员黑名单制等一系列强化监管的措施。第三是开展打击无证无照和违规非法经营行为的机动车维修市场专项整治活动,查处违法经营机动车维修企业 34 家。第四是落实优惠政策,积极支持企业做大做强。客运企业新增客车 4 辆,更新客车 5 辆,新增危货企业 1 家,普货企业 7 家,新增货车 320 辆,新增机动车维修企业 15 家。四是整治非法客运。自 8 月 16 日以来,该局组织 4 支运政执法队伍,开展非法客运整顿活动。

3. 交通安全。一是严格落实安全管理责任。层层签订责任状,落实企业的安全主体责任和部门的安全监管责任。二是积极开展安全生产大检查活动。于 3 月 15 日至 25 日期间,深入开展了安全生产工作大检查,4 月初,对承诺或限期整改的情况进行了跟踪检查;6 月 8、9 日两天,进行复检。8 月份开始的“百日大会战”。三是全面推行安全监管“六个一工作法”。四是 6 月 9 日,在双明镇召开全县水上交通安全工作会议,对全县水上交通安全工作进行了部署,并分别和各有关单位签订了安全生产责任状。五是切实加强安全生产宣传教育。6 月 12 日上午,在玉山汽车站组织开展了安全生产服务咨询活动。

(玉山县交通运输局)

德　兴　市

2011 年,德兴市交通运输局大力推进农村公路建设。全年完成 50 余条自然村水泥路改造,总里程为 64.7 千米,总投资 1920 余万元。

抓好出市通道建设。一是全力做好高速公路征地拆迁以及地方协调工作。二是全长 3.12 千米、投资 4200 万元的德昌高速公路德兴连接线 11 月 15 日通车。积极做好公路管养工作。一是由市政府制定《农村公路建设实施方案》。二是局公路站根据养护任务和实际情况,成立德兴市通畅养护公司,将全市县乡道分成皈大片、李暖片、张村片和万尚片。各片管理人员深入基层,认真抓好公路养护工作。三是加强路政管理,保护路产和公路设施。成立路政执法机构,加大农村公路超限、超载和破坏公路的查处力度。四是对县乡公路落实养护队伍,签订养护协议,明确养护责任。五是及时清理修复“6·15”水灾所造成的塌方、路基、路面和涵洞、挡墙。投入资金 350 余万元,完成 8 条水毁公路、6 座桥梁修复重建。

渡改桥建设,泗洲湾头、海口镇海口、泗洲镇铜埠、海口镇碧泥田大桥已建成通车,完成投资 2000 万元。扎实推进农村客运网络化建设,花桥客运站已开始建设,绕二客运站正在征地。完成 20 个农村候车亭的建设。编制全市农村公路综合服务站规划,重点做好德兴市龙头山乡农村公路综合服务站项目的可行性报告编制、评审等工作。

强化交通运输管理。督促客运企业做到“三定四统一”,规范客运经营行为,完成客运量 306 万人次,客运周转量 28731 万人千米,公路货运量 300 万吨,公路货运周转量 28037 万吨千米。开展交通秩序整治。强化市场监督检查,组织专门队伍,从严打击无证车辆非法营运,共处罚违章车辆百余台次。在建设候车亭、汽车站的同时,适当延伸农村班线通达范围,对农村客运班车实行了“八个统一”管理,对短途与长途客车实行两隔离。强化汽车维修和驾校行业管理。对维修网点和驾校进行了整顿,定期进行检查,规范企业经营行为。开展维修厂家和驾校的质量信誉考核。德兴市出租车第二期经营权已完成招投标,由上饶汽运集团中标。

(德兴市交通运输局)

婺 源 县

2011年,婺源县交通民生工程进展顺利。一、全年争取上级补助资金5000多万元,完成路面硬化195千米,其中,县道升级改造项目小港口至珍珠山12千米,乡道升级改造项目27.4千米;水毁修复项目18千米,连通工程147.2千米,完成137.6千米。6个改渡建桥项目已全部完成。二是运输行业管理水平不断提升。加大市场整治力度,严厉打击无证经营的违法行为,认真开展客运市场清理专项整治工作,查处违章200余车次。精心组织,圆满完成春运、黄金周运输任务。认真做好推广全县出租车行业使用驾驶员服务卡,规范出租车经营行为。全县新上一批中、高档出租车投入营运,新开增乡村客运班线4条。加强客运联营体的引导和管理,多次召开客运业户协调会,调解农村客运班线纠纷与出租车公司驾驶员上访等一系列客运纠纷,客运经营矛盾和运输服务投诉较上年下降90%。建立车辆档案,全县客运车辆年审率100%,出租车年审率100%,货运车辆年审率95%。三是安全生产形势平稳有序。3月份召开了全县水上交通安全工作会议,部署了全年水上交通安全管理工作,签订了渡口安全管理责任状,落实了县、乡、村、渡工四级安全管理责任制。全年渡口检查14次,重点抽查4次,下发隐患整改通知书3份,纠正一般违章2次。对检查中发现的安全隐患,及时督促乡镇政府和渡口设置单位整改到位,连续25年水上交通安全无事故。加强对工程施工现场安全监管,加大对施工安全生产合同落实,对全县安全隐患路段进行多次全面排查,逐个落实整改措施,投入资金近100多万元对全县已硬化的通村公路在急弯、陡坡和村庄处安装328.5米减速带和100块警示标志牌。落实"人盯人、人盯车"的安全管理网络,消除事故隐患,对检测不合格的车辆停止春运,对不进行投保、或投保不足额的车辆不准参加春运;抽调人员协助车站严厉查处携带"三品"进站上车,严禁超载客车出站,做到"三不进站""五不出站";取缔非法售票点4处,查扣"三品"50余千克;打击非法营运,查处非法营运车辆33余次。全年完成招商引资5000多万元,超县下达任务的41%。

(婺源县交通运输局)

鄱 阳 县

2011年,鄱阳交通运输局工作高效推进,成效显著。一是公路建设稳步推进。全年实施水毁重建工程42.3千米,完成投资2834万元;实施新农村连通工程39.3千米,完成投资786万元;实施连通工程75.1千米,完成投资1877.5万元。二是改渡建桥基本完成。全县2011年撤渡改桥项目共5个,已建成4座,共完成投资约1500万元。三是重点项目稳步推进。1. 省道石宁线县城至游城段改造工程全长24.93千米,投资4615万元,于10月1日正式开工。2. 省道石宁线三庙前至珠湖段(即德昌高速挂线)改造工程项目已经完成工可评审和初步设计。3. 鄱阳至莲湖快速通道已经完成工可评审。四是物流产业大力启动。7月份出台《关于大力发展物流产业的实施意见(试行)》,新落户的运输企业共9家,完成企业物流税收1250万元,实收税额达500万元。五是县道养护力度加大。从5月份起全面启动县道日常养护工作,依据新出台的县道养护管理实施细则,将原基层交通管理站职能转变为6个公路养护站,分别负责本站辖区县道的日常养护管理工作。完成公路中修工程4000平方米。六是路政管理继续加强。通过增加路政管理力量,规范路政执法行为,对车辆超限运输损害公路的行为进行源头管理、制止和打击,减少了对公路的损害,并将逐步完善县乡公路路政管理和养护、维修工作机制。七是公路运输管理不断提升。全年全县完成道路客运量744万人次,客运周转量37200万人千米,货运量1158万吨,货运周转量72068万吨千米,同比分别增长2%、2%、3%、5%。新增营运货车289辆,总计2005吨位,新开通农村客运班线5条。2011年加大了客运市场整顿力度,开展集中整治行动3次。八是城乡客运网络化深入推进。2011年已建成农村客运站1座,在建农村公路综合服务站1座,新建候车亭20个。县城公交总站新建工程和长途汽车中心站搬迁都在积极筹备中。九是交通安全狠抓落实。扎实有效地开展水上、道路、交通工程等方面安全工作,使全县交通安全局面有了进一步的稳定。水上安全方面,在春运、“两会”、五一、端午、国庆等重要时段,加强了水上安全集中整治督查和宣传力度,有效打击了非法渡运行为。针对全县水域进行安全检查两次,下发检查通知书130份,下发整改通知书30余份,现场消除安全隐患20余处。在端午节民间举行的划龙舟节庆活动期间,共出动车辆42车次,出动人员292人次。广泛深入开展了水上交通安全宣传教育活动,电视报纸宣传20余次,出动宣传船10余艘次,悬挂横幅40余条,张贴标语1000余次,印发宣传资金3000余份。并进行现场渡运安全培训1次,培训人员100余人次。

(鄱阳县交通运输局)

万　年　县

2011年,万年县交通运输局交通项目建设持续推进,运输网络进一步完善。一是总投资1.57亿元、长1.93千米的万年连接线主线工程基本完成。二是东环路建设。全长10.5千米、投资4161万元的东环路建设任务已完成。老子山至水泥厂立交4.7千米路基工程基本完工,路面工程全面启动。三是是珠曹公路建设列入了省政府2011年旅游公路项目,立项审批等前期工作全部完成。四是全力以赴配合做好皖赣铁路电气化改造和新火车站东移等工作。五是万年港综合码头建设。总投资7818.6万元,2006年立项,2011年列入了交通运输部扶助项目,9月15日开工建设。六是农村公路建设。在村村通工程提前完成的基础上,新建农村公路89.6千米。七是渡改桥建设。建元大桥、裴梅洪家桥和上坊彭家桥8月份前全部交工验收。

交通基础设施养护持续加强。全县农村公路382条,共1057.2千米,其中,县道5条153.7千米,乡道24条213.977千米,村道353条687.17千米。县道桥梁25座857.7延米,乡道桥梁36座711.76延米,村道桥梁86座1609.2延米。该局以交通昌盛发展有限公司为养护主体,负责178.6千米的县道养护和管理。全年投入2000万元,对县道峡珠线(206国道昌万路口—大黄)17.2千米、石蛸线(齐埠—湖云)11.2千米进行了全面改造。6月,万年县公路等交通设施水毁严重。该局积极采取措施,投入人工、材料、机械等费用221.17万元,确保了交通安全畅通。

交通运输行业发展持续加快。全县拥有各类营运车辆875辆(客车159辆,货车716辆)。货车运力达到3831吨位,公路货运量362万吨,货运周转量23689万吨。完成水路货运量115.513万吨,货运周转量6816.31万吨千米。加强客运网络化建设。全县农村客运车辆132辆、2269客位。开通各类班线58条,乡镇通班车率达100%,行政村通车率达91%。2011年完成公路客运量达298万人次,客运周转量22934万人千米。客运市场6年安全无事故。万年稻都旅游出租车公司运营形势平稳。城市公交管理逐步规范,线路不断延伸,车辆加快更新。加大渡口管理力度,全县实现了渡运安全56年无事故。

(万年县交通运输局)

余　干　县

2011年,余干县交通运输局交通工程建设再创辉煌。全年共续建、新建、启动交通工程项目11个,完成投资6.2亿元。五个续建工程项目中,境内全长33.66千米的德昌高速余干段于9月16日竣工通车。全长11.5千米、按一级公路兼城市景观道路标准设计施工、投资2.8亿元的德昌高速余干互通连接线工程和全长23.2千米、投资2.65亿元的余黄一级公路工程以及主桥长332米、宽8.5米、引道长985米、总投资达1900万元的中洲大桥等“两路一桥”建设工程按期竣工,并于11月15日举行了通车仪式。主桥长477米、宽9米,引道长985米、总投资3187万元的河埠信江大桥,已进入桥面铺设阶段。8月23日开工建设的全长12千米、投资900万元的县城至江埠公路升级改造工程,于12月7日完工。11月6日开工建设的全长10.2千米、投资410万元的合水至三溪公路升级改造工程,正在紧张施工中。四个启动项目中,主桥长280米、宽7米、引道长276米、总投资约844万元的古埠邱家墩大桥,路基宽8.5米、路面宽7米、长2千米、投资约200万元的余信公路乌泥段升级改造工程完成招投标工作;路基宽8.5米、路面宽7.5米、全长24.078千米、按二级公路标准设计建设的康山旅游公路,环评工程已结束,已进入初步设计阶段;主桥长约396米、宽12米、引道长1312米、总投资约6000万元的马背咀二桥工程,已进入防洪评估和通航论证设计中。该县基本形成了以“五纵”为主框架、连接总长达1500千米的乡村公路的公路运输网络。

交通行业管理上台阶。一年来,审验营运客车435辆,审验营运货车2150辆;审验营运货船152艘;查处各类违章车辆565辆次、违章船舶26艘次;妥善处理了出租车司机矛盾纠纷。全年安全运送旅客380万人次。保持了水陆运输市场平稳有序的良好态势。坚持“安全第一,预防为主”的方针,落实“一岗双责”制,开展执法大检查32次,散发安全生产宣传材料2600余份,及时发现并消除各类安全隐患76起。用于河埠公路渡口轮渡大修、31个民间渡口的43艘渡船维修、添置救生设备、制作安全警示标志以及县乡公路修复等费用资金达260余万元。实现连续24年民间渡口安全无事故。

(余干县交通运输局)

弋　阳　县

1. 公路建设。(1)完成2011年农村公路建设总里程83.8千米,占计划100%。(2)双流线公路改造项目全长16.5千米,已完成工可、施工图批复,招投标前期工作进展有序。(3)对县乡桥梁进行全面的检查,建立了一桥一卡档案,详细记录检查情况,对出现的病害认真分析原因,并制定了养护工作方案。挤出60万元对双流线、坑清线、梅管线、摘圣线等路面进行了维修和养护;并对重要路段设置了500多块平交路标牌、弯道牌、村庄牌,延续弯道等警示标牌。

2. 运输市场管理。(1)全县拥有客运公司10家(农村客运公司7家、上饶客运公司1家、公交公司1家、出租公司1家),客运车辆286辆(中型客车139辆、大型客车9辆、出租车100辆、公交车39辆)。2011年完成客运量434万人,比上年增长8%,客运周转量22792万人千米,比上年增长4.8%。货运公司55家,货运车辆3590辆,总吨位15032吨。2011年完成货运量545万吨,比上年增长17.9%,货运周转量56358万吨千米,比上年增长15.4%。(2)完成客运站建设10个,候车亭建设30个。正有规划、有步骤的在曹溪、漆工、港口、龟峰试点,以点带面,推进全县农村公路建、管、养、运一体化服务发展。(3)加大非法营运车辆的打击力度。按照县人民政府《关于在全县开展打击道路客运非法经营专项整治工作的通告》,成立了以交通、交警为主的整治领导小组,建立健全整治非法客运长效机制,对非法营运车辆进行打击。3月18日开始,共查处非法进行道路客运经营346起。(4)运用科技手段强化安全管理。对跨县(市)以上的客货车辆、危货运输、旅游客运车辆安装GPS卫星定位系统,建立安全动态监控平台,进一步实施运输车辆的实时监控,不断强化安全监控手段。全县已安装GPS的营运车辆64辆。(5)加强水上安全管理。现有渡船5艘、旅游船舶6艘,港航管理部门重点检查了“四客一危”船舶及渡船的安全技术资质和从业人员资格。各渡口、旅游景区安全责任的签订到位,船舶“二证一线一须知”、救生、消防设备齐全,重大节假日对重点区域24小时派人值班,确保了水上交通30安全无事故。

3. 加强交通执法力度。成立了稽查、路政大队,在全县各乡镇进行了有关法律法规的宣传。印发《江西省公路路政管理条例》宣传单850份、《中华人民共和国道路运输条例》1000份、出动宣传车50余次。下发了《关于开展规范交通行政执法行为的实施方案》,建立和完善行政执法程序、明确了法律依据、法定条件、办理权限和执法责任等。

(弋阳县交通运输局)

横　峰　县

2011年,横峰县交通运输局齐心协力,切实抓好交通运输工作,取得了显著成绩。

1. 完成“十二五”交通运输体系发展规划的初步编制,做好项目储备,争取更多项目纳入省市规划中。

2. 积极争取交通建设资金。一是协调旅游局上报旅游公路规划项目77.5千米和赭亭山旅游码头项目;二是配合县发改委申报农村公路国债示范项目;三是编报农村公路、县乡及农客网改造项目可行研究报告共10个,共计150千米;四是争取村级农村公路项目计划75千米,其中,农村其他联通工程38.5千米,林区、垦区公路14.7千米,国债示范路21.6千米。

3. 积极完成工程建设任务。一是实施渡改桥杨家大桥的建设任务;二是着力推进县教育园区外交通安全设施建设,硬化道路560米,新建公交候车亭2个。

4. 加强养护,推动公路养护机制体制改革。加大公路管养力度,投入资金150余万元对国省县道和危桥进行维修改造。完成320国道县城段和红军大道沥青路面20000余平方米的修复;县道坑清线百家段、白沙岭段300米路面的重建;葛新公路黄溪、姚家、百官公路百家危桥拆除新建及百官公路兰子危桥桥面改造维修;清理水毁公路塌方6000余立方米,修复路面8000平方米。同时,成立了通畅公路养护有限责任公司,实施专业化养护公路。

5. 农村公路通达能力不断提高。2011年,继续对农村公路进行优化改造,对新农村外接道路40千米进行了硬化改造。深化农村公路管理养护体制改革,形成“县道县管、乡道乡管、村道村管”的养护模式,引入“以奖代补”资金管理方式。县道好路率为69.70%,乡道好路率为61.07%。

6. 道路运输服务水平逐步提高。(1)道路旅客运输保障有力。春运任务圆满完成,参加春运客车83辆,累计发车3320辆次,日均发送旅客0.85万人,完成客运量34万人。(2)加快农村客运网络化建设。全年更新省际班车2辆,县际班车5辆,农村客运班车2辆。规划上报岑阳农村综合服务站纳入省厅首批试点单位,规划建设15个农村候车亭。(3)促进物流货运的发展。引进道路货物运输企业24家,车辆721辆,合计吨位8913吨。全年完成公路客运量340万人次、客运周转量19815万人千米、公路货运量322万吨、货运周转量35302万吨千米。(4)城市客运管理井然有序。实施“公交优先”战略,大力发展城市公共客运。县政府出台了每台公交车补贴1.8万元,新购车辆每台补贴3万元的财政补贴优惠政策,新购公交车8台,新开辟公交线路3条,投入城乡公交车12辆。同时,加强出租汽车市场管理,提升出租车驾驶员服务水平。加强市场监管,维护市场秩序。交通监管中队坚持重点稽查和常态化巡查相结合,严厉打击非营运车参与营运。加强全县道路运输市场秩序整治,共检查车辆546辆次,纠正违章160余起,查扣涉嫌“非法营运”车辆56余辆,处罚了23辆,取缔非法培训点5个。

(横峰县交通运输局)

铅山县

2011年,铅山县交通运输局完成农村公路硬化80千米。新农村建设点进村主干道项目58个、30.8千米。路网改善连通硬化14.5千米。渡改桥10座,总投资1.675亿元,已完工7座。

道路运输事业持续发展。一是客运站场建设全面推进。共完成农村候车亭10个,累计完成145个;新汽车站二期项目已完成场地平整;公交总站项目已经县政府批准同意,进入启动程序。二是道路运输事业规范有序。成立了铅山县第一家危货运输企业,为县经济园区危货外资企业的发展提供了更好的服务;有两家租赁企业正式通过许可审批,填补了该县运输行业的一项空白;继续加大杨梅岭、金山、阳光等3家驾校的整治规范,杨梅岭驾校提升为一类驾校,荣获“全国文明诚信优质服务驾校”的殊荣;开通城市出租车,由铅山县宏捷出租车公司于10月10日正式运营,车辆选用东风雪铁龙车型,全程GPS定位,24小时电话召租。

加强路政执法力度。一是加强路政执法宣传。出动宣传车进行巡回宣传《中华人民共和国公路法》《公路安全保护条例》等相关的法律法规,在交通要道悬挂横幅标语8条,发放宣传资料1200余份,营造人人爱路护路的良好社会氛围。二是确保每月有18天时间上路巡查,乡村公路巡查每月不少于9次。一年来查处擅自挖掘公路埋设管线2起，占道经营处，乱堆乱放5起。三是查处超限超载车辆276辆，批评教育超限超载车辆驾驶员320人次，对部分车辆进行处罚。收取各类赔偿金及处罚款共计12万元。

农村公路养护工作全面启动。县局管辖县道144.75千米，乡道142.62千米，村道405千米。一是县、乡(镇)、县交通运输局、县公路分局均成立了以一把手为组长的公路突击养护领导小组，切实加强了对公路突击养护的领导、指挥和调度。二是开展了3个月的农村公路突击养护工作，共完成市养公路227.31千米，清理水沟214千米，疏通涵洞716道，培育路肩217千米，共投入养护抢修资金88.2万元；完成县道养护公路7条145千米；开展522千米乡、村道公路养护。三是资金保障到位。县政府从县财政拿出230余万元作为农村公路突击养护的启动资金。从2012年开始县财政对列入全县农村公路养护年度计划的县道按每千米每年5000元、乡道2500元、村道1200元的标准给予正常养护资金补助，并每年安排120万元的农村公路大中修补助资金。四是创建养护示范路工程。对审定为县道、乡道、村道养护示范路的公路，分别按3000元/千米、2000元/千米、1500元/千米的标准再给予补助。同时，对被评选为10条最差养护农村公路的，限期整改，年终不能评比农村公路建设先进单位。

交通安全生产再创佳绩。一是完成旅客运输46.23万人次，比上年同期增3%，投放客车152辆，临时加班车428辆。已查纠违章经营58例，查处黑车15台。辖区内没有发生一起道路运输重大责任事故。二是做好重要时段的渡口安全检查值班值勤制度，确保百姓的出行安全；年初与各乡镇签订水上交通安全生产责任状，做到责任到人，加大渡口、渡船的检查、维修力度。一年来，共发出检查通知书87份，其中，违章通知书12份，隐患整改通知书5份，经过督促整改到位；更新木质渡船1艘，对14艘渡船进行不同程度的维修。三是加强县城人力三轮车的安全管理。积极开展校园周边环境交通安全整治工作，派出专人在现场进行管控，保证学校周边交通环境的畅通，确保学生上下学的人身安全。

(铅山县交通运输局)

上饶经济开发区

2011年，是“十二五”的开局之年，也是上饶经济开发区升格为国家级开发区后发展新的一年。一年来，紧紧围绕实现上饶“大城市、大交通、大物流”等八大发展战略，明确工作目标，狠抓重点项目推进。

1. 农村公路。“十二五”期间开发区村道建设共138千米，2011年上级补助计划3.5千米，已完成村道路面硬化12千米。7月，在市交通局大力的支持下，申报龙大路(江四线)升级改造项目，并获得省、市交通部门一致通过。开发区管委会考虑龙大路(江四线)现状及群众上访情况，计划于2012年结合市政道路建设龙大路(江四线)湖州尾至董团村段，以确保龙大路(江四线)运输通畅，沿线人民出行安全、方便。

2. 渡改桥方面。区内有马鞍山大桥和红石大桥两个撤渡建桥项目。马鞍山大桥已经完成18片箱梁预制及下部构造，完成投资800万元；红石大桥完成31片箱梁预制及下部构造，架装箱梁15片，完成投资900万元，开发区共拨付施工单位工程款合计约1200万元。

3. 公路养护。辖区内仅一条县道龙大路，1997年改造，全长21千米，宽5.5米，属四级公路。由于建造年限长，运输超负荷严重，路面、桥涵受损严重，村民出行及运输极为不便。2011年初，开发区管委会及时组织人员对龙大路路面损坏情况进行全面调查，对夜珠垄至联星村段共19处路面破损进行修复，对存在安全隐患的下游桥护栏及桥头路面、太平桥锥坡进行全面修复。区管委会按农村公路养护补助资金1:2比例配套龙大路养护补助资金，除上级补助的20万元资金外，另投入40万元用于龙大路重点路段养护。

(上饶经济开发区)

三清山风景区

2011年，三清山风景区交通运输局紧紧围绕年初制定的工作目标,扎实推进农村公路建设,完善农村公路养护体制,较好地完成了各项工作任务。

1. 完成二个规划的编制。一是“十二五”农村公路建设与养护规划。在2010年编制完成“十二五”风景区交通运输发展规划的基础上,对“十二五”期农村公路建设与养护管理进行细化,明确今后五年农村公路建设与养护工作的发展目标和工作任务。二是“十二五”农村公路客运网络化规划。建设枫林、三清2个农村公路综合服务站,开通八际至枫林的农村客运班线,实现村村通客班的发展目标,已全部通过省交通运输厅组织的专家组评审。

2. 有效落实三项保障。一是畅通保障。加强公路巡查,及时排除交通障碍,确保景区道路畅通有序。在“6·19”强降雨期间,加强了公路巡查,采取有效措施及时处置公路险情,切实保障了景区道路畅通。二是安全保障。在旅游高峰期,特别是在五一小长假和十一黄金周,采取早安排、早准备、早入手的措施,制定了工作方案,保证了游客来得了、出得去、行得好,圆满地完成了节假日期间景区道路交通安全的各项工作任务。三是经费保障。加强与省市有关部门沟通联系,积极争取资金支持,农村公路养护获得市交通运输局25万元资金,道路运输管理所获省财政下达的成品油和税费改革转移支付增量资金30万元,为公路建设提供了必要的资金保障。

3. 加快推进三大工程。一是高速连接线工程。成立了德上高速公路三清山连接线项目指挥部;得到省政府支持列入省重点项目;编制完成了工程可行性研究报告并上报省发改委评审;规划选线获得省建设厅批复同意;与鄱阳县政府达成落实项目用地占补平衡指标协议,占地预审资料已上报省国土资源厅;环评、文物调查、林地报批等其他工作也有序推进。二是服务区路网工程。枫林服务区路网工程红枫大道项目完成了规划选址、土地、环评等前置审批工作,工程可行性研究报告和初步设计通过市发改委评审,即将进入项目招投标和施工设计阶段。三是自然村公路工程。积极争取通自然村公路项目,省交通运输厅下达三清山2011年的通自然村公路项目5.6千米,其中3千米已竣工投入使用,剩余2.6千米也已完成了路基工程。

(三清山风景区交通运输局)

美丽的鄱阳湖生态区

2011 年全省交通主要统计指标

表 21

指标名称	计算单位	2011 年	2010 年	2011 年为 2010 年% 或增减
一、公路、水路与国民经济的关系				
1. 生产总值与公路、水路货运量				
生产总值(按当年价格计算)	亿元		9435	124.32
全社会公路货运量	万吨	98358	88445	117.61
全社会水路货运量	万吨	7447.4	6512.6	123.18
每万元国内生产总值的全社会公路货运量	吨		9.37	-9.37
每万元国内生产总值的全社会水路货运量	吨		0.69	-0.69
2. 全省人口与公路、水路客运量				
全省人口数	万人		4458	0.00
全社会公路客运量	万人	72527	70628	102.69
全社会水路客运量	万人	251.5	231.1	108.33
全省平均每人乘汽车数	次		15.84	-15.84
全省平均每人乘轮船数	次		0.05	-0.05
二、全省公路里程	千米	146632	140597	104.29
说明:国内生产总值增长速度按可比价格计算。				

续表 21－1

指标名称	计算单位	2011 年	2010 年	2011 年为 2010 年%或增减
1. 按技术等级分				
(1)等级公路	千米	114463	101455	112.82
高速公路	千米	3603	3051	118.09
一级公路	千米	1428	13856	103.03
二级公路	千米	9464	9340	101.33
三级公路	千米	6867	6670	102.95
四级公路	千米	93100	81008	114.93
(2)等外公路	千米	32169	39142	82.19
等级公路占总里程比重	%	78.06	72.16	5.90
其中二级以上公路	%	9.89	9.80	0.09
等外公路占总里程比重	%	21.94	27.84	－5.90
2. 按路面类型分				
有铺装路面里程	千米	98466	82345	119.58
其中沥青混凝土	千米	8965	7975	112.41
其中水泥混凝土	千米	89501	74370	120.35
简易铺装路面里程	千米	7366	8170	90.16
未铺装路面里程	千米	40799	50082	81.46
铺装路面里程(含简易)占总里程比重	%	67.52	64.38	3.14
3. 按行政等级分				
国道公路	千米	5946	5740	103.59
省道公路	千米	8727	8394	103.97
县道公路	千米	20590	20554	100.18
乡道公路	千米	29187	29010	100.61
专用公路	千米	667	611	109.17
村道公路	千米	81514	76288	106.85
4. 公路晴雨通车里程	千米	139536	130794	106.68
5. 公路养护里程	千米	141477	132782	106.55
6. 公路绿化里程	千米	82348	37821	217.73
三、全省公路桥梁、隧道				
1. 全省公路桥梁总计	座	24324	23394	103.98
	延米	1124883	1032229	108.98
其中:特大桥	座	42	37	113.51
	延米	80173	65836	121.78
其中:大桥	座	2174	1975	110.08
	延米	495257	440109	112.53
2. 全省隧道	处	176	162	108.64
	米	152000	133664	113.72
四、公路密度及通达情况				

续表 21－2

指标名称	计算单位	2011 年	2010 年	2011 年为 2010 年% 或增减
公路密度　以国土面积算	千米/百平方千米	87.85	84.24	3.61
以人口数量算	千米/万人	32.89	31.72	1.17
全省通公路的乡镇比重	%	100.00	100.00	—
全省通公路的行政村比重	%	100.00	100.00	0.00
五、全省内河航道通航里程	千米	5716	5716	100.00
1. 等级航道	千米	2427	2427	100.00
一级航道	千米	156	156	100.00
二级航道	千米	—	—	—
三级航道	千米	342	250	—
四级航道	千米	87	—	—
五级航道	千米	240	271	88.56
六级航道	千米	443	589.7	75.12
七级航道	千米	1160	1160	100.00
2. 等外航道	千米	3289	3289	100.00
等级航道所占比重	%	42.46	42.46	—
六、港口				
港口个数	个	59	59	100.00
泊位个数	个	1728	1701	101.59
码头长度	米	62955	62990	99.94
七、汽车站场				
汽车客运站(等级站)	个	869	586	148.29
客运班线	条	6845	6335	108.05
八、民用汽车拥有量	辆	1476011	1180840	125.00
其中客车	辆		956480	0.00
货车	辆		401679	0.00
九、营业性运输汽车拥有量	辆	289550	253905	114.04
其中客车	辆	18604	17711	105.04
货车	辆	270946	236194	114.71
十、民用运输船舶拥有量				
艘数	艘	4164	4221	98.65
净载重量	吨位	2099879	1980342	106.04
载客量	客位	11614	11811	98.33
标准箱位	TEU	2022	2022	100.00
功率	千瓦	725059	650120	111.53
十一、运输量				
1. 全社会货运量	万吨	111575	100339	111.20
(1)铁路	万吨	5769	5379	107.25
(2)公路	万吨	98358	88445	111.21

续表 21－3

指标名称	计算单位	2011 年	2010 年	2011 年为 2010 年%或增减
(3)水路	万吨	7447	6513	114.34
(4)民航	万吨	1.06	2.1	50.48
公路运输在各种运输方式中所占比重	%	88.15	88.15	0.01
水路运输在各种运输方式中所占比重	%	6.67	6.49	0.18
2. 全社会货物周转量	亿吨千米	3003.99	2738.70	109.69
(1)铁路	亿吨千米	733.77	705.90	103.95
(2)公路	亿吨千米	2066.83	1850.20	111.71
(3)水路	亿吨千米	203.27	182.41	111.44
(4)民航	亿吨千米	0.12	0.19	63.16
公路运输在各种运输方式中所占比重	%	68.80	67.56	1.25
水路运输在各种运输方式中所占比重	%	6.77	6.66	0.11
3. 全社会客运量	万人	79069	76633	103.18
(1)铁路	万人	6152	5588	110.09
(2)公路	万人	72527	70628	102.69
(3)水路	万人	251	231	108.66
(4)民航	万人	139	186	74.73
公路运输在各种运输方式中所占比重	%	91.73	92.16	—
水路运输在各种运输方式中所占比重	%	0.32	0.30	0.02
4. 全社会旅客周转量	亿人千米	955.85	912.77	43.08
(1)铁路	亿人千米	600.18	564.80	106.26
(2)公路	亿人千米	340.90	330.48	103.15
(3)水路	亿人千米	0.30	0.32	93.75
(4)民航	亿人千米	14.47	17.17	84.27
公路运输在各种运输方式中所占比重	%	35.66	36.21	－0.54
水路运输在各种运输方式中所占比重	%	0.03	0.04	0.00
十二、城市(县城)客运				
1. 城市(县城)公共汽车运营车数	辆	9144	8014	114.10
	标台	1009	8599	116.40
2. 城市(县城)出租车运营车数	辆	15369	14642	104.97
3. 城市(县城)公共交通客运量	万人次	203082	193315	105.05
十三、内河港口吞吐量				
1. 货物吞吐营	万吨	23556.5	21130.6	111.48
其中外贸	万吨	178.7	140.2	127.46
2. 旅客吞吐量	万人	475.7	446.8	106.47
其中离港	万人	230.1	216.2	106.43
十四、固定资产投资	亿元	345.93	307.04	112.67
十五、船舶海损事故				
事故次数	件		8	0.00
死亡人数	人		9	0.00
沉没船舶	艘		5	0.00

说明:国内生产总值增长速度按可比价格计算。

2011 年全省公路里程(按技术等级分)

表 22

单位:千米

地区	总计	等级公路						等外公路
		合计	高速公路	一级	二级	三级	四级	
全省合计	146632	114463	3603	1428	9464	6867	93100	32169
南昌市	10273	8479	41	107	594	478	7258	1794
景德镇市	4293	3617	—	43	372	393	2809	676
萍乡市	6453	4903	—	51	344	183	4324	1549
九江市	18206	12576	48	182	787	864	10694	5631
新余市	4131	3173	—	43	308	311	2511	957
鹰潭市	3799	2795	—	25	136	381	2253	1004
赣州市	26538	20359	227	260	1818	724	17330	6179
吉安市	20729	18570	—	168	1582	774	16046	2159
宜春市	17190	12781	—	240	1453	836	10252	4409
抚州市	13206	10610	—	170	552	849	9038	2596
上饶市	18529	13313	—	139	1516	1073	10584	5216
省高速集团公司	3287	3287	3287	—	—	—	—	—

注:因小数点取舍,故分项之和与总数略有差异。

2011 年全省公路里程(按路面类型分)

表 23

单位:千米

地区	总计	路面类型			晴雨通车	绿化里程	养护里程
		有铺装路面(高级)	简易铺装路面(次高级)	未铺装路面(中级、低级、无路面)			
全省合计	146632	98465	7366	40799	139536	82348	141477
南昌市	10272	8326	51	1895	100038	5275	10011
景德镇市	4293	2807	831	655	4220	2358	4220
萍乡市	6453	4967	273	1213	6443	3393	6448
九江市	18207	9779	1350	7078	17135	8353	17459
新余市	4130	3006	188	936	4011	2578	4048
鹰潭市	3798	2501	4	1293	3798	2494	3799
赣州市	26538	18832	650	70055	24546	14685	24966
吉安市	20729	13326	1448	5956	19536	14186	19985
宜春市	17190	10534	1222	5434	16485	9061	17047
抚州市	13205	8945	526	3734	12963	7409	13011
上饶市	18529	12155	823	5551	17073	9315	17197
省高速集团公司	3287	3287	—	—	3287	3241	3287

注:因小数点取舍,故分项之和与总数略有差异。

2011年全省公路里程(按行政等级分)

表24 单位:千米

地区	合计	国道公路	省道公路	县道公路	乡道公路	专用公路	村道公路
全省合计	146632	5946	8727	20590	29187	667	81514
南昌市	10273	301	109	1228	1168	71	7395
景德镇市	4293	132	259	821	1030	5	2046
萍乡市	6453	203	400	599	1011	16	4223
九江市	18206	294	845	2115	3620	15	11317
新余市	4131		207	545	1376	11	1992
鹰潭市	3799	110	35	490	892	19	2252
赣州市	26538	1058	1581	4424	4438	234	14803
吉安市	20729	425	1232	3010	4403	103	11556
宜春市	17190	256	1080	2305	4490	25	9034
抚州市	13206	359	1032	21733464	55	6123	
上饶市	18529	189	1286	2880	3294	105	10774
省高速集团公司	3287	2620	660			8	

注:因小数点取舍,故分项之和与总数略有差异。

2011年全省公路桥梁(按使用年限分)

表25

地区	总计		永久性		半永久性		临时性		总计中:危桥	
	数量(座)	长度(米)	数量(座)	长度(米)	数量(座)	长度(米)	数量(座)	长度(米)	数量(座)	长度(米)
全省合计	24324	1124883	22311	1081980	1796	37695	217	5207	5261	178303
南昌市	1120	38723	1102	38364	18	360	—	—	203	7845
景德镇市	615	26821	600	26343	15	478	—	—	54	3241
萍乡市	765	25748	765	25748	—	—	—	—	177	7038
九江市	2486	76424	2104	70165	331	4861	51	1398	904	20346
新余市	559	14226	481	13095	77	1119	1	12	182	4491
鹰潭市	751	27695	643	25653	101	1903	7	139	205	5300
赣州市	5247	187552	4929	180166	257	5935	51	1451	1001	40693
吉安市	3619	107440	3096	95749	456	10307	67	1384	647	20652
宜春市	2221	86629	2049	81764	162	4484	10	381	465	20943
抚州市	1775	62229	1604	58179	164	3922	7	129	615	19514
上饶市	2762	97013	2534	92372	215	4327	13	313	808	28240
省高速集团公司	2404	374382	2404	374382	—	—	—	—	—	—

注:因小数点取舍,故分项之和与总数略有差异。

2011年全省公路运输工具拥有量

表26

地区	一、汽车总计（辆）	1. 载客汽车		2. 载货汽车		(1)普通载货汽车		(2)专用载货汽车		二、其他机动车		三、轮胎式拖拉机	
		辆	客位	辆	吨位	辆	吨位	辆	吨位	辆	吨位	辆	吨位
全省合计	289550	18604	464736	270946	1437263	259299	1305689	11647	131574	81713	85529	1023	1195
南昌市	45446	2195	59619	43251	164031	42408	15845	843	9186	3473	333	—	—
景德镇市	10638	611	17262	10027	36242	9841	33640	186	2602	384	269	101	122
萍乡市	16715	1057	24618	15658	50668	14918	42500	740	8168	10112	9417	—	—
九江市	33127	3067	73943	30060	142409	29233	132698	827	9711	8261	9033	—	—
新余市	17703	316	7675	17387	109247	16964	104514	423	4733	3117	2021	—	—
鹰潭市	6059	438	10256	5621	40034	5425	37429	196	2605	1486	1483	—	—
赣州市	36657	3091	79417	33566	112252	32359	97294	1207	14958	17358	17272	—	—
吉安市	22717	1834	49205	20883	128464	17671	88339	3212	40125	15203	17311	255	357
宜春市	43082	1607	46103	41475	270669	39019	248524	2456	22145	2303	3223	—	—
抚州市	23426	1497	31223	21929	149472	20906	137093	1023	12379	7835	8741	273	268
上饶市	33980	2891	65415	31089	233775	30555	228813	534	4962	12181	13426	394	448

2011年全省水路运输工具拥有量

表27

指标	轮驳船总计					一、机动船				
	艘数（艘）	净载重（吨位）	载客量（客位）	集装箱位（TEU）	功率（千瓦）	艘数（艘）	净载重（吨位）	载客量（客位）	集装箱位（TEU）	功率（千瓦）
全省合计	4164	2099879	11614	2022	725059	4126	2083039	11614	1926	725059
1. 按航区分										
远洋	2	13600	—	—	5845	2	13600	—	—	5845
沿海	47	156989	—	—	58420	47	156989	—	—	58420
内河	4115	1929290	11614	2022	660794	4077	1912450	11614	1926	660794
2. 按单位分										
南昌市	263	307982	296	1788	145399	253	304682	296	1692	145399
景德镇市	170	14500	—	—	5290	170	14500	—	—	5290
九江市	624	485154	4880	108	158002	603	473454	4880	108	158002
新余市	61	3010	1899	—	4417	61	3010	1899	—	4417
鹰潭市	202	7583	—	—	3561	202	7583	—	—	3561
赣州市	422	58258	2431	—	25837	422	58258	2431	—	25837
吉安市	532	207710	464	—	63045	532	207710	464	—	63045
宜春市	1162	749426	44	—	219775	1162	749426	44	—	219775
抚州市	151	130578	—	—	45015	151	130578	—	—	45015
上饶市	575	122078	1600	126	48873	568	120238	1600	126	48873
远洋公司	2	13600	—	—	5845	2	13600	—	—	5845

2011 年全省水路运输工具拥有量(续一)

表 28

指标	1. 客轮			2. 货轮				3. 拖船		二、驳船		
	艘数(艘)	载客量(客位)	功率(千瓦)	艘数(艘)	净载重量(吨位)	集装箱位(TEU)	功率(千瓦)	艘数(艘)	功率(千瓦)	艘数(艘)	净载重量(吨位)	标准箱位(TEU)
全省总计	348	11614	17236	3766	2069439	1926	700133	10	1845	38	16840	96
1. 按航区分												
远洋	—	—	—	2	13600	—	5845	—	—	—	—	—
沿海	—	—	—	47	156989	—	58420	—	—	—	—	—
内河	348	11614	17236	3719	1912450	1926	641713	10	1845	38	16840	96
2. 按地区分												
南昌市	3	296	997	241	304682	1692	143145	9	1257	10	3300	96
景德镇市	—	—	—	170	14500		5290	—	—	—	—	—
九江市	127	4880	7600	475	473454	108	149814	1	588	21	11700	—
新余市	58	1899	3025	3	3010	—	1392	—	—	—	—	—
鹰潭市	—	—	—	202	7583	—	3561	—	—	—	—	—
赣州市	87	2431	2482	335	58258	—	23355	—	—	—	—	—
吉安市	13	464	727	519	207710	—	62318	—	—	—	—	—
宜春市	6	44	202	1156	749426	—	219573	—	—	—	—	—
抚州市	—	—	—	151	130578	—	45015	—	—	—	—	—
上饶市	54	1600	2203	514	120238	126	46670	—	—	7	1840	—
远洋公司	—	—	—	2	13600		5845	—	—	—	—	—

2011 年全省公路旅客运输量

表 29

地区	客运量(万人)			旅客周转量(万人千米)		
	总计	汽车	其他机动车	合计	汽车	其他机动车
全省合计	72527	72527	—	3409013	3409013	—
南昌市	8767	8767	—	734350	734350	—
景德镇市	1756	1756	—	81718	81718	—
萍乡市	5954	5954	—	154829	154829	—
九江市	10608	10608	—	418295	418295	—
新余市	1773	1773	—	65180	65180	—
鹰潭市	4758	4758	—	85748	85748	—
赣州市	8114	8114	—	631115	631115	—
吉安市	3586	3586	—	184216	184216	—
宜春市	7538	7538	—	370960	370960	—
抚州市	4455	4455	—	274213	274213	—
上饶市	15218	15218	—	408389	408389	—

2011 年全省公路货物运输量

表 30

地区	货 运 量(万吨)				货 物 周 转 量(万吨千米)			
	合计	汽车	其他机动车	轮胎式拖拉机	合计	汽车	其他机动车	轮胎式拖拉机
全省合计	98358	79484	18447	427	3411013	17327	16425	419
南昌市	7645	6684	792	169	736350	1996	792	169
景德镇市	1725	1653	36	36	81718	517	36	36
萍乡市	8131	5690	2441	—	154829	920	2441	—
九江市	8431	8144	287	—	418295	1036	281	—
新余市	9531	8662	869	—	65180	969	869	—
鹰潭市	4632	3272	1360	—	85748	386	1360	—
赣州市	15866	11033	4833	—	631115	6194	4443	—
吉安市	7094	5244	1759	91	184216	641	1335	83
宜春市	10856	10442	414	—	370960	2769	187	—
抚州市	9714	6814	2854	46	274213	754	2137	46
上饶市	14733	11846	2802	85	408389	1145	2544	85

2011 年全省水路客货运输量

表 31

地区	客运量(万人)	旅客周转量(万人千米)	货运量(万吨)	货物周转量(万吨千米)
全省合计	251.5	2985	7447.4	2032694
南昌市	—	—	684.1	100881
景德镇市	—	—	214.2	753
九江市	38.8	442	1140.6	1061895
新余市	38.6	770	11.9	6942
鹰潭市	—	—	237.7	230
赣州市	119.1	830	1211.4	67645
吉安市	15.2	230	937.6	128187
宜春市	—	—	2388.3	326513
抚州市	—	—	106.1	119885
上饶市	39.8	713	496.5	149530
远洋公司	—	—	19.00	70233

2011 年全社会各种运输方式客、货运输量

表 32

运输方式	运 量		周转量	
	绝对数(万吨、人)	构成(%)	绝对数(亿吨、人千米)	构成(%)
一、客运合计	79069	100.00	955.85	100.00
1. 铁路	6152	7378	600.18	62.79
2. 公路	72527	91.73	340.90	35.66

续表 32

运输方式	运　量		周转量	
	绝对数(万吨、人)	构成(%)	绝对数(亿吨、人千米)	构成(%)
3. 水路	251	0.32	0.30	0.30
4. 民航	139	0.18	14.47	1.51
二、货运合计	111575.06	100.00	3003.99	100.00
1. 铁路	5769	5.17	733.77	24.43
2. 公路	98358	88.15	2066.83	68.80
3. 水路	7447	6.67	203.27	6.77
4. 民航	1.06	0.00	0.12	0.00

2011 年港口吞吐量(按港口分)

表 33

港口	货物吞吐量							旅客吞吐量		利用自然岸坡完成船舶货物装卸量(万吨)
	合计(万吨)		其中		集装箱			总计(万人)		
		外贸	出港	外贸	箱数(万 TEU)	重量(万吨)	货量		出港	
全省合计	23556.5	178.7	16170.1	125.0	20.4	237.8	197.0	475.7	230.1	702.2
九江港	3907.0	134.1	2252.9	92.5	14.2	168.8	140.4	93.6	49.0	—
都昌港	4580.0	—	4552.1	—	—	—	—	—	—	—
星子港	134.0	—	132.8	—	—	—	—	—	—	—
庐山区港	6242.9	—	6113.1	—	—	—	—	—	—	—
湖口港	200.2	—	191.2	—	—	—	—	27.5	—	—
修水港	16.3	—	—	—	—	—	—	1.4	17.7	—
武宁港	79.9	—	79.9	—	—	—	—	5.5	0.7	16.3
永修港	205.5	—	205.5	—	—	—	—	—	3.1	10.2
赣州港	289.3	—	5.8	—	—	—	—	1.9	1.0	—
崇义港	14.7	—	—	—	—	—	—	10.4	5.2	—
上犹港	51.8	—	—	—	—	—	—	37.2	18.6	—
寻乌港	8.4	—	—	—	—	—	—	—	—	—
龙南港	22.4	—	—	—	—	—	—	—	—	—
信丰港	110.2	—	—	—	—	—	—	—	—	—
南康港	111.5	—	—	—	—	—	—	—	—	—
石城港	105.2	—	—	—	—	—	—	—	—	—
瑞金港	52.8	—	—	—	—	—	—	0.6	0.3	—
会昌港	51.9	—	—	—	—	—	—	9.4	4.7	—
宁都港	124.3	—	—	—	—	—	—	—	—	—
于都港	133.5	—	—	—	—	—	—	—	—	—
兴国港	41.0	—	—	—	—	—	—	—	—	—
赣县港	79.4	—	—	—	—	—	—	58.1	29.1	—

续表33

港口	货物吞吐量							旅客吞吐量		利用自然岸坡完成船舶货物装卸量(万吨)
	总计(万吨)	外贸	其中		集装箱			总计(万人)	出港	
			出港	外贸	箱数(万TEU)	重量(万吨)	货量			
万安港	115.6	—	0.2	—	—	—	—	12.2	4.2	—
泰和港	240.3	—	0.3	—	—	—	—	—	—	—
吉安港	180.3	—	2.3	—	—	—	—	11.6	5.8	—
吉水港	121.1	—	2.1	—	—	—	—	2.1	0.7	—
峡江港	91.2	—	0.1	—	—	—	—	—	—	—
新干港	166.9	—	—	—	—	—	—	—	—	—
吉安县港	107.6	—	0.6	—	—	—	—	—	—	—
永丰港	60.0	—	—	—	—	—	—	—	—	—
樟树港	158.5	—	4.3	—	—	—	—	—	—	—
丰城港	1356.7	—	1029.3	—	—	—	—	—	—	—
高安港	74.1	—	—	—	—	—	—	0.3	0.1	—
上高港	15.3	—	—	—	—	—	—	—	—	—
袁州港	6.0	—	—	—	—	—	—	—	—	—
万载港	20.0	—	—	—	—	—	—	—	—	—
宜丰港	12.0	—	—	—	—	—	—	—	—	—
奉新港	41.0	—	—	—	—	—	—	—	—	—
新余港	64.3	—	—	—	—	—	—	77.2	38.6	—
分宜港	17.6	—	—	—	—	—	—	—	—	—
临川港	311.0	—	—	—	—	—	—	—	—	—
南城港	102.0	—	—	—	—	—	—	—	—	—
金溪港	77.5	—	—	—	—	—	—	—	—	—
南昌县港	187.8	—	187.8	—	—	—	—	—	—	10.6
南昌港	1816.1	44.6	784.4	32.5	6.2	69.0	56.6	—	—	450.6
新建县港	—	—	—	—	—	—	—	—	—	—
进贤县港	116.0	—	—	—	—	—	—	—	—	27.0
玉山港	1.9	—	—	—	—	—	—	4.0	—	2.7
上饶县港	10.0	—	—	—	—	—	—	—	—	8.6
铅山港	48.9	—	—	—	—	—	—	—	—	16.6
横峰港	4.0	—	—	—	—	—	—	—	—	1.6
弋阳港	75.1	—	—	—	—	—	—	20.0	—	29.1
余干港	444.2	—	359.1	—	—	—	—	—	—	40.4
万年港	131.6	—	20.7	—	—	—	—	1.7	0.8	20.9
鄱阳港	317.8	—	142.9	—	—	—	—	14.2	7.1	67.6
鹰潭港	237.7	—	—	—	—	—	—	86.8	43.4	—
景德镇港	161.5	—	—	—	—	—	—	—	—	—
乐平港	102.7	—	102.7	—	—	—	—	—	—	—

人物　先进集体

人物简介

雍成香　女,1974年4月出生,安徽省和县人,大学文化,中共党员,江西赣粤高速公路股份有限公司彭泽收费所所长,全国五一劳动奖章获得者。

1994年7月,雍成香由江西省体工队女子篮球队调入省交通运输行业工作,先后担任昌九高速公路邹家河管理所、通远管理所等6家收费所所长,所到之处样样干得出色。

2008年初,她任通远管理所所长时,一场自江西1959年有气象记录以来最严重的持续了大半个月、袭击了大半个中国的罕见的低温雨雪冰冻灾害性天气,使通远管理所成了抢险的重点地段。此时此刻,雍成香面对严峻的考验,时刻心牵高速,情系万家。她视"九保一平安"(保安全、保食品供应、保电通、保气通、保邮电、保水通、保抗灾救灾、保正常生产生活秩序、确保人民群众生产生活平安有序)为天职,率领全所员工夜以继日奋战在一线,连续八天七夜奋战在抢险救灾第一线,被员工和广大司乘人员雅称为"雪中铁娘子"。2010年底,雍成香调任彭泽收费所所长,江西再次遭遇特大冰雪灾害。此时雍成香因喉咙囊肿导致囊肿发炎、高烧40度,但她排除万难,带领全体员工奋力抗灾救灾。她连续六天六夜战斗在抗冰雪一线,六天六夜累计休息也不到20个小时,直到全部铲完雪、摊倒在地。

雍成香在危急关头冲锋在前,在日常工作中善于开拓,创造性地开展工作。2009年,她带领员工深入车主用户中调研,掌握了司乘人员需求变化,提出了“领导—中层——线收费员—司乘人员”层层服务新理念。创造性地制订出一整套礼仪服务、情感服务、畅通服务三项“量体裁衣”式的服务模式,进一步丰富了规范化服务内容,深化了文明窗口建设内涵,赢得了广大司乘人员的赞誉。2010年8月,在赣粤高速试行大所制管理模式中,她通过总结自己积累的丰富经验和不断探索新所制管理模式,推出了以“五新”(新理念、新模式、新目标、新形象、新起点)为努力方向,以“六个突出”(在业务上突出精、在思路上突出新、在工作上突出勤,在环境上突出美、在纪律上突出严、在态度上突出诚)管理模式,深入动员和组织全所员工竭尽全力在建设学习型队伍上下工夫;在团结谋事、努力做事上下工夫;在收费工作上下工夫,在廉洁、综治、安全方面进一步下工夫。使该所员工精神面貌焕然一新,各项工作效能创新,窗口亮点特色众多,牢固树立起良好的窗口品牌形象,屡次三番受到上级表彰。

雍成香身为一名基层领导,把清白为官,踏实做人,干净做事作为自己的人生信条和座右铭,从不为名所困、不为利所挠,拒各种诱惑于千里之外,始终保持普通劳动者的纯朴本色。她历来严于律已,率先垂范,言传身教,时时处处当好表率。2008年,她带领全体员工迎战暴风雪时,家中年迈多病的老母危在旦夕,在此抗雪期间去世。本来她应守孝在家,但她却强忍悲痛,一声不响地投身到抗雪灾保畅通的战斗中。2009年以来,为确保车辆快速通行,通远管理所开足所有收费道口,在增事不增人的情况下,全所管理人员轮流至一线收费。她在岗亭当起了收费员,忙忙碌碌发卡、卖票、收费。2010年为迎接“国检”,她与全所员工摸爬滚打在一起,整治路容路貌,全所各项工作达到规范化、标准化的稳定向前发展,深受社会各界赞扬。她先后主持过的邹家河管理所、庐岛收费所、雷公坳收费所、通远收费所、彭泽收费所工作。这些单位有的荣获“全国五一劳动奖状”,有的被交通运输部评为全国交通行业抗冰保畅先进集体,以及“江西省抗冰救灾先进集体”,有的被授予“省级青年文明号”“全省巾帼文明岗”“九江市文明单位”等称号。

雍成香投身交通运输行业17年来,无私奉献着自己的青春年华,为江西交通运输事业贡献所有力量,谱写了一曲曲壮丽诗篇,留下一串串闪光的脚印。2001年,她被省交通厅党委评为优秀共产党员;2003年被评为先进工作者;2004年被农业部授予“全国跨机收先进个人”称号;2008年2月,被交通部评为全国交通行业抗灾保通先进个人;2008年3月,被省委、省政府评为江西省抗雪救灾模范;2008年与2009年,被赣粤公司党委评为优秀管理者;2008年被省交通运输厅党委评为优秀共产党员;2009年被省委评为优秀共产党员;2010年被省交通运输厅党委评为优秀共产党员;2010年9月,被交通部评为全国交通运输行业文明职工标兵;2011年4月,荣膺全国五一劳动奖章;2011年7月,被省人民政府评为江西省劳动模范;2012年3月,被省妇联授予“江西省巾帼建功标兵”称号。

(邹　敏)

张绪干　男,1977年8月出生,江西省瑞昌市人,大专文化,中共党员,江西省九江市港口管理局瑞昌分局金丝管理站站长,江西省先进工作者。

1998年,张绪干自部队退伍分配至九江港口管理部门担任规费稽征员。他一边努力工作,一边加强自修。认真学习、刻苦钻研港口管理与建设的法律法规及稽查征费等业务知识,提升自身执法水平和综合素质,受到全站干部职工的赞许。2002年,他担任该站稽查股副股长,2006年担任该站副站长,2008年晋升为九江市港口管理局瑞昌分局金丝管理站站长。

金丝管理站是江西152千米长江口岸从事服务和管理的第一个窗口,俗称“长江入赣第一站”,主要担负着瑞昌港区7.5千米长江岸线的港政管理和规费征收任务。全站仅有10名职工,人员少、业务量大,且女工居多。面对繁重的港政管理任务,张绪干始终以站为家,以“六先”(业务知识先学、困难工作先上、创新思路先想、关心群众先帮、坚持正义先干、主动服务先行)为工作标准,以“服务从心做起,管理从细做实”为工作理念,以“用心做事、诚心待人”为人生信条,多年来他“立足服务、规范管理”,率领全站员工充分发挥“三兵”(港政管理当标兵,规费收取当尖兵,安全管理当卫兵)作用,组织全站员工开展“三服务”(服务沿江工业园区、服务沿江重点港口项目、服务沿江重要港埠企业)活动,充分调动和发挥全体员工的积极和创造性,多年来全体员工工作不计时间、报酬,无论早晚、还是寒冬酷暑,都能在第一时间赶到现场处置遇到的问题。他本人总是带头到各码头港口调查了解,及时掌握船舶和各码头生产动态,在加强日常征费的同时,强化检查力度,实行24小时昼夜值班,重点查征船舶漏费。他经常是连续几个昼夜坚持在自己的工作岗位上,在站内人员少、业务量大的情况下,几乎每天日夜工作在岗位上。全站始终做到了应征不漏,从未出现过一笔错账,取得了30%的人员创造出全分局70%规费征收任务的好成绩。该站多次被评为瑞昌市“青年文明号”和九江市港口管理局先进基层站,2011年被评为九江市“青年文明号”,并多次荣膺“全省港航系统先进单位”称号。

2008年以来,张绪干把建设创新型基层站所作为一件大事来抓;把打造平安港口,保障港口生产安全作为一件大事、要事来做。逐步实现由行政管理型向服务型港口管理部门转变。金丝管理站基层一线服务窗口24小时为港口经营人和来往船只提供服务。同时,张绪干常主动协助分局领导协调海事、公安、航道等部门开展联合执法。凡涉及安全问题,不分大小,他总是在第一时间组织人员赶赴现场,帮助疏导,维护秩序,保障安全,排除了多起重大安全隐患。在全省港航一线所站中率先实行了“一岗双责”全员安全监管责任制。辖区成为全市港口治超效果最明显的港口作业区。他还在全市港口管理系统第一个率先建立了《港查日志》制度,在实际运用中效果明显,屡次避免了重大港口安全生产事故的发生。他创新的港口安全生产监管模式被有关部门作为全省港口安全巡查规范化样本在全省推广运用。他带领的金丝管理站也分别获得九江市“巾帼示范岗”、瑞昌市“青年文明号”称号。

张绪干工作是表率,勤政廉政是榜样。从未“索”“拿”“卡”“要”,赢得了南来北往的广大船员和港口从业者的一致赞许。张绪干一心为公,情系民众。他心里始终牵挂瑞昌市码头希望小学二年级学生祝雅诗。小雅诗家里特别困难,父亲长期患病在床,仅仅靠母亲拖着带病的身体为别人打工,赚点微薄的钱来养活她和她的妹妹、弟弟。这些年来,张绪干每个月总是拿出自己不多的工资的一部分给小雅诗送去,从不间断。如今在金丝站服务厅窗台,摆放一个小小捐资助学箱,经常有来自四面八方的爱心捐助。他扶贫济困的美德先后由《九江日报》《浔阳晚报》《瑞昌报》图文并茂报道后,感染了许多人。

2009年9月,张绪干被评为九江市服务项目“十佳”先进个人。2010年4月,被授予“九江市劳动模范”称号。同年12月,被省人民政府评为江西省先进工作者。

(吴瑞武)

龙　文 女,1967年12月出生,江西省永新县人,中共党员,大学文化,硕士学位,吉安市路桥工程局副局长、江西第冈路桥(集团)有限公司副总经理,全国五一巾帼标兵、江西省五一劳动奖章获得者。

1988年7月,龙文自南昌水利水电专科学校毕业后步入吉安市路桥工程局工作。2002年5月起担任该局所辖投标公司经理,2006年6月后任现职至今。龙文以“学习型干部,创造性工作”著称。她通过刻苦自修,不仅取得本科学历、成为一名高级工程师,而且先后考入长安大学、江西财经大学深造,取得了工商管理硕士学位,成为吉安市评标专家和交通运输部公路工程试验检测专家。她以改革为突破口,开拓创新,总结出一整套行之有效的“一模、二调、三网络”投标法,使该局的标书质量始终位居众多参与投标队伍的前茅、中标率高。她在主持及分管投标公司期间,充分依靠团队与员工的智慧和力量,经济效益一再攀升。2008年,年中标额已由2002年2亿元增加到6.8亿元,2009年飙升至15.8亿元,2010年高达20.6亿元。中标工程项目遍布全国10多个省(市、区)。在全省18家同类国家一级单位中,其中标额始终位居前三名。多年来,龙文忘我工作,样样工作干得精彩。2002年12月,她在担任高安县高塘大桥项目经理期间,攻克水下溶洞多、基坑积水、坍塌严重等重重困难,一举将大桥建成为优良工程。

龙文多次被其所在单位和省市公路管理局评为先进个人和优秀项目经理;曾被省交通运输厅授予"全省交通运输系统'十佳'巾帼建功标兵"称号;2009年被省总工会评为江西省女职工建功立业标兵;2011年2月,被全国总工会授予"全国五一巾帼标兵"称号。同年5月,被评为吉安市经济技术创新竞赛"十佳"能手;同年7月,当选中共吉安市第三次代表大会代表;2011年4月,荣膺江西省五一劳动奖章。她的先进事迹,《江西交通年鉴》2011年版已作详尽介绍。

(李镇宇)

董步思　男,1958年11月出生,大学文化,中共党员,上饶市汽运集团有限公司董事长、总经理、党委书记,江西省五一劳动奖章获得者。

董步思于1975年参加工作,先后担任上饶市汽运集团有限公司总经理助理,副总工程师,常务副总经理兼党委副书记。自2007年起,他任上饶市汽运集团有限公司总经理兼党委书记。在他的带领下,企业始终围绕市场拓展经营、优化经营模式,抢抓市场机遇,强化企业管理,狠抓运输安全生产责任制落实,提升市场竞争力,大打效益攻坚战。企业资产由原来的2.68亿元,上升到4.12亿元,营业收入由原来的1.43亿元,上升到4.3亿元,企业利润由原来的几百万元上升到现在的2300多万元,每年上交企业所得税615万元,各种流转税1271万元,员工收入逐年提高,企业持续稳定发展,为上饶市经济社会和交通运输事业的发展作出了积极贡献。

2007年至2009年,董步思连年被省有关部门评为江西省优秀厂长(经理)。2011年被省总工会评为江西省优秀企业家。同年,被上饶市政府授予"劳动模范"称号。是年,荣获江西省五一劳动奖章。

(陈均培)

张伦喜　男,48岁,江西省鄱阳县人,初中文化,中共党员,江西省港航管理局上饶分局鄱阳机修所工人,江西省五一劳动奖章获得者。

1983年,只有初中文化的张伦喜到鄱阳机修所当了一名钣金工。鄱阳机修所作为赣东北地区最大的船舶修理单位,不仅要承担保障信江、昌江、饶河725千米水上交通安全监管与航道维护工作用船的维修保养任务,还要做好辖区广大船企和个人船舶的修理服务。28年来,张伦喜摸索和积累了许多船舶维修知识与工作经验,练就了一手船舶维修的绝活,已成长为一名远近闻名的船舶修理和航道维护的行家里手。在上饶辖区的航道上,张伦喜被船主称为"船舶医生",已收到船民赠送的锦旗40余面,感谢信100余封。在张伦喜的精心组织维修下,该所连续20多年保持了船舶处于适航状态和工作需要,没有发生过一起安全事故,没有出现服务对象投诉现象。2007年其所在班组被评为全国水运系统船舶航班组安全竞赛安全优秀班组。2010年的特大洪水造成辖区40余座航标受损,他带领班组连续一个星期吃住在厂棚,实行24小时轮班作业,恢复了通航标志,保障了来往船舶安全。2011年7月15日,一艘停放在昌河内的大吨位采砂船因抛泊原因走锚随湍急的河水卷走而撞上鄱阳湖大桥,情况十分危急。道班403艇在引航拖带一艘救援起重船赶赴事故现场途中,因螺旋桨被河中的不明物缠死导致船舶动力全失。患病感冒还在诊所输液的张伦喜接到通知后,立即拔掉针管,带领2名施工人员冒黑乘快艇前往处理,立即判断出螺旋桨被渔网所缠导致船舶动力全失,他把绳子系于腰上,拿上专用修理工具跳入河水中,由于照明受限,只有摸着处理,加上水流湍急,在场的同志都为他捏把汗。凭着良好的水性和过硬的技术,他潜水切割尼龙渔网,经过3小时的拼搏,螺旋桨上的渔网终于被解除,道班船恢复了动力,从而确保了救援起重船在天刚亮时赶到了事故现场,顺利地解除了采砂船对大桥的威胁。

张伦喜用他28年的从业历程践行着交通系统一名普通职工对党的交通运输事业的执著和忠

诚,为港航系统的后勤保障工作作出了贡献,曾连续8年被评为全省交通系统先进工作者;先后8年被评为全省港航系统先进工作者;连续8年荣获“上饶市海事局先进工作者”称号;2011年荣获江西省五一劳动奖章。

(陈均培)

段友情 男,1969年9月出生,江西省九江市人,大学文学,中共党员,省高速集团赣州管理中心赣州北管理所所长,江西省五一劳动奖章获得者。

2004年至2010年,段友情在任省高速集团赣州管理中心黄金管理所所长、党支部书记期间,该所从筹建到精细化管理等方面,开拓性地开展工作。他与员工一道顽强拼搏,把该所建设成为泰赣高速公路上一颗耀眼的明珠,被交通运输部和省政府、省交通运输厅及赣州市分别授予:“全国模范职工小家”“全国巾帼文明示范岗”“全国职业道德建设百佳班组”“全国交通行业文明示范窗口”“全国青年文明号”“江西省文明单位”“省直五四红旗团支部”“江西省交通系统先进集体”“赣州市文明单位”等称号。

2010年12月,段友情被调任瑞赣高速公路赣州北管理所所长后,开展“心悦客家,畅行高速”品牌创建活动。通过对收费人员培训,从微笑、手势、礼仪等进行规范,并成立了“心悦客家,畅行高速”青年志愿者服务队,经过刻苦磨砺、演练、培训,造就了一支特别能吃苦、特别能战斗、特别能奉献的高速公路综合援助服务队。在他的率领下,经过全所员工的共同努力,2011年3月8日,该所在省高速集团赣州管理中心组织的军事考核大比武中,一举夺得队列会操第二名、军体拳表演第一名的好成绩。

这些年来,段友情一心扑在事业上,身先士卒成先锋,样样工作干得出色。他带领员工投入品牌创建活动的感人事迹,多次受到有关组织的表彰,并受到《江西日报》《江南都市报》《赣州晚报》及电台电视台的高度关注和报道。他自2004年以来,连续4年被省高速公路投集集团公司评为优秀党务工作者、优秀宣传思想工作者等。2011年4月,荣获江西省五一劳动奖章。

(肖扬铭)

2011年度全省交通运输系统先进个人

全国五一劳动奖章获得者

雍成香 江西赣粤高速公路公司九景管理处彭泽收费所所长

全国交通运输行业文明职工标兵

(2010.9发布)

雍成香 江西赣粤高速公路公司九景管理处彭泽收费所所长

全国方志系统先进工作者

邓振胜 江西省交通运输厅史志办公室副主任、副主编

全国交通运输行业交通战备先进工作者

常建新 上饶市交通运输局

第六届中国公路百名优秀工程师

彭德清　江西省公路科研设计院教授级高级工程师
陈　国　江西省交通设计院信息中心副主任、高级工程师
谭生光　江西赣粤高速公路公司总经理、教授级高级工程师

全国海事系统"十一五"期间行政执法标兵

黄文喜　江西省港航管理局直属执法大队

江西省劳动模范

雍成香　江西赣粤高速公路公司九景管理处彭泽收费所所长

江西省先进工作者

（省政府 2010 年 12 月发布）

张绪干　九江市港口管理局瑞昌分局金丝管理站站长

江西省五一劳动奖章获得者

龙　文　吉安市路桥工程局副局长
胡小安　原九江市公路管理局修水分局局长（现任九江市公路管理局路桥工程处党支部书记）
段友情　省高速公路投资集团赣州管理中心赣州北管理所所长
张伦喜　江西省港航管理局上饶分局鄱阳机修所工人
董步思　上饶市汽运集团有限公司董事长、总经理、党委书记

"十一五"期间交通运输行业干部教育培训工作先进个人

（交通运输部 2011. 10. 25 发布）

易宗发　江西省交通运输厅科教处处长
李良忠　江西省高速公路投资集团公司人力资源部部长
来栋萍　江西省交通干部学院培训处处长

"十一五"期间交通战备先进个人

颜卫民　宜春市交通运输局交通战备办副主任

全省"人民满意的公务员"一等功获得者

胡昌雅　上饶市交通运输局财审科科长

江西省"巾帼建功"标兵

（省妇女 2012. 3 发布）

雍成香　江西赣粤高速公路公司九景管理处彭泽收费所所长
危丽萍　省高速公路集团公司仙女湖管理所女子收费班班长
陈莉萍　江西新世纪汽运集团公司站务分公司赣州客运站行车班长
龙　文　吉安市路桥工程局副局长、江西井冈路桥（集团）有限公司副总经理
胡苏芳　景德镇市长运公司汽车南站站长助理
姚丽香　江西赣粤高速公路公司胡家坊收费所所长

江西省“巾帼建功”先进工作者

蔡志荣 江西昌泰高速公路公司党群部干事

2010年度海(水)上搜救工作先进个人

(交通运输部2011.8.22发布)

焦英山 江西省水上搜救中心鄱阳湖分中心队长
余小英 江西省泰和县地方海事处处长

江西省“十一五”期间安全生产先进个人

谈　勇 江西省交通运输厅安全监督处副处长

江西省职工经济技术创新活动组织工作先进个人

万帆影 南昌市公交总公司工会主席
赖兴夫 吉安市公路管理局工会主席

全国模范养路工

(交通运输部2011.7.9发布)

魏祥朝 萍乡市公路管理局芦溪分局上埠道班
陈水发 南昌市公路管理局高坊岭分局南高道班
江新国 景德镇市公路管理局浮梁分局渭水道班

全省“十一五”期间公路养护管理十佳模范养路工(共10名)

陈水发 南昌市公路管理局
徐游喜 九江市公路管理局
江新国 景德镇市公路管理局
魏祥朝 萍乡市公路管理局
林达明 鹰潭市公路管理局
宋庆云 赣州市公路管理局
蒋宪军 宜春市公路管理局
刘秋华 上饶市公路管理局
钟年财 吉安市公路管理局
吴广贤 抚州市公路管理局

2010年度江西省优秀企业家

(省政府2011.7.1发布)

谭生光 江西赣粤高速公路股份有限公司总经理
周院芳 江西公路开发总公司总经理
罗鼎斌 江西省抚州长运有限公司董事长

2011年度全省春运工作先进个人

孙启生 宜春市市运管局副调研员

江西省五一巾帼标兵

（省总工会 2012.3 发布）

谢　泓　省高速公路投资集团有限责任公司工会副主席

栾　丽　省公路管理局交通通讯总站党支部书记

全省“十一五”期间公路养护管理先进个人（300 名）

刘　卫	颜林高	陶久选	杨　文	王林水	吴芦生	段庆华
邓小俭	肖　磊	王华平	王　建	卢宇昀	林　旭	刘建强
杨　明	喻盛球	阮　琦	任　重	蔡洛兵	廖建云	刘　斌
胡玉峰	汪小平	江传金	胡海良	邓长林	吴　将	熊中文
赖如钦	刘梯清	朱东升	刘启明	董　进	王卫标	宋嗣松
罗顺锦	刘润秋	赵德平	朱永祥	郭建明	徐游喜	蔡建峰
肖必虎	王照辉	洪海平	刘丽泽	成林华	胡国华	胡毛佬
祝九根	张晓明	程双红	程明根	刘志兵	徐永忠	段志坚
白国志	张忠有	曾松华	许琼萍	邓晓英	张振宇	曾永忠
李　捷	刘柳兰	胡莉花	廖志兵	袁会生	钟千昌	叶站清
宋文辉	陈新英	陆天新	吴智玲	肖月生	丁勇文	邓瑛
李康生	肖月明	杜隆光	雷　迅	李国良	刘雪梅	钱启鸿
刘国宝	周崇阳	韩小林	敖晓斌	罗国荣	舒卫华	熊腾井
魏长鹏	彭成忠	谌小生	黄金明	胡　荣	辛增平	付　辉
程正平	范谢翌	刘秋华	熊光俊	彭发水	朱永辉	姚明长
李勇华	夏春根	张庆平	胡　杨	吴前进	黄永久	钟年财
王　斌	周冬梅	黄传红	吴燕友	赵志刚	何家良	胡春生
邓三根	曾明水	袁建设	刘林平	周晓凤	杨　军	甘水才
欧阳波	黄伟文	黄淑云	万筱勇	林天发	立　红	徐晓霞
谭志兵	陈　强	曾　飞	王遐莽	胡春梅	漆志然	曾勋泽
刘志辉	韩　峰	任国槐	邹友泉	饶美英	白　淘	程其瑜
王国胜	邱　敏	余志鹏	肖　斌	姚书冬	宋焕明	易　明
金　波	罗志龙	肖　顺	鲁东成	刘　韬	易　晨	欧阳罗
温荣生	万　清	唐海霞	舒克琴	刘年兴	范福强	杜仁昌
周义生	程　曦	程进旺	廖小根	肖　勇	吴爱景	温俊峰
余斯冬	胡　鹏	陶　莉	李国辉	谢永华	蓝　飞	占和平
黎欣兴	邝优章	姚文清	曹先星	谢新龙	张　峰	廖亚旗
潘　虎	刘木根	范秋华	吴后选	邓文渊	李颉劲	涂　丽
孙德谦	钟家亮	刘子明	梁　勇	李兴华	李　明	胡伟飞
王欲晓	王伟锋	王冬勇	刘冬生	郭震山	陈　霞	黄智华
宗　娜	刘　彧	程式峰	黄　华	丁　峰	刁伟力	邓永平
许景春	李　甫	陈梦蛟	朱　莹	连志诚	杜宏伟	游仁祥
李兴旺	袁美容	杨亚林	芮文斌	张　鹏	刘培军	方　屈
刘　昆	张迎庆	饶　晓	钟　斌	涂庆华	余荣斌	金学勤
张小勇	袁燕支	刘　罡	付凯敏	王斯倩	张嘉林	肖仁义
欧阳时福	叶祖庆	傅玉峰	沈　涛	王　强	邹　军	邓仁武

唐烈烈	涂　波	王英华	熊华武	袁细斌	梁　波	赵国成
胡建强	彭辉勇	彭　嵘	刘恒明	鲍丽娜	聂小萍	王　硕
刘　晔	朱国英	朱　哈	熊昌军	练崇田	糜向荣	蔡小秋
徐华兴	廖晓峰	姜华贵	徐　赟	甘正阳	阳伟明	胡晋谊
侯恭健	杜一峰	刘玉珠	张郭春	万　娜	傅莉芳	王　玉
王媛媛	唐世华	李剑屏	陈　强	夏太胜	何耀忠	彭东领
曾志勇	周功润	方秀能	何水标	苏海浪	陈大久	

2011 年度全省交通运输系统先进集体

全国五一巾帼标兵岗

省高速集团景德镇管理中心江湾收费所
江西长运股份有限公司南昌长途汽车总站李红班组
省高速集团赣粤高速公路股份公司昌九管理处庐岛收费所
省高速集团赣粤高速公路股份公司九景高速公路信息中心
省高速集团梨温高速公路公司鹰潭西收费站
省高速集团泰和管理中心井冈山收费管理所
新余市公路管理局分宜分局机械物资管理站冷补车间

全国巾帼文明岗

江西省公路管理局交通通信总站交通服务热线“96122”
省高速集团有限责任公司抚州管理中心幽兰管理所
省高速集团有限责任公司赣粤高速公路股份公司九景信息中心
省高速集团有限责任公司昌泰高速公路有限责任公司南安收费所
省高速集团有限责任公司昌泰高速公路有限责任公司信息中心

全国工人先锋号

省高速集团梨温高速公路公司赣浙收费处

全国文明单位

上饶市公路管理局广丰分局被中央文明委评为第三批全国文明单位

全国安全生产月活动优秀单位

省高速集团有限责任公司昌樟管理处

全国农村公路建设质量年活动先进集体

江西省公路管理局县乡公路管理处
江西省吉安市交通运输局
江西省赣州市龙南县县乡公路管理站
江西省高安市交通运输局
江西省萍乡市安源区交通运输局

全国交通运输行政执法评议考核优秀单位

萍乡市运管处直属管理所

全国模范道班

江西梨温高速公路公司交通设施维修队
宜春市公路管理局直属分局三阳道班
赣州市公路管理局全南分局陈君华道班

全国职工职业道德建设先进单位

省高速集团有限责任公司昌樟管理处

全国质量信得过班组

江西公路开发总公司景鹰高速公路养护维修队
江西南昌长运有限公司顾客服务中心

2010 年度交通运输系统海(水)上搜救工作先进单位

(2011.8.22 发布)

江西省水上搜救中心

2010 年度交通运输系统海(水)上搜救工作先进集体

(2011.8.22 发布)

江西省九江市地方海事局
江西省水上搜救中心信息与安全通讯科

全国道路客运“海洛智慧”科技应用先进单位

上饶市兴荣汽车运输公司

2011 年度国家工程建设(勘察设计)优秀 QC 小组

江西省交通设计院试验室 QC 小组

全国海事系统“十一五”期间规范行政执法示范单位

省港航管理局九江分局庐山地方海事处

西部地区交通运输干部培训工作先进单位

江西省交通运输厅科技教育处

全国文明诚信优质服务驾校

江西省黎川县驾友驾校
上饶市铅山县杨梅岭驾校

江西省发展提升年活动先进单位

江西省交通运输厅

全省先进社会组织

江西省公路学会
赣州市公路学会
宜春市公路学会

江西省“十一五”期间重点工程建设先进监理单位

江西省公路工程监理公司

江西省“十一五”期间安全生产先进单位

江西省港航管理局

“十一五”期间全省“抓养护、迎国检”工作先进单位(8个)

省公路管理局
省高速公路投资集团公司
宜春市公路管理局
吉安市公路管理局
南昌市公路管理局
省高速公路投资集团公司赣州管理中心
江西公路开发总公司梨温高速公路公司
省高速公路投资集团公司宜春管理中心

全省农村“改渡建桥”工作先进单位

江西省交通运输厅

全省高速公路服务区综合整治工作先进单位

江西公路开发总公司
江西赣粤高速公路股份公司
江西畅行高速公路服务区开发经营公司
赣州高速公路公司

全省高速公路十佳服务区(10个)

峡江服务区
庐山服务区
三清山服务区
丰城服务区
樟树服务区
宜春服务区
鄱阳服务区
石钟山服务区
月亮湖服务区
东乡服务区

2009年度江西省企业“四率(劳动生产率、人均创利率、资金利用率、资源能源利率)”先进企业

（省政府2011.7.25发布）

江西远洋保险设备实业集团有限公司

江西省“十佳巾帼文明岗”

（省妇女2012.3发布）

江西长运公司南昌长途汽车总站“李红服务组”
新余市公路管理局分宜分局机械物资管理站冷补料车间

江西省“巾帼文明岗”

（省妇女2012.3发布）

江西赣粤高速公路公司昌九管理处邹家河收费所
江西赣粤高速公路公司九景管理处彭泽收费所
新余市公路管理局分宜分局机械物资管理站冷补料车间
江西昌泰高速公路公司泰和收费所收费站
江西新余市长运公司新余汽车站
上饶市汽运集团公司客运中心站客运部
江西省高速公路投资集团有限责任公司抚州管理中心监控中心

江西省“巾帼建功”先进集体

（省妇女2012.3发布）

江西昌泰高速公路公司妇委会

江西省“工人先锋号”

（省总工会2012.3发布）

吉安市公路管理局万安分局大平道班
抚州市公共交通总公司公交11路车队
省高速公路投资集团公司赣州管理中心养护中心
江西赣粤恒兴机电材料有限公司漆包机技术改造小组
新余市公路管理局渝水分局机械物资管理站
新余市长运有限公司客运一分公司新昌班线

全省职工经济技术创新活动先进集体

（省总工会2012.3发布）

省公路管理局交通工程监理公司
省交通科学研究院
上港集团九江港务有限公司
省交通科学研究院创新中心

江西省春运工作先进集体

江西省公路运输管理局

2011 年度全省交通运输系统目标管理先进单位(14 个)

鹰潭市交通运输局
新余市交通运输局
萍乡市交通运输局
省港航管理局
省公路运输管理局
江西交通职业技术学院
省交通设计院
宜春市交通运输局
吉安市交通运输局
省公路管理局
省高速公路投资集团公司
省公路路政管理总队
省高速公路联网管理中心
省交通工程质量监督站

全省"十一五"期间公路养护管理十佳模范道班(中心、工区)(10 个)

萍乡市公路管理局莲花分局浯塘道班
赣州市公路管理局全南陈君华道班
宜春市公路管理局直属三阳道班
上饶市公路管理局婺源辛田道班
吉安市公路管理局泰和塘州道班
江西公路开发总公司养护公司
省高速公路投资集团有限责任公司赣州管理中心泰赣养护中心
省高速公路投资集团有限责任公司抚州管理中心南新养护工区
省高速公路投资集团有限责任公司宜春管理中心养护中心
省高速公路投资集团昌泰高速公路有限责任公司养护中心

"十一五"期间全省"抓养护、迎国检"工作先进单位(9 个)

抚州市公路管理局
鹰潭市公路管理局
上饶市公路管理局
萍乡市公路管理局
省公路路政管理总队
省高速公路投资集团有限责任公司泰和管理中心
江西赣粤高速公路股份有限公司昌樟高速公路管理处
省高速公路投资集团有限责任公司抚州管理中心
江西赣粤高速公路股份有限公司九景高速公路管理处

全省农村"改渡建桥"工作先进单位(71 个)

1. 安义县交通运输局
2. 南昌县交通运输局

3. 新建县交通运输局
4. 武宁县交通运输局
5. 彭泽县交通运输局
6. 星子县交通运输局
7. 瑞昌县交通运输局
8. 修水县交通运输局
9. 都昌县交通运输局
10. 九江县交通运输局
11. 莲花县交通运输局
12. 分宜县交通运输局
13. 萍乡市湘东区交通运输局
14. 新余市渝水区交通运输局
15. 新余市仙女湖风景名胜区交通运输局
16. 鹰潭市龙虎山风景旅游区交通运输局
17. 贵溪市交通运输局
18. 余江县交通运输局
19. 龙南县交通运输局
20. 安远县交通运输局
21. 石城县交通运输局
23. 寻乌县交通运输局
24. 定南县交通运输局
25. 兴国县交通运输局
26. 南康市交通运输局
27. 大余县交通运输局
28. 宁都县交通运输局
29. 会昌县交通运输局
30. 于都县交通运输局
31. 信丰县交通运输局
32. 赣县交通运输局
33. 靖安县交通运输局
34. 奉新县交通运输局
35. 宜丰县交通运输局
36. 万载县交通运输局
37. 宜春市交通运输局
38. 高安市交通运输局
39. 丰城市县交通运输局
40. 上高县交通运输局
41. 上饶市信州区交通运输局
42. 上饶县交通运输局
43. 德兴市交通运输局
44. 鄱阳县交通运输局
45. 婺源县交通运输局
46. 广丰县交通运输局
47. 吉安市吉州区交通运输局
48. 吉安县交通运输局
49. 吉水县交通运输局
50. 新干县交通运输局
51. 永丰县交通运输局
52. 泰和县交通运输局
53. 遂川县交通运输局
54. 安福县交通运输局
55. 永新县交通运输局
56. 南城县交通运输局
57. 南丰县交通运输局
58. 金溪县交通运输局
59. 广昌县交通运输局
60. 乐安县交通运输局
61. 崇仁县交通运输局
62. 宜黄县交通运输局
63. 吉安市县乡公路管理处
64. 宜春市县乡公路管理处
65. 南昌市交通工程质量监督站
66. 九江市公路管理所
67. 赣州市交通运输局农村公路科
68. 省交通运输厅规划处
69. 省交通运输厅财务审计处
70. 省公路管理局县乡公路管理处
71. 江西省交通工程质量监督站

“十一五”期间省直(属)定点扶贫先进单位

省公路管理局
省交通工程集团公司
省高速集团(省高管局)
省公路工程监理公司
江西公路开发总公司
九江船舶工业公司

2011 年度省交通运输厅厅直单位取得高级专业技术职务任职资格人员

2011 年度厅直单位取得高级专业技术职务任职资格人员一览

表 34

姓名	取得专业技术资格名称	所在单位
程继顺	教授级高级工程师	江西省公路桥梁工程局
黄自文	教授级高级工程师	江西省公路桥梁工程监理咨询中心
吴义林	教授级高经工程师	江西省公路科研设计院
曾玉山	高级工程师	江西省公路桥梁工程局
钟秀才	高级工程师	江西省公路桥梁工程局
罗 勤	高级工程师	江西省公路桥梁工程局
袁志刚	高级工程师	江西省公路桥梁工程局
邓小斌	高级工程师	江西省公路桥梁工程局
钟自生	高级工程师	江西省公路桥梁工程局
袁 力	高级工程师	江西省公路桥梁工程局
彭正赢	高级工程师	江西省公路桥梁工程局
黄善华	高级工程师	江西省公路桥梁工程局
尚 宇	高级工程师	江西省公路机械工程局
俞冬旺	高级工程师	江西省公路机械工程局
张 健	高级工程师	江西省公路机械工程局
刘中启	高级工程师	江西省公路机械工程局
姚宏武	高级工程师	江西省公路机械工程局
章 立	高级工程师	江西省公路机械工程局
吴林军	高级工程师	江西省公路机械工程局
肖冬华	高级工程师	江西省交通工程集团公司
李艳红	高级工程师	江西省交通工程集团公司
邓 琦	高级工程师	江西省公路管理局交通工程公司
丁杰栋	高级工程师	江西省公路桥梁工程监理咨询中心
杨 明	高级工程师	江西省公路桥梁工程监理咨询中心
钱济章	高级工程师	江西省公路科研设计院
秦小明	高级工程师	江西省路通科技有限公司
阮 琦	高级工程师	江西省路通科技有限公司
徐双学	高级会计师	江西省交通工程集团公司

续表 34

姓名	取得专业技术资格名称	所在单位
胡小洪	高级会计师	江西省交通工程集团公司
王建成	高级工程师	江西省港航管理局
郭锦淅	高级工程师	江西省港航管理局
汤　杏	高级工程师	江西省港航管理局
高　峰	高级工程师	江西省港航管理局
闵宇勋	高级工程师	江西省港航管理局
黄洪渠	高级工程师	江西省港航管理局
曾万荣	高级经济师	江西省港航管理局
余　非	高级经济师	江西省港航管理局
余为干	教授级高级工程师	江西省高速公路投资集团抚州管理中心
谢来发	教授级高级工程师	江西省高速公路投资集团
旷小林	教授级高级工程师	江西公路开发总公司景鹰公司
刘　理	教授级高级工程师	江西省高速公路投资集团
俞文生	教授级高级工程师	江西省高速公路投资集团
易彩英	高级工程师	江西省高速公路投资集团
刘　娟	高级工程师	江西省高速公路投资集团
熊道红	高级工程师	江西省高速公路投资集团
廖良生	高级工程师	江西省高速公路投资集团赣州管理中心
李洪亮	高级工程师	江西省高速公路投资集团赣州管理中心
何水标	高级工程师	江西省高速公路投资集团赣州管理中心
刘　罡	高级工程师	江西省天驰高速科技发展有限公司
刘肖云	高级工程师	江西嘉和工程咨询监理有限公司
姜　鹏	高级工程师	江西嘉和工程咨询监理有限公司
吴志坚	高级工程师	江西嘉和工程咨询监理有限公司
涂久根	高级工程师	江西省高速公路投资集团抚州管理中心
万晓云	高级工程师	江西公路开发总公司
罗冬生	高级工程师	江西省高速公路投资集团宜春管理中心
吴志青	高级工程师	江西赣粤高速公路工程有限责任公司
陈明波	高级工程师	江西赣粤高速公路工程有限责任公司
曾志勇	高级工程师	江西赣粤高速公路股份有限公司
江　涛	高级工程师	江西赣粤高速公路股份有限公司
罗利芳	高级工程师	江西公路开发总公司

续表 34

姓名	取得专业技术资格名称	所在单位
余斯冬	高级工程师	江西公路开发总公司
况家花	高级工程师	江西公路开发总公司
祖玉红	高级经济师	江西赣粤高速公路股份有限公司
邓永航	高级经济师	江西省高速公路投资集团
徐　蓉	高级会计师	江西赣粤高速公路养护工程有限责任公司
陈敏飞	高级经济师	江西省公路路政管理总队吉安高速路政管理支队
林　毅	研究员	江西交通咨询公司
樊友伟	高级工程师	江西交通咨询公司
罗　雪	高级工程师	江西交通咨询公司
徐春红	高级工程师	江西交通咨询公司
郭　丽	高级会计师	江西交通咨询公司
彭东领	教授级高级工程师	江西省交通工程质量监督站
王新武	高级工程师	江西省交通工程质量监督站
谭显峰	高级工程师	江西省交通工程质量监督站
钱宇峰	高级工程师	江西省交通工程质量监督站
郭晓峰	高级工程师	江西省高速公路联网管理中心
郭　昌	高级经济师	江西省高速公路联网管理中心
叶长春	高级工程师	江西省交通运输厅规划办公室
陈　露	高级工程师	江西省交通运输厅规划办公室
饶丽峰	高级工程师	江西省交通运输厅规划办公室
周　珣	高级工程师	江西省交通运输厅规划办公室
宋　庆	高级工程师	江西交通职业技术学院
刘陆平	高级工程师	江西交通职业技术学院
余晓春	高级工程师	江西交通职业技术学院
李霞婷	高级工程师	江西交通职业技术学院
宋　荣	高职教授	江西交通职业技术学院
熊慧芳	高职教授	江西交通职业技术学院
侯菊芳	高职副教授	江西交通职业技术学院
王　霞	高职副教授	江西交通职业技术学院
闵桂花	高职副教授	江西交通职业技术学院
李　瑜	高职副教授	江西交通职业技术学院
刘　燕	高职副教授	江西交通职业技术学院

续表 34

姓名	取得专业技术资格名称	所在单位
周　娟	高级工程师	江西交通职业技术学院
李汉江	教授级高级工程师	江西省交通设计院
万重文	教授级高级工程师	江西省交通设计院
李程华	教授级高级工程师	江西省交通设计院
周予进	高级工程师	江西省交通设计院
张春荣	高级工程师	江西省交通设计院
吴云鹏	高级工程师	江西省交通设计院
张　翀	高级工程师	江西省交通设计院
何辉群	高级工程师	江西省交通设计院
朱　浩	高级工程师	江西省交通设计院
谢　群	高级工程师	江西省交通设计院
许洪亮	高级工程师	江西省交通设计院
丁斗一	高级工程师	江西省交通设计院
周予伟	高级工程师	江西省交通设计院
杨海泉	高级工程师	江西省交通设计院
涂海骅	高级工程师	江西省交通设计院
李　海	高级工程师	江西省交通设计院
余　翔	高级工程师	江西省交通设计院
刘浩军	高级工程师	江西省交通设计院
何绍亮	高级工程师	江西省交通设计院
肖武光	教授级高级工程师	江西省交通科学研究院
刘　琦	高级工程师	江西省交通科学研究院
李德慧	高级工程师	江西省交通科学研究院
李娟燕	高级工程师	江西省交通科学研究院
彭　明	副研究员	江西省交通科学研究院
徐　颖	高级经济师	江西省交通科学研究院
姜志德	高级工程师	江西远洋运输公司

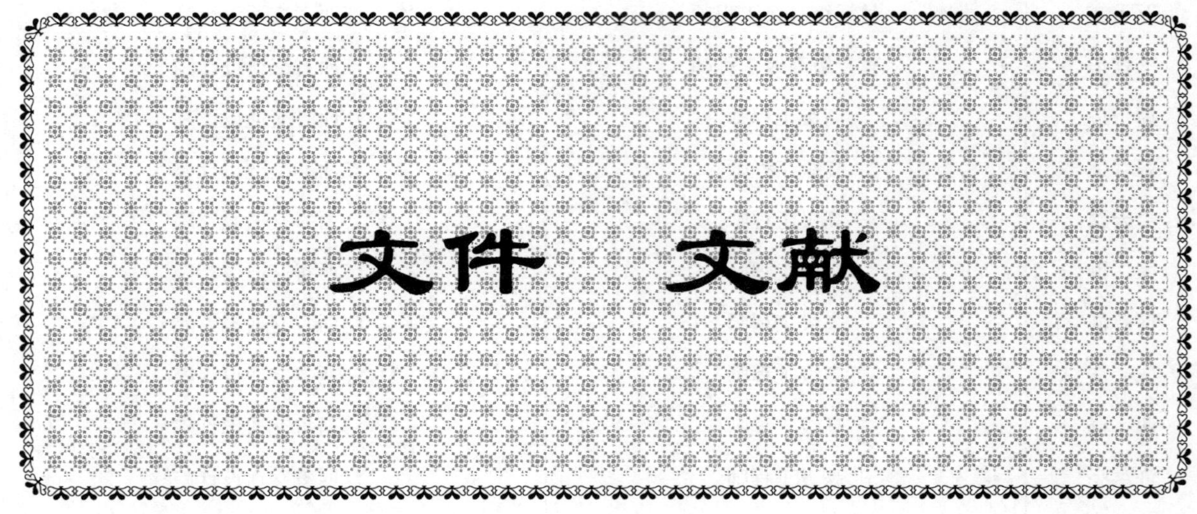

公路安全保护条例

(中华人民共和国国务院令 第593号)

《公路安全保护条例》已经2011年2月16日国务院第144次常务会议通过,现予公布,自2011年7月1日起施行。

总理 温家宝

二〇一一年三月七日

第一章 总 则

第一条 为了加强公路保护,保障公路完好、安全和畅通,根据《中华人民共和国公路法》,制定本条例。

第二条 各级人民政府应当加强对公路保护工作的领导,依法履行公路保护职责。

第三条 国务院交通运输主管部门主管全国公路保护工作。

县级以上地方人民政府交通运输主管部门主管本行政区域的公路保护工作;但是,县级以上地方人民政府交通运输主管部门对国道、省道的保护职责,由省、自治区、直辖市人民政府确定。

公路管理机构依照本条例的规定具体负责公路保护的监督管理工作。

第四条 县级以上各级人民政府发展改革、

工业和信息化、公安、工商、质检等部门按照职责分工,依法开展公路保护的相关工作。

第五条　县级以上各级人民政府应当将政府及其有关部门从事公路管理、养护所需经费以及公路管理机构行使公路行政管理职能所需经费纳入本级人民政府财政预算。但是,专用公路的公路保护经费除外。

第六条　县级以上各级人民政府交通运输主管部门应当综合考虑国家有关车辆技术标准、公路使用状况等因素,逐步提高公路建设、管理和养护水平,努力满足国民经济和社会发展以及人民群众生产、生活需要。

第七条　县级以上各级人民政府交通运输主管部门应当依照《中华人民共和国突发事件应对法》的规定,制定地震、泥石流、雨雪冰冻灾害等损毁公路的突发事件(以下简称公路突发事件)应急预案,报本级人民政府批准后实施。

公路管理机构、公路经营企业应当根据交通运输主管部门制定的公路突发事件应急预案,组建应急队伍,并定期组织应急演练。

第八条　国家建立健全公路突发事件应急物资储备保障制度,完善应急物资储备、调配体系,确保发生公路突发事件时能够满足应急处置工作的需要。

第九条　任何单位和个人不得破坏、损坏、非法占用或者非法利用公路、公路用地和公路附属设施。

第二章　公路线路

第十条　公路管理机构应当建立健全公路管理档案,对公路、公路用地和公路附属设施调查核实、登记造册。

第十一条　县级以上地方人民政府应当根据保障公路运行安全和节约用地的原则以及公路发展的需要,组织交通运输、国土资源等部门划定公路建筑控制区的范围。

公路建筑控制区的范围,从公路用地外缘起向外的距离标准为:

(一)国道不少于20米;

(二)省道不少于15米;

(三)县道不少于10米;

(四)乡道不少于5米。

属于高速公路的,公路建筑控制区的范围从公路用地外缘起向外的距离标准不少于30米。

公路弯道内侧、互通立交以及平面交叉道口的建筑控制区范围根据安全视距等要求确定。

第十二条　新建、改建公路的建筑控制区的范围,应当自公路初步设计批准之日起30日内,由公路沿线县级以上地方人民政府依照本条例划定并公告。

公路建筑控制区与铁路线路安全保护区、航道保护范围、河道管理范围或者水工程管理和保护范围重叠的,经公路管理机构和铁路管理机构、航道管理机构、水行政主管部门或者流域管理机构协商后划定。

第十三条　在公路建筑控制区内,除公路保护需要外,禁止修建建筑物和地面构筑物;公路建筑控制区划定前已经合法修建的不得扩建,因公路建设或者保障公路运行安全等原因需要拆除的应当依法给予补偿。

在公路建筑控制区外修建的建筑物、地面构筑物以及其他设施不得遮挡公路标志,不得妨碍安全视距。

第十四条　新建村镇、开发区、学校和货物集散地、大型商业网点、农贸市场等公共场所,与公路建筑控制区边界外缘的距离应当符合下列标准,并尽可能在公路一侧建设:

(一)国道、省道不少于50米;

(二)县道、乡道不少于20米。

第十五条　新建、改建公路与既有城市道路、铁路、通信等线路交叉或者新建、改建城市道路、铁路、通信等线路与既有公路交叉的,建设费用由新建、改建单位承担;城市道路、铁路、通信等线路的管理部门、单位或者公路管理机构要求提高既有建设标准而增加的费用,由提出要求的部门或者单位承担。

需要改变既有公路与城市道路、铁路、通信等线路交叉方式的,按照公平合理的原则分担建设费用。

第十六条　禁止将公路作为检验车辆制动性能的试车场地。

禁止在公路、公路用地范围内摆摊设点、堆放物品、倾倒垃圾、设置障碍、挖沟引水、打场晒粮、种植作物、放养牲畜、采石、取土、采空作业、焚烧物品、利用公路边沟排放污物或者进行其他损坏、污染公路和影响公路畅通的行为。

第十七条 禁止在下列范围内从事采矿、采石、取土、爆破作业等危及公路、公路桥梁、公路隧道、公路渡口安全的活动:

(一)国道、省道、县道的公路用地外缘起向外100米,乡道的公路用地外缘起向外50米;

(二)公路渡口和中型以上公路桥梁周围200米;

(三)公路隧道上方和洞口外100米。

在前款规定的范围内,因抢险、防汛需要修筑堤坝、压缩或者拓宽河床的,应当经省、自治区、直辖市人民政府交通运输主管部门会同水行政主管部门或者流域管理机构批准,并采取安全防护措施方可进行。

第十八条 除按照国家有关规定设立的为车辆补充燃料的场所、设施外,禁止在下列范围内设立生产、储存、销售易燃、易爆、剧毒、放射性等危险物品的场所、设施:

(一)公路用地外缘起向外100米;

(二)公路渡口和中型以上公路桥梁周围200米;

(三)公路隧道上方和洞口外100米。

第十九条 禁止擅自在中型以上公路桥梁跨越的河道上下游各1000米范围内抽取地下水、架设浮桥以及修建其他危及公路桥梁安全的设施。

在前款规定的范围内,确需进行抽取地下水、架设浮桥等活动的,应当经水行政主管部门、流域管理机构等有关单位会同公路管理机构批准,并采取安全防护措施方可进行。

第二十条 禁止在公路桥梁跨越的河道上下游的下列范围内采砂:

(一)特大型公路桥梁跨越的河道上游500米,下游3000米;

(二)大型公路桥梁跨越的河道上游500米,下游2000米;

(三)中小型公路桥梁跨越的河道上游500米,下游1000米。

第二十一条 在公路桥梁跨越的河道上下游各500米范围内依法进行疏浚作业的,应当符合公路桥梁安全要求,经公路管理机构确认安全方可作业。

第二十二条 禁止利用公路桥梁进行牵拉、吊装等危及公路桥梁安全的施工作业。

禁止利用公路桥梁(含桥下空间)、公路隧道、涵洞堆放物品,搭建设施以及铺设高压电线和输送易燃、易爆或者其他有毒有害气体、液体的管道。

第二十三条 公路桥梁跨越航道的,建设单位应当按照国家有关规定设置桥梁航标、桥柱标、桥梁水尺标,并按照国家标准、行业标准设置桥区水上航标和桥墩防撞装置。桥区水上航标由航标管理机构负责维护。

通过公路桥梁的船舶应当符合公路桥梁通航净空要求,严格遵守航行规则,不得在公路桥梁下停泊或者系缆。

第二十四条 重要的公路桥梁和公路隧道按照《中华人民共和国人民武装警察法》和国务院、中央军委的有关规定由中国人民武装警察部队守护。

第二十五条 禁止损坏、擅自移动、涂改、遮挡公路附属设施或者利用公路附属设施架设管道、悬挂物品。

第二十六条 禁止破坏公路、公路用地范围内的绿化物。需要更新采伐护路林的,应当向公路管理机构提出申请,经批准方可更新采伐,并及时补种;不能及时补种的,应当交纳补种所需费用,由公路管理机构代为补种。

第二十七条 进行下列涉路施工活动,建设单位应当向公路管理机构提出申请:

(一)因修建铁路、机场、供电、水利、通信等建设工程需要占用、挖掘公路、公路用地或者使公路改线;

(二)跨越、穿越公路修建桥梁、渡槽或者架设、埋设管道、电缆等设施;

(三)在公路用地范围内架设、埋设管道、电缆等设施;

(四)利用公路桥梁、公路隧道、涵洞铺设电缆等设施;

(五)利用跨越公路的设施悬挂非公路标志;

(六)在公路上增设或者改造平面交叉道口;

(七)在公路建筑控制区内埋设管道、电缆等设施。

第二十八条 申请进行涉路施工活动的建设单位应当向公路管理机构提交下列材料:

(一)符合有关技术标准、规范要求的设计和施工方案;

(二)保障公路、公路附属设施质量和安全的技术评价报告；

（三）处置施工险情和意外事故的应急方案。

公路管理机构应当自受理申请之日起20日内作出许可或者不予许可的决定；影响交通安全的，应当征得公安机关交通管理部门的同意；涉及经营性公路的，应当征求公路经营企业的意见；不予许可的，公路管理机构应当书面通知申请人并说明理由。

第二十九条　建设单位应当按照许可的设计和施工方案进行施工作业，并落实保障公路、公路附属设施质量和安全的防护措施。

涉路施工完毕，公路管理机构应当对公路、公路附属设施是否达到规定的技术标准以及施工是否符合保障公路、公路附属设施质量和安全的要求进行验收；影响交通安全的，还应当经公安机关交通管理部门验收。

涉路工程设施的所有人、管理人应当加强维护和管理，确保工程设施不影响公路的完好、安全和畅通。

第三章　公路通行

第三十条　车辆的外廓尺寸、轴荷和总质量应当符合国家有关车辆外廓尺寸、轴荷、质量限值等机动车安全技术标准，不符合标准的不得生产、销售。

第三十一条　公安机关交通管理部门办理车辆登记，应当当场查验，对不符合机动车国家安全技术标准的车辆不予登记。

第三十二条　运输不可解体物品需要改装车辆的，应当由具有相应资质的车辆生产企业按照规定的车型和技术参数进行改装。

第三十三条　超过公路、公路桥梁、公路隧道限载、限高、限宽、限长标准的车辆，不得在公路、公路桥梁或者公路隧道行驶；超过汽车渡船限载、限高、限宽、限长标准的车辆，不得使用汽车渡船。

公路、公路桥梁、公路隧道限载、限高、限宽、限长标准调整的，公路管理机构、公路经营企业应当及时变更限载、限高、限宽、限长标志；需要绕行的，还应当标明绕行路线。

第三十四条　县级人民政府交通运输主管部门或者乡级人民政府可以根据保护乡道、村道的需要，在乡道、村道的出入口设置必要的限高、限宽设施，但是不得影响消防和卫生急救等应急通行需要，不得向通行车辆收费。

第三十五条　车辆载运不可解体物品，车货总体的外廓尺寸或者总质量超过公路、公路桥梁、公路隧道的限载、限高、限宽、限长标准，确需在公路、公路桥梁、公路隧道行驶的，从事运输的单位和个人应当向公路管理机构申请公路超限运输许可。

第三十六条　申请公路超限运输许可按照下列规定办理：

（一）跨省、自治区、直辖市进行超限运输的，向公路沿线各省、自治区、直辖市公路管理机构提出申请，由起运地省、自治区、直辖市公路管理机构统一受理，并协调公路沿线各省、自治区、直辖市公路管理机构对超限运输申请进行审批，必要时可以由国务院交通运输主管部门统一协调处理；

（二）在省、自治区范围内跨设区的市进行超限运输，或者在直辖市范围内跨区、县进行超限运输的，向省、自治区、直辖市公路管理机构提出申请，由省、自治区、直辖市公路管理机构受理并审批；

（三）在设区的市范围内跨区、县进行超限运输的，向设区的市公路管理机构提出申请，由设区的市公路管理机构受理并审批；

（四）在区、县范围内进行超限运输的，向区、县公路管理机构提出申请，由区、县公路管理机构受理并审批。

公路超限运输影响交通安全的，公路管理机构在审批超限运输申请时，应当征求公安机关交通管理部门意见。

第三十七条　公路管理机构审批超限运输申请，应当根据实际情况勘测通行路线，需要采取加固、改造措施的，可以与申请人签订有关协议，制定相应的加固、改造方案。

公路管理机构应当根据其制定的加固、改造方案，对通行的公路桥梁、涵洞等设施进行加固、改造；必要时应当对超限运输车辆进行监管。

第三十八条　公路管理机构批准超限运输申请的，应当为超限运输车辆配发国务院交通运输主管部门规定式样的超限运输车辆通行证。

经批准进行超限运输的车辆，应当随车携带超限运输车辆通行证，按照指定的时间、路线和速度行驶，并悬挂明显标志。

禁止租借、转让超限运输车辆通行证。禁止使用伪造、变造的超限运输车辆通行证。

第三十九条 经省、自治区、直辖市人民政府批准,有关交通运输主管部门可以设立固定超限检测站点,配备必要的设备和人员。

固定超限检测站点应当规范执法,并公布监督电话。公路管理机构应当加强对固定超限检测站点的管理。

第四十条 公路管理机构在监督检查中发现车辆超过公路、公路桥梁、公路隧道或者汽车渡船的限载、限高、限宽、限长标准的,应当就近引导至固定超限检测站点进行处理。

车辆应当按照超限检测指示标志或者公路管理机构监督检查人员的指挥接受超限检测,不得故意堵塞固定超限检测站点通行车道、强行通过固定超限检测站点或者以其他方式扰乱超限检测秩序,不得采取短途驳载等方式逃避超限检测。

禁止通过引路绕行等方式为不符合国家有关载运标准的车辆逃避超限检测提供便利。

第四十一条 煤炭、水泥等货物集散地以及货运站等场所的经营人、管理人应当采取有效措施,防止不符合国家有关载运标准的车辆出场(站)。

道路运输管理机构应当加强对煤炭、水泥等货物集散地以及货运站等场所的监督检查,制止不符合国家有关载运标准的车辆出场(站)。

任何单位和个人不得指使、强令车辆驾驶人超限运输货物,不得阻碍道路运输管理机构依法进行监督检查。

第四十二条 载运易燃、易爆、剧毒、放射性等危险物品的车辆,应当符合国家有关安全管理规定,并避免通过特大型公路桥梁或者特长公路隧道;确需通过特大型公路桥梁或者特长公路隧道的,负责审批易燃、易爆、剧毒、放射性等危险物品运输许可的机关应当提前将行驶时间、路线通知特大型公路桥梁或者特长公路隧道的管理单位,并对在特大型公路桥梁或者特长公路隧道行驶的车辆进行现场监管。

第四十三条 车辆应当规范装载,装载物不得触地拖行。车辆装载物易掉落、遗洒或者飘散的,应当采取厢式密闭等有效防护措施方可在公路上行驶。

公路上行驶车辆的装载物掉落、遗洒或者飘散的,车辆驾驶人、押运人员应当及时采取措施处理;无法处理的,应当在掉落、遗洒或者飘散物来车方向适当距离外设置警示标志,并迅速报告公路管理机构或者公安机关交通管理部门。其他人员发现公路上有影响交通安全的障碍物的,也应当及时报告公路管理机构或者公安机关交通管理部门。公安机关交通管理部门应当责令改正车辆装载物掉落、遗洒、飘散等违法行为;公路管理机构、公路经营企业应当及时清除掉落、遗洒、飘散在公路上的障碍物。

车辆装载物掉落、遗洒、飘散后,车辆驾驶人、押运人员未及时采取措施处理,造成他人人身、财产损害的,道路运输企业、车辆驾驶人应当依法承担赔偿责任。

第四章 公路养护

第四十四条 公路管理机构、公路经营企业应当加强公路养护,保证公路经常处于良好技术状态。

前款所称良好技术状态,是指公路自身的物理状态符合有关技术标准的要求,包括路面平整,路肩、边坡平顺,有关设施完好。

第四十五条 公路养护应当按照国务院交通运输主管部门规定的技术规范和操作规程实施作业。

第四十六条 从事公路养护作业的单位应当具备下列资质条件:

(一)有一定数量的符合要求的技术人员;

(二)有与公路养护作业相适应的技术设备;

(三)有与公路养护作业相适应的作业经历;

(四)国务院交通运输主管部门规定的其他条件。

公路养护作业单位资质管理办法由国务院交通运输主管部门另行制定。

第四十七条 公路管理机构、公路经营企业应当按照国务院交通运输主管部门的规定对公路进行巡查,并制作巡查记录;发现公路坍塌、坑槽、隆起等损毁的,应当及时设置警示标志,并采取措施修复。

公安机关交通管理部门发现公路坍塌、坑槽、隆起等损毁,危及交通安全的,应当及时采取措施,疏导交通,并通知公路管理机构或者公路经营企业。

其他人员发现公路坍塌、坑槽、隆起等损毁的，应当及时向公路管理机构、公安机关交通管理部门报告。

第四十八条　公路管理机构、公路经营企业应当定期对公路、公路桥梁、公路隧道进行检测和评定，保证其技术状态符合有关技术标准；对经检测发现不符合车辆通行安全要求的，应当进行维修，及时向社会公告，并通知公安机关交通管理部门。

第四十九条　公路管理机构、公路经营企业应当定期检查公路隧道的排水、通风、照明、监控、报警、消防、救助等设施，保持设施处于完好状态。

第五十条　公路管理机构应当统筹安排公路养护作业计划，避免集中进行公路养护作业造成交通堵塞。

在省、自治区、直辖市交界区域进行公路养护作业，可能造成交通堵塞的，有关公路管理机构、公安机关交通管理部门应当事先书面通报相邻的省、自治区、直辖市公路管理机构、公安机关交通管理部门，共同制定疏导预案，确定分流路线。

第五十一条　公路养护作业需要封闭公路的，或者占用半幅公路进行作业，作业路段长度在2千米以上，并且作业期限超过30日的，除紧急情况外，公路养护作业单位应当在作业开始之日前5日向社会公告，明确绕行路线，并在绕行处设置标志；不能绕行的，应当修建临时道路。

第五十二条　公路养护作业人员作业时，应当穿着统一的安全标志服。公路养护车辆、机械设备作业时，应当设置明显的作业标志，开启危险报警闪光灯。

第五十三条　发生公路突发事件影响通行的，公路管理机构、公路经营企业应当及时修复公路、恢复通行。设区的市级以上人民政府交通运输主管部门应当根据修复公路、恢复通行的需要，及时调集抢修力量，统筹安排有关作业计划，下达路网调度指令，配合有关部门组织绕行、分流。

设区的市级以上公路管理机构应当按照国务院交通运输主管部门的规定收集、汇总公路损毁、公路交通流量等信息，开展公路突发事件的监测、预报和预警工作，并利用多种方式及时向社会发布有关公路运行信息。

第五十四条　中国人民武装警察交通部队按照国家有关规定承担公路、公路桥梁、公路隧道等设施的抢修任务。

第五十五条　公路永久性停止使用的，应当按照国务院交通运输主管部门规定的程序核准后作报废处理，并向社会公告。

公路报废后的土地使用管理依照有关土地管理的法律、行政法规执行。

第五章　法律责任

第五十六条　违反本条例的规定，有下列情形之一的，由公路管理机构责令限期拆除，可以处5万元以下的罚款。逾期不拆除的，由公路管理机构拆除，有关费用由违法行为人承担：

（一）在公路建筑控制区内修建、扩建建筑物、地面构筑物或者未经许可埋设管道、电缆等设施的；

（二）在公路建筑控制区外修建的建筑物、地面构筑物以及其他设施遮挡公路标志或者妨碍安全视距的。

第五十七条　违反本条例第十八条、第十九条、第二十三条规定的，由安全生产监督管理部门、水行政主管部门、流域管理机构、海事管理机构等有关单位依法处理。

第五十八条　违反本条例第二十条规定的，由水行政主管部门或者流域管理机构责令改正，可以处3万元以下的罚款。

第五十九条　违反本条例第二十二条规定的，由公路管理机构责令改正，处2万元以上10万元以下的罚款。

第六十条　违反本条例的规定，有下列行为之一的，由公路管理机构责令改正，可以处3万元以下的罚款：

（一）损坏、擅自移动、涂改、遮挡公路附属设施或者利用公路附属设施架设管道、悬挂物品，可能危及公路安全的；

（二）涉路工程设施影响公路完好、安全和畅通的。

第六十一条　违反本条例的规定，未经批准更新采伐护路林的，由公路管理机构责令补种，没收违法所得，并处采伐林木价值3倍以上5倍以下的罚款。

第六十二条　违反本条例的规定，未经许可进行本条例第二十七条第一项至第五项规定的涉路施工活动的，由公路管理机构责令改正，可以处

3 万元以下的罚款;未经许可进行本条例第二十七条第六项规定的涉路施工活动的,由公路管理机构责令改正,处 5 万元以下的罚款。

第六十三条 违反本条例的规定,非法生产、销售外廓尺寸、轴荷、总质量不符合国家有关车辆外廓尺寸、轴荷、质量限值等机动车安全技术标准的车辆的,依照《中华人民共和国道路交通安全法》的有关规定处罚。

具有国家规定资质的车辆生产企业未按照规定车型和技术参数改装车辆的,由原发证机关责令改正,处 4 万元以上 20 万元以下的罚款;拒不改正的,吊销其资质证书。

第六十四条 违反本条例的规定,在公路上行驶的车辆,车货总体的外廓尺寸、轴荷或者总质量超过公路、公路桥梁、公路隧道、汽车渡船限定标准的,由公路管理机构责令改正,可以处 3 万元以下的罚款。

第六十五条 违反本条例的规定,经批准进行超限运输的车辆,未按照指定时间、路线和速度行驶的,由公路管理机构或者公安机关交通管理部门责令改正;拒不改正的,公路管理机构或者公安机关交通管理部门可以扣留车辆。

未随车携带超限运输车辆通行证的,由公路管理机构扣留车辆,责令车辆驾驶人提供超限运输车辆通行证或者相应的证明。

租借、转让超限运输车辆通行证的,由公路管理机构没收超限运输车辆通行证,处 1000 元以上 5000 元以下的罚款。使用伪造、变造的超限运输车辆通行证的,由公路管理机构没收伪造、变造的超限运输车辆通行证,处 3 万元以下的罚款。

第六十六条 对 1 年内违法超限运输超过 3 次的货运车辆,由道路运输管理机构吊销其车辆营运证;对 1 年内违法超限运输超过 3 次的货运车辆驾驶人,由道路运输管理机构责令其停止从事营业性运输;道路运输企业 1 年内违法超限运输的货运车辆超过本单位货运车辆总数 10% 的,由道路运输管理机构责令道路运输企业停业整顿;情节严重的,吊销其道路运输经营许可证,并向社会公告。

第六十七条 违反本条例的规定,有下列行为之一的,由公路管理机构强制拖离或者扣留车辆,处 3 万元以下的罚款:

(一)采取故意堵塞固定超限检测站点通行车道、强行通过固定超限检测站点等方式扰乱超限检测秩序的;

(二)采取短途驳载等方式逃避超限检测的。

第六十八条 违反本条例的规定,指使、强令车辆驾驶人超限运输货物的,由道路运输管理机构责令改正,处 3 万元以下的罚款。

第六十九条 车辆装载物触地拖行、掉落、遗洒或者飘散,造成公路路面损坏、污染的,由公路管理机构责令改正,处 5000 元以下的罚款。

第七十条 违反本条例的规定,公路养护作业单位未按照国务院交通运输主管部门规定的技术规范和操作规程进行公路养护作业的,由公路管理机构责令改正,处 1 万元以上 5 万元以下的罚款;拒不改正的,吊销其资质证书。

第七十一条 造成公路、公路附属设施损坏的单位和个人应当立即报告公路管理机构,接受公路管理机构的现场调查处理;危及交通安全的,还应当设置警示标志或者采取其他安全防护措施,并迅速报告公安机关交通管理部门。

发生交通事故造成公路、公路附属设施损坏的,公安机关交通管理部门在处理交通事故时应当及时通知有关公路管理机构到场调查处理。

第七十二条 造成公路、公路附属设施损坏,拒不接受公路管理机构现场调查处理的,公路管理机构可以扣留车辆、工具。

公路管理机构扣留车辆、工具的,应当当场出具凭证,并告知当事人在规定期限内到公路管理机构接受处理。逾期不接受处理,并且经公告 3 个月仍不来接受处理的,对扣留的车辆、工具,由公路管理机构依法处理。

公路管理机构对被扣留的车辆、工具应当妥善保管,不得使用。

第七十三条 违反本条例的规定,公路管理机构工作人员有下列行为之一的,依法给予处分:

(一)违法实施行政许可的;

(二)违反规定拦截、检查正常行驶的车辆的;

(三)未及时采取措施处理公路坍塌、坑槽、隆起等损毁的;

(四)违法扣留车辆、工具或者使用依法扣留的车辆、工具的;

(五)有其他玩忽职守、徇私舞弊、滥用职权行为的。

公路管理机构有前款所列行为之一的,对负有直接责任的主管人员和其他直接责任人员依法给予处分。

第七十四条 违反本条例的规定,构成违反治安管理行为的,由公安机关依法给予治安管理处罚;构成犯罪的,依法追究刑事责任。

第六章 附 则

第七十五条 村道的管理和养护工作,由乡级人民政府参照本条例的规定执行。

专用公路的保护不适用本条例。

第七十六条 军事运输使用公路按照国务院、中央军事委员会的有关规定执行。

第七十七条 本条例自2011年7月1日起施行。1987年10月13日国务院发布的《中华人民共和国公路管理条例》同时废止。

中华人民共和国海员外派管理规定

(中华人民共和国交通运输部令 2011年第3号)

第一章 总 则

第一条 为规范海员外派管理,提高我国外派海员的整体素质和国际形象,维护外派海员的合法权益,促进海员外派事业的健康发展,根据《中华人民共和国船员条例》和对外劳务合作等法律法规,制定本规定。

第二条 在中华人民共和国境内依法设立的机构从事海员外派活动,适用本规定。

第三条 交通运输部主管全国海员外派工作。

国家海事管理机构负责统一实施全国海员外派的监督管理工作。

交通运输部直属海事管理机构依照各自职责负责具体实施海员外派的监督管理工作。

第四条 海员外派遵循“谁派出,谁负责”的原则。从事海员外派的机构应当对其派出的外派海员负责,做好外派海员在船工作期间及登、离船过程中的各项保障工作。

第二章 海员外派机构资质

第五条 从事海员外派的机构,应当符合下列条件:

(一)在中华人民共和国境内依法设立的法人;

(二)有与外派规模相适应的固定办公场所;

(三)有至少2名具有国际航行海船管理级船员任职资历的专职管理人员和至少3名具有两年以上海员外派相关从业经历的管理人员;

(四)具有进行外派海员任职前培训和岗位技能训练及处理海员外派相关法律事务的能力;

(五)按照国家海事管理机构的规定,建立船员服务质量管理制度、人员和资源保障制度、教育培训制度、应急处理制度和服务业务报告制度等海员外派管理制度;

(六)具有自有外派海员100人以上;

(七)注册资本不低于500万元人民币,且为实缴货币资本。本规定实施后,对外劳务合作法规另有规定的,从其规定;

(八)具有足额交纳100万元人民币海员外派备用金的能力;

(九)机构及其法定代表人具有良好的商业信誉,最近3年内没有重大违约行为和重大违法记录。

第六条 申请从事海员外派的机构,应当提交下列材料:

(一)从事海员外派活动的申请文书;

(二)企业法人营业执照或者事业单位法人证书、组织机构代码证;

(三)经营场所产权证明或者固定场所租赁证明;

(四)具有处理海员外派相关法律事务能力、进行外派海员任职前培训和岗位技能训练能力的证明材料;

(五)专职管理人员任职资格证书复印件及专职业务人员相关从业经历的证明材料;

(六)机构的组织结构、人员组成、职责等情况的说明文件;

(七)海员外派相关管理制度文件;

(八)自有外派海员的名册及劳动合同、缴纳社会保险等证明材料;

(九)已按照海事管理机构要求足额缴纳海员外派备用金的有效证明;

(十)其他相关证明材料。

经批准设立的外商投资职业介绍机构或者中外合资人才中介机构拟开展招聘海员出境业务,应当按照本规定申请从事海员外派。除提交前款规定的材料外,还应当提交外商投资企业批准证书和外商投资企业营业执照复印件。

第七条 机构申请从事海员外派,应当向其工商注册地的交通运输部直属海事管理机构提出,工商注册地没有交通运输部直属海事管理机构的,应当向国家海事管理机构指定的交通运输部直属海事管理机构提出。

第八条 直属海事管理机构自受理申请之日起15个工作日内完成申请材料的书面审核和现场核验,并将审核意见和核验情况连同申请材料一并报国家海事管理机构审批。

第九条 国家海事管理机构收到报送材料后,根据直属海事管理机构的审核意见、核验情况以及机构申请材料,于15个工作日内作出批准或者不予批准的决定。

第十条 国家海事管理机构作出准予从事海员外派决定的,向申请机构颁发海员外派机构资质证书;海员外派机构资质证书的有效期最长不超过5年。

第十一条 海员外派机构资质证书上记载的机构名称、地址、法定代表人等发生变更的,海员外派机构应当自变更发生之日起30个工作日内到海事管理机构办理变更手续。

第十二条 已按《中华人民共和国船员服务管理规定》取得甲级海船船员服务机构资质的机构,应当按本规定申请海员外派机构资质,方可从事海员外派。

第十三条 境外企业、机构在中国境内招收外派海员,应当委托海员外派机构进行。

外国驻华代表机构不得在境内开展海员外派业务。

第十四条 海员外派机构资质实施年审制度。

年审主要审查海员外派机构的资质条件符合情况及合法经营、规范运作情况。

交通运输部直属海事管理机构应当于每年度的2月份至4月份负责组织实施所属辖区的海员外派机构资质年审工作。

第十五条 海员外派机构应当于每年的2月1日前向所在辖区的海事管理机构申请进行年审,并提交下列材料:

(一)年审申请文书;

(二)年审报告书,包含海员外派机构资质条件符合情况、各项制度有效运行以及本规定执行情况。

第十六条 海员外派机构通过年审的,海事管理机构应当在其海员外派机构资质证书的年审情况栏中予以签注。

第十七条 海员外派机构年审不合格的,海事管理机构责令限期改正;如期改正的,海事管理机构应当在海员外派机构资质证书的年审情况栏中注明情况,予以通过年审;逾期未改正的,应当及时报请国家海事管理机构撤销其海员外派机构资质并依法办理注销手续。

第十八条 年审中被海事管理机构责令限期改正的,海员外派机构在改正期内不得继续选派船员及对外签订新的船舶配员协议,但仍应当承担对已派出外派海员的管理责任。

第十九条 海员外派机构应当在海员外派机构资质证书有效期届满之日60日以前向所在辖区的海事管理机构申请办理海员外派机构资质证书延续手续。申请办理海员外派机构资质证书延续手续,应当提交下列材料:

(一)海员外派机构资质证书延续申请;

(二)本规定第六条(二)至(九)项规定的材料。

第二十条　有下列情形之一的，海员外派机构应当到核发证书的海事管理机构办理资质证书注销手续：

（一）海员外派机构自行申请注销的；

（二）法人依法终止的；

（三）海员外派机构资质证书被依法撤销或者吊销的。

第二十一条　海员外派备用金实行专户存储，专款专用。

备用金的使用管理应当遵守国家关于对外劳务合作备用金管理制度。

第三章　海员外派机构的责任与义务

第二十二条　海员外派机构应当遵守国家船员管理、船员服务管理、船员证件管理、劳动和社会保障及对外劳务合作等有关规定，遵守中华人民共和国缔结或加入的国际公约，履行诚实守信义务。

第二十三条　海员外派机构应当保证本规定第五条第（五）项所规定的各项海员外派管理制度的有效运行。

第二十四条　海员外派机构为海员提供海员外派服务，应当保证外派海员与下列单位之一签订有劳动合同：

（一）本机构；

（二）境外船东；

（三）我国的航运公司或者其他相关行业单位。

外派海员与我国的航运公司或者其他相关行业单位签订劳动合同的，海员外派机构在外派该海员时，应当事先经过外派海员用人单位同意。

外派海员与境外船东签订劳动合同的，海员外派机构应当负责审查劳动合同的内容，发现劳动合同内容不符合法律法规、相关国际公约规定或者存在侵害外派海员利益条款的，应当要求境外船东及时予以纠正。

第二十五条　海员外派机构应当为外派海员购买境外人身意外伤害保险。

第二十六条　海员外派机构应当在充分了解并确保境外船东资信和运营情况良好的前提下，方可与境外船东签订船舶配员服务协议。

第二十七条　海员外派机构与境外船东签订的船舶配员服务协议，应当符合国内法律、法规和相关国际公约要求，并至少包括以下内容：

（一）海员外派机构及境外船东的责任、权利和义务。包括外派船员的数量、素质要求，派出频率，培训责任，外派机构对船员违规行为的责任分担等；

（二）外派海员的工作、生活条件；

（三）协议期限和外派海员上下船安排；

（四）工资福利待遇及其支付方式；

（五）正常工作时间、加班、额外劳动和休息休假；

（六）船舶适航状况及船舶航行区域；

（七）境外船东为外派海员购买的人身意外、疾病保险和处理标准；

（八）社会保险的缴纳；

（九）外派海员跟踪管理；

（十）突发事件处理；

（十一）外派海员遣返；

（十二）外派海员伤病亡处理；

（十三）外派海员免责条款；

（十四）特殊情况及争议的处理；

（十五）违约责任。

海员外派机构应当将船舶配员服务协议中与外派海员利益有关的内容如实告知外派海员。

第二十八条　海员外派机构应当根据派往船舶的船旗国和公司情况对外派海员进行相关法律法规、管理制度、风俗习惯和注意事项等任职前培训，并根据海员外派实际需要对外派海员进行必要的岗位技能训练。

第二十九条　海员外派机构应当在外派海员上船工作前，与其签订上船协议，协议内容应当至少包括下列内容：

（一）船舶配员服务协议中涉及外派海员利益的所有条款；

（二）海员外派机构对外派海员工作期间的管理和服务责任；

（三）外派海员在境外发生紧急情况时海员外派机构对其的安置责任；

（四）违约责任。

第三十条　海员外派机构应当建立与境外船东、外派海员的沟通机制，及时核查并妥善处理各种投诉。

海员外派机构应当对外派海员工作期间有关人身安全、身体健康、工作技能及职业发展等方面进行跟踪管理,为外派海员履行船舶配员服务合同提供必要支持。

第三十一条 海员外派机构不得因提供就业机会而向外派海员收取费用。

海员外派机构不得克扣外派海员的劳动报酬。

海员外派机构不得要求外派海员提供抵押金或担保金等。

第三十二条 海员外派机构应当为所服务的每名外派海员建立信息档案,主要包括:

(一)外派海员船上任职资历(包括所服务的船公司和船舶的名称、船籍港、所属国家、上船工作起始时间等情况);

(二)外派海员基本安全培训、适任培训和特殊培训情况;

(三)外派海员适任状况、安全记录和健康情况;

(四)外派海员劳动合同、船舶配员服务协议、上船协议等。

海员外派机构应当按有关规定报送统计数据,并将自有外派海员名册、非自有外派海员名册及上述档案信息按要求定期报海事管理机构备案。

第三十三条 海员外派机构不得把海员外派到下列公司或者船舶:

(一)被港口国监督检查中列入黑名单的船舶;

(二)非经中国境内保险机构或者国际保赔协会成员保险的船舶;

(三)未建立安全营运和防治船舶污染管理体系的公司或者船舶。

第三十四条 海员外派机构资质被暂停、吊销、撤销的,应当继续履行已签订的合同及协议。

第四章 突发事件处理

第三十五条 突发事件发生时,海员外派机构应当按照应急处理制度的规定,立即启动应急预案,并及时向海事管理机构报告。

第三十六条 海员外派机构应当与境外船东共同做好突发事件的处置工作。当境外船东未能及时全面履行突发事件责任时,海员外派机构应妥善处理突发事件,避免外派海员利益受损。

第三十七条 当海员外派机构拒绝承担或者无力承担发生突发事件责任时,可以动用海员外派备用金,用于支付外派海员回国或者接受其他紧急救助所需费用。

第三十八条 海员外派备用金动用后,海员外派机构应当于30日内补齐备用金。

第三十九条 境外突发事件的处理按对外劳务合作有关规定执行。

第五章 监督检查

第四十条 海事管理机构应当建立健全辖区内海员外派机构的管理档案,加强对海员外派机构的监督检查。

第四十一条 海事管理机构实施监督检查,可以询问当事人,向有关海员外派机构或者个人了解情况,查阅、复制有关资料,并保守被调查海员外派机构的商业秘密或者个人隐私。

接受海事管理机构监督检查的海员外派机构或者个人,应当如实反映情况和提供资料,不得以任何理由拒绝或阻挠检查。

第四十二条 海事管理机构实施监督检查时发现海员外派机构不再具备规定条件的,由海事管理机构责令限期改正。

海员外派机构在规定期限内未能改正的,应当依法撤销海员外派机构资质,并依法办理海员外派机构资质证书的注销手续。

第四十三条 海事管理机构应当定期向社会公布海员外派机构名单及机构概况,以及依法履行相应职责和承担法律义务、维护外派海员合法权益、诚实守信等情况。

第六章 法律责任

第四十四条 违反本规定,未经批准擅自从事海员外派活动,有下列情形之一的,由海事管理机构责令改正,处5万元以上25万元以下罚款;有违法所得的,应当没收违法所得;使用非法证件的,收缴非法证件:

(一)未取得海员外派机构资质擅自开展海员外派的;

(二)以欺骗、贿赂、提供虚假材料等非法手段取得海员外派机构资质的;

(三)超出海员外派机构资质证书有效期擅自开展海员外派的;

(四)海员外派机构资质被依法暂停期间擅

自开展海员外派的；

（五）伪造或者变造海员外派机构资质证书擅自开展海员外派的。

第四十五条　海员外派机构在提供外派服务时，提供虚假信息，欺诈外派海员，有下列情形之一的，由海事管理机构给予相应处罚：

（一）重复或者超过标准收取费用，或者在公布的收费项目之外收取费用的；

（二）未将船舶配员服务协议的相关内容如实告知外派海员的；

（三）伪造或者提供虚假船舶配员服务协议信息的；

（四）与外派海员签订的上船协议内容与船舶配员服务协议的内容不符并损害外派海员利益的；

（五）倒卖、出租、出借海员外派机构资质证书，或者以其他形式非法转让海员外派机构资质证书的；

（六）有其他提供虚假信息，欺诈外派海员行为的。

有前款第（一）、（二）项情形之一的，处3万元以上10万元以下罚款，情节严重的，给予暂停海员外派机构资质证书6个月以上2年以下处罚；有前款第（三）、（四）、（五）、（六）项情形之一的，处10万元以上15万元以下罚款，情节严重的，吊销海员外派机构资质证书。

第四十六条　违反本规定，在外派海员未与海员外派机构、境外船东、我国的航运公司或其他相关行业单位签订劳动合同的情况下，提供海员外派服务的，由海事管理机构责令改正，处5万元以上25万元以下罚款；情节严重的，给予暂停海员外派机构资质证书6个月以上2年以下直至吊销的处罚。

第四十七条　海事管理机构工作人员有下列情形之一的，依法给予行政处分：

（一）违反规定批准海员外派机构资质；

（二）不依法履行监督检查职责；

（三）不依法实施行政强制或者行政处罚；

（四）滥用职权、玩忽职守的其他行为。

第七章　附　则

第四十八条　本规定中下列用语的含义是：

（一）海员外派，指为外国籍或者港澳台地区籍船舶提供配员的船员服务活动。

（二）境外船东，指外国籍或港澳台地区籍船舶的所有人、经营人或管理人。

（三）自有外派海员，指仅与本海员外派机构签订劳动合同的船员。

（四）突发事件，指外派海员所在船舶或其本人突然发生意外情况，造成或者可能对外派海员造成危害，需要采取应急处置措施予以应对的事件。

第四十九条　我国与有关国家或地区签订有对外劳务合作相关协议的，按照协议规定执行。

第五十条　本规定自2011年7月1日起施行。

中华人民共和国水上水下活动通航安全管理规定

（中华人民共和国交通运输部令　2011年第5号）

第一条　为了维护水上交通秩序，保障船舶航行、停泊和作业安全，保护水域环境，依据《中华人民共和国海上交通安全法》《中华人民共和国内河交通安全管理条例》等法律法规，制定本规定。

第二条　公民、法人或者其他组织在中华人

民共和国内河通航水域或者岸线上和国家管辖海域从事下列可能影响通航安全的水上水下活动,适用本规定:

(一)勘探、采掘、爆破;

(二)构筑、设置、维修、拆除水上水下构筑物或者设施;

(三)架设桥梁、索道;

(四)铺设、检修、拆除水上水下电缆或者管道;

(五)设置系船浮筒、浮趸、缆桩等设施;

(六)航道建设,航道、码头前沿水域疏浚;

(七)举行大型群众性活动、体育比赛;

(八)打捞沉船、沉物;

(九)在国家管辖海域内进行调查、测量、过驳、大型设施和移动式平台拖带、捕捞、养殖、科学试验等水上水下施工活动以及在港区、锚地、航道、通航密集区进行的其他有碍航行安全的活动;

(十)在内河通航水域进行的气象观测、测量、地质调查,航道日常养护、大面积清除水面垃圾和可能影响内河通航水域交通安全的其他行为。

第三条 水上水下活动通航安全管理应当遵循安全第一、预防为主、方便群众、依法管理的原则。

第四条 国务院交通运输主管部门主管全国水上水下活动通航安全管理工作。

国家海事管理机构在国务院交通运输主管部门的领导下,负责全国水上水下活动通航安全监督管理工作。

各级海事管理机构依照各自的职责权限,负责本辖区水上水下活动通航安全监督管理工作。

第五条 从事本规定第二条第(一)项至第(九)项的水上水下活动的建设单位、主办单位或者对工程总负责的施工作业者,应当按照《中华人民共和国海事行政许可条件规定》明确的相应条件向活动地的海事管理机构提出申请并报送相应的材料。在取得海事管理机构颁发的《中华人民共和国水上水下活动许可证》(以下简称许可证)后,方可进行相应的水上水下活动。

第六条 水上水下活动水域涉及两个以上海事管理机构的,许可证的申请应当向其共同的上一级海事管理机构或者共同的上一级海事管理机构指定的海事管理机构提出。

第七条 从事水上水下活动需要设置安全作业区的,应当经海事管理机构核准公告。

建设单位或者主办单位申请设置安全作业区,可以在向海事管理机构申请许可证时一并提出。

第八条 遇有紧急情况,需要对航道进行修复或者对航道、码头前沿水域进行疏浚的,作业单位可以边申请边施工。

第九条 许可证应当注明允许从事水上水下活动的单位名称、船名、时间、水域、活动内容、有效期等事项。

第十条 许可证的有效期由海事管理机构根据活动的期限及水域环境的特点确定,最长不得超过三年。许可证有效期届满不能结束施工作业的,申请人应当于许可证有效期届满20日前到海事管理机构办理延期手续,由海事管理机构在原证上签注延期期限后方能继续从事相应活动。

第十一条 许可证上注明的船舶在水上水下活动期间发生变更的,建设单位或者主办单位应当及时到作出许可决定的海事管理机构办理变更手续。在变更手续未办妥前,变更的船舶不得从事相应的水上水下活动。

许可证上注明的实施施工作业的单位、活动内容、水域发生变更的,建设单位或者主办单位应当重新申请许可证。

第十二条 有下列情形之一的,许可证的申请者应当及时向原发证的海事管理机构报告,并办理许可证注销手续:

(一)涉水工程及其设施中止的;

(二)三个月以上不开工的;

(三)提前完工的;

(四)因许可事项变更而重新办理了新的许可证的;

(五)因不可抗力导致批准的水上水下活动无法实施的;

(六)法律、行政法规规定的应当注销行政许可的其他情形。

第十三条 从事本规定第二条第(十)项列明的活动的,应当在活动前将作业或者活动方案报海事管理机构备案。

第十四条 从事按规定需要发布航行警告、航行通告的水上水下活动,应当在活动开始前办妥相关手续。

第十五条　按照国家规定需要立项的对通航安全可能产生影响的涉水工程，在工程立项前交通运输主管部门应当按照职责组织通航安全影响论证审查，论证审查意见作为工程立项审批的条件。

水上水下活动在建设期间或者活动期间对通航安全、防治船舶污染可能构成重大影响的，建设单位或者主办单位应当在申请海事管理机构水上水下活动许可之前进行通航安全评估。

第十六条　涉水工程建设单位、施工单位、业主单位和经营管理单位应当按照《中华人民共和国安全生产法》的要求，建立健全涉水工程水上交通安全制度和管理体系，严格履行涉水工程建设期和使用期水上交通安全有关职责。

第十七条　涉水工程建设单位应当在工程招投标前对参与施工作业的船舶、浮动设施明确应具备的安全标准和条件，在工程招投标后督促施工单位落实施工过程中各项安全保障措施，将施工作业船舶、浮动设施及人员和为施工作业或者活动服务的所有船舶纳入水上交通安全管理体系，并与其签订安全协议。

第十八条　涉水工程建设单位、业主单位应当加强安全生产管理，落实安全生产主体责任。根据国家有关法律、法规及规章要求，明确本单位和施工单位、经营管理单位安全责任人。督促施工单位落实水上交通安全和防治船舶污染的各项要求，并落实通航安全评估以及活动方案中提出的各项安全和防污染的措施。

第十九条　涉水工程建设单位、业主单位应当确保水上交通安全设施与主体工程同时设计、同时施工、同时投入生产和使用。

第二十条　涉水工程勘察设计单位、施工单位应当具备法律、法规规定的资质。

第二十一条　涉水工程施工单位应当落实国家安全作业和防火、防爆、防污染等有关法律法规，制定施工安全保障方案，完善安全生产条件，采取有效安全防范措施，制定水上应急预案，保障涉水工程的水域通航安全。

第二十二条　涉水工程业主单位、经营管理单位，应当采取有效安全措施，保证涉水工程试运行期、竣工后的水上交通安全。

第二十三条　在水上水下活动进行过程中，施工单位和作业人员应当遵守以下规定：

（一）按照海事管理机构批准的作业内容、核定的水域范围和使用核准的船舶进行作业，不得妨碍其他船舶的正常航行；

（二）及时向海事管理机构通报施工进度及计划，并保持工程水域良好的通航环境；

（三）使船舶、浮动设施保持在适于安全航行、停泊或者从事有关活动的状态；

（四）实施施工作业或者活动的船舶、设施应当按照有关规定在明显处昼夜显示规定的号灯号型。在现场作业船舶或者警戒船上配备有效的通信设备，施工作业或者活动期间指派专人警戒，并在指定的频道上守听；

（五）制定、落实有效的防范措施，禁止随意倾倒废弃物，禁止违章向水体投弃施工建筑垃圾、船舶垃圾、排放船舶污染物、生活污水和其他有害物质；

（六）遵守有关水上交通安全和防治污染的相关规定，不得有超载等违法行为。

第二十四条　水上水下活动经海事管理机构核准公告设置安全作业区的，建设单位或者主办单位应当设置相关的安全警示标志和配备必要的安全设施或者警戒船，切实落实通航安全评估中提出的各项安全防范措施和对策，并做好施工与通航及其他有关水上交通安全的协调工作。

第二十五条　与批准的水上水下活动无关的船舶、设施不得进入安全作业区。

建设单位、主办单位或者施工单位不得擅自改变施工作业安全作业区的范围。需要改变的，应当报经海事管理机构重新核准公告。

第二十六条　对水上水下活动产生的可能影响航行安全的障碍物，建设单位或者主办单位应当将形状、尺寸、位置和深度准确地报告海事管理机构，按照海事管理机构的要求设置标志，并按照通航要求及有关规定的要求及时清除遗留物。

第二十七条　水上水下活动完成后，建设单位或者主办单位不得遗留任何妨碍航行的物体，并应当向海事管理机构提交通航安全报告。

海事管理机构收到通航安全报告后，应当及时予以核查。核查中发现存在有碍航行和作业的安全隐患的，海事管理机构有权暂停或者限制涉水工程投入使用。

第二十八条　海事管理机构应当建立涉水工程施工作业或活动现场监督检查制度，依法检查有关建设单位和施工作业单位所属船舶、设施、人员水上通航安全作业条件和采取的通航保障措施落实情况。有关单位和人员应当予以配合。

第二十九条 有下列情形之一的,海事管理机构应当责令建设单位、施工单位立即停止施工作业,并采取安全防范措施。

(一)因恶劣自然条件严重影响安全的;

(二)施工作业水域内发生水上交通事故,危及周围人命、财产安全的;

(三)其他严重影响施工作业安全或通航安全的情形。

第三十条 有下列情形之一的,海事管理机构应当责令改正,拒不改正的,海事管理机构应当责令其停止作业:

(一)建设单位或者业主单位未履行安全管理主体责任的;

(二)未落实通航安全评估提出的安全防范措施的;

(三)未经批准擅自更换或者增加施工作业船舶的;

(四)未按规定采取安全和防污染措施进行水上水下活动的;

(五)雇佣不符合安全标准的船舶和设施进行水上水下活动的;

(六)其他不满足安全生产的情形。

第三十一条 海事管理机构应当建立涉水工程施工单位水上交通安全诚信制度和奖惩机制。在监督检查过程中对发生的下列情形予以通告:

(一)施工过程中发生水上交通事故和船舶污染事故,造成人员伤亡和重大水域污染的;

(二)以不正当手段取得许可证并违法施工的;

(三)不服从管理、未按规定落实水上交通安全保障措施或者存在重大通航安全隐患,拒不改正而强行施工的。

第三十二条 违反本规定,隐瞒有关情况或者提供虚假材料,以欺骗或其他不正当手段取得许可证的,由海事管理机构撤销其水上水下施工作业许可,注销其许可证,并处5000元以上3万元以下的罚款。

第三十三条 有下列行为或者情形之一的,海事管理机构应当责令施工作业单位、施工作业的船舶和设施立即停止施工作业,责令限期改正,并处5000元以上3万元以下的罚款。属于内河通航水域水上水下活动的,处5000元以上5万元以下的罚款:

(一)应申请许可证而未取得,擅自进行水上水下活动的;

(二)许可证失效后仍进行水上水下活动的;

(三)使用涂改或者非法受让的许可证进行水上水下活动的;

(四)未按本规定报备水上水下活动的。

第三十四条 有下列行为或者情形之一的,海事管理机构应当责令改正,并可以处以2000元以下的罚款;拒不改正的,海事管理机构应当责令施工作业单位、施工作业的船舶和设施停止作业。

(一)未按有关规定申请发布航行警告、航行通告即行实施水上水下活动的;

(二)水上水下活动与航行警告、航行通告中公告的内容不符的。

第三十五条 未按本规定取得许可证,擅自构筑、设置水上水下建筑物或设施的,禁止任何船舶进行靠泊作业。影响通航环境的,应当责令构筑、设置者限期搬迁或拆除,搬迁或拆除的有关费用由构筑、设置者自行承担。

第三十六条 违反本规定,未妥善处理有碍航行和作业安全隐患并按照海事管理机构的要求采取清除、设置标志、显示信号等措施的,由海事管理机构责令改正,并处5000元以上3万元以下的罚款。

第三十七条 海事管理机构工作人员不按法定的条件进行海事行政许可或者不依法履行职责进行监督检查,有滥用职权、徇私舞弊、玩忽职守等行为的,由其所在机构或上级机构依法给予行政处分;构成犯罪的,由司法机关依法追究刑事责任。

第三十八条 在军港、渔港内从事相关水上水下活动,按照国家有关规定执行。

第三十九条 本规定自2011年3月1日起施行。1999年10月8日原交通部发布的《中华人民共和国水上水下施工作业通航安全管理规定》(交通部令1999年第4号)同时废止。

交通运输突发事件应急管理规定

（中华人民共和国交通运输部令 2011年第9号）

《交通运输突发事件应急管理规定》已于2011年9月22日经第10次部务会议通过，现予公布，自2012年1月1日起施行。

部长 李盛霖

二〇一一年十一月十四日

第一章 总 则

第一条 为规范交通运输突发事件应对活动，控制、减轻和消除突发事件引起的危害，根据《中华人民共和国突发事件应对法》和有关法律、行政法规，制定本规定。

第二条 交通运输突发事件的应急准备、监测与预警、应急处置、终止与善后等活动，适用本规定。

本规定所称交通运输突发事件，是指突然发生，造成或者可能造成交通运输设施毁损，交通运输中断、阻塞，重大船舶污染及海上溢油应急处置等，需要采取应急处置措施，疏散或者救援人员，提供应急运输保障的自然灾害、事故灾难、公共卫生事件和社会安全事件。

第三条 国务院交通运输主管部门主管全国交通运输突发事件应急管理工作。

县级以上各级交通运输主管部门按照职责分工负责本辖区内交通运输突发事件应急管理工作。

第四条 交通运输突发事件应对活动应当遵循属地管理原则，在各级地方人民政府的统一领导下，建立分级负责、分类管理、协调联动的交通运输应急管理体制。

第五条 县级以上各级交通运输主管部门应当会同有关部门建立应急联动协作机制，共同加强交通运输突发事件应急管理工作。

第二章 应急准备

第六条 国务院交通运输主管部门负责编制并发布国家交通运输应急保障体系建设规划，统筹规划、建设国家级交通运输突发事件应急队伍、应急装备和应急物资保障基地，储备应急运力，相关内容纳入国家应急保障体系规划。

各省、自治区、直辖市交通运输主管部门负责编制并发布地方交通运输应急保障体系建设规划，统筹规划、建设本辖区应急队伍、应急装备和应急物资保障基地，储备应急运力，相关内容纳入地方应急保障体系规划。

第七条 国务院交通运输主管部门应当根据国家突发事件总体应急预案和相关专项应急预案，制定交通运输突发事件部门应急预案。

县级以上各级交通运输主管部门应当根据本级地方人民政府和上级交通运输主管部门制定的相关突发事件应急预案，制定本部门交通运输突发事件应急预案。

交通运输企业应当按照所在地交通运输主管部门制定的交通运输突发事件应急预案，制定本单位交通运输突发事件应急预案。

第八条 应急预案应当根据有关法律、法规的规定，针对交通运输突发事件的性质、特点、社会危害程度以及可能需要提供的交通运输应急保障措施，明确应急管理的组织指挥体系与职责、监测与预警、处置程序、应急保障措施、恢复与重建、培训与演练等具体内容。

第九条 应急预案的制定、修订程序应当符合国家相关规定。应急预案涉及其他相关部门职能的，在制定过程中应当征求各相关部门的意见。

第十条 交通运输主管部门制定的应急预案应当与本级人民政府及上级交通运输主管部门制定的相关应急预案衔接一致。

第十一条 交通运输主管部门制定的应急预案应当报上级交通运输主管部门和本级人民政府备案。

公共交通工具、重点港口和场站的经营单位以及储运易燃易爆物品、危险化学品、放射性物品等危险物品的交通运输企业所制定的应急预案,应当向所属地交通运输主管部门备案。

第十二条 应急预案应当根据实际需要、情势变化和演练验证,适时修订。

第十三条 交通运输主管部门、交通运输企业应当按照有关规划和应急预案的要求,根据应急工作的实际需要,建立健全应急装备和应急物资储备、维护、管理和调拨制度,储备必需的应急物资和运力,配备必要的专用应急指挥交通工具和应急通信装备,并确保应急物资装备处于正常使用状态。

第十四条 交通运输主管部门可以根据交通运输突发事件应急处置的实际需要,统筹规划、建设交通运输专业应急队伍。

交通运输企业应当根据实际需要,建立由本单位职工组成的专职或者兼职应急队伍。

第十五条 交通运输主管部门应当加强应急队伍应急能力和人员素质建设,加强专业应急队伍与非专业应急队伍的合作、联合培训及演练,提高协同应急能力。

交通运输主管部门可以根据应急处置的需要,与其他应急力量提供单位建立必要的应急合作关系。

第十六条 交通运输主管部门应当将本辖区内应急装备、应急物资、运力储备和应急队伍的实时情况及时报上级交通运输主管部门和本级人民政府备案。

交通运输企业应当将本单位应急装备、应急物资、运力储备和应急队伍的实时情况及时报所在地交通运输主管部门备案。

第十七条 所有列入应急队伍的交通运输应急人员,其所属单位应当为其购买人身意外伤害保险,配备必要的防护装备和器材,减少应急人员的人身风险。

第十八条 交通运输主管部门可以根据应急处置实际需要鼓励志愿者参与交通运输突发事件应对活动。

第十九条 交通运输主管部门可以建立专家咨询制度,聘请专家或者专业机构,为交通运输突发事件应对活动提供相关意见和支持。

第二十条 交通运输主管部门应当建立健全交通运输突发事件应急培训制度,并结合交通运输的实际情况和需要,组织开展交通运输应急知识的宣传普及活动。

交通运输企业应当按照交通运输主管部门制定的应急预案的有关要求,制订年度应急培训计划,组织开展应急培训工作。

第二十一条 交通运输主管部门、交通运输企业应当根据本地区、本单位交通运输突发事件的类型和特点,制订应急演练计划,定期组织开展交通运输突发事件应急演练。

第二十二条 交通运输主管部门应当鼓励、扶持研究开发用于交通运输突发事件预防、监测、预警、应急处置和救援的新技术、新设备和新工具。

第二十三条 交通运输主管部门应当根据本级人民政府财政预算情况,编列应急资金年度预算,设立突发事件应急工作专项资金。

交通运输企业应当安排应急专项经费,保障交通运输突发事件应急工作的需要。

应急专项资金和经费主要用于应急预案编制及修订、应急培训演练、应急装备和队伍建设、日常应急管理、应急宣传以及应急处置措施等。

第三章 监测与预警

第二十四条 交通运输主管部门应当建立并完善交通运输突发事件信息管理制度,及时收集、统计、分析、报告交通运输突发事件信息。

交通运输主管部门应当与各有关部门建立信息共享机制,及时获取与交通运输有关的突发事件信息。

第二十五条 交通运输主管部门应当建立交通运输突发事件风险评估机制,对影响或者可能影响交通运输的相关信息及时进行汇总分析,必要时同相关部门进行会商,评估突发事件发生的可能性及可能造成的损害,研究确定应对措施,制定应对方案。对可能发生重大或者特别重大突发事件的,应当立即向本级人民政府及上一级交通运输主管部门报告相关信息。

第二十六条 交通运输主管部门负责本辖区内交通运输突发事件危险源管理工作。对危险源、危险区域进行调查、登记、风险评估，组织检查、监控，并责令有关单位采取安全防范措施。

交通运输企业应当组织开展企业内交通运输突发事件危险源辨识、评估工作，采取相应安全防范措施，加强危险源监控与管理，并按规定及时向交通运输主管部门报告。

第二十七条　交通运输主管部门应当根据自然灾害、事故灾难、公共卫生事件和社会安全事件的种类和特点，建立健全交通运输突发事件基础信息数据库，配备必要的监测设备、设施和人员，对突发事件易发区域加强监测。

第二十八条　交通运输主管部门应当建立交通运输突发事件应急指挥通信系统。

第二十九条　交通运输主管部门、交通运输企业应当建立应急值班制度，根据交通运输突发事件的种类、特点和实际需要，配备必要值班设施和人员。

第三十条　县级以上地方人民政府宣布进入预警期后，交通运输主管部门应当根据预警级别和可能发生的交通运输突发事件的特点，采取下列措施：

（一）启动相应的交通运输突发事件应急预案；

（二）根据需要启动应急协作机制，加强与相关部门的协调沟通；

（三）按照所属地方人民政府和上级交通运输主管部门的要求，指导交通运输企业采取相关预防措施；

（四）加强对突发事件发生、发展情况的跟踪监测，加强值班和信息报告；

（五）按照地方人民政府的授权，发布相关信息，宣传避免、减轻危害的常识，提出采取特定措施避免或者减轻危害的建议、劝告；

（六）组织应急救援队伍和相关人员进入待命状态，调集应急处置所需的运力和装备，检测用于疏运转移的交通运输工具和应急通信设备，确保其处于良好状态；

（七）加强对交通运输枢纽、重点通航建筑物、重点场站、重点港口、码头、重点运输线路及航道的巡查维护；

（八）法律、法规或者所属地方人民政府提出的其他应急措施。

第三十一条　交通运输主管部门应当根据事态发展以及所属地方人民政府的决定，相应调整或者停止所采取的措施。

第四章　应急处置

第三十二条　交通运输突发事件的应急处置应当在各级人民政府的统一领导下进行。

第三十三条　交通运输突发事件发生后，发生地交通运输主管部门应当立即启动相应的应急预案，在本级人民政府的领导下，组织、部署交通运输突发事件的应急处置工作。

第三十四条　交通运输突发事件发生后，负责或者参与应急处置的交通运输主管部门应当根据有关规定和实际需要，采取以下措施：

（一）组织运力疏散、撤离受困人员，组织搜救突发事件中的遇险人员，组织应急物资运输；

（二）调集人员、物资、设备、工具，对受损的交通基础设施进行抢修、抢通或搭建临时性设施；

（三）对危险源和危险区域进行控制，设立警示标志；

（四）采取必要措施，防止次生、衍生灾害发生；

（五）必要时请求本级人民政府和上级交通运输主管部门协调有关部门，启动联合机制，开展联合应急行动；

（六）按照应急预案规定的程序报告突发事件信息以及应急处置的进展情况；

（七）建立新闻发言人制度，按照本级人民政府的委托或者授权及相关规定，统一、及时、准确的向社会和媒体发布应急处置信息；

（八）其他有利于控制、减轻和消除危害的必要措施。

第三十五条　交通运输突发事件超出本级交通运输主管部门处置能力或管辖范围的，交通运输主管部门可以采取以下措施：

（一）根据应急处置需要请求上级交通运输主管部门在资金、物资、设备设施、应急队伍等方面给予支持；

（二）请求上级交通运输主管部门协调突发事件发生地周边交通运输主管部门给予支持；

（三）请求上级交通运输主管部门派出现场工作组及有关专业技术人员给予指导；

（四）按照建立的应急协作机制，协调有关部门参与应急处置。

第三十六条 在需要组织开展大规模人员疏散、物资疏运的情况下,交通运输主管部门应当根据本级人民政府或者上级交通运输主管部门的指令,及时组织运力参与应急运输。

第三十七条 交通运输企业应当加强对本单位应急设备、设施、队伍的日常管理,保证应急处置工作及时、有效开展。

交通运输突发事件应急处置过程中,交通运输企业应当接受交通运输主管部门的组织、调度和指挥。

第三十八条 交通运输主管部门根据应急处置工作的需要,可以征用有关单位和个人的交通运输工具、相关设备和其他物资。有关单位和个人应当予以配合。

第五章 终止与善后

第三十九条 交通运输突发事件的威胁和危害得到控制或者消除后,负责应急处置的交通运输主管部门应当按照相关人民政府的决定停止执行应急处置措施,并按照有关要求采取必要措施,防止发生次生、衍生事件。

第四十条 交通运输突发事件应急处置结束后,负责应急处置工作的交通运输主管部门应当对应急处置工作进行评估,并向上级交通运输主管部门和本级人民政府报告。

第四十一条 交通运输突发事件应急处置结束后,交通运输主管部门应当根据国家有关扶持遭受突发事件影响行业和地区发展的政策规定以及本级人民政府的恢复重建规划,制定相应的交通运输恢复重建计划并组织实施,重建受损的交通基础设施,消除突发事件造成的破坏及影响。

第四十二条 因应急处置工作需要被征用的交通运输工具、装备和物资在使用完毕应当及时返还。交通运输工具、装备、物资被征用或者征用后毁损、灭失的,应当按照相关法律法规予以补偿。

第六章 监督检查

第四十三条 交通运输主管部门应当建立健全交通运输突发事件应急管理监督检查和考核机制。

监督检查应当包含以下内容:

(一)应急组织机构建立情况;

(二)应急预案制订及实施情况;

(三)应急物资储备情况;

(四)应急队伍建设情况;

(五)危险源监测情况;

(六)信息管理、报送、发布及宣传情况;

(七)应急培训及演练情况;

(八)应急专项资金和经费落实情况;

(九)突发事件应急处置评估情况。

第四十四条 交通运输主管部门应当加强对辖区内交通运输企业等单位应急工作的指导和监督。

第四十五条 违反本规定影响交通运输突发事件应对活动有效进行的,由其上级交通运输主管部门责令改正、通报批评;情节严重的,对直接负责的主管人员和其他直接责任人员按照有关规定给予相应处分;造成严重后果的,由有关部门依法给予处罚或追究相应责任。

第七章 附 则

第四十六条 海事管理机构及各级地方人民政府交通运输主管部门对水上交通安全和防治船舶污染等突发事件的应对活动,依照有关法律法规执行。

一般生产安全事故的应急处置,依照国家有关法律法规执行。

第四十七条 本规定自2012年1月1日起实施。

关于修改《公路建设市场管理办法》的决定

（中华人民共和国交通运输部令　2011年第11号）

《关于修改〈公路建设市场管理办法〉的决定》已于2011年10月9日经第11次部务会议通过，现予公布，自公布之日施行。

部　长　李盛霖

二〇一一年十一月三十日

交通运输部决定将《公路建设市场管理办法》第三十八条修改为："施工单位可以将非关键性工程或者适合专业化队伍施工的工程分包给具有相应资格条件的单位，并对分包工程负连带责任。允许分包的工程范围应当在招标文件中规定。分包工程不得再次分包，严禁转包。

任何单位和个人不得违反规定指定分包、指定采购或者分割工程。

项目法人应当加强对施工单位工程分包的管理，所有分包合同须经监理审查，并报项目法人备案。"

此外，对条文部分文字作相应的修改。

本决定自公布之日起实行。

《公路建设市场管理办法》根据本决定作相应修正，重新公布。

公路建设市场管理办法

（2004年12月21日交通部发布　根据2011年11月30日交通运输部《关于修改〈公路建设市场管理办法〉的决定》修正）

第一章　总　则

第一条　为加强公路建设市场管理，规范公路建设市场秩序，保证公路工程质量，促进公路建设市场健康发展，根据《中华人民共和国公路法》《中华人民共和国招标投标法》《建设工程质量管理条例》，制定本办法。

第二条　本办法适用于各级交通运输主管部门对公路建设市场的监督管理活动。

第三条　公路建设市场遵循公平、公正、公开、诚信的原则。

第四条　国家建立和完善统一、开放、竞争、有序的公路建设市场，禁止任何形式的地区封锁。

第五条　本办法中下列用语的含义是指：

公路建设市场主体是指公路建设的从业单位和从业人员。

从业单位是指从事公路建设的项目法人，项目建设管理单位，咨询、勘察、设计、施工、监理、试验检测单位，提供相关服务的社会中介机构以及设备和材料的供应单位。

从业人员是指从事公路建设活动的人员。

第二章　管理职责

第六条　公路建设市场管理实行统一管理、分级负责。

第七条　国务院交通运输主管部门负责全国

公路建设市场的监督管理工作,主要职责是:

(一)贯彻执行国家有关法律、法规,制定全国公路建设市场管理的规章制度;

(二)组织制定和监督执行公路建设的技术标准、规范和规程;

(三)依法实施公路建设市场准入管理、市场动态管理,并依法对全国公路建设市场进行监督检查;

(四)建立公路建设行业评标专家库,加强评标专家管理;

(五)发布全国公路建设市场信息;

(六)指导和监督省级地方人民政府交通运输主管部门的公路建设市场管理工作;

(七)依法受理举报和投诉,依法查处公路建设市场违法行为;

(八)法律、行政法规规定的其他职责。

第八条 省级人民政府交通运输主管部门负责本行政区域内公路建设市场的监督管理工作,主要职责是:

(一)贯彻执行国家有关法律、法规、规章和公路建设技术标准、规范和规程,结合本行政区域内的实际情况,制定具体的管理制度;

(二)依法实施公路建设市场准入管理,对本行政区域内公路建设市场实施动态管理和监督检查;

(三)建立本地区公路建设招标评标专家库,加强评标专家管理;

(四)发布本行政区域公路建设市场信息,并按规定向国务院交通运输主管部门报送本行政区域公路建设市场的信息;

(五)指导和监督下级交通运输主管部门的公路建设市场管理工作;

(六)依法受理举报和投诉,依法查处本行政区域内公路建设市场违法行为;

(七)法律、法规、规章规定的其他职责。

第九条 省级以下地方人民政府交通运输主管部门负责本行政区域内公路建设市场的监督管理工作,主要职责是:

(一)贯彻执行国家有关法律、法规、规章和公路建设技术标准、规范和规程;

(二)配合省级地方人民政府交通运输主管部门进行公路建设市场准入管理和动态管理;

(三)对本行政区域内公路建设市场进行监督检查;

(四)依法受理举报和投诉,依法查处本行政区域内公路建设市场违法行为;

(五)法律、法规、规章规定的其他职责。

第三章 市场准入管理

第十条 凡符合法律、法规规定的市场准入条件的从业单位和从业人员均可进入公路建设市场,任何单位和个人不得对公路建设市场实行地方保护,不得对符合市场准入条件的从业单位和从业人员实行歧视待遇。

第十一条 公路建设项目依法实行项目法人负责制。项目法人可自行管理公路建设项目,也可委托具备法人资格的项目建设管理单位进行项目管理。

项目法人或者其委托的项目建设管理单位的组织机构、主要负责人的技术和管理能力应当满足拟建项目的管理需要,符合国务院交通运输主管部门有关规定的要求。

第十二条 收费公路建设项目法人和项目建设管理单位进入公路建设市场实行备案制度。

收费公路建设项目可行性研究报告批准或依法核准后,项目投资主体应当成立或者明确项目法人。项目法人应当按照项目管理的隶属关系将其或者其委托的项目建设管理单位的有关情况报交通运输主管部门备案。

对不符合规定要求的项目法人或者项目建设管理单位,交通运输主管部门应当提出整改要求。

第十三条 公路工程勘察、设计、施工、监理、试验检测等从业单位应当按照法律、法规的规定,取得有关管理部门颁发的相应资质后,方可进入公路建设市场。

第十四条 法律、法规对公路建设从业人员的执业资格作出规定的,从业人员应当依法取得相应的执业资格后,方可进入公路建设市场。

第四章 市场主体行为管理

第十五条 公路建设从业单位和从业人员在公路建设市场中必须严格遵守国家有关法律、法规和规章,严格执行公路建设行业的强制性标准、各类技术规范及规程的要求。

第十六条 公路建设项目法人必须严格执行国家规定的基本建设程序,不得违反或者擅自简化基本建设程序。

第十七条　公路建设项目法人负责组织有关专家或者委托有相应工程咨询或者设计资质的单位，对施工图设计文件进行审查。施工图设计文件审查的主要内容包括：

（一）是否采纳工程可行性研究报告、初步设计批复意见；

（二）是否符合公路工程强制性标准、有关技术规范和规程要求；

（三）施工图设计文件是否齐全，是否达到规定的技术深度要求；

（四）工程结构设计是否符合安全和稳定性要求。

第十八条　公路建设项目法人应当按照项目管理隶属关系将施工图设计文件报交通运输主管部门审批。施工图设计文件未经审批的，不得使用。

第十九条　申请施工图设计文件审批应当向相关的交通运输主管部门提交以下材料：

（一）施工图设计的全套文件；

（二）专家或者委托的审查单位对施工图设计文件的审查意见；

（三）项目法人认为需要提交的其他说明材料。

第二十条　交通运输主管部门应当自收到完整齐备的申请材料之日起20日内审查完毕。经审查合格的，批准使用，并将许可决定及时通知申请人。审查不合格的，不予批准使用，应当书面通知申请人并说明理由。

第二十一条　公路建设项目法人应当按照公开、公平、公正的原则，依法组织公路建设项目的招标投标工作。不得规避招标，不得对潜在投标人和投标人实行歧视政策，不得实行地方保护和暗箱操作。

第二十二条　公路工程的勘察、设计、施工、监理单位和设备、材料供应单位应当依法投标，不得弄虚作假，不得串通投标，不得以行贿等不合法手段谋取中标。

第二十三条　公路建设项目法人与中标人应当根据招标文件和投标文件签订合同，不得附加不合理、不公正条款，不得签订虚假合同。

国家投资的公路建设项目，项目法人与施工、监理单位应当按照国务院交通运输主管部门的规定，签订廉政合同。

第二十四条　公路建设项目依法实行施工许可制度。国家和国务院交通运输主管部门确定的重点公路建设项目的施工许可由国务院交通运输主管部门实施，其他公路建设项目的施工许可按照项目管理权限由县级以上地方人民政府交通运输主管部门实施。

第二十五条　项目施工应当具备以下条件：

（一）项目已列入公路建设年度计划；

（二）施工图设计文件已经完成并经审批同意；

（三）建设资金已经落实，并经交通运输主管部门审计；

（四）征地手续已办理，拆迁基本完成；

（五）施工、监理单位已依法确定；

（六）已办理质量监督手续，已落实保证质量和安全的措施。

第二十六条　项目法人在申请施工许可时应当向相关的交通运输主管部门提交以下材料：

（一）施工图设计文件批复；

（二）交通运输主管部门对建设资金落实情况的审计意见；

（三）国土资源部门关于征地的批复或者控制性用地的批复；

（四）建设项目各合同段的施工单位和监理单位名单、合同价情况；

（五）应当报备的资格预审报告、招标文件和评标报告；

（六）已办理的质量监督手续材料；

（七）保证工程质量和安全措施的材料。

第二十七条　交通运输主管部门应当自收到完整齐备的申请材料之日起20日内作出行政许可决定。予以许可的，应当将许可决定及时通知申请人；不予许可的，应当书面通知申请人并说明理由。

第二十八条　公路建设从业单位应当按照合同约定全面履行义务：

（一）项目法人应当按照合同约定履行相应的职责，为项目实施创造良好的条件；

（二）勘察、设计单位应当按照合同约定，按期提供勘察设计资料和设计文件。工程实施过程中，应当按照合同约定派驻设计代表，提供设计后续服务；

(三)施工单位应当按照合同约定组织施工,管理和技术人员及施工设备应当及时到位,以满足工程需要。要均衡组织生产,加强现场管理,确保工程质量和进度,做到文明施工和安全生产;

(四)监理单位应当按照合同约定配备人员和设备,建立相应的现场监理机构,健全监理管理制度,保持监理人员稳定,确保对工程的有效监理;

(五)设备和材料供应单位应当按照合同约定,确保供货质量和时间,做好售后服务工作;

(六)试验检测单位应当按照试验规程和合同约定进行取样、试验和检测,提供真实、完整的试验检测资料。

第二十九条 公路工程实行政府监督、法人管理、社会监理、企业自检的质量保证体系。交通运输主管部门及其所属的质量监督机构对工程质量负监督责任,项目法人对工程质量负管理责任,勘察设计单位对勘察设计质量负责,施工单位对施工质量负责,监理单位对工程质量负现场管理责任,试验检测单位对试验检测结果负责,其他从业单位和从业人员按照有关规定对其产品或者服务质量负相应责任。

第三十条 各级交通运输主管部门及其所属的质量监督机构对工程建设项目进行监督检查时,公路建设从业单位和从业人员应当积极配合,不得拒绝和阻挠。

第三十一条 公路建设从业单位和从业人员应当严格执行国家有关安全生产的法律、法规、国家标准及行业标准,建立健全安全生产的各项规章制度,明确安全责任,落实安全措施,履行安全管理的职责。

第三十二条 发生工程质量、安全事故后,从业单位应当按照有关规定及时报有关主管部门,不得拖延和隐瞒。

第三十三条 公路建设项目法人应当合理确定建设工期,严格按照合同工期组织项目建设。项目法人不得随意要求更改合同工期。如遇特殊情况,确需缩短合同工期的,经合同双方协商一致,可以缩短合同工期,但应当采取措施,确保工程质量,并按照合同规定给予经济补偿。

第三十四条 公路建设项目法人应当按照国家有关规定管理和使用公路建设资金,做到专款专用,专户储存;按照工程进度,及时支付工程款;按照规定的期限及时退还保证金、办理工程结算。不得拖欠工程款和征地拆迁款,不得挤占挪用建设资金。

施工单位应当加强工程款管理,做到专款专用,不得拖欠分包人的工程款和农民工工资;项目法人对工程款使用情况进行监督检查时,施工单位应当积极配合,不得阻挠和拒绝。

第三十五条 公路建设从业单位和从业人员应当严格执行国家和地方有关环境保护和土地管理的规定,采取有效措施保护环境和节约用地。

第三十六条 公路建设项目法人、监理单位和施工单位对勘察设计中存在的问题应当及时提出设计变更的意见,并依法履行审批手续。设计变更应当符合国家制定的技术标准和设计规范要求。

任何单位和个人不得借设计变更虚报工程量或者提高单价。

重大工程变更设计应当按有关规定报原初步设计审批部门批准。

第三十七条 勘察、设计单位经项目法人批准,可以将工程设计中跨专业或者有特殊要求的勘察、设计工作委托给有相应资质条件的单位,但不得转包或者二次分包。

监理工作不得分包或者转包。

第三十八条 施工单位可以将非关键性工程或者适合专业化队伍施工的工程分包给具有相应资格条件的单位,并对分包工程负连带责任。允许分包的工程范围应当在招标文件中规定。分包工程不得再次分包,严禁转包。

任何单位和个人不得违反规定指定分包、指定采购或者分割工程。

项目法人应当加强对施工单位工程分包的管理,所有分包合同须经监理审查,并报项目法人备案。

第三十九条 施工单位可以直接招用农民工或者将劳务作业发包给具有劳务分包资质的劳务分包人。施工单位招用农民工的,应当依法签订劳动合同,并将劳动合同报项目监理工程师和项目法人备案。

施工单位和劳务分包人应当按照合同按时支付劳务工资,落实各项劳动保护措施,确保农民工安全。

劳务分包人应当接受施工单位的管理,按照

技术规范要求进行劳务作业。劳务分包人不得将其分包的劳务作业再次分包。

第四十条　项目法人和监理单位应当加强对施工单位使用农民工的管理，对不签订劳动合同、非法使用农民工的，或者拖延和克扣农民工工资的，要予以纠正。拒不纠正的，项目法人要及时将有关情况报交通运输主管部门调查处理。

第四十一条　项目法人应当按照交通部《公路工程竣（交）工验收办法》的规定及时组织项目的交工验收，并报请交通运输主管部门进行竣工验收。

第五章　动态管理

第四十二条　各级交通运输主管部门应当加强对公路建设从业单位和从业人员的市场行为的动态管理。应当建立举报投诉制度，查处违法行为，对有关责任单位和责任人依法进行处理。

第四十三条　国务院交通运输主管部门和省级地方人民政府交通运输主管部门应当建立公路建设市场的信用管理体系，对进入公路建设市场的从业单位和主要从业人员在招投标活动、签订合同和履行合同中的信用情况进行记录并向社会公布。

第四十四条　公路工程勘察、设计、施工、监理等从业单位应当按照项目管理的隶属关系，向交通运输主管部门提供本单位的基本情况、承接任务情况和其他动态信息，并对所提供信息的真实性、准确性和完整性负责。项目法人应当将其他从业单位在建设项目中的履约情况，按照项目管理的隶属关系报交通运输主管部门，由交通运输主管部门核实后记入从业单位信用记录中。

第四十五条　从业单位和主要从业人员的信用记录应当作为公路建设项目招标资格审查和评标工作的重要依据。

第六章　法律责任

第四十六条　对公路建设从业单位和从业人员违反本办法规定进行的处罚，国家有关法律、法规和交通运输部规章已有规定的，适用其规定；没有规定的，由交通运输主管部门根据各自的职责按照本办法规定进行处罚。

第四十七条　项目法人违反本办法规定，实行地方保护的或者对公路建设从业单位和从业人员实行歧视待遇的，由交通运输主管部门责令改正。

第四十八条　从业单位违反本办法规定，在申请公路建设从业许可时，隐瞒有关情况或者提供虚假材料的，行政机关不予受理或者不予行政许可，并给予警告；行政许可申请人在1年内不得再次申请该行政许可。

被许可人以欺骗、贿赂等不正当手段取得从业许可的，行政机关应当依照法律、法规给予行政处罚；申请人在3年内不得再次申请该行政许可；构成犯罪的，依法追究刑事责任。

第四十九条　投标人相互串通投标或者与招标人串通投标的，投标人以向招标人或者评标委员会成员行贿的手段谋取中标的，中标无效，处中标项目金额5‰以上10‰以下的罚款，对单位直接负责的主管人员和其他直接责任人员处单位罚款数额5%以上10%以下的罚款；有违法所得的，并处没收违法所得；情节严重的，取消其1年至2年内参加依法必须进行招标的项目的投标资格并予以公告；构成犯罪的，依法追究刑事责任。给他人造成损失的，依法承担赔偿责任。

第五十条　投标人以他人名义投标或者以其他方式弄虚作假，骗取中标的，中标无效，给招标人造成损失的，依法承担赔偿责任；构成犯罪的，依法追究刑事责任。

依法必须进行招标的项目的投标人有前款所列行为尚未构成犯罪的，处中标项目金额5‰以上10‰以下的罚款，对单位直接负责的主管人员和其他直接责任人员处单位罚款数额5%以上10%以下的罚款；有违法所得的，并处没收违法所得；情节严重的，取消其1年至3年内参加依法必须进行招标的项目的投标资格并予以公告。

第五十一条　项目法人违反本办法规定，拖欠工程款和征地拆迁款的，由交通运输主管部门责令改正，并由有关部门依法对有关责任人员给予行政处分。

第五十二条　除因不可抗力不能履行合同的，中标人不按照与招标人订立的合同履行施工质量、施工工期等义务，造成重大或者特大质量和安全事故，或者造成工期延误的，取消其2年至5年内参加依法必须进行招标的项目的投标资格并予以公告。

第五十三条　施工单位有以下违法违规行为

的,由交通运输主管部门责令改正,并由有关部门依法对有关责任人员给予行政处分。

(一)违反本办法规定,拖欠分包人工程款和农民工工资的;

(二)违反本办法规定,造成生态环境破坏和乱占土地的;

(三)违反本办法规定,在变更设计中弄虚作假的;

(四)违反本办法规定,不按规定签订劳动合同的。

第五十四条 违反本办法规定,承包单位将承包的工程转包或者违法分包的,责令改正,没收违法所得,对勘察、设计单位处合同约定的勘察费、设计费25%以上50%以下的罚款;对施工单位处工程合同价款5‰以上10‰以下的罚款;可以责令停业整顿,降低资质等级;情节严重的,吊销资质证书。

工程监理单位转让工程监理业务的,责令改正,没收违法所得,处合同约定的监理酬金25%以上50%以下的罚款;可以责令停业整顿,降低资质等级;情节严重的,吊销资质证书。

第五十五条 公路建设从业单位违反本办法规定,在向交通运输主管部门填报有关市场信息时弄虚作假的,由交通运输主管部门责令改正。

第五十六条 各级交通运输主管部门和其所属的质量监督机构的工作人员违反本办法规定,在建设市场管理中徇私舞弊、滥用职权或者玩忽职守的,按照国家有关规定处理。构成犯罪的,由司法部门依法追究刑事责任。

第七章 附 则

第五十七条 本办法由交通运输部负责解释。

第五十八条 本办法自2005年3月1日起施行。交通部1996年7月11日公布的《公路建设市场管理办法》同时废止。

出租汽车驾驶员从业资格管理规定

(中华人民共和国交通运输部令 2011年第13号)

第一章 总 则

第一条 为了规范出租汽车驾驶员从业行为,提升出租汽车客运服务水平,根据国家有关规定,制定本规定。

第二条 出租汽车驾驶员的从业资格管理适用本规定。

第三条 国家对从事出租汽车客运服务的驾驶员实行从业资格制度。

从业资格制度包括考试、注册、继续教育和从业资格证件管理制度。

第四条 出租汽车驾驶员从业资格管理工作应当公平、公正、公开和便民。

第五条 出租汽车驾驶员应当依法经营、诚实守信、文明服务、保障安全。

第六条 交通运输部负责指导全国出租汽车驾驶员从业资格管理工作。

县级以上地方人民政府交通运输主管部门负责组织领导本行政区域内的出租汽车驾驶员从业资格管理工作。

县级以上道路运输管理机构(含出租汽车管理机构,下同)具体实施本行政区域内的出租汽车驾驶员从业资格管理工作。

第二章 考 试

第七条 出租汽车驾驶员从业资格考试包括全国公共科目和区域科目考试。

全国公共科目考试是对国家出租汽车法律法规、职业道德、服务规范、安全运营等具有普遍规范要求的知识测试;区域科目考试是对地方出租汽车政策法规、经营区域人文地理和交通路线等具有区域服务特征的知识测试。

第八条　出租汽车驾驶员从业资格考试实行全国统一考试大纲，按照交通运输部编制的考试工作规范和程序组织实施。

交通运输主管部门应当建立相应的考试题库。全国公共科目考试题库由交通运输部负责编制；区域科目考试题库由设区的市级道路运输管理机构在省级道路运输管理机构指导下编制，直辖市所属区域科目考试题库由直辖市所属省级道路运输管理机构负责编制。

第九条　拟从事出租汽车客运服务的驾驶员，应当填写《出租汽车驾驶员从业资格证申请表》（式样见附件1），向所在地设区的市级道路运输管理机构申请参加出租汽车驾驶员从业资格考试。

第十条　申请参加出租汽车驾驶员从业资格考试的，应当符合下列条件：

（一）取得相应的机动车驾驶证3年以上；

（二）近3年内无重大以上且负同等以上责任的交通事故。

第十一条　申请参加出租汽车驾驶员从业资格考试的，应当提供符合第十条规定的证明材料：

（一）机动车驾驶证及复印件；

（二）有关部门或者单位出具的近3年内无重大以上且负同等以上责任的交通事故记录证明；

（三）身份证明及复印件。

第十二条　设区的市级道路运输管理机构对符合申请条件的申请人，应当按照出租汽车驾驶员从业资格考试工作规范及时安排考试。

首次参加出租汽车驾驶员从业资格考试的申请人，全国公共科目和区域科目考试应当在首次申请考试的区域完成。

第十三条　设区的市级道路运输管理机构应当在考试结束10日内公布考试成绩。考试合格成绩有效期为3年。

全国公共科目考试成绩在全国范围内有效，区域科目考试成绩在所在地行政区域内有效。

第十四条　出租汽车驾驶员从业资格考试全国公共科目和区域科目考试均合格的，设区的市级道路运输管理机构应当自公布考试成绩之日起10日内核发《中华人民共和国道路运输从业人员从业资格证》（以下简称从业资格证）。

出租汽车驾驶员从业资格证式样参照《道路运输从业人员管理规定》（交通部令2006年第9号）规定执行。从业资格电子证件另行规定。

第十五条　出租汽车驾驶员到从业资格证发证机关核定的范围外从事出租汽车客运服务的，应当参加当地的区域科目考试。区域科目考试合格的，由当地设区的市级道路运输管理机构核发从业资格证。

第三章　注　册

第十六条　取得从业资格证的出租汽车驾驶员，应当经道路运输管理机构从业资格注册后，方可从事出租汽车客运服务。

出租汽车驾驶员从业资格注册有效期为3年。

第十七条　出租汽车经营者应当聘用取得从业资格证的出租汽车驾驶员，并在出租汽车驾驶员办理从业资格注册后再安排上岗。

第十八条　申请从业资格注册或者延续注册的出租汽车驾驶员，应当填写《出租汽车驾驶员从业资格注册登记表》（式样见附件2），持其从业资格证及与出租汽车经营者签订的劳动合同或者聘用协议或者经营合同，到发证机关所在地的市、县级道路运输管理机构申请注册。

个体出租汽车经营者自己驾驶出租汽车从事经营活动的，持其从业资格证及车辆运营证申请注册。

第十九条　受理注册申请的道路运输管理机构应当在5日内办理完结注册手续，并在从业资格证中加盖注册章。

第二十条　出租汽车驾驶员注册有效期届满需继续从事出租汽车客运服务的，应当在有效期届满30日前，向所在地市、县级道路运输管理机构申请延续注册。

第二十一条　出租汽车驾驶员不具有完全民事行为能力，或者受到刑事处罚且刑事处罚尚未执行完毕的，不予延续注册。

第二十二条　出租汽车驾驶员在从业资格注册有效期内，与出租汽车经营者解除劳动合同、聘用协议或者经营合同的，应当在20日内向原注册机构报告，并申请注销注册。

出租汽车驾驶员变更服务单位的，应当重新

申请注册。

第四章 继续教育

第二十三条 出租汽车驾驶员在注册期内应当按规定完成继续教育。

继续教育周期自出租汽车驾驶员从业资格注册之日起计算。

第二十四条 出租汽车驾驶员继续教育周期为3年。

出租汽车驾驶员在每个连续计算的继续教育周期内,应当接受不少于54学时的继续教育。出租汽车驾驶员累计注册时间满3年的,也应当接受不少于54学时的继续教育。

取得从业资格证超过3年未申请注册的,注册后应当在1年内完成不少于27学时的继续教育。

第二十五条 交通运输部统一制定出租汽车驾驶员继续教育大纲并向社会公布。继续教育大纲内容包括出租汽车相关政策法规、社会责任和职业道德、服务规范、安全运营和节能减排知识等。

第二十六条 出租汽车驾驶员继续教育以出租汽车企业为主组织实施。

具备条件的出租汽车企业经市、县级道路运输管理机构备案后,组织开展出租汽车驾驶员继续教育工作。不具备条件的出租汽车企业和个体出租汽车驾驶员的继续教育工作,由其他继续教育机构承担,具体包括以下形式:

(一)交通运输部或者省级交通运输主管部门备案的网络远程继续教育;

(二)在县级以上道路运输管理机构备案的其他继续教育形式。

第二十七条 出租汽车驾驶员完成继续教育后,应当由出租汽车经营者向所在地市、县级道路运输管理机构报备,道路运输管理机构在出租汽车驾驶员从业资格证中予以记录。

第二十八条 道路运输管理机构应当加强对出租汽车企业和继续教育机构组织继续教育情况的监督检查。

第二十九条 出租汽车企业和继续教育机构应当建立学员培训档案,将继续教育计划、继续教育师资情况、参培学员登记表等纳入档案管理,并接受道路运输管理机构的监督检查。

第三十条 出租汽车企业和继续教育机构违反本规定,有下列情形之一的,由道路运输管理机构责令改正:

(一)未经备案擅自从事继续教育或者提供虚假继续教育资料的;

(二)未按照继续教育大纲要求组织相应继续教育的;

(三)发布继续教育虚假信息的。

第五章 从业资格证件管理

第三十一条 出租汽车驾驶员从业资格证由交通运输部统一制发并制定编号规则。设区的市级道路运输管理机构负责从业资格证的发放和管理工作。

第三十二条 出租汽车驾驶员从业资格证遗失、毁损的,应当到原发证机关办理证件补(换)发手续。

第三十三条 出租汽车驾驶员办理从业资格证补(换)发手续,应当填写《出租汽车驾驶员从业资格证补(换)发登记表》(式样见附件3)。道路运输管理机构应当对符合要求的从业资格证补(换)发申请予以办理。

第三十四条 出租汽车驾驶员在从事出租汽车客运服务时,应当携带从业资格证。

第三十五条 出租汽车驾驶员从业资格证不得转借、出租、涂改、伪造或者变造。

第三十六条 出租汽车经营者应当维护出租汽车驾驶员的合法权益,为出租汽车驾驶员从业资格注册、继续教育等提供便利。

第三十七条 市、县级道路运输管理机构应当加强对出租汽车驾驶员的从业管理,将其违法行为记录作为服务质量信誉考核的依据。

第三十八条 市、县级道路运输管理机构应当建立出租汽车驾驶员从业资格管理档案。

出租汽车驾驶员从业资格管理档案包括:从业资格考试申请材料、从业资格证申请、注册及补(换)发记录、违法行为记录、交通责任事故情况、继续教育记录和服务质量信誉考核结果等。

第三十九条 出租汽车驾驶员有下列情形之一的,由发证机关注销其从业资格证。从业资格证被注销的,应当及时收回;无法收回的,由发证机关公告作废。

(一)持证人死亡的;

（二）持证人申请注销的；

（三）持证人达到法定退休年龄的；

（四）持证人机动车驾驶证被注销或者被吊销的；

（五）因身体健康等其他原因不宜继续从事出租汽车客运服务的。

第四十条　出租汽车驾驶员有下列不具备安全运营条件情形之一的，由发证机关撤销其从业资格证，并公告作废：

（一）持证人身体健康状况不再符合从业要求且没有主动申请注销从业资格证的；

（二）发生重大以上且负同等以上责任的交通事故的。

第四十一条　出租汽车驾驶员在运营过程中，应当遵纪守法、文明行车、优质服务。出租汽车驾驶员不得有下列行为：

（一）拒载；

（二）议价；

（三）途中甩客；

（四）故意绕道行驶。

出租汽车驾驶员有本条前款违法行为的，应当加强继续教育；情节严重的，道路运输管理机构应当对其延期注册。

第六章　法律责任

第四十二条　违反本规定，有下列行为之一的人员，由县级以上道路运输管理机构责令改正，并处200元以上2000元以下的罚款；构成犯罪的，依法追究刑事责任：

（一）未取得从业资格证或者超越从业资格证核定范围，驾驶出租汽车从事经营活动的；

（二）使用失效、伪造、变造的从业资格证，驾驶出租汽车从事经营活动的；

（三）转借、出租、涂改从业资格证的。

第四十三条　违反本规定，出租汽车驾驶员有下列行为之一的，由县级以上道路运输管理机构责令改正，并处50元以上200元以下的罚款：

（一）不按照规定携带从业资格证的；

（二）未办理注册手续驾驶出租汽车从事经营活动的；

（三）拒载、议价、途中甩客或者故意绕道行驶的。

第四十四条　违反本规定，有下列行为之一的出租汽车经营者，由县级以上道路运输管理机构责令改正，并处1000元以上3000元以下的罚款：

（一）聘用未取得从业资格证的人员，驾驶出租汽车从事经营活动的；

（二）聘用未按规定办理注册手续的人员，驾驶出租汽车从事经营活动的；

（三）不按照规定组织实施继续教育的。

第四十五条　违反本规定，道路运输管理机构及工作人员有下列情形之一的，对直接负责的主管人员和其他直接责任人员，依法给予行政处分；构成犯罪的，依法追究刑事责任：

（一）未按规定的条件、程序和期限组织从业资格考试及核发从业资格证的；

（二）发现违法行为未及时查处的；

（三）索取、收受他人财物及谋取其他不正当利益的；

（四）其他违法行为。

第七章　附　则

第四十六条　本规定实施前已取得出租汽车驾驶员从业资格的，可在原证件有效期内申请换发新的从业资格证，并按规定进行注册。

第四十七条　本规定自2012年4月1日起施行。

关于加强道路运输管理队伍建设的指导意见

(中华人民共和国交通运输部　交运发〔2011〕468 号)

各省、自治区、直辖市、新疆生产建设兵团交通运输厅(局、委),天津市、上海市交通运输和港口管理局:

为更好地服务和保障现代交通运输业发展,加快建立一支业务精湛、作风过硬、负责有为、保障有力、人民满意的道路运输管理队伍,根据《中华人民共和国道路运输条例》的有关规定,现就加强道路运输管理队伍建设提出如下指导意见:

一、重要性和紧迫性

(一)道路运输管理队伍是道路运输市场管理的主体,是推动现代道路运输业发展、深化综合运输体系建设的重要力量。改革开放以来,我国道路运输管理队伍在维护道路运输市场秩序、保障行业安全稳定、服务人民群众出行、促进经济社会发展等方面发挥了重要作用。我国交通运输业的快速发展,特别是交通运输大部门体制改革、成品油价格和税费改革的深入实施,对道路运输管理队伍提出了新的更高要求,迫切需要切实加强队伍正规化建设,进一步明确职能定位和性质,提高监管能力和工作效率,提升队伍素质和形象,更好地适应和服务现代道路运输业发展。

(二)当前,我国正处于全面建设小康社会的关键时期,加快发展现代道路运输业、满足人民群众出行和经济社会发展需求的任务更加艰巨。加强道路运输管理队伍建设,是深入贯彻落实科学发展观、加强和创新道路运输领域社会管理、构建社会主义和谐社会的必然要求,是加快职能转变、推进交通运输领域政事分开、深化交通运输大部门体制改革的重要举措,是加快发展方式转变、发展现代道路运输业的客观要求。必须从战略和全局的高度,充分认识加强道路运输管理队伍建设的重大意义,切实增强责任感和紧迫感,加快推进,务求实效。

二、指导思想和基本原则

(三)指导思想。以邓小平理论和“三个代表”重要思想为指导,深入贯彻落实科学发展观,以满足人民群众和经济社会发展需求为目的,以转变工作职能、创新管理方式、优化队伍结构、提高综合素质为主线,深化改革,完善体制,理顺机制,全面提升道路运输管理队伍的依法行政能力、市场监管能力和公共服务能力,加快建立职能明确、运转高效、统一规范、监管有力的道路运输管理体制和运行机制,为发展现代道路运输业提供坚强的组织保障和人力支撑。

(四)基本原则。坚持政事分开,贯彻落实中共中央、国务院关于分类推进事业单位改革的有关精神,强化道路运输管理机构行政职能,明确机构性质,仍承担生产经营性职能的应当予以剥离,逐步将承担的公益服务性职能移交事业单位;坚持政府主导,在当地政府的统一领导下,积极争取机构编制、人力资源和社会保障等有关部门的支持与配合,有组织、有步骤地推进道路运输管理队伍建设;坚持因地制宜,鼓励各地进行探索和实践,努力形成具有鲜明时代特征、符合本地实际、适应行业发展要求的道路运输管理队伍建设新格局;坚持权责一致,按照精简效能的要求,逐步理顺管理体制,规范机构设置,明晰工作权责,合理确定人员编制,优化人员结构,推动道路运输管理机构职能、名称和级别的相对统一,实现管理体制、运行机制与机构职责、队伍能力相适应;坚持统筹兼顾,从体制机制、管理方式以及队伍组织建设、思想道德建设、业务能力建设、作风建设和廉政建设等多个方面着手,加快形成道路运输管理队伍建设的长效机制,实现队伍建设与道路运输业改革发展相适应、相协调。

三、深化体制机制改革

(五)明确机构职能。道路运输管理机构依法承担道路旅客运输、货物运输、站场运营、汽车出入境运输、机动车维修与综合性能检测、机动车驾驶员培训，以及城市公共交通、城市地铁和轨道交通运营、出租汽车、汽车租赁、物流市场有关管理、车辆超限运输源头治理等行政管理职责。根据国家分类推进事业单位改革的有关规定，依据《中华人民共和国道路运输条例》赋予的工作职能，道路运输管理机构应是承担行政职能的管理机构。

（六）规范机构设置。按照精简、统一、效能的原则和国务院关于“相同或者相近职能交由同一个部门承担”的要求，同级政府交通运输主管部门原则上只设一个道路运输管理机构。整合道路运输相关业务管理机构和运政执法机构，实行道路运输管理统一政令、统一布局、统一管理的行政管理目标，建立符合当地实际的道路运输管理体制。

省、市、县道路运输管理机构，名称原则为“XX道路运输管理局（处）”。承担口岸国际道路运输管理职责的机构应当作为省级道路运输管理机构的派出机构，名称为“XX口岸国际道路运输管理局”，经批准对外称“中华人民共和国XX口岸国际道路运输管理局”。

道路运输管理机构行政级别，应当根据依法承担的行政职能，参照行业类似的其他机构，科学合理确定。

（七）规范人事管理。省级交通运输主管部门要加强与机构编制、人力资源和社会保障部门的沟通协调，坚持职责、任务与编制相适应的原则，按照“统一定编、严格控编”的要求，统筹考虑当地经济发展水平、行政区域范围、道路运输市场规模、公众出行需求等因素，合理确定机构设置标准，实行编制的动态管理，控制人员总量。

（八）完善用人机制。道路运输管理队伍应当体现专业化、正规化、数字化、现代化的要求，新录用工作人员要按照国家或者省（区、市）的有关规定，实行凡进必考，公开录用。新录用人员原则应当为大学专科及以上学历，道路运输相关专业比例应当达到70%以上。加强人员日常管理，实行竞争上岗，定期轮岗。完善激励约束机制，建立健全绩效评估制度，严格考核奖惩。建立健全人员退出机制。鼓励和提倡上下级道路运输管理机构互派干部交流挂职或任职，各地道路运输管理机构之间可开展干部交流挂职。有条件的地区可实行市县道路运输管理机构干部异地交流任职。

四、提升队伍素质和形象

（九）加强思想道德建设。切实加强道路运输管理机构基层组织建设，坚持理论武装，加强理想信念教育、思想道德建设和社会主义核心价值体系教育，加强职业道德建设，不断强化道路运输管理人员的政治意识、责任意识、群众意识和法纪意识，建设学习型组织和学习型队伍，筑牢发展现代道路运输业的思想基础、组织基础和政治基础。

（十）加强领导班子建设。坚持科学、民主、依法行政，严格执行民主集中制，健全集体领导与个人分工负责相结合的制度，充分发挥班子的整体效能，不断改善领导方式和工作方法，提高领导水平和行政能力。加强对领导干部的监督管理，建立领导干部责任追究制度，实行问责制度、引咎辞职制度和责令辞职制度。

（十一）加强队伍教育培训。制定人员培训中长期规划和年度计划，实行道路运输管理人员岗前培训、岗位培训、定期轮训等制度，建立基地，拓宽渠道，创新机制，改进方法，加强道路运输管理人员的业务培训和继续教育，全面提高道路运输管理队伍的素质和能力。原则上每3年要对道路运输管理干部轮训一次。交通运输部适时组织对省（区、市）道路运输管理机构领导干部进行培训，省级道路运输管理机构每年要组织对市县道路运输管理机构领导干部及重点岗位人员进行培训。

（十二）加强作风建设。大力倡导勤政为民、爱岗敬业、求真务实、勇于奉献的工作作风，情系民生、服务发展，加强调查研究，力戒形式主义，反对弄虚作假和铺张浪费。全面推行岗位责任制、首问（办）负责制、限时办结制、服务承诺制，努力提高道路运输管理效能和服务质量。

（十三）加强廉政建设。坚持标本兼治、惩防并举、注重预防，健全具有行业特色的反腐倡廉制度体系和权力运行制约监督机制，严格执行廉洁自律各项规定，认真落实党风廉政建设责任制，加强道路运输管理人员的廉政教育和监督。全面推进政务公开和信息公开，行政许可和行政处罚的规定、程序和结果要及时公开。坚决纠正损害群众利益的不正之风，切实解决群众反映强烈的问题，严肃查处违法违纪案件。

（十四）推进正规化建设。加强道路运输管

理队伍的基础管理和内部管理,推进业务程序化、管理规范化和服务标准化,加强信息化建设和队伍装备建设,按照规定统一执法形象,提高道路运输管理现代化水平。

(十五)推进依法治运。加快完善道路运输法规体系,加强法制宣传教育和贯彻落实。建立健全行政执法制度,完善行政处罚自由裁量权基准,严格执法程序,统一执法尺度,规范执法行为。建立健全执法监督机制,落实行政执法责任和行政复议制度,引入社会评价机制,加强执法评议考核工作,自觉接受管理服务对象、社会公众和舆论的监督。继续推进跨地区执法联动和运政、路政联合执法,探索建立跨区域执法信息共享机制,提高道路运输管理队伍联动互动、协同协作的依法监管能力。

(十六)加强行业文明与文化建设。大力开展文明行业、文明单位、文明示范窗口、文明职工标兵等创建活动,培育、树立和宣传先进典型,弘扬正气,营造团结和谐、昂扬向上的氛围。加强道路运输行业文化建设,培育体现时代特征和行业特色的文化体系,丰富道路运输管理人员的精神文化生活,形成健康的生活情趣和良好的精神风貌。

五、完善和落实保障措施

(十七)加强组织领导。交通运输主管部门要高度重视道路运输管理队伍建设工作,加强与机构编制、人力资源和社会保障、财政等部门的协调,研究解决道路运输管理队伍建设中存在的困难和问题,积极为道路运输管理机构开展工作创造条件。

(十八)强化规划指导。交通运输主管部门要组织编制本地区道路运输管理队伍建设规划,明确道路运输管理队伍建设的具体目标、工作重点、主要任务及保障措施,加强规划实施的指导和监督,确保道路运输管理队伍健康发展。

(十九)加强经费保障。根据成品油价格和税费改革后的财政预算体制,道路运输管理经费纳入财政预算管理。交通运输主管部门要积极协调,按照事权与财权相匹配的原则,保证道路运输管理工作经费。要加强监督检查,规范经费使用管理,严禁道路运输管理经费挪作他用。道路运输管理机构履行政府赋予的其他管理职能和工作任务所需经费,应纳入政府财政预算予以保障。

各级交通运输主管部门及道路运输管理机构要结合本地区实际,依据本指导意见精神,制定实施意见和具体措施,明确任务,落实责任,稳步实施,加强督导,扎实推进道路运输管理队伍建设。

交通运输部

二〇一一年八月三十日

关于加强全省道路运输价格管理工作的通知

江西省发展和改革委员会　江西省交通运输厅

赣发改价调字[2011]968号

各设区市发展改革委、物价局、交通运输局:

根据国务院《关于实施成品油价格和税费改革的通知》(国发〔2008〕37号)和交通运输部、国家发展和改革委员会《关于印发〈汽车运价规则〉和〈道路运输价格管理规定〉的通知》精神,结合我省实际,现就加强全省道路交通运输价格管理工作提出如下意见,请认真贯彻执行。

一、全省价格、交通运输主管部门和各级各类道路交通运输经营者应当严格遵守交通运输部、国家发展改革委《关于印发〈汽车运价规则〉和〈道路运输价格管理规定〉的通知》(交运发〔2009〕275号)文件有关规定。

二、经省人民政府同意,在本地区范围内执行的农村道路客运价格,国防战备、抢险救灾、紧急运输等政府指令性旅客、货物运输价格，国家级旅游风景名胜区的定线旅游客运价格授权市、县人民政府制定。

农村客运班车是指县（市、区）内或者毗邻县间起（讫）点至少有一端在乡镇（行政村、自然村）的道路客运班车。

三、跨省、跨设区市、跨市（县、区）的道路班车客运实行政府指导价，由省价格、交通运输主管部门制定客运班车车型基准运价最高限价（见附表）；

县（市、区）价格、交通运输主管部门具体核定县（市、区）至乡、乡至乡、乡至村的道路班车客运票价，其余道路班车客运票价由设区市价格、交通运输主管部门具体核定；

各地在核定具体票价时，要注意毗邻地区和对开线路间的衔接，严格实行同线同类型车辆同价；

全省各级各类道路交通运输经营者可以在当地价格、交通运输主管部门具体核定的道路班车客运票价内向下浮动，根据市场状况确定具体执行票价。

四、客运票价构成：

客运票价＝客运车型运价（含2%的旅客身体伤害赔偿责任保障金）×旅客计费里程（营运线路公路里程＋城市市区里程）＋旅客站务费＋车辆通行费＋其他法定收费（中央空调服务费）。

客运站具备站级标准规定的设施、设备，为旅客提供候车、休息、治安保卫、安全检查、信息等基本客运服务，旅客站务费收取标准按：运距在100公里以内的，每人次计收0.50元，运距在101～200公里以内的，每人次计收1元，运距在201公里及以上的每人次计收1.50元。不具站级标准规定的设施、设备等条件的简易汽车站，未实行统一售票的汽车客运站不得收取旅客站务费，对途中上车的旅客不得收取站务费。

中央空调服务费每票最高不超过1元，经设区市价格、交通运输主管部门具体核定收费标准、时间后，由提供中央空调服务的等级汽车站计入票价。停开或没有提供中央空调服务的汽车站不得计收。

客运票价组成中的车辆通行费平均实载率按60%计算。

燃油附加费按照江西省发改委、江西省交通厅《关于我省公路客运加收燃油附加费的通知》（赣发改商价字〔2008〕1202号）执行。

五、行包计费。旅客随身携带行包，每张全票（含优待票）免费10千克，每张儿童票免费携带5千克。

旅客自行携带的行包，超过规定免费重量的，超过部分按行包计费；占用座位的按实际占用座位数购票。

旅客随车同行计费行包按普通座位客车基本运价的2倍计算。

六、全省各级各类道路交通运输经营者确定的具体执行票价应提前1周报当地价格、交通运输主管部门备案，并提前1周在车辆始发地售票场所醒目位置予以对外公示，明码标价，接受社会监督。除国庆节、春节两大节日及政策性调价外，运价一经确定原则上一个月内不得变动。

七、本文规定由省发展改革委会同省交通运输厅负责解释；

过去规定与本文规定不符的一律以本文规定为准。

本文规定自2011年6月10日起执行。

附件：1. 江西省跨省、跨市、跨县道路客运班车车型基准运价上限标准表

2. 交通部、国家发展改革委《关于印发〈汽车运价规则〉和〈道路运输价格管理规定〉的通知》（略——编者注）

江西省发展改革委　江西省交通运输厅

二〇一一年五月二十日

附件1:

江西省跨省、跨市、跨县道路客运班车型基准运价上限标准表

项目		上限运价(元/人千米)	说明
坐席客车	大型普通	0.12	基本运价
	中型普通	0.156	基本运价加成30%
	小型普通	0.168	基本运价加成40%
	大型中级	0.18	基本运价加成50%
	中、小型中级	0.204	基本运价加成70%
	大、中、小型高一级	0.276	基本运价加成130%
	大、小、小型高二级	0.35	基本运价加成192%
	大型高三级	0.38	基本运价加成216%
卧席客车	普通	0.192	基本运价加成60%
	中级	0.252	基本运价加成110%
	高一级	0.312	基本运价加成160%
	高二级	0.396	基本运价加成230%
	高三级	自主定价	

2011年度交通运输文件、文献名称辑录

1. 公路安全保护条例(中华人民共和国国务院令 第593号)

2. 交通运输行政执法证件管理规定(中华人民共和国交通运输部令 2011年第1号)

3. 邮政行业安全监督管理办法(中华人民共和国交通运输部令 2011年第2号)

4. 中华人民共和国海员外派管理规定(中华人民共和国交通运输部令 2011年第3号)

5. 中华人民共和国船舶污染环境应急防备和应急处置管理舰定(中华人民共和国交通运输部令 2011年第4号)

6. 中华人民共和国水上水下活动通航安全管理规定(中华人民共和国交通运输部令 2011年第5号)

7. 集邮市场管理办法(中华人民共和国交通运输部令 2011年第6号)

8. 公路超限检测管理办法(中华人民共和国交通运输部令 2011年第7号)

9. 邮政行业统计管理办法(中华人民共和国交通运输部令 2011年第8号)

10. 交通运输突发事件应急管理规定(中华人民共和国交通运输部令 2011年第9号)

11. 中华人民共和国海上船舶污染事故调查处理规定(中华人民共和国交通运输部令 2011年第10号)

12. 关于修改《公路建设市场管理办法》的决定(中华人民共和国交通运输部令 2011年第11号)

13. 中华人民共和国海船船员适任考试和发证规则(中华人民共和国交通运输部令 2011 年第 12 号)

14. 出租汽车驾驶员从业资格管理规定(中华人民共和国交通运输部令 2011 年第 13 号)

15. 关于加强道路运输管理队伍建设的指导意见(中华人民共和国交通运输部 交运发〔2011〕468 号)

16. 关于表彰全省"抓养护、迎国检"、农村"改渡建桥"高速公路服务区综合整治三项工作先进单位的决定(江西省人民政府 赣府字〔2012〕12 号)

17. 关于加强全省道路运输价格管理工作的通知(江西省发展和改革委员会 江西省交通运输厅 赣发改价调字〔2011〕968 号)

18. 关于印发《江西省公路水路交通运输"十二五"节能减排规划》的通知(江西省交通运输厅 赣交科教字〔2011〕72 号)

19. 关于召开全省交通运输安全应急工作座谈会暨安全应急培训班的通知(江西省交通运输厅 赣交科安监字〔2011〕23 号)

20. 关于开展交通运输安全生产绩效考核工作的通知(江西省交通运输厅 赣交科安监字〔2011〕36 号)

21. 转发关于深化《全民消防安全宣传教育纲要》贯彻实施指导工作意见的通知(江西省交通运输厅 赣交运输字〔2011〕85 号)

22. 关于印发《江西省出租汽车客运服务规范(试行)》的通知(江西省公路运输管理局 赣运城客字〔2011〕8 号)

23. 关于印发《江西省城市公共汽车客运服务规范(试行)》的通知(江西省公路运输管理局 赣运城客字〔2011〕9 号)

24. 关于印发《江西省城市客运许可规范(试行)》的通知(江西省公路运输管理局 赣运城客字〔2011〕10 号)

25. 关于印发《江西省城市公共汽车客运企业质量信誉考核办法(试行)》的通知(江西省公路运输管理局 赣运城客字〔2011〕19 号)

26. 关于印发《江西省出租汽车客运企业质量信誉考核办法(试行)》的通知(江西省公路运输管理局 赣运城客字〔2011〕22 号)

27. 关于印发《江西省汽车租赁企业质量信誉考核办法(试行)》的通知(江西省公路运输管理局 赣运城客字〔2011〕23 号)

28. 关于印发《江西省城市公共汽车客运驾驶员诚信考核办法(试行)》的通知(江西省公路运输管理局 赣运城客字〔2011〕24 号)

29. 关于印发《江西省出租汽车客运驾驶员诚信考核办法(试行)》的通知(江西省公路运输管理局 赣运城客字〔2011〕25 号)

30. 关于印发《江西省城市客运行业专家评审管理办法(试行)》的通知(江西省公路运输管理局 赣运城客字〔2011〕21 号)

31. 关于印发《江西省机动车综合性能检测机构管理规定(试行)》的通知(江西省公路运输管理局 赣运车技字〔2011〕18 号)

32. 关于印发《江西省机动车维修和综合性能检测行业专家库管理和使用办法(试行)》的通知(江西省公路运输管理局 赣运车技字〔2011〕15 号)

33. 关于印发《江西省机动车维修检测记录》和《江西省机动车维修费用结算清单》两项规范文本的通知(江西省公路运输管理局 赣运车技字〔2011〕16 号)

34. 关于印发江西省道路运输从业资格考试考点配套管理制度和标识的通知(江西省公路运输管理局 赣运驾培字〔2011〕14 号)

35. 转发关于核定经营性道路客货运输驾驶员从业资格考试收费标准的通知(江西省公路运输管理局 赣运驾培字〔2011〕15 号)

36. 转发关于重新核定经营性道路运输驾驶员从业资格培训收费标准的通知(江西省公路运输管理局 赣运驾培字〔2011〕16 号)

37. 关于统一规范全省机动车驾驶培训教练车标识的通知(江西省公路运输管理局 赣运驾培字〔2011〕29 号)

38. 关于加强机动车驾驶员培训和考试质量监督管理有关工作的通知(江西省公路运输管理局 赣运驾培字〔2011〕45 号)

39. 关于印发《汽车客运站服务规范(DB36/616－2011)》的通知(江西省公路运输管理局 赣运客货字〔2011〕36 号)

40. 关于加强大容量客运车辆审批管理的通知(江西省公路运输管理局 赣运客货字〔2011〕21 号)

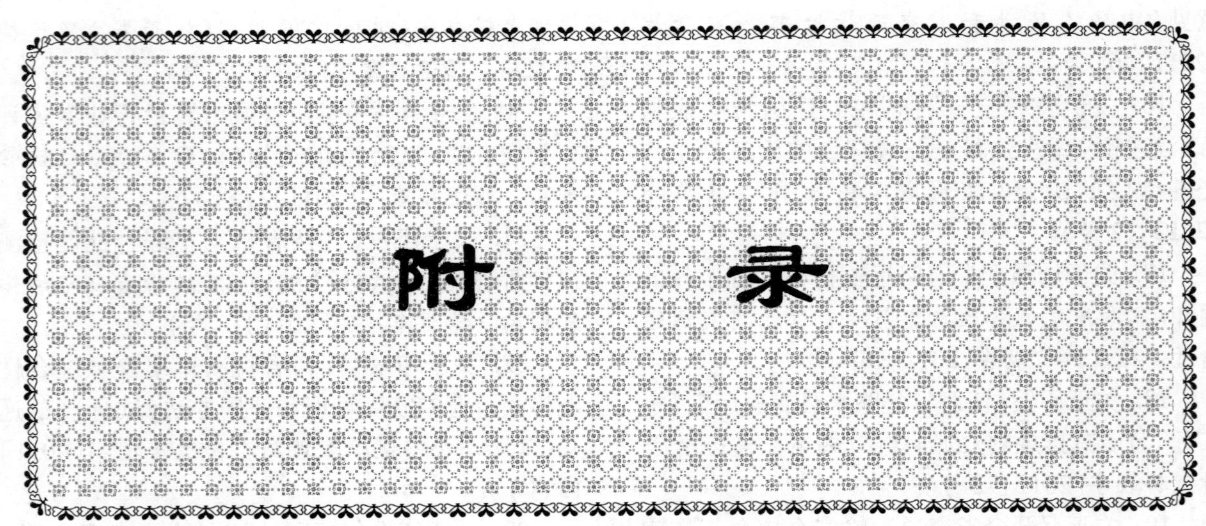

铁 路

【概况】 截至2011年底,江西省铁路营业里程2734.1千米(其中国铁2543.1千米),车站190个。主要干线(过境铁路)有10条,即京九线九江至定南营业里程704.7千米,沪昆线下镇至老关547.4千米,皖赣线倒湖至贵溪198千米,武九线西河村至庐山55.8千米,鹰厦线鹰潭至资溪79.4千米,峰福线横峰至永平(含上饶联络线)65.7千米,赣龙线赣州东至瑞金131.3千米,吉井线(井冈山铁路)吉安南至井冈山79.8千米,铜九线香隅至九江86.9千米,江西省合资公司昌九城际线九江至南昌北118.7千米。铁路支线(省内铁路线)10条,即分文线分宜至文竹158.3千米,向乐线向塘西至江边村106.7千米,张塘线张家山至上塘镇47.4千米,张建线董家至建山34.8千米,上新线新余北至上高53.5千米,弋樟线弋阳至樟树墩13.5千米,丰洛线丰城站至洛市煤矿24.6千米,沙浔线自九江西站至九江北站(即原九江老站)长11.6千米。乐德铁路从皖赣线乐平至香屯站44.1千米。九炼线并入铜九线,其铜九疏解线琵琶湖至九江7.8千米。

2011年,南昌铁路局新增动车组20组,全局配属达到54组;新增"和谐型"大功率电力机车43台,配属达到298台,电力机车牵引比重提高到65.8%;新增新型空调客车298辆,配属达到

2961辆,比重提高到74%。京九南线电气化改造竣工投产,全局电气化里程达到3268.3千米,电气化率65.1%。铺设无缝线路244.8千米,全局无缝线路达到5358.4千米,无缝化率74.9%。车辆5T设备和GSM—R无线网络系统、CTC调度集中系统、CTCS列控系统等先进设备设施覆盖面不断扩大,技术装备智能化、信息化、现代化水平进一步提高。2011年配属机车1175台。其中内燃机车647台,电力机车528台。配属客车3433辆。全局固定资产值889.74亿元。

2011年,南昌铁路局职工总数88333人,比上年减少1122人。管理人员和专业技术人员12799人。全局专业技术人员7639人。其中高级技术职务544人,中级技术职务2540人。工人总数75534人。其中技术工人60887人,取得职业高级资格证书19304人、技师4090人、高级技师299人。全局运输业全部职工期末人数72639人,运输业从业人员期末人数77906人。全局运输业从业人员劳动生产率按换算周转量计算为228万换算吨千米/人年,比上年增长7.2%;按运输进款计算为220157元/人年,比上年增长14.7%。2011年,全局职工工资总额支出5340564千元,比上年增长20.04%。职工人年均工资60271元,比上年增长21.22%。

(刘建平)

【运输收入完成171.45亿元】 2011年,南昌铁路局强化客货运输核心业务,抓住3次调图契机,优化客货运输产品结构,加强市场营销和运输组织,提高运输效率,保障重点物资运输,客货运量实现稳步增长。全局完成旅客发送量10914.2万人,比上年增长16.5%,建局以来首次突破亿人大关;货物发送量9704.8万吨,比上年增长4.7%;换算周转量1738.77亿吨千米,比上年增长5.8%;运输收入171.45亿元,比上年增长13.8%,提前6天完成全年任务。其中,江西省铁路旅客发送量6152.2万人,旅客周转量600.18亿人千米,分别比上年增长9.8%和6.3%;货物发送量5769.1万吨,货物周转量733.77亿吨千米,分别比上年增长7.3%和3.9%;合计换算周转量1333.95亿吨千米。

全局积极发展非运输业,充分利用全局运力、设备、土地、技术、信息等资源,全方位拓展市场经营领域,大力发展现代物流、广告、商贸、旅游等业务,千方百计增收创效。2011年完成非运输营业收入126.95亿元,同口径比上年增长37.9%;利润实现扭亏为盈,完成4426万元,同口径比上年增加9292万元。全局集体经济企业完成营业收入6.2亿元,实现利润200万元。

全局盈亏总额完成减亏49.67亿元。

(刘建平)

【推出便民利民新举措】 2011年,南昌铁路局坚持以"人民群众满意"为目标,认真开展"服务旅客创先争优"活动,树立"以服务为宗旨,待旅客如亲人"的理念,推出一系列便民利民新举措。优化旅客列车开行模式,调整杭深、沪昆线和昌九城际铁路动车组运营速度及票价,提高安全冗余;增开动车组25对,提升3对旅客列车等级。创新售票方式,增加电话订票系统线数,动车组、直通旅客列车全部实行互联网售票和网上电子支付票款,全局93个客运站全部实行实名制售票,并安装POS机,方便旅客刷卡购票;对学生往返票优先集中办理,为残疾旅客专门预留席位并搞好售票安排。投入10527万元改善服务环境,集中力量整治站车环境卫生和客运服务设备设施,提高列车餐饮质量,保证了旅客基本服务需要。加强客户服务中心和"12306"网站建设,方便旅客、货主信息查询,及时受理投诉。完善客运服务标准,抓好客运系统干部职工业务培训,学习引进民航系统的先进服务理念和服务技能,不断提升客运服务质量。

(刘建平)

【铁路建设完成投资465.98亿元】 2011年,南昌铁路局在建的大中型项目共有17项,年度计划投资总计476.7355亿元,完成投资465.9845亿元,为年度计划的97.74%。在建项目批复概算总额为2713.5015亿元,开累完成投资1461.6506亿元,占批复费用的53.87%。其中:沪昆铁路计划投资161.79亿元,全年完成投资161.79亿元,开累完成245.79亿元。昌九城际铁路计划投资6.5亿元,全年完成投资0.141亿元,开累完成60.8371亿元。向莆铁路计划投资81亿元,全年完成投资81亿元,开累完成384.2亿元。龙厦铁路计划投资14.3亿元,全年完成投资14.3亿元,开累完成76.25亿元。赣龙铁路计划投资34.5亿元,全年完成投资34.5亿元,开累完成52.5亿元。衡茶吉铁路计划投资20亿元,全年完成投资20亿元,开累完成62.8亿元。京九电气化改造(南段)计划投资9.5亿元,全年完成投资9.5亿元,开累完成26.6亿元。

(刘建平)

【京九南线电气化改造竣工投产】 京九铁路电气化工程继2009年底完成北京西站(含)至乐化站(不含)K1422+200即京九北线后,2009年12月京九铁路电气化(南段)工程即京九铁路三江镇(不含)K1490+216—上陵(不含)K2008+200开工建设。经过整整两年的施工,2011年12月底竣工投产。工程建设施工单位有中铁十六、十七、十八局,电化局、铁二院、铁四院、北京现代监理等。

2011年,竣工验收的京九铁路南线电气化改造工程(南昌局范围)正线全长517.984千米。初设批复概算总额32.2348亿元。主要工程数量包括土石方139.95万立方米,桥梁587.1成桥米,正线铺轨6.75千米,站线铺轨9.63千米,新铺道岔30组,81座隧道病害整治,新建接触网1530条千米,新建计算机连锁34站,连锁道岔690组,新(改)建自动闭塞和调度集中系统,吉安、赣州站改造,新建丰城南旅客地道,房屋20155平方米。该项目设计工期2年,2009年12月开工建设,2011年12月30日电气化设备开通运营。京九电气化改造(南段)计划投资9.5亿元,全年完成投资9.5亿元,开累完成26.6亿元。

京九线南段电气化改造的主要工程之一是南昌枢纽引入工程范围,包括向塘西编组站改扩建工程、京九线江家站至三江镇站(不含)K1484+890段电气化改造工程、乐化(含)至江家(含)新建及改建CTC系统工程、西环线GSM—R工程、和南昌机务段、向塘机务段电气化改造工程。正线长度72.66千米,初设概算总额8.85亿元。初设批复全线永久用地70公顷,房屋拆迁1.408万平方米,路基土石方131.84万立方米,桥梁3座170.2米。该项目于2009年3月开工,与京九铁路(南段)电气化改造工程同步竣工。2010年9月南昌枢纽西环线56.2千米(电气化)交付运营。

(刘建平)

【南昌车站旅客发送量突破2千万人次】 南昌车站为客运一等站,站中心里程为京九线1444千米598米处,站房面积19154平方米。该站现有候车室7个(其中一个CRI-I和谐号候车室),旅客候车面积8282平方米。站内共设35个售票(退票)窗口,市郊县设客票代售点98个,形成覆盖面广的售票网络。南昌站分本场和客车整备场2个车场,本场采用微机连锁和ZPW-2000自动闭塞设备,有4个站台,其中2、3站台为高站台,共有正线、到发线ll股,存车线4股,另11道为高站台到发线;客技场设有整备、检修、存车线30股。有职工802人,其中干部78人,高、中级技术职称28人。

南昌站客车每日开往或经由全国各大城市。日均接发图定列车116对,其中始发66对(含节假日备用动车组5对),通过列车45.5对,货物列车4.5对,其中南昌至上海南、杭州、长沙、武汉、九江动车组共23对,至北京西直达车3对。

2011年,南昌站全年完成旅客发送量2105.7万人、运输收入19.1亿元,分别比上年增长12.8%、17.1%,分别超年度计划63.7万人、0.7万元;该站全年申请增开临客2079列、旅游专列9列、扩编车辆2224辆。加强高品质列车、异地票发售,全年共发售异地票143.9万张,运输进款2.18亿元,比上年增收4415.02万元。完成其他业务收入579.3万元;至12月31日,实现运输安全604天。

该站开展"红土情"服务品牌体系创建工作和"服务旅客创先争优"活动,打造"一窗一台一室一卡"服务新亮点(即:售票12号窗口、"红土情"服务台、动车组候车室、爱心服务卡),起到示范引领的作用。2011年,该站获得全国"五一"劳动奖状、全路学习型领导班子标杆等称号。

(黄海峰)

【向塘西车站完成主要生产技术指标】 向塘西车站地处南昌县向塘镇,位于京九、沪昆两大繁忙干线交汇处,为路网性特等编组站,站中心(相对里程)位于京九线1476千米118米处。站型为混合式双向二级七场,由上行、下行两大系统组成。设自动化驼峰两座,作业方式均为双推单溜,采用点连式调速制动,峰高分别为3.63米和3.4米。全站作业调机9台,上下行系统驼峰、编尾各2

台，取送1台。车站通过能力296.2列，改编能力13511辆，最高限额现在车数为2176辆。采用驼峰计算机过程控制系统（PCS）、编组站管理信息系统（2.0）、调度监督系统（DIS）、车辆实时跟踪系统（RVTS）以及调度辅助决策系统、超偏载检测系统等设备。主要担负京九、沪昆两大干线及西环线，向乐、分文等支线的货物列车中转、解编技术作业和旅客列车的接发作业，以及枢纽内12条专用线的货车取送任务，并承担五定班列、海铁联运专列的编组集结任务。2011年末，全站共有职工944人，其中研究生2人，高级工程师1人，工程师12人，会计师1人，政工师3人，助理工程师27人，工人技师62人，局首席技师1人。

2011年，车站先后完成江家站线路拨接、信号换装Ⅰ级施工、下行Ⅵ场信号换装、下行驼峰信号换装、三江镇站自动闭塞设备换装、Ⅰ场连锁软件更新、Ⅴ场信号机移设、Ⅶ场下行线拨接施工等施工，施工安全、作业安全均得到保障，确保了设备稳定，提升了施工安全管理水平。日均办理13344辆，较上年同期增加853辆，日均有调94413辆，较上年同期增加212辆。完成中时6.5小时，比计划压缩0.1小时，完成停时24.7小时，比计划压缩1.3小时，枢纽运输效率得到进一步提高。截至12月31日，实现行车安全374天。

（曲淑芳　黄巍峰）

2011年南昌铁路局运输生产主要指标完成情况表

表35

项　目	单　位	2011年			2010年完成	比　较	
		计　划	完　成	完　成%		增　减	增　减%
旅客发送量	万人	10610	10962.6	103.3%	9367.8	1594.8	17.0%
货物发送量	万吨	9650	9706.0	i00.6%	9269.9	436.1	4.7%
日均装车数	车	4250	4273		4112	161	3.9%
静载重	吨	62.2	62.2		61.8	0.4	
煤炭发送量	万吨	2500	2914.0	116.6%	2427.1	486.9	20.1%
日均卸空车数	车		5937		5614	323	5.7%
换算周转量	亿吨千米	1785	1750.73	98.1%	1644.00	106.73	6.5%
旅客周转量	亿人千米	835	802.55	96.1%	731.38	71.17	9.7%
货物周转量	亿吨千米	950	948.18	99.8%	912.62	35.56	3.9%
运输收入	万元	1680400	1714959	102.1%	1506522	208437	13.8%
客票收入	万元		902090		721497	180593	25.0%
货物运费收入	万元		510507		494287	16220	3.3%
日均运用车	辆日	26500	26599		25758	841	3.3%
日均工作量	车		10141		9733	408	4.2%
货车周时	天	2.63	2.62		2.65	—0.03	
货车日产量	吨千米		9766		9707	59	0.6%
货车中时	小时		5.5		5.3	0.2	
货车停时	小时		21.5		18.5	3.0	
货车旅速	千米/小时		31.8		30.7	1.1	
机车日产量	万吨千米	112.8	112.5		109.7	2.8	
机车日车千米	千米	395	405		396	9	
平均牵引总重	吨	3053	3037		3033	4	
技术速度	千米/小时		51.9		51.2	0.7	

（杨　刚）

【景德镇火车站春运客流同比减4.4%】 1月19日至2月27日为期40天的春运时间里，景德镇火车站共发送旅客21.5万人次，同比减少4.4%，单日客运量最高峰出现在2月19日，当日发送旅客1.2万人。

(涂 强)

【景德镇火车站实施暑运列车运行图】 为统筹安排客货运输能力，不断适应提速调图和确保学生返家、探亲及红色旅游等客流的需要，景德镇火车站自7月1日起至8月31日止(共计63天)实施暑运列车运行图。

暑运列车运行图实施期间，景德镇火车站旅客列车部分车次始(到)发时刻有所调整，景德镇火车站始发至南昌的5205次旅客列‘车提前至7:32分发车，南昌返回始发也有所提前(比原南昌至南京西先开出)；原南昌至南京西的2239/40次延伸开行到扬州，车次改为K431/2次；原南京西至厦门的2512/2次也改为K161/2次，蚌埠至厦门的2025/6次改为K177/8次。车站直通旅客列车提前10天、学生窗口售票提前14天，直达和动车组列车车票提前20天售票，部分车次还有返程车票出售。

(涂 强)

【景德镇火车站举办第八届接发列车技能竞赛】 7月25~30日，铁路皖赣线在景德镇职工培训中心举行2011年行车人员接发列车(半自动闭塞)技能竞赛。景德镇火车站工会、安技科、业务科及来自皖赣线自中村至营里22个车站的6个代表队共18位选手参加比赛。比赛分车站值班员、助理值班员和信号员的技能理论考试和模拟沙盘竞赛两部分，同时对行车工种的车站调度员、车号员等工种人员进行理论和实作的技能竞赛。此次技能竞赛，使参赛选手提高了业务技能和实作水平及应急处理能力，起到了预期的良好效果。

(孙卫华)

【李志用获评“首席工人技师”】 11月，景德镇火车站货检长李志用喜获铁道部批准的首批“首席工人技师”职称，这是铁路职工工人中最高的荣誉，也是皖赣线铁路车务系统仅此工种唯一获得的殊荣。李志用系景德镇火车站货检长。工作22年来，李志用认真完成皖赣线铁路货物列车的巡检工作，多次发现并防止了货物列车装载加固中的捆绑松散等隐患和运行事故，受到南昌铁路局和站段领导的表扬。

(孙卫华)

【2011年春运期间，赣州火车站的直通旅客列车试行车票实名制】 具体试行时间为2月5曰至2月27日(农历正月初三至正月二十五)，计23天。实名制车票的预售期与非实名制的车票预售期相同，动车、直达车21天，学生票15天，其他列车11天。购买车票时可持居民身份证、临时身份证、户口簿、机动车驾驶证、军官证、士兵证、退伍证等25种有效身份证件。一张有效身份证件在同一天、同一乘车站，只允许购买一张实名制车票。一次订(购)车票数量限为卧铺3张、坐席5张。也可以拨打南昌铁路局的统一订票电话：95105105，电话订票时可使用居民身份证、护照、外国人居留证、外国人出入境证、外交官证、领事馆证、海员证等9种身份证件，但在代售点取票时仅受理二代居民身份证。旅客进站时需持与车票票面身份信息相符的本人有效身份证件原件，上车前需要在车票正面加盖验讫章。经验证检票进行入候车区域的旅客，因故需出候车区域时，应在专门出口办理车票复位手续；再次进入候车区域时，应按规定重新验证检票。票证人不一致、未携带有效身份证件原件的旅客不允许进站乘车，需到车站铁路公安制证口办理临时身份证明，并经验证检票后，方可进站上车。享受减价优惠待遇的旅客，如学生证、中华人民共和国残疾军人证、中华人民共和国伤残人民警察证，需同时核对以上证件。实名制车票办理始发改签、退票时，需核实车票和身份证件的一致性，票证一致的方可办理。在实名制车站办理中转签证时按实名制售票相关规定办理。对无法出示有效证件原件的旅客，铁路部门在车站设置了铁路公安制证口。只要符合七项条件之一的，即可办理临时身份证明。七项条件包括：出具所在地公安机关的户籍证明的；持学生证购票的旅客，出具所在学校的证明的；中国人民解放军、武警部队现役军人持所在部队出具的证明信的；外籍旅客需持当地使领馆出具的证明信的；港澳台旅客持当地公安机关出具的证明信的；其他有效证件购票旅客持发证部门

出具的证明信的;持居民身份证购买车票的旅客,经车站临时办证处查询人口信息系统确认旅客身份的。证明信内容须包括旅客姓名、性别、出生年月:籍贯、有效身份证件号码等信息,与车票票面记载的旅客身份信息一致,并加盖证明单位公章。车票实名制只限于直通旅客列车,不包括由政府组织的农民工专列、免费乘车的儿童、持儿童票的儿童。在江西省境内试行车票实名制的还有南昌、九江、鹰潭、上饶、萍乡等5个车站。

(赣州市交通运输局)

【南铁赣州车务段春运期间开行列车超100对】 南铁赣州车务段2011年春运40天发送旅客主要客流方向为南昌、广深汕、沪杭温、福厦、北京等方向。为保证春运安全有序进行,更好地服务旅客,赣州车务段段管内列车开行总对数逾百对。赣州站在苏州、上海南、北京西、东莞东、泉州、南昌等方向有始发列车。赣州车务段在春运期间增设售票窗口,赣州站白天开设24个售票窗口,晚上开设4个窗口;延长售票时间,赣州、兴国等主要客车站,实行24小时不间断售票;实行二班制的信丰、龙南、定南、于都、瑞金等站售票员实行在岗间休,以便旅客能在规定的作业时间内购买到车票。为方便旅客购票,减少排队时间,该段在赣州市健康路57号、客家大道18—3号、文明大道142号(三康庙)、文明大道17—4号(桃子园)、东阳山路11.5号、文清路35号(原影城)、红旗大道41-4号(赣州饭店)、红旗大道23号(红土地旅行社)、于都县建国路36号、南康市体育路8号、瑞金市绵水路、赣县赣新大道粮油市场第八门市、宁都县梅江镇城北大道85号、崇义县阳岭大道459号、大余县余西街建设路(粮发大厦8—9)、上犹县东山镇备田大道丽阳春天2号、信丰县迎宾大道府前东路2号、遂川县泉江镇工农兵大道41号开设了18个火车票代售点。各站火车票公开预订和发售,各窗口预售期保持一致,保证旅客在选择不同方式预订和购买车票时机会均等。各代售点除收取每张5元的客票服务费外,不再另行收费。

(赣州市交通运输局)

【赣龙铁路复线建设首个墩身成功浇筑】 3月25日,赣龙铁路GL-2标福水特大桥67号墩墩身开始浇筑混凝土,这是赣龙铁路复线建设全线浇筑的第一个墩身。赣龙复线铁路公司筹备组、北京铁研监理、中铁大桥局集团五公司赣龙铁路项目部等单位负责人亲临现场指导。赣龙铁路GL-2标福水特大桥全长2.254千米,全桥共68个墩身,浇筑的67号墩墩身高7米,混凝土设计方量126.6立方米。该桥首个墩身的顺利浇筑,标志着该桥下部结构进入全面施工阶段。

(赣州市交通运输局)

【赣韶铁路进入施工黄金期】 于2009年7月20日开工建设的赣韶铁路2011年进入施工黄金期。作为全市重点工程之一,该工程的路基已基本完工,涵洞、桥梁、隧道均完成了工程总量的75%以上。根据铁道部和江西省的部省协议,由铁道部出资建设赣韶铁路工程项目,地方政府承担征地拆迁工作及相关经费。赣州市人民政府已投资3亿元用于征地拆迁,征地拆迁工作已完成95%以上。与此同时,赣韶铁路的工程进度也稳步推进,工程累计完成投资12.7亿元,占总投资的53%。赣韶铁路是连接京广铁路和京九铁路两条大动脉的重要通道,同时也是全国东南走向西南的又一条重要铁路通道。

(赣州市交通运输局)

【赣州火车站“站改”设计方案“出炉”】 8月16日,赣州火车站站前广场改造工程设计方案已获市政府批准,2011年赣州市将对现有的站前广场进行立体化改造。改造后的站前广场和现有主站房融为一体,形成进站和出站广场相互独立,交通流线互不干扰的双层复合体。该次改造的目的是为配合京九线电气化改造赣州站出口项目的实施,完善和优化赣州火车站功能。改造的总体原则是:在平面设计上,利用站前广场的高差形成上下广场,上层为进站、下层为出站。在交通组织上,将旅客分流成“上进下出”,场内交通环形贯通。公交车场设于南侧,出租车候车区、社会车停车场设于北侧,公交车、出租车上客区紧邻出站大厅,旅客出站时,能及时乘坐公交、出租,解决铁路与公交的“无缝对接”。

(赣州市交通运输局)

【上海至资溪首次开通旅游专列】 7月8日,上海至资溪旅游专列正式开通。副省长朱虹给抚州市人民政府、省政府驻上海办事处、上海市旅游局、上海铁路局发贺信。

上海至抚州资溪首次开通旅游专列,是赣沪两地加强交流合作又一次成功之举,也是江西又一个自然山水风光的旅游景区与上海旅游市场的对接。

抚州旅游资源丰富,生态环境优越,文化底蕴深厚,拥有巨大的市场空间和发展潜力。上海至抚州旅游专列的开通,为赣沪两地实现资源共享、客源互动、市场共拓奠定了良好的基础,进一步提升了抚州旅游的知名度和美誉度,促进抚州旅游产业更好更快发展。

(陈根玲)

【向莆铁路接受质量安全大检查】2月20日,由南昌铁路局、铁道部工程质量安全监督总站南昌监督站、向莆铁路股份有限公司等单位组成的铁路工程质量安全检查组一行30余人,经由南昌至福建,对新建向莆铁路沿线进行了为期两天的质量安全大检查。

铁路工程质量安全检查组一行首先对中铁五局向莆铁路JX-3标的铺架、制梁、路基工程进行了检查,而后检查组又来到轨排生产基地、抚州制梁场、路基和铺轨作业施工现场进行了质量安全大检查。检查组一行还深入到向莆铁路DKl52+650处铺轨现场,检查了中铁五局六公司第一铺架作业队的铺轨作业过程。

通过检查,铁路工程质量安全检查组一行认为:向莆铁路工程项目标准化建设非常达标,现场安全文明施工也十分规范。

(陈根玲)

【资溪多措并举开展铁路沿线治安整治】 2011年,资溪县铁路护路系统紧紧围绕有关工作目标,积极开展"战暑运、保安全、庆建党90周年"铁路治安整治百日行动。

该县由派出所牵头加强沿线治安整治,严防路外伤亡、车辆肇事等,严厉打击盗窃铁路设备、运输物资及损毁铁路安全设施等违法犯罪活动;以铁路沿线治安重点包保区段整治工作为突破口,深入分析辖区铁路治安形势,确保不留死角;针对铁路沿线的乱倒乱扔、乱搭乱建、乱拔乱伐、乱垦乱种、乱挖乱排等现象,协调相关部门开展专项排查整治行动;以"六清"工作为突破口,协调有关单位或部门全面落实沿线复杂场所的监管措施,净化铁路沿线和车站周边治安环境,预防和减少危及行车安全案件发生;严格按照"把握排查是前提,调处是关键"要求,切实把各类矛盾纠纷解决在发生之初,并做好已发生矛盾纠纷的协调工作;针对2011年以来铁路路外相撞事故高发状态,协调路地综治、公安、安监等部门加强道口检查,拆除或封闭非法道口,全面确保铁路治安稳定。

(俞盛荣 陈国良)

【向莆铁路举行列车脱线应急救援演练】 1月31日向莆铁路项目部根据南昌铁路局和向莆铁路股份有限公司的相关要求,本着"安全第一,预防为主"的方针,组织员工举行了一次列车脱线应急救援演练。

该次演练是为了应对春运期间出现的紧急情况和雨雪冰冻灾害,应对铁路突发安全事故,演练采取室内网上作业与户外实兵演练相结合的方式进行,涉及铁路车务、机务、电务、车辆、通信等部门,科学设置了旅客列车车体消防,救护及后送,医疗队、通信台站开设及保障,列车设备抢修及起复救援,滞留旅客转运等科目。迅速组织人员抢救,减少事故造成的损失和阻止事故的事态扩大,提高对重大危险源的应急和处置能力,确保人民群众的生命财产安全。向莆铁路项目部按照演练方案,在事故信息上报、应急预案启动、列车旅客自救、受伤旅客救治、紧急转移旅客、设备抢修等各个环节上,精心组织、协同作战,有效检验了各项应急预案、应急救援指挥体系,极大地提升了应对处置突发事件的能力和水平。

(陈根玲)

南昌火车站始发列车时刻表(一)

表 36　　2012 年 4 月

车次	车种	起终点站	时刻		车次	起终点站	时刻		票价(元)	
			开车	终到			开车	终到	硬座	硬卧
Z66	空调特快	南昌~北京西	20:06	07:32	Z65	北京西~南昌	20:00	07:20	~	308
Z68	空调特快	南昌~北京西	20:12	07:38	Z67	北京西~南昌	20:06	07:32	175	308
T168	空调特快	南昌~北京西	19:33	12:30	T167	北京西~南昌	14:55	08:03	191	335
1454	空调普快	南昌~北京西	17:15	11:06	1453	北京西~南昌	12:09	06:05	154	287
T147/6	空调特快	南昌~北京西	13:12	10:25	T145/8	北京西~南昌	11:50	10:07	226	395
D98	动车组	南昌~上海虹桥	14:35	21:15	D97	上海虹桥~南昌	07:45	14:09	252	302
D92	动车组	南昌~上海虹桥	08:10	14:30	D91	上海虹桥~南昌	16:14	22:46	252	302
K288	空调快速	南昌~上海南	21:11	06:24	K287	上海南~南昌	21:00	06:26	106	191
K1186/6	空调快速	南昌~上海南	18:06	05:11	K1185	上海南~南昌	09:05	20:30	106	191
D96	动车组	南昌~杭州	13:19	18:24	D95	杭州~南昌	18:44	23:48	199	239
2186	空调普快	南昌~杭州	21:34	06:50	2185/8	杭州~南昌	19:24	04:46	81	154
D205/8	动车组	南昌~长沙	07:47	11:13	D207/6	长沙~南昌	11:30	15:04	130	156
D117/6	动车组	南昌~长沙	15:27	19:02	D115/8	长沙~南昌	19:35	23:08	130	156
T171	空调特快	南昌~广州东	18:40	06:29	T172	广州东~南昌	19:29	06:58	54	105
K1019	空调快速	南昌~广州东	15:43	05:50	K1017/20	广州东~南昌	15:38	05:02	155	274
K342/3	空调快速	南昌~青岛	16:48	11:26	K344/1	青岛~南昌	12:35	09:00	191	335
K787/6	空调快速	南昌~成都	10:18	11:24	K788/5	成都~南昌	12:30	16:45	116	222
K790/1	空调快速	南昌~西安	18:57	15:03	K792/89	西安~南昌	16:45	12:24	170	300
D3222	动车组	南昌~武昌	08:00	10:52	D3221	汉口~南昌	08:26	11:42	110	132
D3226	动车组	南昌~武昌	14:32	17:26	D3223	武昌~南昌	11:12	14:05	110	132
D3230	动车组	南昌~汉口	19:05	22:22	D3227	武昌~南昌	17:43	20:35	110	132
D3246/7	动车组	南昌~汉口	12:07	15:15	D3248/5	汉口~南昌	15:35	18:46	110	132
K506	空调快速	南昌~南京	21:37	07:00	K505	南京~南昌	20:00	06:38	82	149
K432/3	普快	南昌~扬州	15:02	08:54	K434/1	扬州~南昌	12:42	06:05	64	126
1235	普快	南昌~昆明	15:18	21:51	1236	昆明~南昌	12:43	21:58	107	221
1482/3	空调普快	南昌~包头	09:57	22:15	1484/1	包头~南昌	06:58	17:25	168	312
1557	空调普快	南昌~南宁	17:16	11:40	1558	南宁~南昌	18:20	16:13	145	271
K1122/3	空调普快	南昌~哈尔滨	14:25	06:19	K1124/1	哈尔滨~南昌	17:35	07:55	228	502
K612/3	空调普快	南昌~连云港东	14:58	08:46	K614/1	连云港东~南昌	18:25	08:34	125	224
K8716/7	空调快速	南昌~福州	20:32	06:20	K8718/5	福州~南昌	20:27	06:42	87	157
K8708/5	空调快速	南昌~厦门	18:21	11:01	K8706/7	厦门~南昌	12:48	05:20	113	201
2532/3	空调普快	南昌~宁波东	20:45	11:54	2534/1	宁波东~南昌	12:37	05:18	91	173
2208/5	普快	南昌~温州	18:55	06:55	2207/6	温州~南昌	18:30	05:51	87	165

注:根据有关资料整理,以车站公告为准。

南昌火车站始发列车时刻表(二)

表 37　2012 年 4 月

车次	车种	起终点站	时刻		车次	起终点站	时刻		票价(元)	
			开车	终到			开车	终到	硬座	硬卧
D6342	动车组	南昌~九江	07:00	08:12	D6341	九江~南昌	07:00	08:12	42	50
D6344	动车组	南昌~九江	08:25	09:37	D6343	九江~南昌	08:50	10:02	42	50
D6348	动车组	南昌~九江	09:30	10:42	D6345	九江~南昌	09:50	11:02	42	50
D6346	动车组	南昌~九江	10:16	11:28	D6347	九江~南昌	11:50	13:02	42	50
D6350	动车组	南昌~九江	13:10	14:22	D6349	九江~南昌	12:43	13:55	42	50
D6352	动车组	南昌~九江	14:18	15:20	D6351	九江~南昌	14:35	15:47	42	50
D6354	动车组	南昌~九江	16:00	17:12	D6353	九江~南昌	15:30	16:42	42	50
D6356	动车组	南昌~九江	17:05	18:17	D6355	九江~南昌	17:22	18:34	42	50
D6358	动车组	南昌~九江	18:47	19:59	D6357	九江~南昌	18:30	19:42	42	50
D6360	动车组	南昌~九江	20:35	21:47	D6359	九江~南昌	20:10	21:22	42	50
K8703	空调快速	南昌~井冈山	13:02	17:47	K8732	井冈山~南昌	07:26	11:30	47	
K8731	空调快速	南昌~井冈山	17:10	20:53	K8704	井冈山~南昌	11:14	15:14	47	
K8760	空调快速	南昌~九江	05:27	07:15	K8759	九江~南昌	13:25	15:12	22	73
K8722	空调快速	南昌~玉山	07:15	11:30	K8721	玉山~南昌	12:01	16:04	44	95
K8723	空调快速	南昌~瑞金	07:56	14:42	K8724	瑞金~南昌	11:14	17:50	76	
K8727	空调快速	南昌~醴陵	07:05	11:38	K8728	醴陵~南昌	14:20	19:00	44	
K8730	空调快速	南昌~景德镇	08:23	13:06	K8729	景德镇~南昌	13:47	18:26	47	
5201	普快	南昌~萍乡	14:13	18:54	5202	萍乡~南昌	07:15	11:26	22	
5221	普快	南昌~萍乡	12:06	16:42	5222	萍乡~南昌	11:17	15:37	22	
5204	普快	南昌~上饶	15:40	19:38	5203	玉山~南昌	08:49	13:20	22	
5206	普快	南昌~景德镇	14:26	19:32	5205	景德镇~南昌	07:32	12:36	24	
7205	普慢	南昌~江边村	13:26	17:15	7206	江边村~南昌	06:40	10:23	10	
7213	普慢	南昌~吉安	15:57	20:13	7214	吉安~南昌	08:00	12:01	16	
8551	普慢	南昌~向塘	06:35	07:04	8552	向塘~南昌	19:20	19:50	2. 5	

注:根据有关资料整理,以车站公告为准。

南昌火车站中转列车时刻表

表 38　2012 年 4 月

车次	车种	区间	南昌站		终点站	车次	区间	南昌站		终点站
			到达	开车				到达	开车	
K105	空调快速	北京西~深圳	16:16	16:26	05:02	K106	深圳~北京西	22:59	23:14	16:18
T107	空调特快	北京西~深圳	09:34	09:45	19:47	T108	深圳~北京西	00:23	00:35	14:13
Z133	空调快速	北京西~井冈山	07:13	07:26	10:40	Z134	井冈山~北京西	20:08	20:22	07:55

续表 38

车次	车种	区间	南昌站		终点站	车次	区间	南昌站		终点站
			到达	开车				到达	开车	
K571	空调快速	北京西～龙岩	09:48	09:59	18:33	K572	龙岩～北京西	21:22	21:30	13:03
K751/4	空调快速	上海南～麻城	23:41	00:01	05:26	K753/2	汉口～上海南	21:59	22:13	11:09
K351/4	空调快速	上海南～成都	03:23	03:40	05:20	K352/3	成都～上海南	01:47	01:59	13:59
K11/4	空调快速	上海南～武昌	05:45	06:03	11:35	K13/2	武昌～上海南	21:04	21:18	07:39
K123/2	空调快速	上海南～十堰	00:33	00:48	11:10	K124/1	十堰～上海南	01:01	01:16	11:38
K253/2	空调快速	上海南～宜昌东	02:03	02:15	15:13	K254/1	宜昌东～上海南	03:06	03:18	13:14
K87/6	空调快速	九江～广州	18:15	18:31	07:47	K85/8	广州～九江	07:07	07:25	09:23
T162/59	空调特快	青岛～广州东	02:02	02:12	12:30	T161/0	广州东～青岛	01:54	02:04	20:28
K311/10	空调快速	合肥～广州东	20:13	20:23	08:59	K309/12	广州东～合肥	23:29	23:41	06:33
K304/1	空调快速	连云港东～广州	01:55	02:05	14:27	K302	广州～徐州	10:16	10:38	21:47
K391/90	空调快速	成都～福州	14:39	14:48	05:01	K392/89	福州～成都	23:22	23:34	05:09
K321/0	空调快速	合肥～福州	01:23	01:33	12:40	K322/19	福州～合肥	00:51	01:08	09:10
K523/6	空调快速	汉口～福州	21:33	21:41	10:07	K524/5	福州～汉口	23:35	23:52	05:57
K806/3	空调快速	重庆北～福州	08:23	08:34	20:50	K804/5	福州～重庆北	05:14	05:34	05:20
K32/29	空调快速	洛阳～福州	03:15	03:30	13:41	K30/31	福州～洛阳	02:11	02:28	17:35
1218/5	空调普快	西安～福州	12:45	12:56	23:36	1216/7	福州～西安	22:05	22:16	15:46
K115	空调快速	九江～深圳	17:17	17:36	05:45	K116	深圳～九江	05:26	05:40	07:50
T188/5	空调特快	沈阳北～深圳	18:54	19:04	05:13	T186/7	深圳～沈阳北	06:32	06:46	06:47
K448/5	空调快速	西安～深圳	16:28	16:56	04:50	K446/7	深圳～西安	20:49	20:59	15:11
K1038/9	空调快速	郑州～深圳	09:56	10:06	22:12	K1040/37	深圳～郑州	21:43	22:06	09:11
K555	空调快速	武昌～深圳西	20:42	20:57	10:16	K556	深圳西～武昌	03:16	03:30	09:16
K1622/19	空调快速	天津～深圳西	17:07	17:22	05:56	K1620/1	深圳西～天津	22:12	22:23	16:06
K255	空调快速	合肥～深圳西	02:13	02:24	15:35	K526	深圳西～合肥	05:38	05:50	12:34
K132/3	空调快速	兰州～深圳西	16:06	16:18	07:23	K134/1	深圳西～兰州	22:39	22:56	07:18
K94/1	空调快速	泰州～深圳西	02:21	02:38	14:59	K92/3	深圳西～泰州	05:59	06:15	15:20
1202/3	普快	信阳～深圳西	19:34	19:53	09:16	1204	深圳西～信阳	03:12	03:20	11:40
K1127/6	空调快速	杭州～汉口	03:01	03:10	09:11	K1125/8	汉口～杭州	20:56	21:04	05:17
K1191	空调快速	南京～南宁	06:16	06:28	05:55	K1192	南宁～南京	10:56	11:08	21:41
T126/7	空调特快	成都～东莞东	19:16	19:27	05:10	T128/5	东莞东～成都	21:50	22:00	17:19
K530/1	空调快速	成都东～杭州	13:26	13:38	18:59	K529/32	杭州～成都东	06:12	06:24	08:59
K1136/7	空调快速	青岛～南宁	13:33	13:45	17:05	1338/5	南宁～青岛	23:16	23:27	21:27
K397/6	空调快速	武昌～泉州东	15:38	15:48	10:20	K398/5	泉州东～武昌	11:13	11:27	17:10
K1029	快速	合肥～东莞东	18:05	18:15	06:45	K1130	东莞东～合肥	02:52	03:00	10:14
K1076/7	空调快速	重庆北～宁波东	12:32	12:42	23:02	K1078/5	宁波东～重庆北	17:37	17:52	17:20

续表 38

车次	车种	区间	南昌站		终点站	车次	区间	南昌站		终点站
			到达	开车				到达	开车	
1586/7	空调普快	温州~汉口	01:22	01:37	07:10	1585/8	汉口~温州	20:20	20:39	07:30
K799/8	空调快速	武昌~汕头	19:08	19:19	09:23	K800/797	汕头~武昌	06:48	07:06	11:43
K242/3	空调快速	西安~厦门	13:46	13:58	06:00	K244/1	厦门~西安	10:47	10:59	05:50
K903/2	空调快速	太原~厦门	13:19	13:31	06:12	K904/1	厦门~太原	04:39	05:02	06:08
K742/3	空调快速	郑州~高崎	01:30	01:40	17:22	K744/1	高崎~郑州	11:20	11:41	23:58
K307/6	空调快速	北京西~厦门	绕行西环线			K308/5	厦门~北京西	14:49	15:05	07:05
K668/5	空调快速	沈阳北~福州	绕行西环线			K666/7	福州~沈阳北	17:59	18:14	21:13
1280/1	空调普快	济南~深圳西	01:39	01:51	14:06	1282/79	深圳西~济南	绕行西环线		
K730/1	空调快速	大同~赣州	绕行西环线			K732/29	赣州~大同	15:51	16:06	16:53
K923/2	空调快速	麻城~广州东	绕行西环线			K921/4	广州东~汉口	00:11	00:53	06:27
2185/8	空调快速	杭州~九江	04:46	05:09	07:00	K1187/6	九江~上海南	17:51	18:06	05:11
K491	空调快速	济南~昆明	01:10	01:26	06:05	K492	昆明~济南	16:258	16:42	07:20
K2036/7	空调快速	温州~成都东	绕行西环线			K2038/5	成都东~温州	14:23	14:41	05:30

注:根据有关资料整理,以车站公告为准。

(周国祥)

民用航空

【概况】 2011年,随着南昌昌北国际机场二期扩建工程的竣工通航,江西省机场集团公司迈出第三次创业的脚步。作为展示江西崛起的重要窗口、江西省机场集团公司时刻以服务地方社会经济发展为己任,业已建成南昌与京、沪、穗之间的穿梭航班,构建通达国内20多个省份40多个城市的航线网络,开通南昌直达韩国首尔和中国香港、台北的国际、地区航线,实现与欧美、东南亚国家主要城市之间一票到底、行李直挂,架起了江西对接长珠闽、连通港澳台、融入全球化的空中交通走廊。年均发展速度超出江西GDP增速,也高于全国民航的增长速度。公司先后获得全国五一劳动奖状、全国社会治安综合治理先进单位、连续16年的江西省社会治安综合治理先进单位、江西省文明单位、江西省园林绿化先进单位等荣誉称号。

2011年,江西机场集团公司完成旅客吞吐量660.7万人次,比上年增长17.22%,高于全国机场平均增速9%,起降达64,403架次,比上年增长1.26%,货邮吞吐量39,160.2吨,比上年增长9%,高于行业平均水平10%。其中南昌机场完成旅客吞吐量534.8万人次,比上年增长12.61%;赣州机场旅客吞吐量达51.5万人次,比上年增长63.4%;吉安机场旅客吞吐量达30.24万人次,比上年增长65.8%;景德镇机场旅客吞吐量达35.6万人次,比上年增长15.6%;九江机场旅客吞吐量达8.54万人次,比上年增长4.75%。

(李 思)

【安全服务品质持续提升】 2011年,江西机场集团公司坚持持续安全理念,狠抓安全体系建设,落实安全责任,成功实现自集团成立以来的第八个安全生产年,未发生机场责任原因内的事故及事故征候,安全形势总体平稳,实现了各项安全目标,为服务、生产、经营的持续发展提供了坚强的保障。同时大力践行中国服务,打造红色服务品牌,初见成效,服务品质持续提升。南昌昌北国际机场二季度ACI服务测评4.7分,取得了ACI全球排名第6名的良好成绩,在200万~500万级机场中全球排名第一,为江西机场的发展提供了可靠的保障。

（李　思）

【基础设施建设快速推进】 2011年,江西机场集团公司快速推进绿色机场建设,固定资产投资项目完成8.6亿元。其中,南昌昌北国际机场二期扩建工程如期完工;景德镇机场新航站楼扩建工程投入运行;宜春机场建设工程进展顺利;井冈山机场扩建工程前期工作稳步推进;井冈山民航培训基地举行奠基典礼,进入全面筹建工作。

（李　思）

【南昌昌北国际机场二期扩建竣工投产】 5月22日,南昌昌北机场扩建工程总结表彰大会在T2航站楼前举行。省委书记苏荣宣布竣工通航,省长吴新雄讲话,张裔炯、傅克诚、尚勇、陈达恒、刘上洋、赵智勇、史文清、王文涛、胡振鹏、魏小琴、肖光明、张忠厚、陈宏举、姚木根等出席,省委常委、常务副省长凌成兴主持,副省长洪礼和宣读表彰通报,民航局机场司司长覃章高、首都机场集团公司党组书记刘彦斌、民航华东地区管理局副巡视员胡亚明以及省直各单位、南昌市委、市政府、各参建单位、各航空公司、各驻场单位领导和相关人员参加大会。5月23日,南昌昌北机场新航站楼顺利启用,12月15日,南昌昌北机场飞行区3,400米跑道顺利切换,如期实现"零事故、零事件、零投诉的"目标。

（李　思）

【南昌昌北国际机场3400米跑道正式启用】 12月15日7时42分,随着东方航空公司A320型客机平稳落地,南昌昌北国际机场跑道延长至3400米的起落航线、仪表进离场程序、机场净空、助航灯光设备、通信导航系统等通过全面测试,各项标准均符合运行要求。3400米跑道试飞成功并于当日正式启用,标示南昌昌北国际机场晋升为4E级机场迈出重要一步。

（李　思）

【签署关于加快推进江西民航发展的会谈纪要】 10月14日,江西省人民政府与国家民航局在北京签署《关于加快推进江西民航发展的会谈纪要》。省委书记苏荣、代省长鹿心社与民航局局长李家祥、党组纪检组组长梁宁生出席签字仪式,鹿心社和李家祥分别代表双方在会谈纪要上签字。根据会谈纪要,民航局将积极支持江西省优先发展民用航空战略,支持江西民航发展规划、民用机场布局规划、通用机场布局规划和临空经济发展规划。双方明确贯彻落实《民用机场管理条例》,共同加快建设以南昌昌北国际机场为中心,其他机场为补充并协调发展的江西"一干七支"民用机场体系和航线网络体系,打造江西省旅游特色机场群,促进江西民用航空事业的发展。共同努力将昌北机场打造成为江西民航客运枢纽中心、服务鄱阳湖生态经济区建设的现代交通运输体系的集散中心和服务中部地区的国际航空货运枢纽中心,逐步完善江西区域内综合交通运输体系。纪要还就加大对江西支线机场基础设施建设和运营的支持力度、促进支线航空加快发展、支持民航江西监管局和空管部门的建设和发展、加大对基地航空公司的支持力度、加快江西通用航空业务发展、加大空域协调力度、进一步完善客货进出境通关环境、建立民航发展高层协商机制等事项达成共识。

纪要签署前,苏荣与李家祥就推动江西民航业又好又快发展交换了意见。首都机场集团公司总经理董志毅、民航局相关司局和中航集团、东航集团、南航集团主要负责人以及江西省委、省政府、江西机场集团公司有关方面负责人参加签字仪式。

（李　思）

【签署优化海关监管服务、促进空港发展合作备忘录】 8月23日,省机场集团公司与南昌海关举行《优化海关监管服务、促进空港发展合作备忘录》签字仪式。江西省副省长洪礼和出席并讲话。根据备忘录,南昌海关优先支持江西机场集团公司发展空运货运业务,提供政策支持和服务措施,帮助其用足用好海关优惠政策;配合江西机场集团公司加强空港口岸边境保护,协助维护机场安全稳定;支持江西机场集团公司增开进出境航班及发展进出境公务机业务,开通“多点报关、机场验放”“机场报关、口岸验放”等6个进出口通关模式,支持江西机场集团公司扩大空运货物发展,提高空港货运能力,打造区域性的国际物流集散中心,建设机场国际物流服务体系,积极培育临港经济,推动南昌空港口岸经济做大做强。江西机场集团公司支持南昌海关依法行政,为海关监管执法创造良好环境;优化海关旅检通关环境,支持机场海关监管场所建设及海关监管配套设施建设。

双方商定,建立定期会晤制度,并逐步完善多层次、宽领域、经常性的沟通平台,不断提升合作水平共同致力于打造出便捷顺畅的南昌机场国际客货进出渠道,加快南昌昌北国际机场“三个中心”的打造进程,推动江西航空口岸的做大做强,推动南昌地区临空经济的发展,为江西的对外开放及鄱阳湖生态经济区建设作出更大的贡献。

(李 思)

【南昌机场开通南昌至台北直飞航班】 11月1日,台湾中华航空公司开通台北~南昌直飞航班。南昌市政府、省商务厅、省对台办、省旅游局、江西机场集团公司、中华航空公司等单位领导出席航班开通仪式并剪彩。该航班的开通,将进一步缩减双方往来的时间成本,促进双方来往更加密切,为赣台经济合作提供新的条件和注入新的动力。

(李 思)

江西机场集团公司2011年各机场生产经营情况表

表39

单 位	起降架次(次)		增长率%	旅客吞吐量(人次)		增长率%	货邮吞吐量(吨)		增长率%
	2011年	2010年		2011年	2010年		2011年	2010年	
江西机场集团公司	66403	63602	1.26	6606686	5636102	17.22	39160.2	35914.8	9.01
南昌昌北国际机场	50177	51820	-3.17	534;7853	4748980	12.61	34330.6	32417.9	5.90
赣州机场	6106	5064	20.58	515068	315246	63.39	2948.3	2195.7	33.73
景德镇机场	3102	2666	16.35	355930	307889	15.60	678.7	467	45.33
吉安机场	3502	2610	34.18	302406	182412	65.78	1121.4	770	45.64
九江机场	1516	1442	5.13	85429	81555	4.75	81.179	64.3	26.25

(李 思 周国祥)

【景德镇机场春运吞吐旅客逾3万人次】 1月19日至2月27日为期40天的春运时间里,景德镇机场共保障航班起落302架次,同比增加8.6%;旅客吞吐量达到33540人次,同比增长12.9%,其中进港16763人次、出港16777人次。

(涂 强)

【景德镇机场推出“我要上大学”折扣票】 8月15曰至9月20日,景德镇机场针对大学新生上学特别推出学生折扣票。景德镇机场推出的“我要上大学”促销产品的主要服务内容是,2011年考上大学的新生,提前3天申请,凭学生证或录取通知书,学生本人及家属享受景德镇至北京机票5折优惠。符合要求的旅客凭学生证或者入学通知书到指定售票处购买折扣票。购票时,其同行家属应和本人在同一户口本上,购票人数不限。针对景德镇在北京读书学生较多的特点,景德镇机场与“国航”共同推出的对学生及其家属的优惠产品,大大方便了大学生上学。

(涂 强)

【景德镇—厦门航线首飞成功】 9月10日13时

许,四川航空公司3U8677型客机从景德镇罗家机场直飞蓝天,标志着景德镇—厦门航线首飞成功。当天正值教师节,景德镇机场推出教师节4.5折购票优惠举措,最低票价为224元,吸引了众多教师以乘飞机旅游的方式庆祝属于自己的节日,许多乘客为有幸成为景德镇—厦门航线首飞的见证人而兴奋不已。

（涂 强）

【景德镇—成都直飞航线开通】 11月1日,景德镇至成都直飞航线正式开通,并自11月中旬起加密为周一至周六每日一班。为方便广大市民出行,市民航局、景德镇机场分公司在9月10日开通景德镇—厦门直飞航班的基础上,经多方争取,成功开通景德镇至成都直飞航班。该航班开通后,景德镇直飞成都仅需2小时,机型为150座以上的空客320或160座以上的波音738的大机型。

一直以来,景德镇至成都无直达火车,乘飞机需要中转,市民需经南昌、黄山、鹰潭或九江中转火车或汽车前往成都。相比火车30余个小时的车程,景德镇至成都直飞航线的开通可为旅客节省28个小时左右,而670元起售的票价与火车卧铺总价相差不了多少,在旅客运输市场极具竞争力。

（涂 强）

【九江民航快速发展】 2011年,九江庐山机场已开通至北京、上海、广州、厦门往返航线,每周17个航班,其中上海每天一班,北京每周4班,广州、厦门每周3班。近5年来,旅客吞吐量快速增长,2007年旅客吞吐量6400余人次,2008年旅客吞吐量43000人次,2009年旅客吞吐量63000人次;2010年达到82000人次;2011年货邮达到64.165吨,同比增长了315%,创九江机场有史以来的最高纪录。预计到“十二五”期末,旅客吞吐量达到30万人次,货邮吞吐量0.2万吨,起降架次0.4万架次,年复合增长分别达到30.3%、90.4%、24.3%,实现通航点8个。

（九江市交通运输局）

【赣州机场迎来客流高峰】 2月10日,赣州机场当日进出港航班达到26个,进出港旅客吞吐量突破2000人次,均创历史最高纪录。春运期间,为保障旅客的出行需求,赣州航空发展服务有限责任公司积极与执飞航空公司协调,增开了加班航班,同时,前往广州、深圳、北京的航线也适时改换大机型执飞。节前高峰出现在1月29日,单日进出港吞吐量1661人次,节后出港客流呈逐日攀升态势,预计出港高峰将持续至元宵节前后,截至2月9日,赣州机场春运期间已发送旅客30728人次。

（赣州市交通运输局）

【赣州机场日吞吐量突破2000人次】 2月10日,随着四川航空公司加盟赣州航空市场,赣州机场日起降架次突破历史最高纪录,当日起降架次达24个,旅客吞吐量2193人次,单日旅客吞吐量首次突破2000人次。春节黄金周,赣州机场运送旅客9678人次,同比增长56.3%;起降架次124个,同比增长17%;货邮吞吐量5.5吨,同比增长16.4%。自春运以来,赣州机场运送旅客32702人次,同比增长83%;起降架次390个,同比增长14.7%;货邮吞吐量87吨,同比增长5%。赣州机场已经开通10个城市的航线,每周出港航班数量达到76个,基本架构起通达东西南北的航线网络。

（赣州市交通运输局）

【赣州机场综合排名“挺进”前80位】 3月21日,根据中国民用航空局公布的《2010年全国机场生产统计公报》,赣州机场以旅客吞吐量31.52万人次超越恩施、牡丹江、洛阳、南通等机场,位列全国175个通航民用机场的第80位,比2009年的第91位上升11位。这是继2007年赣州机场排名进入全国百位以来的又一次大幅度上升。市委、市政府高度重视航空业的发展,赣州航空运输生产保持快速增长势头,旅客吞吐量一路攀升。2010年,赣州机场旅客吞吐量达31.52万人次,同比增长66.7%,货邮吞吐量2205.5吨,同比增长51.1%,全国排名第67位;飞机起降5066架次,同比增长19.5%,全国排名第82位。

（赣州市交通运输局）

【赣州航空年旅客吞吐量突破50万人次】 12月18日,随着当天3U8937成都至赣州航班缓缓进入机场停机坪,赣州黄金机场年旅客吞吐量首次突破50万人次,同比增长65%以上,提前13天完成了2011年旅客吞吐量任务。这意味着赣州机场的安全保障和运输生产能力跨上了一个新的台阶。2007年以来,随着赣州经济社会的快速发展,按照“航空市场培育与机场管理相分离,政府支持与市场运作相结合”的发展模式,赣州航空业迅速发展,运输生产一直保持快速增长势头,从2008年的12万人次到2009年的19万人次,从2010年的31万人次再到2011年突破50万人次,旅客吞吐量一路攀升。赣州航空发展服务有限责任公司自2009年成立以来,根据市委、市政府的发展战略,依托本地优势,大力开辟国内航线,着力构建完善的航线网络,逐步向百万级空港迈进。自12月15日赣州航空开通赣州至济南航线后,又新增赣州至合肥航线,经停南昌。至此,赣州航空发展服务有限责任公司已开通航线9条,连通12个城市。参与运营的有南航、东航、川航等7家航空公司。赣州百姓从赣州至全国各地的出行越来越快捷。

(赣州市交通运输局)

南昌昌北国际机场航班时刻表

表40 2012年3月

到达地	航班号	机型	南昌始发		返程始发		班期	机场
			起飞	到达	起飞	到达		
北京	CA1582/1	空客320	08:10	10:25	11:25	13:45	每日	首都
	CA1582/1	波音738	08:30	10:40	19:25	21:40	每日	
	CA1582/1	空客321	10:45	13:05	07:35	09:55	每日	
	CA1582/1	波音738	11:30	13:45	08:20	10:30	每日	
	CA1582/1	空客320	14:40	16:55	18:00	20:10	每日	
	CA1582/1	波音738	15:05	17:20	11:45	14:05	每日	
	CA1582/1	波音738	18:05	20:35	14:45	17:05	每日	
	CA1582/1	空客320	19:00	21:20	22:05	00:15	每日	
	CA1582/1	波音738	23:10	01:10	20:20	22:20	每日	
上海	FM9246/5	波音738	10:25	11:40	20:20	22:20	每日	虹桥
	FM9258/7	波音738	14:05	15:20	21:20	22:50	每日	
	MU5568/7	空客320	15:50	17:05	13:40	15:00	每日	
	FM9278/7	波音738	17:45	19:15	15:10	16:30	每日	
	MU5566/5	空客320	22:20	23:35	20:10	21:35	每日	
	MU5466/5	空客319	08:00	09:20	21:20	22:50	每日	浦东
	ZH9291/2	空客320	10:15	11:40	12:30	14:10	每日	
	HO1206/5	空客320	15:30	16:55	13:05	14:40	每日	
广州	MU5231/2	空客320	09:50	11:20	12:20	13:50	每日	广州
	CZ3540/39	空客320	10:20	11:50	08:10	09:35	每日	
	CZ3536/5	空客320	13:20	14:50	11:05	12:30	每日	
	MU5255/6	空客320	14:00	15:30	16:35	17:55	2、4、5、7	
	MU5255/6	空客320	19:50	21:20	22:10	23:30	1、3、6	
	ZH9668/7	空客320	15:10	16:40	07:50	09:10	每日	
	CZ3626/5	空客319	17:50	19:20	15:35	17:00	每日	
	HU7344/3	波音738	20:00	21:35	10:00	11:30	每日	
	ZH9712/1	空客320	20:25	22:05	18:10	19:30	每日	
	CZ3546/5	空客320	22:20	23:50	20:05	21:30	每日	

续表 40

到达地	航班号	机型	南昌始发		返程始发		班 期	机场
			起飞	到达	起飞	到达		
厦门	MF8538/7	波音 737	10:25	11:40	08:20	09:35	每日	高崎
	MU2281/2	空客 319	13:35	14:50	15:50	17:05	每日	
	SC5082/1	波音 738	15:25	16:35	08:30	09:45	每日	
	HU7352/1	波音 738	16:10	17:20	07:55	09:05	2、4、6	
	MF8208/7	波音 737	22:50	23:55	16:00	17:10	每日	
南京	CZ3263/4	波音 738	10:30	11:35	12:25	13:30	每日	禄口
	MU2756/5	空客 320	14:10	15:10	07:55	08:55	每日	
	CZ6582/1	空客 319	20:20	21:20	18:25	19:30	每日	
	MU2890/89	EMB	23:30	00:30	17:30	18:30	1、3、5、7	
重庆	PN6318/7	空客 319	13:50	15:30	07:50	09:25	每日	江北
	3U8960/59	空客 319	14:40	16:20	08:20	09:50	每日	
	CZ6968/7	波音 737	17:15	19:05	14:45	16:20	2、4、6	
	MF8485/6	波音 737	21:50	23:25	08:45	10:10	每日	
成都	MF8285/6	波音 737	08:40	10:50	21:25	23:20	3、5、7	双流
	CA4508/7	空客 321	10:40	12:45	07:40	09:40	每日	
	ZH9379/80	波音 738	13:15	15:25	10:30	12:25	每日	
	3U8928/7	空客 321	15:20	17:30	08:25	10:25	每日	
深圳	MF8383/4	波音 737	08:10	09:40	10:40	12:10	1、2、4、6	黄田
	CZ3584/3	空客 321	10:15	11:50	07:45	09:20	每日	
	MU5261/2	空客 320	14:30	16:05	17:05	18:25	每日	
	ZH9870/69	波音 738	14:45	16:15	08:00	09:25	每日	
	CZ3618/7	空客 320	16:45	18:05	14:30	15:50	每日	
	ZH9872/1	空客 320	21:50	23:25	19:25	21:00	每日	
西安	MU5583/4	波音 737	07:50	09:30	22:40	23:55	每日	咸阳
	SC5081/2	空客 319	10:35	12:20	13:10	14:40	每日	
	HU7650/49	波音 738	14:30	16:15	10:35	12:05	1、5	
	MF8207/8	波音 738	17:55	19:45	20:35	22:00	每日	
	MU2282/1	波音 737	18:05	19:45	10:35	12:10	每日	
福州	PN6317/8	空客 319	10:05	11:15	12:00	13:10	每日	长乐
	3U8959/60	空客 319	10:40	11:50	12:40	13:50	每日	
	MF8486/5	波音 737	10:50	12:20	19:50	21:00	每日	
沈阳	HU7343/4	波音 738	12:15	15:15	16:05	19:10	每日	桃仙
	CZ6582/1	空客 319	20:20	00:05	15:30	19:30	每日	
贵阳	MU2755/6	空客 320	09:40	11:10	12:00	13:25	每日	龙洞堡

续表 40

到达地	航班号	机型	南昌始发		返程始发		班 期	机场
			起飞	到达	起飞	到达		
大连	MF8075/6	波音 737	13:00	14:50	20:50	22:55	每日	周水子
哈尔滨	MF8075/6	波音 737	13:00	17:30	18:35	22:55	每日	阎家岗
兰州	HU7650/49	波音 738	14:35	18:10	08:40	12:05	1、5	兰州
三亚	3U8876/5	空客 320	19:55	22:25	10:20	12:50	2、4、6	凤凰
	JD5146/5	空客 320	15:25	17:55	07:30	10:00	每日	
济南	JD5145/6	空客 320	10:45	12:25	13:10	14:45	每日	遥墙
	SC4870/69	CRJ	20:10	21:50	15:20	16:55		
青岛	ZH9667/8	波音 737	08:05	09:40	12:40	14:20	每日	流亭
宁波	3U8927/8	空客 321	11:15	12:25	13:15	14:30	每日	栎社
南宁	CZ3264/3	波音 738	14:20	16:10	08:10	09:30	每日	吴墟
	GS6523/4	E190	15:35	17:20	09:45	11:20	每日	
温州	GS6524/3	E190	12:05	13:05	13:45	14:50	每日	温州
郑州	GS7464/3	ERJ	12:40	13:55	10:40	11:55	2、4、6	新郑
	GS7464/3	E190	13:00	14:15	10:55	12:10	1、3、5、7	
天津	GS7464/3	ERJ	12:40	15:55	08:45	11:55	2、4、6	滨海
	GS7464/3	E190	13:00	16:15	08:45	12:10	1、3、5、7	
呼和浩特	3U8875/6	空客 320	13:40	16:00	16:50	19:05	2、4、6	呼和浩特
	GS6497/8	ERJ	13:40	16:40	10:10	13:10	1、2、4、6	
海口	JD5300/299	空客 319	11:05	12:55	08:35	10:25	1、2、4、5、6	美兰
	MU5345/6	空客 320	21:00	22:50	23:40	01:30	每日	
	HU7072/1	波音 738	21:35	23:30	18:50	20:45	每日	
合肥	JR1526/5	MA6	14:35	15:50	12:50	14:05	每日	骆岗
太原	GS6497/8	ERJ	13:40	15:25	11:30	13:10	1、2、4、6	武宿
	22:40	2、6	CZ6297/8	波音 738	18:40	20:20	21:00	
乌鲁木齐	MF8285/6	波音 737	08:40	15:40	17:05	23:20	3、5、7	乌鲁木齐
	CZ6968/7	波音 737	17:15	23:45	10:20	16:20	2、4、6	
	CZ6968/7	波音 737	17:15	23:45	10:20	16:20	7	
鄂尔多斯	HU7351/2	波音 738	10:00	12:00	13:05	15:20	2、4、6	鄂尔多斯
汕头	CZ6298/7	波音 738	23:20	00:40	16:40	18:00	2、6	外砂
赣州	8L8940/39	空客 319	11:10	12:00	09:45	10:30	每日	黄金
	SC4869/70	CRJ	17:30	18:20	18:55	19:35	每日	
昆明	MU5796/5	波音 737	10:40	13:05	07:55	09:40	每日	巫家坝
	8L8940/39	空客 319	11:10	14:30	07:10	10:30	每日	
	MF8409/10	波音 737	16:55	19:15	20:25	22:10	每日	

续表 40

到达地	航班号	机型	南昌始发		返程始发		班 期	机场
			起飞	到达	起飞	到达		
柳州	MU2890/89	EMB	19:00	20:40	21:20	23:30	1、3、5、7	柳州
泉州	MF8410/09	波音 737	22:55	23:55	15:10	16:10	每日	晋江
香港	MU5017/8	空客 320	08:40	10:25	11:25	13:00	2、5	香港
台北	C1545/6	空客 330	19:30	22:05	15:45	18:20	2、5	桃园/松山
	MU2050/8	空客 320	08:00	10:15	16:40	18:05	1、3、6	
台中	C1253/4	E190	11:30	14:20	0740	10:40	6	台中

（根据资料整理，供参，以机场公告为准）

（周国祥）

公路科技大楼铺装一层(地面上一层)

索 引

说 明

1. 本索引内容为条目主题词及相关人名、地名、单位、文件与事物名称。
2. 词条按汉语拼音首字母顺序排列。
3. 词条后的数字表示所在页码,a 代表左栏,b 代表右栏。重复出现的词以多个页码表示。
4. 年鉴的特载、专文、文献文件与附录未编入索引。

A

F

G

H

I

J

K

L

M

N

O

P

Q

R

S

T

W

X

Y

Z

鄱阳湖生态区

江西际洲建设工程集团有限公司

公司承建的抚吉高速公路 B1 合同段主线桥梁半幅通车典礼

T 梁预制场

江西际洲建设工程集团有限公司以承包市政公用工程、公路工程、城市园林绿化工程、房地产开发为主营业务，注册资金 1.51 亿元人民币。

公司具有 5 个一级资质：公路工程施工总承包一级、市政公用工程施工总承包一级、公路路基工程专业施工承包一级、公路路面工程专业施工承包一级、桥梁工程专业承包一级；3 个二级资质：园林绿化工程二级、隧道工程专业承包二级、房地产开发二级；以及公路水运工程试验检测综合类乙级、公路养护工程二类甲、乙级和房建三级。2007 年至 2011 年 5 年间累计承建高速公路 72.67 千米，公路工程 590 千米，市政道路 84.7 千米，桥梁工程 15246 米 /88 座，隧道工程 3449 米 /3 座，园林绿化景观工程 31.5 万平方米。

公司通过了 ISO9001 国际质量管理体系的认证、ISO14001 环境管理体系认证和 GB/T 28001 职业健康安全管理体系认证。公司承建的各类工程合格率达 100%。其中上饶市长塘北路绿化亮化工程、上饶市水南街道路改造工程、婺源县文公北路建设工程、萍乡黄花污水处理厂建设工程等市政项目，先后荣获省优工程奖。公司承建的抚吉高速公路土建工程 B1 合同段里程 6.77 千米，工程内容为路基土石方，涵洞，通道，大桥，分离立交，互通跨线桥等，合同造价 1.9 亿元，项目经理郭举英被评为全线“优秀项目经理”。

公司连年被江西省企业联合会和企业家协会评为“江西省优秀企业”、“上饶市优秀企业”；2010 年，被中国工程建设质量管理协会授予首批“全国工程质量、安全、信誉 AAA 级信用施工单位”称号；2011 年，公司所属的沥青拌合站被江西省总工会和中华全国总工会分别授予“工人先锋号”称号；2012 年 4 月，公司被江西省劳动竞赛委员会和江西省总工会授予“江西省职工经济技术创新先进集体”称号；2012 年 6 月，公司被江西省住房和城乡建设厅表彰为“江西省先进建筑业企业”。

桥梁墩柱施工

信江河大桥架设梁片施工

标准化施工

北京城建集团有限公司

公司承建的抚吉高速 AP2 合同段标准化施工

申苏浙皖高速

员人工施线一问慰心关

北京城建集团是以工程总承包、房地产开发、设计咨询为主业，经营生产和资本运作相结合的大型综合性建筑企业集团，具有房屋建筑工程、公路工程施工总承包特级资质和市政公用工程、机电安装、地基与基础、钢结构、公路路面、城市轨道交通工程等一批专业总承包一级资质。以工业与民用建筑、市政工程、地铁、高速公路、深基础工程、机场港口、长输管线等工程设计、施工、房地产开发和资本经营为主业，并从事工业生产、物业经营、饭店管理、外经外贸等多种业务。是“中国企业 500 强”之一，“世界 225 家最大国际承包商”之一，“中国最具影响力企业”、“中国十大影响力品牌”企业和“全国优秀施工企业”。

北京城建集团拥有总资产 450 亿元，员工 26000 人，年经营额 430 亿元。现有 120 余家法人企业、31 家分公司（含事业单位）。集团公司及所属 40 家企业通过 ISO9000、ISO14001、OHS18000 认证。公司目前江西抚吉高速公路在建工程为 AP2 合同段，项目经理冯希义、总工李志强以定期和不定期相结合的方式开展质量检查工作，强化员工创精品意识，确保工程质量创优，切实做到了分部、分项工程质量的有效控制，进而实现了业主要求的质量管理目标。

集团公司组建以来，65 次获得中国建筑业最高奖“鲁班奖”和国家优质工程奖及詹天佑奖，813 次获得北京市“长城杯”奖和省市优质工程奖。承建了国家体育场、国家体育馆、五棵松文化体育中心、奥运村、首都机场 3 号航站楼等 41 项奥运项目及其配套工程，以及国家大剧院、中央电视台、首都机场 3 号航站楼、银泰中心和国内外多个城市的地铁线路和高速公路等重大工程建设项目。

料场

济南至泰安高速公路

景鹰高速

北京市公路桥梁建设集团有限公司

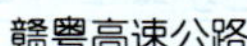
赣粤高速公路

两龙高速隧道

北京市公路桥梁建设集团有限公司成立于1986年，具有公路工程施工总承包特级、市政公用工程施工总承包一级、桥梁工程专业承包一级、公路路面工程专业承包一级、公路路基工程专业承包一级及城市轨道交通工程专业承包资质。是一家以公路桥梁建设为主的国有大型建筑集团。

多年来，北京路桥承建了各种高速公路、桥梁、市政道路、地铁、城乡公路、给排水工程等基础设施建设，承担着北京市范围内国、市公路主干线、路网改造、建设工程、维修养护等任务。从1987年起，北京路桥先后承建了京津唐、京石、京哈、机场、八达岭、京沈、京开、等高速公路及四环路、五环路、六环路、地铁十号线等一批国家、市级重点工程。并多次荣获国优“银质奖”、“鲁班奖”、“詹天佑土木工程奖”等。同时，北京路桥积极开拓外埠市场，先后参加了山东胶济、河北石安、山西石太、辽宁锦埠、福建福宁、江西赣粤、甘肃临清、宁夏银古、内蒙呼包高速公路及新疆奎赛公路、川藏公路、浙江上虞大桥等多项重点项目工程建设，从海口到哈尔滨，从杭州到西藏……无不矗立着北京路桥的座座丰碑，这座座精品的杰作犹如一把把金色的钥匙，打开了北京路桥通向成功的市场之门。

北京路桥目前江西在建工程为抚吉高速公路A3合同段。公司将恪守“为社会提供精品工程是我们不变的主题，为客户提供优质服务是我们永恒的追求”的理念，以优异的设计、先进的管理、优质的施工与服务，依托科技的优势，用自己的汗水和智慧为社会奉献一大批精品工程，赢得社会的赞誉。

福宁高速公路立交桥

泉厦高速公路

中铁一局集团第

公司承建的江西吉莲高速 A2 合同段项目经理丛芝峰、总工丁万利陪同业主察看工地建设

京福高速公路

公司承建的江西吉莲高速 A2 合同段路基标准化施工

中铁一局集团第二工程有限公司是1954年元月组建（2000年12月改制），经国家建设部审定的市政公用工程施工总承包一级、公路工程施工总承包一级企业，拥有路基工程专业承包一级、土石方工程专业承包一级、桥梁工程专业承包一级、隧道工程专业承包一级、房建总承包及预应力工程二级资质；公司通过了ISO 9001质量体系认证、ISO 24001环境管理体系认证、ISO 28001职业健康安全管理体系认证。现有资产总值60543万元，年生产能力20亿元以上。

公司自1954年组建以来，先后参建了宝天、天兰、包兰、兰青、京九、内昆、神延、秦沈、宝兰、渝怀、西合、精伊霍等铁路干线和20多条支线、专用线以及兰州枢纽、干塘给水以及唐港、石港、合安、罗长、京福、蚌明、沪蓉西等高速公路和宁波协和石化移山填海、榆林行署办公大楼等大型工程。近年来，公司不断引进和吸收国内外先进技术，又先后参加了三福高速公路深水墩、兰

二 工 程 有 限 公 司

内昆铁路大桥

T 梁架设

临高速公路芦家沟特大桥高墩悬灌及北京、天津地铁城市轻轨铁路等工程施工，拓展了施工领域，增强了企业的市场竞争能力。

公司承建的江西吉莲高速 A2 合同段，起点是吉安县永阳镇西坑村，终点是吉安县敖城镇苗圃，线路全长 15.25 千米，在全线土建单位中施工线路最长。项目经理丛芝峰、总工丁万利充分调动员工积极性，贯彻执行标准化施工理念，多次取得月度评比和阶段评比的先进成绩，得到上级管理部门的高度评价。

公司采用科学方法组织和指挥生产，拥有严密的安全质量管理体系和现代化检测试验手段。经过深化改革，转机建制，优化组合，公司已形成以建筑为主，建、工、贸多元化发展的新格局。公司将永远遵循"让顾客满意，为股东增值，使员工富有，求合作共赢，向社会呈现建筑精品"的企业宗旨，追求卓越，不断完善整合型管理体系，保持其有效运行并持续改进，向管理和技术的高峰攀登。

路基填筑压实

高速公路互通立交桥

中铁十二局集团第

江西省委常委、常务副省长凌成兴视察抚吉高速A2标，项目经理任达元为省领导讲解项目施工情况

省质监站领导检查抚吉高速A2标T梁预制场施工

中铁十二局集团第三工程有限公司是国有控股建筑施工企业，具有铁路工程施工总承包二级、公路工程施工总承包一级、市政公用工程施工总承包一级、公路路基、桥梁、隧道、水工隧洞专业承包一级、城市轨道交通专业承包资质。公司先后通过了ISO 9000国际质量体系认证、ISO 14001环境管理体系认证及GB/T 28001职业健康安全管理体系认证。企业注册资本金6亿元，总资产44亿元，年施工能力60亿元以上。公司在建项目57个，遍布全国20个省市。

标准化路基填筑施工

经过多年的市场博弈，公司在铁路、公路、市政、水利水电等施工领域具备了较强的能力。在激烈的市场竞争中，公司始终秉承"诚信、创新永恒，精品、人品同在"的企业精神，在保持并不断发扬人民军队不畏困难，勇于攻关，注重质量，讲求信誉的优良传统的基础上，锐意进取，广泛采用新工艺、新技术，积极开展科技进步、科研攻关和科技创新活动，顺利通过国家高新技术企业认证，不断提升施工能力和施工水平。在公司承建的所有工程项目中，工程质量均达到了业主的要求，工程合格率100%，先后有多项工程获国家及省（部）优质工程，先后荣获"国家科技进步特等奖"、"全国先进集体"、"五一"劳动奖状，被国资委评为"中央企业先进集体"、"中央企业先进基

已架通的宜黄河特大桥

三工程有限公司

数控钢筋与弯箍机钢筋制作观摩与观摩培训会

T梁预制后提梁

层党组织”；被中国铁道建筑总公司党委授予“先进基层党组织”；被评为山西省“优秀建筑企业”、“安全明星企业”、“思想政治工作优秀企业”；连续10年被评为山西省“守合同、重信用”单位；连续14年被太原市评为“精神文明单位标兵”；企业信用等级被中国建设银行山西省分行评为“AAA”级。

公司承建的抚吉高速A2合同段线路全长9.6千米。沿线经过抚州市临川区秋溪镇邱坊村、崇仁县航埠镇下章村、临川区龙溪镇栖源村、崇仁县航埠镇古塘村。该合同段主要工程为：路基、桥涵、防排水等工程。其中桥梁3座：宜黄河特大桥、古塘208省道跨线桥，互通匝道桥。路基长度占标段长度的86%，挖土石方136万立方米，桥涵及附属工程混凝土总方量约7万立方米。共设置两个拌和站，两个梁场。施工难度在于：宜黄河特大桥水上作业施工；崇仁互通主线跨A匝道桥大体积混凝土现浇施工。

路基上边坡

特大桥施工

中国建筑第五工

江西省委常委、常务副省长凌成兴等领导视察公司抚吉高速工地

江西省委常委、省委组织部部长莫建成察看公司项目建设情况

抚州市副市长周小平视察公司抚吉高速工地

中国建筑第五工程局有限公司（以下简称中建五局）是世界500强企业、中国最具国际竞争力的建筑地产集团——中国建筑工程总公司的成员企业。公司认真践行总公司“中国建筑，服务跨越五洲；过程精品，质量重于泰山”的价值理念，多年来转战南北，角逐海外，在国内外建筑市场享有盛誉。先后获“全国守合同重信用企业”、“全国五一劳动奖状”、“中国最具成长性企业”、“全国优秀施工企业”、“中国十大管理创新示范企业”、“中国建筑业首批AAA企业”等国家级奖项。

中建五局崇尚科技进步和技术创新，获省部级和国家级奖励科技成果50余项。中建五局关注顾客，精心施工，质量持续改进，2001年通过质量管理体系认证，2003年通过质量、环境、职业健康安全管理体系整合认证，2007年导入卓越绩效模式，获“湖南省质量管理奖”，2008年被授予“中国质量鼎”，2009年获得“全国质量管理奖提名奖”，累计获省部级以上优质工程奖300余项，其中多项工程获“鲁班奖”和“国家优质工程奖”、“詹天佑土木工程大奖”、“全国用户满意工程”等国家级奖项。

中建五局在发展生产、提升企业硬实力的同时，坚持加强文化建设，提升企业软实力。近几年根据局情，吸收中华文化、湖湘文化、中建文化的精髓，中建五局形成了“信心、信用、人和”的“信·和”主流文化，荣获第十五届全国企业管理现代化创新成果一等奖，2010年荣获“国际企业文化核心竞争力十强单位”。这些文化建设成果和精神财富，为中建五局实现可持续发展、打造百年基业提供了内在动力和不竭源泉。

公司承建的江西抚州至吉安高速公路A10合同段，项目前期由于进场乡村便道长，约20余千米土路需拓宽加固，需从当地乐安县城架设20多千米的高压线并安装高性能的变压器作为施工用电才能施工，尤其是在征用施工用地过程中，

公司承建抚吉高速A10合同段岭龙高架桥：上部结构为先简支后连续30m T梁，下部为柱式桥墩，净高达到30多米，全长605米

程 局 有 限 公 司

省交通运输厅总工程师胡钊芳查看工程建设情况

中建五局基础设施部经理寻立新和中建五局土木工程有限公司总工程师罗努银，抚吉高速 A10 标项目经理谭美忠到现场指导工作

镇与镇、村与村、组与组、个人与组之间均存在不同程度的纠纷，协调难度极大，征用地费用很高，前期投入巨大，施工环境和条件非常艰苦，造成前期施工有些被动。

2012 年上半年抚吉高速项目施工又遇到了当地有气象记载以来最恶劣的天气，经理部克服了前所未有的各项困难，并且在业主、设计院、监理单位的大力支持、关心和配合下，及时转变思想，积极响应业主组织的各项活动，为不影响抚吉高速按期通车，不影响路面单位施工，为江西高速公路今年突破 4000 千米的大局出发，项目经理部不计成本的增加各项投入，迅速扭转了前期被动局势，立见成效，取得了一系列成绩：2012 年 2 月份获得了 A 段 10 个路基标的综合评比第 2 名；在“苦干三个月，誓夺桥隧半幅通”活动中，在全线 19 家路基单位中获得了 5 家“优胜单位”称号之一；2012 年 6 月 27 日 A 段 10 个路基单位第一个全幅桥梁架通；在 2012 年 7 月份在项目办组织的抚吉高速第二阶段评比中，获得路基单位第 3 名的成绩；2012 年 7 月 13 日 A 段 10 个路基单位第一个完成全部路基交验；2012 年 8 月份，公司标段主体工程全部完成，项目经理部全线第一个从工地撤出，留守少量人员搬往县城进行收尾工作；2012 年 12 月 31 日抚吉高速竣工通车总结表彰大会上，中建五局公司被评为优秀施工单位，A10 合同段项目经理谭美忠被评为劳动模范。

这些取得的系列成绩展示了中建五局是一个重承诺、守信誉、能打硬仗的大型施工企业，充分体现了中建五局铁军风采。

连接线

分离立交

路面近景

公司承建的江西抚州至吉安高速公路 A10 合同段乐安隧道为双孔分离式隧道，全长 615 米

江西省建工集团

省委常委、常务副省长凌成兴莅临指导工作

江西建工集团董事长李平，副总经理陈仁华亲临指导工作

江西省建工集团有限责任公司是省国资委出资监管的省属国有企业，其前身为江西省建筑工程局，成立于1952年，走过了半个世纪的奋斗与发展历程，已成为江西省最具影响和实力的建筑施工企业之一。集团公司履行集团资产经营与自身生产经营的双重职能，一方面，经省政府授权依据产权关系经营集团成员企事业单位全部国有资产；同时，具有房屋建筑工程施工总承包特级等多项资质与对外承包工程和劳务合作经营权，积极参与国内、国际经济技术合作和竞争。

公司自成立以来，先后承建过江西省境内的大量国家和省重点工程项目，范围遍及轻纺、化工、机械、建材、电力、交通、卫生、体育以及科技、文教等各行业，为江西省各个历史时期的经济发展及社会进步作出了积极的贡献。承建或参建的主要工程有九江炼油厂、九江化纤厂、江西涤纶厂、江西水泥厂、江铃汽车公司、九江电厂、丰城电厂、井冈山电厂、梨温、京福、赣粤、昌金、永武、温厚、武吉、抚吉高速公路及昌厦一级公路、江西省第二人民医院、江西省一附院外科大楼、江西艺术剧院、江西省新博物馆、江西科技馆、省老干部活动中心、江西省人民政府大楼、江西展览馆、江西宾馆等。创出了包括获“鲁班奖”的南昌市邮政轻件处理中心、东华理工学院教学实验大楼和中国井冈山干部学院，获国家银质奖的九江电厂一期工程和丰城电厂工程等一批国家、部、省级优良工程和以江西省体育馆施工和高耸构筑物、大型网架施工技术为代表的一系列科技进步成果。

公司自1970年以来开展对外经援与承包工程、劳务合作等业

安全宣传标语

细集料棚

沥青拌合楼

有 限 责 任 公 司

项目经理张军召开项目部生产工作会议

安全培训教育现场

务，先后派出各类专业技术及劳务人员5000余人次，在赞比亚、伊拉克、科威特、利比亚、厄立特利亚、以色列、南非、马拉维、新加坡、卡塔尔等国家承包建筑安装工程，提供劳务和进行技术合作，赢得了国内外用户和合作者的广泛赞誉。

公司先后获得“江西省先进施工企业”、“江西省质量管理先进企业”、“江西省质量信得过企业”、“江西省施工安全管理先进企业”等荣誉称号，并已通过质量、环境、职业健康安全管理体系认证。

公司本着“当现代鲁班，建万千广厦”的历史使命感，弘扬“以人为本，求实创新，诚信立业，奉献精品”的企业精神，为江西在中部地区的崛起作出应有的贡献，为社会和用户提供高质量的精品工程和满意的优质服务，并诚恳地希望与国内外同行、用户和朋友们进行更广泛更密切的合作，以共谋发展，共图振兴。

公司承建的抚州至吉安高速公路BP3合同段为路面标段，长25.786千米，工期为18个月。工程内容主要为级配碎石底基层、水泥稳定碎石基层、沥青稳定碎石基层、封层、透层、粘层、沥青混凝土路面面层、水泥混凝土面层、路面排水工程、中央分隔带、绿化、路面标志标线及通讯管道工程等。

一号白站场地硬化

摊铺现场

下基层施工

江西建工抚吉高速BP3标园林式黑白站俯撤图

路

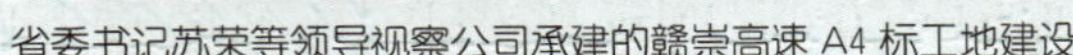
省委书记苏荣等领导视察公司承建的赣崇高速 A4 标工地建设

各级领导到梁场观摩

江西赣北公路工程有限公司原名九江赣北公路工程有限公司，初创于1956年，是江西省交通系统骨干企业之一。该公司拥有公路工程施工总承包一级资质，路基、路面施工专业承包一级资质和公路养护施工一类资质，经商务部批准拥有对外承包工程经营权，通过了GB/T19001:2000—ISO9001:2000质量管理体系认证、GB/T24001—2004环境管理体系和GB/T28001—2001职业健康安全管理体系认证。

公司集公路、桥梁、隧道、城市市政、机场道路、码头、房建等土木工程建设能力于一身，在多项关键施工领域具有20年以上的施工经验和技术积累，年最大施工能力超过6亿元；公司已与多家银行和金融机构建立了长期战略伙伴关系，具有雄厚的融资和流动资金能力，是江西省内综合实力最强的施工企业之一。

公司成立近40年来，先后参与了江西省内昌九、昌樟、温厚、九景、梨温、京福、景鹰、瑞赣等高速公路，昌厦、大机、沙阁、九界、庐山旅游公路网等一级公路，105、316、320、319等国道公路，上分、二上等战备公路的工程建设，并独立完成九江地区国省道的三次路网改造和升级。

公司在以董事长兼总经理王党生为核心的领导班子带领下，按照“不断提高机械化施工能力与核心技术能力，适度发展多种方式经营”的企业发展战略，坚持“以质量求信誉，以信誉求发展”的宗旨，以“科学管理、精心施工、构建优质工程，真诚合作、不断改进、增进顾客满意”为质量方针，不断开创企业发展的新局面，树立良好的企业形象。历年承建工程合格率均达到100%，优良率超过90%。并在昌厦、梨温、上分、

梁场全景

暗盖板预制施工

工　程　有　限　公　司

罗山口高架桥盖梁模板安装

公司承建的赣崇高速 A4 标梁场

环庐山、景鹰等重点工程项目建设中荣获先进单位称号。其中昌厦工程连续两年获“全国公路施工企业优质工程劳动竞赛优质工程奖”，庐山环南山公路项目获“2005 年全国公路建设重点工程劳动竞赛优胜奖”表彰。公司 2001 年获江西省“交通建设质量年活动优胜单位奖”，2003 年获“中国质量万里行质量诚信跟踪荣誉企业”称号，获江西省人民政府“江西省十五期间重点工程建设先进单位”嘉奖。

培育“自强、自信、协力、合作”的企业文化，紧跟新时期、新环境下施工企业的发展需要，江西赣北公路工程有限公司将竭诚为业主提供优质服务，以一流的工作质量造就一流的工程质量，为祖国的基础设施建设事业作出更大的贡献！

检测压实度

第二节墙身浇筑

喷淋养生

桥面铺张施工

中铁十三局集团

集团公司承建的江西鹰瑞高速公路 A7 标金溪隧道双幅贯通典礼

标准化拌合站

中铁十三局集团第四工程有限公司，前身是中国人民解放军铁道兵第三师十四团，1984 年并入铁道部，成立了铁道部第十三工程局第四工程处，于 2003 年 8 月 1 日进行了公司制改革，变更为现名。

公司组建以来，先后参加了鹰厦、滇黔、嫩林、京通、向乐、烟白、伊敏、北黑、集通、大准、京九、内昆、图珲、朔黄、新长、粤海、西合、渝怀、成达等多条铁路干线的建设；同时，承担了同三、太旧、沈大、沈山、原太、洛三、宁台温、京福、哈双高速公路等多条高速公路以及水利水电、工民建、市政、机场等多项路外工程的施工。

公司具有公路工程、市政工程、水利水电工程施工总承包一级，路基工程、路面工程、桥梁工程、隧道工程、机场场道工程专业施工总承包一级资质，年施工能力达 15 亿元。在 50 年的发展历程中，逐步形成了科学的管理手段和严格的质量保证体系，并通过了 ISO 9002 质量体系认证。

公司奉行“艰苦奋斗、争创一流”的企业精神，坚持“市场第一，诚信为本”的企业理念，凭科学管理、先进技术、精良设备、雄厚的实力，使企业达到“机制活、信誉好、素质高、牌子亮”的标准，立于施工企业强手之林。始终坚持“面向社会、广泛联合、文明施工、优质服务”

先进的施工设备

第四工程有限公司

瑞赣高速公路

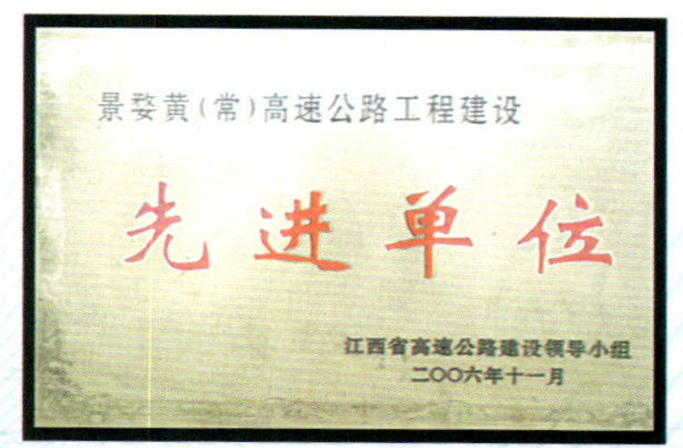

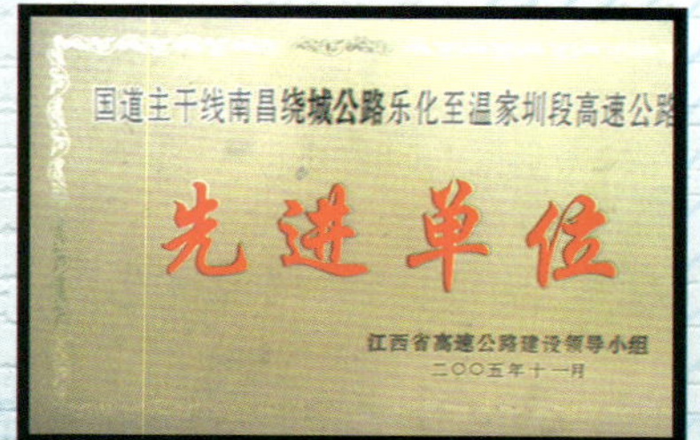

的方针，以“争创行业一流，实现顾客期望，奉献满意工程”为宗旨，愿在诚信、平等、互利的基础上，与社会各界朋友进行广泛的合作与交流。

公司承建的大广高速公路P3标段，含桥梁11座，互通立交1处，收费站2处，隧道4座，设计内容包括路面工程（桥面铺装、隧道及桥隧间较短路段复合式路面沥青面层）、路面排水工程等，合同工期为26个月。本标段项目全线为全封闭、全立交双向六车道高速公路，沥青砼路面。

路基土石方施工

隧道施工

景鹰高速公路洪家坂隧道

中 铁 十 四 局 集

公司承建的赣崇高速 A7 标茶滩高架桥 T 构合拢

公司承建的赣崇高速 A7 标茶滩隧道单幅贯通

中铁十四局集团有限公司是经国家建设部核准的具有综合施工能力的铁路特级施工总承包企业，具有公路工程施工总承包一级、市政公用工程施工总承包一级、房屋建筑工程施工总承包一级、水利水电工程施工总承包一级、公路路基工程专业承包一级、公路路面工程专业承包一级、隧道工程专业承包一级、桥梁工程专业承包一级、城市轨道交通工程专业承包增项资质和国土资源部核准的地质灾害防治工程施工甲级资质，并经国家商务部批准，享有对外经营权。主要承担铁路、公路、市政、房屋建筑、水利水电、桥梁、隧道、机场、码头、地铁、城市轻轨等各类总承包和专业承包项目。2004 年集团公司开始步入建筑业的高端市场，投资了多项 BT、BOT、BOO 项目，项目代建业务和房地产开发规模不断扩大，资本经营业务呈现良好的发展态势。

京福高速公路

集团公司注册资本金 11.1 亿元。集团总资产 118 亿元，拥有各类进口的公路、铁路、水利、桥隧、地下工程等大型工程机械设备 2227 台（套），设备原值 16.93 亿元，集团年施工能力达 300 亿元以上。

公司先后参加了近 60 条、长达 2900 余千米的铁路主干线、复线、客运专线的建设；担负过 200 多条 2600 多千米的高速公路的施工任务；承建的特大桥、高架桥、大型立交桥有上百座；完成隧道施工 500 余座，总延长米为 368000 米；参建的机场有 20 余个，承建高层建筑 100 多座，总建筑面积达 268 万平方米；还参加了北京、广州、天津、武汉、南京、成都、沈阳、西安等城市轨道交通工程的建设。“八五”以来，荣获 12 项鲁班奖、2 项詹天佑土木工程大奖、17 项国家优质工程银质奖和 92 项省

机场南线奥运配套工程

团 有 限 公 司

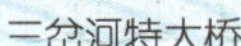
三岔河特大桥

无锡 342 国道

部级优质工程奖、8 项市政工程金奖、6 项全国用户满意工程；先后有 20 项管理成果、18 项科技成果荣获国家和省部级优秀成果奖，有 7 项达到国际先进及以上水平。2006 年至 2007 年集团公司又先后荣获“全国企业文化建设优秀奖”、“全国工程建设质量管理优秀企业”、“全国技术先进企业”、“创鲁班奖工程特别荣誉单位”和“中国文化管理先进单位”等荣誉称号。

近年来，公司不断优化经营布局，着力打造核心区域市场，实现了在江西建筑市场的区域深度经营和项目滚动发展，多次受到省重点项目办和建设单位的表彰，被誉为江西建筑施工的一支劲旅。“十一五”时期，由集团公司承担施工的浙赣铁路江西段，多次受到铁道部、南昌局的肯定和好评。承担施工了京福、景婺黄、景鹰、瑞赣、鹰瑞、德昌、大广、德上、抚吉高速公路等 10 多项重点工程，为江西省社会经济发展作出了积极贡献。在工程施工中，公司牢固树立精品意识，讲诚信、重承诺、守合同，精心培育开发江西市场，合同履约率 100%，受到地方政府的好评。

中国铁建中铁十四局集团有限公司坚持以“诚信、合作、创新、卓越”为经营宗旨，竭诚为国内外用户提供优质的建筑产品和最佳的服务。

张石高速公路东峪河特大桥

公司承建的赣崇高速 A7 标大填方土工格栅铺设

东营黄河大桥

茶滩高架桥钢筋安装

中铁十五局集团有限公司

江西省委常委、常务副省长凌成兴视察公司抚吉项目

江西省交通运输厅副厅长许润龙到公司承建的抚吉高速 B8 标视察指导工作，项目经理胡树兵现场汇报工作

中铁十五局集团有限公司是集施工、设计、科研为一体的国家铁路工程施工总承包特级企业，房屋建筑工程施工、公路工程施工、水利水电工程施工、市政公用工程施工总承包一级企业，隧道工程专业承包，桥梁工程专业承包，公路路面专业承包，铁路铺轨架梁专业承包一级资质，城市轨道交通专业承包资质和地质灾害治理工程甲级施工企业，具有开展国外经济合作业务的资格，其前身是中国人民解放军铁道兵第五、六师合编后的第五师，于 1984 年 1 月奉国务院，中央军委的命令集体转业并入铁道部，称为铁道部第十五工程局，2001 年 4 月，按照国有企业建立现代企业制度的要求，正式改制为中铁十五局集团有限公司。

组织安全培训，助推施工生产

中铁十五局集团有限公司现有正式职工 2 万余人，下辖 10 个控股公司，16 个分公司和局属工程指挥部，专业技术管理人员 5000 余人，拥有大型机械设备 3000 余台（套），年施工能力可达 300 亿元以上。资产总额 116 亿元。先后获国家级优质工程 30 余项，其中鲁班奖 9 项，詹天佑大奖 3 项，省部级优质工程 72 项，完成科技开发项目 91 项，获部级工法 11 项，国家级工法 3 项，国家和省部级科技进步奖 18 项，承建的青藏铁路高原湿地综合工程，被中国建筑业协会评为鲁班奖，也获得了国家科技进步特等奖。

赣江特大桥主墩首个钢套箱成功吊装

在军队时期，这支队伍南征北战，谱写了灿烂的历史篇章，兵改工后，先后参加了 50 多条国铁干线和 300 多条高速公路建设，其中，参建了京沪高速铁路和全国第一个地下火车站——广深港福田车站。在资本运营方面也取得了骄人的业绩：分别承建了南京市快速内环东线 20 多亿元投资的 BT 项目工程，参与了南京过江隧道 32 亿元的 BOT 项目工程，四川纳叙铁路 BOO 项目工程，累积总投资 70 多亿元，并以施工总承包的形式中标承建 22 亿元的福建浦南高速公路项目，在市政建设，城市立交，高层建筑，通信电力，水利水电，地铁轻轨，国防洞库等领域业绩突出。1999 年以来，创造了 10 项中国企业新纪录。近年来，每年完成税利在 6 亿元以上。

中铁十五局集团有限公司已具备跨地区，跨行业，跨所有制和跨国经营的能力。各级领导和全体员工，秉承“诚信，创新永恒；精品，人品同在”的企业价值观，高举“不畏艰险，勇攀高峰，领先行业，创誉中外”的企业精神大旗，全面贯彻“安全防范精细到位，质量管理精益求精，环境保护精心操作，成本控制精打细算”的管理方针，努力建设国内一流，国际知名的现代企业集团。

赣江特大桥东西两岸同时架梁

中铁五局(集团)有限公司

中铁五局抚吉高速 B5 标项目经理张程陪同江西省交通运输厅副厅长许润龙、吉安市副市长李庐琦视察工地

中铁五局（集团）有限公司始建于1950年，前身为西南铁路工程局，1970年局机关入驻贵阳，1979年分建为铁道部第五工程局，2000年改制为中铁五局（集团）有限公司，是世界500强之一中国中铁股份有限公司的主要成员企业。

公司现有总资产169亿元，净资产28亿元，拥有各种机械设备3500多台(套)，总价值16亿元。共有39个子分公司、1个多元经济管理中心。现有员工23000余人，其中专业技术人员8700余人。拥有建筑施工、海外业务、房地产和酒店等较为合理的产业布局，年生产能力300亿元。具有铁路工程施工总承包特级、公路工程施工总承包一级、市政公路工程施工总承包一级、水利水电工程施工总承包一级、房屋建筑工程施工总承包一级、桥梁工程专业承包一级、隧道工程专业承包一级、公路路基工程专业承包一级、公路路面工程专业承包一级、城市轨道交通工程专业承包等资质。

公司秉承“勇于跨越，追求卓越”的企业精神，遵循“依靠科技、规范管理、持续改进、顾客满意”的质量方针。公司积极贯彻实施国际管理标准，1999年通过ISO 9000国际质量管理体系认证；2003年通过GB/T 19001—2000质量管理体系、GB/T 24001—1994环境管理体系、GB/T 28001—2001职业健康安全管理体系一体化认证并持续保持。

60年来，公司先后参加了全国80多条铁路干线、100多条公路干线、10多个城市的轨道交通等重点工程，以及全国各地机场、码头、水利水电、市政工程的建设。公司积极拓展海外业务，参加了中亚、非洲、拉美、南太平洋地区10多个国家和地区的铁路、公路、房建及市政工程建设。公司大力加强房地产业务，在贵州、四川、深圳等地区参与了房地产投资，创建了中铁五局置业的地产集团品牌。改革开放以来，公司累计完成铁路建设5000千米，公路建设6000千米，创造了多项全国、亚洲、世界纪录，一大批工程项目荣获鲁班奖、詹天佑奖、国家优质工程奖、全国用户满意工程等国家级奖项。

抚吉高速永丰恩江特大桥架梁施工

中铁五局抚吉 B5 标永丰恩江特大桥

安徽省公路桥

江西省交通运输厅厅长马志武视察抚吉高速 BP2 标

江西省交通投资集团总经理谢来发视察抚吉 BP2 标

安徽省公路桥梁工程公司是安徽省规模较大的专业从事公路桥梁施工的企业。1985 年 11 月，经安徽省交通厅批准正式成立。

公司拥有国家公路工程施工总承包一级资质、市政公用工程总承包一级资质、港口与航道工程总承包二级资质、桥梁工程专业承包一级资质、路基工程专业承包一级资质、路面工程专业承包一级资质、隧道工程专业承包二级资质、预拌商品混凝土专业承包二级资质、预应力工程专业承包二级资质、公路交通工程交通安全设施分项资质、公路养护工程施工一类资质、公路养护工程施工二类甲级资质等多项资质和对外承包工程经营资格，通过了质量、环境、职业健康安全管理体系认证。

路面施工观摩会在抚吉高速 BP2 标举行

公司注册资本 20032 万元，国有股权比例为 100%。截止 2010 年底资产总额 13.5 亿元。现有员工 1100 余人，工程类中高职称 110 余人。施工设备齐全，从国外引进了沥青混凝土拌和设备、水泥混凝土拌和设备、沥青混凝土摊铺设备、轨道式水泥混凝土摊铺设备等，年生产能力 30 亿元以上。公司拥有交通部乙级公路试验检测机构，各类试验仪器完备。

公司拥有较强的技术能力，能独立进行各种等级和类型的公路、桥梁、隧道、码头等工程的施工及相关科研活动。足迹遍布国内内蒙、苏、浙、冀、豫、闽、鄂、粤、川、黔、陕、赣等省，参加了省内合宁、合杭、庐铜、芜宣、

荣获抚吉高速第三个季度综合检查评比第一名

荣获抚吉高速第一个季度路面综合评比先进单位

项目办主任樊文胜视察 BP2 路面标建设情况

项目经理薛斌现场指导施工

沿江、铜汤、合六等 20 多条高等级公路工程的施工；承建特大桥和大桥 80 余座。公司承建的合肥市政工程徽州大道南段一期工程荣获建设部“鲁班奖”（国家优质工程），有 46 项工程被评为省市优质工程，其中凤台淮河公路大桥、京福国道朱西公路项目被评为部优工程；徽州大道美丹路桥、官亭高架桥、六安环城路皋城东路大桥、合六路改建工程 04 标、合安路出城口道路改建工程、合肥市新蚌埠路与北二环路立交工程等荣获安徽省“黄山杯”奖。近年来，公司积极参与合肥市政大建设，先后承建了金寨路高架桥、徽州大道美丹路桥、畅通一环工程以及多条路基、路面、桥梁工程施工。公司本着“保质、履约、薄利、重义”的经营宗旨，对外承包路基、路面、桥梁、隧道、港口与航道等工程项目的全部和单项工程。该公司的经营方针是：科学管理，质量第一，精心施工，信守合同，优质服务。

水稳施工

抚吉 BP2 着力打造绿色标准化示范工地

下封层施工

路面标准化施工

中交路桥北方

江西赣崇高速 B5 合同段位于悬崖峭壁的天河高架桥

T 梁架设

中交路桥北方工程有限公司前身为路桥集团国际建设股份有限公司北京工程部（原交通部第一公路工程局第四工程公司），是一家以公路桥梁建设为主，以施工机械融资租赁及相关业务为新经济增长点的工程建筑企业。公司已获得建设部核准的公路工程施工总承包一级资质，并获得路基工程、路面工程、桥梁工程、隧道工程等专业承包一级资质。

公司注册资金 1.5 亿元。现有员工 1020 名，平均年龄 36 岁，各类专业技术人员 780 人，其中：高级职称 182 人，中级职称 284 人，初级职称 314 人；共有一级建造师 56 人。在多年的工程管理过程中，公司各类技术和管理人才历练成了一支朝气蓬勃、有凝聚力、有战斗力的经营团队。公司现拥有路基、路面、桥梁与隧道施工大型配套设备共 637 台（套），同时拥有先进的测量及试验设备，装备精良，处于国内同行领先水平。

在几十年的发展历程中，公司以卓越的战斗力和创造力迅速成长，把建设旗帜插到了祖国的大江南北，创造了一系列辉煌的业绩，赢得了业界的认可和社会的尊重。公司先后在浙江、福建、重庆、山东、江苏、陕西、山西、河南、天津、湖北、安徽、广东、广西、甘肃、河南、内蒙古等近 20 个省市承建了 60 多项知名工程。目前公司共有京沪高速铁路；国道主干线福州绕城公路西北段路基土建工程，福州长乐国际机场高速等十多个在建项目，年产值超过 20 亿元，具有很强的施工建设能力和技术实力。公司承建的江西省赣州至崇义高速公路 B5 合同段路线全长 4.15 千米。本标段路线总体为东西走向，位于崇义县关田镇境内，属赣南中低山重丘区，沿线地形地貌条件复杂，其中天河高架桥位处地形无论从技术还是现场施工都存在很大的困难。各级技术人员克服一系列技术、资金、设备等困难，发扬艰苦奋斗的作风，最终圆满的完成了施工任务。追求不断、成长不止，中交路桥北方工程有限公司将秉承“勇创善搏谋发展，至诚至信求双赢”的经营理念，真诚期待与社会各界同仁互利合作，共同开创中国公路桥梁建设事业的新纪元。

即将建成的关田高架桥

拌和站建设

关田高架桥全幅贯通

关田高架薄壁墩施工

注重环保与水土保持——关田高架河道清理

关田高架 T 梁架设

中国云南路建集团股份公司

时任江西省交通运输厅党委书记程受锭视察公司抚吉高速 BP1 标底基层摊铺工作

江西省交通运输厅副厅长许润龙视察沥青路面摊铺工作

公司抚吉高速 BP1 标段项目经理吴建明作“路面标准段观摩会”的汇报工作

抚吉高速项目办组织全线路面、监理单位在 BP1 标举行碟形边沟施工工艺观摩会

公司抚吉高速 BP1 标总工程师罗书伸讲解碟形边沟培土施工工艺

中国云南路建集团股份公司是云南唯一一家具有公路施工总承包特级资质的公路施工企业；另有路基、路面、桥梁、隧道专业承包一级资质；有省部级技术中心一个；交通部认证的实验检测中心一个；还具有外经权和外贸权，在国外承包公路工程近 20 年。

集团设董事会、监事会和党委。集团总部设七部、两办、两中心，即：监察审计部、生产安全部、市场经营部、人力资源部、材料设备部、合约法规部、党群工作部、总工办公室、行政办公室、财务管理中心、信息管理中心。集团下辖非法人经营单位 9 个；全资子公司 7 个，参股公司 3 个。

集团以公路工程施工为主业，兼营设计咨询、房地产、园林绿化等辅业，年完成产值 20 多亿元。先后在国外（马来西亚、泰国、老挝、缅甸、突尼斯、巴基斯坦、毛里求斯），省外（广东、山西、陕西、湖北、湖南、贵州、安徽、河南、河北、广西、四川、江西），省内承建各等级公路完成总里程 1000 多千米；修建大桥和隧道百余座（条）。目前已成为云南综合实力最强的公路施工企业。

集团在国内先后获得“全国五一劳动奖章”、“中国建筑工程鲁班奖”、“中国土木工程詹天佑奖”、“全国优秀施工企业奖”、“国家优质工程奖”、“公路交通优质工程奖”、“云南省优质工程奖”等近百项荣誉。在国外马来西亚获得公路工程承包最高 4A 级资质；在老挝获得国家道桥施工最高 C 级资质。集团 9 年连续 3 届创建成云南省省级文明单位；连续多年荣获昆明市“重信用、守合同”企业荣誉；2006 年至今，一直保持着昆明市总工会、市劳动和社会保障局授予的“劳动关系和谐企业”的称号。在省内外享有较高的声誉。

集团将秉承“面向市场、适时调整、科学管理、以人为本、诚信经营”的理念，把企业做强做实。

中分带绿化施工

车辆减速路障